PROPYLÄEN WELTGESCHICHTE

EINE UNIVERSALGESCHICHTE

Herausgegeben von Golo Mann
und August Nitschke

Siebenter Band

IM PROPYLÄEN VERLAG
BERLIN · FRANKFURT AM MAIN

Der Text dieser Sonderausgabe ist identisch mit der 1960 bis 1964 in zehn Bänden erschienenen, von Golo Mann, Alfred Heuß und August Nitschke herausgegebenen
PROPYLÄEN WELTGESCHICHTE

Einband: Theodor Bayer-Eynck
unter Verwendung von:
Ludwig XIV. von Frankreich als Sonnenkönig. Figurine aus dem Ballett »Die Nacht«, Kostümzeichnung eines Unbekannten, 1653. Paris, Bibliothèque Nationale. Foto: Bibliothek.

Druck und Bindung: Franz Spiegel Buch GmbH, Ulm

Printed in Germany 1986
ISBN für das Gesamtwerk: 3 549 05731 8

Band I
Vorgeschichte · Frühe Hochkulturen

Band II
Hochkulturen des mittleren und östlichen Asiens

Band III
Griechenland · Die hellenistische Welt

Band IV
Rom · Die römische Welt

Band V
Islam · Die Entstehung Europas

Band VI
Weltkulturen · Renaissance in Europa

Band VII
Von der Reformation zur Revolution

Band VIII
Das neunzehnte Jahrhundert

Band IX
Das zwanzigste Jahrhundert

Band X
Die Welt von heute

SIEBENTER BAND

VON DER REFORMATION ZUR REVOLUTION

Die Mitarbeiter

Heinrich Lutz
Dr. phil., Professor für Geschichte der Neuzeit
an der Universität Saarbrücken

Golo Mann
Dr. phil., Professor für Politische Wissenschaft
an der Technischen Hochschule Stuttgart (bis 1964)

Ivan Roots
Senior Lecturer für Geschichte
am University College of South Wales and Monmouthshire Cardiff

Victor-Lucien Tapié
Docteur ès Lettres, Membre de l'Institut, Professor für Neuere Geschichte
an der Sorbonne, Paris

Adam Wandruszka
Dr. phil., Professor für Mittlere und Neuere Geschichte
an der Universität Köln

Fritz Schalk
Dr. phil., Professor für Romanische Philologie
an der Universität Köln

Edmund S. Morgan
Professor für Geschichte
an der Yale University

Michael Mann
Professor für Deutsch und Vergleichende Literaturwissenschaft
an der University of California, Berkeley

Daniel Heartz
Associate Professor für Musikgeschichte
an der University of California, Berkeley

INHALTSVERZEICHNIS

Textredaktion: *Dr. Ernst Wilhelm Graf Lynar*

Bildredaktion: *Dr. Karl Danz*

Die Beiträge von *Ivan Roots, Victor-Lucien Tapié* und *Edmund S. Morgan* sind von *John Stickforth,* Kronberg/Taunus, *Dr. Luise Thilenius,* Stuttgart-Uhlbach, und *Dr. A. R. L. Gurland,* Darmstadt, in die deutsche Sprache übertragen worden. Die Stammtafeln wurden von *Georg Meerwein* und *Ferdinand Schwenkner* zusammengestellt.

Golo Mann

EINLEITUNG

Der Band erzählt viel; fast dreihundert Jahre europäische Geschichte. Und was für Geschichte! Martin Luther steht am Anfang; am Ende George Washington.

Wenn aber die Fülle der Gestalten und Ereignisse von schwindelndem Reichtum ist, wenn sie – wir glauben es zu wissen – unsere Illustratoren vor die schwierigste, nur unter bitteren Verzichten zu lösende Aufgabe stellte, wenn das Gesicht Europas um 1790 so aus dem Grunde verschieden ist von seinem Gesicht um 1510, so fehlt es der Summe dieser Kapitel doch nicht an innerer Einheit. Wäre es bloßer Zufall, daß sie genau von jenem Zeitraum handeln, den der große englische Historiker Lord Acton in seinen *Lectures on Modern History* betrachtete? Moderne Geschichte – sie begann für den im späten 19. Jahrhundert wirkenden Acton mit Luthers Reformation, mit dem zuerst einsetzenden Kampf um die europäische Hegemonie, und endete mit der amerikanischen Unabhängigkeit. Was danach kam, war für Acton schon Zeitgeschichte oder Gegenwart. – Wenn einer alt wird, so ist er ganz anders, als er in der Jugend war; aber Gedächtnis hält den Lebenslauf zusammen. Nicht bloß war Kontinuität durch die schiere Zeit, die, wie es bei Droste-Hülshoff heißt, tückisch Minuten aneinander reihte, bis Jahrzehnte daraus wurden; die Zusammenhänge waren konkreterer, sinnerfüllterer Art, und nie kann er den Punkt nennen, an dem er plötzlich sich verändert hätte, aufgehört hätte, er selber zu sein.

Nicht anders ist es mit der »modernen« Geschichte. Ein erkennbarer, nie ganz unter Tag verschwindender Weg führt vom theologischen Absolutismus Philipps II. zum nackten Königs- und Staats-Absolutismus Ludwigs XIV., zum aufgeklärten Absolutismus der Friedrich, Joseph und Leopold; ein erkennbarer Weg von der protestantischen Reformation zur ersten englischen Revolution, zur zweiten und, über John Locke, zur amerikanischen; vom noch intoleranten, seinerseits grausam verfolgenden Protestantismus zum toleranten und zur Toleranz; von den Religionskriegen zum Staat, der über den Konfessionen steht; vom Kampf um die Hegemonie zur klugen Erhaltung des Gleichgewichts; vom Humanismus zur Aufklärung; und so fort. Nicht, daß die Fackel der geistigen und bürgerlichen, der kosmopolitischen oder patriotischen Freiheit, die zu Ende des 18. Jahrhunderts leuchtete, immer von einer, der guten Hand getragen worden wäre, während eine andere, auch sie immer die gleiche, sich bemüht hätte, sie zu ersticken. So geradlinig, wie einst die englischen »Whig-Historiker« den Weg beschrieben, war er nicht. Wir werden sehen, wie verwirrend oft Gut und Schlecht, Recht und Recht, Unrecht und Unrecht auf die kämpfenden Parteien verteilt waren und wie aus ihren Kämpfen zum Schluß herauskam, was keiner der Gegner sich vorgestellt hatte. Wir haben es mit einem dichten Gewebe von Verursachungen mehr als mit einer geraden Linie zu tun.

Die Aufgabe, die Schicksale des 16. Jahrhunderts auf hundert Seiten darzustellen, hat der junge bayerische Historiker Heinrich Lutz übernommen. Wir winden dem Autor keinen Kranz; Lob oder Tadel auszuteilen ist ja wohl nicht Sache der Herausgeber. Möge der kritische Leser entscheiden, ob es Professor Lutz gelang, dieser so sehr vielfältigen, dramatischen, vergangenheitsbeladenen und zukunftsträchtigen Geschichte Gerechtigkeit zu erweisen, sie zu ordnen, zu erleuchten und auf das schönste lesbar zu machen.

Was die Gerechtigkeit betrifft – zufällig ist uns bekannt, welcher christlichen Konfession der Autor mit Ernst angehört; aber der Leser wird es kaum erraten können. Hier werden die seelischen Impulse Luthers mit so viel Verständnis dargestellt wie die Verhärtung des deutschen Protestantismus unter dem Zugriff landesherrlicher Obrigkeit; wird die Versunkenheit der römischen Politik in die schlimmsten politischen Gebräuche der Zeit mit schonungslosem Namen genannt und gleichzeitig der sublime Glaube des Ignatius, der tiefe Ernst der reformatorischen Bestrebungen Roms bewundernd nachvollzogen. Es wird erkannt, »wie tief auch der Weg der an Rom festhaltenden Christen von Luther beeinflußt war« und blieb; wie die Regeneration der katholischen Kirche ohne ihn so nie möglich gewesen wäre; es wird aber auch, nicht ohne Bitterkeit, »die religiös depravierende und kulturell wie politisch parzellierende Wirkung der katholisch-protestantischen Polizeigrenze« beschrieben. – Das aus Gutem und Bösem Gemischtsein, nicht bloß der Geschichte als ganzer, sondern jedes großen Ereignisses und Ereignisträgers der Geschichte, seine Wert-Ambivalenz haben wir selten so natürlich klar aus der Sache selber, ohne Theorie, sich ergeben sehen.

Das gleiche gilt für die Verschlungenheit der Motive. Nicht in dem Sinn, daß eines das wahre gewesen wäre, das andere nur zu entlarvender Betrug; so vielmehr, daß sie beide oder alle gleich vital, gleich stark in der Tradition und im Charakter des Einzelnen verwurzelt sind, wie sonderbar auch den Späteren ihre Verbindung erscheinen mag: religiöse Motive und machtpolitische, soziale, ökonomische, vom Detail in der Biographie des Königs, der eine andere Frau heiraten will, zu schweigen. Hier kommt das Fremde, das Andersartige einer fernen Vergangenheit ins Spiel, das, wie Lutz betont, mit den Maßstäben viel späterer Zeiten nicht gemessen werden darf. »Der kirchliche Zustand der abendländischen Christenheit am Vorabend der Reformation«, heißt es am Eingang zur Geschichte Luthers, »ist für das religiöse Bewußtsein des heutigen Menschen... fern, fremd und schwer verständlich.« Den Menschen der Vergangenheit auf den Spuren ihrer Stimmungen und Gründe zu begegnen, sie ihnen zu glauben, auch wenn sie nie mehr unsere eigenen sein können, und ihre Taten daraus zu verstehen, das ist ja eben die Aufgabe der historischen Kunst.

Eine andere: Über dem Verstehen des Fremden das eigene Werturteil, Sympathie und Bewunderung auf der einen Seite, Kummer und Zorn auf der anderen, doch nicht ganz auszuschalten, weil es immer um Menschen geht, nicht um fremde Tiere, und weil es gerade in diesem Fall um Kämpfe geht, aus denen, wenn sie längst nicht mehr die unseren sind, unsere eigene Situation sich durch allerlei Vermittlungen und hinzukommende Neu-Schöpfungen ergab. Wir sind noch immer Katholiken und Protestanten infolge der Ereignisse, von denen hier berichtet wird. Wir sind es, wie Lutz nicht ohne eine Art von Staunen bemerkt, vielfach infolge eines herrischen Beschlusses oder Gewaltaktes, der im 16. Jahrhundert vollzogen wurde. So ist der Kampf um die europäische Hegemonie, der seither, bis gegen die Mitte des 20. Jahrhunderts andauerte, zu Beginn des 16. Jahrhunderts begonnen worden; so wurden Wirklichkeit und Begriff des Staates, wie sie vor kurzem noch blühten und heute sich im Wandlungsprozeß befinden, gegen Ende des 16. Jahrhunderts zuerst ausgeprägt. So wich damals die mittelalterliche Vielheit in der Einheit einem System zusammenfassender und abgrenzender Regierungszentren, woraus sowohl der Kampf um die Hegemonie wie auch die Pflege jenes, funktionierenden oder nicht funktionierenden, nur mechanischen »Gleichgewichtes« sich ergab, das, in seinen europäischen Dimensionen, gleichfalls erst in unserem Jahrhundert zusammenbrach. Das Fremde also ist hier auch nicht fremd, das Vergangene ist hier auch aktuell; dies Gefühl wird sich dem Leser des Kapitels sehr stark mitteilen.

Um noch ein Wort über die Verschlungenheit der Motive zu sagen: Es sei selten deutlich, meint Lutz, wann eine der Großmächte oder werdenden Großmächte zu ihrer Verteidigung handelte, und wann zu offensiven oder hegemonialen Zielen. Vielleicht sei beides, die Tendenz gegen außen überhaupt, eine Funktion des inneren staatlichen Werdeprozesses gewesen. Es ist das ein Beispiel für das in der Schwebe Bleiben historischen Urteils. Ein anderes bietet die Unterscheidung zwischen Altem und Neuem, Mittelalterlichem und Modernem, die Lutz in seiner Betrachtung der Politik Karls V. unternimmt. Sie suchte die Wirklichkeit eines alten Ideals, der christlichen Einheit, des Reiches, der *Monarchia universalis* noch einmal herzustellen. Gegen sie stand Neues, das Prinzip der Partikularität oder Individualität, in der Gestalt, sei es Frankreichs, sei es des werdenden deutschen Fürstenstaates. Aber das gescheiterte *Dominium mundi* Karls V. hätte selber neu sein müssen. Es war in seinen Ansätzen die christliche Republik nicht mehr, wie sehr der Kaiser für seine Person an den Überlieferungen christlichen Rittertums festzuhalten versuchte. Es wurde von kalt rechnenden Rationalisten, von Schülern Machiavellis verwaltet, mit zeitgemäßen Mitteln angestrebt. Eben darum ist es so paradox nicht, daß von dem Reiche Karls schließlich die zentralisierende, bürokratische *Monarchia hispanica* Philipps II. mit ihrer neuen künstlichen Hauptstadt Madrid übrigblieb. Umgekehrt waren in dem europäischen Widerstand, an dem Karl V. endlich scheiterte, nicht bloß das neue Element des monarchischen Staates, sondern auch das uralte europäischer, nationaler, regionaler und institutioneller Mannigfaltigkeit zu finden. Was war da alt, was war da neu, was traditionsgebunden, was in die Zukunft weisend? – Die Geschichte, lernen wir, ist nicht so, daß sie auf diese Fragen eine klare Antwort gäbe.

Sie ist auch nicht so, daß die großen Dinge immer geplant und gewollt waren, wie sie kamen. Das waren sie selten. Lutz zeigt uns, wie, sehr gegen den Willen, sehr gegen das Erwarten aller Beteiligten, kraft eines unvorhersehbaren Zusammenfließens von Umständen in Deutschland aus einer Reform eine religiöse Revolution wurde; wie die Entstehung der landesherrlichen Territorialkirchen, die gewaltige Stärkung der staatlichen Obrigkeit mit Luthers ursprünglichem Wollen nichts zu tun hatte, ja ihm geradezu konträr war. »Man weiß nie, was man gründet«, hat ein Politiker gesagt. Eben darum tut der Geschichtsschreiber auch gut daran, die großen Entscheidungen nicht lange vor dem Ort in der Zeit zu suchen, an den sie tatsächlich fielen. Die Zukunft, meint Lutz bei mehreren Gelegenheiten, sei »noch offen« gewesen. Es ist ihm vorstellbar, daß die Versuche zur Versöhnung der streitenden, aber im Streit noch nicht gefestigten Konfessionen hätten gelingen können, oder scheint ihm wenigstens sinnvoll zu fragen, ob sie hätten gelingen können. Ebenso: ob der Augsburger Religionsfriede hätte ewig halten können, nachdem er viel länger gehalten hatte, als anfangs von irgend jemandem erwartet wurde. War er nur ein Aufschub, so kann ein Aufschub rettend sein und für immer aufschieben. Der Dreißigjährige Krieg war in den siebziger, achtziger Jahren kein unausweichliches Schicksal; für die Zeitgenossen nicht und folglich auch im Rückblick nicht und überhaupt nicht. Freilich: Je näher eine schlimme Sache kommt, desto wahrscheinlicher wird sie, im Rückblick; desto enger wird die Möglichkeit, ihr noch auszuweichen. – Aber wir dürfen der Versuchung, aus diesem einen Kapitel einen ganzen Apparat geschichtsphilosophischer Regeln abzuleiten, nicht zu weit nachgeben, wie sehr auch Haltung und Leistung von Professor Lutz dazu einladen.

Der Autor des Kapitels über »Das Zeitalter des Dreißigjährigen Krieges« hat, klassischen Vorbildern folgend, die Geschichte einer einzigen politischen und kriegerischen Ereignisfolge bieten wollen. Folglich trat alles zurück, was nicht auf diese Ereignisfolge, eben den Dreißigjährigen Krieg, Bezug hat. Nach einer Art von Ouvertüre, einer Sicht Europas aus der Vogelschau, gerät das böhmische Revolutionstheater, dann das deutsche Kriegstheater ins Zentrum, und mit ihm alle die Mächte und Figuren, die nacheinander in den großen Krieg in Deutschland eingriffen. Warum diesen schlimmen, verworrenen, anscheinend sterilen dreißig Jahren ein so breiter Raum gegeben wurde? Ich antworte: Das konnte, dem Plan unserer Weltgeschichte entsprechend, nicht immer und überall geschehen. Geschichte, heutzutage, kann nicht mehr überwiegend Kriegs- und Heldengeschichte sein. Aber noch darf sie es mitunter; sei es der breiten und tiefen Wirkung halber, welche ein Krieg hatte, zum Beispiel der Erste Weltkrieg; sei es wegen des beispielhaften Charakters der psychologischen Mechanismen, welche die Zerstörungsmaschine trieben. Wie solch ein Krieg entstand, wie er, aus einer unentwirrbaren Vermischung edler und unedler, ideeller und materieller, allgemeiner und egoistischer Motive, aus Mißtrauen, Mißverständnis, Mißkalkulation wuchs und nicht enden konnte, was für Individuen ihn nährten und sich von ihm nährten, wie er schließlich doch endete und eine tiefgewandelte Ordnung der staatlichen Dinge zurückließ, das schien, in diesem paradigmatisch-furchtbaren Fall, einer ausführlichen Darstellung wert; im Sinn des Thukydides, der vom Peloponnesischen Krieg erzählen wollte, »da nach dem gewöhnlichen Weltlauf künftig einmal ebendergleichen oder ähnliche Rollen werden gespielt werden«. – Chronologisch setzt »Das Zeitalter des Dreißigjährigen Krieges« das von Professor Lutz geschriebene Kapitel fort, um etwa ein halbes Jahrhundert später zu enden. Die Theologie, die in der Darstellung von Lutz einen so breiten Raum einnehmen mußte, tritt nun zurück, wenngleich sie eine der lebensgestaltenden

Mächte zu sein nicht aufhört. Das Prinzip der Staatsräson triumphiert. Die europäische Hegemonie ist von Spanien auf Frankreich übergegangen.

Ehe wir aber zur Epoche des Sonnenkönigs gelangen, wird die Fahrt durch die erste Hälfte des Jahrhunderts noch einmal gemacht, diesmal auf nur-englischem Boden. Im allgemeinen bemüht unser Werk sich, die Geschichte Europas in einem zu sehen. Mitunter aber müssen die Schicksale einer Nation isoliert betrachtet werden; wenn sie einem Entwicklungsgesetz folgt, das mit dem gesamteuropäischen nichts oder beinahe nichts zu tun hat, wie dies für die russische lange Zeit der Fall ist; oder wieder, wenn sie ein Abenteuer zu bestehen hat, das wohl später über die weite Welt ausstrahlen mag, im Moment selber aber einziger Art und abtrennend-prägende Folgen hat. Dies gilt für das England der beiden ersten Stuarts, des Bürgerkrieges und des Protektorats. Man mag es als bezeichnend ansehen, daß als einzige europäische Macht England auf dem westfälischen Friedenskongreß nicht vertreten war. Es fiel damals aus, wie ein Kranker ausfällt.

Nicht, daß seine gesellschaftlichen und verfassungspolitischen Probleme von denen des Kontinents absolut verschieden gewesen wären. Die Frage: Absolutismus und Zentralismus oder Regionalismus und Ständeherrschaft, die im Keim schon den Parlamentarismus in sich trug, war überall gestellt. Aus der Darstellung von Professor Ivan Roots wird der Leser den Eindruck gewinnen, daß die Stuartkönige nicht aus bloßer Willkür oder bösem Willen handelten, wie vertrackt auch ihre persönlichen Charaktere gewesen sein mögen. Auch: daß höheres Recht und bessere Moral durchaus nicht eindeutig auf seiten des Parlaments oder der *Roundheads* waren. Viel eher wird er den Eindruck eines langsam und unvermeidlich wachsenden, zur Katastrophe treibenden Konflikts gewinnen, in dem beide Seiten ihr Recht verteidigten, so wie sie es sahen. In der ergreifenden Ansprache, die Karl I. auf dem Schafott hielt – wir wünschten, Roots hätte sie zitiert –, heißt es: »Für das Volk wünsche ich wahrhaft Recht und Freiheit so sehr wie jeder, wer es auch sei; aber ich muß euch sagen, daß Recht und Freiheit darin bestehen, eine Regierung zu besitzen und solche Gesetze, durch die Leben und Eigentum am besten gesichert werden. Recht und Freiheit beruhen nicht darauf, Anteil an der Regierung zu haben; mit der hat das Volk nichts zu tun. Ein Untertan und ein Souverän sind klar verschiedene Dinge.«

Man hätte den Streit der Ideen, der auf dem Kontinent so ganz anders entschieden wurde, nicht einfacher und würdiger ausdrücken können. Aber der erste Akt des zum Souverän erhobenen Volkes, die Hinrichtung des Königs, war einer, den das Volk in seiner überwältigenden Mehrheit gar nicht wollte, selbst wenn – so sieht es Trevelyan – die aus dem Grunde verfahrene Situation kaum noch eine andere Alternative ließ. Daraus das Nest von Widersprüchen, in dem Cromwell sich bewegte und aus dem er, von Verfassungsexperiment über Verfassungsexperiment, schon zu einer Restauration, nämlich seiner persönlichen Monarchie, vorzustoßen gezwungen war, lange bevor es zur eigentlichen Restauration kam, welche die Widersprüche gleichfalls nicht löste. Eine unvermeidliche Revolution also, aber gleichzeitig eine unreife, unter unreifen Bedingungen stattfindende; eine, die über das, wozu die Gesellschaft bereit war, hinausging und deren radikalsten Ideen noch wieder über ihre Verwirklichungen weit hinausgingen, um Verwirklichungen des 19., des 20. Jahrhunderts phantastisch vorwegzunehmen.

Handelten die bisherigen Kapitel, ohne das soziologische Element ganz außer acht zu lassen, im wesentlichen doch von Politisch-Dramatischem auf der einen Seite, auf der anderen von den Kämpfen des Geistes, so bietet Victor-Lucien Tapié in seinem Kapitel über das Zeitalter Ludwigs XIV. zunächst eine breit angelegte Analyse der gesellschaftlichen Grundlage, auf welcher der Palast des Sonnenkönigs sich erhob. Dem Leser wird diese Untersuchung willkommen sein: wie die Bauern damals eigentlich lebten, wie die Bürger, der kleine und der hohe Adel; Klima, Bodenerträge, Preise, Währungswirren, Inflation; wirtschaftliche Stellung der Kirche, Bedeutung des Grundbesitzes für Rang, Prestige und Sicherheit, bei gleichzeitigem Eindringen kapitalistischer Methoden in die Landwirtschaft; Beginn einer industriellen Entwicklung; bewußt oder unbewußt geführter Kampf der Klassen; Verschiebungen innerhalb der sozialen Hierarchie – »Geld und Erfolg überwanden alle Schranken«. Vor allem ist hier die französische Nation der Gegenstand; aber obwohl das Zurückbleiben Mittel- und Osteuropas, die überwiegend agrarische und feudale Gesellschaftsstruktur der Mitte und des Ostens, mit den neuen Zuständen im Westen kontrastiert werden, läßt eine zusammenfassende Bemerkung Tapiés den Schluß zu, er habe von Frankreich als einem Beispiel handeln wollen, das für andere stehen mag. »So war damals das französische Volk in seinen wichtigsten Schichten beschaffen. Es unterschied sich nicht wesentlich von anderen Völkern.« – Ebenso willkommen ist der Raum, den Tapié den neuen Baustilen, dem sich wandelnden Gesicht der Städte und des Landes, dem italienischen, französischen und österreichisch-süddeutschen Barock widmet.

Der französische Historiker, ein hervorragender Kenner des 17. Jahrhunderts, hat Frankreich in den Mittelpunkt seiner Darstellung gerückt; für den Geschmack des deutschen Lesers vielleicht ein klein wenig zu sehr. Aber seinen Namen trägt das Kapitel nicht bloß subjektiv, sondern auch von der Sache her zu Recht; wenigstens bis in die achtziger Jahre war Frankreich die führende Macht Europas, geistig und kulturell sowohl wie machtpolitisch. Damals fiel politische Vormacht in der Tat mit der kulturellen zusammen, was ja nicht immer der Fall ist. Auch können wir uns, was die Verteilung der Gewichte betrifft, mit einer natürlich ausgleichenden Gerechtigkeit beruhigen; in anderen Kapiteln erhält England, erhalten das Reich, die neue österreichische Großmacht, der Aufstieg Preußens so viel Licht, wie hier auf Frankreich fällt. Und keineswegs läßt das besondere Interesse, welches unser Historiker an seinem Land nimmt, ihn mit zweierlei Maß messen. Er sieht die Fehler Ludwigs XIV. so deutlich wie seine Herrscherfähigkeiten: daß zwar Eroberungen im politischen Stil der Zeit lagen; daß der König zwar stets um einen Schein formalen Rechtes besorgt war (Friedrich von Preußen war das auch); daß zwar auch seine Angriffshandlungen durch einen vorsichtigen, durchdachten Opportunismus bezeichnet waren; daß er aber zum Schluß den Bogen überspannte, die moralische Kraft der sich gegen ihn bildenden Koalition unterschätzte und besonders über Osteuropa herzlich wenig Bescheid wußte. Den deutschen Leser mag hier Tapiés Beurteilung der Annektion Straßburgs interessieren: sie sei ein durch nichts zu rechtfertigender Akt der Willkür gewesen. Universalmonarchie altspanischen Stils habe der König nicht erstrebt, wohl aber Hegemonie. An dem in den achtziger Jahren zuerst deutlichen Schwächerwerden des französischen Machtmechanismus wird die Schuld zu einem guten Teil der Politik von Versailles selbst gegeben.

Eine zweite Erklärung wird auf der anderen Seite gesucht; in Englands erneuerter Politik sowohl wie in untergründigen Bewegungen des Wirtschaftslebens, welche zu einer atlantischen oder Welt-Wirtschaft führten. Die englische Gesellschaft wird ihr kraftvollster Nutznießer. Als Ludwig endlich stirbt, sehr alt, zu spät für seinen Ruhm und ohne die Gloriole aus Verehrung und Liebe, die sonst in jenen Zeiten die halb noch priesterliche Würde des Königs umgab, hat »die Stunde der englischen Weltherrschaft geschlagen«.

Mit den politischen Ereignissen, die Frankreichs Expansion eine Grenze setzen und seine Stellung reduzieren, ohne sie zu brechen, hält eine geistige Bewegung Schritt, die ihnen auf schwer wägbare Weise entspricht: gegen den Absolutismus, in seiner französischen, in seiner katholischen oder in jeder Gestalt, kritisch, frei, von der Macht der Tradition sich lösend. Professor Tapié hat diese Vorgänge im Reich der philosophischen Literatur und Publizistik nicht unerwähnt gelassen, sie gehören hierher; in ihrem Licht erscheint die absolute Monarchie schon bedrohter, als ihr bewußt war, der von ihr beschützte klassische Stil als ein in »stürmischer und skandalumwitterter Atmosphäre« schwer errungener. Wir haben jedoch die frühen Ursprünge der europäischen Aufklärung und Revolution, um die es hier in Wahrheit geht, für bedeutungsvoll genug gehalten, um ihnen ein eigenes Kapitel zu widmen. Tapié nennt einen Paragraphen seines Berichtes »die Krise des europäischen Bewußtseins«. Mit diesem Titel wird auf ein Buch angespielt, dem, wie hier noch einmal betont sei, auch das Kapitel über den europäischen Geist im späten 17. Jahrhundert seine Konzeption verdankt. Der Autor, welcher der Schreiber dieser Zeilen ist, mag in seinen Einzelanalysen andere Wege gegangen sein, auch Persönlichkeiten in seine Betrachtung mit eingeschlossen haben, denen Paul Hazard sein Interesse nicht zuwandte. Er jedoch war es, der diese Epoche der europäischen Geistesgeschichte als erster identifizierte in einem umfassende Gelehrsamkeit mit schriftstellerischer Brillanz verbindenden Buch, dessen Einfluß sich zu entziehen hier fast unmöglich gewesen wäre.

An den Essay über den europäischen Geist im späten 17. Jahrhundert schließt inhaltlich Professor Schalks Kapitel über die »Aufklärung« sich an. »Aufklärung«, wird der Leser alsbald bemerken, ist ein Sammelname, der die verschiedensten Formen geistigen Lebens decken muß. Aber es gibt Gemeinsames, welches den Sammelnamen rechtfertigt: ein Sichloslösen des Denkens von der Tradition, zumal der theologischen; eine erstrebte Verbindung zwischen Wissenschaft und Literatur; eine Tendenz von isoliertem Fachgelehrtentum weg zu Kontakten des Forschers und Schriftstellers mit einem breiten Laienpublikum, mit den Problemen des gegenwärtigen Lebens, mit der Gesellschaft. In diesem Sinn ist die große, von Professoren, Ärzten, Handwerkern gelesene französische Enzyklopädie in der Tat das klassische Werk der Aufklärung und Diderot, der Sprecher der gebildeten Bourgeoisie, ihr klassischer Sprecher. Unabdingbar gehört zum Begriff der Aufklärung auch die Toleranz, wenngleich es in der Wirklichkeit »Aufklärer« gab, die im Umgang mit ihren Gegnern nicht eben tolerant waren. Typische literarische Ausdrucksformen kommen dazu: der geschliffene Dialog; der Aphorismus.

Die Befreiung des wissenschaftlichen und philosophierenden Geistes von den Banden der Theologie bedeutet, wie Schalk eindrucksvoll zeigt, durchaus nicht, daß das Zeitalter der Aufklärung irreligiös gewesen wäre. Ob Menschenfreundschaft ohne Religion, wäre es auch unbewußte, überhaupt möglich ist, mag bezweifelt werden. Hier hörte Religion nie auf, bewußt zu sein: in der Frage nach Sinn und Grund des Übels, die gerade diese Generationen so sehr beschäftigte; im Mühen um eine »vernünftige Theologie« oder »natürliche Religion«, die über allen historischen Verwirklichungen zeitlos dauern sollte. In dem Gegensatz zwischen der einmaligen, vergänglichen Erscheinung und dem ewig Gültigen liegt schon, was Schalk mit einer den Leser vielleicht überraschenden Schärfe herausarbeitet: Das 18. Jahrhundert, das Jahrhundert des Rationalismus, wie es gern und leicht genannt wird, war gleichzeitig das Jahrhundert, in welchem die Geschichte recht eigentlich entdeckt wurde. Das widerspricht dem Begriffe, den man sich von der Aufklärung als einer geschichtsblinden, zumal dem Mittelalter mit souveräner Verachtung begegnenden Epoche wohl macht; widerspricht auch den berühmtesten Ansprüchen und Anmaßungen der Französischen Revolution, in denen die Epoche gipfelte. Aber die Wege des Geistes sind verschlungen. Daß der »Historismus« nicht nur im Gegenschlag gegen die universalen und rationalen Ansprüche der Revolution entstand, sondern auch in jenen Bestrebungen angelegt war, die zur Revolution führten, daß sein Ursprung im 18. Jahrhundert zu suchen ist, hat schon Friedrich Meinecke überzeugend dargelegt. Schalk, ein Stück weitergehend, nennt es geradezu »das Jahrhundert der Geschichte«. Alles wird in Bewegung gesehen, bewegte es sich auch nach Newtons »ewigen Gesetzen«. Naturwissenschaft wird zur Naturgeschichte; Staatswissenschaft zur Staaten- und Verfassungsgeschichte; Humanismus zur Geschichte von Kultur und Geist. Die großen Namen sind da: Reaumur und Buffon; Muratori; Voltaire, Montesquieu, Gibbon; Herder, Justus Möser. Daß die Historiker noch nach Gesetzen suchten, auf die der reife Historismus verzichtet hat, widerlegt ihre Wirkung nicht. Die edle Geschichtsmasse, die Montesquieu zu Beispielszwecken anhäuft, der kulturhistorische Universalwissensschatz Voltaires nehmen ein eigenes Gewicht an. Begriffe wie »Zeitgeist« und »Entwicklung«, wachsendes Interesse für fremde Völker, Urvölker, fremde Philosophien und Religionen, methodische, quellenkritische Verfeinerungen, Eröffnungen riesiger Zeiträume nach hinten – all das brauchte, für sich genommen, die Grenzen des Rationalismus und Naturrechts noch nicht zu überschreiten. So wie es im 18. Jahrhundert von allen Seiten zusammendrängte, in Frankreich, England, Italien, Deutschland die Geister bewegte, brachte es durchaus Neues hervor.

Das Jahrhundert der Geschichte ist auch das der Musik; die Epoche, in der die europäische Musik zu ihrer Reife kam. Wenn nichts gegen die Methode zu sagen ist, welche europäische Geschichte in »Ländergeschichten« zerfallen läßt, so ist gewiß auch nichts zu sagen gegen die Parzellierung des kulturellen Schöpfungsbereiches, so, daß an jedes Kapitel ein Kurzbericht über die geistige Bewegung dieser Nation in dieser Zeit angehängt wird und allenfalls auch zwei oder drei Seiten der Musik gewidmet sind. Jedoch meinen wir, daß auch die von uns gewählte Lösung, mitunter ihren Gegenstand isolierende, weitgespannte, zusammenfassende Überblicke zu bieten, ihre Vorzüge hat; so über den Gang der Wissenschaft im 20. Jahrhundert, als die Wissenschaft allbeherrschend wurde, über die Kunst des Romans im 19., weil sie die vollkommene Ausdrucksform der bürgerlichen Gesellschaft war, und nun hier über die Musik. Der Leser erhält vom Ursprung und von der Entwicklung der Formen, von den sozialen Hintergründen, von Psychologie und Ästhetik der Musik so tiefgreifende Informationen, wie er sie auf die zuerst genannte Art kaum erhalten könnte.

Sagen wir, das Kapitel isoliere seinen Gegenstand, so ist diese Bemerkung mit einem Gran Salzes zu nehmen. Es trennt, um zu verbinden. Tatsächlich haben wir mit dem von den Professoren Michael Mann und Daniel Heartz geschriebenen Kapitel auch ein Stück allgemeiner Geistesgeschichte und Kulturgeschichte; eine willkommene Ergänzung des in anderen Kapiteln Gebotenen, aus einer bestimmten Perspektive und nicht ohne die dichtesten Bezüge auf andere. Kein Wunder; denn die Musik steht, wie Professor Mann sagt, wie kaum eine andere Kunst im gesellschaftlichen Leben, ist wie kaum eine andere »dem geistigen Klima der Zeiten ausgeliefert«. Es kommen denn hier also die französische Monarchie, die deutschen Fürsten, die italienischen Republiken noch einmal vor, im Licht der Frage, wie sie auf Formen und Praxis der musikalischen Kunst einwirkten; Ästhetik und modische Verirrungen des Barock; der Rationalismus – hier seine ein wenig hilflose Haltung angesichts der Rätsel der Musik; der Aufstieg eines selbstbewußten, wohlhabenden, patriotischen Bürgertums, und die Eintrittspreise, die es nun zu zahlen bereit war; der Triumph und der erste Niedergang der Oper; der »Appell an das Herz«, der explosive Einfluß Rousseaus auch in dieser Sphäre; die Lösung des Tones vom Wort, des Ausdrucks von der Nachahmung, die »Verinnerlichung« der Musik – »Drang, harmonische Fülle, Deutschheit der Melodie, Sonnenflammen der Empfindung« –, welche die »Sternstunde der deutschen Musik« heranführt. All das gehört hierher, gehört in diesen Band, wenn es irgendwohin gehörte.

Chronologisch, und nicht nur chronologisch, entspricht dem Kapitel über die Aufklärung die Wegstrecke zwischen 1714 und 1789, deren politische Marksteine Professor Wandruszka zu beschreiben unternahm. Sie reicht von dem langen Frieden nach dem Spanischen Erbfolgekrieg zu dem noch längeren, der 1763 beginnt und von dem Wandruszka meint, seit dem Untergang Roms habe Europa keine so friedlich-fruchtbare Epoche erlebt. Es ist die Zeit, die unlängst »Morgenröte der Gegenwart« genannt wurde und die so gefüllt war mit Leistung, innerer Reform, »Fortschritt«, daß nur die wenigsten – aber es gab sie – ein katastrophales Ende, eine große Revolution herannahen sahen.

Der alte Mythos, wonach das aus den Westfälischen Verträgen hervorgegangene Europa bis 1789 im wesentlichen dasselbe geblieben sei, hat schon dem Kapitel Professor Tapiés nicht standhalten können; hier wird er vollends zerstört. Nach der Reduktion der beiden Sieger im Dreißigjährigen Krieg, Frankreichs und Schwedens, arbeitet allmählich jene »Pentarchie« sich heraus, die dann in der Tat und trotz allem bis 1914 hielt, das System der Großmächte, Frankreich, England, Österreich, Preußen, Rußland. England ist nicht neu; aber neu seine 1713 und noch einmal, entscheidend, 1756 bekräftigte Weltstellung. Vorbei sind die Zeiten, die doch gar nicht so weit zurückliegen, da Jakob I., seine Nicht-Politik entschuldigend, sich als einen kleinen, wenig bemittelten Potentaten am Rande Europas bezeichnete. Neu ist auch Österreich nicht; aber wiederum neu seine unter Eugen erkämpfte, unter Maria Theresia verteidigte und, trotz des schlesischen Verlusts, bewährte Großmachtsidentität, die Identität eines Reiches, das mit dem anderen, dem »Römischen« oder deutschen gedoppelt und dennoch nun von ihm getrennt ist. Uns will scheinen, daß der Autor, selber österreichischer Herkunft, dies Österreich Karls VI., Maria Theresias und Josephs II., dies zur Zeit seiner größten Ausdehnung von Ostende bis in die Wallachei, von Sizilien bis nach Schlesien reichende Europa-in-Europa mit besonderer Liebe und tiefer Kenntnis beschrieben hat; seine kriegerischen Leistungen nicht nur, auch die inneren, seine zumal in Italien, zumal in den letzten Jahrzehnten des Jahrhunderts entschieden mehr schöpferische als bedrückende Gegenwart.

Gänzlich neu, neben Rußland, ist Preußen. Der Leser wird die Seiten, die vom Aufstieg Preußens handeln, wenn nicht ganz so liebevoll, doch so treffsicher und informierend finden wie die Schilderung der österreichischen Dinge; wird das Porträt des Soldatenkönigs, in dem abstoßend Brutales sich mit Ernstem, Tüchtigem und Frommem mischen, und das seines Sohnes so lebendig finden wie das menschlich ergreifendere der Kaiserin. Preußen kann nicht im Zentrum des Kapitels stehen; die preußischen Dimensionen bleiben trotz allem eng, verglichen mit England und Frankreich auf den Meeren, England und Frankreich in Amerika und Indien. Aber wenn eine Figur im Zentrum stünde, so wäre es doch wohl der »erste Diener seines Staates«, Friedrich der Große; der junge König, Litterateur und Philosoph, der alsbald tut, was zu seiner Philosophie nicht recht passen will; der Heros des großen Krieges, dessen »Durchhalten«, imposant, wie es war, zu einer für Deutschland wenig glücklichen Legende wurde; der alternde Hüter des europäischen Friedens, der mit äußerster Energie der Regierungspraxis eine im Grunde konservative Gesinnung verband und zum Schluß, in junger Umgebung, verspätet und lastend wirkte, auch er.

Immer bleibt tief merkwürdig die auch von Wandruszka überzeugend begründete Beobachtung: daß in jenem Zeitalter die Monarchien, oder doch die besseren unter ihnen, die Träger des »Fortschritts« waren und ihnen gegenüber die Republiken Stätten der Stagnation und Verrottung; daß der Absolutismus so manches teils verwirklichte, teils versprach, was dann die Französische Revolution im Großen, Prahlerischen verkündete, und zwischen beiden eine starke, schon von Zeitgenossen verstandene Affinität bestand. Auch: daß gerade die Monarchie des späten 18. Jahrhunderts mit den großen politischen Kräften des 19., Liberalismus und Nationalismus, vorbereitend verwandt ist, und zwar im positiven wie im negativ-dialektischen Sinn. Sie schuf oder bekräftigte die Postulate, welche nachmals jene der Liberalen werden sollten, antihistorische Rationalität des Staates, Gleichheit aller vor dem Gesetz, und rief doch gleichzeitig den Protest der Freiheitsliebe gegen ihre Allmacht hervor. Sie spielte im Ernst mit Begriffen wie »Nationalerziehung« und bewirkte doch gleichzeitig eine nationale Reaktion gegen ihre über geschichtliche und kulturelle Grenzen sich hinwegsetzenden, zentralisierenden, kosmopolitischen Bestrebungen. – Schlangengleich wie die Wege des Geistes überhaupt sind auch jene der politischen Ideen, Verwirklichungen und Folgen. Wer täte überhaupt etwas, könnte er voraussehen, was daraus kommen wird? Und gerade die Generation dieses Spät-Absolutismus tat, versuchte, wagte so sehr viel.

Professor Schalk zitiert eine merkwürdige Prophezeiung Rousseaus, deren letzte Sätze lauten: »Wir nähern uns einer Krise, dem Jahrhundert der Revolutionen. Es ist unmöglich, daß die großen Monarchien Europas noch lange weiterbestehen.« Für meinen Teil möchte ich nicht entscheiden, ob diese Voraussage einer tiefen Einsicht entstammte oder zufällig glückliche Raterei war. Das Frankreich Robespierres, und dann Napoleons, sah den

»großen Monarchien« viel ähnlicher als der Art von Republik, die Rousseau im Auge hatte und zu der es in Europa nie kommen sollte. In Amerika kam es dazu; mindestens wollten die Europäer, mit von Rousseau geschulten Augen, die amerikanische Revolution so sehen.

Ihr ist ein eigenes Kapitel gewidmet, und das hat seine Logik. Denn kaum gibt es seit Luthers Reformation, und wieder seit der *Crise de la Conscience Européenne* in Europa wühlende Ideenkräfte, die nicht im Amerika der siebziger und achtziger Jahre, direkt oder vermittelt, am Werke gewesen wären; und entsprechend tief war der Einfluß der amerikanischen Revolution auf Europa.

Dies, obwohl sie bescheidene, durchaus ortsgebundene Ursprünge hatte. Sie war, so erfahren wir, anfangs nicht als das gemeint, was sie wurde. Sie entsprang nicht universalen Ideen, sondern in der englischen, dann in der amerikanischen Wirklichkeit gewachsenen Grundsätzen; einer Differenzierung innerhalb der englischen Nation selbst, die einen gewissen, in England zur Seite gedrängten Menschentypus, den puritanischen, nach Amerika trieb, und einer folgenden Differenzierung zwischen den britischen und den amerikanischen Engländern. Diese, unterstützt durch die riesige, nur unter Gefahren zu überwindende Entfernung zwischen Mutterland und Kolonien, durch die Eigenarten der Geographie, des Bodens, der Arbeitsbedingungen, Möglichkeiten und Notwendigkeiten, schuf allmählich eine amerikanische Identität, deren Träger gleichwohl nicht aufhörten, stolz auf ihre englische Abkunft, ihre englischen Rechte zu sein. Vielleicht wären sie es, so wie später Australier oder Neuseeländer, noch lange geblieben, hätte nicht in den sechziger und siebziger Jahren jener Streit, jene Komödie oder Tragödie der Irrungen eingesetzt, in der beide Seiten sich in ihrem Recht, und zwar in ihrem englischen Recht, glaubten und tatsächlich waren. Faszinierend ist nun, in dem Berichte Morgans, wie das Lokale und Englisch-Gebundene sich zum Universalen erweiterte, wie, unter dem Antrieb hochgebildeter Geister wie Jefferson und Madison, Philosophie, diese aus uralten Wurzeln der europäischen Geistesgeschichte genährte Philosophie des 18. Jahrhunderts, die Gestaltung des Rechtsstreites übernahm und in der Unabhängigkeitserklärung ihren weithin hallenden Ausdruck fand. Regelmäßig zu spät machte die englische Staatsführung, die Situation mißverstehend, die versöhnlichen Angebote, die ein paar Jahre früher den Streit friedlich hätten beenden können. Der Krieg, einmal begonnen, war von den Engländern nicht mehr zu gewinnen; wäre, wie der ältere Pitt seine Landsleute warnte, auch dann nicht zu gewinnen gewesen, hätte die amerikanisch-französische Diplomatie ihn nicht zu einem Teil des europäischen Mächtespiels gemacht.

Es ist ein Drama mit einem Vorspiel und drei Akten: der Beginn des Rechtsstreites, der Unabhängigkeitskrieg, die chaotische Periode der Konföderierten Staaten, und die Gründung der großen Republik. Für die Geschicke Amerikas und Europas, man kann wohl sagen der Menschheit, ist dieser letzte Akt der entscheidende Hier wurde ein bis zum heutigen Tag nachwirkender weltgeschichtlicher Unterricht gegeben: wie man die Idee der Volks-Souveränität praktisch verwirklicht; wie man, im tiefen Mißtrauen gegen den Staat, einen Staat schafft, dessen doppelter Hauptzweck es ist, vor Unordnung und auch vor ihm selber zu schützen; wie man möglich und wirklich macht, was gerade Rousseau für unmöglich gehalten hatte, eine Republik, deren Gesetze auf einem ungeheuer weiten Territorium gelten sollen; wie man föderalistische und national-zentralistische Spielregeln vermischt, Zentralmacht verteilt und balanciert und sie genauso groß sein läßt, wie sie sein muß, aber nicht größer. Es war zunächst nicht so sehr die Idee der Republik, welche die Europäer so mächtig bewegte; das kam später. Es war der Aufbau eines großen Staatswesens nach Begriffen; debattiert am hellen Tag von gewählten Volksvertretern, rechtskundigen, philosophischen Bürgern, und vom Volke ratifiziert. Drei Jahrhunderte europäischer Geschichte kulminieren hier; ungleich erfolgreicher und eindeutiger, als sie es demnächst in Frankreich tun sollten. Sie kulminieren unter nichteuropäischen, regional einzigartigen Bedingungen. Und doch ist dies Ereignis gleichzeitig. Was immer seine konkreten amerikanischen Ursprünge, es hätte so nicht stattfinden können, wenn es nicht dem Geist, der eben damals auch in Europa lebendig war, zutiefst entsprochen hätte. Nur darum auch konnte es in Europa, bis nach St. Petersburg und bis in den Balkan, das Echo hervorrufen, von dem zu Beginn unseres folgenden Bandes ausführlich gehandelt wird.

Ein Triumph der Revolution, obgleich, wie Thomas Paine staunend bemerkte, mit der Hilfe von Despoten. Ein abermaliger Triumph des protestantischen Prinzips, das nun seit zweihundertfünfzig Jahren am Werke war, obgleich mit Hilfe der katholischen Mächte. Ein Triumph des Rechtes, das man für das Recht der Natur hielt, obgleich es sich der Natur, nämlich den gewordenen Realitäten, gegenüberstellte, sich von ihnen distanzierte, um sie zu verändern. Eine Wiederholung der zu Putney 1647, von Spinoza 1670, von John Locke 1690 entwickelten Argumente. Ein Sieg der Gegenwart über die Vergangenheit, der freien Arbeit über den ererbten Besitztitel, bürgerlicher Energie über König, Adel und Söldner. Das Erscheinen einer neuen Macht übersee, die zunächst sich von Europa abwenden, aber zur Europäisierung der Erde gewaltig beitragen und später, scheinbar zum Wächter, in Wirklichkeit aber zum Liquidator und Erben der europäischen Gleichgewichtspolitik werden sollte... Wer, noch einmal gefragt, würde leugnen, daß diese »moderne« Geschichte ihre Einheit, ihre Leitmotive hat, vom Anfang bis zum Ende und neuen Anfang?

Heinrich Lutz

DER POLITISCHE UND RELIGIÖSE AUFBRUCH EUROPAS IM 16. JAHRHUNDERT

DAS ZEITALTER KARLS V. (1519–1556)

Die europäische Staatenwelt und die Anfänge Kaiser Karls V.

Der Weg, den Europa im 16. Jahrhundert zu durchmessen hatte, führte rasch und unaufhaltsam von den politischen und religiösen Lebensformen des Mittelalters fort. Das Schicksal der Völker und Staaten gewinnt einen rascheren und einschneidenderen Rhythmus. Die alte, quergelagerte Kraft gemeineuropäischer Sozialstrukturen und Rechtsordnungen wird zunehmend überschnitten durch die zusammenfassende und abgrenzende Macht monarchischer Regierungszentren. Die überlieferte Gemeinsamkeit des kirchlich-religiösen Lebens weicht einem vielgestaltigen Ringen um die wahre Erkenntnis und den rechten Dienst Gottes. Die kirchlichen Gegensätze verbinden sich vielfach mit zwischenstaatlichen oder innerstaatlichen Konflikten. Die Reinheit des religiösen Aktes und die Freiheit der personalen Glaubensentscheidung haben in dieser Krise der traditionellen christlichen Einheitskultur geringe Chancen, den Wirkungen und den Versuchungen der politischen Zwangsgewalt zu entgehen. Andererseits gewinnt der Werdeprozeß der staatlichen Organismen und das Selbstbewußtsein der Völker aus ihrer Verflochtenheit in das Ringen überstaatlicher Mächte und Ideen formende Impulse.

Vor dem Hintergrund dieses Wandels des europäischen Lebens stehen die Gestalten der Herrscher und Theologen, der Feldherren und Minister, an Hand deren Taten wir den Gang der Dinge zu verfolgen gewohnt sind. Es erhebt sich dabei freilich die Frage, wie weit wir in der Beobachtung dieser scharfumrissenen, im hellen Licht der Geschichte stehenden Menschen auch den hintergründigen Veränderungen des menschlichen Daseins, dem Insgesamt des Werdens der neuzeitlichen Existenzbedingungen auf die Spur kommen. Der Forscher und sein Publikum befinden sich gegenüber dieser Frage im Grunde in der gleichen Situation: Die Spannung zwischen Skepsis und leidenschaftlichem Erkenntnisdrang bleibt unaufhebbar, so verschieden die Wege sind, die heute gerade in der Erforschung des 16. Jahrhunderts eingeschlagen werden. So erscheint es möglich, von der Geschichte der Personen und der Ereignisse her auch Einsicht in die strukturellen Veränderungen dieses Jahrhunderts zu gewinnen. –

Die Anfänge Karls V. wurzeln in dem Werdeprozeß des nachmittelalterlichen Europa und spiegeln diesen wider. Eine neue Generation von jungen Königen trat damals in Frankreich und England, in Polen und Ungarn, in Spanien und im Reich die Herrschaft an. Während ihrer Regierung mußte es sich entscheiden, wie das Zusammenleben der europäischen Völker in einem Zeitalter aussehen werde, dem die neuen Techniken im Finanz-, Transport-, Kriegs- und Nachrichtenwesen eine Mobilisierung staatlicher Macht und eine Weiträumigkeit politischen Handelns erlaubten, wie es das Abendland noch nie gekannt hatte. Diese jungen Könige hatten von der vorhergehenden Generation vor allem zwei Probleme übernommen, von deren Lösung die Zukunft der europäischen Politik abhing: die burgundische Frage und den Kampf um Italien.

Der zukünftige Kaiser wurde am 24. Februar 1500 in Gent geboren, als Sohn des Habsburgers Philipp des Schönen und der Johanna von Kastilien und Aragon, als Enkel Kaiser Maximilians und des spanischen Königspaares Ferdinand und Isabella. Nachdem sein Vater 1506 gestorben war, konnte der junge Herrscher schon 1515 für volljährig erklärt werden und die Herrschaft über die ererbte burgundische Hausmacht antreten, die etwa dem Gebiet der heutigen Benelux-Staaten entsprach (dazu gehörte die Freigrafschaft Burgund). Diese Gebiete stellten weder eine staatliche Einheit dar, noch waren sie souverän. Ein Teil gehörte zum Reich, ein anderer Teil (Flandern und Artois) unterstand der französischen Lehensherrschaft. Das Ganze war nur mehr ein Fragment jenes großen burgundischen Zwischenreiches, das Karls Urgroßvater Karl der Kühne besessen hatte und um das dessen Schwiegersohn und Erbe Maximilian mit Frankreich gekämpft hatte. Die Rückgewinnung der an Frankreich verlorenen Teile des burgundischen Erbes blieb zeitlebens ein Ziel Karls V. Das war verständlich, da er sich weder als Deutscher noch als Spanier fühlte, sondern der niederländisch-burgundischen Staatstradition und Adelskultur entstammte. Aber es war etwas ganz anderes, ob Karls Vater noch als erster Pair Frankreichs in Paris einer Sitzung des Parlaments präsidierte, oder ob der Sohn nun alle Fesseln dieses altertümlich-feudalen Verhältnisses abstreifen und zugleich die alten burgundischen Landmarken als moderne Souveränitätsgrenzen wieder aufrichten wollte. Das mußte der französischen Krone als eine unerträgliche Bedrohung des eigenen und seinerseits zu moderner Geschlossenheit tendierenden Staatsraumes erscheinen.

Aber noch war es nicht soweit. Maximilian, der seit Philipps des Schönen Tod nominell die Regentschaft für den Enkel übernommen hatte (und sie durch seine Tochter Margarete in Gent ausüben ließ), stand meist gegen Frankreich. Dagegen folgte die Politik des burgundischen Hochadels langfristig einer überwiegend profranzösischen Linie. Das hing mit der Entspannung zusammen, die sich im nördlichen Mitteleuropa seit der Wendung Frankreichs zu einer aktiven Italienpolitik ergeben hatte. Es ist für die Anfänge Karls V. sehr wichtig gewesen, daß sich die burgundische Frage erst spät mit dem Kampf um Italien zu einer kompakten, dann allerdings unlösbaren Rivalitätsfrage zwischen Habsburg und Frankreich verkettete.

Italien war seit dem Ende des 15. Jahrhunderts zum Kampfplatz der großen Mächte geworden. Frankreich erhob Ansprüche auf das Herzogtum Mailand wie auf die Königreiche Neapel und Sizilien. Seine Könige kämpften mit wechselndem Glück auf dem italienischen Boden, dessen Besitz ihnen die europäische Suprematie sichern sollte. Auf der Gegenseite standen Spanien und das Reich. In Spanien, das eben erst durch die Ehe der Herrscher von Kastilien und Aragon zur staatlichen Einheit gefunden hatte, gab es zwei verschiedene Richtungen. Die aragonesische Politik war auf Italien gerichtet und

Maximilian I. mit seiner ersten Gemahlin Maria von Burgund und seinem Sohn Philipp dem Schönen
Vorn seine Enkel Ferdinand (Ferdinand I.), Karl (Karl V.) und Ludwig (Ludwig II. von Ungarn),
Gemahl seiner Enkelin Maria
Gemälde von Bernhard Strigel, 1515. Wien, Kunsthistorisches Museum

Kaiser Karl V.
Steinrelief von Hans Daucher, 1522. Privatbesitz

antifranzösisch; ihr gelang im ersten Jahrzehnt des 16. Jahrhunderts die Sicherung Unteritaliens gegen die französischen Angriffe. Kastilien war von alters her profranzösisch. Dies komplizierte System wurde noch bereichert durch die schwankende Politik Maximilians, der die alten Reichsrechte in Oberitalien einmal gegen Venedig und einmal gegen Frankreich zu verteidigen suchte. Ein gewisses Gleichgewicht schien eingetreten, seit einerseits der junge französische König Franz I. 1515 Mailand erobert hatte und andererseits Heinrich VIII. von England als nördlicher Partner von Frankreichs Gegnern in Erscheinung trat.

Dieser überaus labile, offene und nuancenreiche Zustand der europäischen Staatenwelt wurde von den beobachtenden Zeitgenossen teils mit Hoffnung, teils mit Sorge verfolgt. Erasmus von Rotterdam erwies sich als ein sublimer Kenner der politischen Tendenzen der Zeit, wenn er damals mit einem großangelegten Programm europäischer Föderation und Grenzgarantien gegen die Idee einer *Monarchia Universalis* auftrat und die Pluralität der abendländischen Staatenwelt verteidigte: »Der wahre und einzige Alleinherrscher des Erdkreises ist Christus. Wenn unsere Fürsten übereinstimmend seine Gebote beachten, wird alles Leben wahrhaft unter der Herrschaft eines Fürsten aufblühen.«

Aber es kam anders. Nicht die brüderliche, sich selbst begrenzende Übereinstimmung der christlichen Fürsten, sondern die unerbittliche Rivalität im Kampf um die europäische Vorherrschaft wurde zum Signum der folgenden Jahrzehnte. Betrachtet man diese rasche und definitive Wendung am Beispiel Karls V., so zeigt sich, wie schwer es ist, bei den damaligen Vorgängen zwischen Defensive und staatlicher Selbstbehauptung hier und Expansion und Hegemoniestreben dort zu unterscheiden. Vielleicht gehörte es überhaupt zu den Wesensmerkmalen der frühneuzeitlichen Staaten, daß sich der immanente Vorgang des innerstaatlichen Reifeprozesses nur in einer expansiven und hegemonialen Politik durchsetzen konnte.

Der junge Herzog Karl von Burgund wurde 1516 durch den Tod seines Großvaters Ferdinand zum Alleinherrscher der spanischen Königreiche, da seine Mutter infolge geistiger Umnachtung nicht regierungsfähig war. Von 1517 bis 1520 hielt er sich in Spanien auf. Verschiedene Umstände – darunter seine jugendliche Unerfahrenheit und die enorme Raffgier seiner burgundischen Umgebung – verhinderten ein tieferes Einwurzeln in die politischen und geistigen Lebensformen Spaniens. Der Prozeß der »Hispanisierung« Karls setzte erst in späteren Jahren ein. Als er damals die neugewonnenen Königreiche wieder verließ, blieb das Land in einer höchst gespannten und unbefriedigten Situation, die erst durch blutige Bürgerkriege im Sinne der habsburgischen Herrschaft gerettet werden konnte. Noch während des spanischen Aufenthaltes starb Anfang 1519 Karls anderer Großvater, Maximilian, der Kaiser des Heiligen Römischen Reiches. Er hatte vor seinem Tode die Wahl Karls zu seinem Nachfolger vorbereitet. Aber nun trat als stärkster Kandidat für die Krone des Reiches der französische König auf. Franz I. fand die Unterstützung des Papstes, denn Leo X. fürchtete die Verbindung der spanischen Macht in Unteritalien mit dem Reich und seinen italienischen Rechtsansprüchen.

Sollte Karl seine Kandidatur aufrechterhalten und in den Wahlkampf gegen den französischen König eintreten? Hier stoßen wir erstmals auf den Einfluß eines Nichtburgunders, des piemontesischen Staatsmannes Mercurino Gattinara, der 1518 das Amt des Großkanzlers übernommen hatte. Sein Vorgänger, Le Sauvage, war ebenso wie Karls politischer Mentor und Oberstkämmerer Chièvres ein Exponent jener altburgundischen Politik gewesen, die den Bruch mit Frankreich – auch gerade um der Übernahme des spanischen Erbes willen – nicht wollte. Nun aber hatte der junge Herrscher in Gattinara einen ganz anderen Berater zur Seite, dessen antifeudaler Rationalismus vor keiner politischen Konsequenz zurückscheute. Im Grunde war dieser italienische Jurist, der von den hochadligen Waffen- und Jagdgefährten Karls mit Mißtrauen betrachtet wurde, der einzige, der dem Herrscher ein vorwärtsgewandtes Programm der Zusammenfassung und Sinnerfüllung einer ungeheuren, aber weit verstreuten politischen Erbmasse unterbreitete. Dieses Programm war einfach: Karl ist zur Weltherrschaft berufen, »um die ganze Welt unter einem Hirten zu vereinigen«. Der Schlüssel zur Weltherrschaft aber liegt – so mahnte Gattinara den Herrscher – in der Kaiserwürde und im Besitz Italiens.

Über die geistesgeschichtlichen Wurzeln und die Einzelzüge dieser universal ausgeweiteten Kaiseridee kann man verschiedener Ansicht sein. Sicher ist eines: Karl entschloß sich, im Sinne des Gattinara-Programms, in den Wahlkampf um die Kaiserkrone einzutreten. Er war sich des daraus resultierenden Konfliktes mit Frankreich bewußt, und er setzte schließlich alle Mittel ein, um den Rivalen aus dem Feld zu schlagen. Als sich die deutschen Kurfürsten im Juni 1519 zu Frankfurt am Main versammelten, um dem Reich ein neues Oberhaupt zu bestimmen, zeigte sich rasch, daß habsburgische Finanzkraft und deutscher Reichspatriotismus imstande waren, Karl von Kastilien einen einstimmigen Wahlsieg zu sichern. Aber damit war der Kampf um die europäische Suprematie nicht etwa entschieden, sondern erst eröffnet. Jetzt begann sich die Vielfalt europäischer Machtkombinationen immer ausschließlicher um den Pol der habsburgisch-französischen Rivalität zu orientieren. Die nun beginnende Geschichtsepoche der europäischen Staaten und Völker ist reich an anderen Problemen, die nicht aus dieser Rivalität ableitbar sind und ihre eigene Bedeutung und Entwicklung haben: die Frage der Beziehungen zwischen Fürst und Ständen, zwischen kommunaler Freiheit und monarchischer Ordnung, zwischen Wirtschaftskraft und politischer Aktion, zwischen Militärwesen und Herrschaftsform, zwischen Staatstheorie und staatlichem Werden, zwischen Dynastie und Staat. Aber alle diese Fragen und Entwicklungen, so fundamental und eigenständig sie sein mochten, gerieten irgendwie und irgendwann unter den Einfluß des oben genannten Zentralproblems. Es gab nur *einen* Bereich des menschlichen Lebens, dessen Geschichtsmächtigkeit sich mit elementarer Kraft gegen und über dieses politische Problem hinweg geltend machte. Es war die intimste und in ihrem Kern weltfernste Sphäre – die Sphäre des religiösen Gewissens, wo der Mensch nach nichts anderem fragte als nach seinem gnädigen Gott.

Das Suchen nach der Gerechtigkeit Gottes: Martin Luther

Der kirchliche Zustand der abendländischen Christenheit am Vorabend der Reformation ist für das religiöse Bewußtsein des heutigen Menschen – sei er nun Christ oder nicht – fern, fremd und schwer verständlich. In vielen Jahrhunderten einer von der christlichen Lehre fast unbestritten beherrschten Kulturentwicklung hatten sich verschiedenartige Denksysteme und Institutionen entfaltet, die – jeweils aus genuiner religiöser Wurzel entstanden – in zähen und unklaren Überlagerungsformen fortbestanden. Dem Reichtum und der Vitalität spätmittelalterlichen Frömmigkeitslebens hatte eine geringe Fähigkeit entsprochen, zentrale und fällige Probleme der geschichtlichen Inkarnation des Gotteswortes anzugehen und zu lösen. Das zeigte sich in der theologischen Forschung und Lehre, wo das wenig fruchtbare Nebeneinander der ockhamistischen *Via moderna* mit der auf die Hochscholastik zurückgreifenden *Via antiqua* in manchem an die alexandrinische Spätstufe antiker Kultur erinnert. Es zeigte sich in der unsicheren und zögernden Form, in welcher die Auseinandersetzung der humanistischen Bildungsbewegung mit der überkommenen Theologie vor sich ging. Die zahlreichen Ungemäßheiten und Mißstände im Rechtsorganismus der Kirche und im Seelsorgewesen, die grobe Verdinglichung und Verweltlichung weiter Bezirke religiösen Lebens im Schnittbereich profaner Interessen – all das löste wohl einzelne Reformprogramme und -bestrebungen aus. Aber die lang erwartete Reform der Kirche »an Haupt und Gliedern« fand nicht statt. Das Papsttum hatte zwar die Krise der Schisma- und Konzilszeit überstanden. Aber die Nichterfüllung der Reformhoffnungen bedeutete für Rom eine starke Einbuße an spiritueller Autorität; durch die zunehmende Verstrickung des Renaissance-Papsttums in das politisch-militärische Ringen um Italien verschärfte sich diese Vertrauenskrise weiter, so daß bei Luthers Auftreten nur eine Minderheit der Katholiken in Rom eine Instanz zur Entscheidung von Glaubensfragen sehen wollte.

Die tiefe organische Schwäche und theologische Verwirrung in der Kirche trat zutage, als in Deutschland eine Bewegung entstand, die nationalkirchliche Impulse, volkstümliche antirömische Affekte und humanistische Kirchenkritik mit dem religiös-prophetischen Ingenium Luthers wie in einem reißenden Strom vereinigte. Um die epochale Wirkung dieser Bewegung zu verstehen, genügt es nicht, die Mißstände und die Reformbedürftigkeit des damaligen kirchlichen Lebens zu analysieren. Der eigentliche Schlüssel liegt in dem theologischen Werdegang Luthers. Hier, in dem einsamen Ringen des Augustinermönchs um die Gnade und Gerechtigkeit Gottes, entschied sich die Zukunft des abendländischen Christentums. Hier fielen geistige Entscheidungen, die das religiöse Schicksal unzähliger Generationen von Christen – evangelischen wie katholischen Bekenntnisses – betrafen. Denn es wird ja mit zunehmender historischer Distanz immer deutlicher, wie tief auch der Weg der an Rom festhaltenden Christen von Luther beeinflußt war und ist. Die Stufen der Regeneration, welche die katholische Kirche über das Konzil von Trient bis zum zweiten Vatikanischen Konzil durchschritt, sind von Luthers Tat nicht zu trennen.

Am 10. November 1483 in Eisleben geboren, entstammte Martin Luther einer Familie bäuerlicher Herkunft. Sein Vater hatte den Hof verlassen und war im Mansfelder Kupferbergbau erfolgreich; er stieg vom Arbeiter zum Teilhaber eines Grubenunternehmens auf. Der Aufstiegswille einer jungen, nach oben strebenden Schicht zeigte sich auch in dem väterlichen Berufswunsch für den begabten Sohn, der auf die Universität Erfurt geschickt wurde und dort nach Beendigung der vorbereitenden Ausbildung in der Artistenfakultät (*Magister artium* 1505) Jura studieren sollte. Der Weg des juristischen Studiums war ja damals eine der wenigen Möglichkeiten, die Schranken der geburtsständischen Gesellschaft nach oben zu überwinden. Aber eine plötzliche Entscheidung, deren krisenhaften Hintergrund wir trotz Luthers späterer Erzählung von dem Blitz, der neben ihm einschlug, und dem dadurch ausgelösten Gelübde nicht näher kennen, führte zum Verzicht auf diesen vielversprechenden Weg. Statt Jurist zu werden, trat Luther gegen den Willen des Vaters und den Rat der Freunde in das Kloster der Augustinereremiten in Erfurt ein. Auf die Profeß 1506 folgte schon im Frühjahr 1507 die Priesterweihe. Die folgenden fünf Jahre waren mit theologischen Studien an den Universitäten Erfurt und Wittenberg ausgefüllt. Nachdem Luther schon 1509/10 eine philosophische Vorlesungstätigkeit ausgeübt hatte, übernahm er 1512 als *Doctor Theologiae* den Wittenberger Lehrstuhl für Altes und Neues Testament, den er bis zu seinem Tode 1546 innehatte. Ebenso wie akademische Ehren übertrug man dem vielversprechenden jungen Mann bald auch Ordensämter; seit 1512 war er Subprior des Wittenberger Klosters, seit 1515 Distriktsvikar mit dem Aufsichtsrecht über zehn Konvente seines Ordens.

Während der Jahre dieses nach außen hin geradlinig und erfolgreich verlaufenden Lebensabschnittes erlebte Luther eine innere Wandlung. Sie brachte eine das Gesamtgefüge seiner Existenz umformende seelische Not und Erfahrung und einen umstürzenden theologischen Denkprozeß. An die Stelle des verlorenen Vertrauens in den religiösen Wert der »äußeren« Werke trat die Überzeugung von der ausschließlichen Kraft des innerlichen Glaubens und der göttlichen Gnade. Der unmittelbare Zusammenhang des ichhaften Erlebens mit der objektiven Tragweite der neugewonnenen Einsichten wird deutlich in dem autobiographischen Bericht, den Luther 1545 über diese Wende seines Lebens veröffentlichte:

> Ich war von einem außerordentlichen Drang erfaßt worden, den Paulus des Römerbriefes zu verstehen. Bisher hatte mich daran nicht etwa mangelnde Glut des Herzens gehindert, sondern ein einziges Wort im ersten Kapitel: »Die Gerechtigkeit Gottes wird in ihm (im Evangelium) offenbart.« Ich haßte nämlich jenes Wort »Gerechtigkeit Gottes«, weil ich nach dem Gebrauch und der Gewohnheit aller Doctores gelehrt worden war, es philosophisch zu verstehen im Sinne der sogenannten formalen oder aktiven Gerechtigkeit, kraft welcher Gott selbst gerecht ist und die Sünder und Ungerechten straft. Ich aber war mir bewußt, daß ich trotz meines untadeligen Mönchslebens vor Gott ein Sünder war mit überaus unruhigem Gewissen und daß ich nicht darauf vertrauen konnte, Gott durch mein genugtuendes Werk zu versöhnen. Deshalb liebte ich diesen gerechten und die Sünder strafenden Gott nicht, ich haßte ihn vielmehr...
> Bis ich Tag und Nacht grübelnd, durch Gottes Barmherzigkeit auf den Zusammenhang der Worte (jener Stelle) aufmerksam wurde... Da begann ich, die Gerechtigkeit Gottes als eine solche zu verstehen, kraft welcher der Gerechte als ein von Gott (mit der Gerechtigkeit) Beschenkter lebt, nämlich aus dem Glauben. Und ich verstand, daß dies gemeint sei: es wird durch das Evangelium jene Gerechtigkeit Gottes enthüllt, durch die uns der gnädige Gott Rechtfertigung zuteil werden läßt auf dem Wege des Glaubens, wie geschrieben steht: Der Gerechte lebt aus dem Glauben. Da fühlte ich mich ganz neu geboren und wie durch offene Pforten in den Himmel eingetreten. Und von da an zeigte mir die ganze Heilige Schrift ein anderes Gesicht...

Zur vollen Erläuterung dessen, was Luther hier über den Ursprung seiner Heilsgewißheit aus der Verzweiflung an der eigenen Werkgerechtigkeit berichtet, müßte man viele Kapitel der antiken und mittelalterlichen Geistesgeschichte heranziehen. Die fortlebende Spannung zwischen griechischem Seinsbegriff und christlich-personaler Heilsverkündigung, die antithetische Kraft des von Luther geliebten augustinischen Denkens, die Engpässe der ockhamistischen Form des scholastischen Systems (das die Willkür des der Vernunft nicht erreichbaren »verborgenen Gottes« lehrte, aber Luther in seiner Verzweiflung an den kreatürlichen Kräften des Menschen keine Hilfe bot), schließlich die unmittelbare Verzahnung dieser theologischen Aporien mit der klösterlich-hierarchischen Daseinsform, in die Luther gebunden war – aus dieser zutiefst durchlittenen Ausweglosigkeit befreite sich der Reformator, indem er für sich und für alle Welt eine neue Konzeption des Verhältnisses von Gott und Mensch errang. Wir wissen heute freilich auf Grund zahlreicher Dokumente, daß diese Wandlung, die Luther im Rückblick erlebnishaft konzentriert hat, ein kontinuierlicher, über Jahre verfolgbarer Prozeß war. Dies ändert aber nichts an dem grundlegenden Tatbestand, daß von dieser neuen Konzeption der Gerechtigkeit Gottes her alle weiteren, fortschreitend revolutionärer wirkenden Konsequenzen Luthers sich erklären.

Schon in der Römerbrief-Vorlesung von 1515/16 wurden die weitreichenden Folgen der neuen innertheologischen Positionen für die Gesamtheit der kirchlichen und weltlichen Gegenwartsbezüge angedeutet. Die Faszination für Studenten und Kollegen muß außerordentlich gewesen sein. Was zunächst nur als ein neues akademisches Leuchtfeuer erschien, wurde zum öffentlichen Ereignis und zum leidenschaftlich diskutierten Politikum, seit Luther im Herbst 1517 gegen die Ablaßpredigt auftrat. Weder dem Augustinermönch noch der breiten Schicht von Humanisten, Theologen und fürstlichen Räten, die nun seine gedruckten Schriften zu lesen und zu verbreiten begannen, konnten damals schon die späteren Folgen einsichtig sein. Niemand dachte an Kirchenspaltung oder an die Errichtung einer »zweiten Kirche«. In einem grandiosen Mißverständnis wandte sich der überwiegende Teil der öffentlichen Meinung Deutschlands Luther zu, dem man die eigenen – national oder bildungspolitisch gefärbten – aktuellen Reformwünsche unterstellte. Kaum einer begriff die Tiefe und Radikalität von Luthers Theologie. Aber keine große Bewegung erklärt sich nur aus Mißverständnissen. Tatsächlich bestand ein innerer Zusammenhang zwischen der Wucht des antirömischen Affekts in Deutschland und Luthers theologischen Schlußfolgerungen, die nun Zug um Zug das Gebäude der traditionellen Lehre und der Hierarchie trafen. Und andererseits ist die befreite Zustimmung tieferer Geister nicht zu übersehen, wie man sie etwa bei Albrecht Dürer findet, der Luther in Kupfer stechen wollte, »zu einer langen gedechtnus des kristlichen mans, der mir aus grossen engsten geholfen hat«.

Die Antwort der kirchlichen Stellen und der konservativen Theologen auf Luthers Auftreten war im großen und ganzen schwächlich, theologisch wenig überzeugend und noch dazu politisch gehemmt. Denn gerade als 1518 in Rom der Prozeß gegen den Wittenberger eröffnet wurde, kam Papst Leo X. in die Lage, dessen Landesherrn, den sächsischen Kurfürsten, für die kurialen Absichten bei der bevorstehenden Wahl des Reichsoberhauptes gewinnen zu wollen. So ergab sich die groteske Situation, daß der römische Prozeß gegen Luther im Zusammenhang mit der päpstlichen Politik gegenüber Franz I. und Karl V. fast eineinhalb Jahre auf Eis gelegt wurde. Erst im Sommer 1520 erging die Bannandrohungsbulle *Exsurge Domine*. Aber auch sie vermochte die öffentliche Meinung Deutschlands kaum mehr gegen Luther zu beeinflussen. Vielen Männern, die als Katholiken gestorben sind, erschien in jenen Jahren das kuriale Vorgehen gegen den Reformator nicht als die verbindliche Stimme der Kirche, sondern als eine von außen kommende, parteiische Maßnahme, die kein Gewissen verpflichtete. So schrieb damals Conrad Peutinger, der als Humanist und führender Politiker der süddeutschen Reichsstädte die Dinge genau verfolgt hatte, voll Ingrimm: »Luther ist in der Kirche und wird in der Kirche sein, bis ein Konzil gerecht über ihn urteilt und ihn hinauswirft.«

Luthers Suchen nach Gottes Gerechtigkeit war eine Frage von universaler Tragweite; seine Frage kam aus der Tiefe des geschichtlichen Schicksals der Heilsbotschaft Christi. Die Antworten, die er fand, waren von ebenso allgemeiner Bedeutung. Es machte die konkreten Bedingungen dieser geschichtlichen Stunde aus, daß sich Weg und Wirkung des Reformators mit den deutschen Verhältnissen auseinanderzusetzen hatte. Die Welt, in die Luthers Verkündigung wirkte, war zunächst die beschränkte und altertümliche Welt des Heiligen Römischen Reiches. Ihr trat er auf dem Wormser Reichstag von 1521 persönlich entgegen.

Der Reichstag zu Worms 1521

Weit über ein Jahr verstrich, bis das zu Frankfurt gewählte Oberhaupt des Reiches zur Krönung in Aachen eintraf. Von Spanien über England und die Niederlande kam Karl V. zum erstenmal ins Reich. Am 23. Oktober 1520 fand im Aachener Karls-Münster die Krönung des zwanzigjährigen Monarchen zum König der Römer statt. Die Kurfürsten walteten ihrer Ämter; der Erzbischof von Köln stellte die sechs Fragen, die das Krönungsformular enthielt: »Willst Du den heiligen überlieferten katholischen Glauben halten und bewahren? Willst Du die Kirche und die Geistlichkeit beschirmen? Willst Du das Reich in Gerechtigkeit regieren? Willst Du die Rechte des Reiches wahren und das ihm entfremdete Gut wiedergewinnen? Willst Du ein gnädiger Richter und ein Anwalt der Armen und Reichen, der Witwen und Waisen sein? Willst Du der päpstlichen Heiligkeit und der römischen Kirche in Treue und Ehrfurcht die schuldige Ergebenheit bewahren?« Karl antwortete jedesmal mit Ja und empfing die Krone und die liturgischen Krönungsgewänder. Wenige Tage später nahm er bereits – kraft päpstlicher Vollmacht – den Titel eines »erwählten römischen Kaisers« an. Die noch ausstehende Kaiserkrönung durch den Papst, die eigentlich die Voraussetzung für die Führung des Kaisertitels war, sollte vereinbarungsgemäß bald nachfolgen. Tatsächlich dauerte es noch zehn Jahre, bis dieser zweite Krönungsakt zustande kam.

Mit dem altertümlichen Prunk der Aachener Krönungsfeier begann der Eintritt des Kaisers in die Probleme der Reichspolitik. Eine Woge von ungemessenen und unklaren Hoffnungen schlug ihm entgegen, als er nun – umgeben von einem glänzenden Hofstaat aus Niederländern, Spaniern und Deutschen – über Köln rheinaufwärts nach Worms reiste, um dort den Reichstag zu eröffnen. Volkstümliche Prophezeiungen und humanistische Begrüßungsworte verkündeten gleicherweise den Anbruch des goldenen Zeitalters. Auch in

Martin Luthers revolutionärer Schrift »An den christlichen Adel deutscher Nation« klang damals die hochgestimmte Erwartung auf den jungen, mächtigen Herrscher wider: »Gott hat uns ein junges, edles Blut zum Haupt gegeben, er hat damit viel Herzen zu großer, guter Hoffnung erweckt.«

Aber was war es eigentlich, was die Deutschen von Kaiser Karl erwarteten, der ihre Sprache nicht sprach, ihre Wünsche nicht kannte und ihre Erregung nicht verstand? War es nur die Kraft des volkstümlich-atavistischen Kaisermythos oder die des antirömischen Affektes, welche die Gemüter in Bewegung versetzte? Es ist kaum möglich, die Vielfalt der Motive zu entwirren und die Vielschichtigkeit der Projektionen sozialer, politischer und religiöser Heilserwartung aufzudecken, in deren Mittelpunkt Karl in Deutschland geriet. Zweierlei scheint in diesem verwirrenden Bild einigermaßen klar zu sein: die spannungsreiche deutsche Atmosphäre dieser Monate ist erfüllt von der Ahnung großer, schon überfälliger Entscheidungen – eine Wende ist im Gang, es geht nicht mehr so weiter wie bisher. Andererseits ist der Kaiser selbst zu innerst unberührt von der heißen und undurchsichtigen Bewegung um ihn her. Im exklusiven Kreise seiner Berater herrschte die kühle Luft dynastischer Rationalität. Man dachte und handelte in den Bahnen einer berechenbaren und internationalen Politik. Der Kaiserhof spielte in dem Getriebe von Fürsten, Rittern, Humanisten, Luthergegnern und Lutherfreunden eine distanzierte Rolle. Man berechnete mit Genauigkeit die Züge und Gegenzüge und den Wert der einzelnen Figuren. Aber man blieb entschieden außerhalb des Dunstkreises dieser deutschen Leidenschaften und Engagements. So konnte der Kaiser den Wormser Reichstag – formal gesehen – mit Erfolg leiten und zu Ende führen. In Wirklichkeit aber war ihm hier schon die Führung der deutschen Dinge entglitten, bevor er sie noch wirklich in die Hand genommen hatte.

Bei alledem ging es aber keineswegs nur um die deutschen Dinge. Die Glaubensfrage, wie sie durch Luthers Auftreten in Worms in aller Öffentlichkeit gestellt wurde, richtete sich und richtet sich noch heute an alle Welt, wenn auch die Umstände und die besondere Form, in der diese Frage auftrat, unverkennbar von den besonderen geistigen und gesellschaftlichen Voraussetzungen Deutschlands bedingt waren. Auch die politischen Fragen, die der Wormser Reichstag behandelte, reichten über die innerdeutschen Anlässe und Konsequenzen hinaus. In allen Fürstenstaaten Europas war damals das Verhältnis zwischen herrschaftlicher und genossenschaftlicher Ordnung, zwischen monarchischer Zentralgewalt und ständischem Föderalismus in der Schwebe. Die Verfassung des Heiligen Römischen Reiches nahm nach Alter und Reichweite eine führende Stellung im konstitutionellen Leben Europas ein. Sie enthielt – wenn auch in stark verkümmerter Form – manche Elemente übernationaler Rechts- und Staatsordnung. Es mußte für die innere Ausgestaltung der europäischen Staaten wie für das Zusammenleben der christlichen Völker und Fürsten vieles davon abhängen, in welcher Weise sich das Verhältnis zwischen Kaiser und Reich entwickelte.

In der erstmaligen Begegnung Karls mit den deutschen Fürsten und Städtevertretern ging es um verfassungspolitische Entscheidungen von erheblicher Tragweite. Der alte Kaiser Maximilian hatte das Ringen um die Reichsreform nicht zu Ende geführt. Wohl war der innere Ausbau der deutschen Fürstenstaaten fast überall zu einem gewissen Abschluß gelangt; diese seit Jahrhunderten vor sich gehende territorialstaatliche Konsolidierung war auch durch ein mächtiges Kaisertum kaum mehr rückgängig zu machen. Aber andererseits war die Frage nach der zentralen Zuordnung von ständischer und kaiserlicher Regierungsgewalt noch ganz offen. Und außerhalb der großen, geschlossenen Fürstenstaaten gab es noch die Kleinwelt der reichsfreien Grafen und Ritter, der vielen kleinen geistlichen Herrschaften und der Reichsstädte, die zum Teil gerade damals einen Anstieg ihrer wirtschaftlichen und finanziellen Macht erlebten. Die Bedeutung dieser nichtfürstlichen Gruppen darf nicht unterschätzt werden. Die mächtige Organisation des Schwäbischen Bundes zeigte damals, wie dank einer modernen und zweckmäßigen Föderativverfassung die finanzkräftigen Städte Süddeutschlands zusammen mit Adel und Prälaten ihren fürstlichen Bundespartnern durchaus gewachsen waren. So waren die Reichsstädte und die kleinen, nichtfürstlichen Reichsstände die gegebenen Bundesgenossen des Kaisers, wenn er eine Reform der Reichsverfassung im Sinne einer Stärkung des monarchischen Charakters versuchen sollte.

Auf dem Wormser Reichstag ging der Kampf zwischen Kaiser und Fürsten vor allem um das neu zu errichtende »Reichsregiment«. Die Kurfürsten hatten es in der Wahlkapitulation gefordert, Karl hatte es im Prinzip zugestanden. Aber die beiderseitigen Vorstellungen gingen weit auseinander. Die Stände griffen auf eine Ordnung von 1500 zurück; damals war es ihnen vorübergehend gelungen, Maximilian zur Annahme einer Art von Regentschaftsrat zu zwingen, der sich aus Vertretern des Reiches zusammensetzte und die Regierungskompetenz des Reichsoberhauptes wesentlich beschränkte. 1521 mußte Karl in der Wiedererrichtung einer solchen Zentralbehörde den Versuch sehen, ihn unter Vormundschaft zu stellen. Seine Position war eindeutig und wurde von seinen Räten energisch verfochten: Nur der Kaiser repräsentiert die Gesamtheit des Reiches; ein dauerndes Zentralorgan der Stände ist deshalb ein Unding; nur für die Dauer der jeweiligen Abwesenheit des Kaisers vom Reich soll ein Statthalterrat gebildet werden, der im Namen Karls die Regierung führt. Nach monatelangem Ringen kam die »Regimentsordnung« vom 26. Mai 1521 zustande, die in der Form den Ständen entgegenkam, in der Sache aber durchaus der kaiserlichen Konzeption folgte.

Mit diesem Kompromiß war auf weitere Sicht nicht viel gewonnen; der Kampf war nur vertagt. In der Praxis der Reichsgesetzgebung, des Landfriedens und der Neuordnung des obersten Reichsgerichtes zeigte sich sofort, daß die Impulse zu herrschaftlicher Ordnung hier und zu föderativer Ordnung dort nicht ineinandergriffen, sondern sich gegenseitig lähmten. So blieb von der ungelösten Verfassungsfrage her das Reich in einem seltsamen Zustand von Hilflosigkeit und improvisierter Selbsthilfe. Die kaiserliche Idee des Reiches – das sollte sich später zeigen – war im äußersten Falle nur mit Waffengewalt zu realisieren. Bis dieser Fall eintrat, war jedoch durch die religiöse Neuerung das bisherige politische und rechtliche System des Reiches bereits tiefgehend verändert. Das religiöse Gewissen begann gegen profane Rechtsbindungen zu protestieren und schuf damit völlig neue Tatbestände. Diese Entwicklung setzte in den Jahren nach 1521 ein. Der Wormser Reichstag bot dazu einen ersten, bedeutungsvollen Anschauungsunterricht.

Die Frage nach Luther und seiner Stellung zur Kirche und zum Reich gehörte keineswegs zum ursprünglichen Programm der Wormser Versammlung. Es gab zwar in diesem

Programm einen Punkt, der die Interessen Roms sehr nahe betraf. Das waren die *Gravamina nationis Germanicae*, das heißt die seit dem 15. Jahrhundert stets wiederholten und verstärkten Klagen über die fiskalischen und rechtlichen Übergriffe der römischen Kurie in Deutschland. Der starke antirömische Affekt, der hinter diesen Klagepunkten stand, machte sich auch in den Verhandlungen über Karls geplanten Romzug geltend. Er bestimmte weitgehend die Atmosphäre der ersten Monate des Reichstages und erfaßte auch manche Teilnehmer, die der Sache Luthers skeptisch oder neutral gegenüberstanden. Diese antirömische Stimmung bei hoch und niedrig machte auf die in Worms anwesenden päpstlichen Nuntien tiefen Eindruck. Sie manifestierte sich bei vielen Gelegenheiten. Am 22. Januar 1521 hielt der Augsburger Dominikanerprior Johann Faber, der später vor der Reformation aus seinem Kloster fliehen mußte, die Leichenrede für den verstorbenen Kardinal von Croy. In Anwesenheit des Kaisers und der führenden Männer des Reiches forderte er zunächst ein Vorgehen gegen Luther, da es diesem Privatmann nicht zustehe, den Papst zu maßregeln. Wohl stehe dies aber dem Kaiser und den Kurfürsten zu. Der Kaiser solle nach Italien ziehen, Italien wieder dem Reich unterwerfen und die Mißstände in Rom abstellen. Der Nuntius Aleander berichtete über diese sensationelle Kundgebung nationaler und innerkirchlicher Angriffslust in höchst besorgtem Tone nach Rom. Er intervenierte beim Kaiserhof, hatte aber keinen Erfolg; vielmehr wurde Faber zum Fastenprediger bestimmt.

Solche Stimmungsmomente gaben den Hintergrund ab für das politische Ringen, das der Berufung Luthers vor den Reichstag vorausging. Friedrich von Sachsen, der Landesherr des Wittenberger Mönchs, war eine führende Gestalt unter den deutschen Kurfürsten, mit denen der Kaiser sich jetzt zu arrangieren hatte. Er forderte ein unparteiisches Verhör für Luther und sah geflissentlich darüber hinweg, daß der Mönch inzwischen schon von Rom gebannt war und seinerseits die päpstliche Bulle vor den Toren Wittenbergs verbrannt hatte. Nach den Regeln des Reichs- und Ketzerrechtes hätte nun dem päpstlichen Bann die kaiserliche Achterklärung folgen müssen.

Aber die Dinge beginnen anders zu laufen. Auf der einen Seite fordert eine Mehrheit der zum Reichstag eintreffenden Stände das Verhör, auf der anderen Seite ist im Kreis der Hofräte und Juristen – bis in die nächste Umgebung des Kaisers – der Gedanke verbreitet, im Sinne des Erasmus die »Tragödie Luthers« durch ein Schiedsgerichtsverfahren beizulegen. Das sind zunächst etwas vage Ideen, die vom Papsttum als lehramtlicher Instanz absehen wollen und den Fall des Wittenbergers halb noch als Gelehrtenstreit, halb schon als ein Politikum im antipäpstlichen Sinne erscheinen lassen. Aleander drängt den Kaiserhof unausgesetzt zum sofortigen Erlaß eindeutiger Strafmandate gegen Luther. Der Kaiserhof spürt gute Lust, Luther gelegentlich als ein Schreck- und Druckmittel gegen Rom auszuspielen. Man will den sächsischen Kurfürsten und die anderen Stände nicht vor den Kopf stoßen; man will ihnen aber von kaiserlicher Seite her auch keine eigentliche verfassungsrechtliche Mitwirkung bei der Behandlung Luthers zugestehen.

Aus diesen hin und her wirkenden Motiven und Einflüssen ergibt sich schließlich die weltgeschichtliche Entscheidung: Luther wird vor den Reichstag berufen. Aber er darf nicht disputieren; er darf nur zum Widerruf erscheinen. Wenn er nicht widerruft, ist der Kaiser berechtigt, gegen ihn gemäß den Gesetzen vorzugehen. Zwischen Karl und der

Kurie wird der Fall weiterhin nach allen Regeln der Renaissance-Diplomatie durchgespielt – so wenn Aleander der Kurie rät, die Sache Luthers vor dem Kaiser als nicht allzu wichtig zu behandeln, damit dieser für seine Hilfe (gegen Luther) nicht übertriebene Gegenforderungen stellen könne.

Begleitet von dem kaiserlichen Herold wurde der Weg Luthers durch die Städte und Dörfer Hessens und Frankens zu einer Triumphfahrt. Die Blicke des ganzen Landes richteten sich nach Worms, wo der Wittenberger Mönch am 17. April 1521 zum erstenmal vor den Reichstag trat. Man legte ihm auf einem Tisch seine Bücher vor und fragte ihn, ob er sie als seine Werke anerkenne und ob er widerrufe. Luther bat um Bedenkzeit bis zum nächsten Tag. Hier wiederholte sich zunächst der Auftritt mit der Vorlage der Bücher. Aber nun ergriff der Reformator das Wort zu einer wohlvorbereiteten Rede, erst in deutscher, dann in lateinischer Sprache. Er ging davon aus, seine Werke zu klassifizieren und zu erläutern. Dabei legte er den Akzent weniger auf die theologischen Unterscheidungsfragen als auf den Gesamtkomplex von Papsttum, Kirche und Gewissen. Hier konnte er auf aufmerksamstes Gehör rechnen, und hier blieb er seinen Hörern, darunter dem Kaiser und allen Großen des Reiches, nichts schuldig: »Der Papst ist die Macht, die mit ihren allerbösesten Lehren und ihrem schlechten Beispiel die christliche Welt mit den geistlichen und leiblichen Übeln verheert, verwüstet und verdorben hat. Denn dies kann niemand bestreiten oder verhehlen, daß durch die Gesetze des Papstes und seine Menschenlehre die Gewissen der Christgläubigen aufs jämmerlichste gefangen, beschwert, gemartert und gequält sind.« Auf die abschließende Frage nach einem klaren Ja oder Nein zum Widerruf antwortete Luther ohne Zögern: »Wenn ich nicht durch das Zeugnis der Heiligen Schrift oder durch klare Vernunftgründe überzeugt und überwunden werde, so bleibe ich überwunden durch die von mir angeführten Schriftstellen, und mein Gewissen bleibt im Worte Gottes gefangen, und ich kann und will nicht widerrufen, da es beschwerlich, ungut und gefährlich ist, gegen das Gewissen zu handeln. Gott helfe mir, Amen!«

Nach dieser Erklärung war der Kaiser am Zug; er war jetzt konfrontiert mit einer Kampfansage, der gegenüber es kein taktisches Abwägen mehr gab. Einen Tag nach Luthers Rede ließ er die Stände zusammenkommen und gab eine Gegenerklärung ab, die er eigenhändig in französischer Sprache aufgesetzt hatte: »Ihr wißt, daß ich abstamme von den allerchristlichsten Kaisern der edlen deutschen Nation, von den katholischen Königen von Spanien, den Erzherzögen von Österreich, den Herzögen von Burgund, die alle bis zum Tode getreue Söhne der römischen Kirche gewesen sind. Sie haben die heilige katholische Religion hinterlassen, in der ich lebe und sterbe. So bin ich entschlossen, festzuhalten an allem, was seit dem Konstanzer Konzil erreicht ist. Denn es ist sicher, daß ein einzelner Mönch irrt, wenn er gegen die Meinung der ganzen Christenheit steht, da sonst die Christenheit tausend Jahre oder mehr geirrt haben müßte. Deshalb bin ich entschlossen, in dieser Sache alle meine Königreiche und Herrschaften, Freunde, Leib und Blut, Leben und Seele einzusetzen. Denn das wäre eine Schande für uns und für Euch, Ihr Glieder der edlen deutschen Nation, wenn in unserer Zeit durch unsere Nachlässigkeit auch nur ein Schein der Häresie und Beeinträchtigung der christlichen Religion in die Herzen der Menschen einzöge. Nachdem wir gestern die Rede Luthers hier gehört haben, sage ich Euch, daß ich

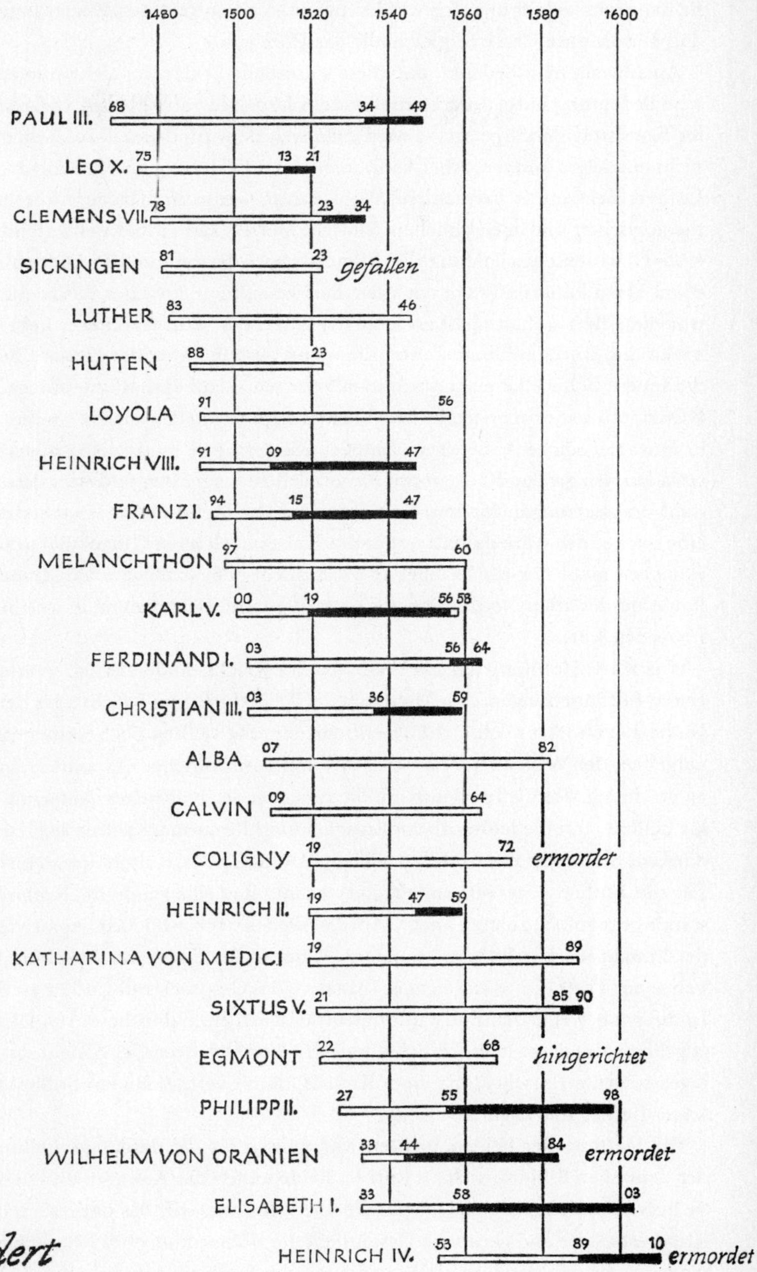

LEBENSDATEN:

Europa im 16. Jahrhundert

bedaure, so lange gezögert zu haben, gegen ihn vorzugehen. Ich will ihn nie wieder hören. Er habe sein Geleit; aber ich werde ihn fortan als notorischen Ketzer betrachten und hoffe, daß Ihr als gute Christen gleichfalls das Eure tut.«

Auch wenn man bedenkt, daß diese kaiserliche Erklärung nicht zuletzt eine außenpolitische Bedeutung hatte – sie wurde bald im Druck in ganz Europa verbreitet und dem Papst im Konsistorium vorgelegt –, wird man sich dem Eindruck ihrer bekenntnishaften Kraft nicht entziehen können. Aber kann man Karls Erklärung als eine ebenbürtige Antwort auf Luthers Bekenntnis betrachten? Wohl kaum, wenn man beide Äußerungen nach ihrem theologischen und menschlichen Gewicht wertet: Gegen die tief durchdachte und durchlebte Gewissensentscheidung des Mönchs stand der religiöse Traditionalismus des Monarchen. Dazu kam die Frage nach der Bereitschaft zur Last der Konsequenzen. Für Luther war diese Bereitschaft nicht zweifelhaft; er hat sein ganzes weiteres Leben mit allen Bitternissen und Enttäuschungen unter diese Last gestellt. Aber der Kaiser? Bei ihm trat alsbald die innere Schwäche einer traditionalistischen Glaubenshaltung zutage, die eben nur *ein* Bestandteil seiner monarchischen Vorstellungswelt neben vielem anderen war. Er meinte es ernst mit seiner Antwort an Luther; aber er hätte es als völlig absurd betrachtet, nun etwa auf den großen Krieg gegen Frankreich zu verzichten und statt dessen in Deutschland die Voraussetzungen für ein Umsichgreifen der Reformation Luthers zu beseitigen. Auf eine solche Idee wäre damals weder der Kaiser noch seine Umgebung gekommen. Aber das war eben nicht nur ein Mangel an Voraussicht oder sittlichem Ernst, sondern die logische Folge aus der alten Konzeption von Gott, Welt und Fürstenehre, in welcher der Kaiser groß geworden war.

Was Karls Hoffnung auf das Verhalten der Reichsstände anging, so erlebte er alsbald die ersten Enttäuschungen. Die Mehrzahl der Teilnehmer des Reichstages betrachtete den Fall Luthers auch jetzt noch nicht als entschieden. Sie wollten noch immer nicht die Hoffnung aufgeben, den Wittenberger für ihre Art von antirömischer Opposition und Kirchenreform zu gewinnen. Sie hielten den Konflikt zwischen der politischen Autorität und Luther noch für heilbar; um die lehramtliche Entscheidung Roms machten sie sich zunächst wenig Gedanken. So wurde nun unter unwilliger Duldung des Kaisers im kleinen Kreise Tag um Tag mit Luther weiterverhandelt. Zuerst stand ihm eine gemischte Kommission der Reichsstände gegenüber; zuletzt, am 25. April, waren es noch zwei Männer aus der starken Gruppe der humanistisch gebildeten Juristen – Conrad Peutinger aus Augsburg und Hieronymus Vehus aus Trier –, die aus eigener Initiative das Gespräch mit Luther zu retten versuchten. In diesem bewegenden Endstadium wurden noch einmal frühere Ausgleichsvorschläge aufgegriffen: das unparteiische Schiedsgericht der Gelehrten, ein Richterspruch des Reichstages oder die Entscheidung eines Konzils, damit verbunden ein Stillhalteabkommen zwischen Luther und dem Reichstag.

Die Haltung der beiden Juristen war typisch für die damalige Stellung weitester Teile der deutschen Bildungswelt zu Luther. Beide lobten das Anliegen und das Wirken Luthers; sie begrüßten sein Vorgehen gegen die »*sophistica theologia*, das unnutz predigen«, gegen die Ablaßverkäufer und gegen die Gesamtheit der »Unordnung des Römischen und geistlichen Wesens«. Sie dankten ihm, daß er »die rechten Fünklein evangelischer Lehre so gut an den

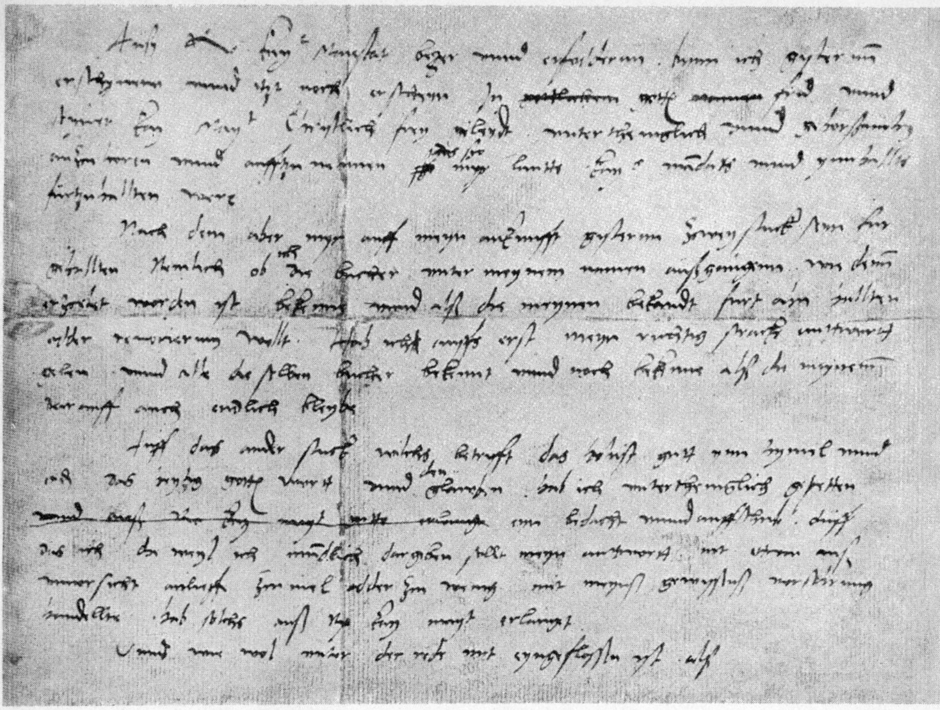

Luthers eigenhändiger Entwurf für seine Rede auf dem Wormser Reichstag am 18. April 1521
Geschrieben in der Herberge nach seinem Verhör am 17. April
Weimar, Thüringisches Staatsarchiv

Papst Leo X.
Zeichnung von Giulio Romano
Chatsworth, Devonshire Collection

Tag gebracht habe«. Aber alles Ringen und Bitten um eine Kompromißformel, die Luther für einen evolutionären Weg der Kirchenreform gewonnen hätte, stieß auf seinen unerschütterlichen Vorbehalt: er werde sich der Entscheidung des Reichstages oder eines Konzils unterwerfen, nur dürfe nichts gegen die Heilige Schrift entschieden werden. Das war tatsächlich der Angelpunkt der Wormser Vorgänge. Hier scheiterte trotz des besten Willens jeder Ausgleichsversuch, der von einer kollektiven Autorität in Glaubensfragen ausging – mochte dabei auch in extremster Form vom Papsttum als Glaubensinstanz abgesehen werden.

Als Luther am folgenden Tag Worms verließ, war die sächsische Politik schon darauf vorbereitet, den Gebannten und Geächteten für eine unbestimmte Übergangszeit dem Zugriff der Öffentlichkeit zu entziehen. Während der Wittenberger auf der Wartburg in Sicherheit saß, sich als »Junker Jörg« einen weltmännischen Bart wachsen ließ und die Bibel übersetzte, ging der Reichstag zu Ende. Der Kaiser erließ das berühmt-berüchtigte »Wormser Edikt«, das nicht nur für die Person Luthers alle reichsrechtlichen Strafmaßnahmen verkündete, sondern auch die Verbreitung seiner Schriften mit harten Vorschriften unterbinden sollte. Doch damit war dem Stand der öffentlichen Meinung gegenüber nicht durchzukommen. Wie ein reißender Strom ergoß sich in wachsender Anzahl das reformatorische Schrifttum über Deutschland. Nun wurde vielen deutlich, daß es sich nicht mehr um Reform, sondern um eine religiöse Revolution handelte. Heftiger und entschiedener begann man das Neue aufzunehmen, zu bedenken und mitzuvollziehen.

Neben der Verfassungsfrage und der Glaubensfrage hatte der Reichstag auch außenpolitische Probleme zu behandeln. Der Kaiserhof war ständig mit den Nachrichten vom Bürgerkrieg in Spanien beschäftigt; die Stände hatten sich mit den Hilfsforderungen der Ungarn auseinanderzusetzen, die vor der Türkengefahr warnten. Die italienischen Mächte verfolgten mit gespanntem Mißtrauen die Verhandlungen zwischen Kaiser und Reich über die Stärke des Heeres, das die Stände zum traditionellen Romzug des Herrschers zu stellen bereit waren. Schließlich rückte die französische Frage zunehmend in den Mittelpunkt des Interesses; sie beherrschte den Ausgang des Reichstages. Im Zeichen der ansteigenden Kriegsgefahr im Westen stand auch die Beschleunigung der lang schon fälligen Erbteilung zwischen dem Kaiser und seinem Bruder Ferdinand. Die jüngere Linie erhielt mit der Hauptstadt in Wien den östlichen und südlichen Teil des im Reich gelegenen habsburgischen Besitzes: Österreich, die Alpenherzogtümer, Teile von Schwaben und dazu bald noch den Breisgau und das Elsaß. Der Kaiser behielt die Niederlande, Spanien, die Freigrafschaft Burgund und die italienischen Besitzungen. Wie Glieder einer Kette legten sich diese Länder um das Königreich Frankreich.

Das kräftigste Glied in diesem Ring war jedoch Karls neuer Verbündeter, Papst Leo X. Obwohl er im Ringen um die Kaiserkrone eben noch auf der Seite der Gegner Habsburgs gestanden hatte, war der Mediceerpapst bald zu sehr weitgehenden Bündnisvereinbarungen bereit. Er wandte sich einfach jener Seite zu, deren Sieg im kommenden Hegemoniekampf am sichersten schien. Solange am Kaiserhof selbst die Würfel noch nicht gefallen waren, gab es auch in Rom Verzögerungen. Doch als Chièvres starb und damit die altburgundische und frankophile Richtung am Hofe endgültig das Terrain an die von Gattinara geführte

Kriegspartei verlor, nahm Leo X. offen Stellung. Am 28. Mai 1521 wurde in Rom das Kriegsbündnis zwischen Kaiser und Papst gegen den allerchristlichsten König Franz I. unterzeichnet. Die Gedanken und Kräfte des Kaisers wandten sich rasch von Deutschland ab. Gegenüber dem gewaltigen Ringen um die europäische Vorherrschaft, das nun begann, erschienen der Wormser Reichstag, Luther und die Welt der deutschen Fürsten und Städte bald nur noch wie eine Episode am Rande des Weltgeschehens.

Beginn des Kampfes um die europäische Hegemonie (1521–1530)

Der Krieg zwischen Frankreich und dem Kaiser begann keineswegs mit großen, überlegt geplanten und durchgeführten Operationen. Es waren regionale Konflikte an der niederländischen Grenze und im Pyrenäengebiet, die den großen Waffengang des 16. Jahrhunderts eröffneten. Henri d'Albret, König von Navarra, wollte im Frühjahr 1521 die innerspanischen Wirren benützen, um den 1512 an Spanien verlorenen südlichen Teil seines Pyrenäenstaates zurückzugewinnen. Er hatte französische Hilfstruppen zur Verfügung und konnte im Mai ohne große Mühe Pamplona erobern. Aber diese Kämpfe, die durch die Teilnahme eines baskischen Edelmannes namens Iñigo de Loyola weltgeschichtliche Berühmtheit erlangten, endeten bald mit dem Rückzug der Franzosen über das Gebirge. Im Juli 1521 befand sich ganz Süd-Navarra wieder in spanischer Hand.

Ein ähnlicher Kleinkrieg hatte an der luxemburgischen Grenze begonnen, wo Robert de la Mark, Herr von Sedan, zunächst eine Privatfehde in fast mittelalterlichem Stil gegen seinen kaiserlichen Lehensherrn führte. Der Kaiser machte für dieses Vorgehen wie für die Kämpfe in Navarra den französischen König haftbar. So bestand zwar seit dem April 1521 ein förmlicher Kriegszustand zwischen den beiden Monarchen, aber zu größeren Operationen kam es erst im Herbst in Oberitalien. Hier hatte der Kaiser in Papst Leo X. einen starken Verbündeten, und hier richtete sich der konzentrische Angriff kaiserlicher und päpstlicher Truppen gegen den französischen Kommandeur Lautrec, der alsbald Mailand räumen mußte. Die Entscheidung schien nun von der Stärke der Schweizer Hilfstruppen abzuhängen, die die französische Diplomatie zu mobilisieren vermochte. Aber in der Schlacht von La Bicocca (1522) zeigte sich die infanteristische Überlegenheit der Spanier und der deutschen Landsknechte über die Schweizer. Nach dieser entschiedenen Niederlage der Franzosen geriet auch Genua in die Gewalt der Kaiserlichen. Fast das ganze Herzogtum Mailand, das Franz I. seit 1515 behauptet hatte, befand sich nun in der Hand des Kaisers. Karl verzichtete jedoch mit Rücksicht auf seine italienischen Verbündeten auf die Aufrichtung einer unmittelbaren Herrschaft in diesem Gebiet, das zum Angelpunkt des europäischen Hegemoniekampfes geworden war. Er überließ die Regierung dem Herzog Francesco Sforza, einem jüngeren Bruder des vom französischen König seit 1516 festgehaltenen Herzogs Massimiliano.

1523/24 traten zwei weitere Gegner auf den Plan, die Frankreichs Lage nach dem Verlust Oberitaliens noch bedrohlicher gestalteten. Heinrich VIII. von England begann in Nordfrankreich offensiv vorzugehen. Dieser Angriff war schon früher mit dem Kaiser verabredet worden; Heinrich begründete sein Eingreifen mit den alten Rechten, die das englische Königtum auf die französische Krone geltend machte. Noch bedrohlicher wurde die Lage für Franz I., als es der kaiserlichen Diplomatie gelang, den ersten Würdenträger Frankreichs, Herzog Karl von Bourbon, zu einem Bündnis gegen seinen Monarchen zu gewinnen. Der Herzog lag in einem Streit mit der französischen Krone. Es ging dabei zunächst nicht um eigentlich politische Gegensätze, sondern um privatrechtliche Ansprüche und Erbauseinandersetzungen. Aber eine reinliche Scheidung zwischen privater und politischer Sphäre konnte damals nicht erwartet werden. Der Konflikt zwischen Bourbon und der Krone wurde zu einem Testfall. Der Kaiser hoffte, durch Bourbon den inneren Zusammenhalt Frankreichs sprengen zu können. Er stellte ihm die Hand seiner Schwester Leonore, der Königinwitwe von Portugal, in Aussicht und versprach ihm ein in Südfrankreich aus den Trümmern der französischen Monarchie zu errichtendes Satellitenkönigtum, das die Landverbindung zwischen Italien und Spanien hergestellt hätte. Aber die habsburgische Diplomatie hatte die innere Festigkeit der französischen Monarchie unterschätzt. Der neuzeitliche, antifeudale Einheitsgedanke erwies seine Überlegenheit. Bourbons Pläne wurden verraten, der Adel versagte sich seinen Aufstandsplänen und stand zum König.

Immerhin gelang dem Herzog mit wenigen Anhängern die Flucht außer Landes. Er stieß in Oberitalien zur kaiserlichen Armee. Der Kaiser wollte jetzt erst recht Bourbon im Kampf gegen Franz I. ausspielen. Er ließ ihn im Sommer 1524 an der Spitze eines starken Heeres in die Provence einmarschieren. Man hoffte auf eine Erhebung der Bevölkerung und auf ihren Anschluß an Bourbon. Man rechnete mit seinem raschen Vordringen über Arles und Avignon hinaus in das Zentrum Frankreichs. Bourbons Armee gelang es, im ersten Ansturm den größten Teil der Provence zu besetzen. Er selbst ließ sich in Aix, der alten Hauptstadt des Landes, zum Grafen der Provence ausrufen, vereidigte die Beamten und verfaßte als souveräner Herrscher Proklamationen an die Bevölkerung. Das Echo war jedoch schwach. Man wartete auf die militärische Entscheidung. König Franz I. war mit seinen Truppen rhôneabwärts aufgebrochen. Aber bevor die beiden Armeen aufeinandertrafen, war der Angriff der Kaiserlichen bereits vor Marseille zum Erliegen gekommen.

Marseille behauptete sich dank der überlegenen Seekriegführung der französischen Flotte siegreich gegen die Belagerer. Am 24. September mußte Bourbon die Belagerung abbrechen. Der Rückzug der geschlagenen Armee des Kaisers durch das Gebirge nach Italien wurde zu einer Katastrophe. In Rom spottet man: In den Alpen sei ein kaiserliches Heer abhanden gekommen; der redliche Finder werde gebeten, es gegen gute Belohnung abzuliefern. Der französische König zieht dem geschlagenen Feind nach und betritt als Sieger den Boden Oberitaliens. In Paris brennen die Freudenfeuer und läuten die Glocken: Ende Oktober 1524 kann Franz I. wieder in Mailand einziehen. Die kaiserlichen Generale behaupten nur einige wenige Festungen, darunter die Stadt Pavia, die nun den Winter über umkämpft bleibt.

Der römische Spott über den Mißerfolg der kaiserlichen Kriegführung bezeichnete einen tiefen Stimmungsumschwung, der von jetzt an vor allem in den italienischen Mittel- und Kleinstaaten spürbar wurde. Die bedrückende Last der jahrelangen Kriegführung, das

Nichtgelingen des habsburgisch-englischen Niederwerfungsplanes gegen Frankreich, die bitteren Erfahrungen mit dem harten und doch nicht erfolgreichen Eingreifen der kaiserlichen Macht in die inneren Verhältnisse Italiens – all das förderte die Entwicklung eines antihabsburgischen Patriotismus. Die alte Freiheit der italienischen Staatenwelt, wie sie im 15. Jahrhundert bestanden hatte, hoffte man nun im engen Anschluß an Frankreich wiederherzustellen. Diese Stimmungen und Hoffnungen bildeten von jetzt an für Jahrzehnte ein wesentliches Moment der italienischen Politik. Sie zeigen, daß von 1524 an eine zentrale Voraussetzung der von Gattinara konzipierten Weltherrschaftspläne des Kaisers unwiederbringlich verloren war. Der Großkanzler hatte die »sanfte und gewaltlose Herrschaft« Karls über Italien – und ihre bereitwillige Annahme durch Italien – als Schlüssel zur europäischen Hegemonie betrachtet. Damit war es jetzt vorbei. Alle späteren faktischen Erfolge der kaiserlichen Waffen und Diplomatie konnten über eines nicht hinwegtäuschen: Ein von Habsburg mit Gewalt bezwungenes und immer neu zu behauptendes Italien bot weder die ideelle noch die realpolitische Basis für jenes *Dominium Mundi*, wie es als Zielvorstellung am Anfang der Kaiserpolitik Karls V. gestanden hatte.

Papst Clemens VII., in den die habsburgische Diplomatie bis jetzt großes Vertrauen gesetzt hatte, schloß Ende 1524 ein Bündnis mit Franz I. und Venedig. Er öffnete einer französischen Armee unter dem Herzog von Albany den Durchmarsch durch den Kirchenstaat zum Angriff auf Neapel. Während die Hoffnung auf den völligen Sturz der habsburgischen Macht in Italien stieg, rief die Schwenkung des Papstes an den habsburgischen Höfen in Toledo und Wien unverhohlene Erbitterung hervor. Der Kaiser fühlte sich an einem entscheidenden Punkt vom Stellvertreter Christi verraten und im Stich gelassen – aus Motiven, in denen er nur niedrige politische Selbstsucht sah. Es konnte nicht ausbleiben, daß diese Wendung auch eine Wirkung auf die kirchlichen Einheitsfragen hatte, die damals zwischen den beiden Häuptern der Christenheit zu klären waren. Drohend schrieb der Kaiser seinem Gesandten an der Kurie: »Über die Angelegenheit Luthers zu sprechen, ist jetzt nicht die Zeit.« Hier wird eine kritische Seite im Verhältnis zwischen Kaisertum und Papsttum sichtbar. Die tiefen Vorbehalte Karls V. gegen ein nur politisch-opportunistisch gewertetes Verhalten der obersten kirchlichen Instanz ziehen sich wie ein roter Faden durch die Geschichte der folgenden Jahrzehnte. Aus so gesehenen Erfahrungen leitete der Kaiser das Notrecht selbständiger, aus letzter eigener Verantwortung zu treffender Entscheidungen kirchenpolitischer Fragen ab.

Indessen überstürzten sich seit Anfang 1525 die Ereignisse. Der französische König belagerte Pavia; französische und italienische Truppen sperrten den Südausgang der Alpenpässe, um den Anmarsch einer neuen kaiserlichen Armee aus Deutschland zu verhindern. Aber den starken Landsknechtsverbänden, die sich auf den Tiroler Musterplätzen unter Jörg von Frundsberg gesammelt hatten, gelang mitten im Winter auf Nebenwegen der überraschende Abstieg in die oberitalienische Ebene. Das französische Heer geriet vor Pavia zwischen Belagerte und Entsatzarmee. Am 24. Februar kam es unter den Mauern der Stadt zu jener denkwürdigen Schlacht, die zum vollen Sieg der Kaiserlichen führte. Es war der Tag des heiligen Matthias, der Geburtstag des Kaisers. Die spanischen *Tercios* und Frundsbergs Landsknechte zeigten ihre Überlegenheit über die gegnerische Infanterie, während die Spezialwaffen der Franzosen – schwere Reiterei und Artillerie – nicht ausgenutzt werden konnten. In wenigen Stunden war der Kampf entschieden: Die königliche Armee war vernichtet, der König selbst befand sich als Gefangener in der Hand seiner Feinde. Franz I. hatte sich im dichtesten Kampf befunden. Nachdem sein Pferd zusammengebrochen war, hatte er stehend weitergekämpft. Völlig erschöpft und mehrmals verwundet ergab er sich: Er zog den Panzerhandschuh von der rechten Hand und übergab ihn dem Herrn von Lannoy, Vizekönig von Neapel und Führer des siegreichen kaiserlichen Heeres.

Wenige Stunden später traf die Nachricht von der Schlacht in Mailand ein. Sofort räumte die französische Besatzung die Stadt. Ganz Oberitalien befand sich jetzt in der Hand der kaiserlichen Generäle. Drei Tage später verschafften sich um Mitternacht zwei Männer Eintritt durch das Tor der Rhônebrücke zu Lyon. Sie brachten der Regentin Luise von Savoyen, der Mutter des Königs, die in seiner Abwesenheit die Regierung führte, ein Schreiben des gefangenen Sohnes:

> Madame,
> Um Euch kundzutun, wie weit das Übermaß meines Unglücks reicht, so wisset, daß mir nur die Ehre und das nackte Leben verblieben sind... Indem ich Eure Enkel und meine Kinder Eurem Schutze anempfehle, bitte ich Euch inständig, dem Überbringer dieses Briefes sicheres Geleit für den Weg nach Spanien und zurück zu gewähren, da er beim Kaiser in Erfahrung bringen soll, wie dieser mich behandelt zu sehen wünscht...
>
> Euer ergebenster und gehorsamster Sohn
> Françoys.

Der Kaiser erhielt die Nachricht in Madrid am 10. März. Die Größe des Sieges über die einzige ernstzunehmende Gegenmacht und die Gefangenschaft des einzigen ernsthaften Rivalen erzeugte am Kaiserhof eine Stimmung, die man mit Recht als »Messianismus« bezeichnet hat: das Ziel der Weltherrschaft, der *Monarchia universalis*, schien nun in greifbare Nähe gerückt. In einer amtlichen Verlautbarung über die Schlacht von Pavia hieß es damals: »Es hat den Anschein, daß Gott dem Kaiser diesen Sieg auf wunderbare Weise geschenkt hat, damit er... nach der friedlichen Beendigung all dieser Bürgerkriege (man muß die Kriege unter Christen Bürgerkriege nennen) die Türken und Mauren in ihrem Lande aufsuche und das Reich von Konstantinopel und die Heiligen Stätten von Jerusalem zurückgewinne, die von den Ungläubigen zur Strafe für unsere Sünden besetzt wurden – damit die ganze Welt, so wie es viele Prophezeiungen ankünden, unter diesem sehr christlichen Fürsten unseren katholischen Glauben annehme und damit sich die Worte unseres Erlösers erfüllen: Es wird ein Schafstall und ein Hirte sein.«

Dieses fast hymnische Ineinanderklingen politischer und religiöser Einheitshoffnungen darf man indessen keineswegs von den Berechnungen abtrennen, die nun in Madrid, in Paris und vielerorts in Europa über die Zukunft Frankreichs angestellt wurden: wird die traditionelle Vielfalt der europäischen Staatenwelt sich weiterhin behaupten, oder hat nun wirklich die Stunde einer neuen Weltherrschaft geschlagen, die den kulturellen und kirchlichen Zusammenhang des Abendlandes durch eine einheitliche politische Lebensform ergänzen und steigern wird? Nun war der Kaiser am Zuge; er mußte mit seinen Ministern, Generälen und Vizekönigen zeigen, was dieser Sieg bedeutete und was man aus ihm zu machen wußte.

Das Ergebnis der Beratungen, die im Januar 1526 in Madrid zum Frieden mit Franz I. führten, war ebenso aufschlußreich wie unfest. Innerhalb des kaiserlichen Staatsrates waren zwei sehr verschiedene Konzeptionen aufeinandergestoßen. Auf der einen Seite stand Gattinara. Er wollte den Sieg radikal ausnützen; er forderte nicht nur den Verzicht des französischen Königs auf alle italienischen Ansprüche und auf das seit 1477 eingegliederte Herzogtum Burgund. Er wünschte die Zertrümmerung der staatlichen Existenz Frankreichs als Unterpfand für die sichere Herrschaft des Kaisers über Italien und damit über ganz Europa. Gegen dieses rationale und radikale Programm des Juristen stand die Opposition der burgundischen und kastilischen Großen, die in dem gefangenen König einen Edelmann ihresgleichen sahen. Sie wollten und konnten den ungeschriebenen Kodex der ritterlichen Ehre und der dynastischen Loyalität nicht verletzen, der seit Jahrhunderten das Zusammenleben des europäischen Hochadels über Krieg und Frieden hinweg regelte. Ihr Exponent war Lannoy, der Vizekönig von Neapel, in dessen Hand sich der König auf dem Schlachtfeld ergeben hatte. Er hatte gegen den erklärten Willen des Großkanzlers Gattinara seinen königlichen Gefangenen aus Italien nach Spanien gebracht. Gattinara wußte: wenn die persönliche Begegnung der Monarchen zustande kommt, wenn sie sich als »Brüder« begrüßen und umarmen – wie es das höfische Zeremoniell vorsah und wie es dann auch erfolgte –, dann waren die Chancen für eine radikale Ausnützung des Sieges und damit für eine radikale Umgestaltung der europäischen Landkarte vorbei.

Der Kaiser stand zwischen beiden Parteien. Tatsächlich trug der Friede von Madrid alle Zeichen eines Kompromisses zwischen den beiden Konzeptionen. Dieser Friedensschluß konnte keine dauerhafte europäische Ordnung begründen. Auf der einen Seite wurde die Freundschaft und Brüderlichkeit der beiden Monarchen hervorgekehrt: Franz I. vermählte sich mit der Schwester des Kaisers (die ursprünglich dem Herzog von Bourbon zugedacht war), die Abtrennung des für Bourbon vorgesehenen südfranzösischen Satellitenstaates unterblieb, der Bestand der französischen Monarchie wurde nicht angetastet. Auf der anderen Seite wurden dem König mit dem Verzicht auf Italien, mit der Abtretung des Herzogtums Burgund und der Aufgabe der Oberhoheit über Flandern und Artois sehr harte Bedingungen auferlegt.

Gattinara protestierte gegen den Friedensvertrag und sagte voraus, daß der König diese Bedingungen nicht einhalten werde. Der König akzeptierte den Vertrag, denn nur so konnte er seine Freiheit wiedererlangen. Aber kaum hatte er französischen Boden betreten, so zeigte sich, daß Gattinaras Prognose richtig gewesen war. Von der Herausgabe Burgunds war keine Rede mehr. Franz erklärte den Vertrag, da erpreßt, für nicht bindend. Überall in Europa begann sich die antihabsburgische Opposition zu erheben. Ihre Hoffnung richtete sich auf Frankreich. Am 22. Mai 1526 konnte der französische König zu Cognac die »Heilige Liga« abschließen: Papst Clemens VII., Venedig, Florenz und der Herzog von Mailand verbanden sich mit Frankreich zur Offensive gegen den Kaiser »zur Verteidigung der Freiheit der Christenheit«. Der nächste Krieg war da, kaum daß die Tinte des Friedensvertrages getrocknet war.

Der Kaiser empfand diese Vorgänge vor allem als eine Verletzung von Eid und Fürstentreue; er forderte den König zum ritterlichen Zweikampf heraus. Aber mit solchen Mitteln war dem Circulus vitiosus des europäischen Machtkampfes nun nicht mehr beizukommen. Frankreich fühlte sich von Habsburg eingekreist und mit der Vernichtung seiner staatlichen Selbständigkeit bedroht, es warf dem Kaiser das Streben nach der Tyrannis und die Unterdrückung der europäischen Freiheit vor. Der Kaiser warf Frankreich Bruch der Verträge und Zerstörung der Rechtsbasis des europäischen Zusammenlebens vor. Dieses Ringen der Macht, der Rechtsansprüche und der ideellen Begründungen sollte über ein Menschenalter andauern. Während beide Mächte sich gegenseitig auf der Bahn einer rücksichtslosen Entfesselung aller machtpolitischen Methoden immer weiter trieben, veränderte sich rasch und unaufhaltsam die geistige und politische Physiognomie Europas.

Zunächst kam die Fortdauer des Konflikts dem Osmanenreich zugute. Nachdem seine Expansionskraft sich in den beiden ersten Jahrzehnten des 16. Jahrhunderts mit glänzenden Erfolgen gegen Syrien und Ägypten gerichtet hatte, lenkte Sultan Suleiman II. (seit 1520) seine Angriffe nun gegen die christlichen Staaten. 1521 fiel Belgrad, 1522 das wichtige Rhodos, das bisher Italien gegen die türkische Flotte abgeschirmt hatte. Von jetzt an waren Sizilien und Neapel den Korsarenfahrten unmittelbar ausgesetzt, und auch im westlichen Mittelmeer begann man die Kampfkraft der gemeinsam operierenden afrikanisch-türkischen Verbände zu spüren. Der Hauptstoß Suleimans richtete sich aber gegen Norden. Das schlecht gerüstete und vom Westen kaum unterstützte Königreich Ungarn brach nach der vernichtenden Niederlage von Mohacz (1526) zusammen. König Ludwig von Ungarn und Böhmen, dessen Frau eine Habsburgerin war, fiel in der Schlacht. Zwar konnte Erzherzog Ferdinand auf Grund früherer Verträge und geschickten Eingreifens das verwaiste Königreich Böhmen und auch die ungarische Krone gewinnen. Aber in Ungarn trat ihm als Gegenkönig der Woiwode von Siebenbürgen, Johann Zapolya, entgegen. Dieser konnte sich nicht nur auf türkische, sondern bald auch auf französische Hilfe stützen. Ein neuer Vorstoß der Osmanen wurde zwar 1529 vor Wien abgewehrt. Aber für Ferdinand blieb seither der größere Teil Ungarns verloren, während die französische Diplomatie auf der Suche nach östlichen Verbündeten nun auch am polnisch-litauischen Königshof der Jagiellonen Boden gewann und die Verbindung mit dem Sultan anzustreben begann.

So zog der habsburgisch-französische Machtkampf immer weitere Kreise. Die traditionelle Solidarität der europäischen Staatenwelt gegenüber dem Osmanenreich, dem »Erbfeind des christlichen Namens«, war bisher nur gelegentlich von Venedig durchbrochen worden, das wegen seiner Getreideversorgung und seiner Handelsinteressen im Orient und im Schwarzen Meer auf ein Auskommen mit dem Sultan angewiesen war. So sprach man von Venedig als »der Hure, die mit dem Türken schlief«. Nun aber begannen französische Diplomaten die Hohe Pforte in ihre antihabsburgischen Bündnispläne einzubeziehen. Der Kaiser antwortete mit dem Versuch, in noch weiterem Ausgriff an Persien einen Bundesgenossen gegen das Osmanenreich zu gewinnen, teils in direkten Anknüpfungen, teils auf dem Wege über das befreundete Portugal und dessen Stützpunkte am Indischen Ozean.

Das eigentliche Feld der Entscheidungen blieb aber weiterhin Italien. Im Zeichen der Liga von Cognac begann das militärische und diplomatische Ringen um die habsburgische Vorherrschaft in Mailand und in Neapel von neuem. Nach Anfangserfolgen der gegnerischen Koalition, an deren Spitze sich Papst Clemens VII. gestellt hatte, trat 1527 eine

Wendung ein, deren Bedeutung weit über einen strategischen Erfolg des Kaisers hinausging. Starke Verbände spanischer und deutscher Truppen in Oberitalien befanden sich infolge ausbleibender Soldzahlung in einem Zustand halber Meuterei. Unter Führung Bourbons brachen sie eigenmächtig zum Zug nach Süden auf. Ohne Artillerie, ohne Belagerungsgerät und ohne Rücksicht auf einen eben vom kaiserlichen Vizekönig Lannoy mit dem Papst geschlossenen Waffenstillstand rückte diese revoltierende Armee in Eilmärschen gegen Rom vor. Am Morgen des 6. Mai 1527 durchbrachen die Landsknechte am Borgo Santo Spirito den Befestigungsgürtel der Stadt. Der Papst hatte die Verteidigung Roms für gesichert gehalten. Er konnte gerade noch durch den gedeckten Fluchtgang, der noch heute besteht, aus dem vatikanischen Palast in die Engelsburg entkommen. Nachdem der Oberbefehlshaber Bourbon bei der Erstürmung der Mauer gefallen war, gewann die Besetzung der Stadt rasch den Charakter einer hemmungslosen Plünderei und Zerstörung. Der *Sacco di Roma* bedeutete kulturgeschichtlich das Ende der glänzenden Renaissance-Epoche des päpstlichen Rom.

In der Beurteilung des *Sacco* als eines göttlichen Strafgerichtes, das verdientermaßen über ein verweltlichtes Papsttum hereingebrochen sei, stimmten die Gegner Roms in Deutschland mit der humanistischen Romkritik, die am Hofe des Kaisers verbreitet war, überein. Aber auch in manchen römischen Kreisen, die der Kurie nahestanden, wurde die Katastrophe als ein Mahnruf zur Reinigung und zur Reform der Kirche verstanden. So schrieb damals Kardinal Kajetan in seinem Evangelienkommentar zu Markus 5 (»Ihr seid das Salz der Erde ...«): »Das erfahren wir, und in besonderer Weise wir Prälaten der römischen Kirche, die wir der Plünderung und Gefangennahme preisgegeben wurden, nicht durch Ungläubige, sondern durch Christen, auf Grund eines sehr gerechten Urteils Gottes; denn wir waren zum Salz der Erde auserwählt, und wir sind schal geworden und taugten zu nichts als zu äußerlichen Zeremonien und zu äußerlichem Besitz und Wohlstand. Nun sind wir auch mit körperlicher Gefangenschaft geschlagen bei der Plünderung und Gefangennahme von ganz Rom am 6. Mai dieses Jahres 1527.«

Der Eindruck der römischen Ereignisse auf die Zeitgenossen war ungeheuer. Furcht und Hoffnungen nahmen mancherorts apokalyptische Züge an. Den Hauch der Erregung und rascher, weitgespannter Pläne spürt man selbst in der habsburgischen Familienkorrespondenz dieser Zeit. König Ferdinand mahnte von Wien aus den in Spanien weilenden Kaiser, die Gunst der Stunde entschlossen wahrzunehmen: Jetzt, da der Papst sich in der Gefangenschaft des Kaisers befindet, muß ein Generalkonzil versammelt werden. Diese einzigartige Gelegenheit, den katholischen Glauben wiederherzustellen, darf Karl als *bon empereur* und *chief de la chretienté* nicht vorbeigehen lassen.

Wenn sich der Kaiser nach einigem Zögern entschloß, weder die Institution des Papsttums noch den Bestand des Kirchenstaates – der nun ganz in seiner Hand war – anzutasten, so sind hierfür wohl nicht nur politische Gründe maßgebend gewesen. Immerhin sind diese politischen Motive mit besonderer Deutlichkeit faßbar. Der Kaiser brauchte den Papst, um den Kampf um Italien siegreich zu beenden. Denn der *Sacco di Roma* hatte die gegnerische Koalition nicht entmutigt, sondern zu erhöhter Anstrengung veranlaßt. 1528 wurde das Jahr des entscheidenden Kampfes um das Königreich Neapel. Die Hauptstadt war von einer starken französischen Armee unter Lautrec eingeschlossen. Zur See wurde sie von der mit Frankreich verbündeten Genueser Flotte unter Andrea Doria blockiert. Doria hatte seinen Stützpunkt in Ischia. Bei Amalfi gelang es ihm, die aus Spanien eintreffende Flotte des Kaisers zum Kampf zu stellen und zu schlagen. Die Lage der Kaiserlichen in Neapel gestaltete sich zunehmend kritischer. Gleichzeitig erfolgte ein neuer Vorstoß französischer Truppen über die Alpen gegen Mailand.

In dieser Situation gelang es der kaiserlichen Diplomatie, die Interessen des Papstes auf eine besondere Weise mit den Interessen Habsburgs zu verbinden. In Florenz war nach dem *Sacco* die Herrschaft der Medici, der Familie des Papstes, gestürzt worden. Nun versprach der Kaiser Clemens VII. die Wiederaufrichtung ihrer Herrschaft in Form eines mediceischen Herzogtums. Ein illegitimer Neffe des Papstes soll Herzog von Florenz werden und eine illegitime Tochter des Kaisers zur Frau erhalten. Inzwischen war aber auch auf der militärischen Ebene ein Ereignis eingetreten, das dem Kampf um Neapel und damit dem Ringen um Italien eine Wendung zugunsten des Kaisers gab. Die genuesische Flotte unter Andrea Doria trennte sich von Frankreich und stellte sich dem Kaiser zur Verfügung. Damit gewann er die Seeherrschaft im Ligurischen Meer, konnte den französischen Nachschub abschneiden und die maritime Verbindung zwischen Spanien und Italien sichern. Ein Versuch Frankreichs, den Verlust von Dorias Flotte durch eine Kooperation mit der türkischen Flotte wettzumachen, blieb ohne wirksames Ergebnis. Lautrec mußte die Belagerung Neapels aufgeben, und auch in Mittel- und Oberitalien siegten die Waffen Habsburgs. Im Sommer 1529 konnte der Kaiser in zwei Verträgen den Kampf um Italien beenden und den Weg zum lang erwarteten Krönungszug nach Italien frei machen.

Im Frieden von Cambray verzichtete Franz I. zum zweitenmal auf alle italienischen Ansprüche. Aber diesmal gestand auch der Kaiser – anders als im Frieden von Madrid – einen Verzicht zu: auf das Herzogtum Burgund. So schien eine dauerhafte Basis für den europäischen Frieden bereitet. Auch mit dem Papst war im Vertrag von Barcelona (29. Juni 1529) eine weitgehende Einigung gelungen. Gegen das Versprechen Karls, die Medici-Feinde in Florenz niederzuwerfen und die Sicherung der mediceischen Dynastie zu gewährleisten, anerkannte der Papst die habsburgische Hegemonie in Italien und Europa. Das war keineswegs eine ideale Basis für das Zusammenwirken der beiden Häupter der Christenheit, es war vor allem die pragmatische Herstellung eines Gleichklangs der Interessen. Dabei fehlten auf keiner Seite über die politischen Augenblickserfolge hinausreichende Ziele. Das Papsttum wollte sich die Hilfe des Kaisertums im Kampf gegen den Abfall im Norden sichern. Der Kaiser bedurfte des Papstes zur Krönung, durch die sein Herrschertum erst die universale und sakrale Sanktion erfuhr.

Während nun kaiserliche und päpstliche Truppen in zehnmonatiger Belagerung den Widerstand des republikanischen Florenz brachen, verließ Karl Spanien und traf in Bologna mit Clemens VII. zusammen. Man hatte in gegenseitigem Einvernehmen darauf verzichtet, die Krönungsfeierlichkeiten in Rom vorzunehmen, das noch überall die frischen Spuren der Verwüstung durch die kaiserlichen Truppen aufwies. Am 6. Dezember 1529 ritt der Kaiser in feierlichem Zug in Bologna ein. Triumphbögen erwarteten ihn, die neben den habsburgischen Wappen die Bildnisse der römischen Cäsaren trugen. Clemens VII. war schon zuvor in der Stadt eingetroffen. Die Kaiserkrönung wurde auf den Geburtstag Karls, den 24. Februar 1530, festgesetzt. Zwei Tage zuvor hatte er – gleichfalls aus den Händen des Papstes – die eiserne Krone des lombardischen Königreichs empfangen. Es war das letztemal, daß Europa das große, aus der mittelalterlichen Welt stammende Schauspiel der Krönung des *Imperator Romanorum* durch den *Pontifex Maximus* sah. Als der Kaiser vom Papst Abschied genommen hatte und über die Alpen nach dem Norden aufbrach, verlor er seinen besten Helfer. Auf der Reise, in Innsbruck, starb der Großkanzler Gattinara, der an dem diplomatischen Gelingen der Versöhnung mit dem Papst und an der Konsolidierung Italiens stärksten Anteil gehabt hatte. In Deutschland erwartete den Kaiser eine andere Welt mit neuen, drängenden Fragen. Der Reichstag, der in Augsburg zusammengetreten war, konfrontierte den gekrönten »Schutzherrn der Kirche« mit der Glaubensfrage, wie sie durch Luther und Zwingli gestellt war.

Nun mußte sich zeigen, ob die mittelalterliche Sakralität der Kaiserwürde und dazu die Mittel der Renaissancediplomatie ausreichten, den Glauben und die Welt Luthers einer kaiserlichen Ordnung zu unterwerfen.

Die Krise des Reiches und die Entstehung evangelischer Territorialkirchen (1522–1532)

Die Jahre, die auf den Wormser Reichstag folgten, zeigten mit enthüllender Deutlichkeit, daß für keine der politischen und kirchlichen Fragen des Reiches eine Lösung gefunden war. Während der Kaiser von Spanien aus mit Frankreich Krieg führte und keine Zeit fand, sich um Deutschland zu kümmern, verlief hier die Entwicklung ebenso rasch wie zentrifugal. Sie entzog sich jeder Steuerung durch zentrale Instanzen und schuf in kürzester Zeit neue religiöse und politische Tatbestände, die nicht mehr rückgängig zu machen waren.

Die Jahre 1522 bis 1524 standen noch im Zeichen des Versuches, vom Boden des Wormser Reichstages aus die Krise des Reiches beizulegen. Aber seit dem großen Bauernkrieg 1525 machte sich die Eigengesetzlichkeit der innerdeutschen Kräfte mit solcher Wucht geltend, daß jeder weitere Versuch des Kaisers oder seines im Reich gebliebenen Bruders Ferdinand, die Entwicklung wieder in die Hand zu bekommen, scheiterte. Als Karl 1530 ins Reich zurückkehrte, fand er gänzlich gewandelte Verhältnisse vor. In der Frage der Zuordnung von Politik und Religion, von alter Kirche und neuer Glaubensform waren in Deutschland bereits Zustände eingetreten, die eine weitgehende Vorwegnahme späterer gesamteuropäischer Probleme darstellten. Das mit dem Papsttum abgestimmte Eingreifen des Kaisers auf dem Augsburger Reichstag 1530 war nicht ohne Energie; aber es führte im Endergebnis nur dazu, die Gegensätze weiter zu akzentuieren und die Widerstandskraft der neuen Lebensformen in Bekenntnis und Bündnis zu steigern.

Das in Worms beschlossene Reichsregiment konstituierte sich Ende 1521 in Nürnberg. Am selben Ort traten 1522 bis 1524 mehrere Reichstage zusammen. Es stellte sich rasch heraus, daß weder das Reichsregiment noch die Reichstage zu einer wirkungsvollen

Tätigkeit imstande waren. Das Wormser Edikt gegen Luther und seine Schriften wurde von beiden Institutionen mit großer Zurückhaltung behandelt. Trotz der eindeutigen Rechtslage war am Reichsregiment der Einfluß lutherisch gesinnter fürstlicher Räte bereits so erheblich, daß das Edikt in praxi nicht vollzogen wurde. Auf den Reichstagen war das Stimmenverhältnis für die überzeugt »altgläubigen« Reichsstände günstiger. Aber auch hier kam man schließlich 1524 zu einer sehr milden Kompromißformel: Die Stände sollten dem Wormser Edikt »soweit möglich« nachkommen. Noch wichtiger war aber die positive Forderung, die gleichzeitig von der Reichsversammlung erhoben wurde. Man verlangte übereinstimmend die baldige Einberufung eines Konzils, das sowohl die Kirchenreform vornehmen als auch die theologischen Gegensätze und Unklarheiten überwinden sollte. Als eine mögliche Lösung war statt des ökumenischen Konzils auch ein Nationalkonzil vorgeschlagen. In der Konzilsforderung stimmten Freunde und Feinde Luthers überein; im Schutze dieser Forderung und des Wartens auf das geforderte Konzil waren Raum und Rechtfertigung für ein weitgehendes, eigenmächtiges Vorgehen einzelner Stände in der Frage der kirchlichen Ordnung gegeben.

Denn hinter diesen Proklamationen des Reichstages stand ja keine verbindliche Exekutivgewalt mehr; die tatsächliche ausführende Gewalt im Reich war von den Zentralinstanzen auf die einzelnen Fürsten und Reichsstädte und deren jeweilige Zusammenschlüsse übergegangen. Das zeigte sich schon 1523 bei dem Aufstand der Ritterschaft unter Franz von Sickingen. Das deutsche Rittertum befand sich zwischen Fürsten und Städten in einer politisch und wirtschaftlich wenig aussichtsreichen Lage. Der landsässige wie der reichsfreie Adel kämpfte ohne Erfolg gegen den fortschreitenden Verfall seiner sozialen Stellung in einer Gesellschaft, die für das Fehderecht und den ritterlichen Waffendienst keinen Raum mehr bot. Sickingen selbst und einige seiner Freunde – vor allem Ulrich von Hutten – hatten sich den Ideen Luthers genähert. Sie verstanden die neue Theologie auf ihre Weise; sie nahmen den neuen Freiheitsbegriff und die Verurteilung Roms und der Hierarchie in einer unmittelbaren und vergröbernden Weise als Signal zum bewaffneten Angriff auf die »fetten Pfaffen«.

Im Sommer 1522 eröffnete Sickingen mit seinen Anhängern einen Feldzug gegen den Erzbischof-Kurfürst von Trier. Er nannte dies den »Heerzug für Christi Ehre gegen die Feinde der evangelischen Wahrheit«. Sicher stand hinter diesem Unternehmen mehr als gemeine Raubgier; der Gedanke einer Säkularisation der geistlichen Fürstentümer hatte schon im 15. Jahrhundert im Umkreis radikaler Reformprojekte eine Rolle gespielt. Nun trat aber gegen Sickingens Ritter die Solidarität der geistlichen und weltlichen Fürsten in Erscheinung. Die Belagerung Triers scheiterte, und im Frühjahr 1523 endete der Rachezug der Gegner mit dem Tod Sickingens in seiner Burg Landstuhl. Während das Reichsregiment nur mit papiernen Protesten in Aktion trat, schloß sich unmittelbar eine weitergehende Strafexpedition an. Der Schwäbische Bund, im gemeinsamen Interesse der süddeutschen Städte und Fürsten handelnd, rückte von Nördlingen aus gegen die Stützpunkte fränkischer Adliger vor und brannte sie nieder. Zu Anfang der Bewegung hatten die Ritter die Bundesgenossenschaft der Reichsstädte gegen die Fürsten gesucht. Jetzt war ihre Niederlage durch das Zusammenwirken von Fürsten und Städten definitiv geworden.

Der Ausfall einer wirksamen Zentralgewalt einerseits und das aktive Ineinandergreifen religiöser Impulse und sozialer Bedingungen andererseits waren die Charakteristika der Ritterschaftsbewegung. Beide Tatbestände lagen in noch größerem Maßstab dem Bauernkrieg 1525 zugrunde. Bäuerliche Unruhen und Aufstände hatte es im Spätmittelalter schon in vielen Teilen Europas gegeben. Auch in Deutschland lebte eine alte und verbreitete Tradition der bäuerlichen Rebellion, deren Symbol der »Bundschuh« war. Das auffallende bei dem jetzigen Aufstand war das Vorwiegen politischer Unzufriedenheit vor den wirtschaftlichen Klagen. Gegen das Absinken in eine Sphäre politischer und sozialer Rechtlosigkeit rebellierten mit besonderer Heftigkeit die wohlhabenden Bauern. Zusammen mit einigen Bürgerlichen und Adligen stellten sie bei den Aufständen von 1524/25 den Hauptteil der Führerschaft. So verschieden die Zusammensetzung und die Ausgangsbasis der einzelnen Bauernheere zwischen Elsaß und Kärnten, Schwaben und Thüringen war, so rasch drang überall das religiöse Moment in den Vordergrund. In Memmingen entstanden die »Zwölf Artikel der Bauernschaft«, die sofort gedruckt und als gemeinsames Manifest der Bewegung verbreitet wurden. Hier war der Durchbruch von dem rückwärtsgewandten Appell an das »alte Recht« zu dem neuen, religiös-revolutionären »göttlichen Recht« geschehen. An der Spitze der zwölf Artikel stand die Forderung nach der freien Pfarrerwahl. Die Einleitung bezog sich unmittelbar auf den Willen Gottes: »Wer will seiner Majestät widerstreben! Hat er die Kinder Israel zu ihm schreiend erhört und aus der Hand Pharaonis erledigt, mag er nicht noch heut die Seinen erretten? Ja er wirds erretten, und in einer Kürz.«

Die zwölf Artikel mit ihrem gemäßigten Programm politischer und sozialer Emanzipation wirkten vereinheitlichend auf die vielgestaltige Bauernbewegung. Aber den Mangel an zentraler und zielbewußter Führung konnten diese Programmatik und die großen Anfangserfolge nicht ersetzen. Die Gegenkräfte gewannen Zeit zur Rüstung und zum Aufmarsch. Die Versuche zur Einberufung eines zentralen Bauernparlaments nach Heilbronn, das eine politisch-soziale Gesamtordnung ausarbeiten sollte, kamen zu spät. Als energisches Zentrum des fürstlichen Widerstandes erwies sich das Heer des Schwäbischen Bundes. Unter der militärischen Leitung von Jörg Truchseß von Waldburg gewann die Kriegführung des Bundes immer stärker den Charakter einer unbarmherzigen Niederwerfungs- und Vernichtungsstrategie. Gegen die anfänglichen Vermittlungspläne der Reichsstädte setzte sich innerhalb des Bundes rasch die entschiedene, von dem bayerischen Kanzler Leonhard von Eck geführte Fürstengruppe durch. Ihnen ging es nicht um Wiederherstellung des früheren Zustandes, sondern um die völlige Unterwerfung der Bauern unter die landesherrliche Macht. Das wurde in einer Reihe von äußerst blutigen Schlachten und Verfolgungsaktionen überall erreicht. Im Sommer 1525 war in Süd- und Mitteldeutschland die Ruhe wiederhergestellt. Hunderttausende von Bauern hatten den Tod gefunden, der deutsche Bauernstand hatte als politisches Subjekt aufgehört zu bestehen. Am längsten hielt sich der Widerstand noch in den Alpengebieten, wo die Bergarbeiter mit den Bauern gemeinsame Sache gemacht hatten.

Die Bewegung der Bauern gegen ihre Herren hatte sich überall auf Luther und auf das neue Verständnis des Evangeliums berufen. Für die theologischen Führer der Reformations-

Bauernunruhen bei Biberach und die Plünderung des Klosters Weißenau bei Ravensburg
Kolorierte Federzeichnungen in der »Chronik des Bauernkrieges« von Jakob Murer, 1525
Schloß Zeil, Fürstlich Waldburg-Zeil'sches Gesamtarchiv

Wider die Mordischen vñ
Reubischen Rotten
der Bawren:

Martinus Luther.
Wittemberg.
Psalm. vij.
Seyne tück werden jn selbs tref=
fen/
Vnd seyn mů twill / wird vber jn
außgeen.
1525.

Titelseite der Luther-Streitschrift, Wittenberg 1525

bewegung bedeutete das eine sehr schwierige Situation. Luther selbst zögerte anfangs, dann bezog er in schärfster Form Stellung gegen den bäuerlichen Aufstand. Er trennte seine Sache von der Sache des Aufstandes und sprach sich in der Schrift »Wider die Mordischen und Reubischen Rotten der Bawren« für das Recht und die Pflicht der Fürsten aus, ihre Untertanen mit allen Mitteln zur Räson zu bringen. Diese Entscheidung hatte für den Fortgang der Reformation und insbesondere für die politische Mentalität des deutschen Luthertums weitreichende Folgen. Um sie zu verstehen, muß man von den Problemen ausgehen, die sich Luther seit Worms in der Fortführung und Ausgestaltung seines reformatorischen Wirkens stellten. Wir stoßen hier auf die heute so aktuelle Frage nach der Form der reformatorischen Gemeindebildung wie nach der Entstehung des evangelischen Landeskirchentums.

Es handelte sich dabei um überaus komplizierte Vorgänge, in denen sehr sublime Probleme des christlichen Glaubens und seiner personalen Verwirklichung sich mit robusten Aufgaben staatlicher und bürgerlicher Zwangsordnung mischten und überschnitten. Das Ringen um das rechte Verständnis dieser Vorgänge ist bis heute noch nicht abgeschlossen. Ihre Betrachtung kann vor allem von drei grundlegenden Voraussetzungen ausgehen. Luther hatte sein Werk und seinen Weg nicht als Reformator und Erneuerer der kirchlichen Lebensformen begonnen, sondern als Bekenner einer neuen theologischen Erfahrung. Das neu begriffene und neu gelebte Verhältnis des Einzelmenschen zu Gott führte ihn dann erst mit innerer Notwendigkeit zu der Aufgabe, die zwischenmenschlichen Bezüge im kirchlichen Raum neu zu ordnen. Angesichts dieser unausweichlichen Aufgabe blieb es stets Luthers Wille, »daß die Erneuerung der Kirche sich möglichst aus der eigenen Kraft der Gemeinden heraus vollzöge« (Karl Holl). Aber der politische Raum, in welchem sich dieser Wille entfaltete, war so beschaffen, daß der landesherrliche Wille des sächsischen Kurfürsten und die politische Struktur des obrigkeitlich regierten deutschen Fürstenstaates den Dingen eine andere Richtung gab als Luther beabsichtigte.

Seit Luther 1522 von der Wartburg nach Wittenberg zurückgekehrt war, hatte er unausgesetzt mit der Frage zu ringen, wie sich die innere Freiheit der neuen, reformatorischen Gemeindebildungen schützen und behaupten lasse. Er fand sie von verschiedenen Seiten her bedroht: durch die schwärmerischen und sozialrevolutionären Strömungen, in deren Mittelpunkt Thomas Müntzer stand; durch die Restbestände altkirchlicher Institutionen und Formen; durch die allgemeine Verwirrung und Verwilderung, die dem Zusammenbruch der bisherigen Pfarr- und Diözesanverwaltung vielerorts folgte; schließlich durch das immer unverhülltere Interesse der politischen Instanzen, auf dem Wege über die Beschlagnahme des Kirchengutes, über Patronatsrechte und ähnliches Einfluß auf die inneren Verhältnisse des kirchlichen Lebens zu nehmen. Demgegenüber legte Luther in den Jahren bis 1525 großen Nachdruck auf die Rolle der christlichen Einzelgemeinde. Er richtete seine Hoffnung auf ein spontanes und vielfältiges Wachstum der einzelnen Gemeinden, denen er sehr weitgehende Rechte in der Ordnung ihrer internen Angelegenheiten und ihrer gottesdienstlichen Formen zusprach. Ein reglementierendes Eingreifen des Landesherrn in diese inneren Fragen erschien ihm nicht als wünschenswert, während er der christlichen Obrigkeit stets eine hohe Verantwortung für den äußeren Schutz des Gotteswortes zuschrieb.

Das änderte sich seit 1525. Offenbar unter dem Eindruck der Erfahrungen des Bauernkrieges begann Luther in der landesfürstlichen Gewalt und in ihrer Ordnungsfunktion eine – wenigstens vorübergehend notwendige – Hilfe für den Gesamtbereich des kirchlichen Neubaues zu sehen. Er zeigte sich bereit, diese Hilfe nicht nur zu dulden, sondern von sich aus in Anspruch zu nehmen. Nur der Landesherr konnte – so meinte Luther jetzt – die Fortdauer der katholischen Messe beseitigen. Nur er konnte die Frage des Kirchengutes befriedigend regeln. Nur die politische Obrigkeit war imstande, das widersprüchliche Nebeneinander verschiedener Formen des Gottesdienstes und der christlichen Verkündigung zu beseitigen. So wurde zwar der prinzipielle Ausgangspunkt – die Eigenverantwortung und Freiheit der christlichen Gemeinde – nicht aufgegeben. Aber in der neuen Praxis, die sich jetzt durch das massive Eingreifen des Fürsten als »Notbischof« ergab, setzte sich eine Richtung durch, die von diesem Ausgangspunkt fortführte. Ein Markstein der Entwicklung war die sächsische Kirchenvisitation. Sie wurde zwar 1527/28 auf Luthers Wunsch vom Kurfürsten begonnen, aber sie verfuhr nach Richtlinien und zeitigte Ergebnisse, die nicht mehr vom Notstand und vom Aushilfecharakter des staatlichen Eingreifens bestimmt waren, sondern kräftig und unaufhaltsam auf das landesherrliche Kirchenregiment hinsteuerten.

Es gab für diese harten Eingriffe der staatlichen Verwaltung in kirchliche Dinge schon eine lange spätmittelalterliche Tradition. Bisher hatte aber dem Staat stets noch eine mächtige und selbständige kirchliche Organisation gegenübergestanden, die einen gewissen Gleichgewichtszustand garantierte. War diese Organisation einmal zusammengebrochen, so besaß der Staat im Bereich der sichtbaren Ordnung der Dinge keinen ebenbürtigen Partner mehr. Er herrschte allein über Leib und Gewissen seiner Untertanen. Luther und seine Freunde mochten diese Entwicklung nach außen hin rechtfertigen oder insgeheim beklagen. Sie war nun einmal eingetreten und nicht mehr rückgängig zu machen.

Dieser Weg der Zuordnung von reformatorischem Neuwerden und Obrigkeitsstaat wurde über Kursachsen hinaus bestimmend für die meisten Teile Mittel- und Norddeutschlands. Einen anderen Weg beschritt der Schweizer Reformator Huldrych Zwingli. Er gewann vorübergehende Bedeutung für die süddeutsche Reformation, weltgeschichtliche Bedeutung aber für die Entwicklung der westeuropäischen Gläubigkeit, Politik und Kultur. Zwingli war als Mensch, als Theologe und als Politiker ein Mann von ganz anderem Gepräge als Luther. Der Raum seiner Erfahrungen und seines Wirkens war die von politischer Eigenständigkeit durchpulste Eidgenossenschaft und der Stadtstaat Zürich. Als Feldprediger nahm er zweimal an den Italienzügen seiner Schweizer Landsleute teil. Die Begegnung mit der humanistischen Geisteswelt und mit der Zeit- und Kirchenkritik des Erasmus wirkte tief auf ihn. Politisches Denken und theologisches Suchen bildeten für Zwingli eine untrennbare Einheit. Seit 1518 wirkte er als Prediger am Großmünsterstift in Zürich. In den folgenden Jahren ist der mitreißende Einfluß von Luthers Schriften und Auftreten unverkennbar. Es wäre jedoch müßig, zu fragen, ob Zwingli auch ohne Luther zum Reformator geworden wäre. Sein Durchbruch aus dem humanistischen Rationalismus und Biblizismus zum radikalen Reformator hat in gewisser Weise Luthers Vorgehen zur Voraussetzung. Aber seine Theologie und sein Werk zeigen ganz eigene, nicht abzuleitende Züge;

aus der Erfahrung der göttlichen Allmacht und der Ohnmacht des Menschen entspringt bei Zwingli und seinen Anhängern das volle Maß religiösen *und* politischen Gestaltungswillens.

Die entscheidenden Jahre für Zwingli und für den Weg der Schweizer Reformation liegen nach dem Wormser Reichstag. 1522/23 gewann er mit seinen Anhängern in Zürich die Oberhand. Die städtische Obrigkeit begann in seinem Sinne die Neugestaltung des kirchlichen Lebens in Angriff zu nehmen. In den nächsten Jahren verfolgte Zwingli mit stets wachsender Autorität das Ziel, die Stadt Zürich in ein Modell totaler Verchristlichung aller Lebensbereiche zu verwandeln. Das enge Ineinandergreifen von Kirchenzucht und aktiver städtischer Politik nach innen und außen war gegenüber Luthers Verhalten und Anschauungen etwas Neues. Nicht die dualistische Theologie des Augustinus, die Luther zu seiner Lehre von den »zwei Reichen« angeregt hatte, stand hier Pate, sondern eher alttestamentarisch-naturrechtliche Ideen von der ungebrochenen Einheit geistlich-weltlicher Lebensordnung. Zwinglis Lehre und Vorbild wirkten in der Schweiz und in Süddeutschland sehr stark. Besonders in den Städten, wo auf Grund der Zunftverfassung und der Wählbarkeit der Behörden die religiöse Bewegung Zug um Zug politische Positionsgewinne erringen und die kommunale Politik in ihrem Sinne ausgestalten konnte, war die Ausstrahlung des Züricher Modells oft stärker zu spüren als die des kursächsischen Vorgehens. Die theologische Geschlossenheit und die demokratisch-volkstümliche Aktivität der Schweizer Richtung machten tiefen Eindruck gerade auf die Masse der städtischen Bevölkerung. So standen im Süden des Reiches nicht die fürstlichen Territorien, sondern die Städte an der Spitze der reformatorischen Bewegung. In Straßburg und Konstanz, in Basel und Memmingen, in Ulm, Nürnberg und Augsburg entstanden im Zusammenwirken der städtischen Obrigkeit mit reformationsfreundlichen Geistlichen die ersten evangelischen Gemeinden. Die neue Form des kirchlichen Lebens beanspruchte auch hier bald die ausschließliche Herrschaft. Konflikte mit innerstädtischen Oppositionsgruppen, mit den Bischöfen und den altkirchlichen Nachbarn konnten nicht ausbleiben.

Die Konsolidierung des neuen Kirchenwesens in den Städten wie in den Fürstenstaaten wurde nicht nur durch die Erfahrungen des Bauernkrieges, sondern auch durch das Auftauchen der Täufer-Bewegung beschleunigt. Spiritualistische Deutung des Evangeliums und endzeitliche Heilserwartung, schwärmerischer sozialer Radikalismus und Ablehnung jedes obrigkeitlichen Reglementierens der religiösen Erneuerung – alle diese Elemente wirkten zusammen und ließen die täuferische Bewegung in den Jahren nach 1525 zu einer ebenso starken wie vielgestaltigen Strömung werden. Die politischen Instanzen – gleichgültig ob katholisch oder evangelisch – gingen fast überall mit großer Schärfe gegen die Bewegung vor, die aber trotz aller Verfolgung weiterlebte. In der gemeinsamen Unterdrückungspolitik gegen diese radikalen Gruppen trafen sich Alt- und Neugläubige, weil sie hier die soziale Ordnung und den politischen Bestand des Gemeinwesens selbst bedroht sahen. Die spätere Schreckensherrschaft der Täufer in Münster (1534/35), die von katholischen und evangelischen Fürsten niedergeworfen wurde, darf nicht zum Ausgangspunkt einer Beurteilung der ganzen Bewegung gemacht werden. Das Täufertum war ein Sammelbecken sehr verschiedener Elemente. Die tief religiösen und irenischen Züge, die in eine vom obrigkeitlichen Glaubenszwang freie Zukunft wiesen, dürfen dabei keinesfalls verkannt werden.

In dem Durcheinanderfluten lutherischer, zwinglianischer und täuferischer Impulse, die den kirchlichen Übergangscharakter dieser Zeit ausmachten, fehlte das Element entschiedener katholischer Gegenwirkung keineswegs. Kennzeichnend für diese Aktionen und Gesinnungen ist, daß man der reformatorischen Bewegung sowohl mit staatlichen Repressivmitteln als auch mit innerkatholischen Reformmaßnahmen zu begegnen versuchte. Im Sommer 1524 verbündeten sich auf dem Regensburger Konvent, dessen Zustandekommen vor allem ein Werk des päpstlichen Legaten Campeggio war, die bayerischen Herzoge, Erzherzog Ferdinand und süddeutsche Kirchenfürsten. Sie verpflichteten sich auf eine scharfe Durchführung des Wormser Edikts und arbeiteten ein Reformprogramm aus, das dem Umsichgreifen der Neuerung die Voraussetzungen entziehen sollte. Die Durchführung der Regensburger Reformvorschläge litt von Anfang an unter der Spannung zwischen den geistlichen und weltlichen Fürsten. Stärker waren die politischen Folgen der Regensburger Einung, der bald ein Zusammenschluß katholischer Fürsten in Nord- und Mitteldeutschland zur Seite trat. Es konnte nicht ausbleiben, daß auch auf der Gegenseite politische Bündnisse entstanden. Am wichtigsten war hier der Torgau-Gothaer Bund (1526) zwischen dem jungen hessischen Landgrafen Philipp und Kursachsen.

So begann sich die religiöse Entscheidung für oder gegen das »neue Evangelium« in politische Frontstellungen umzusetzen. Dieser Umformungsprozeß, der das gesamte politische und geistige Leben des Reiches erschütterte, war nicht aufzuhalten, obwohl zunächst eine Mehrheit der Stände dem Zerbrechen der Einheit die Kraft des Beharrungsvermögens entgegensetzte. Als 1526 der Reichstag in Speyer sich mit der Religionsfrage zu beschäftigen hatte, knüpfte man bewußt an die ausgleichenden, den Bruch vermeidenden Formulierungen des Nürnberger Reichstages 1524 an. Der weitaus überwiegenden Mehrheit der Reichsstände lagen Vorstellung und Entschluß einer definitiven kirchlichen Spaltung noch fern. Man glaubte und hoffte noch, die religiöse Entwicklung auf einen Mittelweg evolutionärer Reformen leiten zu können. Wieder stand die Konzilsforderung im Vordergrund. Der Abschied des Reichstages war ganz im Sinne einer gemäßigten, ausgleichenden Mittellinie gehalten: Bis zum Konzil sollten sich die Stände in Sachen des Wormser Edikts so verhalten, »wie ein jeder solches gegen Gott und kaiserliche Majestät hofft und vertraut zu verantworten«.

Erst drei Jahre später trat – wieder in Speyer – der nächste Reichstag zusammen. Während in der Zwischenzeit das Konzilsprojekt nicht verwirklicht worden war, während der Kaiser durch den Kampf gegen Frankreich und den Papst von Deutschland abgelenkt war, hatte in diesen drei Jahren die einzelstaatliche Verfestigung der neuen kirchlichen Organisation entschiedene Fortschritte gemacht. Nun ging es in den Beratungen über die Religionsfrage nicht mehr um allgemeine oder ausgleichende Formulierungen. 1529 ging es um die sehr weitreichende Frage, ob die evangelischen Fürsten und Städte durch einen Mehrheitsbeschluß des Reichstages gezwungen werden könnten, ihr neuaufgebautes Kirchenwesen wieder preiszugeben. Diese Frage kam für die evangelischen Politiker und Theologen nicht unerwartet. Sie hatten sich seit Jahren mit dem grundsätzlichen Problem auseinanderzusetzen gehabt: Können profane Rechtsordnungen und politische Mehrheitsbeschlüsse für evangelische Fürsten und Städte in Glaubensfragen bindend sein? Und als nun 1529 die Reichstagsmehrheit sich in scharfer Form gegen die religiösen Neuerungen der evangelischen Stände wandte, erfolgte die Antwort unmißverständlich: Kurfürst Johann von Sachsen, der Landgraf von Hessen, Markgraf Georg von Brandenburg, Herzog Ernst von Braunschweig, der Fürst von Anhalt und vierzehn Reichsstädte erhoben gegen diesen Beschluß Protest. Die Gruppe der »protestierenden Stände« erklärte feierlich und öffentlich, daß sie den neuen, von der 1526 getroffenen Regelung abweichenden Beschluß nicht anerkenne, daß sie ganz allgemein keinen Mehrheitsbeschluß in Glaubensfragen als bindend ansehen könne.

Damit war der Bruch vollzogen. Nun erst gab es zwei »Konfessionsparteien« im Reich, nun mußte der Kaiser zusehen, ob er diesen Riß quer durch die Christenheit und das Reich wieder ungeschehen machen könne. Während die protestierenden Stände unmittelbar nach dem Reichstag ein erstes politisch-militärisches Bündnis abschlossen und durch das Marburger Religionsgespräch einen Ausgleich der theologischen Differenzen zwischen Zwingli und Luther versuchten, rüstete sich der Kaiserhof, auf dem Augsburger Reichstag 1530 die Glaubensfrage aus seiner Sicht der Dinge in die Hand zu nehmen. Das Bedeutsame war, daß der Kaiser und seine Berater zunächst nicht an das Wormser Edikt anknüpften, sondern einen Neuansatz des kirchenpolitischen Kurses im Sinne einer Verständigung mit den gemäßigten Gruppen der Gegenseite versuchten. Aus dieser versöhnlichen und weithin vom Geist des Erasmus bestimmten Verhandlungsatmosphäre erklärt sich das Verhalten der evangelischen Theologen um Melanchthon. Ihr in Augsburg dem Kaiser überreichtes Glaubensbekenntnis, die *Confessio Augustana*, verstanden sie als einen Beitrag zur Wahrung der Einheit und nicht als eine scharfe Abgrenzung einer abgesonderten »zweiten Kirche«. Indessen erwies sich die Kluft zwischen dem Vermittlungswillen des Kaisers und den tatsächlichen Verhältnissen in Deutschland als tief und das Mißverhältnis zwischen seinen Zielen und seinen Machtmitteln als groß und offenkundig.

Die Ausgleichsgespräche, die im Juli und August in Augsburg zwischen den beiderseitigen Theologen geführt wurden, waren begleitet von einem diplomatischen Ringen zwischen dem Kaiser und Papst Clemens VII. um die baldige Eröffnung des Generalkonzils. Beide Verhandlungen mündeten in eine Sackgasse. Der Papst gab ein Konzilsversprechen, das so verklausuliert und mit seiner persönlichen Antipathie gegen die Konzilsidee so belastet war, daß es für die deutschen Dinge kaum etwas bedeuten konnte. Die Reunionsgespräche blieben stecken, und ihr Abbruch gab schließlich den Intransigenten auf beiden Seiten wieder Oberwasser. Der Kaiser mußte den Reichstag ohne die maßgebenden Vertreter der evangelischen Stände beschließen. Er sah sich zurückgeworfen auf die »harte« Politik gegenüber den Protestanten, wie sie durch das Wormser Edikt vorgezeichnet war und von manchen Vorkämpfern der katholischen Sache unausgesetzt gefordert wurde. Zeitweilig beschäftigte den Kaiser damals schon der Gedanke, gewaltsam gegen die evangelischen Stände vorzugehen.

Andererseits zogen die Protestierenden nun energisch die Folgerungen aus dem für sie durchaus bedrohlichen Abschluß des Augsburger Reichstages. Dort hieß es, »daß aus der hiervor verdammten Lehre viel verführige Irrsal unter dem gemeinen Volke erwachsen, alle wahrhaftige Andacht verloren, alle christliche Ehr, Zucht, Gottesfurcht und Nächstenliebe gänzlich in Abfall gekommen seien«. Die Protestanten mußten ihre rechtliche und politische Lage für um so gefährdeter halten, als der Kaiser unmittelbar nach dem Reichstag die Wahl seines Bruders Ferdinand zum römischen König durchgesetzt hatte. Das bedeutete ein festes Nachfolgerecht Ferdinands im Kaisertum und einen weiteren Schritt zu einer habsburgischen Erbmonarchie. Der Gegenzug der Protestierenden ließ nicht auf sich warten. Am 27. Februar 1531 wurde in Schmalkalden als abschließendes Ergebnis früherer Verhandlungen und Ansätze jener Bund evangelischer Fürsten und Städte geschlossen, der das theologische Problem des Widerstandsrechtes gegen den Kaiser in einer zunächst rein defensiven Zweckbestimmung lösen wollte: man verpflichtete sich zu gemeinsamer Hilfeleistung für jeden Stand, der um »des reinen Wortes Gottes« willen angegriffen würde.

Trotz der defensiven Begrenzung bedeutete das Entstehen des Schmalkaldischen Bundes für die deutsche und europäische Geschichte ein wichtiges Datum. Hier war zum erstenmal das evangelische Bekenntnis ausdrücklich unter den Schutz der Waffen gestellt worden. Damit hatte man eine einschneidende Konsequenz aus der Zuordnung von Territorialstaat und evangelischer Gemeindebildung gezogen. Trotz der verschiedenen Nuancen, die innerhalb des Bundes hinsichtlich des Widerstandsrechtes bestanden, war man doch allseits entschlossen, für die Sache des Evangeliums zu kämpfen. Das war die nachdrücklichste Besiegelung, welche das neue Prinzip der evangelischen Landeskirchen erhalten konnte. Für Zwingli und die Schweizer Reformation hatte das Widerstandsrecht aus religiöser Wurzel von Anfang an keine Schwierigkeit dargestellt. Daß nun der Reformator selbst im Kampf gegen die katholischen Orte der Eidgenossenschaft fiel (in der Schlacht bei Kappel, am 11. Oktober 1531), bedeutete zwar für die nächsten Jahre einen erheblichen Rückschlag. Aber sein geistiges Vermächtnis wirkte weiter und wurde in den folgenden Jahrzehnten für die religiöse Entwicklung in Westeuropa überaus fruchtbar.

Der Kaiser blieb nur bis zum Herbst 1532 im Reich. Ihn bedrängte die Sorge um die spanischen Dinge und um die Abwehr der neuen türkischen Offensive in Ungarn, um die Haltung Frankreichs und um das deprimierende Zögern der päpstlichen Konzilspolitik. Im Reich selbst war zu sehen, wie das katholische Bayern sich im Zeichen der antihabsburgischen Opposition mit dem Schmalkaldischen Bund zusammenschloß und die Verbindung mit Frankreich aufnahm. Karl mußte zu der Einsicht kommen, daß seine europäischen Siege und die Befestigung der habsburgischen Herrschaft in Italien auf die innerdeutschen Verhältnisse eher alarmierend als beruhigend wirkten. Das neue Element der religionspolitischen Gegnerschaft verband sich in verwirrender Weise mit der traditionellen Fronde der Reichsstände gegen die drohende Übermacht des Reichsoberhauptes. In dieser Situation schlug die kaiserliche Politik einen neuartigen Weg ein. Statt Ketzerkrieg, Konzilsentscheidung oder theologischem Vergleichsgespräch versuchte man es mit einem sehr provisorischen und nur aufschiebenden Mittel. In Nürnberg wurde im Sommer 1532 zwischen dem Kaiser und den Protestierenden ein erster, befristeter Religionsfriede abgeschlossen. Dieser »Nürnberger Anstand« war nichts weiter als ein Moratorium; man wollte einander einstweilen nichts Böses tun, und die Protestanten sollten auch vom obersten Reichsgericht einstweilen nicht belangt werden.

Der Nürnberger Vertrag gab dem Kaiser den Weg frei, Deutschland zu verlassen. Er sicherte der reformatorischen Bewegung in den folgenden Jahren eine erhebliche Freiheit und ermöglichte ihr ein rasches und weites Ausgreifen. Blickt man auf die europäische Konfessionskarte, so ist festzustellen, daß diese Jahre auch für die Verbreitung der Reformation außerhalb des Reiches von erheblicher Bedeutung waren. Damals entschied sich unter König Christian III. die Wendung Dänemarks und Norwegens zu Luthers Lehre. Gleichzeitig setzte sich in Schweden und Finnland in einem langsamen Reifeprozeß die neue Kirchenverfassung und Theologie durch, nachdem sie in Ostpreußen und in großen Teilen des Baltikums schon früher Boden gewonnen hatte. So war nun der ganze europäische Norden dem Weg Luthers gefolgt. Überall hatte sich der Gedanke der Loslösung von Rom und der volkstümlich-nationalen Neugestaltung von Liturgie und kirchlicher Organisation siegreich durchgesetzt.

Heinrich VIII. und die Begründung der anglikanischen Staatskirche

Die Bedeutung der religiösen Umwälzungen, die England unter König Heinrich VIII. erfuhr, reicht weit über die Kirchengeschichte und die Geschichte des 16. Jahrhunderts hinaus. Nicht nur, daß hier erstmals ein Monarch, der zu den glänzendsten Gestalten der europäischen Fürstenwelt gehörte, sich von der im Papsttum repräsentierten Einheit christlichen Rechtes und Glaubens abwandte und eine moderne Staatsform außerhalb dieser Einheit begründete. Vielmehr wurde hier der Grund gelegt für neue Formen des gesellschaftlichen, des individuellen und des kirchlichen Lebens, die in den folgenden Jahrhunderten eine weltweite, prägende Kraft erwiesen.

Desto erstaunlicher ist es, daß am Anfang dieses besonderen Weges angelsächsischer Kultur, Frömmigkeit und Politik nicht ein spontaner und tiefgehender religiöser Aufbruch stand wie an vielen Stellen der kontinentalen Reformation, sondern das biographische Schicksal eines einzelnen Fürsten und die von oben wirkenden Entschlüsse seiner Minister. Dieser auffallende Tatbestand ist nur erklärbar aus der besonderen Stellung der Monarchie in England. Das Haus Tudor hatte das Königreich aus den blutigen und endlosen Kämpfen des 15. Jahrhunderts herausgeführt. Heinrich VIII. verkörperte den Weg des Inselreiches zu einer führenden Macht im europäischen Kräftespiel. Der wirtschaftliche Aufstieg des Mittelstandes – vor allem in London und in den südöstlichen Grafschaften – hatte die Stellung des Königtums gegenüber dem hohen Adel und dem Episkopat gestärkt. In der Gestalt des aus einer kleinbürgerlichen Familie stammenden Kardinals Wolsey verkörperte sich die neue Form der Tudormonarchie: Wolsey war königlicher Kanzler und päpstlicher Legat für den Gesamtbereich der englischen Kirche. So bedeutete die Tätigkeit dieses Diplomaten und Staatsmannes eine Konzentration politischer und kirchlicher Macht zu

Händen des Königs, die schon ganz unmittelalterlichen Charakter hatte. Während auf dem Kontinent das Ringen der Krone mit den Ständen vielfach zu einer zwiespältigen und gelähmten Politik führte, gelang es der Tudormonarchie, das Parlament zum wirksamen Instrument der staatlichen Vereinheitlichung und Willensbildung zu machen.

Außenpolitisch gesehen, befand sich England im fortschreitenden kontinentalen Hegemoniekampf in einer begünstigten Lage. Es konnte in wechselnden Allianzen die Rolle des begehrten Bundesgenossen, des »Züngleins an der Waage« spielen, ohne seine militärischen und finanziellen Kräfte sehr anzustrengen. Und zu einem ernsthaft störenden und die Einheit bedrohenden Hineinwirken der festländischen Konflikte in die englische Innenpolitik ist es auch in der schwierigen Lage nach dem Tode Eduards VI. (1553) nicht gekommen. So wirkten neben der Gunst der insularen Lage auch manche andere Momente dahin, daß das Königtum in England nicht nur durch seine Macht äußerliche Gefolgschaft fand, sondern auch im Mittelpunkt der Hoffnungen und Gedanken des Landes stand und von einem fast unbegrenzten Kapital an Loyalität zehren konnte.

Als Luthers Predigt über die Grenzen Deutschlands hinauszudringen begann, traf sie in England auf einen weitverbreiteten Antiklerikalismus in den Mittelschichten. Sie traf auf Reformtendenzen humanistischer Färbung und auch auf Ausläufer der mit dem Namen Wiclifs verbundenen spätmittelalterlichen antihierarchischen Bewegungen. In Cambridge fanden sich bald kleine gelehrte Zirkel zusammen, die von Luthers Schriften beeinflußt waren. Das Wirtshaus »Zum weißen Roß«, wo solche Zusammenkünfte stattfanden, nannte man *Germany* zur Bezeichnung der ausländischen Herkunft der neuen Ideen. Der Humanist William Tyndale, der diesem Kreise angehörte, war ein Verehrer des Erasmus. Er hatte Erasmus ins Englische übersetzt, bevor er nun zum Übersetzer der Lutherbibel wurde. Aber die große Wendung der Humanisten zu Luther, die für die Anfänge der deutschen Reformation wichtig wurde, blieb in England aus, so offenkundig auch die Schäden und die Reformbedürftigkeit vieler kirchlicher Einrichtungen waren. Entscheidend wirkte zunächst die Stellungnahme des Königs, der sich 1521 mit seiner theologisch nicht unbedeutenden Schrift *Assertio septem sacramentorum* persönlich an die Spitze der antilutherischen Publizistik und Apologetik stellte. Von Papst Leo X. wurde er dafür mit dem Ehrentitel »Verteidiger des Glaubens« bedacht.

Die Krise im Verhältnis zur Papstkirche kam auf einer ganz anderen Ebene zum Durchbruch als in Deutschland. Bekanntlich wurde das Schisma Englands durch die Frage der Ehescheidung des Königs herbeigeführt. Es wäre oberflächlich und verfehlt, diese Entwicklung nur aus der Gegenüberstellung der »sinnlichen Leidenschaft und unbeherrschten Wollust« Heinrichs VIII. mit der sittlich-rechtlichen Norm Roms erklären zu wollen. Vielmehr ist der Gang der Dinge trotz mancher skandalhafter Begleitumstände in hohem Grade aufschlußreich für Grundfragen des christlichen Gewissens, des Rechtes und der Staatsethik, wie sie den Menschen des 16. Jahrhunderts gestellt waren.

Die Königin von England hieß Katharina von Aragon. Sie war eine Tochter König Ferdinands des Katholischen, also eine Tante Kaiser Karls V., der als Verwandter stets für sie Partei genommen hat. Katharina war zuerst mit dem damaligen englischen Kronprinzen Arthur verheiratet gewesen. Nach dessen Tode hatte Heinrich als nunmehriger

König Heinrich VIII. von England
Gemälde von Hans Holbein d. J., 1537. Castagnola, Sammlung Schloß Rohoncz

Tagung des englischen Parlaments am 15. April 1523
Miniatur. Windsor, Royal Collection

Thronfolger die Witwe seines Bruders geehelicht, wobei die für eine solche Verwandtenehe benötigte Dispens von Papst Julius II. eingeholt worden war. Im übrigen war der politische Zweck dieser Ehen – Befestigung des englisch-aragonesischen Bündnisses gegen Frankreich – ganz eindeutig und wurde auch im Text der päpstlichen Bulle ausdrücklich erwähnt. Aus der Ehe der um fünf Jahre älteren Spanierin mit Heinrich VIII. gingen drei Knaben und zwei Mädchen hervor. Außer der 1516 geborenen Maria (der späteren Königin) starben alle. Katharina alterte frühzeitig und begann zu kränkeln. Die Hoffnung auf einen männlichen Thronerben schwand, während der König seine Frau zu meiden und seine Gunst anderen Damen des Hofes zuzuwenden begann.

Seit 1525 erfaßte ihn eine Leidenschaft zu einer sehr schönen, jungen Gesellschafterin seiner Frau mit Namen Anne Boleyn, deren Familie den offenkundigen Sachverhalt zu höheren Zwecken auszunützen beabsichtigte. Während Annes Schwester Mary in früheren Jahren die Mätresse Heinrichs gewesen war, ohne daß kronrechtliche oder sonstige Komplikationen aufgetreten wären, erklärte die neue Favoritin, dem König nur als seine legitime Frau gehören zu wollen. Hinter dieser konsequent vorgebrachten Forderung stand der Aufstiegswille des Familienclans der Boleyn. Aber es mischten sich von Anfang an andere Motive mit ein, die der Affäre zwischen Katharina, Heinrich und Anne Boleyn einen Ernst gaben, der sie weit über eine der üblichen Alkovenintrigen des Hofes hinaushob. Dem König ging es auch um die Sicherung der Dynastie und des Staates; er wollte den legitimen, männlichen Thronfolger, den ihm die Königin nicht schenken konnte. Er machte überdies Gewissensskrupel geltend: War nicht der frühe Tod von vier Kindern aus der Ehe mit Katharina ein Zeichen des Zornes Gottes über die Unerlaubtheit dieses Bundes? Konnte ein Papst überhaupt von dem göttlichen Gebot dispensieren, das im Alten Testament so deutlich die Ehe mit der Witwe des Bruders untersagt hatte? Man hat die Ernsthaftigkeit dieser Gewissensbedrängnis, in der die Obertöne theologischer Kritik an den Kompetenzen des Papsttums immer stärker wurden, entschieden in Zweifel gesetzt. Aber es ist kein Anlaß vorhanden, in der vitalen Vielschichtigkeit von Heinrichs Charakter und Situation das Wirken einer dergestalt drängenden Sorge um das Heil des königlichen Blutes auszuschließen.

Der einfachste Ausweg bot sich in einer kirchenrechtlich zu begründenden Annullierung der Ehe mit Katharina. In diese Richtung zielten seit 1527 die Bemühungen des Königs und seiner Minister. Zunächst wandte man sich an den Papst; man suchte also eine Lösung in Übereinstimmung mit dem traditionellen und universalen Rechtssystem des christlichen Europa. Clemens VII. befand sich damals – nach dem *Sacco di Roma* – in einer bedrängten Lage. Insgeheim hoffte er damals noch, im Bunde mit den Königen von England und Frankreich die Niederlage des Kaisers in Italien und die Rache für die Schmach von 1527 erleben zu können. Die englischen Unterhändler, die in Orvieto mit dem Papst zusammentrafen, rechneten damit, diese politischen Gegebenheiten für die »Sache des Königs« nutzen zu können. Aber Clemens VII. und seine kurialen Mitarbeiter waren der Verhandlungstaktik der Engländer durchaus gewachsen. Während von englischer Seite wechselnd mit Lockungen und Drohungen – bis zum kaum verhüllten Hinweis auf die Möglichkeit eines Schismas – gearbeitet wurde, spielte der Papst auf Zeitgewinn. Von Orvieto verlegte man den Schauplatz der Verhandlungen nach England, wohin ein römischer Kardinallegat zur näheren Untersuchung des kirchlichen Rechtsfalles entsandt wurde.

Während der König ungeduldig wurde, zog die Affäre immer weitere Kreise. Heinrich VIII. zögerte durchaus, den Bruch mit der Autorität des Papstes zu wagen. Einem solchen Schritt hätte die öffentliche Meinung Englands und Europas sehr kritisch gegenübergestanden. Am Hofe setzte ein Wettbewerb der Hofparteien um die Lösung des Eheproblems ein: Wer den Weg zur Ehe mit Anne Boleyn findet, steigt in der Gunst des Königs, wer ihn nicht findet, verliert. So ist schon 1529 Kardinal Wolsey zu Fall gekommen. Der Aufstieg neuer Männer am Hof erfolgte im Zeichen ihrer Wendigkeit und ihrer Erfolge in dieser Sache. Thomas Cranmer, der spätere Erzbischof von Canterbury, empfahl sich dem König durch die Idee einer Befragung der englischen und ausländischen Universitäten. Eine zunächst erfolgreiche Idee, die mit beträchtlichen Geldmitteln ins Werk gesetzt wurde. Nicht nur Oxford und Cambridge, auch einige französische und italienische Universitäten nahmen Stellung für die These des Königs: Die Ehe mit Katharina sei ungültig.

Gleichzeitig wurde das Parlament zur Einschüchterung des einheimischen Episkopats und des Papstes aktiviert. Seit der Sitzungsperiode von 1529 gerieten hier die Dinge in folgenreiche Bewegung. In einer Reihe von sich verschärfenden Parlamentsakten und Regierungsdekreten wurde die rechtliche, finanzielle und administrative Eigenständigkeit der Kirche eingeschränkt. Als erfolgreicher Taktiker und energischer Vertreter der neuen Linie bewährte sich dabei Thomas Cromwell, der neue Vertrauensmann des Königs. Bewußt und unbeirrt ging er den Weg zur Abschüttelung aller außerenglischen Rechtsbindungen. Er gehört zu den eigentlichen Gründern der englischen Staatskirche, und auch in der Neugestaltung der Finanz- und Verwaltungsorganisation und später in der Auflösung der Klöster bewies er die harte und erfolgreiche Hand, die der König an ihm schätzte.

Das alles war nur Vorbereitung für den Bruch mit Rom, noch nicht der Bruch selbst. Erst 1533 beschleunigten sich die Ereignisse. Anne Boleyns Standhaftigkeit war schließlich ins Wanken gekommen. Nicht zu früh und nicht zu spät. Das Kind, das sie erwartete, wurde zum Anlaß des definitiven Bruches. Auf die geheime Trauung mit dem König im Januar 1533 folgten rasch die öffentlichen Entscheidungen: Parlamentsbeschluß gegen jeden Appell an den Papst, Beschluß der Klerusversammlung, daß der Papst das beanspruchte Dispensrecht nicht besitze, Erhebung Cranmers zum Erzbischof von Canterbury (dies noch mit päpstlicher Zustimmung), Urteil des Erzbischofs als des höchsten kirchlichen Richters in England: Die erste Ehe des Königs sei ungültig, die zweite gültig; feierliche Krönung der neuen Königin und wenige Monate später die Geburt der Prinzessin Elisabeth. Es folgten die Antworten des Papstes: Ungültigkeitserklärung der zweiten Ehe und die große Exkommunikation für Heinrich VIII. Letzte englisch-päpstliche Verhandlungen waren im Herbst 1533 durch den französischen König angeregt und vermittelt worden. Nach ihrem raschen Scheitern führte 1534 Heinrich VIII. die Initiative des Vorjahres weiter. Das Parlament beschloß die »Sukzessionsakte« (Nachfolgerecht nur für die Thronerben aus der zweiten Ehe) und schließlich die berühmte »Suprematsakte«, die besagte, daß der König *justly and rightfully is and ought to be Supreme Head of the Church of England*. Fortan gab es keinen Papst mehr, man sprach nur mehr von dem Bischof von Rom. Im übrigen bedeutete die

Trennung von Rom und die jurisdiktionelle Rolle des Königs als Oberhaupt der englischen Kirche keine sichtbare Veränderung der kirchlichen Organisation und der liturgisch-theologischen Substanz.

Der König fühlte sich jetzt stark genug, Episkopat und Klerus durch einen überall geforderten und fast überall geleisteten Eid auf die neue Ordnung der Dinge festzulegen. Die Eidesleistung wurde mit Zwang und Strafdrohung durchgesetzt. Es ist bekannt, daß sich nur einige Ordensleute und nur zwei der Großen des Königreiches bis zur letzten Konsequenz widersetzten. Todesurteile wurden an einer Anzahl von Kartäusern und Franziskanern, an dem greisen Bischof Fisher und an Thomas Morus, dem früheren Kanzler des Königs, vollstreckt.

Obwohl Heinrich VIII. selbst theologisch konservativ eingestellt war, konnte es nicht ausbleiben, daß nun auf vielen Wegen immer stärker evangelische Ideen nach England eindrangen. Thomas Cromwell dachte hier wie in anderen Fragen vor allem politisch. Er betrieb mit Nachdruck die Klosteraufhebungen, um das Königtum fiskalisch zu stärken und die sich bereichernde neue Mittelschicht auf den neuen Stand der Dinge festzulegen. Er suchte zeitweilig die Verbindung mit dem festländischen Protestantismus. Im Zeichen der Verhandlungen mit dem Schmalkaldischen Bund war Cromwell zu erheblichen theologischen Konzessionen bereit. Auch der Sturz des allmächtigen Ministers, der 1540 als Hochverräter und Ketzer hingerichtet wurde, brachte kein völliges Erlöschen der reformationsfreundlichen Tendenzen. Eine entschiedene Entwicklung im Sinne der protestantischen Lehre setzte aber erst nach dem Tode Heinrichs VIII. ein, als für den minderjährigen Eduard VI. eine Vormundschaftsregierung amtierte, die dem neuen Glauben zuneigte.

Das englische Schisma unter Heinrich VIII. stellte – vor allem seit der Hinrichtung von Fisher und Morus – für die katholische Öffentlichkeit Europas und die Politik der katholischen Monarchen ein schwieriges Problem dar. Als im Winter 1536/37 in Nordengland eine Revolte der Landbevölkerung gegen die Klosteraufhebungen und die Kirchenpolitik des Königs ausbrach *(Pilgrimage of Grace)*, glaubte Papst Paul III. zeitweilig, den Kaiser und Franz I. zu einem solidarischen Vorgehen gegen England veranlassen zu können. Die Pläne für ein solches gemeinsames Eingreifen der katholischen Mächte gegen das schismatische Reich wurden auch später weiterverfolgt. Die vorgesehenen Maßnahmen reichten von gemeinsamen diplomatischen Schritten über eine allgemeine, kontinentale Handelssperre bis zum Projekt einer bewaffneten Invasion. Aber eine wirksame Zusammenarbeit zwischen Habsburg und Frankreich gegen das englische Schisma kam niemals zustande. Beide Kontinentalmächte mußten in England stets den möglichen Verbündeten im nächsten Waffengang sehen. So siegte in jedem Fall die Staatsräson über die Postulate einer gesamteuropäisch-katholischen Glaubensverantwortung, zu deren Sprecher sich das Papsttum immer wieder machte. Englands Kirche ging weiter ihren eigenen Weg. Selbst die vorübergehende Wiedervereinigung mit Rom in den Jahren 1554/59 hat die Eigengesetzlichkeit dieses Weges nicht abgeschwächt, sondern eher akzentuiert.

Das Papsttum und die beginnende Regeneration der katholischen Kirche (1534–1540)

Am 11. Oktober 1534 begaben sich die Kardinäle ins Konklave, um einen Nachfolger für Clemens VII. zu wählen, der die katholische Kirche in einer Zeit großer Entscheidungen mutlos geleitet hatte. In überraschend kurzer Zeit einigte man sich auf den bisherigen Dekan des Kardinalskollegiums, Alessandro Farnese. Der sechsundsechzigjährige Papst nahm den Namen Paul III. an. Er regierte die Kirche fünfzehn Jahre lang und sicherte die Grundlagen für jene innere Erneuerung, die in den folgenden Jahrzehnten das Gesicht der katholischen Welt kraftvoll prägen sollte.

Blickt man zurück auf den Werdegang des aus einer alten römischen Familie stammenden Papstes, so ist rasch festzustellen, daß sein Aufstieg unter anderen Vorzeichen erfolgt war als unter denen einer Reform der Kirche. Nicht nur hatte sich Alessandro Farnese in der untheologischen Routine der kurialen Verwaltung mit großer Geschmeidigkeit emporgearbeitet. Er zollte auch der römischen Sitte des ausgehenden Quattrocento insofern besonderen Tribut, als seine Erhebung zum Kardinal durch Papst Alexander VI. nicht von der Tatsache zu trennen ist, daß dieser zuvor der Liebhaber von Farneses schöner Schwester Giulia gewesen war. Aber Alessandro Farnese wußte sich auch mit dem folgenden Papst – Julius II. – gut zu stellen. Er erhielt von ihm manche Gunstbeweise; so wurden zum Beispiel die Kinder, die er von einer in seinem Hause lebenden Dame der Aristokratie hatte, alsbald durch eine päpstliche Urkunde legitimiert. Das waren Dinge, die bei den Zeitgenossen wenig Verwunderung hervorriefen und für die weitere Karriere des Kirchenfürsten, der erst viel später die Priesterweihe empfing, kein erhebliches Hindernis bedeuteten. Als dann die Zeiten ernster und die Maßstäbe auch an der Kurie strenger wurden, konnte man Farnese durchaus zu jener Kardinalsgruppe rechnen, die ein geschärftes Bewußtsein von der kirchlich-religiösen Verantwortung Roms hatte. Als unter Clemens VII. die Konzils- und Reformfragen immer dringlicher wurden, gehörte er zu den ständigen Befürwortern einer energischen Inangriffnahme der fälligen kirchlichen Maßnahmen. Er war der hervorragendste Diplomat der Kurie, und als Papst zögerte er nicht, von der Einsicht Gebrauch zu machen, daß nur ein zielbewußtes Programm innerkirchlicher Reform die tiefgesunkene moralische und politische Autorität des Papsttums heben könne. Aber bei aller sachlichen Einsicht war Paul III. doch persönlich zu tief in die Anschauungen und Gewohnheiten der alten Zeit verstrickt, als daß er den vollen Durchbruch zur Unerbittlichkeit des apostolischen Hirtenamtes vollzogen hätte. Die Fesseln, die ihn an das kompromittierende Erbe kurialer Weltlichkeit banden, waren vielfältig und zäh. Am verhängnisvollsten erwiesen sich dabei die Bande des Blutes. Die Sorge für Kinder und Enkel, für ihre Ausstattung mit Reichtum und Staatenbesitz, für ihre Verheiratung in die ersten Fürstenhäuser Europas könnte bewundernswert erscheinen, wäre es nicht gerade der *Vicarius Christi* gewesen, der das Heil der Kirche vor aller Augen mit familiärer Interessenpolitik belastete.

Die kirchliche Lage, die Papst Paul III. zu Beginn seines Pontifikats vorfand, war dazu angetan, rasche Schritte nahezulegen. England hatte sich von Rom getrennt, ebenso die skandinavischen Reiche. In Deutschland hatten sich in einigen Gegenden bereits heterodoxe Landeskirchen gebildet, in anderen Teilen griff die Bewegung zur Lösung von Rom kräftig um sich. Sie begann aus Mitteleuropa nach dem Osten überzugreifen, nach Polen, Ungarn und dem Baltikum. Weniger gefährdet konnte die Lage zunächst noch in Westeuropa erscheinen. In Spanien entgingen der harten Aufsicht der staatlichen Inquisition nur kleine Zirkel evangelisch Gesinnter mit den Schwerpunkten in Valladolid und Sevilla. Viel größer war – von Rom her gesehen – die Gefahr eines erasmianisch gefärbten Staatskirchentums, dessen weitere Entwicklung im Zeichen des unberechenbaren Cäsaropapismus Karls V. stand.

In Frankreich konnte die Situation nur so lange als gesichert gelten, als der König der naheliegenden Versuchung widerstand, dem englischen Beispiel zu folgen und die politische Bundesgenossenschaft mit dem deutschen Protestantismus kirchenpolitisch zu untermauern. Dabei konnte nicht übersehen werden, daß trotz der Unterdrückungspolitik der französischen Regierung die neuen Ideen vom Osten her unaufhaltsam in das Land einströmten. Wohl hatte die Sorbonne Luthers Lehren verurteilt, aber von Zürich und Basel, von Straßburg und Antwerpen kamen immer neue Bücher und Flugblätter. Der Reformkreis des frommen Faber Stapulensis in Meaux stand den Gedanken des Erasmus näher als denen Luthers. Aber eine jüngere Generation wird sich mit diesen unentschiedenen Positionen nicht mehr zufriedengeben. An den Universitäten und in den Städten, im Adel und im Klerus greift die Unruhe um sich. Und während der neue Papst die Reihe seiner Regierungsakte mit der Erhebung zweier unmündiger Enkel zum Kardinalat eröffnet, überschreiten Scharen französischer Glaubensflüchtlinge die Schweizer Grenze. Sie hoffen auf baldige Rückkehr in eine für die Wahrheit des Evangeliums gewonnene Heimat. Unter den Flüchtlingen ist ein junger Jurist mit Namen Jean Cauvin. Er wird in wenigen Jahren an der Spitze der französischen Reformation stehen und dem Papsttum einen Kampf auf Leben und Tod ansagen.

Und Italien selbst? Die Eigenart der religiösen Situation Italiens in den dreißiger Jahren lag in einer sehr weitgehenden Unklarheit und Unbestimmtheit der Fronten. Erst im folgenden Jahrzehnt klärten sich – mit dem Einsetzen schärferer Repressivmaßnahmen – die Abgrenzungen zwischen innerkatholischen Reformgruppen und bewußter Glaubensneuerung. Es lag an dem aristokratischen Charakter der religiösen Bewegung Italiens und an dem Fehlen des volkstümlich-derben, national-antipäpstlichen Elements, daß hier die Dinge länger unentschieden blieben, während im Norden schon die Scharfrichter – auf beiden Seiten – an die Arbeit gingen. Der zögernd-distanzierte, immer noch auf die Einheit hin orientierte und in der Reform die Einheit suchende Charakter macht aber auch den besonderen Reiz dieser Entwicklung aus. Die Partei der Mitte, des »Evangelismus« oder der »Expektanten« – wie man sie nun nennen will – gab es überall in Europa. Aber nirgendwo bestimmte sie noch zwanzig Jahre nach Luthers Auftreten so sehr die Gesamtatmosphäre wie in Italien.

Da gab es den Kreis um Juan de Valdés in Neapel: eine hochgesinnte Gruppe feingebildeter Laien und Kleriker, versammelt um die fromme Unterweisung eines undogmatischen Mystikers. Damen der Hocharistokratie spielten eine große Rolle; hier traf man Vittoria

Colonna und die schöne Donna Giovanna di Aragona, die in ganz Italien von den Dichtern als *Diva Signora* besungen wurde. Von hier reichten Bande der Freundschaft und der Gesinnung in die Orden. Der Generalvikar des Kapuzinerordens, Bernardino Ochino, wurzelte in der Frömmigkeit des franziskanischen Spiritualismus. Ähnlich stand es mit dem toskanischen Augustinerprior Pietro Vermigli und manchen anderen Geistlichen, die zunächst in ihrem Reformwirken keine sichtbare Trennung zur alten Kirche vornahmen. Etwas kompaktere Erscheinungen bot Oberitalien, wo die unmittelbare Wirkung aus dem Norden zu spüren war. In der freieren Luft Venedigs traten immer wieder Anhänger Luthers auf; in Bischofsstädten, wie Modena, Verona, Lucca und Brescia, bildeten sich Gruppen, die der Häresie verdächtigt wurden. Der religiöse Charakter mancher dieser Fälle und Bewegungen ist bis heute umstritten. Aus der Sicht des heutigen Betrachters ist ohne weiteres festzustellen, daß das theologische Suchen und die tiefe Unruhe dieser Zwischenzeit in sehr verschiedene Wege münden konnten. Manche theologisch und menschlich bedeutenden Persönlichkeiten brachen schließlich mit der Papstkirche. Sie mußten als Exulanten Italien verlassen und bildeten in der europäischen Reformationsbewegung mit ihrer Neigung zu undogmatischer Auffassung der Glaubenslehre ein eigenartiges und zukunftsweisenden Ferment. Andere wurden zu überzeugten Anhängern und Führern der innerkatholischen Reform, deren Erfolg sie eher mit pastoraler Überzeugungskraft als mit Repressivmaßnahmen dienen zu können glaubten. Dazwischen gab es manche Spielarten der verstummenden Resignation und der Anpassung an die herrschende und in Italien herrschen bleibende Richtung.

Dieses Auseinandertreten der Wege war aber zum großen Teil bereits eine Folge des tiefgehenden Wandels, den die religiöse Gesamtatmosphäre Italiens unter Paul III. erfuhr. Als der Papst kurz nach seiner Krönung mit dem Vorschlag eines alsbald zu berufenden Generalkonzils hervortrat, fand er in der europäischen Öffentlichkeit viel Zustimmung. Auf heftigen Widerstand stieß er dagegen in den Reihen seiner engsten Mitarbeiter. Das Kardinalskollegium, das seine Zusammensetzung der Personalpolitik der Medici-Päpste Leo X. und Clemens VII. verdankte, erwies sich als erstes Hemmnis für eine neue Konzeption päpstlicher Politik. Paul III. griff zu dem Mittel, durch die Ernennung neuer Kardinäle das Kollegium und die Kurie selbst im Sinne der neuen Ära umzugestalten. Diese Umgestaltung ging zahlenmäßig nicht sehr weit. Aber bereits die ersten Schritte außerhalb der Routine und die Berufung einiger weniger Männer, deren kirchlicher Ernst und Reformgesinnung bekannt waren, begannen das Gesicht Roms zu verändern.

In Italien wie in der Gesamtkirche waren auch in den schlimmsten Jahrzehnten eines verweltlichten Papsttums die Bestrebungen zu einer Reform der Kirche an Haupt und Gliedern nie abgerissen. Die einzelnen Reformtendenzen in den Orden, im Episkopat, in der Theologie und in Laienkreisen hatten jedoch von Rom her wenig Ermunterung erfahren. Nun versuchte Paul III., das Papsttum zur Mitte und zum Kristallisationspunkt dieser vereinzelten und verschiedenartigen Bestrebungen zu machen. Das läßt sich an zwei besonders markanten Persönlichkeiten unter den neu berufenen Kardinälen zeigen. Gian Pietro Caraffa, der spätere Papst Paul IV., stammte aus altem, neapolitanischem Adel. Der damals Sechzigjährige verkörperte eine ältere Linie des katholischen Reformdenkens, die ihre Wurzeln im 15. Jahrhunderts hatte, daher von den Problemen Luthers und seiner Reformation im Kern unberührt war und die Beseitigung des »Schmutzes der Kirche« von einer rigorosen Durchführung disziplinärer Maßnahmen erwartete. Dieser Aufgabe hatte Caraffa in einer jahrzehntelangen Tätigkeit als Bischof und als Mitbegründer des Theatinerordens gedient. Gegenüber den neuen theologischen Fragen kannte er nur äußerstes Mißtrauen, ebenso gegenüber der Politik Karls V., dessen Eingriffen in innerkirchliche Fragen er das Ideal einer mittelalterlich-herrschenden Kirche im Sinne Innozenz' III. entgegenstellte.

Von der Schroffheit und Härte des Neapolitaners war die Persönlichkeit und die Gedankenwelt des Kardinals Gasparo Contarini weit verschieden. Contarini war als Laie zum Kardinalat berufen worden. Er war ein venezianischer Nobile, der seiner Heimat als Diplomat gedient hatte, ein Gelehrter, der aus der Fülle der *Eruditio Christiana* lebte, ein Freund des milden und durch Überzeugung wirkenden Vorgehens. Contarini hatte als Gesandter bei Karl V. das Auftreten Luthers in Worms 1521 miterlebt. Seitdem hatte er die kirchliche und die politische Seite der Glaubensfrage nicht mehr aus dem Auge verloren. Im Gegensatz zu Caraffa war sein Reformwille stark von dem Ideal der Urkirche und der Väterzeit geprägt. So unerbittlich er daher im Ringen um eine institutionelle Erneuerung der Kirche war, so weit konnten gleichzeitig seine Hoffnungen gehen, durch die Reform die »Abgewichenen« zur Einheit in einer reformierten Papstkirche zurückzugewinnen.

Contarini wurde in seiner überlegenen und verbindlichen Art, die Paul III. schätzte, alsbald zum Mittelpunkt der römischen Reformarbeiten. Er nahm Einfluß auf die Berufung weiterer Persönlichkeiten an die Kurie zur Verstärkung der Reformgruppe. Er ergriff die Initiative zur Bildung einer Studienkommission, die vom November 1536 an fast täglich zusammentrat. Als Ergebnis konnte er Anfang März 1537 dem Papst eine Denkschrift vorlegen, das berühmte *Consilium de emendanda ecclesia.* Hier war in höchst ungewöhnlicher Offenheit ein einschneidendes Programm der Reform »an Haupt und Gliedern« ausgearbeitet, das von der pastoralen Verantwortung her das Bild einer erneuerten Kirche und die Wege zur Behebung einer Vielzahl eingefressener Mißstände zeigte: »Mit unerhört kühnem Stoße eröffnet es die Offensive der Reformbewegung gegen die Zitadelle der römischen Kurie, von deren Eroberung das Schicksal der Kirche abhing« (H. Jedin).

Nicht nur die kurialen Routiniers – Feinde jeder Abänderung des bestehenden Systems, dessen korrumpierende Nutznießer sie waren –, auch gutwillige Kreise, die konservativ, aber nicht einfach reformfeindlich dachten, waren von diesem Programm schockiert. Sie hielten gegenüber dem Papst mit ihrer Meinung nicht zurück: das *Consilium* führe nicht zur Reform der Kirche, sondern zu ihrer Zerstörung. Die Kämpfe, die nun mit der Umarbeitung der Reformvorschläge in Reformgesetze begannen, erfüllten über Monate und Jahre hinweg die Sitzungen der Kommissionen und Unterkommissionen. Über alle Kompromisse und Niederlagen der von Contarini geführten entschiedenen Gruppe hinweg bleibt die Tatsache bestehen, daß die Grundzüge der tridentinischen Reform und damit der Regeneration der katholischen Kirche durch jenes *Consilium* im Winter 1536/37 erarbeitet worden sind. Denn hinter den römischen Arbeiten stand von Anfang an drängend die Frage des Konzils.

Während im Vatikan um Programm und Wirklichkeit der Erneuerung gerungen wurde, zeichneten sich in dem ernster werdenden Klima Roms weitere Entwicklungen ab, die aus kleinen Anfängen zu prägender und weltweiter Kraft heranwuchsen. Die Vorwürfe gegen die Mißstände im Kloster- und Ordenswesen gehörten zu den schärfsten Waffen der antipäpstlichen Kritik. Während Luther mit seinem Austritt aus dem Ordensleben diese ganze Welt mittelalterlicher Vollkommenheitsstufung von innen her sprengte und aufhob, bemühte sich die Gegenseite um den Nachweis der Sinnerfülltheit und Reformierbarkeit eben dieser Lebensform. So gehört das Ringen um die Ordensreform und die Gründung neuer Orden zu den zentralen Themen der katholischen Antwort auf Luther. Unter dem Pontifikat des Farnese-Papstes verstärkten sich auch diese Initiativen. Den wichtigsten Platz unter den neuen und den neu reformierten Orden der Zeit nimmt die Gründung des Ignatius von Loyola ein, der im Winter 1536 mit seinen Gefährten von Paris aus zu Fuß nach Italien aufgebrochen war.

Iñigo de Loyola mochte damals vierzig oder fünfundvierzig Jahre zählen. Das Datum seiner Geburt in einem kleinen baskischen Landsitz an der Gebirgsstraße von Azpeitia nach Azcoitia ist bis heute nicht bekannt. Überhaupt muß Loyola auf seine Zeitgenossen anfänglich einen eher dubiosen Eindruck gemacht haben. Er war eigentlich überall, wohin er kam, mit der Inquisition in Berührung gekommen und hatte infolgedessen mehrmals im Gefängnis gesessen. Als er nach der Verwundung bei Pamplona 1521 seine Offizierslaufbahn aufgab und seinen Offiziersrock einem Bettler schenkte, war er auf den religiösen Ruf, den er fühlte, durch kein theologisches Wissen und keinen Hauch einer *Eruditio Christiana* vorbereitet. Verglichen mit Luther, der durch einen intensiven Studienweg und die Ordenszucht das Erbe der spätmittelalterlichen Geistigkeit tief in sich aufgenommen hatte, war der Baske ein wilder Schößling und Außenseiter der religiösen Kultur seiner Zeit. Die Etappen seiner Wanderschaft und Selbstklärung erscheinen zunächst wenig planvoll. Nach den Erleuchtungen in der Höhle von Manresa trieb es ihn über Italien ins Heilige Land. Dort durchkreuzt die kirchliche Behörde seinen Plan, unter den Muslimen zu missionieren, und zwingt ihn zur Rückkehr nach Europa. Bettelarm in Barcelona gelandet, setzt sich der Dreißigjährige auf die Schulbank und lernt Latein. Fromme Frauen unterstützen ihn, Gefährten sammeln sich um ihn, Trostsuchende beginnen sich zu ihm zu drängen.

Nachdem man ihn zweimal unter dem Verdacht verhaftete, er gehöre zu von der Kirche verfolgten Schwarmgeistern, den *Alumbrados*, verläßt er Spanien und studiert sieben Jahre an der Sorbonne Philosophie und Theologie. Neue Gefährten, neue Armut, neue Verdächtigungen, Bettelreisen bis nach London und Antwerpen bilden den äußeren Rahmen dieser Zeit. Sie mündet in das Gelöbnis Loyolas und seiner neun Freunde, Armut und Keuschheit zu bewahren, nach Jerusalem zu pilgern und für das Heil der Seelen zu wirken. Ihr erstes Auftreten in Rom bleibt Episode: Während Paul III. zur Tafel sitzt, läßt er die Pariser Theologen mit römischen Doktoren vor der Tischgesellschaft disputieren. In Venedig warten die Gefährten dann Monat um Monat auf ein Schiff, das sie nach Palästina bringen soll. Aber der Türkenkrieg schneidet 1537 jeden Reiseverkehr nach dem Orient ab. Jetzt erst fällt die Entscheidung – nach Rom zu gehen und in Rom zu wirken. Sie mieten ein

Haus nahe am Kapitol und beginnen zu predigen; ein Boden arm an guten Früchten, überreich an schlechten – so beschreibt Loyola die ersten römischen Eindrücke.

Aus der Unmittelbarkeit der religiösen Erfahrung, die Loyola von Anfang an auszeichnete, formte er im Laufe der Jahre eine überindividuelle Ordnung: Sie wendet das introvertierte, mittelalterliche Motiv der Verachtung der Welt und des Sieges über das Irdische um Gottes willen in ein Pathos der gottgewollten, extravertierten Aktivität. Die Grundzüge wie die psychologischen und soziologischen Wege dieser Ordnung sind in dem Exerzitienbuch und in der Ordensregel enthalten. Das starke personale Element spätmittelalterlichen Frömmigkeitslebens – Christus und die Seele des Einzelnen – ist hier ganz eng verbunden mit der neuen Dynamik des gezielten und gesammelten Handelns in der Welt: was tust Du für Christus? Forderung wie Führung entspringt aus versenkender Selbstanalyse und aus der Hingabe an die im Befehl des Oberen vernehmbare göttliche Stimme.

Es war wohl kein Zufall, daß die Formwerdung dieses neuen Ordens erst im Rom Pauls III. zum eigentlichen Abschluß kam. In der Erfahrung der tiefen Kluft zwischen Idee und Erscheinung der Gottesherrschaft auf Erden lagen Schwierigkeiten, die anderswo vielleicht fromm umgangen werden konnten. In Rom gab es für entschiedene Männer keinen Weg an dieser Kluft vorbei. Loyola und seine Gefährten fanden ihren Weg in der schrankenlosen Hingabe an die Idee der im Papsttum repräsentierten Kirche. War dieser Schritt des engsten, gläubigen Anschlusses an das Papsttum einmal getan, so verwandelte sich die entmutigende Wirklichkeit der Kirche in ein riesiges Arbeitsfeld, dessen unterschiedliche Aufgaben mit planvollem Mut anzugehen waren. Aus streng zentralisierter Organisationsform, Sachkunde und asketischer Hingabe entstand seit 1540 jenes Netz von Kolleghäusern und Schulen, Druckereien und Universitäten, Wirtschaftsbetrieben und Gebetsverbrüderungen, das immer dichter die Ganzheit der bewohnten Erde zu umschließen suchte. Kritik und Feindschaft konnten nicht ausbleiben. Sie kamen nicht nur aus den Reihen der Lauen und der von Rom getrennten Kirchen; auch ernsthafte und reformfreudige Katholiken gehörten von Anfang an zu den Gegnern der Gesellschaft Jesu. Ihre Argumente waren verschieden. Sie reichten vom Vorwurf der Machtkonzentration und des Hochmuts bis zu tiefer dringenden Einwänden gegen die zweckhafte Rationalisierung der Seelenführung und gegen die dementsprechenden Lösungsversuche der christlichen Grundfrage von Autorität und Freiheit.

Alles in allem bedeutete das neue Aufblühen und Wirken der Orden eine tiefgehende Umformung und Erweiterung der Wirkweise des Papsttums auf die Gesellschaft. Die uralte Bistumsorganisation, die weitgehend in den Einflußbereich staatlicher Gewalten oder regionaler Feudalgruppen geraten war, wurde zwar gleichfalls zum Objekt der römischen Reformpläne. Aber während die Wirkungen des neuen Bischofsideals vielfach nur zögernd eintraten, boten die neue Aktivität und Mobilität der Orden unmittelbare Möglichkeiten einer von Rom aus gezielten Seelsorge-, Erziehungs- und Missionstätigkeit. Sie entsprachen der steigenden Mobilität, Weltweite und Bildungsbereitschaft der europäischen Ober- und Mittelschichten im 16. Jahrhundert. Wieweit diese gezielten Methoden der Tiefe der religiösen Krise des Jahrhunderts und ihren menschlichen und geistigen Differenzierungen gewachsen waren, war von vornherein nicht auszumachen. An Hingabe und Entschlossenheit fehlte es nicht; die Anziehungskraft der neuen Ordensideale auf die Elite der katholisch gebliebenen Bevölkerungsteile Europas war erstaunlich.

Für Paul III. standen die einzelnen Aspekte der innerkatholischen Reformbewegung von Anfang an in engster Verbindung mit dem zentralen Problem seines Pontifikats, mit der Veranstaltung des seit Luthers erstem Auftreten geforderten Generalkonzils. Sein Vorgänger Clemens VII. hatte das Konzil nicht gewollt; nun war es hohe Zeit geworden. Dabei spielte zunächst keine große Rolle, was man sich von dem Konzil erwartete; ob man es – wie Karl V. und viele Menschen in Deutschland – als ein Mittel zur Wiedervereinigung erwartete oder ob man seine Funktion nur mehr in der innerkatholischen Reform und in der »Festigung der Treugebliebenen« sehen wollte. Ebenso deutlich wie die Notwendigkeit des Konzils sah Paul III. die Schwierigkeiten, die vor allem aus dem Andauern des Hegemoniekampfes zwischen Habsburg und Frankreich stammten. Das Konzil konnte nur gelingen, wenn die beiden katholischen Großmächte sich aussöhnten und dem Papst zur Seite standen. So war für Paul III. die Herbeiführung des europäischen Friedens von Anfang an ein fester Bestandteil seiner Konzilspolitik. Der Weg strikter Neutralität und uneigennütziger Vermittlung, den die pastorale Verantwortung des Papsttums gefordert hätte, erwies sich jedoch aus inneren und äußeren Gründen als schwer begehbar.

Während päpstliche Nuntien die Konzilsankündigung verbreiteten und mit dem Kaiser und Franz I. über das Konzil verhandelten, begann sich noch im Jahre 1535 der politische Horizont Europas von neuem zu verdüstern. Auf der einen Seite sah sich Karl V. durch das mächtige Auftreten des mit dem Sultan verbündeten algerischen Korsarenfürsten Chaireddin Barbarossa zur Wiederaufnahme der spanischen Offensivpolitik gegen Nordafrika veranlaßt. Das große Flottenunternehmen, das sich im Sommer 1535 unter der persönlichen Führung des Kaisers gegen Tunis richtete, brachte einen spektakulären Sieg, aber keine endgültige Klärung der Lage an der afrikanischen Mittelmeerküste. Im Endergebnis beschleunigte dieser Erfolg den Verlauf der neuen französisch-türkischen Verhandlungen, die nun erstmals zu einem eigentlichen Bündnisvertrag führten. Andererseits war es die Mailänder Frage, die nach dem Tode des letzten Herzogs aus dem Hause Sforza den Wiederausbruch des Krieges zwischen Habsburg und Frankreich zur Folge hatte. Franz I. erneuerte seine Ansprüche auf Italien, die er im Frieden von Cambray aufgegeben hatte.

Der Papst suchte zu vermitteln; er versuchte im April 1536 in einem Zusammentreffen mit dem von Tunis über Sizilien nach Rom gekommenen Kaiser den Frieden der Christenheit zu retten und damit das Zustandekommen des Konzils zu sichern. Aber nun ergab sich eine neue und unerwartete Situation. Am Ostermontag, als sich Kaiser und Papst im Vatikan vor dem Beginn des Gottesdienstes trafen, tat Karl V. einen ungewöhnlichen Schritt: Vor den zum Kirchgang versammelten Kardinälen und Diplomaten hielt er eine eineinhalbstündige Rede, deren Wirkung außerordentlich und deren Inhalt ganz eindeutig war. Er appellierte an die europäische Öffentlichkeit, sie solle das Unrecht Frankreichs, des Verbündeten der Türken und der Protestanten, des Verächters der Verträge erkennen. Er appellierte an den Papst, er möge sich zum Richter und Rächer dieses Unrechts machen und für den Kaiser gegen Frankreich Partei ergreifen. Er appellierte an Franz I., er solle der Christenheit den Schrecken eines neuen Krieges ersparen und sich dem Kaiser nach alter Sitte zum Zweikampf um die strittigen Ansprüche stellen.

Es wäre einseitig, in dieser Ostermontagsrede und den folgenden Erwiderungen der französischen Diplomatie den tragischen Zusammenstoß von mittelalterlich-universaler Kaiseridee und neuzeitlicher, einzelstaatlicher Selbstbehauptung zu sehen. Der Kaiser hatte die Wirkung seiner Rede in einer durchaus modernen, propagandistischen Weise auf Paul III. und die europäische Öffentlichkeit abgestellt. Und eine staatliche Selbstbehauptung war zu dieser Zeit offenbar ebenso für Frankreich wie für Habsburg nur in einem hegemonialen Zusammenfassen von übernationalem Zuschnitt denkbar. Will man den tragischen Akzent, der diesem welthistorischen Auftritt zweifellos anhaftet, genauer bestimmen, so wird man ihn anderswo zu suchen haben: in der Unmöglichkeit, die damaligen Probleme europäischen Zusammenlebens mittels der vom Kaiser verwandten Begriffe von Fürstenehre, Treue, Recht und Christenheit zu erfassen und zu lösen.

Der Papst dachte nicht daran, seine Neutralität aufzugeben. Der Krieg griff, trotz fortgesetzter Ausgleichsversuche, immer weiter um sich: Frankreich besetzt Savoyen und Piemont, darauf greift der Kaiser in der Provence und in Nordfrankreich an. Wieder – wie 1524 – kommt die habsburgische Offensive vor Marseille zum Erliegen; aber vom östlichen Mittelmeer gehen nun Entwicklungen aus, die Paul III. trotz allem tiefen Mißtrauen vor dem Kaiser und aller Furcht vor dem französischen Schisma zur Annäherung an Habsburg führen. Der mit Frankreich verabredete Angriff des Osmanenreiches hat zu Land und vor allem zur See alarmierende Erfolge. 1537 landen die Türken in Apulien und setzen sich in Otranto fest. Daraufhin kommt eine Defensivliga zwischen dem Kaiser, Paul III. und Venedig zustande, die Frankreich politisch und propagandistisch isoliert. Die Fäden der päpstlichen Ausgleichsdiplomatie können nun – nach dem Ausbleiben entscheidender militärischer Erfolge – enger geknüpft werden. Das Oberhaupt der Christenheit nimmt selbst die Regie in die Hand. Der Papst verläßt Rom und reist nach Nizza, wo er im Juni 1538 mit den beiden Monarchen zusammentrifft, die des unentschiedenen Ringens müde sind. Auf das Dreiertreffen in Nizza folgt ein habsburgisch-französisches Familientreffen in Aigues-Mortes. Der Kaiser und der König begegnen sich in ausgesuchter Liebenswürdigkeit. Aber die Weihe der päpstlichen Friedensstiftung und der chevalereske Charme wiedergefundener alter Freundschaft können nicht darüber hinwegtäuschen, daß weniger denn je zuvor eine feste Basis europäischen Ausgleichs und eine außerkirchliche Plattform energischer Konzils- und Reformpolitik gefunden wurde. Paul III. konnte nur einen zehnjährigen Waffenstillstand zustande bringen, keinen Friedensvertrag. Alle Streitfragen um Mailand, die Niederlande, Burgund und Navarra blieben in der Schwebe; ihre ungelöste Härte versuchte man durch immer neue Projekte habsburgisch-französischer Ehen und Sekundogenituren zu verhüllen. Wie lange konnte dieser Zustand halten?

Dieser politische Hintergrund erklärt vieles, aber nicht alles an der immer unsicherer werdenden Konzilspolitik Roms. Von hoher Bedeutung war die Haltung der evangelischen Fürsten und Theologen Deutschlands zur päpstlichen Konzilswerbung. Auch diese Frage hatte ihre politische Seite: die Beziehungen zwischen Frankreich und dem deutschen Protestantismus waren wechselnd; zeitweilig tauchte die Idee einer französischen Initiative zur Wiedervereinigung der Deutschen mit Rom auf. Es sollte dadurch Ruhm und Machtgewinn der gelingenden Reunion dem Kaiser genommen und Franz I. gegeben werden. Aber hinter diesen veränderlichen politischen Zügen traten immer deutlicher unverrückbare, im theologischen Urgrund des Luthertums wurzelnde Motive auf. Als der päpstliche Nuntius und der kaiserliche Vizekanzler 1537 nach Schmalkalden reisten und auf der Versammlung des evangelischen Bundes die Konzilswerbung vorbrachten, war die Antwort eindeutig abweisend: Das vom Papst angekündigte Konzil entspreche nicht den Forderungen, die gestellt werden müßten. Die Freiheit des Konzils habe nicht in der Möglichkeit freier Meinungsäußerung zu bestehen, sondern im Ausschluß des Papstes von seiner Leitung. Christlich könne das Konzil nur dann genannt werden, wenn sein einziger Maßstab die Heilige Schrift sei.

Die Absage der Schmalkaldener war eines, die Furcht vor einer durch Konzilserfolge wachsenden Macht des Kaisers ein anderes – und dieses Motiv war dem Papst mit Frankreich gemeinsam. Innerkirchliche Schwierigkeiten und Differenzen über Art und Ausmaß der vom Konzil zu beschließenden Reformmaßnahmen kamen dazu. Nach fast fünf Jahren der Konzilsvorbereitung und Konzilsansage war Paul III. bereit, den politischen und religiösen Schwierigkeiten nachzugeben. 1539 wurde die Eröffnung des Konzils ohne Angabe eines Termins vertagt. Die Spötter in Rom und die Gegner Roms triumphierten. Was sollten der Kaiser und die Freunde der katholischen Reform von der Ernsthaftigkeit dieses Papstes halten? Die Enttäuschung in der europäischen Öffentlichkeit, soweit sie auf Paul III. gehofft hatte, war tief und nachhaltig. Der Kaiser aber hatte inzwischen einen anderen Weg beschritten, um die Wiedervereinigung herbeizuführen. Mit Duldung und Unterstützung der Kurie begann der Kaiserhof das Experiment einer außerkonziliaren Verständigung mit den Anhängern Luthers.

Daß Paul III. bei diesem sehr unorthodoxen Vorgehen, von dem später zu berichten ist, mithalf, war weniger Ausfluß einer theologischen Friedensliebe als Bestandteil einer virtuos angelegten Politik kurialer Selbstbehauptung. Das seltsame und spannungsreiche Spiel der päpstlich-kaiserlichen Beziehungen enthielt zahlreiche Elemente der Renaissance-Diplomatie: Mißtrauen, Haß, Verachtung, Furcht, Übertölpelung, Rachsucht und Mord. Nur von christlicher Liebe und einer aus der Gemeinschaft hoher Ziele stammenden Brüderlichkeit war wenig zu spüren. In diesem renaissancehaften Spiel zwischen Kaiser und Papst hatte das Schicksal der Familie Farnese seinen besonderen Platz. Paul III. zollte der Zeiterscheinung des Nepotismus hohen Tribut. Seinen Sohn Pier Luigi ernannte er zum Gonfaloniere des Kirchenstaates und überhäufte ihn mit Ehren und Besitz. Dessen Sohn, Alessandro Farnese, erhielt als noch nicht zwanzigjähriger Kardinal die Leitung des päpstlichen Staatssekretariats. Andere Enkel und Enkelinnen des Papstes sollten in die führenden Fürstenfamilien Europas einheiraten. Hier lag die Stelle, wo Karl V. eingreifen konnte. Auf dem Treffen in Nizza wurde ein päpstlich-kaiserliches Ehebündnis verabredet, und wenig später fanden Hochzeitsfeierlichkeiten statt: Margarete, eine sechzehnjährige Bastardtochter des Kaisers, die nach einer ersten politischen Ehe mit einem Medici eben Witwe geworden war, wurde mit Ottavio Farnese, einem vierzehnjährigen Enkel des Papstes, vermählt. Margarete weigerte sich lange, diese zweite, ihr aus politischen Gründen aufgezwungene Ehe zu vollziehen. Aber der Kaiser hatte sein Ziel erreicht; er hatte Paul III. Frankreich entfremdet und zu Gegenleistungen verpflichtet: Der Weg der Religionsgespräche konnte beschritten werden.

So endete das dritte Jahrzehnt seit Luthers Auftreten im Lager der katholischen Mächte in einer fast undurchschaubaren Vermischung von politischer Taktik und religiösem Läuterungswillen, von kirchlicher Orientierungslosigkeit und staatlich-dynastischem Schaugepränge. Zum Bild der Stadt Rom gehörte damals beides: das Bankettieren des Papstes mit seinen Enkeln und deren Damen im Vatikan und das büßende Gebet der Frommen für die Zukunft des Reiches Gottes.

Der Kaiser und die Einheit der christlichen Welt (1539–1547)

Das Jahrzehnt, das auf die Übergabe der *Confessio Augustana* folgte, hatte in den Staaten des nördlichen Europa und in Deutschland der Reformation große Fortschritte gebracht. Der Schmalkaldische Bund wurde stärker, weitere Fürsten und Städte wandten sich von Rom ab. Die katholische Partei im Reich war unsicher und uneinig, die Bischöfe waren ängstlich. Der Kaiser war fern und durch andere Aufgaben abgelenkt; über die innerdeutsche Entwicklung war er zuwenig informiert. Während seine religionspolitischen Absichten fortgesetzt unklar blieben, gestaltete sich die Lage des katholischen Kirchenwesens im Reich von Jahr zu Jahr kritischer.

Als sich Karl V. nach dem Waffenstillstand von Nizza ernsthaft der deutschen Kirchenfrage zuwandte, gab es im Reich zwei verschiedene politische Systeme, die sich beide auf die Autorität des Kaisers berufen konnten: ein System der »weichen Hand« gegenüber den Protestanten, verknüpft mit dem Namen des Erzbischofs von Lund, eines skandinavischen Diplomaten im Dienste Habsburgs, der im April 1539 mit den evangelischen Reichsständen den »Frankfurter Anstand« als eine Fortführung des Nürnberger Stillhalteabkommens von 1532 ausgehandelt hatte. Die parallellaufende Politik der »harten Hand«, vertreten durch den Reichsvizekanzler Matthias Held, hatte im Juni 1538 zur Gründung der »Christlichen Einung« geführt, eines katholischen Gegenstückes zum Schmalkaldischen Bund. Mitglieder waren der Kaiser selbst, Ferdinand, Bayern, Heinrich von Braunschweig, Georg von Sachsen, die Erzbischöfe von Mainz und Salzburg. Durch den baldigen Tod Herzog Georgs – des letzten katholischen Wettiners – und durch die unklare, zurückhaltende Stellung der Habsburger verstärkte sich der Einfluß Bayerns im Bund. Diese von Bayern geführte Gruppe pflegte engen Kontakt mit der Kurie und war grundsätzlich gegen alle religionspolitischen und politischen Konzessionen des Kaisers an die Protestanten.

Daß der Kaiser sich seit 1539 gegen diese intransigente Richtung und für eine ausgleichende Politik entschied, hatte äußere und innere Gründe. Da war die langsame, aber unaufhaltsame Verdüsterung des außenpolitischen Horizonts: Hinter der glänzenden Fassade der habsburgisch-französischen Freundschaft, die der Kaiser noch im Winter 1539/40 auf der Reise von Spanien über Paris in die Niederlande eindrucksvoll erlebte, begann sich seit dem Frühjahr 1540 das Scheitern des europäischen Ausgleiches abzuzeichnen. Da war die Unsicherheit der wenigen katholischen Machtfaktoren im Reich: Standen nicht die bayerischen Herzoge in ständiger Verbindung mit den Schmalkaldenern und Franz I.? Da war schließlich die Hoffnung, den Schmalkaldischen Bund von innen her zu sprengen: Philipp von Hessen, bedrängt von der Furcht vor den reichsrechtlichen Folgen seiner eben geschlossenen Doppelehe, näherte sich dem Kaiserhof und war bereit, dessen politische Bedingungen zu akzeptieren. Im Umkreis der kirchlich-theologischen Fragen war es nicht nur das enttäuschende Schicksal der Konzilsprojekte, das den Kaiser auf den Weg des vermittelnden Religionsgespräches wies; es war die vielerorts vorhandene Hoffnung auf die noch offene Möglichkeit einer Verständigung der gemäßigten Anhänger Luthers mit der Gegenseite.

Diese Hoffnung wurde damals vor allem von vielen Anhängern des Erasmus geteilt, der stets an der Möglichkeit der *Concordia* und einer außerkonziliaren Lösung festgehalten hatte. Die starke Gruppe der Erasmianer, die besonders am Kaiserhof vertreten war, deckte sich weitgehend, aber nicht vollständig mit den vielfältigen Gruppen der »Exspektanten«, der Unentschiedenen und Schwankenden. Die Stärke dieser Richtung lag darin, daß es sich nicht nur um Gesinnungsfragen im akademischen Sinne handelte, sondern vielfach auch noch um Unentschiedenheit des faktischen kirchlichen Zustandes, wo Altes und Neues, Veränderung und Kontinuität in Stadt und Land vermischt und ungeklärt durcheinanderging.

Der heutige Christ, der die Geschichtlichkeit seines konfessionellen Schicksals kennt, wird immer wieder von diesen Unionsverhandlungen angezogen werden, in denen es ja nicht nur um innerdeutsche, sondern um weltweite Entscheidungen ging. Aber es ist für den heutigen Betrachter sehr schwer und vielleicht unmöglich, ein sicheres Urteil über die innere Möglichkeit oder Unmöglichkeit der Religionsgespräche von 1540/41 zu gewinnen Die Kirchenhistoriker beider Seiten, die konsequenterweise von den theologischen Lehrmeinungen Luthers und Roms ausgehen, werden sich vielleicht unschwer auf die Formel einigen: es war ein »Traum der Verständigung« (H. Jedin). Wer aber von der Fülle der möglichen Kombinationen zwischen politischer Steuerung, religionssoziologischer Typenbildung und religiösem Charisma ausgeht, wird vielleicht einer offeneren Perspektive den Vorzug geben.

Natürlich ging es damals um Theologie, und man zerstritt sich an theologischen Formeln. Aber stand dahinter nicht die elementare Frage nach der religiösen Glaubwürdigkeit der beiderseitigen Positionen? Diese Frage war seit Luthers erstem Auftreten 1517 ununterbrochen gestellt. Roms Gesicht und Antwort hatten sich in zwanzig Jahren wenig geändert. Jetzt aber, unter Paul III., begann die Position des Papsttums glaubwürdiger zu werden Gleichzeitig mit einer gewissen Glaubwürdigkeit der römischen Position ist nun eine bis zu einem gewissen Grad erreichbare und erreichte theologische Verständigung zu beobachten. Wer von solchen Beobachtungen ausgeht, stößt auf die Frage nach den möglichen Wirkungen einer überwiegenden – oder einer vollen – Glaubwürdigkeit Roms. Diese Überlegung mag theoretisch klingen, denn in Wirklichkeit gab es eine solche überwiegende oder volle Glaubwürdigkeit des Papsttums gegenüber den getrennten Christen damals nicht. Immerhin kann eine solche Überlegung dazu führen, jene Religionsgespräche von 1540/41 nicht von vornherein als Traum und Irrtum zu bezeichnen und ihnen eine ähnliche geschichtliche Offenheit zuzusprechen, wie früheren Etappen im religiösen Ringen dieses Jahrhunderts.

Überblickt man den Ablauf der kaiserlichen Reunionsversuche, die im Juli 1541 mit dem ergebnislosen Ausgang des Regensburger Reichstags zunächst ein Ende fanden, so fällt auf, wie günstig viele der politischen Voraussetzungen dem Werk der *Concordia* waren. Zunächst ging ja der Vorschlag eines von Karl V. zu veranstaltenden Religionsgespräches nicht vom Kaiserhof aus, sondern von einer Gruppe deutscher Fürsten. Sie waren daran interessiert, die unheilvollen Konsequenzen eines innerdeutschen Religionskrieges zu vermeiden und durch eine reichsrechtlich vollzogene Unionspolitik die Solidarität des deutschen Fürstenstandes gegenüber der Kaisermacht wiederherzustellen. In diesem Sinne hatte sich seit 1538 im Reich eine Art von Unionspartei gebildet, der die Mehrzahl der Kurfürsten zuzurechnen war. Federführend war dabei Kurfürst Joachim II. von Brandenburg, dessen Kirchenordnung von 1540 ein Musterbeispiel theologischer Unklarheit und konfessioneller Unabgegrenztheit bot. Auf der von diesen Fürsten gewiesenen Bahn schritt der Kaiser seit dem Frühjahr 1540 energisch voran. Ein erster Unionskonvent, den er im Juni 1540 in Hagenau eröffnen ließ, blieb infolge ungenügender Vorbereitung und schwachen Besuchs ohne greifbares Ergebnis. Im November folgte der zweite Konvent. Er wurde in Worms von Granvella, dem leitenden Minister des Kaisers, mit großem Geschick über mannigfaltige politische und theologische Klippen hinweggesteuert. Der Erasmianer Granvella war von der Lösbarkeit der Aufgabe fest überzeugt. Seine Art kam darin deutlich zum Ausdruck, daß er ebenso elastisch wie unbedenklich politische Lockung und Drohung aus dem Hintergrund in das theologische Gespräch hineinwirken ließ.

Im Januar 1541 brach ein Befehl des Kaisers das Wormser Gespräch ab und ordnete die Fortsetzung unter seiner persönlichen Leitung auf dem in Regensburg stattfindenden Reichstag an. Gleichzeitig wurde bekannt, daß Paul III. sich dem Drängen des Kaisers gefügt und Kardinal Contarini als Legaten nach Regensburg entsandt hatte. Das bedeutete, daß der Papst dem Kaiser die Hand reichte zu dem großangelegten Versuch einer friedlichen Verständigung mit den Protestanten. Contarini war der beste Mann, den Rom für diesen Zweck anbieten konnte. Sein theologischer Horizont und seine Vorstellungen von der Reform der Kirche an Haupt und Gliedern kamen den Anliegen der evangelischen Seite so nahe, wie es sich die Partei der Intransigenten als eine innerkatholische Möglichkeit nicht im Traum beikommen ließ.

Die politischen Führer dieser Partei waren in Regensburg die Herzoge von Bayern und der Kurfürst von Mainz. Herzog Wilhelm IV. suchte als erster der deutschen Fürsten den in Regensburg eingetroffenen Kaiser auf und malte in düstersten Farben die verhängnisvollen Folgen des geplanten Religionsgespräches aus: Der Kaiser müsse das Gespräch verhindern, denn es sei verwerflich und verboten. Es gäbe nur zwei Möglichkeiten, den alsbaldigen Zusammenbruch des katholischen Glaubens in Deutschland und in ganz Europa zu verhindern: entweder die sofortige Ansage des Generalkonzils oder die sofortige, gewaltsame Restitution des katholischen Besitzstandes. Nachdem der Kaiser sich durch diese harte

Opposition nicht von der Idee der friedlichen *Concordia* abbringen ließ, setzten die Intransigenten ihre Störungsversuche auf verschiedenen Wegen fort. Weitreichende politische Projekte wurden geplant. Man sprach von einem Zusammenschluß der »treugebliebenen« deutschen Katholiken mit Frankreich und Rom gegen einen Kaiser, der die katholische Religion preisgibt. Damit verband sich eine persönliche Intrige gegen Contarini, die von Regensburg über Paris eingefädelt wurde und seine Stellung in Rom erschüttern sollte: Der Legat lasse es an Eifer für den wahren Glauben und an Zusammenarbeit mit den guten Katholiken fehlen.

Es wäre vorschnell geurteilt, wollte man in dieser Gegnerschaft gegen die kaiserliche Versöhnungspolitik nur Borniertheit und Hinterwäldlerei sehen. Die Entschiedenheit des Nein und die Betonung des harten Entweder-Oder war dieser katholischen Gruppe gemeinsam mit Luther und mit dem jungen Calvin, der nach Regensburg gekommen war, um mit tiefer Skepsis das Colloquium als eine Vermischung von Menschenwerk und Gotteswerk zu erleben. Stand hier die Unbedingtheit der theologischen Entscheidung gegen die *Concordia*, so war es bei Bayern und seinen Bundesgenossen die regionale Erfahrung des neuen Prinzips der konfessionellen Ausschließlichkeit.

Gemäß dem Willen des Kaisers und der fürstlichen Vermittlungspartei begannen im April die Sitzungen der kleinen, nur aus deutschen Theologen gebildeten Gesprächsgruppe. Die religiösen Intentionen der Versöhnung waren am deutlichsten ausgeprägt in dem Theologenpaar Bucer und Gropper. Martin Bucer war der theologische Vertrauensmann des hessischen Landgrafen; der ehemalige Dominikanermönch nahm eine Mittelstellung zwischen Luther und den Schweizer Reformatoren ein. Wenn er der katholischen Seite weit entgegenkam, so war es nicht nur politischer Opportunismus, sondern auch ein selbständiges und weitgespanntes Verantwortungsgefühl für die Zukunft der kirchlichen Lebensform und die Universalität religiös-ethischer Bindungen. Bucers nächster katholischer Partner war schon in Worms der Kölner Scholast Johann Gropper geworden, der aus der großen Tradition niederdeutschen Frömmigkeitslebens zu einer überaus strengen Reformgesinnung gemäß der Idee der *ecclesia primitiva* vorgestoßen war. Die Selbstgefälligkeit katholischer Scharfmacherei, wie sie im Theologenausschuß anfänglich von Dr. Johann Eck vertreten war, wurde durch Kardinal Contarinis Eingreifen beiseite geschoben. Die Anfänge des Colloquiums verliefen hoffnungsvoll. Man einigte sich über eine Reihe wichtiger theologischer Grundbegriffe und fand schließlich sogar eine gemeinsame Formel für das zentrale Problem der Rechtfertigung des sündigen Menschen durch die Gerechtigkeit Gottes.

Bei der Erörterung über das Herrenmahl kam es dann zum Bruch, der sich trotz fortgesetzter Bemühungen als unheilbar erwies. Es wurde zwar auf Wunsch des Kaisers noch bis tief in den Mai hinein weiterverhandelt, aber der Zwiespalt, der in der Sakramentenlehre aufgebrochen war, vertiefte sich nun immer weiter. Was sollte jetzt geschehen? War es kirchlich und politisch möglich, einstweilen mit einer solchen halben *Concordia* nebeneinanderher zu leben, hoffend auf das Konzil oder auf ein späteres Gelingen der vollen Einigung? Oder trat nicht vielmehr jene frühere Alternative jetzt mit aller Schärfe hervor: Krieg gegen die unbelehrbaren Ketzer? Gegen die erste Lösung machte die Kurie die stärksten Bedenken geltend, gegen die zweite der Kaiserhof. Aus diesen Überlegungen in

Regensburg und in Rom gingen schließlich mit dem Ende des Reichstages neue Entschlüsse hervor, die von der katholischen Seite her den Weg für das folgende Jahrzehnt wiesen. Kaiser und Papst trafen sich in der Einsicht, daß nach dem Scheitern der Religionsgespräche die Lösung der Kirchenfrage für das Reich und Europa nur auf dem Wege des Konzils gesucht werden könne.

Auf der politischen Ebene endete der Reichstag mit einigen unklaren Kompromissen zwischen dem Kaiser und den katholischen und evangelischen Reichsständen, die dem Habsburger immerhin ein gewisses Maß an Hilfe gegen die türkischen Vorstöße in Ungarn boten. Im Grunde blieben die innerdeutschen Dinge in der Schwebe, und niemand wußte, ob sich nicht in den nächsten Jahren ein so eindeutiges Übergewicht des Schmalkaldischen Bundes ergeben werde, daß die Rolle eines katholischen Kaisertums endgültig ausgespielt war. Aber in kirchlicher Hinsicht hatte die Erfahrung des Scheiterns der Ausgleichsidee die Fronten geklärt. So bitter für Contarini und die katholischen Freunde des Ausgleichs dieser Ausgang war, so konsequent folgte nun im innerkatholischen Bereich ein Schritt dem anderen: Mit der zunehmenden Schärfe der theologischen Abgrenzung nach außen ging Hand in Hand die Erneuerung der römischen Inquisition als einer theologischen Überwachungsbehörde (1542) und die immer stärkere Verlagerung des katholischen Reformimpulses auf eine nur disziplinäre Reinigung und Stärkung der vorgegebenen kirchlichen Struktur.

Das Konzil war wieder in den Mittelpunkt der um ihre kirchliche Einheit ringenden Christenheit gerückt. Der Kaiser wußte nun ebenso wie der Papst, daß es keinen Weg am Konzil vorbei gab. Aber wie war der Weg zum Konzil zu finden? Karl V. war von Regensburg aus in Eile nach Italien aufgebrochen. Er ging in Genua an Bord, um den lange geplanten Seekrieg gegen die Ungläubigen in Nordafrika persönlich zu leiten. Die Regensburger Verhandlungen hatten jedoch zuviel Zeit verschlungen. Als die kaiserliche Flotte in See stach, hatte schon die Zeit der Herbststürme begonnen. Die Seeleute wußten, daß man im Oktober an der afrikanischen Küste keine großen Flottenmanöver mehr riskieren durfte. Aber der Kaiser ließ sich von dem Angriff auf Algier nicht abhalten. Noch als der nächtliche Seesturm aufkam, der das Fiasko des Landungsunternehmens bedeutete, wollte Karl die Zuversicht auf das Gelingen des Kreuzzuges gegen die Ungläubigen nicht aufgeben. Er soll gesagt haben: »Wenn nur meine Galeeren bis Mitternacht aushalten, denn dann erheben sich in den spanischen Klöstern die Mönche und Nonnen, um für das Gelingen meines Werkes zu beten.«

Auf die Niederlage vor Algier folgte im nächsten Jahr der Wiederausbruch des Krieges mit Frankreich. Vergeblich hatte der Papst den Beginn der Feindseligkeiten zu verhindern gesucht. Nun kam es dahin, daß im Juli 1542 fast gleichzeitig die päpstliche Bulle, die das Konzil nach Trient einberief, und die französische Kriegserklärung an Karl V. veröffentlicht wurden. Frankreich hatte große Pläne: Die Zusammenarbeit mit der türkischen Flotte im Mittelmeer sollte diesmal zu durchschlagenden Erfolgen führen, an der Pyrenäenfront sollte ebenso angegriffen werden wie an der niederländischen Grenze, wo der Herzog von Cleve als Bundesgenosse die Kaiserlichen im Rücken bedrohte, während sich im Norden von Schottland über Dänemark bis nach Schweden eine profranzösische Allianz abzeichnete.

Der Kaiser befand sich in Spanien, wo er Geld und Truppen mobilisierte. Er überließ seinem Sohne Philipp die Regentschaft und verließ im Frühjahr 1543 wieder seine spanischen Königreiche, die sich in den vergangenen zwei Jahrzehnten immer deutlicher als der eigentliche Kern und Rückhalt seiner imperialen Politik erwiesen hatten. Aber der Ort der Entscheidung über Sieg oder Niederlage dieser Politik war stets die europäische Mitte geblieben. Zu dieser Mitte kehrte der Kaiser jetzt für dreizehn Jahre zurück; Spanien sah ihn erst 1556 wieder, als er nach dem Scheitern seiner universalen Pläne und nach dem Verzicht auf Krone und Herrschaft eine Zuflucht in der Einsamkeit des Hieronymitenklosters von Yuste suchte.

Die epochale Bedeutung der Jahre seit 1543 liegt vor allem darin, daß sich in dem Handeln dieses einen Mannes Zug um Zug die Frage nach der politischen und der religiösen Zukunft Europas stellt. Wird es gelingen, nach der Niederwerfung Frankreichs die politische Einheit des Kontinents im Sinne einer dauerhaften habsburgischen Suprematie zu gestalten? Wird es gelingen, nach dem Waffensieg über die deutschen Protestanten die kirchliche Einheit des Abendlandes wiederherzustellen und die auseinanderstrebenden Kräfte katholischen und evangelischen Reformwollens zusammenzuführen? Beide Fragen waren nicht nur in der Sache eng miteinander verbunden. Sie waren auch in der Person des Kaisers, der nun erst die Höhe seiner Entschlüsse und Wirkungen erreichte, auf eine ganz besondere und schicksalhafte Weise zusammengefaßt und repräsentiert.

Von Spanien kommend, traf Karl im Juni 1543 in Busseto bei Parma mit Paul III. zusammen. Man besprach sich über die großen Fragen der Christenheit: Türkenabwehr in Ungarn, Friedensmöglichkeiten mit Frankreich, Eröffnung des Konzils. Während der Kaiser den Papst aus der Neutralität heraus auf seine Seite bringen wollte, trat ihm Paul III. mit Vermittlungsprojekten entgegen, die vor allem von dem Privatinteresse der Familie Farnese diktiert waren. Der Kaiser sollte das Problem des von Frankreich beanspruchten Mailand dadurch aus der Welt schaffen, daß er das Herzogtum gegen eine hohe Summe an Ottavio Farnese, den Enkel des Papstes, abtrat. Die Entrüstung Karls über diesen Vorschlag überschattete auch die Konzilsberatungen; es ist gleichsam mit Händen zu greifen, wie die innere Unglaubwürdigkeit der päpstlichen Friedenspolitik nun auch die Atmosphäre für die kirchlichen Verhandlungsgegenstände vollends vergiftete. Wenn der Kaiser aus der Konferenz von Busseto das Fazit zog, daß der Papst »sehr bedacht sei auf die Vergrößerung seines Hauses, und daß die Seinigen großen Appetit zeigten«, so war es kein Wunder, daß er bei der Erreichung seiner eigenen Ziele immer weniger innere Achtung vor der Position des Papsttums erkennen ließ.

Während das Konzilsprojekt weiterhin in der Schwebe blieb, schufen die kaiserlichen Waffen neue Tatbestände. Der Kaiser zog an den Niederrhein, schlug den Herzog von Jülich-Cleve, nahm ihm Geldern ab und verpflichtete den kirchlich Schwankenden im Friedensvertrag ausdrücklich auf den katholischen Glauben. Nun begann der Vorstoß gegen Frankreich. Er brachte im Herbst 1543 und im Frühjahr 1544 Erfolge, aber noch keine Entscheidung. Es kam darauf an, ob die Reichsstände dem Kaiser gegen Frankreich helfen würden. Das war der Inhalt der Verhandlungen auf dem Speyerer Reichstag. Die evangelischen Fürsten und Städte stellten erhebliche Gegenforderungen. Sie verlangten

– über frühere Rechtsgarantien hinaus – die reichsrechtliche Gleichstellung der Augsburger Konfession und ihres Kirchenwesens und die ausdrückliche Parität »beider Religionen«. Konnte der Kaiser das zugestehen, ohne seinen Krönungseid als »Schirmherr der Kirche« zu verletzen? Karl kam den evangelischen Forderungen tatsächlich weit entgegen. Er salvierte sein Gewissen, indem die religionspolitischen Zugeständnisse bis zur Konzilsentscheidung befristet wurden.

Stände und Reichsoberhaupt einigten sich darin, daß die Klärung der strittigen Glaubensfragen auf dem seit langem erwarteten »gemeinen christlichen freien Konzil in deutscher Nation« stattfinden sollte. Falls dies Konzil nicht bald zusammentreten könnte, sollte der nächste Reichstag über eine »christliche Reformation« verhandeln. Das hätte einen entschiedenen Schritt in Richtung auf eine nationalkirchliche Lösung hin bedeuten können. Aber man wird in der Beurteilung solcher kirchenpolitischer Versprechen des Kaisers sehr vorsichtig sein müssen. Waren nicht die Bedingungen des Konzils, mit denen er damals zwischen Protestanten und Katholiken lavierte, ebenso bewußt unklar und zweideutig gehalten wie Begriff und Sache einer solchen »christlichen Reformation«? Ging es dem Kaiser nicht immer wieder darum, einfach Zeit zu gewinnen?

Für den Augenblick war viel erreicht; der Reichstag unterstützte den Krieg gegen Frankreich und die Abwehr der türkischen Angriffe im Südosten. Rom antwortete auf die Beschlüsse des Speyerer Reichstages mit schärfster öffentlicher Kritik am Verhalten des Kaisers. In dem berühmten Tadelsbreve vom August 1544, das im Druck verbreitet wurde, forderte Paul III. von Karl Widerruf der Konzessionen an die Protestanten und Verzicht auf Übergriffe in das kirchliche Recht und Besitztum. Luther und Calvin griffen in den publizistischen Kampf ein und versuchten, den Kaiser gegen die römischen Angriffe zu verteidigen. Ungeahnte Entwicklungen schienen sich anzukündigen, als nun Karl V., mit Rom verfeindet, von den Protestanten unterstützt und mit dem schismatischen Heinrich VIII. verbündet, siegreich gegen die Armeen des allerchristlichsten Königs vorrückte. Aber sobald der Sieg der kaiserlichen Waffen über Frankreich mit dem Frieden von Crépy (September 1544) besiegelt wurde, zeichnete sich der eigentliche Grundriß des kaiserlichen Planes in überraschend großen Dimensionen ab. Nicht die europäische Öffentlichkeit, nur wenige Eingeweihte erfuhren zunächst, wie der Kaiser die Siege über Cleve und Frankreich nur als Vorstufen zu einer machtvollen Lösung der Glaubensfrage im Sinne einer erneuerten katholischen Einheit betrachtete.

In geheimen Zusatzartikeln zum Friedensvertrag von Crepy hatte der Kaiser Franz I. ausdrücklich auf Mitwirkung bei der Kirchenreform, auf Teilnahme am Generalkonzil und auf Mithilfe zur Brechung eines eventuellen Widerstandes der deutschen Protestanten gegen das Konzil verpflichtet. In diesem Geheimvertrag enthüllte sich der große Plan des Kaisers: Frankreich sollte in der Rolle eines Trabanten, dem eigene politische Entscheidungen weitgehend genommen waren, die kirchenpolitischen Ziele des Kaisers unterstützen. Diese Ziele waren universal in einem doppelten Sinne. Bei der Wiederherstellung der kirchlichen Einheit – durch den Einsatz diplomatischer Mittel oder auch kriegerischer Macht – ging es nicht nur um Deutschland, sondern um die religiöse Zukunft der ganzen Christenheit. Und diese Christenheit, der die kirchliche Einheit aus der Hand des Kaisers zurückgegeben werden sollte, käme dann auch in politischer Hinsicht dem Ideal des einen Hirten und der einen Herde nahe.

Soweit es Frankreich anging, war die Realisierung des Geheimvertrags von Crépy abhängig von der befriedigenden Ausführung der politischen Klauseln. Im Mittelpunkt stand die Frage des territorialen Ausgleichs. Er sollte durch eine dynastische Zwischenlösung alten Stils hergestellt werden: Der zweitgeborene Sohn des französischen Königs wird mit der Hand einer habsburgischen Prinzessin entweder das Herzogtum Mailand oder die Niederlande erhalten. Zur großen Erleichterung der Habsburger starb der französische Prinz, bevor der Ausgleich in dieser oder jener Form zustande gekommen war. Während Frankreich auf eine sinngemäße Umgestaltung der Ausgleichslösung drängte, war der Kaiser froh, die Vertragsklausel als durch den Tod des Prinzen erledigt betrachten zu können. Vielleicht war der Hof damit formal im Recht. In der Sache war es jedenfalls so, daß vom Kaiser her die Möglichkeiten eines dauerhaften europäischen Friedens, wie sie nach Crépy nahegerückt schienen, im Hochgefühl der Erfolge mißachtet wurden. Er gab sich damit zufrieden, seinen alten Rivalen Franz I. nun müde und mutlos zu sehen und die Gegenwart gesichert zu wissen. Daß indessen der zukünftige Rächer heranwuchs, daß der französische Thronfolger schon wenige Jahre später mit dem Ingrimm ererbter Feindschaft die sachliche Aufgabe der Neuorganisation europäischen Widerstandes gegen Karls *Monarchia universalis* erfolgreich verbinden werde, das konnte oder wollte der Kaiser 1545 nicht sehen.

War Frankreich einstweilen sicher, so mußte als nächstes Rom gewonnen werden. Nach dem Ende des Krieges hatte Paul III. im November 1544 mit der Bulle *Laetare Jerusalem* die Eröffnung des Konzils in Trient für das kommende Frühjahr angesetzt. Nun galt es, das sich immer tiefer einfressende Mißtrauen zwischen Kurie und Kaiserhof wenigstens so weit zu überbrücken, daß das Konzil in wirkungsvoller zeitlicher und sachlicher Koordinierung in den großen Plan Karls eingeordnet werden konnte. Sobald Paul III. die neue Situation erkannt hatte, zögerte er nicht, dem Kaiser die Hand zum Vorgehen gegen die deutschen Protestanten zu reichen. Es ist schwer zu sagen, wann am Kaiserhof die Hoffnung auf eine unkriegerische Lösung der Dinge aufgegeben wurde. Es gehörte zur Taktik des Kaiserhofes, und es lag in der Art Granvellas, bis zuletzt die Möglichkeiten zu einem friedlichen Ausgang, das heißt zu einem kampflosen Nachgeben des Schmalkaldischen Bundes gegenüber der geballten politisch-diplomatischen Aktion Habsburgs, nicht aus dem Auge zu verlieren.

Indessen gingen die Verhandlungen zwischen Karl und Paul III., die durch Kardinal Farnese in Worms begonnen und im Sommer 1545 in Rom rasch beendet wurden, bereits von der Eindeutigkeit der Kriegsbereitschaft aus. Der Papst stellte für den Feldzug gegen die Protestanten zwölftausendfünfhundert Mann an Truppen und ungewöhnlich hohe finanzielle Mittel zur Verfügung. Rom hätte am liebsten sofort den Krieg begonnen. Aber der Kaiser zögerte. Er setzte einstweilen die lavierende Kirchenpolitik des »Als ob« fort und versprach den evangelischen Ständen Religionsverhandlungen auf dem nächsten Reichstag. Währenddessen setzte er insgeheim die politische und militärische Vorbereitung des Krieges fort. Ferdinand schloß einen Waffenstillstand mit dem Sultan, um in Ungarn Rückensicherung zu haben. Mit Bayern wurde über einen Vertrag verhandelt, der unter dem Schein der Neutralität dem Kaiser die Hilfsquellen und die strategisch wichtigen Positionen des Landes zur Verfügung stellte. Gleichzeitig liefen Verhandlungen mit evangelischen Fürsten und Städten. Es gelang zwar nicht, die oberdeutschen Reichsstädte auf die Seite des Kaisers zu ziehen. Aber eine Anzahl jüngerer Fürsten ließ sich vom Kaiser gewinnen. Der bedeutendste unter ihnen war Herzog Moritz von Sachsen; er trat als aktiver Bundesgenosse in den Krieg ein, versprach Unterwerfung unter das Konzil und erhielt dafür die Kurwürde und die Kurlande seines sächsischen Vetters Johann Friedrich versprochen.

Der Krieg begann im Hochsommer 1546. Es war die gewaltigste militärische Kraftentfaltung, die auf deutschem Boden je stattgefunden hatte. Der Schmalkaldische Bund konnte dank seiner beträchtlichen Hilfsquellen, seiner schlagkräftigen Verfassung und günstiger strategisch-geographischer Bedingungen zunächst eine imponierende Aufmarschstellung beziehen. Sie reichte von der norddeutschen Tiefebene über die mitteldeutschen Verkehrszentren bis an den Rand der Alpen. Dagegen waren die Kräfte des Kaisers zunächst noch zersplittert. Das Gros seiner Truppen mußte erst aus Italien und den Niederlanden herangezogen werden. Je länger sich der Feldzug in unentschiedenem Manövrieren beider Teile hinzog, desto stärker machte sich das Übergewicht der Kaiserlichen bemerkbar: die Einheitlichkeit des Kommandos gegenüber den inneren Gegensätzen zwischen Offensiv- und Defensivgedanken bei den Schmalkaldenern und der Einsatz des außerdeutschen Finanz- und Heerespotentials Habsburgs gegenüber der außenpolitischen Isolierung der deutschen Protestanten.

Nach dem Verlust Süddeutschlands bildete im Frühjahr 1547 Kursachsen den Kern des Widerstandes. Unter der persönlichen Führung des Kaisers griffen seine Truppen den sächsischen Kurfürsten an der Elbe an. Am 24. April wurde Johann Friedrich bei Mühlberg geschlagen und gefangengenommen. Damit war der Feldzug entschieden, wenn auch an einzelnen Stellen Norddeutschlands die Kämpfe noch weitergingen. Auf die Gefangennahme des sächsischen Kurfürsten folgte die Verhaftung des Landgrafen Philipp von Hessen: Die Häupter der protestantischen Partei befanden sich wehrlos in der Hand des Kaisers. Er wandte sich unmittelbar nach dem Sieg wieder nach dem Süden, um in Augsburg den Reichstag zu eröffnen, der die Neuregelung der deutschen Dinge im Sinne der habsburgischen Suprematie bringen sollte. Aber nicht nur das Reich schien dem Diktat des Siegers widerstandslos unterworfen zu sein. Überall in Europa waren die Folgen des Sieges von Mühlberg zu bemerken. Im Januar 1547 war Heinrich VIII. gestorben, im März Franz I. Von jener Generation machtvoller Monarchen, die seit einem Menschenalter den Gang der europäischen Geschichte bestimmt hatten, waren nur noch Suleiman II. und Karl V. übrig. Aber der Sultan stand so sehr unter dem Eindruck der Siegesnachrichten aus Deutschland und der ihnen folgenden politischen Kräfteverlagerung, die überall in Europa zu spüren war, daß er für den Augenblick als europäischer Machtfaktor ausschied. Wer wollte dem Kaiser nun noch den Rang und die Macht eines »Oberhauptes der Christenheit« streitig machen?

Aber das Bild kaiserlicher Machthöhe, wie es Tizian gemalt hat – der Sieger im Harnisch mit der Lanze über das Schlachtfeld von Mühlberg reitend –, darf nicht über die enormen

Schwierigkeiten hinwegtäuschen, die gerade jetzt die Lösung zentraler Probleme der Christenheit hinderten. Papsttum und Konzil waren seit 1545 von der habsburgischen Diplomatie kunstvoll in das Gebäude des »großen Plans« hineingenommen worden. Aber schon 1546 hatte sich gezeigt, wie weit die Vorstellungen des Kaisers und des Papstes über das nun endlich in Trient versammelte Konzil auseinandergingen. Karl strebte eine vorgängige Beratung und Beschlußfassung zur Kirchenreform an; die militärisch unterworfenen Protestanten sollten durch die Teilnahme an einem Reformkonzil für die kirchliche Einheit zurückgewonnen werden. Paul III. sah die Dinge ganz anders. Er wollte durch das Konzil eine rasche, wenig nach Luthers Theologie fragende Klärung der katholischen Glaubenslehre herbeiführen und die Reformfrage danach von Rom her in Angriff nehmen. Diese Differenzen lähmten die Tätigkeit des Konzils das ganze Jahr 1546 über.

Dann aber traten noch schwerere Komplikationen ein. Der Papst rief im Januar 1547 die päpstlichen Hilfstruppen zurück, die mit dem Kaiser im Kampf gegen die Protestanten standen. Es scheint, daß Paul III. dabei nicht nur von dem Konflikt um das Konzil, sondern mehr noch von der Furcht vor einem zu weit gehenden Sieg des Kaisers bestimmt war. Als Karl die Nachricht erhielt, brach gegenüber dem päpstlichen Nuntius der ganze, alte Zorn über den Papst und dessen frankophile Politik durch. Der Nuntius mußte sich bittersten Hohn des Kaisers über den Papst anhören: Jungen Leuten möge man die Franzosenkrankheit verzeihen, bei alten Leuten sei sie unerträglich.

Es kam noch schlimmer. Während Karl im Frühjahr 1547 zum entscheidenden Schlag gegen die Protestanten ausholte, beschloß in Trient die Mehrheit der Konzilsväter, die Kirchenversammlung ohne Verständigung mit dem Kaiser nach Bologna zu verlegen. Das war für die kaiserliche Reichs- und Kirchenpolitik ein weit härterer Schlag als der Verlust der päpstlichen Hilfstruppen. Denn jetzt war der Angelpunkt des ganzen Planes zerstört: Ein in der päpstlichen Stadt Bologna versammeltes Konzil erfüllte in keiner Weise mehr die Bedingungen, die der Kaiser den Deutschen seit Jahr und Tag versprochen hatte; es befand sich nicht mehr »in deutschen Landen«, und es konnte nicht mehr als frei betrachtet werden. Die Kaiserlichen mußten in dieser Entscheidung eine Störaktion sehen, wie sie bösartiger kaum zu denken war. So konnte es nicht ausbleiben, daß die Spannung zwischen Kaiserhof und Kurie weiter wuchs und auch weitere außerkonziliare Folgen hatte. Im Oktober 1547 wurde der Sohn des Papstes, Pier Luigi Farnese, Herzog von Parma und Piacenza, von rebellischen Adligen ermordet. Wie weit die Mitwisserschaft der italienischen Vertrauensleute des Kaisers ging, ist umstritten. Jedenfalls lastete Paul III. die Ermordung seines Sohnes dem Kaiser an.

So war es dahin gekommen, daß im Augenblick des großen Sieges die Dinge im Hinblick auf die kirchliche Einheit der Christenheit im katholischen Lager so schlimm standen wie noch nie: das Konzil war seit der Translation nach Bologna so gut wie arbeitsunfähig, Kaiser und Papst waren heillos zerstritten. Eine solche Situation war zu paradox, um lange anzuhalten; es kam nur darauf an, in welcher Weise sie in Bewegung kam.

Das Scheitern der universalen Politik Karls V. (1548–1556)

Die siegreichen Feldzüge von 1543, 1544 und 1546/47 hatten den Kaiser auf die Höhe seiner Macht geführt. Nun mußte sich zeigen, ob es gelingen konnte, die reichentfalteten politischen und religiösen Lebensformen Europas dauerhaft zu einer sichtbaren Einheit zu verbinden. Diese Frage war in zweifacher Hinsicht gestellt. Sie betraf einerseits die sachlich vorgegebenen Verhältnisse: den Zustand und die Entwicklungstendenzen der europäischen Staatenwelt, die strukturellen Voraussetzungen im sozialen und wirtschaftlichen Organismus Europas, das Selbstbewußtsein und Selbstverständnis der Völker und ihrer Führungsschichten, die religiösen und kirchlichen Institutionen und ihre auseinander und zueinander drängenden Kräfte und Zielvorstellungen. Andererseits richtete sich die gleiche Frage an die Person Karls V.: an die universale Kaiseridee dieses Herrschers, die dynastisches Rechtsdenken mit der ethisch-religiösen Konzeption gesamtheitlicher Verantwortung für die Christenheit verband; sie richtete sich aber ebenso an die sehr erdenfesten und zeitgebundenen Mittel, die der Kaiser zur Erreichung seiner Ziele anwandte – an das renaissancehaft berechnende Interessenspiel seiner Diplomatie und Kriegführung, seiner Propaganda und Kirchenpolitik. Die Frage richtete sich schließlich an das gesamte Regierungs- und Verwaltungssystem, über das der Kaiser zur Kontrolle und Koordinierung seiner weltweiten Gebiete verfügte: an die Form und Wirksamkeit dieser »Weltregierung«, an ihre verfassungsrechtliche und funktionelle Ausgestaltung, an die Möglichkeiten des Übergangs von der altertümlichen Form der Personalunion zu einer Realunion all dieser Königreiche, Herzogtümer, Grafschaften, Städte. Und zuletzt wäre mit besonderem Nachdruck zu fragen nach den Menschen, die im Dienste des *Dominium mundi* standen und in seinem Namen Herrschaft ausübten: nach dem Entstehen oder Nichtentstehen einer übernationalen, solidarischen Gruppe aus all den europäischen Fürsten, Adligen und Juristen, die Amtsträger und ausführende Organe dieser universalen Politik waren.

In die Geschichte der europäischen Staatenwelt und der übernationalen Organisationen ist Karl V. als ein Gescheiterter eingegangen. Dies sollte nicht dazu verführen, nun alle verschiedenen Seiten der anfangs gestellten Frage in skeptischer Beleuchtung zu sehen. Bei der Beschreibung des Scheiterns dieser universalen Kaiserpolitik sind die einzelnen Bedingungen des Scheiterns in ihrem sachlichen und biographischen Gewicht nuanciert zu betrachten. Je schärfer man den inneren und den äußeren Fortbestand starker Momente europäischen Einheitswillens über das Ende Karls V. hinweg im Auge behält, desto besser wird man das gewandelte Antlitz des späteren Europa verstehen können.

Das Heilige Römische Reich hatte 1519 Karl V. die Kaiserwürde gegeben. Damit war die mittelalterliche Herausforderung der Weltherrschaft im Zeitalter Machiavellis erneuert worden. Nun war durch die Siege des Kaisers die Verfassungsfrage des Reiches in den Mittelpunkt der europäischen Neuordnung gerückt. Noch während des Schmalkaldischen Krieges hatte die habsburgische Diplomatie begonnen, eine Reform und Umgestaltung der Reichsverfassung vorzubereiten. Der Plan ging dahin, bei äußerer Schonung der alten Formen das Verhältnis des Kaisers zu den Reichsständen auf eine neue Basis zu stellen. Ein »Reichsbund« sollte eine neue, wirkungsvolle Verteilung der Lasten und Rechte im Reich bringen;

zugleich sollte er – in Anknüpfung an den alten Schwäbischen Bund – dem Hause Habsburg eine definitive Vorrangstellung sichern. Und er sollte schließlich durch die geplante feste Einbeziehung der Niederlande, Mailands, Savoyens und vielleicht auch Neapels eine dauerhafte Verklammerung des Reiches mit dem europäischen System Habsburgs schaffen.

Aber anders als in Italien, wo die kaiserliche Macht sich dank ihrer faktischen Überlegenheit durchgesetzt hatte, war im Reich nur mit der Zustimmung der Stände eine Neuregelung möglich. Der Augsburger Reichstag 1547/48 stand im Zeichen der fortgesetzten Versuche des Kaiserhofes, die deutschen Fürsten und Reichsstädte für den geplanten Reichsbund zu gewinnen. Obwohl der Kaiser das volle Gewicht des frischen Sieges in die Waagschale werfen konnte, endete der Versuch mit einem totalen Mißerfolg. Das Bundesprojekt fand nur bei einer Gruppe kleinerer Reichsstände ein positives Echo. Die entscheidende Gruppe der Fürsten und Kurfürsten lehnte es ab. Geistliche und weltliche Territorialherren, Katholiken und Protestanten waren sich einig im Mißtrauen gegen die kaiserliche *Monarchia* wie in der Behauptung ihrer ständischen Rechte. Nachdem das Projekt des Reichsbundes begraben war, beschritt der Kaiser zunächst den mühsamen Weg von Einzelvereinbarungen. Der »burgundische Vertrag« regelte das Rechtsverhältnis der Niederlande zum Reich; es scheint, daß ähnliche Regelungen für die italienischen und die österreichischen Gebiete in Angriff genommen werden sollten. Als zentrales Problem des habsburgischen Weltreiches rückte nun aber immer stärker die Frage der innerdynastischen Nachfolgeregelung in den Vordergrund. Die Aufgabe der institutionellen Einheit und Sicherung des habsburgischen Weltreiches, deren Lösung mit Hilfe des Verfassungsrechts nicht gelungen war, verlagerte sich nun auf die Ebene familienrechtlicher Vereinbarungen.

Der Plan des Kaisers war genau durchdacht und ging von offenkundigen Wünschbarkeiten aus; aber er war überaus künstlich und führte zu einer tiefen und nie mehr zu heilenden Krise zwischen der älteren und der jüngeren Linie des Hauses Habsburg. Es sollte die Einheit dadurch erhalten werden, daß das Kaisertum zwischen den Familien Ferdinands und Karls abwechselte: Auf Karl sollte als Kaiser Ferdinand folgen (das war durch dessen Wahl zum römischen König schon festgelegt). Auf Ferdinand sollte aber nicht dessen Sohn Maximilian folgen, sondern Karls Sohn, der Infant Philipp. Erst nach diesem sollte dann Maximilian das Nachfolgerecht haben (falls er seinen etwa gleichaltrigen Vetter überlebte). Das Projekt wurde für die Wiener Linie noch bitterer durch die für Italien vorgesehene Regelung. Italien sollte insgesamt und ausschließlich der spanischen Linie zufallen; Ferdinand sollte schon jetzt die Übergabe der Reichsrechte in Italien (die bis Florenz und Siena reichten) an Philipp zusichern. Es gab um diese Nachfolgeregelung heftigen und langen Streit hinter verschlossenen Türen. Schließlich gaben Ferdinand und Maximilian widerwillig nach. Im März 1551 wurden in Augsburg die Familienverträge unterschrieben. Während Ferdinand sich wenigstens nach außen hin in die Dinge schickte, gehörte Erzherzog Maximilian von jetzt ab zu den entschiedenen Gegnern des Kaisers. Er trat in Verbindung mit Frankreich und mit der deutschen Fürstenopposition. Die Bedeutung der »spanischen Sukzession« Philipps kann man vor allem darin sehen, daß Karls Idee der institutionellen Befestigung seines Weltreiches über seinen Tod hinaus bereits im ersten Ansatz im Kreise der eigenen Dynastie so gut wie gescheitert war.

Die Teilnehmer des Trienter Konzils während einer Sitzung
Lavierte Federzeichnung in Matthias Burglehners »Der tirolische Adler«, Anfang 17. Jahrhundert
Wien, Haus-, Hof- und Staatsarchiv

König Heinrich II. von Frankreich beim Heilen von Kranken durch Handauflegen
nach seiner Krönung in Reims, 1547
Miniatur. Paris, Bibliothèque Nationale

Hand in Hand mit dem Ringen um die politische Ordnung des Errungenen ging seit dem Reichstag von 1547/48 der Kampf um den religiös-kirchlichen Ertrag des Sieges über den Schmalkaldischen Bund. Dabei war der Kaiser nicht nur durch die Konflikte mit Paul III. und die sterile Konzilssituation gehemmt, sondern auch durch die Konsequenzen seiner eigenen Politik. Vor und während des Protestantenkrieges hatte er seinen evangelischen Verbündeten (vor allem Moritz von Sachsen) und einigen kapitulierenden Gegnern erhebliche religionspolitische Zusicherungen gemacht. Was in Rom und in Spanien als Ketzerkrieg propagiert wurde, sollte in Deutschland nur als »Züchtigung der Rebellen wegen zivilen Ungehorsams« erscheinen. Dementsprechend war die Verhandlungsposition gegenüber den Protestanten im eigenen Lager und im Lager der Besiegten nicht auf eine eindeutige Verwerfung der Augsburger Konfession, sondern auf ein ziemlich vages Versprechen der Unterwerfung unter die zukünftige Konzilsentscheidung abgestellt. Wie schon früher, so war auch jetzt die Religionspolitik des Kaisers aus verschiedenen Komponenten zusammengesetzt: aus politischer Berechnung, echtem Einheitswillen und Reformbewußtsein mit einiger antirömischer Gereiztheit. Die katholischen Reichsstände standen nun – nach dem kaiserlichen Sieg über die Protestanten – der kaiserlichen Religionspolitik womöglich noch skeptischer gegenüber als zuvor; sie verweigerten dem Kaiser die Mitarbeit an einer reichsrechtlichen Rahmenlösung der Religionsfrage, während die kirchlichen Verhältnisse fast überall durch den Mangel an katholischen und die Verdrängung der evangelischen Geistlichen untragbar geworden waren.

Nun sollte und mußte aber rasch gehandelt werden. So blieb dem Kaiser nichts anderes übrig, als während des Augsburger Reichstages 1547/48 in eigener Regie durch theologische Fachkommissionen und in schwierigen Verhandlungen mit den päpstlichen Nuntien den toten Punkt zu überwinden. Was dabei herauskam, trug alle Zeichen eines mühsamen Notbehelfs. Da war zunächst das als Reichsgesetz verkündete *Interim*: Bekenntnisformel und Kirchenagende für die Protestanten bis zur endgültigen Konzilsentscheidung. Diese »kaiserliche Notreligion« ist viel geschmäht und verspottet worden. Als Dokument ausgleichender und reformfreundlicher katholischer Gesinnung ist dieses Reichsgesetz nicht ohne Rang und Bedeutung. Indessen war die Wirkung weithin negativ, vor allem wegen des staatlichen Zwanges in der Durchführung und wegen des Mangels an überzeugt mitwirkenden Geistlichen. Die meisten Katholiken standen von Anfang an skeptisch zum *Interim*; unter den Protestanten führte es zu einem folgenschweren Gegensatz zwischen den unbedingten, gesinnungstreuen Gegnern der neuen Ordnung und der gemäßigten, von Opportunismus nicht freien Gruppe um Melanchthon, denen die für Norddeutschland weiter abgeschwächte Form des »Leipziger *Interim*« als tolerierbar erschien. Man kann wohl nicht so weit gehen, alle evangelische Mitarbeit an der Durchführung des *Interim* als Charakterlosigkeit und Feigheit zu werten. Die konfessionelle Abgrenzung war damals noch keineswegs total, und die Hoffnung auf eine Wiederherstellung der Einheit im erasmianischen Sinne war verbreitet. Aufs Ganze gesehen erwies sich jedoch im Laufe der folgenden Jahre die innere Unmöglichkeit, tief verankerte Glaubensüberzeugungen durch obrigkeitliches Dekret zu reglementieren.

Für die Katholiken trat eine kaiserliche *Formula Reformationis* in Kraft, die eine Zusammenfassung der in den vergangenen Jahrzehnten in Deutschland vorhandenen Reformtendenzen versuchte. Sie blieb nicht ohne Wirkung. In positivem Sinne begann auch die entschiedene Verbesserung des Verhältnisses zwischen Kaiser und Papsttum zu wirken, seit 1549 auf Paul III. der prohabsburgische Julius III. gefolgt war. Die Verhandlungen um die Wiedereröffnung des suspendierten Konzils führten jetzt endlich zu Ergebnissen. Am 1. Mai 1551 konnte in Trient die zweite Sitzungsperiode des Konzils eröffnet werden. Eine Anzahl deutscher Bischöfe entschloß sich zur Teilnahme, und auch einige Delegationen evangelischer Reichsstände machten sich auf den Weg nach Trient. So konnte es aussehen, als seien nun endlich in freundschaftlicher und aufrichtiger Zusammenarbeit der beiden Häupter der Christenheit konziliare Reform und Wiedervereinigung nahegerückt.

Allein der Schein trog. Dem neueröffneten Konzil haftete der Mangel an, daß es von Anfang an von Frankreich boykottiert wurde. Julius III. ging nun in seiner Anlehnung an den Kaiser so weit, daß er ihm insgeheim die kirchliche Absetzung des französichen Königs und die Belehnung Karls oder Philipps mit dessen Ländern anbot. Aber dieses Projekt war irreal, die politische Gesamtlage Europas tendierte 1551 bereits in eine ganz andere Richtung. Denn während sich der Kaiser mit dem zähen und zunehmenden Widerstreben der deutschen Stände herumschlug und während der Mißerfolg des *Interim* immer sichtbarer wurde, war die französische Diplomatie bereits am Werk, die europäische und die innerdeutsche Opposition zum großen Schlag gegen die habsburgische Weltstellung zusammenzufassen. Heinrich II., der in seiner Jugend unvergessen bittere Jahre in der Gefangenschaft des Kaisers verbracht hatte, fühlte sich als Vollstrecker einer weltgeschichtlichen Rache. Die Befreiungsideologie, die Frankreichs Diplomaten und Parteigänger nun überall in Europa propagierten, knüpfte an alte und neue Schlagworte an: die angemaßte *Monarchia* des Kaisers wird als unmenschliche Tyrannis geschildert und seine Religionspolitik als verschlagene Schauspielerei demaskiert. Die Freiheit Italiens, die Selbständigkeit Deutschlands, das Gemeinwohl der Christenheit fordern den Krieg gegen die »viehische Servitut« des Kaisers. Die *entière ruyne* seines Systems wird der rasche und leichte Preis des mit vereinten Kräften zu erringenden Sieges sein.

Als erstes erneuerte der französische König die Offensivallianz mit dem Osmanenreich, dann folgten konspirative Vereinbarungen mit den italienischen Gegnern des Kaisers. Schwieriger gestalteten sich die Bündnisverhandlungen mit der deutschen Fürstenopposition. Frankreich wollte ein religionspolitisch neutrales Bündnis, um das Einschwenken der katholischen Fürsten in die antikaiserliche Aufstandsbewegung zu erleichtern. Es wollte eine genaue strategische Planung und politische Absprache: ein staatsrechtliches Bündnis zwischen den deutschen Fürsten und Frankreich mit gemeinsamer Münze und gemeinsamem Wappen, mit einheitlicher politischer und militärischer Führung. Ein neuer Kaiser sollte gewählt werden, Heinrich II. sollte vom nächsten Reichstag zum *Vicarius* der französisch sprechenden Reichsteile bestellt werden. Was schließlich in den Vereinbarungen von Chambord und Friedewald im Winter 1551/52 zwischen Frankreich und Kurfürst Moritz von Sachsen fest vereinbart wurde, blieb an Präzision weit hinter diesen Plänen zurück.

Die Gruppe der rebellierenden Kriegsfürsten, deren Führung der Sachse an sich gerissen hatte, war schwach und konnte nur mit Hilfe der französischen Subventionen losschlagen. Das eigentlich religiöse Motiv war zwar bei Kurfürst Moritz so zweitrangig, wie es

Frankreich nur wünschen konnte. Die politischen und psychologischen Voraussetzungen in Deutschland waren jedoch derart, daß der Angriff auf den Kaiser als eine Verteidigung des evangelischen Bekenntnisses wirken mußte und eine katholische Partnerschaft ausschloß. Als im März 1552 der Aufstand gegen den Kaiser losbrach, bestand zwar schon einige Monate offener Kriegszustand zwischen Frankreich und Habsburg. Aber erst die Rebellion in Deutschland sollte das Signal zum allgemeinen Angriff geben; in Konstantinopel wie in den italienischen Oppositionskreisen wartete man auf den kombinierten Schlag der deutschen Fürsten und des französischen Heeres, das Heinrich II. durch Lothringen an den Rhein führte. Die Wirkungen des Fürstenaufstandes waren tief und dauerhaft, aber sie waren andere, als Frankreich und seine Verbündeten sie erwartet hatten. Als die ersten Wochen des Feldzuges bereits zur völligen Isolierung des Kaisers geführt hatten, als ein weiterer Vorstoß ihn zur hastigen Flucht von Innsbruck nach Villach zwang, schwenkte Kurfürst Moritz von Frankreich ab und begann mit den Habsburgern zu verhandeln. Von Heinrich II. her gesehen, war das ein Zusammenbruch; er selbst mußte mit seiner Armee bei Hagenau umkehren, und der strategische Wert der im Vorbeimarsch besetzten Städte Metz, Toul und Verdun stellte sich erst später heraus. Der Sultan verzögerte die geplante Flottenaktion gegen Unteritalien, und die italienischen Konspirationen kamen ins Stocken, als die Verhandlungen des Sachsen mit König Ferdinand bekanntwurden. Der Aufstand in Siena, der im Juli 1552 die spanischen Garnisonen aus der Südtoskana vertrieb, war nur ein später und vereinzelter Ausläufer der ursprünglich für ganz Italien geplanten Schilderhebung.

Um das Verhalten des sächsischen Kurfürsten ist viel gerätselt worden. Man muß sich an die Tatsachen halten. Karl V. war im entscheidenden Augenblick von allen Reichsständen im Stich gelassen worden. Es gab jetzt im Reich nur zwei Gruppen: die aktiven Gegner des Kaisers und die Masse der neutral gebliebenen Stände. Diese zweite Gruppe stellte bei all ihrer Zurückhaltung und Vorsicht das entscheidende Moment dar. Und nun liegt die Bedeutung der von Mai bis Juli 1552 in Passau geführten Unterhandlungen wohl darin, daß es nicht Moritz, sondern König Ferdinand gelang, sich zum Sprecher der Neutralen und zum Vermittler zwischen Reichsoberhaupt und Rebellen zu machen. Ferdinand hat in dieser sehr komplizierten Mittlerrolle mit hohem Einsatz gespielt. Er hat dabei den Kaiser nicht etwa verraten oder im Stich gelassen, er hat vielmehr aus dem deutschen Zusammenbruch gerettet, was für Habsburg zu retten war. Der Passauer Vertrag, der im August von den Kriegsfürsten und dem Kaiser ratifiziert wurde, war einerseits ein Waffenstillstand. Karl wollte Zeit und Rückendeckung gewinnen, um seine außerdeutschen Kräfte zu mobilisieren, den entscheidenden Schlag gegen Frankreich zu führen und dann an die Revision der deutschen Dinge zu gehen. Aber das blieb ein unerfüllter Traum des Kaisers, der in diesen Monaten der tiefsten Erniedrigung mit erstaunlicher Zähigkeit jede definitive Zurücknahme seiner kirchlichen Reunionspolitik und jede bindende Einschränkung seiner Kaiserrechte abgewiesen hatte.

Andererseits bedeutete der Passauer Vertrag für die Reichsverfassung wie für die gesamteuropäische Konfessionsfrage eine Vorwegnahme wesentlicher Entscheidungen, die drei Jahre später auf dem Augsburger Reichstag fixiert wurden. In Passau wurde der Weg zu dem weltgeschichtlichen Novum einer verfassungsrechtlichen Verankerung des evangelischen Bekenntnisses eingeschlagen, und es wurde der Schlußstrich gezogen unter das jahrzehntelange Bemühen des Kaisers, das Heilige Römische Reich zum festen Mittelpunkt eines europäischen Hegemonialsystems zu machen.

Von Villach zog Karl quer durch Süddeutschland nach Lothringen. Seine Rüstungen waren imponierend; er sah in der Rückgewinnung von Metz das nächste Ziel des Vergeltungskampfes gegen Heinrich II. Und als Karl V. im Januar 1553 die Belagerung der glänzend verteidigten Festung aufgeben mußte und sich nach Brüssel zurückzog, war er nur scheinbar am Ende seiner Kräfte. Von den Niederlanden aus unternahm er mit höchster Anspannung aller militärischen und diplomatischen Mittel die Fortführung des Kampfes gegen Frankreich. Während die politischen und kirchlichen Fragen Deutschlands ihm ferner rückten, rückte England in den Vordergrund.

Im Juli 1553 trat in England ein Thronwechsel ein. Auf Eduard VI. folgte dessen Halbschwester Maria, eine Kusine des Kaisers, die gegenüber der anglikanischen Kirche ihre katholische Überzeugung nie verleugnet hatte. Die europäischen Höfe reagierten heftig auf diesen Umschwung, der ganz neue politische und kirchliche Perspektiven eröffnete. Rom entsandte sogleich den englischen Kardinal Pole nach Norden; er sollte Paris und Brüssel zum Frieden bewegen, um Englands Rückkehr zur kirchlichen Einheit zu erleichtern. Heinrich II. tat alles, um zumindest eine englische Neutralität zu sichern. Der Kaiser griff zum äußersten Mittel. Er veranlaßte seinen in Spanien residierenden Sohn Philipp, die Heiratsverhandlungen mit einer portugiesischen Prinzessin abzubrechen und sich um die Hand der ältlichen Königin von England zu bewerben. In London gewannen die habsburgischen Diplomaten das Ringen gegen ihre französischen Kollegen und gegen eine nationalenglische Gruppe, die keinen Fremden als König wollte. Im Sommer 1554 traf Philipp in England ein.

Die damals geschlossenen Eheverträge gewähren Einblick in eine große dynastische Zukunftsvision des Kaisers: Spanien sollte Philipps Sohn Don Carlos erben; der kommende Erbe aus der englischen Ehe Philipps sollte das Inselreich mit den Niederlanden vereinigen. Das wäre nun neben der jüngeren Linie in Wien und neben der spanischen Linie eine dritte Filiation – ein habsburgisches Nordreich mit ungemessener Wirkung nach Nordeuropa und über den nördlichen Atlantik. Zunächst stand indessen der aktuelle Beitrag Englands zum Krieg gegen Frankreich zur Debatte. In den Brüsseler Berechnungen war England das letzte Glied der Einkreisungskette, der Frankreich nun nicht mehr gewachsen sein konnte. In London sahen die Dinge anders aus. Philipp und Maria und ihre Ratgeber hätten es vorgezogen, als Friedensvermittler den kontinentalen Krieg zu beenden. In die gleiche Richtung wirkte die päpstliche Politik, die durch das Zusammenwirken Kardinal Poles mit dem Parlament Ende 1554 die Beendigung des englischen Schismas erreicht hatte.

Im Frühjahr 1555 konnte in der Nähe von Calais (auf englischem Boden) eine Friedenskonferenz zusammentreten. Als Vermittler zwischen dem Kaiser und Heinrich II. trat einerseits England, andererseits der Friedenslegat Pole auf. Die Chancen dieser englisch-päpstlichen Aktion wurden allgemein günstig beurteilt. Gleichzeitig war in Augsburg der seit Passau geplante Reichstag zusammengetreten. König Ferdinand hatte vom Kaiser uneingeschränkte Vollmacht, mit den Ständen über die Verfassungsprobleme und die Kirchenfrage zu verhandeln. Papst Julius III. hatte unter dem tiefen Eindruck des *miracolo d'Inghilterra* Kardinal Morone, den besten Diplomaten und Deutschlandkenner der Kurie, nach Augsburg entsandt, um an den von Ferdinand ernsthaft geplanten Religionsgesprächen helfend mitzuwirken. So schien im Frühjahr 1555 in Europa eine neue Lage gegeben, die über alte Narben und frische Wunden hinweg Wege der Versöhnung eröffnete. Diese neue Lage stand bereits nicht mehr im Zeichen des Kaisers und seines erstarrten Behauptungswillens gegen Frankreich und gegen die deutschen Protestanten.

Aber im Verlauf der folgenden Monate zeigte sich, daß auch der wendigeren Politik Philipps II. und Ferdinands keine Versöhnung der auseinanderstrebenden politischen und kirchlichen Kräfte mehr gelingen konnte. Die Friedenskonferenz von Marcq bei Calais löste sich im Juni 1555 ohne Ergebnis auf. Das Schwinden des Aussicht auf einen Erben aus Philipps englischer Ehe – Königin Maria und ihre Ärzte hatten sich monatelang durch eine pathologische Scheinschwangerschaft täuschen lassen – und die im Mai in Rom erfolgte Wahl des profranzösischen Gianpietro Caraffa zum Papst veränderten die internationale Lage zuungunsten Habsburgs. Die neue Hoffnung auf eine vom Papsttum ausgehende Erhebung Italiens führte zu einer Wiederbelebung der französischen Mittelmeerpolitik. Im Sommer und Herbst 1555 wurde in französisch-päpstlichen Geheimverhandlungen der Plan einer gemeinsamen Offensive gegen den Kaiser ausgearbeitet. Dieser Rückfall der Kurie in ein System unmittelbarer politischer Parteinahme war das Schlimmste, was dem innerkatholischen Erneuerungsgedanken widerfahren konnte. Er ist nur zu erklären aus dem Zusammentreffen zweier verschiedener Momente. Der neunundsiebzigjährige Caraffa-Papst war in einer anachronistischen politischen Ideenwelt befangen. Er hoffte, durch die Vernichtung der habsburgischen Macht den Weg für die Weltgeltung Roms und für die Erneuerung der Kirche im Sinne der hochmittelalterlichen *plenitudo potestatis* des Papsttums freizumachen. Damit verband sich eine hochgehende Woge von italienischem Patriotismus, die vor allem in der Umgebung des Papstes wirkte.

Im Zeichen dieser veränderten europäischen Konstellation gewannen auch die innerdeutschen und innerhabsburgischen Entscheidungen, die 1555 fällig waren, ein anderes Gesicht. Auf dem Augsburger Reichstag konnte es einige Zeit als zweifelhaft erscheinen, ob die vor allem von Kursachsen vertretene Konzeption eines »immerwährenden« Religionsfriedens sich durchsetzen werde. Als König Ferdinand nach dem Scheitern der Friedenskonferenz und nach der Wahl Pauls IV. sah, daß weder vom Kaiser noch vom Papst Unterstützung für eine ausgleichende und den Ständen gegenüber selbständige Religionspolitik zu erwarten war, versuchte er, den Reichstag nach Hause zu schicken. Aber die vom sächsischen Kurfürsten August angeführte protestantische Gruppe sah gerade in der zunehmenden Bedrängnis der habsburgischen Gesamtposition die günstige Gelegenheit, den Religionsfrieden »herauszureißen«. So blieb Ferdinand nichts anderes übrig, als im September in gedrängtesten Schlußverhandlungen den Reichstag auf der Basis des »immerwährenden« Religionsfriedens zu Ende zu führen.

Der Reichsabschied von 1555 bedeutete verfassungspolitisch einen Abschluß des jahrzehntelangen Ringens zwischen Reichsoberhaupt und Territorialstaaten im Sinne eines

Das Haus Habsburg

(von Maximilian I. zu Leopold I.)

(Jagiellonen)

Kasimir IV.
Sohn Wladislaws II.,
König von Polen
1427–1492
reg. 1447–1492
∞ Elisabeth
Tochter Albrechts V.,
Herzogs von Österreich
(König Albrechts II.)
1437–1505
Hochz. 1454

Karl der Kühne
Sohn Philipps des Guten,
Graf von Charolais,
Herzog von Burgund
1433–1477 gef.
reg. 1467–1477

∞ 2. Isabella
Tochter Karls I.,
Herzogs von Bourbon
um 1435–1465
Hochz. 1454

∞ 3. Margarete
Tochter Richards,
Herzogs von York
1446–1503
Hochz. 1468

Ladislaus
(Wladislaw)
König von Böhmen und
(Ladislaus II.) Ungarn
1456–1516
reg. in B. 1471–1516,
in U. 1490–1516
∞ 2. Anna (von Foix)
Tochter Gastons II.,
Grafen von Foix
gest. 1506
Hochz. 1502

Sigismund I.
(Zygmunt)
König von Polen
1467–1548
reg. 1506–1548
∞ 2. Bona
Tochter des Gian Galeazzo Sforza,
Herzogs von Mailand
um 1500–1558
Hochz. 1518

Karl von Orléans
Sohn Johanns (von Valois),
Graf von Angoulême
1459–1496
∞ Luise
Tochter Philipps II.,
Herzogs von Savoyen,
Regentin von Frankreich
1476–1531
Hochz. 1488
Reg. 1515/16, 1521–1526

Sigismund II. August
König von Polen
1520–1572
reg. 1548–1572

∞ 1. Elisabeth [2]
(Isabella)
Tochter Kaiser Ferdinands I.
1526–1545
Hochz. 1543

∞ 2. Barbara Radziwill
1523–1550
Hochz. (geheim) 1546

∞ 3. Katharina [3]
Tochter Kaiser Ferdinands I.,
vordem Gemahlin des
Francesco III. Gonzaga,
Herzogs von Mantua
1533–1572
2. Hochz. 1553

1. Karl (IV.)
Herzog von Alençon,
Connetable von Frankreich
1489–1525
reg. 1492–1525

2. Heinrich II.
(Henri d'Albret)
Titularkönig von Navarra
1503–1555
Herr von Albret 1516
Königstitel seit 1517

∞ Margarete
(von Angoulême)
Titularkönigin von Navarra
1492–1549
1. Hochz. 1509, 2. Hochz. 1527

Spanische Linie

(natürliche Tochter)

1. Alessandro de' Medici
natürlicher Sohn Lorenzos II.,
Herzog von Florenz
um 1510–1537 ermord.
reg. 1523–1537
Herzog 1531

2. Ottavio Farnese
Sohn des Pierluigi Farnese,
Herzog von Parma
und Piacenza
1521–1586
reg. 1550–1586

∞ Margarete
Statthalterin der Niederlande
1522–1586
1. Hochz. 1535, 2. Hochz. 1538
Statthalterin 1559–1567
(abgedankt)

Philipp II.
König von Spanien
1527–1598
reg. 1556–1598

∞ 1. Maria
1527–1545
Hochz. 1543

∞ 2. Maria [4]
(die Katholische)
Königin von England
1516–1558
reg. 1553–1558
Hochz. 1554

∞ 3. Elisabeth
Tochter Heinrichs II.
(von Valois),
Königs von Frankreich
1545–1568
Hochz. 1559

∞ 4. Anna [5]
Tochter Kaiser
Maximilians II.
(Erzherzogin
von Österreich)
1549–1580
Hochz. 1570

Johann
(Dom João)
Infant von
Portugal
1537–1554
∞ Johanna
1537–1573
Hochz. 1552

(natürlicher Sohn)

Johann von
Österreich
(Don Juan
d'Austria)
Statthalter
der Niederlande
1547–1578
Statthalter 1576

Alessandro Farnese
Statthalter der Niederlande,
Herzog von Parma und Piacenza
1545–1592
Statthalter 1578–1592
Herzog 1586
∞ Maria
Tochter Eduards
(Sohnes Emanuels I.
von Portugal),
Herzogs von Guimaraens
1538–1577
Hochz. 1565

Don Carlos
Infant von
Spanien
1545–1568
Infant 1560

Philipp III.
König von Spanien
1578–1621
reg. 1598–1621
∞ Margarete [6]
Tochter Karls (II.),
Erzherzogs von
Österreich
1584–1611
Hochz. 1599

Karl Emanuel I.
(der Große)
Sohn Emanuel
Philiberts,
Herzog von Savoyen
1562–1630
reg. 1580–1630
∞ Katharina
1567–1597
Hochz. 1585

Sebastian
König
von Portugal
1554–1587
Krönung 1557

Anna [5]
(Erzherzogin von
Österreich), vierte
Gemahlin Philipps II.,
Königs von Spanien
1549–1580
Hochz. 1570

Rudolf II.
deutscher (römischer)
König, Kaiser
1552–1612
Königswahl 1575
reg. 1576–1612
seit 1606 entmachtet,
1611 in Böhmen abgesetzt

Ernst
Erzherzog von
Österreich,
Statthalter
der Niederlande
1553–1595
Statthalter
1592–1595

(letztgeboren)

Ludwig XIII.
Sohn Heinrichs IV.,
König
von Frankreich
1601–1643
reg. 1610–1643
∞ Anna
(Anna Maria
Mauritia)
Regentin
von Frankreich
1601–1666
Hochz. 1615
Regentin 1643–1651

Philipp IV.
König von Spanien
1605–1665
reg. 1621–1665

∞ 1. Isabella
(Elisabeth)
Tochter Heinrichs IV.,
Königs von Frankreich
1602–1644
Hochz. 1621

∞ 2. Maria
Anna [8]
Tochter Kaiser
Ferdinands III.
1634–1696
Hochz. 1649

Ferdinand
Erzbischof
von Toledo,
Kardinal-Infant
von Spanien
1609–1641
in Toledo seit 1619

Philipp Wilhelm
Pfalzgraf von
Zweibrücken-Neuburg,
Kurfürst von der Pfalz
1615–1690
Pfalzgraf seit 1653
Kurfürst seit 1685
∞ Elisabeth
Amalie
Tochter Georgs II.,
Landgrafen von
Hessen-Darmstadt
1635–1709
Hochz. 1653

Ferdinand III.
König von Böhmen und Ungarn,
Kaiser
1608–1657
König von U. 1625,
von B. 1627
reg. 1637–1657

∞ 1. Maria Anna
1606–1646
Hochz. 1631

∞ 2. Maria
Leopoldine [7]
Tochter Leopolds,
Erzherzogs von
Österreich (Tirol)
1632–1649
Hochz. 1648

∞ 3. Eleonore
Gonzaga
Tochter Karls II.
Gonzaga,
Herzogs von Rethel
1630–1686
Hochz. 1651

(natürlicher
Sohn)

Ludwig XIV.
König von
Frankreich
1638–1715
reg. 1643–1715
∞ Maria
Theresia
Infantin von
Spanien
1638–1683
Hochz. 1660

Philipp I.
Herzog von Orléans
1640–1701
Herzog 1660

∞ 1. Henriette
Tochter Karls I.,
Königs von
England
1644–1670
Hochz. 1661

∞ 2. Elisabeth
Charlotte
(Liselotte)
Tochter Karl Ludwigs,
Kurfürsten von der Pfalz
1652–1722
Hochz. 1671

Johann von Österreich
(Don Juan d'Austria)
Statthalter der Niederlande
1629–1679
Statthalter 1656–1658

Karl II.
König von Spanien
1661–1700
reg. 1665 (1675)–1700

∞ 1. Maria Luise
Tochter Philipps I.,
Herzogs von Orléans
1662–1689
Hochz. 1679

∞ 2. Maria
Anna
1667–1740
Hochz. 1689

Ferdinand IV.
König von Böhmen
und Ungarn,
römischer (deutscher)
König
1633–1654
deutsche Wahl 1653

Maria Anna [8]
zweite Gemahlin
Philipps IV.,
Königs von Spanien
1634–1696
Hochz. 1649

(Haus Tudor)

Maximilian I.
Erzherzog von Österreich,
deutscher (römischer) König,
Kaiser
1459–1519
reg. 1486–1519
Kaiser seit 1508

∞ 1. Maria
Herzogin von Burgund
1457–1482
Hochz. 1477

∞ 2. Bianca Maria
Tochter d. Galeazzo Maria Sforza,
Herzogs von Mailand
1472–1510
Hochz. 1494

Ferdinand V.,
der Katholische
König (Ferdinand II.) von Aragon,
König von Spanien
1452–1516
reg. (1466) 1479–1516

∞ 1. Isabella (I.),
die Katholische
Tochter Johanns II.,
Königs von Kastilien,
Königin von Spanien
1451–1504
Hochz. 1469
reg. 1474–1504

∞ 2. Germaine
Tochter Johanns von Foix,
Grafen von Etampes
1488–1538
Hochz. 1505

Heinrich VII.
Sohn des Edmund Tudor,
des Earl of Richmond,
König von England
1457–1509
reg. 1485–1509
∞ Elisabeth
(von York)
Tochter Eduards IV.,
Königs von England
1465–1503
Hochz. 1486

Philipp I.,
der Schöne
Herzog von Burgund,
König von Kastilien
1478–1506
Herzog 1482,
König 1504 (1506)
∞ Johanna (Juana)
die Wahnsinnige
1479–1554
Hochz. 1496
seit 1506 gemütskrank

1. Johann (Juan)
Prinz von Asturien,
Infant von Spanien
1478–1497

2. Philibert II.
(der Schöne)
Herzog von Savoyen
1480–1504

∞ Margarete
Generalstatthalterin
der Niederlande
1480–1530
1. Hochz. 1497, 2. Hochz. 1501
reg. 1507–1530

1. Arthur
Prince of Wales
1486–1502

2. Heinrich VIII.
König von England
1491–1547
reg. 1509–1547

∞ Katharina
1485–1536
1. Hochz. 1501,
2. Hochz. 1509,
1533 geschieden

∞ 1. Isabella
(2. Ehe)
Infantin v. Spanien
1470–1498
2. Hochz. 1497

Emanuel I., der Große
(der Glückliche)
König von Portugal
1469–1521
reg. 1495–1521

∞ 2. Maria
1482–1517
Hochz. 1500

∞ 3. Eleonore [1]
Tochter Philipps des Schönen,
hernach Gemahlin Franz' I.,
Königs von Frankreich
1498–1558, 1. Hochz. 1519

---

2. Franz I.
König von Frankreich
1494–1547
reg. 1515–1547
∞ Eleonore [1]
vordem dritte Gemahlin
Emanuels I.,
Königs von Portugal
1498–1558
1. Hochz. 1519,
2. Hochz. 1530

Karl V.
König (Karl I.)
von Spanien,
Kaiser
1500–1558
reg. 1519–1556
(abgedankt)
∞ Elisabeth
(Isabella)
1503–1539
Hochz. 1525

Christian II.
König von Dänemark,
Norwegen und Schweden
1481–1559
König von D. u. N. 1513,
von Schw. 1520,
1523 geflüchtet
∞ Elisabeth
(Isabella)
1501–1526
reg. in Dänemark
1523–1526
Hochz. 1515 (1514)

Ferdinand I.
Erzherzog von
Österreich,
König von Böhmen
und Ungarn,
Kaiser
1503–1564
Erzherzog 1521,
König von
B. u. U. 1526,
deutsche Wahl 1531,
reg. 1556–1564
∞ Anna
1503–1547
Hochz. 1521

Ludwig II.
König von Böhmen
und Ungarn
1506–1526 gefallen
Krönung in U. 1508,
in B. 1509,
reg. 1521–1526
∞ Maria
Statthalterin
der Niederlande
1505–1558
Hochz. 1522
reg. 1531–1556
(abgedankt)

Johann III.
König
von Portugal
1502–1557
reg. 1521–1557
∞ Katharina
1507–1578
Hochz. 1525

Heinrich
Erzbischof
von Braga,
Kardinal,
König
von Portugal
1512–1580
Erzbischof 1532,
Kardinal 1542,
König
1578–1580

Maria I. [4]
(die Katholische)
Königin von England,
Gemahlin Philipps II.,
Königs von Spanien
1516–1558
reg. 1553–1558
Hochz. 1554

Deutsche Linie

Maximilian II.
König von Böhmen
und Ungarn,
Erzherzog
von Österreich,
Kaiser
1527–1576
König von B. 1562,
von U. 1564,
Kaiser 1564
∞ Maria
1528–1603
Hochz. 1548

(Wittelsbacher)
Albrecht V.,
der Großmütige
Sohn Herzog
Wilhelms IV.,
Herzog von Bayern
1528–1579
reg. 1550–1579
∞ Anna
1528–1590
Hochz. 1546

Ferdinand
Erzherzog von Österreich
(in Tirol)
1529–1595
reg. 1565–1595

∞ 1. Philippine
Welser
Nichte des
Bartholomäus Welser
1527–1580
Hochz. 1557

∞ Anna
Katharina
1566–1621
Hochz. 1582

Elisabeth [2]
(Isabella)
Gemahlin des
Sigismund
II. August,
Königs von Polen
1526–1545
Hochz. 1543

1. Francesco III.
Gonzaga
Sohn des Federigo II.,
Herzog von Mantua
1533–1550
reg. 1540–1550
∞ Katharina [3]
hernach dritte Gemahlin
des Sigismund II. August,
Königs von Polen
1533–1572
1. Hochz. 1549, 2. Hochz. 1553

Guglielmo Gonzaga
Sohn des Federigo II.,
Herzog von Mantua
1536–1587
reg. 1550–1587
∞ Eleonore
1534–1594
Hochz. 1561

Karl (II.)
Erzherzog
von Österreich
(in Steiermark)
1540–1590
reg. 1564–1590
∞ Maria
1551–1608
Hochz. 1571

8 weitere Töchter

Karl IX.
Sohn König
Heinrichs II.,
König von
Frankreich
1550–1574
reg. 1560–1574
∞ Elisabeth
1554–1592
Hochz. 1570

Matthias
Erzherzog von
Österreich,
König von Böhmen
und Ungarn,
Kaiser
1557–1619
König von U. 1608,
von B. 1611
reg. 1612–1619
∞ Anna
1585–1618
Hochz. 1611

Albrecht VII.
(der Fromme)
Erzherzog
von Österreich,
Kardinal-Erzbischof
von Toledo,
Statthalter der
Niederlande
1559–1621
Kardinal 1577
Statthalter (1596)
1598–1621
∞ Isabella
Clara Eugenia
Infantin von Spanien,
Statthalterin der Niederlande
1566–1633
Hochz. 1599
Statthalterin 1598–1633

Andreas
Markgraf
von Burgau,
Kardinal,
Bischof
von Konstanz
und Brixen
1558–1600
Kardinal 1576,
Bischof von K.
1588,
von B. 1596

Wilhelm V.,
der Fromme
Herzog von Bayern
1548–1620
reg. 1579–1595
(abgedankt)
∞ Renata
Tochter Franz' I.,
Herzogs von
Lothringen
1544–1602
Hochz. 1568

Ferdinand II.
Erzherzog von
Österreich,
König von Böhmen
und Ungarn,
Kaiser
1578–1637
König von B. 1617,
von U. 1618
reg. 1619–1637

∞ 1. Maria
Anna
1574–1616
Hochz. 1600

∞ 2. Eleonore Gonzaga
Tochter des Vinzenz I. Gonzaga,
Herzogs von Mantua
1598–1655
Hochz. 1622

Margarete [6]
Gemahlin
Philipps III.,
Königs von Spanien
1584–1611
Hochz. 1599

Leopold
Bischof von Passau
und Straßburg,
hernach Erzherzog
von Österreich (in Tirol)
1586–1633
Bischof von P. 1605,
von S. 1607–1625,
reg. in T. 1619–1633
∞ Claudia
de' Medici
Tochter des Ferdinand I.,
Großherzogs von Toskana,
vordem Gemahlin des
Federigo della Rovere,
Erbprinzen von Urbino
1604–1648
1. Hochz. 1621, 2. Hochz. 1626
reg. in Tirol 1633–1646

Maximilian I.
Kurfürst von Bayern
1573–1651
reg. 1595–1651
Kurfürst 1623

∞ 1. Elisabeth
Tochter Karls II.,
Herzogs von
Lothringen
1574–1635
Hochz. 1595

∞ 2. Maria Anna
1610–1665
Hochz. 1635

Wladislaw IV.
Sohn Sigismunds III.,
König von Polen
1595–1648
reg. 1632–1648
∞ 1. Caecilia
Renata
1611–1644
Hochz. 1637

Leopold Wilhelm
Bischof von Passau,
Straßburg, Breslau,
Hoch- und Deutschmeister,
Generalstatthalter
der Niederlande
1614–1662
Bischof von P. u. S. 1625
Hochmeister 1642
Statthalter 1646–1656

Ferdinand Karl
Erzherzog von Österreich
(in Tirol)
1628–1662
reg. 1646–1662
∞ Anna
de' Medici
Tochter Cosimos II.,
Großherzogs von Toskana
1616–1676
Hochz. 1646

Sigmund Franz
Erzherzog von Österreich
(in Tirol)
1630–1665
reg. 1662–1665

Maria Leopoldine [7]
zweite Gemahlin
Kaiser Ferdinands III.
1632–1649
Hochz. 1648

Leopold I.
König von Böhmen
und Ungarn,
Kaiser
1640–1705
König von U. 1655,
von B. 1656,
reg. 1658–1705

∞ 1. Margarete
Theresia
1651–1673
Hochz. 1666

∞ 2. Claudia
Felicitas
1653–1676
Hochz. 1673

∞ 3. Eleonore
Magdalena
1655–1720
Hochz. 1676

Karl Joseph
Hochmeister des
Deutschen Ordens,
Bischof von Passau
und Olmütz
1649–1664
Hochmstr. 1662
Bisch. v. O. 1663

1. Michael
(Thomas
Korybut
Wiśniowiecki)
König von Polen
1638–1673
reg. 1669–1673

2. Karl V.
Sohn des
Nikolaus Franz,
Herzog von
Lothringen
1643–1690
reg. 1675–1690

∞ Eleonore Maria Josepha
1653–1697
1. Hochz. 1670,
2. Hochz. 1678

Johann Wilhelm
Kurfürst von der Pfalz
1658–1716
reg. 1690–1716
∞ Maria Anna
Josepha
1654–1689
Hochz. 1678

Ferdinand Maria
Kurfürst von Bayern
1636–1679
reg. 1651–1679
∞ Adelheid Henriette
Tochter des
Victor Amadeus I.,
Herzogs von Savoyen
1636–1676
Hochz. 1652

weitgehenden Sieges der zentrifugalen Kräfte. Beide »Konfessionsparteien« anerkannten den gegenseitigen Besitzstand von 1552. Eine Reihe schwieriger Rechtsfragen blieb ungeklärt; die Zukunft der geistlichen Fürstentümer (auf denen die katholische Bistumsorganisation beruhte) wurde durch den »Geistlichen Vorbehalt« in einer reichsrechtlich umstrittenen Form behandelt. Und auch die Sicherung der evangelischen Untertanen geistlicher Reichsstände durch die *Declaratio Ferdinandea* entbehrte einer festen Grundlage. Insgesamt bezog sich die Anerkennung der beiderseitigen Kirchen- und Glaubensform nur auf geschlossene staatliche Gebilde. Eine auf den Einzelnen und sein Gewissen achtende Toleranz im modernen Sinne wird man nur in dem Auswanderungsrecht Andersgläubiger rudimentär angelegt finden.

So unterschiedlich dieses Ergebnis jahrzehntelanger Glaubenskämpfe damals und später beurteilt wurde, so wenig war damals die langdauernde Wirkung und Geltung des Augsburger Religionsfriedens vorauszusehen. Er trug in den Augen der meisten Zeitgenossen einen provisorischen Charakter. Je deutlicher man die Verstrickung politisch-rechtlicher Ordnung mit religiösem Bekenntnis sieht, desto weniger darf es verwundern, daß in der Folgezeit gerade das Vollgefühl religiöser Überzeugung zum Angriff auf die reichsrechtliche Barriere zwischen den Konfessionen führte.

Während Ferdinand mit dem Augsburger Ergebnis nicht unzufrieden war und es bald als Basis neuer theologischer Ausgleichsversuche benutzen wollte, zog Karl andere Konsequenzen aus dem Religionsfrieden, den sein Bruder kraft kaiserlicher Vollmacht unterzeichnet hatte. Der Gedanke einer freiwilligen Abdankung hatte Karl V. schon länger beschäftigt. Die Verdüsterung des europäischen Horizonts im Sommer und Herbst 1555 und der Augsburger Reichstag, der den bisher stets vermiedenen immerwährenden Religionsfrieden gebracht hatte, scheint nun die Entschlüsse des Kaisers gefördert zu haben. Die Serie der einzelnen Abdankungsakte Karls V. begann im Oktober 1555. Ihre gesamte Tragweite ließ sich auch dann noch kaum überblicken, als Karl im September 1556 die Niederlande verließ und sich in die freiwillige Einsamkeit eines Landhauses am Hieronymitenkloster von Yuste zurückzog. Die einzige Klammer, die jetzt noch nominell den habsburgischen Gesamtbesitz zusammenhielt, war die Kaiserwürde, die erst im Frühjahr 1558 auf Ferdinand überging. Aber die Aufteilung des Weltreiches unter Philipp und Ferdinand war seit 1555/56 definitiv vollzogen. Die Niederlande und Spanien, die Freigrafschaft Burgund und die italienischen Besitzungen (Mailand, Neapel, Sizilien) kamen in die Hand Philipps, dazu die überseeischen Besitzungen in Amerika und an der afrikanischen Küste. Ferdinand blieb auf die deutschen Erblande und auf Böhmen und den habsburgischen Teil Ungarns beschränkt. Auf die in den Familienverträgen von 1551 beschlossene »spanische Sukzession« mit dem Wechsel der Kaiserwürde zwischen beiden habsburgischen Linien wurde stillschweigend verzichtet.

Mit den Abdankungen des Kaisers war die faktische Einheit des habsburgischen Weltreiches ebenso aufgegeben wie die Idee einer transpersonalen *Monarchia Universalis*. Die europäische Gesamtlage beim Ausscheiden Karls V. bot ein unklares und widerspruchsvolles Bild. Die ausgleichende Politik Philipps und die Friedenspartei am französischen Hof, die das Risiko eines neuen Italienkrieges scheute, hatten zwar im Januar 1556 die

Einstellung der Kampfhandlungen erreicht. Aber der Waffenstillstand von Vaucelles brachte nur eine Atempause, keine Überwindung des europäischen Hegemoniekampfes. An der Kurie und in Italien trieben starke Kräfte zur Erneuerung des Krieges. In England und in Deutschland wurden die kirchlichen Gegensätze von der französischen Diplomatie hochgespielt. Die Gespanntheit der Beziehungen zwischen Brüssel und Wien ermunterte Frankreich zu dem Versuch, Ferdinand und Maximilian gegen Philipp zu gewinnen. Auch Ost- und Nordeuropa lagen weiterhin im unruhigen Kräftefeld des alten Gegensatzes zwischen Habsburg und Valois, der durch das resignierte Abtreten des Kaisers nichts von seiner strukturellen Schärfe verloren hatte. Und während sich der Kaiser in der fernen Estremadura dem Spiel der Uhren und dem Gesang der Mönche hingab, begann im Winter 1556/57 von neuem der europäische Krieg, diesmal unter aktiver Beteiligung des Papstes an der Seite des allerchristlichsten Königs.

Dem Umsichgreifen der Reformationsbewegung war durch den Religionsfrieden nirgendwo Einhalt geboten. Das Ausbleiben sichtbarer Wirkungen der innerkatholischen Reform und das steigende Mißtrauen gegen das sich wieder politisch kompromittierende Papsttum schwächten vielerorts die Kraft der katholischen Positionen. In den katholischen Territorien des Reiches wie in Böhmen, Ungarn und Polen gewann gerade nach 1555 die evangelische Lehre viele neue Anhänger in Adel und Bürgertum. Gleichzeitig begann im Westen eine neue Epoche schärferen reformatorischen Wirkens; ihren Mittelpunkt hatte sie in Genf, das von Calvin nach dem Niedergang Wittenbergs in die neue Hochburg des Evangeliums verwandelt wurde.

So befindet sich Europa zu Ende der Epoche Karls V. in einem Zustand der Ungewißheit und des Übergangs. Die Einheit der christlichen Welt, die der Kaiser in politischer Form zu schaffen und in kirchlicher Form zu erhalten suchte, ist in keiner sichtbaren Gestalt mehr gegenwärtig. Die Tendenzen des europäischen Lebens weisen in andere Richtung, sie weisen in eine Zukunft, die erfüllt ist von einer Mehrheit politischer und kirchlicher Zentren. Die alten Landmarken sind 1556 im Versinken. Die Umrisse eines neuen, vielgestaltigen Lebens beginnen erst langsam hervorzutreten.

DAS RINGEN DER KONFESSIONEN UND DIE NEUGESTALTUNG DER EUROPÄISCHEN STAATENWELT (1556–1598)

Die Monarchie des Escorial und Calvins Gottesstaat in Genf

Als Philipp II. 1556 das Erbe Karls V. antrat, zählte er neunundzwanzig Jahre. Sein Vater hinterließ ihm den Krieg mit Frankreich und den Krieg mit Papst Paul IV. Die Siege des Herzogs von Alba vor den Toren Roms und des Herzogs von Savoyen bei St. Quentin und Gravelingen setzten dem jahrzehntelangen Kampf um Italien und um die burgundische Erbschaft ein Ende. Heinrich II. und Philipp II. einigten sich unter dem Zwang der finanziellen Erschöpfung im Frieden von Cateau-Cambrésis (3. April 1559). Frankreich verzichtete auf seine Positionen und Ansprüche in Italien, das nun ganz dem spanischen Machtbereich zugehörte und Spaniens Vorherrschaft in Süd- und Westeuropa sicherte. Dafür stabilisierte Heinrich II. seine Ost- und Nordgrenze. Sie war auf Kosten des Reiches um Metz, Toul und Verdun und auf Kosten Englands um Calais verbessert worden. Die habsburgischen Ansprüche auf das Herzogtum Burgund waren endgültig aufgegeben worden.

Philipp II. hatte im November 1558 seine zweite Frau, die englische Königin Maria Tudor, verloren. Als ihre Halbschwester und Nachfolgerin Elisabeth Philipps Brautwerbung abwies, wurde eine Ehe mit Elisabeth von Valois, einer Tochter Heinrichs II., verabredet und geschlossen. Diese dynastische Verbindung sollte nicht nur das Ende der politischen Rivalität zwischen den Häusern Habsburg und Valois besiegeln. Sie sollte auch die neue Gemeinsamkeit einer entschieden antiprotestantischen Politik befestigen, zu der sich die beiden Monarchen auf der Basis der *Pax catholica* von Cateau-Cambrésis verpflichtet hatten. Der rasche Tod Heinrichs II. verhinderte für Frankreich die Verwirklichung dieses Programms. Aber für die europäische Gesamtsituation blieb es von epochaler Bedeutung, daß an Stelle der politischen Hegemoniekämpfe, die das Signum der internationalen Politik im Zeitalter Karls V. gewesen waren, nun die kirchlichen Gegensätze bestimmend auf die zwischenstaatlichen Verhältnisse einwirkten.

Man hat diese neue Periode europäischer Geschichte vielfach als »Zeitalter der Gegenreformation« bezeichnet. Es ist aber zweifelhaft, ob der Begriff »Gegenreformation« (der erst seit Leopold von Ranke in umfassender Weise benutzt wird) der Vielfalt der eigenartigen politischen und kirchlichen Bezüge dieses Zeitabschnittes angemessen ist. Einen Fortschritt in der Kennzeichnung des Geschehens brachte eine heute häufig verwendete

Nuancierung: Man unterscheidet eine politisch-militante »Gegenreformation« von einer religiös bestimmten, innerkirchlich wirkenden »Reform« oder »Regeneration« der katholischen Kirche. Eine ähnliche Unterscheidung ist wohl auch für die gleichzeitigen Vorgänge auf der Seite des europäischen Protestantismus möglich. Im Sinne einer solchen übergreifenden Betrachtungsweise ist jüngst mit Recht betont worden, »daß in den großen Auseinandersetzungen der zweiten Hälfte des 16. Jahrhunderts um die Zukunft der kirchlichen Lebensformen des Abendlandes neben massivster Gewalt, unsäglichen Härten und Grausamkeiten auch sublimste religiöse und geistige Regungen aufs folgenschwerste wirksam gewesen sind« (Erich Hassinger). Diese nuancierte und beide Seiten des Konfessionskampfes einschließende Sicht ist allerdings überwiegend von der Kirchengeschichte her konzipiert. Die Frage nach dem Gesamtcharakter der Epoche und nach dem verschlungenen Ineinanderwirken von Religion und Politik bleibt offen. Im Zeichen dieser Offenheit wird im Folgenden der Nachdruck nicht auf eine einheitliche begriffliche Etikettierung gelegt, sondern auf die Betonung der widerspruchsvollen Züge im Leben jener Zeit. Die Spannung zwischen der Eigenkraft staatlich-sozialer Dynamik und der Wirkweise religiös-kirchlicher Impulse blieb auch im engsten Zusammenwirken unaufhebbar. Und gerade in der weltweiten Entfaltung des neuen religiösen Ideals auf evangelischer wie katholischer Seite konnte kaum ein Akt religiösen Lebens und kirchlicher Verantwortung unberührt bleiben von der Wucht außerreligiöser Geschichtsmächte.

Der Aufbau und das Wirken der spanischen Monarchie unter Philipp II. ist bei aller imponierenden Geschlossenheit der äußeren Erscheinung ein instruktives Beispiel dieser inneren Problematik. In der Zeit Richelieus versuchte der Hugenottenführer Henri de Rohan in einer berühmten Staatsschrift die katholische Politik Spaniens als Tarnung einer bloßen Interessenpolitik zu entlarven: »Die hohe Meinung, die man über Spaniens großen Eifer für die Erhaltung der katholischen Religion hat, verdeckt mit dem Mantel der Frömmigkeit alle seine Absichten und hält die Menschen in einer staunenswerten Ehrfurcht... Aus alledem ergibt sich die Reputation Spaniens, und es ist daran interessiert, diese Frömmigkeit kräftig zu pflegen. Das ist eine Sache, die nichtig und zwecklos erscheint, aber sie bringt solide Wirkungen hervor.« Dieser Demaskierungsversuch, der im übrigen typisch für das skeptische Denken zu Ende der Konfessionskämpfe war, traf das Wesen der spanischen Politik, wie es seit Philipp II. in Erscheinung trat, in keiner Weise. In der *Monarchia Hispanica* wirkten elementare Kräfte christlicher Verantwortung und politischer Gestaltung. Philipp II. hatte von Karl V. den festen und unverbrüchlichen Anspruch geerbt, daß seine Politik ausschließlich dem Gemeinwohl der katholischen Christenheit diene. Tatsächlich war aber das Verhalten Spaniens immer wieder so stark von den Bedingungen der eigenen Staatsräson abhängig, daß es fast zwangsläufig gegen die objektiven Ansprüche einer universalen kirchlichen Verantwortung verstieß. Von den Klagen über diese Konflikte ist die zeitgenössische Papstgeschichte voll; man braucht dazu keineswegs einen außer der Zeit liegenden Maßstab heranzuziehen. Andererseits nahm Spanien die überstaatlichen Aufgaben christlicher Staatsethik und religiöser Verwirklichung so ernst, daß es um dieser Ziele willen immer wieder die eigenen staatlichen Interessen, wie sie eine spätere Zeit säkularisierter und einzelstaatlicher Politik sah, verletzte und zurückstellte.

Die Teilung des habsburgischen Weltreiches brachte im Machtbereich der älteren Linie eine Straffung des staatlichen Zusammenhangs und ein starkes Hervortreten des nationalspanischen Elements. Der Schwerpunkt des Machtsystems verlagerte sich endgültig von der Peripherie in das alte Kernland Kastilien, seit Philipp II. im Herbst 1559 die Niederlande verlassen hatte. Bis dahin gab es wohl einige von den spanischen Herrschern bevorzugte Residenzstädte – etwa Sevilla, Toledo, Valladolid –, aber keine eigentliche Hauptstadt. Nun schuf sich der König in Madrid, inmitten einer unfruchtbaren, kaum bevölkerten Steppenlandschaft, ein neues Regierungszentrum. Hier gab es keine alten Adelspaläste und Adelsprivilegien. Alles, was hier entstand, trug den Stempel des absoluten königlichen Willens, der sich von jeder feudal-ständischen Beschränkung freimachte. Der straff zentralisierte und rational gegliederte Regierungsapparat, den Philipp in Madrid aufbaute, hob sich von der weithin improvisierenden Regierungsweise Karls V. deutlich ab. Indienrat, Italienrat, Rat der Niederlande, Rat für Kastilien, für Aragon, ... so entstehen festumrissene Ressorts mit einer wachsenden Bürokratie, mit Aufsicht und Oberaufsicht, Kontrolle und Gegenkontrolle. Von diesen Zentralbehörden wird der hohe Adel bewußt ferngehalten. Er wird meist nur in weit entfernten Außenposten verwendet, deren Befugnisse streng umrissen und von der Zentrale überwacht werden.

Der König regiert vom Schreibtisch aus. Man hat Philipp II. den ersten Bürokraten auf dem Königsthron genannt. Das trifft aber nur den äußeren Aspekt dieses Herrscherdaseins Die unendliche, verschleppende, mißtrauische und oft in subalterne Details sich verlierende Schreibtischarbeit des *Rey prudente* ist nicht zuletzt Ausdruck einer mittelmäßigen Begabung. Aber sie ist auch Zeichen neuartiger struktureller Probleme: der absolutistische Herrscherwille will allein die Steuerung eines weltweiten Reiches in der Hand behalten. Schließlich ist Philipps Regierungsstil der Ausfluß eines eminenten Verantwortungsgefühls, an dessen religiöser Verankerung kein Zweifel besteht.

Zu einem skrupulösen Pflichtgefühl trat die Einsamkeit des Herrschers. Sie hatte gewollte und ungewollte Gründe. Die Einführung des burgundischen Hofzeremoniells, das die ursprüngliche Ungezwungenheit spanischen Adelslebens rasch umformte, isolierte den König gegenüber seiner Hofgesellschaft und seiner Familie. Was im spätmittelalterlichen Burgund künstlerisch-spielende Selbstdarstellung war, wurde in Madrid zu einer sakralen und menschenfernen Überhöhung der königlichen Majestät. Philipp war von frühester Jugend an elternlos aufgewachsen; seine Ehen waren Ergebnisse außenpolitischer Kalkulation. In den sechziger Jahren erlebte er mit Elisabeth von Valois einige glückliche Jahre. Dann starben im selben Jahre 1568 die Königin und der Kronprinz Don Carlos, dessen Haltlosigkeit und physische wie psychische Degeneriertheit Philipp schon zuvor die Aussicht auf einen regierungsfähigen Thronerben genommen hatte. Seine vierte und letzte Ehe mit Anna von Österreich brachte zwar den ersehnten männlichen Thronerben, konnte aber der zu extremen Formen fortschreitenden Isolierung des Königs keinen Einhalt gebieten.

Einsam war Philipp II. auch im Kreise der europäischen Monarchen. Das endlich versöhnte Haus Valois bestand nur aus Katharina von Medici und ihren degenerierten Söhnen, die der König verachtete. In England herrschte gleichfalls eine Frau. Die Wiener Verwandten kannte Philipp zu gut, um den wankelmütigen Vetter Maximilian ernst zu nehmen. So hatte der spanische König – ganz im Gegensatz zu seinem Vater – keinen ebenbürtigen Partner in der europäischen Politik. Er stand allein in Europa, allein mit der Last der von Karl V. überkommenen Reiche, allein mit der neuen Bürde einer europäischen Verantwortung für die katholische Sache.

Aus der im Ödland neugeschaffenen Hauptstadt Madrid drängte es den König fort zu einer noch ausschließlicheren und reineren Darstellung seiner Staatskonzeption. Am Südhang der Sierra de Guadarrama ließ er seit 1561/63 in Erfüllung eines Gelübdes, das auf den Sieg von St. Quentin zurückging, ein höchst ungewöhnliches Bauwerk errichten. Der Escorial wurde dem heiligen Laurentius als Tagespatron der siegreichen Schlacht geweiht. Was in der grandiosen Einsamkeit eines felsigen Gebirgsmassivs mit einer geradezu pharaonenhaften Anstrengung erbaut wurde, hat seinesgleichen weder in der abendländischen Architektur noch in der Geschichte der europäischen Monarchie. Es war ein riesiger Komplex: Um eine zentrale Kuppelkirche, die zugleich das Mausoleum der Dynastie bildete, ordneten sich in strenger baulicher Form das Kloster der Hieronymiten, die Bibliothek und die Kunstsammlungen, der Wohntrakt für den König und seine Familie und die für den Hof und die Führung der Regierungsgeschäfte benötigten Anlagen. In der monumentalen Zusammenfassung von Leben und Tod, Macht und Andacht, Weltflucht und Herrscherstolz ist der Escorial bis heute das sprechendste Zeugnis dessen, was Philipp II. war und wollte.

In der Geschichte Spaniens gilt das 16. Jahrhundert und insbesondere die Zeit Philipps II. als das *Siglo de Oro*. Spätere Zeiten und außerspanische Autoren haben harte und härteste Urteile über diese Epoche gefällt. Diesen Kritiken lagen gewandelte Vorstellungen von der Wohlfahrt des Staates und dem Nutzen der Gesellschaft zugrunde. Ohne Zweifel hat die Regierung Philipps II. und seine gegenreformatorische Politik Spaniens Wirtschaft und Sozialstruktur in krisenhafter Weise beeinflußt. Der starke Zufluß an Edelmetallen aus den amerikanischen Gruben führte nicht zu einer Gesundung der Finanzlage des Staates. Vielmehr brachte die ungeheure Höhe der Staatsausgaben, bedingt durch das außenpolitische und militärische Engagement, einen dreimaligen Staatsbankrott und ein hoffnungsloses Ansteigen der Verschuldung. Im Inneren kam es durch die Silberimporte zu einer exzessiven Preissteigerung mit allen negativen Auswirkungen auf die agrarische und gewerbliche Basis des Wirtschaftslebens. Die Verfolgung und Bedrückung der maurischen Restbevölkerung in Südspanien, die 1609 mit ihrer Austreibung nach Afrika abgeschlossen wurde, wirkte ebenfalls als Element des wirtschaftlichen Niedergangs. Gerade im Falle der *Moriscos* ist die politische wie religiöse Wurzel des wirtschaftsschädigenden Vorgangs besonders deutlich. Im Interesse der politischen Sicherheit und der kirchlichen Einheit, die man durch diese mit ihren afrikanischen Glaubensgenossen eng verbundenen Bevölkerungsteile gefährdet sah, nahm man die wirtschaftlichen Nachteile der Repressionspolitik in Kauf. So hat das Spanien Philipps II. die ökonomischen Grundlagen seiner Macht im Dienste seiner großen europäischen Politik zerrüttet.

Ganz anders wird das Bild des spanischen Lebens, wenn man nach der kulturellen und religiösen Entfaltung jener Zeit fragt. Die mitreißende Kraft des politischen Engagements in Europa und Übersee spiegelte sich auf mannigfaltige Art in einem hochgespannten

Sendungs- und Selbstbewußtsein. Der offenbare Kontrast zwischen Sein und Sollen, zwischen Anspruch und Gelingen wurde zum Hintergrund einer ebenso kraftvollen wie eigengeprägten Literatur. Die religiöse Mystik der Teresa von Avila, die Gemälde eines El Greco, die dramatische und epische Gestaltungskraft eines Calderón oder Cervantes sind zeitlos gültige Zeugnisse der menschlichen und künstlerischen Möglichkeiten innerhalb der *Monarchia Hispanica.*

Nur aus dem Zusammenwirken politischer Macht mit geistiger Prägekraft ist die Ausstrahlung der spanischen Kultur und Sitte über ganz Europa zu erklären. Sie führte dort zu dauerhaften Wirkungen, wo sie auf kulturelle und gesellschaftliche Zusammenhänge traf, die sich in einer inneren Krise befanden und in der Gemeinsamkeit politischer und religiöser Voraussetzungen mit Spanien verbunden waren. Das traf zum Teil für die Niederlande und das katholische Deutschland, besonders aber für Italien zu. Die Hispanisierung Italiens bedeutete das Ende jener Renaissancekultur, die in den Städten und an den Fürstenhöfen des Quattrocento ihren Höhepunkt erlebt hatte. Der Einfluß Spaniens traf sich hier mit inneren Tendenzen, die im Zeichen des neuen religiösen Ernstes von der schwerelosen und spontanen Vitalität der alten Zeit wegführten.

Wie sollte diesem mächtigen Aufbruch an geistiger Energie und politisch-militärischer Tatkraft die Welt des Luthertums auf die Dauer widerstehen? In der Tat sind denn auch die Konfessionskämpfe der Zeit Philipps II. weniger von der Nachwirkung Luthers gekennzeichnet als von dem Geist und Werk des Genfer Reformators Johann Calvin. Er war die beherrschende Figur in der zweiten Generation der Reformation. Ihm ist es vor allem zuzuschreiben, daß der europäische Protestantismus sich gegenüber dem Elan der erneuerten katholischen Kirche behauptet hat.

Jean Cauvin – so schrieb er sich vor der Latinisierung seines Namens – wurde am 10. Juli 1509 zu Noyon in Nordostfrankreich als Sohn eines bürgerlichen Juristen geboren. Sein Lebensweg bis zur endgültigen Niederlassung in Genf 1541 ist eng mit den Schicksalen des frühen französischen Protestantismus verbunden. Als Student in Paris, Bourges und Orléans machte sich Calvin die philosophische, juristische und humanistische Bildung seiner Zeit zu eigen. Wann er zuerst mit den Lehren und Schriften der deutschen Reformatoren in Berührung kam, ist nicht mit Sicherheit festzustellen. Einen deutlichen Einschnitt in seinem äußeren Schicksal wie in seinem religiösen Werdegang bildet das Jahr 1534. Damals verzichtete er auf die kirchliche Pfründe in Noyon, die ihm bisher ein ruhiges, ganz auf die Wissenschaft konzentriertes Leben gesichert hatte. Der zunehmenden Schärfe der Verfolgung in Frankreich entzog er sich durch das Exil. 1535 veröffentlichte er in Basel die erste Ausgabe der *Institutio religionis Christianae* mit einer Vorrede an König Franz I. Dieses Buch hat Weltgeschichte gemacht. Aus einem schmalen Wegweiser wuchs es durch immer neue Umarbeitung und Erweiterung zu jenem grundlegenden Werk der reformatorischen Theologie und Bekenntniskraft, das in ungezählten Ausgaben in allen Hauptsprachen Europas verbreitet wurde.

1536 wurde Calvin auf einer Reise von Frankreich nach Straßburg von dem Ausbruch des Krieges mit Karl V. zu einem Umweg über die Schweiz gezwungen. Er kam nach Genf, um dort eine Nacht zu bleiben. Aber Guillaume Farel, der dort eben eine neue Kirchenordnung im Stile der Schweizer Reformation eingeführt hatte, bewog Calvin zum Bleiben und zur Mitarbeit. Dieser erste Aufenthalt in Genf dauerte nur zwei Jahre; es gelang den beiden Theologen nicht, gegenüber dem Rat der Stadt und dem Einfluß des mächtigen Bern ihre kirchliche Konzeption durchzusetzen. 1538 wurden beide aus Genf ausgewiesen. Die nächsten Jahre brachten Calvin in Straßburg neue Erfahrungen. In enger Zusammenarbeit mit Bucer leitete er die französische Flüchtlingsgemeinde in der Stadt. Als Beobachter bei den Religionsgesprächen in Hagenau, Worms und Regensburg 1540/41 lernte er die Probleme des deutschen Luthertums und die kirchenpolitische Situation im Reich kennen.

Als man Calvin zur Rückkehr nach Genf einlud, entschloß er sich nur zögernd; sobald er aber im Herbst 1541 die Stadt seines ersten Wirkens wieder betreten hatte, begann er eine ebenso umfassende wie erfolgreiche Tätigkeit. Die *Ordonnances ecclésiastiques* vom 20.11. 1541 stellten eine von Calvin ausgearbeitete, nach einigen Abänderungen vom Rat angenommene Gemeindeordnung dar, die nicht nur das gottesdienstliche Leben, sondern vor allem auch den organisatorischen Aufbau der Gemeinde mit großer Präzision regelte. Ganz im Gegensatz zu Luther widmete Calvin den Fragen der rechtlichen Ordnung und der Gemeindezucht von Anfang an größte Aufmerksamkeit. Die Organe der Gemeinde – Pastoren, Lehrer, Diakone, Älteste – wurden in genau bestimmter Form gewählt. Das Zusammenwirken der kirchlichen Aufsicht mit der politischen Obrigkeit hatte die totale Verchristlichung des Gemeinwesens mit Sittengericht, Hauskontrollen, Verbot von Tanz, Kartenspiel und Theater zum Ziel.

Dies Genfer System hatte eine Reihe von politischen und kirchlichen Krisen zu bestehen, bis die Stadtrepublik sich – seit 1555 – fest in der Hand Calvins befand. Es ist gewiß unzutreffend, im Prinzip von einer Genfer Theokratie zu sprechen. Formal bedeuteten die *Ordonnances* keineswegs eine Unterordnung der weltlichen unter die geistlichen Instanzen. Aber die Genfer Wirklichkeit sah anders aus. Im Bewußtsein des göttlichen Auftrags beherrschte und formte der Reformator alle Seiten des Lebens der Stadtrepublik. Der Grundsatz der Identität von bürgerlicher Pflicht und religiöser Ordnung wurde mit solcher Kraft vertreten, daß sich die Hinrichtungen von politischen und theologischen Opponenten häuften. Am bekanntesten wurde das Verfahren gegen den spanischen Arzt und Philosophen Michael Servet (1553), der wegen seiner Angriffe auf das Trinitätsdogma verbrannt wurde. Toleranz kannte das Genf Calvins weder in der Theorie noch in der Praxis.

Dem Ausbau der inneren Ordnung entsprach das Wachsen der Ausstrahlung Genfs nach allen Seiten. Wenn sich auch die Differenzen zum deutschen Luthertum als unüberbrückbar erwiesen, so gelang doch 1549 im *Consensus Tigurinus* eine weitgehende Verständigung mit den Gemeinden in der deutschen Schweiz. Je schwieriger sich die Lage für den Protestantismus in Frankreich, Italien, England und den Niederlanden gestaltete, desto stärker wurde der Zustrom von Glaubensflüchtlingen nach Genf. Die calvinistische Propaganda begann durch die Rücksendung der in Genf ausgebildeten Theologen und durch systematische Verbreitung theologischer Werke quer durch Europa zu wirken. Die Errichtung einer theologischen Akademie unter der Leitung von Theodor Beza brachte 1559 diese Entwicklung zu einem krönenden Abschluß. Eine Elite des europäischen Protestantismus traf sich in Genf und nahm den Geist eines kämpferischen Dienstes am Gotteswort und die Bereitschaft zum Martyrium in sich auf. Als Calvin 1564 starb, stand sein Werk in voller Blüte.

Sein theologisches Denken wie sein organisatorisches Wirken beruhten auf einer entschlossenen Folgerichtigkeit in der Auswertung dessen, was er an Erfolgen und Mißerfolgen der vorausgegangenen Generation von Reformatoren beobachtet hatte. Calvins Lehre vom Menschen und seinem Verhältnis zu Gott knüpft an Luther an, aber er zieht die Linien der kreatürlichen Schwäche und der göttlichen Allmacht womöglich noch schärfer aus: »Jeder Mensch ist in sich verloren und ruiniert... Es besteht keine Gefahr, daß der Mensch sich zu tief erniedrigt, dadurch versteht er, daß er bei Gott all das suchen muß, was ihm fehlt... Verflucht sei, wer dem Menschsein vertraut und seine Tugend auf das Fleisch baut.« Gott beruft zum Heil, wen er will: »Wir sind berufen – nicht gemäß unseren Tugenden, sondern gemäß der Wahl und der Gnade (Gottes).« Aber diese Gnadenwahl Gottes bleibt nicht verborgen. Es wird hier und heute offenbar, wen der Herr berufen und wen er verstoßen hat. Die Eindeutigkeit der göttlichen Berufung wird für Calvin zum Schlüssel für eine Sicherheit im Aufbau und in der verantwortlichen Leitung der Gemeinden, wie sie Luther nie gekannt hat. Alle zögernde Halbheit, alles Paktieren mit der Welt wird als Zeichen der Verdammnis erkannt und abgewiesen.

So fällt Calvin härteste und apodiktische Urteile nach allen Seiten, etwa wenn er das friedensbereite Verhalten der deutschen Protestanten nach dem Aufstand von 1552 kritisiert: »Da den Deutschen bisher ihre Waffen so wenig genutzt haben, wundere ich mich nicht, daß sie ihre Waffenlosigkeit nicht als Verlust empfinden. Da ihre eigene Nachlässigkeit sie schon früher des göttlichen Beistandes beraubte, zweifle ich nicht daran, daß der Herr sie nun mit Besinnungslosigkeit geschlagen hat, so daß sie selbst nach ihrem Verderben trachten.« Dieselbe leidenschaftliche Stimme Calvins wird weich und bezwingend, wenn er mit den Verfolgten in Frankreich spricht und die »Kirchen unterm Kreuz« zum Ausharren in Demut und Gottesfurcht bis zum Martyrium ermahnt. Diese Stimme voll Härte und Tröstung, voll beißenden Hohns und bezwingender religiöser Kraft wurde in ganz Europa vernommen. Sie rief zum Kampf auf, zum erneuerten und nun endlich siegreichen Kampf gegen die »Papisten« und für das Voranschreiten des Reiches Christi.

Der Abschluß des Konzils von Trient und die Anfänge des Reformpapsttums

Am 8. August 1559 starb Papst Paul IV. Sein Tod, der von der römischen Bevölkerung mit Jubel begrüßt wurde, machte an der Kurie den Weg frei für die Wiedereröffnung des Konzils, auf das sich allerseits die Hoffnungen für eine Regeneration der katholischen Kirche richteten. Seinem Nachfolger Pius IV. wurde im Konklave die Verpflichtung auferlegt, die Konzilsarbeit wieder aufzunehmen. Der neue Papst gehörte keineswegs zu den prononcierten Vertretern der Kirchenreform. Er war theologisch wenig gebildet; aber die

Inneres der Kirche des heiligen Laurentius im Escorial
Erbaut von Juan Bautista de Toledo und Juan de Herrera, 1563–1584

Johannes Calvin
Gemälde eines unbekannten Malers
Genf, Bibliothèque Publique et Universitaire

Forderung, nach dem Schiffbruch des Caraffa-Pontifikats das Werk der kirchlichen Erneuerung in engem Kontakt mit den katholischen Mächten in die Hand zu nehmen, stand gebieterisch vor ihm. So begann Pius IV. langwierige und umwegige Verhandlungen mit Spanien, Frankreich und Kaiser Ferdinand, die erst am 28. Januar 1562 zur Neueröffnung der Kirchenversammlung in Trient führten.

Die kirchlichen und politischen Verhältnisse Europas, auf welche sich die Arbeit des Konzils zu beziehen hatte, waren seit der vorausgegangenen Sitzungsperiode von 1551/52 ganz andere geworden. Damals hatte es manchem Katholiken noch so scheinen können, als stellten die Macht des Kaisers und die Anwesenheit deutscher Protestanten in Trient eine Wiedergewinnung der Einheit in Aussicht. Seitdem hatten die reichsrechtliche Sicherung der deutschen evangelischen Landeskirchen, die Neubegründung der anglikanischen Kirche durch Königin Elisabeth und das erfolgreiche Auftreten der Hugenotten in Frankreich neue Züge in die europäische Konfessionskarte gebracht. Aber nicht nur die Ausdehnung des Protestantismus, sondern vor allem seine resolute und durchgehende Absage an die päpstlichen Konzilswerbungen 1560/61 bezeichneten die neue Lage der verschärften Abgrenzung. Es gab auch jetzt noch – vor allem in Frankreich und Deutschland – Gruppen, die aus verschiedenen Gründen den edlen »Traum der Verständigung« nicht aufgeben wollten. Aber die kirchliche Wirklichkeit war von schärferen Tendenzen bestimmt: Konzentration und Mobilisierung der Kräfte, dogmatische Klärung, Überwindung hemmender Mißstände war das Gebot der Stunde. Ihm allein und nicht mehr der Begegnung mit der anderen Seite diente die letzte Sitzungsperiode der Trienter Versammlung. Die großen Schwierigkeiten, die das Konzil 1563 an den Rand des Scheiterns brachten, stammten aus anderer Wurzel.

Im innerkatholischen Bereich hatte das Debakel Pauls IV. die schon länger bestehende Vertrauenskrise zwischen den *Oltramontani* und dem Papsttum weiter verschärft. Die Konzilskrise im Frühjahr 1563 resultierte vor allem daraus, daß die katholischen Hauptmächte – Spanien, Frankreich, Kaiser Ferdinand – von tiefem Mißtrauen gegen die Ernsthaftigkeit des römischen und des in Trient wirkenden Reformwillens erfüllt waren. Sie schickten sich an, gegenüber Kurie und Konzil eine weitzielende, zwischen den Höfen abgestimmte kirchenpolitische Pression zu entwickeln. Die Zielvorstellungen der Mächte waren im einzelnen uneinheitlich und nur in der Gesamttendenz ähnlich: spanisches Staatskirchentum, Gallikanismus und Konziliarismus von Frankreich her, die Tradition der deutschen *Gravamina* mit einem Einschlag von Irenismus und Wiedervereinigungshoffnung durch scharfe Kurial- und Kirchenreform vom Kaiserhof her. Wohin ein Sieg der vereinten Bestrebungen der katholischen Mächte damals geführt hätte, ist schwer zu sagen. Selbst bei positivster Beurteilung der hier zweifellos auch wirkenden echten Impulse zur Reinheit und Einheit kirchlichen Lebens ist kaum einzusehen, daß eine Niederlage der kirchlichen Zentrale zunächst mehr bedeutet hätte als ein Chaos ungeklärter Rivalitäten zwischen den siegreichen staatlichen Instanzen.

In dieser Situation entsandte Pius IV. im März 1563 als neuen Konzilspräsidenten Kardinal Morone nach Trient. Dieser Kirchenfürst, den Paul IV. zwei Jahre lang als häresieverdächtig in der Engelsburg gefangengehalten hatte, war nicht nur der beste

Diplomat der Kurie. Er verkörperte das Erbe jener frühen und tiefen italienischen Reformbewegung der Kreise um Contarini und Reginald Pole. Mit der ihm eigenen Mischung von politischer Kaltblütigkeit und religiösem Ernst glückte es Morone, den gordischen Knoten der gänzlich verfahrenen Konzilspolitik zu durchhauen. Er suchte zunächst Kaiser Ferdinand auf, der sich in Innsbruck mit seinen Theologen und Ministern fast wie zu einem Gegenkonzil installiert hatte. Dem glänzenden Erfolg dieser Entrevue folgte eine vergleichbar erfolgreiche Auseinandersetzung mit dem Kardinal von Lothringen, der in Trient Frankreich vertrat. Es gelang Morone, durch seine persönliche Überzeugungskraft dem Kaiser, Frankreich und dem mißtrauischen Teil der Konzilsväter den Ernst der päpstlichen Konzils- und Reformpolitik glaubhaft zu machen. Der Kardinal hat das Prinzip seines Vorgehens, das den Weg für die produktive Fortführung und den Abschluß der Konzilsarbeit öffnete, in einem berühmt gewordenen Schlußbericht dem Papst gegenüber erläutert: »Alle glaubten, daß man in Rom überhaupt keine Reform wolle... Um aus dieser Situation herauszukommen, versicherte der Kardinal (Morone) mit öffentlicher Rede und mit privaten Erörterungen, daß der Papst wirklich die Reform wolle. Und er stellte sich selbst als Bürge dafür...«

Im gleichen Geiste einer persönlich überzeugenden und der Kurie wie den Mächten gegenüber selbständigen Gesinnung führte Morone das Konzil zu Ende, indem er kontroverse Fragen – wie die nach der Superiorität von Papst oder Konzil – beiseite ließ und den Akzent auf die positive Reformarbeit legte. So konnte das Konzil am 4. Dezember 1563 in Übereinstimmung zwischen der Kurie und den katholischen Mächten geschlossen werden. Sein Werk war die Erneuerung und Festigung der katholischen Kirche. Ob die bewahrenden oder die erneuernden Züge dieses Werkes stärker hervortreten, hängt von der jeweiligen Betrachtungsweise ab. Geht man von dogmatisch-kirchenrechtlichen Fragen aus, so wird der konservative und gegen Luthers Reformation abgrenzende Aspekt im Vordergrund stehen. Fragt man dagegen nach dem geistigen Raum kirchlicher Existenz und nach der religiösen Kraftentfaltung im geschichtlichen Ablauf, so werden die neuen Züge der nachtridentinischen Epoche deutlicher sichtbar. Und manche dieser neuen Züge weisen eine Verwandtschaft mit genuinen Formen der von Luther und Calvin erschlossenen religiösen Welt auf, die keineswegs zufällig oder nur äußerlich ist. Der spirituelle Ernst und die Leidenschaft des Sichlosringens von der Erdenschwere der alten Welt waren beiden Seiten gemeinsam, so verschieden die Aufgabe begriffen und angegangen wurde.

Die religiösen Formkräfte, die von Trient ausgingen, wirkten auf Rom und von dort aus auf die Welt. Die tiefe Veränderung, die das Angesicht der Ewigen Stadt in den folgenden Jahrzehnten erfuhr, war ein sichtbares Zeichen eines sehr viel allgemeineren Vorganges. Die »Hure Babylon« verschwand aus dem Repertoire der evangelischen Polemik, denn die Umwandlung der Renaissance-Stadt in ein Zentrum herber geistlicher Zucht und kirchlicher Bildung konnte nicht verborgen bleiben. Indessen blieb auch im Zeichen des neuen, angespannten Ernstes so viel heitere südländische Natur bestehen, daß es sich für deutsche Prinzen weiterhin lohnte, nach Rom zu reisen und ihre vatikanischen Gastzimmer nachts auf der Strickleiter zu verlassen. Weniger im Versuch einer totalen Versittlichung des bürgerlichen Lebens, wie ihn Calvin in Genf vorlebte, als in einer Reihe von neu geprägten Werken und Gestalten offenbarte sich die Eigenart des römischen Reformpapsttums.

Da war der Tridentinische Katechismus von 1566, an dessen Veröffentlichung Kardinal Carlo Borromeo, der heiligmäßige Neffe Pius' IV., großen Anteil hatte. Die christliche Unterweisung des Volkes erhielt, dem deutschen Vorbild des Petrus Canisius folgend, erstmals eine zuverlässige Hilfe. Die Verlegung der Druckerei des Venezianers Paolo Manuzio nach Rom ging auf eine Anregung Morones zurück, der die wissenschaftliche Publikation theologischer Texte als drängende Aufgabe sah. Eine späte Frucht dieser Impulse war die Edition eines autorisierten Bibeltextes unter Sixtus V. 1568 und 1570 erschienen das neue römische Brevier und ein erneuertes Meßbuch. Gleichzeitig begann ein systematischer Ausbau der Studienanstalten und Kolleghäuser in Rom, auch und vor allem für die Ausbildung des ausländischen Priesternachwuchses. Von Rom aus griff der neue Geist über die Orden und über die Bistumsorganisation in die Weite. Vor allem aber war es die beispielhafte Wirkung einiger Päpste, die den neuen Maßstäben Kraft in der Kirche und Glaubwürdigkeit vor den Augen der Welt verlieh.

Auf Pius IV., der eine Gestalt des Übergangs war, folgte von 1566 bis 1572 ein strenger Asket, der Dominikaner Pius V. Der tiefe Eindruck, den das Wirken dieses heiligmäßigen Mannes auch auf die nichtkatholische Nachwelt machte, ist in dem Brief zu fassen, den der junge Ranke 1827 an seinen Bruder schrieb: »Von Pius V. weißt Du vielleicht? Oder kennst Du ihn nicht? Du sollst ihn durch mich kennen lernen. Ich habe Relationen über ihn, wie er leibte und lebte. Ein so frommer Mensch: einfältig wie ein Kind und der strengste Inquisitor und Verfolger der Protestanten, die doch in dem, was das Wesen seiner Gesinnung war, mit ihm ganz übereinkommen...« Dem nach innen gewandten Mönch folgte als nächster Papst der weit in die Welt planende und wirkende Gregor XIII. Er reorganisierte den kurialen Behördenapparat im Sinne des neuen Vorrangs der pastoralen vor den politischen Aufgaben. Die katholischen Länder wurden mit einem fast lückenlosen System päpstlicher Nuntiaturen überzogen, deren Aufgabe es war, über den Fortschritt der Reform und die Durchführung der Trienter Dekrete zu wachen. Gleichzeitig wurde die überseeische Missionstätigkeit ausgebaut und der Kontakt mit den schismatischen Ostkirchen in Europa und Asien gefördert.

Wie diese neue Ära des Papsttums und der katholischen Kirche in den einzelnen Ländern wirksam wurde und auf welche Hindernisse und Gegenkräfte sie stieß, wird in den folgenden Abschnitten zu zeigen sein. Jenseits dieser sehr unterschiedlichen Einzelbereiche war dem nachtridentinischen Papsttum auch eine tief in den politischen Raum hineinreichende Aufgabe gestellt. Die Solidarität der christlichen Mächte gegenüber dem Islam war seit dem 15. Jahrhundert ein Ziel, das die päpstliche Politik um so weniger aus dem Auge verlor, je unmittelbarer auch die Küsten Italiens von der türkischen Expansion im Mittelmeerraum bedroht waren. Die Beendigung der habsburgisch-französischen Rivalität schien in den Jahren nach 1559 die Chancen einer antiosmanischen Liga zu heben. Pius V. war unausgesetzt bemüht, vor allem die führenden Seemächte im Mittelmeer, Spanien und Venedig, für diesen Plan zu gewinnen. Da auch alle anderen in Frage kommenden Partner – Frankreich, Portugal (wichtig wegen seiner indischen Stützpunkte im Rücken des Sultans), der

Kaiser und Polen – katholisch waren, fehlte diesen Bestrebungen das Problem eines gemischtkonfessionellen Bündnisses. Im Gegenteil, dem erneuerten Papsttum stellte sich hier die Möglichkeit, ein geschlossenes katholisches Staatensystem im Sinne der nie ganz erstorbenen Kreuzzugsidee zu gemeinsamer Tat zu führen.

Indessen mußte erst eine unmittelbar auf Venedigs Inselbesitz im Ostmittelmeer gerichtete türkische Offensive einsetzen, bis Pius V. 1570/71 die Verwirklichung der Türkenliga gelang. Noch zuletzt drohte der Gegensatz zwischen Spanien (das an Algier und Tunis interessiert war) und Venedig (das in Zypern angegriffen wurde) das Bündnis zu sprengen. Der Ausgleich war vor allem Kardinal Morone zu danken, der als päpstlicher Verhandlungsführer die westlichen Kriegsziele Spaniens miteinzubeziehen wußte. Im Sommer 1571 vereinigten sich die Seestreitkräfte Spaniens, Venedigs und des Papstes in Messina unter dem Oberbefehl des Don Juan d'Austria. Am 7. Oktober traf die christliche Flotte mit der Kreuzesfahne am Mast in der Bucht von Lepanto auf die zahlenmäßig überlegenen türkischen Seestreitkräfte. Die größte Seeschlacht des 16. Jahrhunderts endete mit einem entschiedenen Sieg der christlichen Waffen. Lepanto leitete den Niedergang der türkischen Machtstellung im Mittelmeer ein. Aber der Sieg konnte nicht wirklich ausgenutzt werden. Die Spannung zwischen Spanien und Venedig und auch die Eifersucht Philipps II. auf die Erfolge seines Halbbruders Don Juan lähmten die weiteren Aktionen. Schon 1573 schloß Venedig einen Sonderfrieden mit der Pforte. Spanien kämpfte noch einige Jahre weiter, dann aber verlagerte sich sein Interesse in Richtung Portugal und England. Der Atlantik wurde zum Meer der Zukunft; die Bedeutung des Mittelmeeres war im Sinken begriffen.

Die Lepanto-Liga war von Rom her gesehen ein konsequenter Schritt in der Umsetzung des neuen kirchlichen Selbstbewußtseins in politische Gestaltung. Trotz aller Bemühungen waren sowohl Frankreich wie der Kaiser und das Reich dem Bündnis ferngeblieben. In beiden Ländern waren religionspolitische Entwicklungen im Gange, die einem Bündnis mit dem Papst – auch wenn es gegen die Türken ging – entgegenstanden.

Die französische Monarchie und die Hugenotten

Der »katholische Friede«, den Heinrich II. 1559 mit Philipp II. geschlossen hatte, sollte der französischen Krone die Möglichkeit bieten, mittels einer scharf antiprotestantischen Politik die innere Geschlossenheit des Staates zu sichern und auszubauen. Aber das Gegenteil trat ein. Wenige Wochen nach dem Friedensschluß starb der König an den Folgen eines Turnierunfalls. Ein Stück eines gesplitterten Lanzenstumpfes war durch das Visier in sein Auge gedrungen. Dieser tödliche Holzsplitter löste eine jahrzehntelange politische und kirchliche Krise aus; Frankreich wurde zum blutigen Experimentierfeld des europäischen Konfessionskampfes. Am Ende der mehr als dreißigjährigen Krise Frankreichs stand schließlich eine neue Konzeption der Politik, die in der Souveränität des Staates den rettenden Ausweg aus dem mörderisch gewordenen Wettbewerb kirchlich geformter Gruppen erblickte. Die fürchterlichen Erfahrungen der französischen Religionskriege legten die

Schlußfolgerung nahe, das Prinzip der konfessionellen Ausschließlichkeit aufzugeben. Es wurde für den Gang der europäischen Geschichte jedoch sehr wichtig, daß die Überwindung der konfessionellen Bürgerkriegssituation weniger im Zeichen einer vertieften Ansicht von der Würde des einzelnen Menschen und seines Gewissens stand als im Zeichen der gesteigerten Ordnungsmacht des Staates.

Schon in den letzten Jahren der Regierung Heinrichs II. hatte der französische Protestantismus große Fortschritte gemacht. Nach dem Genfer Vorbild entstanden überall im Lande organisierte Kirchengemeinden, die sich 1559 ein gemeinsames Glaubensbekenntnis gaben. Als im selben Jahre der kränkliche und nahezu regierungsunfähige Franz II. im Alter von fünfzehn Jahren den Thron bestieg, wuchsen die Hoffnungen der Protestanten. Sie gewannen neue Anhänger in allen Teilen der Bevölkerung: im hohen Adel, in den Städten, im Landadel und bei dessen bäuerlichen Hintersassen. Während Paris und der Nordosten weniger berührt wurden, entstanden im Languedoc, in Mittelfrankreich und im Westen von Navarra über La Rochelle bis Nantes zahlreiche protestantische Zentren.

Am königlichen Hof gab es zwei Parteien, deren Gruppierung noch aus dem Ringen um die Italienpolitik stammte und sich jetzt in einen religionspolitischen Gegensatz umformte. Auf der einen Seite stand die streng katholische Gruppe der Prinzen aus dem Hause Lothringen-Guise. Sie verfügten über eine starke Hausmacht im östlichen Frankreich und besaßen in Kardinal Karl von Lothringen eine markante Führerpersönlichkeit. Ihnen stand gegenüber die Gruppe der »Prinzen von Geblüt« aus dem Hause Bourbon, einer Seitenlinie der Valois. So seltsam der feudale Nationalismus erscheint, mit dem die Bourbonen und ihre Anhänger die Lothringer als »Ausländer« zu diskreditieren suchten, so deutlich ist die Hinneigung dieser Adelsfraktion zum Protestantismus zu beobachten. In enger Verbindung mit ihnen standen die Brüder Châtillon, Neffen des alten Connétable Montmorency, der mit den Guisen seit langem verfeindet war. Einer von ihnen, der Admiral Gaspard de Coligny, bekannte sich früh und offen zu Calvin, während sein Bruder, Kardinal Odet de Châtillon, nur zögernd seine protestantische Überzeugung in den Verzicht auf den Purpur und seine katholischen Pfründen umsetzte.

Man muß dieses Gegeneinander und Miteinander feudaler und regionaler Clans stets im Auge behalten, um den besonderen Charakter und die blutige Unerbittlichkeit der folgenden Konfessionskämpfe zu verstehen. Angesichts der Schwäche der Zentralgewalt praktizierte man überall im Land eine eigenmächtige Religionspolitik, bei der die Gegensätze im kleinen und kleinsten Raum leidenschaftlich aufeinanderstoßen mußten. Adliger Standesstolz und religiöses Sendungsbewußtsein verbanden sich aufs engste, so wenn einer dieser protestantisch gewordenen Grundherren 1561 schrieb: »Gott hat mir Gewalt über viele Menschen gegeben, und durch dieses Mittel wird eines der abergläubischsten Gebiete des Königreiches für Christus gewonnen werden können.« Als im Kreise des protestantischen Adels eine gewaltsame Unternehmung geplant wurde (man wollte den jungen König in Amboise von seiner katholischen Umgebung »befreien« und Anton von Bourbon zum Regenten einsetzen), legte man Calvin die Frage nach dem Recht des bewaffneten Kampfes für das Evangelium vor. Der Genfer warnte vor jeder eigenmächtigen Gewaltsamkeit und empfahl ein Vorgehen in legaler Form, in Übereinstimmung mit den Parlamenten und mit den Prinzen von Geblüt. Aber der Rat des alten Calvin blieb ohne entscheidenden Einfluß auf den Gang der Ereignisse. Und nach seinem Tode (1564) wurde die weiterentwickelte Theorie des Widerstandsrechts gegen eine reformationsfeindliche Obrigkeit immer stärker zu einer aktiven Waffe im Ringen um die Neugestaltung Frankreichs und Europas.

Seit dem gescheiterten Handstreich auf Franz II. in Amboise wurden die Protestanten in Frankreich immer häufiger als »Hugenotten« bezeichnet. Dieser Name, der wohl von »Eidgenossen« abzuleiten ist, kennzeichnete ihr Hervortreten als aktive, politisch-militärische Partei. Andererseits wurde Amboise zum Beginn einer neuen Phase, die durch das energische Eingreifen der Königinmutter Katharina von Medici und des von ihr berufenen Kanzlers de l'Hôpital geprägt war. Katharinas Stellung hatte sich auch dadurch verstärkt, daß sie nach dem raschen Tod Franz' II. für dessen minderjährigen Bruder Karl IX. in die verfassungsrechtliche Stellung einer Regentin eingetreten war. Sie versuchte, eine Politik des Ausgleichs der konfessionellen Gegensätze zu treiben. Sie veranstaltete im Herbst 1561 in Poissy ein Religionsgespräch, an dem von Genfer Seite Theodor Beza, von römischer Seite der Kardinallegat Ippolito d'Este und der Jesuitengeneral Laynez teilnahmen. Este war ein Renaissance-Prälat alten Stiles. Er verstand viel von Gartenarchitektur und Wasserspielen – wie man noch heute in seiner herrlichen Villa in Tivoli feststellen kann –, aber nichts von Theologie. Der Verlauf des Religionsgesprächs zeigte, daß für eine wirkliche Aussprache keine Basis mehr vorhanden war. Anfang 1562 wurde das Scheitern der Ausgleichspolitik evident. Auch ein Toleranzedikt der Regentin konnte die Gegensätze nicht entschärfen. Beide Seiten zeigten sich entschlossen, zu den Waffen zu greifen. Es begann die Zeit der Bürgerkriege.

Der Verlauf der drei Hugenottenkriege, die Frankreich zwischen 1562 und 1570 verwüsteten, ist gekennzeichnet durch den fortschreitenden Verfall der Zentralgewalt, durch das immer stärkere Hereinwirken der außerfranzösischen Kräfte und durch die Fanatisierung und Verhärtung des Kampfes. Ein gewisser Haltepunkt schien 1570 erreicht, als es Coligny gelang, in dem königlichen Edikt von St. Germain weitgehende kirchliche und politische Zugeständnisse für seine Glaubensgenossen zu erhalten. Sein nächstes Ziel war nun, einen »Nationalkrieg« aller Franzosen – Katholiken und Protestanten – gegen die bedrohliche Macht Spaniens zu führen und eine europäische Koalition gegen Philipp II. zustande zu bringen. Man sieht, wie hier innen- und außenpolitische Motive kombiniert wurden, um ohne Wiederaufnahme des Bürgerkrieges Frankreich dem protestantischen Lager anzunähern.

Die neue Politik und Position Colignys wurde von Katharina als so bedrohlich empfunden, daß sie in einer fatalen Verbindung von persönlicher Rachsucht und politischer Berechnung den Tod des Hugenottenführers beschloß. Die Hochzeit ihrer Tochter Margarete mit Heinrich von Navarra, die in Paris mit einer Serie von Hoffesten unter starker Beteiligung des hugenottischen Adels begangen wurde, bot eine günstige Gelegenheit. Am 22. August 1572 ließ die Königinmutter das Attentat auf den Admiral ausführen, der aber nur verwundet wurde. Nun folgte dem Schlimmen das Schlimmste. Die Hugenotten forderten sofort Untersuchung und Sühne. Katharina aber ließ sich angesichts der Gefahr völliger

Entmachtung zum äußersten hinreißen. Sie gewann ihren Sohn, König Karl IX., dafür, alles auf eine Karte zu setzen – auf die Karte des Massenmordes. In der Bartholomäusnacht (vom 23. zum 24. August) wurden zunächst fast alle in Paris anwesenden Hugenottenführer – darunter auch Coligny – ermordet. Darauf folgte die organisierte Hetzjagd eines fanatisierten Pöbels auf die Ketzer, der in Paris etwa dreitausend, in den Provinzen etwa zehntausend Menschen zum Opfer fielen.

Die positive Reaktion der katholischen Öffentlichkeit war einerseits bedingt durch die gefärbte Berichterstattung der französischen Regierung (Notwehr gegen ein bevorstehendes hugenottisches Komplott) und andererseits durch die Annahme, nun sei die Widerstandskraft nicht nur der Hugenotten, sondern auch des europäischen Protestantismus gebrochen. Papst Gregor XIII. veranstaltete in Rom kirchliche Feierlichkeiten, ließ eine Gedenkmünze prägen und befahl Vasari, die »Austilgung der Hugenotten« durch ein Fresko im Vatikan zu verewigen. War nun dies die Frucht der Regeneration der katholischen Kirche? Jeder Versuch, die damaligen Exzesse auf beiden Seiten gegeneinander aufzurechnen, schlägt fehl angesichts der Tatsache, daß die Pariser Bluthochzeit zwar von Rom weder angeregt noch in aller Form gebilligt, aber auch keineswegs prinzipiell mißbilligt wurde. Der Historiker hat hier das Vorwalten eines unchristlichen Vergeltungs- und Erfolgsdenkens festzustellen, dessen zeitbedingte, deswegen aber nicht weniger niederdrückende Hypothek zu schweren Beeinträchtigungen der Kraft und Glaubwürdigkeit des innerkirchlichen Reformgedankens führen mußte.

Es zeigte sich rasch, daß das Blutbad vom August 1572 nicht den Zusammenbruch, sondern einen neuen Aufschwung des französischen Protestantismus zur Folge hatte. Jetzt waren die letzten Fesseln monarchischer Loyalität gefallen. Eine Flut von heftigen literarischen Angriffen auf das Königtum kündigte eine neue Stufe hugenottischen Selbstbewußtseins an. Im Fortgang der Kämpfe und der Vertragspausen zeigte sich weiterhin eine für römische Perspektiven ebenso unerwartete wie schwer zu verstehende Erscheinung. Unter den französischen Katholiken trat eine tiefgehende Spaltung auf. Ein radikaler Flügel formierte sich unter Führung der Guisen in der straff organisierten »Liga«, die sich immer stärker nach Spanien hin orientierte und eine kritische Stellung zur Krone bezog. Wie schon früher bei den Hugenotten, so vermischte sich jetzt bei den Ligisten konfessioneller Universalismus mit einer feudalen und regionalen Reaktion gegen die Zentralgewalt.

Gemäßigte katholische Gruppen begannen dagegen den Kontakt mit entsprechenden Kräften der Gegenseite zu suchen. So bildete sich in den Jahren nach 1573 als dritte Kraft die »Partei der Politiker«. Sie sah in einer starken, über den Konfessionen stehenden Krongewalt die einzig mögliche Rettung Frankreichs aus dem Zustand des permanenten Bürgerkriegs. Diese Partei setzte sich von Anfang an dem Vorwurf des politischen und konfessionellen Opportunismus aus. Tatsächlich vereinigten sich in ihr ganz verschiedene Elemente. Einer ihrer Sprecher war Jean Bodin, dessen berühmtes Buch *Six livres de la République* das neue Bild des souveränen, von allen übergreifenden Bindungen befreiten Staates zeigte. Läßt sich bei Bodin eine Säkularisierung des Denkens als Antwort auf den mörderischen Konfessionskampf beobachten, so gehörten zu den »Politikern« bald auch überzeugte und im Sinne der tridentinischen Reform tätige Katholiken. Sie stellten im Gesamtbereich der nachtridentinischen Kirche einen neuen Typus dar, denn sie waren durch die Erfahrung der Ausweglosigkeit des konfessionellen Bürgerkrieges hindurchgegangen.

Bis diese dritte Kraft für die Neugestaltung des französischen Staates maßgebend wurde, vergingen noch lange Jahre voll heftigster Parteikämpfe. Karl IX. starb 1574. Ihm folgte sein Bruder Heinrich III., auch dieser kränklich und degeneriert wie alle Söhne der Katharina von Medici, dazu energielos, bigott und von sprichwörtlicher Unsittlichkeit. Seine Ehe blieb kinderlos, und als 1584 sein jüngerer Bruder Franz von Anjou, der letzte überlebende Thronerbe, starb, kam zu der politisch-kirchlichen die dynastische Krise. Wer sollte nach Heinrich III. den Thron besteigen? Der nächste Erbberechtigte war Heinrich von Navarra, ein Bourbone und der führende Kopf der Hugenotten. Die Furcht vor einem protestantischen Herrscher auf dem Throne des heiligen Ludwig veranlaßte Philipp II. zu einer immer offeneren Intervention in Frankreich. In dieser aufs äußerste zugespitzten Situation stand die Frage nach der Zukunft Frankreichs in engstem Zusammenhang mit dem Kampf Spaniens gegen England und gegen die aufständischen Niederlande.

Der Aufstand der Niederlande

Die habsburgischen Niederlande hatten in Karl V. ihren *seigneur naturel* gesehen; sein in Spanien geborener und erzogener Sohn Philipp II. blieb in Brüssel ein Fremder. Die Lage, in der er die niederländischen Provinzen 1559 zurückließ, um für immer nach Spanien heimzukehren, war auch ohnedies schwierig genug. Die dynastische Verbindung mit England, die politischen Rückhalt und wirtschaftlichen Nutzen für das ganze Land versprochen hatte, war seit 1558 aufgelöst. Die finanziellen Lasten einer langen Kriegsepoche lagen hart auf der Bevölkerung. Große Teile des Landes waren verwüstet. Dazu kamen verfassungsrechtliche und kirchliche Spannungen, die zunächst in den Auseinandersetzungen um die neue Bistumsorganisation zutage traten. Der Widerstand gegen die von Philipp angeordnete Vermehrung der Bistümer und gegen die Ausdehnung der kirchlichen Rechte der Krone ging durch alle Bevölkerungsschichten. Die für die Reformation gewonnenen Gruppen – es gab Lutheraner, Calvinisten und täuferische Gemeinden – fürchteten eine Verschärfung der Inquisition und der Verfolgung. Im Vordergrund stand jedoch die Fronde von Teilen des hohen Adels. Hier fehlte zunächst das konfessionelle Element noch fast ganz. Es handelte sich um ein Aufeinanderstoßen zweier entgegengesetzter politischer Tendenzen, deren Ringen das Leben der Niederlande und ihr Verhältnis zum spanischen König zunehmend in Mitleidenschaft zog.

Auf der einen Seite stand die Politik Madrids, deren Exponent in den Niederlanden Kardinal Granvella war. Ihr Ziel war, diese reichen und privilegierten Provinzen im Sinne einer straffen, zentralisierten Regierungsform zusammenzufassen und als ergiebige Einnahmequelle zu nutzen. Dem stand der feudale und regionale Behauptungswille des hohen Adels gegenüber. Für Männer wie Egmont, Graf Hoorne und Wilhelm von Oranien war es selbstverständlich, daß sie als Gouverneure der Provinzen und hohe Würdenträger des

Sitzung der Generalstände in Orléans
unter dem Vorsitz König Karls IX. und seiner Mutter, der Regentin Maria von Medici, in den Jahren 1560/61
Holzschnitt

Die Bartholomäusnacht in Paris
Auf Befehl König Karls IX. geschlagene Erinnerungsmedaillen auf die Ereignisse vom 24. August 1572
Paris, Bibliothèque Nationale

Königs berechtigt waren, dem Aufkommen des neuen, bürokratisch-absolutistischen Stils in Verwaltung, Finanzwesen und kirchlichen Fragen Widerstand zu leisten. Zwischen den Fronten stand die von Philipp II. eingesetzte Regentin Margarete von Parma, eine Bastardtochter Kaiser Karls V. 1564 erzielte die oppositionelle »Statthalterpartei« einen Erfolg; gemeinsam mit der Regentin setzte sie durch, daß Kardinal Granvella aus dem Staatsrat entfernt und nach Rom abberufen wurde.

Aber diesem Sieg folgte keine Entspannung; vielmehr griff die oppositionelle Bewegung nun rasch auf den niederen Adel über. Sie gewann dadurch an Radikalität, und das konfessionelle Element begann sich stärker geltend zu machen. Hoorne und Egmont waren keine Protestanten, sie wandten sich jedoch gegen die zunehmende Schärfe der Ketzerverfolgung. Als alle Bemühungen in Madrid erfolglos blieben, traten sie 1565 mit Wilhelm von Oranien aus dem Staatsrat aus. Nun ging die Führung des Widerstandes von den Grandseigneurs auf andere Kräfte über. Unter Führung von Brederode und Philipp Marnix von St. Aldegonde bildete sich die über das ganze Land verbreitete *noble companie*, die erstmals den kleinen Adel mobilisierte. In einer Massenpetition, die im Frühjahr 1566 der Regentin übergeben wurde, forderte sie Abschaffung der Inquisition, Aufhebung der Religionsedikte und Einberufung der Generalstände. Bei der Übergabe dieser Petition soll von seiten eines hohen Regierungsbeamten das Spottwort von den *gueux* – den Bettlern – gefallen sein. Seither wurde »Geusen« zur stolzen Selbstbezeichnung der Opposition, in deren Reihen sich jetzt ein überprovinzielles Zusammengehörigkeitsgefühl entwickelte.

Was sollte die Regentin Margarete tun? Die Versuche, zu einer ausgleichenden Lösung des politisch-ständischen und kirchlichen Konfliktes zu kommen, wurden durch die Hugenottenkämpfe im benachbarten Frankreich erschwert. Unter ihrem Einfluß gewann die militante Form des Calvinismus auch in den Niederlanden an Bedeutung. Er erfaßte die Arbeitermassen in den großen Städten. Eine soziale Krisensituation traf mit der religiösen Radikalisierung zusammen; im Sommer 1566 entlud sich die aufgestaute Spannung in wilden Tumulten, die mit Bildersturm und Plünderung das Land aufstörten. Der Ausbruch und Verlauf dieses Sturmes diskreditierte die Gruppe der Grandseigneurs nach beiden Seiten hin: weder hemmend noch führend hatten sie eingegriffen. Wilhelm von Oranien verließ die Niederlande und zog sich auf seine deutschen Besitzungen zurück.

Nun kam sehr viel darauf an, in welcher Weise Philipp II. sich zum Handeln entschloß. Angesichts der offenkundigen Exzesse griff er seinerseits zu radikalen Mitteln und ließ im Sommer 1567 seinen besten General, den Herzog von Alba, an der Spitze eines ausgesuchten Heeresverbandes aus Italien in die Niederlande rücken. Die Regentin Margarete trat zurück, und Alba begann von seinen sehr weitgehenden Vollmachten kräftigen Gebrauch zu machen. Das Entscheidende war, daß er seinen Auftrag von vornherein nicht als einen politischen, sondern als einen militärischen und richterlichen verstand. Vielleicht war damals erst ein Zehntel der Bevölkerung für den neuen Glauben gewonnen. Die Loyalität zum Hause Habsburg war in den weitesten Kreisen noch tief eingewurzelt. Aber der Weg, den Alba einschlug, kannte kein Zurück. Seiner blutigen Strafjustiz fielen Tausende zum Opfer; Hoorne und Egmont ließ er öffentlich enthaupten. So etwas hatte die europäische Öffentlichkeit noch nicht gesehen. Eine Massenflucht der Verfolgten nach England und

Deutschland setzte ein. Die Sache der katholischen Kirche wurde in einer Weise mit den extremen Methoden staatlicher Unterdrückungspolitik verquickt, deren Folgen noch Jahrhunderte später in der europäischen Geistesgeschichte zu spüren sind.

Nach außen hin konnte Albas Wirken zeitweilig als Erfolg erscheinen. Mit seiner überlegenen militärischen Macht überwand er auf dem Festland jeden Versuch organisierten Widerstandes. Die wenigen Zentren des Widerstandes, deren er nicht Herr wurde, lagen auf den Inseln und an den schwer zugänglichen Teilen der Küste. Hier lagen die Schlupfwinkel der »Wassergeusen«, die im Wattenmeer und in den unübersichtlichen Flußmündungen mit flachen Booten operierten. Für ihre Kaperfahrten auf dem Atlantik fanden sie Unterstützung in englischen Häfen oder in La Rochelle. Aber dieser Kleinkrieg, der den Mut der Aufständischen lebendig erhielt, konnte nur dann zu einer Wendung der Dinge führen, wenn sich eine große Gestalt an die Spitze des Freiheitskampfes stellte. In diese historische Rolle ist Wilhelm von Oranien erst mit der Zeit hineingewachsen. Seine Wandlung vom lebenslustigen und religiös indifferenten Hofmann zum Symbol eines jungen, revolutionären Staatswesens calvinistischer Prägung spiegelt eine wichtige Wegstrecke des europäischen Werdeprozesses im 16. Jahrhundert wider.

Oranien hoffte zunächst, von außen mit deutscher, englischer oder hugenottischer Hilfe in einem sozusagen »klassischen« Feldzugsunternehmen das Schicksal der Niederlande wenden zu können. Diese Versuche schlugen fehl; die auswärtige Unterstützung war zu schwach, und das Echo im Landesinnern enttäuschte. So wurde er auf einen Weg gedrängt, der in anderer Weise zu Sieg und Unabhängigkeit führte und zugleich in neue Formen des politischen und bürgerlichen Lebens einmündete. Nachdem die Bartholomäusnacht alle Pläne zunichte gemacht hatte, mit Hilfe einer großen europäischen Koalition Philipp II. zu treffen, zog sich Oranien auf die schmale Basis der lokalen Widerstandszentren in den Provinzen Seeland und Holland zurück. Hier trat er 1573 öffentlich zum reformierten Bekenntnis über, das nun die tragende Kraft der militärischen und politischen Selbstbehauptung dieser isolierten Gruppen wurde. Sein eigentliches Programm überkonfessioneller Sammlungspolitik gab Oranien nie auf; es war die bleibende Voraussetzung seines Zieles, die Gesamtheit der Niederlande – und nicht nur ihren nördlichen Teil – zur Freiheit zu führen.

Der erbitterte Kleinkrieg gegen die Spanier zwischen Meer und Land, Dämmen und Kanälen wurde nun Jahr um Jahr mit größerem Erfolg geführt. Das von den Rebellen kontrollierte Gebiet begann sich auch nach der Festlandsseite hin zu erweitern. Alba gab schließlich das Kommando an Requesens ab, der anfangs eine neue Politik der Amnestie und des Ausgleichs versuchte. Aber spektakuläre Erfolge – wie die Befreiung der von den Spaniern eingeschlossenen Stadt Leyden 1575 – härteten den Willen der Aufständischen zum Weiterkämpfen. Wilhelm von Oranien zeichnete die tapfere Stadt durch die Gründung einer Universität aus; damit gewann die kleine kämpfende Republik einen geistigen Mittelpunkt. Der revolutionäre Elan des Widerstandes prägte die neue Generation, die hier studierte. Mit der reformierten Theologie verband sich bald eine neue und gegenwartsbezogene Wirkkraft des humanistischen Weltbildes. Der Philologe und Philosoph Justus Lipsius, der die Blüte der Leydener Universität mitbegründete, widmete 1581 seinen Kommentar zur

Germania des Tacitus dem jungen Staatswesen. Er schlug die ideelle Brücke von dem Freiheitskampf der Germanen zur Gegenwart und wirkte durch die Erneuerung der antiken Kriegslehre und der stoischen Staatstheorie auch unmittelbar auf die Ausbildung einer neuen Strategie und Politik.

Als 1576 nach der Abberufung von Requesens im spanischen Teil der Niederlande Unruhen ausbrachen, war die Stunde gekommen, von dem revolutionierten Kerngebiet Holland-Seeland aus das ganze Land zu gewinnen. Zunächst schien ein voller Erfolg möglich. Der von Madrid abhängige Staatsrat in Brüssel wurde rasch überspielt, und in der Genter Pazifikation vom 5. November 1576 vereinigte sich die Gesamtheit der niederländischen Provinzen mit den Aufständischen. Der neue Generalstatthalter Don Juan d'Austria versuchte durch eine hinhaltende Politik Zeit zu gewinnen. Er glaubte, den Zerfall des Genter Bündnisses mit Hilfe des fortbestehenden Gegensatzes von Katholiken und Protestanten herbeiführen zu können.

Was ihm nicht gelang, glückte seinem Nachfolger Alessandro Farnese. Der expansive Calvinismus der Holländer und Seeländer und die Gegensätze zwischen ihrer demokratischen Orientierung und dem konservativen Stadtpatriziat und Adel der anderen Provinzen schufen zunehmende Spannungen. Farnese nutzte sie mit großem Geschick aus. Am 6. Januar 1579 schlossen drei wallonische Provinzen zum Schutze des katholischen Glaubens die Union von Arras. Damit waren die Genter Pazifikation und der niederländische Einheitsgedanke in den Hintergrund gedrängt. Bald erweiterte sich die Union von Arras durch den Beitritt niederdeutsch sprechender katholischer Gebiete. So begann das konfessionelle Schwergewicht sich deutlich über die sprachlich-ethnische Abgrenzung hinweg geltend zu machen. Farnese besaß jetzt eine feste Basis, um zur politischen und militärischen Gegenoffensive überzugehen. Zwar schlossen sich jetzt Holland, Seeland und ihre Anhänger in der Mitte und im Norden des Landes zur Union von Utrecht zusammen. Aber trotz aller Bemühungen Oraniens gewann dieser Bund ein so starkes konfessionelles Gepräge, daß der vorübergehend verwirklichte Einheitsgedanke in immer weitere Ferne rückte.

Der Fortgang des Kampfes in den achtziger Jahren zeigte immer deutlicher, daß sich – unabhängig von den Einzelergebnissen des militärischen Ringens – in den Niederlanden zwei Kraftzentren gebildet hatten, deren Gegensatz sowohl kirchlich wie politisch und sozial bedingt war. Der Süden, der sich nun im Schutze der spanischen Waffen reorganisierte, stand unter dem Einfluß der katholischen Reform und der aristokratischen Gesellschaftskultur der alten Welt. Die gegen Spanien kämpfenden Provinzen boten das Bild eines Gemeinwesens, das sich nach entgegengesetzten Prinzipien entwickelte. Dabei zählte nicht nur die politische Entwicklung, die 1581 mit der förmlichen Aufkündigung des Gehorsams an Philipp II. einen revolutionären Akt freiheitlichen Selbstbewußtseins hervorbrachte. Ebenso beachtenswert war das gleichzeitige Hervortreten neuer Züge im wirtschaftlichen und sozialen Leben. Der Schwerpunkt des niederländischen Handels und Gewerbes hatte bisher im Süden gelegen. Nun verschob er sich von Tournai, Gent und Antwerpen nach den Seehäfen und Städten Hollands und Seelands. Der Aufstieg der holländischen Hochseeschiffahrt verband sich im Zeichen des Freiheitskrieges mit einer dynamischen Ausweitung des maritimen Handels und der gewerblichen Produktion. Erwerbsformen des modernen

Kapitalismus, die erst bedeutend später für die gesamteuropäische Wirtschaftsentwicklung maßgebend wurden, begannen das Gesicht des kaufmännischen Lebens in den aufständischen Provinzen zu bestimmen.

So eng diese Entwicklungen hier mit der katholischen und dort mit der calvinistischen Gläubigkeit der führenden Schichten verbunden waren, so unentschieden mußte um die Mitte der achtziger Jahre das zukünftige Verhältnis der beiden Teile des Landes zueinander erscheinen. Wilhelm von Oranien wurde am 10. Juli 1584 zum Opfer eines politischen Mordes, den ein als Calvinist aufgetretener Katholik sorgfältig vorbereitet hatte. Zwar trat alsbald Moritz von Oranien in die Stellung seines Vaters ein, aber die fortgesetzten Erfolge Farneses schufen eine überaus kritische Situation. Man wandte sich – wie schon früher – um Hilfe an England. Das von Königin Elisabeth entsandte Expeditionskorps unter Graf Leicester brachte nur wenig Entlastung. Dagegen löste das Auftreten des englischen Kommandeurs eine Serie von Konflikten aus, welche die innere Geschlossenheit der Union von Utrecht auf schwierige Proben stellten. Es konnte damals den spanischen Generälen und Philipp II. so scheinen, als ob die Niederwerfung des niederländischen Aufstandes nach über zwanzig Jahren härtesten Kampfes in erreichbare Nähe gerückt sei. Indessen verlagerte sich nun das Feld der Entscheidungen. Nicht auf niederländischem Boden, sondern in Frankreich und an den Küsten Englands fielen die Würfel über das zukünftige Verhältnis der spanischen Macht und des katholischen Glaubens zur protestantischen Welt. Vom Ausgang dieser Entscheidungen hing auch das weitere Schicksal der Niederlande ab.

England unter Königin Elisabeth

Das Königreich England zählte im 16. Jahrhundert kaum mehr als vier Millionen Einwohner, während man damals die Bevölkerung Frankreichs auf etwa zwanzig Millionen schätzte. Es war ein kleines Land, und es lag für damalige Begriffe am Rande der bewohnten Welt. Der Aufstieg Englands im Zeitalter Elisabeths ist eng mit der Tatsache verbunden, daß sich die Nachteile der maritimen Randlage in Vorzüge zu verwandeln begannen. Die atlantische Welt war die Welt der Zukunft. Der Ausbau einer Überseeschiffahrt neuen Stils eröffnete dem Inselreich den Weg zum Welthandel und zur Weltpolitik. Dieser Weg war zu Ende des 16. Jahrhunderts erst angedeutet. Etwas anders steht es mit dem Beitrag, den Englands innere Entwicklung und politische Position zum Werden des neuzeitlichen Europa beisteuerte. Der englische Staat hatte als insulare Vormacht des Protestantismus an der Neugestaltung der europäischen Staatenwelt bedeutenden Anteil. Das jahrhundertelange Wirken dieser aus innerenglischen Entscheidungen nach außen drängenden Kräfte setzte bereits unter Königin Elisabeth mit einem epochalen Sieg über die spanische Macht ein. Eine solche Feststellung darf jedoch nicht zu der Annahme verführen, daß das elisabethanische England schon die eindeutigen Merkmale jenes späteren puritanisch-nordeuropäischen Aktivismus aufwies. Gerade die Spannung zwischen einem starken Fortwirken der südeuropäisch-katholischen Kultur und dem Hervortreten neuer Züge, die für

Königin Elisabeth von England
und die vor ihr flüchtenden Göttinnen Juno, Minerva und Venus
Gemälde von Hans Eworth, 1569
Hampton Court Palace

Maria Stuart vor ihren Richtern in Schloß Fotheringhay am 12. Oktober 1586
Federzeichnung in den Protokollen des Robert Beale, Mitglieds des Staatsrates
London, British Museum

das spätere Angelsachsentum und seine globale Rolle typisch wurden, macht den Reiz dieser Zeit aus. Die Blüte des englischen Theaters, die in Shakespeare gipfelt, hatte diese kontrastreiche Situation zur Voraussetzung.

Königin Elisabeth, die Ende 1558 den englischen Thron bestieg, ist von den Zeitgenossen und der Nachwelt sehr verschieden beurteilt worden. Die außerordentliche Bedeutung ihrer fünfundvierzigjährigen Regierungszeit wird von niemand bestritten. Sie hatte die reichen Anlagen Heinrichs VIII. und seine Liebe für Musik und Literatur geerbt. Während der Regierungsjahre ihrer Halbschwester Maria hatte sie – stets überwacht und zeitweilig in Gefangenschaft gehalten – einen hohen Grad kühler Überlegung und Verstellung erworben. Wer mit ihr zu tun hatte, geriet unter den Eindruck der berechnenden Vielfalt ihrer menschlichen und politischen Mittel. Ohne auf die erotischen Freuden im Stile der Zeit zu verzichten, blieb sie unverheiratet und gefiel sich der europäischen Öffentlichkeit und dem englischen Volk gegenüber in der Rolle der jungfräulichen Königin: »Sie wolle die Gnade nicht gering schätzen, die der Herr ihr verliehen habe, daß es nämlich ihre Freude sei, als Jungfrau zu leben und zu sterben.« Die Meisterschaft des politischen Verhaltens, mittels deren Elisabeth trotz schwierigster Anfänge zunehmend die Zustimmung und Mitarbeit des englischen Volkes gewann, beruhte auf einem teils bewußten, teils instinktiven Erfassen und Formen vorgegebener Stimmungen und Strömungen. Elisabeth hatte aus dem Fiasko ihrer Vorgängerin gelernt, vor allem aus dem Haß, den die spanische Ehe und die gewaltsame Religionspolitik erzeugt hatten. Die neue Königin wollte es anders machen. Sie wollte England zu sich selbst führen, sie wollte selbst England sein.

Dem entsprach eine Religionspolitik, die ebenso elastisch wie zielstrebig geführt wurde. Elisabeth war persönlich wenig an den theologischen und kirchlichen Streitfragen der Zeit interessiert. Sie ging zunächst davon aus, daß die innenpolitische Situation Englands weder auf der Basis eines radikalen Protestantismus noch durch die Fortsetzung der bisherigen Linie konsolidiert werden könne. Wenn sie nun einen mittleren Weg einschlug, so bedeutete dies zunächst den Bruch mit Rom. Zu Weihnachten 1558 verließ die Königin die Messe vor der Elevation der Hostie, und am 1. Februar 1559 berief sie den englischen Gesandten am Vatikan ab. Ihr erstes Parlament, das im Unterhaus eine starke, im Oberhaus eine knappe Mehrheit für die neue Regierungspolitik aufwies, beschloß im Frühjahr 1559 die »Suprematsakte« und die »Uniformitätsakte«: Die Königin wurde als »oberster Leiter in allen geistlichen und kirchlichen Dingen« bezeichnet; Klerus und Beamtenschaft wurden zur Eidesleistung auf die Suprematsakte verpflichtet. Das *Prayer Book* von 1552 wurde wieder eingeführt. Der Widerstand fast des gesamten Episkopats wurde durch die Neubestellung regierungstreuer Bischöfe überwunden. Gegen die abgesetzten Bischöfe verfuhr man vorsichtig und individuell; man wollte keine Märtyrer. Die Wiederaufrichtung der anglikanischen Kirche wurde 1563 durch eine in neununddreißig Artikeln zusammengefaßte dogmatische Erklärung abgeschlossen, die zurückhaltend formuliert war und sowohl gegenüber dem festländischen Luthertum wie dem Calvinismus Distanz hielt.

Von der niederen Geistlichkeit verweigerte mindestens ein Zehntel den Eid. Die Anhänglichkeit an Rom und an die alte Kirche blieb weit verbreitet, vor allem im bäuerlichen

Norden und Westen des Landes. Aber die Königin und ihre Berater, unter denen William Cecil der einflußreichste wurde, konnten mit ihrem Werk zufrieden sein. Ohne Bürgerkrieg und Scheiterhaufen war in wenigen Jahren eine kirchliche Neuorientierung eingetreten, deren Beständigkeit sich als gesichert erwies. Ihre Stärke lag in der schonenden Beibehaltung vieler katholischer Formen, in dem Zurückgreifen auf innerenglische Frühstufen der Reformation und in der Sicherung einer zwar obrigkeitlich und national umschriebenen, in sich aber kräftigen und bedeutenden theologischen Substanz. Ihr Sieg wurde erleichtert durch die Unsicherheit und Orientierungslosigkeit der oppositionellen Katholiken, deren weiterblickende Vertreter damals vergeblich auf ein klärendes Wort Roms warteten. Bei zahlreichen Laien und auch Geistlichen gab es ein unklares Hin und Her zwischen den offiziellen Formen des anglikanischen Gottesdienstes, dessen Besuch durch Geldstrafen erzwungen wurde, und der heimlichen Messe und Sakramentenspendung in der traditionellen Form. Dabei ging von dem allgemeinen Gebrauch der englischen Sprache in der anglikanischen Kirche eine nicht unerhebliche Anziehungskraft aus.

Die Neubegründung der anglikanischen Kirche und die Befestigung der Herrschaft Elisabeths vollzogen sich im Schutze Philipps II. Das klingt paradox. Aber es war die Folge der enormen Bedeutung, die England für die Sicherung der Verbindungslinien zwischen Spanien und den Niederlanden besaß. Der spanische König wollte England durch eine dynastische Verbindung auch weiterhin an den habsburgischen Machtbereich fesseln. Als Elisabeth Philipps Werbungen abschlug, versuchte man es mit einem Sohn Kaiser Ferdinands. Obwohl auch dieses Projekt bald scheiterte, legte Madrid auch in der Folgezeit großen Wert auf freundschaftliche Beziehungen zu Elisabeth. Das politische Gewicht dieser Beziehungen war so stark, daß Philipp jede tatkräftige Intervention zugunsten der unterdrückten englischen Katholiken als eine Störung betrachten mußte. Als das Trienter Konzil von englischen Emigranten aufgefordert wurde, zu den Vorgängen in England Stellung zu nehmen, winkte man in Madrid und Wien energisch ab. Eine Exkommunikation Elisabeths hätte 1562 oder 1563, als die englischen Katholiken noch eine zahlenmäßig sehr starke Gruppe darstellten, vermutlich eine tiefe Wirkung gehabt. Aber nicht nur das habsburgische Veto stand einem so entschiedenen Vorgehen im Wege. Auch in Rom neigte man damals dazu, die englische Entwicklung abwartend zu verfolgen. Man wollte die Möglichkeit einer Wiederannäherung nicht durch Gewaltakte versperren.

Schließlich wirkten verschiedene Ereignisse zusammen, um Madrid und Rom zu einer schärferen Stellungnahme zu veranlassen. Das Königreich Schottland wurde seit 1561 von Maria Stuart, der Witwe des französischen Königs Franz II., regiert. Die schottische Königin war katholisch. Sie lag im Kampf mit dem ungebärdigen Adel, der sich überwiegend zum Calvinismus bekannte. Ihre Ansprüche auf den englischen Thron waren erbrechtlich unanfechtbar, wenn man Elisabeth als illegitime Tochter Heinrichs VIII. betrachtete. Maria Stuart war ihrer englischen Rivalin an Schönheit und Anziehungskraft mindestens ebenbürtig, aber an politischer Energie und Zielstrebigkeit weit unterlegen. Ihr Scheitern trägt sehr persönliche Züge.

Gegen Lord Darnley, den sie 1564 geheiratet hatte, verbündete sie sich 1567 mit dem protestantischen Adel, da sie an Darnley die Ermordung ihres Sekretärs David Riccio rächen wollte. Als ihr zweiter Mann unter ungeklärten Umständen ums Leben kam, heiratete sie in dritter Ehe Bothwell, der Protestant war und als ihr Liebhaber und Mörder Darnleys galt. Dann geriet die Königin in die Gefangenschaft des rebellischen Adels, der sie zum Thronverzicht zwang und für ihren unmündigen Sohn Jakob eine Regentschaft errichtete.

1568 gelang Maria Stuart die Flucht nach England. Sie stellte sich unter den Schutz ihrer Rivalin Elisabeth, die aber nicht daran dachte, in die Angelegenheiten Schottlands einzugreifen. Vielmehr wurde die geflohene Königin nun in England als Gefangene festgehalten. Diese Vorsicht Elisabeths konnte nicht verhindern, daß die Anwesenheit der katholischen Thronprätendentin auf englischem Boden zum Signal für eine Aufstandsbewegung im katholischen Adel Nordenglands wurde. Der Aufstand war keineswegs ein eindeutig spontanes Ereignis. Er war von dem spanischen Gesandten in London systematisch geschürt und vorbereitet worden.

Das Verhältnis zwischen Madrid und London hatte sich aus zweierlei Gründen zugespitzt. Einmal war es die Hilfestellung, die Elisabeth in verdeckter, aber doch spürbarer Form den Hugenotten in Frankreich und den Aufständischen in den Niederlanden gewährte. Das Auftreten militanter protestantischer Widerstandsgruppen auf dem Festland, die an England einen Rückhalt besaßen, drängte Philipp II. zu einem aktiven Eingreifen. Mit dem konfessionellen Moment verbanden sich handels- und kolonialpolitische Konflikte. Englische Kapitäne begannen in den eifersüchtig gehüteten Raum des spanischen Kolonialreiches und Atlantikhandels einzudringen. Die Fortsetzung dieser erfolgreichen Kaperfahrten in der Karibischen See konnte durch sofort einsetzende Repressalien im englisch-spanischen Handel nicht verhindert werden. Der Kaper- und Handelskrieg ging weiter – mit zunehmenden Verlusten für die spanische Seite und wachsender seemännischer Überlegenheit der englischen Freibeuter.

Der Aufstand von 1569 endete mit einem blutigen Fehlschlag. Seine historische Bedeutung lag vor allem darin, daß Papst Pius V. sich durch ungenaue und übertriebene Nachrichten von der Aufstandsbewegung zu einem raschen Schritt gegen Elisabeth bewegen ließ. Ohne Philipp II. zu Rate zu ziehen und ohne die kirchenrechtlich vorgeschriebene Frist von einem Jahr zwischen Warnung und Vollzug einzuhalten, erließ der Papst am 25. Februar 1570 die Bulle *Regnans in excelsis*: Elisabeth, die »angemaßte Königin von England und ihr ketzerischer Anhang«, sei der Strafe der Exkommunikation verfallen. Das bedeutete gleichzeitig den Verlust der Thronrechte und die Exkommunikation für alle Untertanen, die Elisabeth weiterhin als Königin anerkannten. Dieser impulsive Schritt des Papstes erwies sich sehr rasch als ein politischer Mißerfolg, denn weder Spanien noch eine andere Macht dachte nach dem Scheitern des Aufstandes in Nordengland daran, die militärische Vollstreckung des päpstlichen Urteils zu übernehmen. Noch folgenreicher und schwieriger war aber die Wirkung auf die englischen Katholiken. Sie hatten ein Jahrzehnt lang auf das Wort Roms gewartet. Man kann der Auffassung sein, daß gerade in diesen zehn Jahren der Verwirrung der englische Katholizismus aus einer Majorität zu einer Minorität wurde. Nun war das Urteil ergangen. Aber es war in einer Form ergangen, welche die katholischen Untertanen Elisabeths in einen harten Loyalitätskonflikt stürzte und kaum lösbare

Probleme aufwarf. Durften die romtreuen Engländer weiterhin der politischen Obrigkeit gehorchen? War nicht das verschärfte Vorgehen der englischen Gesetzgebung und Justiz gegen die Katholiken, das jetzt einsetzte, durch die vom Papst verkündete Bulle gerechtfertigt? Mußten nicht in der Auslegung der politischen Tragweite der Bulle tiefe Meinungsverschiedenheiten innerhalb des englischen Katholizismus auftreten? Wie sollte ohne eine nachträgliche Einschränkung des päpstlichen Urteils in England ein Modus vivendi gefunden werden?

Der Papst hatte spontan gehandelt; er hatte sich aus innerster pastoraler Verantwortung zu der Bulle entschlossen und jede Verabredung mit politischen Instanzen bewußt vermieden. Aber die Idee der Exkommunikation eines Monarchen war den damaligen Umständen so wenig angemessen, daß gerade ein ohne Rücksicht auf staatliche Räson ergangener päpstlicher Akt eine heillose Verstrickung von Religion und Politik zur Folge haben mußte. Für die englischen Katholiken begann nun die Zeit der Verfolgung und der Blutopfer. Mit der Schärfe der Unterdrückung stieg auch die Zahl der jungen Engländer, die auf das Festland flohen und in den Seminaren zu Douai und Rom, bald auch in Valladolid und Sevilla die Ausbildung zum Priester und den Befehl zur heimlichen Rückkehr erhielten. Seit 1580 nahmen auch Jesuiten teil an dem Aufbau einer geheimen Missionskirche in England, die von der Regierung mit den schärfsten Strafen verfolgt wurde.

In politischer Hinsicht war die Stimmung in den Kreisen der englischen Katholiken innerhalb und außerhalb des Landes lange Zeit überwiegend versöhnlich. Der spätere Kardinal Allen, der Sprecher der englischen Emigration, appellierte immer wieder an Elisabeth, die er als legitime Herrscherin anerkannte, und suchte sie für eine Toleranz zu gewinnen. Die politische Wiederannäherung zwischen Spanien und England in den siebziger Jahren ließ den Gedanken an eine militärische Intervention in den Hintergrund treten. Erst im folgenden Jahrzehnt gewann im Zeichen einer veränderten politischen und geistigen Gesamtlage der Invasionsgedanke neue Kraft.

Aber die katholischen Exulanten, die 1588 die Ausfahrt der spanischen Armada zur Eroberung des Inselreiches mit ihren Gebeten begleiteten, kannten das neue England nicht, das unter der Herrschaft Elisabeths herangewachsen war. Ihre Hoffnungen auf eine katholische Erhebung waren unbegründet. Die Veränderungen im staatlichen und gesellschaftlichen Leben Englands waren so tief, daß sich auch die katholische Minderheit dem allgemeinen Prozeß der Umformung nicht entziehen konnte. Sie stand loyal zur Königin, die England verkörperte. Das Aufbauwerk der elisabethanischen Periode umfaßte alle Gebiete des Lebens. Im Gegensatz zu den Tendenzen des festländischen Absolutismus handhabte die Königin die Kronrechte zwar in energischer Form; aber sie betrachtete – wie schon Heinrich VIII. – das Parlament nicht als Hindernis, sondern als Instrument einer starken monarchischen Gewalt. In enger Zusammenarbeit zwischen Krone und Parlament entstand ein neuartiges System wirtschafts- und sozialpolitischer Förderungsmaßnahmen. Das Zentrum der Regierungstätigkeit lag in dem *Privy Council* der Königin. Diese oberste Behörde arbeitete kollegial; ihre Zusammensetzung spiegelte das Zurücktreten des Hochadels und die Vorherrschaft der bürgerlich-adligen Mittelschichten wider.

Der kaufmännische und maritime Tätigkeitsdrang dieser Schichten entfaltete sich immer stärker und suchte nach neuen Organisationsformen und überseeischen Märkten. Die *Muscovy Company* betrieb den Handel mit den russischen Weißmeerhäfen und den Warentransit über Moskau bis Persien. Ostsee- und Levantehandel gewannen steigende Bedeutung. Die westafrikanischen Küstengebiete boten im Sklavenhandel enorme Gewinnspannen. Vor allem aber lockte die atlantische Westroute. Je heftiger sich der Kampf gegen das spanische Schiffahrtsmonopol in Mittelamerika gestaltete, desto größer wurde auch das Interesse an der nordamerikanischen Küste und an der Südpassage. Auf der Suche nach der nördlichen Durchfahrt nach China drang Frobisher bis in die Hudson-Bay vor. Francis Drake umsegelte die Südspitze Amerikas, erklärte Kalifornien für englischen Besitz und kehrte als erster Weltumsegler seit Magellan über die Molukken wieder zurück.

In diesen abenteuerlichen Fahrten zeigte sich ein neuer Geist individueller Tatkraft und merkantiler Risikofreude. Aber nicht nur der Unternehmungsstil der Überseefahrten begann sich von der staatlich gelenkten Schwerfälligkeit der Handelsbräuche auf den älteren iberischen Handelsrouten zu unterscheiden. Auch im Schiffsbauwesen und in der nautischen Technik bedeutete die Epoche eines Francis Drake einen revolutionären Fortschritt. Die Erfahrungen der englischen Hochseeschiffahrt wurden alsbald in eine neue Konzeption der Seekriegführung umgesetzt. Die englische Flotte, die 1588 gegen die spanische Armada auslief, war mit ihrer wendigen Segeltechnik und der starken Bestückung erstmals zum artilleristischen Kampf auf hoher See gerüstet. So gingen technischer Fortschritt, organisatorischer Neuaufbau und individuelle Unternehmungsfreude eine Verbindung ein, die im Bewußtsein des Glaubenskampfes Englands gegen die »papistische Abgötterei« ein dynamisches Ziel fand.

Das Reich, der Norden und Osten Europas

Seit dem Scheitern der universalen Politik Karls V. hatte sich der Schauplatz der großen Entscheidungen im Ringen um die europäische Zukunft nach Westen verlagert. Die Mitte, der Norden und der Osten des Kontinents befanden sich in einem Stadium ruhigerer und regionaler Entwicklung, und erst im folgenden Jahrhundert verschob sich der Schwerpunkt der Ereignisse wieder nach Mittel- und Osteuropa. Der Kontrast zwischen dem stürmischen Rhythmus der westeuropäischen Geschichte und dem fast stagnierenden Zustand der deutschen Dinge war ein Ergebnis der Entscheidungen der Jahrhundertmitte. Mit dem Augsburger Religionsfrieden 1555 und den habsburgischen Teilungen 1555/58 zog das Reich einen Schlußstrich unter die turbulenten Kämpfe der ersten Jahrhunderthälfte. Aus den Erfahrungen des konfessionellen Bürgerkrieges, die Deutschland dem übrigen Europa voraus hatte, und aus der siegreich zu Ende geführten Opposition gegen die universale Herrscheridee Karls V. erwuchs der Wille der deutschen Fürsten, fortan in Ruhe und Frieden den eigenen Geschäften nachzugehen. In dieser Gesinnung waren Katholiken und Protestanten einig mit den Wiener Habsburgern, die nach Karl V. die Kaiserkrone trugen – mit Ferdinand I. (1558–1564) und dessen Sohn Maximilian II. (1564–1576).

Die fortbestehende föderative Kraft der alten Reichsverfassung hatte den Religionsfrieden möglich gemacht. Beide Konfessionen waren entschlossen, innerhalb der Ordnungen des Reiches zu leben und ihr Auskommen zu finden. Der Gedanke, die Reichsverfassung zu sprengen, war Katholiken wie Lutheranern gleich fremd, und der Anblick der fürchterlichen Bürgerkriege im Westen bestärkte sie in ihrem Auskommen. Aber es fragte sich, wie lange die Reichsverfassung im wachsenden Sturm der westeuropäischen Religionskämpfe und im Vordringen der militanten Formen des Calvinismus und der regenerierten katholischen Kirche ihre ausgleichende und abschirmende Rolle erfüllen werde. Vieles drängte auch hier zu Konflikt, Bruch und Austrag der hinausgeschobenen Entscheidung. Je ausschließlicher sich außerhalb der Reichsgrenzen das konfessionelle Prinzip durchsetzte und je mehr die alten Fürsten und Räte, die den Religionsfrieden geschlossen hatten, einer neuen Generation Platz machten, desto näher rückte die Gefahr der inneren Auflösung der friedenswahrenden Reichsverfassung.

Das erste Jahrzehnt nach dem Abschluß des Religionsfriedens stand auf katholischer Seite im Zeichen einer tiefen und fortdauernden Krise der kirchlichen Verhältnisse, während der deutsche Protestantismus zwar äußerlich noch im Voranschreiten, im Innern aber durch theologische Lehrstreitigkeiten geschwächt war. Dem Umsichgreifen des evangelischen Bekenntnisses war durch den in Augsburg 1555 aufgerichteten Grundsatz der territorialstaatlichen Religionshoheit keineswegs ein Ende gesetzt worden. In Adel und Bürgertum der nominell katholischen Fürstenstaaten griff der Abfall weiter um sich. Der Priestermangel führte vielerorts zu einem fast totalen Zusammenbruch der Seelsorge. Vielfach ergab sich aus dem institutionellen Tiefstand, aus dem Schwanken der Gesinnung bei Laien und Geistlichen und aus dem Lavieren der politischen Obrigkeit ein Suchen nach Kompromißformeln. Charakteristisch für diese Übergangssituation war die Forderung nach Laienkelch und Priesterehe, die in Jülich-Cleve, in Bayern, in Österreich laut wurde und von den Landesherren nach Rom weitergeleitet wurde. Innerhalb des Gesamtprozesses, der hier rascher, dort zögernder dem Endstadium einer eindeutigen konfessionellen Abgrenzung zustrebte, war die Kelchbewegung ambivalent. Sie konnte ein Übergangsstadium zum vollen Anschluß an die evangelische Lehre darstellen. Sie konnte aber auch als eine Möglichkeit erscheinen, durch Entgegenkommen in sekundären Fragen schwankende Bevölkerungsteile der katholischen Kirche zu erhalten.

Aus dieser sehr unsicheren Lage in den katholischen Territorien sind die Hoffnungen und Wünsche zu verstehen, mit denen man im Reich die dritte Sitzungsperiode des Trienter Konzils verfolgte. Kaiser Ferdinands Reformlibell und die bayerische Forderung nach Laienkelch und Priesterehe zielten in ähnliche Richtung. Aber der Weg, den das Konzil einschlug, ging im wesentlichen an den deutschen Sonderwünschen vorbei. Das Selbstverständnis der regenerierten Kirche ging von anderen Voraussetzungen aus. Die folgende Generation der im Sinne der tridentinischen Reform erzogenen deutschen Geistlichen und Bischöfe bedeutete einen entschiedenen Neuansatz, ihr Wirken konnte nur in seltenen Fällen unmittelbar an alte, innerdeutsche Reformanliegen anknüpfen.

Dieser Neuansatz im Stil des römischen Reformprogramms wurde in Deutschland in größerem Maßstab erst seit den siebziger Jahren fruchtbar. Bis dahin hatte sich auch in der Haltung der katholischen Fürsten ein fühlbarer Umschwung vollzogen. Der bayerische Herzog Albrecht V. dachte nicht daran, den Religionsfrieden anzutasten, an dessen Abschluß er mitgewirkt hatte. Seine Reichspolitik war fortgesetzt bemüht, die überkonfessionelle Solidarität der deutschen Fürsten zu stärken. Aber seit dem Abschluß des Konzils und seit der Niederwerfung einer protestantisch orientierten Adelsverschwörung war in der personellen und sachlichen Führung der innerbayerischen Politik ein starker, einheitlicher Zug zu spüren. Die Mittel bürokratischer Aufsicht und weitgehende, päpstlich sanktionierte Eingriffe in das kirchliche Rechtsleben und Vermögen wurden in den Dienst eines geschlossenen Systems katholischer Staatlichkeit und Erziehung gestellt. Die Jesuiten erhielten maßgebenden Anteil am bayerischen Schulwesen und am Wiederaufbau der Landesuniversität Ingolstadt. Während die Schranken gegenüber dem Kulturleben der protestantischen Teile Deutschlands zunehmend höher wurden, öffnete sich das Herzogtum und die Residenzstadt München stärker als je zuvor dem gegenreformatorisch geprägten und prägenden Einfluß der romanischen Welt. Künstlerische Prachtentfaltung im Dienste der katholischen Kirche und ein neuer Stil persönlicher Devotion, der vom Fürst und seinem Hof ernsthaft vorgelebt wurde, begannen das Gesicht des Landes zu verändern.

Von München griff die neue Gesinnung auf die verwandten habsburgischen Höfe über. In den österreichischen Erblanden war die Stellung des zum Protestantismus tendierenden oder übergetretenen Adels stärker. Dementsprechend reichte hier die Linie der innerlich schwankenden und nach außen taktierenden Religionspolitik, wie sie Kaiser Maximilian verkörperte, noch weit in die siebziger Jahre hinein. Aber auch hier entstanden durch das zielstrebige Wirken der Jesuiten und der päpstlichen Nuntien vielerorts Zentren entschiedenen kirchlichen Neuwerdens. Und Maximilian selbst begann der neuen Konstellation Rechnung zu tragen, indem er im Hinblick auf mögliche Erbfolgechancen seiner Familie in Spanien (nach dem Tode des Don Carlos) eine dynastische und politische Annäherung an den Kurs Philipps II. suchte.

Unter den evangelischen Reichsfürsten nahm Kurfürst August von Sachsen eine führende Stellung ein. Er war – ganz im Gegensatz zu seinem Bruder und Vorgänger Moritz – jedem kämpferischen Einsatz für die protestantische Sache abgeneigt. Seine Wirksamkeit konzentrierte sich auf den inneren Ausbau seines Staates. Den heftigen innerprotestantischen Lehrstreitigkeiten stand er innerlich unbeteiligt gegenüber. Diese stammten sowohl aus der Spaltung des Luthertums in eine gemäßigte, an Melanchthon anknüpfende, und eine schärfere, von Flacius Illyricus angeführte Richtung, wie aus dem Gegensatz des Luthertums zu Calvin. Das kirchenpolitische Ziel des Kurfürsten war die ruhige Stärkung des landeskirchlichen Regiments. Ein tatkräftiges Eingreifen in die Konfessionskämpfe Frankreichs und der Niederlande lag ihm fern. Zu einer weitergehenden theologischen Verständigung zwischen einer Anzahl lutherischer Reichsstände kam es erst durch württembergische Initiative. Aber auch diese Konkordie von 1580 schuf nur für einen Teil des deutschen Luthertums eine gemeinsame Lehrgrundlage. Andererseits wurde jetzt die Distanz zum Calvinismus vollends unüberbrückbar. »Lieber papistisch als calvinisch« wurde in Kreisen des sächsischen Luthertums zur offen ausgesprochenen Maxime. Im Zeichen einer scharf gehandhabten landesherrlichen Kirchenhoheit führte diese innerprotestantische Kluft zu ausgedehntem Gewissenszwang, der an die religiös depravierende und kulturell wie politisch parzellierende Wirkung der katholisch-protestantischen Polizeigrenze heranreichte.

Der vom Westen ins Reich eindringende Calvinismus konnte nur in begrenzten Gebieten und in eingeschränkter Weise wirksam werden. Während sich in Frankfurt und am Niederrhein einzelne Flüchtlingsgemeinden aus französischen und niederländischen Anhängern Calvins bildeten, wurde der Heidelberger Hof des pfälzischen Kurfürsten Friedrich III. zum deutschen Mittelpunkt des neuen Bekenntnisses. Der »Heidelberger Katechismus«, den die pfälzischen Hoftheologen 1563 veröffentlichten, bot die Lehre Calvins allerdings nur in abgeschwächter Form. Da der Religionsfriede bis 1648 ausdrücklich nur für Anhänger der Augsburger Konfession galt, gelang es damals und später nur auf dem Wege theologischer Verwässerung, für das »reformierte Bekenntnis« – wie man es jetzt in Deutschland nannte – den reichsrechtlichen Schutz zu erhalten. Auch wenn sich dem pfälzischen Bekenntnis später noch einige andere westdeutsche Territorien anschlossen – Hessen-Kassel, Anhalt, Bremen, Nassau-Dillenburg –, so kam dem Calvinismus bei seiner Verpflanzung in den deutschen Boden doch das ursprüngliche Charakteristikum einer dem Staat gegenüber selbständigen Gemeindeverfassung weitgehend abhanden.

Die religionssoziologische Dynamik des Calvinismus, die für die Formung der bürgerlichen Gesellschaft und des republikanischen Staatsdenkens in Westeuropa überaus wichtig wurde, konnte sich im Reich nur in Ausnahmefällen entfalten. Vielmehr entwickelte der deutsche Fürstenstaat dieser Zeit die gleichen Züge von patriarchalischer Fürsorge und polizeilicher Reglementierung im katholischen und lutherischen wie im calvinischen Bereich. Man darf die fortwirkende Rolle dieses Fürstenstaates, der sich gegen alle Versuche zu einer Belebung und Reform der Reichsverfassung siegreich behauptete, nicht unterschätzen. »Diese christliche Obrigkeit hat das politische Leben Deutschlands, mit starken Abwandlungen freilich, bis ins 18. Jahrhundert beherrscht, hat den Typus des deutschen Menschen – des loyalen, ehrsamen und unpolitischen, gottesfürchtigen deutschen Untertanen – mit ausgeprägt, die Eigenart des deutschen Geisteslebens wesentlich mitbestimmt« (Gerhard Ritter).

Der Kampf um die Auslegung des Religionsfriedens, der in die friedfertige Welt der deutschen Fürstenstaaten Bewegung brachte, war keineswegs der unmittelbare Ausdruck des Ringens zweier zum Letzten entschlossener kirchlicher Gruppen. Vielmehr lag diesem langwierigen Konflikt, der schließlich die Reichsverfassung sprengte und den Dreißigjährigen Krieg nach sich zog, eine verwickelte verfassungsrechtliche und strukturelle Situation zugrunde. Es ging um das Schicksal der geistlichen Territorien des Reiches. Diese seltsamen, kirchlich-weltlichen Staatsgebilde nahmen geographisch, bevölkerungsmäßig und im Verfassungsrecht eine Schlüsselstellung ein. Wurden sie protestantisch, dann war der volle Sieg der Reformation entschieden und die Wahl eines evangelischen Kaisers nur mehr eine Frage der Zeit. Die Erzbischöfe und Bischöfe wurden von ihren Kapiteln gewählt, die sich ganz überwiegend aus dem Adel und dem Fürstenstand rekrutierten. Sie waren als Reichsfürsten auf den Kaiser angewiesen, der ihnen die Regalien, das heißt die Hoheitsrechte für ihre reichsunmittelbaren Territorien, verlieh. Sie unterstanden dem Papst, von dem sie die Konfirmation, das heißt die bischöflichen Rechte für ihre Sprengel, erhielten. Das begann schwierig zu werden, sobald sich in West- und Norddeutschland unter dem Einfluß protestantischer Gruppen innerhalb und außerhalb der Domkapitel und unter dem Druck benachbarter protestantischer Fürsten die Fälle häuften, daß diese Bischofssitze der katholischen Kirche verlorengingen. Solche Vorgänge bedeuteten sowohl den Zusammenbruch der Bistumsorganisation als auch die Protestantisierung der Bevölkerung des jeweiligen fürstbischöflichen Territoriums (die freilich in manchen Fällen schon zuvor weit fortgeschritten war).

Der Religionsfriede von 1555 enthielt im »Geistlichen Vorbehalt« die Bestimmung, daß geistliche Fürsten, die zur Augsburger Konfession übertraten, ihr bischöfliches Amt wie ihre weltlichen Hoheitsrechte verlieren mußten. Aber die Rechtskraft dieser Bestimmung wurde von evangelischer Seite bestritten. Denn der Geistliche Vorbehalt war 1555 nur von den katholischen Reichsständen gebilligt und von Ferdinand kraft der Machtvollkommenheit des Reichsoberhauptes erlassen worden. Der Streit, der sich nun seit dem letzten Drittel des 16. Jahrhunderts um die Protestantisierung zahlreicher Reichsstifte erhob, rührte an die Frage nach den Grenzen der gesetzgeberischen Gewalt von Kaiser und Ständen. Diese Frage war in den Verfassungsgesetzen des Reiches niemals geklärt worden. Hier setzte also die Hebelkraft des konfessionellen Gegensatzes an, den man gerade durch das Schwergewicht der Reichsverfassung zu neutralisieren versucht hatte.

Der Kurfürst und Erzbischof von Köln, Gebhard Truchseß von Waldburg, war ein typischer Vertreter des deutschen Adels, wie man ihn bis dahin im deutschen Episkopat überall antreffen konnte. Er war von der katholischen Reform noch nicht geprägt, aber auch nicht innerlich für den Protestantismus gewonnen. Er liebte die Stiftsdame Agnes von Mansfeld und beschloß sie zu heiraten und auf die kurfürstliche und erzbischöfliche Würde zu verzichten. Nun besaß aber das Erzstift Köln gerade im Zeichen der niederländischen Kämpfe enorme politische und religionspolitische Bedeutung. Man kann wohl sagen, daß damals eine Protestantisierung des Erzstiftes das konfessionelle Schicksal von ganz Nordwestdeutschland in andere Richtung gelenkt hätte. Außerdem hätte sich eine protestantische Mehrheit im Kurfürstenkollegium ergeben. Das wußte man auf beiden Seiten. Waldburg ließ sich – entgegen seiner ursprünglichen Absicht – von der protestantischen Partei dazu bestimmen, Köln nicht aufzugeben, sondern es in ein evangelisches Kurfürstentum zu verwandeln. Er erklärte 1582 seinen Übertritt zur Augsburger Konfession. Die Gegenwehr der katholischen Partei ließ nicht auf sich warten. Im Zusammenwirken von Kaiser, Papst, Bayern und Spanien wurde der Kampf aufgenommen und schließlich mit dem Einsatz militärischer Mittel gewonnen. Die Niederlage Waldburgs war aber nicht nur eine Folge des Eingreifens der Katholiken, sondern ebenso das Ergebnis der Weigerung Kursachsens, eine wirkungsvolle Gegenaktion der protestantischen Fürsten herbeizuführen.

Der katholische Aspekt des »Kölner Krieges« ist deshalb besonders aufschlußreich, weil man auf der Suche nach einem geeigneten Gegenkandidaten niemand besseren fand als Herzog Ernst von Bayern. Dieser Kirchenfürst hatte damals bereits die Bistümer Freising, Lüttich und Hildesheim inne. Er war der Kurie als »großer Sünder« bekannt. Aber weder die persönliche Unwürdigkeit noch die grobe, durch päpstliche Dispense nur formal zu heilende Verletzung des in Trient erneuerten Verbots der Pfründenhäufung konnten die katholische Partei von dieser Kandidatur abhalten. Man glaubte, all diese dem katholischen Reformprogramm widersprechenden Fakten in Kauf nehmen zu müssen, um durch eine Figur mit hohem politisch-dynastischem Stellenwert die bedrohte Position zu retten.

Der Kampf um Köln enthüllt den sonderbaren und zwielichtigen Charakter, den der Konfessionskampf im Reich vor dem Hintergrund des Religionsfriedens annahm. Umwegiger als in Westeuropa, zunächst weniger grausam, aber doch den großen Krieg und den Tod und das Elend vieler Millionen nur aufschiebend – so stellte sich die deutsche Spielart der Verstrickung von Politik und Religion dar. Auch ein Aufschub kann jedoch wertvoll und rettend sein, und es war in den achtziger Jahren im Reich trotz zunehmender Häufung der Konflikte noch keineswegs ausgemacht, ob die Dinge zum großen Konflikt treiben mußten. Das deutsche Leben in den letzten Jahrzehnten des 16. Jahrhunderts zeigte keineswegs die Züge einer *facies hippocratica*. Wohl machte sich im Zeichen der konfessionellen Abgrenzung eine gewisse Stagnation des kulturellen Lebens bemerkbar. Aber warum sollte die neu orientierte Weltweite der kirchlichen Bindungen und Wirkungen nach dem protestantischen Norden und nach dem katholischen Süden hin auf längere Sicht nicht befruchtend wirken? Zwar hatte auch die wirtschaftliche Entwicklung Deutschlands unter der Störung der internationalen Handelslinien, unter der Erschöpfung der deutschen Erzgruben und unter einer passiven Außenhandelsbilanz zu leiden. Aber noch waren der Glanz und Reichtum der großen Handelsstädte im Norden und Süden des Reiches nicht gebrochen. Noch war Deutschland das am reichsten bevölkerte und wohlhabendste Land Europas. Seine Bevölkerung war an Frieden und Recht gewöhnt. Auf die Verwirrung und Bestürzung des konfessionellen Zwiespalts folgte eine neue Generation von Denkern und Forschern, die über die späthumanistische Gelehrsamkeit hinaus Fragestellungen universaler Art nachgingen. Die geistige Welt eines Jakob Böhme und eines Johannes Kepler gehört ebenso zum Bild des damaligen Deutschland wie die Verhärtung der konfessionellen Fronten. Die Zukunft war noch offen.

Für die Zukunft des Reiches und Europas waren die gleichzeitigen Vorgänge im Norden und Osten von großer, wenn auch wenig sichtbarer Bedeutung. Die skandinavischen Königreiche und die östliche Küste der Ostsee waren durch die Reformation in einen engeren Kontakt mit dem mittleren Deutschland gekommen. Andererseits traten von Rußland und Polen her neue Entwicklungen auf, welche die Ostsee zu einem Feld lebhafter Kraftlinien machten. Auch hier überschnitten und durchdrangen sich die politischen Interessen mit den Fronten des kirchlichen Ringens. Das Königreich Polen-Litauen wurde bald zum Mittelpunkt der von Rom in den Osten und Norden ausstrahlenden Kräfte. Während unter Zar Iwan IV. das orthodoxe Großfürstentum Moskau erstmals in den Kampf um die baltische Ostseeküste eingriff, ergab sich durch das Aussterben des jagiellonischen Herrscherhauses eine enge und spannungsreiche Beziehung zwischen Polen und Schweden.

Der schwedische König Johann III. war mit einer polnischen Prinzessin verheiratet. Er selbst neigte dem katholischen Glauben seiner Frau zu, und der aus Rom nach Stockholm entsandte Jesuit Possevino hoffte zeitweilig auf eine baldige Rekatholisierung Schwedens. In Polen war nach dem Tod des letzten Jagiellonen eine religionspolitische Vereinbarung zustande gekommen, die in manchem dem Augsburger Religionsfrieden entsprach. Die Warschauer Konföderation von 1573 sicherte sowohl Lutheranern wie Calvinisten volle Religionsfreiheit zu. Das kirchliche Schicksal Polens hing nun weitgehend von der Lösung der dynastischen Frage ab. Stephan Báthory (1575–1586) verdankte seine Wahl zum polnischen König der antihabsburgischen Partei des Adels. Um so wichtiger wurde für ihn eine enge Verbindung mit Rom, von der er sich auch Unterstützung im Kampf gegen Iwan IV. erhoffte. Das aktive Interesse Papst Gregors XIII. an den osteuropäischen Fragen zeigte sich in der berühmt gewordenen Sendung Possevinos nach Polen und Moskau. Es gelang dem Jesuiten, den Krieg zwischen Polen und Rußland zu schlichten. Aber die weiter gesteckten Ziele Roms – Zusammenschluß der Ostmächte zum Krieg gegen das Osmanenreich und Wiedervereinigung der russischen mit der lateinischen Kirche – gingen damals nicht in Erfüllung.

Nach Báthorys Tod wählte Polen einen König aus der schwedischen Dynastie Wasa. Sigismund, Sohn des schwedischen Königs Johann III., war Katholik. Er führte die Politik des engen Einvernehmens mit Rom fort. Durch eine energische Förderung der Jesuiten und der Kirchenreform in allen Teilen des Landes leitete er die Epoche der Identität von polnischem Staat und katholischem Glauben ein. Das war eine Wendung, die weit über die polnischen Grenzen hinaus wirkte. Einerseits griff Sigismund die schon von Possevino verfolgte Aufgabe der Union mit der russischen Kirche auf. Einen Teilerfolg stellte die Synode von Brest (1596) dar, die eine Union der im polnisch-litauischen Staatsgebiet lebenden russisch-orthodoxen Gemeinden mit Rom brachte. Damit stiegen die Hoffnungen auf eine weitergehende Anschlußbewegung.

Auf der anderen Seite trat die Frage der Rekatholisierung Schwedens in ein neues Stadium, als Sigismund nach dem Tod seines Vaters nach Stockholm ging und die schwedische Krone mit der polnischen vereinigte. In seiner Begleitung befand sich der päpstliche Nuntius Malaspina, aber die Schwierigkeiten einer sofortigen Restauration der katholischen Kirche in Schweden erwiesen sich als unübersteigbar. Der König überließ zunächst seinem Onkel Karl von Södermanland die Führung der Regierung und kehrte nach Polen zurück. Die Entscheidung darüber, ob Polen und Schweden zu einem mächtigen katholischen Reich vereinigt werde, war einstweilen hinausgeschoben. Der spätere Aufstieg Schwedens zur protestantischen Vormacht und zum Retter des deutschen Protestantismus war zu Ende des 16. Jahrhunderts noch nicht erkennbar. Einstweilen war dem siegreichen Vordringen der Gegenreformation in den Ostseeraum kein ebenbürtiger Widerstand entgegengetreten.

Der Ausgang der gegenreformatorischen Politik Philipps II. und der beginnende Wiederaufstieg Frankreichs

Die Macht Spaniens in Europa und in Übersee erreichte ihren Zenit, als das portugiesische Königshaus 1580 ausstarb und Philipp II. die Herrschaft über Portugal an sich brachte. Damit war nicht nur die Einheit der Iberischen Halbinsel, sondern auch der

Anschluß des portugiesischen Kolonialreiches erreicht, das sich von Brasilien über Afrika bis Indien und Südostasien erstreckte. Fortan war der spanische König der Herr der Weltmeere. Aber gerade die handelspolitische und maritime Geschlossenheit des neuen globalen Systems forderte zum Widerspruch und zur Gegenwehr heraus. Frankreich versuchte, auf den Azoren und in Brasilien Rechte geltend zu machen. Noch stärker wurden die spanisch-englischen Beziehungen durch die neue Situation in Mitleidenschaft gezogen. Das schwankende System positiver und negativer Faktoren zwischen Madrid und London geriet nun endgültig aus dem Gleichgewicht.

Immer enger und eindeutiger verbanden sich politische, wirtschaftliche und kirchliche Gesichtspunkte; man näherte sich von beiden Seiten schrittweise dem offenen Konflikt: Komplotte in England, um Elisabeth zu beseitigen, Erörterung von Invasionsplänen zwischen der Kurie und Madrid, Embargo gegen die englischen Kauffahrer in den iberischen Häfen, Kaperkrieg der Engländer an der spanischen Küste, in der karibischen See und in Florida. Die Hinrichtung der gefangenen Königin Maria Stuart in Schloß Fotheringhay (Februar 1587) brachte die entscheidende Wende. Nun fühlte sich Philipp II. als einziger Treuhänder der Sache der englischen Katholiken. Er entschloß sich zur Tat und bereitete die Landung in England für den Sommer 1587 vor. Durch den Sieg über Elisabeth sollte auch der Kampf um die Niederlande entschieden werden. Alessandro Farnese wurde beauftragt, das Zusammenwirken seiner Festlandstruppen mit der spanischen Landungsflotte vorzubereiten. Ebenso sollte die Entscheidung in England nach Frankreich wirken und den Zusammenbruch der Hugenottenmacht nach sich ziehen.

Der römische Partner dieses großangelegten Planes gegenreformatorischer Waffenentscheidung war Papst Sixtus V. (1585–1590). Sein Werdegang und seine Gestalt spiegeln den tiefen Umschwung der römischen Dinge wider. Felice Peretti stammte aus ganz einfachen Verhältnissen. Es ist kein Anlaß gegeben, die Erzählung zu bezweifeln, daß er die Schweine hütete, bevor er zwölfjährig in ein Franziskanerkloster eintrat. Ein asketisches Leben als Prediger und Seelsorger führte ihn zum Staunen der Welt auf den päpstlichen Thron. Die wenigen Jahre seines Wirkens bedeuteten einen Höhepunkt in der weltweiten Wirkung des Reformpapsttums. Sie haben im Bild der Stadt Rom, in der innerkirchlichen Reformarbeit und in der politischen Geschichte des Papsttums tiefe Wirkungen hinterlassen.

Sixtus V. hatte einen überraschend scharfen Blick für die Bedeutung Englands und für die Persönlichkeit der englischen Königin. Er hoffte zeitweilig auf Elisabeths Konversion und hat ihr in Geheimverhandlungen, die bis heute nicht ganz geklärt sind, trotz der Bannbulle Pius' V. anscheinend sehr weitgehende Angebote gemacht. Dann aber schloß er sich den spanischen Plänen an. In den Verhandlungen mit Philipp II. setzte der Papst allerdings seine persönliche Meinung durch, daß die englische Krone – im Falle des Gelingens der Invasion – nicht dem spanischen König selbst zufallen dürfe. Der am 27. Juli 1587 unterzeichnete Geheimvertrag zwischen Rom und Madrid sah eine entsprechende Lösung der dynastischen Frage in England vor. Gleichzeitig verpflichtete sich der Papst zu einer Geldhilfe von einer Million Scudi.

Die Ausfahrt der spanischen Armada zur Niederwerfung der ketzerischen Königin Englands erfolgte im Sommer 1588. Sie wurde in der katholischen Welt von Gebet und

Prozessionen begleitet. Die strategische Vorbereitung und die nautische und militärische Ausrüstung waren hinter den ursprünglichen Absichten zurückgeblieben. Aber Philipp II., der sonst lange zögerte, ließ sich auch durch Sturmschäden, die schon an der spanischen Nordküste auftraten, nicht mehr umstimmen. Unter dem Kommando des Herzogs von Medina Sidonia segelte die »unbesiegbare Flotte« der englischen Südküste entgegen, wo sich innerhalb weniger Tage ihr Schicksal entschied. Bessere Ortskenntnis, Segeltechnik und artilleristische Ausrüstung sicherten den englischen Seestreitkräften in einer Serie von Gefechten die Überlegenheit. Die traditionelle spanische Taktik des Enterkampfes Schiff an Schiff erwies sich gegenüber dem neuartigen englischen Gefechtsstil des artilleristischen Fernkampfes als wirkungslos. Das geplante Zusammenwirken mit Farneses Landungskorps kam nicht zustande. Nirgends wurde die englische Küste erreicht. Andererseits glückte auch der englischen Flotte kein spektakulärer Sieg über die Armada. Auf der Höhe von Gravelingen gelang es Medina Sidonia, der feindlichen Gefechtsaufstellung auszuweichen und die Ausfahrt in die Nordsee zu gewinnen. Er umsegelte Schottland und Irland, und im Laufe des Oktober kehrte etwa die Hälfte der spanischen Schiffe in schwer angeschlagenem Zustand nach Santander zurück. Den ganzen August über hatte an den europäischen Höfen Unklarheit über den Ausgang des Unternehmens geherrscht. In Paris und Rom waren von den Spaniern Siegesnachrichten verbreitet worden. Desto nachhaltiger war nun die Wirkung der Niederlage. Philipp II. zog sich in die Einsamkeit zurück, erneuerte sein Testament und führte stundenlange Gespräche mit seinem Beichtvater.

Spaniens Macht und Ruhm hatte durch die Niederlage der Armada eine Einbuße erlitten, aber keine tiefgehende Erschütterung erfahren. Das zeigte sich schon 1589, als die Gegenoffensive der englischen Flotte an der spanischen und portugiesischen Atlantikküste siegreich abgewiesen wurde. Für den Fortgang des europäischen Ringens bedeutete das Jahr 1588 einen Wendepunkt. Aber erst durch die nachfolgenden Entscheidungen auf französischem Boden erhielt die Niederlage der Armada definitive und weltgeschichtliche Bedeutung. Während das Bündnis zwischen Philipp II. und der Liga (1585) die spanische Intervention im französischen Konfessionskampf verstärkte, sah sich das Papsttum gegenüber Frankreich – anders als zuletzt im Falle Englands – vor überaus schwierigen Problemen. Ein Sieg des Protestantismus in diesem Lande mußte einen religiösen Umschwung mit unübersehbaren Folgen für ganz Europa bewirken. Andererseits konnte eine erfolgreiche Intervention Philipps II. von Spanien an der Seite der Liga eine Vernichtung der Unabhängigkeit Frankreichs und damit den entscheidenden Schritt zur Erneuerung der *Monarchia Universalis* im Sinne Karls V. bedeuten. Diese zweite Möglichkeit – darüber gab sich Sixtus V. zunehmend Rechenschaft – war für den Fortbestand des erneuerten Papsttums als selbständiger geistiger Macht fast ebenso gefährlich wie die Protestantisierung Frankreichs. Dies war die Aporie, aus der Sixtus sich und die katholische Kirche zu befreien hatte.

Schon bald nach der Erhebung des Papstes waren in Rom als Vertreter der Liga der Herzog von Nevers und Kardinal Karl von Lothringen eingetroffen. In enger Zusammenarbeit mit Olivares, dem Gesandten Spaniens, versuchten sie die Kurie für die bedingungslose Unterstützung der Liga zu gewinnen. Die Partei Heinrichs III., vertreten in Rom durch den Kardinalprotektor Este und den Gesandten Vivonne, arbeitete nach Kräften gegen sie. Die Liga – so erklärten sie mit Nachdruck dem Papst – vertrete nur einen Bruchteil der französischen Katholiken: Rebellen gegen den König unter dem Deckmantel der Religion, die der Religion schadeten, indem sie den König durch ihre Parteibildung in die Arme der Hugenotten trieben.

Sixtus hielt beide Gruppen hin und versuchte Zeit zu gewinnen, um sich ein klares Bild von den verwickelten Verhältnissen zu machen. Sein Nahziel war eindeutig: Vereinigung von König und Liga gegen die unter der Führung Heinrichs von Navarra kämpfenden Hugenotten, Sammlung aller Katholiken gegen die Häretiker. Aber die Ligisten drängten; sie wollten eine päpstliche Bulle, die Navarra und den Herzog von Condé als rückfällige Ketzer auf immer von der Thronfolge ausschloß. Sixtus wies den Kardinal von Lothringen ab, als er in der Abschiedsaudienz nochmals auf den Erlaß der Bulle drängte. Die Delegierten der Liga verließen Rom unverrichteterdinge.

Der neue Nuntius, der nach Paris entsandt wurde, gehörte der ligistischen Richtung an. Heinrich III. verwehrte ihm in Lyon die Weiterreise. Sixtus fühlte sich persönlich verletzt und verwies den Gesandten des Königs aus Rom. In diesem Klima erfolgte nun doch mit plötzlichem Entschluß die Abfassung der Bulle gegen Heinrich von Navarra und den Herzog von Condé. Sie wurde am 21. September 1585 publiziert. Die beiden Bourbonen wurden exkommuniziert und als »Söhne des Zornes« aller Würden und Rechte, insbesondere hinsichtlich der Thronfolge, für verlustig erklärt. Ihre Untertanen wurden des Treueids entbunden, und Heinrich III. erhielt die Aufforderung zur Vollstreckung.

Aber der König publizierte die Bulle nicht einmal; er blieb sozusagen neutral. Das Ziel des Papstes, durch die Bulle die Vereinigung der französischen Katholiken zu bewirken, war nicht erreicht. Im Gegenteil: Quer durch die Konfessionen erregte die Bulle heftigsten Widerspruch als eine unbefugte Einmischung der geistlichen Gewalt in die politischen Verhältnisse Frankreichs. In den nächsten Jahren stießen immer mehr Katholiken zur Partei Navarras, der die einzige Hoffnung auf eine nationale Zukunft Frankreichs bildete.

Diese nächsten Jahre brachten statt eines wirkungsvollen Zusammengehens von König und Liga gegen Navarra zunehmende Zwietracht und steigende Fortschritte Navarras. Im Jahr der Armada überstürzten sich die Ereignisse. Der König floh zunächst vor dem Herzog von Guise aus Paris, unterwarf sich dann aber ganz dem Diktat der Liga und bestellte Guise zum Oberbefehlshaber des vereinigten Heeres. Zuletzt ließ er – im Wahn, seine Handlungsfreiheit dadurch zurückgewinnen zu können – den Herzog von Guise und dessen Bruder, den Kardinal Louis de Guise, heimtückisch ermorden. Der Kardinal von Bourbon wurde gefangengesetzt. In diesem wechselvollen Ablauf spiegelte sich deutlich der Umschwung der öffentlichen Meinung von der Erwartung des spanischen Sieges zur positiven Reaktion auf die englisch-protestantische Selbstbehauptung.

Die Liga, nach dem Tod ihrer Häupter jetzt unter der Führung des Herzogs von Mayenne, begann den offenen Kampf gegen den König und Navarra zugleich. Philipp II. setzte nach dem Scheitern des englischen Unternehmens nun ganz auf die französische Karte. Heinrich III. näherte sich Navarra und vollzog am 30. April 1589 die Vereinigung seiner Armee mit den hugenottischen Truppen. Sixtus V., der zunächst den Tod der Guisen als eine Erleichterung für den Zusammenschluß der Katholiken betrachtete, war aufs tiefste betroffen. Er erließ am 24. Mai ein Monitorium an Heinrich III., das unter Ausschluß der politischen Frage – Verbindung mit den Hugenotten – den König wegen der Ermordung des Kardinals Louis de Guise rügte, die Freilassung des Kardinals Bourbon forderte und Heinrich III. mit einer Frist von sechzig Tagen nach Rom zitierte. Die spanisch-ligistische Partei triumphierte. Kurz nach Ablauf der Mahnfrist wurde der König von dem jungen Dominikaner Jacques Clément erstochen.

Sixtus sah in dem Mord ein Gottesurteil. Aber was war nun zu tun? Navarra wurde sofort von seiner Armee und den königstreuen Katholiken als Heinrich IV. zum König von Frankreich ausgerufen. Die Liga ihrerseits proklamierte den greisen Kardinal Bourbon, der sich gefangen in den Händen der Gegenpartei befand, als Karl X. zum König und bestürmte den Papst um dessen Anerkennung und um Unterstützung ihres Kampfes für die katholische Religion. Philipp II. ging nun so weit, die Entsendung Farneses mit dem Gros seiner Truppen aus den Niederlanden nach Frankreich vorzubereiten. Das bedeutete für den Kampf der Aufständischen eine wesentliche Entlastung und den Übergang von der Defensive zu erfolgreicher Offensive. Auch Sixtus V. kam zu der Ansicht, daß der Einsatz der spanischen Waffen nicht mehr zu umgehen war, selbst wenn über der Rettung der katholischen Religion die selbständige staatliche Existenz Frankreichs gefährdet wurde. Er entsandte im Herbst 1589 den Kardinallegaten Caetani nach Frankreich. Caetani stand den Spaniern nahe, aber seine Instruktionen waren unklar: Neben bedingungsloser Unterstützung der Liga stand der Gedanke einer möglichen Rückkehr Heinrichs von Navarra zur katholischen Kirche. Strafmaßnahmen gegen seine katholischen Anhänger waren keineswegs vorgesehen.

Während Caetani in Frankreich bald ganz in die Bahnen der extremen Ligisten geriet, bedrängte in Rom die spanische Partei ununterbrochen den Papst und seine Umgebung. Es kam dahin, daß Sixtus ein Bündnisangebot an Philipp II. entwerfen ließ, das im Dezember 1589 nach Madrid überbracht wurde. Es enthielt den Vorschlag eines gemeinsamen Feldzuges gegen Navarra unter einem vom Papst zu ernennenden Befehlshaber. Für den Fall des Ablebens des Kardinals Bourbon stellte der Papst die Regelung der französischen Thronfolge dem Belieben Philipps anheim. Die italienischen Staaten sollten zum Eintritt in das päpstlich-spanisch-ligistische Bündnis eingeladen werden. Aber während die Tinte dieses Entwurfes noch nicht getrocknet war, begann sich bei Sixtus bereits jener Umschwung abzuzeichnen, der schließlich mit der Absage an Spanien den Weg für Navarras Konversion und für die Erhaltung der nationalen Integrität Frankreichs freimachte.

Dieser Umschwung wurde von Venedig her eingeleitet. Am Anfang stand ein heftiger Konflikt mit der Markusrepublik, die als erster katholischer Staat den Hugenotten Navarra als König von Frankreich anerkannt hatte. Der Nuntius verließ protestierend Venedig; die Signorie entsandte Donato, ihren gewiegtesten Diplomaten, nach Rom, um den Bruch mit Sixtus zu verhindern. Die Verhandlungen verliefen negativ. In der Abschiedsaudienz Donatos, als die Kluft zu der kirchenrechtlich bestimmten Haltung Roms unüberbrückbar schien und weder Sixtus noch der Venezianer ihren Argumenten Neues hinzufügen konnten, appellierte Donato nochmals an die Gemeinsamkeit der Interessen von Rom und

Venedig gegenüber dem spanischen Übergewicht in Italien und Europa. Mit einer plötzlichen Wendung zog Sixtus sein Ultimatum gegen Venedig zurück. Der Bruch war vermieden, und die Anerkennung Heinrichs IV. durch eine katholische Macht wurde vom Papsttum toleriert.

Die nächste Etappe begann mit dem Eintreffen des Herzogs von Luxemburg in Rom, der im Namen der katholischen Anhänger Navarras Sixtus im Januar 1590 aufsuchte. Und während Philipp im Escorial die Bündnisvorschläge des Papstes erhielt und schleunigst positiv beantwortete, gewann der Abgesandte des französischen Königs von Tag zu Tag Terrain bei Sixtus V. Er schlug dem Papst vor, geeignete Geistliche zu Heinrich zu senden, um ihn in der wahren Religion zu unterweisen. Heinrich glaube durchaus an die Gegenwart Christi im Altarsakrament. »Das ist eine gute Nachricht«, rief Sixtus aus.

Olivares und die spanischen Kardinäle verlangten die sofortige Entfernung Luxemburgs. Sixtus weigerte sich auf das entschiedenste. Inzwischen traf die Antwort Philipps auf das Bündnisangebot des Papstes vom Dezember 1589 in Rom ein. Sie war zustimmend in allen Punkten und mahnte zu raschem Handeln. Olivares drängte den zögernden Papst. Er verlangte im Namen Philipps die sofortige Exkommunizierung aller katholischen Anhänger Navarras, die Ausweisung Luxemburgs und eine nochmalige Erklärung, daß Navarra für immer vom Thron ausgeschlossen sei. Wenn Sixtus sich weigere, werde Philipp allein weitere Maßnahmen im Dienste Christi treffen. Der Papst war aufs äußerste erregt und drohte Philipp II. seinerseits mit Exkommunikation.

Eine Woche später wiederholte sich die Szene, und in einer weiteren Audienz vom 17. März 1590 kam es so weit, daß Olivares dem Papst drohte, Philipp werde sich vom Gehorsam gegen den Heiligen Stuhl lossagen. Sixtus brach die Konferenz ab und suchte Rückhalt bei einer außerordentlichen Kardinalskongregation. Der Standpunkt der Ablehnung der spanischen Forderungen setzte sich durch. Inzwischen traf die Nachricht von einer blutigen Niederlage ein, die Navarra bei Ivry dem Ligaheer beigebracht hatte. Sixtus dachte nun sogar daran, den Legaten Caetani zurückzuberufen, dessen Tätigkeit bei den Ligisten jetzt so wenig den päpstlichen Intentionen entsprach. Aber die Kardinäle rieten ab. So blieb alles in der Schwebe.

Jedenfalls in Rom. In Frankreich war am 9. Mai 1590 Kardinal Bourbon, der ligistische Gegenkönig, gestorben, während Navarra bereits die Vorstädte von Paris besetzt hielt. Jetzt erst betrachtete auch Philipp II. den französischen Thron als vakant. Die Weisungen, die er seinen Vertretern in Frankreich gab, zeigen, wie er sich für die eventuelle Erhebung eines der Ligafürsten auf den Thron bezahlen lassen wollte: Abtretung der Bretagne, der Dauphiné, des Herzogtums Burgund an Spanien. In den folgenden Verhandlungen trat dann immer deutlicher der Plan Philipps zutage, die französische Krone für seine Tochter Clara Isabella Eugenia (aus der Ehe mit Elisabeth von Valois) zu gewinnen.

In Rom traf indessen der junge Herzog von Sessa ein, um als spanischer Sonderbotschafter den Widerstand des Papstes gegen die französische Unternehmung endgültig zu brechen. Sessa trat in den Audienzen höflich auf, aber in der Sache ergaben sich die gleichen erbitterten Gegensätze. Immer mehr wuchs die Skepsis des Papstes gegen die spanischen

Das Grabmal des Papstes Sixtus V. in S. Maria Maggiore in Rom
Bau des Domenico Fontana, die Papstfigur von Leonardo Sormani, 1587

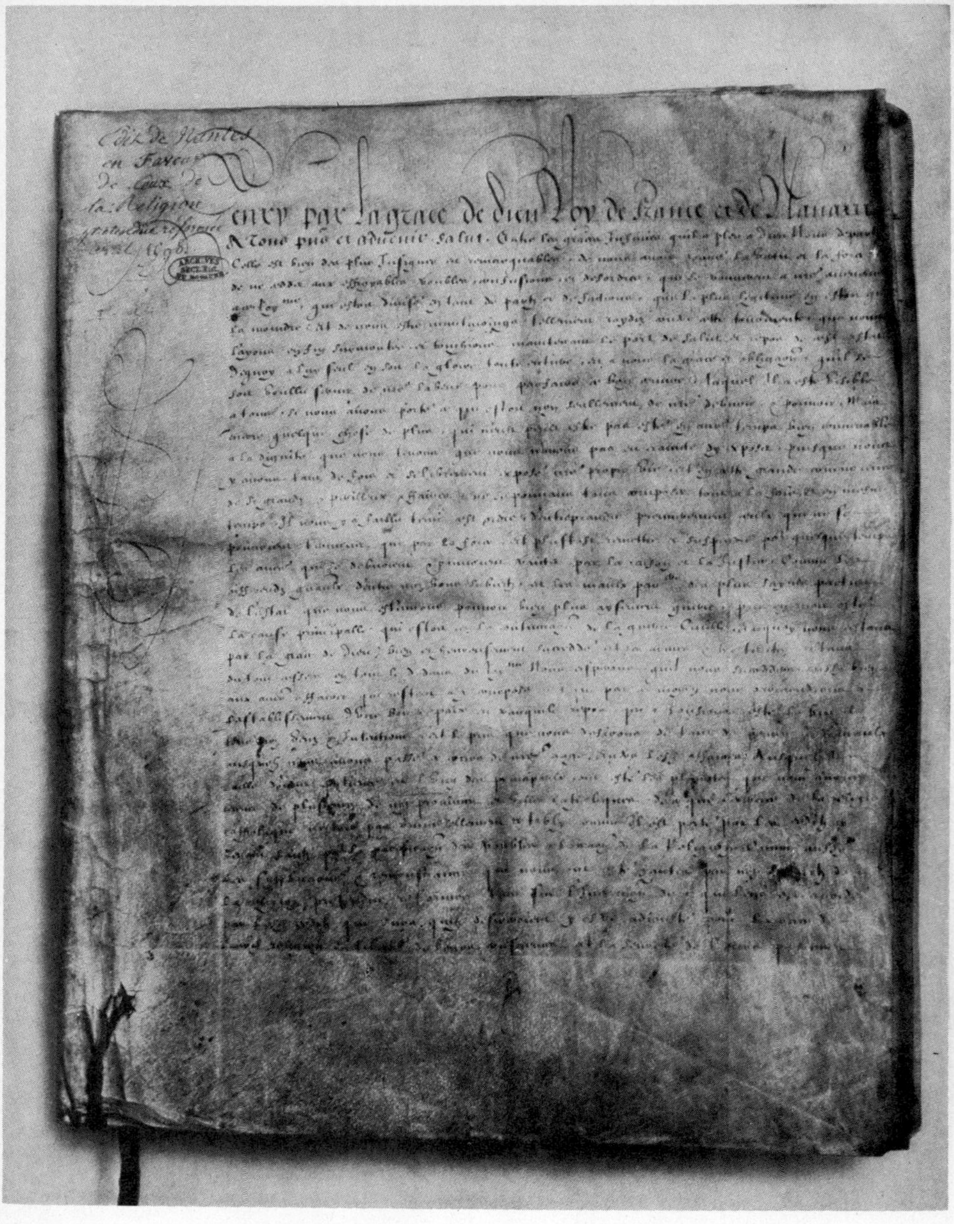

Das Edikt von Nantes vom 13. April 1598
Die erste Seite des von König Heinrich IV. unterzeichneten Dokuments
Paris, Archives Nationales

Absichten. Er trug sich mit dem Plan einer öffentlichen Erklärung: Die Spanier verfolgten in Frankreich unter dem Deckmantel der Religion nur ihre ehrgeizigen Pläne, und sie verklagten ihn, den Papst, der sich dabei nicht als ihr Instrument benützen lassen wolle, der Begünstigung der Häresie. Während in der Hitze des römischen Sommers Audienz auf Audienz und Beratung auf Beratung folgten, während die Anspannung dieses Ringens die Gesundheit des Papstes zermürbte, versteifte sich sein Widerstand gegen die Forderungen der Spanier weiter. Wohl ließ er einen neuen Vertragsentwurf ausfertigen, der das militärische Eingreifen gegen Navarra vorsah, verweigerte aber die Unterschrift. Er berief sich dabei auf die Kardinalskongregation für französische Angelegenheiten, der er zum Erstaunen aller plötzlich die Frage vorgelegt hatte: Ob die Wahl eines französischen Königs beim Fehlen eines leiblichen Erben Sache des Papstes sei?

Sessa stellte Sixtus ein Ultimatum zum 1. August; dieser weigerte sich weiter. Er wußte, daß Navarra Paris schon eingeschlossen hatte. Er hoffte, daß jeder Tag die Nachricht vom Fall der Stadt bringe und daß dem Einzug Navarras in Paris seine Konversion folgen werde und müsse. Am 19. August hatte Sessa die letzte Audienz bei Sixtus. Seine Mission war bereits gescheitert. Die Würfel waren gefallen: Sixtus setzte auf Navarra. Aber die Kräfte des Papstes waren nun vollends erschöpft. Das Fieber verließ ihn nicht mehr. Am 21. August rief er nochmals die französische Kongregation zusammen. Er erging sich in wirren und phantastischen Anklagen gegen die Spanier, betete für die Bekehrung Navarras und prophezeite Philipp das Schicksal Nabuchodonosors. Es war die Sprache eines Schwerkranken. Sechs Tage später war Sixtus V. tot.

Der Papst hatte die politische Verfremdung des kirchlichen Problems nicht zu überwinden vermocht. Diese Verfremdungstendenz lag zu tief in der politischen Konstellation der Zeit begründet. Aber er hatte immerhin den pastoralen Gesichtspunkt mit solcher Schärfe gegen Spanien geltend gemacht, daß der Weg gewiesen war für eine Lösung der französischen Krise in den folgenden Jahren. 1593 trat Heinrich von Navarra zum katholischen Glauben über. Seine Motive waren politisch; nur auf diesem Wege konnte die staatliche Einheit Frankreichs gerettet werden. 1594 wurde der König zum *Rex christianissimus* gesalbt. Er konnte in das bis dahin von spanischen Truppen besetzte Paris einziehen. 1595 folgte die feierliche Absolution durch Papst Clemens VIII.

Der Niederlage Philipps II. in Frankreich folgte mit unerbittlicher Logik der Gegenangriff Heinrichs IV., der sich bedenkenlos mit England und den Niederländern gegen Spanien verbündete. So war nun aus den Erfahrungen des französischen Konfessionskampfes nicht nur ein neuer Typus innerstaatlicher Ordnung jenseits der kirchlichen Frontstellungen entstanden. Die neue Monarchie Heinrichs IV. durchbrach auch in der europäischen Politik sogleich das konfessionelle Prinzip und kämpfte unter rein politischen Vorzeichen gegen das katholische Spanien. Das bedeutete eine entschiedene Verbesserung der Lage der protestantischen Mächte und sicherte dem Freiheitskampf der nördlichen Niederlande den Sieg. Von dieser Wendung war am unmittelbarsten das Papsttum betroffen. Clemens VIII. tat, was er tun konnte. Er vermittelte Friedensverhandlungen zwischen Heinrich IV. und Philipp II. Am 2. Mai 1598 konnte in Vervins der Friedensvertrag unterzeichnet werden, der im wesentlichen die Bestimmungen von Cateau-Cambrésis erneuerte.

Aber jene vierzig Jahre, die seit der *Pax catholica* vergangen waren, hatten nicht zum Siege der katholischen Sache geführt, sondern ganz neuartige Entwicklungen gebracht.

Philipp II. starb wenige Monate nach dem Friedensschluß. Der Wiederaufstieg Frankreichs unter Heinrich IV., der 1593 einsetzte, vollzog sich in Bahnen, die innen- wie außenpolitisch dem System der *Monarchia Hispanica* entgegengesetzt waren. Der französische König gewährte im Edikt von Nantes (13.4.1598) den Hugenotten eine gesicherte Rechtsstellung und weitgehende Freiheit des protestantischen Gottesdienstes. Auf der Basis konfessioneller Duldung begann ein wirtschaftliches und administratives Aufbauwerk großen Stils, das von dem starken und planenden Willen des Königs durchpulst war. Die Krongewalt allein war imstande, die fürchterlichen Wunden der Bürgerkriegszeit zu heilen. Die Katholiken – Laien und Klerus – wirkten in diesem Neuaufbau loyal und bereitwillig mit den Protestanten und der Krone zusammen. Der Elan des gemeinsamen Wiederaufbaus wurde zum Signum der Epoche Heinrichs IV. Und die Bindekraft dieses innerstaatlichen Zusammenwirkens wurde so stark, daß viele französische Katholiken bereit waren, eine Außenpolitik zu billigen und mitzugestalten, die das Gemeinwohl Frankreichs über die konfessionelle Solidarität stellte.

Ergebnisse

Noch einmal die Wegstrecke überschauend, die Europas Völker und Staaten im 16. Jahrhundert durchschritten, sucht der Blick in der Fülle und Gegensätzlichkeit des Geschehens die vorherrschenden Tendenzen festzustellen. Im Wandel der politischen und religiösen Lebensformen sehen wir einerseits einen starken Zug von der Einheit zur Vielgestaltigkeit. Die Idee einer hegemonialen Zusammenfassung der europäischen Staatenwelt machte den Inhalt der politischen Kämpfe im Zeitalter Karls V. aus. Aber die ausgreifenden Schritte, mit denen sich der Kaiser der *Monarchia Universalis* näherte, waren mehr von Mißtrauen und Abwehr als von Zustimmung begleitet. In dem politischen und geistigen Widerstreit von Einheitsgedanke und Pluralismus waren alte und neue Elemente der europäischen Geschichte auf beiden Seiten zu finden. Die Idee eines kaiserlichen *Dominium mundi* stammte aus der mittelalterlichen Geisteswelt. Doch der Weltherrschaftsgedanke, wie ihn etwa Gattinara dem Kaiser nahegebracht hatte, enthielt durchaus neuzeitliche Züge rationaler Politik und universaler Planung, und die Wege und Methoden der Vollstreckung dieser Politik gehörten nicht mehr dem Mittelalter, sondern dem Jahrhundert Machiavellis zu. Ein ähnliches Ineinandergreifen von Vergangenheit und Neuorientierung ist auch auf der Seite der Gegner des Kaisers zu finden. Die tiefverwurzelten eigenstaatlichen Traditionen und das differenzierte Selbstbewußtsein der europäischen Völker, an denen Karl V. scheiterte, waren Erbstücke und Ergebnisse der mittelalterlichen Entwicklung. Das schloß nicht aus, daß die konfliktreiche Behauptung dieses pluralistischen Erbes des Abendlandes einen Aufbruch neuer Gestaltungskräfte im geistigen, politischen und sozialen Leben bedeutete. Nach der Mitte des Jahrhunderts schien mit dem Scheitern der universalen Politik Karls V. der Sieg der zentrifugalen Kräfte im staatlichen Bereich Europas endgültig gesichert.

Ähnlich verlief die Entwicklung der religiösen Lebensformen Europas. Die Einheit der Papstkirche und der in ihr bestehenden Frömmigkeit, Theologie und Rechtsnormen wurde von Martin Luther und seinen Anhängern gesprengt. Die neuerlebte Unmittelbarkeit des Menschen zu Gott führte zur Bildung neuer Formen der religiösen Vergemeinschaftung. Dabei war Luthers Tat bei aller Einmaligkeit seines religiösen Ingeniums tief in dem Gang der abendländischen Geistes- und Kirchengeschichte begründet. Er zog die Konsequenzen aus Entwicklungen, die über Jahrhunderte reichten. Auch innerhalb der katholischen Kirche setzte auf der Grundlage älterer Reformansätze ein religiöses Neuwerden ein. Das Ringen mit Luthers Reformation stärkte den Elan der katholischen Reformbewegung. Es sicherte ihr eine Prävalenz in den innerkirchlichen Auseinandersetzungen mit den Exponenten der alten Erdenschwere. Aber der Zwang der Abwehr brachte in die Regeneration der katholischen Kirche zu der neuen Spiritualität eine neue Härte und ein neues Sich-Verlassen auf die weltliche Zwangsgewalt. So erhielt die tridentinische Reform in vieler Hinsicht den Charakter eines Kompromisses.

Mit dem übermächtigen Hereinwirken der staatlichen Gewalten und mit der Verfremdung der religiösen Sphäre durch die Politisierung des Konfessionskampfes hatte auch die Reformationsbewegung zu schaffen. Die Problemlage in ihrem Bereich war deshalb eine andere, weil die Ablehnung einer hierarchischen Kirchenform die Konflikte weitgehend dem einzelnen Gewissen auferlegte. Um nur einen Vergleichspunkt zu nennen: Der Weg von einer freien Gemeindebildung zum landesherrlichen Kirchenregiment, wie er sich unter den Augen Luthers vollzog, war in diesem Sinne ähnlich spannungsreich wie auf katholischer Seite das öffentliche Ringen um die politischen oder religiösen Schwergewichte im Verlauf des Konzils von Trient.

Der religiöse Aufbruch des 16. Jahrhunderts hatte zunächst innerhalb Deutschlands, seit der Jahrhundertmitte in ganz Europa zu tiefgehenden politischen Wirkungen geführt. Die enge Verstrickung von Politik und Religion gehört zu den neuen und besonders kennzeichnenden Erscheinungen der Epoche. Eine spätere Zeit hat angesichts der Begleitumstände und Folgen dieser Verstrickung den ganzen Vorgang in schärfster Form verurteilt und ihn als das Ergebnis von Dummheit, Lüge, Herrschsucht und Bosheit hingestellt. Man versteht die moralische Entrüstung jener Generationen, die sich eben erst aus den Fesseln einer »unaufgeklärten« Epoche befreit fühlten. Aber es wäre falsch und unfruchtbar, die ungeheuerlichen Verletzungen des *Humanum* wie des *Divinum*, die im Zeichen jener Verstrickung geschahen, nur aus solchen Wurzeln ableiten zu wollen.

Das Zerbrechen der christlichen Einheitskultur im 16. Jahrhundert war ein Vorgang von beispielloser und verwirrender Wucht. Im konfessionellen Ringen war auf beiden Seiten die Überzeugung verbreitet, zur Wahrheit gehöre die Ganzheit und die Einheit des Reiches Gottes auf Erden. Kraft jahrhundertelanger Gewöhnung bildete in den Augen der meisten Zeitgenossen bürgerlich-politische Ordnung und kirchliche Lebensform ein untrennbares Ganzes. Die wenigen Verfechter einer individuellen Glaubensfreiheit blieben Außenseiter in einer Gesellschaft, welche die religiöse Krise unmittelbar als eine Krise des menschlichen Zusammenlebens erfuhr. Nicht aus Dummheit oder heuchlerischer Herrschsucht, sondern aus Hingabe an das Höchste geriet die europäische Menschheit in die Verstrickung des politisch geführten Konfessionskampfes. Diese Einsicht ist das eine; das Innewerden der objektiven Folgen ist das andere. Welcher heutige Christ kann ohne starke Bewegung und Beunruhigung die Tatsache ins Auge fassen, daß unsere kirchliche Zugehörigkeit in den meisten Fällen das Ergebnis der obrigkeitlichen Religionspolitik jenes fernen Jahrhunderts ist? So gehört die konfessionelle Frage, wie sie der religiöse Aufbruch *und* der obrigkeitliche Glaubenszwang des 16. Jahrhunderts gestellt haben, bis heute zu den zentralen Bedingungen unserer Existenz.

Der Staat des 16. Jahrhunderts geriet zunehmend unter den Einfluß der kirchlichen Gegensätze. Die autonome Politik, wie sie Machiavelli beobachtet und verkündet hatte, wurde auf weite Strecken abgelöst von einem neuartigen staatlichen Engagement im Dienste überstaatlicher Ideen. Die Wirkung des religiösen Ringens um die Wiederherstellung der katholischen Einheit wurde zeitweilig so stark, daß sie in der zweiten Jahrhunderthälfte zu einer Wiederbelebung universaler politischer Ideen führte. Die katholischen Führer Frankreichs, die mit Philipp II. gegen Heinrich von Navarra kämpften, opferten im Dienste des kirchlichen Ideals den einzelstaatlichen Gedanken. So schien zeitweilig eine Auflösung der einzelstaatlichen Idee im Schmelztiegel des europäischen Konfessionskampfes möglich zu sein. Die konfessionellen Fronten gingen mit schneidender Kraft quer durch die Völker und Staaten. Aber gerade das Beispiel Frankreichs zeigt, wie der Gedanke der zwischenstaatlichen konfessionellen Solidarität auf die Dauer nicht standhielt. Die kirchliche Kampfstellung konnte zum Auseinanderbrechen eines Staatsgebildes und zum Neuwerden eines Einzelstaates führen; das war am Aufstand der Niederlande zu beobachten. Aber eine dauerhaft zusammenfassende Kraft war dem politischen Universalismus der Gegenreformation so wenig gegeben wie dem Protestantismus.

So zeichnete sich bereits zu Ende des 16. Jahrhunderts als der eigentliche Gewinner und als der kraftvoll Überlebende des konfessionellen Ringens der einzelne, nur für sich selbst stehende, souveräne Staat ab. Er allein war imstande, jenseits der kirchlichen Gegensätze das menschliche Zusammenleben zu ordnen. Dafür schob er im Inneren überall die alten ständischen Freiheitsrechte beiseite. Und nach außen hin emanzipierte sich dieser Staat nicht nur von den Forderungen der konfessionellen Solidarität, sondern zunehmend auch von allen gesamtheitlichen Bindungen im Sinne der alten *Respublica Christiana*. Frankreich hat unter Heinrich IV. diesen neuen Typus staatlicher Existenz zum erstenmal dargestellt. Er wurde in vieler Hinsicht wegweisend für die Entwicklung des 17. und 18. Jahrhunderts, denn er brachte die Lösung vieler administrativer, wirtschaftlicher und sozialer Aufgaben, die das 16. Jahrhundert gestellt hatte.

Aber das zentrale politische Problem, das der Aufbruch Europas seit Karl V. gebracht hatte, war von diesem souveränen Einzelstaat her nicht lösbar; die Frage nach dem konstruktiven Zusammenleben der europäischen Völker und Staaten wurde von nun an durch das mechanische Prinzip eines europäischen Gleichgewichtes eher verdeckt als beantwortet. Und auch die religiöse Frage des 16. Jahrhunderts, die sich in einem spontanen und vielfältigen Suchen nach der Gerechtigkeit Gottes Bahn gebrochen hatte, fand in der harten und instrumentalen Verfaßtheit des neuen Staates nur selten den ihr gemäßen menschlichen Raum.

Golo Mann

DAS ZEITALTER DES DREISSIGJÄHRIGEN KRIEGES

Europa um 1618

Von »Europa« zu reden – aber der Ausdruck kommt selten vor – wäre man zu Beginn des 17. Jahrhunderts wohl berechtigt gewesen; denn man verstand in London, was in Madrid, was in Prag oder in Stockholm vorging, und hatte Ursache, es wissen zu wollen, nach wie verschiedenem Rhythmus auch das Leben in all den Ländern und Hauptstädten pulsierte. Die Unterschiede wirkten auf einem Boden von Gemeinsamkeiten, die das ganze abhoben von dem, was nicht Europa war. Oft waren es Unterschiede, die bewußt artikuliert und organisiert wurden, so daß sie zu Feindschaften wurden und werden sollten. Überall war die Gesellschaft in Klassen unterteilt; überall war die bei weitem zahlreichste Klasse, und die sich selber samt allen anderen trug und ernährte, die der Bauern, und war zugleich die ärmste, ob sie genug zu essen hatte wie in England oder zuwenig wie in Frankreich, ob sie frei und selbstbewußt war wie in Schweden oder gedrückt, dumpf, leibeigen, hörig, erbuntertänig wie in Deutschland. Überall gab es den Gegensatz zwischen Stadt und Land, wenngleich die meisten Städte ummauerten Dörfern glichen. Überall stieg die vielschichtig-regelmäßige Pyramide der Gesellschaft auf, von der Bauernschaft zum ländlichen Kleinadel, zum großen Feudaladel, der teilweise mit dem neuen, hauptstädtisch-höfischen Adel zusammenfiel, von Handwerkern und Krämern zu Bürgertum, Kaufmannschaft, Großhändlertum; vom ländlichen Priester zu Fürst-Abt und Erzbischof. Wo nicht Republik war, wie im aristokratischen Venedig, im bürgerlich-bäuerischen Bund der Eidgenossen, in der ständischen, noch um ihre Unabhängigkeit ringenden Föderation der Niederländer, da stand an der Spitze der Pyramide der König, gewählt wie in Polen, scheingewählt wie in Böhmen und im Deutschen Reich, erblich wie jetzt in den meisten Königreichen und Fürstentümern. Überall hatte er sich mit ständischen Vertretungen auseinanderzusetzen. Sie halfen ihm, wenn er seine Sache zu der ihren zu machen verstand, wie dies dem Königshaus der Tudor in England, dem der Wasa in Schweden gelang; oder sie behinderten ihn; dann mußte er ihre Macht zu verkleinern oder auszutilgen versuchen. Nicht königlicher Absolutismus war die alleinherrschende politische Tendenz der Zeit, aber überall herrschend die Frage, ob Absolutismus sein würde oder nicht; eine Haupttendenz war er, der andere entgegenstanden. Und diese Frage sollte überall anders entschieden werden: in England zugunsten eines Parlaments, das wohl oder übel revolutionär wurde, oder dem eine Revolution über den Kopf wuchs; in Frankreich und Spanien zugunsten des nationalen Königtums; in Deutschland zugunsten vieler Fürsten. Unbeschränktes dynastisches Herrschertum, das in Westeuropa den nationalen Ein-Staat schuf oder vorbereitete, vertiefte in Deutschland die territoriale Zerteilung.

Noch galt die uralte Gleichsetzung zwischen Europa und Christenheit. Vom Reich des Großtürken und tief in es hinein bis ins schottische Hochland, von Moskau bis Portugal gab es keinen Flecken Land, dessen Bebauer nicht christlich gewesen wären, mehr, denen ihr Glaube nicht Trost und Halt und ein klein wenig Würde gab. Europas Bildung war christlich. Die gleiche geistige Wanderbewegung hatte im vorigen Jahrhundert die uralte Tradition zugleich wiederbelebt, neu erhöht und zerrissen; daß sie an den Grenzen des Moskowiters haltmachte, sollte sein Reich bis zum heutigen Tag von allen übrigen Reichen unterscheiden. Nach Polen und Ungarn, nach Finnland und Schottland war die »protestantische Rebellion« gedrungen. Überallhin auch die ungeheure geistige Willensanstrengung, die kluge, seelenkennende, seelenerobernde Gegenbestrebung, an ihrer Spitze der verschworene Orden der Jesuiten. Wie die beiden großen Tendenzen sich auseinandersetzten, ob die eine die andere ganz aus dem Felde schlug oder nicht, ob sie Frieden schlossen, Waffenstillstand, und was für einen, in welcher Gestalt, mit welchem Vorzeichen eine von beiden siegte und endgültig wurde, welches Schicksal dem Besiegten bereitet wurde, das macht zu einem Großteil die Geschichte des 16. Jahrhunderts wie auch noch des hier betrachteten Zeitabschnittes aus. Anderthalb Jahrtausende war nun das Christentum alt, so wildfremd waren die Zeiten seiner Gründung für jene, in denen man nun lebte; und doch war die Frage seiner rechten Auslegung noch einmal zur Schicksalsfrage geworden, brennender für die Seelen als alle die Fragen über Herrschaft, Besitz, Gerechtigkeit. Verwirrender: beide Sphären hatten sich vermengt. Man stritt über den Staat, über Herrschaft, Besitz und Gerechtigkeit, in dem man über Prädestination, Abendmahl und gute Werke stritt.

Indem ganze Staaten, Dynastien, Königreiche, Fürstentümer sich mit einer der beiden Positionen oder einer ihrer Spielarten identifiziert hatten, war der Streit unvermeidlich auch in den Bereich der äußeren Politik eingedrungen, ohne daß er sie je ganz beherrscht hätte. Man half sich selber, half dem eigenen Staat, indem man dessen Religion verbreitete, Religionsgenossen jenseits der Grenzen in ihrem Kampf zu unterstützen suchte; war aber auch bereit, sich mit Nachbarn anderer, gegnerischer Konfessionen zu verbinden, wenn die Staatsräson dazu riet. Übrigens hatte das Prinzip des Staates sich noch nicht zu eindeutiger Existenz herausgearbeitet. England war nun ein Staat. Venedig, Schweden, Dänemark waren Staaten; die Niederlande im Begriff, einer zu werden. Frankreich war einer, mit notgedrungenen Einschränkungen. Die Reiche und Ansprüche und nie aufgegebenen Pläne des Königs von Spanien waren zu vielerlei, als daß man hier von *einem* Staat hätte reden können; und die Tatsache, daß die zu Madrid regierende Dynastie auf das engste verschwistert war mit der zu Wien und Prag regierenden und diese Verschwisterung nie aus dem Auge verlor, würde es geratener erscheinen lassen, hier vom »Hause Habsburg« zu sprechen als von Spanien-Österreich-Böhmen, wenn nur nicht wieder das Gesamtinteresse der Habsburger oft überschattet worden wäre von auseinanderstrebenden Teil-Interessen,

König Heinrich IV. von Frankreich
Bronzeplastik von Mathieu Jacquet, um 1609. Paris, Louvre

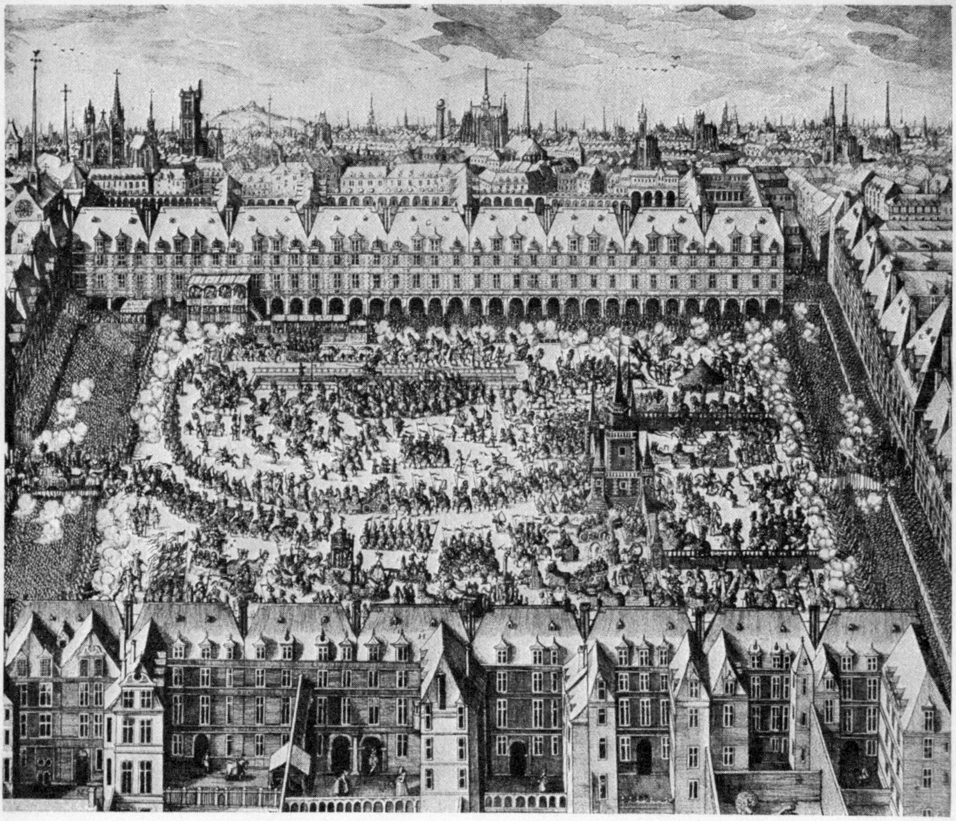

Festlichkeiten auf der Place Royale in Paris
aus Anlaß der Verlobung König Ludwigs XIII. mit Anna von Österreich im Jahr 1612
Kupferstich

wenn der österreichische Zweig des Hauses nicht auf das tiefste in die deutschen Angelegenheiten verwickelt gewesen wäre.

So groß war Europa, daß man glauben könnte, diese oder jene Staatsaktion hätte unterwegs veralten oder verlorengehen müssen. Nicht viele Straßen wurden unterhalten, der Rest war Räder- und Reitspur, die im Schnee verschwand. In den Hauptstädten verkaufte man Pamphlete und Flugblätter; halbwegs regulär erscheinende Wochenzeitungen machten in England, Deutschland, Frankreich ihre ersten unsicheren Versuche in den Jahren, die den Bericht unseres Kapitels umgrenzen. Korrespondenzen zwischen Madrid und Wien dauerten neun Wochen, doppelt so lange zwischen Paris und Stockholm. Der Wille der Politiker war stärker als die natürlichen Hindernisse. Europa war dennoch ein einziges Kraftfeld, in dem es Freundschaft, Feindschaft und allenfalls Neutralität gab – ein Wort, das jetzt aufkam für eine Sache, die es schwer hatte, sich durchzusetzen. Residierende Gesandte, unter denen die apostolischen Nuntien eine führende Rolle spielten, Agenten, Sonderbotschafter lieferten Berichte, oft ausführlichere, farbigere, als sie es heute sind. Karten mochten unbeholfen gezeichnet sein, aber welche Straßen von Italien nach der Ostschweiz, zum Rhein, nach den Niederlanden führten und welch lästiges Hindernis die calvinistische Pfalz auf diesem Weg bedeutete, wußten die spanischen Heerführer nur zu genau. Wenn der junge König von Schweden, Gustav Adolf, sich mit den Moskowitern schlug, ihnen das Land Karelien nahm, um dann mit ihnen gemeinsame Sache gegen Polen zu machen, so ging das die spanische Politik nur indirekt an; Stockholm und Moskau waren weit. Aber es ging sie an, denn Schweden war lutherisch und mit den Niederlanden verbunden, Polen, oder doch der König von Polen, katholisch und Nachbar der jüngeren Habsburger Linie; Gustav Adolfs eingestandenes Ziel, die Ostsee schwedisch zu machen, mußte, wenn es verwirklicht wurde, die ganze europäische Machtanordnung verändern, nicht von heute auf morgen, aber allmählich.

Ein Zeichen dafür, daß Europa ein einziges Staatentheater war, gaben die fürstlichen Verwandtschaften. Eine Schwester des Königs von Dänemark war Gattin des Königs von England, ein Schwiegersohn des englischen Paares der Kurfürst von der Pfalz, Enkel Wilhelms von Oranien. Der König von Polen war mit einer habsburgischen Prinzessin verheiratet, der von Schweden mit einer brandenburgischen, deren Schwester sich mit einem an der Grenze der Christenheit hausenden Potentaten von zweifelhaftem Rang, dem Fürsten von Siebenbürgen, hatte begnügen müssen. Der Herzog von Bayern war Vetter und Schwager des Erzherzogs von Steiermark, demnächst Königs von Böhmen und deutschen Kaisers, und wurde später auch sein Schwiegersohn. Der König von Frankreich, Ludwig XIII., war mit der Tochter Philipps III. von Spanien verheiratet und dessen Sohn, Philipp IV., mit Ludwigs XIII. Schwester, die, rechnet man genau, seine Schwägerin war. Was die Verwandtschaften zwischen Wien und Madrid betrifft, so sind sie so immer wieder erneut, so schwindelnd dicht, daß man ihre Grade und Überkreuzungen besser unberechnet läßt. Die fürstlichen Verbindungen waren katholisch oder protestantisch – ein kleiner Prinz mochte auch, vorteilhaftem Heiraten zuliebe, sich seines alten Glaubens abtun, um den neuen desto energischer zu bekennen. Bestehende gemeinsame Staatsinteressen konnten sie unterstreichen, nicht bestehende aber kaum schaffen, wie denn die eben erwähnte spanisch-französische Doppelheirat von 1615 ihr Versprechen einer Freundschaft zwischen beiden Königreichen nur für kurze Dauer hielt. Auch die englisch-pfälzische Verschwägerung hatte mehr hohle Spekulation und Enttäuschung als wirksame Politik im Gefolge. Und wenn der Bayer, der keinen Spaß verstand, das Leben seines Herzogtums im Spiel sah, so galten ihm alle habsburgischen Verwandtschaften nichts.

Nur wenige privilegierte Menschen, Fürsten auf einer Bildungsreise durch Italien oder sich eine Prinzessin suchend, Diplomaten, Priester und Mönche, die Diplomaten waren, Kaufleute, Soldaten, Gelehrte, italienische Musiker und Architekten, englische Schauspieler kamen über die Grenzen ihres Landes hinaus; die allermeisten blieben, wo sie waren; einige, Häretiker, mußten auswandern oder waren ihr Leben lang auf der Flucht. Von ferne aber wirkte alles auf alles; spanisches Gold und Silber aus Amerika, Kunststile, Trachten und Moden, strategische Künste, Hofzeremonielle, in Burgund entwickelt und über Madrid nach Wien und München verzweigt, religiöse, politische Doktrinen, in Genf ausgeheckt, in Edinburgh, in Prag, Warschau, Heidelberg abgewandelt – Sprachen. Das gebildete Deutsch der Zeit war mit lateinischen, italienischen, französischen Brocken dermaßen durchmischt, daß es manchmal wirkte wie eine internationale Kunstsprache.

Im Nebeneinander der Herrschaftsbereiche, in die Europa zerfiel, galt noch immer der König von Spanien als der mächtigste aller Potentaten; als Haupt des Gesamthauses Österreich, dessen älterer Linie er angehörte; als vornehmster Repräsentant der katholischen Reformation, die in seinen Landen ihren Ursprung genommen hatte und dort zum vollständigen Triumph geführt worden war; als Herr der größten Ländermasse, über die je ein christlicher Fürst gebot: die Iberische Halbinsel, von Italien das meiste, Stücke am Oberrhein, der vom Kriegsglück willkürlich begrenzte Teil der Niederlande, in der Neuen Welt Brasilien, Peru, Chile, Mexiko. Daß es zuviel sei, was hier in einer Hand vereinigt war, daß das kastilische Herzland den ungeheuren Körper nicht beleben konnte, daß Spanien dekadent sei, überschätzt und sich selber überschätzend, arm trotz allen Reichtums, den die Galleonen brachten, war ein europäischer Gemeinspruch seit den Niederlagen Philipps II. Sein Nachfolger, der dritte Philipp, Produkt alter Inzucht, kränkelnd, vergnügungssüchtig, scheu und bequem, galt nicht als der Mann, die übergroßen Werke des Vaters mit dessen Ernst weiterzuführen. Ihn umgaben korrupte Günstlinge, an ihrer Spitze der Graf von Lerma, welcher stürzte im Jahr, in dem unsere Erzählung beginnen soll. Sein und seinesgleichen ungeheurer Reichtum kontrastierte mit der Bedrängtheit des städtischen Bürgertums, das die Hauptlast dynastischer Weltmachtpolitik zu tragen hatte, zumal die Kirche steuerfrei war; schweigend war die Armut der Armen. Der Landwirtschaft fehlte es an Arbeitern, während Hunderttausende von Vagabunden das Königreich durchzogen. Aberglaube, der in Palästen und Klöstern sich in allerlei Beschwörungen und Dämonenspuk gefiel, behinderte das Geringe, das die königliche Regierung zur Förderung des Handels ins Auge faßte: Das Projekt einer Schiffbarmachung des Tajo und Manzanares wurde, unter Philipp IV., von einer Prüfungskommission mit der Begründung verworfen, wenn Gott die Schiffbarkeit der Flüsse gewollt hätte, dann hätte er sie selber so gemacht. Einmal, 1609, zeigte der Staat beachtliche Energie; aber dies geschah, um das Land selber energieärmer zu machen, indem man die letzten Nachkommen der arabischen Eroberer, die Moriscos, vertrieb, nützliche Handels- und Werksleute, obgleich kaum loyale Untertanen. Diese Vertreibung wurde mit einer Umsicht organisiert, die man modern nennen könnte. Nutznießer des konfiszierten Reichtums wurden ein paar Granden.

Die unabhängigen Vereinigten Niederlande

Dergleichen beredete man nördlich der Pyrenäen; daß die Spanier faul und priesterbeherrscht seien und trotz der Priesterherrschaft allen Lastern ergeben, daß bei ihnen Religion und Liebe und Grausamkeit die furchtbarsten Mischungen eingingen. Den Leidenschafts- und Liebesmord hat Lope de Vega besungen. Was die Grausamkeit betrifft, so war man grausam überall in Europa, überall gab es die Ausführung gräßlich ersonnener Todesstrafen, an denen hoch und niedrig sich ergötzten. Die spanischen Autodafés, von beobachtenden Chronisten begierig aufgezeichnet, Verbindung von frommer Feier, Volksbelustigung und an Menschen verübter Höllenqual hatten eine besondere Note. Nahm man sie den Spaniern übel, waren sie ein Grund für die Verschlechterung seiner politischen Lage? Keineswegs. Sowenig man den Deutschen ihre Hexenprozesse verübelte; es waren nationale Sonderbarkeiten.

Die große Fassade hielt, und trotz pessimistischer Vorhersagen war es mehr als eine Fassade. Ein Reich wie das spanische, zusammengeerbt, ohne genügende Basis, wie es war, aber gleichwohl regiert von einer machterfahrenen Kaste, brauchte Jahrhunderte zum Niedergang. Die Monarchie gab mystischen, von niemand bezweifelten Glanz. Die militärische, diplomatische Tradition war stark; fehlte es an Geld, so doch nie an Geld, Söldner zu bezahlen, nicht an Männern, die der Fahne zuliefen, Spanier, Italiener, Flamen. Am Rhein kommandierte ein General, der die spanische Kriegskunst noch einmal zu höchster Höhe erhob, Ambrosio di Spinola.

Übrigens war die spanische Politik nun bis auf weiteres friedlich. Der Tod hatte die großen Gegner hinweggerafft: 1598 den Hort katholischen Trotzes, Philipp II.; 1603 die englische Elisabeth; König Heinrich von Frankreich, der den großen Kampf mit Habsburg wieder aufzunehmen im Begriff war, 1610. Seither war die Madrider Diplomatie auf Freundschaft mit England und Frankreich ausgerichtet, eine Tendenz, welcher der erste Stuart-König, Jakob, und die Regenten zu Paris entgegenkamen. Daher die schon erwähnte spanisch-französische Doppelheirat von 1615. Wirft man freilich einen Blick auf die Karte der Zeit, sieht man, wie Frankreich von spanischen Territorien umschnürt war, so errät man, was die heimlich vorbereitenden Schritte bestätigen: Daß es sich hier um einen Waffenstillstand aus Ermüdung und persönlichem Zufall, nicht um dauernde Auflösung des Machtgegensatzes handelte.

Das gleiche gilt für den Vertrag, den Spanien 1609 nach vierzigjährigem Kampf mit den rebellischen Niederlanden schloß. Der Form nach wurde er nicht von Spanien ausgehandelt, sondern von den Regenten der »Spanischen Niederlande«, wie sie nun im Gegensatz zu den Generalstaaten genannt wurden, dem Erzherzog Albrecht und seiner Gattin Isabella, Tochter Philipps II. Es war eine der letzten Maßnahmen, die ihr Vater getroffen hatte, um zu retten, was zu retten war: Belgien sollte sich selber regieren dürfen, durch seine Stände und Räte, gebunden an Spanien nur durch die Person der Regentin und die noch immer unerbittlichen Glaubensgesetze. Das erzherzogliche Paar machte seine Sache gut, wohlwollend, so liberal, wie es durfte, und bequemte sich endlich dazu, den Krieg mit dem protestantischen Norden zu beenden, als »freien Provinzen und Staaten, auf welche sie keinen Anspruch« erhöben. Ob das eine völkerrechtliche Anerkennung der Generalstaaten war, blieb undeutlich; war sie es, so wurde sie von den Erzherzögen, nicht vom König ausgesprochen, der heimlich sein Placet sogar für Hollands blühenden überseeischen Handel gab. Der Friede sollte zwölf Jahre dauern. Ein Waffenstillstand also; mit ängstlicher Neugier sahen Europas Diplomaten das Jahr 1621 herankommen.

Kaum waren die Holländer der äußeren Gefahr ledig, so gaben sie sich innerer Zwietracht hin, in der, dem Zeitgeist entsprechend, religiöse Leidenschaft sich mit politischer verband oder diese sich in jener ausdrückte. Gegen das furchtbarste Lehrstück der Calvinisten, die Prädestination, erhob sich ein edel gesinnter Professor, Arminius, mit dem Argument, Gott könne die Sünde nicht gewollt haben; ein Gedanke, der uns heute einleuchtender erscheint als zu Beginn des 17. Jahrhunderts den Anhängern der Genfer Orthodoxie und hinter dem, so wie die wohlhabende Geschäftswelt von Holland ihn entwickelte, sich der Wunsch nach einer freieren Kirchen- und Staatsverfassung verbarg. Der Staat von Holland, vertreten durch seinen hochverdienten, greisen Politiker Oldenbarnevelt, machte die Sache der Arminier oder »Remonstranten« zu seiner eigenen, weigerte sich, an einer von den Generalstaaten einberufenen Synode teilzunehmen; nahm schließlich ein eigenes Heer in Pflicht und begann sich als souveräner Staat im Rahmen einer kündbaren Union zu gerieren. Es war nicht der erste Konflikt seiner Art, einen Föderativstaat zerreißend, nicht der letzte. Hier gewann die Partei der Union, die zugleich die Partei der Orthodoxie war, an ihrer Spitze der Statthalter, Moritz von Oranien, Sohn des Schweigers. Im Sommer 1618 – kurz vorher hatte sich im fernen Böhmen ereignet, womit soviel begann – machte eine militärische Exekution den holländischen Sonderansprüchen ein Ende. Ein Justizmord an Oldenbarnevelt folgte nach, nicht besser, im Lande der neuen Freiheit, als der an Egmont und Hoorne. Der berühmteste Anhänger Oldenbarnevelts, der Rechtslehrer Hugo Grotius, floh, in einer Bücherkiste versteckt.

Das 16. Jahrhundert hatte zwei große Friedensschlüsse zwischen den streitenden Konfessionen erlebt: den von Augsburg und das Edikt von Nantes, 1598. Dieses ging weiter auf dem Weg der Toleranz als der deutsche Kompromiß, beruhte aber, wie jener, mehr auf einer praktischen Auseinandersetzung als auf einem geistigen Prinzip; »ein Arrangement, keine Entwicklung« (Lord Acton). Freiheit des Gewissens sollte nur in den Territorien gelten, welche die bewaffneten Hugenotten innehielten, im Süden hauptsächlich und im Westen. Was man ihnen einräumte, war keine allgemeine Wahrheit, es war ein Staat im Staate, den sie sich nach niederländischem Vorbild organisiert hatten, mit seinem Heer, seinen Festungen, seinen Kassen, die der König zu füllen hatte, seinen Synoden, Generalversammlungen, Oberhäuptern. Folglich war Frankreich eine katholische Macht, innerhalb derer es eine protestantische Macht gab. Mit dem Grundsatz des *einen* Königreiches stritt dieser Zustand so offenbar, daß des Königs oberste Gerichtshöfe, die Parlamente, lange zögerten, ihn anzuerkennen.

Und Heinrich IV., der ehemalige Protestant, dem religiöser Fanatismus fremd war, machte keinen Hehl daraus, daß er die ungeheure Konzession als ein für den endlich errungenen inneren Frieden notwendiges Übel ansah, welches er, wenn er könnte, wieder abschaffen würde. Es ist aus dem Spätherbst des Jahres 1609 ein Gespräch des Monarchen mit einem seiner Vertrauten überliefert, welches uns seine geheimsten Gedanken verrät. Die Quelle aller Ordnung in Frankreich, sagte er, sei die Autorität des Fürsten. Daher die militärische, die finanzielle Macht, die er so emsig aufgebaut und die ihn, nach ihm seinen Sohn, *absolut* machen müsse. Daher auch dürfte es im Land auf die Dauer nur *eine* Religion geben, welche, so wie die Dinge einmal lagen, nur die katholische sein konnte. Er nehme Protestanten wie Katholiken in seinen Dienst, er lasse ihnen alle Gerechtigkeit widerfahren, aber er hoffe sie friedlich und Schritt für Schritt zur alten Religion zurückzubringen. Nach außen bedürfe das Reich noch immer gewisser territorialer Abrundungen, im Osten Lothringen, Flandern im Norden. Die Versöhnung Frankreichs mit Spanien oder Habsburg sei eine Chimäre, denn die Größe des einen Hauses sei der Ruin des anderen und umgekehrt; keine dynastische Heirat vermöchte etwas gegen die Natur der Sache. Die Fundamente von Frankreichs Einheit und Größe habe er als sorgsamer Architekt gelegt; er fühle sich jung genug, wenn Gott ihm noch zehn Jahre gäbe, so werde das Werk den Schöpfer überdauern.

Sechs Monate später machte der Mord seinem Leben ein Ende. Damals war er im Begriff gewesen, den Krieg gegen Habsburg zu erneuern, nicht nach Süden hin, sondern durch eine großartig geplante Intervention in den Erbstreit, der in Deutschland um das Herzogtum Jülich-Berg entbrannt war – wovon später; in einem Festsetzen der katholischen Kaisermacht westlich des Rheins glaubte er eine neue Phase der gesamt-habsburgischen Aggression zu erkennen, gleichzeitig die Chance zu einem Gegenschlag im Bund mit den deutschen Protestanten. Heinrichs Tod reduzierte den gewaltigen Plan – vier französische Heere hätten nach Deutschland ziehen sollen – auf eine bescheidenere Diversion, welche die Franzosen zusammen mit den Holländern ins Werk setzten, um die Kaiserlichen zu vertreiben und dem deutschen Calvinisten, dem Kurfürsten von Brandenburg, einen Teil der umstrittenen Fürstentümer zu sichern. Der Ausbruch der großen Staatenkrise war damit noch einmal verschoben, sie selber nicht gelöst.

Wie sehr der Monarch noch zehn Jahre gebraucht hätte, um sein Werk zu vollenden, wie treffend seine Ansicht von der ordnungsstiftenden Autorität der Krone war, zeigten die Folgen seines plötzlichen Ausfalls. Die streitenden Mächte, die er gebändigt hatte, waren alle noch da: Die Prinzen des Blutes, oft die giftigsten Gegner des Oberhauptes, die Grenzfürsten, die, so verurteilte sie ein zeitgenössischer Memoiren-Schreiber, »in französischer Sprache deutsch redeten«, Bouillon, Lothringen, halb Stände des deutschen Reiches, halb französische Vasallen; der große Feudaladel, katholischer wie protestantischer, nicht mehr wie früher fest in der natürlichen Hierarchie der Gesellschaft gebettet, aber wurzellos abenteuernd, Provinzen, Festungen, Regimentern gebietend; der hohe Clerus, mit dem hohen Adel versippt, aber in seinen Interessen und Wertmaßstäben nicht immer mit ihm identisch; die Gesamtmacht der Protestanten; die Gesamtmacht der Stadt Paris; das ständische Bürgertum, aufragend in den durch Kauf erblich gewordenen Richterämtern der Parlamente; die unvertretene, leidende Bauernschaft, welche die ganze schwere Pyramide trug.

Die Witwe Heinrichs IV., die für den Königsknaben Ludwig XIII. die Regentschaft führte, Maria von Medici, war landfremd, schwach und töricht; ihre von italienischen Ratgebern ausgeheckte Politik sollte nur-katholisch sein, also rom- und spanienfreundlich, und Gegner mit Geld beschwichtigen. Was unter ihrer Regentschaft und in den ersten Jahren des volljährig erklärten Ludwig durch das Land ging, war nicht *eine* Gegnerschaft, *ein* Konflikt. Alle die egozentrisch-irrationalen Kräfte, die König Heinrich zusammengezwungen hatte, brachen auseinander oder trafen sich in unstimmigen Bündnissen; Protestanten gegen eine unnationale katholische Außenpolitik, aber im Bund mit einem Teil des katholischen Feudaladels, Fürsten gegen das Königtum oder dafür, je nach Laune und

Hoffnung, Bürgertum gegen Erbadel, Adel gegen Erb-Bürgertum – amorphe Bestrebungen insgesamt, welche Aufbau und Leitung des Staates, so wie König Heinrich sie konzipiert hatte, blutig behinderten, aber durch kein tragfähiges Prinzip ersetzen konnten.

Im Jahre 1614 wurden die Generalstände des Königreichs nach Paris gerufen, Clerus, Adel, Bürgerstand, zum letztenmal für sehr, sehr lange Zeit. Die Debatten waren leidenschaftlich, mitunter geistvoll, aber chaotisch. Großbürger wetterten gegen die wollüstige, unnütze Existenz des Adels, der seinerseits sich gegen die Kaufbarkeit der Parlamentsämter, diesen zweiten falschen Adel, erhitzte; der dritte Stand ahnte im Königtum seines und des Landes Schutz, solange er ihn brauchte. Die Erklärung, daß der König seine Krone von Gott allein habe und für sein irdisches Tun keiner geistlichen Macht, keinem Papst verantwortlich sei – die Proklamierung des absoluten Staates –, wurde verlangt, von der Regentin aber vermieden. Der Clerus selber war in dieser Frage geteilt. Den politisch gesinnten Gallikanern standen ultramontane Prälaten gegenüber. Der junge Bischof von Luçon, Richelieu, ist den Debatten gefolgt und hat gelegentlich in sie eingegriffen, wobei er durch die kühle Eleganz seiner Rede wie durch seine scharfe Bestimmung der überparteilichen, unbestechlichen, schlagkräftigen, rationalen Autorität des Staates auffiel. Daß mit den alten Ständen nicht mehr zu regieren, mit der Arroganz des Feudaladels nicht mehr zu paktieren sei, mag er damals beobachtet haben, indem er übrigens Schritte tat, um sich bei der Regentin und ihrem Sohn günstig bemerkbar zu machen.

Die von Maria von Medici lange ersehnte spanisch-französische Doppelhochzeit fand im Herbst 1615 in Bordeaux statt, gegen einen düsteren Hintergrund; Rebellen-Regimenter des arrogantesten unter den Hocharistokraten, des Prinzen von Condé, mit dem später ein regelrechter Friedensvertrag geschlossen werden mußte, zogen plündernd durch das Land, und gegen die neue Spanienpolitik des Hofes waren nicht bloß die Hugenotten. Eine Allianz für zehn Jahre, die auch gegen innere Feinde ins Spiel kommen sollte, krönte das unsolide Versöhnungswerk.

Wenn östlich des Rheines die Dinge sich so entwickelten, als ob es Frankreich nicht gäbe, so hätte ein Hellsichtiger voraussagen können, daß dieser Zustand nicht von Dauer war. Denn das Land war gleichwohl eines der volkreichsten der Christenheit, eines der wohlhabendsten auch, schon beinahe in den Grenzen, die später seine endgültigen werden sollten, noch nicht einem Willenszentrum durchweg untertan, aber längst über den Moment hinaus, in dem noch eine andere, ständisch-föderale Lösung möglich gewesen wäre, bewohnt von einer lebhaft begabten und überaus wehrfähigen Rasse. Der Künstler, sie zu mobilisieren, war der neue König für sich allein nicht, obgleich es ihm an Staatsinstinkt und kaltem Egoismus des echten Monarchen nicht fehlte. Er war langsam, scheu, ohne Charme und Feuer des Vaters.

Das spanisch-französische Bündnis war ein Erfolg der römischen Politik, die schon beim Friedensschluß zwischen Philipp II. und Heinrich IV. emsig tätig gewesen war. Habsburg und Frankreich waren die ersten katholischen Mächte; ihr Streit durchschnitt, verwirrend und lähmend, den anderen, der im Denken der Kurie als der einzige zählte. Je weniger gallikanisch, bürgerlich, protestantisch, je weniger national die Gestalt Frankreichs, desto geringer der Antrieb im Machtkampf der beiden großen Dynastien und Staatsverbände.

Sie war aktiv, diese römische Politik, und um so bewundernswerter, weil sie, gestützt auf die schmale territoriale Basis des Kirchenstaates, eine geistige, universale, sich jeweils den regionalen Bedingungen anpassende sein mußte. Spaniens, als katholischer Macht, war sie sicher, und, über Spanien, der fünf Erzbistümer und vierhundert Klöster in Südamerika, der Missionen in Indien. Nicht so sicher war sie Spaniens als politischer Macht, insofern der Papst sich selber als italienischen Fürsten sah und weltliche Politik treiben mußte. In dieser Rolle zog er die ferneren Franzosen seinen spanischen Nachbarn vor, wenn es zwischen diesen beiden Mächten zum Konflikt kam; ungefähr so, wie die deutschen Fürsten es taten, und zwar nicht bloß die protestantischen, mitunter die katholischen auch.

England, seit dem Tode der Elisabeth, schien nicht völlig verloren, denn der Nachfolger, Jakob I. aus dem Hause Stuart, unter dem die Verbindung der beiden die Insel teilenden Königreiche sich endlich vollzog, war entschieden kontinental gesinnt, politisch im Sinn Machiavellis, auf Bündnisse ausgehend, die nicht von dem Religionsstreit bestimmt waren. Daß England unter seiner, dann seines Sohnes Regierung sich von Europa trennte, lag nicht an ihm. Es lag an dem Konflikt, der sich zwischen Königshaus und Bürgertum entwickelte und von dem in einem anderen Kapitel die Rede sein soll. Den Absolutismus hatte er von seinen Vorgängern, den Tudors, auf Umwegen von Luther, übernommen. Insoweit die Jesuiten Revolution gegen häretische Fürsten predigten, mußte er gegen sie sein; als eine greuliche, von Jesuiten geförderte Verschwörung mit dem Ziel, König und Parlament in die Luft zu sprengen, in letzter Stunde entdeckt wurde (1605), war die Wiederbelebung der strengsten Katholiken-Gesetze unvermeidlich. Für seine Person aber blieb der Monarch tolerant und führte die lockersten Reden: Der Unterschied zwischen den Konfessionen sei im Grunde so tief nicht, und wo es keine Bischöfe gäbe, da würde es bald auch keine Könige mehr geben – ein Wort, dessen Bestätigung die Zukunft seinem Hause vorbehielt. Eine spanische Heirat wünschte auch er, wesentlich, um seinen noch immer zahlreichen, einflußreichen, reichen katholischen Untertanen zu zeigen, daß Spanien, welches auf ihrer Seite war, auch auf der seinen sei. Der Plan, seinen Sohn mit einer Habsburgerin zu vermählen, scheiterte aber schließlich unter lächerlichen Umständen.

Erfreulich, im Sinn der geistlichen Politik Roms, waren die Entwicklungen, die es seit den Jahrzehnten um 1600 mit dem polnischen Königreich genommen hatte. Längst sind wir gewohnt, den Katholizismus als Trost und Stütze der polnischen Nation, als nicht fortzudenkenden Träger ihrer bedrohten Indentität anzusehen. Aber er war es nicht immer; nicht im zweiten Drittel des 16. Jahrhunderts, damals, als ein großer Teil des jungen Adels sich seine Bildung in Genf und Wittenberg, im hugenottischen Frankreich gewann und der Ruf »Los von Rom« auch hier seinen Widerhall im städtischen Bürgertum fand. Tief war das polnische Geistesleben mit dem germanischen und lateinischen verbunden, keine europäische Tendenz, kein Denk- und Kunststil, der hier nicht sich schöpferisch ausgewirkt hätte: Luthertum vom preußischen Norden her, Calvinismus, die Nuancen der böhmischen Konfession im Süden, Humanismus an der blühenden Krakauer Universität. So wie Österreich, die deutsch-habsburgischen Erblande, bis zum heutigen Tag wohl überwiegend protestantisch wäre ohne den einen Ferdinand, so war der Triumph der zurückgewinnenden katholischen Reformation in Polen das Werk einiger weniger Potentaten, Edelleute und

Die im Jahr 1614 einberufene Versammlung der Generalstände
Kupferstich

Das für den Besuch des Kaisers Matthias festlich geschmückte Nürnberg
Federzeichnung, 1612. Nürnberg, Germanisches National-Museum

Jesuiten, die ihre Collegien gründeten, ihre Seelenfänge machten, mit Güte, Kultur und List wirkten, wo Strenge ihnen verboten war.

Polen war groß damals und hatte eine Schlüsselposition in der osteuropäischen Politik inne. Es verband den hohen Norden mit dem tiefen Süden; hier an die ungarisch-türkischen Wirren grenzend und oft in sie hineingerissen, dort an Schweden oder die schwedischen Besitztümer am Südrand des Baltischen Meeres. Ebenso verband es den Osten und die Mitte, denn es reichte weit ins heutige Rußland hinaus, in die Ukraine, nach Weißrußland, und konnte noch zu Beginn des Jahrhunderts begehren, sich Moskau untertan zu machen, während es gleichzeitig als Lehnsherr über das Herzogtum Preußen gebot und gemeinsame Grenzen mit den Ländern der böhmischen Krone besaß. Es war denn auch, nach dem Aussterben der Jagiellonen, der polnische Wahlthron so begehrt wie der deutsche und leichter zu gewinnen, und es konnte vorkommen, daß nacheinander ein französischer Prinz, ein ungarischer Aristokrat und türkischer Vasall, der Fürst von Siebenbürgen, und ein schwedischer Wasa ihn innehatten. Den vielseitigen Möglichkeiten, Interessen, Gefährdungen entsprechend, verschob das Schwergewicht der außenpolitischen Bestrebungen des Königreiches sich vom Süden nach Osten und Norden, je nach den Neigungen der regierenden Dynastie. Kurz vor den Jahren, in denen unsere Erzählung beginnt, hatte es den Anschein, als ob Polen und Schweden sich vereinen würden: Sigismund Wasa, König von Polen, habsburgisch verschwägert und römisch gesinnt, war gleichzeitig König von Schweden. Es wäre dann, anstatt der aufgelösten skandinavischen Union, eine ganz andere zustande gekommen, Schweden, Finnland, Livland, Polen, und es wäre der alte Kampf um die Ostsee – *dominium maris baltici* – zugunsten eines polnischen Imperiums entschieden worden. Dergleichen schien zu Ende des 16. Jahrhunderts noch möglich; so ungesichert waren noch die staatlichen, die nationalen Identitäten. Aber Schweden, seine Edelleute und Bauern, lutherisch durch und durch, wollte weder katholisch noch polnisch werden. Ein älterer Wasa, Karl, erhob sich als Vorkämpfer der nationalen Sache und zwang den fremd gewordenen polnischen Neffen zum Verzicht. Karls Sohn, Gustav Adolf, dritte Generation der jungen Schwedenkrone, auf den Thron gekommen 1611, sah in Polen den erklärten Feind, in der schwedischen Herrschaft über die Ostsee das erklärte Ziel. Nachdem er den Moskowitern Karelien abgenommen und Reval besetzt hatte, verband er sich mit dem Feind von gestern gegen Polen.

Der Kampf um die Ostsee war nicht neu. Schon 1563 hatte ein Kurfürst von Sachsen Klage darüber geführt, daß Schweden sehr unmilde mit der deutschen Schiffahrt umginge; »alles der Meinung, die Hanthierung und Kaufmannschaft mit den Reußen und die ganze Ostsee unter seine Bootmäßigkeit und Gewalt allein zu ziehen und dieselben des heiligen Reiches Ständen und Städten abzustricken«. Dieser Kampf war vielfältig; zwischen Schweden und Dänemark, das noch einen Teil von Schwedens Südküste und den Sund beherrschte und alle ihn durchfahrenden Schiffe zu einer Abgabe nötigte; zwischen beiden Königreichen und Polen; zwischen allen dreien und Rußland, das noch keinen Halt an der Ostsee besaß, aber weltkundigerweise dorthin drängte. Es war ein besonderes nordisches, östliches Ringen, aber mit dem anderen Hauptgegensatz, welcher den Rhein zum Zentrum hatte und Spanien-Habsburg, Frankreich, die Niederlande und England anging, gleichwohl verknüpft, denn auf dem gesamteuropäischen Kräftefeld suchte jeder überall Bundesgenossen wie Feinde. Spanien durfte das rekonvertierte Polen als seinen Artverwandten ansehen, und 1614 schloß Gustav Adolf ein Bündnis mit den Niederlanden.

In der Mitte beider Konfliktsgebiete, sehr groß, sehr mannigfaltig, das Herzland Europas, lag das Deutsche oder Heilige Reich. –War es noch ein Staat? So wie Schweden einer war, England, Dänemark, wie Frankreich, trotz augenblicklicher Verdüsterung, im Begriff war, einer zu werden?

Im Grunde war es wohl nie einer gewesen. Ein anderes Entwicklungsgesetz hatte hier geherrscht, tief unterschieden von dem, welchem die Schwesternationen folgten. Nicht schlechter vielleicht, in vieler Beziehung phantasiereicher und großartiger, das Leben jener, die ihm untertan waren, manchmal erhöhend, manchmal beengend und bedrohend. In eine solche Epoche war Deutschland nun eingetreten. Das wußte man dort auch und sprach viel und wohltönend darüber. Aber keiner erhob sich, den langsam und sicher einer Krise zustrebenden Gang der Dinge abzubremsen, und es konnte sich auch keiner erheben; der hätte ein Gott sein müssen, der die Wirrsal des *Corpus Germanicum* mit einem Schlag geordnet hätte. Denn es waren nicht zwei Parteien, die sich das von der Natur so sehr gesegnete, durch seine Geographie so begünstigte wie gefährdete Land teilten, so, daß eine der anderen hätte obsiegen oder beide zu einem tragfähigen Kompromiß hätten gelangen können. Es war ein Chaos sich bekämpfender, durchkreuzender, aneinander vorbeizielender Willenszentren, wenn der Wille überhaupt ein Zentrum hatte und wußte, was ihm noch zu wollen übrigblieb.

Eines war die Verfassung, der Wust von Präzedenzen, Beschlüssen, Richtsprüchen, Wahlkapitulationen, der dem Gesamtreich Form geben sollte; ein anderes die Wirklichkeit. Der Form nach war, wie wir wissen, Deutschland längst das geworden, was man später einen Bundesstaat nannte. An der Spitze der Kaiser, seit Jahrhunderten regelmäßig ein Mitglied des Hauses Habsburg, aber immer aufs neue zu wählen, immer gezwungen, mit Pressionen und Konzessionen um seine Wahl zu ringen. Ihn wählten die sieben Kurfürsten, drei geistliche und katholische, Köln, Mainz und Trier, vier weltliche, Pfalz, Sachsen, Brandenburg und Böhmen. Das letztere war eine Enormität, denn der König von Böhmen war der Habsburger selber und Böhmen kein Gliedstaat des Reiches. Der Kaiser handelte durch den Reichstag, die buntscheckige, hierarchisch aufsteigende Gesamtvertretung der Stände des Reiches, die er, aber nur in Übereinstimmung mit den Kurfürsten, einberufen durfte; durch das Reichskammergericht, dessen Räte auf eine kunstvoll-bündische Art gewählt wurden; durch den in Wien residierenden Reichshofrat, dessen Mitglieder er selber ernannte und der ihm gefügiger war. Auch dem Reich? Das hätte der Fall sein mögen, wenn der Kaiser nichts gewesen wäre als Inkarnation, Herrscher, oberster Vertreter des Reiches, in allen Provinzen gleich gegenwärtig. Aber der Kaiser war selber einer der Territorialfürsten, der mächtigste von ihnen, und was er für oder gegen das Reich tun konnte, stützte sich mehr auf seine eigenen Hilfsmittel als auf jene, die das Reich ihm zu liefern gewillt war. Seine Territorien – Böhmen, Ungarn – waren ferner zum großen Teil weder deutsch noch reichisch. Er war Mitglied einer übernationalen Dynastie, deren Interessen Deutschland umfaßten, aber nicht dort zentrierten. Er war Katholik, und das hieß hier, nicht Vertreter des Landes gegenüber einer rebellischen Minderheit, wie in Frankreich, sondern Haupt einer Religionspartei gegen die andere, ungefähr ebenso gewichtige, die sogar sich rühmen durfte, eben weil sie weniger international verbunden waren, die deutschere zu sein. Das sind ebensoviel Gründe dafür, warum der Kaiser eine klare Quelle reichsfriedenstiftender, gerechter Autorität nicht sein konnte; selbst wenn er eine stärkere Persönlichkeit gewesen wäre, als der melancholische Rudolf II. und sein feindlicher Bruder und Nachfolger, der alte Matthias, es waren.

Unter dem Kaiser die Reichsstände, von den großen Kurfürsten- und Herzogtümern, den Reichsstädten und Bistümern, die weiten Regionen geboten, hinab zu den Miniatur-Reichsstädtlein, Reichsrittern, Reichsdörfern. Die Stände waren geteilt durch ihre Eigeninteressen, die weltlicher, religiöser und aus beidem gemischter Natur waren. Die katholischen waren geeint in der Religion, obgleich getrennt in anderen Beziehungen; die protestantischen auch in der Religion nicht einig, denn Lutheraner und Calvinisten nährten gegeneinander giftigere Bosheit als beide gegen die katholischen. Gelegentlich der Jahrhundertfeier von Luthers Rebellion höhnte ein katholisches Lied:

> Ein Wolkenfahn' und Wetterhahn
> wars Luthers Lehr von Anfang an:
> soll man dann triumphieren?
> Izt nein, izt ja, izt gelb, izt grau,
> izt grad, izt krumb — ist's Luthertumb:
> soll man da jubilieren?

Als der Pfalzgraf von Neuburg zum Katholizismus konvertierte, um eine bayerische Prinzessin zu heiraten und seine Ansprüche auf Jülich-Berg desto besser geltend zu machen, rechtfertigte er seinen Schritt, indem er die uralte geistige Einheit des römischen Glaubens mit den Streitereien der Protestanten kontrastierte: »Da doch hingegen die augsburgische Konfession in einem kleinen Winkel der Welt geboren, auch oft verändert und nunmehr nicht allein nicht weiter ausgebreitet, sondern durch Calvinus und andere also in die Enge getrieben worden, den Namen ›katholisch‹ ohne Schimpf und manniglichs Spott nicht führen, auch keinen alten, heiligen lehrer aufweisen kann...« Dergleichen war schwer zu widerlegen. Glaubensernst und Machttrieb, Streben nach innerer Einheit und äußerer Expansion, Rechthaberei und Streitsucht waren in Deutschland wie überall in Europa in religiöse Formen eingegangen. Aber nicht nur gaben sie der Nation keinen Frieden, wie sie es in Schweden oder Spanien taten; sie zersplitterten noch das, was sie gegeneinander teilten.

Unter den Ständen des Reiches war die Mehrzahl noch immer in ihrer Wesensart von ihm abhängig, weil sie ohne den Schutz, den es gewährte, nicht existieren konnten, dürftig und unsicher wie dieser Schutz auch war: kleine Reichsstädte, Reichsgrafen, Reichsabteien. Die wenigen größeren Gebilde, die es unter den zweitausend Ständen gab, waren in einer anderen Situation; ihr Bestreben, bewußt oder unbewußt, war längst dahin gegangen, eigentliche Staaten zu werden, und ihre Bürger fühlten das, was der Kurfürst, Herzog, Landgraf, Bischof oder Senat tat, ungleich mehr, als was Kaiser und Reich für sie noch taten oder von ihnen forderten. Eine Vielzahl von Stilen des Lebens und der Repräsentation hat so die deutschen Lande geprägt, denn jeder größere Potentat wirkte emsig für die Erziehung seiner Untertanen wie für die Pracht seiner Residenzen; »für die Erhaltung Gottes und unseres Hauses«, wie ein Habsburger formulierte. Andererseits gab die Identifizierung jeder dieser Herrschaftsgebilde mit einer der Konfessionen dem Religionsstreit in Deutschland eine einzigartige Gefährlichkeit; brach er aus in Gewalt, so mußte das Land in eine Zahl sich bekämpfender Staaten oder Staatenverbindungen auseinanderfallen und das nichtdeutsche Europa mithereingerissen werden, weil die deutschen Geschicke ihm gar zu interessant waren und dementsprechend die bedeutenderen deutschen Fürsten zu England und den Niederlanden, zu Frankreich, zu Spanien und Rom enge Sonderbeziehungen unterhielten, während es eine äußere Politik des Reiches in seiner Gesamtheit nicht gab.

Die Bedeutung des Fürsten hing ab vom Verhältnis zu seinen Standesgenossen; ebensosehr von dem Platz, den er sich im eigenen Lande erkämpft hatte oder in Gefahr war, wieder zu verlieren. Die schwächliche Rolle, welche die Habsburger in den beiden ersten Jahrzehnten des Jahrhunderts spielten, war die Folge tiefer innerer Unruhen in den »Erblanden«; die Monarchie wurde der ständischen Bewegung, des adligen und städtischen politischen Eigenwillens nicht Herr.

Das war anders in Bayern, dem aktionsbereitesten unter den deutschen Fürstentümern. Hier hatte, wie anderwärts erzählt, die Dynastie der Wittelsbacher ein Gemeinwesen aufgebaut, in dem die geistigen Kräfte der Gegenreformation den Bestrebungen des Absolutismus zu Hilfe kamen, ohne daß der Fürst der Kirche untertan gewesen wäre; Herzog Maximilian, Regent seit 1597, gab ihr Macht über die Seelen, aber nicht über den Staat, und fühlte sich auf Erden niemandem untertan. Man hat den bayerischen Staat der letzten Herzöge einen »Polizeistaat« genannt, und das war er wohl auch, aber in dem älteren Sinn des Wortes, in welchem »Polizierung« nicht bloß von der Polizei kontrollierte Regeln, sondern von der Staatsspitze her gelenkte und gestaltete Zivilisation bedeutet. Der Herzog, mit seinen Geheimen und Hof- und Geistlichen und Kriegs-Räten, seinen Landrichtern und Landpflegern, seinen Rentmeistern und Vice-Domen, kurzum mit seiner Staatsbürokratie, arbeitete für die Bürger wie für den Staat an der Spitze einer genau gebauten Verwaltungspyramide. Nichts entging der Aufmerksamkeit des »fleißigen Herrn, der sich bei Tag und Nacht keine Ruhe gönnt, sondern sich und andere aufreibt«, wie einer seiner Räte klagend bemerkte. Er kümmerte sich um die Sitten seiner Untertanen, die Mengen von Bier, die man ihnen verstatten sollte – »etwa eine Maß« –, die Kleider, die sie tragen, die Tänze, die sie tanzen durften, und schickte seine geheimen Aufpasser unter sie. Er war sparsam und prüfte jede staatliche Aufgabe selber; der Königin von Spanien riet er aus eigenster Erfahrung zu bedenken, »daß die rechte Reputation ad grandezza nicht im Spendieren, sondern Wohlspendieren und Gespürigkeit besteht; denn vieles Kleine macht Großes. Ich habe den Brauch, daß alle Monate jeder Pfennig, so bei meinem Zoll- oder Finanzamt eingeht, mir ordentlich verzeichnet muß zugestellt werden.« Infolgedessen hatte er immer Geld zur Verfügung und konnte den größeren Teil seiner oder des Staates Einnahmen, im Lauf seiner langen Regierung etwa hundert Millionen Gulden, für seine außenpolitisch-kriegerischen Unternehmungen verwenden, was ihm eine führende Stellung in Deutschland und eine beträchtliche in Europa schuf. Die Ermahnung, die er für seinen

Sohn schrieb: »Nach Gott und der Liebe des Volkes sind ein tüchtiges Kriegsheer, stets bereite Geldsummen und gute Vestungen eines Fürstentums vürzüglichste Stützen«, klingt wie ein Kernwort des Absolutismus. Dabei fehlte es ihm nicht an Sinn für »Grandezza«; die schöne »Residenz« in München ist sein Werk, für Künstler, Musiker, Geschichtsschreiber hatte er eine offene Hand, und sein zugleich prächtig und sparsam verwalteter Hofstaat belief sich auf über sechshundert Personen. Mit der Volksvertretung, den Landständen, verfuhr er streng. Er hat sie zeit seines Lebens nur zweimal zusammengerufen und verschaffte sich die Gelder, die sie ihm verweigerten, durch eigene wirtschaftliche Unternehmungen: er werde wissen, »Mittel zu ergreifen, sich bei Land und Leuten und in fürstlichem Stande zu erhalten«. Was nicht hieß, daß er sich nur um seinen fürstlichen Stand, nicht aber um das Wohl seiner Untertanen sorgte. Hebung des Gewerbes und Handels, Pflege der Gesundheit, Hilfe für die Armen ließ er sich so angelegen sein wie Staatsschatz, Heer und Festungen und wie die Erhaltung der wahren Religion.

Als Jüngling hatte Maximilian die Ermordung Heinrichs III. von Frankreich jubelnd begrüßt: »Gestern habe ich mit großer Freude verstanden, daß der König von Frankreich umgebracht sei, wenn solches wahr wäre, hätte ich mich dessen noch höher zu erfreuen.« Fast ein halbes Jahrhundert später sollte er noch herzlichere Freude über die Ermordung eines anderen europäischen Anführers empfinden. Seine Regierung begann er damit, daß er zu Fuß nach dem fernen Kloster Altötting wallfahrte; dort schwor er, sein Leben dem Dienst der Heiligen Jungfrau zu weihen. Täglich betete er vielmals auf den Knien, denen man nachsagte, sie seien davon hart wie Stein geworden; in einem Kasten führte er Bußinstrumente, härene Stricke, Geißeln, Ketten, mit sich. Die Frage, was ihm höher gälte, der Glaube oder die Politik, hätte er unbeantwortet gelassen. Man mußte, so sah er es, für den rechten Glauben rechte bayerische Politik machen; auch wohl deutsche. Herzog Maximilian war nicht ohne Sinn für das Große und Ganze des Reiches, und die furchtbaren Dinge, die im Werden waren und zu deren Werden er beitrug, wollte er keineswegs.

Der religiöse Glaube, der in Bayern einen katholisch gesitteten, nach Rom und auch nach Madrid orientierten, von Herrschaft und Gehorsam durchwalteten Polizeistaat schuf, konnte in protestantischen Gegenden in eine bürgerlich-freiere, aber nicht weniger ernstere und kaum tolerantere Gestaltung staatlicher, kirchlicher, bürgerlicher Existenz eingehen. Das Bayern benachbarte kleine Fürstentum Pfalz-Neuburg mag als ein Beispiel für viele stehen. Der dort regierende Fürst, Philipp Ludwig, war so fromm wie sein Münchner Vetter, aber auf die neue Art; las die Bibel jedes Jahr von Anfang bis Ende und überwachte streng den sonntäglichen Kirchgang seiner Diener, so wie sie in Bayern täglich die Messe zu hören gehalten waren. Auch er war ein unermüdlicher Arbeiter und Arbeitsantreiber, »damit es allenthalben recht zuginge und die Frage der Gerechtigkeit mit Hintansetzung aller Privat-Affekten und Parteilichkeit gleich gehalten werde«. Nur war die Pflege von Glauben und Sittlichkeit anders inspiriert. Nicht Priester, Jesuiten, heimlich bezahlte Agenten wachten darüber, sondern »Censoren«, von der Gesamtheit der Gemeinde gewählte würdige Gemeindemitglieder, deren Ermahnungen der Pfarrer, der Lehrer, der Patronatsherr selbst sich zu fügen hatten. Krönung des »Kirchenregiments« war die Visitation: der alljährliche Besuch von Kirche und Schule durch einen Vertreter des Fürsten oder diesen selbst, wobei über alle sittlichen Verfehlungen der Gemeinde und ihrer Amtsträger Gericht gehalten wurde. Es war Schwere des Ernstes in dieser Sache, dem Zusammenleben der Bürger in fromm-gebundener Ordnung; nicht mehr die lebendige, mystische Schöpferkraft der frühen Lutherzeit, sondern ein obrigkeitlich festgelegter, zur alten Institution gewordener Ernst. Die Bürger machten ihn doch zu ihrem eigenen. Wie sehr sie es taten, zeigte sich, als das kleine Fürstentum ein Opfer des Konfessions-Streites wurde, der Erbe Philipp Ludwigs aus Gründen der Staatsräson zum römischen Glauben konvertierte und nun den Grundsatz, *cuius regio eius religio*, erbarmungslos durchführte. So mancher Handwerker zog damals auf seine alten Tage die Auswanderung dem Verrat am Glauben der Väter vor.

Deutsches Zentrum des Calvinismus war die Pfalz, das vornehmste unter den weltlichen Kurfürstentümern, das in zwei ungleiche, aber strategisch gleich wichtige Teile zerfiel, die Pfalz zu beiden Seiten des Rheines mit der Heidelberger Residenz und die Oberpfalz nördlich der Donau, an Böhmen grenzend. Ein hübscher und charmanter, mit Glücksgütern reichgesegneter junger Edelmann herrschte dort: Kurfürst Friedrich V., französisch erzogen, niederländisch verwandt, englisch verheiratet. Der Lage seines Landes und seiner Religion nach war er der internationalste unter den deutschen Fürsten, und dem entsprach sein von Projekte schmiedenden Beratern gestützter Ehrgeiz, der auf nichts weniger ging als auf eine volle Enthabsburgisierung, Enthispanisierung des Deutschen Reiches. Böhmen, hatte man sich in Heidelberg ausgerechnet, sollte der verfassungsgerechte Schlüssel dazu sein; denn Böhmen konnte noch immer als ein Wahlkönigreich angesehen werden, und wurde ein protestantischer Herr zum böhmischen König und damit zum Kurfürsten gewählt, so bekamen die Protestanten im Kurfürstenkollegium die Oberhand. Ein gefährlicher Plan, der die Köpfe der politisierenden Pfälzer schon erhitzte, als es ihnen gelang, ihrem jungen Fürsten die Tochter des Königs von England zur Frau zu gewinnen. Jedoch hatten die Engländer mit dieser Staatsheirat eines vor, was sich durchaus nur auf Westeuropa bezog, die Deutschen etwas anderes.

Der Calvinismus war international; das Luthertum, trotz Skandinavien, wesentlich deutsch; und sein weltliches deutsches Haupt, der in Dresden residierende Kurfürst von Sachsen, der konservativste unter den Fürsten des Reiches. Kurfürst Johann Georg sah, daß die Dinge bergab gingen, wußte aber kein anderes Mittel des Heils, als streng am alten Reichsrecht festzuhalten. Chef des großen Wettiner Fürstenhauses, Herr über eine beträchtliche, durch den Leipziger Markt bereicherte Region, hätte er eine sowohl führende wie vermittelnde Rolle spielen können, wozu es ihm an gutem Willen nicht fehlte. Aber Johann Georg war nicht der Mann, im Sturm kühn zu steuern. Er hoffte nur, es würde keiner kommen, betonte seine biedere Treue zu Kaiser, Reich und Gerechtigkeit, hielt nichts von den ehrgeizigen Plänen des Pfälzers und sah in den Habsburgern die legitime Höchst-Obrigkeit, weil sie es nun einmal geworden war. Übrigens liebte er die Jagd, wie fast alle seine Standesgenossen, die Musik und den Wein. Ein kalter Beurteiler, Wallenstein mit Namen, meinte über Johann Georg: »Was ist er für ein Vieh, und was führt er für ein Leben!« Eine Warnung für die Protestanten, sich nicht auf den Sachsen zu verlassen, und wenigstens insofern zutreffend; denn es war das Los Johann Georgs, erhalten zu wollen, was nicht erhalten werden konnte, für den Frieden wie für den Krieg zu schwach zu sein; nicht Partei nehmen zu wollen, wo Partei genommen werden mußte.

Brandenburg, das dritte Kurfürstentum, stand zu Sachsen ungefähr wie Bayern zu Habsburg, indem es geneigt war, der sächsischen Politik zu folgen und sie gleichzeitig als ihm im Grunde feindlich beargwöhnte, ein Verdacht, den man von Wien aus gern schürte; denn, so meinte der österreichische Vizekanzler, es »wäre ein Kunststück, die Ketzer uneins zu machen und wie die Füchse ihre eigenen Lande verderben zu lassen«. Neuerdings bekannte der Kurfürst von Brandenburg sich zur Lehre Calvins, über welche der sächsische Hofprediger Hoë ein Pamphlet mit dem Titel »Besser türkisch als calvinisch« herausgegeben hatte; der Grund der Konversion war derselbe wie im Falle Pfalz-Neuburgs, nämlich die Hoffnung auf Gewinn des Herzogtums Jülich-Berg. Ein anderes Herzogtum fiel dem Hause Hohenzollern 1618 durch Erbschaft zu: das ferne Preußen, ein polnisches Lehen. Die Verbindung hat später Folgen gehabt. Im Augenblick wurde sie wenig bemerkt. Brandenburg blieb Brandenburg, das seiner Lage und Ökonomie nach am wenigsten zählende unter den weltlichen Kurfürstentümern. Die geistlichen, Mainz, Köln und Trier, bedeuteten etwas ihrem Rang nach, solange die Reichsverfassung noch etwas bedeutete. Ihre Machtmittel waren geringfügig.

Zwischen allen diesen Potentaten und den vielen kleineren war ein emsiges Treffen, wechselseitiges Besuchen und Konferieren, wobei es mit Jagden, Trinkfesten und mythenträchtigen Feuerwerken hoch herzugehen pflegte. Gleichzeitig war Feindschaft zwischen ihnen. Man könnte nicht zwei nennen, die zuverlässig verbündet gewesen wären, nicht einen, der mit klarem Willen ein in sich stimmiges Ziel erstrebt hätte. Sie ereiferten sich für die »deutsche Libertät«, das hieß ihre eigene möglichst weitreichende Unabhängigkeit von Kaiser und Reich. Mittlerweile verweigerten sie die Rechte, die sie als Reichsstände geltend machten, ihren eigenen Landständen, Adel und Bürgern, so energisch, wie sie konnten, und der gleiche Widerspruch bezeichnet ihren Begriff von religiöser Freiheit; sie wollten toleriert werden, nicht tolerieren. Auch einen kleineren Reichsstand, Stadt oder Kloster, einzuschlucken zeigten sie sich jederzeit begierig. Die katholischen und protestantischen lagen gegen sich auf der Lauer, neigten aber auch wieder zum Zusammenspiel gegenüber kaiserlichen oder habsburgischen Aspirationen. Wenn der religiös akzentuierte »Kulturstaat«, den die Besseren unter ihnen aufgebaut hatten, schöpferische und in Europa einzigartige Leistungen aufzuweisen hatte, so war auch viel giftiger Zank, viel Erstarrtes, ja Barbarisches in ihrer Art, die Politik und die Religion zu pflegen. Es wäre sonst die folgende Krise weniger blutig und weniger verworren gewesen.

Die Basis ihres Zusammenlebens war noch immer der Religionsfriede von 1555. Der Vertrag hatte gehalten, hatte sich bewährt, länger, als man hätte voraussehen können. Nur die Dinge, die er regeln sollte, waren anders geworden und nicht im Gleichgewicht geblieben. Der Grundsatz, wonach der Fürst die Religion seiner Untertanen bestimmen durfte, hatte Wirklichkeit nur da, wo, wie in Bayern, glaubensbegeisterte, energische Fürsten an der Spitze standen. In Österreich, den habsburgischen Erblanden, gingen in den Zeiten der Kaiser Maximilian II. (1564–1576), Rudolf II. (1576–1612), Matthias (1612 bis 1619) Adlige und Bürger in hellen Haufen zum Luthertum über: Eine Bewegung, die ständischen so sehr wie religiösen Charakter hatte und nur durch die schärfste Kirchenpolitik von der Staatsspitze her rückläufig gemacht werden konnte. Eine solche Reaktion, einmal begonnen, mußte ihre Schatten weit über die Grenzen der Herrschaft werfen, innerhalb derer sie ausgeübt wurde. Der junge Erzherzog Ferdinand von Steiermark begann sie, zunächst nur in seinem Herzogtum, mit der Konsequenz, die diesem frommen und gutmütigen, gleichzeitig überaus zähen, fanatischen und wagemutigen Habsburger eigen war. Gemäß Familienvertrag war Ferdinand das zukünftige Oberhaupt des Hauses und damit der zukünftige Kaiser, falls nicht eine Fürstenrevolution ihn um die Wahl betrog.

Nicht, daß der Protestantismus noch die geistige Tiefe und Leidenschaft besessen hätte wie zu Luthers Zeiten. Dennoch breitete er sich weiter aus; teils als Ausdruck ständisch-sozialer Bestrebungen, teils weil die Fürsten in ihm ein Mittel sahen, um Macht und Einkünfte zu vergrößern.

Hier ging es um den »Geistlichen Vorbehalt«, jene dem Augsburger Vertrag beigegebene Erklärung, wonach geistliche Herrschaftsgebiete nicht von oben her protestantisiert, nicht verweltlicht werden durften. Der Grundsatz, für den, der hier nach Gerechtigkeit fragt, war gerecht; niemand wird jenen Priester-Fürsten von Köln loben, der die Vorzüge seiner erzbischöflichen Prunkexistenz mit jenen eines weltlichen Ehemannes zu verbinden und beide an seine Nachkommen zu bringen versucht hatte. Waren aber die Untertanen eines Abtes, eines Bischofs in der Mehrheit protestantisch geworden, so lag die Versuchung nahe, eine solche geistliche Herrschaft zu säkularisieren. Tatsächlich waren im Laufe der Jahrzehnte eine beträchtliche Zahl von ihnen protestantischen Ständen zugute gekommen; sei es durch einfache Annexion, sei es, indem statt Bischöfe sogenannte Administratoren bestellt wurden, die großen protestantischen Häusern angehörten. Solche Besitztümer der Kirche zu restituieren, war eine Forderung der katholischen Stände; sie zu behalten und das Prinzip, wodurch sie gewonnen worden waren, noch weiter anzuwenden, die Gegenposition. Beide Religionsparteien waren aufs neue im Angriff; die katholische, weil sie von ihrer tiefen Schwäche in der Lutherzeit sich erst jetzt ganz erholt, die Früchte ihrer inneren Reformierung erst jetzt ganz geerntet hatte und selbst- und zielbewußt dastand; die protestantische, weil die Tendenz zur Verweltlichung, einmal zum Durchbruch gelangt, auch ohne tiefe Leidenschaft fortgesetzt werden konnte und Angriff die beste Verteidigung war. Ein ideeller Streit, den man vor hundert Jahren begonnen, vor vierzig gerade in Deutschland für in seiner Explosionskraft halbwegs verbraucht gehalten hatte, bewegte sich einem neuen Höhepunkte zu. – Ein Anzeichen dafür folgte dem anderen.

1608. Ein Protestant wird zum Präsidenten des Reichskammergerichts gewählt. Die katholischen Stände weigern sich, die Jurisdiktion, die unter einem solchen Vorsitz zustande kommt, anzuerkennen. Das Oberste Reichsgericht hört damit zu funktionieren auf, was die Bedeutung des anderen, des Wiener Reichshofrates, gefährlich erhöht.

Im gleichen Jahr verhalten die protestantischen Bürger der Reichsstadt Donauwörth sich frech gegen die Mitglieder einer benachbarten katholischen Gemeinde, die ihrerseits sich frommen Provokationen hingeben. Der Kaiser, nach Anhören des Reichshofrates, erklärt die Stadt in die Acht; der Herzog von Bayern soll sie vollziehen. Maximilian läßt seine Leute die Stadt besetzen, erst mit Soldaten, denen Jesuiten folgen, und nimmt sie schließlich, zum Ersatz seiner Kosten, als Pfand, was praktisch bedeutet, daß die Freie Stadt bayerisch wird. Durch parteiische Anwendung wird hier Reichsrecht gebrochen – ein unheilverkündender Präzedenzfall.

Ein Reichstag, der über die Restituierung geistlicher Besitztümer verhandeln soll, scheitert, wieder 1608, weil die am schärfsten denkenden protestantischen Stände, noch einmal »Protestanten«, ihn nach Übergabe einer Beschwerdeschrift verlassen. Die Pfalz ist dabei führend, Brandenburg, kleinere Stände, wie Ansbach und Bayreuth, Braunschweig, Baden-Durlach, sind dabei.

Darauf vereinigen sich vorwiegend süddeutsche protestantische Stände, Pfalz, Württemberg, Baden, Neuburg, Hessen, Ulm, Nürnberg, zu einer »Union«. Ihr Ziel ist die Erhaltung des Friedens und Rechts, nichts weiter, und die Gründung hat Vorgänger. Freilich, auf den Schmalkaldischen Bund ist der Schmalkaldische Krieg gefolgt. Auch ruft eine Allianz die andere hervor; 1609 gründet Herzog Maximilian die »Liga«, eine Vereinigung süddeutscher und rheinischer geistlicher Herrschaften unter der Führung des Bayern. Sie ist auf neun Jahre befristet, die Union auf zehn, und gleichfalls durchaus nur für Erhaltung bestimmt. Fragt sich, was beide Seiten unter »Erhaltung« verstehen. Die Liga, dank der Energie ihres finanzkräftigen Anführers, ist besser organisiert, unterhält ein gemeinsames Heer, an dessen Spitze der in bayerischen Diensten stehende spanisch-belgische Kriegsmann Johann Tserclaes von Tilly tritt.

Wie nahe die beiden Verbände das Reich der eigentlichen Auflösung bringen, zeigt der Reichstag von 1613. Hier erklären die Mitglieder der Union, durch Majoritätsbeschlüsse nicht mehr gebunden zu sein; nicht bloß in Glaubenssachen, ganz und gar nicht, auch in Fragen der Besteuerung nicht, weil »keiner dem anderen vorschreiben könne, Geld auszugeben«. Sie zahlen denn auch die Beiträge nicht, welche der Kaiser sich von der katholischen Majorität des Fürstenrates als Beihilfe in seinem immerwährenden Krieg gegen die Türken hat bewilligen lassen. Die katholischen Stände zahlen, aber mehr mit Ja-Stimmen als mit barem Geld, und betonen ihre Reichstreue, sei es, weil sie ihnen von Herzen kommt, sei es, weil sie eben das ist, was die Protestanten nicht betonen.

1609 brechen die anderwärts schon erwähnten Wirren um Jülich-Berg aus. Daß der Kaiser die erbrechtlich umstrittenen Fürstentümer zunächst von Reichs wegen besetzen will, ist an sich nicht unbillig; aber in einer nach der innerdeutschen wie nach der internationalen Seite hin so gespannten Atmosphäre nimmt auch das an sich Rechtliche einen parteiischen Sinn an, oder er wird ihm von den Gegnern beigemessen. Wir erinnern uns, wie König Heinrich IV. auf das Erscheinen habsburgischer Truppen westlich des Rheins reagierte und wie nur sein Tod den vorbereiteten großen Feldzug in einen Kleinkrieg zwischen Franzosen, Niederländern und Reichstruppen verwandelte. Es folgt eine gefährlich-groteske Epoche von kaiserlichen Entscheiden, die nicht anerkannt werden, von niederländischen Interventionen zugunsten des einen Prätendenten, der eilends calvinisch geworden ist, von spanischen zugunsten des anderen, der ebenso eilends den römischen Glauben seiner Ahnen wiedergefunden hat. Schließlich, 1614, kommt es zu einem Austrag: Die umstrittenen Herrschaften werden zwischen Brandenburg und Pfalz-Neuburg geteilt.

Der europäische Friede von 1598 und 1609, der deutsche von 1555 waren krank. Die Krise mußte kommen, wenn 1621 der spanisch-holländische Waffenstillstand zu Ende ging; sie konnte kommen, wenn der alte Kaiser Matthias starb und der militante Herr aus Steiermark sein Nachfolger wurde – oder nicht wurde. Sie konnte kommen, wenn Union und Liga aneinandergerieten, in Binnendeutschland und nicht nur dort; denn hinter der Liga stand Spanien, Frankreich hinter der Union.

Mittlerweile hielten die beiden Bünde den Kontakt, den ein Rest von gemeinsamen Interessen und fürstliche Vetternschaften ergaben. Es war im Spätwinter des Jahres 1618, als das eine Oberhaupt, der Kurfürst von der Pfalz, das andere, Herzog Maximilian, in München besuchte. Der junge, fröhliche Pfälzer wollte seinen von der Natur sparsamer begabten Gastgeber überreden, für den Kaiserthron zu kandidieren. Es wäre eine antihabsburgische, binnendeutsche, wenngleich nichts weniger als protestantische Lösung der Thronfolge-Frage gewesen; es hätte Union und Liga vorläufig versöhnt und beide, Kerndeutschland, mit Österreich-Spanien verfeindet. Eine Versöhnung zwischen Liga und Union wünschte Maximilian auch, aber nicht auf so revolutionäre Weise. Er entzog sich und blieb dabei, als die Sache später noch einmal an ihn herankam.

Die böhmische Revolution

Aus dem Jahre 1613 gibt es einen Brief des Kaisers Matthias an seinen Vetter von Steiermark, in dem er sich überaus pessimistisch über die Zukunft der deutschen Habsburger äußert. Bis zu seinem Tode werde die Sache wohl noch halten, danach aber auseinanderbrechen. Nirgends habe er die Macht, wie sie einem König zustehe. Der ungarische Adel spreche offen von seiner Beseitigung, wolle keine Deutschen in Ungarns Festungen dulden, verweigere ihm jede Hilfe gegen die Türken, obgleich sie ihnen doch so notwendig sei wie dem ganzen Gemeinwesen. Das Fürstentum Siebenbürgen, von Ungarn abgetrennt, mit den Türken verschworen, sei offen feindselig. Im Erzherzogtum Österreich selber rebellierten die Stände und machten gemeinsame Sache mit der deutschen Union. Der Landeshauptmann von Mähren, Zierotin, geriere sich wie ein Souverän, die Befehle des Markgrafen-Königs hätten dort keine Geltung. Nicht minder widerspenstig seien die schlesischen Magnaten. In Böhmen könne er nichts tun ohne die Stände, und könne auch wieder nichts mit ihnen tun, wenn er ihnen nicht die weitreichenden Versprechungen erfüllte, die er ihnen ehedem im Zwang der Not habe machen müssen. Ohne die Stände aber erhalte er aus Böhmen kein Geld... Mit den Unterschieden, welche die neuen Zeiten mit sich brachten, war die Habsburger Monarchie am Anfang ungefähr so bedroht wie am Ende, 1848, 1918. Ihre große Epoche sollte erst noch kommen, wäre nicht gekommen ohne die blutigen Ereignisse, von denen hier berichtet wird, und ohne den einen Ferdinand.

Seit Jahrhunderten war das böhmische Königreich ein Mittelpunkt europäischer Politik, wer es besaß, einer der mächtigsten Herren des Kontinents; wobei noch die Frage war, wie er es besaß. Denn überaus fein war das böhmische Staatsrecht ausgebildet, der Dualismus

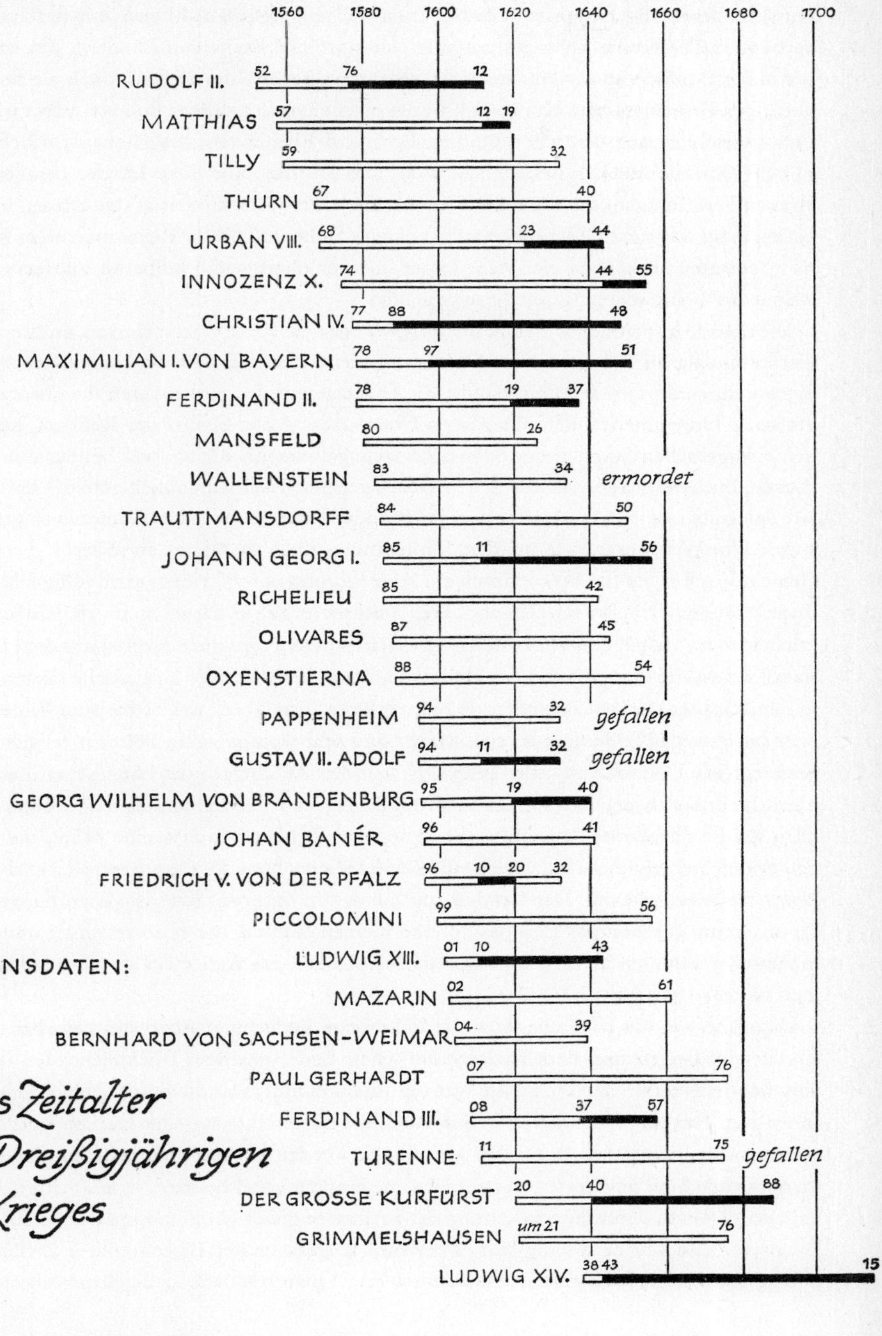

Das Zeitalter des Dreißigjährigen Krieges

von König und Ständen hier so weit getrieben wie nirgendwo sonst; seit dem Triumph der Hussiten-Bewegung hatten ständisches Interesse und Selbstgefühl sich mit der Religion verbündet. Die Krone Böhmens umfaßte eine stattliche Reihe von Ländern, die, so lesen wir in der Confõderationsakte von 1619, »theils aus freyer Gutwilligkeit, theils aus anderen wichtigen Ursachen« zum Königreich waren »geschlagen« worden: Böhmen selber mit den ihm angeschlossenen deutschen Städten Eger und Ellenbogen, das Herzogtum Schlesien mit Breslau, die Markgrafschaften Mähren und Lausitz. Alle diese Länder besaßen ihre eigenen Verfassungen, Stände und Offiziere. Sie hatten ihre Einheit in der Krone, was erklären mag, warum die Tschechen auch auf dem Höhepunkt ihrer Revolution eines Königs nicht entraten zu können glaubten; ferner in einer nicht genau faßbaren Führerstellung, welche die böhmischen Stände beanspruchten.

Die Stände in Böhmen waren in der Zeit, von der die Rede ist, die Herren, zweihundertvierundfünfzig an der Zahl, die Ritter, etwa viermal soviel, und die königlichen Städte. Sie waren, zusammen mit dem König, die Gesetzgeber; aus ihnen waren die obersten Beamten zu entnehmen; ihnen oblag auch Überwachung und Schutz der Religion, nämlich den evangelischen Ständen der Schutz der evangelischen Religion, welche hier aus hussitischen, lutheranischen, calvinistischen Überlieferungen sich allmählich gebildet hatte und seit den siebziger Jahren des vorigen Jahrhunderts die »böhmische Konfession« genannt wurde. Ihr Wesen war, wie bei den Lutheranern, die Verwaltung der Kirche durch die Gemeinde selbst, an der Spitze durch ein Konsistorium von Pfarrern; aber völlig fehlte das Prinzip landesherrlicher Kirchenobrigkeit. Statt seiner gab es das schon im 16. Jahrhundert erscheinende, 1609 erneuerte Institut der »Defensoren«, vornehme Herren aus dem Laienstand, denen die Verteidigung der Religion aufgegeben war. Der katholische Clerus hatte in den Hussitenstürmen seine Standschaft verloren, war aber, was er bis zum Ende blieb oder bis über das Ende hinaus, eine Macht und sehr wohlhabend; Böhmen religiös nicht so geteilt wie Deutschland, aber geteilt. Neben den Anhängern des böhmischen Bekenntnisses fanden sich noch Reste des ursprünglichen, von der katholischen Tradition nicht allzu tief verschiedenen Utraquismus; ferner die »Brüder-Unität«, eine Sekte, die unter den evangelischen Spielarten, welche das Land beherrschten, als die am reinsten christliche bezeichnet werden kann. Der Landeshauptmann von Mähren, Karl von Zierotin, gehörte ihr an; kaum gab es unter Europas Politikern einen zweiten, der es an religiöser und weltmännischer Bildung, an Sittenstrenge, an Feierlichkeit des Auftretens mit ihm aufgenommen hätte.

Ungefähr wie die englische, war die böhmische Verfassung unterwegs zwischen ihren feudalen Anfängen und dem parlamentarischen Ende, das dem Rückblickenden ihr als vorgeschrieben erscheinen mag. Sie war repräsentativ nur, was die Städte betrifft, die Vertreter zum Landtag schickten; die vom Adel, die alle erschienen oder erscheinen durften, vertraten nur sich selbst. Immerhin konnten sie für sich in Anspruch nehmen, das Land, im doppelten Sinn des Wortes, darzustellen; sie mußten Land besitzen, es fehlte ihnen nicht an lebendigem Sinn für die »Erhaltung der Freiheiten dieser Cron und unserer behmischen Zungen«. Und wie notwendig war dieser Sinn angesichts der Eigenart ihrer Zivilisation und deren tiefer Verflochtenheit in das der schieren Quantität nach so ungeheuer überlegene deutsche Herrschaftswesen und -treiben! – Die Bauern waren politisch rechtlos, aber wirtschaftlich erträglich dran; besser jedenfalls, freier von Fron, als sie es im Zeitalter der Aufklärung sein sollten.

War Böhmen eine Wahlmonarchie? Darum ging die Frage 1616, als der von Steiermark sich um den Thron bewarb, und noch einmal, im weltgeschichtlichen Stil, 1619. Es war eine Frage der rechtlichen Auslegung, wobei, wie so sehr oft, politischer Wille die Auslegung diktierte.

Die Habsburger Monarchie hatte das von der ihr vorhergehenden luxemburgischen statuierte Prinzip erblicher Thronfolge übernommen. Nach altem, nie veraltetem böhmischem Recht jedoch war das Erbrecht eingeschränkt durch das der Annahme, welches die Stände besaßen; der Erbe hatte ein Vorrecht auf die Krone, kein unbedingtes Anrecht auf sie. Die Stände mußten ihn annehmen. Es konnte vorkommen, daß dies Recht verneinend angewandt wurde; so gegen den Luxemburger Sigismund, weil er »der Feind der Menschen tschechischer Sprache und des Amtes unwürdig sei«. Die Annahme war also an sich eine Art von Wahl, denn wenn sie erfolgte, wurde sie mit der Eignung des Anzunehmenden begründet; auch hatte er, ehe er angenommen wurde, seinerseits die Rechte des Landes, die Vorrechte der Stände zu beschwören, ein Akt, der ungefähr der deutschen Wahlkapitulation entsprach. So standen die Dinge zu Anfang des Jahrhunderts.

Nun war aber der regierende König, Matthias, im eigentlichen Sinn des Wortes gewählt worden. Es hing dies mit den Vorgängen zusammen, die ihn auf den Thron gebracht hatten: der Rebellion der Erzherzöge gegen den regierungsunfähigen Rudolf II., seinem Thronverzicht, den die Stände im Jahre 1611 im Einvernehmen mit Matthias erzwangen, woraus sich ergab, daß der Nachfolger in eine doppelte, einzigartige Abhängigkeit von den Ständen geriet. Sie hatten ihn, so die These, durch einen freien Akt gewählt, obwohl er an sich nicht daran war. Ob dieser Akt eine Enormität war oder Norm schaffend, darüber wurde demnächst gestritten, sehr ernsthaft; denn die Menschen jener Zeit nahmen das Recht ernst und wollten keine Rechtsbrecher sein.

Was immer die Habsburger waren, was sie schöpferisch leisteten, ihr Begriff von Herrschaft vertrug sich nicht mit mächtigen Ständen, ihr Begriff von Religion nicht mit der Freiheit der Protestanten. Der erste Ferdinand und sein Nachfolger Maximilian II. waren zu staatsklug gewesen, um das, was sie vorfanden, über den Haufen zu rennen; bei Maximilian kamen sehr unhabsburgische Sympathien für den Protestantismus hinzu. Unter Rudolf II. gerieten die drei Tendenzen in offenen Kampf. Da der geisteskranke Monarch weder stark genug war, um sich durchzusetzen, noch klug genug, um sich zu arrangieren, so folgte eine Periode chaotischen Kampfes, während derer Matthias, dem kaiserlichen Bruder im Grunde gleichgesinnt, aber klüger, den Agenten des Kompromisses spielte. Er machte seinen Frieden mit den Österreichern, mit den Ungarn, das hieß, mit den Ständen dieser Länder, die Protestanten mit eingeschlossen, mit dem siebenbürgischen Groß-Rebellen, mit den Türken, die aus den ungarischen Wirren ihren Nutzen zogen. Einen ähnlichen Frieden oder Vertrag schloß Rudolf 1609 mit Böhmen, das ihm noch blieb, bis der Bruder ihn auch von diesem Thron verdrängte. Der böhmische Friede beruhte auf dem »Majestätsbrief«, wie das Dokument genannt wurde. Es war eine Art von Konkordat zwischen dem

König und den evangelischen Ständen, denen ihre volle Religionsfreiheit und Kirchenhoheit zugestanden wurde. Ihr entsprechend kam es alsbald zu einem »Vergleich« zwischen protestantischen und katholischen Ständen. Ein Historiker unserer Tage hat nachgewiesen, daß der »Vergleich« nicht einmal so weit ging wie der Majestätsbrief selber, der auch die Bauern mit einbezog, während der Vergleich die freie Religionsausübung, den Bau von Kirchen und Schulen, nur dem Adel, den Städten und den Landsassen königlicher Güter einräumte. Der Unterschied ist erwähnenswert, weil er den Charakter der Bewegung in Böhmen beleuchtet. Sie war aristokratisch-ständisch, nicht sozial. Weitere Verpflichtungen hatte Matthias eingehen müssen, als er den kranken Bruder aus Böhmen verdrängte, so, keinen Landtag zu berufen ohne Einwilligung der Stände; so, die Frage der Nachfolge zu Lebzeiten nicht aufzuwerfen.

Aus den Forderungen, welche die böhmischen Stände unter der Regierung des Matthias erhoben, aus den Gesetzen, welche sie machten, spricht ein komplexer, gärender Geist. Sie wollten »Konföderation«, nämlich mit den Ständen Ungarns und Österreichs, und »Defension«, nämlich ein diesen Ländern gemeinsames ständisches Heer. Kardinal Khlesl, der kluge, bürgerliche Berater des Kaisers, erriet, daß diese Bestrebungen möglicherweise zum Nutzen der Gesamtmonarchie gewendet werden konnten, ja, daß erst ihre Erfüllung aus den Herrschaftsgebieten der Dynastie etwas wie einen Staat oder Bundesstaat machen würde. Die Gefahr sah Matthias. Es wäre ein ständischer Bund gewesen, kein monarchischer, der ja nicht zur Diskussion stehen konnte, und hätte dem König wenig zu tun übriggelassen. Zum Beschluß, ein gemeinsames Heer aufzustellen, ist es auf einem »Generalkonvent« der habsburgischen Stände, einer Art von erstem Reichstag der Monarchie, auch einmal gekommen, aber zu nichts als dem Beschluß. Jedenfalls, die Tschechen waren keine Separatisten. Das Problem der Trennung oder Einheit konnte für sie noch keines sein, da die Einheit der habsburgischen Lande eine höchst unbestimmte war und sie der Identität ihres alten Königreiches sicher sein durften. Eben darum wollten sie auch »Erbeinigung«, eine Erneuerung der alten böhmischen Bündnisse mit Sachsen, Brandenburg, Polen. Der Zweck war der gleiche: wechselseitige Hilfe und Garantien, in dem einen Fall zwischenständischer, im anderen internationaler Art. Aber die deutschen Fürsten – mit einer Ausnahme – verhielten sich überaus vorsichtig gegenüber dem habsburgischen Imbroglio, und zu einem rettenden Zusammenwirken zwischen den Ständen tschechischer, deutscher, magyarischer Zunge ist es nicht gekommen. Es wurde beschworen und versucht, aber nicht mit der Energie, welche den Erfolg bringt.

Ein nationales Element ist in dem Komplex ständischer Ansprüche zu erkennen. Von alters her war den Tschechen die Verteidigung ihrer bedrohten Sprache – ihrer Nationalität – am Herzen gelegen. Der Märtyrer Hus hatte gegen die Deutschen einen wahrhaft modern anmutenden Haß empfunden, wie denn auch *Quod suscitat et suscitavit Boemos contra Teutones* einer der Konstanzer Anklagepunkte gegen ihn gewesen war. Im Jahre 1615 beschloß der Landtag: Niemand sollte mehr Einwohner des Landes oder Bürger einer Stadt werden dürfen, der nicht tschechisch spräche. Das Gesetz, so erklärt uns Gindely, klingt radikaler, als es war. Das *incolat* bedeutete nicht das bloße Wohnrecht, sondern das Recht, einem Stande anzugehören und auf dem Landtag zu erscheinen, eine Freiheit, die man, nach gemachten Erfahrungen, etwa noch zuwanderndem habsburgischem, deutschem oder welschem Adel nun vorenthalten wollte. Was die Deutschen betrifft, so waren sie dort, wo sie zusammengedrängt wohnten, in Eger und Ellenbogen, von Böhmen verwaltungsrechtlich getrennt. Im eigentlichen Böhmen sollen sie damals nur etwa ein Zehntel der Bevölkerung ausgemacht haben.

Jedenfalls wurde die nationale Tendenz durchkreuzt durch andere, welche mächtiger waren. Das große Königreich, dessen Teilung die Tschechen nimmermehr zugeben wollten, war kein nationales, denn in Schlesien wurde deutsch und polnisch gesprochen, deutsch in der Lausitz, in Mähren slowakisch. Die religiöse Bewegung, was für besondere Gestalt immer sie in Böhmen angenommen hatte, war international; der ständische Anspruch überwiegend aristokratisch und gleichgesinnte, gleichinteressierte Bundesgenossen in anderen Ländern suchend. Übrigens konnte allenfalls ein Kenner der Person voraussagen, wie die Herren vom Adel sich in dem beginnenden großen Streit verhalten würden; die Lobkowitz, Schlick, Waldstein, Slavata finden wir auf ständischer Seite und Träger der gleichen Namen auf der habsburgischen.

Zum einflußreichsten Anführer der rebellierenden Stände schwang sich im zweiten Jahrzehnt des Jahrhunderts Graf Heinrich Matthias von Thurn auf. Er stammte aus einer italienischen Familie, die später unter dem Namen Thurn und Taxis in Deutschland Karriere machen sollte, und verstand kaum tschechisch. Seine deutsch geschriebenen Briefe geben uns den Eindruck eines frommen und redlich-robusten, aber klatschhaften und törichten Mannes, und was gerade ihn so leidenschaftlich in die böhmischen Dinge verwickelte, hat keiner herausgefunden. Jedenfalls war er darin, Fähigkeit durch raschen Mut und polterndes Selbstvertrauen ersetzend. Schon 1614 hatte er, ohne eigentlich dazu ermächtigt zu sein, dem Kurfürsten von Sachsen die böhmische Krone anbieten lassen. Johann Georg ließ antworten, was er auch bei einer späteren Gelegenheit geantwortet hätte, daß er nicht interessiert sei.

Statt dessen wurde im Juni 1617 Ferdinand von Steiermark zum König oder zukünftigen, designierten König von Böhmen gekrönt. Indem der alte Matthias zu diesem Zweck die Stände einberief, brach er ein Versprechen; seine Berater, zumal der mächtigste unter ihnen, der spanische Botschafter, hatten ihn dazu gedrängt, weil die Zukunft Böhmens für das ganze europäische Gemeinwesen, das Reich, die Stellung der Dynastie zu wichtig sei, um sie länger ungeklärt zu lassen. Über die Frage, ob es sich um eine Wahl oder eine bloße Annahme handle, kam es zwischen den Protestanten vom Herrenstand und dem Kanzler zu einer juristisch zugespitzten Diskussion, bei welcher der Vertreter des Kaisers die Oberhand behielt; sei es, weil seine Argumente die triftigeren waren, sei es, weil die Führer des Adels im entscheidenden Augenblick der Mut verließ. Daß man auch die bloße Annahme hätte verweigern können, daß Ferdinand, der berüchtigte katholische Reaktionär, der Feind des Majestätsbriefs, der erbarmungslos-geschickte Reformator seines Herzogtums, für das Amt nicht paßte, diese Idee scheint den Ständen nicht gegenwärtig gewesen zu sein. Ehe sie sich's versahen, war der Erzherzog nahezu einstimmig angenommen, ausgerufen, gekrönt; das Bankett, das er darauf seinen neuen Untertanen gab und bei dem er sich überaus jovial erzeigte, sollte die letzte Vergnügung des alten Böhmen sein.

Im folgenden Winter verließ Matthias die Prager Burg, um in Wien zu sterben. Als Vertreter ließ er zehn »Statthalter« zurück, unter ihnen, immerhin, drei Protestanten. Alsbald zeigte sich der Einfluß des zielbewußten Nachfolgers. In Prag brachte ein Dekret alles Gedruckte, das bisher von den evangelischen Defensoren beaufsichtigt worden war, unter die Kontrolle des königlichen Kanzlers – ein Zensurgesetz, wie man später gesagt hätte. Die Rekatholisierung der Landsassen auf den königlichen Gütern, schon vorher begonnen, wurde mit gesteigertem Ernst weitergetrieben. Gleichzeitig flammte ein Streit auf, der schon jahrelang geschwelt und wieder seinen Ausdruck in einer profunden, historisch-rechtlichen Diskussion gefunden hatte. Waren die in geistlicher Hand befindlichen Ländereien eigentliche kirchliche Besitztümer oder waren sie königliche, der Kirche nur geliehen? Im letzteren Fall durften die Evangelischen, die dort wohnten, laut Majestätsbrief und Vergleich in Freiheit ihre Kirchen bauen; im ersteren waren auch ihre Seelen untertan den Äbten und Bischöfen. Die protestantische Auslegung scheint hier der Wahrheit näher gewesen zu sein. Aber wieder stand beiderseits kämpferischer Wille hinter den Argumenten der Juristen; wieder ging, wer die Macht hatte, in seinem Sinn vor. Als die Braunauer sich weigerten, dem regierenden Abt die Schlüssel ihrer Kirche zu überliefern, als die schon gebaute Kirche zu Klostergrab auf Befehl des Bischofs niedergerissen wurde, erkannten die Defensoren, was den nicht eben hellsichtigen Augen des Grafen Thurn von Anfang an deutlich gewesen war, daß die Wahl Ferdinands sie mit gebundenen Händen der katholischen Reaktion überliefert hatte.

Von da ab steuerten die Führer des Adels bewußt darauf hin, das Geschehene ungeschehen zu machen. In Prag wurden zwei große Treffen protestantischer Stände gehalten, von den Defensoren einberufen, aber über ihren Rahmen weit hinausgehend, das erste im März 1618, das zweite im Mai. Beim zweiten setzte Thurn sich durch: Nur eine vollzogene tödliche Tatsache konnte den Aufstand schaffen, das Band zwischen Habsburg und Böhmen zerschneiden. Der Beschluß, die beiden katholischen Statthalter, die man für die schuldigsten hielt, zum Fenster hinauszuwerfen, wurde von ein paar Adligen gefaßt; von wie vielen, ist nicht ganz sicher, denn mancher, der dabei war oder halb dabei war, leugnete es später. Das »Defenestrieren« war eine hergebrachte böhmische Methode des Tötens, zwischen Hinrichtung und Mord. Daß es eine Adelsverschwörung war, oder doch eine vom Adel geführte Verschwörung, zeigen die Namen der schwertgegürteten Männer, die am Morgen des 23. Mai in einer Amtsstube des Hradschin drohend vor den verurteilten Politikern standen: Wenzel von Ruppa, Matthias von Thurn, Wilhelm von Lobkowitz, Paul Řičan, Ulrich von Kinsky in der ersten Reihe. Nach einem hitzigen, mit bezeichnender historischer Gründlichkeit geführten Wortgefecht wurden die Grafen Martinitz und Slavata, samt ihrem Sekretär, fünfzehn Meter tief in den Abgrund gestürzt, wobei Thurn – »Edle Herren, hier habt ihr den anderen« – in deutscher Sprache kommandierte. Die Opfer, man kann nicht genau sagen wie, kamen mit dem Leben davon, konnten aus dem Lande fliehen und später noch eine Rolle spielen. Der Sekretär erhielt den Titel eines Freiherrn von Hohenfall. Sehr schön und ein wenig verschönt hat Graf Slavata in seinen Memoiren alles beschrieben.

Daß hier ein Staatsstreich, eine Revolution – wenn man den positiven Ausdruck vorzieht, die Ausübung des Widerstandsrechtes – in seiner ganzen Schärfe in Gang war,

Der Fenstersturz von Prag am 23. Mai 1618
Holzschnitt mit der Darstellung des mißglückten Mordversuchs
an den Grafen Martinitz und Slavata und ihrem Sekretär

Spannischer Türck.

DJe Spannischen Obristen/der Conde di Bucquoi vnd Graf Tampier/haben sich gleich bey Anfang deß Böhmischen Kriegs verlauten lassen/wañ sie solchen vortheil gleich die Böhmen/in Händen hetten/sie selbiges Königreich vmbstürtzen/auch deß Kinds in Mutterleib nicht verschonen wolten: Ob nun wol zwar nicht nur den Böhmen/sondern auch der gantzen Christenheit/ der Spannier Art vnnd Natur/auch jhre übende mehr als Türckische Tyranney/ bekandt vnnd offenbar / so haben sie doch selbiger vorzukommen notdürfftigen erheischenden Ernst nicht gebraucht/ sondern sich mit blosen Friedens- vnnd Interpositions-Worten/ so lang auffhalten lassen/ biß sich die Spannischen also gestärckt/ daß sie den Böhmen/ weit überlegen/ vnd nunmehr solchen Gewalt verüben/ daß die Böhmische Obristen selbsten vermeynen / die Böhmen von jhnen / vnnd die Spannier nicht von den Böhmen belägert seyen: Wie sichs dann auch im werck erscheinet/daß sie dermassen auß vnd auffgeraumbt haben/daß sie vorgeben / in Böhmen sie nichts mehr zu thun hetten/als vor Prag/oder in Oesterreich zurucken: Vnd dieses haben sie in so geschwinder Eyl verrichtet / darüber sich wol zuverwundern / auch einen solchen Schrecken vnd Forcht in das Landvolck gebracht / daß

sie

Eine Seite in einer Flugschrift über das schändliche Verhalten der kaiserlichen Truppen in Böhmen unter Bucquoy und Dampierre, 1619
Wien, Haus-, Hof- und Staatsarchiv

zeigten die Ereignisse der folgenden Tage. Denn alsbald wurde aus den drei Ständen eine provisorische Regierung von dreißig Direktoren gewählt, die demnächst auch einen Präsidenten erhielt, die Aufstellung eines Heeres unter Thurn beschlossen, die Anknüpfung hilfreicher Beziehungen mit den Ständen Ungarns, Mährens, Schlesiens und der Lausitz versucht. Ebenso hoffte man, längst vorbereitete internationale Verbindungen spielen lassen zu können: zu Sachsen und Pfalz, zu den Niederlanden, zu Frankreich und England. Die Tschechen kannten die Bedeutung ihres Landes im deutschen, im europäischen Machtkampf und bauten darauf. Gleichzeitig betonten sie, daß sie keine Rebellen, daß sie kaisertreu seien und nichts verteidigten als ihre heiligsten Rechte – ungefähr wie ehedem die Niederländer. Auch den Katholiken sollte nichts geschehen. Trotzdem war ein Zug zur Radikalisierung unvermeidlich, nachdem man den Bann einmal gebrochen hatte. Der Jesuitenorden wurde verboten; Kirchenfürsten, ein Teil des loyalistischen Adels, suchten freiwillig das Weite.

Daß Zeit verging, erklärt sich durch den Raum. Eine Botschaft von Prag nach Wien brauchte nur vier bis fünf Tage; aber Wien konnte in einer so feuergefährlichen Sache nicht handeln, ohne zu wissen, wie Madrid, München, Brüssel, auch Paris sich zu ihr stellen würden. Überdies waren Matthias und Erzbischof Khlesl zuerst geneigt, die aus Böhmen kommenden düsteren Nachrichten zu bagatellisieren. Sie hatten die kirchliche Restaurationspolitik betrieben und würden sie später fortsetzen. Trafen sie auf so schroffen, gefährlichen Widerstand, so war Nachgeben, weniges, vorläufiges Nachgeben das, wozu sie neigten, und in diesem Sinn ergingen ihre bittenden Befehle. Überall gab es eine ausgleichswillige Partei; in Wien, in Mähren, wo Landeshauptmann Zierotin ihr vornehmster Sprecher war, in Dresden, in Böhmen selber. Katholische Magnaten rieten dem Kaiser, manches preiszugeben, um etwas zu retten.

Dagegen die zu Krieg, Unterwerfung und Strafe Entschlossenen: An ihrer Spitze König Ferdinand, sein Berater Eggenberg, der spanische Botschafter Oñate. In emsiger Korrespondenz brachten sie die katholischen Potentaten Europas, Maximilian von Bayern, Sigismund von Polen, Albrecht von Belgien, Philipp von Spanien, auf ihre Seite. Die innere Entwicklung Böhmens schien ihre Alles-oder-nichts-These zu bestätigen. Den Beschwichtiger Khlesl ließ Ferdinand kurzerhand entführen und in Tirol in festen Gewahrsam nehmen. Indem Matthias die gewaltsame Entfernung seines Ministers hinnahm, war er nur noch ein Schatten, der um Frieden bat und den Tod erwartete. Als er im März 1619 starb – die Obduktion fand das Gehirn »ganz wässerig und anbrüchig« –, hatte der Krieg schon begonnen.

Die Haltung der katholischen Mächte Europas war eindeutig oder wurde es nach einigem Schwanken. Die der protestantischen nicht. Für Skandinavien lag Böhmen weit ab. So für England; Jakob I. hatte auf die spanische Karte gesetzt und wünschte sie jetzt nicht auszuwechseln. Kurfürst Johann Georg mißbilligte die katholische Reaktion in Böhmen, mißbilligte aber auch sehr, daß hier Untertanen sich gegen ihren Souverän erhoben hatten. Moritz von Oranien, in protestantischen Freiheitskämpfen erfahren, erkannte wohl das allgemeine, bedrohliche Interesse der böhmischen Vorgänge. Aber er war selber eben erst aus einem inneren Konflikt unschön-siegreich hervorgegangen und hatte Grund, seine

Hauptsorge Belgien-Spanien zuzuwenden, nicht Böhmen-Österreich. Und die deutschen Unionsfürsten? Es mußte jetzt sich zeigen, inwieweit es die Union überhaupt gab. Einstweilen gab es den Pfälzer, und dieser erwies sich als der aktivste. Hier war, was er oder was sein Politiker, Christian von Anhalt, längst vorausgesehen, gewünscht, angezettelt hatte. Prompt erschienen seine Abgesandten in Prag, angeblich, um sich zu informieren und womöglich zu vermitteln. Dem widersprach, daß er den Tschechen Waffenhilfe sandte, wofür er sich eines bereitstehenden kleinen Söldnerheeres bediente, das ein abenteuerlicher Kriegs-Unternehmer, Graf Ernst von Mansfeld, zur Verfügung hielt. Schon im August 1618 marschierte Mansfeld nach Böhmen; eine willkommene Hilfe für die Aufständischen und die erste folgenschwere Intervention.

Nach dem Tode des Kaisers ließ Ferdinand, nun Alleinherr von Österreich, den Tschechen noch einmal Amnestie und Bekräftigung ihrer Privilegien anbieten, wenn sie sich seiner Gnade unterwürfen. Man versteht, daß sie ablehnten; was nützten alle Versprechungen des regierenden Hauses, da sie bisher nichts genützt hatten und seinem Geist und Willen so weltkundig konträr waren? Auch schien die böhmische Sache dem, der keinen langen Blick hatte, nicht schlecht zu stehen. Die Nebenländer, Schlesien und Lausitz, hatten sich angeschlossen; zuletzt auch Mähren, das unter dem mäßigenden Einfluß Zierotins gezögert hatte. Dem Obersten von Waldstein, oder Wallenstein, Mitglied einer vornehmen böhmisch-mährischen Familie, gelang es, nur einen kleinen Teil des ständischen Regimentes, das er kommandierte, ins habsburgische Lager hinüberzuführen. Wallenstein mußte sich den Exilierten zugesellen, die ihre Wiederherstellung, und mehr als sie, nur noch von einer totalen Niederlage der Rebellen erwarten konnten. Das Kriegsglück schwankte. Was es kostete, zahlten in jedem Fall die tschechischen Bauern. Sie wurden mit Einquartierungen und Brandschatzungen heimgesucht, ihre Felder verwüstet, ohne daß man sie um ihre Ansicht befragt hätte; so war denn auch ihr Herz nicht recht dabei. Was beschlossen und getan worden war, war oben, in Prag, in Schlössern und königlichen Städten getan worden. So dort und damals, so später, anderswo, überall. Das Landvolk erlitt die Ereignisse nur.

Im Sommer 1619 schien es, als bräche das ganze Gebäude der deutsch-habsburgischen Herrschaft zusammen. Der Fürst von Siebenbürgen, Gabriel Bethlen, nahm die Gelegenheit war, um Ungarn zu revolutionieren und dort sich zum Fürsten ausrufen zu lassen. Er schloß eine regelrechte Allianz mit den Tschechen. Als er gegen Wien marschierte, fand sich Thurn mit seinem Kriegsvolk vor den Mauern der Stadt; drinnen bedrängte eine Versammlung der österreichischen Stände ihren Herrscher mit Forderungen im böhmischen Stil. Kärnten, Steiermark selbst drohten mit Aufruhr. Zur Düsternis der Stimmung trug ein dürrer, gnadenlos brennender Sommer bei, in dessen Zeichen sich tödliche Seuchen im Lande verbreiteten. Ein schwächerer oder phantasiebegabterer Mensch als König Ferdinand hätte in dieser Lage seine Sache wohl verloren gegeben und jede Kapitulation beschworen. Der Habsburger, von unerschütterlicher Ruhe, fromm, zäh, zugleich beschränkt und die weitesten Ziele nie aus den Augen verlierend, ließ Gefährdungen und Demütigungen über sich ergehen. Sie waren ephemer, wie sich zeigte; die Macht des Erzhauses mit seinen vielfältigen, weltweiten Verbindungen war es nicht. Regelmäßig kam Hilfe in der höchsten Not und kehrte die Dinge um, jetzt und später.

Im selben Sommer gingen die Tschechen an eine rechtliche Ordnung ihrer Staatsangelegenheiten, die bis dahin, solange man an der Fiktion einer nur vorübergehend ausgesetzten Loyalität festhielt, in der Schwebe geblieben waren. Dies waren die Hauptfragen: Die Verfassung des Königreiches und seiner Nebenländer; das Verhältnis zu den habsburgischen Ländern, die nicht zur Krone Böhmens gehörten; die Person des Monarchen. Über die Verfassung wurde zwischen den Direktoren und den Ständen der Nebenländer verhandelt; das Resultat war die »Conföderationsakte«, wie sie genannt und am 31. Juli 1619 in einem feierlichen, politisch-religiösen Akt beschworen wurde. Dem Dokument sollte nur eine kurzfristige, von Gefahren überschattete Wirkung beschieden sein. Sein Geist war kühn und in eine Zukunft weisend, die hier niemals Gegenwart geworden ist. Das Königreich wurde zu einer Konföderation sich in ihrer Gesetzgebung, in ihren Finanzen, ihrem Heerwesen selbständig verwaltender Republiken, innerhalb derer den Städten vollständige Autonomie, und freie Religionspflege nun auch den evangelischen Bauern eingeräumt wurde. Gemeinsam sollte ihnen allen nur der König sein; ein Wahlkönig, ein in der Ernennung seiner Beamten, in der Führung seines Heeres, in der Gestaltung seiner Außenpolitik, in der Verwirklichung seines religiösen Wollens von den Ständen dermaßen kontrollierter, von einem über und über betonten Widerstands- und Absetzungsrecht dermaßen bedrohter König, daß die Frage, warum man überhaupt noch einen König haben wollte, sich aufdrängt. Sie wurde oben schon beantwortet. Die Einheit der Länder beruhte auf der Krone des heiligen Wenzel, auf nichts sonst. Überdies gab es in Europa wenige Republiken, auf deren Erfahrungen man hätte bauen können.

Mit den Ständen Ober- und Niederösterreichs, welche Beobachter zu den Beratungen geschickt hatten, kam ein formeller Vertrag zustande. Im selben Moment aber, in dem man in Prag unter den Entwurf eines weiten ständischen Bündnisses habsburgischer Lande das Siegel setzte, zerschnitt man das Band mit dem Erzhause selbst. Am 19. August wurde König Ferdinand als ein rechtsbrecherischer Tyrann, dessen Wahl selber schon der erste Rechtsbruch gewesen war, des Thrones für verlustig erklärt und die Wahl eines Nachfolgers beschlossen. Keiner der Kandidaten war Tscheche. Zwar an glanzvollen Herrenfamilien, den Lobkowitz, Smiřicky, Waldstein, Slavata, Kinsky, Kolowrat, hätte es den Wählern nicht gefehlt, und die Vergangenheit gab Beispiele einheimischen Königtums. Aber die Tage der neuen Kronen-Republik waren zu ungesichert; man suchte einen Monarchen, der Geld, Bündnisse, internationale Hilfe bringen könnte und fand drei der Art: den Herzog von Savoyen, einen geschworenen Feind der Habsburger, der schon den Kriegszug Mansfelds hatte finanzieren helfen; das Haupt der deutschen Lutheraner, Kurfürst Johann Georg; den Pfalzgrafen Friederich. Jeder hatte seine Partei; jeden machte man sich anheischig, zu gewinnen oder schon gewonnen zu haben, wobei viel Unkenntnis der harten, feigen, verräterischen Welt, viel Illusion, Dilettantismus und Intrige im Spiel waren. Savoyen fehlte es an Ernst und Mut; er hatte den Rebellen manches versprochen, aber wenig geleistet. Sachsen zeigte ihnen die kalte Schulter, womit nicht zusammenstimmen wollte, daß er sich über die Wahl des Pfälzers dann doch gründlich ärgerte, zumal ihm nicht verborgen blieb, daß einige der tschechischen Anführer ihn geradezu als einen Trunkenbold verworfen hatten; er wollte gewählt werden, um abzulehnen. Von Friedrichs verheißungsvollen

Beziehungen zur Union, zu England, den Niederlanden, den Eidgenossen wurde viel Wesens gemacht; seine Wahl war beinahe so einstimmig wie die Ferdinands zwei Jahre früher.

Den Habsburger erreichte die Kunde von seiner Absetzung in Frankfurt, wohin er sich, trotz des revolutionären Gewühls in Österreich, trotz Sommerglut und mannigfacher Gefahren, begeben hatte, um an der Kaiserwahl – seiner eigenen! – teilzunehmen. Die deutschen Kurfürsten waren versammelt; genauer, sie waren es nicht, denn die drei weltlichen, protestantischen, schickten Vertreter, eine Geste des Ärgers und wirkungslosen Mißtrauens. Sachsen und Brandenburger waren gleichwohl beauftragt, ihr Votum für Ferdinand abzugeben. Es war wie bei der böhmischen Wahl zwei Jahre früher; eine Art von Nachlässigkeit, Geistesabwesenheit, skeptischer Schicksalsergebenheit. Er kenne Ferdinand, soll Johann Georg gesagt haben, es werde nichts Gutes daraus kommen – so als ob das Gute hier überhaupt nicht zu haben gewesen wäre. Pfalz allein leistete Widerstand und setzte auf Bayern, der hatte wissen lassen, daß eine Stimme für ihn als eine für Ferdinand anzusehen wäre. Eine tschechische Delegation protestierte gegen Ferdinands Anwesenheit: Er sei der Kurfürst von Böhmen nicht mehr, er habe kein Recht, unter den Kurfürsten zu sitzen. Worüber man zur Tagesordnung überging. Am Ende kam lustlose Einstimmigkeit heraus. – Die Wahl brachte dem Habsburger keine wesentlichen zusätzlichen Ressourcen, wohl aber die ganze feierliche Macht uralten Rechtes. Das deutsche staatliche Gemeinwesen, so nahe seiner Auflösung, war trotzdem konservativ; war gerade, weil es so sehr konservativ war, seiner Auflösung so sehr nahe gekommen.

Mit der Annahme der böhmischen Krone zögerte Friedrich eine kleine Weile. Ob man ihm aber dringend abriet, wie aus London, oder flau zuriet, wie aus dem Kreise der Unionsfürsten, im Grund war er doch entschlossen; in einem religiösen Pflicht- und Sendungsgefühl, scheint es, mehr denn aus irdischer Begierde, er hätte es ja in seinem Heidelberg schön genug gehabt. Die ernsteste Warnung kam aus München. In einem Brief, voll von Sorge, vorausblickender Klugheit, ja Freundschaft, stellte der sonst nicht eben warmherzige Maximilian dem jungen Vetter die ganze Gefährlichkeit des Unternehmens für ihn selbst und das Vaterland dar. Dem Schreiben fehlte das eine, was Friedrich, vielleicht, hätte anderen Sinnes machen können: eine klare Ankündigung dessen, was der Herzog tun würde, wenn der Kurfürst annähme. Maximilian wußte es. Denn eben in diesen Tagen, Oktober 1619, war zwischen ihm und Ferdinand, im Beisein des spanischen Botschafters Oñate, ein geheimer Vertrag unterzeichnet worden, der Bayern das »völlige Direktorium über die katholischen Verfassungs- und Defensionswesen« übertrug und es zur Intervention in Österreich verpflichtete, wobei der neue Kaiser versprechen mußte, keinerlei Separatfrieden zu schließen und dem Bundesgenossen zur Schadloshaltung seinen gesamten Besitz zu verpfänden. Maximilian dachte genau und »ex naturali instinctu auf seine eigene Defension«, wie er es einmal ausdrückte. Der Vertrag machte ihn zum Diktator über die deutschen und österreichischen Dinge, solange der Krieg dauerte, soweit das Glück der katholischen Waffen reichen würde. Ein mündlich gegebenes Versprechen kam dazu: Die Kurfürstenwürde sollte dem Pfälzer genommen und auf Bayern übertragen werden.

Daß auch Johann Georg sich zu einem ähnlichen Vertrag mit Wien verstand, der ihm die Markgrafschaft Lausitz verhieß und überdies – man hatte auch ein Gewissen – die Ungekränktheit der lutherischen Konfession in Böhmen garantierte, machte das Unglück Pfalzgraf Friedrichs und seiner betrogenen Wähler voll, noch ehe er seinen Einzug in Prag hielt. Für ihn war eine unkoordinierte, unsicher geführte ständische Revolution in Österreich, in Ungarn, in Böhmen selber, für ihn war, mit ermunternden Worten, die europäische Welt des Protestantismus – zu einem Teil. Ein paar Staaten erkannten ihn an, Schweden, Dänemark, die Niederlande, Venedig, was nur im Fall der Niederlande eine bescheidene Geldhilfe bedeutete. Da gemeinsame Feindschaft manchmal Freundschaft bedeutet, so suchte Friedrich den Beistand des wetterwendisch-durchtriebenen Fürsten von Siebenbürgen, sogar des Sultans, der keinen gab. Gegen ihn stand die ungleich gesammeltere Macht des Katholizismus, standen Spanien, standen Belgien, Rom, und nun die deutschen Mächte, die zählten. Gegen ihn stand das gewaltige, wirklichkeitsträchtige Phantom der Legitimität.

Es hat Könige gegeben, die, in ein fremdes Land verpflanzt, dort geschickt sich anzupassen wußten und Gutes taten. Der umgekehrte Fall ist in der Geschichte häufiger. Er trat hier ein. Friedrich kam in ein Land, das er nicht kannte und dessen Sprache er nicht sprach – die Königin nicht einmal die zweite, deutsche – und dessen Anführer ihn zu ihm fremden, oft nicht einmal liebenswerten Zwecken zu benutzen gedachten. Böhmische Bauern, kriegsgequält, wie sie waren und angeregt durch die allgemeine Unordnung, hatten sich zusammengerottet und Aufhebung der Leibeigenschaft verlangt. Friedrich war bereit, sie zu konzedieren, und das war ein guter Gedanke, den gleichzeitig ein weitblickender Edelmann in Österreich verfocht: Ohne daß die Bauern mitmachten, sei keine Revolution zu gewinnen. Aber nicht zu diesem Zweck hatten die tschechischen Stände die ihre gemacht; sie belehrten den fremden Jüngling eines Besseren. Hatte er nur begriffen, auf welch neue Art von Königtum er sich da eingelassen? Wußte er das mindeste vom Geist der Tschechen, von ihrer Religion, welche die Ursache von alledem gewesen war? Er selber war Calvinist, und seine Prediger fingen alsbald an, gegen den Bilderschmuck der Kirchen vorzugehen. Ein Lutheraner konnte schreiben: Unter den Habsburgern sei mehr Freiheit der Religion gewesen als jetzt. In Prag gab es einen lustigen Winter im Heidelberger Stil, Festlichkeiten die Fülle, auch Huldigungsreisen nach Breslau und Brünn. Aber unter der glänzenden hauptstädtischen Firnis war Fremdheit zwischen König und Untertanen, die keine mehr sein wollten, Zank zwischen Pfälzern und Tschechen, Zank zwischen den Ständen unter sich, Unruhe der Bauern, Zusammenbruch der militärischen Disziplin, drohender Bankrott, durch Konfiskation katholischen Besitzes nicht aufzuhalten, Angst vor werdendem Unheil. Es könnte sein, daß die tschechischen Anführer den Gewichten der Wirklichkeit, die sie kühn auf sich geladen hatten, auch dann nicht gewachsen gewesen wären, hätte nicht gnadenlos überlegene Macht ihr Unternehmen von außen erstickt.

Unentwegt arbeitete Herzog Maximilian im Winter an dem, was er im Sommer auszuführen gewillt war: Rüstungen; Korrespondenzen mit Madrid, mit Rom; dringende, beschwörende Bitten um Geld, um Truppen, um die Mitwirkung Belgiens, was alles ihm zugesagt wurde. Noch brauchte er die Neutralität, ein gesichertes Nichtstun der Union, solange er in Österreich und Böhmen tätig war. Auch die erhielt er. Längst war die Union in sich geteilt, das böhmische Abenteuer ihres Präsidenten, das sie rechtzeitig nicht verhindert hatten, ihren Mitgliedern verdächtig. Verdächtig waren ihnen wohl auch die bayrischen Rüstungen; das von beiden Seiten gepflegte Betonen nur notgedrungener friedlich-defensiver Absichten beruhigte sie nicht. Als aber im Frühsommer 1620 die Heere beider Machtgruppen sich bei Ulm gegenüberlagen, kam es, anstatt zu dem befürchteten Zusammenstoß, zu Verhandlungen. Die Fürsten und Städte der Union forderten eine wechselseitige Nichtangriffsverpflichtung, welche Böhmen ausließ, aber Belgien mit einbezog. Den Nichtangriffspakt wollte Maximilian auch, aber ohne den Einschluß Belgiens, von wo, wie er wußte, ein Kriegszug gegen die Pfalz geplant war, und ohne den Einschluß der Pfalz, wenn er etwa einmal, nicht als Haupt der Liga, sondern als Exekutor des Reiches, gegen sie vorzugehen haben würde. Es war die Art dieses Fürsten, zu wissen, was er wollte, und der Zukunft vorzudenken. Als die Verhandlungen ihr Ziel zu verfehlen drohten, griff eine im rechten Moment eingetroffene französische Gesandtschaft ein.

Dieser mächtige Auftraggeber, Frankreich, ist bisher in unserer Erzählung nicht erwähnt worden. Oft schon hatte die katholische Großmacht protestantische Politik getrieben. Sie tat es diesmal nicht. Der junge König hatte seine Ziele noch nicht bestimmt, sah in der böhmischen Revolution eine Wiederholung dessen, was seine eigenen Hugenotten ihm zu schaffen machten, und dachte zeitweise daran, gegen sie zu intervenieren. Statt dessen setzten seine erfahreneren, nicht genug erfahrenen Berater den Versuch einer Vermittlung durch: Erst Deutschland zu neutralisieren, dann den Pfalzgrafen zum Verzicht auf seinen Thron, die Tschechen zu einem Austrag mit Habsburg zu bewegen. So würde Friede sein; ein gerechter Friede; und einer, der Spanien nicht zugute käme. – Daß Spanien nicht Deutschland beherrschen sollte, war wohl auch die Idee des Herzogs Max. Aber er hatte sich einen anderen Reim auf dies schwierige Problem gemacht: Mit Spaniens Hilfe den Willen der erbländischen Protestanten zu brechen, die wahre Religion zu retten und doch Herr im eigenen Haus zu bleiben. Der »Ulmer Vertrag« lautete zuletzt so, wie er es wünschte. Er ließ Spanien-Belgien jede Freiheit, er gab der Union die Freiheit, in Böhmen zu handeln, von der sie keinen Gebrauch machen wollte, und jene, die Pfalz zu verteidigen, von der einzelne ihrer Mitglieder einen späten Gebrauch machten; er gab der Liga Sicherheit vor der Union und damit volle Freiheit im Osten. – Von Ulm reisten die Franzosen nach Wien weiter, um für ihren allgemeinen Frieden zu wirken, erhielten aber einen kalten Empfang. Ferdinand bedurfte keiner Vermittlung mehr.

Ende Juli marschierten die Bayern und Ligisten, Söldner in Wirklichkeit und Sprecher vieler Zungen, unter Maximilian und seinem General Tilly in Oberösterreich ein. Es war die Idee Maximilians, daß erst die österreichischen Stände zur Räson gebracht, ihre Verbindungen mit Böhmen zerschnitten werden müßten. In Linz nahm er die Huldigung der gedemütigten Rebellen entgegen. Ringsumher verödete, brennende Dörfer, verhungertes Vieh – Tiere und Bauern sollten von nun an durch die Jahrzehnte die verworrenen Händel der Herren in Leid zu zahlen haben. In Linz fand auch die Vereinigung mit den Resten kaiserlicher Truppen unter einem anderen Belgier namens Bucquoy statt. Weiter ging es im Spätherbst nach Böhmen, Soldaten, Jesuiten, Kanonen, deren zwölf gewichtigsten die Namen der Apostel trugen; das Ganze, so dekretierte Ferdinand, unter dem Befehl der

Heiligen Jungfrau. Mansfeld, der sich untätig in Pilsen hielt, weil seine Mieter ihn nicht mehr hatten bezahlen können, ließ man links liegen. Die böhmische Hauptarmee, unterstützt oder gehindert durch die marodierenden Banden Bethlen Gabors, wurde am 8. November vor den Toren Prags, am Weißen Berg, gestellt, aufgerieben, in die Flucht gejagt. Prag ergab sich am nächsten Tag. König und Königin entflohen nach Breslau, reiche Beute zurücklassend, mit ihr auch die Kanzlei, welche die politischen Geheimnisse der Vorjahre barg. Die Unterwerfung des größten Teils von Böhmen, dann Mährens, erfolgte in wenigen Wochen. Wie ausgemacht, nahmen die Sachsen sich unterdessen Schlesiens und der Lausitz an.

Es hätte das Ende des Kriegs sein können und war es für Böhmen, zunächst; und für Böhmen das Ende von vielem. Hätten die Tschechen gewußt, was ihr Los sein würde, mag sein, sie hätten lieber ihre Hauptstadt in Schutt und Asche legen lassen und den Kampf fortgesetzt. Hätten sie es gekonnt? Ihr Unternehmen war kühn erdacht, aber schlecht geführt, und nicht nur von der Seite des jungen Deutschen, der sie betrogen hatte und sie ihn. Es war die Revolution einer Oligarchie, nicht eines Volkes. Die Bauern und Kleinbürger, zur Zeit der Hussitenstürme Ruhm und Stärke Böhmens, waren immer indifferent, wenn nicht feindlich geblieben; sie hatten nur den Herrn gewechselt und würden ihn jetzt wieder wechseln. In den dreißig republikanischen Monaten hatten sie keine gute Zeit gehabt. Nur so erklärt sich, daß eine einzige Niederlage den so lange vorbereiteten, so frech und froh begonnenen Aufstand brach.

Die Ligisten, unter Tillys eisern-frommer Zucht, hatten sich besser verhalten als die Kaiserlichen, besser als Böhmens wüste Hilfstruppen, Mansfelder und Ungarn. Herzog Maximilian war, wenn nicht zu human, zu klug, um ein Schreckensregiment der Reaktion zu wünschen. Aber der eigentliche Sieger blieb nicht lang. Er hatte in München dringendere Sorgen. Unter dem von ihm ernannten Subkommissarius, Fürst Liechtenstein, der später kaiserlicher Statthalter wurde, begann das schlimme Werk, das den Charakter Böhmens für Jahrhunderte bestimmen sollte. Zuerst die Rache an den Anführern. Sie hätten fliehen können, da man sie ein paar Monate lang ungeschoren ließ. Aber in der Mehrzahl flohen sie nicht, und wenn sie selbst flohen, nach Dresden, nach Bad Ragaz in der Schweiz, um ihr Podagra zu heilen, so wurden sie dort aufgestöbert, gefangen, ausgeliefert und endeten wie die zu Hause Gebliebenen. Unter den wenigen, denen die Flucht gelang, war Thurn. Ein Monsterprozeß wegen Hochverrats folgte. Im Juni 1621 starben siebenundzwanzig vor dem Altstädter Rathaus auf dem Schafott: Direktoren und Defensoren, Herren, Ritter, Bürger. Friedrich von Hurter, dem wir eine Biographie des frommen Monarchen in elf Bänden verdanken, berichtet, Kaiser Ferdinand habe die Nacht vor der Unterzeichnung der Urteile schlaflos zugebracht, die Unterschrift mit zitternder Hand und tränenden Auges vollzogen. Das mag sein; Ferdinand war gutmütig. Aus seinen Briefen an Liechtenstein aber sehen wir, daß er äußerst sparsam in Begnadigungen war, auf Vollzug der Hinrichtungen drängte und vor allem in der Besitzes-Konfiskation weitergehen wollte und weiterging, als der Statthalter am Orte selbst für ratsam hielt.

Dies war der Kern der Sache: Die Konfiskation. Sie sollte jeden treffen, gänzlich oder in Graden, der mit der Rebellenregierung irgendwie zu tun gehabt hatte; und wer im Adel, im Bürgertum der königlichen Städte, in der protestantischen Geistlichkeit hatte nicht irgendwie mit ihr zu tun gehabt? Ein Konfiskationsrat brachte im Lauf der Zeit gut die Hälfte des Landes in anderen Besitz und viele Tausende an den Bettelstab. Dabei wurde der Zweck, die leere Staatskasse zu füllen und den Krieg zu bezahlen, nur zu geringem Teil erfüllt. Die schamloseste Korruption waltete. Liechtenstein selber, des Kaisers erster Minister, Eggenberg, und Albrecht Wallenstein, der beizeiten auf die habsburgische Karte gesetzt hatte, brachten riesige Güterkomplexe an sich, wobei sie sich zu vier Fünfteln gefälschter Gulden bedienten, die ein vom Kaiser privilegiertes Münz-Konsortium adliger Herren auf den Markt brachte und die zum Nennwert angenommen werden mußten. Das schlechte Geld, zusammen mit dem Ruin der Bauern, der Angst und Rechtsunsicherheit, trieb die Preise hoch, die Kosten des Lebens auf das Zwölffache. Da Inflation viele arm macht, aber keine wirklichen Werte zerstört, so wurden wenige sehr reich in der allgemeinen Not und durch sie. Andere Güter wurden gnadenhalber verschenkt oder Offizieren und Kriegs-Kleinunternehmern, die ihre Rechnungen präsentierten, an zahlungsstatt überlassen. Ein neuer böhmischer Adel entstand, so feudal, wie der alte gewesen war, aber habsburgisch-international seiner Herkunft nach, deutsch, italienisch, spanisch, flämisch, schottisch und ohne Sinn für die großen Traditionen des Landes. Er ist bis 1918, bis 1945, im Besitz geblieben.

Den Majestätsbrief zerschnitt Ferdinand mit einer Schere, nachdem er die Siegel ins Feuer geworfen hatte – die Erfüllung eines alten Wunschtraumes, oder richtiger, Vorhabens; der Kaiser war kein Träumer. Calvinistische Prediger verjagte man sofort; demnächst auch die Pfarrer des Böhmischen Bekenntnisses und die reinen Lutheraner. Vergebens blieben die Proteste des Kurfürsten Johann Georg, dem anderes versprochen worden war. Die Katholisierung der Bürger wurde nach steierischem Vorbild betrieben. Später, 1627, erklärte eine vom Kaiser-König dekretierte »erneuerte Landesordnung« das Königreich zur erblichen Monarchie, die katholische Religion zur einzigen, den Clerus zum ersten Stande. Das letztere bedeutete nicht einmal viel, denn den Ständen wurde das Recht der Gesetzgebung genommen und allein das der Steuerbewilligung gelassen. Eine in Wien etablierte »Böhmische Hofkanzlei« entwickelte sich zur eigentlichen Regierung wie zum Obersten Gerichtshof. Böhmen war so habsburgisch geworden wie ein anderes habsburgisches Land und blieb es. Erst der Liberalismus des späten 19. Jahrhunderts hat die Blutspuren von 1621 verwischt. Als das Werk Ferdinands II. 1918 zusammenbrach, war es im Grunde zu spät dafür; da, in den letzten Jahrzehnten, hatten gerechtere Tendenzen sich endlich durchgesetzt und das Alte mit Neuem versöhnt und verbunden. Der zerrissene Majestätsbrief ist damals von Wien nach Prag zurückgeholt worden, als stritte man noch immer um die Privilegien von 1609.

Gab die fromme, schlimme Unterdrückung Böhmens jenen recht, die sich 1618 erhoben hatten? Hatten sie sich dagegen erhoben? – Es ist eine der geschichtlichen Fragen, auf die man keine klare Antwort geben kann. Die katholische Reaktion war längst im Gang, und weiter wäre sie auch ohne den Aufstand gegangen; aber nicht so schnell, so furchtbar konsequent, wie nachher.

Sie war nicht primär eine gegen die Tschechen als Nation. Unter den Rebellen befanden sich, wie wir sahen, zahlreiche Deutsche; sie hatten emsig die Verbindungen zu den Ständen des deutschen Österreich gepflegt; das Verhältnis der Habsburger zu diesen war nicht viel besser als zu den Böhmen. Ein nationales Problem als solches kannte Ferdinand II. nicht. Aber längst waren in Böhmen Tschechentum, ständisches Interesse und protestantische Religion das engste Bündnis eingegangen. Da man jene unterdrückte, so litt auch dieses; die Vernichtung protestantischer Bücher war auch die Vernichtung tschechischer Literatur; hundert Jahre später schien es, als würde die Sprache selber zu einem vom niederen Volke gesprochenen Dialekt herabsinken und aussterben – ein Schicksal, das sehr kluge Leute ihr noch 1848 prophezeiten.

Soviel über das Schicksal Böhmens. Das Volk trug es, weil es mußte, bekehrte sich oder heuchelte Bekehrung. Aber an die dreißigtausend Familien wanderten aus, so hart die Bedingungen waren, nach Ungarn und Siebenbürgen, nach England und Holland, nach Preußen, Schweden, Polen, Rußland; vor allem ins benachbarte Sachsen. Johann Georg nahm sie auf; so schmählich-klug er sich Böhmen gegenüber verhalten hatte, diesen Dienst meinte er seinen verfolgten Glaubensbrüdern doch leisten zu müssen. Er oder sein Land haben Vorteile davon gehabt. Und über der Masse der religiösen Auswanderer gab es die einzelnen, die politischen Exulanten. Sie werden wir nun überall treffen, wo Widerstand gegen Habsburg sich zusammenballte, in holländischen, in sächsischen, in schwedischen Diensten; immer hassend, immer kämpfend, Pläne schmiedend, hoffend; und immer enttäuscht und betrogen bis zum einsamen Tod.

Der deutsche Bürgerkrieg

Die inner-österreichische Herrschaftskrise war durch eine prompte und grausame Operation zum Abschluß gebracht. Wie konnte sie sich trotzdem zu etwas erweitern, was man später den »Dreißigjährigen Krieg« nannte und was schon, während es noch spielte, als eine einzige auf das Jahr des Unheils, 1618, zurückgehende Kette von Kämpfen und Leiden empfunden wurde?

Die österreichische Frage hatte sich an der deutschen entzündet. Ohne die Existenz von Union und Liga wäre es zu den Aufständen in Österreich und Böhmen nicht gekommen. Umgekehrt entzündete sich jetzt die zum Brand längst reife deutsche Frage an der tschechischen. Die Dynamik des bayerisch-österreichischen, spanisch-römischen Sieges in Böhmen war zu stark, um ihre Wirkung jetzt zum Stillstand zu bringen. Ferdinand II. sah die deutschen Dinge, wie sie sich seit 1555 entwickelt hatten, als illegitim und mit dem Willen Gottes so sehr streitend an, wie die böhmischen seit 1609. Im Moment der schlimmsten Ohnmacht, umtobt von Protest und Aufstand, hatte er seine Meinung nicht geändert. Sollte er sie ändern, jetzt, als Sieger? – Das hieß nicht, daß er immer der Angreifer war. Andere griffen an; der Pfalzgraf, indem er sich weigerte, die Abbitte zu leisten, die ihm, angeblich, sein Kurfürstentum wieder eingebracht hätte; die Bundesgenossen, die er fand. Aber sie griffen an, ungefähr so wie die böhmischen Stände 1618: Gegen eine Macht, die ihnen unerträgliche Tatsachen schon geschaffen hatte und weitere schaffen würde, sei es direkt, sei es auf schleichenden Umwegen. Und so wie die Stände der habsburgischen Erblande um 1618 nicht gemeinsam geplant und den Schlag geführt hatten, so griffen auch sie nicht gemeinsam und konzentriert an, sondern einer nach dem anderen; wodurch sie dem mächtigen Gegner willkommene Gelegenheit gaben, sich immer weiter auszudehnen und schließlich einem Ziele von äußerster Radikalität nahezukommen. Das ging so, seit 1620, zehn Jahre lang; und wurde immer schlimmer, ergriff mit Brandschatzungen, Hunger, Mord und Seuchen immer weitere Kreise, indes man nur von Frieden redete, sei es durch Verständigung, sei es, weil bald kein Gegner mehr auf dem Schauplatz sein würde. Indes man auch fast nie sagen konnte, worum denn eigentlich gekämpft wurde. »Anfang zwart«, schrieb der Kurfürst von Brandenburg an den Kaiser, »ist mir die eigentlich ursach dieses Krieges unnbewust.« Jeder kämpfte irgendwie für sein Recht und das Recht.

Es war die Zeit der Söldnerheere. Nationale Aufgebote gab es wohl auch, in Schweden, wo sie sich bewährten, in Böhmen und in Bayern, wo sie ohne guten Erfolg versucht worden waren. Der eigentliche Kriegsherr war der General, der von einer Regierung Lizenz erhielt, eine Zahl von Regimentern aufzustellen, zu welchem Behuf er Werbepatente an Offiziere vergab: Ein Großunternehmer und seine Nebengewinner. Die Summen, welcher das Heer zu seiner Bezahlung und Ausstattung bedurfte, sollten aus den Staatskassen kommen, wurden aber von den Herren vorgeschossen und nach Methoden berechnet, die einen weiten Spielraum ließen. Dazu kamen die »Kontributionen«, die den Ständen und Städten, Feinden, Neutralen und Freunden auferlegt wurden und über die immerhin noch verhandelt werden konnte; dazu kam das eigentliche Plündern im gemeinen oder im Herrenstil. Die Truppenzahlen waren gering. Hatte einer zwölftausend Mann unter den Fahnen, so war er eine Macht. Zwölftausend Streiter bedeuteten dreißig- oder vierzigtausend Menschen, Frauen und Kinder, Diener, Troßbuben, Brandschatzmeister, Händler. Eine solche Schar unter einem Maß von Ordnung zu halten, zu behausen und zu ernähren, zu bewegen, schlagkräftig zu erhalten, stellte den General vor eine gewaltige Aufgabe organisatorischer, erst in zweiter Linie militärischer Art. So energiearm waren die Länder, so schwach beschützt die meisten Städte und Fürstentümer, daß, wer mit seinen zwölftausend Mann und einigen Kanonen heranrückte, der Herr war, sich halten und fordern konnte, was er wollte; bis einer, der mehr hatte, das Kunststück fertigbrachte, ihn zu finden, einzuholen, zu belauern, zu stellen und zu schlagen. Spät im November wurden Winterquartiere bezogen. Von da an bis zum Frühjahr geschah kriegerisch wenig oder nichts. Mit das wichtigste Ziel aller Strategie war, sich gute Winterquartiere zu sichern.

Bestrebungen kreuzten und verdarben sich, Selbsterhaltungswille, Erweiterungswille, guter und böser Wille, rechtliche, pedantische Fiktionen und fürchterliche Wirklichkeit. Die Fronten liefen wirr durcheinander, keine Kombination, fast keine, die nicht möglich erschienen, von der Wirklichkeit nicht das eine oder andere Mal angespielt worden wäre. Protestanten standen gegen Katholiken, in Deutschland wie in Europa. Aber die großen deutschen Stände, katholische wie protestantische, hatten gegen die wachsende kaiserlich-habsburgische Macht ein gemeinsames Interesse, das oft sich zu Wort meldete und gelegentlich sehr wirksam sein konnte. Die böhmische Intervention hatte Bayern im Bund mit Spanien und Rom durchgeführt. Bald darauf betrieb Rom die Vermehrung Bayerns durch die Kurwürde, um ein Gegengewicht zu Madrid und Wien zu stärken, während Spanien eine Wiederherstellung der Pfalz, von Spaniens Gnaden, augenblicksweise sehr gern gesehen hätte. Die Habsburg-Bourbon-Feindschaft erwachte 1624 zu großzügiger Tätigkeit, um zwei Jahre später, unter den gleichen Regierungen in Paris und Madrid, von einer spanisch-französischen Allianz abgelöst zu werden, die wiederum nicht dauerte, wieder anderen Stimmungen und Bestrebungen Platz machte. Der eigentliche Konflikt setzte gegenüber den ephemeren sich nur langsam durch. Oder: der Kardinal von Richelieu spielte sein großes Spiel vorsichtig und führte Krieg gegen Spanien selber erst, als alle anderen Auswege versperrt waren. Oder: Alle Verbindungen, alle Feindschaften waren gleich vernünftig, gleich unvernünftig, gleich verrückt... Trotz der internationalen Religionsfronten konnte es vorkommen, daß Spanien in Frankreich die Hugenotten unterstützte, um der Regierung zu Paris Kummer zu machen; daß die Niederländer, uralter Bindungen nicht eingedenk, dem König von Frankreich gegen seine Protestanten half, weil ihnen an einem schlagkräftigen Frankreich mehr gelegen war als an einem, in dem die Glaubensbrüder sicher wären. Nach dritten Parteien wurde immer Ausschau gehalten. Aber boten sie sich an, versuchten sie zu vermitteln, so wurden sie mit hineingerissen. Die großen Endziele wurden bewußt, indem der Krieg ihnen nähertrieb, das »absolute Dominat« Habsburgs zuerst, ein von Frankreich kontrolliertes europäisches wie innerdeutsches Gleichgewicht später.

Daß die große Masse der Menschen nur Opfer waren, wie immer im Krieg, noch mehr so als später, heißt nicht, daß sie ohne Interesse gewesen wären. Es wurde viel Politisches geschrieben und gedichtet in jenen Jahren, häufig mit Religiösem untermischt oder in der Form des Religiösen, teils von Machthabern veranlaßt, Apologien, Manifeste und vertrauliche Geheimbriefe, angeblich von Gegnerhand stammend und wunderbarerweise entdeckt, teils spontane Artikel, Klagen, Spottgedichte. Was die diplomatischen, fürstlichen, militärischen Korrespondenzen betrifft, so sind ihre Dichte, Breite, Redseligkeit von keiner anderen Zeit zu überbieten; mitunter nicht ihre Klugheit, ihr Witz.

Es geschah also, daß der flüchtige, im Winter 1621 in die Reichsacht erklärte Pfalzgraf ein paar fahrende Ritter fand, die ihm sein glückloses Banner tragen wollten. Es waren der Markgraf von Baden-Durlach, letztes Überbleibsel der »Union«, die nach dem Weißen Berg sich kläglich aufgelöst hatte, ein calvinisch-frommer, braver alter Herr, aus den reinsten religiösen und wohlverstandenen politischen Motiven handelnd; der uns schon bekannte Ernst von Mansfeld, benachteiligter Bastardsohn eines belgischen Granden, immer sein Recht, sein Glück, sein Fürstentum suchend, tapfer und bitter, vorsichtig spielend mit der einzigen Karte, die er im Glücksspiel besaß, mit seinem Söldner- und Räuberheer; der Herzog Christian von Braunschweig, »Administrator« von Halberstadt, der »Tolle Halberstädter«, begabter, mutiger Jüngling und geborener Führer der Menschen, aber zum Irren neigend, der in platonischer Liebe zur gestürzten Böhmenkönigin entflammt zu sein glaubte – *Pour Dieu et pour elle* – und sich Gottes Freund, aber der Pfaffen Feind nannte.

Diese drei sammelten oder ergänzten ihre Heere nach der oben beschriebenen Art. Freilich wurden sie einer nach dem anderen durch die Spanier und Bayern außer Gefecht gesetzt; Mansfeld zum Schluß durch einen, von dem gleich die Rede sein wird. Es war die

Leistung dieser unglücklichen Häupter, eine improvisierte Front der Protestanten so lange zu halten, bis gewichtigere Mächte in sie eintraten. Will man es negativ ausdrücken, wozu viel Anlaß ist: Sie gewöhnten Deutschland an den Krieg, indem sie ihn nach der Pfalz und ins Elsaß, nach Westfalen und Niedersachsen trugen und ihn mit dem seit April 1621 wieder entfesselten niederländisch-spanischen verschmolzen. Sie gewöhnten Deutschland an diese Art von Kriegführung, die Kontributionen, die brennenden Dörfer. Sie gaben der habsburgisch-bayerischen Partei willkommenen Anlaß, gegen die Reichsfriedensbrecher weiter vorzugehen, in die Oberpfalz, die Rheinpfalz und dann in den niedersächsischen Kreis.

Den Katholischen entstand so bei geringer Gegnerschaft ein gewaltiges Kriegstheater, das nach mächtigeren Figuren rief. Im Verlauf dieser frühen Kämpfe unterwarf Tilly seinem Herrn beide Landesteile des pfälzischen Kurfürstentums, zuletzt auch die Hauptstadt Heidelberg. Die Büchersammlung der Universität, eine der reichsten Europas, wurde dem Papst verehrt und nach Rom gebracht, wo sie heute noch ist. Dem Papst dediziert wurden auch die eroberten Länder selber, indem dort die Rekatholisierung nach jetzt schon gängigen, stets verbesserten Methoden betrieben wurde; zum Schluß ließen sie stets nur zwei Alternativen, Auswanderung oder Messe, übrig. Man sage nicht, daß sie nicht wirkten; sie wirkten in der Pfalz so gut wie in Böhmen, und hätte man sie nicht angewandt, so gäbe es heute nicht so viele treue Gläubige hier und dort. Durch Bedrängnis, wie ein Nuntius es weise ausdrückte, kamen die Menschen zur Einsicht.

1623 wurde die pfälzische Kurfürstenwürde auf Bayern oder doch dessen Herzog übertragen. Gutes Reichsrecht war das nicht, denn selbst wenn Friedrich die Kur verwirkt hatte – wo war noch ein unparteiisches Gericht, es zu befinden? –, so gab es Agnaten, die näher daran gewesen wären als Maximilian. Eine politische Gerechtigkeit also, von Rom gefördert, von Spanien bekämpft, von Sachsen und Brandenburg mit den längst vertrauten, kummervoll-wirkungslosen Protesten beantwortet. An Bayern kam auch ein Teil der pfälzischen Territorien, zunächst als Pfand für das ihm geschuldete Geld. Der Vorgang verhieß den deutschen Fürsten nichts Gutes, und Maximilian wußte das auch. Da aber hier er selber der Nutznießer einer beginnenden willkürlichen Neuordnung und Neuverteilung der Lande war, so unterwarf er seinen Sinn für das Recht einem stärkeren Triebe.

Olivares und Richelieu

Es sind hier einige persönliche Veränderungen auf dem Welttheater zu erwähnen.

In Spanien, 1621, eine königliche Generationsablösung. Philipp IV. liebte die Frauen, die Künste und die Jagd und ließ sich von Velazquez malen; seinen Ersten Minister ließ er regieren. Das Porträt des Herzogs von Olivares hat in unseren Tagen der Arzt-Historiker Marañon mit tiefem Blick gezeichnet: Das Bild des letzten spanischen Politikers, der großartig im Stil Karls V. dachte, dessen Können und Ehrgeiz aber nicht nur durch die Krankheiten Spaniens belastet wurden, auch durch ein eigenes geistiges Leiden, das ihn zwischen Euphorie und Verzweiflung schwanken ließ und im Wahnsinn endete. Das Programm des

Grafen-Herzogs war im Inneren an Stelle der losen Verbindung iberischer Kronen der spanische Einheitsstaat, der den König zum mächtigsten Herrscher der Welt machen würde. Die Versuche, die in diesem Sinn unternommen wurden, vermehrten weder das Glück der Bürger noch die Größe des Staates. Sie sollten zu einem blutigen Aufstand Kataloniens, zur Loslösung Portugals führen. In der äußeren Politik kehrte Olivares zum religiösen Imperialismus des 16. Jahrhunderts zurück. Daß Spanien tief in die Wirren Deutschlands und Italiens gerissen wurde, daß auf allen Schlachtfeldern des Dreißigjährigen Krieges spanische Soldaten bluteten, daß der Krieg schließlich in einem letzten, entscheidenden spanisch-französischen Zweikampf endete, sollte sein Werk sein.

Zwei Jahre später wurde ein neuer Papst gekrönt, der ungefähr so lange aushalten sollte wie Olivares: Urban VIII. Seine beiden Vorgänger, Paul V. und Gregor XV., waren echte Vertreter der katholischen Reformation gewesen, fromm und streng; sie hatten die Unternehmungen Ferdinands und der deutschen Liga nach Kräften unterstützt. Gregor XV. war es, der die Heiligsprechung des Ignatius von Loyola durchsetzte; unter ihm auch kam es zur Gründung der *Congregatio de propaganda fide*, der Zentrale für Missionen unter Heiden – und Protestanten. Maffeo Barberini war von einem anderen Schlage. Ranke meint von ihm, er habe sich vor allem als weltlicher Fürst gefühlt. Das kann wohl nicht ganz so sein, seit Luther konnte das kein Papst. Aber auch als weltlicher Fürst verhielt er sich, sah römische Soldaten und Gewehre als für Kirche und Kirchenstaat wirksam zu gebrauchende Mittel an. Urban VIII. mißtraute den Habsburgern, den deutschen fast so sehr wie den spanischen, setzte auf Frankreich, wo er Nuntius gewesen war, hatte geringes Interesse für die deutschen Dinge, aber das stärkste für die italienischen. Darum spielte Rom im Verlauf des Dreißigjährigen Krieges nicht die Rolle, die es am Anfang gespielt hatte und die ihm angestanden hätte, wenn der Krieg ein vorwiegend religiöser gewesen wäre. Eben das bestritt der Papst.

Wieder ein Jahr später, April 1624, wurde im Schloß von Compiègne Kardinal Armand du Plessis de Richelieu als Minister in den Rat des Königs eingeführt. Es ist hier von Zeitgenossen die Rede; Richelieu starb ein Jahr vor dem Sturz des Olivares, zwei Jahre früher als Urban; und wenn seine Politik der spanischen entgegengesetzt war, so darum, weil sie ihr ähnlich war.

Auch der Kardinal setzte sich zum Zweck die Einheit des Staates, für den König »den Platz unter den Nationen, der ihm zukam«. Einheit des Staates bedeutete die Ausschaltung der Hugenotten als politische Macht, die Reduzierung des rebellischen Hochadels, die Unterwerfung des Landes unter den einen königlichen Willen. Um solche Ziele zu erreichen – ganz erreichte sie auch Richelieu nicht –, bedurfte es kristallklarer Bewußtheit, unbeugsamen Willens, gnadenloser List; Gaben eines guten oder unguten Gottes, die der Kardinal reichlich sein eigen nennen konnte. Wenn es je eine Inkarnation des seit dem 16. Jahrhundert um Verwirklichung ringenden Prinzipes Staatsräson gab, er war es; und hielt durch die schiere Kraft seiner Persönlichkeit den König, der von seinem hageren, kränkelnden, feierlich-stolzen, sich in furchtbaren Willensanstrengungen verzehrenden Minister nie angenehm berührt war, allen Gegenwirkungen zum Trotz in seinem Bann. Aber gerade Staatsräson vertrug sich nicht mit religiösem Imperialismus, nicht mit »universalem Dominat«.

Die Ziele Richelieus waren zeitgemäßer als die Ziele Ferdinands II. und Olivares'; realisierbarer, bescheidener. Weder erstrebte er Imperium über Europa, noch maßte er sich an, den Protestanten ihren Glauben vorzuschreiben; nicht in Frankreich, wenn sie nur sonst des Königs gehorsame Untertanen sein wollten, viel weniger in Deutschland. Die Außenpolitik war das Handwerk, auf welches er sich verstand, der sich für die Dinge der inneren Verwaltung und Finanzgebarung großartig wenig interessierte. Der endliche Triumph des königlichen Willens im Lande war ihm Vorbedingung für das große Spiel mit dem Land unter anderen Ländern. Gerade dies Spiel aber spielte er, im Grunde verteidigend und immer auf neue Diversionen sinnend, gegen die letzte große, von allen Seiten anbrandende habsburgische Verschwörung. Eine moderne Defensive gegen einen im tiefsten Grunde schon anachronistischen, obgleich mit gewaltigen Mitteln geführten Angriff. Modern, im Sinn der Zeit geurteilt. Will man sich der Maßstäbe einer viel späteren bedienen, so wirkt auch Richelieu fremd, denn er arbeitete für die Größe des Königs und Staates, nicht für das Glück der Bürger. Sie konnten nach seinem Tode sich rühmen, Untertanen eines mächtigeren Monarchen zu sein als vorher, sonst aber keiner Besserung ihrer Lebensumstände.

Im März 1625 wurde Jakob von England durch seinen Sohn Karl abgelöst, der vor dem Vater die Energie der Jugend und eine edlere Einfachheit des Wesens voraus hatte, im Äußeren wie im Inneren übrigens seine Unternehmen fortsetzte. Sein erster Minister, Buckingham, war ein prunkliebender junger Narr in Samt und Seide. – Im selben Frühjahr, 1625, trat in Österreich Albrecht von Wallenstein an die Spitze eines neu aufgestellten Heeres. Sein offizieller Titel war der eines Obersten Feldhauptmanns. Man gab ihm auch wohl schon den eines Generalissimus, welcher die Sache, so wie sie sich vorstellte, besser traf.

Olivares, Richelieu, Wallenstein. Es sollten demnächst noch andere auf der Hauptbühne erscheinen und die Liste der *dramatis personae* vollmachen. Eine interessante, bedeutende Liste, in der ersten wie in der zweiten Kategorie. Darüber wenigstens konnten die Untertanen sich nicht beklagen; die sonst über so sehr viel und immer mehr ihre Klagen zu einem tauben Himmel zu schreien Ursache erhielten.

Das Jahr 1624, Richelieus erstes Amtsjahr, hätte eine gewaltige romanisch-protestantische Koalition sehen können; Venedig und Savoyen im Süden, England, die Niederlande, Dänemark und Schweden im Norden, Frankreich die Brücke zwischen beiden Zentren und selber das Zentrum. Der Kardinal steuerte auf diese Kombination hin. Er betrieb eine englisch-französische Heirat, und die kam zustande: zwischen dem neuen König Karl I. und der Schwester Ludwigs XIII. Er suchte, unterstützt von der englischen Diplomatie, Dänemark und Schweden in eine Verbindung zu bringen. Aber die »Wasserkönige« konnten sich nicht einigen. Gustav Adolfs strategischer Plan, durch Polen nach Schlesien und Böhmen vorzustoßen, gleichzeitig aber Polen durch Rußland in die Zange nehmen zu lassen – er sagte: »Alle Kriege hängen zusammen« –, wurde nie verwirklicht. Für Richelieu ergab sich, daß er erst in Frankreich zu tun hatte, ehe er nach außen etwas tun konnte und mittlerweile nach außen sich mit Vorsicht zu gebaren hatte.

Die Einheit des Staates und königlichen Willens in Frankreich wurde nicht so sehr durch die drei Stände, durch die Parlamente, den Adel, wie durch die verbriefte Sonderexistenz der Protestanten gelähmt. »Solange die Hugenotten ihren Fuß auf Frankreich setzen, wird der König weder im Inneren der Herr sein, noch nach außen ruhmreiche Taten tun können.« Das Nicht-mehr-Funktionieren der in Nantes gestifteten Ordnung hielt das neue Ministerium einstweilen von »ruhmreichen Taten nach Außen« ab. Ein paar Jahre lang fand das wunderlichste diplomatische Ballett zwischen den drei Westmächten – Spanien, Frankreich und England – statt, in dem es um so viel Endeffekte ging, wie mathematisch möglich waren: eine englisch-französische Kombination gegen Spanien, eine französisch-spanische gegen England, eine englisch-spanische gegen Frankreich. Der Kardinal, Meister in solchen Tanzkünsten, zögerte das in jedem Fall nur provisorische Ende hinaus, bis seine Hugenotten ihn dazu zwangen.

Im Jahr 1627 trieben sie unter ihrem Führer Heinrich von Rohan die Sache auf die Spitze. Ihre starke Festung und Hafenstadt La Rochelle verband sich mit den Engländern, deren törichter Minister Buckingham hier eine Gelegenheit sah. Ein sich anschließender Seekrieg zwischen England und Frankreich, eine kurzfristige Zusammenarbeit zwischen Frankreich und Spanien bedeuteten nichts. – Im Inneren aber war die von Richelieu und seinem König mit gewaltigem Aufwand betriebene Belagerung La Rochelles epochemachend. Er wollte, schreibt der Kardinal in seinen Memoiren, »die Häretiker dorthin zwingen, wo alle Untertanen eines Staates zu sein haben, dorthin, wo sie keinen getrennten Körper mehr bilden und ganz vom Willen des Souveräns abhängen«. Durch rechtzeitige Besetzung der Inseln, die der Hafenstadt vorgelagert sind, wurde sie vom versprochenen englischen Sukkurs abgeschnitten. Die Belagerung war dann kein Diplomaten-Ballett; während des Jahres, das sie dauerte, starben vier Fünftel der Bevölkerung Hungers. Die Bedingungen, die Richelieu schließlich gewährte, scheinen liberal, wenn man sie mit dem Schicksal der Tschechen vergleicht: Die Bürger von La Rochelle sollten Leben, Vermögens- und Gewissensfreiheit erhalten, nur ihre politischen Sonderrechte alle verlieren. Es war Richelieus Art. Ein Mann der Kirche war er, aber tolerant, und wußte das Reich der Seele von dem des Staates zu unterscheiden. Auch nach dem Sturz von La Rochelle, und gerade danach, hat er Protestanten in hohen Staatsämtern verwendet; sein ruhmreichster General, Turenne, ist einer gewesen.

Damals gab es in Deutschland einen Politiker, der ähnlich dachte und der eine norddeutsche Seestadt belagerte, eben während Richelieus Truppen vor La Rochelle lagen; aber mit anderem Ausgang.

Wallenstein

Unermeßlich reich und zeitweise der Oberkommandierende in Böhmen, hatte Albrecht von Wallenstein längst eine große Stellung inne, als er sich, Frühjahr 1625, den Auftrag erwarb, ein eigenes kaiserliches Heer aufzustellen. Es sollten zwanzigtausend Mann sein dürfen; bald fünfzigtausend; später trieb des Kaisers Oberster Feldhauptmann die Truppenzahlen so hoch, wie er für gut fand, hundertfünfzigtausend und mehr. Hastig improvisierend, gründete Wallenstein die österreichische Armee. Die Regimenter, die er aufstellte, fochten noch unter Eugen, Karl, Radetzky; im Wiener Heeresmuseum ist ihre erloschene Glorie ausgebreitet.

1625 – das war das Jahr, in dem eine große nordeuropäische Koalition sich gegen Habsburg zu bilden schien. Daß, kam sie zustande, die bayerisch-ligistischen Truppen, und was die Spanier geben konnten, gegen sie nicht genügen würden, traf zu. Wallenstein selber mußte an der Erhaltung der neuen Ordnung mindestens in Böhmen sehr gelegen sein, denn keiner hatte so viel von ihr gewonnen wie er. Seine im nordöstlichen Böhmen und Mähren gelegenen mehr als fünfzig Grundherrschaften hatte er zu einem Fürstentum Friedland konsolidiert; einem Staat im Staate, der durch die schöpferische Wirtschaftlichkeit seiner Verwaltung von den übrigen habsburgischen Landen auf das günstigste abstach. Im Königreich begann man von einer *terra infelix* und einer *terra felix* zu sprechen: Diese reichte so weit wie der Besitz des Herzogs von Friedland.

Wenn Wallenstein nun ins Weite der habsburgischen Kriegführung und Politik strebte, so mochte ihm bewußt sein, daß man in Wien und München die Sache nicht richtig anfaßte und trotz jährlicher Erfolge planlos tiefer und tiefer in den Sumpf geriet. Sich selber traute er die Meisterung der Lage zu. Auch: daß für ihn dabei irgend etwas Großartiges herausschauen würde. Dagegen ist kein Argument, daß er schon genug hatte; Imperienerbauer, wie er einer war, haben nicht genug. Wieder waren die selbstischen Pläne so rein selbstisch nicht, weil sie sich mit großen, träumerischen, über die eigene Existenz hinausgehenden Projekten verbanden, den Träumen eines Visionärs und eines Realisten. Sie werden noch beim Namen zu nennen sein. Völlig sicher weiß man bei Wallenstein, sehr im Gegensatz zu Richelieu, nie, woran man ist, sobald man den Boden wirklich getaner Taten verläßt. Von dem Moment an, in dem er an die Spitze des von ihm organisierten Heeres trat, war er neun Jahre lang im Gerede der Welt, Mittelpunkt wie kein anderer, außer, für eine kurze Zeit, dem König von Schweden. Über ihn korrespondierten die Diplomaten und diplomatisierenden Mönche, schrieben die Gazetten, sprachen die Leute am Ofen. Gerüchte über ihn gingen um oder wurden von seinen Feinden in die Welt geschickt mit Wahrem und Falschem darin, wogegen dann seine Agenten beschwichtigend und verwirrend die Feder führten. Er selber war sekretiv, behielt vieles lange für sich, um es in einem Moment des Zorns herauszusagen. Zugleich mißtrauisch und vertrauensselig, tat er Aussprüche, die er so ernst nicht meinte, die aber flugs nach Wien und Madrid getragen wurden. Entschuldigend meinte der Kaiser zu einem deutschen Kurfürsten: »Der Herzog von Friedland seye in Reden und Moribus etwas grob.«

In Wallensteins Heeresorganisation war an sich wenig Neues; das Werben der Soldaten und Zusammenstellen der Regimenter durch die Obersten als Subkontraktoren; das Vorschießen der Gelder, die mit Zinseszins wieder einzutreiben wären; die Ernährung der Truppen am Ort selbst und durch das Land, durch auferlegte »Kontributionen«, all das gab es längst. Originell war die Belieferung des Heeres aus des Feldherrn eigenen Mühlen und Fabriken, so daß Wallensteins Fürstentümer recht eigentlich für die Industrien des Krieges da waren und aufblühten. Merkwürdig auch, daß in einem Krieg, den man in Wien als Religionskrieg ansehen wollte, der General sich um die Religion seiner Soldaten und Offiziere nicht kümmerte; in der Mehrzahl sollen sie protestantisch gewesen sein. Es

Richelieu
Gemälde von Philippe de Champaigne
Versailles, Museum

Wallenstein
Gemälde eines unbekannten Malers
Eger, Museum

entsprach dies dem Standpunkt Wallensteins, der im religiösen Charakter des Konfliktes den folgenschwersten Irrtum und in den Häretikern bessere Untertanen sah als in den Katholiken; ihm ging es um Macht und Ordnung und Frieden durch Macht, nicht um Glauben. Was die Grausamkeit seiner Kriegführung betrifft, so war sie nicht grausamer als die der anderen, in Absicht und Ursprung eher das Gegenteil. Denn alle Unordnung war ihm verhaßt, und er verstand gut, daß, wenn der Bauer nicht zu leben hätte, der Soldat bald nicht mehr zu leben haben würde. Wenn trotzdem seinen Regimentern die pervertiertesten Greueltaten vorgeworfen werden konnten, so ist die Erklärung die, daß auch sein imperialer Wille den aufgeschwollenen Heereskörper nicht zu durchdringen vermochte; wo er nicht war, verachtete man seine Befehle. In allen Armeen brach die Manneszucht zusammen; bei den Truppen des frommen, strengen Tilly früher noch als bei den Wallensteinischen, zuletzt auch bei den Schweden, der edleren Vorsätze ihres Anführers ungeachtet. – Ob Wallenstein, der sich als Geschäftsmann, Verwalter, Organisator bewährt hatte, auch genug von einem General sei, um eine gewaltige Kriegsmaschine nicht bloß aufzubauen, sondern erfolgreich zu bewegen, darüber wurden Zweifel sofort laut, um die nächsten neun Jahre lang laut zu bleiben. Entsprechend blieb es eine seiner Sorgen, sie zu stillen, sei es durch Erfolg, sei es durch Rücktrittsdrohungen. Tatsächlich verstand er sich auf das Kriegshandwerk, indem er Kühnheit und Schnelligkeit durch Vorsicht, gründliche Vorbereitung, treffend sichere Wahl seiner Positionen ersetzte.

Und nun also das Erscheinen einer kaiserlichen Kriegsmacht in Deutschland; ihr Marsch durch Franken und Hessen nach Niedersachsen; die beginnenden Drangsalierungen der Städte und Stände. Zu welchem Zweck? Da doch die Union längst aufgelöst, die pfälzische Sache doch längst erledigt ist, der Pfalzgraf im Haag mageren Verbannten-Hof hält? Aber die Bundesgenossen des Pfälzers sind noch da, und die niedersächsischen Stände haben kürzlich den König von Dänemark, Herzog von Holstein, zu ihrem Kreisobersten gewählt. Die Welt weiß, daß Christian IV. einen Angriff vorbereitet. Ungern sah er die Spanier in der Pfalz; am *Mare Balticum* will er die Habsburger durchaus nicht haben. Reichen seine Mittel, es zu hindern? In der Kriegsgeschichte gibt es verlorene Schlachten, während derer die Regimenter einzeln, jedes für sich, vorgingen und einzeln zurückgeschlagen wurden. Die Geschichte dieses nie endenden mitteleuropäischen Krieges oder deutschen Bürgerkrieges gleicht allzu lange einer solchen Schlacht. Die Intervention Christians, von ein paar tausend Engländern und niederländischem Geld schwach unterstützt, ist das einzige, was von den großen Koalitionsplänen des Vorjahres übrigbleibt. Sie ist brav und weiträumig beabsichtigt. Würde sie ein paar spektakuläre Erfolge davontragen, weit würde das Echo reichen; denn überall, wo die Liga gesiegt hatte, in Österreich, in der Pfalz, in Böhmen selbst, schwelen Leid und Haß in der Asche. Aber auch sie scheitert, ziemlich weit oben in Deutschland, wohin sich der König gewagt hat (Schlacht bei Lutter am Barenberge, 27. August 1626); am alten Tilly, an den Verstärkungen, die Wallenstein zurückließ, bevor er selbst nach Schlesien marschiert, um den geschlagenen Mansfeld zu verfolgen, von wo er weiter nach Ungarn zieht, um sich noch einmal mit dem Fürsten von Siebenbürgen zu vergleichen, und dann wieder zurück nach Schlesien und nach Niedersachsen. Der Ausfall Bethlen Gabors ist diesmal endgültig, weil die Türken, mit denen er so gut zu spielen wußte, sich mit dem Kaiser verständigt haben, was sie, zum Kummer der englischen Agenten in Konstantinopel, mußten, zumal die Perser dem Sultan die Hände voll zu tun geben. Im Südosten sicher, kann Österreich seine Energien um so freier den deutschen Angelegenheiten zuwenden.

Es geht um einige seit langem protestantische Stifte, Magdeburg, Halberstadt, Minden, Bremen, die man der Kirche zurückgewinnen will, wobei Prinzen des Erzhauses bereitstehen, sie zu übernehmen. Es geht um die Botmäßigkeit des niedersächsischen Kreises, dessen Stände sich notgedrungen mit Dänemark eingelassen haben; es geht darum, die deutschen Hafenstädte an der Ost- und Nordsee in eine enge Verbindung mit dem Reich, will sagen Habsburg, zu bringen, so daß der König von Schweden dort nirgends landen kann, wenn er es möchte, auch die Niederlande vom Norden her zu bedrohen wären. Die Idee ist ursprünglich spanisch-belgisch, aber sie erobert Wallensteins Phantasie. Das Reich soll Seemacht werden, soll selber das *Dominium Maris Baltici* erringen. Im Winter 1628 sind Wallensteins Truppen in Jütland. Schon ist davon die Rede, er solle König von Dänemark werden; der Kaiser, schreibt er, habe es ihm angeboten, aber er habe sich schön bedankt, er könnte sich auf so fremdem Thron nicht halten. Einstweilen nimmt er mit den mecklenburgischen Herzogtümern vorlieb, die der Kaiser ihm verleiht, um seine Dienste zu belohnen und seine Geldforderungen zu befriedigen. Die Herzöge, dekretiert man in Wien, hätten ihr Land verwirkt, als sie sich mit Christian von Dänemark verbündeten. Ein böhmischer Edelmann wird ihr Nachfolger.

Es ist ein weiterer Schritt in jener Neuverteilung, Neuordnung Deutschlands, die mit der Enteignung des Pfälzers begann. Damals hatte Maximilian von Bayern seinen Vorteil davon, diesmal nicht; er sieht, alle seine Standesgenossen sehen die von Wallenstein ins Werk gesetzte Revolution mit steigendem Befremden. Der General macht wenig Unterschiede zwischen loyalen und nicht loyalen Ständen. Sein immer wachsendes Heer muß von beiden leben. Von Franken bis Brandenburg und Pommern lagern seine Truppen. Was sie tun, wie die Soldaten die friedlichen Bürger behandeln, darüber werden Zeugnisse gesammelt, heute noch schauerlich zu lesen. Die Fürsten, denen es selber an Wein und Fleisch und Brot nicht fehlt, haben Mitleid mit ihren Untertanen. Ehrliches, landesväterliches Mitleid; es gibt Briefe der Kurfürsten von Sachsen und Brandenburg, die in diesem Sinn zu uns sprechen. Es wäre aber der Kummer wohl nicht so laut, wenn sie selber die Urheber all des Leides wären, wie ehedem, als Maximilian die Pfalz eroberte; wenn nicht ein anderer, ein Kaiserlicher und ein Fremder, ein Böhme, jetzt der erste Mann im Reiche wäre und Dinge mit ihm vorhätte, die niemand recht durchschaut. Und so erkennen sie den neuen Herzog von Mecklenburg nicht an, so überhäufen sie den fernen Kaiser mit Protest- und Jammerschreiben, so organisieren und treffen sie sich, Liga und Nicht-Liga, Katholiken und Nichtkatholiken, in Würzburg, Mergentheim, Mühlhausen, und beraten sich über die »abhelfung des unerträglichen Jochs des Frietländischen dominats«. Sie wollen es mehr für friedländisch halten als für kaiserlich, für eine durchaus von dem einen Individuum abhängige Sache. – Ist Wallenstein wirklich ein Fremder, wie die Kurfürsten ihm vorwerfen, einer, der in Deutschland nichts zu suchen hat? Und was will er mit ihm?

Die Waldsteins sind eine große böhmische Familie, halbwegs germanisiert, wie diese Familien es waren. Er selber spricht deutsch und tschechisch ungefähr gleich gut, auch italienisch; deutsch mit einer frappanten Kraft des Ausdrucks. Für die Freiheit der böhmischen Stände ist er ohne jeden Sinn, wie die Freiheitsidee ihn überhaupt nicht anspricht. Nicht nur ging er beizeiten ins kaiserliche Lager über, er schämte sich nicht, während der Exekutionen vor dem Altstädter Rathaus eines seiner Regimenter zum Sicherheitsdienst zur Verfügung zu stellen, und sein Reichtum ist im Ursprung Beute des Unterdrückers. Trotzdem hoffen die Tschechen auf ihn, die Emigranten und die daheim ihren Gram Nährenden; einer von ihnen ist der Mächtigste unter dem Kaiser geworden und könnte wohl eines Tages die Lust daran verlieren, *unter* dem Kaiser zu sein... Wallenstein hält die deutsche Zivilisation der tschechischen für überlegen, mindestens, was ihn betrifft, für interessanter; große Dinge kann man nur mit den Deutschen machen. Halb außerhalb des Reiches stehend, sieht er seine Möglichkeiten klarer, als die Binnendeutschen sie sehen, ist aber auch wieder geneigt, die Zähigkeit alter Einrichtungen zu unterschätzen. Für ihn gibt es nichts, was Macht nicht tun könnte, solange sie Vernünftiges, Praktisches tun will. Deutschland soll also unter einem Herrn zum Frieden gezwungen werden. Es mag seine Glaubensfreiheiten behalten und die Besitzesanordnungen, die seit 1555 entstanden; Wallenstein hält nichts von einer gewaltsamen Rekatholisierung, weil er gesehen hat, wie schädlich sie die Gemüter verwirrt und erregt. Im Weltlichen, nicht im Geistlichen, soll die Nation parieren. Daß die Monarchie erblich werden und künftig nur einer Herr sein solle wie in Hispanien, daß es Zeit sei, den Kurfürsten ihr Hütel abzuziehen, soll er gesagt haben – Aussprüche, die, wahr oder erfunden, in Dresden und Mainz und München Schauer von Wut und Haß erregen. Jedenfalls will er die deutschen Libertäten verkürzen, weil nur dann in einer neuen Welt europäischer Großmächte Deutschland das seine wird halten können. Daß er selber so sehr gern ein Fürst des Reiches sein wollte und nun geworden ist, steht mit dieser Bestrebung freilich im Widerspruch und macht wahrscheinlich, daß er sie in Grenzen gehalten hätte. Jedenfalls ist sein Begriff von Deutschland ein mitteleuropäischer. Der Böhme kennt Ungarn und Italien, neuerdings das östliche Norddeutschland, er hat gegen die Türken gekämpft, er sieht in Polen einen der gewichtigsten Nachbarn, er ahnt Rußland. Er war nie am Rhein, und Westeuropa ist ihm fremd. So also malt sich ihm die Zukunft: Deutschland *ein* Staat, stark zu Land und zur See, um die Elbe zentriert, nach Osten und Südosten schauend. Sind die deutschen Fürsten pascisciert, so will er alles überflüssig gewordene Kriegsvolk, eine große deutsch-europäische Armee, gegen die Türken führen und den Sultan für immer aus Europa werfen – »das Übrige mag er behalten«.

Solchen Plänen entspricht es, daß er den Kämpfen in Deutschland Maß und nahes Ziel zu setzen wünscht. Schweden sucht er zu beschäftigen, indem er dem König von Polen Kriegshilfe gewährt. Er ist gegen einen deutschen Einsatz in den Niederlanden, gegen neue Abenteuer und Verzettelungen in Italien, die er gleichwohl nicht hindern kann; gern würde er mit Dänemark zu Rande kommen. Den Mächten, die sind, nichts Unzumutbares zuzumuten, ist sein eigentliches Prinzip; wobei er übersieht, daß er selber den deutschen Fürsten als *Dictator Imperii* nicht zumutbar ist.

Der Titel eines »Generals des Ozeans und Baltischen Meeres«, den er sich beilegen läßt, bezeichnet die neue Phase seines Ehrgeizes. Schon spielt sein verwegener Geist mit dem Plan, einen Kanal durch die jütische Halbinsel zu graben, »die Ostsee in das Oceanum zu derivieren, damit man ohne Berührung des Sundes der Westsee sich gebrauchen könnte«. Mit den Städten des alten Hanse-Bundes werden in Lübeck Verhandlungen angeknüpft. Sie sollten doch ihren wahren deutschen Vorteil erkennen, der bei Kaiser und Reich liege, nur eine kaiserliche Kriegsflotte könnte ihnen die scharfe englische und skandinavische Konkurrenz vom Halse halten. Was aber Wallenstein mittlerweile mit Rostock und Wismar treibt, was er Stralsund zumutet, nämlich eine kaiserliche Besatzung aufzunehmen, widerspricht so selbstlosen Motiven.

Die Belagerung von Stralsund, Sommer 1628, wird zum Höhe- und Wendepunkt der maritimen Bestrebungen Habsburgs. So wird sie empfunden. Der General des Baltischen Meeres kann nicht hindern, daß die »Wasserkönige« Dänemark und Schweden der bedrängten Stadt jede Hilfe zukommen lassen; Gustav Adolf schickt seinen vornehmsten Berater, Axel Oxenstierna, der einen regelrechten Allianzvertrag mit Stralsund schließt. Der neue Admiral der Ostsee, höhnt ein protestantischer Fürst, werde sich zu Land behelfen müssen. Eben dies ist im Herbst Wallensteins Entschluß. So rasch ihn die Idee einer habsburgischen Seemacht und Nordmacht kaptivierte, so rasch gibt er sie wieder auf, nachdem er begriffen hat, daß eine Kriegsflotte sich nicht in ein paar Monaten improvisieren läßt. Er bricht die Belagerung Stralsunds ab, zum Jubel aller Gegner Österreichs; und drängt seitdem auf einen Frieden mit Dänemark. Man möge sich eilen, »dem König sein Holstein, Schleswig und Jütland zurückzugeben, ohne viel vacillationen: geschieht dies, so haben wir fried, wo nicht, so ist kein fried zu hoffen, sondern langwieriger Krieg«.

Die Bedingungen des Friedensvertrages von Lübeck (Mai 1629) sind denn auch für Dänemark selber günstig genug, weil es nichts verliert außer dem Anspruch, sich in den innerdeutschen Streit einzumischen. Eine große Hoffnung der Protestanten aber, der Pfälzer, der Böhmen ist abermals zuschanden geworden; nichts oder beinahe nichts ist übrig von der Koalition des Jahres 25. Der Kaiser hat auf deutschem Boden keinen aktiven Gegner mehr; jene, die es zu sein längst Anlaß gehabt hätten, sind es bisher nie gewesen. Was steht der aufgeklärten Militärmonarchie wallensteinischen Gepräges noch im Wege?

Und wieder, wie nach der Eroberung der Pfalz, neue Schritte des Übermutes, neue Reaktionen und Erweiterungen. In dem »Edict wegen der Restitution der geistlichen Güter« (6. März 1629) befiehlt der Kaiser: Alle seit dem Augsburger Religionsfrieden vollzogenen Säkularisierungen kirchlichen Besitzes sind rückgängig zu machen. Der Kirche soll wieder gehören, was ihr Anno 1555 gehört hat, in Württemberg, in Franken, in Westfalen, in Niedersachsen, überall. Bischofsstädte, wie Halberstadt und Magdeburg, Reichsstädte wie Augsburg, die der Jurisdiktion ihres Bischofs seit Jahrhunderten entwachsen sind, sollen so katholisch werden, wie Prag es wurde. Herzogtümer wie Württemberg, die sich durch die Einziehung Dutzender von Klöstern konsolidiert hatten, müssen sie alle wieder herausgeben und sich selber zerstückeln. Durch das Reich eilen kaiserliche Kommissare, um das Werk zu vollenden, notfalls mit militärischer Gewalt. Dreivierteljahrhundert politischer und sozialer Geschichte sollen rückgängig gemacht werden. Jetzt geht es; so hoch hat die Macht der Habsburger sich erhoben, die zehn Jahre früher vor ihrer Auflösung schien. Aber es geht nicht ohne die greulichste Verwirrung der Besitzesverhältnisse und der Seelen.

Wallenstein weiß es; er, der das Restitutionsedikt durch seine triumphierende Militärmacht ermöglicht hat, ist dagegen, nicht so sehr, weil er es für illegal hält – tatsächlich ist seine Legalität zweifelhaft, nur der Reichstag könnte dergleichen beschließen –, sondern weil es ihm unpraktisch scheint. »Die Unkatholischen«, schreibt er, »hat alle das kaiserliche Edict wider uns moviert, wir werden viel mehr Diversionen haben als Spanien, denn das ganze Reich wird wider uns sein, der Schwed, der Türk und Bethlehem auch«. Und wieder: »Wollte Gott das das kaiserlich edict das ganze Reich in desperacion nicht gebracht hette«. Aber Wallenstein ist nicht der Herr über die Wiener Politik, als der er von seinen Feinden angesehen wird. Er hat so viel Gegner bei Hof wie Freunde; er muß einen beständigen Kleinkrieg gegen die Minister führen und kann, was er will, den glimpflichen Frieden mit Dänemark nur unter furchtbaren Anstrengungen durchsetzen. Die Minister geben ihm manchmal nach, weil sie ihn fürchten. Ferdinand fürchtet ihn nicht einmal, so sicher ist er in seinem Instinkt des unendlichen Abstandes zwischen Monarch und Untertan. Der Kaiser denkt fromm und rechtlich, er will nur das Recht wiederherstellen, allerdings eines, das seit Jahrzehnten abgestorben ist. Nie, zeit seines Lebens, hat er etwas getan, was er für Unrecht hielt. Im schlimmsten Fall war er von Rechtsbrechern zu harten Maßnahmen gezwungen worden, immer fühlte er sich geborgen in seinem Glauben, in der geheiligten Majestät des Amtes. Wallenstein denkt weder rechtlich noch fromm, sondern praktisch und gewalttätig. Hier aber, wie später noch einmal, ist es die fromme Politik des Habsburgers, aus der die schlimmsten Gewalttaten fließen.

Mittlerweile ist Frankreich, nach der Kapitulation der Hugenotten und der nachfolgenden Beendigung seines törichten Krieges gegen England, wieder aktionsfähig geworden, und Richelieu macht Gebrauch davon. Mantua, ein Herzogtum, das starke Festungen umschließt, soll durch Erbe in den Besitz eines französischen Agnaten, des Duc de Nevers, übergehen. Die italienische Niederlassung dieses Prinzen begünstigt Richelieu, Spanien sucht sie zu verhindern. Es bedient sich dabei eines veralteten Rechtes, das Kaiser und Reich auf Mantua besitzen. Ferdinand läßt sich bereden, Mantua als Reichslehen einzuziehen. Papst Urban ist auf Frankreichs Seite, weil er kein spanisches, kein habsburgisches Mantua zum Nachbarn haben will. Es entsteht in Oberitalien eine Front Rom-Venedig-Frankreich gegen Madrid und Wien; und entsteht ein italienischer Krieg um die Festungen Mantuas, welcher Truppen, auch deutsche Truppen, erfordert. Von Anfang an ist Wallenstein gegen diesen Krieg gewesen, weil er Soldaten absorbiert, die anderswo gebraucht werden, weil er Frankreich Ursache und Anlaß gibt, sich feindlich in die deutschen Dinge zu mischen. Mit der ihm eigenen Insistenz verlangt Wallenstein Frieden in Italien, wieder und wieder. »Wenn fried in Italien ist, so ist fried mit Frankreich.« – »... kann die Sach komponiert werden, so bitt ich, man thu es, denn wir werden gewiß mehr zu thun bekommen, als wir vermeinen; im Reich weiß ich ihr wenig, so gut auf Ihr. Maj. Seiten seind; wollte Gott, daß man bald den Frieden machen thäte.«

Was er mehr zu tun bekommen wird, weiß Wallenstein, wird ihm Schweden zu tun geben; hier ist das neue Regiment, das nun angreifen soll, um das Phantom des Universalfriedens abermals verschwinden zu lassen, das kampfstärkste Regiment, das noch je in die Schlacht geworfen wurde. Schweden wird um so sicherer angreifen, nachdem kaiserliche Truppen von Norddeutschland nach Italien abgezogen sind, nachdem Frankreich, auf dem Umweg über Mantua, Kriegspartei geworden ist und Schweden unterstützen wird, nachdem das Restitutionsedikt Millionen von Deutschen in Verzweiflung getrieben hat und vom internationalen Protestantismus als eine abermalige Kriegserklärung empfunden wird. Längst hat Wallenstein den König von Schweden im Auge. Längst hat er ihn durch Unterstützung Polens von einem Großangriff gegen Deutschland abzuhalten versucht. Nun aber, September 1629, vermittelt Richelieu einen Waffenstillstand zwischen Schweden und Polen.

Die kaiserliche Politik zu zügeln, eine Beendigung des Krieges in Italien herbeizuführen, eine Zurücknahme des fürchterlichen »Edictes« zu erzwingen, wäre unter diesen Umständen die Aufgabe der deutschen Kurfürsten, Protestanten und Katholiken, wenn sie zur Erfüllung einer gemeinsamen Aufgabe noch imstande wären. Das sind sie nicht. Die Katholiken wünschen zwar Frieden mit Schweden und besonders mit Frankreich, aber das Restitutionsedikt ist die Blüte ihres Strebens, die sie nicht preisgeben wollen. Der Führer der Protestanten, Sachsen, hütet sich ängstlicher als Bayern vor jeder internationalen Verbindung, jeder Geste scheinbarer Illoyalität gegen Kaiser und Reich; aber das Edikt treibt ihn nun, sehr spät, zu dem ersten Schritt organisierten Widerstandes. So gibt es nur ein Ziel, auf das beide Kurfürstenparteien sich noch einigen können und sich längst geeinigt haben: Wallensteins Entlassung. Unleugbar liegt sie in ihrem Interesse. Ob, unter den obwaltenden Umständen, auch im Interesse Deutschlands, darüber ließe sich streiten, wenn Deutschland überhaupt noch ein Ding wäre, dessen Interessen man klar bestimmen könnte.

Im Frühsommer 1630 kommt es zu einem großen Treffen der Kurfürsten in Regensburg, einem »Kollegialtag«, vom Kaiser einberufen. Die beiden Protestanten entschuldigen sich, ihre Länder seien ruiniert, sie hätten das Geld zur Wegzehrung nicht und wollten sich von ihren gequälten Untertanen nicht trennen. Die Katholiken erscheinen. Als nun Ferdinand ihnen seine von unbeirrbarer, frommer Selbstgerechtigkeit durchtränkten Propositionen machen läßt, ihre Hilfe gegen Frankreich, die Niederlande, Schweden fordert und die Wahl seines Sohnes zum »Römischen König«, das ist designiertem Nachfolger, betreibt, erhält er zur Antwort, erst sei die viel brennendere Frage des kaiserlichen Heeres und Oberkommandos zu klären: Die barbarische Tyrannei des Herzogs von Friedland sei zu beenden, der General müsse weg. Der Kaiser hört es und kapituliert. Nicht einen Augenblick kommt ihm der Gedanke, das zu tun, was eigentlich die Konsequenz der in den letzten Jahren von ihm betriebenen oder geduldeten Politik wäre, nämlich, seine fürstlichen Standesgenossen durch einen Staatsstreich zu überwältigen. Ein Maximum an formaler Rechtlichkeit des Denkens, verbunden mit einem Maximum von Verwüstung in der Wirklichkeit ist ja das Wesen dieser toller und toller werdenden Conflagration. Ferdinand läßt seinem Feldherrn mitteilen, daß er auf seine weiteren Dienste verzichten müsse, indem er gleichzeitig eine Reduktion seiner Heeresmassen verspricht. Und sowenig der Kaiser seinen Kurfürsten, sowenig leistet Wallenstein seinem Monarchen den Widerstand, dessen man ihn für fähig hält. Er bedauert höflich und zieht sich auf seine böhmischen Güter zurück.

Ein Triumph des ständischen Prinzips; aber in seiner gespaltenen, ausschließlich katholischen Form, die dem Lande den Frieden nicht bringt und nicht bringen kann. Am Edikt wird nicht gerüttelt. Die Heere Wallensteins und der Liga sollen unter dem Befehl Tillys zusammengelegt werden. Später wird der Krieg in Italien beendet, unter Bedingungen, die man auch ohne das Blutvergießen dort hätte haben können. Richelieu ist, zusammen mit Maximilian von Bayern, der eigentliche Gewinner, denn sein Kandidat wird in Mantua anerkannt, und längst hat er auf den Sturz Wallensteins hingearbeitet. Es konnte denn auch die Legende entstehen, sein in Regensburg anwesender schlauer Hauptagent, der Kapuzinerpater Joseph, sei der eigentliche Beseitiger des Feldherrn gewesen. So weit reichte der Einfluß der »Grauen Eminenz« kaum, und die Kurfürsten bedurften hier nicht seines Ratschlages. Heimlich verbunden aber sind Bayern und Frankreich längst; eine Rückversicherung, die der immer wachende Geist Kurfürst Maximilians gegen Spanien, gegen Schweden, gegen Wallenstein suchte.

Während die deutschen Kurfürsten und der deutsche Kaiser in Regensburg bankettieren und langwierige Schriftstücke tauschen, landet der König von Schweden mit einem Heer von dreizehntausend Mann an der Küste Pommerns (26. Juni 1630). *Iacta nunc est alea*, berichtet ein pfälzischer Agent überglücklich an die niederländischen Generalstaaten, *transivit S. R. Majestas non Rubiconem sed vastum mare.*

Gustav Adolf von Schweden

Im Gespräch mit deutschen Fürsten erklärte Gustav Adolf einmal, er habe nun zwanzig Jahre Krieg führen müssen, obwohl er schon vor fünfzehn Frieden zu machen willens gewesen; »aber Gott hätte es anders mit ihm versehen, wäre gemeiniglich von seinen Benachbarten zum Kriege genötigt, gezwungen und lacessiert worden...« So sah er sich; ein Friedensfürst, der leider vom Kriege nicht los kam. Allerdings war er in ein gefährliches Zeitalter geraten, gefährlich selbst für ein so fernes, weites Reich wie das seine, in dem er, so versicherte er den Deutschen stolz, geradeaus vierhundert Meilen reisen könne. Ein Erbe von seinem Vater waren die Kriege mit Dänemark, Rußland, Polen. Die Dinge, die ihn jetzt nach Deutschland zogen, hatten sich fast ohne sein Zutun, hätten sich ungefähr ebenso entwickelt, wenn es ihn nicht gegeben hätte. Nur war der König selber ein überaus energischer Mann seiner Zeit, einer ihrer stärksten Individuationen. Er handelte lieber, als daß er mit sich handeln ließ, attackierte, ehe er attackiert wurde. So groß Schweden war, so sollte es größer sein, wäre es auch nur, um zu bleiben, was es war; sollte ein immer weiteres Stück der fremden Küsten seines Meeres kontrollieren, um mit den eigenen etwas anfangen zu können. Der Religionsstreit kam dazu. Im Geiste des Fürsten verband er sich unlöslich mit Interessen, die nicht religiös waren.

Dieser herrschafts- und kriegserfahrene Potentat war nur sechsunddreißig Jahre alt, als er nun in Deutschland landete; auf der Höhe seiner Kraft; von unerschütterlichem Selbstvertrauen. Fromm dabei, sehr fromm; ein Beter und ein Kämpfer im engen, gläubigen Bund mit seinem Gott. Wie fromm sie alle, beinahe alle, waren, die Verursacher von so viel Qual; wie sie alle das Feuer löschen wollten, aber jeder in seinem Sinn, zu seinen Zwekken, und alle es nährten und höher schlagen ließen. Was war das Ziel König Gustavs? Endlich Ordnung zu machen in dem großen, zugleich zerrissenen und bedrohlichen Nachbarreich, den Glaubensgenossen zu helfen, Niederdeutschland in der einen oder anderen Form an Schweden zu binden. Das traute er sich zu und sollte darin für einen kurzen Augenblick weiterkommen als seine glücklosen Vorgänger, der Däne, die deutschen Rächer des Pfalzgrafen, gekommen waren. Im Resultat hat selbst er die Unordnung nur vermehrt, und von den idealen Zielen, die er sich setzte, der edleren Kampfesart, die er einführen wollte, blieb wenig übrig.

Die Persönlichkeit muß hinreißend gewesen sein. Ein deutscher Diplomat berichtet: »Es muß sich jeder, der mit I. M. zu reden und ihr aufzuwarten die Gnade hat, in sie verlieben.« Die Gestalt überragend, frei der Blick der kurzsichtigen blauen Augen, die Haltung entspannt, dennoch von königlicher Noblesse; die Sprache manchmal derb, manchmal zornig, verachtungsvoll, oft leutselig einschmeichelnd, immer treffend; das ganze Wesen Lebensfreude, Mut und Autorität ausstrahlend. Daß er Lateinisch, Holländisch, Französisch und Deutsch fließend sprach, Polnisch und Russisch wenigstens verstand, wirft ein Licht auf das Ausmaß wie die regionalen Grenzen seines Ehrgeizes. Die ihn für einen bloßen Haudegen hielten, erkannten bald ihren Irrtum; er war fein gebildet, und von der hellsten Klugheit, durch den Wust verschleiernder Worte den Kern der Sache ergreifend. Auch der verworrenen deutschen Sache, insofern sie gegenständlicher Art war, oder wie sie eben dem geraden Denken eines Fremden erscheinen mußte. Die deutsche Psychologie zu begreifen, war er zu gescheit. Daß die Leute ihren altertümlichen Kram, Kaiser und Reich und Präzedenzen trotz allem noch ernst nahmen, daß sie, die sich untereinander abschlachteten, dem Nicht-Deutschen gegenüber sich einer und derselben Nation zugehörig fühlten und ihrem Retter mißtrauten, selbst wenn sie ihm widerwillig Folge leisteten, ging über seinen freien Verstand. Wie konnten sie immer noch von ihrem »gnädigen Kaiser« faseln, da doch dieser Kaiser ihr Recht brach, sie mit seinen Kriegsknechten heimsuchte, ihr Gut wegnahm, ihren Glauben kränkte? Den Nürnbergern sagte der König einmal: Von den Dingen des Reiches, wie es früher war, verstünden sie wohl etwas, aber nicht, wie es *jetzt* sei.

Dem Regenten von Schweden werden die beachtlichsten inneren Leistungen nachgesagt. Wenn ein Land in Form war, so war es das seine, was es nicht immer gewesen war. Es sei, rühmte er, das freieste Königreich in Europa. Eine »Carta« hatte die politische Verfassung Schwedens neu geklärt, die alten, oligarchischen Ansprüche des Adels zugleich bestätigt und eingedämmt; hier war des Königs erster politischer Berater, Axel Oxenstierna, als Vertreter der Aristokratie federführend gewesen. Der Reichsrat, eine Versammlung des hohen Adels, durfte sich selber ergänzen; vor jedem Schritt, der die Schicksale Schwedens anging, hatte der König ihn anzuhören. In ihrer Mehrzahl waren die Mitglieder des Rates zugleich Träger von Staatsämtern, keine bloßen Kritiker. Unter ihm stand der Reichstag,

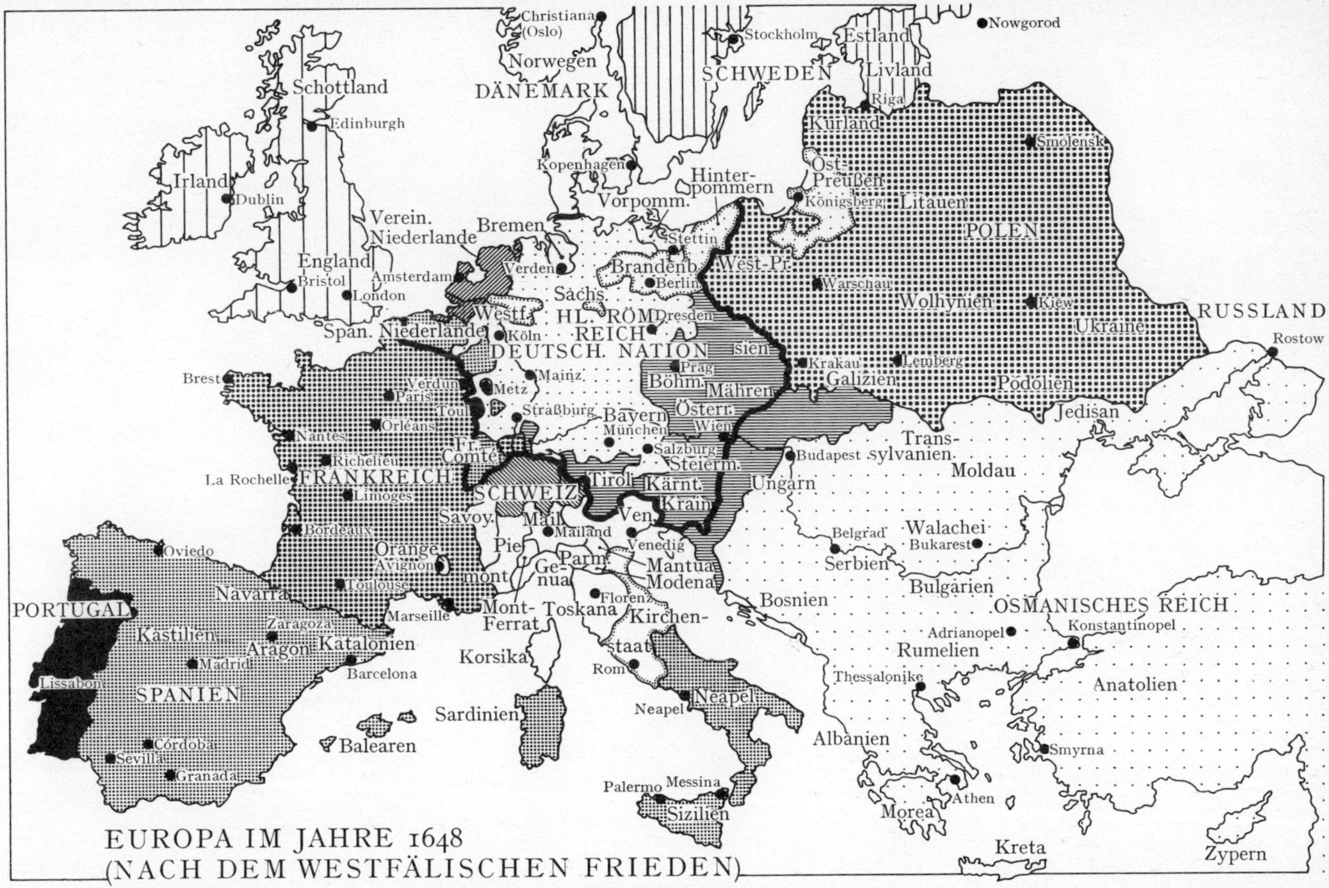

EUROPA IM JAHRE 1648
(NACH DEM WESTFÄLISCHEN FRIEDEN)

die Vertreter der vier Stände, deren letzter, gleichgeachteter, die Bauern waren. Der Reichstag hatte nicht bloß die Steuern zu bewilligen; der König durfte keinen Krieg beginnen ohne sein Votum. Für Wohlstand und Kultur war manches geschehen; die Gründung von nicht weniger als siebzehn Städten, Göteborg darunter, die Anlage von Straßen und Kanälen, allerlei Schritte zur Ausnutzung von des Landes natürlichem Reichtum, seiner Eisenerze zumal, die reiche Dotierung der Universität zu Uppsala.

Aber mehr, als er wissen wollte, war Gustav Adolf ein Krieger. Zum Waffenhandwerk zogen ihn seine bedeutendsten Gaben; es ist eine alte Sache, daß wir immer wieder zwingende Gründe finden, das zu treiben und zu treiben nicht aufzuhören, was wir am besten können. Er liebte es, strategische Pläne von kühnster Weiträumigkeit zu entwerfen, die nicht immer zur Ausführung kamen; nicht minder, die Taktik der kämpfenden Truppe zu revolutionieren. Größere Beweglichkeit sollte sein, leichtere Kanonen, Musketen, nicht mehr auf Gabeln zu stützen und rascher zu bedienen; undichtere, weiter aufgestellte Einheiten, die Kavallerie mitten unter ihnen, anstatt der tiefen und dichten Phalanx, welche die spanische Kriegskunst entwickelt hatte. Schnelligkeit vor allem; Überraschungen; rücksichtslose Ausnutzung gewonnener Vorteile, wäre es selbst zur Zeit der Winterquartiere. »Dieser Fürst«, schreibt Richelieu in seinen Memoiren, »der den Krieg nicht für einen Zeitvertreib hielt, sondern ihn führte, um zu siegen, ließ den Winter nicht ungenutzt vergehen, wie man sonst zu tun pflegt.« Propaganda kam dazu; lockende, aufrüttelnde Manifeste, Werben um die Sympathien der Menschen am Orte selbst, ohne die, er wußte es, er das Werk nicht würde durchführen können.

Sein Kanzler, Axel Oxenstierna, ergänzte und balancierte die Tugenden des Königs aufs glücklichste. Verglichen mit Gustav erscheint er grau und alt, obgleich er damals nur achtundvierzig Jahre zählte. Er besaß den gleichen gesunden Menschenverstand, die gleiche intuitive Sachnähe, auch die plastische Derbheit des Ausdrucks, welche des Königs Sprache bezeichnete; aber mehr Vorsicht, mehr Skeptizismus, die illusionsloseste Menschenkenntnis; unmögliche Pläne seines Herrn wußte er auf das Mögliche zu reduzieren. In Krisen stand er wie ein Fels. Den beiden diente ein tüchtiger Stab Diplomaten und Agenten, teils Schweden, Salvius, Chemnitz, Nicolai, teils Deutsche, Solms, Camerarius, die früher im Gefolge des Pfalzgrafen gewesen waren. Nicht minder zuverlässig erwiesen sich die militärischen Gehilfen Banér, Horn, Tott, Torstensson, zu denen bald wenigstens ein Deutscher vom Schlage der geborenen Menschenführer, Bernhard von Weimar, kommen sollte.

Die Invasion war seit 1629 beschlossene, gründlich vorbereitete Sache. Schweden, hieß es, konnte Nachbarn wie die habsburgische Armee, Spanien, den neugekrönten Herzog von Mecklenburg, in den Hafenstädten der Ostsee nicht ertragen. Die Vertilgung der gereinigten Religion überall sei das Ziel der kaiserlichen Politik. Daß Wallenstein den König von Polen militärisch unterstützt hatte, wie umgekehrt Gustav die Stadt Stralsund, machte eine Kriegserklärung unnötig. Man war längst im Krieg, man ging nur in eine neue Phase. Eine wenig gefährliche, wenn man dem Urteil der Wiener Kriegsräte trauen durfte. Wallenstein sah es anders. Aber Wallenstein war nun im Ruhestande, froh, wie er gern betonte, die Last los zu sein, und beobachtete, was dort unten begann, mit überaus komplexen Gefühlen.

Verbündete besaß Gustav nicht. Das deutsche Kurfürstenkollegium, mit dem er Kontakt gesucht hatte, war höflich ausgewichen. Die Niederländer waren Bundesgenossen *de facto*, aber durch ihre eigenen, immerwährenden Kämpfe mit den Spaniern gebunden; sie steuerten Geld und Schiffe bei. England sympathisierte wie eh und je und erlaubte, daß man auf seinem Boden Hilfstruppen warb, nicht mehr. Der Kardinal zu Paris hat es an ermunternden Winken nicht fehlen lassen, war aber bisher keine Verpflichtung eingegangen und würde zögern, sie einzugehen; was er, Schweden und die katholischen Mächte Deutschlands betreffend, wünschte, wäre überaus gedoppelt und schwer, ja unmöglich, mit sich selbst zu versöhnen. Auf die deutschen Protestanten kam alles an, konnte ja niemand befreit werden, der nicht befreit werden wollte; unter den Deutschen wieder mußte die Haltung Sachsens entscheidend sein, denn wie Sachsen ging, so gingen Brandenburg und die kleineren. Der König wußte das: »Alles steht auf Kursachsen. Wenn der Prinzipal nur die Hand aufhebt, so folgen alle protestierenden Fürsten und Stände nach.« Aber wann, bisher, hatte Johann Georg die Hand aufgehoben, außer zu wirkungslosen Beschwörungen und Klagen? – Es mußte also der Erfolg selber den gefährlichen, so weit von der heimatlichen Sicherheit entfernten Zug weitertreiben und verbreitern, der Erfolg, und wenn er allein es nicht tat, die Drohung, die der Erfolgreiche sich erlauben konnte. Von Anfang an war Gustav Adolf nicht gewillt, Neutrale zu dulden. Freund oder Feind? – war die Frage, die er jedem stellte, dem er begegnete. »Was ist das doch für ein Ding: Neutralität?« ließ er sich gegen einen brandenburgischen Unterhändler aus. »Ich verstehe es nicht.« Ebensowenig hielt er von geschriebenen Versprechen, »Papier und Dinte«; das seien »lauter *quisquiliae*, die der Wind aufhebt und wegweht«. Was er forderte, waren Soldaten, Reichstaler, Festungen, Pässe; Sicherungen im Rücken, damit er unbesorgt vorwärts dringen konnte.

Der erste, der herüberkam und nach einigem Sich-Winden seine Hauptstadt Stettin offerierte, war der alte Herzog von Pommern, Bogislaw, der letzte seines Stammes. Er schloß ein Bündnis mit Gustav, das zum Modell werden sollte, indem er gleichzeitig an Kaiser Ferdinand schrieb, er handelte unter Druck und meinte nicht, was er täte. Der nächste Bundesgenosse war die große und reiche, die Elbe beherrschende Festungsstadt Magdeburg. Über dem verweltlichten Erzstift schwebte, noch nicht zu Ende geführt, das Restitutions-Edikt. Der »Administrator«, Markgraf Christian Wilhelm von Brandenburg, war entflohen, kehrte aber nun zurück und vermochte den Rat der Stadt, die schwache kaiserliche Garnison austreiben zu lassen und ein Hilfsversprechen des Königs von Schweden anzunehmen. Es ging nicht ganz sauber zu bei dieser Revolution und gab wohl eine Minderheit oder Mehrheit des Rates, Besitzende, gediegene Bürger, die eine so scharfe Herausforderung der obersten Macht nicht wünschten. Aber sie wurden von radikaleren Volksvertretern überspielt. Der König, gelang es ihm, bis Magdeburg vorzustoßen, hätte an der Festung den vorteilhaftesten Stützpunkt gehabt. Seinerseits war Tilly, als er im Spätherbst aus Bayern aufbrach, um die Reste der kaiserlichen Armee in Norddeutschland zu reorganisieren, zur Rückgewinnung Magdeburgs entschlossen. Die Belagerung der Stadt begann im Winter. Seit dem April 1631, als Tilly selber mit dem Gros seiner Truppen vor den Mauern erschien, wurde sie mit Ernst betrieben.

Damals beherrschte Gustav Adolf Pommern und Mecklenburg, wohin er die vertriebenen Herzöge zurückgeführt hatte, die Oder hinauf bis Frankfurt und das Tor nach Schlesien hin, Landsberg; eine Basis insgesamt, wie sie noch keiner der Intervenierenden innegehabt hatte. Im Januar kam, eine Anerkennung des bisher Gewonnenen, das langverhandelte Bündnis mit Frankreich zustande. (Vertrag von Bärwalde, 13. Januar 1631.) Eine Million Livres im Jahr verpflichtete sich Richelieu an Schweden zu zahlen, auch freies Werben und Einkaufen auf Frankreichs Boden zu gestatten. Die katholische Religion sollte überall, wo der König siegte, unangefochten bleiben, die Ordnung in Deutschland so wiederhergestellt werden, wie sie ehedem gewesen: Libertät der Fürsten und Städte, Vertreibung der Spanier, wo immer sie auf Reichsboden standen. Unternähme die Liga nichts gegen den König, erklärte sie sich neutral, so würde der König nichts gegen die Liga unternehmen. Der Kardinal wünschte Geheimhaltung der folgenschweren Allianz; Gustav, wissend, daß ein geheimer Vertrag ihm moralisch nichts wert war, gab ihn alsbald der Welt bekannt.

Er hatte einen Zweck für ihn; einen anderen für die französische Politik. Was Richelieu sich vorgesetzt hatte, war *d'arrester le cours de la violence de la Maison d'Autriche*, worunter er Madrid so sehr wie Wien verstand, ohne selber in Deutschland Krieg zu führen; die Schweden, sobald sie konnten, sollten sich gegen die Erblande wenden und das Reich in Ruhe lassen. Das nicht-habsburgische, nicht-hispanisierte Deutschland begünstigte der Kardinal, und nichts wäre ihm lieber gewesen als eine Verständigung der beiden, jede auf ihre Art verfassungstreuen Religionsparteien, der von Sachsen und der von Bayern geführten. Der Schwarm gewiegter Diplomaten und Deutschlandkenner, den er aussandte, agitierte zu diesem Zweck. Vor allem wünschte er Bayern zu erhalten, Bayern von den Kaiserlichen zu trennen: Ein vollständiger Akkord zwischen dem König von Schweden und den Kurfürsten von Bayern wäre ihm »von unschätzbarem Wert«. Und so, wenige Monate, nachdem er mit Schweden zu Rande gekommen, brachte er sein gleichfalls längst unterwegs gewesenes Bündnis mit Bayern unter Dach und Fach. (Fontainebleau, 30. Mai 1631.) Maximilian hatte ehedem die Annäherung an Frankreich gewünscht, um seine Beute, die Pfalz, nach dieser Seite hin zu sichern, den italienischen Krieg von Deutschland fernzuhalten und Frankreich gegen Habsburg, das, was er das »spanische Servitut« nannte, auszuspielen. Nun hatte die Lage für ihn sich geändert; die Zeiten, in denen er triumphierend durch Böhmen und Süddeutschland gezogen war und selber Reichsrecht mit Füßen getreten hatte, waren vorbei; auch jene, in denen er in der Gestalt Wallensteins die kaiserliche Macht zu fürchten und zu hassen gelernt hatte. Was er nun ernsthaft brauchte, um seine die Kräfte seines Staates überspannende Politik zu decken, war Hilfe gegen Schweden, und die wurde ihm auch, falls sie notwendig wäre, in Fontainebleau zugesagt. Mittlerweile war Frankreich selber Schwedens Verbündeter, sehr ungewiß, inwieweit es den ungestüm vorwärts stürmenden »Gothen« würde lenken und zurückhalten können; und das kaiserliche Heer, oder was von ihm übrig war, stand unter dem Befehl von Bayerns eigenem General, Tilly. Es ist möglich, daß der Geist des Kurfürsten sich von dem seines greisen Feldherrn ein wenig unterschied. Der Bayer dachte vor allem bayerisch, dann katholisch, dann deutsch; der Wallone vor allem katholisch, dann reichisch im Sinn des spanisch-österreichischen Erzhauses; in bayerischen Dienst hatte der Zufall ihn getrieben. Aber solche Nuancen wogen in der Wirklichkeit nichts. Für Maximilian, den Räuber der Pfalz, der mit Habsburg zusammen aufgestiegen war, gab es in der jetzt herannahenden Krise keine reale Möglichkeit, sich von Habsburg zu trennen, woran sein französischer Rückversicherungsvertrag ebenso scheitern mußte wie ein letzter matter Versuch, sich mit der protestantischen Verfassungspartei zu verständigen. Wo war Hilfe, wenn Gustav Adolf sich durch seinen französischen Partner nicht bändigen ließ? Gelang es selbst, den schwedischen Ansturm nach Österreich hin abzulenken, mußte nicht die Befreiung Böhmens auch die seit 1620 in Deutschland geschehene Revolution rückläufig machen?

Es gab viel Befremdendes im Wirbel dieser neuen Gefahren. Wallenstein, der ungekrönte König des neuen Böhmen, der ruchloseste Nutznießer des Umsturzes von 1620, tat nichts, um den schwedischen Siegeszug aufzuhalten. Wenn im ersten Jahr der Invasion die kaiserlichen Truppen in Norddeutschland so kümmerlichen Widerstand leisteten, so war ihre Armut, ihre Entblößtheit von allem Notwendigen daran schuld. Wallenstein, der ehedem sein Heer so großartig zu halten verstanden hatte, gab nun keine Hilfe; weder aus seinem mecklenburgischen Besitz, solange er ihn noch kontrollierte, noch aus seinen böhmischen Kriegs- und Ernährungsindustrien. Die flehenden Briefe der kaiserlichen Anführer ließen ihn so ungerührt wie der Verlust seines norddeutschen Herzogtums; selbst ein möglicher Einfall der Schweden in Böhmen schien ihn nicht zu bedrohen.

Kaum weniger desinteressiert zeigte sich der Staats- und Seelenherrscher, der, so erwartete man, am stärksten hätte interessiert sein müssen. Gegen das Bündnis des Allerchristlichsten Königs mit dem nordischen Häretiker hatte Papst Urban VIII. in Paris einen milden Protest einreichen lassen. Über dies geschuldete Minimum ging er nicht hinaus. Umsonst beschworen die kaiserlichen, spanischen, bayerischen Gesandten den Priesterfürsten, den religiösen Charakter des Krieges in Deutschland zu erkennen. Hätte doch, machte Kardinal Passmann geltend, der Kaiser sein Reich in guter Ruhe besitzen können ohne das Restitutions-Edikt, »derowegen die ganze Ursach des angesponnenen Krieges nichts anderes ist als die Religion«. Urban erwiderte lächelnd, daß er es besser wisse: »Bei dem Siege des Schwedenkönigs ist für die katholische Religion keine Gefahr, er will sie nicht unterdrücken, wie sie von der Übermacht Österreichs und Spaniens, welche selbst unsere Lande und Leute in Gefahr brachte, unterdrückt war. Diese haben durch ihre Gewalttaten den Schwedenkönig von dem äußersten Norden gerufen, und Gott selbst hat ihn auferweckt, daß er uns schütze.« Maximilian, als ihm solche verblüffenden Reden hinterbracht wurden: Seine Heiligkeit sähen es offenbar nur zu gern, daß der Krieg in Deutschland weiterginge, sie selber aber von ihm verschont blieben. »Wenn die Catholische sogar von seiner Heiligkeit *in negotio religionis* hilflos gelassen werden, so ist besagten Catholischen nit zu verdenken, ja werden hiezu gleichsamb gezwungen und getrungen, ohne ferneren aufschub mit den Protestierenden zu accordieren.«

In seinen Memoiren schreibt Richelieu, die Deutschen hätten Gustav Adolf erwartet wie den Messias – ein Ausdruck, der, mit Bezug auf den König, in Korrespondenzen der Zeit mehrfach vorkommt. Die Sache war so einfach nicht. Wohl gewann Gustavs glanzvolle Erscheinung viele, mit denen er umging, wohl tönte ihm, wenn er hoch zu Roß Einzug in eine Stadt hielt, der Jubel der Bevölkerung entgegen. Andererseits waren die Leute nicht so blind um nicht zu wissen, daß die schwedische Invasion eine neue Intensivierung des Krieges bedeutete, der ohne sie nicht mehr viel zu verbrennen gehabt hätte; daß sie im besten Fall würden zahlen, im schlimmeren neue Heimsuchungen der Kriegsfurie würden erleben müssen. Der König, der seinen Hugo Grotius studiert hatte, gab sich denkbare Mühe, Disziplin zu halten und den Krieg nach Völkerrecht zu führen. Das Völkerrecht verbot nicht das Plündern in einer eroberten Stadt, und je mehr entwurzelte, beutesuchende Scharen der schwedischen Fahne zuliefen, desto ausgiebiger wurde dies Recht geübt. Was die friedlich akkordierenden Städte und Stände betraf, so waren die Verbindungen zwischen den schwedischen Heeren und dem Heimatstaat so langwierig, daß man, um zu leben, unvermeidlich zu Wallensteins Methoden griff: Kontributionen. Im Laufe der Zeit wurde Gustav Adolf härter und grausamer in dem Maß, in dem die Erfolge und zugleich die Gefahren seines Abenteuers wuchsen. Ganze Ernten mit Plan zu zerstören, ganze Gegenden zur Wüste zu machen, damit der Feind nichts aus ihnen ziehen könnte, hielt er dann mit seiner sonst so betonten Menschlichkeit für vereinbar. Im Geist der deutschen Politiker kam die Frage hinzu, was er denn eigentlich so tief in Deutschland von Deutschland wollte und was es mit der »Satisfaktion«, von der er gern sprach, auf sich hätte.

So erstaunlich oder erbärmlich, wie es später protestantische Geschichtsschreiber fanden, ist es unter diesen Umständen nicht, daß Sachsen und Brandenburg auch jetzt noch zögerten, mit dem Löwen aus Mitternacht gemeinsame Sache zu machen und dem deutschen Krieg eine aller Voraussicht spottende Wendung zu geben. Besser, besser auch jetzt noch, wenn die Deutschen ihren Streit unter sich beendeten. In diesem Sinn beschwor Johann Georg den Kaiser Ferdinand: Er solle doch »das Edict aufheben, die Executionen einstellen, die evangelische Bürgerschaft zu Augsburg und anderwärts ferner nicht bedrängen, die Irrungen zwischen den Ständen durch mildere und gelindere, im Heiligen Römischen Reich auch herkömmliche Wege gütlich, glücklich, sicher und beständig beilegen und allso gutes Vertrauen zwischen den Ständen wiederum pflanzen«. Es waren die seit zehn Jahren gewohnten vernünftigen Bitten und Vorschläge, die der Dämon des Machtsinnes, falschen Rechtssinnes, falschen Religionssinnes noch immer ins Taube und Leere gelenkt hatte. Im Winter 1631 ging der träge Sachse einen Schritt weiter. Er berief einen »Convent« der protestantischen Stände nach Leipzig. Die Versammlung trat im Februar zusammen; »anderthalb Fürstlein«, einem katholischen Spottlied zur Folge, in Wahrheit deren immerhin dreizehn, der Vertreter der gewichtigsten Reichsstädte nicht zu gedenken. Auch schwedische und französische Agenten eilten nach Leipzig; diese, um die versammelten Protestanten in das Lager ihres Königs zu ziehen, jene, um Friede zwischen ihnen und der bayerischen Liga zu stiften. Ende März gebar der Berg etwas, was nicht die vertraute Maus mehr war: ein letztes verzweifeltes Manifest an die Wiener Adresse. Feierlich erklärten die Stände sich unschuldig an allem Unheil, allen grausamen Drangsalen, die das Reich schon erlitten und die es bis zum völligen Ruin noch erleiden würde, wenn nicht endlich die Fundamente und Reichsgesetze durch gütliche Vergleichung wiederhergestellt, die grausamen Unordnungen, Pressuren und Gewalttaten eingestellt, ein allgemeiner, beständiger, sicherer Friede gebracht und des Jammers, Elends, der Öde und Verwüstung, auch erschrecklicher Blutstürzung ein Ende gemacht würde: Aufhebung des Edikts,

Freiheit der Religion, Abrüstung. Einstweilen bleibe den treuen Ständen nichts übrig, als ihrerseits sich zu einem Kampf für ihr Recht, den sie nicht wollten, bereit zu machen. – Eilends ließ Johann Georg die Trommel rühren. Es war furchtbar schwer, Frieden zu machen, aber furchtbar leicht, Soldaten zu finden.

Die Sprache des Leipziger Beschlusses war die alte, patriotische, weise, alles Elend voraussehende; aber neu in ihrem ultimativen Ton. Ferdinand II., den Niederlagen Gewohnten, Siege Gewohnten, Krisen Gewohnten, den in seinem Rechtsbewußtsein Unerschütterlichen, rührte sie noch einmal nicht. Bei Vermeidung kaiserlicher Ungnade und Strafe gebot er die Auflösung des neuen Protestantenbundes. In denselben Reichstraditionen zu denken, dennoch immer aneinander vorbeizureden und zuletzt aufeinander zu schlagen – dies bezeichnet Politik und Seelenlage der Gegner im deutschen Bürgerkrieg.

Den Absprung ins schwedische Lager hatten Sachsen und Brandenburg in Leipzig nicht gefunden, ihr Manifest erwähnte Schweden nicht einmal; es sprach nur dunkel von »auswärtigen Potentaten«, die sich zuletzt noch einmischen könnten, so als ob sie es nicht schon längst getan hätten. Was versucht wurde, war eine dritte, protestantische und Reichspartei zu organisieren. Dahinter stand die von der französischen Politik genährte, momentweise und halbherzig auch von Kurfürst Maximilian berührte Hoffnung, die Liga könnte sich mit dieser Partei verbinden.

Der Krieg ging weiter, während man in Leipzig perorierte und abends sich nach altdeutschem Brauch des Lebens freute; er ging weiter, nachdem man dort zum Schlusse gekommen war. Die Stadt Magdeburg war sein nächstes Opfer. Gustav Adolf, an der Oder, an der Havel stehend, hätte zur Elbe vordringen und, sein königliches Versprechen erfüllend, die belagerte Stadt entsetzen können, wenn er der Brandenburger und Sachsen sicher gewesen wäre. Mit so bedenklichen, nun eifrig rüstenden Neutralen im Rücken wagte er es nicht. Zwei Parteien beteuerten hier vor Welt und Nachwelt ihre Unschuld: Der König, indem er den beiden Kurfürsten schrieb, er könnte Magdeburg nicht retten, solange sie in treuloser Unentschiedenheit verblieben; Tilly, an der Spitze seines belagernden, wissenschaftlich langsam sich eingrabenden, vorwärtsarbeitenden Heeres, indem er wieder und wieder den Magdeburgern sagen ließ, sie sollten doch die Gnade des Kaisers annehmen, anstatt sich dem schlimmsten Schicksale auszusetzen. Die Beherrscher der Stadt vertrauten auf Gustav Adolf bis zuletzt. In den Morgenstunden des 20. Mai 1631 wurde sie denn also im Sturm genommen. Was nun geschah, ist oft erzählt worden und ist nur zu wahr; Tilly, der solche Dinge auf seine ältesten Tage gewiß nicht zu sehen wünschte, konnte es nicht hindern. Genüge es zu sagen, daß von dreißigtausend Einwohnern kaum fünf überlebten und ein Feuer, dessen Ursprung man nicht kennt, die große Stadt in vierundzwanzig Stunden in Asche legte. Wochenlang wurden die verkohlten Leichen der Bewohner in die Elbe gekarrt. Der Dom blieb übrig, und ihn ließ Tilly alsbald der wahren Religion weihen.

Eine große Stadt des Reiches von Reiches wegen dem Erdboden gleichgemacht, ihre Bürger ausgemordet – das hatte es vorher nicht gegeben. Auch nicht, daß ein Teil der Nation offenes Vergnügen an dem grausigen Ereignis zur Schau trug, sich an Spottliedern über die gefallene Magd ergötzte und »magdeburgisieren« zum gängigen Wort machte. Welche Illustration der Warnungen, die der noch zwei Monate alte Leipziger Schluß enthielt!

Ende Juni zwang der König, der an der Spitze seines Heeres vor Berlin erschienen war, den Brandenburger, Farbe zu bekennen. Es war kein Allianzvertrag, was zwischen den beiden Schwägern unterzeichnet wurde, aber lief praktisch darauf hinaus: Gustav erhielt

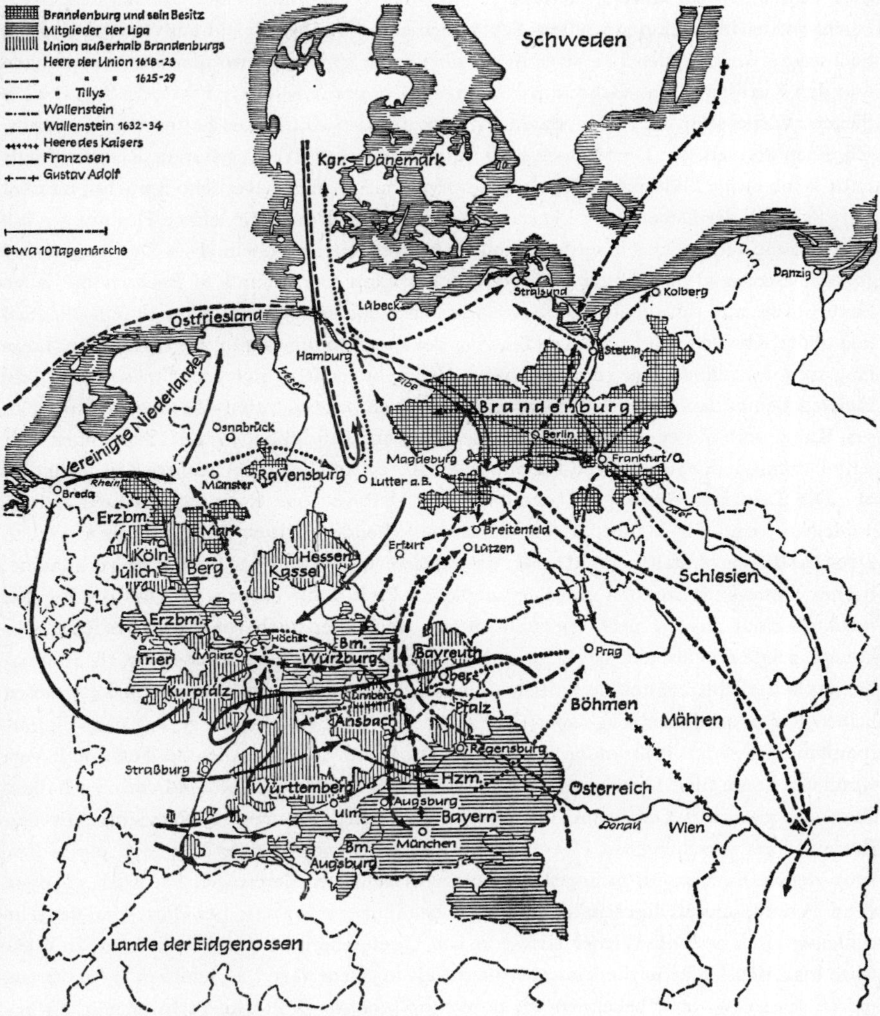

Der 30jährige Krieg von 1618 bis 1648

Freiheit, die Festungen des Kurfürsten zu besetzen, zu verteidigen, um sie ihm nach Friedensschluß zurückzugeben. Noch immer suchte dabei Georg Wilhelm das doppelte Spiel der guten Deutschen zu spielen: Mit hartem Zwang, Elend der Lage, aber unverändert treuer Reichsgesinnung ließ er sich in Wien entschuldigen.

Tilly nutzte seinen Sieg nicht mit der Schnelligkeit aus, die sein Gegner ihn hätte lehren können. Er wußte nicht, wohin sich wenden, sprach von Thüringen, von Hessen und verzettelte Zeit, zur Verzweiflung seines robusteren Feldmarschalls, Pappenheim, der unverhüllt an Wallenstein schrieb, Rettung sei nur, wenn Seine fürstlichen Gnaden den Oberbefehl wieder übernehmen wollten. Schließlich kam bündiger Befehl aus Wien, sich gegen Sachsen zu wenden, den Leipziger Bund, dort wo er gegründet worden war, zu sprengen und den Kurfürsten zum Gehorsam zu bringen. Der greise Feldherr führte die Sprache des Siegers: Vorbei seien die Zeiten, da die Protestanten den Katholiken hätten das Gesetz vorschreiben können, die Dinge lägen jetzt umgekehrt, auch der Augsburger Religionsfriede habe keine ewige Gültigkeit. Eine habsburgische mehr denn bayerische Sprache; da aber Tilly zugleich der General der Liga war, mußte sein Auftreten die letzten Hoffnungen auf eine »Komposition« des innerdeutschen Religionsstreites vereiteln. Den Drohungen und Johann Georgs altgewohnten Tergiversationen folgte der Einfall in Sachsen mit allen Greueln, die nun mit dem Erscheinen kaiserlicher Soldateska verbunden zu sein pflegten. Sodaß der Kurfürst von Sachsen endlich vor der Entscheidung stand, die er dreizehn Jahre lang treu, klug und feige verzögert hatte. Vielmehr, er fand sich nicht mehr davor, die Kaiserlichen hatten sie ihm abgenommen. Mit einem letzten bitter-schmerzvollen Brief an den Kaiser verband er den Schritt, der allein ihm noch übrigblieb; am 11. September 1631 schloß er mit dem »auswärtigen Potentaten«, Gustav Adolf, ein regelrechtes Kriegsbündnis ab. Der Leipziger Schluß war damit als ein Halbweghaus erwiesen, bei dem stehenzubleiben keine der Hauptparteien der sich suchenden dritten hatte erlauben wollen. Deutschlands protestantische Mächte, die zählten, waren nun der Schweden Verbündete.

Ihre Untertanen mußten einen entsetzlichen Preis dafür entrichten. Daß die Fürsten machtpolitisch nicht schlecht gewählt hatten, wenn hier noch von Wahl die Rede sein konnte, zeigte sich alsbald. Bei Leipzig, bei dem Dorfe Breitenfeld, stießen am 18. September das kaiserliche und das schwedisch-sächsische Heer aufeinander. Die Sachsen gewannen keinen Ruhm an diesem Tag; aber Gustav Adolfs neue Feldherrnkunst trug über die altspanische Tillys den vollständigsten Sieg davon. Die Schweden sollen an Toten und Verwundeten kaum über tausend Mann, die Kaiserlichen über zwölftausend verloren haben, dazu siebentausend Gefangene; ihre ganze Artillerie, Schanzzeug, Proviant. Mit den Resten seines verschlagenen Heeres rettete der schwerverwundete Tilly sich nordwärts. »Ihr werdet Euch in nit geringer Bekümmernis befinden, derowegen ich Euch gnädigst kondolieren«, schrieb ihm sein nicht weniger bekümmerter bayerischer Herr. Und der sehr wallensteinisch gesinnte Wiener Kriegsrat von Questenberg an den Friedländer: In Wien wisse man sich leider in die Victorien besser als in Niederlagen zu schicken. »*Post factum errorem agnoscimus;* jetzt bekennen wir unsere *inprudentiam*, daß es uns schwer fallt, zu behaupten, mit den Schweden und Sachsen zugleich Krieg zu führen, weilen die eingebildeten Miraculi und Wunderzeichen nit folgen. Wir wollten gern zurück auf unsere vorige Stell und sehen und wissen nit *quomodo*?«

Mit einem Schlag war die politische Szene verwandelt, so wie ehedem nach der Schlacht am Weißen Berg. Gustav Adolf war Herr über Nord- und Mitteldeutschland. Gegenüber dem mächtigen Verbündeten jenseits des Rheines besaß er nun die Ebenbürtigkeit, wenn

König Gustav Adolf im Kampfgetümmel
Gemälde von Jan Martsen de Jonge. Stockholm, Königliches Schloß

Ein durch Bildchen verschlüsselter Bericht aus dem von den Schweden belagerten Konstanz
Brief eines Unbekannten an Kaiser Ferdinand II., 1633
Konstanz, Privatbesitz

nicht mehr. Er konnte marschieren, wohin er wollte. Er konnte, vielleicht, auch Frieden machen; gewonnene Schlachten, heißt es, sind die besten Diplomaten. Sind sie es wirklich? In den großen Siegen liegt eine Dynamik, die zu beherrschen es der höchsten, verzichtenden Kunst bedarf. Vernunft hatte in Deutschland keine Kraft mehr; sie war zu lange zerredet worden. Aber Schadenfreude, Spott und Hohn gab es. Hatten die Katholiken nach der Katastrophe Magdeburgs so hell gelacht, so war das Lachen nun auf der protestantischen Seite.

Kardinal Richelieu hätte nach Breitenfeld, wie vorher, eine schwedische Invasion der Erblande am liebsten gesehen. So auch der Sachse, aber eben ihm traute Gustav Adolf, mit gutem Grund, auch jetzt noch nicht. Ungern hatte er ihn im Rücken; tief ins Österreichische einzudringen schien ihm leicht, aber nicht so sicher, wie er wieder herauskäme. So beschlossen also die Verbündeten unter dem Diktat des Stärkeren: Die Sachsen sollten Schlesien und Böhmen unterwerfen oder befreien, welch letztere Lesart aber nicht die sächsische war, der König in die weiten, noch immer wohlhabenden Westgebiete des Reiches ziehen und so oder so mit der Liga ein Ende machen.

Johann Georgs General, Arnim, früher in des Kaisers Diensten, ein sehr politisch, ein sehr deutsch gesinnter brandenburgischer Edelmann, führte im Spätherbst den Zug nach Böhmen. Keine schwierige Aufgabe; denn es war kein der Rede werter Widerstand mehr da. Wallenstein, der, auch ohne Amt, ihn hätte organisieren können, tat das Gegenteil; mit seinem Hofstaat verließ er Prag, allen Interessierten großartig dartuend, daß er es für verloren halte, und begab sich auf seine mährischen Besitzungen. Fünf Tage später, am 15. November, nahm Arnim die böhmische Hauptstadt. Ihm folgte, in schwedischen Uniformen, eine Schar tschechischer Emigranten, die so sehr lange auf diesen Tag hatten warten müssen, der alte Graf von Thurn unter ihnen. Was Thurn vorgeschwebt hatte, die Revolutionierung Böhmens, ein neues 1618, ließ die konservative sächsische Politik auch jetzt nicht zu. Daß die Jesuiten – »diese blutdürstigen und in aller Welt billig als *turbatores publicae pacis* verhaßten und mehr als zuviel durch ihre eingesetzten Mordklauen wohlbekannten Lärmbläser«, hieß es in einem tschechischen Manifest – aus Prag weichen mußten, daß die bösen Trophäen von 1621, die Schädel der Gerichteten, feierlich vom Turm genommen und beigesetzt wurden, dazu kam es immerhin; an die fünfzehntausend tschechische Zwangskatholiken warfen die Maske ab und bekannten sich zu ihrem alten Glauben.

So recht erfreulich war die Wiederbegegnung der Emigranten mit der alten Heimat dennoch nicht. Sie traten groß auf, forderten nicht nur ihren Besitz zurück, sondern nahmen sich Dinge, die ihnen nie gehört hatten; sie stießen in eine Ordnung hinein, die, wie trübe ihr Ursprung, sich in zehn Jahren leidlich gefestigt hatte. Daß sie sich auch auf Gütern Wallensteins breitmachten, konnte dem Herzog zeigen, was er ohnehin wußte: Von einer Wiederherstellung des alten Böhmen hatte gerade er Unannehmlichkeiten die Fülle zu gewärtigen. Schlecht war das Verhältnis der Emigranten zu den Sachsen; zu der einheimischen Bevölkerung kaum besser, da sie fremd und durch langjährige Bitternis hochfahrend und gierig geworden waren. Was Johann Georg mit Böhmen auf die Dauer anzufangen gedachte, wußte niemand. Mittlerweile stand Arnim in vertraulichster Korrespondenz mit Wallenstein.

Großzügiger als die muffig-halbherzige, von heimlicher Diplomatie und offenen Spannungen entstellte sächsische Expedition nach Böhmen war die Bewegung, die den Schwedenkönig quer durch Deutschland trug. Sie trug ihn weiter, als er anfangs geplant hatte, von Erfolg zu Erfolg. Von Leipzig nach Erfurt, nach Würzburg, nach Frankfurt, nach Mainz, wo er am 19. Dezember ankam, nur drei Monate nach Breitenfeld. Einen solchen Feldzug, Glückszug und Blitzzug hatten die Deutschen noch nicht gesehen – der Vergleich mit dem Blitz stammt von Kardinal Richelieu. Was nicht kapitulierte, wurde, wie die Festung Würzburg, mit stürmender Hand genommen. Die katholischen Fürsten, geistliche Kurfürsten, Bischöfe, Äbte wirbelten in rascher Flucht. Ihre Länder, folgerte der König, seien herrenlos und nach Kriegsrecht zur Verfügung. Die protestantischen Stände gingen in Scharen zu ihm über, widerwillig oder ganz und von Herzen: Hessen-Kassel und Hessen-Darmstadt, Weimar, Braunschweig, Württemberg, Ansbach, die großen Reichsstädte Frankfurt und Nürnberg, Lübeck und Bremen. Sie gaben Geld und Soldaten, die katholischen auch, und was ihre Magazine bargen, so daß die harten Schweden und Finnen zum erstenmal etwas wie Überfluß kennenlernten. In Dingen der Religion verhielten die Sieger sich tolerant; so war es Frankreich zugesagt worden, so entsprach es des Königs eigener freier und nobler Denkart. Weniger diskret zeigte er sich in Fragen des Besitzes. Existierende Regierungen und Beamtenstäbe wurden übernommen, aber auf die schwedische Krone eingeschworen und obersten schwedischen Gerichten unterstellt. Der König fing an, von »unserem Herzogtum Franken« zu sprechen, und verteilte geistliche Güter an schwedische und deutsche Freunde. In Mainz, umgeben von zahllosen deutschen Fürsten, hielt er Hof, während er den Frühjahrsfeldzug vorbereitete. Sechs Korps hatte er nun neben seiner eigenen »Royal Armee« in Deutschland stehen, in Franken, Hessen, Mecklenburg, Niedersachsen, bei Magdeburg, achtzigtausend Mann insgesamt, die er durch Werbungen zu verdoppeln hoffte. Eine große Macht und so wohl fundiert, wie sie es, in einem fremden Reich aufgebaut, sein konnte. Für den Moment das stärkste Energiezentrum in Europa. Unvermeidlich ergaben sich Reaktionen.

Die Deutschen kamen mit dem Erfolg. Sie würden ohne Erfolg nicht bleiben. Die Spanier waren am Rhein, in der Pfalz, in Kämpfe mit den Schweden geraten. Ohne Kriegserklärung; der König wünschte sie nicht und hätte diese militärische Begegnung gern vermieden, mußte aber den Boden haben, auf dem spanische Truppen standen. Wer Wien zum Hauptfeind hatte, hatte wohl oder übel auch Madrid zum Feind. Die Franzosen hatten den Schweden Erfolg gewünscht, aber nicht diesen. Schwächung Österreichs ja; Umsturz des innerdeutschen Gleichgewichts zugunsten eines von Schweden geführten, dynamisch ausgreifenden Protestantenstaates – nein. Ostentativ verlegte Ludwig XIII. im Winter sein Hoflager nach Metz, was nicht weit von Mainz war. Richelieu, noch immer nicht im Krieg mit dem Kaiser, fand Vorwände, linksrheinisches Reichsgebiet vorbeugend besetzen zu lassen: Lothringen, dessen Herzog die Sünde begangen hatte, sich in den Streit zwischen Ludwig XIII. und seinem Bruder Orléans bewaffnet einzumischen; die Trierer Festungen, deren Besitzer, der Kurfürst, um französischen Schutz bat. Das waren Sicherungen. Die stichfesteste, erkannte Richelieu, wäre die längst angestrebte Neutralisierung des deutschen Katholizismus gewesen; sie hätte den Schweden in Deutschland Halt geboten und sie gegen die Erblande abgedrängt. Es eilten denn auch während des Winters französische Diplomaten zwischen Paris, Mainz und München emsig hin und her. Maximilian, nach Anhören seiner Theologen, nach Anhören Tillys, der während dieser Konferenz den Eindruck eines verwirrten, rat- und hilflosen Greises machte, hätte nun gern nach dem Rettungsanker gegriffen. Aber was er verlangte, Restituierung aller katholischen Herrschaften, war Gustav Adolf zuviel; was die Schweden verlangten, Abrüstung der Liga, Pfänder für ihre Treue, mochte der Bayer nicht geben. Daran scheiterte die französische Vermittlung und mußte wohl scheitern. Die schwedische Lawine, genährt nicht bloß von den Energien des einen Anführers, nicht bloß von schwedischer Kriegskunst und Bravour, auch von allen den Kräften, die in Deutschland zwölf Jahre lang unterdrückt gewesen waren, hatte ihr eigenes Gewicht. Wenn dann Maximilian an seinen Bündnisvertrag mit Frankreich appellierte und flehend um Rettung bat, mußte Richelieu antworten: Das Bündnis sei so nicht gemeint gewesen, Bayern, Tilly, habe ja selber angegriffen. Im Rat gestand er: Die Dinge seien leider so, wie sie seien; Frankreich sei noch nicht stark genug, offen im deutschen Krieg zu intervenieren.

Von einer anderen Seite kündete im Winter eine Hilfe sich an, die Maximilian würde annehmen müssen, auf die sich zu freuen er aber keinen Grund hatte. Ein neuer mächtiger Feind, Gustav Adolf, war da; ein alter, Wallenstein, schickte sich an zurückzukehren.

Seit der Entlassung des Herzogs hatte in Wien eine zahlreiche »Friedländische Fraktion«, geführt von den Ministern Eggenberg und Questenberg, zu seinen Gunsten zu wühlen nicht aufgehört und die Rückschläge, die man erlitt, im Lichte ihrer Ansichten interpretiert: Da sähe man, wohin man ohne Wallenstein käme. Was sich nun in Gustav Adolfs Hauptquartier für das Frühjahr vorbereitete und wogegen man nahezu wehrlos war, ließ die Freunde des Abgesetzten triumphieren. Nur Wallenstein konnte dem Kaiser wieder ein Heer schaffen, das etwas Besseres war als die Heerestrümmer, die Tilly in Deutschland noch einmal zusammengefügt hatte; nur er konnte es führen.

Im Jahre 31 stand er in dunklen Beziehungen zu dem Schwedenkönig, welche über die tschechischen Emigranten gingen. Ihren Ernst, ihr Gewicht abzuschätzen, wird immer Geschmackssache bleiben. Heraus kam bei alledem nichts; wir haben kein Zeugnis von Wallensteins Hand; als ein leichtgläubiges, törichtes altes Plappermaul kennen wir den Hauptvermittler, Matthias Thurn. Etwas jedenfalls war daran. Schillers »Die Freiheit reizte mich und das Vermögen« trifft psychologisch den Nerv der Sache. Der Herzog liebte es, mit Möglichkeiten zu spielen und umworben zu sein. Er mußte fühlen, daß er zu groß und gleichzeitig zu unsicher in der Welt dastand, um in dieser europäischen Krise inaktiv bleiben zu können. Unmöglich, die Motive zu entwirren, die ihn nun wieder auf die kaiserliche Seite trieben: die stärkere Anziehungskraft der legalen Autorität, das Gefühl, daß Gustav ihn nicht mehr brauchte und ohne sein Zutun schon zu mächtig geworden war, Mißtrauen gegenüber den Emigranten. Unmöglich auch, zu entscheiden, wie ehrlich die ablehnende Haltung war, mit der er zuerst den kaiserlichen Bitten begegnete; krank und müde war er wirklich, und nur zu wirklich hatte er das Hoffnungslos-Überspannte der Wiener Politik erfahren.

Endlich gab er nach, aber wie es seine Art war, indem er zugleich verneinte: Er wollte ein Heer kommandieren, aber nur für drei Monate, Januar bis März, er wollte es aufstellen, aber dann nicht führen. Natürlich blieb er bei dem wunderlichen Kompromiß nicht stehen, als die Frist zu Ende ging. Sein eigener Reichtum, seine nie abgerissenen militärischen Kontakte, der Kredit, den seine Firma bei Offizieren und Soldaten genoß, erlaubten es ihm, in neunzig Tagen ein Heer zu sammeln, das sich mit dem schwedischen messen konnte; wunderbar bleibt die organisatorische, geschäftliche Leistung, die der Frühgealterte noch einmal vollbrachte. Die Sachsen, ist hier einzuschalten, die nicht allzu weit von seinen Werbeplätzen standen, störten ihn dabei nicht. Danach überwog der Zwang; überwog die Lust, noch einmal Großes zu tun und die Ordnung zu stiften, die seiner Intelligenz vorschwebte. Der Text seines neuen Dienstvertrages, der sogenannten Göllersdorfer Abmachungen, existiert nicht oder ist bis heute nicht gefunden. Gedruckte Flugschriften darüber waren schon 1632 im Umlauf und berichteten von einem Generalat in *absolutissima forma*, von ausschweifendsten Forderungen, die ihm bewilligt sein sollten; die besten Historiker trauen dieser Überlieferung aber nicht. Sicher sollte er über die Heeresstärke und die Ernennung der Obersten zu bestimmen haben, Kontributionen ausschreiben dürfen und im Reich keinen ebenbürtigen Befehlshaber neben sich haben; neuer Fürstentümer zur Deckung seiner Kosten und zum Ersatz für Mecklenburg nicht zu gedenken. Auch waren ihm jederzeit Friedensverhandlungen, wenigstens mit Sachsen, gestattet. Die Umstände, unter denen er »Generalcapo« wurde, sind wichtiger als diese Punktuationen, die erwiesenen und die bezweifelten. Kaiser Ferdinands Briefe an seinen großen Untertan hatten den Ton des Flehenden, des um Verzeihung Bittenden gehabt. Als ein Halb-Souverän, ein Reichsfürst, eine Macht für sich ging er ans Werk; das Heer, das sein Zauberstab zusammenbrachte, sah er vom ersten bis zum letzten Tag als sein eigenes an. Er würde diesmal seine eigene Politik machen, eine Politik der Selbstvergrößerung wohl, aber auch der Toleranz und des Friedens. »Denn zuletzt«, schrieb er in den Tagen, als er das Generalat wieder auf sich nahm, an Arnim, »wenn die meisten Länder werden in Asche liegen, wird man Fried machen müssen, wie uns denn diese in die vierzehn Jahr continuierte Krieg Exempel genug vor Augen stellen.«

Anfang März begann Gustav seinen neuen Feldzug; Nürnberg, Donauwörth, der Lech, den die Schweden kämpfend überschritten. Hier erhielt Tilly die Wunde, an der er Wochen später starb, fromm, treu und streng, wie er gelebt hatte. Sein letztes Wort soll »Regensburg« gewesen sein, der Name der Festung, die Österreich schützte und nicht in Feindeshand fallen durfte. Die Befreiung Augsburgs war das nächste, eine Befreiung recht eigentlich, gefeiert durch den Jubel der protestantischen Bürger und festliches Bankettieren. Eine Belagerung Ingolstadts, wohin Maximilian und der todwunde Tilly sich geflüchtet hatten, gab Gustav auf: Er hatte keine Zeit dazu. Vor Ingolstadt kam es zu einer Unterredung zwischen ihm und dem französischen Vertreter in München, die ein Licht auf die Situation und auch auf den allmählich sich wandelnden Charakter des Königs wirft. Saint Etienne wollte ihn noch einmal Richelieus spinnengewobene Unterscheidung zwischen der Liga und dem Kaiser anerkennen lassen: Hatte Tilly ihn auch angegriffen, so sei es nicht mit Willen des Bayern geschehen. Warum, fragte Gustav Adolf, lasse dann der Kurfürst seinen

General nicht hängen? Er habe die Betrügereien Maximilians und seines Pfaffenschwarmes satt; man wolle ihn nur hinhalten, bis Wallenstein erscheine. Ergebe Bayern sich nicht, so wolle er in dem Lande sengen und brennen, plündern und morden, daß der Kurfürst merken würde, was ein Feind sei. Bei Breitenfeld habe sich gezeigt, auf wessen Seite der Allmächtige stehe... Die Erfolge sowohl wie der Widerstand, die verwirrenden, klebrigzähen Künste der deutschen Diplomatie hatten seine Geduld erschöpft, den Unterschied zwischen seiner Menschlichkeit und der Barbarei der anderen zusehends verwischt. Nicht ganz ohne Grund schrieb Maximilian an Wallenstein, es sei seines »unvorgreiflichen Ermessens sehr zweiflig, ob man mit dem König aus Schweden wegen seines bekhandten unnd bei seinen progressen noch mehreres gewachsnen hochmuetts durch guetliche tractat zu einem billichmessigen Friden werdt gelanngen könnden...«

Von Ingolstadt wandte er sich gegen München, das sich dem Schicksal Magdeburgs durch die Kapitulation und durch Bezahlung eines ungeheuren Lösegeldes entzog. Maximilian, mit seinen Archiven und was von seinen Schätzen er mit sich führen konnte, floh nach Salzburg. Als der Schwede in der Residenz seines so sehr schuldigen, so sehr klugen und nun doch überspielten Gegners einzog, fand sich in seiner Begleitung ein hagerer alter Mann von fünfunddreißig Jahren, den seine Freunde nicht wiedererkannten: Pfalzgraf Friedrich, der Böhmenkönig, die Ursache von alledem. Aber diese Ursache war vergessen. Die Restitution der Pfalz, um derentwillen der deutsche Krieg begonnen hatte, hätte ihn jetzt nicht beenden können; Friedrich, triumphierend in der Hauptstadt des Räubers seiner Krone, hatte doch Ursache, seinem Retter nicht völlig zu trauen.

Die Eroberung Münchens ist der Kulminationspunkt von Gustavs Siegeszug. Er konnte sich Herr über Deutschland von der Ostsee bis zu den Alpen fühlen. Maximilians Liga teilte nun das Schicksal ihrer blasseren Schwester, der Union; sie hatte zu existieren aufgehört.

Von diesem Moment an sehen wir den König den sicheren Griff auf die Dinge verlieren. Es ist, als ob sein Vorstoß unsichtbare Grenzen erreicht oder seine Kraft erschöpft hätte. Man traute ihm zu, sich jetzt gegen Österreich zu wenden, wo die unterdrückten protestantischen Bauern ihn so freudig empfangen hätten wie die Augsburger. Statt dessen ging er nach Nürnberg zurück, ein Entschluß, an welchem Anteil hatte, was mittlerweile in Böhmen geschehen war. Denn eben in den Tagen, in denen die Schweden München besetzten, erhob Wallenstein sich mit seinem Heer aus Mähren, hielt Einzug in Prag und drängte die Sachsen aus Böhmen hinaus. Er schlug sie nicht, er drängte, er komplimentierte sie hinaus, seine Beziehungen zu Arnim nutzend. Das verkümmerte Glück der Emigranten hatte nicht lang gedauert, sieben Monate; und war ihr letztes. Die bedrohliche Existenz Wallensteins, halbwegs zwischen Dresden und Wien, das nie eindeutige Gebaren Johann Georgs mußte eine schwedische Offensive gegen Österreich als ungeraten erscheinen lassen. Von Böhmen rückte Wallenstein in die Oberpfalz. In Schwabach traf er sich mit dem Kurfürsten ohne Land, Maximilian, und den Überresten des bayerischen Heeres. Uns wird berichtet, daß beide Fürsten sich mit Gesten ritterlicher Freundschaft begrüßten, der echte aber die Kunst der Selbstbeherrschung besser erlernt hatte als der Emporkömmling.

Bei Nürnberg improvisierte Gustav etwas wie eine Festung, ein Lager, umgeben von Gräben, Schanzen und Verhauen, in Verbindung mit der großen Stadt, die sein Heer ernähren mußte, so gut sie konnte. Während Wallenstein langsam näher kam, war Zeit für vergnügte Festlichkeiten, auch für Politik und politische Phantasien. In Verhandlungen mit dem Rat der Reichsstadt ließ der König sich über seine Zukunftspläne deutlicher aus als zuvor. Friede, meinte er, sei das Schönste auf der Welt, aber er müßte auf Sicherheiten ruhen, und Papier und Tinte wären keine. Was die deutschen Protestanten brauchten, sei ein *Corpus Evangelicorum*, fester als die Union und der Leipziger Schluß gewesen seien, unter einem einzigen Anführer; wer, fragte er, die schwächliche Schar der Fürsten Revue passieren lassend, käme denn dafür in Betracht, außer ihm selber? Freundesland gedenke er nicht zu behalten; mit dem, was er dem Feind abgenommen, Würzburg und Mainz zum Beispiel, sei es etwas anderes. Vor allem müsse er dauerhafte *Socii*, Verbündete, haben; und da seien ihm die großen Städte wichtiger als die Fürsten. Als man ihm von einem Städtetag sprach, um so gewichtige Fragen zu diskutieren, wurde er ungeduldig: Aus Verhandlungen der Deutschen unter sich komme in Ewigkeit nichts heraus als Gerede um Instruktionen und Präzedenzen. Des Königs Diplomat, Salvius, hat damals lose Bemerkungen über die Dinge fallenlassen, die Gustav Adolf tun oder nicht tun würde, wenn man ihn zum Kaiser wählte. Dem würde entsprechen, was Gustav Adolf selber einmal zu einem der Herzöge von Mecklenburg gesagt hatte und was mit den Worten »Wenn ich Kaiser werde...« begann.

Zu kräftig darf man solche Äußerungen nicht interpretieren. Möglich war alles, bei solcher Bewegung, solchen Machtverhältnissen, in solchem Kopf; auch ein skandinavisches Kaiserreich soll Gustav projektiert haben. Die Tatsache, daß er auf eine dauerhafte Vereinigung der Protestanten, einen protestantischen Staat im Staate hinauswollte, läßt die Beherrschung Gesamt-Deutschlands als ein widersprechendes, unernst angespieltes Ziel erscheinen; wozu kommt, daß die Schweden selber, Rat und Reichstag, in eine so gefährliche Mischung ihrer klaren Sache mit der ewig verworrenen, ewig explosiven deutschen kaum gewilligt hätten. Das einprägsamste in diesen Gesprächen bleibt, daß auch Gustav Adolf zum Eroberer geworden war. Der Hunger kommt beim Essen; aus der Sicherung der Ostseeküsten, für die er das Schwert gezogen hatte, war das unsolide Projekt schwedischer Herrschaft in West- und Süddeutschland geworden. Hatte der Deutsche, Johann Georg, am Ende recht, einem solchen »Capo« der deutschen Protestanten zu mißtrauen?

Es gehört zur Strategie des Dreißigjährigen Krieges, daß einer der Gegner nie wußte, wohin der andere sich wenden würde. Die Truppenzahlen blieben klein; man konnte Festungen und Pässe besetzen, nie aber weite Fronten so abriegeln, daß es dem Feind nicht möglich gewesen wäre, sie zu durchbrechen oder sie zu umgehen, um zu marschieren, wohin er wollte, diesen und jenen Fürsten zu drangsalieren, oder sich zu erholen in Gebieten, in denen es noch etwas zu holen gab. Ob Wallenstein nach Sachsen, Thüringen, Franken, Bayern ziehen würde, war Gustav unbekannt, bis die friedländisch-bayerische Armee in der Nähe Nürnbergs erschien. Binnen wenigen Tagen entstand ein Lager, dem schwedischen gegenüber, geschützt vom Rednitzfluß, an waldige Höhen gelehnt, von Gräben, Schanzen und Palisaden umgeben, kanonenstarrend. Idee und Ausführung waren gut; die Schweden, argumentierte Wallenstein, würden verhungern oder stürmen müssen, das neu zusammengetrommelte kaiserliche Heer sich an den furchtbaren Gegner gewöhnen. Nach sechswöchigem Belauern und Geplänkel hatte er den König da, wo er ihn haben wollte.

So grauenhaft wurden die Lebensbedingungen der Schweden und Nürnberger, daß man sich zum Sturm entschloß. Hier trug Wallensteins Verteidigungstaktik, seine erfahrungsgesättigte, kalte Feldherrnkunst den Sieg davon, den ersten, eklatanten über den *Invictissimus* seit der Landung auf Usedom.

Gustav, am Ende seines Rates, bot Friedensverhandlungen an. Wallenstein antwortete korrekt oder spielte den Korrekten: Er könne nicht verhandeln ohne Instruktionen aus Wien. Die kamen, als die Sache ihr Interesse verloren hatte, und waren nach der alten Art: Alles und alles habe man getan, um mit den Evangelischen ins reine zu kommen, zu den weitestreichenden Konzessionen sei man bereit gewesen, immer umsonst; so daß nun wohl leider die Waffen entscheiden müßten. Wir fürchten, daß die kaiserlichen Minister dergleichen ehrlich glaubten. Wer hätte noch im Kriege sich nicht im Recht und den bösen Willen ganz allein auf der anderen Seite gesehen? Praktisch war im Moment so oder so nichts zu entscheiden. »Universalfriede« wäre im vergangenen Winter denkbar gewesen; jetzt nicht.

Nach einem weiteren Monat beschloß Gustav, daß seine Stellung in Nürnberg, wo Hunger und Seuchen schlimmer wüteten als eine Schlacht, nicht länger zu halten sei. Er brach auf, Tausende von Verwundeten und Kranken zurücklassend, und marschierte westwärts, vorbei am Lager Wallensteins, der ihn ziehen ließ. »Er hat«, berichtete Wallenstein an den Kaiser, »eine schöne Retraite getan, und weiß gewiß aus dieser und allen Aktionen, daß er das Handwerk leider wohl verstehet.« Aber an Kredit habe er gewaltig verloren. In einem anderen Brief: »So hat sich der Konig bei dieser *Impresa* gewaltig die Hörner abgestoßen...« Wieder kannte er das Ziel der Schweden nicht; Mainfranken? Bayern, Österreich? Jedenfalls folgte er ihnen nicht; in diesem Krieg bewegte man sich häufiger voneinander weg als gegeneinander; sei es, um den Feind hinter sich herzulocken, sei es, zu einem anderen garen oder ungaren politischen Zweck. Hier war noch einmal die Absicht, Sachsen von der schwedischen Allianz wegzusprengen. Auf nach Sachsen also, wohin Wallensteins fähigster und brutalster Gehilfe, Holk, schon sengend und brennend vorausgeeilt war. Aus den Niederlanden wurde ein anderer bewährter Stürmer und Verwüster, Pappenheim, mit seinem Detachement herbeigerufen. Winterquartiere in Sachsen, dem Lande, in dem schon im Vorjahr man weiß nicht wie viele hunderttausend Menschen Mordes und Hungers gestorben waren; den zitternden Landesvater, der doch nicht ohne Herz für das Leid seiner Untertanen war, zum Frieden zu zwingen. Eine Wiederholung von Tillys Taktik vor Breitenfeld, mit dem Unterschied, daß Wallenstein bessere Beziehungen zu Sachsen, nämlich zu dem General Arnim, besaß und daß er sich hütete, vom Restitutionsedikt zu sprechen. Gustav, völlig unsicher geworden, hatte in der Tat noch einmal Absichten gegen Österreich gehabt. Als aber die Notschreie seines Verbündeten zu ihm drangen, kehrte er um, wieder um und wieder vorbei an Nürnberg, wo er, ringsum Wallensteins verlassenes Lager, mit Grausen die noch Lebenden unter den Toten sich bewegen sah, machte er seinen Weg durch Thüringen nach Sachsen. Hier fand er die Entscheidung, die er bei Nürnberg gesucht hatte. Schon hatte der Herzog begonnen, sein Heer zu zerstreuen, Pappenheim gegen Halle geschickt, hatte die Verteilung der Quartiere bestimmt. Ein dringenderer Brief als jener, den er an Pappenheim sandte, als er erfuhr, der Feind marschiere

»hereinwarths«, ist nie geschrieben worden. Wieder, versichert uns der große Kenner der Kriegsgeschichte, Delbrück, wählte er seine Position meisterhaft und so, daß die Schweden, selbst wenn sie siegten, ihm den Rückzug nach Böhmen offen lassen mußten. Wallenstein hatte von der Taktik des Königs gelernt, die spanische Phalanx aufgegeben und sich leichter bewegliche Feldstücke zu verschaffen gewußt. An Zahl waren die Schweden zunächst überlegen, sechzehntausend Mann, davon fünftausend Reiter, gegen zwölftausend, ein Unterschied, der im Lauf des Tages durch herzueilende Kaiserliche ungefähr ausgeglichen werden konnte.

Man hat die Schlacht von Lützen (6. November 1632) einen Entscheidungskampf um die Dinge der Welt wie um das Reich der Ideen genannt (Leopold von Ranke). Was das Weltliche betrifft, so hätte eine Niederlage Gustav Adolfs den schon verblassenden Zauber seines Namens gebrochen – mehr nicht. Seine »Royal Armee« war nur ein Fragment seiner zerstreuten Gesamtmacht; und je bedrohter diese erschien, desto energischer und offener mußte die Intervention Frankreichs werden, so später, so jetzt. Nur allzu treffend war die Einsicht, die Wallenstein gelegentlich äußerte: Der Kaiser könnte noch zehn Victorien gewinnen, sie würden ihn dem Ende nicht näher bringen. Kein einziger Schlag durchhieb den verworrenen Knäuel dieses Krieges; wenn Breitenfeld es nicht vermocht hatte, welcher Waffensieg sollte es vermögen? Den Kampf der Ideen angehend, so wäre er eindeutig gewesen, wenn hier die katholische, spanisch-österreichische Reformation gegen den hellen, freien Protestantismus des Königs gestanden hätte. Tatsächlich stand Wallenstein gegen ihn; Wallensteins Absichten und Begriffe unterschieden sich von den schwedischen längst nicht so klar. Toleranz für alle wollte auch er; nebenher, ganz wie der König, eine »Satisfaktion« für sich selber. Die Frage war dann, wie weit Wallenstein die österreichische Politik beherrschte oder nach einem Sieg beherrschen würde. Beide, König und Herzog, hatten Kontakt gesucht und Feind zu sein gezögert. Was sie nun doch zu einem blutigen Sich-Messen ihrer Kräfte zwang, war einerseits der Umstand, daß Wallenstein seine persönliche Macht noch einmal mit der österreichisch-spanischen verbunden hatte; andererseits das in beiden lebende Bewußtsein, daß in Deutschland für zwei ihres Schlages kein Platz sei. Der Tod Gustavs, soll Wallenstein später gesagt haben, sei recht und gut, denn »es könnten doch zwei Hanen auf einem müst sich nit vertragen«. So berichtet der tschechische Zwischenträger, Raschin, der unzuverlässig ist, hier aber nicht gefabelt haben dürfte. Wallenstein hat das Gleichnis von den Hähnen auch sonst gebraucht.

Da die beiden denn nun also, unter dem starrenden Aug' Europas, aufeinandertrafen, so wogen alle Feinheiten der Geheimdiplomatie nichts mehr. Die Gebete am Morgen vor der Schlacht, die Losungsworte – »Gott mit uns«, »Jesus Maria« –; wie hin und her wogender Nebel, die Furien des Kampfes selbst, die Kommandos zum Spott machten; wie Wallenstein, von Gicht gepeinigt, die Steigbügel mit Seide umwickelt oder in einer Sänfte getragen, unter Aufbietung seiner letzten Kräfte zu beherrschen suchte, was nicht zu beherrschen war; wie Pappenheim mit seinen Reitern noch rechtzeitig eintraf und fiel, wie der König fiel, erst durch den Arm geschossen, dann an fünf Wunden blutend, das reiterlose weiße Pferd, der nackte Leichnam, das schnell sich verbreitende Gerücht, die Übernahme des Befehls durch den jungen Bernhard von Weimar, die doppelte Wut, mit der die verwaisten Schweden nun kämpften, das Nachgeben von Wallensteins linkem Flügel, der Verlust der Windmühlen, wo seine stärksten Batterien standen, die tödliche Erschöpfung beider Seiten, der Einbruch der Nacht, der sie endlich trennte – eine klingendere Schlachtenlegende haben diese dreißigjährigen Wirren nicht hinterlassen. Gesiegt hatte keiner; vielleicht hätte Pappenheims am Abend hinzukommende, unverbrauchte Infanterie Wallenstein erlaubt, den Kampf am Morgen wieder aufzunehmen. Statt dessen befahl er den Rückzug in der Nacht, nach Leipzig, zu dessen anderem Tor wieder hinaus, Böhmen zu. Auch die Schweden hätten Zuzug erhalten können, stärkeren sogar, seine Kanonen waren verloren, die Soldaten jeder Hilfsmittel bar, das Land Sachsen feindlich ringsumher. Er räumte es und nahm Winterquartiere in den Erblanden. In Wien, wo man die Schlacht von Lützen für einen Sieg hielt, wollte man diesen Entschluß nicht verstehen; der Anfang neuer Ärgernisse. Einstweilen gratulierte der Kaiser »zugleich mir und Euer Liebden« zu dem »glückseligen Success und des Schweden Tod«. – »Gott sei ewiger Lob und Dank gesagt...« – In Rom ließ Papst Urban eine Trauermesse lesen.

Als er von Stockholm aufbrach, hatte Gustav Adolf Todesahnungen gehabt, später aber sich unter höchstem Schutz sicher gefühlt und daraufhin als Soldat gewagt, was ein Mann, von dem so sehr viel abhing, wohl nicht hätte wagen dürfen. Für seinen Ruhm zu früh starb er nicht. Er schenkte Europa ein edles Menschenbild, in einer Zeit, die von Unedlem wimmelte, aber hinterließ so viel blutige Wirrsal und mehr, als er angetroffen hatte und die er hatte meistern wollen und nicht können.

Wallensteins Ende

Auf Axel Oxenstierna blieb die Last, den »königlich-schwedischen Krieg in Deutschland« weiterzuführen. Man hatte sich zu tief in ihn eingelassen, um ihn nun ohne greifbare Resultate abzubrechen; »der Hund, der die Zähne fletscht«, schrieb der Kanzler an den schwedischen Reichsrat, »kommt eher mit heiler Haut davon als der, welcher den Schwanz zwischen die Beine nimmt und ausreißt«. Mit geschäftskundiger Hand brachte Oxenstierna zunächst die schwedischen Dinge in Ordnung: Ein neues, zu Lebzeiten des Königs vorbereitetes, in seiner endgültigen Gestalt aber wohl von ihm nicht mehr gesehenes Verfassungsdokument – »Regierungsform« – wurde eine Woche nach der Schlacht von Lützen nach Stockholm gesandt und von den Ständen akzeptiert. Während der Minderjährigkeit von Gustav Adolfs Tochter Christine sollte die Regentschaft in den Händen nicht der Königin oder des nächsten Agnaten, sondern der fünf obersten Reichsbeamten ruhen. Der Reichstag, die vier Stände, wurde zugunsten des Rates zurückgesetzt, in dem fünfundzwanzig Vertreter der führenden Adelsfamilien saßen – ein Triumph der Aristokratie, der Oxenstierna selber angehörte und deren Zusammenarbeit mit dem kräftigen König eine nie ganz beschwichtigte gewesen war. Der Kanzler selber erhielt den Titel eines »Bevollmächtigten Legaten der Krone Schwedens beim Römischen Reich und allen Armeen, *cum plena potentia et commissione absolutissima*«. Damit war er Alleinherr über Schwedens Politik und Strategie in Europa; sicher der Billigung, aber sehr unsicher der weiteren materiellen Unterstützung aus der Heimat.

Desto dringender war die Aufgabe, dem deutschen *Corpus Evangelicorum* eine »nähere Zusammensetzung und beständige Verfassung« zu geben. In Dresden, wo Johann Georg nun wieder mit dem Gedanken der Neutralität oder einer dritten Partei spielte, mit den gewohnten, hinhaltenden Künsten abgewiesen, wandte Oxenstierna sich an die süddeutschen Protestanten. Zu Heilbronn brachte er, März 1633, eine neue Union zustande, mit Rat und Exekutive, die er als Direktor selber übernahm, mit Bundesheer, Kriegskasse und Bundesfeldherr; die letztere Funktion wurde dem bei Lützen erprobten Herzog Bernhard von Weimar anvertraut. Bernhard war ein Soldat von Genius und ein echter Protestant; übrigens kälter, egoistischer, als seine Biographen ihn haben machen wollen, und sehr auf den eigenen Vorteil bedacht. Daß er sich Gustav Adolfs »Herzogtum Franken« als schwedisches Lehen übertragen ließ, spricht gegen die Legende, wonach er sich von deutsch-patriotischen Motiven vornehmlich habe leiten lassen. Es war eine der territorialen Phantastereien, die die verwilderte Zeit hervorbrachte.

Oxenstiernas deutsche Politik wurde durch die französische zugleich ergänzt und durchkreuzt. Noch immer war der deutsche Bürgerkrieg Richelieus Art, sich der spanisch-habsburgischen Macht zu erwehren, ohne daß Frankreich direkt ins Spiel käme; also Unterstützung der Protestanten mit Geld und guten Worten, für Frankreich bescheidene Faustpfänder am Rhein, um Spaniens Verbindungen nach Belgien abzuschneiden. Es erschien denn auch in Heilbronn der gewiegteste von des Kardinals diplomatischen Gehilfen, Marquis de Feuquières, dem es in der Folgezeit gelang, die süddeutschen Stände zur Annahme einer französischen Protektion zu überreden. Feuquières reiste emsig in Deutschland hin und her, Pensionen an Fürsten und Herren austeilend, Freundschaften für seinen König knüpfend, Intrigen spinnend. Nur in Dresden, wo man, nach Feuquières Beschreibung, überaus deutsch gesinnt war, wurde er glattweg abgewiesen. Wohl war den Deutschen nicht in der Sonne der französischen Gunst; sie mißtrauten Richelieus zähem Vordringen in Lothringen und im Elsaß; sie suchten Anlehnung bei Schweden gegen Frankreich, bei Frankreich gegen Schweden, und fühlten sich zu beidem gezwungen durch die immer sich gleichbleibende, immer wieder aufgenommene spanisch-kaiserliche Offensive. Weder den französischen noch den schwedischen Politikern scheinen die mindesten Skrupel darüber gekommen zu sein, daß ihre Bemühungen auf eine Verewigung des Krieges hinausliefen, dessen entsetzliche Folgen sie auf ihren Reisen täglich vor Augen hatten. Ein Zeitalter der Humanität war das nicht, und was hier geschah, geschah immerhin nicht bei ihnen zu Hause.

Friedensparteien gab es auch jetzt. Es gab sie in den Niederlanden, wo Friedrich Heinrich von Oranien durch eine glanzvolle Waffentat, die Einnahme von Maastricht, die Basis für einen endlichen Kompromiß geschaffen zu haben glaubte; die greise spanische Regentin Belgiens, Isabella, zeigte sich bereit dazu, und Verhandlungen begannen. Sie scheiterten an Richelieu, in dessen Pläne ein niederländischer Friede nicht paßte, da er die Spanier von Frankreichs Nordgrenze ganz entfernt wissen wollte; ebenso an Olivares, der die Hoffnung auf eine Rückgewinnung der Niederlande auch jetzt nicht aufgegeben hatte. Die Regentin starb und wurde durch einen ehrgeizigen jungen Mann ersetzt: den Prinzen und Kardinal Ferdinand, Bruder von Spaniens König. Der »Kardinal-Infant« lebte in den großen strategischen Plänen Spinolas: Eine Kette spanischer Posten zwischen Mailand und Belgien, enge militärische Zusammenarbeit mit Österreich, konzentrierter Großangriff gegen die rebellischen Stände. Der Prinz war der Vetter, bald auch der Schwager des ebenso jugendlichen Königs von Ungarn, Ferdinands II. Sohn und Nachfolger, der in Wien sich zum Haupt einer entschieden prospanischen Gesinnungsgruppe aufwarf. Hier bereitete ein Generationswechsel sich vor, und die neue Generation war militanter als die alte, die es doch zeit ihres Lebens an Unbeugsamkeit nicht hatte fehlen lassen.

In Deutschland fanden sich zwei friedenswillige Zentren. Das sächsische war in sich gespalten; der Kurfürst strebte zurück zur alten gutdeutschen Neutralität, sein General, Arnim, biederer denkend, wünschte Schweden in einen »Universalfrieden« einzubeziehen, wobei er auf die Frage, wer Schwedens »Satisfaktion« bezahlen sollte, keine rechte Antwort wußte. Die andere Friedenspartei inkarnierte Wallenstein; er war oder schien in diesem Jahr 1633 noch einmal der mächtigste Mann in Deutschland und in den Erblanden. Aber es stand nicht gut um ihn.

Wallensteins Macht beruhte nicht, wie die eines Erbmonarchen, auf geheiligten Titeln. Seine persönliche Energie hatte Fürstentümer und Industrien, Armeen, Investitionen, Kredit und Ruhm zusammengezaubert; dies Reich mußte desintegrieren, sobald der Wille des Schöpfers erlahmte. Nun ist kein Zweifel, daß er im Lauf des Jahres 1633 an den Rand physischen und geistigen Zusammenbruchs geriet. Hinter dem, was man sein Podagra nannte, hat die Wissenschaft unserer Tage eine Häufung von Leiden zu erkennen geglaubt: verschleppte Malaria, Wolhynisches Fieber, Angina pectoris, Gicht. Der Fünfzigjährige wirkte wie ein Greis, ja manchmal, so schildert ihn einer, dem er im Bett liegend Audienz erteilte, »wie eine tote Leiche«. Die schönen, schwungvoll kühnen Linien seiner Unterschrift waren schauerlich zitternden Krähenfüßen gewichen. Nicht minder beredt ist die Rechnung, die nach seinem Tode von dem Apotheker in Pilsen präsentiert wurde; nur wenige Wochen hatte er in der Stadt zugebracht und doch so viele schmerzstillende Tränklein und Pillen sich kommen lassen, als gälte es, ein Spital zu versorgen. Mit dem Verfall des Körpers hielt der des Geistes Schritt. Immer, auch in der Zeit seines Aufstieges, war Wallenstein ein überaus nervöser, zwischen Euphorie und Depression schwankender Mensch gewesen. Er konnte bezaubern durch Witz und Charme; er konnte abschrecken durch eisigen Hochmut, durch rasenden Jähzorn. Die mit ihm umgingen, sprachen von seinem »Schiefer«, den man ausrauchen lassen müsse. Notorisch war seine Lärmempfindlichkeit, seine gelegentlich ausbrechende Menschenscheu, sein Mißtrauen. Solche morbiden Züge seines Wesens erreichten jetzt ein zerstörendes Maß. Sie allein erklären seinen Ausgang.

Nicht, daß sein Verstand verdämmert wäre. Im Gegenteil; er sah Deutschland und Europa klar wie immer, klarer denn je; Worte, die eine tiefe und noble Intuition verraten, ließen sich aus seinen letzten Monaten wohl zitieren. Aber keine eindeutigen Taten flossen aus der Weisheit des Kranken, sein Handeln war zögernd, dann sprunghaft vorprellend, sich wieder zurücknehmend und eine andere Richtung suchend. Es brachte keine Resultate.

Der Ausgang des Feldzugs von 1632 bestätigte ihm, was er schon längst vermutete: daß Österreich sich zwar leidlich aus dieser Affäre ziehen, daß aber die österreichisch-spanische Gegenreformation ihr großes Ziel in Deutschland und den Niederlanden nie würde erreichen können. Eine französische Intervention hintanzuhalten, die Schweden auf gute, notfalls ungute Weise loszuwerden und ebenso die Spanier, die drei kriegstreibenden Parteien also, die protestantischen Kurfürsten zu neutralisieren, die Dinge im Reich, vielleicht auch in Böhmen, auf den Stand zurückzuführen, auf dem sie vor 1618 gewesen, dies war das ungefähre Ziel, um das seine Gedanken kreisten; ein Ziel, muß man hinzufügen, dessen Gewinnung den Deutschen den nachfolgenden furchtbaren Zusammenbruch ihrer Zivilisation erspart haben würde.

Wallenstein hatte Vollmacht, die Sachsen von ihrem Bündnis mit Schweden abzuziehen und zu diesem Zweck mit ihnen zu verhandeln, nicht aber mit Schweden selbst, viel weniger mit Frankreich und den böhmischen Emigranten. Tatsächlich verhandelte er mit allen; mit den Sachsen, mit den Generalen Arnim und Herzog Franz von Lauenburg direkt, mit Frankreich durch einen entfernten Verwandten, Graf Kinsky; mit Schweden durch die Sachsen und durch die böhmischen Emigranten, Thurn, Bubna und andere. Die hin und her gehenden Botschaften und Vorschläge, soweit er sie überhaupt kontrollierte – was zwischen Kinsky und den Franzosen spielte, kontrollierte er keineswegs –, hielt er nicht für Verrat, weil er sein eigenes Ziel für das wohlverstandene Interesse auch des Kaisers hielt; nur daß der Kaiser, umgeben von kriegswütigen Spaniern, Pfaffen und Jesuiten, sein Interesse nicht wohl verstand. Praktisch fühlte er sich während des zweiten Generalats als sein eigener Herr, seinem Auftraggeber nur sehr ungefähr verpflichtet. Dies nicht vor allem Rechtens, etwa als Reichsfürst, sondern kraft seiner überlegenen Einsicht und Unparteilichkeit, die es, das wußte er, in Wien und Madrid nicht gab, und weil die Armee ihm gehörte. Eben dieser Tatsache hat er bis zum letzten Tag seines Lebens die entscheidende Bedeutung beigemessen. Die Armee gehörte ihm faktisch, weil er und nur er sie kommandierte, gehörte ihm moralisch, weil er und nur er sie zusammengebracht hatte. Folglich konnte er sie zu seinen Zwecken frei gebrauchen. Und was war dem unmöglich, der die Armee besaß?

Bevor er spät, im Mai, zu seinem letzten verworrenen, durch Stillstände und Verhandlungen unterbrochenen Feldzug in Schlesien prunkvoll aufbrach, empfing er in seinem Schlosse zu Gitschin heimlich einen der böhmischen Emigrantenführer, Graf Bubna, Offizier in schwedischen Diensten. Bubna hat über diese Unterredung zu Händen des Kanzlers Oxenstierna einen Bericht verfaßt, der unter den zahllosen, auf diese tragische Geschichte bezughabenden Dokumenten das sprechendste ist. Seien sie nicht Erzlappen, begann Wallenstein, daß sie einander die Köpfe zerschmissen, da sie, die die Armeen in ihrer Macht hätten, sich doch einen gewünschten Frieden machen könnten? Bubna antwortete, wenn alle Kaiserlichen so dächten wie der Herzog, so wäre ein allgemeiner Friede wohl möglich; mit dem Hause Habsburg und seinen Pfaffen sei aber nichts anzufangen, und darum wäre es das beste, man ginge auf den von dem verstorbenen König Gustav schon vor Jahren gehegten Plan zurück und Wallenstein zöge die böhmische Krone auf sich. »Was, die Krone«, rief Wallenstein, »das wäre ein groß Schelmstück.« Der Kaiser sei ein frommer Herr, die Pfaffen und Bärenhäuter, die ihn betrögen, würde man wohl zum

Schweigen zu bringen wissen und sie zu einem Frieden zwingen, der nur der allgemeinen Wohlfahrt diente, den Evangelischen wie den Katholischen. Was sie, die die Armeen in ihrer Macht hätten, beschlössen, das müßten die anderen annehmen und belieben, ob sie wollten oder nicht. Zudem seien selbst die Pfaffen des Krieges überdrüssig und bereit, gelinde Saiten aufzuziehen. Auf Bubnas Einwand, ein Friede, der den Kaiser auf seinem Thron ließe, sei keiner, wiederholte er immer nur, man müßte ihm trauen, ihn allein machen lassen. – Bubna schied ungläubig und enttäuscht.

»Was, die Krone? Das wäre ein groß Schelmstück.« Es ist das einzige authentische Wort aus Wallensteins Mund, das wir über den angeblichen Plan einer Thron-Usurpierung haben, und es bedarf eines kräftigen Vorurteils, um daraus zu schließen, er habe sich zum König von Böhmen machen wollen. Wie hätte er das erstreben sollen, der seine Standesgenossen so gut kannte, die klägliche Königsepisode des Pfälzers mit Verachtung beobachtet hatte? Allenfalls war er bereit, etwas zur Entschädigung der tschechischen Stände zu tun, solange es nicht von dem Seinen ging; mehr nicht. Daß für ihn selber bei seinem letzten Unternehmen irgendeine Vergrößerung herausschauen würde, nahm er aus alter Gewohnheit an; es scheint, daß er gehofft hat, ein Kurfürst des Reiches mit einem Territorium im Südwesten zu werden. Der Kern der Sache ist das nicht. Er fühlte sich dem Ende nahe und hatte keinen Sohn. Der Ruhm, den er mit ins Grab nehmen wollte, der einzige, den er noch nicht ausgekostet hatte, war der des Friedensstifters. Dabei bewegte er sich auf einer unsicheren Grenze zwischen dem Legalen und dem Illegalen. Er traute sich zu, einen allgemeinen Frieden zu stiften, da er den Gegensatz zwischen den Konfessionen für unsinnig hielt. Den Kaiser galt es von dem Einfluß der Kriegspartei zu befreien, ihn zu überzeugen, ihn zu zwingen – feine, gefährliche Unterschiede.

Die andere Seite verstand es anders. Oxenstierna ließ ihm sagen, von den beiden Wegen zum Frieden sei der eine: offizielle Verhandlungen aller mit allen, wenig aussichtsreich, so zahlreich und tief, wie die Konflikte leider nun einmal seien. Wollte aber der Herr Generalissimus für sich selber unterhandeln, so wäre das der verheißungsvolle, rechte Weg. Darin lag die unverschämte Frage, was Wallenstein nun eigentlich sein wollte, Vertreter seines Herrn oder Rebell, und der Zusatz, daß nur die zweite Alternative die Schweden eigentlich interessierte; ein Sonderfriede, nicht zwischen der ganzen kaiserlichen Macht und Sachsen, sondern der ganzen protestantischen Macht und Wallenstein. Wallenstein glaubte dieser Frage ausweichen zu können.

Er fing es ungeschickt an. Von den verschiedenen Möglichkeiten, die er in seinem Geiste wälzte, war die eines Friedens mit den protestantischen Kurfürsten die praktikabelste, in Wien am ehesten zu vertretende. Man möchte sagen: es war die einzig reale Seite seiner Unterhandlungen und ist jedenfalls die einzige, über die wir Zeugnisse von seiner Hand haben. Alles andere, Verbindung seines Heeres mit dem schwedischen, Verbindung mit Frankreich, Revolution in Böhmen, war Gerede, das über andere ging; teils ganz solide Leute, die eingestanden, daß sie selber »dubitierten« und sich bei ihren Berichten in sonderbare Widersprüche verwickelten, teils Intriganten, wie Kinsky, und leichtgläubige alte Schwätzer wie Matthias Thurn. Hätte Wallenstein einen Staatsstreich ernsthaft gewollt und vorbereitet, so hätte er nicht das getan, was er bis zuletzt unentwegt tat: Er hätte nicht dem Kaiser Ferdinand wieder und wieder zum Frieden geraten und alle legitimen Möglichkeiten dazu, die sich zeigten, von Dänemark, von Hessen-Darmstadt angebotene Friedensvermittlungen begierig ergriffen. Aber er hatte sich zu tief mit den böhmischen Emigranten eingelassen, die sich von ihm eine Wiederherstellung des böhmischen Staatsrechts erhofften, um klar von ihnen wieder loszukommen; er hatte sich tief genug mit den Schweden eingelassen oder schien es doch, um als im höchsten Grade unzuverlässig zu erscheinen, als er seinen sächsischen Partnern plötzlich erklärte, er sei wohl bereit, sich mit ihnen zu vereinigen, aber nicht mit den Schweden, und wollte gemeinsam mit ihnen sich gegen diese wahren Feinde des Reiches wenden. Er beherrschte den unsagbaren Wirrwarr der europäischen Politik nicht, er verwirrte ihn noch mehr durch sein Aufgreifen, unüberlegtes Aussprechen und Wieder-Fallenlassen sich durchkreuzender Projekte. Er schloß Waffenstillstände, im Juni, im August, kündigte sie auf, schlug zu und begann aufs neue zu verhandeln. Immer, hatte er ehedem gesagt, müßte er sich eine Zwickmühle offenhalten. Schließlich besaß er so viele Zwickmühlen, daß er sie nicht mehr übersah, und keine von ihnen taugte.

Von den Gespinsten seiner Diplomatie wußte man in Wien nur das Allerungefährste und fürchtete sie um so mehr, je weniger man sie kannte. Was man sah, war, daß er weder mit dem Krieg noch mit dem Frieden vorwärts kam und das Kriegstheater, welches eigentlich kraft der Anwesenheit des Generalissimus das Haupttheater sein sollte, zum unergiebigen Nebentheater wurde. Im Oktober raffte der Herzog sich endlich auf und nahm bei Steinau in Schlesien die gesamte dort stehende schwedische Armee gefangen. Dem folgte die Eroberung der Provinz, dann Frankfurts an der Oder, Landbergs an der Warthe. Seine Kroaten streiften bis ins Pommersche; da war er schon einmal gewesen und viel weiter. Wohin hatte all das Umherziehen, all das Land-Besetzen und Verwüsten geführt?

Er sah den ost- und norddeutschen Kriegsschauplatz als entscheidend an, weil er ihn gründlich kannte und in der Haltung von Sachsen und Brandenburg den Schlüssel zum Frieden sah. Erst nachdem er mit ihnen zu Rande gekommen, wollte er sich »ins Reich«, nämlich nach Südwestdeutschland, wenden, wenn es dann noch notwendig wäre. Was an diesem Plan politische Strategie, was schiere Abneigung gegen den Kurfürsten von Bayern war, muß unentschieden bleiben. Seine Argumente ließen sich hören: Die befreundeten Truppen, die südlich der Donau operierten, sein eigener General, Aldringen, und der Spanier, Herzog von Feria, der von Mailand mit zwölftausend Mann zum Rhein vorgedrungen war, genügten, um die schwedischen oder heilbronnischen Truppen in Schach zu halten. Aber Bernhard von Weimar unternahm eine der »Diversionen« oder Bewegungen vom Gegner weg, welche für die Kriegführung der Zeit so bezeichnend sind und welche der kraftlose, verwüstete deutsche Raum ermöglichte: Im Oktober wandte er sich donauabwärts gegen Regensburg. Die in des Königs Tagen nie eroberte Festung galt als das Bollwerk nicht bloß Bayerns, sondern der Erblande. Wallensteins letzte Krise ergab sich aus dieser Situation. Von der Lausitz sah er sich gezwungen, nach Böhmen zurückzukehren.

Von jeher, auch während des ersten Generalats, hatte er im Konflikt mit den Wiener Hofkriegsräten gelegen, den »Herren Gelehrten«, den »kahlen Kerlen«, wie er sie nannte, den Schreibtischstrategen, die ihm und dem Heer zumuteten, was nicht zu leisten war

Gern hatte er ihnen gegenüber den erfahrenen Kriegsmann und Praktiker herausgekehrt. Oft war sein Zorn berechtigt gewesen, angesichts der Diskrepanz zwischen den Leistungen, die man von ihm erwartete, und der materiellen Hilfe, die man ihm bewilligen wollte oder konnte. Berechtigt war er auch jetzt: Mit einem erschöpften, ohne Löhnung von Wasser und Brot lebenden Heer einen Winterfeldzug im ausgeplünderten Bayern zu führen, war eine verzweifelt harte Zumutung; Trauttmansdorff selber, der kaiserliche Abgesandte im Hauptquartier Pilsen, warnte, daß Wallenstein in dieser Frage das sachliche Urteil der Obersten auf seiner Seite hätte. Das starre Nein, das der Herzog den Befehlen des Kaisers – zum erstenmal seit seiner Ernennung zum Generalissimus waren es Befehle, nicht Bitten – entgegensetzte, wurde ihm als von Haß gegen Bayern diktierter Ungehorsam, als fast schon eine Rebellion ausgelegt. Tatsächlich unternahm er im November von Pilsen aus eine Kavalkade über das verschneite Gebirge zur Rettung Regensburgs, kehrte aber wieder um, als er die Nachricht vom Fall der Festung erhielt: Die Jahreszeit erlaubte ein weiteres Operieren nicht, und daß er selber keinen Winterfeldzug mehr auszuhalten imstande war, ist gewiß. Er ließ das Gros seiner Truppen Quartier in Böhmen nehmen.

Es war diese Maßnahme, die man in Wien durchaus zu verhindern gewünscht hatte, denn Quartiere kosteten viel, auch den großen in Böhmen begüterten Wiener Herren, und man hatte in der Hauptstadt wie anderswo die Illusion, ein Krieg könnte überwiegend auf Kosten des Gegners geführt werden. Kriegsrat von Questenbergs heikler Auftrag war denn auch, den Generalissimus zu einer Revision seiner Entscheidung zu bewegen; in der Instruktion Questenbergs steht der merkwürdige Satz, es könnte schließlich der Eindruck entstehen, »daß wir gleichsam einen *corregem* an der Hand und in unseren eigenen Landen keine freie *disposition* mehr übrig haben...« Im Bewußtsein seines Rechts, im Überdruß an der ewigen Wiederholung der Dinge, in müder Starrheit blieb Wallenstein unerbittlich.

Also war er ein Rebell, wahrscheinlich ein Verräter. Die Zahl derer, die es in Wien glaubten und fürchteten, wuchs mit jedem Tag. In geheimen, nicht geheim bleibenden Denkschriften wurde allen seinen »ungleichen« Schritten in diesem Jahr, seit Jahren, eine bösartige Logik beigemessen, die sie nicht besaßen; mit den spanischen Diplomaten, die gegen ihn wühlten, machte Kurfürst Maximilian, sonst kein Freund der Spanier, gemeinsame Sache; es kam so weit, daß selbst Fürst Eggenberg seinen ehedem vergötterten Schützling seufzend fallenließ.

Wallenstein kannte diese Verdächtigungen, und sie verbitterten ihn bis ins Mark, obwohl er doch wußte, was jene, die die Vorwürfe gegen ihn erhoben, nicht wußten: daß er nämlich seit dem Frühling wirklich mit Plänen umging, die, wenn sie in ihrer ursprünglichen Konzeption kein Verrat waren, in der Ausführung es leicht hätten werden können. Zu eben diesen Plänen kehrte er nun zurück, in der Gekränktheit darüber, daß man ihn ihrer verdächtigte. In der zweiten Dezemberhälfte knüpfte er mit Sachsen und Brandenburg, mit Frankreich und Schweden wieder an; jetzt zu seiner Selbstverteidigung, jetzt wohl auch aus der Erkenntnis, daß das, was er wollte, die Friedensstiftung, im gütlichen Verein mit seinem Wiener Auftraggeber nicht mehr zu erreichen war. Graf Adam Trčka, sein intimster Mitarbeiter, konnte schreiben, der Herzog sei nun »resolviert, die Maske ganz abzulegen und mit Gottes Hilfe dem Werk mit Grund einen Anfang zu machen«. Trčka überschätzte die Tauglichkeit der verworrenen Intrigenmaschinerie, an der er selber im letzten Jahr gebaut hatte; den Glauben und die Bereitschaft der zu oft betrogenen Partner. Er überschätzte auch die Entschlußfähigkeit seines Schwagers. Wallensteins Antlitz zeigte nur noch Masken, hinter denen nichts Festes, Eigentliches mehr war, nur körperlichen Schmerz und seelische Qual und Schwanken. »O Fried, o Fried, Fried, o Fried!« hörte man ihn einmal gellend von seinem Krankenlager rufen. Einem anderen kaiserlichen Abgesandten, dem Kapuzinerpater Quiroga, sagte er, er würde sich selber das Leben nehmen, wenn er nicht die ewigen Höllenqualen fürchten müßte; und das war keine Heuchelei. Wie wir denn auch nicht anzunehmen brauchen, daß es Heuchelei war, wenn er den in Pilsen zusammengerufenen Obersten erklären ließ, er wollte sich von dem Kommando zurückziehen. Seine Sehnsucht nach Ruhe war ebenso stark wie sein trotziger Entschluß, sich nicht noch einmal fortschicken zu lassen, und wie sein Traum, vor seinem Tode noch das Größte zu leisten. Praktisch mußte sein freiwilliger Rücktritt nicht weniger gefährlich sein als seine Absetzung, überaus schwierig zu vollziehen. Seine Offiziere, finanziell an ihn gebunden, hätten sein Scheiden als eine Art ungeheuren Geschäftsbetruges empfunden, er selber wäre ohne Heer seinen zur Legion angeschwollenen Feinden hilflos gegenübergestanden. Hatte doch schon seine erste Entlassung den Zusammenbruch der ihm verbündeten Geldmacht – des Großfinanziers de Witte – und beinahe seinen eigenen Ruin bedeutet. So spielte er denn mit seinem Rücktritt, wünschte ihn, wollte ihn dennoch nicht. Aus der Drohung, sein Amt niederzulegen, ging der »Pilsener Schluß« hervor: Das mit ihrer Unterschrift besiegelte Versprechen der Obersten, bei ihrem General auszuhalten bis zu ihrem letzten Blutstropfen, wenn er bei ihnen aushielte. Eine wegeskamotierte Klausel »von Kaisers Diensten« gab es nicht. Offenbar hat Wallenstein den Akt als eine Sicherung für sich selber, vielleicht auch als Druckmittel gegen den Hof, nicht aber im Sinn einer Verschwörung aufgefaßt. Als solche wäre ein so offenes und lautes Beginnen auch ebenso ungeeignet gewesen wie die bitteren Klagen und Vorwürfe, in denen er sich im Gespräch mit Ferdinands Ministern erging. Nie war er untätiger als in den Wochen nach dem »Pilsener Schluß«, in denen er doch, wenn er schon ein Verschwörer war, am tätigsten hätte sein müssen. »Denn er braucht einen, der ihm hilft, merke ich wohl«, berichtet Franz von Lauenburg, der ihn besuchte; das hieß, er sei ohne Anstoß von außen zu keiner Entscheidung mehr fähig. Als er endlich begriff, welchen Eindruck, welche Folgen der Akt von Pilsen in Wien hervorgerufen hatte, versammelte er die Offiziere, die noch im Hauptquartier waren – aber die wichtigsten fehlten jetzt –, an seinem Krankenbett und ließ sie einen zweiten Revers unterschreiben, der den ersten zurücknahm: Nie habe man etwas gegen Kaiser und Religion beabsichtigt, das sei der Sinn des Dokumentes nie gewesen. Darunter setzte er selber seinen Namen, das stolze »Albrecht Herzog zu Mecklenburg« als erster, mit zitternder Hand. Aber dieser »Zweite Pilsener Schluß« verhallte ungehört in dem Zusammenbruch, der längst begonnen hatte.

Von der Untätigkeit Wallensteins in den letzten Wochen seines Lebens sticht die Energie seiner alten und neuen Gegner merkwürdig ab. Unter den Heerführern waren es vor allem die nichtdeutschen, die Italiener und Wallonen, die gegen ihn agierten, Piccolomini, Gallas, Coloredo, Caretto, Aldringen. Soldaten der Fortuna waren sie alle, und hätten sie an

Wallensteins Zukunft geglaubt, so möchten sie bei ihm ausgeharrt haben. Aber da sie merkten, daß er keinerlei Führung mehr zu geben imstande war, zu illegitimen sowenig wie zu legitimen Zwecken, so fielen sie von ihm ab. Unvertraut mit den Intrigen Trčkas und Kinskys, ersetzten sie wirkliche Kenntnisse durch haarsträubende Erfindungen. Piccolomini zumal wußte von einem höllischen Plan zur Neuteilung Europas, den Wallenstein ins Werk zu setzen im Begriff sei. Daß seine phantastischen Verleumdungen die Panik in Wien schürten, die Katastrophe beschleunigten, steht fest. Jedoch muß man zu Ehren Kaiser Ferdinands sagen, daß er so rechtlich vorging, wie er unter den Umständen, wie man sie ihn sehen ließ, vorgehen zu können glaubte. Er zog sich zu inbrünstigen Gewissensforschungen und Gebeten zurück, er ließ Gutachten von seinen bedeutendsten Räten verfassen: ließ schließlich drei von ihnen förmlich über Wallenstein zu Gericht sitzen, und unter den dreien war keiner von den notorischen Feinden Wallensteins. Zwei waren seine besten Freunde, Fürst Eggenberg und der Bischof Anton von Wien; der dritte, Trauttmansdorff, dem Thronfolger nahestehend, war immerhin ein verläßlicher und erfahrener Diener. Die drei kamen zu dem Schluß, daß der Herzog und seine nächsten Anhänger Verräter und daß sie daher gefangenzunehmen seien, zu töten jedoch, wenn Gefangennahme nicht möglich wäre.

Mehr als ein Monat verging zwischen dem Urteil und der Exekution; Wochen, während derer der Kaiser wie eh und je die höflichsten Briefe an seinen verurteilten Feldherrn richtete – »Hochgeborener lieber Oheim und Fürst«; Wochen voll emsiger Korrespondenz und Tätigkeit der italienischen Heerführer. Verschwörer waren nun sie; verschworen gegen die Verschwörung Wallensteins, die es im Grunde gar nicht gab, die aus so vielen sich widersprechenden, nur eben flüchtig angerührten Möglichkeiten bestand, daß sie gar keine Wirklichkeit hatte. In blindem Vertrauen, in der Unkenntnis der Menschen, die dem Introvertierten eignete, ließ der Herzog einen der Rädelsführer nach dem anderen aus Pilsen entweichen, lieh ihnen seine eigenen Wagen und Pferde dazu, duldete, weil er es nicht wußte, daß sie den ganzen Heeresapparat, Befehl der Obersten und Gehorsam der Truppen, Stück für Stück unter ihre Kontrolle brachten. Als sie das Absetzungspatent, welches sie so lange in der Tasche getragen hatten, daß es kaum noch lesbar war, endlich bekanntmachten, konnten sie ihrer Sache sicher sein. Gleichzeitig begann schon, was nicht der geringste Zweck des Unternehmens war: die Konfiskation von Wallensteins Besitz, eines der größten Vermögen in der Christenheit.

Auch als Wallenstein von seiner Absetzung erfuhr, vom Übergang fast aller Offiziere in das Lager des neuernannten Generalissimus Gallas, verhielt er sich unentschlossen und passiv Auch jetzt noch ließ er die Offiziere gehen, wenn sie gehen wollten. Er sprach mit ihnen auf seinem Schmerzenslager, er drohte ihnen mit dem Finger, erging sich in bitteren Vorwürfen über den an ihm verübten Betrug und ließ sie gehen, indem er ihnen Botschaften an den Kaiser mitgab. Noch sei er bereit abzudanken und sich für immer zurückzuziehen, wenn er nur seine Herzogtümer behalten dürfe. Die Abgesandten gelangten gar nicht bis Wien, und was sie zu sagen gehabt hätten, wurde dem Sender als hohle Lüge ausgelegt. Es war aber ein Doppelspiel im ungewöhnlichen Sinn des Wortes: Wallenstein wollte auch jetzt noch zurück, da ihm der Weg schon abgeschnitten war, wollte auch jetzt noch sich nicht entscheiden, da seine Gegner schon für ihn entschieden hatten. Die gleichzeitig an die nahe an Böhmen stehenden protestantischen Generale und Potentaten, Arnim, Weimar, Brandenburg-Kulmbach, abgehenden Botschaften waren jetzt Hilferufe mehr denn Anerbietungen. Wallensteins langsamer Zug von Pilsen nach Eger war eine Flucht. Wäre er auch am Leben geblieben und hätte er über die in Eger stationierten Truppen seine Autorität bewahrt, so hätte er für die berühmte, jahrelang besprochene Vereinigung mit den Sachsen kaum dreitausend Mann zur Verfügung gehabt; dazu eine hastig zusammengeraffte geringe Summe Geldes, einen verjährten Ruhm, den Namen eines Geächteten.

Die Geschichte der Sturmnacht vom 25. Februar 1634 hat sich gleich danach verbreitet und ist, ungefähr richtig, in Tradition und Legende eingegangen. Zwei authentische Berichte, des Oberstleutnants Gordon und des Oberstwachtmeisters Lesley, hat erst unser Jahrhundert ans Licht gebracht, aber sie fügen dem von jeher Bekannten nur wenig hinzu. Zwei Details verdienen Erwähnung. Wallensteins Mörder, Hauptmann Deveroux, hat nicht die rhetorische Frage »Bist Du der Schelm, der seiner Majestät die Krone vom Haupte herunterreißen will?« gestellt. Er hat, um sich Mut und Zorn zu machen, dem im Nachtgewand am Tisch stehenden, ehedem so Mächtigen, Furchtbaren eine letzte Beschimpfung zugebrüllt: »Du schlimmer, alter, meineidiger, rebellischer Schelm!« Und Wallenstein, unwissend, woher ihm der Tod kam, ist nicht schweigend gestorben. Er hat gerufen: »Ah, Quartier«, also um Schonung gebeten, bevor er den Stoß der furchtbaren Mordwaffe empfing. Der Rest, der rote Teppich, in den man den Leichnam wickelte, ehe er die Treppe des Bürgermeisterhauses heruntergeschleift wurde, so daß der Kopf auf jeder Stufe aufschlug, die Aufbarung auf der Burg neben den anderen Erschlagenen, das verspätete Eintreffen und die Gefangennahme Franz von Lauenburgs – das ist alles so gewesen, wie es sich schon die Zeitgenossen erzählten.

Von denen, die mit Wallenstein umkamen, hatte der Feldmarschall Christian von Ilow sich dem Herzog nur im irrigen Glauben angeschlossen, durch ihn reich und groß zu werden. Wallenstein liebte den brutalen Soldaten nicht – Ilow, schrieb er einmal, sei ein stolzer, aufgeblasener Kerl, ein Intrigant und der schlimmste Erpresser; erst gegen Ende geriet er unter den Einfluß des Mannes, der das eine hatte, was ihm jetzt so sehr fehlte, Entschluß- und Tatkraft. Die beiden anderen, Trčka und Kinsky, stellten ein größeres Interesse dar, das des böhmischen Staatsrechts und Adels. Trčkas Mutter war eine bedeutende Frau und grimmige Patriotin. Schiller hat Züge von ihr für seine Gräfin Terzky entlehnt. Im Sinne der Mutter glaubte der Sohn zu handeln. Wilhelm Kinsky, Trčkas Schwager, war der Begabteste und Schuldigste des Kreises, kein Militär wie die anderen, sondern ein Politiker auf eigene Faust, der in Dresden residierte und von dort aus phantastische Projekte schmiedete, die viel mehr seine eigenen als die Wallensteins waren, obgleich er Wallensteins Namen dafür gebrauchte. Er war von Dresden nach Pilsen geeilt, da er den großen Verwandten jetzt endlich zu Taten bereit glaubte, hatte die Flucht nach Eger mitgemacht und endete wie die anderen beim Mordbankett auf der Burg. Die drei waren geblendet von Wallensteins alten Erfolgen. Sein Wesen, so wie es zuletzt war, durchschaute keiner von ihnen.

Des Herzogs Astrolog, Seni, wurde nach dem Mord verhaftet, aber alsbald wieder freigelassen, und wir wissen, warum. Unlängst erst haben Forschungen auf Schloß Friedland das saubere Handwerk dieses Mannes ans Licht gebracht, der im Dienst des Generals Gallas stand und hohe Bestechungssummen von ihm erhielt; sei es, um ihm über Wallensteins Tun und Planen zu berichten, sei es, um seinem Herrn falsche, hindernde Horoskope zu liefern.

Ob die Mörder Wallensteins, die »drei Heroen«, wie sie sich nennen ließen, nur das Absetzungspatent oder auch den heimlichen Beschluß »lebend oder tot« kannten, wissen wir nicht. Daß der wehrlose Invalide keine Gefahr mehr war, zumal nach dem mit eindrucksvoller Umsicht geplanten, mit staunenswerter Leichtigkeit durchgeführten Massaker seiner letzten Getreuen, mußten sie sehen, und so haben sie wohl in erster Linie gehandelt, um sich auszuzeichnen und Belohnungen zu gewinnen. Wie ungefährlich die ganze in Wien so gefürchtete Krise geworden war, bewies der weitere Hergang. Spät, zögernd, ohne Glauben brachen Arnim und der Weimaraner auf, Bernhard, nicht so sehr, um sich mit Wallenstein zu vereinigen, als um ihn in offener Feldschlacht zu schlagen, denn er hielt die Angebote und Hilferufe des Fliehenden bis zuletzt für Gaukelspiel. Lange bevor sie ihm hätten Hilfe bringen können, trafen Gallas und Piccolomini in Eger ein. Diese moralischen Urheber des Mordes, wie auch der Kaiser selbst, fanden sich in einer gewissen Verlegenheit. Die versprochenen Beweise für Wallensteins Schuld konnten nicht aufgetrieben werden, wie man auch verhörte und prozessierte. Es blieb bei dem, was man längst gewußt hatte, seiner offenen, passiven Widersetzlichkeit während der letzten Monate. Jene, die halbwegs ernsthafte Beweisstücke in Händen hatten, Schweden, Sachsen und Franzosen, schwiegen weislich. Sie hatten keinen Grund, dem Hause Österreich in dieser peinlichen Lage zu Hilfe zu kommen. Nur ein Böhme geringer Statur und zweifelhaften Charakters fand sich als Denunziant: Sesyna Raschin, ein Gehilfe des Grafen Thurn. Auf seinen, Wahrheit mit Schwindeleien mischenden Bericht hat Österreich seine Verteidigung und Anklage wesentlich aufgebaut, er blieb die Hauptquelle für die Geschichte von Wallensteins Verschwörung bis in die Tage Schillers, dessen Drama den wahren menschlichen Zusammenhang mit genialer Intuition erahnte. Die archivalische Forschung des 19. und 20. Jahrhunderts hat dann alles an den Tag gebracht: ein Bild unsagbar verzweigter, verworrener, nie ausgereifter, obgleich gutwilliger Machenschaften.

Am Tag vor seinem Ende hat Wallenstein geäußert, er wolle endlich sein eigener Herr sein; und das ist etwas, wie sein letztes, wahrstes Wort. Er war der alten Bindungen überdrüssig, und ebenso graute ihm vor den neuen, nach denen er tastete. Sein eigener Herr aber, ein freier Monarch, konnte er nicht sein. Lebensmüdigkeit und Ekel erklären seine letzten Taten, sein Nicht-Tun. Daß er den Reichsfrieden wollte an Stelle des Krieges, der dann noch vierzehn Jahre immer toller und zerstörender wütete, ist seine Ehre. Aber schließlich war der Friede, nach dem er sich sehnte, vor allem sein eigener, die Ruhe, das Nichts, und der schnelle Tod kam ihm als Erlösung.

Der europäische Krieg

Mit Gustav Adolf war der Held verschwunden, der über den Greueln des Krieges noch einmal den Glanz der Idee, der Religion und Religionsfreiheit, hatte erscheinen lassen. Ideen, obgleich weniger eindeutiger Art, wurden auch mit Wallenstein begraben, Toleranz, Vernunftfriede, die letzte Hoffnung auf eine Wiederherstellung Böhmens; mindestens war die kämpfende mitteleuropäische Welt um eine Gestalt ärmer, die, selber phantasiebegabt, der Phantasie der Menschen reichlich Nahrung gegeben hatte. Was nun folgte, meint Lord Acton, habe die großen Fragen von Kirche und Staat nicht mehr angegangen, sei nichts mehr gewesen als Machtpolitik und Schlächterei, »ohne höhere Bedeutung«. Es haben denn auch die klassischen Darsteller der Epoche sich mit den Ereignissen seit Wallensteins Tod kurzgefaßt; ein Beispiel, dem unser unklassischer Bericht folgen muß.

Für die Zeitgenossen freilich dauerte die zweite Hälfte des Krieges so lange wie die erste, und länger; denn das Höchstmaß an Entartung erreichte er erst jetzt, und wenn nach der Zerstörung Magdeburgs, 1631, noch eine Welle staunender Empörung über Europa ging, so wurden zehn Jahre später vergleichbare Schrecken nur noch von denen erlitten, die es traf. Wir haben die Ortschroniken, die Lebenserinnerungen, die Pfarrbücher; die Klagerufe einzelner Fürsten oder ihrer Beamteten und selbst einzelner Generale; die Romane von Grimmelshausen und Moscherosch; die Zeichnungen Callots; die Gedichte von Gryphius und Gerhardt. In Anlehnung an solche Quellen sind Gustav Freytags »Bilder aus der deutschen Vergangenheit« und dann Ricarda Huchs Meisterwerk »Der große Krieg in Deutschland« entstanden. Später wurde ein wenig reduziert. Grimmelshausen habe das nicht selbst erlebt, was er seinen Simplicius erleben ließ, sondern sich an Modelle gehalten; andere hätten übertrieben zu Zwecken, hätten Lokales verallgemeinert, falsche Berechnungen angestellt, der unsicheren Grenze zwischen den Verwüstungen des Todes und bloßer Dislocierung nicht geachtet; und so fort. Was erwiesen bleibt, genügt. Es sind Dinge, auf welche der alte Ausdruck zutrifft, die Feder sträube sich, sie zu beschreiben; und auf welche der Ausdruck »Bestialisierung« keineswegs zutrifft, denn nie tun Tiere einander an, was hier die Soldaten den Bürgern der eroberten Städte, den Bauern auf dem Land antaten. Entmenschlichung ja, solange man dem Menschen das Teuflische nicht zutraut; Bestialisierung nein. Diese gab es wohl auch, nämlich das Essen von Menschenfleisch, das nur allzu sicher bezeugt ist; von den Toten, die man mit Gras oder Wurzeln im Mund fand, zu schweigen. Ein Graf von Nassau schrieb an den Kaiser: »Ja, ich habe gesehen, daß die Leut vor Hunger nicht nur allein allerhand unnatürliche Speisen, und sich untereinander selbst aufgefressen, sondern rasend worden, wie die unvernünftigen Tiere, die Sprach verloren, dagegen als Hund und Wölf geheult, nicht mehr aufrecht, sondern auf allen Vieren gelaufen...« Ihrerseits wurden die Tiere mit in die Katastrophe gerissen; wütende Hunde, die in Rudeln umherzogen, fielen Sterbende an und wurden den Lebenden so gefährlich wie die Pest. Rektor Andreae in Worms will ein totes Pferd haben liegen sehen, von dem zugleich eine Frau, etliche Hunde und Raben sich nährten.

Im 19. Jahrhundert hat ein königlich-preußischer Bezirksarzt eine »Geschichte der Seuchen, Hungers- und Kriegsnot zur Zeit des Dreißigjährigen Krieges« geschrieben. Der

Die Ermordung Wallensteins und seiner Offiziere in Eger am 25. Februar 1634
Kupferstich

Soldatenwerbung, Brandschatzung eines Dorfes und gehenkte Marodeure
Aus der Radierungsfolge »Les Misères de la Guerre« von Jacques Callot, 1633
Paris, Bibliothèque Nationale

Mann ging Jahr für Jahr vor und brachte nur, was er genauestens belegen konnte, aber sein Buch liest sich wie ein Roman des Marquis de Sade; es sind die gleichen monotonen Wiederholungen des Grausigen. Den schieren Zahlen nach ergibt seine Darstellung, daß der eigentliche Krieg zwischen Soldaten am wenigsten Menschen tötete; der einseitig geführte Krieg der Soldaten gegen die Zivilbevölkerung weit mehr; die Seuchen, Bubonenpest, Typhus, eine häufig erwähnte »Hauptkrankheit« oder *Morbus Novus* die meisten. Es entspricht dies den neuesten Berechnungen, etwa jenen von Günther Franz. Seuchen hatte es auch vor 1618 gegeben und gab sie jetzt auch in vom Krieg nicht direkt heimgesuchten Gebieten, in Frankreich, in Schweden; in Deutschland war das Ausmaß ihrer Wirkungen kriegsbedingt, und die Millionen von Pesttoten sind hier Kriegsopfer. Sichere Zahlen sind für einzelne Städte, Distrikte, Fürstentümer festzustellen, nie für das ganze Land, das mehr als ein Drittel, weniger als die Hälfte seiner Bewohner verloren haben mag. Die wir in unseren Tagen ähnliche Statistiken, ähnlichen Streit zwischen den Statistikern erlebt haben, kennen das Unvorstellbare der Zahlen, das grauenvoll Abstrakte der Unterschiede. Dem Herzogtum Württemberg verschwanden in fünf Jahren drei Viertel seiner Bürger, der Mark Brandenburg etwa die Hälfte. Glücklichere Landstriche gab es – Oldenburg, Hamburg, das südliche Österreich –, die ganz oder beinahe ganz verschont blieben. Alles hing vom Zufall der hin und her wogenden Kämpfe, viel von der Nähe zu den Hauptstraßen, ein wenig von der Klugheit der Politik ab. Klug waren die Eidgenossen, die sich draußen hielten. Aber sie konnten nicht hindern, daß die Pest auch in ihr Land drang, bis hoch ins Gebirge hinauf und ganze Gemeinden vertilgte, bis zuletzt noch der Pfarrer sich selber ins Totenbuch eintrug; sie konnten auch – ihre Fremdenpolizei arbeitete weniger gut als später – nicht hindern, daß aus dem gemarterten Südwestdeutschland viele Tausende von Flüchtlingen zu ihnen herüberkamen. An einem Sommertag des Jahres 1635 ließ Zürich siebentausendvierhundert »fremde Bettler« über die Rheinbrücke bei Eglisau vertreiben.

Mitunter rotteten die verzweifelten Bauern sich zusammen, um den Soldaten, wenn sie ihrer einzeln habhaft wurden, mit den gleichen Teufeleien heimzuzahlen; wobei dann zwischen Freund und Feind sowenig ein Unterschied gemacht wurde, wie die Soldaten ihn selber noch machten. In Bayern kam es im Winter 1634 zu einem eigentlichen Aufstand und Bauernkrieg gegen die kaiserlichen und spanischen Truppen. Den kommandierenden General ließen die Bauern wissen, »dass uns die äusserste Not dahin bringt, weilen wir drei Feind haben, von denen der Kurfürst der grösst, den seine Hoffahrt und Geiz dahin bringen, dass er uns in diesen erbärmlichen Stand gebracht. Der andere ist die ganze Soldateska zu Ross und zu Fuss, welches lauter ehrlose Leut, ärger als die Strassenräuber... Dieselben wollen wir verfolgen und zu Tode schlagen, wo wir diese bekommen...« Nur zu gut kannte die Regierung Maximilians die Wahrheit in der Bauern Anklagen. Sie war zu klug, vielleicht zu schwach, die übliche Niederschlagung des Aufstandes, mit dem üblichen folgenden Strafgericht, zu unternehmen, sondern verlegte sich auf gutes Zureden: Man würde abhelfen, wenn nur die Bauern zu ihren Höfen zurückkehrten und ihre Steuern zahlten. Daß sie in ihrem eigenen Landesherrn den schlimmsten Feind sahen, darin hatten sie nachgerade wohl recht; in ihm und in all den hartherzigen Stümpern, den Fürsten, den

Geheimräten, die Noten tauschten und jahrlang darüber stritten, welches das »Normaljahr« des wieder zu errichtenden Friedens sein sollte, indes vor ihren blinden Augen immer weitere Strecken des Landes zu Brandstätte, Friedhof und Wüste wurden.

Das Kriegsjahr 1634 war ereignisreich. Wallensteins Generale, fett mit Geld und Gütern aus der Wallensteinischen Erbmasse, konnten nun beweisen, wie sehr der Ermordete zuletzt die Kriegführung paralysiert hatte. Ihr neuer Oberbefehlshaber war der Kaisersohn, Ferdinand. Ein gewaltiger Zuzug kam ihnen aus Italien; Kriegsvolk, das der Kardinal-Infant führte und das seinen Weg nach den Niederlanden nehmen sollte. Bei Donauwörth trafen sich die beiden jungen Vettern, Ungarkönig und Kardinal. Einige Tage später, den 6. September 1634, brachten sie den schwedisch-heilbronnischen Truppen, Horn und Weimar, bei Nördlingen eine vernichtende Niederlage bei. Die Protestantischen sollen dort an Toten siebzehntausend, dazu viertausend Gefangene verloren haben. Damit war Süddeutschland den Schweden verloren und wurde eilends geräumt. Mit den Trümmern seines Heeres, mit zusammengerafften Garnisonen preisgegebener Festungen hoffte Bernhard von Weimar, der ein halbes Jahr vorher noch von Regensburg aus Österreich bedroht hatte, die Rheinlinie zu halten. Über Württemberg und Baden ergoß sich die spanisch-kaiserliche Soldateska mit einer Furie, die selbst in diesem Krieg noch nicht erfahren worden war: die Verödung Württembergs, die wir eben erwähnten, begann in dieser Zeit. Die schwedische Macht war oder schien dem Ende nahe, der Heilbronner Bund, was von ihm noch blieb, nun völlig auf die französische Hilfe angewiesen. Richelieu erkannte die Bedeutung der Nördlinger Schlacht sofort; die indirekten, die verschleierten Mittel würden nun nicht mehr ausreichen, die Stunde der offenen französischen Intervention war gekommen, wenn nicht die Gefahr von 1629, das habsburgische Dominat über Mitteleuropa, sich wiederholen und festigen sollte. Im November schlossen die deutschen Protestanten zu Paris einen Vertrag, der ihnen nicht mehr nur Geld, sondern französische Truppen verhieß und Frankreich eine Reihe fester Plätze im Elsaß einräumte. Dem folgte ein offenes Bündnis zwischen Frankreich und den Niederlanden; am 5. Mai 1635 die feierliche französische Kriegserklärung gegen Spanien. Das Verhältnis, welches sie ausdrückte, hatte schon vorher bestanden und den deutschen Kaiser miteingeschlossen.

Tatsächlich schloß es nun nicht bloß den Kaiser, das deutsche Haus Habsburg, sondern auch einen guten Teil des deutschen Reiches mit ein. Hier nämlich hatte die Schlacht von Nördlingen einen Prozeß beschleunigt, der längst unterwegs gewesen war und auf Bemühungen Dänemarks, Sachsens, Hessen-Darmstadts, auch Wallensteins zurückging. Im Juni 1635 wurde zwischen Sachsen und dem Kaiser der »Friede von Prag« geschlossen, ein Rechtsinstrument, das formal gesehen nicht eigentlich ein Friedensvertrag war, da »Krieg« zwischen beiden Mächten nie hatte stattfinden können, sondern eine Art von regelwidrig zustande gekommenem Reichs- oder Notgesetz. Es war nichts als ein zweiseitiger Vertrag zwischen dem Kaiser und dem einen Kurfürsten, sollte aber allen zur Annahme offen sein, den fremden Mächten wie den deutschen Ständen, welche die Prager Abmachungen binnen zehn Tagen zur Gänze anzunehmen hatten. Eine Mehrzahl nahm an, die wichtigsten Reichsstädte, Pommern, Mecklenburg, nach einigem Zögern auch Brandenburg und Bayern. Ausgeschlossen blieb der Erbe des Pfalzgrafen – der Vater war wenige Tage nach

Gustav Adolf gestorben; zwei radikal gesinnte Potentaten, Braunschweig-Lüneburg und Hessen-Kassel, weigerten sich zu ratifizieren.

Die Bestimmungen des Vertrages waren weder unklug noch illiberal. In einer entscheidenden Frage gaben sie den Manen Wallensteins recht: Das Restitutionsedikt wurde, wenn nicht ausdrücklich kassiert – darein hätte Ferdinand II. nie gewilligt –, so doch für vierzig Jahre außer Kraft gesetzt; spätere Generationen durften den alten Konflikt, wenn sie wollten, wieder aufleben lassen. Man entschied sich für ein »Normaljahr« – 1627: Mit dem Besitz an geistlichen Gütern sollte es sich so verhalten, wie es sich am 12. November 1627, also zwei Jahre vor dem unseligen Edikt, verhalten hatte. Bündnisse der deutschen Stände untereinander waren fortan verboten – eine Bedingung, die sich Maximilian von Bayern nur ungern zu eigen machte. Die Truppen der deutschen Fürsten sollten ein Reichsheer bilden, dem Kaiser schwören und den Reichsfrieden gegen alle fremden Mächte verteidigen, die ihn noch weiter stören würden. Der »kläglichen Bewandtnis« des Reiches abzuhelfen, Fremdherrschaft von Deutschland fernzuhalten, war ein ausdrücklich bekanntes Ziel des Vertrages, dem es an nationalen Tönen, »treulich, deutsch und aufrecht«, nicht fehlte. Eine Amnestie wurde verkündet, aber sie war nicht allgemein; die böhmischen Rebellen von 1618, auch die »friedländischen«, der Pfalzgraf und einige kleine Stände sollten sie nicht genießen. Sachsen, das im Namen aller handelte, ohne Auftrag zu haben, erhielt seine besonderen Vorteile: das Erzstift Magdeburg und die Lausitz, die es schon hatte. Die Fürsten sollten über die Religion ihrer Untertanen bestimmen wie zuvor, jedoch bei bleibender Gültigkeit des »geistlichen Vorbehalts«; das ihnen zugestandene Recht behielt auch der Kaiser als Landesherr sich vor – keine Religionsfreiheit in Böhmen, keine in Österreich.

Der Friede, setzte er sich durch, bedeutete eine Stärkung des Reiches als nationalen Staatswesens, wie des Kaisers, der ein durch seine Verfassung beschränkter Monarch war. Gleichzeitig beruhte er auf weltlich inspirierten Kompromissen; ein Verständigungsfriede, trotz Nördlingen, kein Diktat, und von dem religiösen Fanatismus der vorhergehenden Jahrzehnte deutlich unterschieden. Hier verleugnete er nicht Geist und Einfluß einer neuen Generation. Aber der Friede konnte sich nicht durchsetzen, weil der habsburgische Kaiser, so ehrlich er das große Interesse des Reiches im Auge zu haben glaubte, eine von Deutschland wesentlich getrennte, mit Spanien verbündete Macht darstellte und von dem Konflikt zwischen Spanien, Frankreich, den Niederlanden nicht loskam; weil die französische Politik entschlossen blieb, die habsburgische Macht vom Rhein fortzudrängen, weil kein ernsthafter Versuch gemacht wurde, Schweden durch eine »Satisfaktion« in den Vertrag miteinzubeziehen. Axel Oxenstierna wäre damals wohl friedenswillig gewesen, und er ließ auch Anerbietungen machen; der schwedische Reichsrat riet dringend dazu. »Je länger wir das deutsche Wesen ansehen, Herr Kanzler«, schrieben die Stockholmer Räte an Oxenstierna, »desto seltsamer kommt es uns vor.« Dem »seltsamen« Wesen ein Ende zu machen, war der schwedische Staatsmann für einmal bereit, auf territorialen Gewinn zu verzichten; nur Erstattung der Kriegskosten forderte er, Amnestie für alle an den mitteleuropäischen Wirren Beteiligten, auch die Tschechen, und das Recht zur Allianz mit den deutschen Protestanten. Das war viel weniger als das Programm Gustav Adolfs, aber mehr, als man in Wien jetzt zugestehen wollte. Indem die Stunde versäumt wurde, Deutschland von Spanien zu trennen und Schweden zu befriedigen, verwandelte der deutsche Bürgerkrieg sich endgültig in einen europäischen; die deutschen Stände, die in Prag den Frieden zu erhaschen geglaubt hatten, vollzogen im Resultat nichts als eine Umkehrung der Allianzen. Sie traten dem österreichisch-spanischen Lager bei und hatten fortan Schweden und Franzosen zu Feinden. Auch Nördlingen bestätigte so das prophetische Wort Wallensteins, der Kaiser könnte noch zehn Victorien gewinnen, aber nie den Krieg.

Von da an war Wüste in der Zeit wie im Raum, Wüste, durch welche die Söldnerheere, Polen, Italiener, Schotten, Flamen, Kroaten, Kosaken, Griechen, Türken, auch Deutsche, auch Franzosen, Spanier, Schweden plündernd hin und her, und mitunter gegeneinander zogen. Der Soldaten wurden mehr, nicht weniger, denn immer stärker war die Versuchung, aus dem Lager derer, welche die Mittel zum Leben unter steter Gefahr beschafften, zu den bloß Verbrauchenden, Nehmenden, den Herren im Lande überzugehen

Bist du groß, wird dich weit und breit,
Die Trommel anwerben.
Folg ihr nach, Kind, hör deiner Mutter Rat,
Fällst du in der Schlacht, so würgt dich kein Soldat.

(Ricarda Huch)

Aber Seuchen und Desertionen reduzierten beständig die Truppenzahlen; zwischen den Heeren war ein Kommen und Gehen der nach besseren Beutechancen Suchenden. Die Überwindung riesiger Entfernungen bezeichnet die Kriegführung nach wie vor; einmal, 1636, waren die Kaiserlichen (Johann von Werth) in Compiègne und die Pariser in Panik; ein anderes Mal, 1642, waren die Schweden fünfundzwanzig Meilen vor Wien und die großen Herren der Hauptstadt, in tausend schweren Kutschen, auf der Flucht nach Graz. Dreimal noch besetzten die Schweden das Königreich Böhmen, bedrohten oder belagerten sie Prag, 1639, 1645, 1648; 1645 mußte Ferdinand III. aus Prag entfliehen, so unrühmlich wie 1620 der Pfalzgraf. Der Fürst von Siebenbürgen, Rakoczi, half den Schweden, wie sein Vorgänger, Bethlen Gabor, den Tschechen geholfen hatte. Wie es dieser letzten, schlimmsten Kriegsepoche überhaupt nicht an geisterhaften Wiederholungen fehlt. 1641 belagerte Banér Regensburg, wie Bernhard von Weimar 1633; in der Festung war unter dem Vorsitz des Kaisers ein deutscher Reichstag, der erste seit 1613, versammelt. In einem Sonderkrieg, der, längst schwelend, 1643 zwischen Schweden und Dänemark entbrannte, besetzten die Schweden unter Torstensson Schleswig und Jütland von Böhmen her, wie einst Wallenstein getan hatte. Die Kaiserlichen, unter Gallas, folgten ihnen nach, aber Torstensson entging ihnen bei Kiel, um wieder südwärts zu marschieren, und Gallas hinter ihm her. Bei Aschersleben, nahe Magdeburg, wurde Januar 1645 der kaiserliche Generalissimus – »von jeher schon ein Heerverderber« – schmählich geschlagen. Es kam, 1642, zu einer »zweiten Schlacht von Breitenfeld«, in der die Schweden abermals die Kaiserlichen und die Sachsen aufs Haupt schlugen. Zweimal noch, 1646, 1648, wurde Bayern von den Schweden im Bunde mit den Franzosen furchtbar heimgesucht. Wenn 1647 der alte Maximilian einen Waffenstillstand mit Frankreich schloß, so wiederholte er im Drang der Not das Spiel, das er 1631 gespielt hatte. So tat Brandenburg, als es 1641 eine Neutralitätserklärung gab, der ein regelrechter Friedensvertrag mit Schweden folgte. Der Prager Ausgleich, der das Deutsche Reich hatte zusammenfassen und den großen Ständen eine eigene Außenpolitik hatte verbieten wollen, hatte damit schon wieder zu existieren aufgehört.

Verwegene Kriegsanführer schienen Wallensteins großes Abenteuer schattenhaft nachzuahmen. General *in absolutissima forma*, Herr über Krieg und Frieden, ein großer Fürst, wollte auch Bernhard von Weimar sein. Nachdem die Schlacht von Nördlingen ihn um sein Herzogtum Franken gebracht, winkte ihm die Landgrafschaft Elsaß als Beute: seine persönliche Politik und Strategie und gleichzeitig die französische, die, gegen Spanien, den Rhein von Basel bis Koblenz zu kontrollieren bestrebt war. Die Belagerung der strombeherrschenden Festung Breisach 1638 wurde der Höhepunkt von Bernhards Laufbahn. Dem sterbenden Pater Joseph soll Richelieu die Freudenbotschaft – *Brisac est à nous!* – zum Trost überbracht haben, ehe sie einen Tag später zur Wahrheit wurde. Bernhard überlebte sie um ein halbes Jahr; seine Träume, halb nationaldeutsche, halb phantastisch persönliche, nahm er mit ins Grab. Sein Heer, die »Weimaraner« oder »Bernhardiner«, blieb als ein geschlossenes Korps zurück unter dem Befehl des Schweizer Kriegsmannes Erlach, von unbestimmter Staatszugehörigkeit, aber von Frankreich bezahlt, der französischen Politik willig. Ein deutsches Fürstentum wollte auch der Schwede Banér sich gründen; auch der erlebte es nicht. Einen Abfall von seinem Herrn, dem Kurfürsten, unternahm 1647 der Bayer Johann von Werth; er ging in das Lager des Kaisers über, von dem Maximilian abgefallen war.

Wenige, die den großen Krieg hatten beginnen und führen helfen, erlebten sein Ende: Axel Oxenstierna, seit 1637 wieder in Stockholm residierend, und seine Generale Banér, Torstensson, Wrangel, aus der Ferne lenkend; Max von Bayern, Johann Georg von Sachsen. Die übrigen verschwanden mit dem guten Gewissen, mit dem sie gelebt hatten. 1637 der Kaiser Ferdinand II., nachdem er noch die Freude erlebt hatte, seinen Sohn von den Kurfürsten einstimmig zum »Römischen König« gewählt zu sehen. Sein Sterben, wie Hurter es uns beschreibt, war von schöner Friedlichkeit und Frömmigkeit; über die der Kirche geretteten Seelen, die er in Linz zur Messe wallen sah, hatte er unlängst noch Tränen der Dankbarkeit vergossen. 1642 starb zu Paris der große Kardinal den offiziellen, den Staatstod, der seiner würdig war, bis zuletzt Herr der Verschwörungen gegen ihn und den Staat, die nicht aufhörten. Andere Feinde als die des Staates, ließ er von seinem Sterbebett hören, habe er nie gehabt. Der König Ludwig XIII. folgte ihm im nächsten Jahr und wieder ein Jahr später der Frankreich-freundliche Papst Urban VIII. Dessen Nachfolger, Innozenz X., war kein Freund Frankreichs, sondern Spaniens, und seine religiöse Politik schärfer als jene des weisen Urban.

Wie die alten Figuren verschwanden, so erschienen neue, teils nach den Regeln von Erbfolge oder Wahl, teils kraft freieren Drängens. Ferdinand III. war ursprünglich sehr von der spanischen Partei, ein grimmiger Gegner Wallensteins, ein jugendlicher Draufgänger gewesen. Verantwortung und Jahresreife ließen die bemühte, gebildete Intellektualität seines Charakters sich auswirken. Noch zu Lebzeiten des Vaters hatte er den Prager Vertrag mitbestimmen helfen und war seither, leider meistens zu spät, zu weiteren

Konzessionen bereit, solange sie an den Grenzen der Erblande haltmachten; seine Regierung sollte einen wesentlichen Schritt in der Geschichte der Abtrennung Gesamtösterreichs vom Deutschen Reiche bedeuten, eine Abtrennung, die der Vater wohl mitverursacht, aber sein Leben lang bekämpft hatte. Friedwillig war auch Ferdinands erster Berater, Trauttmansdorff, und der erkannte wohl, daß Friede erst möglich wäre, wenn Österreich aufhörte, blind dem spanischen Kurs zu folgen.

Der Generationswechsel in Frankreich ging zunächst ohne die Wirren vor sich, welche die Nachfolge Heinrichs IV. bezeichnet hatten. Richelieu hatte solide gebaut. Die Regentschaft für den Königsknaben, Ludwig XIV., lag in den Händen der verwitweten Königin Anna von Österreich und eines Kronrates; dem Ministerium präsidierte der für das Amt längst vorbereitete italienische Kleriker Mazarini, Kardinal Mazarin. Richelieus Ernst und Charakterstärke besaß er nicht, aber durch des Meisters europäische Schule war er mit Erfolg gegangen und setzte in Spanien, Italien und Deutschland das Werk ohne Bruch geschickt fort.

In der zweiten Klasse von Europas Fürsten erschien 1640, nach dem Tode seines Vaters Georg Wilhelm, ein blutjunger Mann, der noch von sich reden machen sollte: Friedrich Wilhelm von Brandenburg. Der war aus anderem Stoff gemacht als der stattliche, schwache Vater; klug wie der Tag, hart, gesund, ruchlos. Es war der Brandenburger, der sich auf dem Reichstag von 1640 gegen den Kaiser auflehnte: Es müsse endlich Friede werden, aber der Prager Vertrag gebe keine brauchbare Basis dafür; und der dann, unbekümmert um Kaiser und Reich, auf eigene Faust sich mit den Schweden arrangierte, um mit gewaltiger Energie an den Wiederaufbau seines verwüsteten Landes zu gehen. Später sollte er der »Große Kurfürst« heißen und in der zweiten Hälfte des Jahrhunderts das ungefähr sein, was Max von Bayern in der ersten gewesen war, aber im Stil der neuen Zeit; ein freier Geist, der für seinen Staat und nur für ihn und für ihn direkt, nicht auf dem Umweg über die Religion, sich abarbeitete.

Von den Heerführern waren jene aus der spanischen Schule, Spinola, Bucquoy, Tilly, lange tot und nun auch jene aus der schwedischen, Bernhard und Banér. Piccolomini hielt aus bis zum Schluß, und nicht ohne Erfolg, die Tatkraft des Sienesen war gewaltig; der trunkliebende Gallas wurde nach Aschersleben in Pension geschickt. Schon erschienen auf der französischen Seite die Generale, welche die legendären Marschälle Ludwigs XIV. wurden, Turenne und Condé; dem Kurfürsten von Bayern dienten Franz von Mercy und Johann von Werth; alles Meister in der neuen Kunst des Bewegungskrieges, die Gustav Adolf sie gelehrt hatte. Das Glück der Schlachten wogte hin und her; es ließen sich manche nennen, in denen die Kaiserlichen und Bayerischen noch immer das Feld behaupteten. Aber der Krieg wurde seit 1637 nur auf deutschem oder habsburgischem Boden geführt, Frankreichs Stellung am Rhein blieb gesichert; daß Deutschland Jahr für Jahr allein die unsagbaren Kosten zu tragen hatte, ließ voraussehen, daß er einmal würde aufhören müssen – dem, was die Menschen aushalten, sind zum Schluß doch Grenzen gesetzt. Tatsächlich kam dann das Ende eher von der spanischen als von der deutschen Seite her. Die deutsch-habsburgische Front hielt, wenn auch bei immer abnehmendem Glück, unter Ächzen; die habsburgisch-spanische brach zusammen.

Gegen die jahrzehntelange furchtbare Überspannung der wirtschaftlichen Kräfte des Königreiches, die willkürlich ausgeschriebenen Steuern, die Rekrutierungen und Einquartierungen rebellierten 1640 die Katalanen, deren Sprache selbst die zentralisierende Politik des Herzogs von Olivares hatte unterdrücken wollen. Sie wählten den König von Frankreich zu ihrem Grafen; und Richelieu beeilte sich, hier mit dem Selbstbestimmungsrecht der Völker einen Grundsatz anzuerkennen, der ihm sonst fremd war. Noch im selben Jahr folgten die Portugiesen dem katalanischen Beispiel, geführt von Edelleuten, Klerikern, Universitätsprofessoren; auch hier war der französische Geheimdienst am Werk. Madrid, durch die katalanische Rebellion gebunden, mußte die Loslösung Portugals fast tatenlos geschehen lassen; den Thron zu Lissabon bestieg ein Nachkomme der alten Könige, Johann von Braganza. Der iberische Ein-Staat, den Olivares hatte begründen wollen, war in drei Stücke zerfallen. 1639 wurde die stärkste Flotte, die Spanien seit der »Armada« zusammengebracht hatte, in neutralen englischen Gewässern von den Niederländern gestellt und in den Grund gebohrt; von siebenundsiebzig Schiffen entkamen sieben. Es war das Ende der alten spanischen Seemacht. Das Ende der Landmacht kam 1643, in der Schlacht bei Rocroy, auf französischem Boden nahe der belgischen Grenze. Von da ab fürchteten die Niederländer Frankreich mehr als Spanien; und es war die Frage, wann Spanien anerkennen würde, daß es die Republik der Niederlande gab, nur noch eine der Zeit und der Form. Was für ein großer Aufwand war da schmählich vertan! – Olivares, unter dem Hohngelächter des Volkes von Madrid, nahm seinen Abschied, halb freiwillig, halb gezwungen. Einen Staatsmann, der größeren Ehrgeiz mit schlimmerem Mißerfolg verband, gab es nie. Spanien blieb noch im Krieg bis zum Westfälischen Friedensschluß und über ihn hinaus, mit matter Hand nach dem entschwundenen Phantom des Sieges tastend.

Der Friedensschluß

Der Zusammenbruch der Macht Spaniens schwächte seinen Einfluß in Wien und gab jenen freie Bahn, die, wie Trauttmansdorff, längst eine selbständige kaiserliche Politik gewünscht hatten. Gleichzeitig begannen, seit dem Aufstande Brandenburgs von 1640, die deutschen Fürsten sich wieder zu regen, ein Ende zu fordern und auf eigene Faust ihm zuzustreben, indem, wie von alters, Brandenburg, schließlich auch Sachsen sich Schweden, Bayern sich Frankreich zuneigte. Der Wirren, Qual und Verwüstung, in die er hineingeboren worden war, ein Ende zu machen, war auch Ferdinand III. gutwillig; aber noch immer fürchtete er die Konsequenzen eines allgemeinen, von den Reichsständen mitbestimmten Friedens, eine allgemeine Amnestie, die ihn gezwungen hätte, die ganze Pfalz wieder herzustellen und dann Bayern mit seinem eigenen Oberösterreich zu entschädigen, eine allgemeine Religionsfreiheit, welche die Herrschafts- und Besitzesordnung in Böhmen umgestürzt hätte. Was er in den frühen vierziger Jahren versuchte, war dasselbe, womit auf ihre Art Brandenburg und Bayern umgingen oder drohten: ein kaiserlicher Sonderfriede, sei es mit Schweden, sei es mit Frankreich. Den Schweden gegenüber ging Ferdinand dabei so weit, das ganze Pommern, altes deutsches Land, anzubieten, ohne Brandenburg, welches auf das ledig gewordene Herzogtum die nächsten Ansprüche hatte, auch nur zu fragen; diese verzweifelte Offerte hätte früher wohl Erfolg haben können. Jetzt wünschten, alles wohl bedacht, weder Schweden noch Frankreich einen Sonderfrieden, der ihnen territorialen Gewinn gebracht, sie aber des Einflusses auf eine Neuordnung der deutschen, mitteleuropäischen Dinge beraubt hätte, den sie erstrebten. Den Friedensschluß aller mit allen, ein Mitstimmrecht der deutschen Stände, der *reconciliati* oder Teilhaber am Prager Vertrag und der *nondum reconciliati*, forderten auch mit wachsender Energie die deutschen Fürsten, an ihrer Spitze Bayern und Brandenburg; ihr alter Ehrgeiz, ihr tief verwurzeltes Mißtrauen gegen Habsburg, der jammervolle Zustand ihrer Länder, der Ausfall Spaniens, die bedrängte militärische Lage des Kaisers, der Wille Schwedens und Frankreichs wirkten alle in dieser Richtung.

So kam es, daß über den Nürnberger Kurfürstentag von 1639, den Regensburger Reichstag von 1640, den Frankfurter Reichsdeputations-Tag von 1643 – eine Art verkürzten Reichstages – der universale Anspruch sich durchsetzte: Der Friedenskongreß sollte von allen deutschen Ständen, mit Stimmrecht, beschickt werden oder werden dürfen und die neuartig-monströse Verbindung eines Reichstages mit einer internationalen Friedenskonferenz sein. Für den Ort dieses großen Treffens hatten Frankreich, Schweden und der Kaiser im Jahre 1641, nach endlosen Diskussionen über Formfragen, die westfälischen Städte Münster und Osnabrück bestimmt, jene als Residenz der Katholiken, diese der Protestanten. Beide Städte samt ihrer Zufahrtsstraßen sollten neutralisiert sein: Inseln der Sicherheit und prassenden Wohlstandes in einem Meer von Elend. Der Kongreß sollte 1642 beginnen. Aber der Streit über den Status der deutschen Fürsten, anderer, weniger inhaltsschwerer Differenzen nicht zu gedenken, schob das offizielle Datum bis 1643, den wirklichen Beginn der Verhandlungen – so langsam kam die Sache in Gang, so allmählich erschienen die Gesandten, jeder in der Furcht, er könnte als erster kommen und seiner Würde etwas vergeben – bis zum Dezember 1644 hinaus.

Es waren hundertachtundvierzig Gesandte, hundertelf Deutsche, achtunddreißig Nicht-Deutsche; außer England, Rußland und der Türkei fand das ganze Europa sich in Münster und Osnabrück vertreten. Auch solche Staaten waren präsent, die mit dem Krieg nichts zu tun gehabt hatten, zum Beispiel die Eidgenossenschaft; auch solche, deren rechtliche Existenz umstritten war, zum Beispiel Portugal. Zwei Diplomaten galten als neutrale Vermittler, der Nuntius des Papstes, Chigi, und der Botschafter der Republik Venedig, Contarini.

Neutral konnte man Rom in einem Streit, in dem auf der einen Seite noch immer die Protestanten waren, nun freilich nicht nennen. Zwar hatte Urban VIII. es längst für die Pflicht des Oberhauptes der Christenheit gehalten, den Frieden zu fördern und, aus Menschlichkeit wie aus Politik, den Krieg zwischen Habsburg und Frankreich erst zu verhindern, dann zu beenden gesucht. Die Instruktionen, die er seinem Legaten für einen in Köln geplanten, aber nie zustande gekommenen Kongreß gab, sind überaus lehrreich. Es war eine offizielle im Kurienstil und eine geheime, die Urban selber verfaßt hatte. Der Legat hatte Auftrag, Frieden unter den Katholiken zu stiften, nicht zwischen ihnen und

Der Seesieg der Holländer über die Spanier in den Downs am 21. Oktober 1639
Aus einem Gemälde von Willem van de Velde d. Ä., 1659
Amsterdam, Rijksmuseum

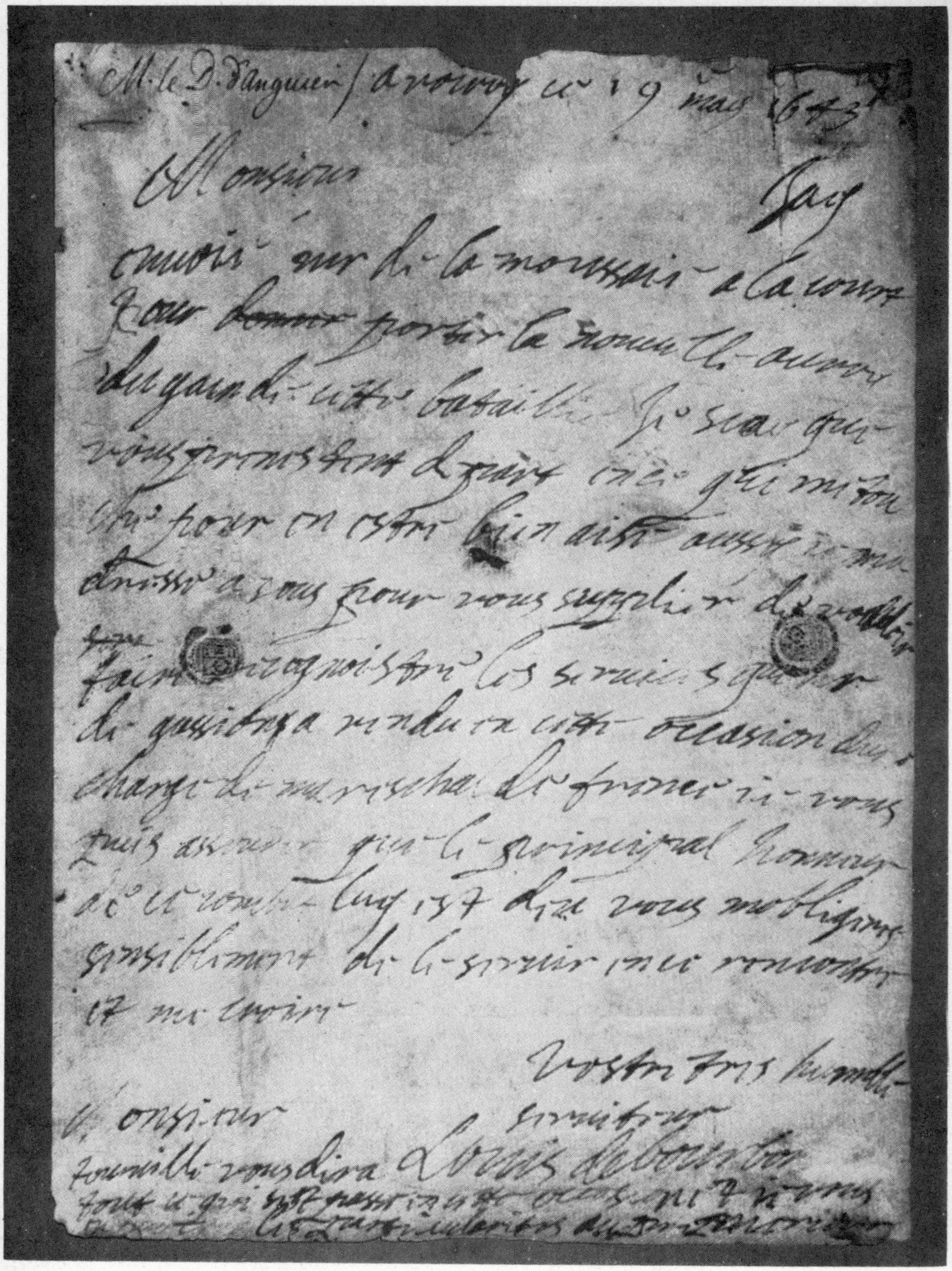

M. le D. d'Anguien / a Rocroy ce 19 may 1643

Monsieur

Vostre tres humble serviteur

Louis de Bourbon

Brief des Herzogs von Enghien an Mazarin
mit der Meldung des Siegs von Rocroy am 19. Mai 1643
Paris, Archives Nationales

den Häretikern. Diese existierten für ihn nicht, ohnehin wären ihre Unterschriften wertlos, da Glaubenslosen kein Glaube beizumessen sei. Öffentlich sollte er vor jeder Verhandlung mit ihnen abmahnen, wenigstens so, daß solche Abmahnung später nachzuweisen sei; praktisch aber und unter der Hand sollte er es dennoch nicht tun, denn, so schrieb der Papst, es sei für dies Jahrhundert mit einer Rückkehr der Protestanten in den Schoß der Kirche nicht mehr zu rechnen, und wenn die Friedensverhandlungen mit ihnen nicht geradezu am Sitz des Nuntius, sondern anderswo stattfänden, so wäre es hinzunehmen. Später ging der Legat, im Einvernehmen mit seinem Oberherrn, weiter und riet geradezu, die protestantischen Stände, Frankreichs Bundesgenossen, auf dem Kongreß zuzulassen. Es war eine schwierige Verbindung frommer, kirchenrechtlich bestimmter Starrheit mit friedwilliger Praktizität, die ihm da zugemutet wurde. Urbans Nachfolger, Innozenz X., weniger weltlich gesinnt, verlegte die Akzente. Sein Vertreter erschien in Münster, stand aber unter strengem Verbot, einen Protestanten mit Augen zu sehen, und hat bei den Verhandlungen nicht die fördernde Rolle gespielt, die der weltweise Venezianer spielte. – Der Theorie nach waren es wohl zwei Kongresse: einer der deutschen Stände unter sich, des Kaisers und Schwedens in Osnabrück; einer zwischen dem Kaiser und Frankreich, Spanien und den Niederländern in Münster. Praktisch war es doch ein einziger, und gelegentlich traf man sich halbwegs. Das Schwergewicht lag einmal hier, einmal dort; überwiegend wurden die Verhandlungen schriftlich geführt.

Ein internationales Weltfest, wie es noch nie eines gegeben hatte; von fern den großen Konzilen des 15. Jahrhunderts vergleichbar, aber von ganz anderem Geist beseelt, anderen Problemen gewidmet und, unter unglaublichen Schwierigkeiten, die Formen erfindend, die dann später, zu Ryswijk, Utrecht, Paris, Wien, mit größerer Leichtigkeit geübt werden sollten. Es war das Europa der weltlichen, der souveränen, ebenbürtigen Staaten, das hier, gegen den Anspruch Roms und gegen den verspätet ohnmächtigen Protest des römischen Kaisers, sich feierlich definierte; wenn die jahrelangen Streitigkeiten über Titel, Präzedenzen und Zeremonien angesichts dessen, was außerhalb der Friedensstätte vorging, etwas Empörendes haben mögen, so war auch wieder Sinn darin. Es hatte Sinn, wenn die deutschen Kurfürsten für ihre Gesandten den jetzt sich einbürgernden Exzellenz-Titel durchsetzten; eben damit waren sie als europäische Fürsten anerkannt, die Reichsbestrebungen Ferdinands II., das Werk des Prager Vertrages zunichte gemacht. Aber viel, in einer furchtbaren Bedeutung des Wortes, kostbare Zeit ging über solchen Fragen verloren. Mit lobenswertem Realismus meinte der päpstliche Legat, er würde gern jedem Teilnehmer die Anrede »Majestät« geben, wenn sie nur endlich vorwärts machten.

Es war, wie Fritz Dickmann in seinem unlängst erschienenen großartigen Werk über den Westfälischen Frieden betont, ein Kongreß von Gesandten, nicht von führenden Politikern. Sie mußten also an ihre Regierungen referieren, was immer sie zu entscheiden hatten – eine Methode, die unter anderem die vierjährige Dauer der Verhandlungen erklärt. Johan Oxenstierna, Sohn des Kanzlers, der zusammen mit dem alten Salvius Schweden vertrat, wird uns als pompöse Null geschildert. Die Franzosen schickten einen Prinzen von Geblüt, der sich aufs Prunken verstand, den Herzog von Longueville, und ein paar ausgepichte Diplomaten unter ihm. Auch die Deutschen ließen sich zumeist von einem Vornehmen und einem Unvornehmen, einem Doktor, vertreten. »Alle Deutschen sind Herr Doktor« meinte höhnisch der Franzose, Graf d'Avaux. So unendlich kompliziert waren die verhandelten Fragen, etwa die Gerechtsame im Elsaß betreffend, daß es wohl Doktoren dazu brauchte; jedenfalls wurde die alte deutsche Neigung, Politik mit den Augen des Juristen zu sehen, durch die Anwesenheit so vieler Rechtsgelehrter gestärkt. Der bedeutendste Politiker in Münster, der einzige, der als verantwortlicher Staatsmann gelten konnte, war seit Spätherbst 1645 der Vertreter des Kaisers, Trauttmansdorff, derselbe, der einst in Pilsen die letzten tragischen Klagen Wallensteins sich angehört hatte. Wie lange war das her! Trauttmansdorff besaß das Vertrauen Ferdinands III. Seiner Klugheit vor allem, der Verbindung von Härte und Konzessionsbereitschaft, die er vorbildlich verkörperte, seinem betont österreichischen, scheinbar entspannten Wesen – er sprach gern im Dialekt und wußte bei den Protestanten sich jovial anzubiedern – war der endliche Friedensschluß zu danken.

Beinahe alle Gesandte stürzten sich in Schulden, um ihren ostentativen Aufwand zu bezahlen – die guten Bürger profitierten auf ihre Weise, indem sie die Mietpreise auf das Zehnfache ansteigen ließen. Beinahe alle waren bestechlich, wofür das hübsche Wort »Realdankbarkeit« aufkam. Es brauchte einer nur zu bemerken, er habe von diesem ganzen Krieg nur Arbeit und Sorgen, aber so gut wie gar keine Einnahmen gehabt, so verstand Trauttmansdorff diese Sprache schon und brachte ein Geschenk von fünfzigtausend Gulden in Vorschlag. Gaukler sorgten für Unterhaltung, Maler waren herbeigeeilt, die Großen der Erde gegen gutes Geld auf der Leinwand zu verewigen. Sich in der Pracht der Pferde und Equipagen, der Zahl der Diener, im Aufwand der Bankette zu überbieten, legte die Staatskunst als stolze Pflicht auf. Trotzdem war wohl Ernst bei der Sache, waren diese *pacificatores orbis christiani* sich wohl bewußt des Gewichtes ihrer Aufgabe: etwas zu schaffen, was es vorher so nie gegeben hatte, einen europäischen Universalfrieden, rational aufgebaut, von allen garantiert und dann – so glaubte man – ewig dauernd.

Und nun die Verhandlungen selber. Sie waren langwierig, nicht bloß, weil so sehr viele reale oder fiktive Interessen, von so vielen hartstirnigen Männern verteidigt, in einer Mitte zu einen waren. Auch darum, weil man noch nicht wußte, daß zu Friedensverhandlungen ein Waffenstillstand gehört. Der Krieg ging weiter, weiter schwankte das Kriegsglück. Gewannen Torstensson, Turenne, Werth, Piccolomini eine Schlacht, kam ein paar Wochen später die Nachricht davon ins Westfälische, so nahm der Vertreter der Macht, die gesiegt hatte, eine hochmütigere Miene an. Folglich gingen die Verhandlungen im Winter am besten. »Die Friedensverhandlungen«, schrieb der französische Gesandtschafts-Geistliche, »erwärmen sich im Winter und kühlen sich im Frühjahr ab. Die Unruhe hält in der Versammlung etwa bis Ende Februar an. Dann gehen wir wieder zu unserer gewöhnlichen Ruhe über, die Generale rücken ins Feld und nehmen die Sache in die Hand. So haben die Männer des Krieges und des Friedens abwechselnd ihre Beschäftigung, und niemand kann sich beklagen.«

Worüber hatte man denn dreißig Jahre lang Krieg geführt? Man wußte sehr wohl, daß es dreißig Jahre gewesen waren; der Ausdruck »vor den böhmischen Unruhen« kommt häufig vor; mit denen hatte es angefangen. Was nicht hieß, daß die Böhmen mit dabei sein durften, das letzte, worein Kaiser Ferdinand gewilligt hätte; die Proteste der überlebenden Emigranten verhallten ungehört. Aber welche Mächte hatten seit 1618, warum, sich eingemischt, waren verkürzt, gezüchtigt, enteignet worden, hatten sich zurückgezogen, um dann, warum, aufs neue zu den Waffen zu greifen? Erst galt es, was ungefähr ein Jahr in Anspruch nahm, die *subjecta belligerantia* herauszufinden, und da kam man auf vier gewaltige Gruppen: die Klagen der deutschen Stände, vornehmlich gegen den Kaiser, die Frage einer Amnestie, die Satisfaktion der Bundesgenossen der Stände, Schwedens und Frankreichs, und die Entschädigung der Depossedierten.

Kriegsmotive und Kriegsziele Frankreichs waren, wie wir wissen, ursprünglich defensiver Natur gewesen. Aber Krieg und Politik haben ihre eigene Dynamik. Richelieus oft gemachte Versicherung, Frankreich wünschte keinen Fußbreit deutschen Bodens, wünschte überhaupt nicht sich zu vergrößern, sondern nichts als einen allgemeinen, gerechten und von ihm mitgarantierten Frieden, wurde beizeiten versetzt durch das plausible Argument, als Beschützer des Friedens müßte es allerdings die Mittel an die Hand bekommen, den Frieden zu schützen; zu welchem Behuf gewisse befestigte Plätze westlich wie auch östlich des Rheines die geeigneten seien. Längst hatten die Franzosen sich zum Herrn des linken Rheinufers zwischen Basel und Koblenz gemacht. Diese Kriegspfänder in Besitz zu verwandeln, Lothringen, dessen Reichszugehörigkeit bestritten wurde, dem französischen Machtkreis ganz einzufügen, die Situation in den drei Bistümern Metz, Toul, Verdun, deren Reichszugehörigkeit nicht bestritten wurde, die aber seit fast hundert Jahren praktisch dem König untertan gewesen waren, zu legitimieren, war das Programm, das die französischen Diplomaten nach Münster brachten und in zähem Ringen gewannen. Dabei leistete ihnen Bayern nützliche Dienste. Spanien protestierte, ein französisches Elsaß würde seine Landverbindung mit Belgien endgültig durchschneiden; und der Mehrheit der Reichsstände war nicht wohl zumute angesichts einer so gearteten französischen Protektion. Aber Bayern drohte mit Sonderfrieden, wenn man den Franzosen nicht gäbe, was sie wollten; die Kaiserlichen, noch einmal vor die Wahl zwischen Spanien und Bayern gestellt, entschieden sich für Bayern, für den Zusammenhalt und damit die Verkürzung des Reiches. Also wurde das Schicksal des Elsaß für immer entschieden, auf noch verschleierte Art zwar; denn die reichsunmittelbaren Stände des Elsaß, die Stadt Straßburg voran, sollten reichsunmittelbar bleiben, der König nur in die elsässischen Rechte des Hauses Habsburg eintreten, über die Stände aber ein vage bestimmtes *supremum dominium* genießen. Die späteren Annexionen Ludwigs XIV. waren hier durch eine Klausel vorbereitet, die man so oder so auslegen konnte. Vergebens warnten die elsässischen Reichsstädte vor »dunklen, unbeschränkten Generalitäten und Verfänglichkeiten«.

Indem Trauttmansdorff in der elsässischen Frage Spanien preisgab, Spanien vom Norden isolierte, lud er Spanier und Niederländer zum Friedensschlusse ein. Es war der erste Westfälische Vertrag, der Januar 1648 unterzeichnet wurde. Nicht ohne vorhergehende Kämpfe in den Niederlanden selbst; denn es gab dort eine Partei, welche die Republik von Frankreich nicht zu trennen wünschte, und die französischen Diplomaten gebrauchten alle ihre Künste, von den feinsten zu den plumpesten, um den Bundesgenossen im Dienst zu halten. Aber, argumentierte man vor allem in Holland, es wäre nur ein Kriegsdienst gewesen, um den Franzosen weitere Eroberungen im Deutschen Reich zu ermöglichen, nicht mehr, um die niederländische Freiheit zu verteidigen, deren Anerkennung Spanien nun anbot; diese Ansicht gewann die Oberhand. Mit einem bloßen Waffenstillstand nach dem Muster jenes von 1609, der alles nur aufgeschoben und nach Jahrzehnten zu neuen Qualen geführt hätte, begnügte man sich diesmal nicht; gefordert und bewilligt wurde die volle, endgültige Anerkennung. Indem der Kaiser sich mit Frankreich, Spanien sich mit den Niederlanden verständigte, blieben Frankreich und Spanien in Münster als die Mächte zurück, die untereinander nicht Frieden machen konnten oder wollten.

Die andere Republik germanischen Ursprungs, die nun auch der Form nach aus dem Reichsverbande ausschied, dem sie, ebenso wie die Niederlande, in der Wirklichkeit längst nicht mehr angehört hatte, war die Eidgenossenschaft. Aus protestantischen und katholischen Orten bestehend, theoretisch noch ungelehrt in den Begriffen einer gesamtschweizerischen Außenpolitik oder Neutralität, hatte sie dennoch das Meisterstück zuwege gebracht, sich in die Wirren des Krieges nicht reißen zu lassen. (Graubünden, dessen Schicksale unser Bericht nicht betrachten konnte, bildet die Ausnahme.) Was nun einen Vertreter, nicht des Bundes in seiner Gesamtheit, sondern der protestantischen Kantone, nach Münster führte, war die ungeklärte Rechtslage der alten Reichsstadt Basel, auf die das Reichskammergericht noch immer den Anspruch der höchsten Jurisdiktion erhob; darüber hinaus wohl auch der offizielle Werdeprozeß eines Europa von souveränen Staaten überhaupt, bei dessen schwieriger Geburt die Schweizer nicht glaubten, gänzlich abwesend bleiben zu können. Bürgermeister Wettstein von Basel, ein witzig-kluger Herr entschieden demokratischen Charakters, nahm in der Versammlung der großen Herren sich etwas fremd aus und lieferte seinen Auftraggebern spottgepfefferte Berichte; aber er machte seine Sache gut, ging den französischen wie den kaiserlichen Freundschaftsangeboten geschickt aus dem Wege und brachte nach Hause, was sein Zweck gewesen war: die *libertas ab imperio*, die, wenn sie auch eine dünne »Anverwandtschaft« zum Deutschen Reich noch einschloß, den Schweizern genügen konnte, zumal ihnen die Interpretation der Sache überlassen blieb.

Der Preisgabe des Elsaß folgte die Preisgabe Pommerns, das längst das eingestandene Kriegsziel der Schweden und der Lohn gewesen war, den sie für ihre den Protestanten erwiesenen Wohltaten forderten. Hier leistete Kurfürst Friedrich Wilhelm erbitterten Widerstand; der in den Niederlanden aufgewachsene junge Mann hoffte aus seinem Brandenburg-Preußen ein anderes Holland, einen See- und Kolonialstaat zu machen und wollte der pommerschen Küste nicht entraten. Die Verbindung der Kaiserlichen mit Frankreich und Schweden, der er sich gegenübersah, war zu stark. Im Resultat einigte man sich auf Teilung: Vorpommern samt der Hauptstadt Stettin für Schweden, Hinterpommern für Brandenburg, dazu Entschädigungen anderwärts, Halberstadt, Magdeburg. Auf die Pommern selber, die es sich eine Delegation nach Osnabrück hatten kosten lassen, um der Welt kundzutun, daß sie keine Schweden zu werden wünschten, hörte niemand. Überdies erhielt Schweden eine Geldsumme bewilligt, um seine Truppen zu demobilisieren, fünf Millionen Taler – zwanzig Millionen hatte Oxenstierna gefordert –, welche die

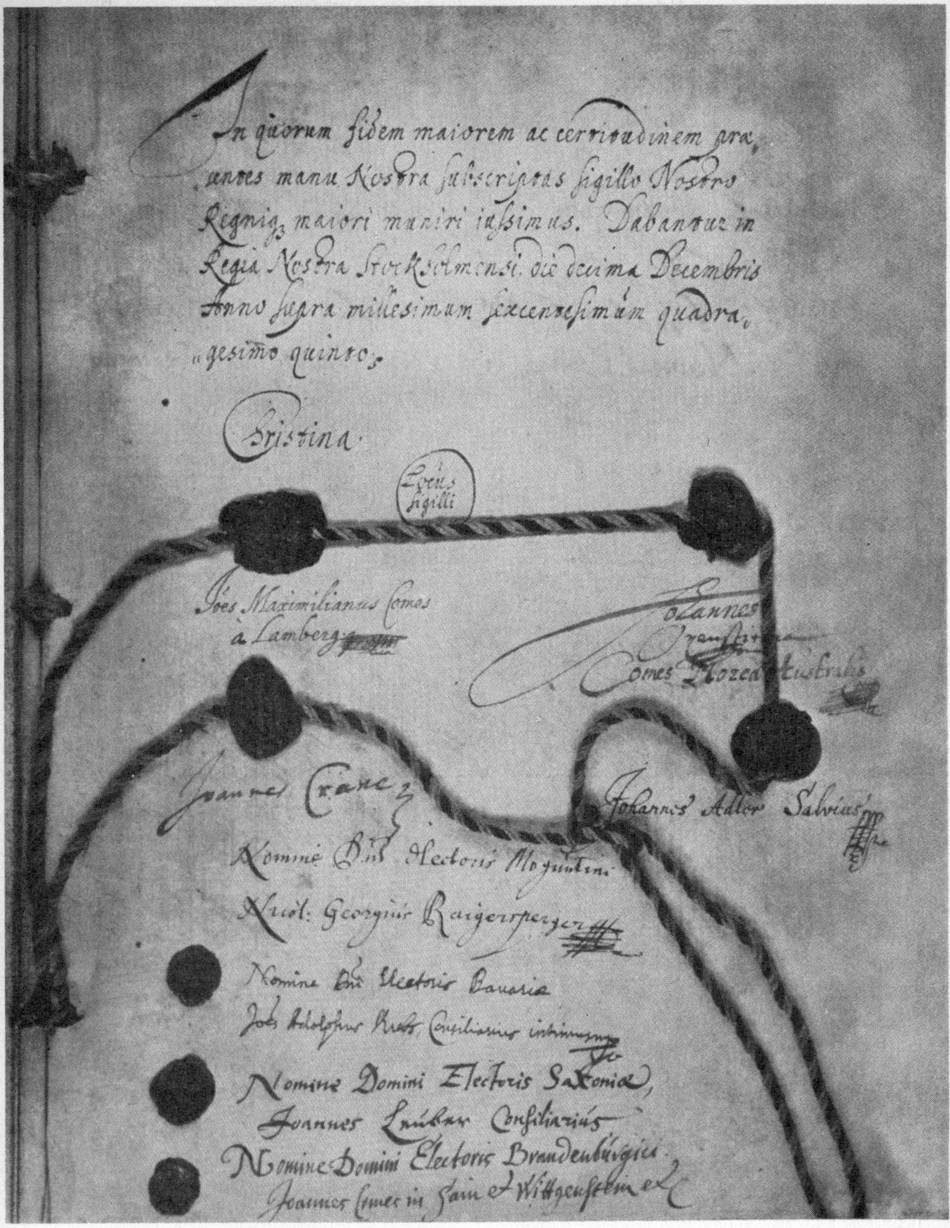
In quorum fidem maiorem ac certitudinem prae-
sentes manu Nostra subscriptas sigillo Nostro
Regniq; maiori muniri iussimus. Dabantur in
Regia Nostra Stockholmensi die decima Decembris
Anno supra millesimum sexcentesimum quadra-
gesimo quinto.

Christina.

Locus sigilli

Joes Maximilianus Comes à Lamberg

Johannes Oxenstierna Comes Morea Australis

Joannes Crane

Johannes Adler Salvius

Nomine Dni Electoris Moguntini
Nicol: Georgius Raigersperger

Nomine Dni Electoris Bavariae
Jois Adolphus Krebs Consiliarius intimus

Nomine Domini Electoris Saxoniae,
Joannes Leuber Consiliarius

Nomine Domini Electoris Brandenburgici
Joannes Comes in Sain et Wittgenstein etc.

Vollmacht der Königin Christine von Schweden vom 10. Dezember 1645
für den Grafen Oxenstierna zu den Friedensverhandlungen mit den kaiserlichen Unterhändlern
Wien, Haus-, Hof- und Staatsarchiv

Der Friedensschwur im großen Saal des Rathauses von Münster am 15. Mai 1648
Aus einer alten Kopie des Gemäldes von Gerard ter Borch
Amsterdam, Rijksmuseum

protestantischen Stände, nicht ohne die Hilfe von Schweizer Banken, sauren Mundes zusammenbrachten.

Wir übergehen die Kompensationen, die herrenlosen Bistümer und Stifte, welche andere deutsche Fürsten sich zu verschaffen wußten. Die pfälzische Frage wurde so gelöst, daß der Herzog von Bayern die pfälzische Kurwürde und die Territorien der Oberpfalz behielt, für den Sohn des verstorbenen Pfalzgrafen, Karl Ludwig, aber eine achte Kur kreiert und die Rheinpfalz ihm restituiert wurde. Kein Urteil der Gerechtigkeit, sondern ein Kompromiß zwischen Mächten, und einer, gegen den der Pfälzer sich lange wehrte. Da aber die englische Hilfe, auf welche die pfälzische Politik vor dreißig Jahren ihr Luftschloß gebaut hatte, völlig entfiel, da in England jetzt Dinge geschahen, von denen ein anderes Kapitel berichtet, und an denen der Bruder Karl Ludwigs, Rupprecht oder Rupert, wacker teilnahm, da Frankreich Grund zur »Realdankbarkeit« gegenüber seinem bayerischen Schützling besaß und Schweden den Frieden an dieser Frage nicht scheitern lassen wollte, so nahm Karl Ludwig schließlich, was er bekam – *cedendo non cedo*, wie er auf einer Denkmünze verkündete. Es lief aber doch auf *cedere* hinaus. Die Summe, die dem Herzog Maximilian vor einem Vierteljahrhundert die Intervention in Böhmen gekostet hatte oder gekostet haben sollte, diese Unglücksschuld von dreizehn Millionen, welche die Erweiterung der böhmischen Unruhen zum Dreißigjährigen Krieg zu einem guten Teil verursacht hatte, wurde feierlich aus den Büchern gestrichen; und man kann wohl sagen, daß der Krieg auch Bayern zehnmal mehr gekostet hatte, als sie je wert gewesen war.

Unterdessen schleppten die Verhandlungen über die Beendung des Konfessionsstreites, geführt von den Kaiserlichen, den protestantischen und katholischen Ständen und Schweden, das hier sich zum Anwalt der Protestanten machte, sich über die Jahre hin, von Forderung zu Forderung, Krise zu Krise. Das eingewurzelte Mißtrauen beider Parteien wirkte nirgends sonst so stark wie in diesem Fragenkomplex, der ja wohl auch die Ursache aller Ursachen gewesen war. Theologen und Juristen – Dr. Lampadius, Dr. Thumbshirn, Dr. Oelhafen – zermarterten sich die Köpfe, um allen Tücken vorzudenken, aus einer hundertjährigen, giftgetränkten Erfahrung die Lehren zu ziehen. Die Protestanten waren nun die Stärkeren, weil ihre Bundesgenossen zumeist die kriegerische Oberhand besaßen. In Wien und München wußte man, daß es ohne konfessionellen Frieden überhaupt keinen Frieden geben könnte, und wünschte daher die Einigung, wäre es selbst gegen römischen Protest, aber zu dem günstigsten Preise, den zähe, geriebene Unterhändler erreichen mochten. In einer Frage war Ferdinand III. starr wie zur Zeit des höchsten habsburgischen Glückes. An der Landeshoheit in seinen eigenen Erblanden, welche die Entscheidung über die Religion miteinschloß, durfte nicht gerüttelt werden; keine Einmischung der Schweden, der deutschen Protestanten in die Angelegenheiten Österreichs und Böhmens, kein Einsturz der Restauration von 1621. Noch stand der Kaiser so da, daß er hier sich durchzusetzen vermochte – ein Erfolg, der ohne Absicht zur Konsolidierung und Trennung des österreichischen Staatswesens entscheidend beitrug. Dafür kam man im Reich zu Kompromissen. Worauf es den Protestanten vor allem ankam, war völlige Gleichberechtigung; sie wollten nicht mehr eine Minderheit sein, der man Ausnahmebestimmungen oder zeitlich befristete Besitzesrechte einräumte, sondern eine der beiden Religionsparteien, die sich in

Deutschland teilten, und das Reichsoberhaupt selber als das, was es war, als Partei, erscheinen ließen. Diese Forderung wurde ihnen erfüllt; sie kam am deutlichsten in der Reorganisierung des Reichskammergerichtes zum Ausdruck, das von nun an aus Gläubigen beider Konfessionen paritätisch zusammengesetzt sein sollte. Alles erreichten sie nicht, und es war auch nicht alles billig, was sie wollten; mit dem *ius reformandi* der Fürsten, auf dem sie bestanden, stritt die Forderung, die Protestanten ihrerseits sollten überall im Reich das Recht freier Religionsübung genießen. Der Gedanke eines »Normaljahres«, zu dessen konfessionellem Besitzstande man zurückkehren und ihn gewissermaßen einfrieren würde, war alt; in Prag hatte man dafür das Jahr 1627 festgesetzt. Nun wurden günstigere Daten vorgeschlagen, 1612, 1618, 1620; man einigte sich auf 1624. So wie es mit dem Besitz an geistlichen Gütern damals stand, sollte es bleiben; wer damals »mit Wissen und ohne die Mißbilligung« des Landesherrn sich zur einen oder anderen Konfession bekannt hatte, in Ruhe gelassen werden. Die Religionshoheit des Landesherrn – *Cuius est regio, eius est religionis dispositio* – wurde noch einmal statuiert, jedoch nicht ganz ohne Schutzbestimmungen für andersgläubige Untertanen: Auswanderungsrecht, Fristen dafür, Recht, jenseits der Landesgrenzen auf eigene Art zu beten. Solche Bestimmungen galten nun endlich auch für jene Konfession, von deren Dasein man bisher sich noch immer geweigert hatte Notiz zu nehmen, obwohl stattliche Fürstenhäuser, Pfalz, Hessen-Kassel, Brandenburg, ihr längst angehörten: die »aufrührerische Sekte« der Calvinisten. Eine allgemeine Amnestie, unzählige Restitutionen ganz oder teilweise geplünderter Herren gaben den Verträgen den versöhnlichen Charakter, der, bei aller Härte der Verhandlungen und Resultate, schließlich doch den neuen Religionsfrieden bezeichnete. Selbst die gute Stadt Donauwörth sollte wieder frei werden, falls sie dem Kurfürsten Maximilian die Kosten seiner bald ein halbes Jahrhundert alten Exekution gegen sie zurückbezahlte. Da sie aber diese Summe bis zum heutigen Tag nicht aufbrachte, so hat sie müssen bayerisch bleiben.

Aber wenn der Religionsfriede nicht hielte? Wenn die Verträge überhaupt, auch die mit den fremden Kronen, nicht eingehalten würden? – Diese Generation sah den Krieg nicht als etwas Normales, in unbestimmten Zeitabständen bestimmt Wiederkehrendes an. Trotz Hugo Grotius, ihrem großen Zeitgenossen, der ihn unter Normen zu bringen versuchte, sah sie ihn als außerhalb der Norm an, ungefähr wie eine Revolution; er sollte nicht wiederkehren. Die Verträge sprachen von »vertrauensvoller Nachbarschaft« und »gesicherter Pflege der Friedens- und Freundschaftsbestrebungen«, von einem »christlichen, allgemeinen, immerwährenden Frieden«. Es war die Ansicht Richelieus gewesen, der, obwohl er an den dreißig Jahren seinen Teil Schuld zu tragen hatte, doch eigentlich kein Mann des Krieges war. Ihm hatte eine Garantie aller für die Gesamtordnung und für alle vorgeschwebt – eine Art System kollektiver Sicherheit, wenn der moderne Ausdruck für eine so alte Sache erlaubt ist. Schweden, realistischer, wünschte ein Garantenrecht, das auf ein Interventionsrecht zugunsten der Protestanten hinauslief. Im Resultat einigte man sich auf eine Formulierung, die der französischen Idee näherkam, jedoch im Vagen ließ, ob es sich um eine Garantie der Verträge nur in ihrem internationalen Aspekt oder auch um eine solche der innerdeutschen Ordnung und der einzelnen deutschen Stände handelte; würde einer der »an diesem Vertrag Beteiligten« aufs neue geschädigt, so sollten alle zu den

Waffen greifen und dem Unrecht wehren, nachdem der Weg des Rechtes oder gütlichen Vergleiches nicht zum Ziel geführt hätte; so jedoch, ließ Ferdinand III. wohlweislich beifügen, daß dieser Artikel keine Beeinträchtigung der richterlichen Gewalt eines Fürsten in seinem Lande bedeutete.

Die Auslegung, Deutschland betreffend, mußte von dem Charakter abhängen, den die deutschen Fürsten nun hatten. Die größeren unter ihnen waren aus dem Krieg gestärkt hervorgegangen. Wenn Bündnisse, unter sich oder mit fremden Mächten, gegen Kaiser und Reich ihnen verboten blieben, so hieß es, daß andere ihnen erlaubt waren; ein Recht, von dem sie noch großzügigen Gebrauch machen sollten. Ihre »Landeshoheit«, welche die kirchliche einschloß, war klarer statuiert als je zuvor. Die Friedensverträge hatten sie mit unterhandelt und unterzeichneten sie auch mit; der Form nach nicht als vereinzelte Mächte, sondern als Mitglieder des *Corpus Germanicum*. Praktisch hatten sie längst ihre eigene Politik getrieben, sei es aus Übermut, sei es, zuletzt, aus Not, und würden es weiter tun; und dies um so mehr, als die Idee des Reiches in Wien selber in Zukunft blasser und blasser werden sollte.

Am 24. Oktober 1648 wurden die Verträge zwischen dem Deutschen Reich, Frankreich und Schweden, die Verträge von Münster und Osnabrück, unterzeichnet, nach Verzögerungen, Zweifeln, Weigerungen fast bis zur letzten Stunde. Neun Tage später kam die Nachricht nach Prag und machte dem Sturm auf die Festung, welchen die Schweden, schon im Besitz der Kleinen Seite, eingeleitet hatten, ein Ende. Nun donnerten die Salven in den Himmel anstatt gegen die Mauern; aus den Kirchen erscholl das *Te Deum*. Wieder ein paar Wochen später erging aus Rom des Papstes feierlicher Protest; der Protest einer geistlich gebliebenen Macht gegen eine Ordnung, die wohl noch mit geistlichen Dingen sich abgab, aber sie im weltlichen Sinne regelte.

Von der Unterzeichnung des Friedens zu seiner Ausführung, der Freigabe der Faustpfänder, die man innehatte, Burgen und Städte, der Entlohnung, Evakuierung und Entlassung der Soldaten und ihres angeschwollenen Anhanges, war ein weiter Weg. Deutschland, vor allem, hatte für den Krieg bezahlt; es mußte auch für den Frieden, den ungeheuer schwierigen Vollzug der Demobilisierung, bezahlen. Die letzte ehemals feindliche Garnison verließ das Land sechs Jahre nach dem Friedensschluß. Zur Einigung über die Etappen der Räumung kam es unter den militärischen Anführern zu Nürnberg im September 1649 und zu einem Festbankett danach; da flossen die Springbrunnen mit Rosenwasser, da gab es der Orchester vier, und sechs Gänge von je hundertfünfzig Speisen, und Berge aus Kuchen, und solche, die Wohlgerüche spendeten, während aus dem Maul eines Löwen, der in der einen Pranke den Ölzweig, in der anderen das zerbrochene Schwert hielt, roter und weißer Wein sechs Stunden lang floß. In vorgerückter Stunde spielten die Generale, an ihrer Spitze Octavio Piccolomini, gemeine Soldaten, marschierten durch die Stadt zur Burg und ließen von den kaiserlichen Obersten scherzweise sich entlassen, weil nun Friede war. Unter dröhnendem Gelächter der gemästeten, perückenbehängten Herren endete, was vor einunddreißig Jahren mit den Böhmischen Unruhen begonnen hatte.

*

Hätten Österreich und in seinem Gefolge Spanien, Rom, Bayern 1621 den deutschen Protestantismus vernichten, die katholische Reformation zum vollen Sieg führen wollen, so wäre etwas wie der Dreißigjährige Krieg unvermeidlich gewesen. Es wäre dann um einen der Gegenstände gegangen, um welche die großen Kriege angeblich gehen: den ganzen Besitz, Universalmonarchie, die Frage, Ihr oder Wir. Aber darum ging es nicht. Ferdinand II. dachte zu rechtlich, um den Augsburger Religionsfrieden umzustürzen, die protestantischen Kurfürsten vertilgen zu wollen, und nie hätte Maximilian von Bayern ihm bei einem solchen Unternehmen Gefolgschaft geleistet. Keiner wollte den großen Krieg; keiner hatte anfangs Ziele, die ohne ihn nicht zu erreichen gewesen wären.

Er kam aus verschiedenen Quellen, die unheilvoll zusammenflossen: der ständischen Revolution in Österreich-Böhmen; dem Konfessionsstreit in Deutschland. Die Schritte, die man zu seiner Erweiterung machte, waren zunächst klein, und man würde sie nicht gemacht haben, wenn man ihre Folgen vorausgewußt hätte: Gegenreformation in der Oberpfalz, Enteignung und Ächtung des Pfalzgrafen Friedrich. Da man sie aber einmal gemacht hatte, wollte man sie nicht mehr zurückgehen und ging weiter, sei es, weil man mußte, sei es, weil man konnte; jeder weitere Schritt rief Reaktionen hervor. Jede Macht, die sich ins Spiel mischte, war stark genug, es eine Weile fortzusetzen; keine, es zu beenden. Von einer Beendung durch Ausgleich wurde fast ununterbrochen gesprochen und mehrfach, 1621, 1629, 1635, 1640, schien man nahe daran; aber Mißtrauen, Eigensinn, Rechtsbewußtsein, Gier und unbewußter Herrschaftstrieb waren stärker als die Vernunft, die nie ganz erlosch.

Da der Konfessionsstreit an sich international war, da Deutschland, das Heilige Reich, noch immer das Kernland Europas war, da es durch die Dynastie Habsburg eng mit Spanien verbunden war, da Spanien seine eigenen Ziele verfolgte, seinen eigenen ewigen Krieg mit den Niederlanden führte, so kam es zu fremden Interventionen. Ohne sie wäre der innerdeutsche Friede, durch überlegene Gewalt oder durch Kompromiß, wohl zu haben gewesen. Aber nicht mit der Existenz Dänemarks, Schwedens, der Niederlande, Englands, Frankreichs, und selbst des elenden Siebenbürgers zu rechnen, hieß mit einer Welt rechnen, wie sie nicht war. Ein schwedischer Diplomat formulierte einmal: Wie kein anderes Land sei Deutschland zur Universalmonarchie geeignet; man könnte es nicht seinem Schicksal überlassen. Eben dies war die Ansicht Richelieus. Leider konnte keiner, der sich, in edler oder unedler Sorge, um Deutschlands Schicksal kümmerte, es verbessern oder frei darüber entscheiden. In der Friedenspredigt des Pfarrers Johann Georg Dorch zu Peterstal im Schwarzwald lesen wir: »Da ist der eine heute, der andere morgen, der eine von Morgen, der andere von Abend, dieser von Mittag, jener von Mitternacht aufgezogen gekommen, haben dem Feuer steuern und wehren wollen, aber den Brand immer größer gemacht.« – Man könnte es nicht wahrer ausdrücken.

Die Folgen waren schlimm für Millionen leidender, gemarterter menschlicher Individuen. Sie waren auch schlimm für das Kollektivwesen, genannt Nation, in ihrem Zusammenleben und Wettkampf mit anderen Nationen. Man soll nicht sagen, die deutsche Kultur sei im Dreißigjährigen Krieg zerstört worden; der Mensch ist stark und zäh und seine Kultur auch. Mitten im Krieg entstanden die Gedichte des edlen Andreas Gryphius, ergreifende Versuche, die deutsche Sprache zum Klassischen zu zwingen, die Gedichte von Opitz und

Gerhardt; im Krieg die Kompositionen von Heinrich Schütz; auch die einfachsten Schöp fungen der Zeit, Volks- und Kriegslieder zeigen, daß Erlebnis und Ausdruckskraft der Menschen nicht versiegt waren. Die tapferste Tat in der Zeit des Dreißigjährigen Krieges war eine Tat der Menschlichkeit und Kultur: das Buch Friedrich von Spees gegen Hexenwahn und Hexenprozesse, die *Cautio criminalis*.

Man soll auch nicht sagen, die Zivilisation der deutschen Städte sei am Ende gewesen. Selbst der Vertreter Magdeburgs nahm am Friedenskongreß rüstig teil; Hamburg blühte im Krieg auf, anstatt zu verlieren; das Gefühl, in einem vor hundert Jahren zu Tod getroffenem Gemeinwesen zu leben, wird man bei dem jungen Goethe vergebens suchen. Richtig ist, daß das Schwergewicht kulturellen Lebens sich von den Handelsstädten, den freien Reichsstädten, auf Fürstenhöfe und Fürstenstädte verlagerte. Diese Entwicklung war an sich nicht neu. Der deutsche Fürstenstaat war keine Schöpfung des Dreißigjährigen Krieges oder der Nachkriegszeit; er war, sahen wir, schon vorher da, und der Niedergang des deutschen Handels datiert aus dem späten 16. Jahrhundert. Wie es denn eine alte Sache ist, daß der Krieg gewisse Entwicklungen nicht so sehr schafft, wie beschleunigt; daß er die Erschwachenden herabstößt und die Erstarkenden stärker macht. Freier von Kaiser und Reich als je zuvor, von ruiniertem Adel umgeben, belastet mit Aufgaben der Wiederherstellung, die nur eine machtvolle Obrigkeit am Ort selbst lösen konnte oder lösen zu müssen glaubte, wurden die fürstlichen Regierungen zu den eigentlichen Zentren des deutschen politischen und kulturellen Lebens; schöpferisch auf ihre Art – man sehe sich an, was von ihrer Architektur blieb und heute noch unser Land verschönt –, aber dem Volk entschieden fremder als die Städte gewesen waren, aristokratische Kunststile pflegend, ihre Vorbilder aus Italien, dann mehr noch aus Frankreich nehmend und abwandelnd. So wie sie ihre Untertanen im frühen 17. Jahrhundert Beten gelehrt hatten, so sollten sie sie hundertfünfzig Jahre später die »Aufklärung« lehren.

Der biologische Verlust wurde ersetzt; nicht bald, aber in etwa hundert Jahren. So pflegt ja die Natur es zu machen, oder machte sie es jedenfalls, ehe man ihr Geheimnisse entlockte, durch die man sie oder, wenn man will, sie selber sich zerstören mag. Nach einem Krieg, hat Hegel einmal die Pazifisten verspottet, schössen die Saaten ja doch wieder auf, »und das Gerede verstummt vor den ernsten Wiederholungen der Geschichte«. Die Saaten schossen wieder auf auch hier. Sogar waren die Bauern, welche überlebt hatten, nach dem Krieg eher besser daran als vorher, einfach darum, weil so viele fehlten und soviel Land brach lag; wo man tausend Jahre den Boden bebaut hatte, gab es nun Neuland, Land für Pioniere; dergestalt, daß die Regierungen einerseits um Siedler warben, andererseits, zum Beispiel in Sachsen, Gesetze erlassen wurden, um die Bauern an ihre Dörfer zu binden.

Wenn der Dreißigjährige Krieg ein Religionskrieg war – aber er war es, je länger er dauerte, um so weniger –, so war er der letzte seiner Art. Der deutsche Religionsfriede hielt. In den Kriegen Ludwigs XIV. hat Religion – des Sonnenkönigs kirchliche Tyrannei – noch eine Rolle gespielt, aber nicht mehr als das; noch hundert Jahre nach Münster und Osnabrück konnte der Erzspötter Friedrich der Welt als ein Anführer des Protestantismus gelten. Verschwinden tat dies Element nicht, aber es konnte nur noch akzentuieren, keine Weltbewegung mehr verursachen. Der fromme Protestant Cromwell machte gemeinsame Sache mit Frankreich. Der Enkel Maximilians von Bayern, Sohn eines Kurfürsten, dessen Namen so sehr nach dem Dreißigjährigen Krieg klang: Ferdinand Maria, focht gegen Österreich. Hundert Jahre nach dem Westfälischen Frieden war der Papst nichts mehr als ein etwas wunderlich gewählter italienischer Fürst, auf dem Welttheater eine Figur, die man aus purer Höflichkeit noch ernst zu nehmen vorgab.

Ob die Weltstunde Frankreichs auch ohne den Dreißigjährigen Krieg gekommen wäre, darüber ist zu spekulieren müßig. Der Zusammenhang der Dinge ist dicht, das Werk Richelieus aus ihm nicht fortzudenken. Vitalität und Schöpferkraft der Nation waren groß; ihr Einfluß sollte, von Neapel bis St. Petersburg, auch dort wirken, wo der Dreißigjährige Krieg nicht gewütet hatte. Lange vor 1635 war Spanien im Niedergang, Frankreich im Aufstieg. Der Krieg beschleunigte die Entwicklung oder drückte sie aus.

Er ging, sei zum Schluß noch erinnert, auch nach dem deutschen Friedensschluß noch weiter, schleppte sich, im Süden wie im flandrischen Norden, bis 1659 fort, wieder, wie von alters, begleitet von Verschwörungen im Inneren Frankreichs, »Fronden« des Hochadels, bürgerlichen Protestbewegungen des Pariser Parlaments, deren Mazarin schließlich doch Herr wurde, wie Richelieu ihrer Herr geworden war. Im »Pyrenäen-Frieden« erhielt Ludwig XIV. Stücke von Lothringen, Roussillon, Artois, Flandern und Luxemburg; wieder, wie 1615, wurde die endliche Versöhnung mit einer königlichen Heirat gekrönt. Ein anderes Kapitel erzählt, was sie für böse Folgen hatte, wie Frankreich, kaum über den Kampf um seine Existenz hinaus, zu Unternehmungen des Übermutes schritt und den Lauf der Welt fortsetzte.

Ivan Roots

DIE ENGLISCHE REVOLUTION

England unter Jakob I. Stuart

Am 24. März 1603 gelangte Jakob VI. von Schottland, »ein alter und erfahrener König«, voll Ungeduld auf den englischen Thron. Vom verarmten Norden aus wirkte das Elisabethanische England wie das verheißene Land. In Wirklichkeit war es ein Land der Probleme. Die prachtvollen, neuerbauten Landsitze, in denen Jakob auf seinem Weg nach Süden abstieg, deuteten auf wirtschaftlichen Fortschritt, freilich einen sehr ungleichmäßigen. In allen Schichten der Gesellschaft gab es solche, die dank ihrem Fleiß, ihrer Klugheit, ihrer Strebsamkeit, oder einfach deshalb vorankamen, weil sie vom Glück begünstigt waren. Doch gerade die Kräfte, die diese Menschen förderten – zusammen mit einer unvollkommen erfaßten Inflation –, taten anderen, weniger Gewandten, Schaden, und zu diesen gehörte auch die Monarchie.

Der an Zahl geringe Tudor-Hochadel hatte erbittert um Stellung und Gewinn gerungen; verschwenderische Kreationen der Stuarts regten nur noch schärfere Auseinandersetzungen an. Auch unter dem Landadel gab es Reibereien, die, vermehrt durch das Emporkommen des einen, den Ruin oder das Stillstehen anderer, eine fiebrige Hitze erzeugten, welche sich ihrerseits in zerrüttende politische Aktivität umsetzte. In kommerziellen und industriellen Kreisen, die oft durch Heirat, verwandtschaftliche Bande oder Investitionen mit der Gentry liiert waren, gab es sowohl Überfluß wie Bankrott.

Den »niederen Ständen« der wenig mehr als vier Millionen zählenden Bevölkerung mußten die Verhältnisse labil vorkommen. Die meisten von ihnen waren nicht vollbeschäftigt, konnten kaum ihr nacktes Leben fristen und verhungerten oft genug buchstäblich. Schlechte Verkehrswege und unzureichende Handelseinrichtungen brachten es mit sich, daß die eine Gegend mit Waren überschwemmt sein konnte, während nahebei entsetzliche Not herrschte: das Werk einer verhaßten Natur, unterstützt von der Hartherzigkeit der Menschen – der »Raffer« –, gegen die Geistliche und Moralisten erfolglos wetterten. Das Volk war zwar gelehrig, doch unter verstärktem Druck mochte es leicht wider den Stachel löcken.

Um nicht Gefahr zu laufen, die Ordnung zusammenbrechen zu sehen, hatten die Tudors versucht, die soziale Harmonie durch eine gegen allen wirtschaftlichen Wandel gerichtete Gesetzgebung zu erhalten oder überhaupt erst herzustellen. Dies war ihnen mißlungen, und

1603 mußten sie schließlich den unvermeidlichen Übergang zu neuen Wirtschaftsformen zugestehen. Die Industrie gab die schwierigsten Probleme auf. Der wichtigste Handel – der mit Tuchen – gestaltete sich bei zunehmender Verfeinerung des Geschmacks bewegter und verlangte hochwertigere Ware. Währungsschwierigkeiten und stark schwankende Nachfrage, die ihrerseits auf örtlich unsichere Verhältnisse oder gar eine allgemeine europäische Wirtschaftskrise schließen ließen, brachten Preisstürze mit sich. Ohne Ausnahme trafen diese den Staat unvorbereitet, der zwischen angestrengten Regulierungsversuchen und völliger Kopflosigkeit hin und her schwankte. Alderman Cockaynes Projekt (1616), ein ausgemachter Reinfall, zeigte, wie wirr das wirtschaftliche Denken und Handeln sein konnte.

Entsetzt über die Ausschreitungen entlassener Arbeiter, versuchte die Regierung, den eisigen ökonomischen Wind dadurch zu mildern, daß sie privilegierte Gesellschaften beauftragte, die nicht abzusetzenden Tuche aufzukaufen, daß sie die Märkte mit billigem Getreide beschickte und die private Mildtätigkeit (von der es nie genug gab) durch Verfügung der Armengesetze ergänzte. Solche *ad hoc* unternommenen und oft wenig durchdachten Aktionen vermochten nicht die Bauernaufstände von 1607, 1627 und den frühen dreißiger Jahren jenes Jahrhunderts abzuwenden. So entsteht das Bild einer unterentwickelten Wirtschaft, in der sich gewaltige Extreme des Reichtums und der Armut nebeneinander zu halten vermochten und von gesellschaftlicher Harmonie kaum die Rede sein konnte.

Die wirtschaftliche Initiative ging von London aus. Diese große Stadt, schon damals beängstigend übervölkert, war der Magnet für alle, die es im Leben zu etwas bringen wollten. Der königliche Hof und die Staatsministerien verhießen einem angehenden Lordkanzler so gut wie einem Küchenjungen Beschäftigung, Einkommen, Rang und Einfluß. War die Krone auch nicht reich, so war sie doch ein großzügiger Brotgeber und Konsument. Der Hof mästete sich an der Krone, und London wiederum hielt sich an den Hof. Doch auch draußen verfolgte die City ihre Interessen. Sie war das Herz der nationalen Politik und des Rechtswesens, der wichtigste Hafen, das Domizil großer Gesellschaften, die mit der Levante, den baltischen Staaten, Mitteleuropa, dem Osten und den aufblühenden Kolonien in Nordamerika Handel trieben. Die meisten staatlichen Finanzaktionen – die Erhebung von Steuern und Auflagen und des »Pfund- und Tonnengeldes«, die Verleihung von Monopolen – waren in London konzentriert. Die zwiespältige Haltung der Hauptstadt bei allen Auseinandersetzungen der Epoche erklärt sich aus der Abhängigkeit des wachsenden Geldmarktes von den königlichen Unternehmungen. Die Bankiers der City, die Steuerpächter und Geldgeber der Regierung, ja die Geschäftswelt im ganzen hatte ein Interesse am Überleben der Stuarts. Doch die kleineren Leute in der City waren neidisch auf solches Cliquenwesen, und ihre Reaktionen dagegen hatten ähnliche politische und soziale Konsequenzen wie die Abneigung der Provinzunternehmer gegen die oligarchischen Privilegien der Hauptstadt.

Jakob I. und sein Sohn mußten die schmerzliche Erfahrung machen, daß sich hinter dem äußeren Glanz der Tudormacht eine sehr viel weniger erbauliche Realität verbarg. Gewiß, die Tudors hatten eine, gegenüber allen früheren Staatswesen und den meisten neben ihnen vergleichsweise starke Monarchie aufgerichtet, die es mit den Widrigkeiten eines ehernen

Zeitalters durchaus aufzunehmen vermochte – mit Reformation und Gegenreformation, mit Parteiengeist, mit Krieg an den Grenzen und Inflation. Sie hatten die Barone gebändigt und die Kirche fester in die Hand bekommen. Aber diese Leistungen hatten ihre geringen Kräfte erschöpft.

Was den Staaten zu jener Zeit allenthalben in beängstigender Weise not tat, war die Koordination der lokalen und der zentralen Verwaltung, die einer zerrütteten Gesellschaft zu Einheit und Einheitlichkeit hätte ausschlagen können. Die Herrscher der Spanier arbeiteten auf ihrer Halbinsel mit wechselndem Erfolg daran und beschwörten hierdurch die Revolution in den Niederlanden herauf. Die französischen Religionskriege waren zum Teil durch das Eingreifen der Monarchie in partikularistische Traditionen bedingt. In Deutschland enthüllte die Reformation die Schwäche des Reiches und die Stärke der einzelnen Länder. Überall setzte sich der Partikularismus zur Wehr, häufig – wie in den Niederlanden, Aragon und Südwestfrankreich – angeführt von Adligen, die ihre gesamte Lebensweise bedroht sahen. Nicht anders stand es in England, wo die Leute, wenn sie von ihrem *country*, ihrer Nation, sprachen, vor allem ihre *county*, ihre Grafschaft, im Auge hatten. Die Flut von Grafschaftschroniken während der Regierungszeit Elisabeths ist mehr als nur Ausdruck von Sentimentalität.

Ohne eine wirklich sachkundige Verwaltung, ein stehendes Heer und einen zentralen Nachrichtendienst waren die Tudors im Frieden wie im Krieg auf die Lokalbehörden, lokale Persönlichkeiten, angewiesen, die für die routinemäßige Verwaltung und die nationale Verteidigung zu sorgen hatten und die Verbindungen in beiden Richtungen aufrechterhalten sollten. Die Mitglieder der Räte der »Notstandsgebiete« – im Norden und in den Marken von Wales – waren größtenteils von ihren örtlichen Belangen erfüllte Männer, die einer unvoreingenommenen Beobachtung der nationalen Dinge gar nicht fähig waren. Freilich konnte die Zentralverwaltung Erfolge für sich verbuchen, aber allein schon das Fortbestehen dieser anfänglich auf bestimmte Situationen zugeschnittenen Körperschaften deutet auf eine unverminderte Notwendigkeit hin. Ihre Abschaffung im Jahre 1641 durch Parlamentarier, die mehr Verständnis für nationale Erfordernisse hätten aufbringen sollen, wirft ein grelles Licht auf die Wendigkeit und Vitalität des Partikularismus. Überdies war der Angriff auf den *Council of the North* auch Ausdruck örtlicher Rivalitäten zwischen den großen Familien der Savilles und Wentworths. Eine eigene Ironie liegt in dem Umstand, daß die verhältnismäßig energische zentralistische Politik der dreißiger Jahre des 17. Jahrhunderts die einmütige Opposition der Lokalverwaltungen hervorrief, die sonst der Zusammenarbeit unfähig waren. Der auf Zentralisation gerichtete »Kreuzzug« Karls I. redete – anscheinend – deutlicher die Sprache der »Tyrannei« als die zweimal abgeschnittenen Ohren des William Prynne.

In diesem Zeitalter der Maßlosigkeit gab es noch andere Spannungen. Schon war ein Schwinden der öffentlichen Moral und der Redlichkeit im Staatsdienst festzustellen. Jakob I. trat das Erbe einer Generation an, die den Sinn für das »alte Gute« verloren hatte und nur noch für Augenblicke in Schach gehalten wurde durch den Zauber einer alten Königin – ein Geheimnis, das sie nicht weitergab. Solange Robert Cecil – aus gleichem Holz wie sein Vater Burghley – lebte, herrschte noch einige Ordnung. Doch nach 1612 verfiel die

Königsherrschaft in Parteienhader, der durch den Aufstieg George Villiers, des Herzogs von Buckingham, eher angefacht als gedämpft wurde. Wer in seinen berückenden Kreis nicht eindringen oder sich dort nicht halten konnte, hegte heftigen Groll, der in gewissem Sinne Buckingham zur Last zu legen ist. Da er auch hierin Monopolist war, ist er vielleicht wirklich als »die Wurzel allen Übels« zu betrachten.

Da gab es noch tiefergreifende Probleme; unter ihnen jenes Konglomerat aus Ideen, Gefühlen und Interessen, gemeinhin Religion genannt. Zwischen seinen Jagdveranstaltungen erinnerte sich Jakob ihrer. Denn bei all seiner calvinistischen Spitzfindigkeit und seinem Liebäugeln mit dem Katholizismus zögerte er doch nie, die anglikanische Staatskirche zu unterstützen, jene seltsame Institution, geboren aus leidenschaftlichem Disput und widerwilligem Kompromiß, die jetzt vielen als eine gottgewollte, aus unbefleckter Empfängnis hervorgegangene Sache galt. Andere, die man mit aufreizender Vagheit »Puritaner« nannte, waren weniger glücklich mit dieser Kirche, die in alten katholischen Bräuchen wurzelte und nach Verbesserungen schrie. Als man ihm 1603 die bescheidene *Millenary Petition* vorlegte, war Jakob zu Gesprächen bereit. Doch die darauffolgende Kirchenversammlung in Hampton Court wurde von den Bischöfen hintertrieben, die ihm einredeten, die etablierten Institutionen wie Kirche und Monarchie müßten zusammenhalten. Was Jakob entging, war, daß die königliche Oberhoheit in der Kirche, auf den ersten Blick eine so wichtige Stütze der Monarchie, in Wirklichkeit ein höchst zweischneidiges Schwert war, verquickte sie doch die religiösen mit den verfassungsrechtlichen und politischen Konflikten.

Es war also ein kompliziertes und spannungsreiches Zeitalter: In allen gesellschaftlichen Belangen waren die Meinungen geteilt. Ja, in den Individuen selbst schlug ein »zwiefach Herz«, wie die tiefempfundene und zugleich verstandesscharfe Literatur der Zeit beweist. Gewicht aber muß darauf gelegt werden, daß merkwürdigerweise ein großer Teil der Uneinigkeit aus anfänglicher Übereinstimmung in den Prinzipien stammte, die dann aber, auf den Einzelfall angewandt, in sich zusammenbrachen.

Unter der Herrschaft der Tudors dehnte die Krone ihren Einfluß – wenn schon nicht ihre Macht – auf alle sich verändernden Seiten des Lebens aus. Untertan und Souverän waren übereingekommen, die Mißhelligkeiten innerhalb der bestehenden Rechtsordnung und Verfassung beizulegen, und jedermann respektierte die durch die Geschichte geheiligten Institutionen, wie Krone, Justiz und Parlament. Daher das ewige, nur in seltenen Fällen zynische Suchen nach Präzedenzfällen für anstehende Entscheidungen. Erfahrung brachte langsam zur Einsicht, daß es wenig Übereinstimmung darüber gab, was das Recht eigentlich sei. Im letzten wurde es zu einer Frage der Bestimmung des bisher ungeklärten Verhältnisses zwischen Staat und Bürger – zu einer verfassungsmäßigen Frage. Solche Bestimmung suchte man durch Festlegung vor allem des Verhältnisses zwischen der Krone und jener Institution zu erreichen, welche sich als »Bevollmächtigte der Nation« betrachtete – dem Parlament also und vor allem dem *House of Commons*, das zwar nur annähernd, aber immerhin recht tatkräftig die politisch aktive Nation verkörperte: die Leute mit Vermögen und Grundbesitz. Commons, Lords und der König – integrale Bestandteile des Parlaments sie alle drei – konstituierten miteinander eine »herrschende Schicht«.

Spannungen innerhalb dieser Schicht brachten Konflikte mit sich, die 1642 zum Bürgerkrieg führten.

In förmlicher Weise trat Jakob I. der politischen Nation zum erstenmal im Parlament von 1604 gegenüber Es war für ihn kein sehr beglückendes Erlebnis. Das elisabethanische Parlament war niemals unterwürfig gewesen, aber in schwierigen Momenten war Elisabeth durch die »offene« Nachfolge geholfen worden, mit der darin enthaltenen Andeutung, daß das gesamte Gemeinwesen am dünnen Fädchen ihres Lebens hänge. Jakob, der eine gesunde Konstitution und Erben besaß, war ohne Widerspruch auf den Thron gelangt. Die außenpolitische Situation – wohlgesinnte Regierungen in Frankreich und den nahezu unabhängigen Vereinigten Niederlanden –, zusammen mit Jakobs eigenen Bemühungen um einen Frieden mit Spanien, machte zunichte, was die überzeugendste Bestätigung von Elisabeths Stärke gewesen war. Schlimmer noch: Sein Verlangen, den schließlich im Somerset House ausgehandelten Frieden mit Spanien durch ein wirksames Freundschaftsverhältnis zu stärken, ermutigte gewisse prospanische und profranzösische Parteiungen am Hofe, wenn auch einige Wirtschaftsgruppen davon profitieren. Die Außenpolitik führte zu Zänkereien im Parlament, die sich zu weiteren Mißhelligkeiten auswuchsen. Sie brachte auch eine scharfe Auseinandersetzung über das Recht auf freie Meinungsäußerung mit sich, das von den Commons beansprucht, von Jakob bestritten wurde. Wiewohl es zu Erweiterungen der Privilegien unter seiner Herrschaft kam, wußte sich Jakob im allgemeinen den weitreichenden Forderungen der »Apologie« von 1604 zu entziehen.

Wie Elisabeth hatte auch der neue König eine hohe Meinung von der königlichen Prärogative, aber mehr als sie neigte er dazu, sie eitel im Munde zu führen und taktlos zur Geltung zu bringen. Eine gerichtliche Entscheidung zugunsten von Steuerauflagen – Einfuhrgebühren, die der König ein Recht hatte zu erheben, um das wirtschaftliche Leben zu regulieren – wurde zu einer schamlosen Erhöhung der Tarifsätze ausgenutzt. Das Parlament diskutierte unausgesetzt eine Entscheidung, die fiskalisch und darum für die Verfassung gefährlich aussah. 1610 hatte der Graf von Salisbury (Robert Cecil), *Master of the Wards* und Lord-Schatzmeister *(Lord Treasurer)*, die Kritiker der königlichen Finanzen durch den *Great Contract* zu entwaffnen gesucht, ein Instrument, das den laufenden königlichen Einkünften eine solidere Grundlage geben sollte, indem sie einige mißliche Einrichtungen, wie die Rechte der Markgrafen *(wardship)*, abschaffte. Jakob, dem das Wort »Ökonomie« noch nie etwas gesagt hatte, war darüber nicht erbaut. Die Commons fürchteten, daß ein Herrscher mit gesichertem Einkommen alsbald nicht mehr willens sein werde, ein Parlament einzuberufen. Die stagnierenden Verhandlungen brachen schließlich ab, als das Parlament aufgelöst wurde. (Ähnliche, von Erzbischof Bancroft eingebrachte Anträge auf Festsetzung des Kircheneinkommens fielen damals gleichfalls unter den Tisch.) Was zu Salisburys staatsmännischster Leistung hätte werden können, erwies sich, wie ihm Jakob sarkastisch vorhielt, als sein »größter Irrtum«. Er hatte schließlich nur erreicht, daß die Meinungsverschiedenheiten über Finanzfragen in die Öffentlichkeit getragen wurden.

Salisburys Tod im Jahre 1612 war eine Katastrophe. Die Kommission, die ihn im Schatzamt ablöste, war bestechlich und untüchtig. Sie trieb die fiskalischen Forderungen, von denen viele zweifelhaft und alle verhaßt waren, in die Höhe. Jakobs eitles Bestreben, sein eigener Staatssekretär zu sein, verlor sich jeweils, wenn die damit verbundene Arbeit sein Jagdvergnügen störte. Sein zweites Parlament erwies sich, statt mit einem großen »Regierungsblock« aufzuwarten, als noch störrischer denn das erste. Binnen zweier Monate gab er ihm den Laufpaß – ein Symptom für die Ungeschicklichkeit der Stuarts im Umgang mit dem Parlament, doch ebenso ein Beweis für die Unzulänglichkeit der Führer des Unterhauses. In ihrer politischen Unreife fiel ihnen nichts Besseres ein, als Obstruktion zu treiben. Da ihnen die eigentlichen Regierungsprobleme entgingen, begriffen sie auch nicht, daß sie, um wahrhaft »die Treuhänder der Allgemeinheit« zu sein, während längerer Sitzungsperioden hätten versammelt bleiben müssen. Sie redeten gewandt vom guten Einvernehmen zwischen König und Volk, verhinderten aber durch ihre phantasielosen Taktiken gerade dessen Zustandekommen. Erst nach der »Glorreichen Revolution« von 1688/89 sollte man auf wirklich konstruktive Methoden zur Ausbalancierung von Exekutive und Legislative hinarbeiten.

Das »wirre« Parlament von 1614 unterbrach für kurze Zeit ein »persönliches Regiment«, das fast so lange währte wie später das berüchtigtere Karls I. Jakob sah sich sehr ähnlichen Problemen gegenüber, vor allem solchen finanzieller Art, behandelte sie aber weniger tatkräftig als sein Sohn, außer in den ein, zwei Jahren gegen Ende seiner Regierungszeit, als Lionel Cranfield, ein äußerst tüchtiger und im englischen wie internationalen Finanzwesen sehr bewanderter Geschäftsmann, dem Schatzamt vorstand. Bis dahin hatte Jakob von der Hand in den Mund gelebt – unverbesserlich leichtsinnig und liebevoll nachsichtig gegen die Ausschweifungen seiner Günstlinge. Da ihm in der Kindheit Liebe versagt geblieben war, entwickelte er in späteren Jahren eine schmachtende Neigung für hübsche junge Männer. Salisbury hatte diese Männer von wirklich einflußreichen politischen Posten fernzuhalten gewußt, doch nicht verhindern können, daß ihre klebrigen Finger tief in die königlichen Schatztruhen langten. Nach Salisburys Tod rückte George Carr, Graf von Rochester, der Politik näher, sein Aufstieg wurde aber dank der beachtlichen Plattheit seines Verstandes und dem fachmännischen Geschick tüchtigerer Politiker aus dem Howard-Clan aufgehalten. Seine Aussichten schwanden gänzlich, als seine Mitschuld an der niederträchtigen Ermordung Sir Thomas Overburys aufgedeckt wurde und damit die rücksichtslose Eigennützigkeit der Parteien und der rasche Verfall der Sitten am geschniegelten Hofe Jakobs ans Licht kamen.

Die Parteien mochten irgendein Prinzip der Landespolitik verfechten, sie mochten profranzösisch oder prospanisch eingestellt sein, im Grunde verfolgten sie nur ihre eigenen Interessen oder die ihrer Familien. George Villiers, der letzte und größte von Jakobs Lieblingen, wurde dem König von einer vorübergehenden Allianz ansonsten miteinander rivalisierender Gruppen präsentiert, um die mächtigen Howards aus dem Feld zu schlagen. Zur allgemeinen Überraschung erwies er sich als mehr denn bloß ein hübsches Werkzeug. Er war in der Tat ein hochbegabter, vielseitiger Mann mit Geschmack, unabhängig, klug und politisch ehrgeizig. Eifrig bemüht, sich in allem und jedem zu versuchen, übernahm er vielerlei Ämter, nicht nur des Verdienstes und Ansehens wegen, sondern vor allem, um in ihnen etwas auszurichten. Wie Thomas Cromwell (um 1485–1540) war er ein »Laien-Inhaber vieler Pfründe«, wenn ihm auch die Zielstrebigkeit jenes schöpferischen Staatsmannes abging. Patriotisch gesinnt und zuweilen auch aufopferungsvoll, wußte er sehr wohl, daß er König und Nation nichts eigentlich Exemplarisches zu bieten hatte. So nahm er die ihm übertragene Verantwortung gern an. Eine grillenhafte Anwandlung jedoch führte ins unerbittliche Verderben. Zunächst aber war sein Aufstieg zu Beginn der zwanziger Jahre endgültig gesichert, als es ihm unglaublicherweise gelang, den mißtrauischen Thronanwärter Karl, Prinz von Wales, für sich zu gewinnen. Ein halbes Dutzend turbulenter Jahre lang war er praktisch Premierminister von England. Daß es zumeist Jahre poli-

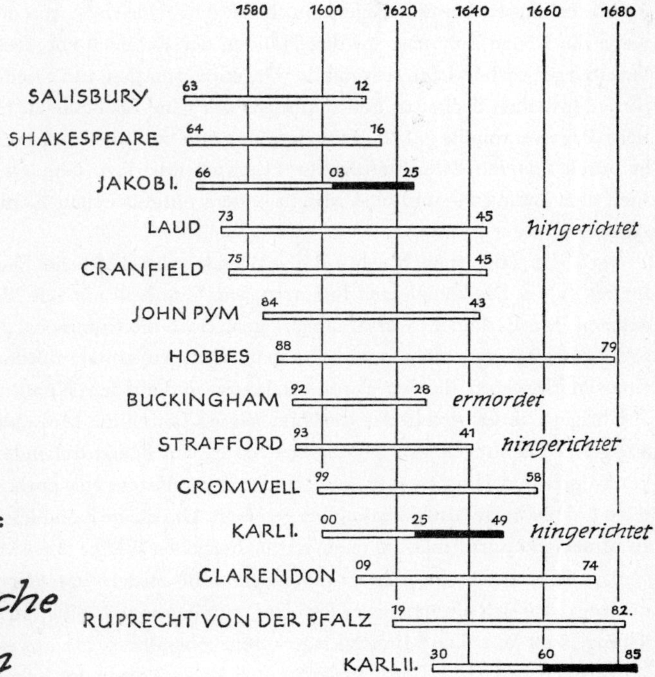

LEBENSDATEN:

Die englische Revolution

tischer Fehlschläge waren, darf nicht allein ihm zur Last gelegt werden, sondern war zum Teil das Erbe von Jakobs trügerischer Außenpolitik.

Als echter Mann des Friedens setzte Jakob alle seine Hoffnung auf ein gutes Einvernehmen mit Spanien, das, besiegelt durch eine Ehe zwischen seinem Erben und einer Infantin, die Verhältnisse im westlichen Europa stabilisieren und Englands Ansehen heben sollte. Der spanische Gesandte Gondomar, ein belustigter Beobachter der Schrullen des Königs von England, erkannte, daß Spanien durch die in die Länge gezogenen Verhandlungen nur gewinnen konnte. In deren Verlauf gelang es ihm, die Hinrichtung Sir Walter Raleighs durchzusetzen, einst der verhaßteste Mann im Königreich, jetzt aber der edle Märtyrer einer entwürdigenden Beschwichtigungspolitik. Er setzte sich für die Erleichterung des

Loses der englischen Katholiken ein, gegen die sich Jakob, als erst einmal die Panik nach der »Pulververschwörung« des Jahres 1605 abgeklungen war, im allgemeinen duldsam erwies. Rief dies innere Spannungen hervor – desto besser. So würde England vielleicht von einschneidenden Interventionen abgehalten, wenn am Ende des zwölfjährigen Waffenstillstandes (1621) der Krieg zwischen Spanien und den Holländern, für die die Engländer während des ganzen Jahrhunderts eine merkwürdige Haß-Liebe hegten, wieder aufflammte.

Die Umstände indessen wollten es, daß der Krieg schon früher und anderswo ausbrach – im fernen Böhmen nämlich. Hier wurden nun die englischen Gefühle tief aufgewühlt, weil Jakobs calvinistischer Schwiegersohn, Kurfürst Friedrich V. von der Pfalz, unbesonnenerweise die Krone Böhmens aus den Händen der Rebellen entgegengenommen hatte. Die Habsburger verbündeten sich mit der Gegenreformation, um Friedrich, den Verfechter der protestantischen Sache, zu Fall und sogar um seine Erblande zu bringen. Diese verdrießliche Lage veranlaßte Jakob, seine Bemühungen um Spanien zu verstärken. Sicher konnte er durch Spanien Erleichterung für Friedrich erwirken. Gondomar gab ihm recht und hielt eine Infantin – und eine Mitgift – dem optimistischen König vor die begehrlichen Augen.

Doch das Jahr 1620 brachte die schwerste wirtschaftliche Erschütterung der letzten fünfzig Jahre. Die königlichen Finanzen, von Cranfield nur mit Mühe und Not geordnet, ächzten. Ein Parlament war unumgänglich. Doch die Commons, die sich wegen der Wirtschaftskrise Sorgen machten und den spanischen Absichten mißtrauten, wollten nichts von einer Politik wissen, die dem Papismus daheim und auf dem Kontinent den Rücken stärkte.

Übrigens hatten sich in den parlamentslosen Jahren die Mißstände vermehrt. Die großzügigen Verleihungen von Monopolen hatten auf haarsträubende Weise öffentliche Einkünfte privaten Händen überantwortet und der Krone von parlamentarischer Genehmigung unabhängige Mittel zugänglich gemacht. Um einige besonders eklatante Verleihungen zu attackieren, griff man zu einer mittelalterlichen Waffe: der »Ministerklage« *(impeachment)*, die letztmals im Jahre 1469 angewandt worden war, ein bezeichnendes Beispiel übrigens, wie sich ein modernes Problem, zumindest zeitweilig, an Hand historischer Forschung lösen läßt. Die Ministerklage konnte obendrein eine gewisse ministerielle Verantwortlichkeit bewirken. Lordkanzler Francis Bacon wurde der Korruption bezichtigt. Vielleicht hatte er wirklich die schier unsichtbare Grenze zwischen Redlichkeit und Bestechlichkeit überschritten, doch zu Fall brachte man ihn wegen der Nachdrücklichkeit und Überzeugungskraft seiner absolutistischen Ansichten. Beflügelt von diesem Sieg, gingen die Commons einen Schritt weiter und forderten freie Aussprache über die Außenpolitik. Jakobs Weigerung wurde als Absage an grundsätzliche Privilegien ausgelegt, aber die Commons ließen nicht locker. Die verfahrene Situation wurde nur durch eine neuerliche Parlamentsauflösung aus der Welt geschafft, eine Episode, die die Untauglichkeit auf beiden Seiten bloßstellte.

Cranfield setzte alles daran, den König vom Parlament unabhängig zu machen, wobei seine Menschenkenntnis, sein Finanzgeschick, seine Verbindungen in der City, seine umsichtige Wirtschaftsplanung sich sogleich bezahlt machten. Doch Jakob war vor der Zeit senil geworden und gab sich nur noch spanischen Träumereien hin. Wenn auch mit Tränen

König Jakob I. von England
Aus einem auf Brutus zurückgeführten Stammbaum des Königs von Thomas Lyte, 1605–1610
London, British Museum

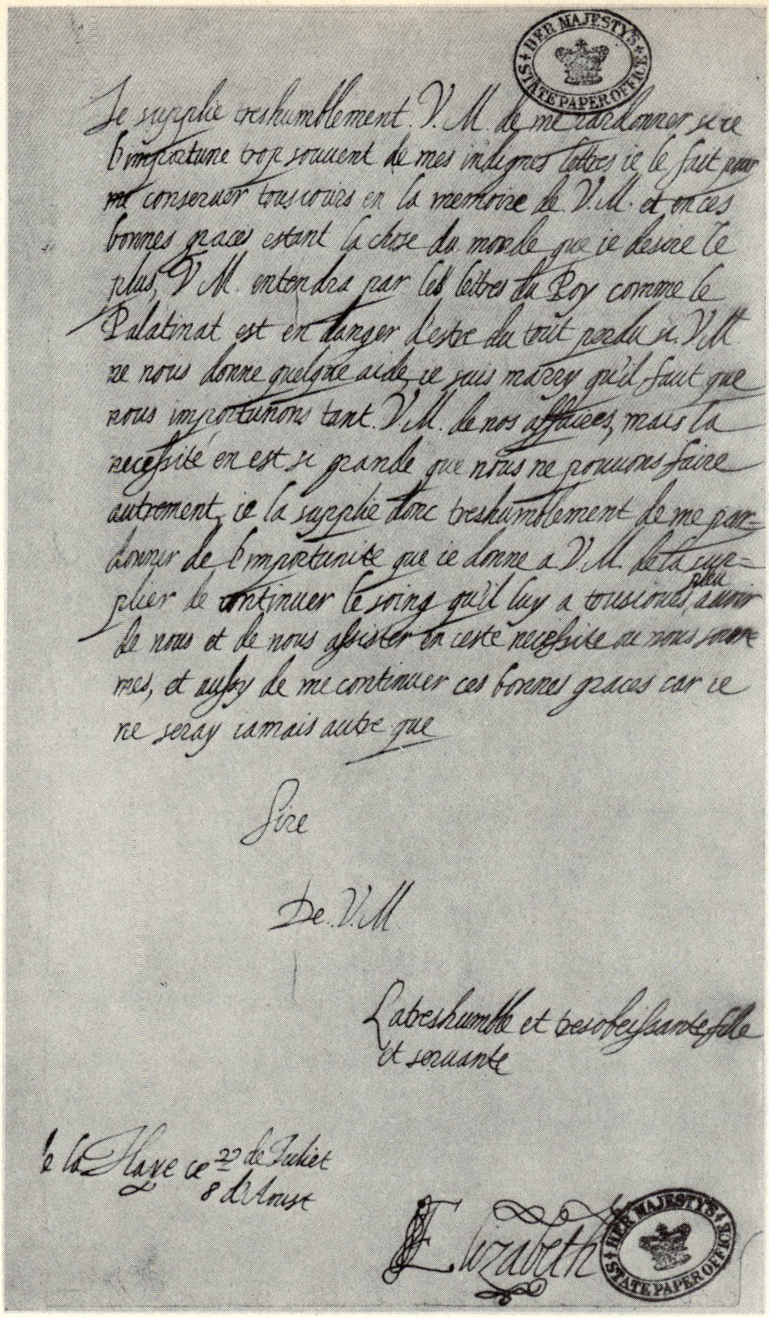

Je supplie treshumblement V.M. de me pardonner si ie l'importune trop souuent de mes indignes lettres ie le fait pour me conseruer tousiours en la memoire de V.M. et en ces bonnes graces estant la chose du monde que ie desire le plus, V.M. entendra par les lettres du Roy comme le Palatinat est en danger d'estre du tout perdu si V.M. ne nous donne quelque aide ie suis marry qu'il faut que nous importunions tant V.M. de nos affaires, mais la necessité en est si grande que nous ne pouuons faire autrement, ie la supplie donc treshumblement de me pardonner de l'importunité que ie donne a V.M. et la supplier de continuer le soing qu'il luy a tousiours pleu auoir de nous et de nous assister en cette necessité ou nous sommes, et aussy de me continuer ces bonnes graces car ie ne seray iamais autre que

Sire

De V.M.

La treshumble et tresobeissante fille et seruante

de la Haye ce 22 de Juliet / 8 d'Aoust

Elizabeth

Brief der geflohenen Königin von Böhmen, Elisabeth von der Pfalz, an ihren Vater, den König Jakob I. von England
Eigenhändiges Schreiben aus dem Exil in Den Haag, 1621. London, Public Record Office

in den Augen, stimmte er doch Buckinghams wildem Plan zu, Prinz Karl nach Madrid zu schicken, damit er sich dort in eigener Person eine Infantin erobern sollte. Mit einem frechen Abschiedskuß auf des Königs »schmutzige Hände« machte sich Buckingham nach Spanien auf, überzeugt davon, daß er allen professionellen Diplomaten überlegen sei. Dort gab es ein herbes Erwachen. Die beiden jungen Männer beliebten, sich als die von ihren ratlosen Gastgebern Brüskierten zu fühlen und jagten, nichts als Krieg im Sinn, nach Hause und waren unwahrscheinlicherweise einen Augenblick die Helden des Tages. Buckingham war in derart gehobener Stimmung, daß er bereit war, es mit einem Parlament aufzunehmen (1624). Diesmal wurden die Commons offen ermuntert, über Außenpolitik zu diskutieren und vor allem darüber, wie das treulose Spanien zu demütigen sei. Dies war dem Parlament sehr lieb. Es zögerte auch nicht, Cranfield anzuklagen, der, nachdem er Buckingham seinen Dienst getan, nun Wind und Wellen preisgegeben werden konnte. Jakob war zu lethargisch, um sich seinen ungestümen »Jungen« zu widersetzen, wenn er ihnen auch in einem lichten Augenblick prophezeite, daß sie noch ihr gerüttelt Maß an Parlamenten haben würden.

Buckingham, der sein spanisches Erlebnis noch nicht verwunden hatte, machte sich nun daran, den gewaltigen Richelieu für eine antihabsburgische Allianz zu gewinnen wie auch für eine Heirat zwischen Ludwigs XIII. Schwester Henrietta Maria und dem Prinzen von Wales. Bei diesem Handel bekam England zwar eine Königin, doch sehr wenig sonst, während Buckingham – völlig jenseits seiner Möglichkeiten – Erleichterungen für die englischen Papisten und Hilfe gegen die aufrührerischen Hugenotten zusagen mußte. Die Heirat fand wenig Anklang in England, und in Buckinghams Politik sah man wenig Gemeinsames mit den Zielen, die sich das Parlament von 1624 gesetzt hatte.

Jakob I. starb, ein zittriges Wrack, im März 1625. Seine Regierung wie auch sein Charakter waren merkwürdig unausgeglichen gewesen. In vieler Hinsicht war es ihm nicht gelungen, die bedeutende Stellung der Tudormonarchie aufrechtzuerhalten; immerhin hatte er diese nicht ganz und gar untergraben. Viel Gewicht ist auf seine Vorliebe für große Worte gelegt worden; es war aber nicht sein fortwährendes, ermüdendes Sich-Berufen auf das göttliche Recht, das ihn in Schwierigkeiten brachte. Diese Schwierigkeiten hätten sich jedem Nachfolger der Königin Elisabeth – auch dem wendigsten – gestellt. Dank den bizarren Mängeln seines Charakters verschärfte Jakob lediglich noch die Mißhelligkeiten. Als schwächliches Abbild einer Majestät, verdrießlich und weitschweifig, wie er war, besaß er nur wenige der Eigenschaften, die geeignet gewesen wären, ein Volk für sich zu gewinnen, dessen Herz sich stets dem ausgeprägten »Charakter« zuneigte. Aber wiewohl seine Regierung in politischer und verfassungsrechtlicher Hinsicht inkonsequent wirkte, so fällt sie immerhin mit einer kulturellen Blüte zusammen. Diese Blüte wurde zwar bisweilen als bloßes Anhängsel der gepriesenen Zeiten der »Ruhmvollen« betrachtet, dennoch weist sie ihre eigenen wundervollen Züge auf. Donne und Bacon, Shakespeare und Bischof Andrewes, Jones und Jonson lassen sich kaum auf einer einzigen Seite des Geistes abhandeln. Ihr Werk reflektiert wie in einem Brennspiegel etwas von der Unrast einer Zeit, in der alles in Frage gestellt zu sein schien, und bildet ein passendes Vorspiel zu der größeren Katastrophe, in der die Welt – oder doch zumindest England – auf den Kopf gestellt wurde.

Kampf um die Verfassung: Karl I. und Buckingham

Buckinghams Übergewicht hätte mit dem alten König ins Grab sinken können, doch ihm galt auch die Liebe des neuen, eines kalten, verschlossenen, starrsinnigen jungen Mannes, der tief gekränkt war von der ungezwungenen Volkstümlichkeit eines älteren Bruders – Prinz Heinrichs –, dessen Tod im Jahre 1616 ihn unvermutet in die verantwortliche Position gelangen ließ. Karls I. Liebe zu Buckingham zeigte nicht so sehr Qualitäten in diesem großspurigen Günstling an als tiefreichende Ähnlichkeiten zwischen dem Vater und dem Sohn, der ebenso eifrig wie der liebeskranke alte Herr die fieberhaften Abenteuer des Herzogs unterstützte und dadurch nur seine eigenen Probleme vermehrte. Die Eifersucht auf den Günstling und dessen Schmeichler seitens der vielen, die von seiner unverhohlenen Vorliebe ausgeschlossen blieben; religiöses Sektierertum; verfassungsrechtliche Zweifel; riesige Staatsschulden; Wirtschaftskrisen – dies alles waren armselige Voraussetzungen für die großen Gesten, die Buckingham glaubte machen zu müssen. Doch war er stets guten Mutes und gar zu sehr in Eile, um sich über irgend etwas viele Gedanken zu machen. Wenn er nur in Bewegung war.

Eine neue Regierung bedeutete ein neues Parlament. Doch Karl mußte entdecken, daß Geldmittel, die Seele des Krieges und der Verwaltung, nicht verschenkt werden, sondern verdient sein wollen. Das Pfund- und Tonnengeld, gewöhnlich automatisch auf Lebenszeit bewilligt, wurde diesmal nur auf ein Jahr zuerkannt. Arminianistische – oder hohe anglikanische – Kleriker, die durch die Nachdrücklichkeit ihres »Royalismus« und den Beigeschmack von Papismus, den sie an sich hatten, Anstoß erregten, wurden angegriffen. Schlimmer noch war die hämische Kritik an seinem Günstling, die Karl auf seine eigene Person bezog, gegen die sie ja auch, allen Loyalitätsbeteuerungen zum Trotz, gerichtet war.

So mußte denn das Parlament gehen. Karl und Buckingham würden schon allein zurechtkommen. Ein großer Coup, und alles wäre gewonnen. Die Sache sollte im elisabethanischen Stil vor sich gehen. Eine große Flottenexpedition nach Cádiz mußte der knauserigen Gentry und den von ihren Kanzeln donnernden Puritanern Respekt einflößen. Das wäre vielleicht auch geschehen – hätte diese Expedition nur Erfolg gehabt. Doch außerhalb der Grenzen Englands war das Glück Buckingham nie hold. Untergebene, seine eigenen Kreaturen, ließen ihn im Stich. Die Schuld lag unabweisbar bei ihm. Ohne Cranfield war der Staatssäckel leer. Ein neues Parlament mußte einberufen und um Mittel angegangen werden, nicht nur gegen Spanien, sondern jetzt auch für einen Krieg mit Frankreich, eine neuerliche Auswirkung von Buckinghams kindischer Überheblichkeit.

Das Parlament versammelte sich im alten ablehnenden Geiste. Der Herzog hatte sich ein Heer von Feinden geschaffen – die einen waren es aus Neid und Habgier, die anderen aus Prinzip –, und alle gaben vor, nur das öffentliche Wohl im Auge zu haben. Seine Freunde, wie der räuberische und untüchtige Schatzmeister der Flotte, Sir Sackville Crowe, zogen selbst in einem Zeitalter, das Vetternwirtschaft mit Familienpietät gleichzusetzen liebte, die allgemeine Verachtung auf sich. »Dem Sieger die Beute.« Ja – doch die einzigen Siege, die der Herzog bisher errungen hatte, waren solche über den König und das Königreich gewesen. So beklagten sich die Commons, angetrieben auch von besonnenen

Männern, nicht bloß von dem schwankenden Sir John Eliot, der, einst ein Freund des Günstlings, nun dessen erbittertster Gegner war, über jeden einzelnen Punkt der königlichen Politik. Huldvoll ließ sich Karl im Stil einer elisabethanischen »Cäsarenbotschaft« vernehmen: Parlamente kämen, Parlamente gingen, ganz wie es ihm gefalle; sie seien hier, um Gelder zu bewilligen, also bitte!

Die kümmerliche Saat fiel auf steinigen Boden und erstickte alsbald im wuchernden Unkraut von Haß und Gleichgültigkeit. Eine gewaltige Anklageschrift gegen den Herzog wurde zusammengestellt, die auch – da im verfassungsrechtlichen Sinne Regierungsmißgriffe ebenso schlimm waren wie Verbrechen – die Anklage auf Vergiftung des verstorbenen Königs enthielt. (Zeitgenossen, die sich der phantastischen Enthüllungen im Overbury-Prozeß und gewisser dunkler Geheimnisse in Jakobs früherem Leben erinnerten, konnten so etwas durchaus für möglich halten.) Einige Peers, entrüstet über die schäbige Behandlung Bristols, der als Gesandter in Madrid zuviel über den Verlauf jener Werbung um die Infantin wußte und von Buckinghams lärmenden Anwälten mundtot gemacht worden war, schlossen sich dem Angriff der Commons an. Und wieder wurde der Günstling gerettet: die Parlamentsmitglieder wurden nach Hause in ihre Grafschaften geschickt.

Um sein Prestige zu retten, mußten jene beiden Kriege mit Glanz und Glorie geführt werden. Die gewaltigen Kosten versuchte man mit so unparlamentarischen Mitteln wie dem »unrechtmäßigen« Pfund- und Tonnengeld zu decken, die jetzt schon zu den altgewohnten Übeln gehörten. Sie reichten freilich nicht aus. So versuchte sich Karl durch Zwangsdarlehen die Gelder zu beschaffen, die ihm das Unterhaus vorenthielt. Wer sich weigerte, wurde in Buckinghams murrendes Heer gepreßt, vor den Geheimen Rat *(Privy Council)* zitiert oder mit Truppeneinquartierungen behelligt. Als fünf Ritter, die im Fleet-Gefängnis eingekerkert waren, auf Grund der *Habeas Corpus*-Erlasse Klage erhoben, erhielten sie den unter sorgsamer Umgehung der Darlehensfrage abgefaßten Bescheid, sie seien auf besonderen Befehl des Königs in Haft, was die Willkür in ihrem Falle evident machte. In einer undurchsichtigen Entscheidung schickten die Richter die Gefangenen wieder in die Untersuchungshaft zurück und rührten damit von neuem die verfassungsrechtlichen Zänkereien auf, die allen politischen Kontroversen zugrunde lagen. Karl tat sich auf solche juristischen Siege allzuviel zugute. Mit der Zeit mußte er, wie auch sein phantasieloser Sohn Jakob II., einsehen, daß ein Gesetz, das den Bedürfnissen der Menschen entgegensteht, von diesen, sofern sie es vermögen, umgestoßen wird.

Unterdessen war eine weitere aberwitzige Unternehmung – diesmal nach der Isle de Ré – mißglückt. Die Leute munkelten von verlorenen Märkten in Spanien, Frankreich und dem Mittelmeer. Buckingham, der *Lord High Admiral*, hatte, verstrickt in seine Hirngespinste, nicht vermocht, dem Piratenwesen in der Straße von Dover Einhalt zu gebieten. Kaum hatte sich England von der letzten Wirtschaftskrise erholt, schlitterte es auch schon in die nächste.

Unter diesen düsteren Vorzeichen trat das dritte Parlament 1628 zusammen. Normale Wahlverfahren brachten Männer ins Parlament, die persönliche Gründe hatten, sich über den Gang der Dinge zu beschweren. Von diesen wechselten freilich später einige in den königlichen Dienst über; im Augenblick aber wetteiferten sie miteinander im Aufzählen all der »Nöte der Nation«. Nicht alle diese Nöte waren auf ihren Stand beschränkt – sie waren zumeist wohlhabende Gutsbesitzer –, sondern betrafen alle Engländer. (Trotz einer Politik, die zuweilen wegen ihrer sozialen Wohltätigkeit gerühmt wird, gewann Karl eigentlich nie die Wortführer seiner weniger begüterten Untertanen für sich, da sie sich von ihm enttäuscht sahen.)

Mit der Weigerung, eine verpfuschte Außenpolitik zu unterstützen, wandten sich die tüchtigen Männer in beiden Häusern einmütig dringenderen Dingen zu. Der König mußte sich bereit finden, dem Rechnung zu tragen, was Leute, die noch immer am Präzedenzfall klebten, als die erprobten, herkömmlichen Verfahrensweisen ansahen. Jener alte Cato des *Common Law*, Sir Edward Coke, der vor langer Zeit von Jakob wegen seines »ewig aufrührerischen Betragens« entlassen worden war, verlangte, daß das königliche Wort in »parlamentarischer Weise« aufgefaßt, nämlich zu Protokoll genommen und in allen Einzelheiten festgehalten werden müsse. Er schlug die Erweiterung einer persönlichen *Petition of Right* durch Aufnahme auch öffentlicher Anliegen vor. In dieser – und hier handelte es sich um *die* – *Petition of Right* wurde Karl aufgefordert, willkürliche Steuerauflagen und Einkerkerungen, Zwangseinquartierungen und die Anwendung des Kriegsrechts in Friedenszeiten künftighin zu unterlassen, wenn dies alles auch gewissen bestehenden Rechten entsprach. Die Krone hatte sich also praktisch all jener Hilfsquellen zu entschlagen, die jede Regierung sich für Notfälle vorbehalten möchte. Karl war auf der Hut und erwiderte mit einer wortreichen Erklärung, die seine königliche Prärogativen unberührt ließ. Dies genügte nicht. Unter Druck gesetzt, gab er eine deutlichere Erklärung des Sinnes ab, daß die in der Petition aufgezählten »Urteile, Handlungen und Prozeduren« als gesetzwidrig zu betrachten seien. Die Krise, so schien es, war überwunden (Mai 1628).

Die *Petition of Right* ist als eine statutarische Beschränkung der königlichen Prärogativen angesehen und vom radikalen John Lilburne auf eine Stufe mit der *Magna Charta* gestellt worden. Gewiß schien sie die verfassungsmäßigen Bestrebungen gemäßigter Männer in hohem Maße zu erfüllen, und redlich eingehalten, hätte sie vielleicht dazu beigetragen, die Konflikte zu mildern, wenn sie diese auch kaum hätte ganz bannen können. In Wirklichkeit aber fühlte sich Karl durch seine zweite Erklärung nicht gebunden, und alsbald gingen auch seine Kritiker über die von der *Petition* gesteckten Grenzen hinaus. Während der restlichen Regierungszeit Karls wurde kaum darauf Bezug genommen. Statt dessen arbeitete man auf deutlicher festgelegte Beschränkungen der Prärogativen hin. In gewissem Sinne war die *Petition* nur eine vorübergehende Episode in einem immer erbitterteren Ringen um die Staatsverfassung.

Buckingham blieb. Um einem weiteren Ausfall gegen den Mann vorzubeugen, den er noch immer in Ehren zu halten beliebte, vertagte Karl das Parlament (Juni 1628 bis Januar 1629). Während der Parlamentspause sah man Sir Thomas Wentworth, einen reichen Gutsbesitzer aus Yorkshire, ehrgeizig und tüchtig, in königliche Dienste treten, als Präsident des *Council of the North*. Er war energisch für die *Petition* eingetreten, hatte sich aber über die verderblichen Machenschaften Eliots und seiner Anhänger erbost. Seine ehrlichen Absichten und seine Energie waren für die königliche Regierung anfänglich ein Gewinn, gereichten ihr später aber zum Unheil. Die Probleme des Herzogs lösten sich schließlich dadurch, daß er im August 1628, in Erfüllung einer kursierenden Prophezeihung, ermordet wurde.

Karl war erschüttert. In seinem tiefen Kummer wußte er, daß der Schirm, der ihm die übermütige Persönlichkeit seines Günstlings gewesen, für immer dahin war. Die zweite Sitzungsperiode des Parlaments bestätigte das. Die *Petition* und den Hingang des Herzogs mißachtend, ließen die Commons einen Hagel von Beschwerden auf ihn niederprasseln. Als sie sich weigerten, sich zu vertagen, wurden sie von königlichen Wachen auseinandergetrieben. Trotzig verabschiedeten sie durch Zuruf Resolutionen gegen die Erhebung und Entrichtung des Pfund- und Tonnengeldes und gegen »Neuerungen« in der Religion. Karl hatte nun gründlich genug vom Parlament. Elf Jahre lang würde er kein neues einberufen.

Um den »Dunst der Pflichtvergessenheit« zu zerstreuen, den »einige liederliche Künstler und Empiriker« über seine Untertanen ausbreiteten, plante Karl eine Zensur von Presse und Kanzel und exemplarische Strafen für alle Missetäter. Wieweit er der Situation gerecht wurde, ist schwer zu sagen, doch während die Jahre hingingen, traten nicht nur Chancen, sondern vor allem auch die Notwendigkeit deutlich zutage, die königlichen Prärogativen sowohl durch Gesetzesentscheidungen wie durch eine Politik der Ordnung und des wirtschaftlichen Aufschwungs zu verteidigen. Auch eine Spur sozialer Fürsorge um ihrer selbst willen mochte sich in seinen Anordnungen finden. Doch selbst noch bei dem Erzbischof William Laud, diesem beharrlichsten und nachdrücklichsten Verfechter des Paternalismus, bildete sie nur das Mittel zu einem höheren Zweck – in seinem Falle dem des wahren Gottesdienstes, der darin bestand, daß Individuen und Stände versöhnt miteinander lebten.

Ansonsten lag der Nachdruck auf weltlicheren Dingen, nämlich auf Erhaltung der Ordnung, um finanzielle Belastungen zu vermeiden. Zum Glück blieb die Möglichkeit, sich einzuschränken. Die Kriege hörten auf, weil weder Frankreich noch Spanien an ihnen etwas lag. Doch Karl verlor keineswegs jegliches Interesse an den europäischen Händeln. Wie sein Vater glaubte er, daß die Diplomatie sicherer war als der Kampf, zumindest billiger und weniger geeignet, die Leidenschaften der »Parteien« zu schüren. Freilich gab es Spaltungen selbst im Kreise seiner nächsten Berater, die wahllos entweder französisch oder spanisch gesinnt waren. Karl selbst, von Wentworth darin bestärkt, neigte Spanien zu und ließ ungemünztes Gold zur Besoldung der spanischen Truppen in den Niederlanden durch Südengland passieren, um die gefährliche Straße von Dover zu umgehen.

So gewinnbringend dies in finanzieller Hinsicht war, so unklug war es in politischer, da zu jener Zeit die Partei des katholischen Habsburg, wie der Friede von Prag (1635) zeigte, zu triumphieren schien. Daß es mit Spanien in Wirklichkeit bergab ging, steht den Historikern deutlicher vor Augen als den Zeitgenossen. Das blinde Vorurteil der englischen Puritaner wurde von besser informierten Realpolitikern wie Richelieu geteilt. Aber selbst wenn Karl dieser Umstand zu Bewußtsein hätte gebracht werden können, hätte er wenig dagegen vermocht. Notwendigerweise mußte sein Hauptaugenmerk auf sein vereinigtes Königreich, England, Irland und Schottland, gerichtet bleiben.

Zentralismus von Krone und Altar: Strafford und Laud

Zu Hause begann die neue Ära schlimm genug mit einer neuen Wirtschaftskrise, hervorgerufen zum Teil durch einen Rückgang des Handels, da die Kaufleute Repressalien durch das nächste Parlament für den Fall gewärtigen mußten, daß sie das Pfund- und Tonnengeld zahlten, während dessen Verweigerung unverzügliche Bestrafung von seiten des Königs nach sich ziehen mußte. Arbeitslosigkeit, »das größte Elend der Elenden«, verursachte Tumulte unter den Textilarbeitern in Essex und Kent und einen regelrechten Aufstand im Westen. Durch den Geheimen Rat, die Geschworenengerichte, den *Council of the North* und den *Council in the Marches of Wales* wurde die soziale und wirtschaftliche Gesetzgebung, die von den Tudors in den Statutenbüchern zusammengetragen worden war, einer Prüfung unterzogen. Dies mag ein wenig weitergeholfen haben. Es kam zu einigen Verbesserungen, als der Handel neuen Auftrieb erhielt. Der Güterbedarf auf dem Kontinent stieg 1632 etwas an, doch auch jetzt noch lagen einige der älteren Handelszentren in »Todesstarre«, was den fortgesetzten Druck von seiten der Regierung rechtfertigte. 1635 erklärte der Lordkanzler den Geschworenengerichten, diesen »großen Aufsehern des Königreichs«: »Seine Majestät wünschen, daß ihr nicht ablasset, sondern weiterhin Erkundigungen anstellet...« Viel später behauptete Clarendon, diese Jahre seien bemerkenswert glücklich gewesen. Die Armen mögen anderer Meinung gewesen sein.

Diese Politik hatte unerwartete Folgen. Der Druck auf die Gemeinden beschränkte deren Unabhängigkeit und zwang ihnen eine Uniformität auf, die die lokalgesinnten Leute erdrückend fanden. Verdruß regte sich nicht nur bei den Nachlässigen oder Widerspenstigen, »die durch die Finger sehen und nur das erblicken, was ihnen genehm ist, zuweilen um des Lohnes willen, zuweilen aus Parteilichkeit oder Zuneigung, oder auch aus Furcht, den Großen... oder dem Pöbel zu mißfallen«, sondern auch bei gewissenhaften Männern, die gern aus eigener Initiative tatkräftig zu Werk gegangen wären. Sie begannen sich über den Geheimen Rat, die königlichen Gerichte und auch die Bischöfe – da deren Sinn ebenfalls auf Zentralisation gerichtet war – Gedanken zu machen. Es war ja auch nicht die Sozialpolitik allein, die die Zentrifugalbewegung einleitete. Das Schiffsgeld, das nach 1635 im ganzen Land erhoben wurde, betrachtete man als eine ungerechtfertigte Umwandlung eines Notstandsmittels in eine reguläre Einrichtung, aber auch als Eingriff in die Freiheiten der örtlichen Verwaltungen. Die Anordnungen, die zur Erhebung der Schiffsgelder getroffen wurden, sahen einem hinterhältigen Versuch, ein nationales Steuersystem aufzubauen, das zentral gesteuert die traditionellen lokalen Verfahrensweisen durchkreuzen mußte, verzweifelt ähnlich. Diese Einstellung wie auch Knauserei und verfassungsrechtliche Empfindlichkeiten erklären die Weigerung, die geforderten Gelder zu zahlen oder einzutreiben.

Die Verleihung von Monopolen brachte ebenfalls Verdruß. Abgesehen davon, daß die Monopole dem Geist des Erlasses von 1624 entgegenstanden, boten sie häufig Spekulanten die Möglichkeit, in alte Privilegien einzugreifen. Hier schoben sie die Lokalverwaltungen beiseite, dort forderten sie deren unwillige Mithilfe, und in beiden Fällen erregten sie Anstoß. Zudem kam das System in weit höherem Maße den Londonern und Höflingen zugute als den Provinzlern. Freilich hatte das Monopolwesen auch sonst noch manche Nachteile. Gleichviel ob wirksam ausgebeutet oder nicht, trieb es die Preise sowohl für die Produzenten als auch für die inländischen Verbraucher in die Höhe. Das Salzmonopol wirkte sich nachteilig auf die Fischerei und das Molkereigewerbe aus. Die Monopolinhaber waren häufig Amateure, deren Unerfahrenheit Verwirrung in die Volkswirtschaft brachte. Wenn man bedenkt, daß die Monopole, abgesehen von ihrer Einträglichkeit für die Investoren und Agenten, der Krone halfen, ohne parlamentarische Geldbewilligungen auszukommen, nimmt es nicht wunder, wenn Ordnungsbestimmungen für die Industrie 1640/41 allgemein verdammt wurden. Mit ihnen schwand die Aussicht auf eine Staatsbeteiligung an der Industrie in jenen Formen, wie sie in Frankreich von Laffemas und Richelieu angestrebt wurden.

Die Reaktionen auf Eingriffe der königlichen Gerichtshöfe in Besitzstreitigkeiten, in die Wiedereinführung der Forstgerichte und die energischen Sumpflanddrainagen waren vielschichtig. Die Verurteilung von Straffords Tätigkeit im Norden und in Irland 1641 zeigt dies deutlich. Wie Laud in der Kirche versuchte auch er, ein Einheitssystem durchzusetzen, das eher einer universalen Knechtschaft gleichkam. Ähnlich Philipp II. in den Niederlanden unterschätzte er – seltsam genug für einen Mann aus dem Norden – die Zähigkeit der lokalen Traditionen. Eine Einheit führte er allerdings herbei, doch war es nicht diejenige, auf die er es abgesehen hatte. Es verbanden sich nämlich die Unzufriedenen und brachten in England die Aufhebung des *Council of the North* und in Irland die Ulster-Rebellion von 1641 zuwege. Daß seine Steuerpolitik drückend war, daß er sich seine eigenen Taschen füllte, während er laut die Redlichkeit im Munde führte, beschleunigte gewiß seinen Sturz, doch sein eigentliches Vergehen war die Zentralverwaltung, die er unerbittlich und fast systematisch durchsetzte. Strafford war in der Tat ein englischer Richelieu. Es mag noch erwähnt werden, daß er im Norden die lokalen Traditionen auch an anderer Stelle traf. Die Art, wie er die Savilles und Bellasys behandelte, ließ das Gefühl aufkommen, er verfolge seine eigenen »dynastischen« Ziele mit Staatsgewalt.

Lauds Situation hatte ihre eigenen Schwierigkeiten. Seine Haltung war »royalistisch« vor allem, weil die Monarchie über Zwangsmittel verfügte, welche der Kirche zugute kommen konnten. In dem Glauben, nichts Menschliches sei Gott fremd, kam er zu dem Schluß, daß soziale, politische und administrative Angelegenheiten eigentlich Sache der Geistlichen seien. Sie vernachlässigen hieße dem Allmächtigen ins Gesicht speien. Unterstützte man aber das »persönliche Regiment«, so bedeutete dies, für die allgemeine Harmonie zu arbeiten, die Gott wohlgefällig war. Darum war er ein treuer und unermüdlicher Diener des Königs, doch einer, den die Verächtlichkeit des Regimes oft genug anwiderte – die Heuchelei, der Eigennutz und die Verleumdung, die er *Lady Mora* nannte. Seine Ungeduld und Barschheit spiegeln die Ungeschliffenheit seines Wesens und seine übertrieben hohen Prinzipien: Was nicht vollkommen war, war »schieres Nichts«. Er machte Prynne, Lilburne, Bastwick, Lady Eleanor Davies, die wallonischen Gemeinden und die schottischen *Covenanters* mundtot, weil sie seiner Meinung nach gotteslästerlich handelten. Seine Forderung nach Einheit durch Einheitlichkeit entrüstete nicht nur diejenigen, »die es genau nahmen« – also die Puritaner.

Die Episkopalkirche schien ein weiteres Mittel der Zentralisierung, deren Bestrebungen sich auf Schottland, Irland, die englischen Gemeinden in den Niederlanden und die neuen Siedlungen in Nordamerika erstreckten. In England hatten die Bischöfe in ihren Bistümern zu bleiben und regelmäßig Bericht zu erstatten, mußten sich inquisitorische Visitationen gefallen lassen und ihre Dechanten und Domkapitel, Kanzleivorstände und Gerichte, Ortsgeistliche, Laienpatrone und Zehntenzahler ständig belästigen. So konnte es nicht ausbleiben, daß die lokalen Gefühle aufwallten. Nicht der geringste unter den Vorwürfen, die man dem *High Commission Court* machte, bezog sich auf dessen Eingriff in örtliche Institutionen. Er wurde mit der spanischen Inquisition verglichen, nicht weil er grausam war – das war er nicht –, sondern weil er wie jenes so eindeutig monarchische Instrument ein Mittel der Zentralisierung war.

So verschärfte das persönliche Regiment die verfassungsrechtlichen, wirtschaftlichen und religiösen Übelstände, die es mit sich brachte, noch durch erbitterten Lokalpatriotismus. 1640 kam es vielerorts beinahe zu einem Streik der Gemeindeverwaltungen. Als dann auch noch äußere Spannungen, bewirkt durch die schottische Erhebung, hinzukamen, brach das Regime zusammen.

Zwischen den Schotten und Engländern lagen Jahrhunderte voller Kriege und Grenzstreitigkeiten. Die Ankunft Jakobs I. hatte Befürchtungen vor einer Überschwemmung der üppigen englischen Fluren mit »verhungertem schottischem Vieh« aufkommen lassen. Das Parlament hatte sich dementsprechend geweigert, einer politischen Union zuzustimmen, und Schottland war ein separates Königreich mit eigenen Einrichtungen geblieben. Jakob regierte es schlecht und recht von London aus, und wiewohl er die Episkopalkirche wieder einführte, ging er doch behutsam vor in der Hoffnung, die Bischöfe würden sich mit der Zeit von selbst in die Landschaft einfügen. Karl dagegen, in England erzogen, war mehr darauf bedacht, *the Kirk*, die schottische Nationalkirche, dem Anglikanismus einzugliedern. Sein *Act of Revocation* (1627), der bezweckte, der Kirche (das heißt den Bischöfen) die enteigneten Ländereien und *tiends* (Zehnten) zurückzugeben, hätte für den Adel eine gewaltige Einbuße an Macht bedeutet. Da die schottischen Adligen im Verbergen ihrer Gefühle weniger gewandt waren als ihre schlauen englischen Vettern, reagierten sie mit Schärfe. Ein unsicherer Kompromiß, der großzügige Entschädigungen vorsah, hatte kaum die Wogen zu glätten vermocht, als Karl 1633 zur Krönung nach Edinburg kam. Erzbischof Lauds bedeutender Anteil an dem »papistischen« Zeremoniell beleidigte die empfindsamen Schotten in ihren religiösen und patriotischen Gefühlen. Karl wurde unverhohlen zu verstehen gegeben, er leiste Dingen Vorschub, die der »gesegnete König Jakob« sehr beklagt hätte.

König und Erzbischof kehrten nach England zurück, betrübt über die schottische Religion, die offenbar die Beute störrischer Kleriker, gieriger Adliger und respektloser Laien geworden war. Die schottischen Bischöfe wurden angewiesen, ein Gebetbuch zusammenzustellen, das die Sittsamkeit erzwingen sollte. Es erschien 1637, durch nichts als die nackte Prärogative begründet – deshalb ein einziger Affront – und eingeleitet von einem Loblied auf die Einheitlichkeit »im äußeren Gottesdienst«. Es machte einen beleidigend englischen Eindruck. Überdies war sein Erscheinen von entschlossenen Aktionen im Zusammenhang mit dem Revokationserlaß begleitet.

König Karl I. von England und seine Gemahlin Henrietta Maria im Jagdkostüm
Aus einem Gemälde von Daniel Meytens, um 1630
Hampton Court Palace

König Karl I. von England mit seinem Gefolge bei der Tafel in Whitehall (?)
Aus einem Gemälde von Gerard Houckgeest, 1635
Hampton Court Palace

Das Resultat war energischer Widerstand gegen das, was eine Bedrohung des schottischen Patriotismus, Protestantismus, des persönlichen Besitzes und der Freiheit schien. Etwas wie eine nationale Bewegung, die Gleichgültige wie Gemäßigte einschüchterte, war angestachelt worden. Ein nationaler Bund *(Covenant)*, der sich auf die stürmischen Jahre der Reformation berief, sollte ein Jahrhundert lang machtvolles Fanal bleiben. Einen Augenblick fanden sich Adlige und Bürger, Gentry und Handwerker, Laien und Kleriker zu gemeinsamer Sache. Hätte Karl dieser Erhebung nachgegeben, wäre sein Ansehen in Schottland erledigt gewesen, und unruhige Geister in England hätten neuen Mut geschöpft. Ihre Bekämpfung jedoch mußte die Staatsfinanzen stärker belasten als ein Krieg jenseits der Grenzen. So wartete er zu und machte damit nicht das Beste, sondern das Schlechteste aus der Situation in beiden Ländern. Eine schottische Stände- und Kirchenversammlung schaffte die Episkopalkirche ab, »diese Urmutter aller Verderbnis, Neuerung, Usurpation, Krankheit und Not bei uns«, und machte sich an das, was Laud mit ungewohnter Zurückhaltung »gar manch befremdlich Tun« nannte. Jetzt zeigten sich auch Spaltungen unter den Schotten – etwa in der Abneigung James Graham Montroses gegen Argyll –, doch des Königs Position verschlechterte sich auch weiterhin. 1639 sprach man von einer Wiederbelebung der »alten Allianz« und unterbreitete Ludwig XIII. von Frankreich entsprechende Vorschläge. Erfahrene schottische Soldaten eilten aus Deutschland herbei, um den ungeschulten Streitkräften das Rückgrat zu stärken. Bald waren sie höchst zielbewußt »beschäftigt mit Predigen, Beten und Drillen«.

Karl hielt vergeblich Ausschau nach massiver englischer Unterstützung. So mancher Engländer betrachtete die Schotten in der Tat schon als seine »Brüder«. Selbst jene, denen religiöse Dinge gleichgültig waren, meinten, Schottland könne die englischen Gebresten heilen. Andere waren der Ansicht, der Norden liege gar zu fern, um sich deswegen beunruhigen zu lassen. Die Dorset-Miliz weigerte sich, ihre Grafschaft zu verlassen, ganz zu schweigen von einem Marsch nach Schottland. Einem inspizierenden Offizier in Kent, der überraschenderweise einen Mann mit einer wirklich guten Muskete fand, erklärte dieser, »oh, mein Herr würde eine schlechtere geschickt haben, hätte er nur eine auftreiben können, doch in der ganzen Stadt war keine zu haben«. Unter solchen Umständen wurde Karls Kampagne zu einem Fiasko. Seine Ratgeber – unter ihnen Wentworth, der endlich in den heiß begehrten Stand eines Grafen (von Strafford) erhoben worden war – setzten sich für ein Parlament ein, das dem latenten englischen Patriotismus Geltung verschaffen sollte. Um den König zumindest etwas unabhängiger von diesem Parlament zu machen, liehen sie ihm Geld – Strafford ließ sich schlauerweise die Kriegsdienstverweigerungsstrafen zur Sicherheit überantworten. Dann eilte der neue Graf, am Rande physischer und nervlicher Erschöpfung, nach Dublin, um die irischen Hilfsgelder einzutreiben und seine dort stationierte wohldisziplinierte Armee zu mustern, die schon damals für die Engländer ein Schreckgespenst war.

Die Einberufungen zum Parlament wurden im Februar 1640 verschickt. Wenn der Wahlkampf auch scharf war, so verlief doch die Wahl selbst in den gewohnten Bahnen lokaler Einflußnahme. Als aber die Parlamentsmitglieder in Westminster eintrafen, entdeckten sie, daß ihnen allen ein Widerwillen gegen die derzeitige Politik und die Männer, die sie bestimmten, gemeinsam war. Als der Disput über Geldbewilligungen in gegenseitige Verunglimpfungen ausartete, beendete der König das Parlament, das ihm so wenig munden wollte wie alle früheren, nach dreiwöchiger Session. Doch dieses »Kurze Parlament« hatte ebenso die allgemeine Ablehnung der königlichen Unternehmungen wie die Einmütigkeit der besitzenden Stände deutlich zutage gebracht. Abermals war sichtbar geworden, wie wenig die Stuarts in den parlamentarischen Künsten bewandert waren und wie schlecht des Königs Ratgeber das Land verstanden. Der Synodalbeschluß über eine Reihe kirchlicher Vorschriften, die die Übereinstimmung der Interessen des Laudschen Anglikanismus und der Krone unterstreichen sollten, führte zu weiteren Mißhelligkeiten. Goldbarren- und Frachtkonfiskationen, geheime Anfragen in Dänemark und Spanien, sogar beim Papst geben ein Bild von der verzweifelten Lage. Während des ganzen Sommers war der Ruf nach einem neuen Parlament zu vernehmen. In einer Petition, die brutal die Mißstände im Königreich anprangerte, drängten zwölf Peers zu einem Parlament als dem einzigen Heilmittel. In York handelte ein *Great Council* – eine mittelalterliche Institution, ungeeignet zur Lösung moderner Probleme – einen Vertrag mit den Schotten aus, riet aber gleichfalls zu einem Parlament. Durch den Vertrag von Ripon verpflichtet, den Schotten täglich achthundertundfünfzig Pfund zu zahlen, wurde Karl »auf die Knie und zur Einberufung eines Parlaments gezwungen«.

Das Lange Parlament

Die Fragen, die bei dem »großen Sturm auf die Bänke« im September und Oktober 1640 aufgeworfen wurden, waren keineswegs alle nationale. Freilich machten König, Minister, Peers und Stadtväter große Anstrengungen, die rechten Leute ins Parlament zu bringen, doch die meisten Wähler überließen es denen, die sie wieder ins Parlament brachten, sich an Ort und Stelle ihre eigenen Ansichten zu bilden. »Infolgedessen sind die Zustände so verwickelt, daß es oft unmöglich ist auszumachen, ob einer gewählt wurde, weil er ein Royalist war, einer bestimmten Familie angehörte, puritanische Auffassungen vertrat, oder einfach weil er eine beliebte und geachtete Persönlichkeit in seiner Gemeinde war.« Da waren also einige hundert Individuen jeder Altersstufe und Intelligenz, die nach unterschiedlichem Stimmrecht an verschiedenen Tagen, unter mannigfaltigen Umständen und in vielerlei Absicht gewählt worden waren. Es gab da Kaufleute, Beamte, Juristen, doch die meisten waren, selbst wenn sie Interessen in der City hatten, Landadlige mit einem natürlichen Verständnis füreinander, das sich von jenen, die sich auf das parlamentarische Handwerk verstanden, geschickt ausnutzen ließ, um zuvörderst Einmütigkeit herbeizuführen. Die Menschen wachsen rasch in den Revolutionen – doch nicht alle mit derselben Geschwindigkeit. Die Politik des »Langen Parlaments« – denn zu dem wurde es – war immer verwickelt und unbeständig, ja bedenklich. Zu Beginn hatten sich drei große Gruppen herausgebildet: Royalisten, von denen es zunächst nur wenige gab; Parlamentarier, die sich hinter den höchst erfahrenen John Pym stellten; und eine breite »Mittelgruppe«, die oft auf verwirrende Weise zwischen »links« und »rechts« hin und her schwankte.

Als der Bürgerkrieg näherrückte, gab es unter den Commons eine schärfere Spaltung als im Land, wo Spuren von Neutralismus das ganze Interregnum überdauerten. Aber auch innerhalb der großen Blocks der Royalisten und Parlamentarier waren die Positionen, die die einzelnen bezogen, sehr verschieden. Von 1640 an kam es zu einer Zersplitterung der herrschenden Stände Englands, die sich zunächst in Westminster abzeichnete und dann verzerrt über die ganze politische Nation hin spürbar wurde. Bei diesem Prozeß wurden neue politische und gesellschaftliche Kräfte frei, die die Zwietracht zwischen den traditionell im Lande Herrschenden verschärften.

Doch Nachdruck wurde in der ersten Session eher auf Einigung denn auf Spaltung gelegt. Die meisten Peers und Mitglieder der Commons dienten in ihren Gemeinden dem Staatswesen – als Gouverneure *(Lords Lieutenant)*, Deputierte, Sheriffs, Vizeadmiräle, Friedensrichter. Das letzte Jahrzehnt hatte ihren Diensten und ihrem Besitzstand erhebliche Einbußen zugefügt. Daher der allgemeine Enthusiasmus, mit dem man die rechtliche Seite des Geheimen Rats, der königlichen Gerichtshöfe, Schiffsgelder, Forstgesetze, Monopole angriff – der Dinge also, die beiden abträglich waren. Hier lagen die Streitfragen vergleichsweise einfach. Die Religion, die ebenfalls ihre gemeinde- und besitzrechtlichen Züge hatte, stellte ein viel heikleres Problem dar. Die »Fraktionsführer« hielten darum diese Frage in der Schwebe, bis man sich auf annehmbare Lösungen geeinigt hatte. So wurde mit der Unterstützung zukünftiger Royalisten, wie Edward Hyde, der die Berechtigung jener Einrichtungen niemals in Zweifel zog, vieles von dem persönlichen Regiment, den finanziellen Hilfsquellen, die es speisten, abgebaut und einige Minister, die es leiteten, entlassen.

Strafford war das gefürchtetste unter den Opfern, die dieser »allgemeine Gerichtstag« forderte. Bei der Heftigkeit seines Wesens war eine zahme Unterwerfung unter das, was für ihn ebenso persönliches wie politisches Debakel sein mußte, kaum zu erwarten. Er war durchaus kein hohler Kopf, verfügte über Geschick und große Willenskraft und hatte überdies, dank seiner irischen Streitmacht, die Mittel zu einem Staatsstreich in der Hand. So wurde er angeklagt, die (mit Bedacht undefiniert gelassenen) grundlegenden Gesetze durch seine Ratschläge, eine »willkürliche und tyrannische Regierung mit Waffengewalt« zu errichten, untergraben zu haben – eine offen politische Interpretation von Verrat. Gewaltiges Beweismaterial und Scharen von Zeugen vermochten es nicht, auch eine beträchtliche Minderheit im Unterhaus und die Mehrheit im Oberhaus zu überzeugen; ihnen hatte Strafford energisch vor Augen geführt, daß mit ihm auch sie und ihre Nachkommenschaft gerichtet würden, da er nur das getan habe, was die selbstverständliche Pflicht eines jeden Peers war – nämlich dem König mit Rat und Tat beizustehen. Im Unterhaus aber blieb eine »starre, starke und unbeugsame Partei«, die bei ihrer »zwingend notwendigen Politik« blieb. Wenn das eine mittelalterliche Verfahren nichts ausrichtete, so mußte ein anderes herhalten: ein parlamentarischer Strafbeschluß, mit dessen Hilfe dieses »reißende Tier« gesetzlich niedergestreckt werden konnte. Erschüttert von der drohenden Pöbelherrschaft gaben die Lords schließlich ihre Zustimmung. Und das tat auch Karl, aus Furcht für die Sicherheit seiner Familie. So erhielt der »große Apostat« sein »*quietus est* – besiegelt nicht mit gewöhnlichen Waffen, sondern mit der

Axt«. (Mai 1641.) (Die Besiegelung von Lauds Schicksal war weniger dringlich. Erst 1645 entledigte man sich des alten Mannes – ein böses Postskriptum zu Ereignissen, die längst über ihn hinweggegangen waren.)

1641 brach die Zensur zusammen. Dem Debattieren und Propagieren waren nun Tür und Tor geöffnet. Alsbald wurden die Wortwechsel, in Westminster begonnen, draußen in der Provinz fortgesetzt. Der Präzedenzfall konnte unmöglich Männern genügen, die über die *Magna Charta* und »das normannische Joch« hinaus nach der guten alten Freiheit zurückblickten, wie man sie im gotischen England verwirklicht glaubte; und wo mit der Geschichte nichts anzufangen war, da zog man – und erzeugte damit Hitze sowohl wie Licht – die Bibel, die klassische Literatur, das Naturrecht, ja sogar das »innere Licht« heran. Die Resultate förderten Ideen, waren beunruhigend, oft bizarr. Spätere Versuche, die Zensur wieder einzuführen, bestimmten unter anderen John Milton, seine Posaunenstimme gegen eine »Klostertugend« von »kotartiger Reinheit« erschallen zu lassen. Seine tönende Prosa überlebt als Literatur, wenn auch geringere Geister oft die wirkungsvolleren Propagandisten waren. Manche, vornehmlich William Walwyn und Gerrard Winstanley, schrieben einen lebendigen, flüssigen Stil, der an Sprat und Dryden gemahnt. Was sich im Parlament zutrug, muß von jetzt an vor dem farbigen Hintergrund eines scharfsinnigen und beißenden Kritizismus betrachtet werden.

Bald wurde eine Rückkehr zu den Zuständen, wie sie zwischen 1629 und 1640 herrschten, unmöglich, nachdem ein Gesetz vom Februar 1641 alle drei Jahre ein beschlußfähiges Parlament garantiert hatte. Ein anderes Gesetz gab die Gewähr, daß die gegenwärtige Versammlung nur durch eigenen Beschluß aufgelöst werden konnte. So gesichert, änderte das Parlament im Sommer 1641 die Verfassung grundlegend. Die »Sternkammer«, der *Council of the North*, der *Council of Wales* und die meisten anderen richterlichen Gewalten des Geheimen Rats wurden abgeschafft, der *High Commission Court* für immer verabschiedet. (Die Kirchenkommission Jakobs II. war etwas wesentlich anderes.) Diese durchgreifenden Änderungen, von weiten Kreisen unterstützt und zum Gesetz erhoben, waren noch zur Zeit der Restauration in Kraft und bestimmten die Entwicklung auch noch nach 1660. *Common Law* und Lokalpatriotismus triumphierten über die Prärogative und die Zentralverwaltung; das war vielleicht nicht unbedingt ein Segen, wenn man bedenkt, daß Karl I. wirklich eine Sozialpolitik angestrebt hatte. Es mag auch sein, daß die Beseitigung des Rivalen eine Selbstgefälligkeit bei den Juristen des *Common Law* hervorrief, vor allem nach 1660, als der reformatorische Staub des Interregnums abgeschüttelt war.

Die Finanzvorrechte wurden gleichfalls beschnitten. Die langen Auseinandersetzungen über das Pfund- und Tonnengeld und die Steuerauflagen wurden endlich vom Parlament abgeschlossen – ein Sieg, der dem König durch knauserig auf zwei Monate bewilligte Gelder unzweideutig vorgehalten wurde. Schiffsgelder wurden ein für allemal für illegal erklärt, eine eindeutige politische Lösung dessen, was im Jahre 1637 zwölf verschiedene juristische Entscheidungen als unentwirrbares Rechtsproblem hatten erscheinen lassen. Die »Forsten« wurden auf ein Minimum beschränkt und die Lasten des steuerlichen Feudalismus teilweise erleichtert. (Die besonderen Rechte der Markgrafen *[wardship]* wurden jedoch erst 1646 abgeschafft.) Große Möglichkeiten der Wirtschaftsplanung schwanden, als die Industriemonopole auf kurzfristige Ausbeutung durch die Erfinder beschränkt wurden. Nichts wurde gegen die weithin beanstandeten Vorrechte der großen privilegierten Handelsgesellschaften unternommen, die im Parlament wohlvertreten waren.

Diese Gesetzgebung war nicht der Ausdruck einer vollentwickelten Konzeption von parlamentarischer Souveränität, sonst hätte sie gewiß nicht so bereitwillige Unterstützung gefunden. Die Gemäßigten verbanden sich mit den Radikalen in einem Werk, das als eine Art Therapie betrachtet wurde, eine Wiederherstellung des legitimen Regierungsanteils der Männer, die reich an persönlichem Besitz und lokaler Macht waren. Vielen schienen die vorgenommenen Änderungen nachgerade weit genug, und erschrocken über gelegentliche Appelle der parlamentarischen Führer an die öffentliche Meinung außerhalb Westminsters und sogar außerhalb der herkömmlichen Herrschaftskreise, suchten sie Zeit zu gewinnen. Eine Gesetzesvorlage vom August 1641, die die Episkopalkirche radikal ausmerzen sollte, stieß auf Ablehnung, weil damit eine lebenswichtige Säule der traditionellen Ordnung gestürzt würde, was wiederum zu Eingriffen in den Besitzstand – diese *conditio sine qua non* aller Freiheiten – ermuntert hätte. Natürlich bedürfe Lauds Kirche der Reform, doch diese müsse mit feinfühliger, chirurgischer Hand vorgenommen werden, damit nicht mit den faulen auch gesunde Organe weggeschnitten würden. Der König, der die Minderheit gegen Straffords Verurteilung wohl bemerkt hatte, meinte sicher sein zu dürfen, daß sich nun die Gemäßigten ihm, dessen altehrwürdiges Amt ein erquickendes Symbol für Ordnung und Anstand in Kirche und Staat war, zuwenden würden.

Im November hatte er den schottischen Druck durch großzügige Konzessionen mildern können. Nun aber kam die Nachricht von der Ulster-Rebellion – die Folge von Straffords harter Hand wie von dessen plötzlichem Weggang –, die den Lauf der Dinge in England beschleunigte. Wenige Engländer waren bereit, ihre erste Kolonie preiszugeben, und schon gar nicht an den Katholizismus. (Nur eine Handvoll Exzentriker meinte, die Iren könnten dieselben Rechte haben wie die Engländer. Diese Auffassung war der gewichtigste Vorwurf, den man gegen den »Engländerfresser« William Walwyn, den *Leveller*, erhob.) Die Unterdrückung eines wohlorganisierten Aufstands, der obendrein geeignet war, ausländische Unterstützung anzulocken, erheischte große Streitkräfte. Doch wer sollte sie anführen? Das Herkommen verlangte mit Nachdruck, das Kommando müsse beim König liegen – doch einmal mit dem Schwert in der Hand, konnte er es da nicht auch in England führen?

John Pym sah bis auf den Grund der Krise; wie immer die Präzedenzfälle lagen, um der Sicherheit willen mußte das Parlament seine Stimme beim Einsatz der Militärmacht erheben. Um dies zu erreichen, wurde die *Grand Remonstrance* entworfen, die noch einmal alle Missetaten der Verwaltung Karls I. aufzählte und die weisen Gegenmittel hervorhob, die bislang angewandt worden waren – ein beredter Appell an die Solidarität. Die parlamentarische Kontrolle von Ministererlassen, eine Nationalsynode zur Neuordnung der Religion und die Verweigerung des alleinigen Rechts des Königs auf den Befehl über die Streitkräfte sollte diese Errungenschaften besiegeln. In dem endlosen, so parteilichen wie konzilianten Schriftstück spürt man Pyms Hand, der entschlossen und taktvoll, wie er war, stets Zweifel daran ließ, wie weit er wirklich beteiligt war.

Die fast völlige Einmütigkeit war dahin, wie die knappe Mehrheit von elf Stimmen für die *Remonstrance* nach einer »über alle Maßen weitschweifigen« Debatte deutlich zeigt. Pyms Anhänger versuchten, draußen für ihre Sache Stimmung zu machen, indem sie die *Remonstrance* veröffentlichten, noch ehe der König darauf geantwortet hatte. Dieser unverhohlene Appell an die »gute Volksmeinung, den festen Grund dieser Leute«, begleitet von Anklagen gegen dreizehn Bischöfe und plumpe Verdächtigungen gegen die Königin, hatte zur Folge, daß sich die meisten Peers und eine beträchtliche Minderheit im Unterhaus enger an den König anschlossen.

Karl wurde zudem durch einen enthusiastischen Empfang ermuntert, den ihm bei seiner Rückkehr aus Schottland die Stadtväter bereiteten, die zum großen Teil Gläubiger der Regierung waren. Überzeugt, nun eine eigene Partei versammeln zu können, wies er die Petition zurück. Doch im Januar 1642 verdarb er sich zeitweilig seinen Ruf bei dem gewaltsamen Versuch, mit eigener Hand einige führende Parlamentarier zu verhaften – eine flammende Geste, die gar nicht zu seiner Persönlichkeit paßte und ihm kaum von Gemäßigten wie Edward Hyde, der sich jetzt in seinem Kreis befand, empfohlen sein konnte. Doch seine »Vögel waren ausgeflogen«, hatten Zuflucht in der City gefunden, die sich alsbald erhob, um sie zu schützen, ein Aufruhr »von höchst gefährlichen Konsequenzen«, wie ein ängstliches Parlamentsmitglied bemerkte, das sich dann aber bei der Überlegung beruhigte, daß »Gott, der Wunder wirkt, solch ungestüme Handlungen wohl noch zu einem guten Ende führen werde«. Bisher hatten in der Verwaltung der City die Ratsherren *(aldermen)* bestimmt, die Volksdemonstrationen abhold waren; doch eine allgemeine Kampagne hatte bei den letzten Gemeindewahlen die Führung Leuten aus dem Mittelstand zugespielt, die unerschütterlich an ihren puritanischen und parlamentarischen Sympathien festhielten.

Der erste Bürgerkrieg

Wie undurchsichtig die Streitfragen zu Beginn des Jahres 1642 waren, läßt sich daraus ersehen, daß beide Häuser gegen die beabsichtigte Verletzung ihrer Vorrechte durch den König zusammenrückten. Karl mußte die Anklage fallenlassen, erwog aber bereits drastischere Maßnahmen. Er schickte die Königin zur Sicherheit und um Hilfskräfte zu mobilisieren ins Ausland; er selbst zog sich aus London zurück und begab sich auf Reisen, um die Meinung im Lande zu erkunden. Pyms Gesetzesvorlage, die dem König die Streitkräfte wegnehmen sollte – ein Affront gegen Tradition und Lokalpatriotismus –, führte zu einer neuen Spaltung im Parlament. Während er im Frühjahr die letzten Parlamentsbeschlüsse während seiner Regierung billigte, legte Karl die Militärvorlage beiseite. Wiewohl manche seiner Berater noch immer eine Anpassung an die neuen Verhältnisse empfahlen, war er zum Krieg entschlossen. Alsbald kam es zu einer Flut von Manifesten und Flugschriften. Die Debatten über Einzelheiten, die Weigerungen, Spott und Beschuldigungen erhitzten die Gemüter, die sich in irgendeiner Aktion abreagieren mußten. Das Parlament drängte die Monarchie in die Verteidigung, maßte sich den Befehl über die Seestreitkräfte an und wandelte die Militärvorlage in eine »Ordonanz« um, deren Mißachtung als Gehorsamsverweigerung gerichtlich belangt werden sollte – ein Anspruch auf gesetzgeberische Souveränität. Im Juni erklärte man Karl, »des Königs höchster und königlicher Wille werde in diesem hohen Rat und Gerichtshof auf wirksamere und verbindlichere Weise ausgeführt, als er dies durch persönliche Erlässe und Entschlüsse vermöchte«. Inzwischen war er aber durch den Norden und Mittelengland *(midlands)* gezogen. Seine Aufnahme dort und Demonstrationen wie die Kent-Bittschrift vom März 1642 hatten ihn davon überzeugt, daß er im Falle eines Krieges mit allgemeiner Unterstützung rechnen durfte.

Als Karl die »Neunzehn Vorschläge« *(Nineteen Propositions)*, die ihn zum »Schatten eines Königs« gemacht hätten, ablehnte, brachen die eher lax geführten Verhandlungen zwischen Krone und Parlament zusammen. Jede Seite trachtete nun nach der Befehlsgewalt über das Militär: das Parlament durch revolutionäre Verfügungen, der König durch die traditionellere Methode der Stellungsbefehle. Doch das Volk reagierte weniger aus legalen Motiven denn auf Grund politischer Tatsachen und Vorurteile. Im Juli entschloß sich das Parlament, auf »Gedeih oder Verderb« eine Armee unter dem Befehl des Grafen von Essex aufzustellen, der einige militärische Kenntnisse, eine Abneigung gegen das Haus der Stuarts und, vor allem anderen, immensen territorialen Einfluß besaß. Die Flotte wurde dem Grafen von Warwick, »dem König von Essex«, unterstellt, einer Grafschaft, in der »sein« Klerus als »Makler des Aufruhrs« wirkte. Am 22. August 1642 pflanzte der König sein Banner bei Nottingham auf. Die Unterstützung von Peers und Edelleuten, die ihm mit eigenen Mitteln aufgestellte Regimenter zuführten, ermutigte ihn, das wohlerwogene Risiko einer Entscheidungsschlacht vor Beginn des Winters zu wagen. Doch die Begeisterung war allgemein gering. Sogar das königstreue Wales ließ auf sich warten, bis die Ernte eingebracht war, und in Yorkshire und anderen entscheidenden Grafschaften kam es zeitweilig zu Neutralitätsabsprachen zwischen den örtlichen Führern. Für viele waren und blieben die Argumente beider Seiten unklar – »noch nie hat es einen so verwirrenden und geheimnisvollen Bürgerkrieg gegeben«. Hier liegt das Tragische des Interregnums: Der Kampf ging nicht um scharf definierte Prinzipien, sondern umfaßte einen Komplex wechselnder Meinungen, Interessen und Emotionen.

Das Land war gespalten: Grob gesehen hielten der Norden und Westen (einschließlich Wales) zum König, der Süden und Osten – wohlhabender und geistig reger – zum Parlament. Innerhalb dieser ungefähren Grenze gab es verwickeltere Zusammenhänge. Die Textilstädte in Lancashire, großenteils puritanisch gesinnt, gerieten mit widerspenstigen landwirtschaftlichen Gebieten aneinander, die von der halbfeudalen Macht des königstreuen Hauses der Stanleys beherrscht waren. Die Wollstädte in West Riding »standen ganz dem Parlament zur Verfügung«, wie auch viele sonstige Ortschaften, abgesehen von den Bischofsstädten. Nicht alle merkantilen und industriellen Kräfte traten für das Parlament ein. Die Bleihüttenbesitzer in Staffordshire waren zum größten Teil königstreu. Eine einfache wirtschaftliche oder soziale Analyse ist nicht möglich. Die Rolle, welche der aufsteigende, niedergehende oder der »unverwüstliche« Landadel spielte, ist nach wie vor unergründet, wiewohl die bisher angestellten Untersuchungen das Verständnis für diese

Probleme vertieft haben. Auch Ideen und Persönlichkeiten müssen berücksichtigt werden, obschon einige der gängigsten Schlagworte ebensoviel verbergen, wie sie enthüllen.

Von den mannigfaltigsten Überlegungen und Empfindungen getrieben, wechselten die Menschen die Fronten, mit fast boshafter Mißachtung der Historiker. Sir Faithful Fortescue ging mitten in der Schlacht auf die andere Seite über, George Monk, anfangs Royalist, dann Cromwells Statthalter in Schottland, wurde der Vater der Restauration. Der einzige unbestreitbare Unterschied, der bisher zwischen königstreuen und parlamentaristischen Unterhausmitgliedern festgestellt wurde, ist der des Alters: Die königstreuen waren im allgemeinen jünger. Dies könnte bedeuten, daß die Parlamentarier engherziger waren und sich an Vergangenem orientierten, oder einfach, daß sie erfahrener waren und die Schwächen der Stuarts besser kannten. Die Zeugnisse deuten aber darauf hin, daß die Sache der Parlamentarier außerhalb des Unterhauses bei weiteren sozialen Kreisen Anklang fand als die Sache des Königs. Anfangs übernahmen Peers und wohlhabende Edelleute die Führung, dann aber spielte der Konflikt Leute wie Kapitän Henry Stone nach oben, einen reichen, aber plebejischen Kaufmann, der Gouverneur von Stafford und Oliver Cromwells »sehr guter Freund« wurde. Die politische Aktivität im niederen Volk war selten royalistisch – wir erfahren nichts von »Agitatoren« in Karls Regimentern. Als der Leveller Sexby Royalist wurde, war dies eine Geste der Verzweiflung. Tatsächlich waren Karls Anhänger gemäßigt und konservativ. Doch weshalb der eine Edelmann konservativ, der andere radikal war, ist eine Frage, die sich nicht mit einer einfachen Formel beantworten läßt, und selbst dann würde sich eine endgültige Antwort sozialer Begriffe bedienen müssen.

Der Plan des Königs war, nach London durchzubrechen, »dieser Stätte der Geschäftigkeit, in der Glück und Verderben dreier Königreiche auf dem Spiele standen«. Nachdem er aus der unentschiedenen Schlacht bei Edgehill (Oktober 1642) unerwarteten Vorteil gezogen hatte, marschierte er in raschem Vorstoß die Themse entlang und wurde nur durch das Auftreten der in der City ausgebildeten Scharen bei Turnham Green aufgehalten. Wäre Karl standhaft geblieben, hätte er vielleicht den Krieg an Ort und Stelle zu seinen Gunsten entschieden, denn die Moral dieser Helden wider Willen war nicht sehr hoch. Statt dessen kehrte er ängstlich nach seiner neuen Hauptstadt Oxford zurück und arbeitete auf eine neue Gelegenheit hin, die sich aber nie wieder bot.

Die Siege von 1643 im Norden und Westen führten zu nichts – ja, sie halfen nur John Pym trotz aller widerstreitender Maßnahmen, auf eine Fortführung des Krieges hinzusteuern. Doch das Parlament setzte noch immer sein Vertrauen in die großen Peers, untätige und phantasielose Männer, die ohne jeden Gedanken an Verrat sich damit zufriedengaben, dem König die Initiative zu überlassen und die eigene Stellung zu halten, während gemäßigte Verhandlungen weiterliefen. Entschlossenere Männer, wie der unbekannte Landjunker Oliver Cromwell aus Huntingdon, entdeckten plötzlich ihre militärische Berufung und wollten angreifen, nicht nur um London zu entlasten, sondern auch um den Weg zu weiterreichenden Abmachungen zu öffnen. Die Auseinandersetzungen über taktische Fragen hatten politische und soziale Bedeutung. Im Lager des Königs gab es zwar ebenfalls Händel, doch fehlte ihnen der Ernst. Karl, das traditionelle Haupt der Exekutive, lebte von der Hand in den Mund, befolgte wahllos Ratschläge seiner

Umgebung, verschaffte sich Geld durch Geschenke, Pump und Verkäufe, willkürliche Steuererhebungen und Konfiskationen und versäumte es, wirksame Lokalverwaltungen einzurichten. In seinem höchst überflüssigen Parlament in Oxford prallten nur selten Ideen aufeinander, was in Westminster zu so fruchtbaren Meinungsverschiedenheiten geführt hatte. Die royalistischen Zeitungen waren witzig, satirisch, aber völlig unergiebig. Einige feinsinnige Denker – wie Dudley Digges – griffen zwar für den König zur Feder, doch das eigentliche Ferment der Ideen war auf der anderen Seite zu finden. Karls Anhänger brachten nichts den Traktaten der Leveller und Digger, den Auseinandersetzungen in Putney, den *Heads of the Proposals* oder den Diskussionen des Rota Clubs Vergleichbares hervor. Richtig ist zwar, daß Thomas Hobbes dem Anschein nach ein Königstreuer war, aber der *Leviathan* erboste die traditionellen Leute. Karl selbst, auf den die Ereignisse der vierziger Jahre keinerlei fördernden Einfluß ausgeübt hatten, brachte nie eine systematische Sammlung von Gegenvorschlägen zustande, sondern ließ es bei seinen hübschen, aber sterilen Absagen bewenden.

Der anfängliche Vorsprung der königlichen Waffen schwand bald angesichts der Abneigung des Königs, eine straffe Organisation aufzuziehen. Es hieß, seine Truppen verschössen Silberkugeln – eine beklagenswerte Verschwendung. Pym dagegen verwandte das Geld mit Bedacht. Kühne Ordonanzen, Resultat von Geschick und politischem Glück, ließen eine zentrale Verwaltung entstehen, die für geregelte Steuern und Ausgaben sorgte. Die Maßnahmen, welche die neue Steuerordnung in den Gemeinden forderte, führten Mitglieder der Grafschaftskomitees aus, wahrscheinlich fanatische Anhänger der parlamentarischen Sache, unter ihnen »neue Männer«, die vorwärtsstrebten und beunruhigende Gesichtspunkte in der Politik von County und Land aufbrachten. Der Theorie nach sollten die Komitees in den Provinzen die Zentralverwaltung repräsentieren, in der Praxis jedoch gaben sie oft den Grafschaftsinteressen den Vorrang und verwandten die Gelder, die sie erhoben, gleich an Ort und Stelle. Ob sie nun energisch vorgingen oder nachlässig waren, in jedem Falle vereitelten sie eine Koordination der militärischen Kräfte, da sie die Garnisonen in ihrem Gebiet zu hoch schätzten. Auch ihre Initiative schaffte zuweilen Verdruß – so wenn sie Westminster vorgriffen, indem sie Pläne für einen Vergleich mit reuigen Royalisten schmiedeten. Doch bei all diesen Schattenseiten schafften sie immerhin genügend Ordnung in der Verwaltung, um den König zu schlagen.

Pym brachte, ehe er Ende 1643 starb, noch die *Solemn League*, den *Covenant* und das *Committee of Both Kingdoms* zustande. Die schottische Allianz erwies sich zwar zu guter Letzt wegen ihrer unmöglichen religiösen Bedingungen als politische Last, anfangs jedoch brachte sie militärischen Gewinn. Besonders wertvoll aber war, daß Pym die auf Sieg bedachten Gruppen, die *Appeaser* und die unentschiedenen Individuen so lange bei der Stange hielt, bis die Fundamente für den Sieg gelegt waren. 1644 machten es Erfolge wie der bei Marston Moor unwahrscheinlich, daß Karl jemals London erobern werde. Doch die Kommandeure der »Alten Garde«, wie Essex und Manchester, versäumten es, sie konsequent zu nutzen, und so kam es zu einer Krise. Durch die *Self-denying Ordinance* kamen im Felde die Aktivisten an die Spitze, während im Parlament der Verhandlungsgeist weiterwirkte. Die *New Model Army*, die neue Armee, dazu bestimmt, Lokalpatriotismus und dilletantische Stümperei zu überwinden, war noch zuwenig geformt, um sofortige Triumphe an ihre Fahnen zu heften. Aber der Sieg bei Naseby im Sommer 1645 kam dem sehr nahe und entschied immerhin den Ausgang des Krieges. Bald darauf ergab sich Karl bei Newcastle den Schotten, und die königstreuen Garnisonen kapitulierten eine nach der anderen. Zur Erleichterung der Politiker wandte sich die allgemeine Aufmerksamkeit von den Schlachten den Verhandlungen zu. Doch die Lösung konnte nicht einfach in einer Übereinkunft zwischen König und Parlament bestehen. Der Krieg hatte ganz neue Anschauungen aufgebracht, so in der Armee, die sich als Verkörperung des Sieges verstand und entschlossen war, »ein Stand im Reich« zu werden. Der Friede blieb noch zu gewinnen.

Karl, getragen von der Überzeugung, die Franzosen und Schotten würden seine völlige Erniedrigung nicht hinnehmen, war guten Mutes. Er würde seine Feinde gegeneinander ausspielen und auf diese Weise wieder König sein. Hierzu war Gelegenheit genug. Männer, die weniger Rücksicht zu nehmen hatten als die in Westminster, drängten auf Reformen. Sie haßten die monopolistischen Handelsgesellschaften und die neu eingeführten Verbrauchssteuern, die ihnen schlimmer vorkamen als die Schiffsgelder. Sie verlangten gesetzgeberische und soziale Verbesserungen und wollten vor allem bei der Bestimmung künftiger Volksvertreter ein Wort mitzureden haben. Sie traten für eine größere religiöse Toleranz ein, als sie von den »rechtsstehenden« Puritanern – den »Presbyterianern« – und ihren schottischen Bundesgenossen erwogen wurde. Als Minderheit – wie Enthusiasten das immer sind, auch in einer Revolution – widersetzten sie sich einer streng exklusiven Staatskirche. Zweckmäßigkeitserwägungen und politische Grundsätze – zwei Dinge, die sich nicht immer säuberlich voneinander scheiden lassen – sprachen für eine Trennung von Kirche und Staat. Die Religion würde dann wirklich frei sein, während ein säkularisierter Staat sich verändern könnte – und müßte. Gottesfurcht mag einen Mann bisweilen die Ehrerbietigkeit gegenüber seinem Gott vergessen lassen, wenn er die Dinge dieser Welt regeln will. Anschauungen dieser Art verquickten sich in der Armee mit drängendem Berufsärger – vor allem wegen ausstehender Soldzahlungen. Das Parlament mußte den Soldaten zu ihrem Recht verhelfen – und zugleich dem Volk eine neue Welt schaffen.

Die Gruppe der Levellers, an deren Spitze John Lilburne stand, ein von Natur aufsässiger Mensch, der niemals litt, ohne dies aller Welt kundzutun, übernahm die Führung. Er und seine Anhänger kleideten in Worte, was weniger zungenfertige Männer dachten oder zu denken sich anschickten. Man weiß kaum etwas über ihre Zahl, aber im unteren Mittelstand (ein unbefriedigender Begriff, für den es offenbar keinen Ersatz gibt), vor allem in London, fanden sie weiten Anklang, da sie dem Begriff »Volkssouveränität« einen Sinn gaben, indem sie unaufhebbare Beschränkungen von Exekutive und Legislative verlangten. Im Grunde genommen waren sie keine homogene Gruppe; William Walwyn hatte gewiß einen höher ausgebildeten Gemeinschaftssinn als Lilburne. Doch eine Zeitlang boten sie das Bild von Einmütigkeit. Ihr Radikalismus war von ihren Feinden übertrieben worden, sie hatten nichts gegen persönlichen Besitz, sondern forderten nur eine Stimme in den Staatsgeschäften für alle Männer mit Besitz, gleichviel ob groß oder gering. Allgemeines Stimmrecht der Männer stand nicht auf ihrem Programm, da sie aus

Erfahrung wußten, daß Menschen, die nichts als nackte Lebensinteressen haben, in offener Wahl dem Druck von oben nicht widerstehen würden. Wie die meisten Puritaner waren sie aber nicht gleichgültig gegenüber dem Los der wirklich Armen. Walwyns praktisches Christentum offenbart ein empfindliches soziales Gewissen – beunruhigend jedoch, wenn es sich mit Politik verbündet.

Da die Soldaten nahezu beschäftigungslos waren, warfen sie sich auf die Politik. Mit erschreckender Begriffsstutzigkeit versuchte das Parlament, sich dieser Rivalen durch kleinliche Sparmaßnahmen und Verschiffung von Regimentern nach Irland zu entledigen. In der *Westminster Assembly*, die zur Regelung der Religionsfragen einberufen worden war, hatte die »Rechte« die Führung übernommen, und als dominierende Gruppe bei den Commons vertrauten die Presbyterianer darauf, befriedigende Bedingungen von Karl zu erhalten – wenn nur die großenteils »independenten« Offiziere und die von den Levellers beeinflußten Leute aus dem Wege waren. Aber die Truppe widersetzte sich dieser schäbigen Behandlung, und die Offiziere besannen sich unter dem Einfluß des energischen Oliver Cromwell und dessen Schwiegersohn Henry Ireton auf ihr Recht und waren nicht bereit abzuziehen. Risse wurden sichtbar, die leicht zu einer Kluft werden konnten.

Nach den Vorschlägen von Newcastle hatte der König die Kirche dem *Covenant* zu überlassen und einer zwanzigjährigen parlamentarischen Kontrolle über die Streitkräfte zuzustimmen. Gegen diese unzumutbaren Bedingungen erhob Karl Einspruch, der indes die Tür nicht gänzlich zuwarf. Während er sprach, formulierten andere ihre Vorschläge. Die Armee – nicht »bloße Söldner«, sondern Bürger – behauptete, das Volk, »dessen Liebe die Schlagkraft einer Armee ausmache«, erwarte von ihr, daß sie den herrschenden Übeln abhelfe. Es regnete nur so Petitionen, »dieser Begünstigung oder jenem Übel abzuhelfen«, auf die gedankenlosen Commons herab. Ihre arrogante Mißachtung des dringenden Rats von Cromwell, der die tiefe Verstimmung im Heer begriff, zeigt nur die staatsmännische Schwäche der damaligen Führer, wie Denzil Holles und Philip Stapleton. Bald kamen die »ehrlichen Recken, die Soldaten«, den Levellers näher und stellten sich gegen eine Tyrannei, die ihnen schlimmer dünkte als die alte. Cromwell, der in Augenblicken der Krise intuitiv in Bewegung geriet, wandte sich rasch vom Parlament der Armee zu. Dies war weniger ein Kapitulieren vor der Revolution als kluge Politik. Ohne das Dazwischentreten der Großen *(Grandees)* würden vielleicht neue und schwärmerische Führer ernannt werden, die blindlings in die Anarchie rannten. Bei der Bewegung bleiben hieß sie auffangen und ihre Richtung umkehren. Die Bildung einer Versammlung von Offizieren und »Agitatoren«, die aus der Truppe gewählt wurden, war in Wirklichkeit ein konservativer Schritt und sehr viel annehmbarer als eine meuternde, von widerspruchsvollen Demagogen aufgehetzte Verschwörerclique. »Vertrauend auf Gottes günstige Fügung« machte er die Truppe völlig von sich abhängig – wie abhängig, sieht man daran, daß er es für nötig hielt, sich den niederen Offizieren anzuschließen, als es galt, der Person des Königs habhaft zu werden.

Karl fand eine gewisse Pikanterie an diesen Vorgängen. Das Parlament hatte ihn schon seit langem in der Gewalt, ohne etwas zu unternehmen. Nun war die Armee am Zuge. Ohne seine Hilfe, so glaubte er sicher, würden sie nichts erreichen. Die Offiziere legten einen Plan vor, die *Heads of the Proposals*, eine Art ins unreine geschriebener Verfassung, in der die Rechte des Königs wie des Parlaments zugunsten der Wähler eingeschränkt wurden, wiewohl es wahrscheinlich war, daß die Offiziere ein Gleichgewicht herstellen würden. Zynisch gestand Karl, diese Bedingungen annehmbarer zu finden als jene von Newcastle. Inzwischen hatten die Leveller einen drastischeren Plan ausgearbeitet, der eine schwache Exekutive und eine Kammer vorsah, die durch die natürlichen Rechte der Individuen eingeschränkt sein würde, ohne daß überhaupt noch von einer Monarchie die Rede war. Dieser erste Vertrag des Volkes war »eine Feuerglocke in der Nacht«, die Cromwell und Ireton, unsicher noch, wie weit ihre Macht in der Armee wirklich ging, nicht mißachten konnten.

So versammelte sich im Oktober 1647 der Armeerat in Putney, um die verschiedenen Vorschläge zu erörtern. Die Beratungen geben einen Begriff von dem hohen Niveau der politischen Diskussion in der Armee. Einfache Leute wie der *Buff Coat* und der Mann aus Bedfordshire wandten sich ohne Scheu an Cromwell und die Großen. Doch der Leveller-Radikalismus, den vor allem Ireton mit der Zerstörung von Privatbesitz und in letzter Konsequenz der bürgerlichen Gesellschaft überhaupt gleichsetzte, lag dem Denken der meisten Offiziere fern. Die Debatten liefen sich allmählich tot, da Cromwell entschlossen war, die Disziplin in der Armee wiederherzustellen. Ereignisse, die sich anderenorts zutrugen – des Königs Flucht nach der Insel Wight und sein Anbändeln mit Schotten und englischen Presbyterianern – gaben ihm die Chance dazu. Die Agitatoren wurden zu ihren Einheiten zurückgeschickt und nie wieder einberufen. Der Widerstand in einigen Regimentern wurde rücksichtslos zerschlagen. Parlament und City waren von der Armee eingeschüchtert – einer Armee allerdings, in der die Offiziere wieder die volle Befehlsgewalt hatten. Gewiß, die Leveller-Bewegung war noch nicht gänzlich erstickt und mußte nach einiger Zeit abermals bekämpft werden, doch vorderhand rückten Leveller und Independenten enger zusammen gegen einen gemeinsamen Feind in einem zweiten Bürgerkrieg.

Oliver Cromwell und das Interregnum

Der zweite Bürgerkrieg muß Cromwell wie das Walten einer gütigen Vorsehung erschienen sein. Ein weiterer Sommer der Untätigkeit angesichts des wirtschaftlichen Debakels hätte sehr wohl den »Mob« und die Gemeinen der Armee zusammenführen können, um die letzten Überreste einer verfassungsmäßigen Autorität zu stürzen. Auch dem König kam der Krieg gelegen. Seine Feinde lagen sich in den Haaren, während das Aufgebot alter und neuer Royalisten noch jung genug war, grundsätzliche Differenzen vergessen zu lassen. Mit den Erhebungen im Südosten, im Norden, in Südwales und Schottland sahen sich die Veteranen der *New Model Army* in einem Krieg an vielen Fronten. Unglücklicherweise waren die Anstrengungen der Royalisten, wie sich zeigte, nicht aufeinander abgestimmt und zersplitterten sich. Wiewohl hart gekämpft wurde, besiegte Fairfax schließlich den

Südosten, während Cromwell Südwales unterwarf, sich dann nach Norden wandte und die Schotten heimtrieb, deren Hoffnung auf eine Gegenoffensive in neuen Streitigkeiten über den *Covenant* unterging. Im September 1648 war alles vorüber.

Die Commons waren noch immer bereit, mit Karl zu verhandeln, der glaubte, die Zeit und er seien jeder Kombination gewachsen, und an neuen Bedingungen bastelte. Aber die Verhandlungen waren müßig, die Macht lag längst bei der Armee. Leveller und die Großen hatten Karl Stuart abgeschrieben, »diesen Mann des Blutes«. Durch sie würde Gott ihm die angemessene Strafe zuteil werden lassen. Oberst Prides Säuberung der Commons *(Pride's Purge)* im Dezember 1648 erschütterte den »Vertrag« von Newport und führte zu dem Prozeß gegen den König wegen Hochverrats, weil er Krieg geführt hatte gegen seine Untertanen. Mit außergewöhnlicher Eloquenz stellte Karl die Unrechtmäßigkeit des Verfahrens fest. Doch der Streitfall war längst über alles Legale hinausgewachsen. Am 29. Januar nahm er mit wunderbarer Gefaßtheit öffentlich sein Schicksal auf sich, vor dem Bankettsaal von Whitehall. Inigo Jones' architektonisches Meisterwerk sah sehr viel prunkvollere Darbietungen, aber keine, die mehr aufrüttelte.

England war jetzt eine Republik. Nach Abschaffung des Oberhauses beanspruchte das »Rumpfparlament« die volle Souveränität. Die Handvoll Mitglieder – meist Independenten –, die den Aderlaß von Krieg und Säuberungen überstanden hatten, waren zuversichtlich, daß sie die Nation vorzüglich leiten würden. Der venezianische Gesandte, ein scharfer Beobachter, traute es ihnen zu. Die großen Mächte erkannten das so schamlos königsmörderische *Commonwealth* bald an, Spanien klugerweise an erster Stelle. Und alsbald begann auch das Wettrennen um eine Allianz mit ihm.

Doch die Probleme auf der Britischen Insel waren gewaltig. Irland war noch unbezwungen, von Schottland war zu erwarten, daß es etwas für den *Covenant* und die alte Dynastie unternehmen werde. Innerhalb Englands gab es Feinde in Mengen, darunter einige höchst aktive: alte und neue Royalisten wie auch Presbyterianer, die Prides Säuberungsaktion nicht verwinden konnten und das religiöse Durcheinander haßten, das sich aller Wahrscheinlichkeit nach aus der Machtergreifung der Indepentenden ergeben würde. Aktueller noch war das Drängen der Leveller auf eine neue Kammer, die nach ihren Prinzipien gewählt werden sollte. Sie betrachteten das »Rumpfparlament« als eine »aristokratische Tyrannei« und trieben zu Agitation in Armee und City. Wieder war die Disziplin bedroht. Cromwell, der sich schon als den guten Büttel zur Erhaltung des Friedens sah, mußte die Inhaftierung ziviler Levellerführer unterstützen und Meutereien in der Armee zerschlagen. Danach blieben die Leveller-Anschauungen mehr oder weniger unsichtbar, obwohl einige sich in der Armee hielten, genährt von beruflichem Verdruß. Jedenfalls gab es in der nächsten Zeit wenig Muße für politische Grübeleien. Die Zivilisten mühten sich weiter ab, doch der Verlust der Unterstützung durch die Armee war niederschmetternd. Außerdem fehlte der Bewegung eine feste soziale Grundlage. Die Menschen aus den unteren Mittelklassen, bei denen sie Anklang fanden, waren in ständiger Bewegung, entweder im Aufstieg oder im Niedergang. Ihre Begeisterung war groß, aber flüchtig. Sie zogen sich einer nach dem anderen zurück – so auch ihre Führer. Lilburne wurde Quäker, Sexby Terrorist, Wildman Grundstücksmakler. Einige wenige, wie Walwyn, bewahrten – mit aller

Behutsamkeit – ihre Ansichten. Doch auch so blieb der Levellerismus ein nützliches Schreckgespenst für die rastlose Regierung der fünfziger Jahre.

Im Rumpfparlament gab es noch andere radikale Bewegungen, so die *Digger*, »die wahren Leveller«, die das Privateigentum verwarfen. Auch sie scheiterten, weil ihre soziale Grundlage in einer Bauernschaft ohne Land noch schwächer war als die der Leveller. Doch ihr Anführer, Gerrard Winstanley, drang tief in die gesellschaftlichen Probleme ein, und seine Ansichten, in einer Prosa von wundervoller Kraft und Schmiegsamkeit überliefert, sind von hohem Reiz für die Historiker unseres Jahrhunderts. Die Tatsache, daß es überhaupt eine solche Bewegung gab, ist ein lebendiger Beweis dafür, daß das Zeitalter in Wahrheit hell in Flammen stand.

Cromwell ließ auf die Vernichtung der Leveller-Meutereien einen raschen Feldzug in Irland folgen, der in wenigen blutigen Monaten ein Jahrzehnt des Aufruhrs abschloß und dem Land härteste Bedingungen aufzwang, die – wohlgemerkt – auch noch nach der Restauration widerspruchslos beibehalten wurden. Seine nun einzigartige Position wird von Andrew Marvells prachtvoller »Horazischer Ode auf Cromwells Rückkehr von Irland« zum Ausdruck gebracht:

But thou the Wars and Fortunes son
March indefatigably on...

Doch du, des Kriegs und Glückes Sohn
Schreit' unbeirrbar vorwärts nun...

Der Vers endet prophetisch:

And for the last effect
Still keep thy Sword erect.

Und für den letzten Sieg
Halte dein Schwert bereit.

Eine Zeitlang sollte dieses Schwert noch für das Rumpfparlament gebraucht werden – um Karl II. zu besiegen und die Covenanter, mit denen er, seinen Ursprüngen spottend, eine zynische Allianz eingegangen war. Eine präventive Invasion in Schottland brachte zunächst die »höchst gnädige Fügung« *(signal mercy)* von Dunbar (3. September 1650) und, auf den Tag genau, ein Jahr später die »krönende Fügung« *(crowning mercy)* von Worcester. Durch die Niederwerfung einer schottischen, mit englischen Freiwilligenkontingenten bescheiden angereicherten Armee vereitelte Cromwell alle ernsthaften Hoffnungen auf eine Restauration mit schottischen oder englischen Waffen. Doch ausgeklügelte Pläne, ermutigt von den geschäftsmäßigen Methoden, mit denen Karl aus dem Land geschafft worden war, bewegten auch weiterhin die Gemüter fanatischer Royalisten, vor allem der Emigranten, die aber weniger Bescheid wußten und auch weniger zu verlieren hatten als ihre zu Hause gebliebenen Gesinnungsgenossen.

Inzwischen waren es die Soldaten leid geworden, für ein Regime zu kämpfen, das die erhofften Reformen nicht zustande brachte. Müßiggang führte zu Diskussion, Diskussion zu Unzufriedenheit. Was zu einer Aktion noch fehlte, war, Cromwell für Zwangsmaßnahmen zu erwärmen. Doch zunächst mußte er von der Notwendigkeit einer durchgreifenden

Intervention überzeugt werden. Monatelang vertändelte er die Zeit, erforschte die Meinung, drängte das Rumpfparlament, sich zurückzuhalten und sich auf angemessene Gesten zu beschränken. Doch dessen Maßnahmen blieben weiterhin drückend; die Verratsgesetze wurden verschärft, die Presse geknebelt und die Toleranz eingeschränkt. Das letzte Argument war der Plan einer automatischen Mitgliedschaft eines jeden neuen Abgeordneten, über dessen Qualifikation das Parlament sich auch noch zum Richter aufwarf.

Zur Krise kam es im April 1653. Sobald sich Cromwell erst entschieden hatte, ging er zügig zu Werk. Doch die Auflösung des Parlaments mit Waffengewalt brachte ihre eigenen Probleme. Ein Witzbold klebte einen Zettel an die Tür der leeren Kammer mit der Aufschrift: »Dieses Haus ist zu vermieten – unmöbliert.« Im Herzen stets Parlamentarier, wollte Cromwell neue Mieter hineinbringen. Doch wen? Zwei Vorschläge wurden gemacht. Der eine – entworfen von seinem alten Waffenkameraden Generalmajor John Lambert, einem Mann mit einem scharfen, »tätigen« Politikerverstand – sah eine geschriebene Verfassung vor, die lose an die *Heads of the Proposals* von 1647 anknüpfte. Danach sollten sich eine Einzelperson (Oliver), ein Staatsrat (Offiziere und zivile Cromwellianer) und ein Parlament mit einer Kammer in die Regierungsgewalt teilen. Diese »gemischte« Verfassung schien alle Vorzüge, aber keine der Gebrechen von Monarchie, Aristokratie und Demokratie zu enthalten. Die zweite Idee stammte von Generalmajor Thomas Harrison, einem leidenschaftlichen Sektierer, der die unmittelbar bevorstehende Ankunft Christi erwartete. Da er wie Milton des Glaubens war, Gott habe »Seine Engländer« zu Besonderem auserwählt, empfahl er, das Land in die Hände von »Heiligen« zu legen, »verschiedenen gottesfürchtigen Personen von erprobter Treue und Redlichkeit«, damit sie den Weg vorbereiteten. Jeder dieser Vorschläge entsprach einem Zug in Cromwells Charakter, der ja zugleich der hartgesottene Staatsmann und der »Gottsucher« war. Seine Zwiespältigkeit konnte natürlich wie Heuchelei erscheinen und ihn zu dem »arglistigsten, eidbrüchigsten Schuft« stempeln, den es je gegeben. Doch Politik ist stets ein Gemisch aus Vernunft, Gefühl und Intuition, und vielleicht ist auch Glück vonnöten – oder wie Cromwell es genannt hätte, »die Hand der Vorsehung«. Gewiß, all dies hatte ihm seine gegenwärtige Position als die allein »eingesetzte Autorität« verschafft. Möglicherweise deutete nach all den Jahren weltlicher Herrschaft die Vorsehung wirklich auf eine geistliche Scheide für sein nacktes Schwert. Der Zeit ermangelnd, die er gewöhnlich brauchte, um seinen Weg zu bestimmen, und wohl auch geblendet von einer geistigen Ergriffenheit, die zuweilen in ihm aufwallte, entschied er sich ganz für das Parlament der Heiligen.

Am 4. Juli 1653 übergab er die Autorität in aller Form etwa hundertvierzig Männern, die von independenten Gemeinden gewählt worden waren, und ermahnte sie, zu heilen und zu ordnen. Dieses »Kleine Parlament« *(little daft Parliament)*, das erste, das drei Königreiche repräsentierte, war nicht so naiv, wie seine Kritiker meinten. Nicht alle seine Mitglieder waren »minderwertige Personen ohne Qualität noch Namen«, und auch nicht alle fühlten sich erweckt. Der *Speaker*, Francis Rous, Halbbruder John Pyms, war ein erfahrener Politiker, Gelehrter und Publizist. Den Extremisten wie Praise-God Barebone – dieser Name war ein Geschenk Gottes für Satiriker – standen Realisten wie Anthony Ashley Cooper gegenüber, dazu auch viele Gemäßigte und Konservative. Alle kümmerten sich ernsthaft, zu ernsthaft, um alle brennenden Streitfragen einschließlich der Außenpolitik. Sie setzten den holländischen Krieg des Rumpfparlaments fort, Frucht der exklusiven Handelspolitik der Navigationsakte von 1651, schlugen Reformen vor, die fest begründete Rechte beschnitten. Ein Komitee, das vernünftigerweise keinen einzigen Juristen enthielt, bekämpfte Mißstände im Rechtswesen, die lange genug allen, außer den einflußreichen »Herren mit der langen Robe«, bekannt waren. Die meisten ihrer Vorschläge sind inzwischen verwirklicht worden. Aber dieser Reformeifer wirkte beunruhigend, vor allem wenn er sich wie in jenem Komitee, das sich mit dem Unterhalt der Geistlichen beschäftigte, Besitzangelegenheiten zuwandte. Der Zehnte – »dieser Aderlaß« – wurde von einigen rundweg abgelehnt, da er die Furcht vor sozialem Umsturz weckte, die ja immer im Kopf begüterter Männer spukt. Erbittert über die Unfähigkeit der Enthusiasten zu Kompromissen, erklärte die Mehrheit das Parlament für aufgelöst und gab Cromwell die Macht zurück.

Ohne Zögern wurde nun Lamberts Plan, der jetzt mit allen Einzelheiten im *Instrument of Government* vorlag, ausgeführt (Dezember 1653). Cromwell wurde zum Lord-Protektor ernannt und tauschte symbolisch sein militärisches Schwert gegen ein ziviles ein. Der erste zögernde Schritt auf die Restauration hin war getan.

Das *Instrument*, dazu bestimmt, »aus dem Chaos eine kleine Welt zu schaffen«, ist ein merkwürdiges Dokument, zugleich kunstvoll und ungeschliffen. Es bietet dem Anschein nach eine parlamentarische Regierung, während es in Wirklichkeit die Machtposition der Armee bestätigt. Es enthielt einige Reformen, wie sie die Soldaten gefordert hatten. Vor allem anderen aber bestätigt es die einzigartige Position Cromwells, ohne die Dinge in eine persönliche Diktatur ausarten zu lassen. Dem Protektor konnte von einem Staatsrat, dem mächtigsten Element dieser Verfassung, Einhalt geboten werden. Am schwächsten war das Parlament, das keinerlei Macht hatte, die Verfassung zu ändern (es hatte in der Tat keine Möglichkeit, auf friedlichem Wege die Verfassung auch nur zu ergänzen – ein ganz schwerer Fehler). Die Sitzungsperioden des Parlaments konnten bis auf fünf Monate in drei Jahren beschränkt werden, die Ergebnisse der Wahlen waren dem Staatsrat zur Prüfung vorzulegen. Überdies konnte der Protektor bis zum Zusammentreten des Parlaments im September 1654 Ordonnanzen mit Gesetzeskraft erlassen – eine Vollmacht, von der energisch und klug Gebrauch gemacht wurde. Die Religion erhielt eine gewisse Ordnung durch Bildung von Komitees – einem Zentralkomitee neben Gemeindekomitees –, die über Einsetzung und Entlassung von Geistlichen zu beschließen hatten. So entstand eine lockere Nationalkirche, die bemerkenswert tolerant war und Cromwells eigene sehr weitherzige Auffassung, die sogar Juden einschloß, widerspiegelte. Dieses System – oder dieser Mangel an System – erwies sich als gar zu großzügig selbst für Cromwells engste Anhänger. Das Protektorat war nicht durch wütende religiöse Intoleranz gekennzeichnet, was sich schon aus dem Umstand ergibt, daß der Laudianische Anglikanismus in der Restauration mit Leichtigkeit wieder zur Macht kommen konnte.

Im Innern begann das neue Regime erfolgreich. Seine Außenpolitik – auf die Samuel Pepys mit ehrfürchtiger Scheu zurückblickt – war eindrucksvoll. Der holländische Krieg wurde durch einen vorteilhaften Vertrag beendet, der die Politik der Navigationsakte bestätigte. Für das Amboyna-Massaker von 1623 wurde Schadenersatz erwirkt, eine eindrucksvolle Leistung, wenn man an das Unvermögen der Stuarts denkt, diese lang anstehende Schmach zu tilgen. Der Förderung der Handelsinteressen galten günstige Verträge mit den skandinavischen Ländern und Portugal. Der listenreiche Kardinal Mazarin, dieser weitsichtige Minister Ludwigs XIV., Vetter Karls II., arbeitete bereits auf eine Allianz hin, um Cromwells *Ironsides* im Krieg gegen Spanien einzusetzen.

Bei dem hohen Ansehen, das er in Europa genoß, konnte Cromwell seinem ersten Parlament frohgemut entgegentreten. Er rief es auf, ihm in einer soliden, für »Reformationen« aufgeschlossenen Regierung behilflich zu sein. Doch die Republikaner (ehemalige Rumpfparlamentarier), verbitterte, redegewandte Leute, welche die Parlamentsverfahren zu handhaben verstanden, griffen das *Instrument* an als eine Wiedereinführung alles dessen, wogegen sie immer schon gekämpft hatten – als monarchischen Despotismus, jetzt nur gestützt von einer Militärclique. So nahmen sie den Kampf für parlamentarische Souveränität wieder auf. Bitter enttäuscht, gestand ihnen Cromwell zu, daß es Veränderungen in Einzelheiten geben könne, aber nicht in den vier Hauptpunkten: Einzelperson und Parlament; Parlamente dürfen nicht unbegrenzt tagen; Gewissensfreiheit; Parlament und Exekutive teilen sich in den Oberbefehl über das Militär. Hierin ist ebenso Cromwells Verlangen nach geordneten parlamentarischen Verhältnissen zu erkennen wie seine Unwilligkeit, dafür einen allzu hohen Preis zu zahlen.

Die Republikaner verwarfen diese Hauptpunkte und wurden ausgeschlossen. Und trotzdem entwarf das gesäuberte Unterhaus Punkt für Punkt eine neue Verfassung, in der es selbst mehr zur Geltung kam. Wenig sonst ward getan, und als nach fünf Mond- oder »Soldaten«-Monaten das Parlament den Oberbefehl über das Militär heischte, löste Cromwell es auf. Ungehalten beschuldigte er die Mitglieder der Kammer, die Schwierigkeiten der Nationen zu erneuern, Zwietracht zu säen und den Kräften der Unordnung auf der Linken und Rechten Vorschub zu leisten. Seine Rede war – hätte er es nur gewußt – eine einzige Kritik an den Schwächen des *Instrument*.

Ohne Parlament stand Cromwell wie seinerzeit Karl I. vor dringend notwendigen finanziellen Einsparungen. Hinzu kam eine unmittelbare Bedrohung der Staatssicherheit durch eine royalistische Erhebung. Sie war als große, die ganze Nation erfassende Unternehmung geplant, versagte aber kläglich. Staatssekretär John Thurloe, »ein sehr kundiger Mann im Beschaffen von Auskünften«, wußte bereits vorher alles, was es darüber zu wissen gab. Die wenigen Männer, die sich im Westen mit Oberst Penruddock erhoben hatten, waren bald aufgerieben. Das wichtigste Ergebnis dieses Aufstandes war, daß jede Nachsicht gegenüber den Royalisten fallengelassen und die Unterdrückung zum System erhoben wurde; dazu waren ständig bedeutende Streitkräfte erforderlich. Den Ausweg aus der chronisch angespannten finanziellen Situation brachte eine weitere »kleine, armselige Erfindung« John Lamberts: das Regime der Generalmajore.

Inzwischen waren alle aus dem Verkauf der Kron- und Kirchengüter und anderer Vermächtnisse stammenden Geldmittel aufgezehrt und der Kredit in der City bis zum äußersten in Anspruch genommen; die Rückkehr zum alten Schatzamt *(Exchequer)*, welche die Versuche mit Finanzkomitees in den vierziger Jahren zu einem Abschluß brachten, hatte die Verfahren noch weiter kompliziert. Im Sommer 1655 wurde beschlossen, die »regulären« Truppen zu verringern und den Sold der verbleibenden Einheiten zu senken. Eine Freiwilligenmiliz sollte in den Gemeinden ausgehoben und mit Hilfe diskriminierender Abgaben von bekannten Royalisten unterhalten werden. Das Kommando wurde einem Generalmajor für jeweils ein Dutzend Distrikte übertragen. Es zeigte sich bald, daß diese Generalmajore als »Intendanten« die Gemeindeverwaltungen überwachen konnten, deren Leistungen nach wie vor den Bedürfnissen der Zentralverwaltung nicht genügten. So fiel ihnen das Amt eines Büttels, Spions und Verwalters der öffentlichen Ordnung, Moral und Wohlfahrt zu. Sie verboten Rennveranstaltungen, schlossen überflüssige Bierschenken, untersagten Hahnenkämpfe, und zwar nicht aus Engstirnigkeit, sondern aus Furcht, »das Volk könne unter dem Mantel des Vergnügens irgend etwas gegen die derzeitigen Herrscher aushecken«. Sie bemühten sich, dem Armengesetz und anderen sozialen Gesetzen Geltung zu verschaffen. In mancherlei Hinsicht war ihr System höchst wirkungsvoll. Trotzdem stieß es auf allgemeine Ablehnung: Hier war nun die Zentralregierung, die sich, bis an die Zähne bewaffnet, mit ihren unqualifizierten Leuten, »albernen, gemeinen Wichten«, in die örtlichen Angelegenheiten einmischte und den durch die Geschichte legitimierten Herrschern im Lande dreinredete, ihnen auf den Zahn fühlte und ihre Nase in alles steckte. Diese Klagen gaben den entscheidenden Anstoß zu echter Dezentralisierung, die 1660 dann auch in weitem Maße erreicht wurde.

Eine Zeitlang jedoch setzten die Generalmajore ihren Willen durch. Unter ihrem Regiment waren Aufstände unmöglich. Die Hoffnungen der Hitzköpfe verdichteten sich zu dem Wunsch, durch Ermordung des Protektors die Regierung aus den Angeln zu heben. Eine witzige Flugschrift mit dem Titel »Tod ist kein Mord« empfahl dem Protektor, zum Wohle des Landes zu sterben; einige waren bereit, ihm bei diesem Dienst zu helfen. Aber ihre Verschwörungen scheiterten, manchmal auf groteske Weise. Sindercombes Versuch im Februar 1657 »brauchte zuviel Zeit, zu viele Personen und war von zu vielen Zufällen abhängig«. Doch um sich halten zu können, mußte die Regierung zu immer härteren Unterdrückungsmaßnahmen schreiten: die Zensur wurde verschärft, Schöffen fortgejagt, Gemeinderechte abgeändert, Richter eingeschüchtert oder entlassen und verdächtige Personen verbannt – »im Widerspruch zum Gesetz«.

Inzwischen war England nach einer westindischen Expedition, die enttäuschenderweise nur Jamaika eingebracht hatte, in einen Krieg mit Spanien verwickelt worden. Die Ausgaben stiegen beängstigend an, und der Sommer 1656 verging mit Überlegungen, wie man weitere Gelder beschaffen könne. Schließlich schien der einzige Ausweg die Einberufung eines Parlaments. Dieser Vorschlag war manchen besonders erwünscht – vielleicht würde das Parlament den neuerlichen Versuch einer verfassungsmäßigen Regelung unterstützen. Die Stabilität des gegenwärtigen Regimes schien am Leben Oliver Cromwells zu hängen, der rasch alterte. Nach dem *Instrument* sollte der Staatsrat einen Nachfolger bestimmen. Lambert konnte sich zwar als Olivers Ersatzmann betrachten, doch hatte er Rivalen, ja Feinde. Es würde zu einem Wettstreit kommen, der – da alle Beteiligten »Kämpen« waren – leicht zu einem neuen Bürgerkrieg führen konnte. Besser war es, so dachten die zivilen Anhänger Cromwells, schon vorher ein annehmbares Übereinkommen zu treffen.

Das Parlament trat im September 1656 zusammen. Trotz aller Anstrengungen der Generalmajore mußte ein Viertel der Mitglieder, in der Hauptsache Republikaner, ausgeschlossen werden. Sie waren nicht gewillt, die ihnen angetane schimpfliche Behandlung schweigend hinzunehmen. Doch mit einem »Regierungsblock« von ungefähr zweihundert Stimmen machten die Commons einen vielversprechenden Anfang mit einer Diskussion über die notwendigen Reformen. Der Protektor freute sich über diesen willfährigen Geist, war jedoch weniger glücklich über die Angriffe auf seine religiöse Duldsamkeit. Der Streit entzündete sich an einem Fall »erschreckender Blasphemie«, die sich angeblich der Quäker James Nayler, »ein dem Irrglauben verfallener Mann«, hatte zuschulden kommen lassen, als er im Oktober 1656 in Bristol Christi Einzug nach Jerusalem aufführte. Die Debatten zeigten, wie die Parlamentsmitglieder »im Gedanken an diese Duldsamkeit beunruhigt waren«. »Wenn dies Freiheit ist, dann möge Gott die Menschen vor solcher Freiheit bewahren«, rief Philip Skippon, der Held von Turnham Green.

Der Beschluß, über Nayler eine exemplarische Strafe zu verhängen, hatte unmittelbare verfassungsmäßige Konsequenzen. Die Commons behaupteten, die richterliche Gewalt der Lords sei auf sie übergegangen, sie seien zugleich Kläger, Richter und Schöffen, alles in einem. Cromwell deutete es einigen Offizieren: »Dank ihrer richterlichen Autorität gerieten sie in höchste Gefahr... Der Fall des James Nayler könnte sehr wohl auch der ihre sein.« Wenn die Commons mit ihrem Anspruch durchdringen würden, wären sie nahezu souverän, denn kein Richter auf Erden könnte dann zwischen ihnen und einem jeden – Protektor oder Privatmann – vermitteln, wenn er ihrer richterlichen Gewalt anheimgefallen sei.

So rief Naylers Fall nach einer Verfassungsänderung. Es zeigte sich bald, daß Cromwell und viele aus seiner Umgebung dazu bereit waren. Sie ließen die Generalmajore fallen, als diese versuchten, ihre Vollmachten durch Gesetz bestätigt zu erhalten. Gleichzeitig bewies das Parlament kooperativen Geist, indem es für Kriegsgelder stimmte. Das *Instrument* war nur noch ein Stück Papier. Es hatte bei voraufgegangenen Rechtsstreitigkeiten keinerlei Handhabe geboten. Den Protektor machte es fast zum Gefangenen der Armee. Was not tat, so empfanden viele, war etwas der alten Erbmonarchie Vergleichbares, um die Regierung in Einklang mit dem Gesetz zu bringen, das Könige kannte, aber keine Protektoren. Cromwells eigene Ansichten über das Königtum waren unentschieden. Doch man wußte, daß er für eine zivile Regelung war, und seine Reaktion auf den Nayler-Fall beweist sein Verlangen, die Armee zu überzeugen, daß das *Instrument* auch ihre Freiheiten nicht zu erhalten vermöchte.

Im Februar legte eine Gruppe von Beamten, Rechtsgelehrten und Bürgern im Unterhaus »eine Schrift vor... mit dem Ziel einer Übereinkunft über Nation, Freiheit und Besitz«. Das Dokument sah die Wiedereinführung einer zweiten Kammer vor und die Annahme »von Namen, Stil, Titel und Würde eines Königs« durch Cromwell. Wütend bekämpft von vielen Offizieren im Parlament, fand es freudige Unterstützung bei den Regierungsbeamten und bei vielen unabhängigen privaten Mitgliedern. Dank behutsam geplanten Etappen stimmte man schließlich den einzelnen Punkten zu: Das Ergebnis war eine vollständige, schriftlich niedergelegte Verfassung. Am 31. März 1657 wurde sie unter dem Titel *The*

Humble Petition and Advice dem Protektor unter dem klugen Vorbehalt unterfertigt, daß sie als ein Ganzes angenommen werden müsse. Cromwell befand sich in einer schwierigen Lage. Es gab vieles in der *Petition*, das »sie ihm lieb und wert machte«. Aber niemand wußte besser als er, daß die Armee den Königstitel niemals schlucken würde. Er erbat sich Bedenkzeit für eine so schwerwiegende Entscheidung und begann die Meinung vor allem in der Armee auszukundschaften – dieses lautlose Geschäft, das er dem Vertrauen auf Gottes Beistand gleichsetzte. Dieweil er »die Königsleute« durch »dunkle und verworrene« Reden bei guter Laune erhielt, brachte er zumindest einige der Offiziere zu der Einsicht, daß Wandlungen unumgänglich seien und es für sie am vorteilhaftesten wäre, wenn diese von einem so willfährigem Parlament ausgingen. Doch auch die engsten Freunde erfaßten nicht den ganzen Sinn seiner Absichten. Bis Mai jedoch war er zu dem Schluß gekommen, daß – wiewohl Lambert und dessen Leute die Annahme einer Verfassungsreform nicht verhindern konnten – das Streben nach der Königswürde alles bisher Erreichte aufs Spiel setzen würde. So erklärte er schließlich dem Parlament, daß er zwar mit Freuden alle übrigen Punkte der *Petition* annehme, daß er aber »diese Regierung nicht mit dem Titel eines Königs auf sich nehmen könne«.

Rasch wurde die Königsklausel abgeändert und dem Protektor zugestanden, seinen Nachfolger selbst zu bestimmen. Diese neue Fassung wurde von vielen verurteilt, die der ursprünglichen zugestimmt hatten, dagegen von Männern befürwortet, die zuvor entschieden dagegen waren. Offensichtlich war die Königswürde wirklich ein wesentlicher Punkt der Verfassung gewesen. Im Juni wurde Cromwell zum zweitenmal als Lord-Protektor ausgerufen, in feierlicher Zeremonie, der Lambert, der verstimmte »Urheber« des *Instrument*, demonstrativ fernblieb.

Die *Humble Petition and Advice* bedeutete einen entschiedenen Schritt zurück in die Nähe der alten Ordnung, obwohl die Nominierung eines Nachfolgers nicht freier war, als die Armee es wollte. Der Staatsrat wurde zum »Geheimen Rat« *(Privy Council)*, und das »andere Haus« sah einem *House of Lords* verzweifelt ähnlich. In den sechsmonatigen Parlamentsferien, während Meldungen von glorreichen Siegen über die Spanier in Flandern eingingen, wurden die Voraussetzungen für die neue Verfassung geschaffen. Der Geheime Rat wurde umgebildet, Lambert, der sich geweigert hatte, den neuen Eid zu leisten, wurde – gegen alle Erwartung »ohne Erschütterung der Sphären« – entlassen. Mitglieder des »anderen Hauses« wurden erwählt – eine Aufgabe, die großes Geschick erforderte, damit es nicht »ein allzu dünner Schirm, ein allzu schwacher Ausgleich« werde zwischen Protektor und Commons. Die dreiundsechzig Mitglieder, die schließlich berufen wurden, bildeten eine eher gemischte Schar – einige »alte« Peers waren darunter, ältere Söhne, Verwandte des Protektors, Offiziere, Anwälte und Beamte. Doch die alten Peers weigerten sich zu erscheinen, und einige Offiziere – darunter George Monk und Henry Cromwell – waren anderwärts zu sehr in Anspruch genommen, um dem Ruf Folge zu leisten. Schlimmer noch: Dreißig der neuen Lords kamen aus dem Unterhaus und hinterließen dort ein politisches Vakuum, das mit den einstmals unerbittlich ausgeschlossenen Mitgliedern gefüllt wurde; ihre Rückkehr war eine versöhnliche Geste der neuen Verfassung.

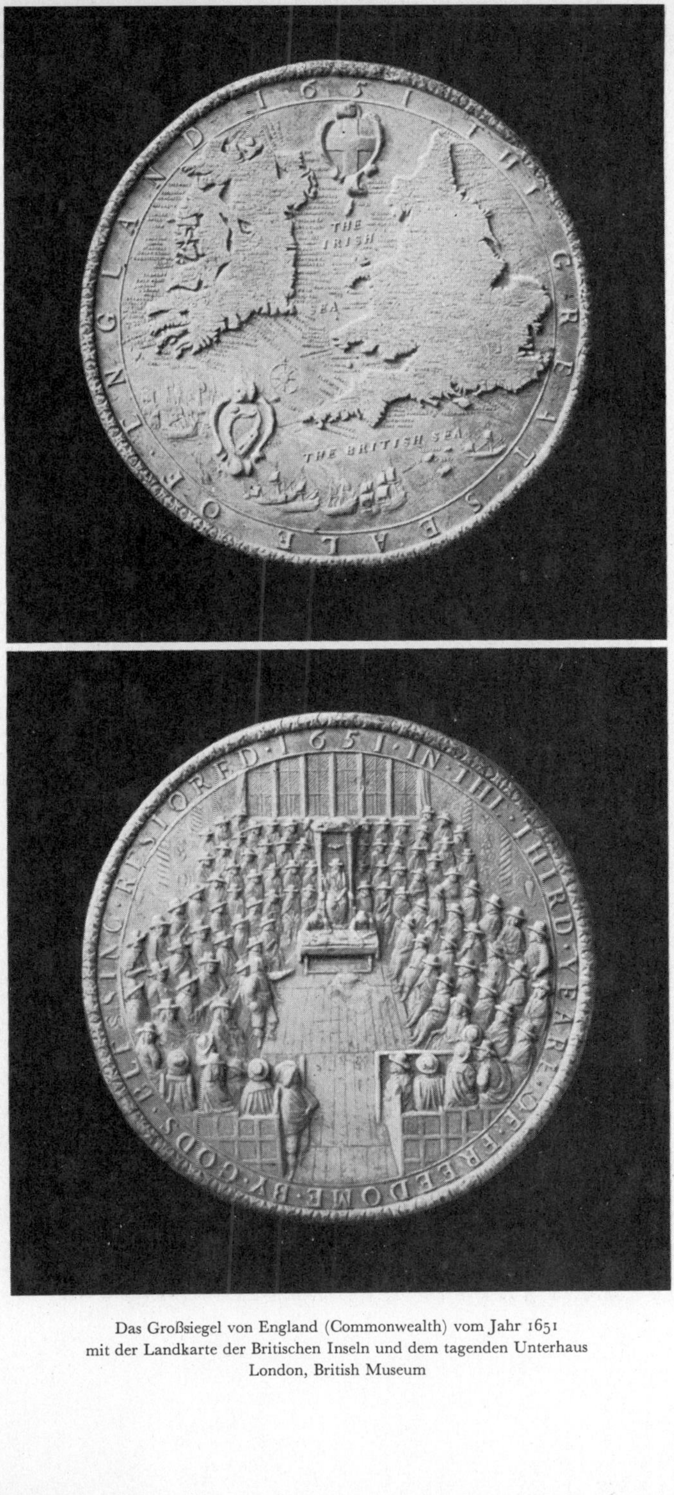

Das Großsiegel von England (Commonwealth) vom Jahr 1651
mit der Landkarte der Britischen Inseln und dem tagenden Unterhaus
London, British Museum

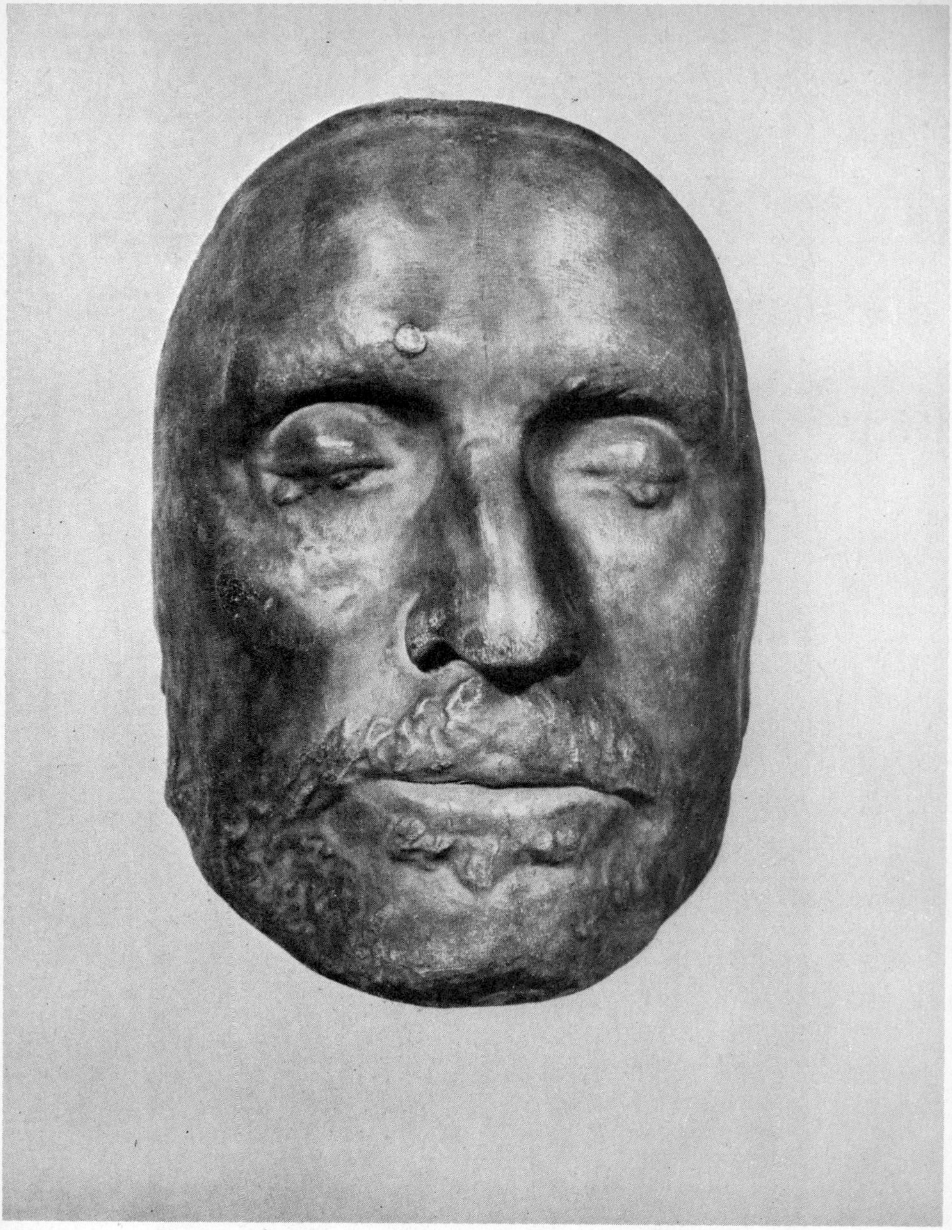

Oliver Cromwell
Totenmaske. London, National Portrait Gallery

Sobald das Haus im Januar 1658 zusammentrat, brachten diese tüchtigen und leidenschaftlichen Parlamentarier die Führung der Commons an sich und weigerten sich, eine gleichgeordnete Autorität des »anderen Hauses« anzuerkennen. »Laßt Lords ein, und ihr laßt alles ein!« Taub gegen Ermahnungen, die Nation vor einer neuen Flut von Blut und Kriegen zu bewahren, stachelten Haselrig und seine verbitterten Freunde die Spannungen in Parlament, City und Armee an. Am 4. Februar kam es zu einer neuen unerwarteten Auflösung des Parlaments. Cromwell hatte wieder einmal seine Unfähigkeit bewiesen, mit einem Parlament umzugehen, so sehr ihm auch daran gelegen war. Die Republikaner andererseits hatten gezeigt, wie vernagelt sie in ihrer politischen Phantasie waren. Ihre Schockmethoden im Unterhaus 1629 hatten zu elf Jahren ohne Parlament geführt. Unreife Obstruktion führte im Jahre 1658 zunächst zu nackter Unterjochung, dann zum Zusammenbruch des Protektorats und schließlich, nicht etwa zur Republik, sondern zur Restauration von 1660 und zu dem von niemandem beklagten Verschwinden der Republikaner von der politischen Bühne.

Im Ausland gab England nach der Eroberung Dünkirchens den Anschein von Stärke. Doch im Innern sah es düster aus. Der Handel, wegen der Kriegsläufte und allgemeiner Ungewißheit schwer geschädigt, stockte, es fehlte an Geld, um die Armee ruhig zu halten. Bereits im April 1658 dachte man an ein neues Parlament und sann auf Mittel, die Wahl zu beeinflussen. Doch die Spaltungen im Geheimen Rat vertieften sich, während die lenkende Hand des Protektors erschlaffte. Krank, mißmutig, in sich gekehrt, brütete Cromwell – bereits vom Tode gezeichnet – darüber, weshalb seine ungeheuren Anstrengungen, »ein gerechtes Verhältnis zwischen Regierendem und Regierten« zu schaffen, allesamt gescheitert waren; und am 3. September – so oft in der Vergangenheit *sein* Tag – starb er, nachdem er seinen ältesten Sohn Richard zum Nachfolger bestimmt hatte.

Mit ihm starb ein Zeitalter. Bei all seinen mannigfachen Fehlern war dieser sonderbare Mann für eine bestimmte Ordnung und Stabilität, ja sogar für eine besondere Art Gerechtigkeit und Anstand eingetreten. Was immer er berührte – und wenige Seiten seines Zeitalters entgingen seinem Zugriff –, dem prägte er seine feste, eckige Handschrift auf. Die meisten seiner Leistungen sind vergangen, doch ihm Größe abzusprechen, wäre sinnlos. Der tiefe Seufzer der Erleichterung, mit dem seine zahlreichen Feinde seinen Abgang begrüßten, war die aufrichtigste Anerkennung.

Die Restauration

Richard Cromwells Nachfolge war wohlüberlegt. Die Wahl des ältesten Sohnes bedeutete ein Festhalten am Erblichkeitsprinzip. Richard hatte wenig mit Armee und Politik zu tun gehabt, aber dieser scheinbare Mangel besagte nur, daß er im Gegensatz zu seinem unbeliebten Bruder Henry keiner Partei in der Armee verbunden oder durch »die Herrschaft des Schwertes« belastet war. Er war ein fähiger Kopf. Seine kurze Regierung war klug und staatsmännisch, und der Umstand, daß es ihm gelang, sich aus dem Debakel der Jahre

1659 und 1660 zurückzuziehen und es um ein halbes Jahrhundert als schlichter Landedelmann zu überleben, spricht für seine Beweglichkeit.

Richard wurde ohne Widerstand ausgerufen. Von Schottland sandte Monk den weisen Rat, die Geistlichkeit zu gewinnen, ein Parlament einzuberufen und das »andere Haus« durch wirkliche Peers und den führenden Landadel zu ergänzen. Die Streitkräfte sollten vermindert werden, um Geld zu sparen und »unbotmäßige Geister« loszuwerden, von denen keiner, allem Gepolter zum Trotz, »genügend Einfluß habe, auch nur zwei Männer nach sich zu ziehen, wenn er entlassen werde«. Aber Richard fühlte sich nicht stark genug, um solch einen Versuch zu wagen. Die Armee war in einer unguten Stimmung und verlangte: keine Entlassung ohne Kriegsgerichtsurteil. Dieser Anspruch war unerfüllbar, solange die Armee darauf bestand, eine politische Rolle zu spielen. Richard war sehr um ein gutes Einvernehmen mit den Offizieren bemüht, und als die Handschreiben zur Einberufung des üblichen ersten Parlaments einer neuen Regierung Ende 1658 ausgesandt wurden, schien alles auf Eintracht hinzudeuten. Die nach altem Stimmrecht durchgeführten Wahlen ergaben eine Verteilung der Sitze, die von jenen nach dem *Instrument* entschieden abwich; viele neue Mitglieder waren Konservative, Presbyterianer oder zumindest Antirepublikaner. Es gab sogar einige Royalisten, die aufgefordert worden waren, sich dem Hof im Exil anzuschließen. »Eine so bunte Menge« verwirrte die Regierung: »Niemand weiß, wem sich der größere Teil zuneigen wird«, beklagte sich Thurloe, der Ungewißheit haßte.

Die neuen Commons erkannten Richard an, warfen jedoch abermals die Frage der Zusammensetzung und Funktion der zweiten Kammer auf. Man wies darauf hin, daß die neuen Lords, verglichen mit den alten, die zehn Jahre zuvor so ohne Anstand vertrieben worden waren, schlecht wegkämen. Die alten Lords hätten »immer Schlachten für die Freiheit geschlagen«, wie die *Magna Charta* und die *Petition of Twelve Peers* bewiesen, während die jetzigen Streiter – noch Diener zwar, doch die zukünftigen Herren – sich nur für ihren eigenen Vorteil schlügen. Während der Konservativen für die Rückkehr wenigstens einiger Mitglieder des alten Hochadels eintraten, agitierten die Republikaner in der City für ein Commonwealth. Im April verfügte Richard, der Unterstützung des Parlaments gewiß, die Auflösung des Offiziersrates, statt dessen aber zwang dieser ihn, das Parlament fortzuschicken. Das Parlament starb in diesem Augenblick. Ende Mai entschwand Richard dankbar ins Privatleben und überließ es der Armee, über die nächsten Schritte zu entscheiden.

Die Offiziere, unter ihnen jetzt auch Lambert, der von seinen Tulpenbeeten zurückgekehrt war, konnten nicht sogleich einig werden. So riefen sie törichterweise das Rumpfparlament zurück, gleichsam als Nebelwand, hinter der sie – wie sie meinten – ungestört die Dinge unter sich regeln könnten. Das Rumpfparlament lehnte jedoch die ihm zugedachte Rolle ab und beanspruchte volle Souveränität, ohne eine zweite Kammer und geschriebene Verfassung. Doch seine Position war schwach. Ein Aufstand in Cheshire, angeführt von dem Presbyterianer Sir George Booth, zeigte, wie sehr »die Wiedereinsetzung eines solchen Parlamentsrelikts jener Partei mißfiel«, deren legitime Vertreter im Unterhaus, samt dem unermüdlichen und bissigen Propagandisten William Prynne, »durch die Frechheit eines Militärklüngels ausgeschlossen seien«. Viele Presbyterianer, die über das neuerliche Aufflackern von Radikalismus in der Armee erschrocken waren, »zogen es vor, sich mit ihren alten Feinden, den Royalisten, zusammenzutun, um die gemeinsame Freiheit wiederherzustellen«. Realistische Königstreue knüpften mehr Hoffnung an solche Unterstützung als an ausländische Hilfe. Blind gegen diese Entwicklungen, erhöhte das Rumpfparlament im Herbst 1659 den Druck auf die Armee, indem es Lambert und andere hohe Militärs ihrer Kommandos enthob. Lambert hatte sich Oliver Cromwell zuliebe zurückgezogen, aber Sir Arthur Haselrig zuliebe tat er das nicht. Am 13. Oktober vertrieb er das Rumpfparlament.

Die Macht ging nun in die Hände einer militärischen Clique über, die ein Sicherheitskomitee *(Committee of Safety)* konstituierte, das den Schein von Verwaltung aufrechterhalten sollte, während sie selbst an einer neuen Verfassung schmiedeten. Lambert schwebte noch immer eine Regierungsform vor Augen mit festen Prinzipien und unveräußerlichen Grundrechten: keine Einzelperson, ein gewähltes Zwei-Kammern-Parlament und ein Gremium von »Beschützern der Freiheit«, das für die wahrhafte Erhaltung der Verfassung sorgen sollte.

Doch während die englischen Generäle debattierten, kündigte ihnen in Schottland George Monk den Gehorsam und entschloß sich zu intervenieren. Seine Streitkräfte waren, wenn auch an Zahl gering, politisch gesäubert und dank regelmäßigen Soldzahlungen wohldiszipliniert. Die Lage in England, »wo alle Parteien für ein Parlament waren«, forderte zu kühnem Handstreich auf. Es wurde sogar berichtet, die Soldaten »gäben etwas darum, auf Monks Seite zu sein, denn dann wäre ihnen der rückständige Sold gewiß; jetzt aber kämpften sie – sie wüßten selbst nicht für wen und für was und würden obendrein noch als Schurken und Verräter betrachtet«. Im Dezember machte sich Monk, nachdem er vorsichtshalber den schottischen Notabeln das Versprechen abgenötigt hatte, nicht hinter seinem Rücken zu rebellieren, in langsamen Märschen nach Süden auf. Unterwegs schlossen sich ihm Männer wie Fairfax an, jetzt ein überzeugter Royalist – ein sicheres Zeichen, daß Monk Herr der Situation war. Er hatte sich aber auch auf nichts als auf die Unterstützung eines Parlaments festgelegt. Die royalistischen Agenten waren besorgt wegen seiner »dunklen Absichten«, die es ihnen verwehrten, ihn zu durchschauen.

Lamberts verzweifelter Versuch, ihn abzuwehren, führte zu nichts, und im Februar 1660 hatte Monk London erreicht, »dieses Schwungrad, dessen Umdrehungen alle kleineren Räder folgen müssen«. Inzwischen war das Rumpfparlament wieder einberufen worden. Unter dem Druck Monks bestimmte es einen neuen Staatsrat, in den einige Presbyterianer, »rechtschaffene Männer«, aufgenommen wurden, die, wie man wußte, »einer königlichen Regierung sehr zugetan waren«. Die ausgeschlossenen Parlamentsglieder wurden wieder ins Unterhaus zurückgeholt, unter ihnen Prynne, der inzwischen eingesehen hatte, »daß zur Befriedung der Nation kein anderes Mittel blieb als die Wiedereinführung der Monarchie«. Monk verstärkte seine Macht, indem er die englischen Regimenter säuberte und sie dazu brachte, alles zu akzeptieren, was vom Parlament beschlossen wurde. Endlich fiel es den Republikanern wie Schuppen von den Augen, Haselrig bot in einem demütigen Versuch, das Schlimmste zu verhüten, Monk das Protektorat an. Monks unverblümte Absage spricht dafür, daß er sich endgültig für die Restauration Karls II. entschieden hatte – aber noch immer seine eigenen Wege ging.

Am 16. März 1660 wurde das Lange Parlament endlich legal aufgelöst – durch sich selbst. Wenig später war Monk in direktem Kontakt mit Karl. Sein vernünftiger Rat, unterstützt von Edward Hyde, der dem Sohn ebenso ein nüchterner Ratgeber war wie dem Vater, führte zur Deklaration von Breda, in der Gewissensfreiheit, eine Regelung der ländlichen Angelegenheiten durch das Parlament und Straflosigkeit versprochen wurde. Am 25. April konstituierte sich eine verfassunggebende Versammlung, die sich vor allem aus Presbyterianern und Royalisten zusammensetzte; Republikaner und Cromwellianer waren nirgends zu finden. Das *House of Lords* bestand anfänglich nur aus solchen, die sich gegen den König verbündet hatten; nach und nach nahm es dann seine volle Mitgliederzahl auf, mit Ausnahme der Bischöfe, die durch das Gesetz von 1642 noch immer legal ausgeschlossen waren. In beiden Häusern war der Wille nach Restauration offenkundig. Doch wie? Zu welchen Bedingungen? Monk, die Schlüssel zur Macht noch immer in der Hand, wies den Weg. Die Bedingungen von Breda – wenn man sie so nennen will – wurden angenommen. Am 1. Mai wurde beschlossen, daß »gemäß den Grundgesetzen des Königreiches die Regierung eine durch König, Lords und Commons sei und sein solle«. Am 29. Mai hielt unter außerordentlichem Jubel ein huldreicher Karl II. seinen Einzug in London. »Und dies alles kam zustande, ohne daß ein Tropfen Blut vergossen wurde, und obendrein noch durch dieselbe Armee, die gegen ihn rebelliert hatte.«

Was wurde 1660 restauriert? Die Monarchie, gewiß, und in der alten Erbfolge, aber auch das Parlament in seiner traditionellen Gestalt sowie die Herrschaft des Gesetzes. Die Gesetzgebung von 1641/42 war noch immer in Kraft, und wiewohl die Monarchie gewaltige Vollmachten und Möglichkeiten behielt, war eine Rückkehr »zu dem persönlichen Regiment von 1629 bis 1640« unwahrscheinlich. Die meisten Experimente des Interregnums wurden über Bord geworfen, doch die Erfahrungen dieser stürmischen Jahre konnte man nicht vergessen. Niemals wieder würde man behaupten können, daß die wichtigste Angelegenheit des Staates ein esoterisches Geheimnis sei, »das eine Versammlung nicht zu verstehen vermöchte«. Das Parlament war in der Tat wohlgerüstet, den Kampf um eine Verfassung wiederaufzunehmen. Karl II. zollte dieser Tatsache, klug und träge wie er war, gebührende Anerkennung. Da er mit beträchtlicher Wendigkeit zu Werke ging, erreichte er viel für die Monarchie und starb – ganz ungewöhnlich für einen Stuart – zu Haus im eigenen Bett. Sein starrköpfiger Nachfolger wurde wieder auf Reisen geschickt: »In der Geschichte gibt es keine Restaurationen.«

*

Was in England während dieses heroischen Zeitalters gedacht und getan wurde, hatte unmittelbare und nachhaltige internationale Bedeutung. Der öffentliche Prozeß gegen einen gesalbten König und dessen Hinrichtung erschreckte ein Europa, das von Ehrfurcht vor dem Königtum erfüllt war; und doch war dies nur die augenfälligste Episode in einem Konflikt, der zugleich aufbauend und zerstörerisch, Neuem gegenüber aufgeschlossen und kleinbürgerlich beschränkt war. Wie John Milton fühlten sich viele Engländer dazu berufen, edle universale Ziele zu verfolgen: Protestantismus, althergebrachte Freiheiten und dergleichen mehr. Gleichzeitig empfanden sie die europäischen Gegebenheiten, vor allem

König Karl II. von England in Scheveningen vor seiner Einschiffung nach England am 23. Mai 1660
Gemälde eines unbekannten Malers
Hampton Court Palace

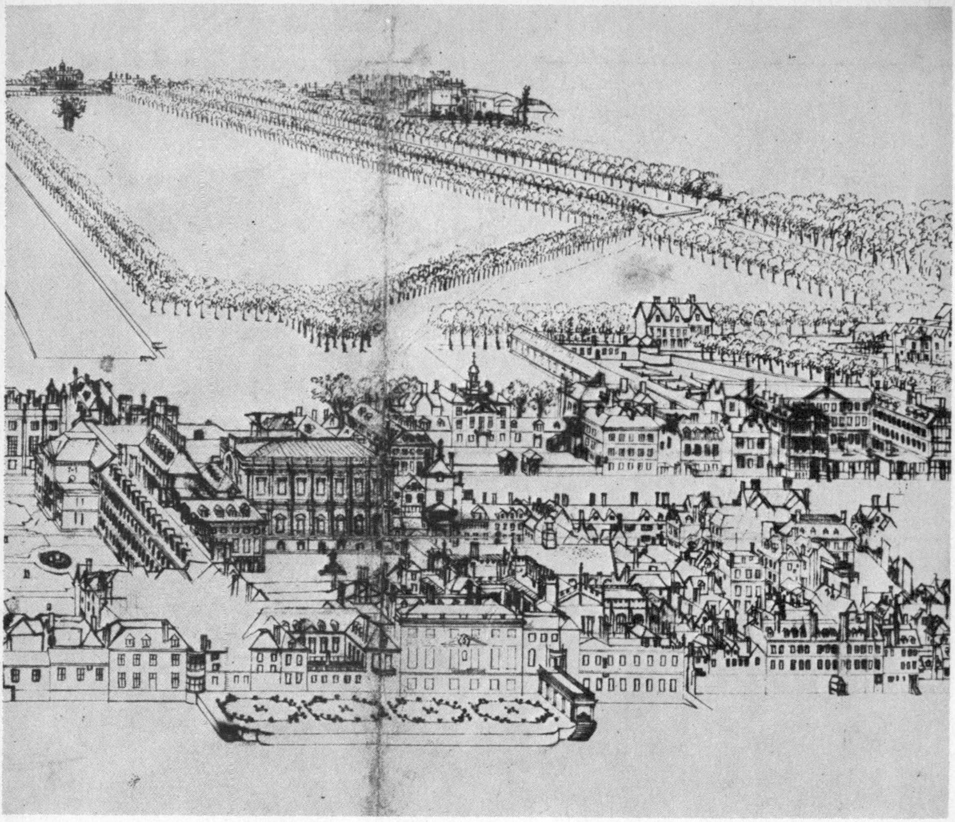

Ansicht des Whitehall-Palastes
mit der Banketthalle von Inigo Jones (Mitte), den Horse Guards (rechts darüber),
der Admiralität (rechts), dem St. James-Palast (am oberen Rand)
Aus einer Federzeichnung von Leonard Knyff, 1694–1698
London, British Museum

die Gegenreformation und den Absolutismus, als deprimierend und als zudringliche Herausforderung des eigenen Schicksals. Wenn es damals eine »allgemeine europäische Krise« gab (und es sieht ganz so aus, als ob es sie gab), so war sie eine Krise, die weit über das Wirtschaftliche und Politische hinausging – nicht anders als die englische Revolution auch. Die vielen Revolten in jener Zeit, von Spanien bis zur Ukraine, waren gewiß nicht die unmittelbare Folge des englischen Beispiels, auf einige jedoch hat es zumindest eingewirkt. Zur französischen Fronde, die von dem frühen, in England wohlbekannten politischen und verfassungsrechtlichen Denken in Frankreich stark beeinflußt war, bestanden fraglos enge Bindungen, teils aus Selbstinteresse, teils als stolzer Ausdruck einer tief empfundenen Solidarität.

1660 schien in Europa wie in England die »revolutionäre Periode« vorüber. Doch die aufgekommenen Ideen fuhren fort, wenn auch verwässert, verzerrt, abgeändert, die Gemüter zu erhitzen und zu beunruhigen. Die Gedanken über Gott und den Menschen, über Bürger und Staat, Gesellschaft und Individuum, die in den vierziger Jahren des 17. Jahrhunderts propagiert wurden, hielten sich und wurden von Männern wie Locke überarbeitet, die ihnen – zugleich bereichert und gestrafft – zu Ansehen und schließlich zu allgemeiner Geltung verhalfen. Voltaire nahm verworrene Vorstellungen von den Ideen und Praktiken aus »dem freien englischen Winkel« mit auf den Kontinent, von dem zumindest einiges davon ausgegangen war. Die Auswirkungen waren mannigfaltig und oft genug unerwartet. Die Engländer des 17. Jahrhunderts hatten gebieterisch beschworen, was wir »das Mittelalter« nennen, um augenblickliche Mißstände zu bereinigen. Spätere Generationen – hier wie anderswo – waren dagegen nicht minder bereit, das, was sie als die Frucht ihres eigenen Denkens ansahen, auf die neuen Probleme anzuwenden. Vieles hat man aus solchem Gebrauch gelernt, und vieles bleibt noch zu lernen – aus den Erfolgen ebenso wie aus den Fehlschlägen. Von besonderem Interesse ist die Wirkung englischer Erfahrung und Einbildungskraft auf die nordamerikanischen Kolonien, aus denen ein Jahrhundert später die Vereinigten Staaten hervorgehen sollten.

Nach einem fremden, rauhen Land verpflanzt, vermochten die Kolonisten ihre englische Art nicht abzustreifen – und wollten es wohl zunächst auch gar nicht. Die Wellen des Atlantiks überspülten nur langsam die geistigen und psychologischen Bindungen mit dem Mutterland. Auch als sie Amerikaner geworden waren, befanden sich die Kolonisten noch im Einklang mit den politischen, gesellschaftlichen und theologischen Vorstellungen und Gefühlen der Menschen daheim. Indem sie, so könnte man sagen, ihre föderalistische *Covenant*-Theologie mit der englischen Neigung verbanden, anstehende Dinge durch Komitees erledigen zu lassen, und alte Ideen durch ständige Übernahme der sich in England entwickelnden Denkweise modernisierten und stärkten, legten sie ein solides Fundament für eine Geisteshaltung, die dann die amerikanische Verfassung ins Leben rief. Und als schließlich im späten 18. Jahrhundert eine »neue Nation in Freiheit gegründet wurde«, da trug sie unverkennbar englische Züge.

Victor-Lucien Tapié

DAS ZEITALTER LUDWIGS XIV.

Das Frankreich des jungen Ludwigs XIV.

Frankreich hat unter Ludwig XIV. eine Periode unübertroffenen Ansehens und gewaltiger politischer Machtentfaltung erlebt. Voltaire bezeichnete die Zeit von 1661 bis 1715, als der König selbst die Regierung führte, kurzerhand als »das Jahrhundert Ludwigs XIV.« und prägte damit einen besonderen Begriff zu dessen Ruhm. Die Fülle hervorragender Leistungen und aufsehenerregender Erfolge auf den verschiedensten Gebieten, am bedeutendsten zweifellos in der Literatur, hat viele Historiker und Kritiker veranlaßt, von einer klassischen Epoche und in mancher Hinsicht sogar von einem goldenen Zeitalter zu sprechen. In solchen Lobpreisungen kommt zwar vielleicht eine historische Wahrheit sinnfällig zum Ausdruck, doch darf man dabei nicht vergessen, daß die Geschichte keine eindeutige Wahrheit und keinen vollkommenen oder endgültigen Erfolg kennt. Andere Stimmen haben den unbestreitbaren Erfolgen der Anfangszeit die Kehrseiten der Politik nach 1685 entgegengehalten und auf das ständig zunehmende Elend der Bevölkerung hingewiesen, während nur die obersten Schichten der Gesellschaft sich einer glanzvollen und verschwenderischen Lebensweise erfreuen konnten.

Diese Historiker unterliegen jedoch, trotz ihrer verschiedenen Ansichten, einem gemeinsamen Irrtum. Sie legen zuviel Wert auf den Willen der Regierung, sei es, um ihr das ganze Verdienst an den Erfolgen zuzuschreiben – als ob Ludwig XIV. und seine Minister von Anfang an ein genaues Programm aufgestellt und Punkt für Punkt ausgeführt hätten – oder um ihr eine unkluge Aggressionspolitik vorzuwerfen, die ungeachtet des errungenen Ruhmes Frankreich die Mißbilligung und die Gegnerschaft ganz Europas eintragen mußte, während sie im französischen Volk eine wachsende Feindseligkeit gegen das Regime erweckte.

Die Verhältnisse im damaligen Frankreich, die der Politik große Möglichkeiten boten und ihr zugleich die Grenzen setzten, waren in Wirklichkeit keineswegs nur vom Willen Ludwigs XIV. und seiner Minister abhängig. Die Regierung konnte höchstens hemmend oder fördernd eingreifen. Sie verfügte jedoch vor allem über einen Sinn für Realpolitik und traf ihre Entscheidungen nur unter dem Gesichtspunkt der Nützlichkeit für ihre eigenen Ziele, ohne sich darum zu kümmern, ob im übrigen Europa, das sie nur zum Teil kannte oder kennen konnte, im allgemeinen oder im besonderen andere Verhältnisse herrschten. Diese Epoche des 17. Jahrhunderts, die so lange für eine Zeit des Gleichgewichts und der beispielhaften Harmonie gegolten hat, enthüllt bei eingehenderer Betrachtung ihre Unvollkommenheiten und verborgenen Schwächen. Sie stellt sich schließlich als eine Periode wirtschaftlicher Spannungen, dauernder Schwierigkeiten in Produktion und Handel und allgemeinen Mißbehagens dar, in der Frankreich dennoch seine Politik durchsetzen und seine Macht befestigen konnte. Eine einleuchtende Erklärung für diese Erscheinungen ist vielleicht in einer Art Klassenkampf zu finden, denn es läßt sich ein gesellschaftlicher Umschichtungsprozeß verfolgen, wenn auch der Wechsel sehr langsam vor sich ging. Man muß sich jedoch davor hüten, auf das vorwiegend ländlich orientierte 17. Jahrhundert die Gedanken und Empfindungen unseres industriellen und technischen Zeitalters zu übertragen. Man darf auch nicht vergessen, daß das allgemeine Denken damals von Idealvorstellungen und Wertbegriffe beherrscht war, die der Zeit entsprachen und als Voraussetzung zum Verständnis der sozialen Verhältnisse berücksichtigt werden müssen.

Meist nimmt man an, die persönliche Regierung Ludwigs XIV. habe mit dem Tod des Kardinals Mazarin am 9. März 1661 begonnen. Tatsächlich erklärte der junge König an diesem Tage zur Überraschung vieler seine Absicht, selbst die Leitung der Regierungsgeschäfte zu übernehmen und niemanden mehr mit den Obliegenheiten eines Premierministers zu betrauen. Ludwig XIV. hatte diesen Entschluß, der schon lange feststand, zu Lebzeiten des Kardinals zurückgestellt. Dies war eine Geste der Dankbarkeit gegenüber dem verdienten Manne, dem nach Ansicht des Königs, des Hofes und sogar der öffentlichen Meinung das Wohl der Monarchie im Inneren und ihr Ansehen nach außen zu verdanken war. Schon ein paar Monate früher, am Donnerstag, dem 26. August 1660, hatte Paris jedoch anläßlich des Einzuges des Königs und der neuen Königin eine großartige Festlichkeit erlebt, die als feierlicher Auftakt der Regierungszeit betrachtet werden kann: bei dieser Gelegenheit hatten die Erwartungen und Hoffnungen ganz Frankreichs sichtbaren Ausdruck gefunden.

Überall in Europa war es damals üblich, einen regierenden Fürsten bei einem wichtigen Ereignis seiner Laufbahn oder seines Privatlebens – meistens ließ sich beides nicht trennen –, wie etwa dem Regierungsantritt, einer Heirat, der Geburt eines Erben oder Rückkehr aus einem siegreichen Krieg, in den Städten, vor allem aber in der Hauptstadt mit einem prunkvollen Aufgebot zu empfangen. Es bestand in der Regel aus einem Festzug, dem Vorbeimarsch der Innungen und Zünfte und einem feierlichen Geleit durch verschwenderisch dekorierte Triumphbogen. Paris, das damals eine Blütezeit erlebte, erklärte, als einzige Stadt über genügend Arbeitskräfte und städtische Beamte zu verfügen und damit in der Lage zu sein, dem König einen würdigen Empfang zu bereiten. Die Pläne für die Dekorationen wurden von den besten Malern und Architekten Frankreichs unter Lebrun und van Obstal ausgearbeitet und von Kunsthandwerkern verwirklicht, die in der Ausführung gleichzeitig den Beweis ihres reifen handwerklichen Könnens und ihres raffinierten Geschmacks lieferten. Am Tage des Einzugs bot die Stadt ein Bild unvergleichlicher Pracht. Manche Triumphbogen erinnerten in ihrer Einfachheit und Größe an die vollkommensten antiken Vorbilder, andere waren überladen wie Opernkulissen und verherrlichten die königliche Familie in vielfältigen symbolischen Darstellungen, wie sie sich seit dem 16. Jahrhundert vor allem von Italien her eingebürgert hatten und nun große Mode geworden waren.

Unter allgemeinem Beifall vermischten sich damals die klassischen, den Regeln und Überlieferungen entsprechenden Kunstformen mit den phantasievollen Einfällen einer neuen Geschmacksrichtung, die durch Witz und Ideenreichtum entzückte. Was sich daraus ergab, nennen wir heute Barock.

Neben den so wohlgelungenen Dekorationen mußte hauptsächlich ein Thema die Aufmerksamkeit auf sich ziehen, das sich von Bogen zu Bogen wiederholte, durch symbolische Gestalten dargestellt wurde und in lapidaren Inschriften Ausdruck fand: der Friede. Auch der Rektor der Universität und der Vorsteher der Kaufleute priesen ihn in ihren Ansprachen an König und Königin.

Die Freude über den wiederhergestellten Frieden verklärte das ganze Fest, denn der Pyrenäen-Friede von 1659 hatte mit der Heirat des Königs die Versöhnung der Kronen Frankreichs und Spaniens besiegelt, die von Natur aus Feinde gewesen schienen. Auch im Norden war durch eine geschickte Politik der Friede gesichert worden, und damit hatte die neue Regierung sogar das Werk Heinrichs IV., des Friedensfürsten par excellence, übertroffen: *Arbitriis pacans omnia regna suis.*

Viele Leute aus der Provinz und dem Ausland hatten dem schönen Schauspiel zuliebe die Reise nach Paris unternommen. Ihre Anwesenheit war ein Gradmesser für die Stimmung im ganzen Königreich. Endlich konnte man aufatmen, das gewohnte Leben wieder aufnehmen und zu einer friedlichen Tagesordnung übergehen. Worin bestand aber diese Ordnung in Frankreich und im übrigen Europa?

In der damaligen Zeit beriefen sich die Franzosen wie Richelieu in seinem politischen Testament gern auf die Vorzüge, die ihr Land seiner geographischen Lage, seinem Klima und den Möglichkeiten seines fruchtbaren Bodens verdanke. Dieses Frankreich zwischen drei Meeren, mit den natürlichen Verkehrswegen der großen Flüsse, seiner vielfältigen Bodenbeschaffenheit, den ausgezeichneten Getreidegebieten in der Nähe der Hauptstadt, den zahlreichen guten Weinlagen und den weit verstreuten, ertragreichen Fabriken und Textilwerkstätten war zweifellos ein gutes, reiches und angenehmes Land. Im Norden waren durch die neuen Verträge Teile des Artois und Städte im Hennegau und in Luxemburg dazugekommen und die Grenzen damit über die Somme hinausgerückt worden, im Süden war nun der Besitz von Rousillon und der Haute-Cerdagne gesichert. Seit dem Westfälischen Frieden herrschte der König von Frankreich an Stelle des Hauses Habsburg auch im Elsaß, ohne daß vorerst dessen Bindungen an das Heilige Römische Reich durchschnitten worden wären. Bald (1662) sollten vorteilhafte Verhandlungen mit dem König Karl II. von England Dünkirchen unter französische Herrschaft bringen, weil sich dort die Möglichkeit bot, als strategische Ausgangsbasis für den Handel auf den nördlichen Meeren einen guten Hafen anzulegen.

Frankreich hatte damit zwar in keinem Falle natürliche Grenzen gewonnen (eine solche Idee floß höchstens aus der Feder weltfremder Theoretiker und blieb dem Denken der Staatsmänner fremd), dafür aber zahlreiche feste Plätze, die die Zugangsstraßen zum Königreich beherrschten und dieses gegen militärische Überfälle aus den Niederlanden oder von Osten her schützen konnten. Der König legte großen Wert darauf, Garnisonen in Breisach und in Pignerol, also jenseits des Rheins und jenseits der Alpen, zu unterhalten.

Das Wort Eroberung bot keinen Schrecken: Nur wer zu erobern verstand, wurde im Ausland respektiert. Die günstigen Ergebnisse waren hauptsächlich durch die hartnäckigen Aktionen der vom König unterhaltenen Armeen erreicht worden, die ihm während der Fronde treu geblieben waren. Außerdem waren sie aber auch den politischen Fähigkeiten der Diplomaten zu verdanken, die sich bei den Friedensverhandlungen außerordentlich geschickt und tüchtig gezeigt hatten. Sie hatten sich dabei auf die große Erfahrung Mazarins stützen können, eines hervorragenden Kenners der europäischen Verhältnisse seiner Zeit. Mazarin hatte es verstanden, ergebene Mitarbeiter zu gewinnen und zahlreiche geeignete Persönlichkeiten aufzuspüren, die, zwar manchmal von niederer Herkunft und bescheidenem sozialem Rang, den neu erworbenen Gebieten doch den Stempel Frankreichs aufzudrücken vermochten.

Von einem einheitlichen Frankreich, das sich bewußt dem König unterworfen hatte, ihm bereitwillig seine Privilegien zugestand und dem Ausland gegenüber einig war, konnte allerdings noch nicht die Rede sein. Andererseits war dieses Königreich viel mehr als nur eine Ansammlung benachbarter Territorien. In Paris und den zentralen Provinzen gab es eine Elite, für die das Königreich, seine Traditionen, die Treue zur Dynastie und das Staatswohl eindeutige Begriffe waren. Wo derartige Vorstellungen noch nicht in das allgemeine Bewußtsein eingedrungen waren, wurde das Land von Gouverneuren, Administratoren, Kommissaren oder Agenten im Zaum gehalten, die durch Drohung, Gewalt oder Überredung den Gehorsam gegenüber dem König von Frankreich gewährleisteten. Diese Berufsgruppe hatte sich bilden können, weil es in Frankreich schon lange eine differenzierte gesellschaftliche Schichtung gab.

Im französischen Volk stand keineswegs eine Minderheit vom Schicksal Begünstigter, die die Macht in den Händen hielt, einer unterwürfigen Mehrheit gegenüber, die mit ihrer Arbeit die Lebensmöglichkeiten der ersteren sicherstellte und mit ihren Steuern die Mittel zum Unterhalt des Staates aufbrachte. Von den unteren Schichten hatte sich vielmehr nach und nach eine soziale Zwischenklasse mit schwer definierbaren Grenzen abgesetzt, die durchaus fähig war, ihre eigenen Interessen wahrzunehmen und gleichzeitig im Dienste des Staates zu wirken. Dies hatte nur in einem dichtbevölkerten Land geschehen können, wie es Frankreich um die Mitte des 17. Jahrhunderts war.

Der augenblickliche Stand der demographischen Forschung läßt es noch nicht zu, die Zahl der Einwohner genau anzugeben, sie liegt aber sicher zwischen fünfzehn und neunzehn Millionen. Hingegen steht fest, daß die Bevölkerung bis etwa 1648/49 regelmäßig zugenommen hat, während danach ein anhaltender Tiefstand zu verzeichnen ist. Diese Tatsache wurde etwa dreißig Jahre später entdeckt, als Augenzeugen über die Entvölkerung mancher Gegenden erschraken, obwohl die Bevölkerung von Paris durch den Zustrom neuer Ankömmlinge das ganze Jahrhundert hindurch ständig zunahm. Dank der natürlichen Fruchtbarkeit gab es, wie allgemein zugegeben wird, zahlreiche Geburten, doch konnte sich dies wegen der hohen Kindersterblichkeit kaum auswirken. Überdies ernährten sich die meisten Leute, namentlich auf dem Lande, nach wie vor schlecht. Sie lebten fast ausschließlich von Getreideerzeugnissen in Form von grobem Brot oder Brei und von Früchten und waren deshalb ungenügend auf die unvermeidlichen Katastrophen der

Die erste Parlamentssitzung Ludwigs XIV.
und die Ernennung der Königinwitwe Anna von Österreich zur Regentin am 18. Mai 1643
Lavierte Federzeichnung. Paris, Bibliothèque Nationale

Die Vermählung Ludwigs XIV. mit Maria Theresia von Österreich
Aus einem Gemälde von Laumosnier
Le Mans, Musée Tessé

Hungersnöte vorbereitet, die immer wieder vorkamen. Im Jahre 1662 muß eine besonders schreckliche Not geherrscht haben. Ludwig XIV. rühmte sich, sie durch sein Eingreifen und die Verteilung von Korn in den am meisten gefährdeten Orten gelindert zu haben, aber wie in den anderen Fällen hatte sie natürliche Mißstände zur Folge, gegen die jedermann machtlos war.

Man weiß heute, daß sich das Klima im 17. Jahrhundert nicht wesentlich von dem unserer Zeit unterschied. Es gab Winter von außerordentlicher Strenge und langer Dauer und Frühjahrsfröste, die alle Hoffnungen auf eine Ernte zunichte machten. Die Folgen einer Mißernte wurden einige Monate später spürbar, wenn die Vorräte überall erschöpft waren. Unter der physisch geschwächten Bevölkerung breiteten sich Epidemien aus. Die am wenigsten widerstandsfähigen Elemente erlagen ihnen in großer Zahl: Kinder im ersten Lebensjahr, Frauen in anderen Umständen und im Wochenbett, Greise und auch die Landstreicher, die das Unglück auf die Straßen getrieben hatte, um Arbeit oder Almosen zu suchen. Die Geburtenzahl ging zurück, und die Wirkungen einer solchen demographischen Krise waren noch weit in die folgenden Jahre hinein zu spüren. Wenn der Krieg mit seinen Verwüstungen hinzukam, wie es während der Fronde in manchen Gegenden der Fall war, wurde das Unglück durch die Brutalität der undisziplinierten Soldaten und ihre oft grundlosen Plünderungen und Brandschatzungen noch größer. In dieser Hinsicht war jedoch Frankreich, das während des Dreißigjährigen Krieges keine länger dauernde Invasion erlebt hatte, den Nachbarländern gegenüber begünstigt. In Deutschland hatten Begleiterscheinungen und Folgen des Krieges noch mehr als die Kampfhandlungen selbst eine Entvölkerung erschreckenden Ausmaßes verursacht, die in den am meisten betroffenen Gebieten bis zu siebzig Prozent betrug. Mitteleuropa war menschenleer geworden. Spanien erlebte eine Zeit der Schwäche, so daß es keinen dauerhaften Vorteil aus den inneren Schwierigkeiten ziehen konnte, in die Frankreich durch die Fronde verwickelt war; und England hatte nach den Erfahrungen mit Cromwell sich sozusagen einmal um sich selbst gedreht. Bei Gegnern und Nachbarn waren die Verhältnisse schlimmer als im eigenen Land. Daraus erklärt sich zum Teil, weshalb Frankreich zwischen 1660 und 1680 so stark zu erscheinen und so große Erfolge zu erringen vermochte.

Die französische Agrarverfassung im 17. Jahrhundert

Das französische Volk bestand damals in allen Provinzen überwiegend aus Landleuten, ein Begriff, den man der Bezeichnung »Bauer« vorziehen sollte, um zu betonen, daß viele Leute noch aufs engste mit dem Land verbunden waren, auch wenn sie nicht mehr direkt den Boden bearbeiteten. Das Land erzeugte nicht nur die Nahrung für das tägliche Leben, sondern auch die Rohstoffe, die in den Werkstätten verarbeitet wurden: Wolle, Leder, Flachs, Hanf, Raps und Holz, damals die wichtigste Energiequelle. Überhaupt stammten die meisten Einkünfte vom Lande: nämlich Grundzins, Geld- und Naturalrenten, Wohnungsmieten und Pachtgeld der verschiedensten Art. Es gab kaum einen Franzosen, der nicht Grund und Boden besaß, sei es auch nur eine winzige Parzelle. Aus Notariatsarchiven geht hervor, daß ein Handwerker, der sich in Paris, der größten Stadt des Königreiches, niedergelassen hatte, bis tief ins 17. Jahrhundert noch gern das Grundstück seiner bäuerlichen Vorfahren in der fernen Heimatprovinz behielt, oft waren es nur wenige Morgen. Am anderen Flügel der Gesellschaft empfahl Colbert, solide Vermögen in Form von Grund und Boden zu bilden, wenn sich eine Familie auf die Dauer sichern wollte. Grund und Boden, die den Franzosen heute nur wenig bedeuteten, standen damals noch hoch im Kurs.

Bei der Frage nach Verteilung und Nutzung des Grundbesitzes sind, trotz der üblichen, oft sehr großen Unterschiede zwischen den einzelnen Provinzen, am Beispiel des Dorfes gewisse allgemeine Merkmale zu erkennen. »Feudaleigentum« gab es nach wie vor: Wer ein Grundstück geerbt oder gekauft hatte (die Möglichkeit der Übertragung durch Erbfolge oder Verkauf beweist die Existenz von Privateigentum), war nicht dessen alleiniger Eigentümer. Durch Zahlung eines Zinses oder einer Rente erkannte er die übergeordneten Rechte eines Mitbesitzers an, des Grundherrn. Auf der Gemarkung eines Dorfes bestanden dreierlei Eigentumsformen nebeneinander: die Erbleihe, also Erbbesitz der Bauern, den sie bearbeiteten und für den sie dem Grundherrn Zins entrichteten, dann die Ländereien des Grundherrn, die er durch eigene Arbeitskräfte oder frondienstpflichtige Dorfbewohner bebauen ließ, und schließlich die »Almende«, Felder und vor allem Wälder und natürliche Weiden, die gemeinschaftliches Eigentum der Gemeinde (und des Grundherrn) waren und allen Dorfbewohnern zur Verfügung standen. Dort weideten die Herden, die entweder der Gemeinde gehörten oder aus dem Viehbestand einzelner Besitzer zusammengetrieben waren.

Die Oberhoheit des Grundherrn verpflichtete ihn seinerseits dazu, den Dorfbewohnern Schutz zu gewähren. Das Wohnhaus des Grundherrn war gewöhnlich ein festes Gebäude, wo Mensch und Tier im Falle der Gefahr Zuflucht finden konnten. Der Grundherr besaß das Privileg der Rechtsprechung, die er im Gericht durch von ihm eingesetzte Richter ausüben ließ. Er war auch Patron der Pfarrkirche, für die er den Geistlichen ernennen mußte, in der er bei der Messe gewisse besondere Ehrungen empfing und wo er eines Tages in der Patronatsgruft zur letzten Ruhe gebettet wurde. Dieses Bild eines französischen Dorfes war zur Zeit Ludwigs XIV. noch keineswegs ganz verschwunden. Es veränderte sich jedoch immer mehr infolge wirtschaftlicher und sozialer Umwandlungen von einschneidender Bedeutung, die allerdings sehr langsam vor sich gingen. Das geringe Tempo dieses Vorgangs darf bei der Betrachtung der Entwicklung nicht übersehen werden.

Das soziale Gefüge war weit davon entfernt, unbeweglich zu sein. Die Evolution vollzog sich jedoch im Laufe vieler Generationen, ein Wechsel der Regierung oder der Politik hinterließ fast keine Spuren. Die wichtigste Erscheinung war zweifellos die allmähliche Auflösung der alten Formen des Grundbesitzes. Für Nordburgund liegt darüber ein Buch von Pierre de Saint Jacob vor, das Ergebnis geduldiger Arbeit und gründlicher Studien.

Aus Mangel und um die fiskalischen Ansprüche aller Art zu befriedigen, mußten die sich selbst verwaltenden dörflichen Gemeinden oft das Gemeindegut veräußern, sei es in Form einer Verpfändung oder durch Verkauf. Nicht selten konnte der Grundherr zu seinem Vorteil diese Grundstücke seinem Besitz angliedern. Die Veräußerung des Gemeindegutes hatte weittragende Folgen für das Schicksal der Pächter. Meist reichte das Pachtland nicht aus, um eine Familie zu erhalten, so daß sie auf die Nutzung des Gemeindegutes angewiesen war. Wenn dies wegfiel, brach das Leben auf der Pachtstelle zusammen. Die Bauern sahen sich gezwungen, auf anderem Gebiet, etwa durch Spinnen für die Kaufleute der nächsten Stadt, zusätzlichen Verdienst zu suchen, oder sie mußten das Erbe verkaufen und abwandern.

Eine andere Neuerung war nicht weniger einschneidend: Die verkauften Grundstücke wurden von den neuen Besitzern meist zu einheitlicher Nutzung zusammengefaßt – was nicht unbedingt bedeutete, daß die Parzellen aneinandergrenzten – und als Ganzes einem Zwischenpächter in Verwaltung gegeben, der häufig ein Neuling in der Dorfgemeinschaft war, ein Mann von außerhalb, ein fremdes Element. Die Einrichtung einer unabhängigen Bodennutzung war an die Stelle der früheren feudalen Ordnung getreten. Ein Beispiel bieten die Meierhöfe der Westprovinzen, wie sie Dr. Merle untersucht hat. Häufig wurden die Grenzen der alten Herrschaft überschritten und benachbarte Ländereien einbezogen. In vielen Fällen löste sich dann die alte Grundherrschaft auf. Die Rechte des Grundherrn hatten in Renten und Abgaben der verschiedensten Spielarten und in der Jurisdiktion bestanden. Es kam vor, daß alles einzeln verkauft wurde.

Die Einrichtungen der Meierhöfe und der Zwischenpacht waren in der ländlichen Wirtschaft deshalb so erfolgreich, weil infolge von Geldentwertung, Preissteigerungen und höherer sozialer Ansprüche die alten feudalen Renten, stabil und unbeweglich, wie sie waren, nicht mehr ausreichten oder sogar bedeutungslos wurden. Dagegen sicherten die neuen, beweglichen Renten bessere Erträge. Tatsächlich wechselte der Ertrag des Pachtlandes von Jahr zu Jahr, wenn er aus Naturalien bestand; bestand er aus Geld, so konnte er bei Ablauf des Kontraktes den neuen Verhältnissen angepaßt werden. Es liegt also nahe anzunehmen, daß die alte feudale Grundordnung praktisch verschwunden war und auch in der Landwirtschaft einer kapitalistischen Wirtschaftsweise Platz gemacht hatte. Trotz aller Veränderungen war jedoch die feudale Ordnung keineswegs gänzlich untergegangen, feudaler Geist durchdrang auch das neue System.

Die Pachtverträge enthielten Klauseln über Naturallieferungen von Geflügel, Früchten, Eiern, Holz, Getreide und Stroh, die eine unmittelbare Interessengemeinschaft zwischen Pächter und Besitzer schufen. Diese Lieferungen mußten abgeholt oder zugestellt werden, was im Guten oder Schlechten zu engen menschlichen Beziehungen führte und voraussetzte, daß der Wohnsitz des Besitzers in der Nähe der Ländereien lag. Aus diesem Grunde verbrachte etwa Madame de Sévigné mitunter ein oder zwei Jahre auf ihrem Besitz des Rochers.

Bei der Halbpacht waren Verpächter und Pächter gemeinsam Besitzer des Viehbestandes und Nutznießer der Ernten. Die Erwerber und Organisatoren von Meierhöfen und Getreidesammelstellen haben bei der wirtschaftlichen und sozialen Entwicklung in vielen Fällen eine große Rolle gespielt, ohne daß dies jedoch die Regel war. In manchen Provinzen, namentlich im Westen, war vor allem der Adel der Nutznießer des alten Systems gewesen. Jetzt zog er seinen Vorteil aus dem Niedergang des Feudalismus, da nun ein Grundherr die Möglichkeit hatte, günstig gelegene Ländereien ohne Rücksicht auf Erbfolge seinem Besitz einzugliedern. Wenn es sich um Ländereien außerhalb der eigenen Herrschaft handelte, traten die Grundherren als Käufer auf, sofern sie ein Vorkaufsrecht besaßen oder eine günstige Gelegenheit wahrnehmen konnten. Von zwölfhundert Pachtstellen, die zwischen 1500 und 1800 aufgegeben wurden, sind drei Fünftel von Adligen erworben worden (Dr. Merle). Demnach wurden immerhin zwei Fünftel vom Bürgertum übernommen.

Hier tritt nur der bürgerliche Käufer in Erscheinung. Die Gründe für das Interesse der bürgerlichen Schichten an dieser Art der Geldanlage waren nicht ausschließlich materieller Natur. Sie waren weitgehend durch das Ansehen des Adels bedingt, denn der Grundbesitz bot eine Möglichkeit, in den Stand des Adels aufzusteigen. Ein Bürgerlicher konnte eine Grundherrschaft erwerben und behalten, wenn er bereit war, einem Recht des Königs *(franc-fief)* entsprechend, der königlichen Schatulle einen Betrag zukommen zu lassen. Abgesehen davon aber konnte er alle grundherrlichen Rechte ausüben: Einzug von Zinsen und Renten, Verpachtung und Verkauf, Markt- und Jagdrecht, Erhebung von Brücken- und Wegegeld und von Gebühren für die obligatorische Benutzung der Mühlen und Pressen des Grundherrn. Der Ankauf eines Hofes oder Grundstücks war im Prinzip unabhängig vom Erwerb der Grundherrschaft, tatsächlich aber ergab sich eines ganz leicht aus dem anderen.

In einigen Provinzen brachte der Erwerb eines herrschaftlichen Gutes seinem Käufer in Ausnahmefällen den Adel ein. Viel häufiger vollzog sich aber der Aufstieg unbemerkt dank den geduldigen Manövern mehrerer Generationen. Dem ererbten Familiennamen, der an den Beruf eines Vorfahren, einen Spitznamen oder an den Herkunftsort erinnerte, fügte der neue Besitzer den des Gutes hinzu, dessen *sieur* oder *seigneur* er geworden war. Molière, ein ausgezeichneter Beobachter dieser Praktiken, hat sie immer wieder lächerlich gemacht.

Wenn man von Kaufleuten abstammte, war es wesentlich, Handel oder Kaufmannsgeschäfte aufzugeben und nach Möglichkeit ein Amt zu kaufen, selbst wenn es nicht gleich den Adel mit sich brachte. Man arbeitete vor für die kommenden Generationen und öffnete ihnen den Zugang zu bedeutenderen Ämtern, die ihren Inhaber nach einer gewissen Anzahl von Übergangsjahren den persönlichen oder erblichen Adel eintrugen. G. Roupnel hat festgestellt, daß bei den Familien der *parlementaires*, der Mitglieder des Parlaments, in Burgund der Kauf von Ländereien und die Einrichtung eines Familiengutes regelmäßig dem Erwerb von Ämtern vorausgegangen waren. Er untersuchte den Aufstieg der Familie Minot de Mairetet, die zweihundertdreiundsiebzig Jahre brauchte, um sich aus dem Kaufmannsstand zum Rang eines *Conseiller* im *Parlement de Bourgogne* zu erheben, und die auf diesem weiten Weg des sozialen Aufstiegs ständig Ländereien und Lehnsgüter erwarb.

Alle Provinzen des Königreiches liefern Beispiele für diese geduldige Eroberung grundherrlichen Besitzes durch das Bürgertum und für die Art, wie man ihn benutzte, um sich dem Adel zuzugesellen. P. Vénard hat kürzlich das Kauffieber geschildert, das zu Anfang des 17. Jahrhunderts in der Umgebung von Paris die Kreise der *Parlementaires*, Juristen und Beamten ergriff, dann zu einem gewissen Stillstand kam und von 1648 bis 1670 mit größerer Intensität aufs neue ausbrach. Ein solcher Bürger besaß 1654 in Saumur etliche mittlere Ämter und mehrere Landgüter, Lehnsgüter und Grundherrschaften in der Umgebung.

Seine Töchter erbten sie von ihm, und eines dieser Güter, Boisayrault, verhalf einem seiner Enkel zu einem Adelsprädikat. Dieser war *Conseiller en la sénéchaussée* von Saumur, stand also in der Hierarchie über seinem Ahn. Er empfing von Ludwig XIV. den Adelsbrief, der beim *Parlement de Paris* am 28. April 1702 registriert wurde; er ist der Stammvater einer Offiziersfamilie, die sich mit dem Schwertadel vermischte.

Der Erwerb von Grundbesitz erschien nicht nur aus sentimentalen Gründen wünschenswert. In der Mitte des 17. Jahrhunderts war dies noch eine gute Geldanlage. Wie Pierre de Saint Jacob festgestellt hat, war ein mittlerer Boden in Burgund vierzig bis sechzig Livres je Hektar wert; ein Hektar brachte seinem Besitzer im Durchschnitt einen Ertrag von drei bis vier Livres ein. Wenn man davon ausgeht, daß ein Grundstück zu etwa fünfzig Livres je Hektar erworben worden war, stellten die Einkünfte also einen Zins von sechs bis sieben Prozent des angelegten Kapitals dar. Das war mehr als der sonst übliche Zins von *le dernier vingt*, also fünf Prozent, der allerdings bei Abmachungen zwischen Privatleuten häufig überschritten wurde.

In der Landwirtschaft standen sich Bodennutzung durch Lohnarbeit, die ständig zunahm, Eigenbewirtschaftung und Gemeindewirtschaft gegenüber, wobei die beiden letzteren Systeme im Rückgang begriffen waren und sogar zu verschwinden drohten. Soziologisch gesehen gab es in bäuerlichen Kreisen zwei Klassen, die bis zu einem gewissen Grade Gegner waren. »Landarbeiter« *(laboureur)* nannte man die zeitweiligen Pächter der Meierhöfe und Getreidesammelstellen, denen der Boden, den sie bebauten, nicht gehörte, während sie allein oder gemeinsam mit dem Grundbesitzer Gespanne und Pachtvieh besaßen. Demgegenüber hatten die eigentlichen Pächter und *censitaires* ihre eigenen Grundstücke in der Gemarkung, deren Ertrag aber nicht ausreichte, um ihren Lebensunterhalt zu bestreiten. Sie litten außerdem unter der geringen Größe und dem Schrumpfen der Gemeindegüter. Auch die Herden der Dörfer waren nicht groß genug, mangels Vieh blieben viele Grundstücke brach liegen. Es war eine Art Teufelskreis. Dennoch bildeten diese Leute die Dorfgemeinschaft, von der außer den grundherrlichen Lasten und dem von der Kirche erhobenen Zehnten die königlichen Steuern gefordert wurden, die sie gemeinsam aufzubringen hatten.

Auch die im Vergleich mit ihren Nachbarn besser gestellten *laboureurs* (man sprach von »reichen« Landarbeitern; unter ihnen gab es wohlhabende Bauern, von denen Kaufleute, Gastwirte und Geldverleiher abstammten), deren Nachkommenschaft allmählich in der sozialen Hierarchie aufstieg, waren für ihr Auskommen auf günstige Umstände angewiesen. In guten Jahren verdienten sie leicht, was sie brauchten, um ihre Verpflichtungen zu erfüllen, ihre Familie zu ernähren, Hilfskräfte zu bezahlen und während der Saisonarbeiten Tagelöhner einzustellen. Kam aber ein Jahr mit schlechter Ernte dazwischen, so fehlte es sofort an Geld. Da man nicht genug Getreide zurückbehalten hatte, um den Anschluß an die nächste Ernte zu finden, konnte man nicht einmal den höheren Getreidepreis ausnutzen. Schon im Frühling mußte man zum Eigenbedarf Getreide ankaufen und dazu die an sich schon geringen Ersparnisse angreifen oder Kredit aufnehmen. Ungeheure Schulden lasteten auf der französischen Bauernschaft auch in den am meisten begünstigten Gruppen. Die schwierige Lage der *laboureurs* scheint durch die Häufigkeit der Fälle bestätigt zu werden, in denen die Pacht nicht erneuert wurde, weil der Ruin den Pächter zwang, die Pachtstelle aufzugeben.

Der Boden gab nicht viel her. Es wurden Geräte verwendet, die nicht tief genug pflügten und von Tieren mit schwachen Kräften gezogen wurden. In vielen Gegenden arbeitete man noch mit der Hacke, und man kannte nur natürlichen Dünger. Da der Viehbestand nicht groß war, mußte man auf das verrottende Laub der Wälder, auf Humus oder auf die Asche verbrannten Grases zurückgreifen. Da der Boden nicht intensiv genutzt werden konnte, war man gezwungen, einen Teil der Felder im Turnus von drei Jahren brach liegenzulassen: die damals allgemein in Europa übliche »Dreifelderwirtschaft«. Die Landwirtschaft befand sich in einem Stadium des Übergangs und der Unsicherheit. Die individuelle Bewirtschaftung der großen und mittleren Güter war zwar dank der Bearbeitung großer Flächen der alten gemeinschaftlichen Wirtschaftsweise überlegen, dennoch waren die Landwirte nicht fortschrittlich genug, um sich umzustellen und neue Wege zu finden. Auch von guten Böden wurde kaum mehr als das Fünffache des Saatgutes geerntet, selbst in den besten Jahren erzielte man im 17. Jahrhundert nirgends einen zehnfachen Ertrag. Auf mittleren Böden wurden fünf bis sechs Zentner je Hektar produziert. Da jedoch die Erträge in den anderen Ländern Europas noch weit geringer waren, arbeitete der französische Landwirt trotz allem unter günstigen Bedingungen und profitierte von der natürlichen Fruchtbarkeit des Landes. Forschungen zur Landwirtschaftsgeschichte, die im Laufe der letzten Jahre vorangetrieben wurden, haben festgestellt, daß extremes Elend verhältnismäßig selten vorkam und eher zufällig war. Allerdings war selbst ein Wohlstand unerreichbar, wie man ihn gekannt hatte, als die industrielle Technik noch nicht aufs Land vorgedrungen war und bei den Landleuten neue Vorstellungen von einem wünschenswerten Lebensstandard erweckt hatte. Zwischen diesen beiden Polen fanden sich recht häufig Daseinsbedingungen, die erträglich schienen, die Befriedigung, Gewinn und Erfolg mit sich brachten und Lebensfreude und Hoffnung aufrechterhielten.

Zweifellos empfanden die Menschen der damaligen Zeit ihre Daseinsbedingungen als natürlich und gerecht, während wir uns heute darüber entsetzen oder empören würden. Es galt, Geldausgaben soweit wie möglich zu vermeiden und mit eigener Kraft nicht nur die Nahrung, sondern auch Bekleidung und Unterhalt der Wohnung aufzubringen. Da fast kein Kontakt mit der Außenwelt möglich war, lebten die Dörfer auf sich selbst beschränkt, geschlossen und in weitgehender Isolation (Saint Jacob), so auch die Meierhöfe und Getreidesammelstellen. Arbeit und Klima bestimmten den Tageslauf. Gewisse Ideen förderten die Resignation, ließen die Tugend der Bescheidenheit keimen und nährten eine Weisheit, die nicht ohne Größe war. Die Religion spielte dabei, wie sich zeigen wird, eine große Rolle. Daneben herrschten Respekt vor der Tradition, Anerkennung der Familienbande und Stolz auf die Zugehörigkeit zur eigenen Gruppe. Hier muß das Recht des *retrait lignager* erwähnt werden, das den Eltern ein weitgehendes Vorkaufsrecht auf die zum Verkauf gestellten Parzellen ihrer Kinder zugestand oder die Möglichkeit bot, verkaufte Parzellen zurückzukaufen.

Die Resignation richtete sich mehr gegen das allgemeine Schicksal auf dem Lande als gegen die bestehende Autorität. Dem Grundherrn gegenüber schreckten die bäuerlichen

Gemeinden nicht im mindesten vor juristischem Widerstand durch Prozesse oder selbst vor Aufständen zurück. Sie beteiligten sich an Volkserhebungen, die gegen den Fiskus gerichtet waren und oft von abenteuerlustigen Elementen des Adels angeregt und gefördert wurden. Zur Zeit Ludwigs XIII. kam dies häufig vor, ebenso vor der Fronde. Die Verhältnisse, die zu diesen Unruhen führten, änderten sich jedoch nicht. Zum Verständnis des Zeitalters Ludwigs XIV. müssen die Gegebenheiten des Landlebens und die bäuerlichen Gewohnheiten berücksichtigt werden. Verwalter, Finanzbeamte und königliche Richter spielten für die Landbevölkerung eine Rolle ersten Ranges. Es wäre allerdings übertrieben, behaupten zu wollen, der Typ des französischen Bauern dieser Zeit könne eindeutig geschildert werden, ohne daß ein wirklichkeitsfremdes Bild entstünde. Tatsächlich gab es in Frankreich unzählige Bauern, die sich untereinander nicht kannten und nur in ihrer eigenen Welt lebten.

In den verschiedenen Provinzen bestanden große Unterschiede in bezug auf Besitz und Nutzung. Je nach der Überlieferung gab es eine besondere Gesetzgebung für jede Region, eine Mischung von römischem Recht und germanischen Bräuchen, die sich das Mittelalter hindurch erhalten hatte und in den Weistumssammlungen *(coutumiers)* festgehalten worden war. Selbst innerhalb derselben Provinz galten mitunter in Kirchspielen, die ehemals Feudalbezirke gewesen waren, abweichende Rechte. Die Boden- oder Flächenmaße waren sogar in der Umgebung desselben Ortes oft nicht dieselben. Ein »Morgen« etwa war im Beauvais 51,02 Ar und in Burgund rund 30 Ar. Die Bodenbeschaffenheit und ihre Möglichkeiten bestimmten seit unvordenklicher Zeit die Art des Anbaus. Was die Praxis der Vorfahren als richtig erkannt hatte, blieb unbestrittene Weisheit. Sie wäre nur durch eine Revolution der landwirtschaftlichen Methoden zu überwinden gewesen, von deren Möglichkeit die Bauern nicht einmal eine Ahnung haben konnten.

Die Ständegesellschaft in Frankreich

Charles Loyseau, ein gelehrter Jurist und guter Kenner der französischen Gesellschaft seiner Zeit, definierte zu Beginn des Jahrhunderts den »Stand« als eine Würde, die zu bestimmten Tätigkeiten im Staate befähigt. Als erster Stand galt in diesem so tief religiösen und christlich gesinnten Volke mit Rücksicht auf die Kirche die Geistlichkeit, als zweiter der Adel, dessen Aufgaben im wesentlichen militärischer Natur waren, der aber außerdem zur Übernahme einträglicher Ämter und Grundherrschaften berechtigt war. Der Dritte Stand *(Tiers-état)* umfaßte den ganzen Rest des Volkes; die Zugehörigkeit zu ihm bedeutete keine Würde – sonst wären sämtliche Franzosen mit Würde bekleidet gewesen –, sondern grenzte den Einzelnen sozusagen negativ gegenüber Geistlichkeit und Adel ab.

Bei der letzten Versammlung der Generalstände (1614) hatten sich Geistlichkeit, Adel und der Dritte Stand gegenübergestanden, und jeder Stand hatte das Wohl des Volkes zum Vorwand genommen, seine Privilegien zu verteidigen und die Mißbräuche in den anderen

Ständen mit Empörung anzuprangern (Pensionen und Steuererleichterungen des Adels, Ämterhandel des Bürgertums). Dadurch trugen alle gemeinsam dazu bei, die Stellung des Königs zu stärken, der als Schiedsrichter davor bewahrt wurde, sich zu sehr den Ansprüchen der einzelnen Stände auszusetzen. Zur Zeit der Fronde (1648–1653) hatte in Paris eine Adelsversammlung die Generalstände einberufen wollen, aber nicht die Unterstützung der Geistlichkeit gefunden. Im Jahre 1614 war der Dritte Stand, also die Mehrheit der Nation, kaum durch Kaufleute und Bauern (unter ihnen nur ein einziger *laboureur*), sondern fast nur durch Bürger vertreten, die als Beamte des Königs vielfach Grundherrschaften und zum Teil sogar den persönlichen, nicht dagegen den ererbten oder alten Adel besaßen. Diese ständische Ordnung, die im Prinzip immer noch in Kraft war, war also praktisch bereits ihrer Substanz entleert und entsprach nicht mehr der sozialen Realität.

Die Geistlichkeit

Die Geistlichkeit, der wegen ihrer geheiligten Funktionen der Vorrang zukam, war der einzige dieser drei Stände, der eine wirksame Organisation besaß und geschlossen auftreten konnte. Dieser Vorteil war zum größten Teil das Ergebnis der wechselhaften Beziehungen zwischen Kirche und König. Im Jahre 1516 hatte das Konkordat von Boulogne dem König das Recht der Ernennung von Bischöfen und Äbten und andere Privilegien eingeräumt, außerdem hatte ihm der Papst auch noch das Recht der Investitur zugestanden. Damals waren die Zukunft der Kirche und die Qualität der Geistlichkeit ernstlich in Gefahr. Wenn der König nur danach strebte, sich einen fügsamen Episkopat zu schaffen, der sich zu allen Gefälligkeiten bereit fand, so konnten sich Mißbräuche und Skandale ungehemmt ausbreiten. Tatsächlich war die Macht der Bischöfe über die Geistlichkeit jedoch durch die Einrichtung des Patronats eingeschränkt, die Laien oder geistlichen Patronen die Besetzung zahlreicher Pfarrstellen, Vikariate und Priorate vorbehielt. Das Konzil von Trient war bestrebt gewesen, die Macht der Bischöfe zu stärken, indem es ihnen persönliche Anwesenheit in ihrer Diözese, Predigen, Überwachen der Geistlichen und Seelsorge für die Gläubigen zur Pflicht machte. Die Kirche verfügte in Frankreich über große Güter, wenn auch die Pfründen sehr unterschiedlich verteilt waren. Als die Monarchie im Laufe ihrer Entwicklung in finanzielle Schwierigkeiten geriet, blickte sie mit Begierde auf dieses riesige Vermögen, dessen Inhaber nicht selbst wirtschafteten, sondern nur die Nutznießer waren. Aber das kanonische Prinzip der finanziellen Immunität der Geistlichkeit erlaubte keine Einmischung der weltlichen Macht in diese Angelegenheiten. Der junge Bischof von Luçon, Richelieu, hatte die Generalstände von 1614 daran erinnert, daß der wahre Tribut, den man von den Kirchenmännern erwarten könne, das Gebet sei. Während in ganz Europa im Laufe des 16. Jahrhunderts von den weltlichen Fürsten zahlreiche Kirchengüter eingezogen wurden, hatte die französische Geistlichkeit dank einfallsreicher Kompromisse für ihren Teil diese Gefahr abwenden können. Im Kontrakt von Poissy hatte sie sich 1561 bereit erklärt, dem König regelmäßige Unterstützung bei der Tilgung seiner Schulden zu gewähren. Dies waren die *décimes*, die zunächst für sechs Jahre im voraus gezahlt und danach mehrmals wiederholt wurden. Als Gegenleistung erhielt die Geistlichkeit das Recht, Versammlungen von Deputierten einzuberufen, die mit den Vertretern des Königs Höhe und Dauer der Subventionen aushandeln sollten.

Im 17. Jahrhundert kamen zu den *décimes* bedeutendere Abgaben hinzu. Der König brauchte Geld, um die Ketzer im eigenen Königreich, vor allem in Bearn und in La Rochelle, zu bekämpfen und gegen Spanien und das Reich Krieg zu führen. Er erhielt es von der Geistlichkeit als ein »unentgeltliches« Geschenk, womit betont werden sollte, daß es sich nicht um eine Steuer, sondern um eine freiwillig gewährte Subvention handelte. Obwohl die *décimes* und die unentgeltlichen Geschenke während der Regierungszeit Ludwigs XIV. insgesamt 223 903 468 Livres ausmachten, füllten sie die königliche Schatulle nur unzureichend auf und waren im Verhältnis zu den Gesamteinnahmen der Geistlichkeit ein eher bescheidener Betrag.

Das System hatte jedoch bedeutsame Folgen. Die Geistlichkeit wurde mit ihren Kontributionen zur unentbehrlichen Stütze der Monarchie. Die Versammlungen förderten den inneren Zusammenhalt der Kirche. Aus jeder Diözese entsandten die Geistlichen – ob Ordens- oder Weltpriester – Abgeordnete aus den eigenen Reihen in die Provinzial- und Metropolitan-Versammlungen (von denen es fünfzehn gab). Diese Versammlungen delegierten ihrerseits Beauftragte in die Generalversammlung nach Paris. Alle zehn Jahre trat die Generalversammlung zusammen, um die bestehenden Kontrakte neu zu bestätigen. In der Zwischenzeit trat alle fünf Jahre eine kleinere Zahl von Delegierten zusammen, um die Rechnungen zu prüfen. Praktisch bestand jedoch zwischen der großen und der kleinen Versammlung bald kein erheblicher Unterschied mehr. Zwei Generalagenten der französischen Geistlichkeit überwachten ständig die Ausführung der Vereinbarungen und dienten gewöhnlich auch als Mittelsmänner gegenüber dem König. Ein Heer von Kommissaren und Beamten war damit beschäftigt, das Geld bei den Geistlichen einzutreiben und damit die verlangten Summen aufzubringen.

Bei den erwähnten Versammlungen sollte eigentlich nur von Geld und Finanzen die Rede sein. Aber die mit einem Mandat ausgestatteten Bischöfe und die anderen geistlichen Herren gingen bald dazu über, sich auch mit anderen Angelegenheiten zu beschäftigen, etwa mit den Beziehungen zu den Protestanten, mit juristischen Meinungsverschiedenheiten zwischen den *Parlements* und den kirchlichen Tribunalen und der Abgrenzung der Rechte der weltlichen Macht und des Papstes. Neben den Verwaltungsangelegenheiten kamen auch religiöse Fragen zur Sprache. Auf einer dieser Versammlungen war es im Jahre 1615 allen französischen Bischöfen zur Pflicht gemacht worden, in ihren Diözesen die Reformen des Konzils von Trient einzuführen, noch ehe diese vom König und den *Parlements* zum Gesetz erhoben worden waren. Ein anderes Mal kam der Jansenismus an die Reihe, wobei das Ergebnis für die neuen Ideen ungünstig war und ihre spätere Ablehnung vorbereiten half. Eine Versammlung, die von 1681 bis 1682 tagte, stellte sich die Aufgabe, die Doktrin der Gallikanischen Kirche in vier Artikeln zusammenzufassen. Diese waren für den Unterricht an Universitäten und Seminaren bestimmt und nahmen Stellung zu den strittigen Fragen der Beziehung zwischen päpstlicher und königlicher Gewalt und der Autorität des Papstes angesichts der Beschlüsse des Konzils.

So wurde sich die Geistlichkeit Frankreichs gegenüber den beiden anderen, viel weniger geschlossenen Ständen ihrer Existenz und ihrer besonderen Interessen innerhalb des Königreiches bewußt. Andererseits beanspruchte die Gallikanische Kirche ihren Platz innerhalb der Universalkirche und die Anerkennung ihrer eigenen Traditionen bei aller Betonung des Festhaltens an der Einheit der Kirche und der Treue gegenüber dem päpstlichen Souverän. Zum besseren Verständnis dieser Verhältnisse muß gesagt werden, daß die Könige von Frankreich ihr Prädikat als »allerchristliche Könige« nicht verlieren wollten. Sie glaubten auch, daß die Würde und moralische Stärke ihrer Geistlichkeit zur Festigung der Monarchie und zum Ansehen Frankreichs beitrugen. Sie sorgten deshalb dafür, daß im allgemeinen tugendhafte und empfehlenswerte Priester für die Erhebung zum Bischof ausgewählt wurden. Zeitweilig lag die Entscheidung darüber in den Händen des heiligen Vincent von Paul, dessen historische Bedeutung hauptsächlich auf seinen karitativen Bestrebungen beruht. Er war aber vor allem ein Apostel des Glaubens, der sich bemühte, bei den Geistlichen den Sinn für ihre seelsorgerische Aufgabe zu wecken, damit sie in allen Schichten der Bevölkerung durch ihre Predigten, durch Überredung und gutes Beispiel Einfluß auf Seelen und Handlungsweise der Menschen gewinnen konnten. Die alten Mißbräuche konnten freilich nicht von einem Tag zum anderen beseitigt werden, zumal sie manchen Vorteil boten für die, die sie abschaffen sollten.

Viele Züge des französischen Klerus des 17. Jahrhunderts wären heute ein Schock für die öffentliche Meinung. Aber diese Schwächen fallen gegenüber der Bedeutung des geistlichen Standes als ganzem nicht ins Gewicht. Ihm gehörte eine erstaunliche Anzahl hervorragender Persönlichkeiten an: Bossuet, Fénélon, Fléschier, Pavillon d'Alet und Arnauld trugen dazu bei, das Werk der inneren Reform und des geistigen Fortschritts in Frankreich zu fördern und auf die Dauer Früchte tragen zu lassen. Im System der Monarchie und im Leben des ganzen Volkes nahm der zahlreiche, einflußreiche und geachtete Klerus eine maßgebliche Stellung ein. Er gewährleistete Seelsorge und Gottesdienst und betätigte sich geschickt und wirksam im Unterrichtswesen und in karitativen Einrichtungen zur Erleichterung menschlichen Leidens.

Der Adel

Den zweiten Stand des Königreiches, den Adel, scheint man zunächst ganz einfach bestimmen zu können. In vielen königlichen Verordnungen wurde festgelegt, wer zur Gemeinschaft des Adels gehörte und den Titel *écuyer* (Junker) tragen durfte. Die anderen Titel, Baron, Graf und so fort, bezeichneten ursprünglich einen Herrschaftsbereich. Als adlig galt, wer von Vätern und Großvätern abstammte, die ihre Waffen getragen hatten, ohne eine »gemeine Tat« begangen oder standeswidrig gehandelt zu haben. Unter einer »gemeinen Tat« verstand man damals auch manuelle Arbeit (mit einigen Ausnahmen) und Handel mit Erzeugnissen oder Waren, die nicht direkt von den eigenen Gütern stammten. Der Adel war also im wesentlichen ein dem Dienst mit der Waffe geweihter Orden. Wer einer ununterbrochenen Ahnenreihe von Rittern entstammte oder zu entstammen glaubte, war darauf außerordentlich stolz. Man zeigte sich besonders empfindlich in puncto Ehre und behauptete gern, die Ahnenreihe bis zu den Kreuzzügen oder noch weiter zurückverfolgen zu können. Wer keine adligen Vorfahren besaß, verfiel, ob reich oder arm, der Verachtung. Der Souverän hatte sich jedoch das Recht vorbehalten, nach eigenem Gutdünken den Stand einer Person zu ändern und aus einem Bürgerlichen, der ihm gute Dienste geleistet hatte, einen Adligen zu machen. Dies war die Erhebung in den Adelsstand durch königliches Dekret, von der Ludwig XIV. freigebig Gebrauch machte.

Da der Militärdienst für den König den Edelleuten zukam, schien es selbstverständlich, daß ihnen der Zivildienst ebenfalls zufallen sollte (Anspruch des Adels bei den Generalständen von 1614). Tatsächlich vergab aber der König Ämter schon lange an alle, die einen Kaufpreis dafür zahlen konnten. Wer während einer bestimmten Zeit von Jahren eines der bedeutenderen Ämter ausübte, erwarb damit den persönlichen oder unter Umständen sogar den erblichen Adel. Überdies war zu beobachten, daß der Erwerb von Grundbesitz dem Käufer zwar nicht direkt den Adel einbrachte, aber doch zumindest günstige Vorbedingungen dafür schuf. Praktisch konnte seit 1600 jeder als adlig gelten, dessen Vorfahren in den beiden letzten Generationen nicht die *taille*, die Steuer des dritten Standes, gezahlt hatten. Aus alledem ist zu ersehen, daß der Adel, der zweifellos größtes Ansehen genoß und konkrete Vorrechte besaß, nicht genau umrissen werden kann. In seinem sozialen Aspekt war er ein höchst uneinheitliches Konglomerat aus Offiziersfamilien mit langer Ahnenreihe und ursprünglich bürgerlichen Familien, in denen königliche Beamte in großer Zahl zu finden waren. Diese Bürgerlichen waren Nachkommen von Rentnern (vor allem aus Grundrenten) und in fernerer Vergangenheit von Kaufleuten oder Arbeitern.

In dieser Gesellschaft, die sich so hierarchisch und militärisch gab, überwanden in Wirklichkeit Erfolg und Geld alle Schranken. Die Umgebung des Königs und die Regierungskreise entstammten dem alten Feudaladel. Diese Familien hatten sich mit geschickter Hand Erbe, Verbindungen und königliche Gunst zunutze gemacht und waren bereit, verdienten Leuten Stellen und Pfründen zu verschaffen; sie besaßen riesige Vermögen, die sie jedoch nicht immer vor Geldverlegenheiten und Verschuldung bewahrten. Die Finanzleute und hohen Verwaltungsbeamten verfügten ebenfalls über großen und nach allen Seiten gesicherten Reichtum. Selbst die stolzesten Adligen verachteten vorteilhafte Mesalliancen nicht: Auch die besten Böden brauchen Mist. Auf der Provinzebene waren dieselben Merkmale zu finden. Obwohl der Handel als verächtlich galt und für den Edelmann standeswidriges Verhalten bedeutete, bot er die einzige Möglichkeit, zu Geld zu kommen. Der Adlige heiratete also die Tochter des Bürgerlichen mit einer guten Mitgift oder mit guten Aussichten, und manchmal war dies der einzige Nutzen einer Erbschaft. Die Voreingenommenheit zugunsten des Adels war so groß, daß jeder, der reich geworden war, danach strebte, nun auch adlig zu werden oder doch dafür zu gelten. Neben dem traditionellen Schwertadel und dem Beamtenadel, bei dem die Angehörigen der Parlamente am angesehensten waren, existierten zahllose angebliche Edelleute, die sicherlich Ansehen genossen, deren Adelsprädikat jedoch höchst zweifelhaft war. Da auf diese Weise viele Geldmittel der Besteuerung entzogen wurden, versuchte die Regierung, die falschen Edelleute zu fassen, und ordnete Adelsreformen an. Es wurden strenge Nachforschungen unternommen, bei denen die Ansprüche gerechtfertigt und Beweise vorgelegt werden mußten, Stammbäume oder andere alte Dokumente, aus denen der Adel des Nachkommen zu ersehen war. Sei es aber aus Gefälligkeit der Genealogen, sei es in ehrlichem Irrtum und aus Unfähigkeit, die Verwirrungen vieler Fälle zu durchschauen, oder sei es auch nur aus Wohlwollen der Richter, auf jeden Fall wurde bei jeder Adelsreform stets eine größere Anzahl zweifelhafter Adelstitel bestätigt und getreulich Leute in verlorene Rechte eingesetzt, die sie niemals besessen hatten.

Bei abwägender Betrachtung der starken Anziehungskraft des Adels einerseits und der Macht des Geldes, sich ihn zu verschaffen, andererseits ist es auch im guten Glauben schwierig, zu entscheiden, ob Ehre oder Reichtum die wichtigere Triebfeder war, von der die französische Gesellschaft beim Regierungsantritt Ludwigs XIV. bewegt wurde.

Der Dritte Stand

Der Dritte Stand neben Geistlichkeit und Adel, dem die Mehrheit des französischen Volkes angehörte, war einschließlich des schon erwähnten Bauerntums eine vielschichtige und höchst unterschiedliche Gruppe, die von den reichsten Leuten im Königreich, soweit sie noch nicht geadelt waren, bis zu den einfachen Handwerkern, also den Kleinbürgern, reichte. Nach allem, was wir wissen, ist nichts schwieriger zu definieren als der Begriff des Bürgertums. Im Prinzip war ein Bürger damals ein Einwohner einer privilegierten Stadt; er hatte dort seinen Wohnsitz und mußte als Gegenstück zu seinen Rechten gewisse Pflichten erfüllen. C. Loyseau, dessen Ansicht Beachtung verdient, hat im *Traité des Ordres* eine Hierarchie aufgestellt, in der den Gelehrten der erste Platz eingeräumt wird. Nach ihnen kamen Räte und Advokaten, Richter und Finanzbeamte, Schriftführer, Notare und Prokuratoren, dann Kaufleute und Handwerker, die in eigenen Werkstätten arbeiteten, schließlich die Berufe, die selbst hergestellte Waren auch selbst verkauften, und ganz unten die Arbeitskräfte, »die man nicht als Bürger betrachten kann«. Dies ist allerdings eine Rangordnung nach bestimmten Vorstellungen vom Ansehen der Berufe. Der größte Reichtum fand sich indessen bei der kleinen Gruppe der Finanzleute und Geldverleiher, die der königlichen Schatulle Kredit gewährten. Diese Leute finanzierten die Kriegszüge, und ohne ihre Mitwirkung wäre der Staat nicht in der Lage gewesen, für seine Ausgaben aufzukommen.

Es gab noch keinerlei Industrie im modernen Sinne und auch kein Proletariat. Die weitverbreitete Produktion von Textilien wurde in Manufakturen betrieben, die Familienunternehmen von unterschiedlicher Größe waren. Sie beschäftigten ortsansässige Arbeitskräfte und vergaben einen Teil der Arbeit an die Bauern der Umgebung, die sie an den langen Winterabenden in ihren Häusern verrichteten. Bei den Handwerkern gab es satzungsgebundene Innungen mit strengen Vorschriften, nach denen man nur durch die Herstellung eines Meisterstückes zur Meisterwürde aufsteigen konnte. Andere, satzungsfreie Innungen, »das freie Handwerk«, waren nicht so unabhängig, wie immer angenommen wird. Der königliche Fiskus machte Pfeile aus jedem Holz: Die Regierung, die die Handwerker-Organisationen förderte, um auf die Meisterbriefe eine Steuer erheben zu können,

Ludwig XIV.
Gemälde von Pierre Mignard, 1673. Turin, Galleria Sabauda

Jean Baptiste Colbert
Marmorbüste von Martin Desjardins, 1693. Paris, Louvre

gewährte gegen Bezahlung Meisterbriefe, die von der Meisterprüfung befreiten. Die vom König gegründeten und unter seinem Schutz stehenden Manufakturen waren schon damals große Unternehmen. Sie dienten einer doppelten Absicht der Staatsführung: Sie sollten verhindern, daß der Konsum in Frankreich vom Ausland abhängig wurde, und sie sollten nach außen den Absatz und den Ruf der französischen Produktion fördern. Soweit es sich um Luxusgüter handelte, war ihre Existenz ohnehin vom Vorhandensein einer wohlhabenden Käuferschicht abhängig.

Auch die Kaufleute bildeten eine große und vielfältige Schicht. Sie reichte von den kleinen Budenbesitzern in den Städten und den Krämern der Dörfer über Korn- und Weinhändler und den gesamten Lebensmittelvertrieb bis zu mächtigen Kapitalisten, den großen Kaufherren, die mit dem Ausland Handel trieben. Der Zahl nach kamen die Inhaber öffentlicher Ämter und die Beamten keineswegs den Kaufleuten gleich, doch nahmen sie in der Gesellschaft eine durch Ansehen und Wirkungsmöglichkeit ausgezeichnete Stellung ein.

»Das Amt«, sagt Charles Loyseau, »vollzieht die staatliche Gewalt, es ist eine Würde, verbunden mit einer öffentlichen Funktion.« Der Beamte war ein Bevollmächtigter des Königs und übte ein Recht des Souveräns aus, sei es, daß er in seinem Namen Recht sprach, verwaltete oder Einkünfte aus königlichen Domänen einzog und Steuern erhob. Wert und Bedeutung der Ämter waren sehr ungleich. Als Beamte galten die Mitglieder der unabhängigen Gerichtshöfe (*Parlements* und *Cour des Aides*), die Schatzmeister, die Präsidenten und Räte der Amtsbezirke, Gerichtssprengel und Salzspeicher sowie die Inhaber kleiner Domänenämter, die vom König zurückgekauft werden konnten und mehr aus fiskalischen Gründen als wegen ihrer Nützlichkeit für den Staat geschaffen worden waren. Eine bestimmte Gruppe dieser Beamten gefiel sich später in dem Gefühl, als Appellationsrichter eine Art politische Kontrolle über die Monarchie auszuüben, weil die Edikte des Königs bei den Gerichtshöfen registriert wurden. Bis zu den kleinsten Einnehmern, Kontrolleuren und Geschworenen mit oft minimalen Funktionen genossen die Beamten in ihrem Milieu ein Höchstmaß an Ansehen und fühlten sich als Autorität gegenüber den anderen Untertanen des Königs. Schon unter Heinrich IV. war von den Inhabern der Ämter eine jährliche Gebühr, *la Paulette*, gezahlt worden, die sie dazu berechtigte, das Amt durch Verkauf oder Vermächtnis weiterzugeben. Seit die Ämter nur noch gegen Bezahlung übertragen wurden, gehörten auch staatliche Funktionen zu den Gütern, die innerhalb der Familien vererbt wurden.

Beachtung verdient die Tatsache, daß die Ämter allenthalben in Testamenten und Mitgiftverträgen und bei Erbteilungen eine Rolle spielten, aber niemals allein den wesentlichen Teil eines Vermögens ausmachten. In einem klug verteilten Vermögen, das sich zum größeren Teil aus Grundbesitz, Renten aus Ländereien und von der Geistlichkeit, aus »Beden« (*aides*) und Salzsteuern zusammensetzte, entfiel auf die Ämter höchstens ein Drittel des Wertes. Zu den Ämtern gehörten Gehälter, die gleichzeitig ein Honorar für die geleisteten Dienste und sozusagen den Ertrag des in dem Amt investierten Kapitals darstellten. Nach der Sitte der Zeit kamen noch Nebeneinkünfte dazu; andererseits forderte der König von den Beamten unter Umständen weitere Aufwendungen, wenn er den Preis irgendeines Amtes willkürlich erhöhte und den Inhaber zwang, die Differenz zu zahlen. Der trügerische Vorwand einer Erhöhung der Gehälter sollte diesen Vorgang verschleiern. Es kam auch vor, daß man die Funktionen verdoppelte oder ein zusätzliches, oft nur für die Dauer von drei Jahren geplantes Amt schuf, das der Inhaber des alten Amtes meistens kaufte, um seine Autorität und sein Ansehen unversehrt zu erhalten.

Unter dem Gesichtspunkt des Ertragswertes stellten diese Ämter bei weitem nicht die vorteilhafteste Geldanlage dar. Ihre Preise waren sehr unterschiedlich und reichten von mehreren zehntausend Livres, die ein Gerichtsamt kostete, bis zu zwei- oder dreihundert Livres, dem Wert eines kleinen Domänenamtes. Nicht nur die öffentliche Hand war daran interessiert Ämter zu schaffen und zu verkaufen. Wer eine Stelle zu besetzen hatte, schuf ein Amt: die Geistlichkeit zur Verwaltung der Gelder, die sie dem König zur Verfügung stellte; die Grundherren zur Ausübung der Gerichtsbarkeit; die Städte für ihre Finanzgeschäfte. Es war nicht verboten, mehrere Ämter zu besitzen oder Beamter zu sein und daneben eine andere Tätigkeit auszuüben. Die Ämter der Grundherren befanden sich sehr häufig in den Händen von Notaren. Es kam auch vor, daß ein und derselbe Beamte bei mehreren Herren im Dienst stand, manchmal gleichzeitig bei Lehnsherr und Vasall, ungeachtet der Gegensätzlichkeit der Interessen.

Die Gründe hierfür sind unter anderem in dem weitverbreiteten Analphabetentum, in den komplizierten Rechtsverhältnissen und der Rechtsunsicherheit zu suchen, die so weit ging, daß es für einen Privatmann fast unmöglich war, seine Lage genau zu übersehen. Ferner bestand eine weitverbreitete Vorliebe für Prozesse, die schon Richelieu als einen dem französischen Wesen angeborenen Fehler beklagt hatte. Unter Ludwig XIV. wimmelte es in Frankreich von Prokuratoren, Advokaten, Notaren und Gerichtsdienern. Die Notariatskanzleien in Paris waren im Verhältnis weit zahlreicher als heute. Sie erfreuten sich eines gleichbleibenden Zulaufs auch in den alltäglichsten Vorgängen, wie Lehrverträgen, Schuldverschreibungen und sogar privaten Vereinbarungen.

Die anderen freien Berufe genossen ebenfalls hohes Ansehen. Im Gegensatz zum Handel galten sie nicht als unvereinbar mit der Würde des Adels. Wer einen solchen Beruf wählte und sogar seinen Lebensunterhalt damit verdiente, bezog seine Einkünfte aus der Arbeit des Geistes und nicht der Hände (Ch. Loyseau), was ihn von anderen Erwerbstätigen unterschied. Das Schulwesen lag in den Händen des Klerus und der geistlichen Orden und war von der Beteiligung der Laien unabhängig. Der Respekt vor schwierigen und kostspieligen Studien vereinigte sich mit der Bewunderung von Talent und Erfahrung und verlieh den Künstlern, Malern, Bildhauern und Ärzten, ja sogar den Apothekern (die seltsamerweise an den Schnittpunkt theoretischen Wissens und handwerklicher Praxis versetzt wurden), Ansehen und Autorität.

Vielleicht sollte man vor allem betonen, daß in diesem Bürgertum die Chancen beim Start ins Leben keineswegs für alle gleich waren. Wer es verstand, sich in der Hierarchie durch Intelligenz, Fleiß, berufliche Tüchtigkeit und Geschicklichkeit, wenn auch mit Hilfe von Kunstgriffen, hinaufzuarbeiten, was verhältnismäßig oft vorkam, konnte seine Ziele nur nach dem Maß der Leistungen seiner Eltern und der vorhergegangenen Generationen erreichen. Den Beruf des Vaters weiterzuführen und nicht abzusinken war notwendigerweise die elementarste Form der persönlichen Bewährung. Ob nun Sohn und Schwiegersohn einfach die Tätigkeit der Väter fortsetzten oder nach sozialem Aufstieg strebten, stets machten sie sich das Erbe der Vergangenheit zunutze, das sie weit mehr als Stütze denn als Hemmnis empfanden. Ein Gefühl für die Abhängigkeit des Einzelnen von der Tradition seiner Familie trug dazu bei, den Sinn für die dem Individuum übergeordnete Familiengemeinschaft zu stärken, der ein hervorstechender Zug des damaligen gesellschaftlichen Gefüges war.

Dieser Umriß wäre unvollständig, ohne die Bevölkerung an den Küsten und in den Hafenstädten erwähnt zu haben. Fischer und Matrosen, Zimmerleute und Händler pflegten in Lebensgewohnheiten und Sitten einen betonten Partikularismus, der sich nur mit Mühe dem nationalen Interesse unterordnen ließ, wie es die Zentralregierung verstand. In La Rochelle hatte Richelieu diesen Partikularismus ausgerottet. In St. Malo, Marseille und Toulon traf ihn Colbert zu seinem Entsetzen an, als er versuchte, sein neues Regierungsprogramm durchzusetzen, nach dem alle nur noch ihre Aufgaben zu erfüllen und die alten Gewohnheiten aufzugeben hatten.

So war damals das französische Volk in seinen wichtigsten Schichten beschaffen. Es unterschied sich nicht wesentlich von den anderen Völkern. In Frankreich bestanden jedoch innerhalb der Schichten vielerlei Abstufungen, und vielleicht war der Anteil des Bildungsbürgertums an der Gesamtbevölkerung größer als anderswo. Mit den Methoden der vergleichenden Geschichtswissenschaft müßte es möglich sein, dies nachzuprüfen. Das Volk war ein Menschenreservoir, auf das die Monarchie immer wieder zurückgreifen mußte, um sich durch Überredung oder Zwang die Unterstützung zu verschaffen, die sie für ihre Politik gegenüber den anderen Mächten so dringend brauchte.

Das Königtum des Absolutismus

Der König war die höchste Autorität im Staate. Die Gelehrten und Juristen des 16. Jahrhunderts vertraten die Meinung, daß die Macht des Königs unbeschränkt und unmittelbar von Gott gegeben sei. Der König von Frankreich erkannte keinerlei Lehnsherren an, nicht den Papst und nicht den Kaiser. Daher war ein Absetzen des Königs durch den Papst oder durch seine Untertanen unmöglich und wäre als illegale und gotteslästerliche Tat angesehen worden, woran die Generalstände 1614 durch einen Antrag des Dritten Standes erinnert hatten. Als jedoch Theologen über das Recht des Papstes diskutierten, die Untertanen vom Gehorsam gegenüber einem ketzerischen König zu entbinden, schrieben die Männer der Gallikanischen Kirche der Macht der Bischöfe den gleichen göttlichen Ursprung zu wie der Macht des Königs von Frankreich. Wie Cardin Le Bret in seiner Abhandlung über die Souveränität des Königs schrieb, »erhalten unsere Könige ihr Szepter von Gott allein, sind nicht verpflichtet, irgendeiner Macht auf Erden Rechenschaft zu geben, erfreuen sich aller Rechte, die sich aus unbegrenzter und absoluter Macht ergeben, und sind in ihrem

Herrschaftsbereich völlig souverän«, und weiter: »die königliche Macht ist ebenso unteilbar wie der Punkt in der Geometrie«.

Allgemein herrschte Einigkeit darüber, daß die Entscheidungen des Königs Gesetz seien: *Lex Rex*. Nach der Tradition der Monarchie, die eine Art ungeschriebenes Grundgesetz darstellte, waren Frauen von der Thronfolge ausgeschlossen. Dieses salische Gesetz, dessen Geltung in Frankreich überraschen muß, bot den Vorteil, daß kein ausländischer Prinz den französischen Thron besteigen konnte. Im übrigen vererbte sich in Frankreich wie in ganz Europa der Besitz des Vaters auch auf die Töchter. In anderen Ländern, wo das Recht der Thronfolge als Besitz betrachtet wurde, konnte auch eine Tochter den Thron besteigen. Der Ausschluß der Frauen von der Thronfolge war in Frankreich vielleicht durch gefühlsmäßige Gründe bedingt, die mit Absicht unausgesprochen blieben. Die Kaiserkrone war für eine Frau unerreichbar, und Frankreich begab sich auf die Ebene der höchsten Würde, wenn es diesen Ausschluß in sein Nachfolgerecht übernahm. Auf jeden Fall rühmten sich die Franzosen der langen Dauer ihrer Monarchie, die seit zwölfhundert Jahren bestand, verkörpert »durch Dynastien derselben Rasse und Herkunft, die nur zweimal gewechselt haben und auch im Wechsel Verwandtschaft und Familienbeziehungen aufwiesen« (J. Bignon).

Dies waren sozusagen die weltlichen Seiten der königlichen Macht. Sie hatte außerdem aber höhere, religiöse und wunderwirkende Aspekte. Die Salbung hatte nichts mit dem Recht auf Ausübung einer durch das Blut übertragenen Macht zu tun, hingegen verlieh sie den Fürsten durch die Gnade, die sie vermittelte, fast den Charakter eines Priesters. »Auch wenn die Könige von Frankreich nicht Priester sind, wie die Könige der Heiden, haben sie doch teil am Priestertum und sind mehr als Laien« (Guillaume du Peyrat). Überdies besaß der König von Frankreich nach seiner Salbung ein Maß an Gnade, das ihm die wunderbare Kraft verlieh, bestimmte Kranke durch Handauflegen zu heilen: Heinrich IV., nachdem er konvertiert hatte und gesalbt worden war, Ludwig XIII. und Ludwig XIV., der sich dieser Pflicht erst wenige Wochen vor seinem Tode unterzog, empfingen an den großen Festen des Kirchenjahres fünfzehnhundert bis zweitausend Kranke, die aus allen Provinzen Frankreichs und aus dem Ausland (Deutschland, Spanien, Niederlande) gekommen waren, und legten ihnen die Hände auf: Gott möge dich heilen, der König hat dich berührt.

Welch ein Ruf der französischen Macht verbreitete sich auf diese Weise in ganz Europa! Bossuet forderte in seiner »Politik nach den Worten der heiligen Schrift« *(Politique tirée des propres paroles de l'Ecriture sainte)*, in der er wohlabgewogen Lob und Belehrung austeilt, die Könige auf, kühn ihre Macht zu gebrauchen, die göttlichen Ursprungs sei und für die Menschheit ein Segen. »Aber übt sie in Demut, sie ist Euch von oben verliehen und ändert nichts an Eurer Schwäche. Ihr bleibt dennoch Sünder und traget vor Gott die Last der größeren Verantwortung.« Bossuet sprach auch von einem Zauber, der von der Person des Königs ausgeht, und er hatte für das Empfinden seiner Zeit recht damit.

Die Könige wurden geliebt. In den Revolten gegen ihre Macht wurden eher die Minister und ihre Anmaßung der königlichen Funktion bekämpft. Die Liebe zum König war dieselbe, wie sie Religion und Sitte von den Kindern gegenüber ihren Eltern forderten. Die königliche Gewalt verschmolz mit der väterlichen Gewalt, sie war sozusagen deren höhere Form. Wie ein Familienvater die Pflicht hatte, gegebenenfalls ererbtes Land nutzbringend zu bebauen und zu verteidigen, so war der König von Frankreich zur Verteidigung des Königreiches verpflichtet und hatte deshalb seine militärische Machtbefugnis. Man nannte ihn den Herrn des ganzen Königreiches. Die Juristen versuchten, die Art dieser »unmittelbaren universalen Macht« des Königs zu definieren. Das Volk dagegen empfand unklar, aber intensiv, daß die territoriale Wirklichkeit des Königreiches mit der Macht des Königs eins geworden war.

Recht, Geschichte, Tradition, Religion und Familiensinn wirkten zusammen, um aus der französischen Monarchie mehr als eine politische Einrichtung zu machen. Sie wurde in allgemeiner Übereinstimmung als selbstverständlicher Wert empfunden. Im Jahre 1661 erschien sie außerordentlich lebenskräftig, männlich und verführerisch verkörpert in der Person eines jungen Mannes von dreiundzwanzig Jahren, der nach einer Periode innerer Wirren und äußerer Kriege im Augenblick der Wiederkehr des Friedens und der Hoffnung zur Macht kam.

Der König regierte mit Hilfe eines Kanzlers, unterstützt von Staatssekretären, die ihr Amt nur auf seine Veranlassung kaufen konnten, und von Räten, die ihren Auftrag von ihm selbst erhielten. Es gab nur einen *Conseil d'Etat*, einen Staats-Rat, der je nach Bedarf verschiedene Aufgaben erfüllte. Er war gleichzeitig Kabinett, Verwaltungsspitze, Verordnungsinstanz, von der die inneren Angelegenheiten des Königreiches gelenkt wurden, und seit 1661 auch Finanzdirektion, deren Leitung 1665 Colbert mit dem Titel eines »*Controleur géneral* der Finanzen« übertragen wurde. Die Staatsräte dürfen nicht mit den zahlreichen königlichen Räten verwechselt werden, deren freigebig an Provinzbeamte verliehener Titel nur eine Auszeichnung war. Der König nahm selten an den Sitzungen des Rates oder seiner Unterabteilungen für Finanzen, Verwaltung und innere Angelegenheiten teil, bei denen der Kanzler den Vorsitz führte. Die hohen Würdenträger des Königreiches und die Mitglieder der königlichen Familie und der fürstlichen Häuser waren sozusagen von Natur aus zu Regierungsämtern berufen.

Ludwig XIV. beschloß schon zu Beginn seiner Regierungszeit, niemandem das Amt eines Premierministers anzuvertrauen. Schon der Titel erschreckte ihn, da er anzudeuten schien, daß der König nicht allein der Herr sei und sich einem Hausmeier untergeordnet fände, wie die faulen Könige der Merowingerzeit. Er entfernte die Mitglieder seiner Familie aus dem Rat und gewährte keinem Kardinal Zutritt. Die Entscheidungen über die allgemeine Politik wurden jetzt in einem Staatsrat *(Conseil d'en haut)* von ganz wenigen Personen getroffen, die das persönliche Vertrauen des Königs besaßen. Mit der Zugehörigkeit zum *Conseil d'en haut* war das Recht auf den Titel Staatsminister und auf eine Pension verbunden. Zur Zeit Ludwigs XIV. waren Staatssekretäre und Ressortminister stets Mitglieder dieses *Conseil d'en haut.* Als Außenminister amtierten hintereinander Brienne, Lionne, Pomponne, Colbert de Croissy, wieder Pomponne und Torcy; Kriegsminister waren LeTellier, dann sein Sohn Louvois und Pontchartrain; Finanzminister oder *Controleur géneral* der Finanzen war Colbert, der auch das Amt eines Staatssekretärs der Marine und des königlichen Hauses inne hatte. Die wichtigen Fragen der Staatsführung und der Außenpolitik wurden im *Conseil d'en haut* behandelt, wenn auch die Bedeutung des Rates für Verwaltung und für Jurisdiktion nicht unterschätzt werden darf.

In seiner Regierungsmethode bewies Ludwig XIV. erstaunliche Beständigkeit. Er ließ sich Bericht erstatten, konsultierte seine Berater und behielt sich selbst die Entscheidungen vor bis er alles in Ruhe überlegt hatte. »Ich werde sehen«, war einer seiner Lieblingsausdrücke. Als unmittelbare Mitarbeiter hatte er nur die wenigen hohen Beamten, die alle aus dem Bürgertum stammten und bedeutende Männer waren, die über gründliche Erfahrung verfügten. Keiner von ihnen war ein Favorit, jeder dagegen eine erprobte Stütze. Alle wurden mit der Zeit durch Geschenke und Pensionen reiche Leute und blieben dennoch verläßliche Mitarbeiter des Königs.

Der hohe Adel wurde auf diese Weise endgültig von der Macht ferngehalten. Er kritisierte zwar diese »Regierung der gewöhnlichen Bourgeoisie« (Saint Simon), sah sich aber genötigt, sich mit ihr abzufinden. Das *Parlement de Paris* betrachtete sich als Abteilung des Staats-Rats und beanspruchte für seine Mitglieder den Vorrang vor dessen anderen Mitgliedern, da diese nicht im gleichen Sinne Beamte waren. Aber es mußte sein Einspruchsrecht aufgeben und fand sich überdies in seinen Befugnissen – Gerichtsbarkeit und Registrierung der königlichen Edikte – beschränkt.

In einem Falle und zumindest am Anfang war die Fronde auch eine Revolte der Beamten (*parlementaires*, *trésoriers de France*, Schatzmeister von Frankreich) gegen die Übergriffe des Staats-Rats und der königlichen Kommissare gewesen. Eine ihrer heftigsten Beschwerden richtete sich gegen die Intendanten, die vom König in die Provinzen entsandt wurden und den Auftrag hatten, überall für Ordnung zu sorgen, die Beamten bei der Ausübung ihrer Pflichten zu kontrollieren und gelegentlich auszuwechseln. Mazarin hatte zugesagt, diese Intendanten abzuschaffen und nur in den Grenzgebieten beizubehalten. Später hatte er sie ohne Erklärung wieder überall eingesetzt. Nach ihm machten Ludwig XIV. und Colbert die Intendanten zur wichtigsten Stütze der inneren Verwaltung des Königreiches. Sie wurden beauftragt, Untersuchungen anzustellen, deren Ergebnis die Zentralregierung über die Verhältnisse bei den Untertanen informieren sollte. Die notwendigen Reformen wurden angeordnet, ohne die Beamten zu fragen, die mit den laufenden Angelegenheiten ihres Ressorts genug zu tun hatten.

Im ganzen Königreich wurden die Intendanten (für das Elsaß ausgezeichnet geschildert von George Livet) zum Instrument einer einheitlichen, fortschrittlichen Verwaltung und zu einer neuen Macht im Staate. Der Intendant hatte den Vorrang vor den Beamten und war der Wortführer des Königs, dessen Wille für alle Entscheidungen maßgebend war. Diese in ganz Frankreich tätigen Agenten der königlichen Macht stellten im damaligen Europa, in dem die alten Privilegien und Traditionen noch in voller Blüte standen, eine fast revolutionäre Neuerung dar. Ihre Einführung war ein Vorteil für die französische Monarchie, die dafür den Vorwurf in Kauf nehmen konnte, despotisch zu regieren und das Leben in den Provinzen abzuwürgen, während Paris ins Maßlose wuchs. Tatsächlich litt die Allgemeinheit unter einem gewissen Druck, da das tägliche Leben für den Einzelnen immer schwieriger wurde, die finanziellen Belastungen zunahmen, ein Krieg dem anderen folgte und schließlich sogar die Gewissensfreiheit in Frage gestellt war.

In diesen Erscheinungen zeigten sich jedoch unabhängig von der Einrichtung der Intendanturen die Auswirkung des Wirtschaftssystems und der Außenpolitik. Aus der Korrespondenz der Intendanten mit Colbert und den Generalkontrolleuren ist zu entnehmen, daß zweifellos das Prinzip herrschte, überall und in erster Linie den Gehorsam gegenüber dem König zu sichern, denn dieser vertrat das Interesse des Staates, während die Untertanen vor allem mit ihren eigenen Interessen beschäftigt waren. Den Intendanten wurde jedoch empfohlen, auf Traditionen und Gewohnheiten Rücksicht zu nehmen, brauchbare Einrichtungen beizubehalten, und wo es sich machen ließ, lieber zu überreden als zu befehlen.

Die Intendanten waren ausgezeichnete Fachleute. Sie rekrutierten sich in der Mehrzahl aus den *Maîtres des requêtes de l'hôtel*, Referenten, die für den Verwaltungsgerichtshof *(Conseil des parties)* Berichte verfaßten. Diese Leute hatten auf den verschiedensten Gebieten reiche Erfahrung gesammelt, bevor sie sich den Angelegenheiten einer bestimmten Provinz zuwandten. Auch sie sind ein Beweis dafür, wieweit juristische und politische Bildung in der französischen Elite verbreitet war. Die bestehenden Einrichtungen blieben weitgehend erhalten. In Landstrichen mit entsprechenden Gewohnheiten (etwa in der Bretagne, wo der König noch immer als König-Herzog bezeichnet wurde) stimmten die Provinzialversammlungen weiterhin über die Steuern ab. Die Gerichtsbarkeit der Grundherren wurde eingeschränkt, um die Gefahr einer Rivalität mit der Königsmacht auszuschalten; aber es war nicht die Rede davon, sie abzuschaffen. Im ganzen bestand das alte Frankreich in all seiner Vielfalt weiter, während ihm ein königlicher Wille, entschlossener und wirksamer als je zuvor, neues Leben einzuhauchen suchte.

Vom Barock zum Klassizismus

Zu Beginn der Regierungszeit Ludwigs XIV. hatte die französische Kultur schon ihre volle Reife erreicht. Das geistige Leben äußerte sich in den verschiedensten Formen. Als Ausdrucksmittel der gebildeten Gesellschaftsschichten hatte die Sprache Klarheit, Präzision, einen reichen Wortschatz und eine schmiegsame Syntax gewonnen. Sie war zu einem Instrument geworden, das sich allen Zwecken vorzüglich anpaßte: Friedensverträgen und philosophischen Abhandlungen, Predigten und Essays, den Literaturgattungen Roman, Gedicht und Drama, seien es Tragödien, Tragikomödien oder Komödien.

In Paris zeigten die oberen Schichten der Gesellschaft großes Interesse für das Geistesleben. Man protegierte Schriftsteller, sorgte freigebig für ihren Lebensunterhalt, nahm sie in die Häuser auf und gefiel sich darin, sogleich ihre neuen Bücher zu lesen und darüber zu diskutieren. Wie es damals hieß, entschied das Urteil eines *homme d'esprit* über den Erfolg eines Werkes. In Wirklichkeit genügte freilich auch damals ein Urteil allein nicht, wenn es auch die Qualität bestätigte und das Ansehen förderte. Den vielfältigen Literaturerzeugnissen entsprachen beim Publikum vielfältige Geschmacksrichtungen. Einzelne Gruppen pflegten bestimmte Liebhabereien, und da und dort bildeten sich besondere Kreise. Im Hotel de Nevers, im Hotel Richelieu, im Hotel Soissons oder im Hause der Madame de la Sabliere, um nur einige zu nennen, traf man weder dieselben Leute noch dieselben Interessen.

Aber nicht nur die Literatur wirkte anziehend. Auch die neuen Erkenntnisse der Wissenschaft, das neue Weltbild, zum Beispiel die Philosophie von Descartes, die die Weltanschauung von Gassendi ersetzte, fanden Interessenten. Zweifellos war der Cartesianismus eher zugänglich, wenn er in klarer Sprache mit einer durchdachten Methode dargeboten wurde. Tatsächlich vermochten viele Leute seinen Gedankengängen zu folgen, während er gleichzeitig von der Universität von Paris verworfen wurde. Deren ablehnende Haltung verzögerte zwar seine Verbreitung bei den Studenten und hemmte den allgemeinen Erfolg, wurde aber von der geistigen Elite bereits nicht mehr beachtet.

Diese Intellektuellen lebten nicht in einem streng geschlossenen Kreis, für sie gab es vor allem in der Hauptstadt keine gesellschaftlichen Schranken mehr. Gebildete Adlige, angesehene Juristen und reiche Leute aus Finanzkreisen, die sich gern die Rolle eines Mäzens leisteten, vereinte das gemeinsame Interesse für das Geistesleben. Die mittlerweile schon etwas aus der Mode gekommenen gelehrten Damen, die sich der neuen Richtung zuwandten, taten dies vielfach mehr aus Laune denn aus Überzeugung. Gleichwohl waren sie dank ihrer Bildung, ihrer Kenntnis der antiken Sprachen, ihrem Humanismus und der Leichtigkeit ihres Denkens vielen Männern ebenbürtig, wenn nicht sogar überlegen. Sie bildeten allerdings Ausnahmen in dem sonst eng begrenzten gesellschaftlichen Rahmen, der den Frauen nach patriarchalischer Sitte theoretisch und praktisch nur die Arbeit im Hause zugestand.

In den Städten konnten die Männer, auch Bauernsöhne, wenn sie als Nachwuchs für die Geistlichkeit ausgewählt waren, in den von Jesuiten und Oratorianern betriebenen Schulen eine solide Ausbildung erhalten, wobei Latein und Mathematik die wichtigsten Lehrfächer waren. Nach neuesten Forschungen im Staatsarchiv ist es möglich, aus Nachlaßinventaren festzustellen, daß viele durchschnittliche Bürger, wenn nicht eine ganze Bibliothek, so doch eine ansehnliche Sammlung von Büchern besaßen. Meist waren darin juristische Abhandlungen, religiöse Lehr- und Erbauungsbücher, lateinische Autoren und einige romanhafte Werke zu finden.

In den unteren Schichten der Gesellschaft, bei Bauern und Handwerkern, waren nur die Begabteren imstande, ihren Namen zu buchstabieren, manche konnten sogar ein wenig lesen und schreiben. Wegen des Analphabetentums der Masse mußte es im Dorf oder in der Nähe Rechtskundige geben, die Verträge aufsetzen und Prozesse führen konnten. Hier hielt sich nach wie vor der hierarchische Aufbau der Gesellschaft mit seiner ungleichen Verteilung von Kenntnissen und Bildung. Die Gesellschaft war jedoch relativ beweglich; als ihr wichtigstes Kennzeichen ist hervorzuheben, daß an ihrer Spitze die günstigsten Bedingungen für den Fortschritt der Wissenschaft und das Entstehen einer hochentwickelten, vielfältigen Literatur gegeben waren. Es gab zahllose literarische Richtungen, in denen sich der phantasievolle Stil des spanischen Romans mit der Freude am Scharfsinn und dem Raffinement galanter Gefühle verband und die sowohl glanzvolle Ausdrucksweise nach italienischem Vorbild als auch die schwungvollen Derbheiten der Schwänke liebten. Die Gelehrten indessen bestanden darauf, den Regeln des Aristoteles zu folgen und in den Werken Sitte und guten Geschmack zu bewahren.

Titelseite und Titelkupfer
der ersten Buchausgabe des »Misanthrope« von Molière, 1667
Paris, Bibliothèque Nationale

Französische und italienische Possenspieler (links Molière)
Gemälde eines unbekannten Malers, 17. Jahrhundert. Paris, Comédie Française

Die Kirche Val de Grâce in Paris
Bau von François Mansart und Jacques Lemercier, ab 1645

Der Beginn der persönlichen Regierung Ludwigs XIV. fiel mit der Blüte einer Literatur zusammen, die mehr und mehr nach Harmonie und vollendeten Formen strebte und sich deutlich von der Literatur der vorhergehenden Periode unterschied. Wegen ihrer Fülle an Phantasie und Unabhängigkeit – oder auch Unregelmäßigkeit – wird sie »Barock« genannt. Sie war keineswegs zweitrangig – immerhin gehört das ganze Werk von Corneille dazu, mit seiner großartigen Sprache und seinen hohen Idealen –, und sie enthält einen Reichtum an Lyrik, der sehr zu Unrecht vergessen ist. Noch unbekannt war aber die Übereinstimmung von Verstand und Gefühl, die im neuen Stil erreicht wurde, und der Anschein des Leichten und Natürlichen, der die Schwierigkeiten verbergen sollte, die in Komposition und Ausdruck überwunden waren. Der gute Geschmack – so schwer zu definieren – verhinderte alle Übertreibungen und Trivialitäten und ließ aus Leidenschaft und Herzensgüte, Seelenqualen, Lastern und Lächerlichkeit Bilder entstehen, die Verstand wie Gefühl erfreuten.

Dieser Geschmack findet sich bei Racine, nach dessen ersten, im Stil noch unsicheren Tragödien *Andromaque* im Jahre 1667 ein voller Erfolg wurde. Er findet sich auch bei Molière, der seiner schier unerschöpflichen Phantasie in Possen, Komödien, Sitten- und Charakterstücken und Balletten freien Lauf ließ. Die erstaunliche Lebensechtheit seiner Figuren und die Wahrscheinlichkeit der Situationen, in denen sich Interesse und Gefühl durchkreuzen, die Feinheit der Anspielungen und ihre überraschende Aktualität rissen das Publikum zu Stürmen der Begeisterung oder der Entrüstung hin. Die klaren und aufrichtigen Geister unter den Zeitgenossen schätzten seine Menschlichkeit und innere Kraft und die Perfektion seiner Sprache und begrüßten seine Erfolge.

Derselbe Geschmack, wenn auch auf anderem Gebiet, findet sich bei Bossuet, dessen erste Predigten vor dem Hof in der Fastenzeit des Jahres 1662 eine in der religiösen Redekunst bislang unerreichte Vollendung aufwiesen. Er stützte sich auf die zwingende Kraft verstandesmäßiger Argumente wie auf beschwörende Bilder, um die gleichgültigen, der Sünde zugewandten Seelen aufzurütteln und zu zwingen, den Sinn auf höhere Wahrheiten zu richten. Derselbe Geschmack herrschte bei La Fontaine in der zarten Anmut und verborgenen Weisheit seiner Fabeln. Jede einzelne ist ein klar aufgebautes kleines Drama, das mit seiner einfachen Sprache jedem verständlich ist. Sie konnten daher, was in der Geschichte der Völker selten war, allen Franzosen zu einem geistigen Erbe werden, dessen erzieherische Kraft auch in der Zeit nicht nachgelassen hat. Man hat die Franzosen oft das Volk von Descartes genannt; wieviel mehr sind sie doch das Volk von La Fontaine!

Boileau bezeichnete 1674 diesen Geschmack als Summe der literarischen Prinzipien, die in einem guten Werk erkennbar sein sollen. Vernunft und Wahrheit, Wahrscheinlichkeit und ungezwungene Verwendung der Form, bewußt eingesetzte Mittel ohne offene Effekthascherei sind die Charakterzüge der neuen Literatur, deren Werke klassische Bedeutung gewonnen haben. Dennoch wäre es ein Irrtum zu glauben, daß sich diese Literatur alsbald nur uneingeschränkter Zustimmung erfreut hätte, obwohl ihr zweifellos Erfolg beschieden war. Dies war vielleicht ein Glück. Andere Formen der Unterhaltung, wie das derbe Vergnügen an Possen und Schwänken, die ausgeklügelten, abwechslungsreichen Darbietungen der Theatermaschinerie, die Herrlichkeiten von Oper und Ballett, standen nach wie vor in

Gunst. Die Predigten Bossuets und anderer, die einen Vergleich mit ihm aushalten, verhinderten übrigens weder die Ausbreitung der Sittenlosigkeit bei Hof und in der Stadt noch die obskuren Machenschaften der Geisterbeschwörer und Magier. Die Anhänger einer strengen Religionsauffassung, von denen einige wegen ihres Standes und ihrer Tugend hochangesehen waren und großen Einfluß bei Hofe besaßen, rächten sich, indem sie die Theaterstücke von Racine als Rechtfertigung der Leidenschaften und die von Molière als Aufforderung zur Gottlosigkeit anprangerten. Die klassische Literatur, die heute so heiter und harmonisch wirkt, hat sich zur Zeit Ludwigs XIV. in einer stürmischen und skandaldurchwitterten Atmosphäre entwickelt.

Die besten Künstler und Schriftsteller hatte der Superintendant Fouquet um sich versammelt und unter seinen Schutz genommen. Nachdem er in Ungnade gefallen war, übernahm der König selbst die Rolle eines Mäzens und zog die Intelligenz an seinen Hof. Bald kam der Gedanke auf, daß die neuen Werke nicht nur der Inspiration des einzelnen Künstlers, sondern auch gewissen Regeln gehorchen sollten. Diese Regeln waren nicht als Tyrannei gedacht, denn jedermann, und Ludwig XIV. an erster Stelle, erkannte die Künstler und Schriftsteller als die allein Sachverständigen in diesen Dingen an. Sie sollten ermutigt werden, so vernünftige wie wirksame und »schöne« Lehren auszuarbeiten, in denen der Triumph des Geistes und des französischen Geschmacks souverän zum Ausdruck kam. Hatte nicht die *Académie Française* seit 1635 für die Reinheit der Sprache gearbeitet und Fortschritt und Erfolg erzielt? Es kam also zur Gründung weiterer Akademien. Sie waren vor allem das Werk Colberts, der Disziplin und Ordnung in allen Dingen liebte.

Seit 1666 gab es die *Académie des Sciences*. Ihre Mitglieder korrespondierten mit ausländischen Gelehrten, von denen viele, etwa Huyghens, vom König eine Pension erhielten. Sie bemühten sich um besseres Verständnis der wissenschaftlichen Probleme, um fortschreitende theoretische Erkenntnis und deren praktische Anwendung. Die sogenannte *Petite Académie* hatte ein weniger umfangreiches Tätigkeitsfeld, das aber als notwendig angesehen wurde, um den Ruhm des Königs in den Augen von In- und Ausländern zu festigen. Ihr oblag die Formulierung von Inschriften, die für die Fassaden von Triumphbogen und öffentlichen Bauwerken bestimmt waren oder auf Münzen geprägt werden sollten. Seit 1663 bestand eine Akademie für Malerei und Bildhauerei, acht Jahre später kam eine Akademie für Architektur dazu, beiden wurde ebenfalls die Aufgabe gestellt, die richtigen Methoden zu lehren und aus der Summe der Werke die unveränderlichen Grundregeln herauszuziehen. Auf dem Gebiet der schönen Künste war dies ein besonders heikles Unterfangen.

Italien bot mit Rom, Venedig und den Fürstenhöfen nach wie vor ein unerschöpfliches Reservoir an Vorbildern. Wie konnte man bei so vielen verschiedenen Quellen und unterschiedlichen Strömungen dort in Italien die richtigen Regeln erkennen und die richtigen Methoden finden? Die Regeln der Antike, die in ihren Ruinen sichtbar weiterlebte, waren aus den neu herausgegebenen Werken Vitruvs bekannt und über jeden Zweifel erhaben. Daneben hatte aber das moderne Italien mit seinen Malerschulen der Venezianer, der Bolognesen und Römer – welcher Unterschied zwischen den Carracci der Galerie Farnese und den realistischen Werken Caravaggios – seit der Renaissance unaufhörlich Neuerungen hervorgebracht. Viele Franzosen waren während der ersten Hälfte des Jahrhunderts, um ihren Geschmack zu bilden, nach Italien gekommen und hatten mit Geschick aus den vielen Quellen geschöpft. Unter Ludwig XIII. und Richelieu war der moderne italienische Stil für viele Bauwerke in Frankreich übernommen worden, etwa die Kuppel der Sorbonne-Kirche und zahlreiche zweistöckige Fassaden mit Giebeln und Voluten, ganz abgesehen von zahllosen Altären, mit denen die alten Kirchen in der Provinz von benachbarten Pfarrgemeinden, geistlichen Orden und anderen Stiftern ausgestattet worden waren. Ihre üppigen, etwas schwerfälligen Formen und die strengeren Kompositionen im italienischen Stil von 1650 verraten eine ausgesprochene Neigung zum Barock, die das ganze Jahrhundert hindurch anhielt. Zur Zeit Mazarins war ein vermehrtes Interesse für die gerade herrschende italienische Mode (die Kirche Val de Grace) festzustellen, verbunden mit einem Zustrom italienischer Dekorateure, die in ihrer Kunst wahre Glanzleistungen vollbrachten.

Zur gleichen Zeit stand die Antike wegen ihrer unzerstörbaren Werte und ihrer erhabenen Größe, zumindest bei Gebildeten und Intellektuellen, in hoher Gunst; alle Maßstäbe sollten der Antike entnommen werden. Dies hatte wohl auch Richelieus Minister Sublet de Noyers, der in Rom Abgüsse von Architekturteilen und Skulpturen zur Anregung für die heimische Baukunst herstellen ließ, dazu bestimmt, Poussin zu einer Reise nach Rom zu veranlassen. Colbert, der aus dem näheren Kreis um Mazarin stammte, wurde 1664 auch Superintendant der schönen Künste. Was Italien betraf, führte er die Politik von Sublet de Noyers fort, wie sich überhaupt die Männer um Colbert allem Anschein und der persönlichen Rivalität zum Trotz nicht allzusehr von denen Mazarins unterschieden. Für die schönen Künste bedeutete dies, in Frankreich möglichst alles einzuführen, was an Schönem in Italien zu finden war, und möglichst viele Meisterwerke zu erwerben, sei es durch Ankauf der Originale oder in Form von Abgüssen und Kopien. Die berühmtesten italienischen Künstler wurden herangezogen und schufen in Frankreich ihre besten Werke, so Bernini, der 1665 nach Paris kam, um die Pläne für einen neuen Louvre zu entwerfen. In Rom wurde 1666 eine französische Akademie gegründet, an der sich junge französische Künstler an der römischen Kunst weiterbilden sollten, um nach ihrer Rückkehr über Erfahrung und sicheren, raffiniertesten Geschmack zu verfügen.

Das Ziel dieser ehrgeizigen Politik ist klar zu erkennen. Italien sollte sozusagen »verpflanzt« werden, indem man sich seiner Leistungen bediente. So schuf man in Frankreich auch in der Kunst die Bedingungen für eine Überlegenheit, die auf anderen Gebieten bereits erreicht war.

Das Ansehen und die Überlegenheit der italienischen Kunst nehmen indessen den Werken, die in Frankreich entstanden sind, nichts von ihrer Bedeutung. Gebildete Kreise mochten die Gotik als barbarisch verwerfen, dennoch wirkte sie bis in die Mitte des 17. Jahrhunderts hinein und erhielt sich im Bild der Städte und Dörfer. Die französische Renaissance, genauer gesagt, die beiden Renaissance-Epochen – die klassische unter Heinrich II. und die manieristische in der Zeit nach den Religionskriegen –, hatten ihren Glanz bewahrt. Nichts ist in diesem Zusammenhang so aufschlußreich wie der Wunsch nach Erhaltung des Bestehenden, den Ludwig XIV. Bernini gegenüber äußerte, als er den großen Italiener aufforderte, den Bau des Louvre zu beenden. Der König wünschte eine Umwandlung seines

Palastes, bis er völlig neu, einzigartig und unvergleichlich dastand. Er war aber nicht geneigt, in bezug auf die Vergangenheit *tabula rasa* zu machen, und fand sich nur äußerst ungern damit ab, daß zerstört und geopfert werden mußte, was seine Vorfahren erbaut hatten.

In der Architektur hatte man sich in Frankreich im Laufe der Zeit den Gesetzen, die das vorhandene Baumaterial vorschrieb, gebeugt und war den Bedürfnissen der Bevölkerung entgegengekommen. Die Häuser der Pariser Plätze und die Schlösser in der Provinz (Balleroy, Fleury) mit ihrem ziegelroten Mauerwerk und den breiten Einfassungen aus weißem Stein unter steil aufsteigenden Schieferdächern wirkten in ihrer Regelmäßigkeit und Eleganz originell und anziehend. Bei den sicherlich sehr zahlreichen Bauten für eine breitere Schicht vermochte die Kunst der Architekten jeden gewünschten Plan auszuführen. Auch die Gartenkunst hatte neuen Auftrieb erhalten und setzte nun Blumen und Pflanzen mit mehr Gefühl für die Gegebenheiten der Natur in das übliche Viereck.

In Paris hatten einheimische Architekten neuerdings an etlichen Wohnbauten reicher Finanzleute und Mitglieder des Hofes (Hôtel Lambert, Lauzun, Beauvais, Werke von Le Vau und Lepautre) ihre Meisterschaft bewiesen. Ein gemäßigter Italianismus, mit Stilelementen der Renaissance verquickt, gab dem Lebensgefühl einer selbstbewußten Gesellschaft sichtbaren Ausdruck. Die französischen Handwerker hatten gelernt, eigene Mittel und Fähigkeiten einzusetzen. Obwohl sie bereit waren zuzugeben, daß sie noch vieles von den Italienern zu lernen hätten, verließen sie sich mehr und mehr auf ihre eigene Kraft. Dieser Reifeprozeß des französischen Handwerks war der Vorbote eines eigenen Stils.

Die französische Kirche

Am intellektuellen Leben nahm nur eine Elite teil, dagegen war die gesamte Bevölkerung für alle Fragen der Religion aufgeschlossen. Das öffentliche Leben stand ganz im Zeichen des Christentums. Der König ließ sich gern als der »allerchristlichste König« und »älteste Sohn der Kirche« bezeichnen, die vorgeschriebenen Kirchenfeste wurden feierlich begangen, die Geistlichen führten in den Pfarrämtern die Personenstandsregister, und wir haben bereits gesehen, welche wichtige Rolle der geistliche Stand allgemein im Staat spielte. Über diese erwiesenen Tatsachen und das soziale Gerüst hinaus läßt sich freilich kaum genau feststellen, wie die Franzosen um die Mitte des Jahrhunderts tatsächlich der Religion gegenüber eingestellt waren.

Ein besonderer Glaubenseifer wird im allgemeinen der vorhergegangenen Epoche der Gegenreformation zugeschrieben. Damals hatte der Einfluß der geistlichen Orden zugenommen. Eine neue Geistigkeit nicht nur jesuitischer Prägung breitete sich aus und strebte die Erneuerung des französischen Katholizismus an. Seminare wurden gegründet, die eine bessere Ausbildung der Priester sichern sollten. In der kraftvollen und eigenwilligen Gestalt des heiligen Vinzenz von Paul sind diese Bemühungen am eindrucksvollsten verkörpert.

Als Vinzenz von Paul 1660 starb, war der Jansenismus bereits in Erscheinung getreten und alsbald offen bekämpft worden. Fünf Thesen aus dem großen Werk des Bischofs Jansen von Ypern (1585–1638) über die Lehre des heiligen Augustinus waren zuerst von der Sorbonne und dann von Papst Alexander VII. in der Bulle *Ad sacram* als Irrlehre verurteilt worden. Gegen den Widerstand mehrerer Bischöfe von höchstem Ansehen und weiter Kreise, die für ihre Frömmigkeit bekannt waren, vor allem aber gegen das Zisterzienser-Frauenkloster von Port Royal, versuchte man, von der Geistlichkeit und den Klöstern die Unterzeichnung einer Schrift gegen Jansen zu erlangen. Ein Fieber bemächtigte sich der öffentlichen Meinung. Den Jesuiten, die als Prediger, Schulmeister und Beichtväter unbestreitbar erfolgreich waren, warf man Opportunismus und Begünstigung einer lockeren Moral vor. Die funkelnde Polemik, die Pascal in seinen *Lettres à un Provincial* (1657) gegen sie führte, behielt schließlich das letzte Wort. Gleichzeitig entbrannte am Hof, in Paris und in den Provinzstädten ein sich zunehmend verschärfender Konflikt zwischen den Anhängern einer strengen Observanz und Ritentreue und denjenigen, die nicht ständig »wider ihre Natur leben« und auf alle Freuden des Lebens ängstlich verzichten wollten.

Es wäre verfehlt, die Bedeutung dieser auch noch später weiterwirkenden Gegensätze zu unterschätzen; und es wäre »sinnlos, den Jansenismus als ein geschlossenes Ideensystem zu betrachten, das verbindlich analysiert werden könnte« (Louis Cognet). Seine wesentlichen Elemente waren die Betonung der Allmacht Gottes und des Geheimnisses seiner Gnade, der Wunsch nach reiner christlicher Existenz ohne Konzessionen an die Welt und ein Personalismus, der die Entscheidung des Gewissens über jeden äußeren Zwang stellte. Verständlicherweise waren es immer wieder die gläubigen und aufrichtigen Katholiken, die ihm Interesse entgegenbrachten. Seine größten Erfolge hatte er in den bürgerlichen Kreisen der Mitglieder der Parlamente. Gleichwohl war der Jansenismus nicht frei von Widersprüchen. Die Gottesfurcht und das Mißtrauen der Jansenisten gegen sich selbst mußten zu äußerster Strenge, ja Härte führen; ferner hatten die Gläubigen die Neigung, der Eucharistie fernzubleiben und in einer Art hochmütiger Gleichgültigkeit allein den Sittengesetzen Beachtung zu schenken.

In einem Land, in dem der Protestantismus noch immer mächtig war, fühlten sich die Priester mit Recht beunruhigt und mit ihnen alle diejenigen, die den Glaubenseifer, das Streben nach Gottgefälligkeit und die legitime und tätige Geistigkeit lebendig erhalten wollten. Das allenthalben sichtbare Interesse für die verschiedenen Formen des religiösen Lebens und die Argumente der Debatten lenken den Historiker jedoch leicht von wichtigeren, jedoch kaum zu beantwortenden Fragen ab: Welche religiöse Einstellung hatten die Franzosen? Wurde der Kultus überall praktiziert? Fühlten sich viele junge Männer zum Priestertum berufen, und wurde der geistliche Stand vom Volke geachtet?

Die Reformbestrebungen, zur Zeit Ludwigs XIII. begonnen, konnten im allgemeinen erst in der zweiten Hälfte des Jahrhunderts Früchte tragen und wirklich spürbar werden. Man sieht beispielsweise, daß die Bischöfe ihre Residenzpflicht ernst nahmen. Sie gründeten Seminare, die es noch nicht in jeder Diözese gab, verteilten den Katechismus, überwachten die Erfüllung der priesterlichen Obliegenheiten ihrer Geistlichkeit, kontrollierten die Tätigkeit der Orden und kümmerten sich um die Führung der Kirchenbücher und die

Erfüllung der Osterpflicht. In ihren Hirtenbriefen verbreiteten sie die christliche Lehre und gaben ihr je nach persönlicher Neigung eine mildere oder strengere Auslegung.

Ludwig XIV. war um das Ansehen der Kirche ernsthaft bemüht. Ohne Rücksicht auf die Skandale in seinem Privatleben – oder vielleicht, um sie zu kompensieren – verlangte er von den für das Bischofsamt auserwählten Priestern den Nachweis von Kenntnissen und Tugend. Nichtsdestoweniger konnte auch ein Bischof, der weder unanfechtbar noch ein Heiliger war, ein streitbarer Seelenhirte sein (so etwa Péréfixe in Paris). Doch der Bischof war wegen des Patronatsrechts, das die Grundbesitzer besaßen und ausübten, nicht allein Herr über die Geistlichkeit seiner Diözese. Eine allgemeine Verbesserung der Gallikanischen Kirche während dieser Periode läßt sich gleichwohl nicht bestreiten. Bei den geistlichen Orden gab es einige strenge Reformen (Rancé in der la Trappe). Die Priester hatten weitreichenden Einfluß; fromme Gründungen, Stiftungen an die Kirchengemeinden, Altäre und Kapellen sind Zeugen einer ernsthaften Religiosität, die sich mehr oder weniger intensiv äußerte. Auf dem Lande förderten die Schwierigkeiten des täglichen Lebens und die Heftigkeit der immer wieder auftretenden Katastrophen, aber auch ein Rest von Aberglaube aus dem alten heidnischen Untergrund die Unterwerfung unter den göttlichen Schutz. Manche Provinzen waren nur an der Oberfläche christlich, andere nahmen das Christentum nur widerwillig zur Kenntnis, wie die Bretagne, wo es zwar gewisse religiöse Mittelpunkte gab, aber erst die Evangelisation des P. Maulnoir den Geist des Glaubens allgemein verbreitete. Die Formen des Aberglaubens waren in Stadt und Land verschieden, Magie und Okkultismus verloren nur langsam ihre verführerische Macht.

Einem Katholizismus gegenüber, der scheinbar triumphierte, in Wirklichkeit aber gespalten und uneins war, behauptete der Protestantismus seine Positionen, die zwischen Loire und Garonne und in vielen Städten des Südens noch recht stark waren. Da dem Zeitgeist nichts ferner lag als Toleranz, ob er sich nun mächtig oder verfolgt fühlte, wurden im Machtbereich der Reformierten die Katholiken unterdrückt. Die Bischöfe führten deshalb in den Versammlungen der Geistlichkeit unablässig Klage darüber, und die Ausrottung der Ketzerei wurde dem König als verdienstvolle Tat dargestellt, die seiner Regierung höchsten Ruhm einbringen werde. Die Auseinandersetzung zwischen Katholiken und Reformierten ging indessen bald in eine versöhnlichere Kontroverse über; auf katholischer Seite – etwa Bossuet in seiner Darstellung des katholischen Glaubens – bemühte man sich, die wesentlichen Sätze des gemeinsamen christlichen Glaubens herauszustellen und die Vorurteile der Protestanten gegenüber der Kirche zu beseitigen. Trotzdem entartete die Ketzerverfolgung, die man zunächst vielleicht in gutem Glauben begonnen hatte, bald in abstoßende Schikanen und plumpeste Denunziation. Ludwig XIV. ließ zu, daß den Protestanten systematisch Ämter im Staate verweigert wurden, was sie offenbar zu der Überlegung veranlassen sollte, ob sie stichhaltige Gründe hätten, sich die Gunst des Königs zu verscherzen. Der Geist der Religionskriege war zwar im Laufe der Zeit schwächer geworden, war aber noch keineswegs verschwunden.

Der Süden Europas:
Wirtschaftlicher Niedergang und kulturelle Blüte

Ein Historiker, der sich nicht mehr ausschließlich mit der politischen Geschichte beschäftigen will, ohne dabei zu verkennen, daß die Politik die Geschicke der Staaten bestimmt, sieht als bewegende Kräfte eines Gesellschaftssystems einerseits die allgemeinen wirtschaftlichen Bedingungen und ihrer Auswirkung auf die Existenz der Einzelnen, andererseits die Ideologien, von denen die Seelen der Menschen beherrscht werden, und das kollektive Bewußtsein, das in der Kunst und den Werken der Schriftsteller zum Ausdruck kommt. Mehr als ihnen selbst bewußt war, waren die Menschen des 17. Jahrhunderts nach den großen Entdeckungen damit beschäftigt, sich mit der Ausweitung der Handelswege über die Ozeane hin, mit einer beginnenden »Weltwirtschaft« vertraut zu machen. Die Entwicklung von Produktion und Preisen, der sich die Aufmerksamkeit der Forscher mehr und mehr zuwendet, hat uns ganz neue Perspektiven eröffnet.

Die vorhergehende Periode, also das erste Drittel des 17. Jahrhunderts, ist durch eine ständige Wirtschaftsexpansion gekennzeichnet, die, nur von kürzeren Krisen unterbrochen, durch die Einfuhr der wachsenden Gold- und Silbererträge aus der Neuen Welt wesentlich gefördert worden war. Dagegen herrschte von 1630 bis 1680 allgemeine Depression. Sie verhinderte indessen nicht, daß auf einzelnen Gebieten, in einzelnen Gegenden und zugunsten einzelner sozialer Schichten mitunter spürbare Fortschritte erzielt wurden. Im ganzen häuften sich jedoch die Schwierigkeiten und steigerten sich gegenseitig in ihrer Wirkung: der Rückgang der Bergwerksproduktion in Amerika, deren Rolle der Historiker Earl Hamilton als erster erkannt hat, der Tiefstand von Produktion und Warenaustausch, die schlechten Ernten in Europa, die geldliche Unsicherheit und der Rückgang der Bevölkerung. In Europa verschoben sich sogar die Schwerpunkte der Macht. Die südlichen Länder, Portugal, Spanien und Italien – hier die großen, wirtschaftlich bedeutenden Städte Genua, Florenz und Venedig, die im 16. Jahrhundert eine Blütezeit erlebt und beträchtliche Macht errungen hatten –, ließen erste Zeichen des Niedergangs erkennen, während die nördlichen Staaten, England, Frankreich und die Vereinigten Provinzen der Niederlande, sich den allgemeinen Schwierigkeiten besser anzupassen vermochten.

Spanien, das zwischen 1620 und 1640 offenbar im Begriff gewesen war, die Weltherrschaft zu erringen, wurde zuerst von dem Machtrückgang betroffen. Tatsächlich hatte die spanische Bevölkerung niemals alle die Vorteile kennengelernt, die ihr Entdeckung und Ausbeutung des spanischen Reiches verheißen hatten. Die aus Amerika eingeführten Schätze, vor allem die großen Mengen an Edelmetall, wurden nicht in rentablen Investitionen im eigenen Lande angelegt, sondern für Warenkäufe im Ausland verbraucht. Auf lange Sicht sollten sie den Unterhalt der Armeen sicherstellen, auf die sich die politische Macht Spaniens in den Niederlanden, in Deutschland und in Italien stützte, sie wurden auch für unproduktiven Grundbesitz und schließlich für Kunstgegenstände ausgegeben, deren kultureller Wert allerdings gar nicht hoch genug eingeschätzt werden kann. Das Verlöschen der spanischen Macht hatte sich frühzeitig angekündigt; schon in der Periode des Glanzes waren Stimmen laut geworden, die den Niedergang Spaniens voraussagten.

In einer Zeit, die allgemein der Ausbildung einer absoluten Monarchie günstig war, hatte die spanische Regierung die notwendige Zentralisierung völlig vernachlässigt. Die Bemühungen des Grafen von Olivares, die Macht des Königs zu stärken, hatten mit einer Niederlage geendet; um das abtrünnige Katalonien zurückzugewinnen, mußten ihm erst seine traditionellen Privilegien bestätigt werden. Portugal mit seinen Kolonien fiel nach sechzig Jahren der Zugehörigkeit zum spanischen Reich ab und wurde unabhängig. Die neue Hauptstadt Madrid, wo man sich in dem Glauben wiegte, der Rest des Landes und selbst die fremden Länder ständen zu Spaniens Diensten, blieb Sitz der Regierung, und Kastilien zwang den anderen Provinzen seine Sprache und Politik auf. Die großen Vermögen dagegen entstanden in den südlichen Regionen. Von Sevilla aus wurden mit beispielloser Energie der Atlantikhandel ausgeweitet und die Wirtschaft in Bewegung gebracht, bis sich schließlich (1650) die Dekadenz auch dort einnistete.

Die spanische Regierung bestand aus mehreren Räten, in denen eine außerordentlich reiche, teils uralte, teils neue Aristokratie den Ton angab. Diese Räte waren eine schwerfällige bürokratische Maschinerie, unfähig zu klugen und schnellen Reformen. Zur Deckung der notwendigen Ausgaben des Staates und seiner Machtpolitik, die Europa und die ganze Welt einbezog, hatte es sich als notwendig erwiesen, da nicht genügend Silber für gutes Geld zur Verfügung stand, Kupfergeld zu prägen, dessen Kurs willkürlich festgesetzt wurde. Damit begann eine Periode der Unsicherheit und Unordnung im Geldwesen, die bis 1680 andauerte. Die Preise stiegen, und die Differenz zugunsten des Silbers wurde schnell beträchtlich; der Staat griff ein und setzte willkürlich den Wert des Geldes herab. Er reduzierte die Differenz, die aber sofort wieder heranwuchs: Zum Beispiel hatte im Jahre 1664 die Differenz hundertfünfzig Prozent erreicht, im folgenden Jahr ging sie um fünfzig Prozent zurück und war zwei Jahre später wieder auf der alten Höhe angelangt; 1680 erreichte sie sogar 275 Prozent, nachdem im Jahre 1678 eine schlechte Ernte mit einer neuen Inflation zusammengefallen war. Nicht alle spanischen Münzanstalten prägten das Kupfergeld mit demselben Metallgehalt, in Katalonien etwa bestanden die Münzen aus einer besseren Legierung. Bedeutsam war, daß dieses Geld den ausländischen Markt überflutete und so zu der wirtschaftlichen Depression ganz Europas beitrug. Die Preise stiegen viel schneller als die Löhne. Die staatlichen Steuern verminderten sich aber deswegen nicht, sie machten sich im Gegenteil immer drückender bemerkbar. Im Vergleich zu anderen Gebieten war Spanien ein Land, in dem man teuer lebte. Zu Anfang des Jahrhunderts (1626), so schreibt ein Zeitgenosse, bekam man für einen spanischen Real in Frankreich den Gegenwert in Waren von 60 Einheiten, in Rom von 50, in Rousillon und Cerdagne von 40; in Katalonien und Valencia aber nur von 14 Einheiten und in Kastilien von 17.

Die Verantwortlichen sahen nur in den Preisen die Ursache für diese Situation. Der Ehrbegriff erlaubte es ihnen nicht, Handel zu treiben. Als standesgemäß galten nur das Waffenhandwerk, der geistliche Beruf oder eine Verwaltungstätigkeit in der Hauptstadt, in den italienischen Vizekönigtümern oder dem Kolonialreich. Der Grundbesitz der Adelsfamilien war durch die Institution des Majorats dem ältesten Sohn vorbehalten und vermehrte sich regelmäßig durch reiche Heiraten. Die jüngeren Söhne sahen sich dagegen auf öffentliche Dienste, auf Abenteuer oder einen mit Hochmut ertragenen Mangel angewiesen. Die aktive

König Karl II. von Spanien im Ornat eines Ritters des Ordens vom Goldenen Vliese
Gemälde von Juan Carreño de Miranda, vor 1677
Wien, Graf Harrach'sche Gemäldesammlung

Das Innere der Kirche S. Ivo in Rom. Bau von Francesco Borromini, 1642–1660

und aufrichtige Religiosität und das Ansehen des Klerus machten jedoch den geistlichen Beruf für viele erstrebenswert, so lohnte es sich, auch Geistlicher – Domherr, Universitätslehrer oder Mönch – zu werden, denn dies bedeutete, aus Geldverlegenheit oder Elend in ein ehrenvolles Dasein überzutreten und sich an einem erheblichen Besitz zu beteiligen. In einem Land, das von einer heftigen Entvölkerungskrise befallen war, beobachteten die Zeitgenossen mit Unruhe das starke Anwachsen des Priesterstandes.

Die königliche Regierung verkaufte indessen Ämter und Adelstitel. Eine Erhebung in den Adelsstand war begehrt, denn sie gewährte gesellschaftliches Ansehen und Steuerfreiheit. Man zahlte hohe Summen, um adlig zu werden und keine Steuern mehr entrichten zu müssen, aber diese Einnahmen brachten der königlichen Schatulle keinen großen Nutzen. Am Ende des Jahrhunderts machte der Herzog von Ossuna, ein intelligenter Reformer, Karl II. von Spanien darauf aufmerksam, daß bei einer Taxe von vierzigtausend Silberpesos für den Titel eines Granden von Kastilien der Staatsschatz tatsächlich nur ein Achtel dieser Summe erhielt, weil sie in *vellons réales* entrichtet wurde.

In den Kolonien war es noch möglich, zu Reichtum zu kommen. Hier fand sogar eine soziale Umschichtung statt; die Familien der alten, seit der Eroberung angesiedelten Besitzer verarmten, und Neuankömmlinge nahmen den Grund und Boden an sich, auf dem sie große Domänen einrichteten und mit Sklaven betrieben. Die von Kreolen und Mestizen bevölkerten Klöster besaßen erhebliche Güter, deren Verwalter ein bequemes Leben führten. Wer aus der Hauptstadt kam, konnte mit Vorteil spekulieren und ein Vermögen ansammeln, da die Preise sehr viel niedriger waren als in Europa und zahlreiche Umstände das tägliche Leben erleichterten. Viele erwarben hier die Mittel für eine ehrenvolle Rückkehr nach Spanien, wo sie für den Rest ihres Lebens als Grandseigneur von ihren Renten lebten und damit beschäftigt waren, fromme Stiftungen und Bauten zu errichten, um die Erinnerung an ihren illustren Namen und ihre Tüchtigkeit zu verewigen.

Alles lief jedoch darauf hinaus, den für die spanische Gesellschaft des 17. Jahrhunderts so charakteristischen Gegensatz von großem Reichtum und drückender Armut zu verschärfen. Obwohl das Getriebe in den Häfen auf die Reisenden noch immer großen Eindruck machte, sprachen die alten Leute voller Sehnsucht von dem Verkehr vor dreißig oder vierzig Jahren; überall war der Glanz von Elend getrübt. An den Pforten der Klöster und Paläste und am Rande der Straßen fanden sich elende und hungernde Menschen, Kranke, Bettler und Vagabunden, unter ihnen viele deklassierte und verarmte Adlige, die auf Raub und Abenteuer aus waren. Nicht weniger als die archaischen Erscheinungsformen und das Versagen des Staates verwundert bei diesem Niedergang, daß der Mittelstand, das Bürgertum, früher der wichtigste Motor in Wirtschaft und Handel, nun fehlte oder nur hin und wieder in Erscheinung trat.

Im Gegensatz zu diesem wirtschaftlichen Zerfall stand die Blüte der Kultur, die in Spanien unvermindert andauerte. Der Glanz des goldenen Jahrhunderts konnte nicht mit einem Schlag verlöschen. Kirche und Verwaltung verbreiteten die kastilische Sprache in der ganzen Neuen Welt. Missionare, Beamte und Kaufleute trugen den Geist und die Sitten Spaniens, die *Hispanidad*, bis zu den Philippinen, und ungeachtet des Kräftezerfalls im Mutterland behauptete sich die spanische Wesensart in aller Welt. Schriftsteller, Intellektuelle und Künstler sorgten weiterhin für ihren Ruhm, die Universitäten setzten die Tradition ihrer theologischen Schule fort. Das dramatische Werk Calderons (1600–1681) fand überall Bewunderer. In der Kunst hatte Zurbarán (1598–1664) vor seinem Tod die Klosterzyklen vollendet, die in ihrer reinen und kraftvollen Schönheit heute zu den höchsten Leistungen der europäischen Malerei seit der Renaissance gezählt werden. Nach Velazquez (1599–1660) begann die große Periode Murillos (1618–1682). Dank dem Mäzenatentum Philipps IV. bargen die königlichen Schlösser reiche Kunstsammlungen. Künstler und Handwerker arbeiteten unablässig an den immer prächtiger werdenden Dekorationen der Kirchen, die immer wieder umgebaut und renoviert wurden. Dort sammelten sich die Schätze der Goldschmiedekunst an, dort reihten sich die Altäre wie kleine Bauwerke, überladen mit Statuen, aneinander, dort begrenzten prächtige Gitter den Chor der Kathedralen. Farbige Skulpturen stellten fromme Szenen dar, während die Madonnen in ihren Gewändern aus kostbaren Stoffen unter den edelsteinbesetzten Goldkronen Götterbildern glichen.

Von außen betrachtet bot Spanien trotz seiner Schwierigkeiten nach wie vor ein glanzvolles Bild. Die spanische Kunst trug noch mittelalterliche Züge, sosehr auch viele Werke den Einfluß der italienischen Renaissance erkennen lassen. In ihrem Realismus und ihrer Strenge kommt die Eigenart eines Volkes zum Ausdruck, das sich nicht ohne Hochmut den anderen Völkern Europas überlegen dünkte. Zu Anfang des Jahrhunderts waren in dem Bestreben, das geistige Leben des Volkes von allem Ketzerischen zu befreien, zweihundertfünfundsiebzigtausend Mauren vertrieben worden. Eine königliche Anordnung war vom Herzog von Lerma unter dem Vorwand veranlaßt worden, die Nachkommen der Mauren hätten, obwohl getauft, ihre Bräuche beibehalten und seien insgeheim dem Islam treu geblieben. Unter Philipp IV. mußte die Ansiedlung von Ausländern im Tal des Ebro und in den Hafenstädten zugelassen werden. Es kamen Franzosen, Genuesen, Portugiesen und als Folge der Verträge mit England und Dänemark aus diesen Ländern sogar Protestanten, denen die Ausübung ihres Glaubens gewährt wurde, vorausgesetzt, daß es nicht öffentlich geschah und keinen Skandal erregte.

Portugal hatte sich erst kurz zuvor von der kastilischen Herrschaft gelöst und damit die Einheit der Iberischen Halbinsel zerbrochen. Die Regierung des Königs von Spanien gab aber die Hoffnung nicht auf, das abtrünnige Land wieder unter ihre Macht zu bekommen. Portugal war auf den Schutz Frankreichs angewiesen, durch dessen Vermittlung es sich England angenähert hatte; Karl II. heiratete eine portugiesische Prinzessin, zu deren Mitgift Bombay und Tanger gehörten. Nachdem Portugal die politische Freiheit wiedergewonnen hatte, forderte es sein Reich zurück und nahm die Kontore in Afrika, Ostindien und vor allem in Brasilien wieder in Besitz. Dort waren nur an der Küste Kolonien entstanden, eine Kette von Städten und Häfen, die zwar teilweise ein Hinterland besaßen, untereinander aber nur über das Meer verkehrten und auf dem Lande höchstens über Pfade verbunden waren. Die größten Häfen waren Olinda und Pernambuco, wo dreißig Jahre holländischer Besetzung anziehende und blühende Städte hinterlassen hatten, Bahia, eine portugiesische Stadt mit schönen Klosterkirchen, Rio de Janeiro.

Die Kolonie unterstand unmittelbar dem Mutterland. Sie lieferte vorläufig lediglich Zuckerrohr, das von aus Afrika eingeführten Sklaven angebaut wurde. Infolge des Sklavenhandels wuchs deren Zahl unaufhörlich, und allmählich bildete sich ein neues Mischvolk. In das riesige, unbekannte Gebiet, aus dem sich die Indianer zurückgezogen hatten, drangen unternehmungslustige Leute ein, Abenteurerscharen *(bandeirantes)* aus São Paolo, die auf Goldadern versessen waren und sie schließlich am Ende des Jahrhunderts auch entdeckten.

An der gegenüberliegenden Küste des Mittelmeeres, in Italien, war die Lage in vieler Beziehung ähnlich wie in Spanien. Die politische Zersplitterung der Halbinsel hatte dem König von Spanien Schlüsselpositionen verschafft: Mailand, das Königreich Neapel und Sizilien; mit Genua bestanden enge Beziehungen, denn diese mächtige Finanz- und Handelsstadt war die wichtigste Nachschubstation auf der Straße, die Spanien über die Alpenübergänge mit Mailand verband, und genuesische Schiffe transportierten Geld und Güter für den Unterhalt der Truppen, die zum Teil in Neapel ausgehoben wurden und Spaniens Stellung in den kontinentalen Konflikten sichern sollten. Und die kleinen Fürsten der Lombardei standen ebenso unter dem politischen Einfluß Spaniens, von dem sie zugleich angezogen und beunruhigt waren. Auch Italien erlebte den Gegensatz von glanzvoller Kultur und wirtschaftlichem Zerfall der Städte. Das Land befand sich in einem Übergang, das Urbane, das die Bewegung der Renaissance hervorgebracht hatte, trat hinter dem ländlichen, vom Großgrundbesitz geprägten Leben zurück.

In der ersten Hälfte des 17. Jahrhunderts waren zudem auch hier schreckliche Epidemien aufgetreten und hatten nach schlechten Erntejahren die Städte verheert. 1630 waren Mailand und Venedig, 1656 Neapel, die am stärksten bevölkerte Stadt der Halbinsel, heimgesucht worden, ebenso Rom, das damals zehn Prozent seiner christlichen und fünfunddreißig Prozent seiner jüdischen Einwohner verlor. Genua hatte um 1660 von siebzigtausend Seelen dreißigtausend eingebüßt. Ohne Zweifel wurden diese Verluste nach dem Ende der Krisen bald durch die steigende Zahl der Eheschließungen und Geburten und durch Zuwanderung ausgeglichen. Da die Epidemien jedoch immer wieder aufflackerten, nahm die Stadtbevölkerung – ein Merkmal dieser Jahre –, wenn überhaupt, nur sehr langsam zu, während der allgemein schleppende Gang der Geschäfte die Zahl der Arbeitslosen und Unterbezahlten ansteigen ließ, die als Elendsgestalten und Bettler die Straßen der italienischen Städte bevölkerten und den Kontrast zwischen Luxus und Elend noch auffallender machten.

Der wirtschaftliche Niedergang war jedoch weder Verfall noch dessen Vorbote. Genua, Palermo, Neapel und Venedig waren weiterhin höchst belebte Häfen, ebenso Livorno mit seinem Getreidehandel und den Vorteilen des von den toskanischen Großherzögen eingerichteten Freihafens. Rom (mit hundertneuntausend Einwohnern im Jahre 1600 und hundertfünfunddreißigtausend am Ende des Jahrhunderts, bei einem Rückgang zwischen 1675 und 1685) war nach wie vor eine glanzvolle und anregende Stadt und ein Anziehungspunkt für Pilger und Reisende. Zwei Umstände erlaubten es, die Bautätigkeit und das intensive künstlerische Leben in seinen verschiedenen Erscheinungsformen fortzusetzen: der religiöse Eifer und das Mäzenatentum der europäischen Höfe. Nach der richtigen Beobachtung eines deutschen Kritikers widerlegen diese Verhältnisse den allgemein angenommenen Zusammenhang zwischen wirtschaftlichem Wohlstand und Kunstentwicklung.

Die Reichtümer, die im 16. Jahrhundert angesammelt worden waren, wurden verbraucht, aber niemand dachte daran, sie wieder zu ergänzen.

Anleihen, Renten und Dotationen mußten die Erträge einer Wirtschaft ersetzen, die es nicht verstand, sich den veränderten Verhältnissen anzupassen. Die katholische Reformbewegung war indessen lebhafter und aktiver als je zuvor. Zweifellos erreichte sie nicht alle Schichten der Bevölkerung, wie es ihre Urheber gewünscht hätten. Für viele Italiener war die Religion Gewohnheitssache; ihre übermäßige Vorliebe für äußerliche Kundgebungen ging so weit, daß ihnen die Form oft wichtiger war als der Geist. Wo sie fromm sein wollten, waren sie abergläubisch, mit einer übertriebenen Neigung zur Reliquienverehrung, und kümmerten sich nicht um die Vorschriften des Tridentiner Konzils. Man darf jedoch nicht übersehen, daß neben diesen und vielen anderen Schwächen auch die Ausstrahlung eines starken Glaubens zu spüren war. Einzelne begnadete Seelen erhoben sich zu echtem Mystizismus, und viele andere empfanden den Wunsch nach geistiger Nahrung und tätigem Wirken. Es kam zu Klosterreformen und vielen frommen Stiftungen, und die Missionen der Jesuiten und Dominikaner wirkten in den ärmsten Gegenden der Halbinsel.

Auf Wunsch des Papstes und der Kardinäle sollte Rom, die Ewige Stadt, ein neues, prachtvolles Gesicht erhalten, zur höheren Ehre Gottes und als Ausdruck des Dankes für den Triumph der Kirche. Seit dem Anfang des Jahrhunderts hatte sich in Architektur, Malerei, Bildhauerei und Musik eine ununterbrochene großartige Entwicklung vollzogen, in deren Zusammenhang sich die Prinzipien der Renaissance erneuerten, weiterbildeten und verwandelten: Das barocke Rom wurde geboren.

Aus allen Ländern Europas pilgerten die Künstler nach Italien, vor allem nach Rom, von dem sie wußten, daß es unvergleichliche Eindrücke zu bieten hatte. Nur hier konnten sie nebeneinander sowohl die Kunst des Altertums in den recht gut erhaltenen oder großartig zerfallenen Bauwerken (Konstantins-Bogen, Trajans- und Antoniussäule, Pantheon) als auch die italienische Renaissance und die »moderne« Richtung studieren. Ihre Lehrmeister waren die Maler der Akademie San Luca und die beiden großen Bildhauer-Architekten Francesco Borromini (1599–1667) und Lorenzo Bernini (1598–1680), den man den zweiten Michelangelo nannte. Der von diesen Meistern entwickelte Stil übernahm die Regeln der Antike und der Renaissance und paßte sie frei und individuell abgewandelt den neuen Vorstellungen an, vor allem auch der Absicht, in den religiösen Bauwerken den Triumph der Kirche zu verherrlichen, denn er schuf großartige Wirkungen, die mitunter nicht ganz frei von Prahlerei waren. Vorstellungskraft und Einfallsreichtum verbanden sich mit der erklärten Absage an jede Strenge und Kargheit, dabei war stets ein Höchstmaß an Gleichgewicht und Harmonie angestrebt. Bernini und Borromini verwendeten auch bei ihren Palastbauten die Elemente der traditionellen Architektur in einem neuen Geist. So erreichten sie ohne Bruch einen glücklichen Zusammenklang von Größe, Anmut und Originalität.

Es konnte nicht ausbleiben, daß von dem auf so vielfältige Weise anregenden Rom unterschiedliche ästhetische Impulse auf Europa ausgingen. Eine Strömung beeinflußte den französischen Klassizismus, eine andere inspirierte am Ende des Jahrhunderts den dekorativeren Barock in Mitteleuropa. Gegen 1660 vor allem ging der unbestrittene Vorrang Roms auf dem Gebiet der Kunst mit seiner Suprematie in der katholischen Kirche Hand in Hand. Die italienischen Fürstenhöfe, die das Erbe der Renaissance pflegten, galten indessen noch immer als Vorbilder der Kultur. Allerdings herrschte ein auffallender Kontrast zwischen ihrer Kleinstaatlichkeit, die keine selbständige Politik den Großmächten gegenüber zuließ, und der glanzvollen Hofhaltung in den herrlichen Palästen voll reicher Kunstsammlungen. Trotz vieler energischer Versuche wie in Turin blieben die Fürsten in politischer Abhängigkeit, während die besten Künstler der Zeit in ihren Diensten standen. Musik und Oper erlebten eine Blüte, bei der vor allem Florenz den Ton angab. Dieser Anschein von Größe, der Reichtum der Fürsten und einzelner großer Familien hoben sich jedoch kraß gegen die fortschreitende Verarmung der Bevölkerung ab.

In Turin wirkte der große Architekt Guarini, der San Lorenzo und die Capella della Santa Sindone in der Kathedrale erbaute. Obwohl sich sein Stil von dem der Römer unterschied, schuf auch er typisch »moderne«, barocke Formen, die später die Kunst der Donauländer beeinflußten. Venedig, dessen Macht in der Adria allmählich zurückging, genoß wegen seiner politischen und wirtschaftlichen Vergangenheit noch immer höchstes Ansehen; ebenso aber wegen seiner nach wie vor lebendigen Kunsttradition, die in den Werken des Architekten Longhena (Maria della Salute, Palazzo Rezzonico), den unübertrefflichen Erzeugnissen seiner Glas- und Spitzenmanufaktur und seiner Oper zum Ausdruck kam. An dieser Stelle Europas konzentrierte sich ein unermeßlicher Reichtum an Geist und Kunst, und der ständige Zustrom der Reisenden bewies seine unverminderte Anziehungskraft.

Italien, das in viele Kleinstaaten aufgesplittert war, dessen große Städte ihre Bedeutung verloren hatten, ohne daß ein großer Staat entstanden war, das weder politisch noch wirtschaftlich eine Macht darstellte, galt in Europa in der Mitte des 17. Jahrhunderts gleichwohl als das Land einer unvergleichlichen Kultur, an der gemessen alle anderen nur Schüler und Nachahmer zu sein schienen.

Die protestantischen Länder im Norden. Der beginnende Kapitalismus

Im Gegensatz zu den südlichen Ländern, deren Macht allmählich zerfiel, regten sich bei den Seemächten des Nordens, England und die Vereinigten Provinzen der Niederlande, neue wirtschaftliche Kräfte. Die Niederlande hatten den wirksamsten Weg eingeschlagen und zunächst ohne nennenswerte eigene Produktion in einem Land mit ungünstigem Klima einen Seehandel aufgenommen, der sich über den ganzen Erdball erstreckte. Die Bank von Amsterdam als Depot und Clearingstelle und die Handels- und Schiffahrts-Kompanien, die seetüchtige Schiffe ausrüsteten und sich jeweils ein bestimmtes Interessengebiet einräumten, erarbeiteten ihren Teilhabern enorme Gewinne, die investiert wurden und zur Bildung eines »kapitalistischen« Reichtums führten, der sich deutlich von dem an Grundbesitz unterschied. Die Niederländer waren in den Kolonien im Indischen Ozean fast überall an die Stelle der Portugiesen getreten und hatten auch in Nordamerika, nördlich der spanischen Einflußsphäre und auf den Antillen, Fuß gefaßt. Selbst in Europa hatten sie den Handel zwischen den Häfen an sich gezogen und hielten nun den Warenaustausch zwischen Erzeuger- und Verbraucherländern in der Hand. In jeder einigermaßen bedeutenden Stadt waren niederländische Kaufleute in kleinen, geschlossenen Kolonien zu finden, meist erwarben einige von ihnen sogar Grundbesitz im Hinterland. Zur Belebung des Marktes war die Produktion auch in den Niederlanden angekurbelt worden. Nach und nach entwickelten sich die verschiedensten Industriezweige: Werften für den Schiffsbau in Amsterdam und Rotterdam, für feine Qualitäten berühmte Leinen- und Tuchfabriken in Leyden, Brauereien in Haarlem und Delft. Wasser oder Wind setzte Mühlen in Bewegung, die zu vielerlei Zwecken gebraucht wurden: zum Schlagen von Öl aus Raps, Rübsen und Hanf, zum Walken der Stoffe, zum Mahlen von Gewürzen und zur Herstellung von Papier. In Luxuswerkstätten besorgte ein verfeinertes Handwerk das Schleifen von Diamanten und die Herstellung von Luxusfayencen (Delft).

Diese Produktions- und Arbeitsformen begünstigten das Entstehen einer neuen Gesellschaftsschicht. Sie unterschied sich in Geist und Lebensgewohnheiten von der aristokratischen, grundbesitzenden Schicht, die in ganz Europa den Ton angab und auch in den östlichen Provinzen der Niederlande noch ihre Macht bewahrt hatte. Die neue Schicht war ein Handelsbürgertum, ein städtisches Patriziat, das in der Leistung und nicht in der Ehre den höchsten Wert erblickte. Es schätzte Tüchtigkeit und Redlichkeit und stützte sich auf eine aufrichtige, feste, sich an der Bibel orientierende Religiosität. Kontakte mit den verschiedensten Völkern und der vorherrschende realistische Sinn ließen einen gewissen Liberalismus entstehen.

Die Niederlande waren das Land der öffentlichen Information, der Meinungsfreiheit: Zeitungen und philosophische Werke – die Schriften von Baruch Spinoza erschienen hier: 1660 *De deo et homine*, 1677 »Die Ethik« –, die berühmten Drucke der Elzevier und kritische Pamphlete waren jedermann zugänglich. Den Bedürfnissen des Patriziats nach einer angemessenen Wohnkultur entsprach eine ebenso zum Realismus neigende Kunst. Die Architektur folgte solide und vernünftig den Spuren Palladios, die Malerei bevorzugte Einzel- und Gruppenporträts, Landschaften und Genreszenen und biblische Darstellungen; einige niederländische Maler zählen zu den größten Meistern ihrer Zeit. Gleichfalls neuartig war, daß die Regierung den »Generalstaaten« anvertraut war, deren Mitglieder von den sieben Provinzen delegiert wurden. Sie erlaubten zwar einem politischen Führer oder militärischen Oberbefehlshaber, gegebenenfalls eigene Entscheidungen zu treffen, widersetzten sich aber der Einführung einer Dynastie, so daß die Niederlande mit dieser republikanischen Verfassung für alle die Länder ein gefährliches Beispiel schienen, in denen die Autorität der Monarchie auf der Unterdrückung der alten regionalen und ständischen Institutionen beruhte.

Die Macht der Vereinigten Provinzen fand jedoch bald ihren Gegenpart, denn das *Commonwealth*, von dem Cromwell geträumt hatte, wurde nie mit England gebildet; die beiden Länder waren in eine Gegnerschaft geraten, die in zwei Kriegen ausgetragen wurde. Der zweite kostete die Niederlande Neu-Amsterdam auf dem amerikanischen Kontinent und die Hoffnung auf die Herrschaft im nördlichen Atlantik. Diese Kriege und die notwendigen Aufwendungen für die Kämpfe und die Erschließung in den Kolonialgebieten brachten schwere finanzielle Belastungen mit sich. Gleichzeitig führte ein allgemeiner Rückgang auf den Märkten und eine weltweite Senkung der Preise zu wirtschaftlichen Schwierigkeiten. Der Gulden sank ständig im Wert. Die Wiederherstellung des Friedens im Reich hatte eine Wiederaufnahme der Produktion in Deutschland und damit eine schrumpfende Nachfrage nach niederländischen Erzeugnissen zur Folge. Das Ziel des Merkantilismus in den anderen Ländern war es, die Niederlande als Vermittler für die Käufe im Ausland auszuschalten, das Einströmen niederländischer Produkte, vor allem von Textilien, zu unterbinden und diese Waren selbst herzustellen. Überdies war das Interesse für bestimmte Waren nicht unbeschränkt, zumal die Kaufkraft allgemein vermindert war und die Kolonialprodukte nur in begrenzten Kreisen Abnehmer fanden.

In den Niederlanden ging die Zahl der Brauereien von einem Jahrzehnt zum anderen ständig zurück, die Zeichen der wirtschaftlichen Anspannung waren deutlich wahrnehmbar. Im ganzen aber erwies sich die niederländische Wirtschaftsmacht als fest gegründet und als wendig genug, der Gefahr mit geeigneten Mitteln zu begegnen. Eine ernste Krise war jedoch unverkennbar, auch wenn sie zunächst noch durch fortdauernde Erfolge verdeckt wurde.

Der große Rivale der Niederlande war England. Nach dem Experiment des Protektorats war die Monarchie durch einen Sieg der Armee über das puritanische Element wiederhergestellt worden. Die neue Dynastie der Stuarts, die sich der Gastfreundschaft des Königs von Frankreich erfreut hatte, verließ sich auch jetzt noch auf den Schutz Ludwigs XIV. und bewies ihm gegenüber großes Entgegenkommen (Verkauf von Dünkirchen). Sie erklärte sich zu seinem Verbündeten, womit sie den Vorwurf der Abhängigkeit riskierte. Die Subsidien des Königs von Frankreich ließen im englischen Budget die Ausgaben für den König weniger schwer ins Gewicht fallen. Das ganze englische Volk konnte in dieser schwierigen Periode ungehindert am wirtschaftlichen Fortschritt teilnehmen. Es gelang in England, die aristokratisch-agrarische Lebensform mit der Wertschätzung von Arbeit und Handel nach niederländischer Art zu verbinden. Der Boden bewahrte seine soziale Geltung, so daß viel Geld in Grundbesitz angelegt wurde. Da der Handel nicht als ehrenrührig galt, veranlaßte der grundbesitzende Adel seine Söhne, sich in der Wirtschaft zu betätigen, während er aus seinen immer besser arondierten Besitzungen gute Einkünfte zog. Die Zollgesetzgebung erwies sich als vorteilhaft für den Fortschritt der Landwirtschaft, die Konsumgüter wurden besteuert, und die Einfuhr ausländischen Getreides war verboten, solange die einheimische Produktion ausreichte. Neue landwirtschaftliche Methoden wurden erprobt, und der gehobene Lebensstandard führte, wenigstens in Aristokratie und Bürgertum, zu höheren Ansprüchen, so daß sich Spezialkulturen entwickeln konnten, wie der Obstbau im Tal des Severn. Die Schiffahrtskompanien sicherten die Verbindung mit den amerikanischen Kolonien und veranlaßten die einheimischen Erzeuger, für die Bedürfnisse ihrer überseeischen Kunden zu produzieren. Dank der zunehmenden Bevölkerung in den amerikanischen Kolonien, die ihren Bedarf nur im Mutterland decken durften, blühte die englische Industrie mehr und mehr auf. Wolle und Leinen waren ihr wichtigster Artikel. Bald wurde auch Baumwolle aus dem östlichen Mittelmeer eingeführt. Die Vielfalt der Geschmacksrichtungen im Mutterland und die Ansprüche der Kolonien zwangen zu besonderen Fertigungen; es wurden Stoffe verlangt, die dem Klima und der Lebensweise der Kolonien entsprachen. Im Austausch gegen diese Textilien und andere Waren aus englischen Werkstätten, wie Stand- und Taschenuhren, und gegen Getreide oder Kohle lieferten die Kolonien Zucker und Tabak (Virginia und Maryland). Jeder Gouverneur mußte in London eine genaue Liste der Erzeugnisse seiner Kolonie einreichen, damit diese auf den Schiffen der Kompanien transportiert und dann von London aus in ganz Europa vertrieben werden konnten. Die Plantagenbesitzer in den Kolonien wurden veranlaßt, Dinge zu erzeugen, die das Mutterland zum eigenen Verbrauch oder für den Handel benötigte. Seide, Kaliko, Musselin und Tee importierten die Schiffahrtskompanien aus der Levante. Die Solidarität zwischen den Kolonien und dem Mutterland und die Verbindung von landwirtschaftlicher Produktion, industrieller Erzeugung und Kolonialhandel erweckte im englischen Volk frühzeitig ein imperialistisches Bewußtsein.

Zweifellos war dies für England die wichtigste Veränderung nach 1660. Sie gab dem Parlament, dessen Mitglieder sich ebenfalls für den wirtschaftlichen Aufschwung einsetzten, mehr Macht, als sich aus dem bloßen Anspruch auf die traditionellen Rechte ergeben hätte, die zwar immer noch ihre Bedeutung hatten, aber vor den drängenden Geschäften mehr und mehr in den Hintergrund traten. Die Produktion im Mutterland leisteten größtenteils die Kleinbauern und die arme Bevölkerung in den Landgemeinden in Heimarbeit ab, während in den Kolonien Neger, als Sklaven im Handelsverkehr aus Afrika eingeführt, die Arbeit auf den Plantagen verrichteten.

Ein hartes kapitalistisches System der Ausbeutung des Menschen durch den Menschen stand den patriarchalischen Formen der Beziehung von Herren und Untergebenen in der Agrarwirtschaft gegenüber. Das religiöse Gewissen der Engländer fühlte sich jedoch davon nicht belastet, denn in einer protestantischen Gesellschaft galt der Erfolg der Arbeit als ein Zeichen göttlichen Segens. Der Stolz auf den durch Anstrengung erzielten Fortschritt, das Gefühl einer Art Mission, die den Engländern übertragen war, trübte den Blick für die sozialen Mißstände dieses Systems. Individuelle Wohltätigkeit suchte sie, wo sie am auffälligsten waren, zu mildern, während nach Lage der Dinge ein großer Teil der Öffentlichkeit nicht einmal etwas davon ahnte. Wenn der Protestantismus auch mehrere Gesichter annehmen konnte und sich als traditioneller Anglikanismus, der in seiner Liturgie dem Katholizismus noch nahestand, oder als sektiererischer Puritanismus äußerte, so war er doch für das ganze Volk eine Quelle moralischer Kraft. Dies erklärt die tiefe Feindseligkeit gegenüber dem Papsttum, die zu öffentlichen Ausschreitungen und zu rigoroser Unterdrückung durch die Gesetzgebung führte. Unter einem König, der zum Katholizismus neigte und dessen Nachfolger konvertiert war, war dies eine bemerkenswerte Situation.

Im Jahre 1666 verheerte ein großer Brand die wichtigsten Viertel von London rings um die Sankt-Pauls-Kathedrale. Nach den Plänen für den Wiederaufbau sollte die neue Stadt allen Anforderungen eines Handelszentrums am Ufer eines großen Flusses, in den auch große Schiffe einlaufen konnten, gerecht werden. Dem Architekten Wren, einem Schüler von Inigo Jones, gelang es zuerst bei seinen Kirchenbauten in der Stadt, dann bei dem

Versammlung der Kapitäne auf dem Flaggschiff »Die sieben Provinzen«
des Admirals de Ruyter am 10. Juni 1666 vor der viertägigen Seeschlacht gegen die Engländer
Aus einer lavierten Federzeichnung von Willem van de Velde, d. Ä.
Amsterdam, Rijksmuseum

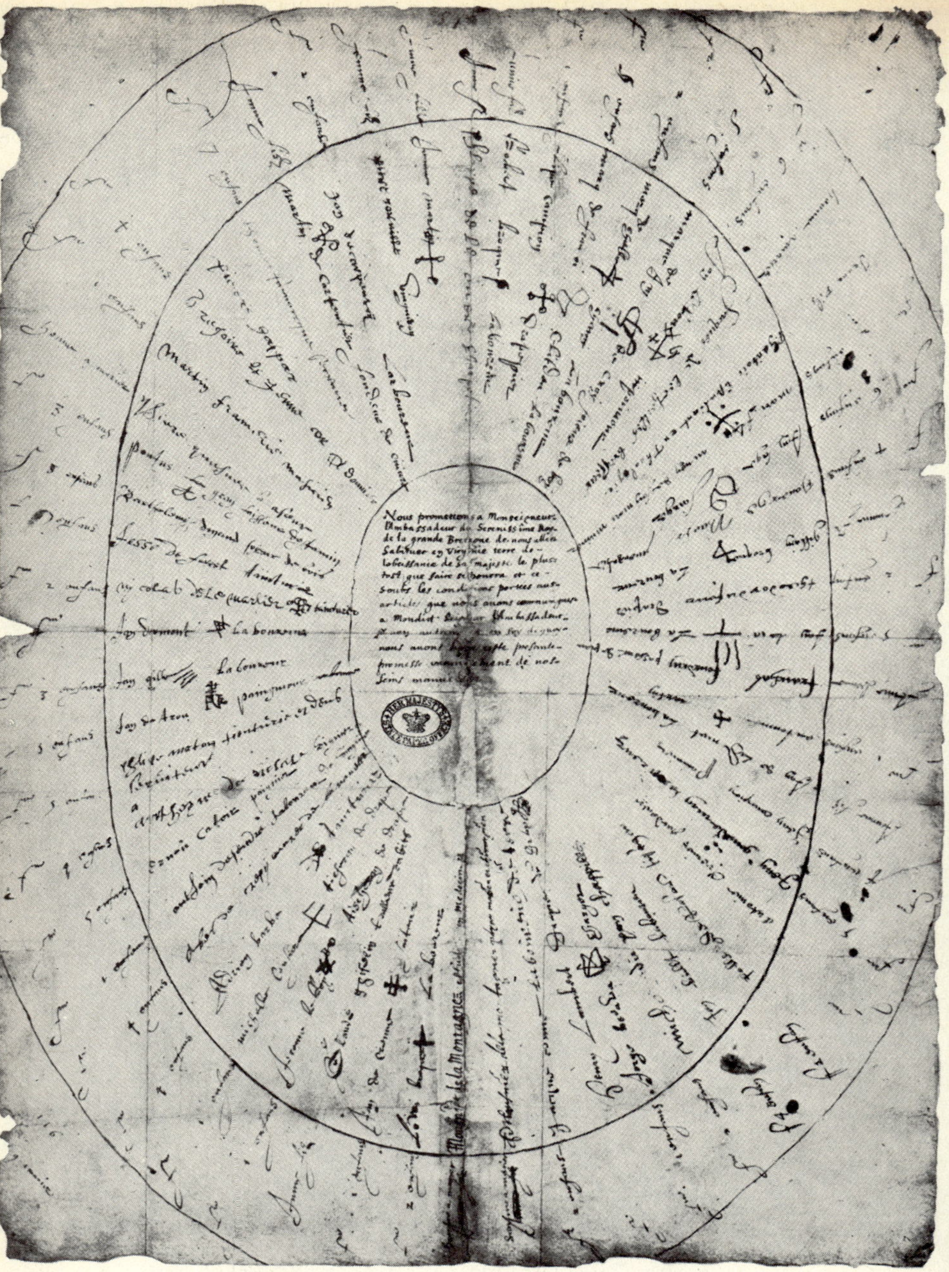

Handschriftliches Siedlungsversprechen wallonischer und französischer Emigranten für die Kolonie Virginia, Juli 1621. London, Public Record Office

riesenhaften Neubau der Sankt-Pauls-Kathedrale, seinen Meister an Phantasie und Großartigkeit zu überflügeln, ohne gegen den Geist Palladios zu verstoßen. In den Künsten, in der Musik wie in der Literatur, vermochte England unabhängig und kraftvoll, wenn auch in Übereinstimmung mit den großen Tendenzen der Epoche, einen eigenständigen Ausdruck zu finden. Auf allen Gebieten wurden die Traditionen der Vergangenheit aufrechterhalten, ein Beweis für die Selbstsicherheit und Überlegenheit gegenüber den Schwankungen der Mode. In der Nord- und Ostsee standen dem englischen Handel nach wie vor die Schiffahrtswege für Holz, Getreide und Eisen zu den Häfen Norddeutschlands (Hamburg) und Schwedens offen. Da sie teilweise durch die Meerenge zwischen Nord- und Ostsee, die in dänischen Händen war, hindurchführten, mußte sich England auch für die Politik dieses kleinen protestantischen, mit Norwegen vereinigten Landes interessieren. Norwegen mußte umfahren werden, um den Hafen von Archangelsk zu erreichen, das einzige Tor Rußlands für den Handel mit diesem großen, den Westeuropäern kaum bekannten Land.

Neuer Feudalismus in Mittel- und Osteuropa

Die Ostsee war damals ein schwedisches Binnenmeer. Nach dem Westfälischen Frieden hatte sich der König von Schweden in Deutschland festgesetzt, konnte sich aber in den von den schwedischen Armeen eroberten Gebieten nur mit Hilfe der französischen Diplomatie halten. Die kleinen Völker lutherischen Glaubens im Norden waren wirtschaftlich eng mit dem übrigen Europa verbunden und blieben von der Politik der Großmächte abhängig. Europa war als neuer Begriff aufgetaucht und hatte die alte Vorstellung von der Christenheit verdrängt, die in ihren weltlichen Herrn mit dem Heiligen Römischen Reich identisch gewesen war. In der Mitte des 17. Jahrhunderts war jedoch dieses Heilige Römische Reich Deutscher Nation, das sich aus ungefähr dreihundertfünfzig Staaten – von winzigen Fürstentümern bis zum Block der Erbländer des Hauses Habsburg – zusammensetzte, nur ein unförmiger Körper. Das Reich besaß zwar eine Zentralbehörde und kannte schon ein gewisses Nationalbewußtsein, aber seine Institutionen, sein Wirtschaftsleben und seine Sitten trugen noch manche mittelalterlichen Züge. Es war in der Renaissance reich geworden und hatte in der Reformation eine geistige Erneuerung erfahren. Nach dem Dreißigjährigen Krieg stand es nun vor der schweren Aufgabe, das Zerstörte wiederaufzubauen, was nur sehr langsam vonstatten ging.

Die Fürsten fanden in ihren Ländern noch nicht genügend Rückhalt für eine selbständige Politik, und so suchten sie Anlehnung beim Kaiser oder beim König von Frankreich oder schlossen sich zu gegenseitigem Beistand zusammen. Der Kaiser galt als einer der Ihren, als der mächtigste zwar, dessen Macht aber wiederum nicht so groß werden durfte, daß er sie unterwerfen konnte: Kaiser Leopold hatte bei seiner Wahl einem Vertrag mit den Fürsten, einer »Kapitulation«, zustimmen müssen. Dem König von Frankreich wurde die Bedingung gestellt, die deutschen Freiheiten zu garantieren, ohne zum Eroberer zu werden.

Für die Lebensumstände im Reich sind jedoch die politischen Verhältnisse nicht allein maßgebend. Eine auffallende Erscheinung war der Niedergang der Städte, vor allem im Vergleich zu ihrer Bedeutung im vorhergehenden Jahrhundert. Zudem bewirkte die Zunahme des Großgrundbesitzes eine wirtschaftliche Umstellung großen Ausmaßes. Sie war schon im 16. Jahrhundert zu erkennen gewesen und hatte sich dann nach dem Dreißigjährigen Krieg beschleunigt. Als Folge des Krieges verfügten die meisten kleinen Landwirte in den verheerten Gebieten nicht mehr über die Mittel, ihren Grundbesitz zu bebauen, und waren genötigt, Hypotheken aufzunehmen oder ihr Land zu verkaufen – zumeist an die wohlhabenden Grundbesitzer. Auf deren ohnehin schon riesigen Besitzungen mußten sie dann als »Fronpflichtige« arbeiten. Man kann also von einer Rückkehr zum Feudalismus sprechen. Diese bedeutsame Erscheinung mit ihren weitreichenden wirtschaftlichen und sozialen Folgen bedarf einer eingehenden Erklärung.

Das System bestand aus einer Mischung von alter Feudalordnung (Grundherrschaft) und neuer kapitalistischer Form des Grundbesitzes (Gutsherrschaft). In manchen Gegenden, vor allem in den Erblanden des Kaisers, machten die Grundherren die alten Verpflichtungen ihrer Untertanen, manchmal sogar in erweiterter und veränderter Form, ihren eigenen wirtschaftlichen Unternehmungen dienstbar: Getreideerzeugung, Fischzucht, Bierbrauereien und Textilproduktion. Sie forderten also einfachen Frondienst von den kleinen Bauern, während die wohlhabenderen Spanndienste mit eigenen Tieren und Geräten leisten mußten. Dies beweist immerhin, daß es noch wohlhabende Bauern gab.

Es ist schwer zu beurteilen, wie weit die Konzentration des Grundbesitzes in der Periode des Wiederaufbaus die landwirtschaftliche Produktion gefördert und eine Ausweitung der Märkte ermöglicht hat. Sicher ist, daß das System die Mehrheit auch der wohlhabendsten Bauern für lange Zeit in eine unsichere materielle Existenz zwang, die rechtlich und moralisch einer Art Sklaverei gleichkam. Aus diesen Gründen brachen ständig Bauernaufstände aus. Wie der deutsche Fürst in dem Gebiet seiner Landeshoheit, hatte der Grundherr auf seiner Domäne das Recht, den Untertanen seine Religion aufzunötigen, was eine weitere Quelle autoritärer Maßnahmen und erbitterten Widerstandes war. Das System stützte sich auf den Frondienst und das Verbot der Freizügigkeit: Die Bauern durften das Herrschaftsgebiet, zu dem sie gehörten, nicht verlassen.

Die städtische Wirtschaft war nicht völlig zusammengebrochen. Dank der ständigen Bevölkerungszunahme, die auch von immer wiederkehrenden Epidemien nicht aufgehalten werden konnte, wurden die mitteleuropäischen Länder aufs neue besiedelt. Dies kam vor allem den kleinen, oft auf herrschaftlichem Gebiet liegenden Marktflecken zugute und erst in zweiter Linie den größeren Städten; die Rückkehr zum normalen Leben belebte die Bautätigkeit und förderte den Verbrauch von Textilien und anderen Erzeugnissen. Im Vergleich mit den handeltreibenden westlichen Ländern herrschte in Mitteleuropa jedoch der Großgrundbesitz vor. Die Bevölkerung war in eine reiche Aristokratie und einen verarmten Bauernstand gespalten; die einen erlaubten sich namentlich für Bau und Ausschmückung ihrer Häuser verschwenderischen Luxus, während die anderen eine elende und kümmerliche Existenz führten. Der stark verminderte Mittelstand spielte nur noch eine geringe Rolle; es waren die selbständigen Handwerker, kleinen Verwaltungsbeamten und

Künstler in den deutschen Städten, aus denen sich im Laufe der folgenden Jahrzehnte langsam eine neue Bildungsschicht entwickelte.

Der Vorrang des Großgrundbesitzes wurde je weiter man nach Osten kam, desto stärker bemerkbar. In Polen war er besonders ausgeprägt zu finden. Dort herrschte der Hochadel in einer aristokratischen Republik. Von ihm war ein bedürftiger Kleinadel abhängig, der sorgsam auf die Verteidigung seiner Rechte gegenüber den Bauern zu achten hatte. Das Staatsoberhaupt, von einem Reichstag auf Lebenszeit gewählt, wurde zum König gekrönt. Krakau mit seinen Bauwerken im italienischen Stil, dem intellektuellen Leben der Universität, seinem Theater und seinen Schriftstellerkreisen hatte ganz die Atmosphäre einer Hauptstadt; Warschau war erst im Entstehen begriffen. Auf der Weichsel fuhren mit Getreide beladene Frachtschiffe zu den Ostseehäfen. Als katholisches Land mit einer mächtigen und einflußreichen Geistlichkeit, deshalb »das Spanien des Nordens« genannt, hatte Polen in internationalen Angelegenheiten ein gewichtiges Wort mitzureden. Mit Frankreich verbündete es sich gegen den Kaiser, und eine französische Prinzessin, Louise von Gonzaga-Nevers, heiratete hintereinander zwei Könige von Polen. Die politischen Interessen Polens richteten sich sowohl nach Osten, wo es zu Anfang des Jahrhunderts vorübergehend die Herrschaft über Moskau erringen konnte, als auch nach Süden, in die Ukraine, die es den Russen und Türken streitig machte.

Was sich in Rußland ereignete, erregte stets die Aufmerksamkeit Polens, blieb aber in den Ländern weiter im Westen unbeachtet und zweifellos unverstanden. Dieses riesige Land ohne genaue Grenzen, mit seinen für westliche Begriffe unfaßbaren Entfernungen, die anscheinend nur von Karawanen überwunden werden konnten, war von extremen soziologischen Verhältnissen geprägt. Die Wolga verband es mit dem Kaspischen Meer und darüber hinaus mit Iran und dem Orient. Jenseits des Urals drangen russische Streitkräfte und kleine Handelsposten bis nach Sibirien vor. Im Gebiet der Wolga lebten zudem auch zahlreiche eingeborene Stämme asiatischen Ursprungs, und so scheint es verständlich, daß Rußland in Europa den Ruf hatte, ein asiatisches Land zu sein.

In Zentralrußland war rings um Moskau, das »Dritte Rom«, Nachfolgerin Konstantinopels und Sitz eines Patriarchen, der Staat der Zaren wiedererstanden, nachdem er in den Stürmen der Wirren (1610–1613) beinahe untergegangen war. Gegen 1660 unterstand er einer machtvollen Regierung. Der Herrscher war im Prinzip unabhängig und mißachtete immer häufiger die Ratschläge der Duma, einer Versammlung der Bojaren, Nachkommen der alten Adelsfamilien. Ihnen gegenüber bevorzugten die Romanow-Zaren – Michael Romanow, 1613 gewählt und erfolgreich beraten von seinem überlegenen Vater, dem Patriarchen Philaret, und seit 1645 Alexander, Michaels Sohn –, die selbst aus diesen Kreisen stammten, den Dienstadel, die *Dvoriané*, indem sie ihm die als Belohnung für gute Dienste gewährten Lehen als Erbbesitz überließen. Auf dem alten Grundbesitz wie auf diesen Lehnsgütern waren die Herren praktisch Besitzer der Bauern geworden. Die Stellung dieser *Krepostnie* unterschied sich von der der früheren Sklaven *(cholopi)*, die fast ganz verschwunden waren. Ihre Abhängigkeit war verhältnismäßig neuen Datums und ging auf eine »ewige« Verpflichtung zurück, die sich weitervererbte. Tatsächlich waren sie jeglicher persönlichen Freiheit beraubt und mußten ihren Grundherren Frondienste *(barschtschina)* leisten oder hohe Abgaben in Geld *(obrok)* entrichten und darüber hinaus beträchtliche Steuern an den Staat zahlen. Das Gebiet, auf dem sie arbeiteten, durften sie von sich aus nicht verlassen, da sonst Verfolgung und Strafe drohten. Dagegen konnten sie nach dem Willen des Herrn beliebig versetzt und auf ein anderes seiner Güter geschickt werden. Ihre Daseinsbedingungen waren die schlechtesten unter den Landleuten in ganz Europa; die Gutsverwalter, denen sie unterstanden, behandelten sie wie die Tiere.

Wegen seiner andersgearteten Sitten galt Rußland europäischen Reisenden als ein fremdes Land, aber es erstrebte als christlicher Staat den Anschluß an Europa. Schon sein Bestehen bedeutete eine Eindämmung des Islams, der das Land zur Zeit der Goldenen Horde beherrscht hatte; das Gesetzbuch von 1639 bedrohte jeden mit den strengsten Strafen, der zum Islam übertrat. Die christlich-orthodoxe Kirche Rußlands war die einzige dieses Ritus in einem unabhängigen Land. Dogmatische und liturgische Fragen hatten zu einer Reorganisation geführt, deren Maßnahmen den Widerstand der Altgläubigen hervorriefen und ein Schisma *(raskol)* zur Folge hatten, das schwer auf dem Lande lastete. Der russischen Kirche der offiziellen wie der schismatischen Richtung aber galt die römische Kirche als entsetzliche Ketzerei, eine Annäherung zwischen den beiden Kirchen schien unwahrscheinlicher denn je. Gleichwohl bestand durch die Sakramente (Taufe, Eucharistie) und die Formen der Andacht, vor allem durch den Marienkult, eine tiefe Verwandtschaft, die allerdings von Leidenschaft verdeckt war.

Das benachbarte Polen, gestern noch als Gegner gefürchtet – der Vertrag von Andrussovo, der Kiew wieder unter russische Herrschaft brachte, wurde 1667 unterzeichnet –, übte gleichwohl starken Einfluß auf die Künstler und die Gebildeten der oberen Schichten aus. Viele westliche Formen waren in die religiöse Kunst eingedrungen (Naryshkin-Barock am Ende des Jahrhunderts). Obwohl die Sitten überall roh waren und das Volk unwissend, grob und abergläubisch blieb, gab es ein vielschichtiges geistiges Leben, das sich bisweilen auch mildtätig und glaubenseifrig gab. In Moskau wurden religiöse Bücher gedruckt, und die volkstümlichen Erzählungen, in einer aus Kirchenslawisch und moskowitischem Dialekt gemischten Sprache aufgezeichnet, stellten bereits eine Literatur dar. Die traditionelle Kunst der Ikonenmalerei entwickelte sich weiter. Das russische Volk darf nicht als durchaus barbarisch betrachtet werden, und obwohl lange den Einflüssen des Westens entzogen, begann es sich dank der Macht der Umstände zu öffnen. Sogar in der Verwaltung suchte der russische Staat Änderungen einzuführen, die sie zwar schwerfälliger, aber auch wirksamer machten. Opposition regte sich und führte zu Revolten, unter denen der Aufstand von Stephan Rasin im Jahre 1670 die schwerste Erschütterung darstellte. Entlang der Wolga hatte er alle Unzufriedenen aufgewiegelt, aber er kam nicht bis Moskau. Der Aufstand wurde durch das stehende Heer bekämpft und löste sich dann von selbst auf. Das Ereignis bewies ebenso das Ausmaß an Opposition im Volke wie die Wirksamkeit des Regierungsapparats. Die wachsende Kraft des russischen Staates, die ihm bald die Möglichkeit geben sollte, in die europäischen Angelegenheiten einzugreifen, wurde in Paris nicht erkannt, dafür aber um so deutlicher in Wien, Venedig und Polen, wo man wohl bemerkte, daß sich dort Großes anbahnte.

Rußland hatte mit Polen, Wien und Venedig einen gemeinsamen Feind: das Osmanische Reich. Es hatte sich an den Küsten des östlichen Mittelmeers, in Ägypten und in Nordafrika ausgebreitet, seine Gebiete rahmten das Schwarze Meer und das Asowsche Meer ein. Die Türken beherrschten auch die Balkanhalbinsel und die ungarische Tiefebene bis Györ und bedrohten Wien, sie machten Polen die Herrschaft über die Ukraine streitig und waren mit Venedig in einen ständigen Krieg um den Besitz von Kreta verwickelt, an dem auch französische Truppenkontingente teilnahmen.

Das Osmanische Reich war eher eine Militärmacht als ein Staat. Seine Armee besaß jedoch nicht mehr die alte Stärke. Die Provinzen lieferten weniger Soldaten, weniger Steuern kamen ein, die käuflich gewordenen Ämter fielen in unerfahrene Hände, und überall nahmen Einzelinteressen überhand. Die Wesire in Konstantinopel, mit denen die ausländischen Botschafter verhandelten, verfügten in Wirklichkeit nur noch über eine fragwürdige Macht, denn sie waren von den Intrigen des Serails abhängig, die schwer zu durchschauen, geschweige denn zu beeinflussen waren.

In den Pachalis und Willayets handelten die Verwalter mehr oder weniger nach eigenem Gutdünken und betrieben ihre eigene Politik. Der Islam war als Eroberer aufgetreten. Er hatte den christlichen Glauben bekämpft und suchte ihn durch seine Lehre zu ersetzen, nun sogar in einem Land mit westlicher Kultur wie Ungarn, das noch in der Renaissancezeit blühend und mächtig gewesen war. Manche Christen schworen ab, um das Wohlwollen der Türken zu gewinnen und persönlichen Vorteil daraus zu ziehen. Im ganzen türkischen Reich herrschte daneben noch der alte Gegensatz zwischen Schiiten und Sunniten.

Sobald die christlichen Gemeinden Steuern zahlten, wurden sie nicht mehr wegen ihrer Religion behelligt. So hielt sich fast überall der alte christliche Glaube, auf dem Balkan, in Ungarn, Siebenbürgen und den rumänischen Provinzen, während in Kleinasien und der Levante zahlreiche christliche Sekten bestanden. Selbst in Konstantinopel hatte sich das orthodoxe Patriarchat behaupten können, hatten sich unter dem Deckmantel einer gewissen Toleranz Katholiken angesiedelt, und alle zogen ihre Vorteile aus der allseitigen Rivalität. Diese Zustände scheinen auf eine große innere Schwäche des türkischen Reiches hinzudeuten, so daß es den europäischen Mächten durch gemeinsames Vorgehen hätte möglich gewesen sein müssen, die Türken in ihre Schranken zu weisen und der orientalischen Frage ein Ende zu bereiten.

Niemand wußte jedoch genau, welche Kräfte das türkische Reich unter einem unternehmenden Sultan oder Wesir noch aufbringen konnte. Die europäischen Mächte fanden es für Handel und Politik vorteilhafter, sich einzeln mit der Pforte zu verständigen und sich gewisse Privilegien zugestehen zu lassen. Diese Politik der Verträge sicherte dem französischen Handel die besten Bedingungen für den Verkehr mit der Levante und gab Frankreich die Möglichkeit, die dortigen katholischen Gemeinden unter dem Vorwand der Fürsorge für die Religion unter seinen Schutz zu nehmen. Keine der Nachbarmächte der Türkei, weder der Kaiser noch Venedig, Polen oder Rußland, vermochte die Führung in einer Koalition zu übernehmen und volles Vertrauen in die möglichen Verbündeten zu setzen. Alle Mächte zogen es vor, ein vorläufiges Abkommen abzuschließen, das sich beliebig verlängern ließ und für einige Jahre den Frieden garantierte, und auf eine bessere

Gelegenheit zu warten. Das Osmanische Reich konnte froh sein, wenn Europa über seine Stärke im Ungewissen blieb, wenn seine Bewohner mit den Europäern nur gelegentliche und zufällige Beziehungen unterhielten und seine Hilfsquellen geheimnisvoll verhüllt blieben.

Die Regierung Ludwigs XIV.

So sah es zu Beginn der Regierung Ludwigs XIV. in Europa, besser in den europäischen Ländern aus. Der weitverzweigte Warenaustausch wurde nur von wenigen Personen gesteuert. Selbst als die Staaten in den Kriegen gegeneinander standen, gelang es, den Handel aufrechtzuerhalten, denn kaum ein Land konnte auf die Erzeugnisse der anderen Länder verzichten. Ein System von Lizenzen sorgte für Warenzirkulation und regelte den Schiffsverkehr auf den Meeren, während bewaffnete, als kriegführend anerkannte Schiffe die Konvois der Gegner zu kapern versuchten. Von dieser wirtschaftlichen Solidarität wußte die Öffentlichkeit ebensowenig, wie sie eine Solidarität in religiösen Fragen kannte: Katholiken und Protestanten standen sich feindselig gegenüber.

Gewisse gemeinsame Interessen und der Zwang der Verhältnisse hatten in manchen Ländern, wie im Heiligen Römischen Reich, zu Kompromissen und *de facto* zu einer Toleranz geführt. Ein provisorisches Gleichgewicht war entstanden. Unterdessen suchte jede Konfession auf Kosten der Rivalin aufzuholen. Die Protestanten waren sich nicht einmal untereinander einig, allenthalben tauchten Meinungsverschiedenheiten über theologische Fragen auf. Zwar beriefen sich alle Protestanten auf die Heilige Schrift und verwarfen Dogmen und Liturgie der katholischen Kirche, doch hatten Lutheraner und Anglikaner vielfach die alten Riten und die alte Hierarchie übernommen. Im Gegensatz dazu hatten die Calvinisten einen bis aufs äußerste vereinfachten Kult entwickelt, ohne Geistlichkeit: eine strenge Religion, die jeder Kunst mit Mißtrauen begegnete, ohne sie jedoch ganz abzuschaffen.

Noch seltsamer berührt die Beobachtung, daß die katholischen Länder ihre Brüderlichkeit in der gemeinsamen römischen Kirche offenbar nicht sehr stark empfanden. Überall galten die Dogmen, wie sie auf dem Konzil von Trient formuliert worden waren. Das Konzil hatte für alle dieselben Maßnahmen empfohlen, etwa die ständige Anwesenheit der Bischöfe in den Diözesen, die Einrichtung von Seminaren und die Einführung des Heiligenkults; eine allgemeine katholische Reform sollte langsam, aber beharrlich die Seelen wiedergewinnen. Jedes Land und jede Gegend zog sich jedoch gewissermaßen auf sich selbst zurück. Man gehorchte den nächsten Autoritäten und kümmerte sich nur um das eigene Heil. Wer nicht dieselbe Sprache sprach und Untertan desselben Souveräns war, galt schnell als weniger guter Katholik mit geringerem Anspruch auf göttlichen Schutz, ohne daß dies jedoch als Grundsatz formuliert worden wäre. Vor allen Dingen die katholischen Fürsten dachten bei ihren politischen Plänen und Geschäften keineswegs in erster Linie an die gemeinsame Religion. Jedes königliche Haus liebte es, an einen besonderen göttlichen Schutz und an die Fürsprache bestimmter Heiliger zu seinen eigenen Gunsten zu glauben.

Besonders bei der Geburt von Söhnen, die die Fortdauer der Dynastie gewährleisteten, waren sich alle fürstlichen Familien in Wünschen dieser Art einig. Überall achtete man auf Zeichen, die einem die besondere Gunst Gottes zu versprechen schienen, und überall fand sich dieselbe Neigung, Gott und die katholische Kirche zugunsten der regierenden Familie und des eigenen Volkes in Anspruch zu nehmen.

Selbst auf die Gefahr hin, den Ketzern das Schauspiel von Uneinigkeit zu bieten, waren die katholischen Fürsten nicht geneigt, ihre Rivalität zu überwinden und dem gemeinsamen Glauben den individuellen Ruhm zum Opfer zu bringen. Nichts beleuchtet diese Verhältnisse besser als die Beziehungen zwischen Frankreich und dem Hause Habsburg, deren Konflikt schon um das Jahr 1630 die frommen Katholiken beunruhigt hatte. Ludwig XIV. hat in seinen Memoiren zweifellos zutreffend erklärt, daß er im Jahre 1661 dem Papst anbieten ließ, sich »mehr als jeder andere christliche Fürst« mit Geld und Truppen an einer Liga gegen die Türken zu beteiligen. Gleichzeitig erklärte er aber, das Verhältnis der Kronen Frankreichs und Spaniens sei so beschaffen, daß die eine nicht erhoben werden könne, ohne die andere zu erniedrigen, und daß jede im Wettstreit mit der Rivalin »nicht so sehr glaubte, der anderen zu schaden, als sich selbst zu nützen und zu erhalten, was eine so natürliche Pflicht ist, daß sie allem anderen vorgeht«. So stand jedes Land für sich, und trotz des unterzeichneten Friedens herrschten in Europa ständige Rivalität und ein latenter Kriegszustand. Nach der früher dargelegten Bilanz der Kräfte ist es verständlich, daß Frankreich auch bei allgemein ungünstiger Konjunktur sich in der bevorzugten Lage befand, einen guten, wenn nicht den besten Platz in der Welt einzunehmen.

Ludwig XIV. ließ bald seine großen politischen Fähigkeiten erkennen, als er sich selbst die letzte Entscheidung in der Regierung vorbehielt und erprobte Leute aus der Gruppe um Mazarin als Mitarbeiter berief: Le Tellier, Lionne und Colbert, ausgezeichnete Beamte bürgerlicher Herkunft, die damit zufrieden waren, in der unmittelbaren Umgebung des Königs als Minister zu wirken. Der alte Kanzler Séguier behielt sein Amt, in dem er große Erfahrungen in Justiz und Verwaltung erworben hatte. Der allzu prunkliebende Superintendant Fouquet, der als Schatzmeister über unermeßliche Macht verfügt hatte, wurde nach Ablauf weniger Monate entlassen und in einem ungerechten Prozeß abgeurteilt. Colbert, mit ungewöhnlicher Arbeitskraft begabt, wußte sich die Gunst des Königs zu erhalten, indem er ihm in den delikaten Angelegenheiten seines Privatlebens beistand. Er arbeitete an einer allgemeinen Neuordnung des Königreiches und setzte sie ins Werk, während er ein riesenhaftes Vermögen ansammelte und den Mitgliedern seiner Familie die höchsten Stellungen und die beneidenswertesten Verbindungen mit dem Adel verschaffte. Dennoch wurde er niemals als Premierminister bezeichnet. Nacheinander war er Mitglied im *Conseil du grand maitre de la navigation* und im *Conseil d'en haut* für die Marine, die Galeeren, die Manufakturen, den Handel und das Königliche Haus. Seine zahlreichen Titel: Direktor des Bauwesens (1664), Superintendant des Handels (1665), Generalkontrolleur der Finanzen, Staatssekretär für die Marine sollten alle nur den tatsächlichen Zustand sanktionieren. Bis zu seinem Tode im Jahre 1683 war er Anreger und Dirigent des wirtschaftlichen Lebens im ganzen Königreich. Seine Rolle in der Gesellschaft seiner Zeit muß richtig verstanden werden. Er nahm ihre Struktur mit großem Realismus zur Kenntnis, vermied aber jeden Versuch, sie umzuwandeln. Seine Methode war, Mißbräuche nicht zu unterstützen, auf strenge Pflichterfüllung zu achten und aus dem Willen des Königs und den in seinem Namen erlassenen Anordnungen das unbezweifelbar höchste Gesetz zu machen. Um die Finanzen in Ordnung zu halten und die für eine großzügige Außenpolitik unerläßlichen Mittel zu beschaffen, mußte er einerseits zuverlässigere Methoden der Steuererhebung einführen, andererseits durch Förderung von Produktion, Handel und Schiffahrt dem Land zu Wohlstand verhelfen.

Der Steigerung der königlichen Einnahmen dienten Maßnahmen wie die Adelsreform, die falsche Adlige entlarven und in ihren rechtlichen Status zurückverweisen sollte und sie zur Zahlung der Grundsteuer *(taille)* verpflichtete. Da die ohnehin über Gebühr belasteten Bauern diese Steuer schlecht aufbringen konnten, schien das Heilmittel in einer Verminderung der *Taille*-Steuer zu liegen. Dafür war jedoch der festgesetzte, nun für erträglich gehaltene Betrag voll zu entrichten. Die königliche Schatulle hatte also praktisch einen Gewinn davon, und der Generalkontrolleur der Finanzen konnte jedes Jahr einen Voranschlag unterbreiten, der auch wirklich den Tatsachen entsprach. Ebenso war Colbert daran interessiert, daß das Gemeindegut den Gemeinden zurückgegeben wurde, um sie finanziell unabhängig zu machen und den ärmsten Bauern, die keine rentablen Höfe besaßen, die Möglichkeit zu verschaffen, Tiere in den Herden des Dorfes zu halten. Dank der geringeren Auflagen konnten die Gemeinden die Grundstücke zurückkaufen, und bald wirkte sich die wiederhergestellte Gemeindewirtschaft zum Vorteil der Kleinbauern aus. Gleichzeitig wurde verboten, zur Deckung privater Schulden auf den Viehbestand zurückzugreifen.

Dieses schöne Programm war an sich nichts Neues. In dieser wie in mancher anderen Beziehung wurde die alte Ordnung wiederhergestellt, indem Mißbräuche beseitigt wurden. Zu diesem Zweck mußten die Intendanten, von denen bereits die Rede war, in Aktion treten, denn die Reformen stießen auf den Widerstand der Grundherren aus den Reihen des Militäradels, noch häufiger der adligen Beamten *(nobles de robe)*. Sie hatten Gemeindegut erworben und suchten nun die Ausführung der königlichen Edikte hinauszuzögern, ohne ihnen formell entgegenzutreten.

Im Grunde konnte das Problem der bäuerlichen Verschuldung durch vernünftige Maßnahmen dieser Art allein nicht gelöst werden. Es verschärfte sich mit jeder schlechten Ernte, wenn auch nach unserem Wissen da und dort eine vorübergehende Besserung eintrat. Die bäuerlichen Verhältnisse verschlechterten sich im Laufe der Jahre. Um Frankreich aber die angestrebte wirtschaftliche Blüte zu verschaffen, mußte in erster Linie die industrielle Produktion gefördert werden. Das System, dem man auch den Namen Colbertismus gegeben hat, war nichts anderes als der in ganz Europa bekannte Merkantilismus.

Nach der Überzeugung der Wirtschaftssachverständigen der damaligen Zeit mußte das reichste Land den höchsten Anteil an der auf der Welt zirkulierenden Geldmenge in seinem Besitz haben. Steigender Verkauf im Ausland sollte den eigenen Goldbestand anwachsen lassen, und Einschränkung der Auslandskäufe sollte ihn möglichst schonen. Also mußten Waren in befriedigender Qualität und ausreichender Menge hergestellt werden, um den inländischen Verbraucher vom Ausland unabhängig zu machen und den ausländischen

Die Ostfassade des Louvre
Entwurf von Lorenzo Bernini. Paris, Louvre, Cabinet des Dessins

Die Fassade im Bau ab 1667 nach den Entwürfen von Claude Perrault
Radierung von Sébastien Le Clerc. Paris, Bibliothèque Nationale

Das Schloß von Versailles vor den Umbauten durch Jules Hardouin-Mansart und Robert de Cotte
Aus einem Gemälde von Pierre Patel, um 1668. Versailles, Museum

Käufer für die eigenen Produkte zu interessieren. Während die ausländischen Waren mit hohen Zöllen belegt wurden, die ihren Preis beträchtlich steigerten und die Käufer abschrecken sollten, förderte man die einheimische Produktion auf verschiedenste Weise. Der König wurde selbst Unternehmer in den Staatlichen Manufakturen für Luxusgüter (Gobelins-Tapisserien, Spiegelglas aus Saint Gobain) und gewährte Subventionen und Privilegien an Privatunternehmungen, die ein Monopol auf die Produktion bestimmter Waren und den Titel »Königliche Manufaktur« erhalten konnten. Ausländischen Handwerkern, die sich entschlossen, in Frankreich ansässig zu werden und eine Fabrikation aufzuziehen, gewährte der König Vorteile, wie die Naturalisierung und das Recht, Grundbesitz zu erwerben.

Diese Produktionspolitik wirkte sich auch auf anderen Gebieten aus. Um den Warenumlauf und die Verteilung im Ausland zu sichern, wurden Handels- und Schiffahrtskompanien gegründet, die jeweils das Handelsmonopol in einem bestimmten Gebiet erhielten, etwa in Ostindien, Westindien, Levante, Senegal. Die Kapitalbesitzer wurden energisch aufgefordert, sich an diesen Kompanien zu beteiligen, deren Schiffe – für den Bau von Handelsschiffen wurden Prämien gewährt – die für Industrie oder Konsum bestimmten Kolonialprodukte (Seide, Seidengarn, Gewürze, Zucker) transportierten. Gleichzeitig wurde ein Kolonialprogramm aufgestellt: An den Küsten Afrikas und auf den Antillen sollten Nachschubposten eingerichtet werden; in den noch unberührten Ländern, in denen die Herrschaft des Königs von Frankreich weiter ausgedehnt werden konnte, plante man die Errichtung von Auswandererkolonien, in Kanada entstand, unter dem Schutz französischer Truppen, ein neues Frankreich. Das Exklusivsystem behielt den Handel mit den Kolonien dem Mutterland vor, und so standen Lieferanten und Abnehmer in Übersee zur Verfügung.

Zum Schutz der Kolonien und des Seehandels brauchte der König eine Kriegsflotte, und Colbert unternahm es, sie aufzustellen. In Brest und Rochefort entstanden Schiffswerften und Arsenale. Der Verbrauch der Marine und fast aller wirtschaftlichen Unternehmungen an Holz wuchs ständig, weshalb sich Colbert besonders intensiv der Aufforstung der königlichen Güter widmete (Verordnung für Wasser und Forsten, 1669). Die Schiffe mußten jedoch auch bemannt werden. Im Mittelmeer wurden mit Sträflingen besetzte Galeeren verwendet, und Colbert empfahl den Richtern, Strenge zu zeigen. So zogen auf den Landstraßen die angeketteten Gefangenen in langen Reihen zu den Häfen, um auf den Schiffen des Königs ihre Strafe abzubüßen. Für die Flotte im Ärmelkanal und im Atlantik wurde eine Marinedienstpflicht eingeführt; die Seeleute waren in Altersklassen eingeteilt, und eine bestimmte Anzahl wurde jeweils für einige Monate zum Dienst einberufen.

Der Ruhm eines Königs bemaß sich damals nach der Größe der Bauwerke, die er der Nachwelt hinterließ. Ein bedeutender Herrscher brauchte vor allem eine entsprechende Residenz. Colbert betrieb daher die Fertigstellung des Louvre. Bernini hatte den Auftrag erhalten, Pläne für einen Palast zu entwerfen. Er kam nach Frankreich und wurde wie ein König der Künste empfangen. Alsbald legte er ein herrliches Projekt vor, das dem König gefiel, dessen Ausführung sich aber dann als zu kostspielig und zu langwierig erwies. Aus diesen Gründen unterblieb der Bau und nicht, weil, wie behauptet wurde, der Barockstil des Bauplanes dem klassischen Geschmack der Franzosen nicht entsprach. Schließlich erbauten zwei französische Architekten, Perrault und d'Orbay, den »Alten Louvre« mit seinen majestätisch-schlichten Kolonnaden. Auf der anderen Seite des Flusses wölbte sich die römische Kuppel des *College des Quatre Nations*, eines Werks von Le Vau, über anmutig im Halbkreis ausgebreiteten Flügeln empor.

Solange sich Bernini in Paris aufhielt, befürchtete Colbert, der König könnte ein allzu großes Interesse für Versailles entwickeln, denn ein Lustschloß durfte ihn nicht vom Bau eines Palastes in der Hauptstadt abbringen. Colbert konnte nicht voraussehen, was dann kommen sollte. Versailles war ursprünglich nur ein kleines Jagdschloß, nicht zu vergleichen mit den schönen Schlössern von Saint Germain und Fontainebleau, wo der Hof den Herbst verbrachte. Aber es war hübsch gelegen, und seine Umgebung eignete sich vorzüglich als Schauplatz für glanzvolle Feste: Rennen und Ringspiele, Reiterspiele, Schauspiele, Komödien, Gastmähler und Feuerwerk (1664–1667). Der König ließ die Gebäude vergrößern, ausbessern und umbauen, zunächst das Neue Schloß von Le Vau (1669), dann den Bau von Hardouin-Mansart. Nach und nach entstand ein Palast, wie ihn kein anderer Souverän besaß. Unermeßlich und harmonisch zugleich, öffnete er sich auf die Gärten, die Le Nôtre wie ein Werk der Architektur mit Sorgfalt und Grazie entworfen hatte. Maler und Bildhauer, Ebenisten und Goldschmiede wetteiferten bei der Innendekoration, deren Qualität ohne Beispiel war.

Ludwig XIV. erwählte Versailles schließlich doch zu seiner königlichen Residenz und gab dem Adel Hofämter, die diesen für die verlorene Teilnahme am Regieren entschädigen sollten. Mit seinen symbolischen Darstellungen allenthalben war Versailles zugleich ein architektonischer Hymnus auf Ruhm und Größe des Königs. An der Decke der »Spiegelgalerie«, die den »Salon des Krieges« mit dem »Salon des Friedens« verband, verherrlichten die Malereien von Lebrun besonders ausgeprägt die Siege des Königs; als hätte seine Politik nur das eine Ziel gehabt, die Machenschaften seiner Gegner zu durchkreuzen und der Welt Sicherheit und Frieden zu schenken. In einem der vollkommensten Zeugnisse der modernen Kultur hatte hier der französische Geist eigenständig die Prinzipien und Methoden der Renaissancekunst abgewandelt und das ruhige Gleichmaß des Klassizismus erreicht.

Das wirtschaftliche und fiskalische Programm Colberts hatte zunächst großen Erfolg. Die Einkünfte überstiegen die Ausgaben, die Produktion wurde verbessert, und der Ruf der französischen Werkstätten verbreitete sich in ganz Europa. Molières Tartuffe erklärt: »Zur Zeit wird hier mit wunderbarer Kunst gearbeitet, niemals vorher ist alles so gut gemacht worden.« 1688 stellt eine deutsche Schrift, »Politischer Diskurs« von dem Nationalökonomen J. J. Becher, ironisch fest: »Uhren gehen besser, wenn sie die Teutsche zu Paris gemacht haben, als wenn der selbige Meister solche zu Augspurg gemacht hätte, dann die Lufft allda ist besser dazu.« (Kap. XI.)

Dieser unbestreitbare Aufschwung wurde aber bald gehemmt. Unmöglich konnte man gleichzeitig so vieles mit gleichem Erfolg unternehmen: Freigebigkeit gegenüber ausländischen Höfen, um dem König Anhänger zu gewinnen, Bau von Schlössern, Subventionierung der Industrie, Ankauf von Kunstwerken und Ausrüstung von Armee und Flotte – wo sollte das Geld für alles dies hergenommen werden? Sparmaßnahmen lieferten den Vorwand, die Pläne Berninis abzulehnen, und sie waren 1667 wegen des »Devolutionskriegs«, des Angriffs auf die spanischen Niederlande 1667/68, auch sehr am Platz. Colbert beklagte sich über die Zurückhaltung der Geldgeber gegenüber einer Beteiligung an seinen Kompanien, die mangels Mitteln in Schwierigkeiten gerieten. Der tiefere Grund der Anspannung war jedoch ein zu geringer Geldumlauf. Die Jahre von 1661 bis 1683, in denen das Experiment Colberts mit beachtlicher Konsequenz durchgeführt wurde, waren eine Zeit allgemeinen wirtschaftlichen Tiefstandes, den auch die neuen Unternehmungen zur Herstellung von Luxusgütern zu spüren bekamen. Die Geldgeber waren von der allgemeinen Lage beunruhigt und zogen eine solide Kapitalanlage in Grundbesitz den risikoreichen Investitionen in den Schiffahrtskompanien vor.

Das Geld strömte zu den bevorzugten Zentren der internationalen Geschäfte. In der Provinz, wo sich ein Teil des Handels per Tausch abspielte, zirkulierten noch viele Kupfermünzen, die zu Anfang des Jahrhunderts, während der spanischen Inflation, ins Land gekommen waren. Die Bauern und Kleinbürger wußten oft nicht, mit welchem Zahlungsmittel sie ihre Zinsen und Steuern entrichten sollten. Überdies waren die Getreidepreise in den einzelnen Provinzen sehr unterschiedlich, und der königlichen Regierung gelang es nicht, die Wirtschaft einheitlich zu lenken. Von einem Jahrzehnt zum anderen mußte man wachsende Verarmung feststellen. Die Intendanten, im allgemeinen ehrliche und umsichtige Leute, machten auf die Anspannung der Wirtschaftslage aufmerksam, die sich unter anderem in der Verminderung der Ballspielplätze und Vergnügungsstätten zeigte; immer mehr wurden statt klingender Münze mittelmäßige Grundstücke als Mitgift übertragen; man nannte sie spöttisch *terres à gendres*, »Land für Schwiegersöhne«. Unbestreitbar waren die Leute vor allem auf dem Lande auch von privaten Schulden auf das schwerste belastet. Trotz oberflächlicher Prosperität und erheblicher Gewinne – freilich nur bei einer kleinen Minderheit in den großen Städten – stöhnten Händler, Finanzleute, Großlieferanten, ländliche Geldverleiher und Aufkäufer, praktisch das ganze Volk unter diesem Druck. Die Geldknappheit bei der Mehrheit des Volkes ist bedeutsam, um die fast unerträglichen Anstrengungen, die eine großartige Eroberungspolitik von den Franzosen forderte, richtig einschätzen zu können.

Diese Politik entsprach ganz der damals herrschenden Auffassung, ein bedeutender Fürst habe ein Recht auf Waffenruhm, und seine Untertanen sollten mit Stolz zu ihrem siegreichen König aufblicken können. Nun vermochte sich die Monarchie in Frankreich, den schon von Richelieu geschaffenen Traditionen gemäß, nur gegen den Adel mit Hilfe der bürgerlichen Beamtenschaft durchzusetzen. Das Volk hing noch weitgehend an den Vorstellungen der Vergangenheit. Es war militärfreundlich und räumte dem Waffenhandwerk einen Vorrang ein, der im Grunde dem Adel zugedacht war. Als Edelmann seiner Generation verspürte der König dieselbe Ungeduld wie die anderen jungen Adligen und denselben Wunsch nach großen Taten, in denen er sich bewähren konnte; er wußte aber auch, wie wichtig der Friede für die innere Neuordnung des Königreiches war: »Je mehr man den Ruhm von Herzen liebt, desto mehr muß man versuchen, ihn auf einem sicheren Wege zu erringen.« Deshalb mußte der Gefahr einer Invasion fremder Armeen in Frankreich damit begegnet werden, daß man nur wohlvorbereitet und mit guten Streitkräften vorging.

Ein speziell mit militärischen Angelegenheiten betrauter Minister, Le Tellier und später sein Sohn Marquis de Louvois, widmete der Aushebung der Truppen, ihrer Unterbringung und Verpflegung besondere Sorgfalt. Kriegskommissare und Armeeintendanten – Zivilbeamte – besorgten die Vorbereitungen für die Feldzüge und brachten den adligen Offizieren Disziplin bei. Auch Ingenieure wurden eingesetzt, so bei den Belagerungsoperationen in den spanischen Niederlanden; unter ihnen war Vauban wohl der bedeutendste. Er wurde seinen Verdiensten entsprechend großzügig belohnt und mußte bald Pläne zur Befestigung aller Grenzen des Königreiches einschließlich der Küsten entwickeln. Auf diese Weise umgab sich Frankreich mit einem Netz fester Plätze, die zugleich als Schutz und als Ausgangsbasis für neue Eroberungen dienten.

Selbst Historiker, die die Eroberungspolitik Ludwigs XIV. kritisch beurteilen, erkennen an, daß er »Wert darauf gelegt hat, unter allen Umständen wenigstens den Schein des Rechts auf seiner Seite zu haben« (G. Zeller.). Stets suchte er gute Gründe, um die Kriege, die er zu unternehmen gedachte, vor der Öffentlichkeit Frankreichs und der anderen Länder zu rechtfertigen. Er schritt nur zur Tat, wenn er sich in Verhandlungen und Erkundigungen vergewissert hatte, daß der Gegner isoliert und die eigene Position durch Bündnisse gefestigt war. Im ersten Abschnitt seiner Regierung, bis etwa 1680, hatte er damit vollen Erfolg. Selbst in der Periode der Siege rechnete er mit einem Wandel in der diplomatischen Konjunktur und fand sogleich einleuchtende Vorwände, eine Unternehmung aufzugeben, wenn ihm das Risiko zu groß schien. In der Außenpolitik Ludwigs XIV. läßt sich im Grunde kein anderer Beweggrund erkennen, als das Streben nach Ruhm und Größe seines Landes. So gab es keine im voraus ausgearbeiteten Pläne: Jeder Krieg, auf den er sich einließ, folgte eigenen Regeln.

Ohne Zweifel strebte Ludwig XIV. danach, Frankreich den Vorrang in Europa zu erkämpfen. Das bedeutet jedoch nicht unbedingt, daß er eine Universalmonarchie erstrebte, obwohl ein Fürst dank der Nachwirkung alter Mythen in der Öffentlichkeit rasch diesen Verdacht erwecken konnte, sobald er zu viele Eroberungen machte oder zuviel Erfolg errang. Ludwig XIV. dachte nicht einmal daran, die sogenannte natürliche Grenze Frankreichs, das heißt den Rhein von Basel an, an sich zu bringen. Die wirre Vorstellung von einer natürlichen Grenze erscheint überhaupt wenig sinnvoll; sehr viel wünschenswerter war es, strategisch wichtige Plätze an Straßen und Flüssen zu besetzen, auch wenn sie als Enklaven weit außerhalb des Königreiches lagen. Von diesen Festungen aus konnte der Feind aufgehalten oder von seinem eigenen Gebiet aus angegriffen werden.

Eine derartige Außenpolitik, deren Prinzipien eindeutig und deren Mittel und Ziele stets opportunistisch waren, setzte drei Dinge voraus: genaue Planung, wohlausgerüstete Land- und Seestreitkräfte und einfallsreiche, aber fügsame Diplomaten. Ludwig XIV. fällte tatsächlich bis in die letzten Stunden seines Lebens, wachsam und informiert wie er war, die Entscheidungen allein. Seine bald kühne, bald vorsichtige und oft raffinierte

Politik war kaum jemals inkonsequent. Die Landarmee wurde von der Dynastie Le Tellier–Louvois–Barbezieux auf das sorgfältigste gepflegt. Sie war hervorragenden Befehlshabern anvertraut, deren Eigenschaften sich gegenseitig ergänzten: Turenne, Condé, Luxembourg, Catinat, Marsin, Villars. Louvois änderte die Rekrutierungsmethoden und führte statt Aushebungen eine Art Militärdienstpflicht mit Auslosung ein. Er gab den Soldaten eine neue Waffe in die Hand, das Bajonett, und unterstellte sie Offizieren, die zur Disziplin verpflichtet und sich ihrer militärischen Ehre bewußt waren. Die Flotte wurde mit guten Schiffen ausgestattet und solide bewaffnet, obwohl ihr nur eine zweitrangige Rolle zugewiesen war. Bei einem überraschenden Besuch in Dünkirchen ließ sich der König die Ausrüstung und den Betrieb der Schiffe und ihre Einsatzmöglichkeiten erklären. Er meinte, von nun an werde er besseres Verständnis für das Meer aufbringen. Als die Kriegsflotte in der Auseinandersetzung mit der Augsburger Liga (von 1686) Rückschläge hinnehmen mußte, übernahmen Korsarenschiffe den Nachschub und stützten die französische Macht in den fernen Meeren. – Die diplomatischen Verhandlungen wurden gewandten und erprobten Männern anvertraut.

Die Erfolge dieser Politik dauerten ein Vierteljahrhundert lang fast ununterbrochen an. Im Rückblick werden gewisse grundsätzliche Schwächen erkennbar – vor allem ein unermeßliches Selbstvertrauen. Weder Ludwig XIV. noch seine Minister haben jemals verkannt, daß sie sich auf höchst schwierige Unternehmungen einließen. Sie glaubten aber, daß es zur Überwindung aller Schwierigkeiten genüge, einfach mit Festigkeit die Pläne zu verfolgen, den Gehorsam der Franzosen zu erhalten und das Ausland durch Furcht gefügig zu machen. Offenbar dachten sie niemals daran, daß die Völker eines Tages verzweifeln und mit vereinten Kräften gegen Frankreich vorgehen könnten. Ebensowenig hielten sie es für möglich, daß in den Ländern, die zuerst durch gutes Zureden und dann durch Schrecken in Schach gehalten wurden, Haß und Rachsucht schwelten. Eine weitere Schwäche dieser Politik war, daß sie nur von den Verhältnissen in Westeuropa ausging. Zur Rechtfertigung ließe sich vielleicht anführen, daß der Gang der Geschichte und die historische Erfahrung scheinbar zuverlässig das unfehlbare Rezept für den Erfolg verrieten; man brauchte es nur zu befolgen, um immer und überall im Vorteil zu sein. Ein Beispiel aus der Vergangenheit war Karl der Große, und obwohl Ludwig XIV. oft empfahl, auf die Eigenarten der Völker zu achten, führte diese Einstellung dazu, daß bei allen Menschen dieselbe Denkweise und ähnliche Beweggründe vorausgesetzt wurden.

Trotz aller Berichte von Reisenden und Missionaren wußte man offenbar nicht viel von Asien – was noch zu entschuldigen gewesen wäre –, aber überhaupt nichts von Osteuropa. Niemand ahnte, was sich in Rußland anbahnte. Die Beziehungen zu Siebenbürgen, die angeblich freundschaftlich waren, erweisen sich an Hand der Dokumente als sporadisch und oberflächlich. Die Unklarheiten häufen sich, wenn es sich um Polen handelte, und die Kenntnisse von der osmanischen Welt blieben mehr als dürftig. Weil man die Geheimnisse der Höfe zu kennen glaubte, schien es überflüssig, konkrete Informationen über die Völker zu sammeln. Hieraus erklärt sich zu einem großen Teil, weshalb die französische Politik von einem bestimmten Zeitpunkt an, der unbestreitbar in den Beginn der achtziger Jahre fällt, vom Glück verlassen wurde und auf wachsende Schwierigkeiten stieß. Nachdem sie die Welt in Bewegung gebracht hatte, wurde sie nun in die Defensive gedrängt. Die Macht des Königreiches wankte, die Erfolge der frühen Regierungsjahre des Königs waren in Frage gestellt. Dies ist um so erstaunlicher, als keine der Koalitionsmächte die innere Kraft und kulturelle Reife Frankreichs besaß. Aber sie bildeten gemeinsam einen gegen Frankreich gerichteten Block.

In den ersten Jahren nach 1661 herrschte Frieden. Frankreich war so mächtig und angesehen, daß Ludwig XIV. in Fragen des Protokolls oder bei kleineren Zwischenfällen, wie der Affäre der korsischen Garde, vom spanischen König und vom Papst Zugeständnisse erhielt, die selbst nach den Maßstäben der Zeit übermäßig groß erschienen.

Der Tod des Königs von Spanien im Jahre 1665 bot eine Gelegenheit, die Ansprüche noch zu steigern. Auf Grund des »Devolutionsrechts«, wie es in Brabant üblich war, beanspruchte Ludwig XIV. für die Königin eine bestimmte Anzahl Städte in den spanischen Niederlanden, die er im Sommer 1667 eroberte. Zu Beginn des Jahres 1668 griff er die Franche Comté an, nachdem er sich der Neutralität des Kaisers in einem Geheimvertrag versichert hatte, der die Teilung der Thronfolge in Spanien vorsah, falls der neue König, der noch ein Kind war, sterben sollte. England und die Vereinigten Niederlande – seit dem Vertrag von Breda (1667) miteinander versöhnt – und Schweden fanden sich nun bereit, zugunsten Spaniens einzugreifen. Ludwig XIV. schloß daraufhin mit Spanien Frieden, gab die Franche Comté zurück und erhielt territoriale Zugeständnisse in den spanischen Niederlanden, wodurch er für sein Königreich eine zunächst nur durch vorgeschobene Stützpunkte an den Hauptstraßen gesicherte Grenze gewann.

Trotz eines Bündnisses schien die politische und wirtschaftliche Rivalität mit den Vereinigten Provinzen der Niederlande nur in einem Krieg enden zu können. Ludwig XIV. bereitete ihn durch eine geschickte diplomatische Kampagne vor (Übereinkunft mit dem König von England und den deutschen Fürsten). Als der Krieg schließlich im Jahre 1672 ausbrach, errang der König so rasch aufsehenerregende Siege, daß ihm die Regierung der Niederlande zu erstaunlichen Bedingungen den Frieden anbot: Übergang über den Rhein bei Tolhuis und Besetzung von Utrecht. Anstatt sich damit zufriedenzugeben, folgte Ludwig XIV. seinen ehrgeizigsten Ratgebern und stellte derartige Ansprüche, daß den Niederländern nichts anderes blieb, als den Krieg fortzusetzen. Sie öffneten die Schleusen, ließen das flache Land vom Meer überfluten und hielten so den Vormarsch der französischen Armee auf. Im August wurde die bürgerliche Regierung Jan de Witt durch eine Revolution gestürzt, und die Militärpartei ernannte Wilhelm von Oranien zu ihrem Statthalter. Die Niederländer wußten, daß die europäischen Mächte nun nicht zögern würden, zu ihren Gunsten einzugreifen.

Der Kaiser, das Reich und der König von Spanien erklärten Frankreich den Krieg. An allen Fronten und auf dem Meer erwiesen sich die französischen Streitkräfte jedoch als überlegen. Weitere niederländische Städte wurden belagert und genommen, die Franche Comté zum zweitenmal besetzt. Turenne vertrieb die Kaiserlichen in einem schwungvollen Feldzug aus dem Elsaß. Als Gegenschlag wurden im Osten die Heere des mit Frankreich verbündeten Königs von Schweden 1675 bei Fehrbellin von Kurfürst Friedrich Wilhelm von Brandenburg besiegt. Dieser kluge Fürst, der nach langem Zögern endgültig für die Gegenseite Partei ergriffen hatte, war sich jedoch darüber im klaren, daß trotz einer heftigen Polemik gegen Ludwig XIV. im Reich der Ruf des französischen Königs keineswegs gelitten hatte und daß viele hier den Frieden ersehnten, um den geregelten Handel mit den Franzosen wieder aufnehmen zu können.

Ludwig XIV. hatte ebenfalls gute Gründe für einen Friedensschluß. Nach all seinen Siegen durfte er günstigste Bedingungen erwarten, die bei einer Verlängerung des Krieges vielleicht nicht mehr zu erreichen gewesen wären, denn die Unterstützung Englands wurde immer fraglicher und drohte sogar in Feindseligkeit umzuschlagen. Tatsächlich war der Friede von Nimwegen 1679 für Frankreich äußerst vorteilhaft. Spanien überließ ihm weitere Städte in den Niederlanden, so daß die Grenze jetzt geschlossen und gesichert war. Durch die Abtretung der Franche Comté gehörte nun auch ganz Burgund zum Königreich, Lothringen blieb von den Franzosen besetzt.

Friedrich Wilhelm betonte mit Recht, daß nun niemand mehr imstande war, Ludwig XIV. mit Erfolg die Stirn zu bieten. Frankreich erhob jetzt auch – angeblich auf Grund alter Rechte – Ansprüche auf Gebiete außerhalb der neuerworbenen Länder. Dazu wurden in Orten wie Besançon, Breisach und Douai besondere Gerichtshöfe, die »Reunionskammern«, errichtet mit dem Auftrag, nach alten Grundbüchern alle Besitzungen zu ermitteln, die früher einmal zu den von Frankreich neu erworbenen Gebieten gehört hatten. Die Kammern sollten sie zu Bestandteilen des Königreiches erklären. Trotz dem Anschein von Recht und Tradition war dies ein Wagnis, das sich nur ein mächtiger und allgemein gefürchteter Herrscher erlauben konnte. Nichts rechtfertigte jedoch die gewaltsame Besetzung von Straßburg im Jahre 1681, einer freien Reichsstadt, die sogar bereit gewesen war, französisch zu werden, und von Casale, das der Herzog von Mantua Frankreich überlassen hatte. Straßburg mit seinem Rheinhafen war der Schlüssel zum Elsaß, dessen Bindungen zum Reich sich vollständig gelöst hatten. Aus einem Konglomerat kleiner Grundherrschaften wurde das Elsaß zu einer Intendanz, also zu einer einheitlich verwalteten französischen Provinz. Casale war wie Pignerol eine starke, strategisch wichtige Stadt, von der aus Ludwig XIV. in die italienischen Angelegenheiten eingreifen und auf die Fürstentümer der Halbinsel einwirken konnte, indem er dem spanischen Einfluß die Waage hielt.

Seine aggressive Politik war indessen niemals unvorsichtig. Als Ludwig XIV. 1682 Luxemburg angriff, erfuhr er, daß die Niederländer sich anschickten, den Spaniern Hilfe zu leisten, und so hielt er es für klüger, die Unternehmung alsbald abzubrechen. Er erklärte, er habe gehört, der Sultan bereite eine Offensive gegen das Reich vor, und er wolle die Schwierigkeiten der christlichen Fürsten nicht noch vergrößern. Den Türken gegenüber aber verhielt er sich ganz anders. Der junge Sultan Muhammad und sein Wesir, Kara Mustafa Zade, bedrohten die Grenzen des Reiches. Die europäischen Fürsten – mit Ausnahme des französischen Königs –, der Papst, Venedig und diesmal sogar Rußland erkannten die gemeinsame Gefahr und erstrebten, gleichsam einer Kreuzzugsidee folgend, eine Union aller Christen. Ludwig XIV. indessen kannte nur ein einziges Ziel: die definitive

Anerkennung seiner Annexionen durch den Kaiser und ganz Europa; die Lage im Osten war nur eine Karte in seinem diplomatischen Spiel. Als Wien im Jahre 1683 schließlich von den Türken bedroht und belagert wurde, hoffte er, daß dies den Kaiser seinen Wünschen gefügiger machen würde – und dachte nicht daran einzugreifen. Truppen unter dem Herzog von Lothringen und dem König von Polen, Johann III. Sobieski, vor allem dessen gefürchtete Reiterei, vertrieben die Türken in einer überraschenden Offensive und bewahrten das Reich vor einer Invasion. Weder Ludwig XIV. noch seine Minister erkannten, daß sich in Europa ein bedeutsamer Wechsel vollzogen hatte und die Gelegenheit verpaßt war, den Ruf des Königs von Frankreich als des Allerchristlichsten Königs zu erhalten

Krise des europäischen Bewußtseins

Seit der Mitte der achtziger Jahre machte sich in Europa und auf der ganzen Welt eine Verlagerung der Kräfte bemerkbar. Mit dem Niedergang Ludwigs XIV. und Frankreichs ging das Schwergewicht der Macht an andere Länder, vor allem an England, über. Die Historiker sprechen von einer Krise des europäischen Bewußtseins und von einer Störung des Gleichgewichts nach einem halben Jahrhundert der französischen Vorherrschaft. Diese Vorherrschaft war indessen so fest gegründet, daß sie nicht mit einem Schlage ihr Ende finden konnte. Die Politik des Königs von Frankreich erreichte noch mehrere Jahre lang fast alle ihre Ziele. 1684 wurden zum Beispiel nach einem kurzen Krieg mit Spanien im Waffenstillstand von Regensburg die Reunionen für zwanzig Jahre anerkannt.

In der französischen Kultur, die sich allenthalben ausbreitete, konnte dagegen von einem Niedergang keine Rede sein. Racine schrieb zwar nicht mehr für das Theater, dafür schuf er für den Kreis der Madame de Maintenon in Saint Cyr die Meisterwerke *Esther* und *Athalie*. Bossuet hatte niemals kraftvoller gepredigt, La Fontaine veröffentlichte seine Fabeln, und La Bruyère arbeitete an seinen *Caractères*. Das Interesse für Wissenschaft und Philosophie fand von Tag zu Tag weitere Verbreitung. Fontenelle (1657–1757) lud 1686 zu Vorträgen über die Vielfalt der Welten ein und sprach über Kometen und Orakel. Der Erfolg der Modernen veranlaßte eine Diskussion über die Überlegenheit der Antike, und in der Kunst stritt man sich über den Vorrang der Zeichnung oder der Malerei. In Versailles errichtete Hardouin-Mansart die riesigen Nord- und Südflügel, und es wurde unablässig weitergebaut. Bis zum Ende der Regierung Ludwigs XIV. sammelten sich in Versailles, in Trianon und in Marly die Meisterwerke der Architekten, Bildhauer, Maler und Holzschnitzer an, beredte Zeugnisse für das anhaltende Streben nach Schönheit und einen sich immer weiter verfeinernden Geschmack. Paris, dessen Bevölkerung ständig wuchs, war ein Zentrum von Kunst und Kunsthandwerk, sein Reichtum an großen Künstlern gab ihm in ganz Europa einen einzigartigen Ruf.

In denselben Jahren wiesen die Berichte der Intendanten ständig auf die allgemeine Verarmung der Provinzen hin, eine Folge der altbekannten wirtschaftlichen Schwierigkeiten. Nur die energischen Maßnahmen und hartnäckigen Reformbestrebungen Colberts

– er starb 1683 – hatten eine weitere Verschlechterung der Lage verhütet. Immerhin kündigten sich damals so tiefgreifende wie weitreichende Änderungen an, die nur teilweise dem Willen der Regierung gehorchten.

Seit der Mitte des 16. Jahrhunderts waren die Geister von Reformation und Gegenreformation bewegt worden. Das Konzil von Trient hatte die Glaubenslehren der katholischen Kirche neu formuliert und Reformdekrete erlassen, wodurch die Aussöhnung mit den Protestanten erschwert wurde. Descartes hatte ein neues philosophisches System entwickelt, unter dessen Einfluß viele denkfreudige Zeitgenossen auf ihrer Suche nach Führung und Deutung geraten waren. Descartes machte *tabula rasa* mit den herkömmlichen Vorstellungen und erklärte, durch Nachdenken den Beweis für die Existenz Gottes und die Wahrheit des Evangeliums gefunden zu haben. Nun fragte man sogleich, ob der Verstand, den er damit gegen die traditionelle Autorität des Aristoteles und der Antike aufgerufen hatte, und seine cartesianische Methode von wagemutigen Schülern nicht auch gegen den Glauben und die Religion eingesetzt werden könnten. Als Bossuet es unternahm, alle Punkte zu widerlegen, in denen ihm der rechte Glaube gefährdet schien, und die Philosophen für verächtlich erklärte, die aus Gott das Prinzip einer allgemeinen Weltordnung machen wollten, in der jeder sich tummeln könne, wie er wolle, hatte er es auf einen gläubigen Christen und Ordensgeistlichen abgesehen, den Pater Malebranche, einen Schüler von Descartes: Wie verhalte sich der Gott der Philosophen zur göttlichen Gnade, zu dem »Tropfen Blut, der vom Erlöser für jeden Menschen vergossen war«, wie Pascal gesagt hatte, und zur Fürsprache der Jungfrau und der Heiligen? Im Jahre 1670 erschien der *Tractatus theologico-politicus* eines holländischen Juden, Baruch Spinoza, dessen Hauptwerk, »Die Ethik«, erst nach seinem Tode (1677) veröffentlicht wurde. Es enthielt eine Kritik der anerkannten Glaubensinhalte in Religion und Politik, eine pantheistische Weisheit von unbestreitbarer Größe, die den Menschen über seine Leidenschaft hinauswies; aber die Offenbarung und das Christentum blieben unberücksichtigt. Der Deutsche Leibniz dagegen hatte sich mit Bossuet nicht nur auf eine Polemik, sondern auch auf einen Dialog eingelassen, um herauszufinden, in welchen Punkten Katholiken und Protestanten, die schließlich an denselben Gott und denselben Christus glaubten, jenseits ihrer skandalösen Bruderkämpfe dieselben gemeinsamen grundlegenden Wahrheiten anerkennen könnten. Eine Einigung war jedoch nicht zu erzielen; jeder blieb bei seiner Meinung und hielt sie für die einzig richtige, die der Gegner verständigerweise und von Rechts wegen anerkennen müsse.

Ein Engländer, John Locke (1632–1704), verfaßte 1687 den *Essay concerning Human Understanding*. Nach seiner Meinung stütze sich unsere Erkenntnis nur auf Eindrücke, die die äußere Welt liefert, und auf Reflexion, verstanden als die Wahrnehmung der Übereinstimmung oder des Widerspruchs der Erscheinungen. Er war sicher nicht materialistisch, aber sein Empirismus ließ nur einen Weg, den Schöpfer zu begreifen: durch die Geschöpfe und innerhalb der Grenzen einer begrenzten Erfahrung.

Descartes hatte ein mechanistisches Weltbild entworfen, in dem der *horror vacui* eine wesentliche Triebkraft darstellte und das Verhältnis zwischen Geist und Materie als Dualismus von seelischer und körperlicher Substanz erklärt wurde. Leibniz fand diese Konzeption ungenügend und stellte ihr in seinem Monismus eine der Materie innewohnende Kraft entgegen, die in der unteilbaren Welt enthalten sei. Diese sei als Mikrokosmos und Spiegel des Universums aufzufassen. Gott sei die höchste Monade und erhalte in der erschaffenen Welt eine prästabilierte Harmonie.

Auf der Suche nach den Naturgesetzen wandten sich die Philosophen der Mathematik zu und erzielten darin große Fortschritte. Leibniz entwickelte und verwendete die Infinitesimalrechnung, die der Engländer Isaac Newton ebenfalls entdeckt hatte. Newton beschäftigte sich mit den Phänomenen des Lichts und der Bewegung und formulierte das Gesetz von der allgemeinen Anziehungskraft, das den Erkenntnissen Descartes widersprach und die Ideen von Kopernikus zu bestätigen schien.

Diese Theorien, die zu einer Revolution des Denkens führten und der Wissenschaft zu allgemeinem Fortschritt verhalfen, hatten selbstverständlich beim größeren Teil der Menschheit keine unmittelbare Wirkung. Aber die Philosophen beschäftigten sich auch mit der politischen Ordnung. Ihre Kritik richtete sich vor allem gegen die alten Werte. Sie bezweifelten die solidarische Autorität von König und Kirche und sahen im Volk die Quelle und die Begrenzung der Macht. Leibniz hätte gern die Herrscher ihre Kräfte für nutzbringende und vernünftige Unternehmungen einsetzen gesehen, anstatt sie in fruchtlosen Kriegen zu verausgaben. Er dachte an die Aufteilung der noch von den Türken besetzten Länder in Einflußsphären, wobei Ägypten an Frankreich gefallen wäre. Gewisse Unterschiede zeichneten sich ab: Spinoza war Niederländer, Leibniz Deutscher, Locke und Newton waren Engländer. Über der ganzen internationalen Welt der Gelehrten aber strahlte von London aus die Sonne der *Royal Society*. Wie Paul Hazard bemerkt hat, gab es keine lateinisch bestimmte geistige Hegemonie mehr. Von den Mittelmeerländern hatte sie sich zuerst nach Frankreich, dann in die Länder des Nordens verlagert, die wie in der Wirtschaft so auch hier den Übergang der Macht vom Süden in den Norden herbeigeführt hatten.

England hatte sich im Laufe weniger Jahre verwandelt. Obwohl ebensowenig wie die anderen Länder von der allgemeinen Situation unberührt geblieben, hatte es aus seinen Niederlassungen in Nordamerika und dem Seehandel großen Nutzen ziehen können. Die Ausgaben des Staates wurden vom Parlament kontrolliert. Ein fähiger Finanzminister, der Graf Danby (1673–1678), hatte die öffentlichen Schulden getilgt und die Schwächen der alten fiskalischen Organisation gewaltlos beseitigt. Wenn es die Umstände erforderten, beschloß das Parlament neue Steuern, die die wohlhabenden Schichten betrafen, ohne sie in Bedrängnis zu bringen. Der Wohlstand des englischen Volkes stand in krassem Gegensatz zu den finanziellen Verhältnissen des Königs, die oft recht dürftig waren: sein persönliches Einkommen bestand nur aus einer Pension des Königs von Frankreich.

Karl II. (1660–1685), ein rätselhafter Fürst, den die englische Geschichtsschreibung heute nachsichtiger als in der Vergangenheit beurteilt, hatte es stets verstanden, einen ernsthaften Konflikt mit dem Parlament zu vermeiden. Dies änderte sich bei seinem Nachfolger Jakob II. Dessen absolutistische Neigungen hatten, ganz abgesehen von seinem Übertritt zum Katholizismus und seiner Heirat mit einer italienischen Prinzessin, bei seinen Untertanen die Befürchtung erweckt, er neige einer dynastischen Politik zu und werde die Interessen des Volkes mißachten. Zudem wuchsen die Schwierigkeiten mit Frankreich. Man war überzeugt, daß sich Ludwig XIV. dem Seehandel zuwenden werde, sobald er eine unbestrittene Vormachtstellung auf dem Kontinent errungen hatte. Damit wäre England auf dem Atlantik ein Rivale erwachsen, von dem es alles zu fürchten hatte.

Ludwig XIV. gab sich mit der 1684 erreichten Anerkennung seiner Auslegung des Friedensvertrags von Nimwegen nicht zufrieden. Er verlangte für seinen Bruder, den Herzog von Orléans, einen Teil der Erbschaft von dessen Schwiegervater, dem Kurfürsten von der Pfalz. Auch hier fehlte der juristische Vorwand nicht. Als sich nun aber der Kaiser und die deutschen Fürsten in einer Liga gegen Frankreich zusammenschlossen, war er überzeugt, daß seine Feinde nur auf eine Gelegenheit warteten, ihm das streitig zu machen, was sie ihm, solange sie zu keinem Widerstand fähig gewesen, »freiwillig« zuerkannt hatten. Eine neuerliche Demonstration seiner Stärke sollte sie endgültig entmutigen. Ludwig verkannte aber die moralische Kraft der Koalition, die er selbst veranlaßt hatte.

Seit 1676 hatte ihm Papst Innocenz XI., wenn auch nicht aus grundsätzlichen Erwägungen, seine Gunst entzogen. Er hatte zunächst gehofft, der König von Frankreich werde sich für eine europäische Versöhnungspolitik und für die Verteidigung der Christenheit gegen die Türken einsetzen. Er mußte jedoch das Verhalten des Königs in religiösen Angelegenheiten mißbilligen, vor allem den maßlosen Anspruch des Königs, das Recht, das ihm während einer Sedisvakanz die Verfügung über Einkünfte und Patronatsrechte einiger französischer Diözesen zubilligte, auf alle Bistümer seines Reiches auszudehnen. Hinzu kam, daß der König auf einer geistlichen Versammlung 1681 über die vier Artikel der Gallikanischen Kirche abstimmen ließ, insbesondere über die strittige Frage, welche Rechte der Papst und welche das Konzil habe. Der König wurde vor die Wahl gestellt, entweder auf die Artikel zu verzichten oder die Exkommunikation auf sich zu nehmen. Im Jahre 1683 hatte den Papst der Starrsinn Ludwigs XIV. bei der Offensive der Türken tief enttäuscht. Zwei Jahre später aber wurde er durch den Widerruf des Edikts von Nantes überrascht, womit der König das Werk der Gegenreformation zu krönen gedachte; zudem hielt er sich auf diese, wie er meinte, für die Kirche ebenso vorteilhafte Tat wie die Befreiung von Wien viel zugute. Dann hatte ein unbedeutender Streit über die Abgabenfreiheit der französischen Botschaft in Rom die Besetzung Avignons, das päpstliches Gebiet war, nach sich gezogen. Der Papst mußte erstaunt feststellen, daß die anderen katholischen Fürsten, also der König von Spanien und der Kaiser, ihren schuldigen Respekt gegenüber dem Heiligen Stuhl auf sehr andere Weise erwiesen.

Der Widerruf des Edikts von Nantes hatte Ludwig XIV. das Vertrauen der europäischen Katholiken nicht zurückgeben können, es hatte ihn aber seinen Verbündeten unter den protestantischen Mächten entfremdet. Zwei Monate später, im November 1685, öffnete der Kurfürst von Brandenburg mit dem Edikt von Potsdam den französischen Protestanten sein Land, und die Niederlande taten es ihm nach. In Frankreich selbst hatte der Widerruf höchst ungünstige Auswirkungen. Die reichen Protestanten und die Intellektuellen wählten den einzigen Ausweg, der ihnen blieb. Sie flüchteten und nahmen ihr Kapital und ihre Fähigkeiten mit. Wer gezwungen war, im Lande zu bleiben, schwor unter dem Zwang von Gewaltmaßnahmen, den *Dragonnades*, ab. All dies empfanden die Franzosen als unerträglich, denn sie waren schon damals weitgehend an vernunftgemäßes Handeln und Respekt vor der menschlichen Würde gewohnt. Nur dem Scheine nach gewann die Gallikanische Kirche neue Anhänger, die Herzen blieben verbittert und voller Widerstand. In dieser Periode innerer Unruhe und äußerer Schwierigkeiten erließ Ludwig XIV., blind gegenüber den Auswirkungen seiner Entscheidungen, das Manifest vom September 1688 über die provisorische Besetzung der Pfalz unter dem Vorwand, ein Glacis schaffen zu müssen. Er erwartete tatsächlich, daß man alle seine Ansprüche erfüllen würde.

Als Antwort darauf fand sich unverzüglich eine europäische Koalition auf der Grundlage der Liga von Augsburg zusammen. Aber erst mußten in England die Voraussetzungen für einen erfolgreichen Kampf geschaffen werden. Das englische Parlament hatte begriffen, daß sie nicht bestanden, solange ein König auf dem Thron saß, der dem Katholizismus zuneigte und ein Schützling Ludwigs XIV. war. Ihn zu stürzen, bedurfte es keines Bürgerkriegs, denn er hatte zwei protestantische Töchter aus seiner ersten Ehe mit einer Engländerin; die ältere war mit dem Statthalter der Niederlande, Wilhelm von Oranien, verheiratet. Dieser Fürst, ein Verwandter des Kurfürsten von Brandenburg, war der entschlossenste Gegner Ludwigs XIV. und der moralische Anführer der protestantischen Allianz, der sich bald auch Schweden anschloß. Er verständigte sich mit dem englischen Parlament, reiste nach England und wurde als König anerkannt; sein Schwiegervater, Jakob II., flüchtete nach Frankreich. Wilhelm III. liebte England nicht und hat sich dort auch niemals wirklich eingelebt. Das fiel aber nicht ins Gewicht, denn niemand fragte nach den gefühlsmäßigen Bindungen zwischen König und Volk. Die Engländer haßten zwar ihr angestammtes Königshaus, die Stuarts, nicht. Sie wollten nur unter allen Umständen ihre Verfassung behalten, und damit war der neue Souverän einverstanden. In einer Deklaration, die Wilhelm und Maria 1689 unterzeichneten, wurden die Rechte des Herrschers und des Volkes genau festgelegt.

Diese friedliche Revolution in England bildet einen Markstein in der europäischen Geschichte des 17. Jahrhunderts, denn sie bezeichnet den Niedergang des absolutistischen Prinzips und die Verlagerung der Zentralgewalt vom König auf die politischen Kräfte des Volkes. Man kann hier durchaus von »politischen Kräften« sprechen, denn es handelte sich in England keineswegs um eine Massenbewegung, sondern um den Sieg einer Aristokratie, die sich unabhängig von Grundbesitz und Geburt durch Leistung und Kapitalbildung gebildet hatte. – Als Zentrale des Geldwesens und Kreditinstitut wurde 1694 die Bank von England gegründet.

Eine Koalition gegen Ludwig XIV. erforderte nicht nur bedeutende Land- und Seestreitkräfte, sondern auch die Mittel zu ihrem Unterhalt. Schiffe und Matrosen konnten die Seemächte beisteuern, ebenso Geld, denn seit einigen Jahren waren durch den erfolgreichen Handel erhebliche Geldmittel zurückgeflossen, so daß große Reserven vorhanden waren. Auf dem Kontinent mußten jedoch Armeen eingesetzt werden, die Kaiser und Reich leichter als Spanien bereitstellen konnten. Das Anwachsen der europäischen Bevölkerung war zu spüren, vor allem im tschechischen Bauernstand. Die kaiserlichen Heere waren nach der Befreiung von Wien unter hervorragenden fürstlichen Heerführern, dem Herzog von Lothringen, dem Markgrafen von Baden und dem Kurfürsten von Bayern, mit der Wiedereroberung

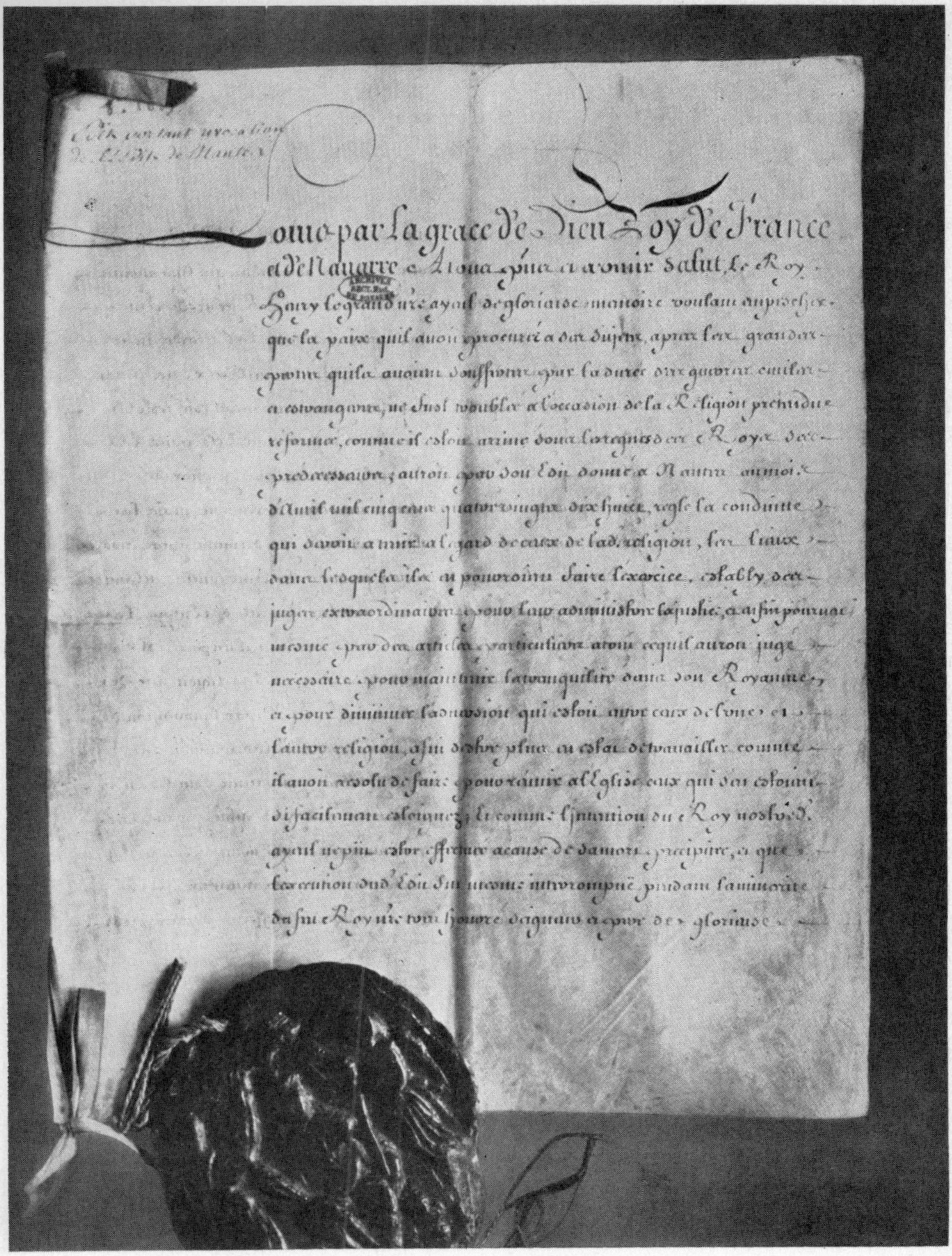

Der Widerruf des Edikts von Nantes
Die erste Seite des in Fontainebleau im Oktober 1685 unterzeichneten Dokuments
Paris, Archives Nationales

Stift Melk an der Donau. Bau von Jakob Prandtauer, ab 1702

Ungarns beschäftigt; 1686 war Buda eingenommen worden. In diesen Kämpfen hatte die kaiserliche Armee Erfahrungen sammeln können. Sie war jetzt besser organisiert, besser bewaffnet und diszipliniert und stellte eine Macht von ernstzunehmender Stärke dar. In Ungarn hatte nach einer letzten Revolte der kaiserfeindlichen Adelsgruppe (»Kurutzen«), die von den Kaisertreuen (den »Labanc«) unbarmherzig unterdrückt worden war, der ungarische Reichstag praktisch die Erblichkeit der Krone zugunsten Habsburgs beschlossen, indem er 1687 einen Sohn des Kaisers als König anerkannte. Nach der Geburt zweier Kaisersöhne – Joseph (1678) und Karl (1685) – war die Erbfolge gesichert, und das Haus Österreich konnte mit Recht den Rang einer Großmacht beanspruchen, wenn auch seine Macht noch neu und wenig gefestigt war. Die Teilnahme an einem Krieg im Westen mußte die Kampfkraft der Armee im Osten schwächen, aber selbst mit Hilfe spanischer und schwedischer Truppen hätte sie den Kampf mit Frankreich kaum bestehen können. Rekrutierung, Munition und Bewaffnung kosteten zu allem hin viel Geld. Das Reich und die Erblande des Kaisers mit ihrer agrarischen Struktur waren auf die Dauer nicht in der Lage, die erforderlichen Summen aufzubringen. Das änderte sich jedoch, als mit Unterstützung Englands und der Niederlande die Koalition Gestalt annahm. Ludwig XIV. fürchtete diesen Bund zwischen dem Reichtum der Seevölker und dem militärischen Potential der kontinentalen Mächte.

Der König hatte mitangesehen, wie sich die Wirtschaftskraft der Seemächte entwickelte; er hatte sich stets damit zufriedengegeben, weil die Fürsten fügsam schienen und er glaubte, sie notfalls einschüchtern zu können. Jetzt aber sah er sich den beiden Mächten als Gegner gegenüber, während er in einem Krieg nur die eigenen Steuereinkünfte zur Verfügung hatte. Eine neue Steuer, die *Capitation*, wurde eingeführt und belastete vor allem die Bevölkerung auf dem Lande, die mehr und mehr in Not geriet. Der Koalitionskrieg von 1688 bis 1697 war also für Frankreich eine harte Kraftprobe – hart, aber nicht tödlich. Durch Einberufung der Milizen konnten zahlreiche Regimenter aufgestellt werden, von einem wohlausgebildeten Offizierskorps straff geführt. Das von Vauban errichtete Festungssystem schützte Frankreich gegen eine Invasion und ermöglichte Offensiven in Feindesland. Die Heere des Königs kämpften mit Erfolg in den Niederlanden – dort wurde Namur genommen –, am Rhein und sogar in Spanien, wo Katalonien erobert wurde. In Italien ging es gegen den Herzog von Savoyen, einen ehrgeizigen Fürsten, der seinen Vorteil stets bei der Partei suchte, die er für die stärkste hielt. Die Flotte erlitt eine schwere Niederlage bei La Hougue (1692), aber die Streifzüge der Korsaren fügten dem feindlichen Handel empfindlichen Schaden zu.

Spät, doch gerade noch im richtigen Augenblick, paßte Ludwig XIV. seine Politik den veränderten Umständen an. Er hörte auf die Ratschläge eines Mannes, der zur Mäßigung riet. Pomponne, wieder zur Leitung der auswärtigen Angelegenheiten berufen, fand gewisse Ansprüche der Reunionspolitik unhaltbar, der König sollte sie gegen konkrete Zugeständnisse im Elsaß aufgeben. Der Besitz Straßburgs jedoch bedeutete einen derartigen Vorteil, daß es unter allen Umständen gehalten werden mußte, selbst wenn der Kaiser die Rückgabe verlangte. Den Herzog von Savoyen konnte man zum Ausscheiden aus der Koalition veranlassen

Auf dem Kongreß von Ryswijk (1696) gingen die französischen Diplomaten vernünftig und geschickt vor. Sie verzichteten endgültig auf Breisach, Freiburg und Philippsburg, stimmten der Rückgabe Lothringens an seinen Herzog und Kataloniens an Spanien zu, womit sie sich allmählich dem Standpunkt der anderen Mächte annäherten. Ihr großer Erfolg war die Bestätigung des Besitzes von Straßburg und dem Elsaß und, nach dem Ausspruch eines Historikers, die Tatsache, daß im Norden diese Provinz durch das Tal der Queich abgegrenzt war. Das Elsaß, seit 1648 zwischen dem Reich und Frankreich hin und her gerissen, wurde nun kraft internationalen Rechts zu einer französischen Provinz, was es dank der Intendanten faktisch schon längst geworden war. Die Nachteile für die Sicherheit des Königreiches, die sich aus der Rückgabe Lothringens ergaben, wurden durch den Besitz des Saartals ausgeglichen. Als sich das Jahrhundert seinem Ende näherte, war Frankreich nicht mehr die führende Macht, die es zwanzig Jahre zuvor gewesen war. Im Vergleich mit den anderen Staaten jedoch war es ein solides, reiches, gut verwaltetes und regiertes Land. Seine allgemeine Entwicklung unter den schwierigen Umständen dieser Zeit sicherte ihm immer noch den ersten Platz unter den europäischen Mächten.

Die Länder mit einer leistungsfähigen Textilindustrie hatten seit etwa zwanzig Jahren wieder einen wirtschaftlichen Aufschwung erlebt; vermehrte Produktion für den amerikanischen und orientalischen Markt hatten gute Gewinne gebracht. Vielversprechende Aussichten zeigten sich für eine wirtschaftliche Zusammenarbeit der verschiedenen habsburgischen Länder und veranlaßten den Nationalökonomen Philipp Wilhelm von Hörnigk, einer Schrift den bedeutsamen Titel zu geben: »Österreich über alles, wenn es nur will« (1684). Das war zwar ein großes Wort, aber auch ein bedeutsamer Hinweis auf eine zukünftige Entwicklung. Die einzelnen Länder, die bislang nebeneinander wirtschafteten, wenn sie auch demselben Fürsten untertan waren, konnten leicht zu einer großen Wirtschaftsmacht zusammengeschlossen werden. Die Zentralbehörden für die habsburgischen Länder, der Geheime Rat für die allgemeine Politik, der Hofkriegsrat und die Hofkammer, konnten jedoch Ideen dieser Art nicht verwirklichen. Noch weniger vermochten sie, die wirtschaftlichen Möglichkeiten wirksam zu koordinieren, wie es trotz allem in Frankreich geschehen war. Die höchsten Staatsämter lagen in den Händen einer Aristokratie, die dem Kaiser in Regierung, diplomatischem Dienst und Armee getreulich diente, in den entscheidenden Augenblicken aber eifersüchtig darauf bedacht war, die alte Ordnung und ihre alten fiskalischen Vorrechte zu erhalten. Sie schienen sich nicht zu fragen, wie denn der Kaiser ohne finanzielle Mittel mit Erfolg große Politik machen könne.

Das große Land mit all seinen wirtschaftlichen Möglichkeiten, seinen fähigen Staatsbeamten und seiner guten Armee stand im Zeichen einer als ganz natürlich betrachteten Geldverlegenheit des Staates. Währenddessen bildeten sich erhebliche Privatvermögen; die hohen Einkünfte der Aristokratie und der Mönchsorden – Benediktiner, Zisterzienser und Augustiner – wurden für den Bau von Palästen und Kirchen verwendet und kaum in Handel oder Industrie investiert.

Nachdem Wien nicht mehr von den Türken bedroht war, hatte dort eine rege Bautätigkeit eingesetzt. Italienische Architekten, wie Tencalla und Martinelli, und Dekorateure aus

Rom, wie der ausgezeichnete Andrea Pozzo (1642–1709), der Meister der berühmten Fresken von San Ignazio, arbeiteten an der Verschönerung der Stadt. In ganz Österreich wurde eifrig gebaut, wobei man sich allmählich von ausländischen Einflüssen freimachte. Wie fünfzig Jahre zuvor in Frankreich lösten einheimische Künstler, die ihren eigenen Stil gefunden hatten, nach und nach die Italiener ab.

Die Baubewegung war von Salzburg ausgegangen; diese bischöfliche Residenz und Universitätsstadt stellte eine Art Bindeglied zwischen Italien, dem Reich und den Erblanden des Kaisers dar und übte starken Einfluß auf ihre Nachbarländer aus. Johann Bernhard Fischer von Erlach (1656–1723) hatte dort die Dreifaltigkeitskirche erbaut, zu der er durch die Kirche San Agnese auf der Piazza Navona in Rom angeregt worden war. Außerdem schuf er den originelleren und harmonischeren Bau der Kollegienkirche, die ihrerseits ein häufig nachgeahmtes Vorbild und eine Quelle vielfältiger Anregungen werden sollte. Er wurde dann nach Wien berufen, wo er die Pläne für Schönbrunn und für die Residenz des Kaisers, die Hofburg, entwarf. Der kultivierte, weitgereiste Mann, der auch Rom und London kannte, verfügte über eine unerschöpfliche Phantasie, einen ausgeprägten Sinn für monumentale Größe und ein untrügliches Gefühl für architektonische Wirkung. Er verlieh dem österreichischen Barock den ihm eigenen Geist, der so ganz dem Wesen der Bevölkerung der Donauländer mit ihrem hochentwickelten musikalischen Empfinden, ihrem Wohlgefallen an der Eleganz und ihrem lebhaften Interesse für die Schönheiten der Natur entsprach.

Ein anderer Architekt, Jakob Prandtauer (1660–1726), ein Ingenieur aus St. Pölten, errichtete auf vorspringenden Felsen hoch über der Donau den unvergleichlichen Klosterbau von Melk. Wie der Escorial beherrscht er die hügelige Landschaft, aber in seiner Größe und Strenge gemildert durch eine liebenswürdige Anmut. Der Maler Johann Michael Rottmayer (1654–1730) malte das Kloster in großzügigem, ernstem Stil aus. Er war der erste deutsche Maler, der neben den Italienern einen so bedeutenden Auftrag ausführte.

Der Barock der Donauländer stand bis zur Mitte des 18. Jahrhunderts in ununterbrochener Blüte. Weder Kriege noch Katastrophen vermochten seine Ausbreitung zu hindern, Ereignisse, die zur Errichtung von Pestsäulen und Votivkirchen führten und ihn zu besonderer Entfaltung anregten. In der europäischen Kultur nahm er zunächst eine einzigartige Stellung ein und wurde dann aber bis zur Ungerechtigkeit verkannt. Trotz der vielen Bauten in Wien, Prag, Preßburg und anderen Städten war der neue Baustil ursprünglich keine eigentlich städtische Architektur, zu der er sich erst sehr viel später entwickelte. Er ging von den fürstlichen Wohnbauten und den Jesuiten- und Votivkirchen aus, bei deren Ausgestaltung von den Künstlern Phantasie und Einfühlungsvermögen verlangt wurden. Das Lyrische dieses Stils, das sich in vielfältigster Weise ausprägte, stand im Gegensatz zu der kühlen Monumentalität des französischen Klassizismus und zu der harmonischeren Großartigkeit des römischen Barock. Für die dekorativen Künste der Freskenmaler, die sich vom venezischen Italien inspirieren ließen, und der Stukkateure, die damals in großer Zahl in Süddeutschland arbeiteten, wurden mit Vorliebe lebhafte, klare Farben verwendet. Sie belebten die Bogen und Kuppeln und milderten den Ernst der Bibliotheken und die Feierlichkeit der Prunkräume. In der Bildhauerei fand die weitverbreitete

Verehrung der örtlichen Heiligen allenthalben ihre Form in den dramatisch bewegten Heiligenstatuen mit ausdrucksvollen Gebärden und lebhaftem Faltenwurf der Kleidung. Ein markantes Beispiel sind die Figuren auf der Karlsbrücke in Prag, die zwischen 1680 und 1720 entstanden.

Die Tatsache, daß in den verschiedenen Gegenden der kaiserlichen Länder so viele Werke desselben Stils, desselben Geistes und oft sogar derselben Künstler anzutreffen sind, scheint auf eine Art Gemeinsamkeit des Empfindens, eine geistige und seelische Übereinstimmung und gleiche Auffassungen und Ideale hinzudeuten. Ohne Zweifel trug die Kunst dazu bei, ein Nationalbewußtsein zu wecken, aber sie genügte nicht, um es auszubilden. Es fehlte ein politischer Wille, der es zu klären und zu stärken vermocht hätte. In den Erblanden hielt sich, ungeachtet der erreichten Fortschritte, ein Gefühl der Vorläufigkeit, das keine großen Pläne aufkommen ließ. Gleichwohl schlugen sich die österreichischen Heere gut. Sie führten Krieg am Rhein und in Italien und betrieben die Wiedergewinnung Ungarns. Ein Heerführer von seltenem Format, der Prinz Eugen von Savoyen, stand an ihrer Spitze. Obwohl als Sohn einer Mancini und Enkel einer Soissons Halbfranzose, war er in den Dienst des Kaisers getreten. Im Jahre 1697 errang er bei Zenta einen Sieg über die Türken, der den Frieden von Karlowitz (1699) vorbereiten half. Damals wurde ganz Ungarn mit Ausnahme des Banats mit Temesvar dem Kaiser zuerkannt.

Durch diesen territorialen Gewinn stieg das Ansehen des Kaisers im Reich, wo in mancher Hinsicht noch die alte Ordnung herrschte. Niemand bemühte sich jedoch, dies Ansehen in politischen Einfluß umzumünzen. Dagegen förderten wirtschaftliche und religiöse Kräfte, von einer geschickten Regierung gesteuert, den Aufstieg des Hauses Brandenburg, dessen Haupt 1701 die Würde eines Königs in Preußen erlangte. Es ist in gewisser Weise paradox, daß dieser Staat aus unzusammenhängenden, mehr oder weniger reichen und bevölkerten Provinzen einen derartigen Erfolg erringen und durch emsiges Streben, bei rauhen Sitten, auf die Dauer seine Macht behaupten konnte. Während die kleinen Residenzen Westdeutschlands trotz der Nachwirkungen der Kriege die französiche Zivilisation übernahmen, wurde Norddeutschland sich seiner Eigenständigkeit bewußt. Arbeitsam und geduldig bemüht, blieb es trotz der pietistischen Strömung der lutherischen Religion treu und widmete der Pflege der Sakralmusik besondere Aufmerksamkeit. Im Reich blieben die regionalbedingten Unterschiede in Lebensart und Empfindsamkeit bestehen, während sich die habsburgischen Länder enger zusammenschlossen, ohne jedoch eine Anziehungskraft auf die anderen Gebiete in Deutschland auszuüben.

Am Frieden von Karlowitz war auch Rußland beteiligt. Zur Würdigung der vollen Bedeutung dieses Umstandes muß die erstaunliche Entwicklung berücksichtigt werden, die in diesem Lande vor sich gegangen war. Während des ganzen Jahrhunderts hatte sich Rußland, durch die Macht der Umstände gezwungen, unaufhaltsam, wenn auch nur sehr langsam, den westlichen Einflüssen geöffnet. Es hatte sich mit dem Kaiser und mit Polen im Kampf gegen die Türken verbündet. Angesichts der Fortschritte der Landwirtschaft in den fruchtbaren Gebieten des Südens drängte sich der russischen Politik ein Ziel auf: die

Wiedergewinnung von Asow, um wenigstens einen indirekten Zugang zum Mittelmeer zu gewinnen. Obwohl die oft allzu starke Betonung des asiatischen Charakters Rußlands zu Täuschungen führt, ist nicht zu leugnen, daß das patriarchalisch regierte bäuerliche Land, dessen Städte lediglich große Siedlungen um eine Festung darstellten, im Vergleich zum übrigen Europa außerordentlich rückständig war. Mit vierzehn Millionen Einwohnern war es nur dünn besiedelt. Die herrschende Schicht waren die Großgrundbesitzer, die Bojaren, die für ihren ungeheuren Reichtum keine Anlagemöglichkeiten in der Industrie suchten. Gegen 1690 gab es nicht mehr als zehn bis zwanzig Fabriken im ganzen Lande.

Selten wurde einem Manne seine Rolle stärker von den Umständen vorgeschrieben als dem Zaren Peter I. von Rußland. Der Sohn aus der zweiten Ehe des Zaren Alexej Michailowitsch wuchs zusammen mit seinem Bruder Iwan V. unter der Regentschaft seiner älteren Schwester Sophie heran. Er nahm Fühlung auf mit der ausländischen Kolonie von Kaufleuten und Abenteurern in den Vorstädten Moskaus und lernte durch sie die technische Überlegenheit Europas kennen. Inkognito schloß er sich einer Gesandtschaft an, die er in den Westen schickte, und lernte aus eigener Erfahrung Städte und Häfen, Handel und Regierungssystem der westlichen Staaten kennen. Als Autodidakt, der für die ihm kaum bekannten russischen Traditionen nur Abscheu und Verachtung übrig hatte, ging er daran, sein Land zu reformieren und dort westeuropäische Einrichtungen einzuführen. Er richtete sein Augenmerk vor allem auf die Niederlande, deren Technik, Fleiß und geistige Unabhängigkeit er bewunderte, und auf Schweden, dessen Regierung ihm gefiel, das er aber sonst nicht sehr liebte, da er es für einen gefährlichen Rivalen und natürlichen Gegner Rußlands hielt.

Er reformierte die traditionelle, religiöse und aristokratische Monarchie zu einem bürokratischen Militär- und Polizeiregime, dessen wichtigste Organe der Senat, die Ministerkollegien, eine Geheimkanzlei und die Staatspolizei waren. Die orthodoxe Kirche ließ er seine Macht spüren. An Stelle der Patriarchen setzte er eine Heilige Synode ein, in der er durch einen Generalprokurator vertreten war und so alle seine Entscheidungen durchsetzen konnte; seitdem war die Kirche offiziell dem Zaren unterstellt. Sein Wunsch nach raschen Fortschritten drängte ihn dazu, Fabriken zu gründen, eine Flotte zu bauen, die Eisenerzlager im Ural zu erschließen, deren Ausbeute er als Konkurrenz für die schwedischen Erze an England zu verkaufen gedachte, und staatliche Manufakturen zu gründen, in denen neben den Sklaven auch bezahlte Arbeitskräfte beschäftigt werden sollten. Die zweihundert neuen Fabriken in fünfunddreißig Jahren beweisen das Ausmaß seiner Aktivität. Aber er hatte wohl weder die Zeit, noch verfügte er über die notwendige Erfahrung, um die russische Gesellschaftsordnung grundlegend zu verwandeln. Die Probleme des *Raskol*, des religiösen Schismas und der Leibeigenschaft, blieben ungelöst, ja verschärften sich eher noch unter seiner Regierung. Er zwang einem Rußland, dessen Züge von der Vergangenheit und ihren Mängeln geprägt waren, die äußeren Formen eines westlichen Staates auf; er verließ Moskau, die natürliche Hauptstadt, um die sich im Laufe der Zeit der russische Staat gebildet hatte, und gründete in einer wilden, prachtvollen Gegend die neue Hauptstadt St. Petersburg – dem Land gegenüber, dem es zu trotzen galt: Schweden. In allen Phasen seiner Reformen hatte er viele Techniker aus dem Ausland herangezogen, da

Das Haus Bourbon

Franz I.
König von Frankreich
1494–1547
reg. 1515–1547
∞ 1. Claudia
Tochter Ludwigs XII.,
Königs von Frankreich
1499–1524
Hochz. 1514

Karl von Bourbon
Herzog von Vendôme
1489–1537
Herzog 1515–1537
∞ Franziska
Tochter Renatus',
Herzogs von Alençon
gest. 1550
Hochz. 1513
(Schwester Hzg.
Karls von Alençon)

1. Karl (IV.)
Herzog von Alençon,
Connetable v. Frankreich
1489–1525
reg. 1492–1525

2. Heinrich II.
(Henri d'Albret)
Titularkönig von Navarra
1503–1555
Königstitel seit 1517

∞ Margarete (von Angoulême)
Schwester Franz' I.,
Königs von Frankreich
1492–1549
1. Hochz. 1509, 2. Hochz. 1527

Heinrich II.
König von Frankreich
1519–1559
reg. 1547–1559
∞ Katharina von Medici
Tochter Lorenzos II.,
Herzogs von Urbino
1519–1589
Hochz. 1533

Anton von Bourbon
Herzog von Vendôme,
König von Navarra
1518–1562
Hzg. 1537,
König 1555–1562

∞ Johanna
(Jeanne d'Albret)
Königin und Erbin
von Navarra
1528–1572
reg. 1555–1572
Hochz. 1548

Karl
Kardinal, Erzbischof von Rouen
1523–1590
Kardinal 1548
Erzbischof 1550–1582
Gegenkönig (Karl X.)
1589

(Frankreich)

Franz II.
König von Frankreich
1544–1560
reg. 1559–1560

Karl IX.
König von Frankreich
1550–1574
reg. 1560–1574

Heinrich III.
König von Frankreich
1551–1589
reg. 1574–1589
König von Polen
1574–75

Heinrich IV.
König von Navarra u. Frankreich
1553–1610 ermordet
reg. in N. seit 1572, in F. seit 1589
∞ 1. Margarete
1553–1615
Hochz. 1572
1599 geschieden
∞ 2. Maria von Medici
Tochter Franz' I.
Großherzogs von Toskana
1573–1642
Hochz. 1600
Regentin von Frankreich 1610–23

Karl (natürlicher Sohn)
Herzog von Angoulême
1573–1650
Herzog 1619–1650
(Mutter: Maria Touchet)
(1696 bzw. 1701 ausgestorben)

Ludwig XIII.
König von Frankreich
1601–1643
reg. 1610–1643
∞ Anna
Tochter Philips III.,
Königs von Spanien
1601–1666
Hochz. 1615
Regentin von Frankreich 1643–51

Maria Christine
Gemahlin Victor Amadeus' I.,
Herzogs von Savoyen
1587–1637
Hochz. 1619

Isabella (Elisabeth)
Gemahlin Philipps IV.,
Königs von Spanien
1602–1644
Hochz. 1621

Karl I.
Sohn Jakobs I.,
König von England
1600–1649 hinger.
reg. 1625–1649
∞ Henriette Marie
1609–1669
Hochz. 1625

Ludwig XIV.
König von Frankreich
1638–1715
reg. (1643) 1661–1715
∞ Maria Theresia
Tochter Philipps IV.,
Königs von Spanien
1638–1683
Hochz. 1660

(Orléans)

Philipp I.
Herzog von Orléans
1640–1701
Herzog 1660
∞ 1. Henriette
1644–1670
Hochz. 1661
∞ 2. Elisabeth Charlotte
Tochter Karl Ludwigs,
Kurfürsten von der Pfalz
1652–1722
Hochz. 1671

(Maine)

(Penthièvre)

Ludwig
Dauphin von Frankreich
1661–1711
∞ Maria Anna
Tochter Ferdinand Marias,
Kurfürsten von Bayern
1660–1690
Hochz. 1680

Maria Luise
Gemahlin Karls II.,
Königs von Spanien
1662–1689
Hochz. 1679

Philipp II.
Herzog von Orléans (1701)
1674–1723
Regent von Frankreich 1715–1723
∞ Franziska Maria
(Mlle. de Blois) (nat. Tochter)
(Mutter: Marquise de Montespan)
1677–1749, Hochz. 1692

Ludwig August (nat. Sohn)
Herzog von Maine
1670–1736
(Mutter: Marquise de Montespan)
∞ Luise
Tochter des Heinrich Julius,
Prinzen von Condé
1676–1753
Hochz. 1692

Ludwig Alexander (nat. Sohn)
Herzog von Penthièvre
1678–1737
(Mutter: Marquise de Montespan)
∞ Marie Viktoria
Tochter des Ludwig Anna,
Herzogs von Noailles
1688–1766, Hochz. 1723

(Spanien)

Ludwig
Dauphin von Frankreich
1682–1712
Dauphin 1711
∞ Maria Adelheid
Tochter Viktor Amadeus' II.,
Königs von Sardinien
1685–1712
Hochz. 1697

Philipp V.
(Philipp, Herzog von Anjou,)
König von Spanien
1683–1746
König 1701 (1713)
1724 zeitweilig abgedankt
∞ 1. Maria Luise
Gabriele
Tochter Viktor
Amadeus' II.,
Königs von Sardinien
1688–1714
Hochz. 1702
∞ 2. Elisabeth
Farnese
Tochter Eduards II.,
Herzogs von Parma
1692–1766
Hochz. 1714

Karl
Herzog von Berry
und Alençon
1686–1714
∞ Maria Luise
1695–1719
Hochz. 1710

Ludwig
Herzog von
Orléans (1723)
1703–1752
∞ Auguste
Tochter Ludwig
Wilhelms,
Markgrafen von Baden-Baden
1704–1726, Hochz. 1724

Luise Elisabeth
Gemahlin Ludwigs,
Königs von Spanien
1709–1742
Hochz. 1723

Luise Diana
Gemahlin des
Ludwig Franz,
Prinzen von Conti
1716–1736
Hochz. 1732

Ludwig Johann
Herzog von
Penthièvre
1725–1793
∞ Maria Theresia
d'Este
Tochter Franz' III.,
Herzogs von Modena
1726–1754
Hochz. 1744

(Parma)

Ludwig XV.
König von Frankreich
1710–1774
reg. (1715) 1723–1774
∞ Maria Leszczinska
Tochter Stanislaus' I.,
Königs von Polen
1703–1768
Hochz. 1725

Ludwig
König von Spanien
1707–1724
reg. 1724
∞ Luise
Elisabeth
Tochter Phillips II.,
Herzogs von Orléans
1709–1742
Hochz. 1723

Ferdinand VI.
König von Spanien
1713–1759
reg. 1724–1759
∞ Marie Barbara
Tochter Johanns V.,
Königs von Portugal
1711–1758
Hochz. 1729

Karl III.
Herzog von Parma und Piazenza,
König beider Sizilien,
König von Spanien
1716–1788
Hzg. von P. und P. 1731–1735
König beid. Siz. 1738–1759
König von Spanien 1759–1788
∞ Maria Amalia
Tochter Friedrich Augusts II.,
Kurfürsten von Sachsen
1724–1760, Hochz. 1738

Philipp
Herzog von Parma,
Piacenza und Guastalla
1720–1765
reg. 1748–1765
∞ Luise Elisabeth
Tochter Ludwigs XV.,
Königs von Frankreich
1727–1759
Hochz. 1738

Maria Theresia
Antoinette
Gemahlin Ludwigs,
Dauphins von
Frankreich
1726–1746
Hochz. 1745

Ludwig Philipp I.
Herzog von Orléans (1752)
1725–1785
∞ Luise Henriette
Tochter Ludwig
Armands II.,
Prinzen von Conti
1726–1759
Hochz. 1743

(Neapel/Sizilien)

Luise Elisabeth
Gemahlin Philipps,
Herzogs von Parma
1727–1759
Hochz. 1738

Ludwig
Dauphin von Frankreich
1729–1765
∞ 1. Maria Theresia
Antoinette
Tochter Philipps V.,
Königs von Spanien
1726–1746
Hochz. 1745
∞ Maria Josepha
Tochter Friedr. Augusts II.,
Kurfürsten von Sachsen
1731–1767
Hochz. 1747

Marie Luise
(Maria
Ludovica)
Gemahlin Kaiser
Leopolds II.
1745–1792
Hochz. 1765

Karl IV.
König von Spanien
1748–1819
reg. 1788–1808
∞ Marie Luise
Tochter Philipps,
Herzogs von Parma
1751–1819
Hochz. 1765

Ferdinand I.
König (Ferdinand IV)
von Neapel,
König beider Sizilien
1751–1825
König von Neapel 1759
König beider Sizilien 1816
∞ 1. Maria Karolina
Tochter Kaiser Franz' I.
1752–1814, Hochz. 1768

Maria Isabella
Gemahlin Kaiser Josephs II.
1741–1763
Hochz. 1760

Ludwig XVI.
König von Frankreich
1754–1793 hinger.
reg. 1774–1792 abges.
∞ Marie Antoinette
Tochter Kaiser Franz' I.
1755–1793 hinger.
Hochz. 1770

Ludwig XVIII.
König von Frankreich
1755–1824
reg. 1814/15–1824
∞ Luise
Tochter
Viktor Amadeus' III.,
Königs von Sardinien
1753–1810
Hochz. 1771

Karl X.
König von Frankreich
1757–1836
reg. 1824–1830
∞ Marie Therese
Tochter Viktor Amadeus' III.,
Königs von Sardinien
1756–1805
Hochz. 1773

Maria Theresia
Karoline
zweite Gemahlin
Kaiser Franz' II.
1772–1807
Hochz. 1790

Luise
(Maria Ludovica)
Gemahlin
Ferdinands III.,
Großherzogs
von Toskana
1773–1802
Hochz. 1790

Franz I.
König beider Sizilien
1777–1830
reg. 1825–1830
∞ 1. Klementine
Tochter Kaiser Leopolds II.
1777–1801, Hochz. 1797
∞ 2. Maria Isabella
1789–1848
Hochz. 1802

Marie Amalie
Gemahlin
Ludwig Philipps I.,
Königs von Frankreich
1782–1866
Hochz. 1809

Ludwig
1781–1789

Ludwig „XVII."
1785–1795 (?)
Dauphin v. F. 1789
Titularkönig v. F. 1793

Ludwig
Herzog von
Angoulême
1755–1844
∞ Marie Therese
1778–1851
Hochz. 1799

Marie Christine
vierte Gemahlin Ferdinands VII.,
Königs von Spanien
1806–1878, Hochz. 1829

(Condé)

Ludwig I.
Prinz von Condé
1530–1569
∞ 1. Eleonore von Roye
1525–1565, Hochz. 1551

(Montpensier)

Heinrich I.
Prinz von Condé
1552–1588
∞ 2. Charlotte
Tochter d. Ludw. de la Tremouille,
1568–1629
Hochz. 1586

Heinrich
Herzog von Montpensier
1573–1608
∞ Henriette von Joyeuse
gest. 1656

(Vendôme)

Gaston
1608–1660
Herzog von Orléans 1626
∞ Maria von Bourbon
Herzogin u. Erbin von Montpensier
1605–1627
Hochz. 1626

Caesar (natürlicher Sohn)
Herzog von Vendôme
1594–1665
Herzog 1598
(Mutter: Gabriele von Éstrées,
1573–1599)
∞ Franziska
Tochter Philipp Emanuels,
Herzogs von Lothringen-Mercoeur
1592–1669, Hochz. 1609

Heinrich II.
Prinz von Condé
1588–1646
∞ Charlotte
Tochter Heinrichs I.,
Herzogs von Montmorency
1594–1650
Hochz. 1609

(Conti)

Anna Maria
(„La Grande Mademoiselle")
Herzogin von Montpensier
und Orléans
1627–1693

Ludwig
Herzog von Mercoeur u. Vendôme
1612–1669
seit 1667 Kardinal
∞ Laura Manzini
gest. 1657
Hochz. 1651

Ludwig II.
(Der große Condé)
Prinz von Condé
1621–1686
∞ Klara
Tochter Urbans von Maille,
Marquis' von Breze
gest. 1694
Hochz. 1641

Armand
Prinz von Conti
1629–1666
∞ Anna Maria Martinozzi
1637–1672
Hochz. 1654

Ludwig Joseph
Herzog von Vendôme
1654–1712
∞ Maria Anna
Tochter des Heinrich Julius,
Prinzen von Condé
1678–1718
Hochz. 1710

Philipp
Großprior des Malteserordens
in Frankreich
1665–1727
Herzog von Vendôme seit 1712

Heinrich Julius
Prinz von Condé
1643–1709
∞ Anna
Tochter Pfalzgraf Eduards
von Simmern
1648–1723
Hochz. 1663

Ludwig Armand I.
Prinz von Conti
1661–1685
∞ Maria Anna
(Mlle. de Blois)
natürliche Tochter
Ludwigs XIV. und der
Herzogin von La Vallière
1666–1789, Hochz. 1680

Franz Ludwig
Prinz von Conti
1664–1709
∞ Maria Theresia
Tochter der Heinrich Julius,
Prinzen von Condé
1666–1732
Hochz. 1688

Maria Theresia
Gemahlin Franz Ludwigs,
Prinzen von Conti
1666–1732
Hochz. 1688

Ludwig III.
Prinz von Condé
1668–1710
∞ Luise Franziska
(Mlle. de Nantes)
Tochter Ludwigs XIV.
und der Marquise de Montespan
1673–1743
Hochz. 1685

Luise
Gemahlin Ludwig Augusts,
Herzogs von Maine
1676–1753
Hochz. 1692

Maria Anna
Gemahlin Ludwig Josephs,
Herzogs von Vendôme
1678–1718
Hochz. 1710

Ludwig Armand II.
Prinz von Conti
1695–1727
∞ Luise Elisabeth
Tochter Ludwigs III.,
Prinzen von Condé
1693–1775
Hochz. 1713

Marie Luise Adelheid
Erbin aller legitimierten Prinzen
(Nachfahren der natürlichen
Söhne König Ludwigs XIV.),
Gemahlin Ludwig Philipps II.
von Orléans („Egalité")
1753–1821
Hochz. 1769, 1792 geschieden

Ludwig Heinrich
Prinz von Condé
1692–1740
Prem.-Min. v. Frankr. 1723–26
∞ 1. Maria Anna
1689–1720, Hochz. 1713
∞ 2. Karoline
Tochter Ernst Leopolds,
Landgrafen von Hessen-Rheinfels-
Rotenburg
1714–1741, Hochz. 1728

Luise Elisabeth
Gemahlin Ludwig Armands II.,
Prinzen von Conti
1693–1775
Hochz. 1713

Ludwig Franz
Prinz von Conti
1717–1776
∞ Luise Diana
Tochter Philipps II.,
Herzogs von Orléans
1716–1736
Hochz. 1732

Luise Henriette
Gemahlin Ludwig Philipps I.,
Herzogs von Orléans
1726–1759
Hochz. 1743

Ferdinand
Herzog von Parma
1751–1802
reg. 1765–1802
∞ Maria Amalia
Tochter Kaiser Franz' I.
1746–1804
Hochz. 1769

Marie Luise
Gemahlin Karls IV.,
Königs von Spanien
1751–1819
Hochz. 1765

Ludwig Philipp II.
(Louis Philippe Egalité)
Herzog von Orléans
1747–1793 hinger.
∞ Marie Luise Adelheid
Tochter Ludwig Johanns,
Herzogs von Penthièvre
1753–1821
Hochz. 1769, 1792 geschied.

Marie Luise
Gemahlin Ludwig Heinrich
Josephs, Prinzen von Condé
1750–1822
Hochz. 1770, 1780 geschied.

Ludwig Joseph
Prinz von Condé
1736–1818
∞ 1. Charlotte von
Rohan-Soubise
1737–1760, Hochz. 1753
∞ 2. Katharina von Bignole
gest. 1813
Hochz. 1798

Ludwig Franz Joseph
Prinz von Conti
1734–1814
∞ Fortunata d'Este,
Tochter Franz' III.,
Herzogs von Modena
1734–1803
Hochz. 1759,
1775 geschied.

Ferdinand VII.
König von Spanien
1784–1833
(gefangenges. 1808–1813)
reg. seit 1814
∞ 1. Antonia
1784–1806
Hochz. 1802
∞ 2. Isabella
Tochter Johanns VI.,
Königs von Portugal
1797–1818
Hochz. 1816
∞ 3. Maria Josepha
Tochter Maximilians,
Prinzen von Sachsen
1803–1826
Hochz. 1819
∞ 4. Marie Christine
Tochter Franz' I.,
Königs beider Sizilien
1806–1878
Hochz. 1829

Leopold
Prinz von Salerno
1790–1851
∞ Klementine
Tochter Kaiser Franz' II.
1798–1881
Hochz. 1816

Ludwig
Erbprinz von Parma,
König von Etrurien
1773–1803
König von E. 1801–1803
∞ Marie Luise
1782–1824
Hochz. 1795

Ludwig Philipp I.
König von Frankreich
1773–1850
Herzog von Orléans seit 1793
König von F. 1830–1848
∞ Marie Amalie
Tochter Ferdinands I.,
Königs beider Sizilien
1782–1866
Hochz. 1809

Ludwig Heinrich Joseph
Prinz von Condé
1756–1830
∞ Marie Luise
Tochter Ludwig Philipps I.,
Herzogs von Orléans
1750–1822
Hochz. 1770, 1780 gesch.

Ludwig Anton Heinrich
Prinz von Condé
und Herzog von Enghien
1772–1804 hinger.
∞ Charlotte
von Rohan-Rochefort
1786–1841, Hochz. 1804

sie im eigenen Lande fehlten. Um dies zu ändern, sorgte er für Ausbildungsstätten. Die traditionellen Sitten und Gebräuche suchte er abzuschaffen, verpflichtete die Russen zum Tragen westlicher Kleidung und befahl, Frauen in Gesellschaft erscheinen zu lassen. So näherte sich Rußland langsam dem europäischen Leben an.

1699 erhielt Zar Peter im Frieden von Karlowitz die Stadt Asow. Bald bot ihm die Lage in Schweden wieder einen Anlaß, sich einzumischen. König Karl XI. hatte versucht, den widerspenstigen Adel seines Landes zu unterwerfen, war aber vorzeitig gestorben und hatte den Thron seinem jungen Sohn, Karl XII., hinterlassen. Gegen ihn bildete sich eine Koalition aus Dänemark, Brandenburg, Polen und Rußland, der es darum ging, Schweden aus den Gebieten zu vertreiben, die es seit den Tagen Gustaf Adolfs an den Küsten der Ostsee besetzt hielt. Doch Schweden hatte eine schlagkräftige Armee und einen entschlossenen König. Als erstes siegte Karl XII. bei Narwa über die russischen Truppen, und der Zar hatte die Quittung für seine unzureichenden Vorbereitungen und die schlechte Verfassung seiner Artillerie; so widmete er sich um so hartnäckiger der Stahlindustrie und der Bewaffnung seiner Truppen.

Als die Schlacht bei Narwa am 30. November 1700 geschlagen wurde, warf im Westen die spanische Erbfolge Probleme auf, über die es zu einem neuen Krieg kommen sollte. Nachdem die spanische Wirtschaft das ganze Jahrhundert hindurch mit Schwierigkeiten zu kämpfen hatte, befand sie sich seit einigen Jahren, vor allem in Katalonien, deutlich sichtbar auf dem Wege der Besserung. Der Handel mit den Kolonien in Amerika, deren Kaufkraft ständig wuchs, kam auch den Kaufleuten der Seemächte zugute, und so war Europa an der Lösung der Erbfolgefrage in Spanien sehr interessiert, die wegen der schlechten Gesundheit des erbenlosen Königs Karl II. keinen Aufschub duldete.

Auf dem Höhepunkt seines Ruhmes hatte Ludwig XIV. die Thronfolge für den Dauphin, den Sohn der ältesten Schwester Karls II., gefordert, hatte aber später in zwei Verträgen mit den Seemächten einer Teilung zugestimmt, durch die Frankreich als Kompensation die nordspanische Provinz Guipuzcoa, das Königreich Neapel und Mailand erhalten sollte. Doch weder der König von Spanien noch der Kaiser erkannten diese Teilungsverträge an. Karl II. beabsichtigte vielmehr, die Monarchie ungeteilt einem Erben seiner Wahl zu übertragen, und Kaiser Leopold hoffte, daß sein zweiter Sohn, Erzherzog Karl, der Auserwählte sein würde. Aber als Karl II. im November 1700 starb, bestimmte sein Testament den Herzog Philipp von Anjou, einen Enkel Ludwigs XIV. und – falls er verhindert war – den Erzherzog Karl zum Alleinerben seiner Besitzungen. Nach einigem Zögern nahm Ludwig XIV. das Testament an, alle spanischen Provinzen und die Kolonien in Amerika jubelten ihrem neuen König Philipp V. zu.

Ludwig XIV. ist oft der Vorwurf gemacht worden, das Wohl des Königreiches und den Frieden seinem dynastischen Ehrgeiz geopfert zu haben. Man hatte auch davon gesprochen, Mailand gegen Lothringen und Neapel gegen Savoyen auszutauschen. Diese Pläne blieben jedoch in der Schwebe, während die Annahme des Testaments neue politische Möglichkeiten eröffnete. Eine wirtschaftliche Allianz mit Spanien hätte dem französischen Handel die spanische Halbinsel, Mailand und das Kolonialreich zugänglich gemacht, ein Plan, dessen Verwirklichung England auf keinen Fall zulassen konnte, wenn es Frankreich nach den Heimsuchungen des letzten Krieges nicht eine rasche Erholung erlauben und neuen Auftrieb geben wollte. Unvorsichtigkeiten Ludwigs XIV. dienten neuen Bündnisverhandlungen als letzter Vorwand. Die »Große Allianz« von 1701 erneuerte die Liga von Augsburg: Dieses Mal waren es der Kaiser mit seiner schlagkräftigen Armee, England mit seiner Flotte und seinen finanziellen Hilfsquellen, die Niederlande, Portugal und Savoyen, die den Krieg gegen Frankreich und Spanien eröffneten. Den Bourbonen blieb nur ein Bündnis mit Bayern und die Hoffnung, gegen den Kaiser die Truppen des Königs von Schweden und die ungarischen Kurutzen ins Feld schicken zu können.

Der Spanische Erbfolgekrieg von 1701 bis 1713 brachte Ludwig XIV. ein letztes Mal in eine ernste Krise; nach mehreren Niederlagen schien es, als habe die französische Armee trotz ihrer hervorragenden Heerführer ihren alten Ruf endgültig verspielt. Nachdem die Niederlande 1706 verlorengegangen und die Festungen Vaubans eine nach der anderen gefallen waren, sah es so aus, als sei die Stunde nahe, da Ludwig XIV. von den Alliierten die beschämendsten Bedingungen annehmen, die meisten seiner Eroberungen opfern und einer Bevormundung seines Königreiches zustimmen mußte. Die Regierungszeit, in der so viele Siege errungen und so viel Ansehen und Ruhm erworben worden waren, hätte fast in einer Katastrophe ihr Ende gefunden.

Die Lage war um so ernster, als die französische Öffentlichkeit schon seit einigen Jahren das Regime kritisierte. Die heftigsten Vorwürfe richteten sich gegen die ungleiche Verteilung der Ämter, die übermäßigen Steuerprivilegien des Adels, die drückenden Steuern, gegen Teuerung, Unsicherheit und wirtschaftliche Ungerechtigkeiten, die die Zwischenhändler begünstigten und den Produzenten ihren Gewinn vorenthielten (*Dîme royale* von Vauban). Weitere Klagen galten dem despotischen Polizeiregime, das die Harmonie der alten Gesellschaftsordnung zerstört hatte, der Nivellierung der Stände, der Entmachtung der Beamten und Parlamente und schließlich dem allmächtigen Willen des Königs, der offenbar von Hochmut in die Irre geführt und von seinen Ministern schlecht beraten war, die mehr an ihre eigene Bequemlichkeit dachten als an das allgemeine Wohl des Staates.

Die Einmütigkeit in der Kritik bewies eine gewisse Abnutzung des Systems und dessen mangelnde Anpassungsfähigkeit an die Ideen einer neuen Generation, die weniger für den Ruhm der Vergangenheit als für Freiheit und Privatinitiative zu begeistern war. Tatsächlich hatte keiner der vorhergegangenen Kriege so viele Schwierigkeiten aufgebracht und das Volk so schwer belastet. Jetzt zeigten sich die Früchte einer Entwicklung, die sich während der langen Regierungszeit Ludwigs XIV. vollzogen hatte. Das französische Volk war reif und selbstbewußt geworden. Trotz der Revolten (zum Beispiel der *Camisards* der Hugenotten, 1702–1705), hatte sich das Volk allgemein den Anstrengungen, die von ihm gefordert wurden, unterworfen. Die neue Zehntsteuer bedeutete einen Fortschritt auf dem Wege zur Steuergleichheit. Der gute Gang der Geschäfte und des Seehandels führte der Staatskasse erhebliche Summen zu, so daß der Krieg fortgesetzt werden konnte. Zweimal, 1709 und 1710, begriff Ludwig XIV., welch unerhörte Opfer er vom Volke in der verzweifelten Lage forderte. Er fügte sich der Preisgabe von Lille, Straßburg und Dünkirchen und der Zahlung von Geldern, die dem Krieg gegen Philipp von Spanien zugute kamen.

Die Alliierten waren damit jedoch noch nicht zufrieden. Sie stellten Bedingungen »so entgegengesetzt der Gerechtigkeit und der Ehre des französischen Namens«, daß der alte König sein Volk zum Zeugen aufrief und den Kampf fortzusetzen beschloß.

Da kamen ihm die veränderten Umstände zu Hilfe. In Katalonien, der wirtschaftlich am höchsten entwickelten Provinz Spaniens, in der ein aktives Bürgertum den Ton angab, hatten die Engländer den Erzherzog Karl als König eingesetzt. Der »König der Katalanen«, Karl III., konnte sich zwar nicht in Madrid niederlassen, dafür eroberten ihm die Alliierten die Niederlande und die italienischen Besitzungen. Karl, ein intelligenter und mutiger Fürst, mußte jedoch nach dem vorzeitigen Tod seines älteren Bruders, des Kaisers Joseph, im Jahre 1711 das Erbe in den österreichischen Ländern antreten. Damit schien er auch der natürliche Anwärter auf den Kaiserthron. Nun schwand das Interesse Englands. Nachdem es die Hegemonie der Bourbonen in Europa verhindert hatte, verspürte es geringe Lust, eine neue Hegemonie der Habsburger zu fördern. Mit verzweifelten Anstrengungen hatten die französischen Heere unter Villars 1712 bei Denain die Invasion der kaiserlichen Armee zum Stehen gebracht.

Unter diesen Umständen konnten in Utrecht Friedensverhandlungen eröffnet werden (1713). Der Vorschlag, die spanischen Besitzungen zu teilen, tauchte wieder auf, nachdem er vor dem Kriege aus Sorge um das europäische Gleichgewicht bereits Fürsprecher gefunden hatte. Spanien und das amerikanische Kolonialreich wurden Philipp V. zugesprochen, der zunächst allerdings Katalonien wiedererobern und Barcelona zur Kapitulation zwingen mußte (1714). König Karl III., inzwischen Kaiser Karl VI., erhielt die Niederlande, Neapel und Mailand; Sizilien ging mit dem Königstitel an den Herzog von Savoyen, und Frankreich trat einige Gebiete an die Niederlande ab und schleifte Dünkirchen, behielt aber Straßburg und das Elsaß und gewann sogar Barcelonette. Das Schlimmste war verhütet worden.

Aus diesem Kampf, der scheinbar nur auf dem europäischen Kontinent und für dynastische Interessen geführt worden war, in Wirklichkeit aber weltweite, auch wirtschaftliche Hintergründe hatte, ging England als Sieger hervor. Die bedrohliche wirtschaftliche Allianz zwischen einem noch immer starken Frankreich und einem Spanien, das zu neuem Aufschwung fähig schien, war verhindert worden. Statt Frankreich war nun England die begünstigte Macht und brachte den ganzen blühenden Handel mit Amerika unter seine Kontrolle. Dazu gehörte auch die Erlaubnis, jedes Jahr ein Schiff nach Puerto Bello zu schicken und – nach dem Assiento-Vertrag von 1713 – auch das ausschließliche Recht, Negersklaven in die südamerikanischen Provinzen Spaniens zu importieren. Außerdem hatte England schon 1703 mit Portugal einen vorteilhaften Handelsvertrag abgeschlossen, der ihm, gerade als dort endlich Goldadern und Diamantenvorkommen entdeckt worden waren, praktisch den gesamten Handel mit Brasilien überließ. Die Ausbeute aus der Provinz Minas Geraes und der Zustrom wertvoller Mineralien blieben nicht ohne Auswirkung auf die Weltwirtschaft. Schließlich erhielt England noch Stützpunkte an den wichtigen Seewegen: Gibraltar an der Schwelle zum Mittelmeer, Acadia an der Küste Kanadas, Neufundland und St. Christopher, eine der größeren Antillen-Inseln. Die Stunde der britischen Weltherrschaft hatte geschlagen.

Das Ende eines Zeitalters

Seit 1661 waren Europa und die Welt großen Veränderungen unterworfen. Die entscheidende Vormachtstellung in Europa hatte ein absolutistisch regiertes, militärisch starkes Königreich mit einer altertümlichen Sozialstruktur, aber einer zahlreichen und aktiven Beamtenschaft innegehabt, das seine Einkünfte überwiegend aus Ackerbau und Textilwirtschaft zog. An seine Stelle war nun eine kapitalistische Oligarchie getreten, die ihre Stärke dem Überseehandel insbesondere im Atlantikraum verdankte und keine bedeutende Militärmacht unterhielt, aber stark genug war, die übrigen Länder mit Hilfe wirtschaftlicher Bindungen im eigenen Kielwasser zu halten. Das englische Volk oder besser: die im Parlament vertretene Minderheit kontrollierte ihre Dynastie und stellte der persönlichen Monarchie in Frankreich, die einen glänzenden Aufstieg ihres Landes bewirkt, aber so bedrohliche Erfolge erzielt hatte, eine konstitutionelle Monarchie gegenüber, eine Art königliche Republik, deren protestantischer Glaube zugleich eine ihrer Garantien war.

Nach dem Tod der Königin Anne (1714), die als gute Stuart, gute Patriotin und gute Anglikanerin manche Züge der britischen Seele ihrer Zeit verkörperte, ging die Krone nicht an ihren katholischen Halbbruder, sondern an das deutsche Haus Hannover über. Ludwig XIV. hatte sich stets bemüht, über die von ihm abhängigen englischen Könige den englischen Staat in Schach zu halten. Jetzt sah er sich genötigt, diese protestantische Erbfolge anzuerkennen, obwohl sie das Ansehen des monarchischen Prinzips schädigend, die Macht des Parlaments bestätigte.

Ludwig XIV. starb am 1. September 1715. Bis in seine allerletzten Tage übte er die Macht aus und hielt an der Rolle fest, zu der ihn seine kraftvolle Gesundheit befähigt hatte. Er wurde nicht betrauert, wie es ja das Schicksal aller ist, die sehr lange regiert haben. Unzweifelhaft war das monarchische System, dessen Mechanismus er seit 1661 ausgebildet und beherrscht hatte, in hohem Maße von seiner Person abhängig. Indem er wesentliche Merkmale des Regierungsstils seiner Vorgänger weiterentwickelte, aber auch mit Neuerungen wie etwa dem Regieren ohne Premierminister, hatte er ein Regime geschaffen, in dem die Macht des Königs keine Grenzen kannte. Alle nachgeordneten Stellen waren in ihren Kompetenzen beschränkt, Gültigkeit hatten allein die im Namen des Königs gefällten Entscheidungen. Er regierte nur mit Ministern, die gänzlich von ihm abhingen, und ließ die Provinzen durch Intendanten verwalten, die ihre Macht ausschließlich von ihm empfingen. So hatte er eine wirksame Bürokratie errichtet, die Politik zu koordinieren vermochte, aber auch imstande war, in Zukunft selbständig zu funktionieren. Nach den Worten des Historikers Pagès vertrat die Verwaltung »den Staat von nun an genauso wie der König, wenn nicht sogar mehr als er«. Abgesehen von allen zeitbedingten Schwächen besaß die französische Monarchie, wie sie Ludwig XIV. gewollt und verkörpert hatte, eine Festigkeit und Funktionsfähigkeit, um die sie von den anderen europäischen Mächten mit ihrer herkömmlichen Verwaltung beneidet wurde. Trotzdem darf nicht unerwähnt bleiben, daß das französische Volk durch die Belastungen der Kriege und der Luxusausgaben erschöpft war. Die Interventionen des Königs in den verschiedensten Gebieten hatten Unzufriedenheit in der

Öffentlichkeit erregt, Geistlichkeit und Laien waren durch die Verfolgung des Jansenismus verbittert.

Die herausfordernde Außenpolitik in der Zeit der Erfolge hatte schließlich den Widerstand ganz Europas hervorgerufen. In den Koalitionskriegen und im Spanischen Erbfolgekrieg mußte sich Frankreich zum Kampfe stellen. Die schweren Belastungen, denen die französische Politik ausgesetzt war, waren jedoch großenteils selbst verschuldet. Daß das Schlimmste verhütet wurde und sogar die in der frühen Regierungszeit Ludwigs XIV. errungenen Gewinne später nicht verlorengingen, ist ein Beweis für die Lebenskraft des Volkes und des Regimes. Im Jahre 1715 aber war nicht mehr von einer europäischen Hegemonie Frankreichs die Rede oder auch nur von einem ersten Platz, der ihm unter den europäischen Mächten gebührte. Das hatte sich schon bei der Unterzeichnung des Friedens von Ryswijk gezeigt. Dennoch vermochte 1715 keine andere Macht die Stellung Frankreichs einzunehmen. Noch aber gab es kein neues, festgefügtes und seiner gemeinsamen Interessen bewußtes Europa. Die rivalisierenden Mächte waren vielmehr darauf angewiesen, in gegenseitigen Bündnissen die eigene Kraft zu stärken und für ihre Sicherheit selbst zu sorgen.

Frankreich hatte seinen überragenden Einfluß eingebüßt; andererseits konnte aber in Europa nichts ohne Frankreich unternommen werden. Großbritannien und der Kaiser wußten dies sehr wohl, und Ludwig XIV. überschlug in den letzten Monaten seines Lebens die Vorteile, die ihm ein Bündnis mit dem Kaiser zur Garantie des Friedens auf dem Kontinent oder eine Annäherung an England für die Entwicklung des Seehandels beider Mächte zu bieten hatten.

Der Verlust der Sonderstellung als Folge der eigenen fehlerhaften Politik und der unvermeidlichen Fortschritte bei den anderen Mächten hatte Frankreich jedoch keineswegs das Ansehen entzogen, das es seinen kulturellen Leistungen verdankte. In allen europäischen Ländern war der Ruhm von Versailles fest gegründet. Ein prunkvolles Hofleben nach französischer Art galt als höchste Bestätigung für die Macht der Fürsten und die Talente der Künstler, auch wenn es nicht mehr die glänzenden Feste waren, die einst in der Jugend des Königs gefeiert wurden. Die Trennung des Volkes von der in ihrem strahlenden Ruhm isolierten Regierung Frankreichs belastete die weitere innenpolitische Entwicklung.

Noch aber bewunderte man Versailles als das Meisterwerk der französischen Künstler und der Pariser Handwerker; die Erzeugnisse der französischen Industrie waren für ihre Feinheit und Qualität weit und breit berühmt und auf allen Märkten begehrt; die französische Lebensart schließlich, die wachsendes Interesse für die Naturwissenschaften mit einer sorgsam gepflegten Sprache und aufs höchste verfeinerten Umgangsformen verband, und die Liebenswürdigkeit, mit der die menschlichen Beziehungen gepflegt wurden – dies alles trug wesentlich dazu bei, daß Frankreich am Ende des Zeitalters Ludwigs XIV. auf der ganzen Welt als die geistige Autorität anerkannt war.

Golo Mann

DER EUROPÄISCHE GEIST IM SPÄTEN 17. JAHRHUNDERT

In seiner »Geschichte der Fortschritts-Idee« *(The Idea of Progress)* spricht der Historiker J. B. Bury von einer Periode, die zwischen den charakteristischen Denkern des 17. Jahrhunderts und jenen des 18. liegt und für die wir keinen unterscheidenden Namen haben: die Jahrzehnte um 1700. Wenige Jahre nach Bury hat der Franzose Paul Hazard diese Epoche mit dem Namen *La Crise de la Conscience Européenne* identifiziert und ihr ein großartiges, in drei Bänden erschienenes Werk gewidmet (1935). Es ist die Hochzeit und Spätzeit Ludwigs XIV., bezeichnet durch Ereignisse wie die Aufhebung des Ediktes von Nantes, die folgenden großen Koalitions- und Erbfolgekriege; die Epoche, während der, im Wirklichen sowohl wie in den Schriften seiner klassischen Verherrlicher, der Absolutismus sich feierlich vollendete. Aber unter seiner goldenen Kuppel, unter der schweren Decke monarchischer Selbstherrlichkeit war Bewegung; teils wütend protestierende, verfolgte, im freien Holland schutzsuchende; teils auch von oben geduldete, ja von oben protegierte, ihr wühlendes Werk heimlich und indirekt verrichtende. Fast alles ist damals gedacht und geschrieben worden, was später die »Aufklärung« popularisierte, woraus später die großen politischen Revolutionen hervorgingen. »Die große Schlacht der Ideen«, faßte Hazard seine These zusammen, »findet vor 1715 und sogar vor 1700 statt. Die Wagnisse der Aufklärung scheinen blaß und schal, gemessen an der angreifenden Kühnheit des *Tractatus theologico-politicus*, an den schwindelnden Abenteuern der ›Ethik‹. Erkennen wir also, daß fast alle Positionen des Geistes, deren Gesamtheit zur Französischen Revolution führte, noch vor Ende des 17. Jahrhunderts bezogen waren. Wenn Neuheit, in der Sphäre des Geistes, genannt werden kann: lange Vorbereitung, die endlich Früchte trägt, Wiederaufleben ewiger Tendenzen zu neuer, fast plötzlicher Leuchtkraft, eine bestimmte Haltung, Akzentuierung, Intensität von der Vergangenheit weg auf die Zukunft hin – endlich, die Entfaltung von Ideenmächten, selbstsicher genug, um auf die Praxis zu wirken; so hat eine Veränderung, deren Folgen bis auf den heutigen Tag gekommen sind, sich in jenen Jahren vollzogen, da Geister wie Spinoza, Bayle, Locke, Newton, Bossuet, Fénelon, Leibniz, um nur die größten zu nennen, zu einer Generalbesinnung, Selbst- und Weltprüfung schritten, um die beherrschenden Wahrheiten des Lebens aufs neue zu begründen.«

Nicht ganz aufs neue. Auch sie fingen nicht mit nichts an, wiewohl sie es manchmal glaubten. Auch sie spannen fort, was ihnen aus dem Grund der Zeiten kam; aus der Antike, von rebellischen Doktoren des Mittelalters, unmittelbar aus der Renaissance. Deren Weigerung, das Menschliche dem Göttlichen unterzuordnen, ihr Vertrauen ins Menschliche als Maß und Grenze aller Fragen, ihren Natursinn finden wir auch im Zeitalter der »Krise des europäischen Geistes«. Der Zusammenhang ist dicht; er war nie wirklich unterbrochen. Ob man Francis Bacon als einen Spätling der Renaissance oder als Vorläufer und Bahnbrecher der hier zu betrachtenden Bewegung ansehen will, ist bloß eine Frage der Perspektive. Bacon war es, der eine »große Erneuerung des Wissens« erstrebte; der es ganz auf Erfahrung begründen und wissens-hindernde Vorurteile systematisch überwinden wollte, allem Wissen aber die Herrschaft über die Natur, praktische Nützlichkeit und das Glück der Menschheit zum Zweck setzte – *commodis humanis inservire.* Schon nahm er den in den 1680er Jahren kulminierenden Streit zwischen den »Antiken« und den »Modernen« und seine Lösung vorweg: die »Antike« heiße eigentlich zu Unrecht so, denn ihre Menschen seien jung gewesen, und alt seien jetzt wir, die Menschen dieser Zeit, und eben darum wüßten wir mehr.

Inmitten der Wirren des Dreißigjährigen Krieges, 1628, veröffentlichte William Harvey, Arzt Bacons und der ersten Stuart-Könige, der auch eine Gesandtschaft an den Hof Kaiser Ferdinands II. begleitet hat, seine *Exercitatio anatomica de motu cordis et sanguinis* – die Entdeckung der Blutzirkulation. Es war ein Triumph der empirischen Methode, die Bacon, der vornehme Laie, nur unempirisch hatte skizzieren können; Glied in einer unendlichen Kette fortschreitender Erkenntnisse, die um den Streit philosophischer Doktrinen sich sowenig kümmerte wie um den der Könige. – Otto von Guericke, dem Bürger Magdeburgs, dem man einen Augenzeugenbericht über die Zerstörung der Stadt verdankt, verdankt man auch die Erfindung der Luftpumpe.

Radikal und in ihrer Kühnheit in ferne Zukunft weisend waren, wie anderwärts gezeigt, die Ideen, welche die erste Englische Revolution hervorbrachte. Während man in Münster über die vergilbten Rechte der Landgrafen von Elsaß stritt, die nun von den Habsburgern auf den König von Frankreich übergehen sollten, leugneten die Sprecher eines englischen Soldatenrates im Gespräch mit ihren Obersten die Gültigkeit alles alten Rechtes (Verhandlungen zu Putney, 1647): »Das Parlament ist gewählt worden, um an unserer Befreiung zu arbeiten und uns in jene natürliche und gerechte Freiheit zu setzen, die der Vernunft entspricht. Denn gleichgültig, was unsere Vorväter waren, was sie gelitten haben oder was man sie zu ertragen zwang, wir sind Menschen des gegenwärtigen Zeitalters und sollten völlig frei sein von jeder Art Belästigung, den Ausschweifungen unserer Oberen und willkürlicher Macht.« – »Wir aber sind Menschen des gegenwärtigen Zeitalters« – dies Wort, von so ungelehrtem Munde gesprochen, könnte als Motto dienen für die wagemutigsten geistigen Bestrebungen der Jahrhundertwende und noch das folgende Zeitalter der »Aufklärung« und der Revolutionen. In dem Kapitel über den englischen Bürgerkrieg lasen wir, wie die Parteien und Sekten sich trennten, wie eine weiter ging als die andere, wie die Forderungen der *Levellers*, radikale Demokratie, allgemeines und gleiches Wahlrecht, geschriebene Verfassung mit kodifizierten Menschen- und Bürgerrechten, überspielt wurden durch die

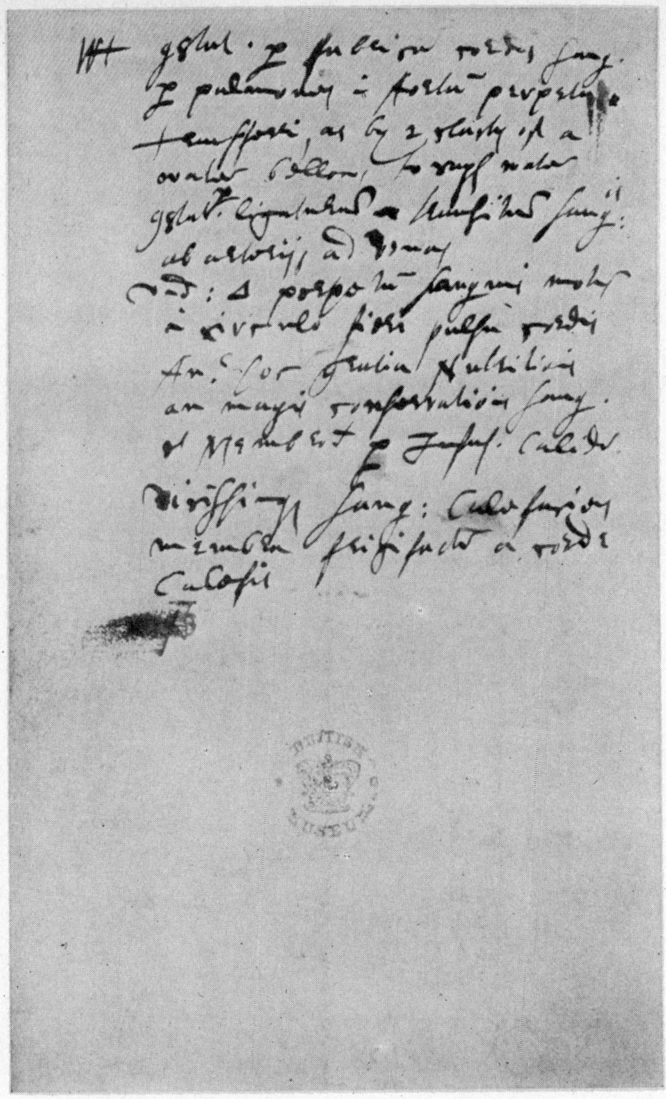

Die Entdeckung des Blutkreislaufs durch William Harvey
Eigenhändige Notizen für seine Vorlesungen über Anatomie im April 1616
London, British Museum

Übersetzung: W(illiam) H(arvey). Es steht fest, daß durch die Tätigkeit des Herzens das Blut fortwährend durch die Lunge in die Aorta gebracht wird, so wie durch zwei Ventilklappen einer Wasserpumpe, mit der man Wasser steigen lassen will. Es steht fest, daß durch eine Verbindung der Übergang des Blutes von den Arterien zu den Venen (stattfindet), weswegen es durch den Herzschlag eine ständige Blutbewegung im Kreise (Δ) gibt. Entweder (geschieht) dies zur Ernährung oder mehr zur Erhaltung des Blutes und der Glieder durch das warme Durchströmen, und während das Blut die Glieder wärmt, wird Abgekühltes wiederum vom Herzen warm gemacht.

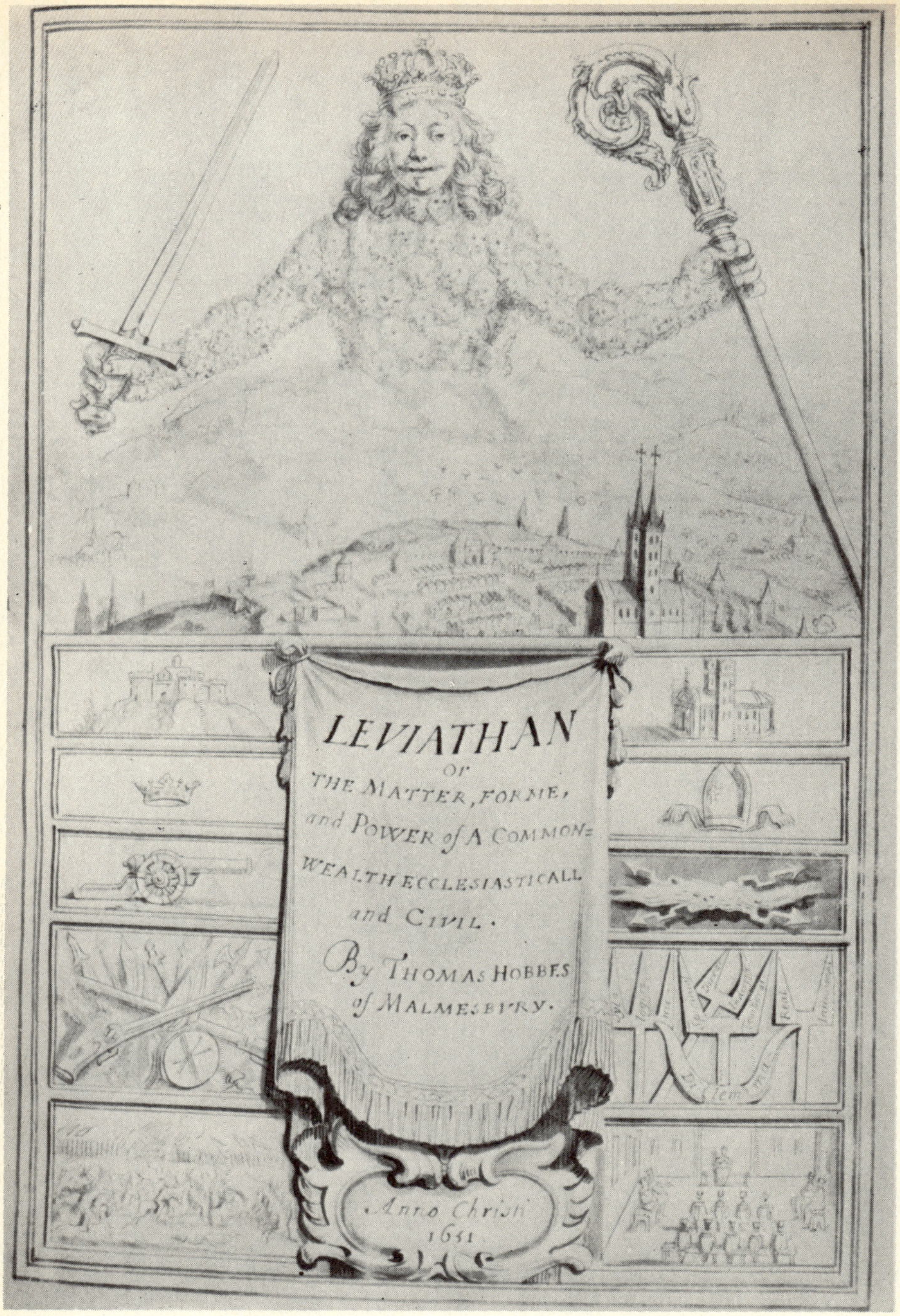

Allegorische Zeichnung für die Titelseite des »Leviathan« von Thomas Hobbes, 1651
London, British Museum

Diggers, die geradewegs auf kommunistische Gütergemeinschaft oder Besitzlosigkeit hinauswollten. In ihrem Zukunftsstaat würden selbst die Pfarrer sich aus Volksbetrügern in nützliche Lehrer des Volkes verwandeln: Jeden siebten Tag sollten sie ihre Gemeinde in Geschichte und Naturwissenschaft unterrichten. Wir lasen auch, wie Cromwell und seine Leute notgedrungen zu einer konservativen Gegenposition gelangten: Bürgerliche Ordnung beruhe nicht auf Natur, sondern auf Gesetz, welches allein Eigentum begründe, und wer nicht, in der Form von Eigentum, ein dauerndes, festes Interesse im Lande habe, der habe auch kein Recht mitzubestimmen... Es grenzt ans Unglaubliche, daß dort und damals unter Männern von Einfluß so tief an die Wurzeln gehende Diskussionen gepflogen werden konnten, während man ein paar hundert Kilometer weiter das *cuius regio eius religio* noch einmal wirkungsvoll proklamierte und mit Menschen und Ländern handelte, als seien sie toter Besitzes-Stoff.

Aus dem englischen Bürgerkrieg erhob sich die gewaltig-sonderbare Philosophengestalt des Thomas Hobbes (1588–1679). Sein Hauptwerk, der *Leviathan*, erschien drei Jahre nach dem Westfälischen Friedensschluß, drei Jahre nach der Hinrichtung König Karls; als Ferdinand III. in Wien regierte und Kardinal Mazarin zu Paris. Mit dem *Leviathan* hätten alle diese Potentaten nicht viel anfangen können; denn obgleich eine konsequentere Rechtfertigung des Absolutismus nie geboten wurde, so war es doch eine sehr unheilig-moderne, aus dem Grunde zuwider den Traditionen, auf die jene sich stützten.

In den dreißiger Jahren hatte Hobbes den Thukydides übersetzt, um seinen Mitbürgern zu zeigen, wohin ein entfesselter Parteienkampf führte. Als die Dinge in England sich 1640 erhitzten, nahm er Reißaus nach Frankreich und kehrte erst zurück, als Cromwells Herrschaft gesichert war; einer, der immer um sein Leben bangte und sich mit jeder Regierung gut stellte, dann, nur dann, nur solange, wie sie ihm Sicherheit und Eigentum zu garantieren vermochte. Hier war er seiner eigenen Philosophie treu und ergab diese sich aus seinen eigensten Gefühlen. Soll man ihn einen Realisten nennen? Er wollte es sein, war es wohl auch, aber ein verängstigt-weltfremder Bücherwurm zugleich, mit dem Ehrgeiz, das Komplizierte auf das Einfachste zurückzuführen, aus ihm es mit der Klarheit der Mathematik abzuleiten. Eine monströse Mischung düsterer Wahrheiten mit düsteren Falschheiten ergab sich daraus; die kälteste, ödeste Staatsphilosophie aller Zeiten. Sie stand unter Einflüssen; dem Einfluß des Descartes vor allem, den Hobbes persönlich kannte und dessen Rationalismus er auf die Politik übertragen wollte. Sie hat auch Einfluß geübt, damals und durch die Jahrhunderte.

Sie gründete auf Psychologie, die ihrerseits auf vollendetem Materialismus beruhte. Es gibt nichts als Körper und ihre Bewegung. Es gibt nichts Geistiges oder, wie Hobbes sich regelmäßig ausdrückt, Geisterhaftes *(ghostly)*; keine allgemeinen Begriffe, Werte, Rechte, was alles nur Namen sind. Es gibt, hätte Hobbes gesagt, wenn er es sich zu sagen getraut hätte, auch keinen Gott, es wäre denn als erste Ursache der Bewegung, die ihn von da an nicht mehr braucht. Mit der Religion, schreibt Hobbes einmal, sei es wie mit Apotheker-Pillen; unzerkaut verschluckt könnten sie Gutes tun, aber fange man an, sie zu kauen, so spucke man sie zum Schluß wieder aus. Er verriet nicht, was er mit den Pillen getan hatte.

Lebende Körper, zum Beispiel Menschen, haben Appetite und Aversionen, je nachdem, ob ein Gegenstand ihnen angenehme oder unangenehme Eindrücke verspricht. Daraus ein System der Gefühle und Motive, Liebe und Haß, Mut und Angst, Hoffnung und Verzweiflung. Daraus auch ein System der Werte und Rechte, aber sehr sachlicher Art; denn wertvoll ist, was Annehmlichkeit verspricht, und Recht, im Naturzustande, was man tun *kann.* Da nun der stärkste menschliche Trieb jener der Selbsterhaltung und Sicherheit ist, der sich im Trieb nach Macht ausdrücken muß, so wütet, im Naturzustande, ein Krieg aller gegen alle; jeder will jedem nehmen, was er hat, jeder gegen jeden sich durch vorbeugenden Angriff sichern. Auch sind alle im Naturzustande gleich; schwach, wie einer sein mag, zum Töten auch des Stärksten reicht es immer, wie David den Goliath tötete: Eine hobbesische Art, die Gleichheit des Menschen zu begründen. Was die Menschen zur Gründung des Staates treibt, ist ihr Egoismus, ihre Ungeselligkeit, ihr Mißtrauen gegeneinander. Weil sie den ewigen Krieg nicht aushalten, schließen sie einen Vertrag, welcher, im Sinn der mittelalterlichen Tradition, zugleich Gesellschafts- und Herrschafts-Vertrag ist; der erste Vertrag, durch den die Gemeinschaft entsteht, und der zweite, durch den sie sich einen Herrn gibt. Indem aber Hobbes beide Vorgänge zu einem einzigen macht, leugnet er den Vertragscharakter des zweiten; die Menschen einigen sich, das heißt, sie einigen sich auf einen Herrn. Dieser übernimmt alle ihre Rechte, er stellt sie dar, ist selber die Gesamtheit; er sei Monarch, Senat oder Republik. Einzelne, argumentiert Hobbes, können wohl miteinander einen Vertrag schließen; aber die so gewordene Gesamtheit kann es nicht mit sich selber; also ist jede Herrschaft absolut. Sie setzt das Recht; sie bestimmt, was gut und schlecht ist; sie hat auch der Religion zu gebieten, da sonst die Herrschaft geteilt wäre und geteilte Herrschaft keine ist. Was ist ihr Zweck? Sicherheit zu geben. Erfüllt sie diesen Zweck nicht mehr, so sind die Untertanen ihrer Treuepflicht ledig; sie hat *de facto* aufgehört zu bestehen, und nie kann ein Unterschied sein zwischen *de facto* und *de jure.* Weshalb Hobbes auch die Verträge verachtet, hinter denen keine Macht steht; Verträge ohne das Schwert sind bloße Worte.

Unklar bleibt, ob die Gründung des Staates sich wirklich so zugetragen hat, oder ob es sich um eine Analyse ihrer logischen Struktur handelt. Eher wohl um das letztere. Jedoch gibt es den alten Naturzustand heute noch, nämlich zwischen den vielen einzelnen Staaten, den Leviathanen, die genauso ständig bereit sind, gegeneinander loszustürzen, die genauso immer in Waffen sind und zu allem, was sie tun können und wollen, das Recht haben wie die Wilden vor der Staatsgründung. *Homo homini lupus;* und *rex regibus.*

Die Philosophie eines düsteren Individualisten von äußerster Folgerichtigkeit; eines pessimistischen Liberalen. Denn ein Liberaler ist Hobbes im Kern. Was der Staat dem Bürger sichern soll, ist gerade seine Privatheit im altrömischen wie im modernen Sinn des Wortes; beraubt jeder Anteilnahme an der öffentlichen Sache, soll er seinen eigensten Interessen so ungestört leben können, wie der Herrscher, im Sinn der Erfüllung dieses einzigen Zweckes, gewähren kann. Folglich schwankt der Staat des Hobbes zwischen dem liberalen Polizei- oder Nachtwächter-Staat des 19. Jahrhunderts, den er geistig vorbereiten half, und dem absoluten, ja, wenn das neue Wort erlaubt ist, dem totalen Staat, den er unmittelbar rechtfertigte. Wäre es aber ein totaler Staat, so wäre es ein jeder Romantik entkleideter. Von der Gemeinschaft hält Hobbes nichts. Mit Worten wie »Nation« oder gar »Seele der Nation« hätte er nichts anfangen können; sie hätten für ihn zum Reiche des »Geisterhaften« gehört.

Am Ende ist Hobbes merkwürdiger als wirkungsvoll gewesen. Der Absolutismus hat, soviel wir sehen, sich seiner Argumente nie bedient. Spätere Zeitgenossen haben es der Mühe wert gefunden, gegen ihn zu polemisieren; so Locke; so Leibniz, der in den *Nouveaux essais* den Grund des Staates in der menschlichen oder tierischen Geselligkeit, in der Freude an gemeinsamen Unternehmen suchte, nicht »in der Bosheit der Menschenart, wie Herr Hobbes«. – Aber trotz seiner ängstlichen, kauzischen Einsamkeit war er ein Repräsentant seiner Zeit. Einzelnen seiner Gedanken werden wir bei anderen Schriftstellern wiederbegegnen, noch mehr seinem Ehrgeiz, seiner Methode; diese selbst beruhte auf einer Anwendung cartesianischer Prinzipien auf Psychologie und Politik. Von Descartes' Frömmigkeit freilich war in Hobbes kein Hauch, und ebenso fremd war ihm die Dualität von Körper und Seele, die Descartes begründete, Spinoza übernahm und Leibniz zu überwinden suchte.

Es ist hier der Ort, des Mannes zu gedenken, der so oft der Vater der modernen Philosophie genannt wurde, und mit Recht; denn noch Kant ging aus von Fragestellungen, die auf Descartes zurückgehen. René Descartes (1596–1650) war den politischen Figuren und Ereignissen seiner Zeit nicht fremd. Er lebte in der Umgebung des Statthalters Moritz von Oranien um 1618; er war Zeuge der düsteren Kaiserkrönung Ferdinands II. in Frankfurt; den Winter 1619/20 verbrachte er in der Nähe von Ulm, damals, als eben dort Liga und Union ihre unheilschwangeren letzten Verhandlungen pflogen; er war in Böhmen 1620, vielleicht im Dienst Maximilians von Bayern, vielleicht als bloßer Beobachter. Später lebte er zwei Jahrzehnte in Holland, dem Gemeinwesen, in dem man am freiesten und geschütztesten sei; dort schloß er Freundschaft mit der armen Winterkönigin und besonders mit ihrer Tochter, Prinzeß Elisabeth. 1649 berief ihn die Königin Christine, Gustav Adolfs Tochter, nach Stockholm. Dort starb er; er vertrug das schwedische Klima nicht.

Weitertragende Folgen als die Verhandlungen zwischen Union und Liga hatten die Intuitionen, welche Descartes während seines Ulmer Winters wachend und träumend erfuhr. Es war hier, daß er, nach langer vorbereitender Arbeit seines Geistes, den Grundsatz fand, der später Rationalismus genannt und Ursprung einer der Hauptströme europäischer Philosophie werden sollte: Neubeginn des Denkens, Klarheit, Sicherheit, Auszugehen vom Einfachsten und zum Vielfältigen ohne Gefahr des Irrtums fortzuschreiten. Mit Bacon, den er schätzte, teilte Descartes den Protest gegen die Tradition, gegen die Autorität der Bücher; von Bacon unterschied ihn seine Geringschätzung der Empirie, der materiellen Welt überhaupt, wie auch der Nützlichkeit. Die reine Vernunft vergottete er, unter Gott, an den inbrünstig zu glauben er nie aufhörte. Ideal der Wissenschaft war ihm die Mathematik, nicht so sehr in ihren Verwirklichungen, die er vermehrte, wie als Beispiel. So klar und unwiderleglich sollte alles Wissen sein, wie mathematische Deduktionen waren. Das hieß, an allem zu zweifeln – *de omnibus dubitandum* – und mit nichts anzufangen, oder beinahe nichts; einer einzigen, intuitiv zu erfassenden Wahrheit. Er fand sie in seinem *Cogito ergo sum;* in der unmittelbaren, unbezweifelbaren Erfahrung des Bewußtseins. Dort nicht stehenzubleiben, von dort nicht zu der Position zu gelangen, welche die deutsche Schule später »Idealismus« nannte, war die Aufgabe, welcher der Metaphysiker sich widmete. Descartes hielt die Existenz Gottes für so evident wie die Existenz des eigenen Bewußtseins; sei es als die Ursache aller Ursachen; sei es – hier war er nicht so frei von uralter Tradition, wie er glaubte – als das höhere Wesen, das sein muß, weil sonst die tieferen nicht sein könnten, als das höchste Wesen, das sein muß, weil es ohne Sein nicht gedacht werden kann und nicht gedacht werden könnte, wenn es nicht wäre. Tatsächlich nahm Descartes zum Schluß doch zu Gott seine Zuflucht; als der gütigen Macht, welche den Unterschied zwischen Illusion und Wirklichkeit verbürgt; als der Verbindung zwischen den beiden Bereichen des Seins, die sonst keine haben, dem der Ausdehnung, der Körper, und dem des Denkens.

Er sah darin nicht den Widerspruch, den Kant darin sah; der hundertfünfzig Jahre später den Gottesgedanken aus dem Reich des Beweisbaren, des Verstandes vertrieb, um ihn anders zu begründen. Descartes' Einfluß war gewaltig, aber vielfältig. Sein Anspruch der freien, zu jedem Zweifel verpflichteten Vernunft, hier noch fromm gebändigt, endete in eigentlicher Freigeistigkeit, noch ehe das Jahrhundert sich vollendete. Und solche, die von ihm gelernt, die als Cartesianer begonnen hatten, konnten von ihm abfallen und gegen seinen Kult der Menschenvernunft sich wenden. Unter ihnen ist Blaise Pascal (1623–1662) die ehrwürdigste Gestalt.

Welche Dichte, welche Kultur zeigt das französische Geistesleben, lange bevor die Epoche, die hier betrachtet werden soll, eigentlich beginnt! Und wie konnten diese Menschen schreiben! Hier war mit einem Schlag Vollendung; der Begriff von der französischen Nation und Kultur als einer »älteren« im Vergleich mit der deutschen stammt von daher. Pascals Stil war von der Klarheit, der eleganten Natürlichkeit, die er von Descartes gelernt hatte und nicht loswerden konnte, nachdem er, an einem Frühwintertag des Jahres 1654, von einem religiösen Erlebnis erschüttert und für den Rest seines kurzen Lebens geprägt worden war. Er blieb der Psychologe, im Vergleich mit dem Thomas Hobbes sich jammervoll plump ausnimmt; ein Glied in der langen Reihe französischer Seelenkenner, die von Montaigne über La Rochefoucauld zu La Bruyère und zu den Moralisten des 18. Jahrhunderts führt. Als Mathematiker und Physiker im Gefolge Descartes' hatte er begonnen; hier – Theorie der Kegelschnitte, Begründung der Wahrscheinlichkeitslehre, Beiträge zur Hydrodynamik, Erfindung des Barometers – gehen seine Leistungen über die des Meisters hinaus. Aber sein Geist, mit wissenschaftlicher Schöpferkraft begnadet, wie er war, fand keine Ruhe im Wissen. Kein Zeitalter gehört einer einzigen Tendenz. Seines, das nicht allein der sich befreienden Ratio gehörte, trug ihm Gedanken zu, die ihm halfen, führte ihn in geistige, kirchliche Kämpfe, die auch ihm weiterhalfen.

Die »Jansenisten« waren eine geistige Macht in Frankreich, seit der Bischof von Ypern, Cornelius Jansen (1585–1638), seinen Kampf gegen die Jesuiten begonnen und gegen kasuistische Denk-Künste wie gegen bloßen Ritualismus die Notwendigkeit, Heilsamkeit, Heiligkeit innerer Erfahrung betont hatte. Es war eine fast protestantische, fast pietistische Frömmigkeit, die hier gelehrt wurde, sehr bewußt der Ohnmacht des Menschen und seiner

Descartes
Gemälde von Frans Hals, 1655. Paris, Louvre

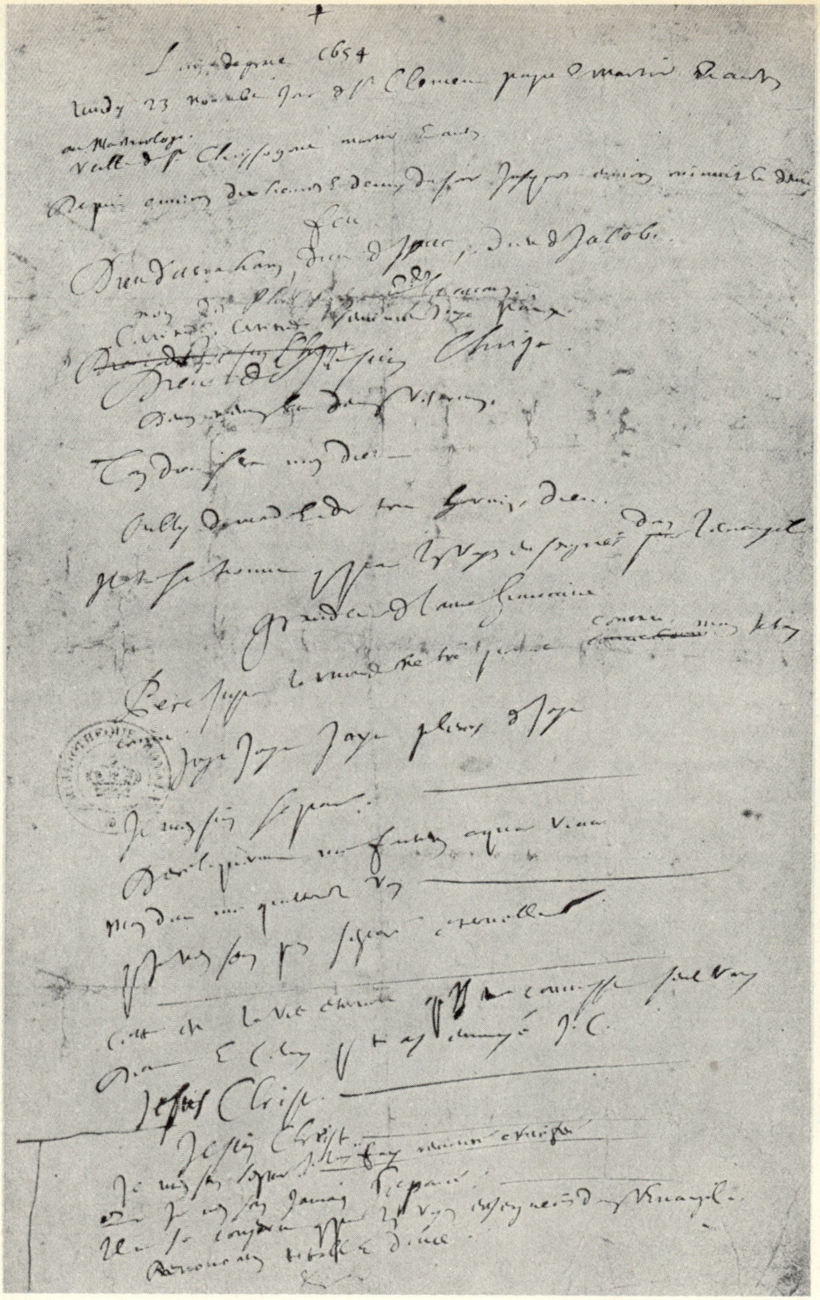

Pascals »vollkommene Unterwerfung unter Jesus Christus«
Eigenhändige Niederschrift während seiner religiösen Erleuchtung am 23. November 1654,
das sogenannte Mémorial. Paris, Bibliothèque Nationale

Vernunft; wiewohl Jansen die Rechtfertigung durch den Glauben verwarf und an der allein seligmachenden Sendung der Römischen Kirche festhielt. In Port Royal, einem verlassenen Kloster nahe Paris, fanden sich Anhänger Jansens zu einer frommen Lebensgemeinschaft; eine Schwester Pascals unter ihnen. Als Innozenz X. das Buch von Jansens bedeutendstem Schüler, Arnauld, für Häresie erklärte und der Verfasser seines Pariser Lehrstuhls verlustig gehen sollte, griff Pascal mit einer Verteidigungsschrift, den *Lettres à un Provincial*, ein, die praktisch erfolglos blieb, aber den Ruhm des religiösen Schriftstellers begründete. Danach lebte er zeitweise selber in Port Royal; der Wissenschaft entfremdet; an Predigten oder frommen Vorträgen arbeitend, für die, was sein Hauptwerk werden sollte, die *Pensées*, eine Art von aphoristischer, in dieser Form nicht für den Druck bestimmter Vorbereitung war. Die *Pensées* erschienen zuerst 1670, acht Jahre nach seinem Tod, und erlebten mehrere, unter sich sehr verschiedene, willkürlich komponierte Ausgaben, bis sie im 19. Jahrhundert in ihrer ursprünglichen fragmentarischen Identität wiederhergestellt werden konnten.

Sie sind ein Buch gegen die Vernunft, gegen die cartesianische Anmaßung; ein Buch vom Elend des Menschen ohne Gott. Nicht in der mystischen Tradition wie die Schriften von Pascals deutschem Zeitgenossen, Angelus Silesius; selbst im mystischen Erleben hätte Pascal wohl noch eine Anmaßung, den Mangel an rechter Demut und Verzweiflung, gesehen. Ein Buch von den Irrtümern, Illusionen, Schwächen, Versuchungen; von den unlösbaren Antinomien; von der Verwaistheit, in welcher der Mensch lebt; von den Selbstsüchten und Selbstbetäubungen, Ausflüchten, abgrundüberdeckenden Gespinsten und Betrieben; von der einen Rettung. »Ich kann Descartes nicht verzeihen«, lautet ein Fragment; »er hätte gern in seiner ganzen Philosophie auf Gott verzichtet; aber er konnte nicht anders, er mußte ihn der Welt einen Stoß versetzen lassen, um alles in Bewegung zu bringen; danach braucht er Gott nicht mehr.« Ein anderes: »Wenn ich die kurze Dauer meines Lebens bedenke, zwischen der vorhergehenden und der folgenden Ewigkeit, die kleine Strecke, die die meine ist, wenn ich die ungeheuren, unendlichen Räume sehe, die ich nicht kenne und die mich nicht kennen, so erschrecke ich und staune, daß ich hier bin und nicht dort, denn es ist kein Grund, warum ich nicht anderswo sein sollte anstatt hier, nicht zu anderer Zeit leben sollte anstatt jetzt. Wer hat mich hierher gestellt?...« Darunter: »Das ewige Schweigen dieser unendlichen Räume schaudert mich.«

Pascal hat nicht unerwähnt bleiben dürfen, obwohl er zu der hier in Rede stehenden, wesentlich rationalen, zeitgebundenen, oft sehr politiknahen Geistesbewegung nicht gehört; sei es auch nur, um deutlich zu machen, daß, wenn es zu allen Zeiten alles gibt, der Geist des 17. Jahrhunderts, besonders produktiv und intensiv, wie er war, das Unterschiedenste auf besonders radikale Weise hervorbrachte, und zwar im Zusammenhang miteinander; denn von Descartes gingen Hobbes wie Pascal wie Spinoza aus

Benedict Spinoza (1632–1677), aus einer portugiesisch-jüdischen Familie stammend, zu Hause in den Niederlanden, stolz und zufrieden mit der neuen Heimat, war ein Philosoph, wenn es je einen gab; aber er konnte doch nicht umhin, sich um das politische Treiben zu kümmern. Aus wohlerwogenen Gründen stand der Freie, keiner sozialen Klasse Zuzuordnende der Partei des holländischen Patriziats nahe; den Republikanern, deren Anführer, der Sekretär des Parlaments oder »Ratspensionär« Jan de Witt, die Schicksale der Republik zwanzig Jahre lang leitete, bis er in den Wirren des Krieges gegen Ludwig XIV. greulich ermordet wurde und die Partei der Oranier, zugleich Volks- und Fürstenpartei, die Oberhand gewann. Die eine Schrift, welche Spinoza, neben den wenig bedeutenden »Prinzipien der Cartesianischen Philosophie«, selber veröffentlichte, der *Tractatus theologico-politicus*, war zu einem guten Teil Pamphlet mit dem Zweck, den bedrohten Republikanern zu Hilfe zu kommen. Auch hat er sich, vergeblich, um einen Friedensschluß mit Frankreich bemüht. Übrigens lebte er zurückgezogen und vorsichtig; Freundschaft und sein eigenes stilles Glück pflegend; nie sagend, was er nicht dachte, aber nur in seinem Hauptwerk, der »Ethik«, das er in der Truhe verwahrte, alles sagend. Als der Sohn des Pfalzgrafen Friedrich, der 1648 wieder eingesetzte Kurfürst Karl Ludwig, ihm einen Lehrstuhl in Heidelberg anbot, mit dem Versprechen einer *summa philosophandi libertas*, lehnte er ab; denn der Fürst hatte angemerkt, er wisse wohl, daß Spinoza diese Freiheit nicht mißbrauchen werde, um die Religion des Landes zu beunruhigen; und, fragte Spinoza, welche Grenzen der Lehrfreiheit mochte diese Klausel bedeuten? – Er blieb im Haag, schliff Brillengläser, korrespondierte mit seinen Freunden, dachte und schrieb.

Gehört Spinoza der großen internationalen Bewegung des Rationalismus an? Man hat es (Karl Jaspers zum Beispiel) bestritten, und für den Grund seines Denkens mit Recht. Denn es beruht auf einer religiösen Vision, so tief wie jene Pascals, obgleich von einer andersgearteten, beruhigteren, wohl auch glücklicheren Seele akzentuiert; einer Sicht Gottes durch inspirierten Verstand. Ihm, dem All-Einen, »das in sich ist und in sich verstanden wird«, der »Ursache ihrer selbst«, der »Substanz«, galt das erste Buch der »Ethik«; und letztlich das ganze Werk und das ganze fromm gemeisterte Leben. Rational war die Form dieser Philosophie, *more geometrico demonstrata;* die Ableitung jedes Lehrsatzes aus einigen wenigen Definitionen und Axiomen, die freilich die Hauptsache, Gottesbegriff und Menschenbegriff, schon enthielten. Man mag diesen geometrisch gebändigten Pantheismus völlig unabhängig von der Zeit sehen, unhistorisch, die einmalige Verwirklichung eines religiösen Genius aus dem Grunde seiner selbst; man mag sie historisch sehen, eine charakteristische Schöpfung des Geistes *dieser* Zeit, die den Mut hatte, zu den Wurzeln zu gehen, übrigens als Leistung, die unter Einflüssen stand. Denn freilich stand Spinoza unter Einflüssen. Die beiden Attribute Gottes, die wir erkennen können – aber er hat unendlich viele –, Ausdehnung und Denken, übernahm er von Descartes; so die Mathematik als das der Philosophie gesetzte methodische Vorbild; in seiner Psychologie, seiner Staatslehre hat er manches mit Hobbes gemein, den er kannte, ohne ihn zu schätzen. Aber schließlich ist Spinozas Metaphysik nicht, was den allgemeinen Historiker vor allem interessieren darf. Sie hat zu ihrer Zeit wenig gewirkt, wurde als Atheismus oder Materialismus, Naturalismus verschrien; Tendenzen, die ihr auch billig zu entlocken sind, wenn man sich an die formale Aussage hält, sie ein wenig umbiegt und den persönlichen Glauben und Willen des Schöpfers mißversteht. Erst die deutsche Philosophie des späten 18., dann des 19. Jahrhunderts – Schelling und Hegel – hat Spinozas »Ethik« auf sich wirken lassen und zur Wirkung gebracht.

Unmittelbar zu den Dingen der Zeit sprach der politische Traktat, in dem Spinoza eine, aber auch nur eine Schicht seines Denkens und Wesens der Öffentlichkeit preisgab. Hier ist von Recht, Staat und Freiheit die Rede. Recht, im Zustande der Natur, und von ihm leider »Naturrecht« genannt, bestimmte Spinoza ungefähr wie Hobbes: Es ist das Recht der Natur, alles zu tun, was sie kann, mag, muß. »Unter Recht und Gesetz der Natur«, lesen wir, »verstehe ich nichts anderes als die Regeln der Natur bei jedem einzelnen Individuum, gemäß denen wir jedes naturgemäß bestimmt sehen, auf eine gewisse Weise zu existieren. Die Fische zum Beispiel sind von Natur bestimmt, zu schwimmen, die großen die kleineren zu fressen, und darum bemächtigen sich die Fische mit dem vollsten natürlichen Rechte des Wassers, und fressen die großen die kleineren. Denn es ist gewiß, daß die Natur an sich betrachtet das vollste Recht zu allem hat, was sie vermag, das heißt, daß sich das Recht der Natur so weit erstreckt, wie sich ihre Macht erstreckt. Denn die Macht der Natur ist Gottes Macht selber, der das vollste Recht zu allem hat. Weil aber die gesamte Macht der ganzen Natur nichts ist als die Macht aller Individuen zusammen, so folgt, daß jedes Individuum das vollste Recht zu allem hat, was es vermag, oder daß sich das Recht eines jeden so weit erstreckt, wie seine bestimmte Macht sich erstreckt. Und weil es das oberste Gesetz der Natur ist, daß jedes Ding in dem Zustand, in dem es sich befindet, soweit es bei ihm liegt, zu beharren strebt, und zwar nur mit Rücksicht auf sich selbst, nicht mit Rücksicht auf ein anderes, so folgt daraus, daß jedes Individuum das vollste Recht dazu hat, daß es also wie gesagt das vollste Recht hat, zu existieren und zu wirken, so wie es von Natur bestimmt ist.«

Gedanken aus Spinozas Metaphysik blitzen in solchen Sätzen auf; die allerdings leicht mißzuverstehende Gleichsetzung von Gott und Natur – *Deus sive Natura;* der natürliche Trieb eines jeden Wesens, sich selber zu erhalten – *conatus suum esse conservandi.* Von hier aus ist ein gewisser – wir finden keinen besseren Ausdruck – nackter Realismus in Spinozas Gesellschafts- und Staatslehre eingegangen; ein pessimistischer Sinn für Macht und Nützlichkeit, der, wenn er auch von Hobbes Todesangst weit entfernt ist, doch den Einfluß des Briten, wie auch Machiavellis, nicht verleugnet. Recht und Gesetz, etwas ganz anderes als »Naturrecht«, gibt es erst im Staat. Der Staat muß zu etwas gut sein, oder seine Bürger würden ihn nicht gegründet haben und nicht erhalten. Sie gründen ihn, ungefähr wie bei Hobbes, durch einen Vorgang, der zugleich Gesellschafts- und Herrschaftsvertrag ist. Jeder Vertrag muß seinen Partnern nützlich sein. »Daraus«, heißt es in einer von Spinozas verfänglichen Formulierungen, »schließe ich, daß jeder Vertrag nur in Kraft ist in Anbetracht seiner Nützlichkeit. Kommt diese in Wegfall, so wird auch der Vertrag hinfällig und verliert seine Gültigkeit. Darum ist es töricht, von einem anderen das Versprechen ewiger Treue zu fordern, wenn man nicht gleichzeitig dafür sorgt, daß ihm aus dem Bruch des abzuschließenden Vertrages mehr Schaden als Nutzen erwächst. Das gilt besonders bei der Einrichtung des Staates.« – Viele Politiker haben so gehandelt; wenige es ausgesprochen.

Die Lehre des Hobbes könnte man, wie bemerkt, pessimistischen Liberalismus nennen, und das ist eine seltene Wortverbindung; wer die Freiheit will, wer sich auf die Freiheit verläßt, hat sich meist auch auf Güte und Vernunft der Menschen verlassen. Tatsächlich auch war Hobbes mehr an der Sicherheit, der Privatheit der Bürger als an ihrer Freiheit gelegen, die er so eng einzuschränken bereit war, wie Leviathan sie für seinen einen Zweck einschränken zu müssen glaubte. Spinoza, mit mancherlei hobbesischen Gedanken hantierend, ein Naturalist und Nominalist bis zu einem Grad auch er, gab dennoch dem Staat einen nobleren Zweck: die Freiheit wirklich, nicht bloß die Sicherheit. Die geistige Freiheit gerade solcher Menschen, wie er einer war, der zum Denken Geborenen, der Wenigen. Für sie, seine Bundesgenossen, schrieb er. Der Pöbel sollte ihn lieber gar nicht lesen, als, wie es seine Art war, ihn verkehrt auszulegen. Er werde immer zu abergläubischen Erregungen und Panik geneigt sein, nie von der Vernunft sich leiten lassen. »Weil doch das Volk immer gleichelend bleibt, ist es nie lang in Ruhe, sondern das nur kann ihm recht gefallen, was noch neu ist und was es noch nicht getrogen hat.«

Bei so beschaffenem Wesen der Menge jener Minderheit, die aus dem Geschenk des Daseins etwas Vernünftiges machen will, ein philosophisches Leben zu ermöglichen, hält Spinoza die Demokratie gleichwohl am besten für geeignet; eine ständische, stark aristokratisch versetzte Demokratie ungefähr der Art, wie sie unter de Witt in den Niederlanden existierte. Selbst das Recht auf Gedankenfreiheit begründet er ein wenig naturalistisch: Es sei des Menschen natürliches Recht, so sei er gemacht, Unterdrückung würde hier nur zu den unnatürlich verkrampftesten Zuständen führen und schließlich vergeblich sein. Edler klingt es, wenn er schreibt: »Aus den oben dargelegten Grundlagen des Staates folgt ganz offenbar, daß der letzte Zweck des Staates nicht ist, zu herrschen, noch die Menschen in Furcht zu halten oder sie fremder Gewalt zu unterwerfen, sondern vielmehr den Einzelnen von der Furcht zu befreien, damit er so sicher als möglich leben und sein natürliches Recht, zu sein und zu wirken, ohne Schaden für sich und andere vollkommen behaupten kann. Es ist nicht der Zweck des Staates, die Menschen aus vernünftigen Wesen zu Tieren oder Automaten zu machen, sondern vielmehr zu bewirken, daß ihr Geist und ihr Körper ungefährdet seine Kräfte entfalten kann... Der Zweck des Staates ist in Wahrheit die Freiheit.« Unterdrücke man sie, so unterdrücke man auch alle echte Frömmigkeit und zerstöre den inneren Frieden.

Dergleichen war wohl schon vorher gesagt und gewagt worden, zumal in England. Spinoza, der kein Revolutionär war und in seinem Holland nicht die revolutionäre, in wenigen Jahren die Gedankenarbeit von Jahrhunderten hervorbringende Treibhausluft des englischen Bürgerkrieges atmete, ging längst nicht so weit, wie die Levellers und Diggers gegangen waren. Sein Werk war ruhiger, solider, zeitgemäßer und, im Zeitalter Ludwigs XIV., immer kühn genug.

Zur Sicherung der Gedankenfreiheit gehörte die saubere Trennung von Philosophie und Religion. Indem Spinoza sie forderte, kam er der Politik de Witts entgegen, der schon ein gutes Jahrzehnt früher ein Gesetz »gegen die Vermischung von Gottesgelehrtheit mit Wissenschaft« hatte beschließen lassen; ein Gesetz, das den Theologen verbot, sich mit Philosophie, den Philosophen und freien Naturforschern, sich mit Theologie zu befassen. Seine Durchführung gelang nie vollkommen, aber sein Sinn war der geregelter Freiheit; die Kanzelprediger sollten sich um ihre Sache kümmern und nicht gegen Wissenschaft und Literatur donnern, wie sie es gerne taten. Seinerseits hielt Spinoza alle Religionen für gut, wenn sie die Menschen sittlich banden und ihnen die Wahrheit auf ihnen zugängliche Weise brachten; und alle für historisch.

Er selber, der sich seine Philosophie geschaffen hatte, brauchte sie nicht und behauptete, wie de Witt, den Unterschied zwischen beiden Bereichen. »Bis hierher war ich bemüht, die Philosophie von der Theologie zu trennen und nachzuweisen, daß die Theologie einem jeden die Freiheit zu philosophieren gewährt.« Nicht ohne Grund nannte er seine politische Abhandlung eine »theologisch-politische«; ihr größerer, umständlicherer Teil war Polemik gegen den falschen, absoluten Anspruch der jüdischen Theologie und Auslegung des Alten Testaments. Die Propheten Israels hätten nichts anderes gelehrt als die Tugend, aber hätten es in den Anschauungen ihrer Zeit und ihres Volkes getan. Das Volk sei wundergläubig gewesen, wozu die Völker auch jetzt noch neigten; das wahre Wunder aber sei die ewige, natürliche Ordnung der Dinge selbst, und Gott brauche diese nicht zu durchbrechen, um sich zu offenbaren; wie denn Noahs Regenbogen »natürlich nichts anderes gewesen sei, als die Brechung und Zurückwerfung, welche die Sonnenstrahlen in Wassertropfen erfahren«. In der Heiligen Schrift müsse man zwei Elemente unterscheiden: immer gültige Lehren von Gott und dem rechten Leben, die sie enthalte, und ihre historische Entstehung. Diese sei genauso zu studieren wie ein Stück Natur, wissenschaftlich; und da komme an den Tag, da brachte Spinoza selber an den Tag, daß sie Menschenwerk sei, allmählich entstanden und oft verändert, allerlei Widersprüche und chronologische Irrtümer enthaltend, daß der Pentateuch so wenig von Mose stammen könne wie die Bücher Samuel und Josua von den Autoren, denen man sie zuschrieb. Gegen die geistigen Ansprüche der Orthodoxie polemisierend, wurde Spinoza zu einem Begründer der Bibel-Wissenschaft oder -Kritik; wobei nicht sosehr seine Erkenntnisse bedeutend waren – da hatte er Vorläufer – wie die von ihm geforderten Methoden. Eine genaue Kenntnis des Hebräischen verlangte er, eine gründlichere, als sie jetzt überhaupt möglich sei, da die alten Hebräer keine Grammatik, kein Wörterbuch hinterlassen hätten; eine genaue Kenntnis dann der Umstände, unter welchen jedes Buch geschrieben oder zusammengestellt worden, der Zeit, ihrer Sitten und besonderen Bestrebungen. Es war nichts weniger als ein Programm der Philologie und – das moderne Wort ist hier am Platz, denn modern war Spinozas Unternehmen – der Religions-Soziologie, was er hier entwarf.

Das Programm eines sich bescheidenden, beherrschenden, in seinem Wesen aber unendlich kühnen Aufklärers. Eben dies war Spinoza, unter anderem; und darin ist er mehr ein Vertreter seiner Zeit, mehr im Zusammenhang, direkter wirkend als das ihm eigenste, seine Metaphysik es war.

Seine Bibelkritik fiel auf fruchtbaren Boden. Wir sagten, daß sie Vorläufer hatte. Die Verfasserschaft des Mose hatte schon Hobbes in Frage gestellt. Die Chronologie der Chinesen, die jetzt nach Europa herüberkam, hatte zu vielerlei verfänglichen Vergleichen und Berechnungen Anlaß gegeben. Acht Jahre nach dem *Tractat* veröffentlichte der französische Oratorianer Richard Simon seine »Kritische Geschichte des Alten Testaments«, in der er sich ausdrücklich auf den »unfrommen« Spinoza berief: Dessen Methoden seien nicht notwendig zu verdammen, weil er schlechte Resultate aus ihnen gewann. Indem Simon das Programm Spinozas mit den wissenschaftlichen Mitteln seiner Zeit erfüllte, wollte er doch der Kirche treu bleiben: Eines sei die philologische Kritik der Texte, die immer der gleichen Art sein müsse, ob es sich um Homer oder den Pentateuch handle; etwas anderes die göttliche Inspirierung auch der Zusätze und Veränderungen. Aber weder den Rat des Königs noch die Kurie befriedigte diese Philosophie; Simons Buch wurde alsbald verboten, später auf den Index gesetzt. Was half es? Spinozas These von der nie zu unterdrückenden Freiheit traf zu gerade in dieser Zeit. Was in Paris verboten wurde, erschien aufs neue in Amsterdam, dem Hort alles dessen, was protestierte und mit der Autorität im Widerstreite lag. Gegen Ende des Jahrhunderts war es so weit, daß ein Lehrer in Oxford das Alte Testament als eine Sammlung orientalischer Fabeln verspotten konnte; einmal begonnene Wege ging man damals schneller zu Ende, als jenen lieb war, die sie begonnen hatten.

Ein Zeitalter, das den Namen »Aufklärung« verdiente, dreiviertel Jahrhunderte, bevor seine Erben und Nutznießer ihn sich gaben. Wenn Spinoza gegen Wunder- und Aberglauben zu Felde zog, so war er nicht allein. Allerlei Freidenker, epikureische Literaten, Skeptiker, Agnostiker, sich verbergende oder auch sich nicht mehr verbergende Atheisten gingen ihm voraus, taten ihm gleich, folgten ihm nach in Frankreich, England, Holland. Als im Jahre 1680 ein Komet sich am Himmel zeigte und die gewohnten bangen Erwartungen hervorrief, griff das Pariser *Journal des Savants* kritisch ein; was könnte eine ewigen Gesetzen folgende materielle Erscheinung mit menschlichem Schicksal zu tun haben? Überschätzten da die Menschen sich nicht? Was sei der Tod eines Fürsten für eine kleine Sache, daß man für sie die Sterne bemühte! – Gegen Teufel- und Hexenglauben fochten der Holländer Ballthazar Bekker, der Deutsche Christian Thomasius. Thomasius' »Kurze Lehrsätze von dem Laster der Zauberei mit dem Hexenprozess« erschien 1704; in den achtziger Jahren gab er in Leipzig eine Monatsschrift in deutscher Sprache, »Scherzhafte und ernsthafte, vernünftige und einfältige Gedanken über allerhand lustige und nützliche Bücher und Fragen« heraus. Auch sein Colleg besaß der Professor den Mut, auf deutsch zu halten. Ungefähr wie Spinoza unterschied er Vernunft und offenbarte Wahrheit, Wissenschaft und Theologie, hielt aber auch von der hergebrachten Metaphysik nicht viel: Kenntnis von der Logik, dem richtigen Denken, und Kenntnis der Geschichte waren ihm die Grundlagen gesunden Wissens. Von der sächsischen Orthodoxie angefeindet, wandte er sich nach Halle, wohin der brandenburgische Kurfürst Friedrich, nachmals Preußens erster König, ihn berief und wo er einer der Gründer der neuen Universität wurde. Den Hexenwahn, der zu seiner Zeit selbst nach der amerikanischen Kolonie Massachussetts drang, hat Thomasius nicht überwinden können; aber sein Werk ist ein Markstein in der langen Geschichte seiner Überwindung.

Gründer einer Zeitschrift, den *Nouvelles de la République des Lettres*, war auch der Franzose Pierre Bayle (1647–1706). Wenn ein Leben im 17. Jahrhundert, so bekräftigt das seine den Ausspruch Diderots: »Wir haben Zeitgenossen unter der Regierung Ludwigs XIV. gehabt.« Sohn eines protestantischen Pastors, dann katholischer Konvertit, dann wieder zum Glauben der Väter zurückgekehrt, aber ihn kaum noch glaubend; viel auf der Wanderschaft, Genf, Sedan, Rotterdam, fliehend, berufen, wieder vertrieben; ein ruheloser Abenteurer im Geiste, unersättlich neu- und wißbegierig, aber mehr kritisch einreißend als schöpfend, endend in vorsichtig verschleiertem Agnostizismus. Angriff, Spott, Anklage, das lag ihm,

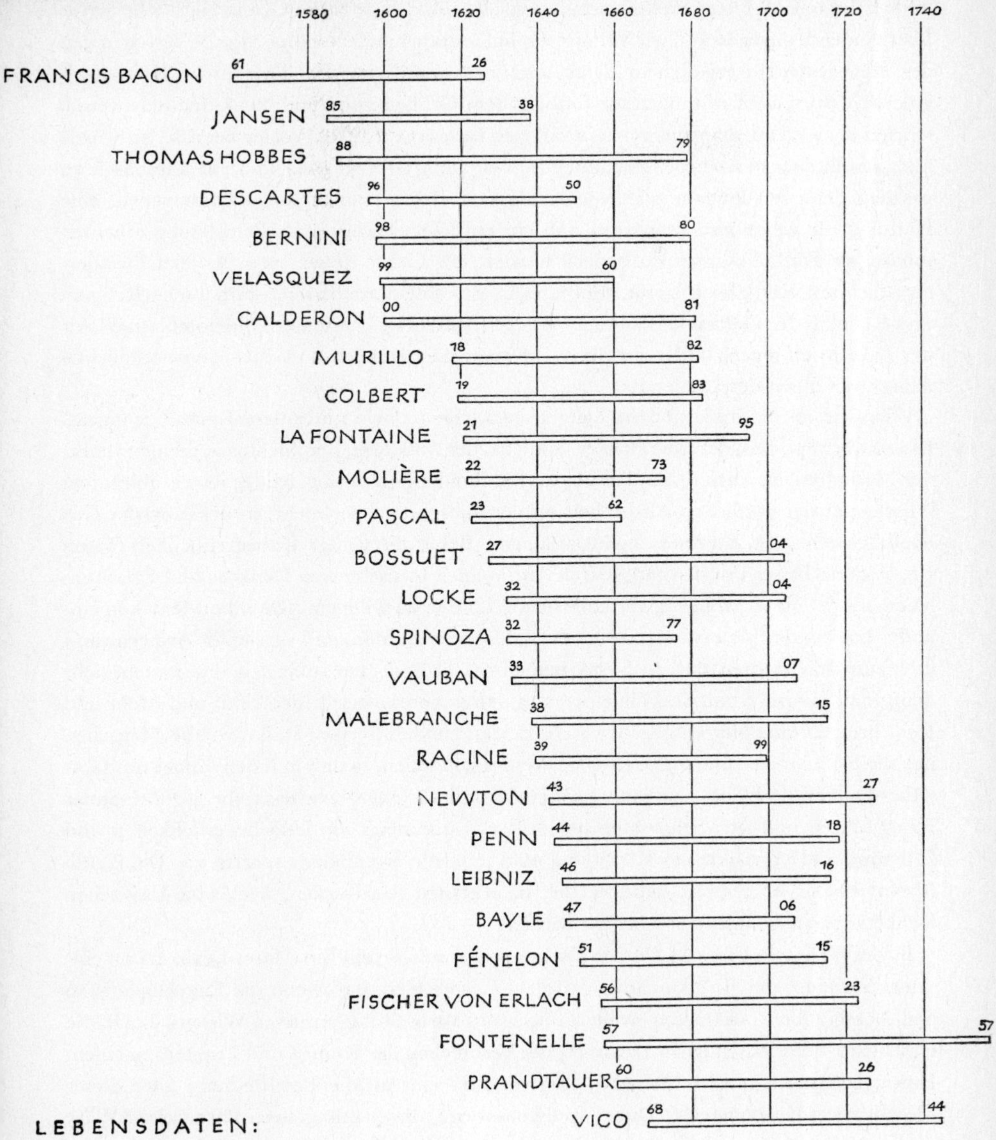

Der europäische Geist im 17. Jahrhundert

und wo Infames in seiner Nachbarschaft geschah, stand er, seine im Grund ängstliche Natur überwindend, dagegen auf, wie Voltaire ein halbes Jahrhundert später. Als die Verfolgungen der Hugenotten in greulichem Ernst begannen und Einer das französische Königreich glücklich pries, weil es nun unter Ludwig dem Großen ganz und gar katholisch werde, schrieb er: »Wenn man die ganze Kraft der Bedeutung dieses Wortes begriffe, so würde man Frankreich nicht beneiden, unter Ludwig dem Großen ganz und gar katholisch zu werden, denn seit langem zeigen jene, die sich diesen Namen *par excellence* geben, eine Haltung, die schaudern macht, so daß ein ehrlicher Mann es als Beleidigung erachten müßte, als Katholik angesprochen zu werden; im Lichte dessen, was ihr jetzt im allerchristlichsten Königreich treibt, müßte es in Zukunft dasselbe sein, katholische Religion und Religion der Gemeinheit zu sagen.« – Starke Worte; Worte des Toleranten angesichts der Ausschweifungen, und zwar der nicht mehr zeitgemäßen und darum unerträglichen Ausschweifungen der Intoleranz.

Wie viele seiner angeregtesten Zeitgenossen, stand Bayle unter dem Einfluß Spinozas. Es war aber Spinoza, der freie Denker, Spinoza, der Aufklärer, der ihn anzog, nicht Spinoza, der Metaphysiker. Dieser stieß ihn ab, weil er ihm zu positiv war. Mit Spinozas absolutem Wissen, mit der göttlichen All-Einheit, in der alles gut ist, vielmehr, in der es weder Gut noch Schlecht gibt, konnte er nichts anfangen. Besser die völlige Unbegreiflichkeit Gottes eingestehen, besser mit den unlösbaren Antinomien menschlichen Denkens und Erfahrens leben, als in eine so großartig vereinfachende Lösung zu willigen. »Daß die Menschen einander hassen, daß sie einander an einer Waldecke ermorden, daß sie sich in Armeen sammeln, um sich zu töten, daß die Sieger manchmal die Besiegten auffressen, das versteht sich; denn man nimmt ja an, daß die einen von den anderen verschieden sind, und Mein und Dein bringen einander entgegengesetzte Leidenschaften hervor. Daß aber die Menschen nur die Seinsweisen eines und desselben Wesens sein sollen, so daß in ihnen immer nur Gott selber handelt und Gott gleichzeitig als Türke und als Ungar erscheint, die gegeneinander Krieg führen und sich Schlachten liefern – das übersteigt die Ungeheuerlichkeiten und Chimären der verrücktesten Köpfe, die man je in die Irrenhäuser sperrte.« – Die Kritik scheint banal; aber es ist dieselbe, die, in erhöhten Ausdrücken, auch von klassischen Denkern gegen Spinoza vorgebracht wurde.

Bayles Hauptwerk ist sein *Dictionnaire historique et critique*, ein Ein-Mann-Lexikon und einsamer Vorläufer der Enzyklopädie; mit dem Unterschied, daß wenn die Enzyklopädisten den Aberglauben bekämpfen wollten durch die Verbreitung positiven Wissens, Bayle die Geschichte der menschlichen Irrtümer, der Verbrechen der Könige und Priester, zu einem Hauptgegenstand machte. Warum, fragt er hier einmal, die Beschreibung aller dieser »furchtbaren Verirrungen«? Dieser Religionskriege, dieser unsagbaren Barbareien? Wäre es nicht besser, sie zu vergessen? Er bestreitet es. »Wie alle Sachen zwei Seiten haben, so kann man aus sehr guten Gründen wünschen, daß die Erinnerung an diese furchtbaren Verirrungen sorgfältig aufbewahrt bleibe.« Aus der Nacht ans Licht; kennt, versteht man die dunkle Vergangenheit, so wird man es in Zukunft besser machen... Es ist schon die Position Voltaires; ohne allzu große Achtung für die Menschheit, aber nicht ohne Hoffnung, nicht ohne helfenden Willen. – Ein Freund der Könige, wie Voltaire, war Bayle nicht. Er triumphierte noch nicht; er mußte kämpfen, sich verbergen, mitunter zu seiner Verteidigung taktisch ausweichen. Aber gelesen wurde er; und wenn seinesgleichen hundert Jahre früher auf dem Scheiterhaufen gestorben wäre, so vollendete er sein Leben in Freiheit; obgleich im Exil.

Philosophen und literarische Abenteurer redeten der Wissenschaft das Wort und wollten ihre Bahn brechen, aber die wenigsten von ihnen waren in einer Wissenschaft schöpferisch. Descartes, Pascal waren es gewesen; Spinoza ein wenig; Leibniz wurde es im großartigen Stil. Andere, zum Beispiel Fontenelle – von ihm gleich –, waren elegante Interpreten der Wissenschaft. Daneben ging diese selber ihren ersten Weg, unbehelligt von den Streitigkeiten zwischen Geist und Herrschaft, freier und begünstigter als sonst, in organisierterer Zusammenarbeit ihrer Adepten als sonst. Der Gründung der englischen *Royal Society* (1660) folgte sechs Jahre später die Pariser Akademie der Wissenschaften, die, wie ihre englische Schwester, ihre Vorläufer hatte und die Protektion des Königs genoß; 1700 die Königlich-Preußische Akademie der Wissenschaften, deren erster Präsident Leibniz wurde; 1725 die Kaiserliche Akademie in St. Petersburg. Die von den Medici in Florenz gegründete Akademie *del Cimento* (1657) hat nur zehn Jahre bestanden, aber durch ihre betont empirischen Forschungen auf den Gesamtfortschritt mächtig eingewirkt. Der überall waltende internationale Kontakt ist so bezeichnend wie die Begünstigung durch Könige und Fürsten; der Holländer Huyghens, die Deutschen Leibniz und Tschirnhausen, der Däne Roemer, der Engländer Newton waren Mitglieder oder Korrespondenten der Pariser Akademie, deren Sekretär Leibniz und Newton Nachrufe von höchster geistiger und sprachlicher Perfektion widmete.

Die mathematischen und naturwissenschaftlichen Leistungen des Zeitalters zu beschreiben, ist nicht der Vorsatz unseres Berichts. Noch war, in der cartesianischen Tradition, die Mathematik die Königin der Wissenschaften, und in der Erfindung des Calculus, ungefähr gleichzeitig durch Newton und Leibniz – worüber ein unerfreulicher Prioritäts-Streit entstand –, gewann sie neue Höhen. Neben ihr aber waren Beobachtung und Experiment am Werk wie nie zuvor; Leeuwenhoeks Mikroskop, welches ihn im Wassertropfen eine Welt des Lebens entdecken ließ; Robert Boyles Entdeckungen über die Expansion der Gase; das Fernrohr, durch das Olaus Roemer die Eklipsen der Jupiter-Monde beobachtete. In Isaac Newtons *Philosophiae naturalis principia mathematica* (1687), in der Entwicklung des Gravitationsgesetzes in seiner endgültigen, allumfassenden Form vereinten Mathematik und Beobachtung der Tatsachen sich zu ihrem höchsten, durch die Jahrhunderte bleibenden Triumph. Das gebildete Europa nahm an ihm teil, nicht sofort, aber mehr und mehr; bis, nach zwei Generationen, Gestalt und Werk Newtons in fast mythischem Glanz erschienen.

Unter jenen, die das neue Wissen popularisierten, war Bernard Le Bovier de Fontenelle (1657–1757) der Erfolgreichste; Sekretär der Pariser Akademie der Wissenschaften, Literat und Salonlöwe, epikureischer Kunstgenießer und Lebenskünstler. In seinen »Gesprächen über die Vielheit der Welten« (1686) wollte er, seiner eigenen Ankündigung nach, die Philosophie – worunter man hier die Wissenschaft zu verstehen hat – auf unphilosophische

Weise behandeln: »Ich habe versucht, sie so darzustellen, daß sie für die elegante Welt nicht zu trocken, für die Gelehrten nicht zu seicht wäre... Meine Leser, denen der Gegenstand unvertraut ist, glaube ich zugleich unterrichten und amüsieren zu können.«

Zwischen dem Verfasser und einer Marquise finden die Gespräche nach dem Souper im Park unter dem Sternenhimmel statt, welcher zu den ersten Fragen der wißbegierigen Dame Anlaß gibt; daraus eine Reihe von didaktischen Dialogen, das kopernikanische System und die nachfolgenden Entdeckungen kristallklar auseinandersetzend, Möglichkeiten des Lebens auf anderen Planeten diskutierend, die Menschheit, samt Schloß und Park und Marquise, aus dem altgewohnten Mittelpunkt auf heitere, fast frivole Weise verdrängend. »Die Philosophie, bemerkte die Marquise, scheint überaus mechanisch geworden zu sein? – So mechanisch, erwiderte ich, daß ich fürchte, sie wird sich dessen noch schämen. Man will, daß das Universum im Großen dasselbe ist, wie eine Uhr im Kleinen... Aber bevor ich Ihnen das erste der Systeme erkläre, muß ich Sie bitten zu bemerken, daß wir von Natur aus alle so gemacht sind, wie jener Narr zu Athen, der sich einbildete, alle Schiffe, die im Pyräus landeten, gehörten ihm. Unsere Narrheit besteht darin, zu glauben, daß die ganze Natur, ohne Ausnahme, für unseren höchsteigenen Gebrauch da sei; und wenn man die Philosophen fragt, wozu denn diese ungeheuere Zahl von Fixsternen da sei, von denen ein kleiner Teil recht wohl genügte, um zu tun, was sie alle tun, so antworten sie trocken, sie seien eben dazu da, um uns das Vergnügen ihres Lichtes zu bereiten. Kein Wunder, daß man so zuerst auf den Gedanken kam, die Erde müsse stille stehen und der Mittelpunkt von allem sein...«

Diese »Gespräche« begründeten Fontenelles Ruhm; für die neue Astronomie leisteten sie ungefähr, was in unseren Tagen die Schriften Bertrand Russells und anderer zugleich gelehrter und brillanter Schriftsteller für die Physik des 20. Jahrhunderts geleistet haben. Sie machten populär und halbwegs vertraut, was vorher nur in den Geistern weniger Forscher Wirklichkeit hatte.

Mit der gleichen heiteren Klarheit griff Fontenelle in einen Streit ein, dessen Gegenstand, nachdem er vorher schon in Italien berührt worden war, in den achtziger Jahren die Pariser Salons faszinierte: die Frage, ob die Modernen, die Menschen des Zeitalters, besser oder schlechter, wissender oder unwissender seien als die »Alten«, die Menschen der Antike. In den »Dialogen der Verstorbenen« (1683), in denen Fontenelle die Großen der Vergangenheit zu unterweltlichem Gedankenaustausch zusammenführt, nimmt Montaigne die Position des Skeptikers ein: Die Menschen blieben immer gleichdumm, die Erfahrung sei für sie so gut wie verloren wie für die Vögel, die sich immer in den gleichen Netzen fangen ließen. Wenn die Natur nicht konstant sei, so sei sie es höchstens in einem unerfreulichen Sinne nicht; sie degeneriere; ihre schöpferischen Kräfte nähmen ab, frühere Jahrhunderte könnten wohl besser gewesen sein als das jetzt geschriebene. Ihm widerspricht Sokrates: hätte sein Gesprächspartner die berühmtesten Athener so genau gekannt wie er selber, so würde er wohl anders über sie urteilen; leicht verkläre man im Ärger über die eigene Zeit eine ferne Vergangenheit; warum sollte die Natur, die sonst sich nirgends verbrauchte, es gerade im Bereich menschlicher Kultur tun? Warum Erfahrung sich nicht sammeln, so daß die Späten klüger wären als die Frühen?

Wenn hier Fontenelle noch Vergnügen an der Richtigkeit der sich widersprechenden Argumente findet, so wurde er fünf Jahre später eindeutiger. Dem war (1687) eine denkwürdige Sitzung der Akademie vorhergegangen, in der Charles Perrault – uns vor allem als Märchenerzähler bekannt – sein Lehrgedicht über »Das Zeitalter Ludwigs des Großen« zum besten gegeben hatte, eine Hymne auf die ewige Schöpferkraft der Natur, die zu allen Zeiten ähnliche Genien hervorbringt, und auf die erreichte Höhe der Gegenwart:

Das weise Altertum, so lang es gewährt,
im Vergleich mit uns selbst war doch nie aufgeklärt...

Perraults gereimte Betrachtung, in der Auswahl zu preisender Zeitgenossen nicht eben glücklich, erregte einen Sturm von Für und Wider. In seiner *Digression sur les anciens et les modernes* (1688) machte Fontenelle sich zum Anwalt der nun drängender als schon zuvor um ihre Gestaltung ringenden Fortschrittsidee. Er ging darin weiter als Perrault, der zu stolz auf seine Zeit war, um sich viel um die Zukunft zu kümmern; es werde, glaubte Fontenelle, immer so weiter vorwärts gehen – *il est évident que tout cela n'a point de fin.*

Wohlgemerkt, es war der Fortschritt von Wissen und Wissenschaft allein, was Fontenelle interessierte. Die Jungen, zeigte er, standen gleichsam auf den Schultern der Älteren und sahen weiter. Da die Natur sich immer gleich blieb, da die Bäume jetzt nicht weniger hoch wuchsen als in den Tagen des Perikles, so war auch der menschliche Geist jetzt nicht weniger kräftig als damals; sehr wohl imstand, alle bisherigen Erkenntnisse aufzuspeichern und sie zu vermehren. So aber, wie die Natur immer dieselbe war, so auch der menschliche Charakter; der Charakter der allermeisten. Über sie, das Volk, dachte Fontenelle, der epikureische, gesellige Aristokrat, ungefähr wie der fromme einsame Jude Spinoza, ungefähr, wie nach ihnen Voltaire denken sollte: ohne viel Interesse, Gunst und Hoffnung. Die Frage nach dem wachsenden Glück einer wachsenden Zahl von Menschen blieb ihm ebenso fremd wie die Unterscheidung zwischen dem Fortschritt der Zivilisation und dem Fortschritt der Moral, die hundert Jahre nach ihm Immanuel Kant in ewig denkwürdigen Sätzen bestimmte.

Stolz zu sein auf die Zeit, in der man lebte, auf das »Zeitalter Ludwigs des Großen« – man könnte glauben, solches Gefühl und Bewußtsein hätte der Herrschaft zugute kommen müssen. Das war jedoch nur bedingt und momentweise der Fall. Das Bewußtsein, es weit gebracht zu haben, die Hoffnung, es in Zukunft noch weiter zu bringen, gründete auf den Leistungen freier Wissenschaft, freien Geistes; schöpferischen Leistungen zwar, aber kritischen auch, und diese, wie wir sahen, waren die nicht am wenigsten zeit-typischen. Kritik, einmal enthemmt und zu Höhen der Virtuosität getrieben, machte vor geheiligten Traditionen sowenig halt wie vor erstarrten Formen der Herrschaft; zum Beispiel vor dem Königtum. So gesehen, ist das »Zeitalter Ludwigs des Großen« nicht sosehr das Zeitalter der absoluten Monarchie und der triumphierenden Kirche, majestätisch-sicher von einem einzigen Geist getragen. Es ist, je weiter es vorrückte, um so deutlicher, ein Zeitalter der Unruhe, in dem die großen Vertreter der Tradition als bedrängte und gehetzte Verteidiger erscheinen Davon war dem König nicht viel bekannt und den anderen Königen nicht, das gehörte nicht zu ihrem Beruf. Aber Ludwigs zweiter Nachfolger, der freilich, zählt man die Generationen, sein fünfter war, sollte daran zugrunde gehen. – Die ehrwürdige Gestalt Jacques-Bénigne Bossuets, Bischofs von Meaux (1627–1704), stehe hier als ein Beispiel für die Verteidiger der Autorität.

Als ein selbstsicherer Sprecher der katholischen Monarchie, als pomphafter Hofprediger des Königs, der den Königinnen, Prinzen, Marschällen die Grabrede hielt, als tönender Anwalt der Vorsehung, an die er unerschütterlich glaubte, wird er gern gesehen, und all das war er auch. Ein Seelenkenner übrigens, der in seinen Predigten Betrachtungen einflocht, wie sie in der Tradition der französischen Psychologie lagen. In seiner »Geschichte der Schwankungen der Protestantischen Kirchen« (1688) gab er erstaunlich gerechte, einfühlende Charakterzeichnungen der Männer, die für ihn Abtrünnige waren: Luther, Calvin, Melanchthon.

Diener der Kirche, war er auch einer des Königs; aber er scheute sich nicht, ihm und dem Thronfolger, um dessen Erziehung er sich zehn Jahre lang vergeblich bemühte, heilsame Wahrheiten zu sagen. »Sie haben zu bedenken, Sire, daß Ihr Thron Gott gehört, daß Sie an seiner Stelle stehen, daß Sie nach seinen Gesetzen regieren müssen. Die Gesetze, die er Ihnen gab, wollen, daß Ihre Macht nur den Schlechten unter Ihren Untertanen furchtbar sei und daß die Übrigen in Sicherheit und Frieden leben können, indem sie Ihnen gehorchen. Das feierliche Versprechen, das Eure Majestät gab, in Ihrem Leben zu verändern, was Gott nicht wohlgefällig war, hat Ihre Untertanen mit Trost erfüllt; sie schöpfen daraus die Hoffnung, Eure Majestät... werde mehr als je zuvor die überaus strikte Pflicht erfüllen, kraft derer es Ihnen obliegt, dem Elend des Volkes zu steuern, und so warten sie auf eine Erleichterung, deren sie so bitter bedürfen. Ich weiß wohl, Sire, wie schwer es ist, ihnen diese Erleichterung zu geben inmitten eines großen Krieges, der Sie zu ungewöhnlichen Ausgaben zwingt, um Ihren Feinden zu widerstehen und Ihre Bundesgenossen zu unterstützen. Aber der Krieg, der Eure Majestät zu so großen Ausgaben verpflichtet, verpflichtet Sie auch, nicht das Volk zu verderben, durch das allein Sie den Krieg führen können.« – Der König von Gottes Gnaden, der absolute König, war für Bossuet so absolut nicht; dem ewigen Gesetz schuldete er, was er keiner neumodischen Kontrakttheorie schulden sollte.

Der Streit zwischen den »Antiken« und den »Modernen«, der Streit um den Fortschrittsbegriff, mußte Bossuet fremd sein. Den Stil seiner Rede hatte er an den Alten gebildet, an Platon, Demosthenes, Cicero, Vergil: »Ich habe wenig französische Bücher gelesen.« Die Weltgeschichte, deren Abriß er *ad usum Delphini* schrieb (*Discours sur l'histoire universelle*, 1681), war Geschichte dessen, was die Vorsehung bestimmt hatte und nichts anderes; auf das Erscheinen des Herrn zielend von Anbeginn; von da ab Verbreitung der Einen Wahrheit, wenn auch mitunter auf gleichfalls gewollten Umwegen und Abwegen. Was galt da Veränderung, was »Fortschritt«? »Die wahrhafte Einfachheit der christlichen Doktrin«, schrieb Bossuet an Leibniz, »besteht, was den Glauben betrifft, in dieser sicheren Tatsache: Dies hat man gestern geglaubt; also muß man es auch heute glauben«. Eben hieraus ergab sich die Trennung zwischen Katholiken und Häretikern. »Der Häretiker ist jener, der eine Meinung hat; genau dies bedeutet das Wort. Was heißt es, eine Meinung zu haben? Es heißt, seinem eigenen Denken und Fühlen zu folgen. Aber der Katholik ist katholisch; das heißt,

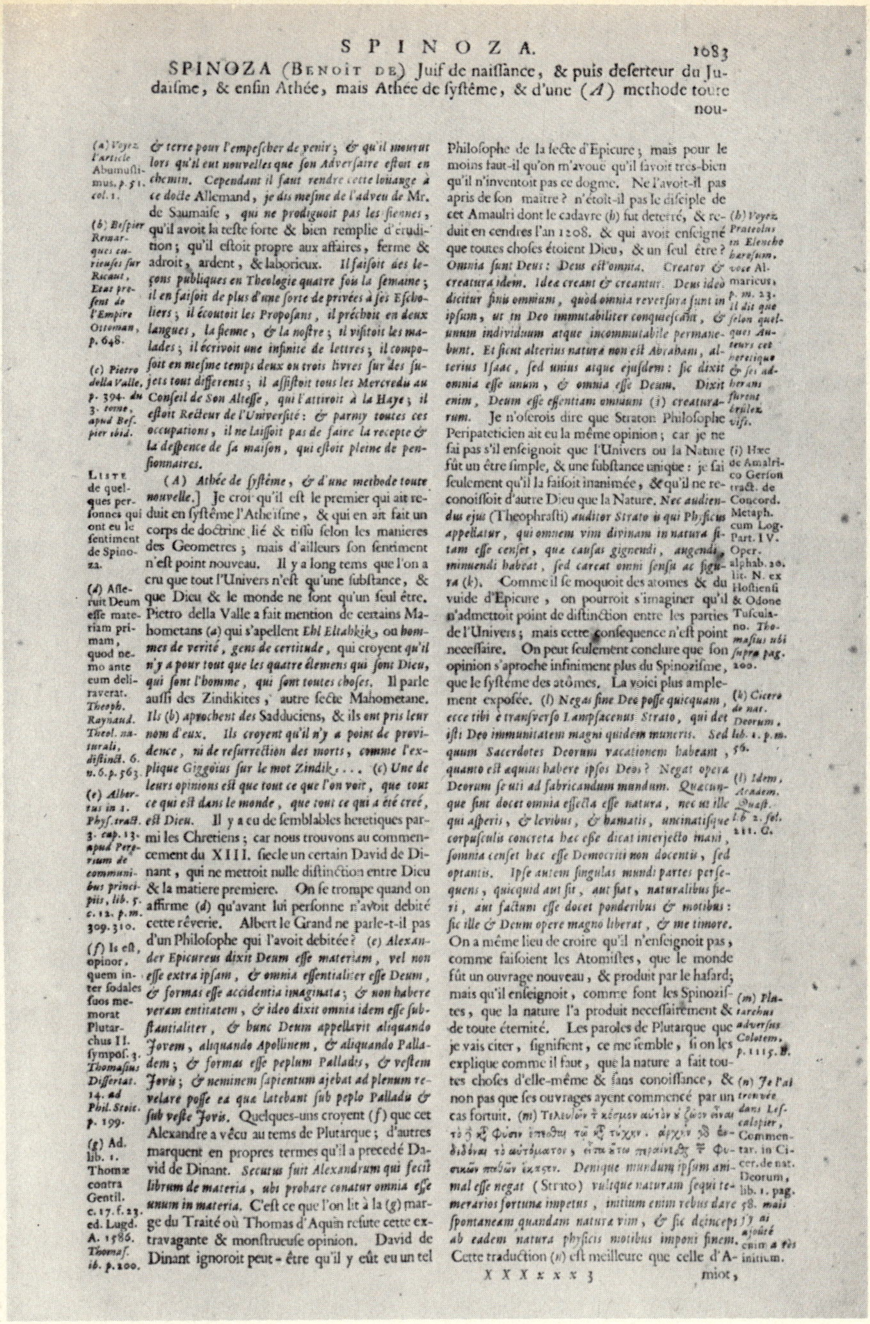

SPINOZA (Benoit de) Juif de naissance, & puis deserteur du Judaïsme, & enfin Athée, mais Athée de systême, & d'une (*A*) methode toute nou-

(a) *Voyez l'article* Abumuslimus. *p.* 51. *col.* 1.

(b) *Bespier Remarques curieuses sur Ricaut, Etat present de l'Empire Ottoman*, p. 648.

(c) *Pietro della Valle*, p. 394. *du* 3. *tome*, *apud Bespier ibid.*

& terre pour l'empescher de venir; & qu'il mourut lors qu'il eut nouvelles que son Adversaire estoit en chemin. Cependant il faut rendre cette loüange à ce docte Allemand, *je dis mesme de l'adveu de* Mr. de Saumaise, *qui ne prodiguoit pas les siennes*, qu'il avoit la teste forte & bien remplie d'erudition; qu'il estoit propre aux affaires, ferme & adroit, ardent, & laborieux. *Il faisoit des leçons publiques en Theologie quatre fois la semaine; il en faisoit de plus d'une sorte de privées à ses Eschooliers; il écoutoit les Proposans, il préchoit en deux langues, la sienne, & la nostre; il visitoit les malades; il écrivoit une infinite de lettres; il composoit en mesme temps deux ou trois livres sur des sujets tout differents; il assistoit tous les Mercredis au Conseil de Son Altesse, qui l'attiroit à la Haye; il estoit Recteur de l'Université: & parmy toutes ces occupations, il ne laissoit pas de faire la recepte & la despence de sa maison, qui estoit pleine de pensionnaires.*

Liste de quelques personnes qui ont eu le sentiment de Spinoza.

(d) Asseruit Deum esse materiam primam, quod nemo ante eum deliraverat. *Theoph. Raynaud. Theol. naturali, distinct.* 6. *n.* 6. *p.* 563.

(e) *Albertus in* 1. *Phys. tract.* 3. *cap.* 13. *apud Perperium de communibus principiis, lib.* 5. *c.* 12. *p. m.* 309. 310.

(f) Is est, opinor, quem inter sodales suos memorat Plutarchus II. sympos. 3. *Thomasius Dissertat.* 14. *ad Phil. Stoic. p.* 199.

(g) Ad. lib. 1. Thomæ contra Gentil. c. 17. f. 23. ed. Lugd. A. 1586. *Thomas. ib. p.* 200.

(*A*) *Athée de systême, & d'une methode toute nouvelle.*] Je croi qu'il est le premier qui ait reduit en systême l'Athéïsme, & qui en ait fait un corps de doctrine lié & tissu selon les manieres des Geometres; mais d'ailleurs son sentiment n'est point nouveau. Il y a long tems que l'on a cru que tout l'Univers n'est qu'une substance, & que Dieu & le monde ne sont qu'un seul être. Pietro della Valle a fait mention de certains Mahometans (*a*) qui s'apellent *Ehl Eltahkik*, ou *hommes de verité, gens de certitude*, qui croyent *qu'il n'y a pour tout que les quatre élemens qui sont Dieu, qui sont l'homme, qui sont toutes choses.* Il parle aussi des Zindikites, autre secte Mahometane. *Ils* (*b*) *aprochent des* Sadduciens, & ils *ont pris leur nom d'eux. Ils croyent qu'il n'y a point de providence, ni de resurrection des morts, comme l'explique* Giggëius *sur le mot Zindik*.... (*c*) *Une de leurs opinions est que tout ce que l'on voit, que tout ce qui est dans le monde, que tout ce qui a été creé, est Dieu.* Il y a eu de semblables heretiques parmi les Chretiens; car nous trouvons au commencement du XIII. siecle un certain David de Dinant, qui ne mettoit nulle distinction entre Dieu & la matiere premiere. On se trompe quand on affirme (*d*) qu'avant lui personne n'avoit debité cette réverie. Albert le Grand ne parle-t-il pas d'un Philosophe qui l'avoit debitée? (*e*) *Alexander Epicureus dixit Deum esse materiam, vel non esse extra ipsam, & omnia essentialiter esse Deum, & formas esse accidentia imaginata; & non habere veram entitatem, & ideo dixit omnia idem esse substantialiter, & hunc Deum appellavit aliquando Jovem, aliquando Apollinem, & aliquando Palladem; & formas esse peplum Pallades, & vestem Jovis; & neminem sapientum ajebat ad plenum revelare posse ea quæ latebant sub peplo Palladis & sub veste Jovis.* Quelques-uns croyent (*f*) que cet Alexandre a vêcu au tems de Plutarque; d'autres marquent en propres termes qu'il a precedé David de Dinant. *Secutus fuit Alexandrum qui fecit librum de materia, ubi probare conatur omnia esse unum in materia.* C'est ce que l'on lit à la (*g*) marge du Traité où Thomas d'Aquin refute cette extravagante & monstrueuse opinion. David de Dinant ignoroit peut-être qu'il y eût eu un tel Philosophe de la secte d'Epicure; mais pour le moins faut-il qu'on m'avoue qu'il savoit très-bien qu'il n'inventoit pas ce dogme. Ne l'avoit-il pas apris de son maître? n'étoit-il pas le disciple de cet Amaulri dont le cadavre (*h*) fut deterré, & reduit en cendres l'an 1208. & qui avoit enseigné que toutes choses étoient Dieu, & un seul être? *Omnia sunt Deus: Deus est omnia. Creator & creatura idem. Ideæ creant & creantur. Deus ideò dicitur finis omnium, quòd omnia reversura sunt in ipsum, ut in Deo immutabiliter conquiescant, & unum individuum atque incommutabile permanebunt. Et sicut alterius natura non est Abraham, alterius Isaac, sed unius atque ejusdem: sic dixit omnia esse unum, & omnia esse Deum. Dixit enim, Deum esse essentiam omnium* (*i*) *creaturarum.* Je n'oserois dire que Straton Philosophe Peripateticien ait eu la même opinion; car je ne sai pas s'il enseignoit que l'Univers ou la Nature fût un être simple, & une substance unique: je sai seulement qu'il la faisoit inanimée, & qu'il ne reconoissoit d'autre Dieu que la Nature. *Nec audiendus ejus* (Theophrasti) *auditor Strato is qui Physicus appellatur, qui omnem vim divinam in natura sitam esse censet, quæ causas gignendi, augendi, minuendi habeat, sed careat omni sensu ac figura* (*k*). Comme il se moquoit des atomes & du vuide d'Epicure, on pourroit s'imaginer qu'il n'admettoit point de distinction entre les parties de l'Univers; mais cette consequence n'est point necessaire. On peut seulement conclure que son opinion s'aproche infiniment plus du Spinozisme, que le systême des atômes. La voici plus amplement exposée. (*l*) *Negas sine Deo posse quicquam, ecce tibi è transverso Lampsacenus Strato, qui det isti Deo immunitatem magni quidem muneris. Sed quum Sacerdotes Deorum vacationem habeant, quanto est æquius habere ipsos Deos? Negat opera Deorum se uti ad fabricandum mundum. Quæcunque sint docet omnia effecta esse natura, nec ut ille qui asperis, & levibus, & hamatis, uncinatisque corpusculis concreta hæc esse dicat interjecto inani, somnia censet hæc esse Democriti non docentis, sed optantis. Ipse autem singulas mundi partes persequens, quicquid aut sit, aut fiat, naturalibus fieri, aut factum esse docet ponderibus & motibus: sic ille & Deum opere magno liberat, & me timore.* On a même lieu de croire qu'il n'enseignoit pas, comme faisoient les Atomistes, que le monde fût un ouvrage nouveau, & produit par le hasard; mais qu'il enseignoit, comme font les Spinozistes, que la nature l'a produit necessairement & de toute éternité. Les paroles de Plutarque que je vais citer, signifient, ce me semble, si on les explique comme il faut, que la nature a fait toutes choses d'elle-même & sans conoissance, & non pas que ses ouvrages ayent commencé par un cas fortuit. (*m*) Τελευτῶν τὸν κόσμον αὐτὸν οὐ ζῷον εἶναι τὸ δὲ κατὰ φύσιν ἕπεσθαι τῷ κατὰ τύχην. ἀρχὴν γὰρ ἐνδιδόναι τὸ αὐτόματον, εἶτα οὕτω περαίνεσθαι τῶν φυσικῶν παθῶν ἕκαστον. *Denique mundum ipsum animal esse negat* (Strato) *vultque naturam sequi temerarios fortunæ impetus, initium enim rebus dare spontaneam quandam naturæ vim, & sic deinceps ab eadem natura physicis motibus imponi finem.* Cette traduction (*n*) est meilleure que celle d'A-

(*h*) *Voyez Prateolus in Elencho hæresum, voce* Almaricus, *p. m.* 23. *il dit que selon quelques Auteurs cet heretique & ses adherans furent brûlez vifs.*

(*i*) Hæc de Amalrico Gerson tract. de Concord. Metaph. cum Log. Part. IV. Oper. alphab. 20. lit. N. ex Hostiensi & Odone Tusculano. *Thomasius ubi supra pag.* 200.

(*k*) *Cicero de nat. Deorum, lib.* 1. *p. m.* 56.

(*l*) *Idem, Academ. Quæst. lib* 2. *fol.* 211. *C.*

(*m*) *Plutarchus adversus Colotem, p.* 1115. *B.*

(*n*) *Je l'ai trouvée dans Lescalopier*, Commentar. in Cicer. de nat. Deorum, lib. 1. pag. 58. *mais j'y ai ajoûté* enim *a* rès initium.

XXXxxx 3 miot,

Das Stichwort »Spinoza«
im »Dictionnaire historique et critique« von Pierre Bayle. Rotterdam, 1697

Bossuet bei seiner Trauerrede auf den »großen« Condé
im Chor von Notre Dame in Paris, 1687
Aus einer Stichfolge »Camp de la douleur« nach einer Zeichnung von Jean Berain

er ist universal; und ohne ein ihm eigenes Denken zu haben, folgt er ohne zu zögern dem der Kirche...«

Es gab, in diesem Sinn, viele Häretiker in Bossuets Tagen, und er wußte es. Mit Entsetzen hatte er Spinozas *Tractatus* gelesen, die Auslegung der Bibel, für ihn der Springquell alles Heiligen und Ewig-Wahren, als eines menschlichen, historischen Dinges unter anderen. Bossuet war es, der das Verbot von Richard Simons »Kritischer Geschichte des Alten Testaments« erzwang. Aber mit bloßen Verboten war es nicht getan. Der Bischof besaß einen zu reinen, zu wahrheitsliebenden Geist, als daß er sich den Argumenten der Kritiker ganz hätte verschließen können. Und so ließ er sich auf Streit ein, fing an, seine Position zu verteidigen und kleine Einräumungen zu machen – gewiß hätten die Bücher Mose später ein paar Zusätze erfahren, warum denn nicht; Zugeständnisse, die, einmal gemacht, die ganze Festung bedrohten. So auf dem Feld der Chronologie, wo er rechnete und rechnete, um die von der Bibel gegebenen Jahreszahlen zu erhalten. Ein harter Gegner war die Wissenschaft für ihn, den zugleich Frommen und tief Redlichen. »Ich weiß wohl, ihr Christen, daß die Wissenschaft ein Geschenk des Himmels ist und daß sie der Welt große Vorteile bringt; ich weiß, daß sie das Licht des Verständnisses ist, der Führer des Willens, die Amme der Tugend, die Seele der Wahrheit, die Begleiterin der Weisheit, die Mutter guten Rates; mit einem Wort, die Seele des Geistes und die Beherrscherin des menschlichen Lebens. Aber wie es dem Menschen natürlich ist, die besten Sachen zu verderben, so wird diese, die so großes Lob verdient, in unseren Händen nur zu oft schlecht durch den Gebrauch, den wir von ihr machen. Sie ist es, die sich gegen die Wissenschaft Gottes erhoben hat; sie ist es, die, indem sie verspricht, uns zu erleuchten, uns blind macht durch Hochmut; sie ist es, die uns, unter dem majestätischen Namen der Wahrheit, unser eigenes Denken anbeten läßt...«

Ein Gegner war auch die neue Philosophie, die Gott noch Sein zugestand, aber nur als erster Ursache; was für ein Gott war das, der die Welt nur machte, um sie dann gottlos und verwaist zurückzulassen? In Bossuets Grabrede auf Maria-Theresa von Spanien, Königin von Frankreich, lesen wir: »Wie verachte ich jene Philosophen, die, Gottes Ratschluß mit dem Maßstab ihres eigenen Denkens messend, aus ihm nur den Schöpfer einer gewissen allgemeinen Ordnung machen, aus der das Übrige sich entwickeln soll, wie es kann. Als ob Er nach unserer Art nur allgemeine und dunkle Einsichten hätte, als ob die souveräne Intelligenz zu ihren Zwecken nicht auch jene einzelnen Dinge umfassen könnte, die alleine Realität haben.« So habe Gott nicht nur Himmel und Erde gemacht; gemacht habe er auch die königlichen Häuser Frankreich und Österreich, »deren er sich bedient, um die menschlichen Dinge im Gleichgewicht zu halten; bis zu welchem Grad und wie lange? Er weiß es, und wir wissen es nicht«.

So war dieser gewaltige Prediger und Künstler des Wortes, dieser strenge und liebevolle Geist in seinen Tagen wohl das moralische Haupt der Kirche Frankreichs. Aber unentwegt war er im Kampf; kämpfend nicht bloß gegen das, was er für Verirrungen innerhalb der Kirche hielt, Jansenismus, Quietismus; auch, und bitterer, gegen eine Tendenz der Zeit, die er, wohl nicht zu Unrecht, auf Descartes zurückführte und die nichts anderes war als der Geist der Kritik, des freien Infragestellens selber. Wohin würde er führen? – Bossuet lag noch keine hundert Jahre in seiner Gruft, da führte sie, zunächst für einen Augenblick nur, zur Abschaffung des Christentums, zum Revolutionskult der »Vernunft«.

Unter den Schülern Bossuets war einer, mit dem er sich später überwarf: François de Fénelon, Erzbischof von Cambrai (1651–1715). Die beiden Kirchenfürsten hatten manches gemeinsam: das Vornehm-Beispielhafte, aber nicht Asketische ihrer Lebensführung; die reine Frömmigkeit; die Gewalt des gesprochenen und geschriebenen Wortes. Beide waren sie Prinzen-Erzieher; Bossuet des Sohnes, Fénelon des Enkels Ludwigs XIV., der Sohn und Enkel überlebte. Beide bekämpften die Jansenisten; beide billigten die Aufhebung des Edikts von Nantes, aber nicht die Grausamkeit der Verfolgungen. Fénelon, von Haus aus ein großer Herr, war der freiere, Eindrücken offenere Geist und in Bossuets Augen ein Gefährdeter. Als er den Mystizismus, den Ich- und Ratio- und Riten-verneinenden Quietismus einer inspirierten Dame, der Madame Guyon, umarmte und literarisch verfocht, trat Bossuet schärfstens gegen ihn auf. Der alte König nahm für Bossuet Partei; Fénelon wurde in seine Diözese verbannt, von wo er nicht aufhörte, mit seinem Zögling, dem Herzog von Burgund, zu korrespondieren. Ihn hoffte er zu einem guten König zu machen. Als Burgund 1712 starb und kein Erbe blieb als der Urenkel, hielt er die Monarchie der Bourbonen für verloren. Hier sah er klarer als Bossuet, der immer ein Verherrlicher, wenngleich ein unabhängiger, des Königtums und auch der königlichen Kriege geblieben war. Welch klingend-bewundernde Darstellung der Schlacht von Rocroy flocht er in seine Grabrede für den Sieger ein, als der große Condé, siebenundvierzig Jahre nach der Schlacht, gestorben war!

Fénelon hätte kein Loblied auf einen Feldherrn gesungen. Er haßte den Krieg wie ein echter Moderner, wie ein Philosoph des 18. Jahrhunderts. Und wenn er das absolute Königtum nicht haßte – das taten ja auch die »Philosophen« des 18. Jahrhunderts nicht –, so doch die Gestalt, die der alte König ihm gab: Krieg, Verschwendung und Ostentation, Willkür, Verkrampfungen des Wirtschaftslebens, die schreiende Not der Bauern. Aus diesem Gefühl ist sein didaktischer Roman »Die Abenteuer des Telemach« (1699) entstanden. Angeblich nur, »um den Herzog von Burgund zu amüsieren«; ein treuloser Kopist habe das Manuskript der Öffentlichkeit preisgegeben. Aber es steckt zuviel von Fénelons ernstesten Urteilen in dem Werk, als daß diese Erklärung uns überzeugen könnte. »Hier«, gestand er später, »habe ich alle notwendigen Wahrheiten über die Regierung und die Verirrungen, deren die souveräne Macht sich schuldig machen kann, ausgesprochen.« Wahrheiten wie die, daß die Könige für ihre Untertanen da sind, nicht umgekehrt; daß die Landwirtschaft die Quelle allen Reichtums, und Luxus schlecht ist; daß alle genug zum Leben haben sollen, niemand zuviel; daß die Menschheit so über dem Königreich steht wie das Königreich über den einzelnen Bürgern; daß Kriege ein Verbrechen sind.

Meist spricht Telemachs Begleiter Mentor sie aus, wie er denn den prunklustigen, despotischen König Idomeneus folgendermaßen abkanzelt: »Mit Schmerzen bin ich gezwungen, Ihnen harte Dinge zu sagen; aber soll ich Sie verraten durch Verschweigen der Wahrheit? Wenn Sie bisher betrogen wurden, so darum, weil Sie es sein wollten; weil Sie die ehrlichen Ratgeber fürchteten. Haben Sie die am wenigsten interessierten, die zum freien Widerspruch geneigtesten Menschen gesucht?... Haben Sie die Schmeichler gemieden, haben Sie ihnen mißtraut? Nein, nein; Sie haben nicht gehandelt wie jene, die die Wahrheit lieben und sie zu wissen verdienen. Sehen wir zu, ob Sie jetzt den Mut haben, sich durch die Wahrheit, die Sie verurteilt, erniedrigen zu lassen... Während Sie draußen so viele Feinde hatten, die Ihr noch schwankendes Königreich bedrohten, haben Sie im Inneren Ihrer neuen Stadt an nichts gedacht als an kostspielige Bauten... Sie haben Ihre Reichtümer erschöpft; die Vermehrung des Volkes, die Bebauung fruchtbaren Bodens war nicht Ihre Sorge... Eitler Ehrgeiz hat Sie bis an den Rand des Abgrunds getrieben. Sie wollten groß erscheinen, und Sie haben Ihre wahre Größe zerstört.« Denn den schlechten Monarchen bedroht die Revolution. »Man schmeichelt Ihnen, man heuchelt Verehrung, man zittert bei Ihren Blikken; aber was bei der geringsten Revolution geschieht, das werden Sie sehen: die monströse, gewaltsam hochgetriebene Macht kann nicht dauern; sie hat keine Wurzeln im Herzen der Völker; sie hat alle Körperschaften des Staates erschöpft und gekränkt; sie zwingt alle Glieder dieser Körper, eine Veränderung zu ersehnen. Beim ersten wohlgezielten Schlag stürzt das Idol um, zerbricht, und seine Trümmer liegen unter des Schicksals Füßen.«

Wenn Fénelon verlangte, in solchen Worten nicht die Prophezeiung einer Revolution, in König Idomeneus nicht Ludwig XIV., in anderen Figuren des Romans nicht des Königs Minister, Günstlinge und Maitressen zu erkennen, so verlangte er mehr, als Ludwig und auch, als Ludwigs Feinde zu konzedieren bereit waren; denn während der König um so mehr ergrimmte, als er ja die peinliche Identifizierung selber nicht vollziehen konnte, war dem Roman in Holland und England ein gewaltiger Erfolg beschieden. Man verstand. Man glaubte als Pamphlet verstehen zu sollen, was, in der Form eines antikisierenden Abenteuerromans, wohl mehr ein wohlgemeintes, didaktisch-utopisches Buch im Stil der Zeit war.

In der Kritik der absoluten Monarchie ging Fénelon so weit, wie er als ihr Anhänger, als Kirchenfürst und französischer Untertan gehen konnte. Zehn Jahre vor dem »Telemach« war in England ein Buch erschienen, das den Anspruch der absoluten Monarchie systematisch widerlegte und die uralte Kontrakt-Theorie neu und modern begründete: die »Abhandlungen über die Regierung« – *Two Treatises of Government* – von John Locke (1632 bis 1704). Es war ein sehr englisches, ein nur-englisches Buch, eine Rechtfertigung der »Glorreichen Revolution« des Vorjahres. So wie aber in diesem Zeitalter alles, was Gewicht hatte, alsbald in einen internationelen Zusammenhang trat, so wie die Glorreiche Revolution selber, insulär in Vorgeschichte und Ausführung, im europäischen Machtkampf doch zugleich und sofort ein Ereignis von kapitaler Bedeutung wurde, so sollten auch Lockes Abhandlungen zu einem internationalen Lehrtext von lang und weit nachhallender Wirkung werden.

Der Autor, Sohn eines puritanischen Landedelmannes, hatte selber internationale Erfahrungen gesammelt, drei Jahre in Frankreich, später, in der schwülen Epoche, die dem Sturz des letzten Stuart-Königs vorherging, als ein Flüchtling fünf in Holland verbracht und dort mit anderen Flüchtlingen Umgang gehabt. Im Gefolge Wilhelms von Oranien kehrte er nach England zurück, auf dem gleichen Schiff mit der neuen Königin, Mary, und wurde nun zum geistigen Repräsentanten der veränderten Ordnung. Philosoph von Haus aus, aber dem Praktischen nicht fremd, verwaltete er zeitweise ein Amt im *Board of Trade*, lehnte aber, der einmal Brandenburg besucht hatte, den Berliner Botschafterposten ab. Seine ihm eigenste Tätigkeit blieb die Schriftstellerei; dazu das ernste Gespräch, der Umgang mit Philosophie oder Naturwissenschaft treibenden Freunden.

Locke war ein Mann von eminent gesundem englischem Menschenverstand und weithin verstreuten Kenntnissen: Chemie, Medizin, Geschichte, Theologie. Es war dies ja ein Zeitalter, in dem man noch beinahe alles wissen konnte, was es zu wissen gab; wofür das imposanteste, Locke noch übertrumpfende Beispiel demnächst zu nennen sein wird. Wo er anklopfte, da kam nicht immer grundstürzend Neues, aber immer Kluges und Nützliches heraus. Er schrieb über Geld und Zinsen; über den vernünftigen Gehalt der christlichen Lehre; über Toleranz – die wollte er weit ausgedehnt wissen, aber nicht auf Atheisten, denn wo kein Gott gelte, da gelte gar nichts mehr; über Pädagogik (*Thoughts on Education*, 1693), in der er ein Bahnbrecher war. Der zu Erziehende müsse erfahren, tun, sich freuen, nicht bloß lernen; Erziehung des Charakters sei wichtiger als die Ansammlung toten Wissens-Stoffes; zum gesunden Geist gehöre ein gesunder Körper; und so fort. Gedanken, die Pestalozzi und selbst Rousseau vorwegnehmen – wie Locke es in mehr als einer Beziehung tat.

Die Werke, die ihn berühmt machten, sind die »Abhandlungen über die Regierung« und der im Jahr darauf erschienene, aber lange vorbereitete »Versuch über den menschlichen Verstand« (1690). Hier wurde er zum Gründer der modernen Erkenntnistheorie; jener Tradition, die in Deutschland über Leibniz zum Kritizismus Immanuel Kants, in England über den Idealismus Berkeleys zum Skeptizismus Humes fortschreiten sollte. Locke stellte die Frage, die schon Descartes gestellt, aber nicht eigentlich kritisch beantwortet hatte und die Spinoza fremd gewesen war: Die Frage nach Grund, Wesen und Grenzen des Wissens. Seine Antwort war die sensualistische. Der Geist ist *Tabula Rasa* – diesen Ausdruck gebraucht er –, bevor die Sinne ihn informieren. Es gibt keine »eingeborenen Ideen«. Sie werden aus der Erfahrung gebildet. Diese beruht auf den Sinnen und dem, was die Reflexion aus ihren Eindrücken macht. Die Sinne sind dem Menschen eigen. Was die Dinge sind ohne sie, kann man nur mathematisch-quantitativ ausdrücken; die primären Eigenschaften des Objekts. Das übrige tut der erfahrende Mensch dazu, der so aus seinem eigenen Reich nicht heraus kann; sicher in ihm, aber ewig ungewiß über das Wesen der Dinge ohne ihn.

Es war eine antiautoritäre, antidogmatische Philosophie. Indem Locke die »eingeborenen Ideen« bestritt, bestritt er die Autorität der Bücher, die von ihnen handelten, und lud seine Leser zum grünen Baum der Tatsachen. Obwohl es aber manchmal so scheinen konnte, als sei ihm der Verstand (Reflexion) nichts als ein zweiter innerer Sinnesapparat zur Verarbeitung dessen, was der äußere lieferte, wies er ihm doch die Funktion von Schlüssen zu, für die es in der äußeren Welt kein Gleiches gab. Der Begriff der Kausalität beruhte auf einem solchen Schluß; durch die Sinne, die nur das regelmäßige Nacheinander der Phänomene zeigten, nie gegeben, aber erfahren durch den eigenen Willen, die eigene Kraft des Verursachens. Da nun aus Nichts nichts wird, da innerhalb des Ganzen jedes aus einem anderen folgt, so muß auch das Ganze eine Ursache haben, die außerhalb seiner liegt – eine intuitive, wie er dennoch glaubte, verstandesmäßig aufzeigbare Gottesgewißheit, die Locke, ein guter Christ und frommer Bibelkenner, zu retten bestrebt war. – Dieser erste große »Versuch« genügte wohl nicht. Aber er sollte sich als ungeheuer fruchtbar erweisen.

Wenig ging man, hundert Jahre lang, über Lockes politische Abhandlungen hinaus. Die Gedanken des »unsterblichen Locke« sind noch in der amerikanischen Unabhängigkeitserklärung, noch in der ersten von der Französischen Revolution geschaffenen Verfassung deutlich am Werk. Wie Spinozas *Tractatus* waren sie ein Abriß für Tag und Stunde, beinahe Pamphlete. Da sie aber ein zentrales englisches Verfassungsgeschehen, eben die Glorreiche Revolution und die nachfolgende *Bill of Rights*, philosophisch interpretierten, so erhielten sie ein Volumen, das dem Entwurf des einsamen Holländers fehlte. John Locke wurde der englische Staatsphilosoph, und wie England im 18. Jahrhundert zur Weltmacht aufstieg, so stieg er mit.

Die erste der beiden Abhandlungen, polemisch gegen einen überaus ungeschickten, altmodischen Verteidiger des Königstums gerichtet, fällt hier nicht in Betracht. Die zweite ist die eigentliche.

Wie Hobbes geht Locke von einem »Naturzustand« der Menschen aus, bei dessen Konstruktion er unter dem Eindruck damals aus Amerika kommender Beschreibungen stehen mochte. Er sieht ihn anders als Hobbes. Die Menschen sind längst nicht so schlecht, längst nicht so angriffslüstern aus Angst, wie Hobbes wahrhaben wollte. Der Selbsterhaltungstrieb leitet sie allerdings; aber dieser ist selber vernünftiger und aufbauender, nicht bedrohender Art. Jeder erstrebt ein Maximum von Wohlbehagen. Daran arbeitet er; vermischt seine Arbeit mit einem Gegenstand, einer Wiese, einem Wald; und begründet so sein Eigentum. Eigentum ist Vermischung von Arbeit und Sache; ein natürliches Recht, wie Selbsterhaltung eines ist. Natürlich auch seine Begrenzung; ohne Staat wird und kann der Mensch nicht mehr besitzen, als er bearbeiten und genießen kann. Es ist die Erfindung des Geldes, welche den Erwerbssinn weit über die natürlichen Grenzen des Eigentums hinaustreibt; und eben damit hängt die Gründung des Staates zusammen. Um ihr Eigentum und alle aus ihm fließenden Vorteile zu schützen, treten die Menschen in eine Gemeinschaft ein. Wären sie im Naturzustand so elend gewesen, wie Hobbes will, so wäre auch seine Theorie vom Staat gerechtfertigt. Da aber Hobbes' Ansicht vom Naturzustand nicht zutrifft, kann es auch der Zweck des Staates nicht sein, die Bürger mit allen und jeden Mitteln von ihrer Todesangst zu erlösen. Zweck des Staates ist der Schutz erworbenen, über das natürliche Maß hinausgehenden Eigentums. Despotismus würde diesen Zweck zerstören.

Freiwillig in den Staat eingetreten, bewahren sich die Bürger ihre natürlichen Rechte auch im Staat. Darum ist jede Regierungsgewalt auf Vertrauen gegründet. Vom Volk ist sie gegeben, vom Volk kann sie wieder genommen werden. Allerdings ist das Volk ordnungsliebend und konservativ; es wird – eine These, die auch noch in Jeffersons Unabhängigkeitserklärung vorkommt – von seinem Widerstandsrecht nur in extremen Fällen Gebrauch machen. Die aktuelle Folge aus dem Vertragscharakter des Staates ist nicht das Widerstandsrecht der Individuen in ihrer Gesamtheit, sondern die Beschränktheit und Geteiltheit der Macht.

Regierung zerfällt in die beiden Funktionen der Gesetzgebung und Gesetzausführung. Um despotische Macht zu verhindern, dürfen beide nicht zusammenfallen. Die dichtere, immerwährende Tätigkeit obliegt der ausführenden Gewalt; die höhere Macht ist bei der gesetzgebenden als der gewählten Repräsentation des Volkes. Sie auch hat gegen die Exekutive, gegen den König, notfalls das Widerstandsrecht zu üben, dessen Träger für Locke in der Theorie wohl das Volk, in der Praxis aber vor allem das Parlament ist. Das gibt die unblutigen, die gesetzlichen, die »glorreichen« Revolutionen. Locke fürchtet den König; das Parlament fürchtet er nicht. Er fürchtet auch das Prinzip der Mehrheit nicht, das er, ebenso wie das der Gewaltenteilung, aus der spätmittelalterlichen Theorie übernahm, ohne nach seinem Grund zu fragen. Wahrscheinlich hätte er sich den alten Begriff vom größeren Teil als Repräsentanten des Ganzen gefallen lassen. Da der Mensch von Natur zwar selbstsüchtig, aber vernünftig, friedliebend und nicht ohne Rechtssinn ist, so konnte eine Mehrheit menschlicher Individuen zuletzt wohl nie etwas dem Ganzen Abträgliches wollen.

Immer bewegte Lockes Gedankengang sich um vier Zentren. Vom Individuum ging er aus; der Staat war für es da. Die Individuen bilden die Gemeinschaft; die Gemeinschaft gibt sich eine Regierung, die in zwei Gewalten zerfällt. Die dritte, richterliche, kam im 18. Jahrhundert dazu, um das klassische Prinzip der Gewaltenteilung, der *checks and balances*, zu vollenden; Locke hat auf sie diesen Wert nicht gelegt. Eine dritte, etwas verschwommene Funktion der Macht sah er wohl und nannte sie die »Föderative«; worunter er den Staat in seinem Verhältnis zu anderen Staaten, die Funktionen der auswärtigen Politik verstand. Sie war seinem Denken im Grunde so fremd, wie sie Hobbes, in der Nachfolge Machiavellis, vertraut war. Der despotische Staat handelt mit und wütet gegen andere Staaten. Die Gemeinschaft freier Bürger ist für sich selber da, wünscht nicht, sich zu vergrößern, treibt Außenpolitik nur mit Unlust und nur so lange, wie andere Staaten nicht ebenso organisiert sind, wie sie es ist. Dieser Begriff von Außenpolitik liegt in der Konsequenz von Lockes Denken; nicht zufällig ist er, seit Gründung der Union und bis tief ins 20. Jahrhundert hinein, der amerikanische geblieben. Sagen wir genauer: die amerikanische Theorie, welcher ein tiefes Mißtrauen gegen die Träger der außenpolitischen Funktion entsprach. Die amerikanische Praxis ist eine andere Sache.

Es war ihren einzelnen Thesen nach keine sehr neue Staatsphilosophie und keine sehr tiefe. Das Tiefe ist ja nicht immer, was wirkt. Elegant und nüchtern klar in ihrer Durchführung, erschienen nach der glücklichen Überwindung einer inneren Staatskrise und auf dem Höhepunkt einer internationalen, hat sie, auf der Insel und dann auf zwei Kontinenten, gewirkt wie kaum je zuvor ein politisches Buch und keines nachher bis zu Rousseau. Verglichen mit Rousseau war ihre Wirkung eindeutiger, und so war der Autor. Von der Sprengkraft, Klarheit nur vortäuschenden, sensationshaschenden, tyrannischen Wirrsal des Rousseauschen Denkens war keine Spur in ihm.

Eine Philosophie des englischen Großbürgertums und Kleinadels; der Whigs; des frühen, seines Namens noch ungewissen Liberalismus. Man muß wohl, ohne in den Verdacht Karl Marxscher Quixoterien zu geraten, hinzufügen: des frühen Kapitalismus. Von der späteren Macht korporativen Kapitals konnte John Locke freilich keine blasse Ahnung haben. Aber der Schutz freien Erwerbsstrebens lag ihm sehr am Herzen; kein Grundsatz sosehr wie jener, der gute acht Jahrzehnte später der Ruf der amerikanischen Rebellen werden sollte: *No Taxation without Representation!* Der Begriff vom Staat als Hort der Wohlfahrt, der nationalen Erziehung, den in Deutschland die Demokratie geradewegs vom alten Fürsten- und Beamtenstaat übernehmen konnte, erscheint in seiner Schrift sowenig, wie er in der *Bill of Rights* von 1689 erschien. Es war schon der Nachtwächterstaat, den er lehrte, gar nicht so unendlich weit entfernt von den Ideen des Hobbes, wie er glaubte. Denn schließlich hatte auch »Leviathan« ausschließlich Wächterpflichten gehabt, wenngleich hier der Wächter mit Pistolen und Geißeln bewaffnet umhergehen sollte, nicht bloß mit einer Lampe, wie Locke wollte. Beide, Hobbes und Locke, gingen vom Individuum aus, beide von der natürlichen Gleichheit der Individuen, die für Hobbes auf der gleichen Fähigkeit zum Töten, für Locke auf dem gleichen Recht zu Selbsterhaltung und Wohlbehagen beruhte. Für die Schönheit der Gemeinschaft, für die Freude am Dienen, für den schönen Prunk staatlicher Repräsentation, für ererbte Anhänglichkeiten und Loyalitäten waren sie beide ohne Sinn; und benannten, wie Spinoza, mit dem edlen Namen »Naturrecht«, was der heilige Thomas nie so benannt haben würde. Beide, scheint uns, waren von der menschlichen Wirklichkeit gleich weit entfernt, aber von verschiedenen Seiten; Hobbes in seinem übertriebenen Pessimismus, Locke, indem er sein puritanisches Erbe so weit vergaß, den Begriff vom Bösen, von der Erbsünde aus seinem Denken völlig auszuschalten. Fast völlig; Könige waren mitunter bös. Dann mußte man sie behandeln wie Jakob II.

Gesunde Wahrheiten sind trotzdem aus Locke zu gewinnen, wenn man sie nicht aus älteren Schriftstellern zu gewinnen vorzieht: jene, wonach der Staat für die Bürger da ist und nicht der Bürger für den Staat; wonach der Einzelne dem Ganzen nicht mit Haut und Haaren ausgeliefert sein darf und gegen ungesetzliche, unerträgliche Zumutungen ein Widerstandsrecht besitzt; auch das nicht überall und immer anwendbare, aber dort, wo es anwendbar ist und richtig angewendet wird, noch immer heilsame Prinzip der Gewaltenteilung. Schon vor Locke bekannt, wurde es von Locke wie nie vorher herausgearbeitet. Von ihm, und von einer stark verklärten englischen Wirklichkeit, übernahm es Montesquieu; von Montesquieu, in einer überaus zugespitzten Form, die amerikanische Unions-Verfassung. Der Präsident der Vereinigten Staaten laboriert heute noch daran.

Immer hat das junge englische Amerika die Bewegungen des Mutterlandes auf seine Art nachvollzogen. Waren die ersten Siedler in Massachussetts calvinistisch bis ins Mark, also theokratisch, autoritär, aristokratisch gesinnt, wie behext vom Gefühl menschlicher Sündhaftigkeit, aber auch des gottgewollten Unterschiedes zwischen Reich und Arm sich sehr bewußt und wahre Hasser des demokratischen Gedankens – wenn das Volk selber regiere, fragte einer der ersten Gouverneure, wer solle dann eigentlich regiert werden? –, so trennten bald protestierende Gemeinden sich von der Hauptkolonie ab, ein Vorgang, der ungefähr dem Drang nach links, von den Puritanern zu den Levellers, während der englischen Revolution entsprach. In Connecticut und Rhode Island wurde eine völlige Trennung von Staat und Kirche vollzogen, den Christen aller Konfessionen Einlaß gewährt und das Wahlrecht aller Bürger eingeführt. Das Land, hieß es, gehörte eigentlich den Indianern, von denen es regelrecht gekauft werden mußte, nicht dem König von England, der es nie gesehen hatte und nie sehen würde. Pfarrer Roger Williams, der Gründer von Rhode Island, war ein Feind jeder kirchlichen Organisation; es genüge, die Indianer zum wahren Glauben zu bekehren, eine geistliche Obrigkeit brauchten sie nicht. Er sprach von einer vollkommenen Seelenfreiheit, *soul freedom*, oder Freiwilligkeit des Glaubens, *voluntarism*. Religiöse Freiheit, kirchliche Demokratie, weltliche Demokratie kamen hier aus der gleichen Quelle und verschmolzen zu einem. Unter Cromwells Protektorat finden wir Williams wieder in England und dort die gleichen Grundsätze vertreten; ein frühes Beispiel für die Wechselwirkung zwischen Amerika und England, Amerika und Europa, die später so ungeheuer dicht und fruchtbar werden sollte.

Die Gestalt William Penns (1644–1718) ist ein anderes Beispiel dafür. Er war ein großer Herr in England, Sohn eines Admirals, reich, ein Freund des letzten Stuart-Königs. Auch einer von John Locke; diese Verbindung bezeichnet die stolze Unabhängigkeit seines Geistes. Früh ein Mitglied der frommen Sekte der Quäker, ein unermüdlicher Kämpfer für den Grundsatz der Toleranz, sehr fruchtbar als Schriftsteller, immer im Streit, von Prozessen gehetzt, wandernd und predigend, geriet Penn auf den Plan, in der Neuen Welt zu tun, was in der Alten nicht ging, und dort einen idealen Staat zu gründen. Eine Summe, die der König ihm schuldete, gab die Möglichkeit dazu; das große, fruchtbare Gebiet, das heute Pennsylvania ist – oder doch das Kernstück davon, es kamen andere Gebiete dazu –, wurde 1681 ihm als Besitz gegeben.

Bei der Verfassung, dem »Großen Gesetz«, die Penn für die Kolonie entwarf, hatte auch Locke seine Hand im Spiel. Sie sah vor, »daß alle Menschen, die in der Kolonie wohnen und an einen einzigen allmächtigen Schöpfer und Herrscher der Welt glauben, und die an ihre Gewissenspflicht glauben, friedlich und gerecht unter ihren Nachbarn zu leben, in keiner Weise wegen ihres Glaubens oder ihrer religiösen Praktiken belästigt oder benachteiligt werden sollen, noch auch gezwungen werden sollen, irgendeine bestimmte Kirche zu besuchen«. Hierzu Penn: »Da das Glück der Menschheit so sehr auf der Freiheit des Gewissens beruht, so erkläre ich hiermit feierlich, verspreche für mich und meine Erben, daß der erste Artikel dieser Carta, der sich auf die Freiheit des Gewissens bezieht, für alle Zeiten ohne jede Veränderung gültig bleiben soll.« Nicht zuletzt war es diese versprochene Gesinnung der Kolonie, welche Siedler anzog; aus England, Holland und der Pfalz, die Penn auf einer seiner Predigtreisen berührt hatte. Die *Pennsylvania Dutch*, die heute noch ihren alten Dialekt sprechenden Deutschen des Staates, haben hier ihren Ursprung. Dem Hauptort des neuen Landes gab Penn den Namen *Philadelphia* – »Bruderliebe«. Die Verfassung folgte demokratischen Grundgedanken, wenn auch eingeschränkt durch Ernennungs- und Vetorechte, die der Besitzer-Gouverneur sich vorbehielt: jährliche Versammlung, gewählt von allen Bürgern und mit einem Tagegeld bezahlt, damit deutlich werde, daß die Mitglieder Diener des Volkes seien. Sie hatte eine Exekutive von zehn Kommissaren zu wählen – die Wahl ging später auf den Gouverneur über. Eine Miliz wurde abgelehnt; Pennsylvania sollte unbewaffnet sein, mit den Indianern sich gütlich und rechtlich vertragen. Es war auf diesem Gebiet, des Verhältnisses zu den Indianern, daß Penn seine schönsten Erfolge davontrug. Übrigens blieb die Freude an seiner Gründung keine ungemischte; die Vertretung der Siedler neigte dazu, sich seiner Kontrolle zu entziehen, zumal er lange Zeit in England abwesend war, und in der Frage des Verzichts auf militärische Gewalt trat ihm die britische Autorität entgegen. Die Folgen der Revolution von 1688 brachten ihm den Vorwurf verräterischer Korrespondenz mit dem gestürzten Stuart-König, wie er denn bis zu seinem Tod ein Kämpfer blieb und bleiben mußte, immer angegriffen und seine Sache in Pamphleten verteidigend.

Während in Pennsylvania, Connecticut, Rhode Island und der von der katholischen Familie Baltimore gegründeten Kolonie Maryland Toleranz herrschte, waren in Amerika die Prinzipien noch nicht durchgesetzt, aber auf Durchsetzung angelegt, die im Gefolge der »Unabhängigkeit« zur Reife kommen sollten: allgemeine Religionsfreiheit, Trennung von Staat und Kirche, gleichzeitig Sättigung des öffentlichen Lebens mit Religion in der Form einer bunten Mannigfaltigkeit von Kirchen und Sekten. Es war ein Weg, der aus Europa kam, den aber Europa so nicht ging, weder damals noch später.

Obgleich Penn nach Amerika segelte, »in bewußter Verwirklichung eines Staatsromans« (Kurt von Raumer), wird man ihn doch nicht europamüde nennen können. Er war begierig, die Europäer über die Geschicke seiner rasch aufblühenden Kolonie zu unterrichten; er starb in England; in England schrieb er, auf dem Höhepunkt des ersten europäischen Großkrieges gegen Ludwig XIV., seinen Essay über einen europäischen Friedensbund – *Essay towards the Present and Future Peace of Europe* (1692). Ein Versuch, das Prinzip friedlicher Schlichtung von Streitigkeiten, das er in Pennsylvania eingeführt hatte, auf Europa zu übertragen; das erste, nicht das letzte europäische oder Welt-Friedensprojekt aus der Feder eines Amerikaners. In der Einleitung zu seiner schönen Anthologie »Ewiger Friede«, welche die »Friedensrufe und Pläne« von der Renaissance bis zu Immanuel Kant enthält, schreibt Kurt von Raumer, der Essay Penns sei »nichts als der Versuch, das Recht als eigentliche Quelle und Grundlage jeglichen Zusammenlebens zu erweisen... Das Recht entsteht aber... nach Penns Überzeugung nicht ohne gegenseitige Übereinkunft; es bindet frei, ›da ja die Menschen ihre Freiheit in treuem Gehorsam gegen selbstgegebene Satzungen ausüben‹.« Den europäischen Frieden wünscht Penn auf ein europäisches Staatenhaus oder Parlament gegründet; es sollte sich »jährlich treffen oder mindestens alle zwei oder drei Jahre, oder wie es sich durch den Bedarfsfall ergibt«. Es sollte alle Streitfragen zwischen den Souveränen schlichten; wenn einer von ihnen sich dem Richtspruch des Parlamentes nicht fügte, so hätten alle Mitglieder des Bundes ihn mit Gewalt zur Unterwerfung zu nötigen. Es ist dieser letztere Gedankengang, der hundert Jahre später Friedrich Gentz zu dem resignierten Schluß führte: Der Krieg lasse sich nur durch Krieg verhindern.

William Penns Friedensprojekt ging aus einem kriegerischen Zeitalter hervor, dessen Spuren er auf seinen Reisen mit Grauen gesehen hatte; einem Zeitalter, das der Philosophie des Hobbes mehr als der der Quäker zu gehören schien. Aber gerade solche Epochen sind es ja, in denen der Ruf nach dem ganz anderen, Entgegengesetzten, der Ruf nach Befreiung von dem Übel sich zu erheben pflegt. So damals, so später. Kontinentale Denker setzten die edle Diskussion fort, in der Penn selber ein Fortsetzender war; auch Leibniz griff in sie ein.

Wenn der Geist der hier in Rede stehenden Epoche sich in einer einzigen Persönlichkeit zusammenfaßte, so war er es: Gottfried Wilhelm Leibniz (1646–1716). Der Deutsche besaß die umfassenden Kenntnisse Lockes, den wissenschaftlichen Genius Newtons, den metaphysischen Tiefsinn Spinozas, die Frömmigkeit Bossuets, die unersättliche Neugier Pierre Bayles. Mit allen diesen Großen der Zeit und mit vielen anderen stand er in Verbindung; schrieb seine »Neuen Abhandlungen über den menschlichen Verstand« als Korrektur Lockes; mußte mit Newton darüber streiten, wer der wahre Erfinder der Differentialrechnung sei; führte mit Bossuet eine am Ende tragische Korrespondenz über eine Wiedervereinigung der christlichen Konfessionen; verbrachte ein paar denkwürdige Winterabende des Jahres 1676 mit Spinoza, der ihm das Manuskript seiner »Ethik« lieh. Die Gedenkrede auf den Verstorbenen hielt Fontenelle. Was für eine Gedenkrede! »Jenen Menschen des Altertums gleich«, heißt es da, »die bis zu acht Pferden auf einmal zu lenken vermochten, lenkte er alle Wissenschaften im Sturmschritt vorwärts.« »Leibniz«, lesen wir an einer anderen Stelle, »war nie verheiratet; mit fünfzig ging er mit dem Gedanken daran um; aber die Dame, die er im Aug hatte, erbat sich Zeit zum Nachdenken. Das gab auch Leibniz Zeit dazu, und er heiratete nie... Er aß viel und trank wenig, wenn man ihn nicht zum Trinken zwang; und niemals Wein ohne Wasser. Bei sich zu Hause war er der absolute Herr, denn er aß allein. Die Mahlzeiten nahm er nicht zu geregelten Zeiten, sondern wenn es ihm paßte. Er führte keinen Haushalt, sondern ließ beim Traiteur holen, was es gerade gab... Er machte sich Auszüge von allem, was er las, und fügte seine Beobachtungen hinzu, worauf er seine Notizen irgendwohin steckte und nie wieder ansah. Sein Gedächtnis war ein ungewöhnliches und entließ die aufgeschriebenen Dinge nicht, wie es sonst der Fall zu sein pflegt. Aber das Aufschreiben war notwendig, um sie für immer in seinen Geist einzugraben. Stets war er bereit, Fragen auf allen nur möglichen Gebieten zu beantworten, und der König von England nannte ihn sein ›lebendes Lexikon‹... Leibniz pflegte einen ungeheuer dichten Briefwechsel. Auf die Arbeiten und Projekte aller Gelehrten Europas liebte er es einzugehen; er half mit seinen Urteilen; er ermutigte und gab selber das Beispiel. Schrieb man ihm, so war man einer Antwort sicher, hätte man es auch nur um der Ehre willen, ihm zu schreiben, getan. Diese Briefe müssen ihn sehr viel Zeit gekostet haben; aber er liebte es ebensosehr, sie zum Ruhm und Nutzen anderer wie zu seinem eigenen zu verwenden. Er war immer guter Laune, und wozu auch wäre man sonst ein Philosoph? Beim Tode des seligen Königs von Preußen und bei jenem der Kurfürstin Sophie sah man ihn tief erschüttert. Der Schmerz eines solchen Mannes ist die schönste Trauerrede... Man wirft ihm vor, das Geld geliebt zu haben. Er hatte ein sehr beträchtliches Einkommen durch Pensionen, die der Herzog von Wolfenbüttel, der König von England, der Kaiser und der Zar ihm gaben, und lebte einfach genug dabei. Ein Philosoph kann sich ja, selbst wenn er reich wird, dem unnützen und prahlerischen Treiben, das er verachtet, nicht hingeben. Dazu überließ Leibniz die Verwaltung seines Hauses seinen Bedienten und verbrauchte viel aus schierer Unachtsamkeit. Aber im Wettkampf zwischen Einkommen und Verschwendung blieb dieses das stärkere; nach seinem Tod fand man bei ihm eine große Summe baren Geldes, die er versteckt hatte...« – Wir haben lange aus dieser wunderbar konkreten, heiter verherrlichenden Gedenkrede zitiert, weil sie von Leibnizens Lebens- und Wirkungsart ein so sprechendes Bild gibt; wobei es nicht das am wenigsten Bezeichnende ist, daß der Sekretär der französischen Akademie sie hielt.

Die Wissenschaften, die Leibniz führte wie ein olympischer Wettkämpfer die Pferde, was waren sie? Nun, wirklich alle; er war Mathematiker, Physiker und Ingenieur; Jurist, Historiker, Theologe; und Philosoph. Übrigens ein Diplomat von brennendem politischem Interesse und Ehrgeiz. Er vor allem hat die Verpflanzung der hannoverschen Dynastie nach England leidenschaftlich betrieben, weil er von ihr sich guten Einfluß auf die europäische und deutsche Politik erhoffte. Sehr international in seiner Bildung, seinen Beziehungen, liebte er Europa, und glaubte er an Europa; der Großteil seiner Werke und Briefe ist auf französisch geschrieben. Ein Patriot war er auch. Die deutsche Sprache liebte er auch, schrieb auch in ihr, und versicherte, daß sie für die Philosophie sehr wohl geeignet sei. Der gegen Ende des Dreißigjährigen Krieges im verwüsteten Sachsen Geborene, Sproß einer sächsischen Juristenfamilie, liebte das Deutsche Reich und seine Glieder, die Einheit in der bunten, lebendigen Mannigfaltigkeit. Ein europäischer Staatenbund, wenn er käme, sollte das Reich, das selber schon ein Staatenbund und die ehrwürdige Mitte Europas war, unverändert lassen. In Paris, wo er als junger Mensch etwa vier Jahre gelebt hatte (1672 bis 1676), in der europäischen Hauptstadt von Literatur und Gelehrsamkeit, war er zu Hause; aber tief zuwider war seinem patriotischen wie seinem philosophischen Denken die französische »Universalmonarchie«, die er drohen sah. Um den französischen Expansionsdrang von Europa abzulenken, hat er (1672) ein Projekt zur Eroberung Ägyptens, »eines der am günstigsten gelegenen Länder der Welt«, ausgearbeitet. Die französische Regierung war interessiert genug an dem Plan, um den jungen Deutschen, der damals in den Diensten von Kurmainz stand, nach Paris zu bitten; aber dann gab sie den spöttischen Bescheid, man sei an sich nicht gegen Kreuzzüge, nur seien sie seit den Tagen des heiligen Ludwig etwas aus der Mode gekommen...

Im Alter hat Leibniz für eine Fortsetzung des Spanischen Erbfolgekrieges bis zum ganzen Sieg, für seine Verschmelzung mit dem Nordischen dadurch, daß Zar Peter der großen Allianz beiträte, gegen den englischen Sonderfrieden zu wirken versucht. Bekanntlich umsonst; wie denn von seinen unbeauftragten politischen Bestrebungen gesagt werden muß, daß ihnen kein Glück beschieden war. Brach er nach Paris oder Wien auf, um große Politik zu treiben, so kehrte er reicher an neuen wissenschaftlichen Beziehungen und Anregungen zurück, aber ohne die Erfolge, die er sich vorgesetzt hatte. Das *Hanoverian Settlement*, die Besteigung des englischen Thrones durch Kurfürst Georg Ludwig von Hannover, insofern er sich daran beteiligt fühlen dürfte, war einer, aber auch dieser enttäuschend. Der Kurfürst-König nahm den alten Diener, den Berater seines Vaters und Großvaters, nicht nach England mit, wie Leibniz gehofft hatte. Vereinsamt, von einer neuen Generation fast vergessen, starb er in Hannover, und kein Deutscher hat dem Toten so ehrende Worte nachgerufen wie Fontenelle.

Den äußeren Lebensumständen nach war Leibniz vierzig Jahre lang Geheimer Rat der Herzöge, später Kurfürsten von Hannover; auch Bibliothekar des Herzogs von Braunschweig-Wolfenbüttel. Gegen Ende seines Lebens gewann er sich mit unendlichen Mühen in Wien den Titel, obgleich nicht das Gehalt, eines Reichshofrates. Mit der hannoverschen Stellung war die Aufgabe verbunden, eine Geschichte des Welfenhauses zu schreiben; eine Pflicht, die ihn, auf archivalischen Studienreisen in Italien und Deutschland, ungeheuere

Arbeit kostete »... er durcheilte ganz Deutschland, besuchte alle alten Klöster, durchforschte die Archive der Städte, kramte in Grüften und anderen alten Monumenten herum...« (Fontenelle). Das gewaltige Unternehmen ist kaum über das Jahr 1000 hinausgediehen. Es hing Leibniz, nach seinem eigenen Ausdruck, wie ein Mühlstein am Hals: Lieber, meinte er, hätte er als Mediziner den menschlichen Körper erforscht als alle Archive Europas. Von jedem Wissenszweig, den er anrührte, fiel etwas; bis zu Leopold von Ranke hat kaum einer archivalische Studien betrieben wie er, und die historische Rechtsschule betrachtet ihn als ihren Ahnen.

Übrigens glaubte er an die Trennung, die »Compartimentalisierung«, der Wissenschaften nicht. Daß er selber ein Universalgelehrter war, lag nicht nur an seiner unersättlichen Wißbegierde, an seiner fast spielerischen Freude, sich in den Ländern aller gelehrten Herren zu versuchen; es floß aus seiner Philosophie, seiner Frömmigkeit, seinem tiefsten Wesen. Dieses war auf Versöhnung ausgerichtet. Er neige dazu, bekannte er einmal, alles für richtig zu halten, was er lese. Alle, nämlich alle Gutwilligen, alle Gescheiten, hatten irgendwie recht; recht in dem, was sie behaupteten, nicht in dem, was sie verneinten. Recht hatten Katholiken und Protestanten in dem, was sie glaubten; ihr Streit war ein durch die Jahrhunderte währendes Mißverständnis. Recht hatten die Parteien der Tories und Whigs, die jetzt in England sich um die Macht balgten; beide vertraten sie etwas Wahres, dem Lande gleich Notwendiges, Erhaltung und Veränderung. Recht hatten Descartes und Spinoza, wenn sie zwei Seinsweisen, Ausdehnung und Denken, behaupteten, aber man mußte über sie hinausgehen. So wie man über Lockes Erkenntnistheorie hinausgehen mußte: Richtig, im Verstand war nichts, was vorher nicht in den Sinnen gewesen wäre – außer dem Verstand selber. Zutreffend war, vorläufig, die Unterscheidung zwischen offenbarter Religion und Wissenschaft; aber es mußte einen Weg geben, sie zu vereinen, sollte die Welt nicht in schrecklicher geistiger Öde und Verzweiflung enden...

So sind die anscheinend disparatesten Forschungen und Spekulationen Leibnizens zuinnerst verbunden. Nicht ganz in der Art, wie Bertrand Russell es sah, der in seinem Jugendwerk, »Die Logik des Leibniz«, seine ganze Philosophie aus fünf unsicheren logischen Prämissen sicher hervorgehen läßt. Ein großer Logiker war Leibniz, zugleich auch Einflüssen aus alter und zeitgenössischer Philosophie offen, die mit Logik nichts zu tun hatten. Aber beinahe alles, was er tut – die Fragen, die er stellt, die Antworten, die er gibt, praktische, wissenschaftliche, metaphysische –, zeigt eine geistgeborene Verwandtschaft, und das wiederum hat eine schöne Stimmigkeit; denn er, wie kein anderer, war ja der Philosoph des Identischen und Individuellen. Von der Erfindung der Differentialrechnung, dem mathematischen Hantieren mit den Begriffen des unendlich Kleinen und der Kontinuität, geht eine Brücke zu den *petites perceptions* der Leibnizischen Psychologie, der genialen Entdeckung des unbewußten Bewußtseins; und wieder zu seiner metaphysisch-spekulativen Theorie von den »Monaden«, den raumlosen, ewig tätigen, bewußt oder unbewußt, wachend oder schlafend ewig apperzipierenden, das Universum spiegelnden Energiezentren oder Subjekten, aus denen das Universum besteht, und die von den untersten, unbewußtesten über die Menschenseele bis zur *Monas Monadum*, zu Gott aufsteigen.

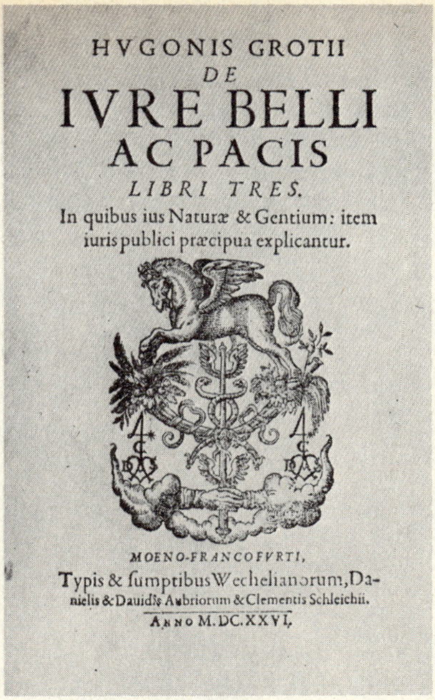

HVGONIS GROTII
DE
IVRE BELLI
AC PACIS
LIBRI TRES.
In quibus ius Naturæ & Gentium: item
iuris publici præcipua explicantur.

MOENO-FRANCOFVRTI,
Typis & ſumptibus Wechelianorum, Danielis & Dauidis Aubriorum & Clementis Schleichii.
ANNO M.DC.XXVI.

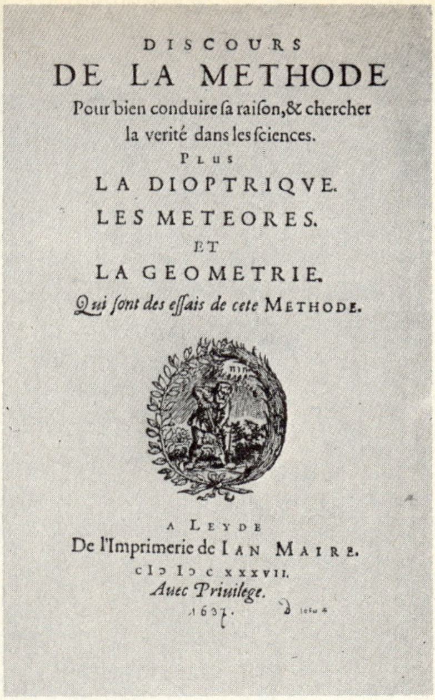

DISCOURS
DE LA METHODE
Pour bien conduire ſa raiſon, & chercher
la verité dans les ſciences.
PLUS
LA DIOPTRIQVE.
LES METEORES.
ET
LA GEOMETRIE.
Qui ſont des eſſais de cete METHODE.

A LEYDE
De l'Imprimerie de IAN MAIRE.
cIↃ IↃ c xxxvii.
Avec Privilege.

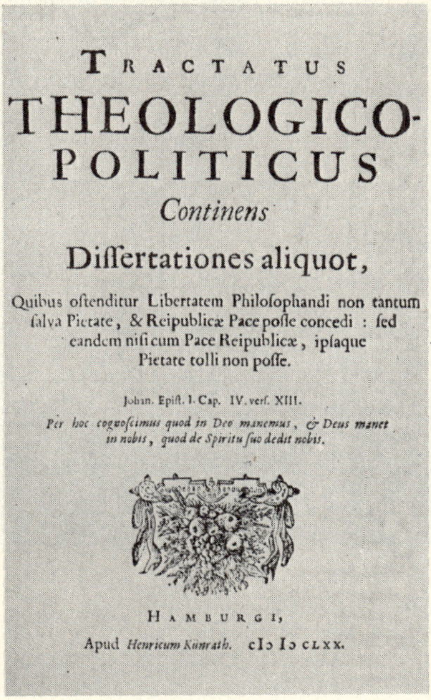

TRACTATUS
THEOLOGICO-
POLITICUS
Continens
Diſſertationes aliquot,
Quibus oſtenditur Libertatem Philoſophandi non tantum ſalva Pietate, & Reipublicæ Pace poſſe concedi: ſed eandem niſi cum Pace Reipublicæ, ipſaque Pietate tolli non poſſe.

Johan. Epiſt. I. Cap. IV. verſ. XIII.
Per hoc cognoſcimus quod in Deo manemus, & Deus manet in nobis, quod de Spiritu ſuo dedit nobis.

HAMBURGI,
Apud *Henricum Künrath.* cIↃ IↃ CLXX.

ESSAIS
DE
THEODICÉE
SUR LA
BONTÉ DE DIEU,
LA
LIBERTÉ DE L'HOMME
ET
L'ORIGINE DU MAL.

A AMSTERDAM,
Chez ISAAC TROYEL, Libraire.
MDCCX.

Titelseiten großer Werke des Barockzeitalters
Grotius »De iure belli ac pacis«, Frankfurt 1626 · Descartes »Discours de la méthode«, Leyden 1637 · Spinoza »Tractatus theologico-politicus«, Hamburg 1670 · Leibniz »Essais de théodicée«, Amsterdam 1710

Leibniz
Gemälde von Andreas Scheits
Wolfenbüttel, Herzog-August-Bibliothek

Spinozas Substanzbegriff, den der junge Leibniz dem Manuskript der »Ethik« entlehnte, hat auf diese so tiefsinnige wie kunstvoll-barocke Hypothese Einfluß gehabt. Wo aber Spinoza eine einzige Substanz sah und die Individualität gleichsam auslöschte, da sah Leibniz, der um keinen Preis »in Spinozismus verfallen«, der das Individuum und die unsterbliche Seele retten wollte, eine unendliche Zahl von Substanzen. Eben in ihrer immerwährenden Aktivität war der Gegensatz zwischen Ausdehnung und Denken aufgehoben; denn sie dachten nur, indem sie höher und höher strebten, die Ausdehnung war nur in ihnen, von ihnen »gespiegelt« oder »geträumt«; und daß sie alle das gleiche widerspiegelten, aber jede anders, mit einer anderen Perspektive, daß Übereinstimmung zwischen ihren Aktivitäten war, das beruhte auf der Versöhnung aller Versöhnungen, der von Gott »prästabilierten Harmonie«.

Die Monadenlehre ist in Briefen und Skizzen, dann in zwei kleinen Spätschriften niedergelegt, den *Principes de la nature et de la grâce fondés en raison* und den *Principes de la philosophie ou monadologie*, beide zu Lebzeiten des Philosophen unveröffentlicht. Ein philosophisches Hauptwerk von Leibniz gibt es kaum. Seine Lebensführung, seine unruhige, unendlich verzweigte Tätigkeit eignete sich dafür nicht; wohl auch seine Philosophie oder sein philosophisches Temperament nicht. Hauptwerke pflegen ja Gegnerschaften hervorzurufen; sie versöhnen nicht, wie eine Vielzahl von Skizzen, Briefen, erläuternden, korrigierenden Erklärungen es vermag. Das einzige zu seinen Lebzeiten erschienene größere theologisch-metaphysische Werk, die *Theodicée* (*Essais de theodicée sur la bonté de Dieu, la liberté de l'homme et l'origine du mal*, 1710), wird man als sein gelungenstes nicht ansehen. Die Fragestellung war auch hier eine zu den Wurzeln gehende, wie der kühne Sinn der Zeit es wollte. Wie kann das Sein Gottes bewiesen werden? Leibniz wandelte die alten Beweise ab und fügte den seinen dazu: Die Wirklichkeit der »Monaden« setzt die Kraft voraus, von der sie emanieren und die zwischen ihnen Harmonie schuf. Warum hat das absolut Gute das Böse mitgeschaffen? Die Endlichkeit oder Eingeschränktheit des Geschöpften, antwortet Leibniz, liegt im Gegensatz zur Unendlichkeit des Schöpfers begründet. Physisches Leid ist Strafe und Mittel zum Guten. Das moralisch Böse aber hat Gott nicht gewollt; er ließ es zu, indem er jenen, die in der Hierarchie der Monaden hoch oben stehen, den menschlichen Seelen, Bewußtsein und Freiheit gab. Er hätte sie anders erschaffen können, ohne Freiheit; aber eine solche Welt wäre weniger gut gewesen als die, die ist. Sie ist nicht vollkommen gut, aber die beste, die möglich war.

Ein in seiner frommen, klugen Verbindlichkeit echt Leibnizischer Gedankengang. Das Wort »Optimismus«, bedeutend »Glaube an das Beste«, nämlich das beste Mögliche, wurde für ihn geprägt, und über ihn hat fünfzig Jahre später im *Candide* Voltaire seinen Spott ausgegossen. Den philosophierenden Schulbetrieb in der Nachfolge des Leibniz mag er damit ein wenig getroffen haben; den Tiefsinn des Philosophen kaum. So gescheit wie Voltaire war Leibniz längst.

Ein ebenso herzlicher Freund der Menschheit, obgleich kein ebensolcher Kämpfer und Streithahn; dazu hoffte er, bevor auch er alt und traurig wurde, zu sehr auf der Menschheit guten Genius, dazu war er zu sehr ein Mann des Friedens und der Vermittlung. In die rechte Mitte suchte er denn auch die christlichen Kirchen zu führen.

Der Dreißigjährige Krieg, ein Krieg der Konfessionen wenigstens in seinen deutschen Anfängen, war noch nicht lange her, als Leibniz jung war. In Deutschland war ein zunächst prekärer Religionsfriede hergestellt. Je schärfer aber die kirchliche Politik Ludwigs XIV. wurde, je deutlicher er die Ziele übernahm, auf welche die habsburgische Macht verzichtet hatte, desto näher lag die Gefahr neuer religiöser oder vom Konfessionsstreit genährter, Europa zerreißender Wirren; wie denn die beiden großen Kriege gegen den König, trotz der österreichischen Bundesgenossenschaft, im Wesentlichen von den »protestantischen Mächten« geführte Kriege sein sollten. Leibniz war als Lutheraner geboren und blieb es; meinte aber, er würde ebensowohl Reformierter oder Katholik geblieben sein. Zum Katholizismus zog ihn das ästhetisch Schöne des römischen Kultes, auch wohl die Tatsache, daß sein Deutsches Reich, so gespalten es nun auch war, im Wesen eine Katholizität und von alters das »Römische« gewesen war. Ordnung, Harmonie, Friede; Zurückführung des einseitig Fixierten, des irrig Getrennten, zur besseren Einheit!

Daran arbeitete er; daran arbeiteten ein paar deutsche Freunde, Ernst August von Hannover, Bischof Spinola, Molanus, Abt von Loccum. Schon als junger Mensch, während seines ersten Pariser Aufenthaltes, hatte Leibniz ein von ihm entworfenes Gebet vorgelegt, das für alle Konfessionen brauchbar sein sollte. Es ist sehr schön; wurde aber verworfen, weil nur der Vater vorkam, nicht der Sohn. 1679 trat Leibniz mit Bossuet in Verbindung, den er mit ganzem Recht als das Haupt der Kirche Frankreichs, mit halbem als den liberalsten unter den französischen Prälaten ansah. Die Korrespondenz der beiden schritt, mit Unterbrechungen oder eigentlichen Abbrüchen, bis gegen Ende des Jahrhunderts fort. Das Wesen Leibnizens war die Konzilianz. Konziliant war Bossuet auch, als höflicher Mensch und frommer Mann, aber nur in der Form. In der Sache, aller entgegenkommenden Worte ungeachtet, nahm er den einen ihm möglichen Standpunkt ein; die Protestanten sollten in die Kirche zurückkehren, wozu bei Leibniz offenbar doch gar nicht viel fehle; dann und danach vielleicht ein Konzil. Niemals ein Konzil, an dem die Protestanten als Unreuige teilnähmen. Niemals eine Revision des zu Trient Gefundenen, in Verhandlung mit Häretikern. Daher ein frommes aneinander Vorbeireden der beiden.

Vergebens schrieb Leibniz, in der Zeit, als die Aufhebung des Edikts von Nantes die Dinge auf die Spitze getrieben hatte, sein *Systema theologicum*, einen Versuch, die Spaltung mit völlig neuen Augen zu sehen, so als sei er nicht Partei und käme aus einer anderen Welt. Vergebens machte er den so sehr Leibnizischen Vorschlag, zur besseren Gelassenheit sollte ein katholischer Bischof die protestantische Ansicht der Dinge, er selber aber die katholische auseinandersetzen. »Man hat«, schrieb er einmal an Bossuet, »große Schritte getan, um zu erfüllen, was man der Liebe des Friedens und seines Nächsten schuldet... Man hat sehr bewußt die Manieren aufgegeben, die nach Disput schmecken, diese Gesten der Überlegenheit, die jeder für gewöhnlich der eigenen Partei beilegt... diesen kränkenden Stolz, diese Ausdrücke der Selbstsicherheit, die man wohl fühlen mag, aber mit der zu paradieren so unnütz und so unangenehm wirkend ist, zumal die Anderen sich im gleichen Fall befinden...« *A bon entendeur salut*; so verfuhr man in Leibnizens Freundeskreis; weniger Bossuet mit seinem Verhandlungspartner. – Es wurde nichts aus der Sache, wie wir dem Leser nicht mitteilen müssen. Es wäre ja auch nichts daraus geworden, selbst wenn Bossuet sich von

Leibnizens »irenischer« Methode hätte überzeugen lassen. Verehrt, verehrungswürdig, wie Bossuet war, so weit reichte sein Einfluß nimmermehr.

Wie denn aus so manchem, was Leibniz erstrebte, nichts wurde. Nichts aus der großen, wechselseitig bereichernden, religionsverbindenden Begegnung der beiden Europa, des abendländischen und des morgenländischen, nämlich Chinas, die ihm vorschwebte; nichts aus der Versöhnung zwischen Naturwissenschaft und Christentum, die er gegen Ende seines Lebens in weiterer Ferne, wenn nicht für immer verloren sah; nichts aus der christlichen Republik, dem europäischen Staatenbund, über den er mit dem Abbé de Saint-Pierre korrespondierte; auch nicht viel aus der Geschichte des Welfenhauses oder den Vorschlägen zur Reform der medizinischen Praxis, die er ausgearbeitet hatte. Alles, meinte er vor seinem Tod, könnte gut gehen, wenn die Menschen es wollten; aber so seien sie nicht. Der fröhliche Lenker der acht Rosse sah am Ende trüb; endlose Kriege würden kommen und furchtbare Revolutionen im Inneren der Staaten... Was könnte natürlicher sein, als solche Betrübtheit des Alters? Was natürlicher, als daß damals junge Leute da waren, die ebenso herzhaft anfingen, wie er vor fünfzig Jahren angefangen hatte?...

In seinem Buch über den neapolitanischen Philosophen Giovanni Battista Vico (1668 bis 1744) geht Benedetto Croce scharf mit der Zeit ins Gericht, in der Vico lebte und mit der er in Widerstreit lebte. »Man machte viel Aufhebens von den neuen Methoden, doch niemand hätte etwas tatsächlich Neues anführen können, das man mit ihrer Hilfe gefunden hätte. Neue Formeln und alte Dinge; dafür aber eitle Hoffnungen, daß man in kürzester Zeit und mit ganz geringer Anstrengung zur Allwissenheit gelangen werde. Die Geistes- und Staatswissenschaften wurden zugunsten der Physik vernachlässigt, die Physik zugunsten der Mathematik; die Erfahrung galt nichts; der Erfindungsgeist des vorangehenden Jahrhunderts erlosch fast völlig. Der Skeptizismus, eine Folge der cartesianischen Methode, brach in das Gebiet des Wissens ein.« In diesem Zusammenhang bedauert Croce die Vorherrschaft des Französischen, einer Sprache, die für Kritik und Didaktik tauge, für das Poetische aber ungeeignet sei. Dennoch, meint Croce, habe Vico den Geist seiner Zeit nicht ganz gerecht gewürdigt: »den revolutionären Wert jenes Skeptizismus und Rationalismus und jener Auflehnung gegen die Vergangenheit... die notwendige Instrumente im Kampf gegen Könige, Adlige und Priester waren; jener Abrisse und Wörterbücher, die in der *Encyclopédie* gipfeln sollten; jener volkstümlichen Wissenschaft, die den Journalismus vorbereitete; jener kleinen Bücher für Damen und elegante Unterhaltungen, die die Salons des 18. Jahrhunderts belebten und die Geister für den jakobinischen Radikalismus reif machten...«

Damit ist wohl Wahres über die Epoche ausgesagt, aber, wie wir gezeigt zu haben hoffen, nicht die ganze Wahrheit. Es dürfte auch mehr für die folgenden Jahrzehnte gelten, die Mitte des 18. Jahrhunderts, das Zeitalter Voltaires und Friedrichs, als für die Zeit, in der Vico jung war, und der man Mangel an Erfahrungssinn, an Erfindungskraft, Mangel an Interesse für den Staat kaum vorwerfen kann.

Unser Bericht hat nur die höchsten Gipfel flüchtig betrachten können; nicht die vielen kleineren Berge und Hügel dieser reichbewegten Geisteslandschaft; und nicht einmal alle hohen Gipfel. Nur jene, die zu dem beherrschenden Massiv gehören, nicht die einsam für sich stehenden; darum zum Beispiel Vico nicht. Dieser aus dem Grunde originelle Denker, der die Philosophie seiner Zeit nur studierte, um sie zu verwerfen, den es nicht zur Ratio, sondern zur Geschichte, und am stärksten zur primitiven Geschichte zog, zu ursprünglicher Poesie, Mythos, früher Religion, und der eine Geschichtsphilosophie des Zyklischen, nach ewigem Gesetz unter allen Nationen sich Wiederholenden entwarf, so daß man jetzt, seiner Ansicht nach, den geistigen Niedergang des Hellenismus noch einmal erlebte – er ist in der Tat, wie Croce ihn nennt, »das 19. Jahrhundert im Keim«. Er konnte zu seiner Zeit nicht wirken. Auf das, was wirkte, was zeitgemäß war, muß es dem allgemeinen Historiker vor allem ankommen.

Auch so gesehen, fehlte manches. Wo blieb die Bewegung des deutschen Pietismus – Spener, Francke –, der kraftvolle Versuch, die protestantische Religion aufs neue zu verinnerlichen, der mehr einfachen Seelen Frieden gebracht haben mag als Pierre Bayle, Benedict Spinoza und John Locke zusammengenommen? Wo die frommen Intuitionen des Angelus Silesius und anderer ihres Weges ziehender Mystiker? Wo der Aufstieg der Oper – nun, von ihr ist anderswo die Rede –, die den Rationalisten ein Greuel war – in der Wirklichkeit gab es doch solch gesungene Gespräche und Monologe nicht –, die aber gleichwohl eben damals so manche königliche, fürstliche, republikanische Hauptstadt eroberte? Reichlicher hätte gezeigt werden müssen, daß auch diese Epoche, die das menschliche Wissen, und zwar das Wissen gegen das Gefühl, wie kaum eine zweite vorwärts trieb, diese Epoche der herrlichsten und härtesten Prosa, da die Poesie für archaisch galt und geweissagt werden konnte, es werde bald überhaupt keine Dichter mehr geben; daß auch sie schöpferisch war im Reiche des Gefühls, des Nicht-Vernünftigen, und neben zwingend erschlossenem Wissen, neben erfahrenem und nützlichem Wissen, neben rational-spekulativem das unmittelbare Wissen und einfacher, liebender Glaube sich immer erneuernd gegenwärtig blieben.

Kein europäisches Zeitalter gehorcht einem einzigen Nenner. Immer ist alles da; anderes tritt dem einen gegenüber; anderes geht aus dem einen hervor, so wie später, aber gar nicht soviel später, das Element, welches wir das romantische nennen, dem aufklärerischen nicht nur gegenüber trat, sondern auch aus ihm hervorging. Trotzdem darf der Historiker nach den stärksten geistigen Tendenzen einer Zeit fragen, nach den internationalsten, zusammenhängenden, geschichtlich wirksamen. Und die waren es, die hier betrachtet wurden; freies Abenteuern des Geistes, Kritik, Rationalität und Empirie, im Angriff gegen die Tradition. Hegel, in seinen Vorlesungen zur Geschichte der Philosophie, spricht von einer »Periode des denkenden Verstandes«. Mit Leibniz, ungeheuer wie sein denkender Verstand war, ging sie schon über sich hinaus und hat seitdem über sich hinauszugehen, sich zu korrigieren nicht aufgehört.

Adam Wandruszka

DIE EUROPÄISCHE STAATENWELT IM 18. JAHRHUNDERT

Das europäische Staatensystem

Aus den beiden großen Kriegen zu Beginn des 18. Jahrhunderts, dem Krieg um das spanische Erbe im Westen und Süden und dem Nordischen Krieg Karls XII. im Norden und Osten des Kontinents, ist jenes europäische Staatensystem hervorgegangen, das bis zur Französischen Revolution und der Epoche der Napoleonischen Kriege das politische Leben des Erdteils bestimmte und das dann wieder in der Restaurationsepoche nach dem Wiener Kongreß bis zur deutschen und zur italienischen Einigung als die gegebene, historisch gewordene Form des Zusammenlebens der europäischen Staaten und Völker erschien.

Gewiß ist die »Pentarchie«, die Lenkung Europas durch die fünf Großmächte Frankreich, England, Österreich, Preußen und Rußland, erst das Ergebnis des Aufstiegs des jüngsten und kleinsten dieser Staatengebilde, Preußens, unter Friedrich dem Großen. Aber das Kollegium, zu dem das militärische und politische Genie des Preußenkönigs um die Mitte des 18. Jahrhunderts den Zutritt erzwang, war gleichsam schon vorher versammelt gewesen, was die Reserve und das Mißtrauen der anderen, gesicherten und unbestrittenen Großmächte gegenüber dem Neuankömmling und Eindringling erklärt und die lange nicht aufgegebene Hoffnung, ihn wieder in die Stellung einer zweitrangigen Macht herabzudrücken. Auch sind die Voraussetzungen für Preußens Aufstieg gerade zu Beginn des Jahrhunderts mit der Annahme der Königskrone durch Friedrich I. und mit der Ausbildung der preußischen Militärmacht durch Friedrich Wilhelm I. in weit stärkerem Ausmaß geschaffen worden, als dies in der traditionellen preußischen Geschichtsdeutung mit ihrer Überbewertung der europäischen Position des Großen Kurfürsten und ihrer Faszination an der Gestalt Friedrichs II. bisher zum Ausdruck kam.

Die Tatsache der Ausbildung eines solchen Staatensystems mag zunächst erstaunlich scheinen, wenn man bedenkt, daß die beiden großen europäischen Kriege trotz ihrer Gleichzeitigkeit und mannigfacher Verbindungen doch nicht ineinanderflossen, in dem Sinne etwa, daß es zu einem Bündnis und militärischem Zusammenwirken zwischen dem Frankreich Ludwigs XIV. und dem Schweden Karls XII., also zu einer Erneuerung der Konstellation des Dreißigjährigen Krieges, gekommen wäre. Im Jahre 1707, als der kriegerische Schwedenkönig mit seinem Heer durch das zur habsburgischen Ländermasse gehörende Schlesien nach Sachsen gezogen war und sich viel Konfliktstoff zwischen Karl XII. und dem jungen Kaiser Joseph I. angehäuft hatte, schien eine solche Gefahr oder Möglichkeit durchaus gegeben. Verschiedene, im Religiösen und Persönlichen gelegene Motive haben dies verhindert: vor allem die Abneigung des überzeugten Protestanten Karl gegen den Hugenottenverfolger auf dem französischen Königsthron, das politische Geschick des kaiserlichen Diplomaten Graf Johann Wenzel Wratislaw und die Bereitschaft des Kaisers zu Konzessionen gegenüber den schlesischen Protestanten. Mit der zwischen Karl XII. und Joseph I. am 1. September 1707 abgeschlossenen Konvention von Altranstädt war die Gefahr gebannt, daß Spanischer Erbfolgekrieg und Nordischer Krieg zu einem großen, ganz Europa von England bis zur Türkei und von Spanien bis Rußland umfassenden Kriegsbrand zusammenschlagen.

Wechselseitige Einwirkung des beiderseitigen Kriegsgeschehens hat es gleichwohl vorher und nachher gegeben, wobei vor allem die Mächte der europäischen Mitte, der Kaiser, Preußen, aber auch die Seemächte England und die Generalstaaten, diese Wechselwirkung empfanden. Weltgeschichtlich bedeutsamer aber erscheinen die Parallelen: In den beiden gleichzeitigen Kriegen wurde das Hegemoniestreben der beiden führenden europäischen Militärmächte des 17. Jahrhunderts, Frankreichs und Schwedens, gebrochen, vollzog sich der Aufstieg neuer Großmächte, England, Österreich, Rußland; wobei der Aufstieg dieser neuen Mächte gewiß nicht durch den Krieg allein herbeigeführt, wohl aber in ihm und seinem Ausgang sichtbar wurde. In beiden Kriegen siegten Koalitionen über eine bisher führende Macht und über die an der Spitze der beiden Mächte stehenden Herrschergestalten, die zugleich leitbildhafte Verkörperungen des die Epoche beherrschenden fürstlichen und staatlichen Machtwillens waren. Da dann auch beide Herrscher, Ludwig XIV. und Karl XII., sogleich von der geschichtlichen Bühne abtreten mußten, der greise französische König durch seinen natürlichen Tod am 1. September 1715, der junge schwedische König durch seinen gewaltsamen, bis heute nicht völlig geklärten Tod in den Laufgräben vor Fredrikshall am 30. November 1718, drängt sich rückblickender Betrachtung die Überlegung auf, daß fast gleichzeitig mit dem Ende der beiden Kriege auch der fürstliche Absolutismus seinen Höhepunkt bereits überschritten und durch seine Übersteigerung in den Gestalten der beiden Herrscher eine Reaktion hervorgerufen hatte, die dann für die ganze anschließende Epoche eine die Zeit gestaltende Kraft blieb.

So ist das Ergebnis beider Kriege, wie es in den Friedensschlüssen von Utrecht, Rastatt und Baden für den Spanischen Erbfolgekrieg und den von Stockholm und Nystadt für den Nordischen Krieg festgelegt wurde, der Sieg sowohl des Gedankens des europäischen Gleichgewichts als auch derjenigen Macht, die diesen in seinen geistigen Wurzeln weit zurückreichenden politischen Gedanken nun zur Maxime ihrer europäischen Politik erhob und seine Anerkennung bei den übrigen europäischen Mächten durchsetzte: der Sieg Englands.

Friedenssehnsucht und Friedenspläne

Der auffallende Parallelismus des Spanischen Erbfolgekriegs und des Nordischen Kriegs zeigt sich auch darin, daß die letzten großen und zugleich verlustreichsten Schlachten beider Kriege, Malplaquet und Pultawa, im Sommer 1709 im Abstand weniger Wochen in West und Ost geschlagen wurden. Die starken Verluste und schweren wirtschaftlichen und finanziellen Lasten, die alle beteiligten Staaten, besonders aber eben wieder Frankreich und Schweden, zu tragen hatten, riefen in ganz Europa und naturgemäß auch wieder besonders in Frankreich und Schweden eine heftige Reaktion gegen Krieg und Eroberung, gegen fürstliche Ruhm- und Herrschbegierde hervor. Man muß dabei, für den Westen und die Mitte Europas, stets auch bedenken, daß der über ein Jahrzehnt währende Spanische Erbfolgekrieg nach einer kurzen, mehr einem Waffenstillstand als einer Friedenszeit gleichenden Pause von nicht ganz vier Jahren auf jenen gleichfalls über ein Jahrzehnt währenden Krieg gefolgt war, der in der deutschen Geschichtsschreibung als »Dritter Raubkrieg Ludwigs XIV.«, in der englischen – vielleicht treffender – als »der Krieg der großen Koalition« bezeichnet wird; und daß für Kaiser und Reich im Osten der sechzehn Jahre währende große Türkenkrieg gar erst 1699 mit dem Frieden von Karlowitz, ein Jahr vor dem Ausbruch des Nordischen Krieges, zwei Jahre vor dem des Spanischen Erbfolgekrieges, zu Ende gegangen war.

So blickte Europa um die Mitte des zweiten Jahrzehnts des 18. Jahrhunderts auf eine mehr als drei Jahrzehnte währende Epoche fast ununterbrochener Kriege zurück, die die Kräfte aller Völker und Staaten des Kontinents kaum weniger, ja vielleicht sogar noch mehr überanstrengt und erschöpft hatten als der große Krieg in der ersten Hälfte des 17. Jahrhunderts. Ja, was die Weite und Ausdehnung des Kriegsgeschehens von Gibraltar bis Narwa und Pultawa und von Sizilien und Belgrad bis zur schwedisch-norwegischen Grenze betraf, hatte dieses mehr als dreißigjährige Kriegsgeschehen, das zudem noch so furchtbare innere Kriege einschloß, wie den Aufstand in den Cevennen und den großen ungarischen Aufstand des Franz Rákóczy, die Völker Europas vielleicht noch stärker in Mitleidenschaft gezogen als der Dreißigjährige Krieg.

Der konfessionelle Gegensatz war als Kriegs- und Kampfmotiv während des 17. Jahrhunderts nach und nach in den Hintergrund getreten. Dies konnte wohl, da es nun nicht mehr um den Einzelmenschen zutiefst berührende Entscheidungen ging, günstige Voraussetzungen für eine Humanisierung des Krieges schaffen. Andererseits aber beförderte die Tatsache, daß Offiziere und Soldaten meist für dynastische Interessen fochten, an denen sie persönlich oft weniger interessiert waren, den Übertritt in andere Dienste und das große, unausrottbare Übel im Kriegswesen jener Zeit, das Überlaufen zum Feind, die Desertion. Die Erinnerungen des irischen Hauptmanns Peter Drake, der ohne Scheu von seinem mehrmaligen Frontwechsel im Spanischen Erbfolgekrieg berichtet, zeigen dies ebenso wie das abenteuerliche Leben des Grafen Alexander Bonneval, der zuerst französischer General im Kampf gegen Österreich, dann österreichischer General im Kampf gegen Franzosen und Türken war und schließlich sein Leben als Mohammedaner und türkischer Pascha beschloß, der die türkische Armee zum Kampf gegen die Österreicher schulte. Gewiß hat es auch im Rahmen dieser dynastisch und staatspolitisch motivierten Kriege Kämpfe gegeben, in denen noch immer die alte Flamme der Glaubenskriege aufzüngelte, wie den erwähnten Aufstand in den Cevennen; aber ebenso andere Episoden, die wie eine Vorankündigung der späteren Volkskriege anmuten: den Widerstand der Tiroler gegen Bayern und Franzosen im Jahre 1703 und umgekehrt den bayrischen Aufstand gegen die österreichische Besatzung im Jahre 1705. Die Loyalität gegenüber dem angestammten Herrscherhaus war, wie gerade diese Beispiele oder auch das Verhalten der französischen Bevölkerung während der letzten großen Krise im Spanischen Erbfolgekrieg zeigen, in Europa im allgemeinen noch eine Selbstverständlichkeit. Aber eine immer lauter werdende Kritik, vor allem in den geistigen Führungsschichten, richtete sich gegen jene Herrscher, die allzu unbedenklich das Leben und Glück ihrer Untertanen zur Erreichung hochfliegender und ehrgeiziger politischer Ziele eingesetzt hatten.

So war es kein Zufall, daß gerade 1713, im Jahr des Utrechter Friedens, der Abbé Charles Irené de Saint-Pierre in zwei Fassungen sein Projekt für einen dauerhaften Frieden in Europa veröffentlichte, ein Projekt, das er dann bis zu seinem Tod 1743 in immer neuen Varianten vertrat und dessen Ideen von Rousseau und Kant aufgenommen wurden; wie es auch kein Zufall war, daß 1721, ein Jahr nach dem Ende des Nordischen Krieges, die *Institutio principis Christiani* des Erasmus von Rotterdam, das Handbuch für die Erziehung eines christlichen, weisen und friedfertigen Fürsten, eines »christlichen Philosophen« auf dem Herrscherthron, in schwedischer Übersetzung erschien. Eine weit größere Wirkung auf die Zeit haben die gleichen Gedanken allerdings durch einen anderen »Fürstenspiegel« ausgeübt, durch die »Abenteuer des Telemach«, die der Erzieher der Enkel Ludwigs XIV. und spätere Erzbischof von Cambrai, Fénelon, noch vor dem Spanischen Erbfolgekrieg verfaßt hatte; denn hier waren diese Gedanken in die gefällige, dem Zeitgeschmack entsprechende Form des antiken Bildungs- und Abenteuerromans gekleidet und in der universalen Sprache der politischen und geistigen Führungsschichten Europas, dem Französisch des klassischen Zeitalters, ausgedrückt. In diesem Werk, das in den folgenden Jahrzehnten zahlreiche Nachahmer fand, ferner in den anderen Schriften Fénelons, aber auch etwa in der berühmten volkswirtschaftlichen Abhandlung des Marschalls Vauban über den königlichen Zehnten finden wir die aus der engsten Umgebung des Sonnenkönigs und seines Hofes selbst stammenden Ursprünge einer prinzipiellen, leidenschaftlichen Kritik an der Politik Ludwigs XIV. und seines Finanzministers Colbert: die Verurteilung einer kriegerischen, ruhmsüchtigen, die Kräfte des Landes und des Volkes verzehrenden Außenpolitik, die Kritik an dem Aufwand einer prunkvollen Hofhaltung, an einem »despotischen« Regierungssystem und der dirigistischen, die Industrie einseitig fördernden, den Handel zu seinem Schaden reglementierenden, die Landwirtschaft vernachlässigenden, merkantilistischen Wirtschaftspolitik.

Die allgemeine Erschöpfung und Kriegsmüdigkeit in ganz Europa bildete eine günstige Voraussetzung für die Aufnahme solcher Ideen aus einem Lande, dessen politisches Hegemoniestreben zwar soeben von einer großen europäischen Koalition abgewehrt worden war, dessen kulturelle Führungsstellung aber zunächst unerschüttert blieb. Zudem hatten auch die Gegenspieler des Sonnenkönigs, vor allem der Wiener Hof und der jetzt, nach dem

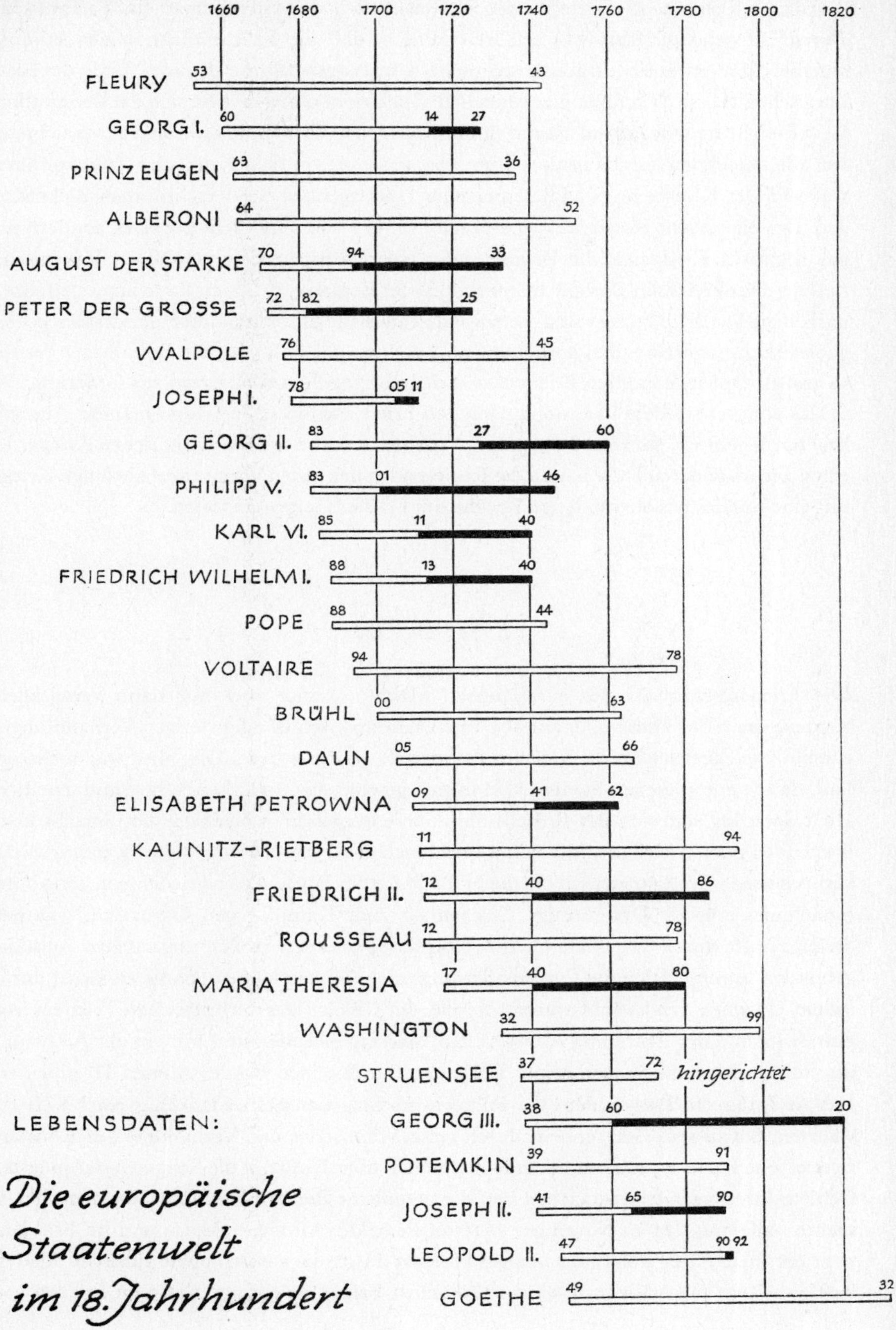
1660
1680
1700
1720
1740
1760
1780
1800
1820
FLEURY 53 43
GEORG I. 60 14 27
PRINZ EUGEN 63 36
ALBERONI 64 52
AUGUST DER STARKE 70 94 33
PETER DER GROSSE 72 82 25
WALPOLE 76 45
JOSEPH I. 78 05 11
GEORG II. 83 27 60
PHILIPP V. 83 01 46
KARL VI. 85 11 40
FRIEDRICH WILHELM I. 88 13 40
POPE 88 44
VOLTAIRE 94 78
BRÜHL 00 63
DAUN 05 66
ELISABETH PETROWNA 09 41 62
KAUNITZ-RIETBERG 11 94
FRIEDRICH II. 12 40 86
ROUSSEAU 12 78
MARIA THERESIA 17 40 80
WASHINGTON 32 99
STRUENSEE 37 72 hingerichtet
LEBENSDATEN:
GEORG III. 38 60 20
POTEMKIN 39 91
JOSEPH II. 41 65 90
LEOPOLD II. 47 90 92
GOETHE 49 32
Die europäische Staatenwelt im 18. Jahrhundert

plötzlichen Tod seines Bruders Joseph, im Reich wie in den österreichischen Erblanden zur Herrschaft gelangte Karl VI., erfahren müssen, daß die Bäume nicht in den Himmel wuchsen, daß etwa die erträumte spanische Königskrone für die deutsche Linie des habsburgischen Hauses sich nicht gewinnen ließ. Zur Erschöpfung gesellte sich die Resignation: Gewiß nicht freiwillig, sondern durch die Macht der Umstände erzwungen, verzichteten fast alle Beteiligten auf die restlose Durchsetzung ihrer vor dem Krieg und dann vor allem während des Krieges in den Phasen eigener Überlegenheit hochgeschraubten Zielsetzungen. Der eigentliche Sieger war jene Macht, die für sich selbst kein positives, sondern nur ein negatives Kriegsziel, die Verhinderung einer erdrückenden politischen Hegemoniestellung Frankreichs in Europa, angestrebt hatte: England, dessen prekäre innere Situation nach dem Dynastiewechsel und dessen wirtschaftliche Interessen aber mindestens ebenso gebieterisch, wie es bei den kontinentalen Mächten der Fall war, die Bewahrung des mit so großen Opfern erkauften Friedens und des europäischen Gleichgewichts forderten.

Das politische Klima in Europa nach den Friedensschlüssen zeigte so manche Ähnlichkeit mit jenem ein Jahrhundert später, nach der Epoche der Napoleonischen Kriege. Im einen wie im anderen Falle hatten die Regierenden den festen Vorsatz, auf die lange Kriegszeit eine mindestens ebenso lange Epoche des Friedens folgen zu lassen.

Krieg im Osten

Die Friedenssehnsucht der europäischen Mächte konnte aber nur dann verwirklicht werden, wenn das kunstvolle, auf den Friedenskongressen in langwierigen Verhandlungen erzielte Gleichgewicht nicht von der Außenwelt gestört wurde. Das aber war nicht der Fall, da die europäischen Staaten kein in sich geschlossenes politisches System darstellten. Hielt doch im Südosten des Erdteils die außereuropäische osmanische Großmacht noch immer den größten Teil der Balkanhalbinsel besetzt und war begierig, die schweren Gebietsverluste wieder wettzumachen, die die Hohe Pforte im Karlowitzer Frieden von 1699 hatte hinnehmen müssen. Die günstige Gelegenheit zum Kampf gegen Österreich, während dessen Kräfte durch den Spanischen Erbfolgekrieg und den großen ungarischen Aufstand gebunden waren, hatten die Türken allerdings nicht nützen können, da sie zunächst durch innere Unruhen geschwächt waren, die sich im Gefolge des verlustreichen Friedens von Karlowitz und der Abtretung Asows an Rußland entwickelten und 1703 in der Absetzung des Sultans Mustafa II. und seiner Ersetzung durch seinen Bruder Ahmed II. gipfelten. Das Asyl, das die Türken dem bei Pultawa geschlagenen Schwedenkönig Karl XII. gewährten, bot diesem Gelegenheit, durch seine Mitarbeiter und Verbündeten in Konstantinopel jene Partei zu stärken, die mit einem Sieg über Rußland die Schmach der jüngsten Gebietsabtretungen wettzumachen und das gesunkene Prestige der Pforte wieder zu heben suchte. Als dann der im November 1710 an Peter den Großen erklärte und im Frühjahr 1711 eröffnete Krieg innerhalb weniger Wochen durch die katastrophale russische Niederlage am Pruth tatsächlich mit einem türkischen Erfolg endete und Peter im Frieden von

Adrianopel von 1713 Asow, die im Asowschen Meer errichteten Anlagen und die dort gebaute russische Flotte den Türken überlassen mußte, schien den Türken die Zeit für einen neuerlichen Vorstoß nach Westen gekommen.

Ein Angriff gegen Österreich allerdings erschien jetzt, nach dem Ende des ungarischen Aufstands und des Spanischen Erbfolgekriegs, nicht ratsam, zumal die Erinnerung an die türkischen Niederlagen in den letzten Jahrzehnten des vergangenen Jahrhunderts noch nachwirkte. Ein Krieg gegen die venezianische Adelsrepublik, die im Spanischen Erbfolgekrieg wehrlos die Verletzung ihrer Neutralität durch die kaiserlichen wie durch die französisch-spanischen Truppen hatte hinnehmen müssen, versprach hingegen einen nahezu sicheren Erfolg, und die Halbinsel Morea, der Peloponnes, erschien als lockende Beute, zumal die Venezianer diesen vor drei Jahrzehnten im großen Türkenkrieg zurückgewonnenen und im Karlowitzer Frieden von 1699 bestätigten Besitz nur schlecht befestigt hatten. Nach umfassenden türkischen Rüstungen erging am 8. Dezember 1714 die Kriegserklärung der Pforte an die Markusrepublik, und im folgenden Frühjahr gelang, wie zu erwarten gewesen, dem türkischen Heer die leichte und schnelle Eroberung des größten Teils von Morea.

Zur gleichen Zeit suchte eine türkische Gesandtschaft ein Eingreifen des Kaisers in den Krieg zu verhindern. Doch hatte Venedig schon im Januar unter Berufung auf den Pakt der Heiligen Liga von 1684 die Hilfe des Wiener Hofes angerufen. Dort herrschten zunächst, ganz abgesehen von der militärischen und finanziellen Erschöpfung nach den langen Kriegsjahren, begründete Besorgnisse, daß das bourbonische Spanien die Bindung des Kaisers im Südosten zu einem Versuch benutzen könnte, die einstigen spanischen Nebenländer in Italien, die Karl VI. auf Grund der europäischen Friedensschlüsse aus dem spanischen Erbe erhalten hatte, der habsburgischen Herrschaft wieder zu entreißen. Erst als es dem um die Erneuerung der Heiligen Liga gegen die Türken bemühten Papst Clemens XI. gelang, die beiden bourbonischen Höfe von Madrid und Versailles im Herbst 1715 zu einer Garantie des habsburgischen Besitzes in Italien für die Dauer des Türkenkrieges zu veranlassen und der Papst selbst aus kirchlichen Einkünften dem Kaiser bedeutende Geldmittel für die Rüstungen zur Verfügung stellte, entschloß sich Karl VI., dem Rat des Prinzen Eugen entsprechend, den Krieg mit ganzer Kraft zu führen.

Im April 1716 wurde der Bündnisvertrag des Kaisers mit Venedig erneuert, und der kaiserliche Resident bei der Pforte überreichte eine Botschaft Karls VI. mit dem Angebot friedlicher Vermittlung, vorausgesetzt, daß die Türken Morea räumten und Venedig Genugtuung leisteten. Wie zu erwarten, lehnte die Pforte das Ansinnen ab und antwortete mit einem Ultimatum voll leidenschaftlicher Schmähungen, das von kaiserlicher Seite unbeantwortet blieb. So mußten die Waffen sprechen. Während die Insel Korfu von dem in venezianischen Diensten stehenden General Graf Johann Mathias von Schulenburg erfolgreich gegen die türkischen Belagerer verteidigt wurde, errang Prinz Eugen am 5. August 1716 bei Peterwardein einen glänzenden Sieg über das türkische Hauptheer. Nach mehr als anderthalb Monate währender Belagerung fiel im Oktober Temesvar, die seit hundertvierundsechzig Jahren in türkischer Hand befindliche Festung und Hauptstadt des Banats. Im Feldzug des folgenden Jahres aber krönte der Savoyer, in dessen Feldlager zweiundvierzig Angehörige europäischer Fürstenhäuser den Feldzug mitmachten, seine bisherige Feldherrnlaufbahn mit dem durch kühnsten Entschluß errungenen, dann im Volkslied vom »edlen Ritter« verherrlichten Sieg vor Belgrad am 16. August 1717, worauf am nächsten Tag die türkische Besatzung von »Stadt und Festung Belgerad« die Kapitulation anbot. Im Frieden von Passarowitz vom 21. Juli 1718 hat Prinz Eugen, der zwar selbst am Friedenskongreß nicht teilnahm, aber durch seine maßvollen und klugen Weisungen an die kaiserlichen Unterhändler den Abschluß des Friedens entscheidend förderte, die Ernte seiner Siege in den vergangenen Kriegsjahren für Österreich eingebracht: den Gewinn des Banats, des nördlichen Teiles von Serbien mit Belgrad, der westlichen Walachei. Ein Handelsvertrag, der den kaiserlichen Untertanen Handelsfreiheit, Schutz und freie Religionsausübung im ganzen Osmanischen Reich und auf der Fahrt von und nach Persien garantierte und die Bestellung von Konsuln, Agenten und Dolmetschern in den wichtigeren Handelsplätzen vorsah, wurde wenige Tage später, am 27. Juli 1718, geschlossen.

Alberoni und die »Quadrupelallianz«

Die Besorgnisse des Kaisers vor dem Entschluß zum Türkenkrieg, daß der neue bourbonische Herrscher von Spanien, Philipp V., dessen Königtum Karl VI. formell nicht anerkannte, die Bindung des Gegners im Südosten zur Wiedergewinnung der einstigen spanischen Nebenländer in Italien versuchen werde, waren nicht unbegründet gewesen. In Italien waren ja durch die Gleichgewichtspolitik der europäischen Friedensschlüsse die labilsten Verhältnisse geschaffen worden. Wohl hatte der Kaiser aus dem Erbe der spanischen Habsburger das Herzogtum Mailand und die dazugehörigen lombardischen Besitzungen – einen Herrschaftskomplex, der übrigens formell immer, auch in der Zeit der spanischen Herrschaft, als Lehen zum Heiligen Römischen Reich gehört hatte – erhalten sowie im Süden das Königreich Neapel und die Insel Sardinien, nicht aber die weit wichtigere Insel Sizilien, die Kornkammer für Neapel, die mit dem Titel eines Königs von Sizilien dem Herzog Viktor Amadeus II. von Savoyen, dem Schützling Englands, zugesprochen war. Es mußte daher das beständige Ziel der kaiserlichen Politik sein, die naturgegebene Verbindung von Neapel und Sizilien wiederherzustellen, wenn es nicht anders ging im Tausch gegen Sardinien; ganz abgesehen davon, daß Karl VI. sich innerlich noch lange nicht mit einem endgültigen Verzicht auf die spanische Königskrone abgefunden hatte, was allein schon darin zum Ausdruck kam, daß er die italienischen Besitzungen durch einen am Kaiserhof eingerichteten »Spanischen Rat« verwalten ließ, der vorwiegend aus spanischen Parteigängern des Kaisers aus der Zeit seines kurzen spanischen Königtums bestand.

An eine Verwirklichung dieser Pläne allerdings war nicht zu denken, zunächst einmal schon wegen der Bindung der kaiserlichen Kräfte im Türkenkrieg, dann aber auch, weil der Versuch einer Wiederherstellung des habsburgischen Weltreichs Karls V. auf den erbitterten geschlossenen Widerstand der übrigen europäischen Mächte gestoßen wäre.

Aussichtsreicher und daher für Frieden und Gleichgewicht Europas gefährlicher erschien das Bestreben der anderen Seite, der nun in Spanien etablierten bourbonischen Linie, die Regelung von Utrecht umzustoßen und, wenn schon nicht die früher spanischen, jetzt österreichischen südlichen Niederlande – da hier der Widerstand Englands und der Generalstaaten nicht zu überwinden war –, so doch die ehedem spanischen Nebenländer in Italien wieder mit der Krone Spaniens zu vereinigen. Mußte es doch für eine neue, im Lande noch nicht ganz fest verwurzelte Dynastie verlockend erscheinen, durch die Verwirklichung eines solchen Zieles erst recht zur legitimen Nachfolgerin und Erneuerin des »goldenen Zeitalters« Spaniens zu werden.

Zu diesen allgemeinen Tendenzen kamen persönlich-dynastische, und zwar vor allem das Verlangen der ehrgeizigen und energischen Elisabeth Farnese, der zweiten Gemahlin Philipps V., für ihre Söhne ein italienisches Fürstentum oder Königreich und damit für sich selbst nach dem Tode ihres Gemahls und dem Regierungsantritt eines seiner Söhne aus erster Ehe in Spanien einen standesgemäßen Witwensitz in ihrer italienischen Heimat zu sichern. Ihr Helfer bei diesen sich notwendigerweise zunächst gegen die österreichische Herrschaft in Italien, im weiteren Sinne aber gegen die in Utrecht gefundene europäische Gleichgewichts- und Friedensordnung richtenden Bestrebungen war ihr Landsmann Giulio Alberoni, der ihr seinen Aufstieg vom »Abate aus Piacenza« zum zeitweiligen Lenker der Geschicke Spaniens und zum Kardinal der römischen Kirche verdankte.

Man hat in Italien aus Alberoni zeitweise einen Vorläufer und Propheten des *Risorgimento* zu machen gesucht. Der diensteifrige Minister einer Prinzessin von Parma und Königin von Spanien wurde in einen italienischen Volksmann und »plebejischen«, ja »revolutionären« Vorkämpfer einer Befreiung und Einigung Italiens, in einen Mazzini des 18. Jahrhunderts, umgedeutet. Doch ist die ernste italienische Forschung heute längst davon abgekommen, aus der Tatsache, daß Alberoni die schon seit Petrarca und Machiavelli in Italien gebräuchliche Terminologie des Aufrufs zur Befreiung von fremden »Barbaren« in den Dienst seiner gegen die habsburgische Hegemonie gerichteten Politik stellte, allzu weitgehende Folgerungen zu ziehen.

Österreichs Bindung im Osten durch den Türkenkrieg schien Elisabeth Farnese und Alberoni die Gelegenheit zur Verwirklichung ihrer Pläne zu bieten. Im August 1717, zur gleichen Zeit, da bei Belgrad die Entscheidung im Türkenkrieg fiel, unternahm die spanische Flotte unter Bruch des seinerzeit vom Papst erwirkten Versprechens einen überraschenden Angriff auf die Insel Sardinien, dem ein Jahr später die Besetzung Siziliens folgte. Dieser Angriff auf das Utrechter System brachte nun eine geschlossene Front der europäischen Mächte gegen den Friedensstörer Alberoni zustande, zumal der *turbulentus minister*, wie ihn die Verbündeten daraufhin nannten, durch die Unterstützung des Stuart-Prätendenten England zu treffen suchte und selbst der Regent von Frankreich – wie es scheint, nicht ohne Grund – Aspirationen seiner bourbonischen Verwandten in Madrid auf den französischen Thron befürchtete.

So kam die »Quadrupelallianz«, ein Bündnis Englands, Frankreichs, Österreichs und – womit man sicher rechnete, wenngleich ein formeller Beitritt dann nicht erfolgte – der Generalstaaten, zustande, und diese »Quadrupelallianz« beschloß, Alberoni entgegenzutreten, gleichzeitig aber auch die in der Utrechter Regelung enthaltenen Gefahrenmomente durch eine gründlichere und endgültige Lösung zu beseitigen. Nachdem die englische Flotte in der Seeschlacht bei Cap Passero an der Südostecke Siziliens am 10. August 1718 die spanische Flotte vernichtend geschlagen hatte, konnten sich die nach dem Frieden von Passarowitz durch freigewordene Kontingente verstärkten österreichischen Truppen im Herbst 1718 und im folgenden Jahr in schweren Kämpfen auf Sizilien festsetzen und behaupten. Im Laufe des Jahres 1719 nahmen die Franzosen eine Reihe fester Plätze in Nordspanien, während eine, fast wie eine Karikatur der »großen Armada« Philipps II. anmutende spanische Expedition zugunsten des Stuart-Prätendenten scheiterte. Der nach diesen Mißerfolgen unvermeidlich gewordene Sturz Alberonis im Dezember 1719 machte den Weg frei zum Abschluß eines Waffenstillstands, zur Räumung Siziliens und Sardiniens durch die Spanier und zur Verwirklichung des von den Kabinetten der »Quadrupelallianz« inzwischen ausgearbeiteten Programms einer endgültigen Regelung, die die legitimen Ansprüche aller Beteiligten befriedigen sollte.

Der Kaiser erhielt nun das von ihm erstrebte Sizilien, während der Savoyer mit der seinen Stammlanden näher gelegenen, für Österreich aber zu weit entfernten Insel Sardinien und dem darauf übertragenen Königstitel abgefunden wurde. Als Gegenleistung für Sizilien mußte Karl VI. sich nun zu der von ihm bisher hartnäckig verweigerten Anerkennung des spanischen Königtums Philipps V. bequemen. Doch da die Mächte mit Recht in dem Wunsch der spanischen Königin nach Versorgung ihrer Söhne die eigentliche Triebfeder zur Abenteuerpolitik Alberonis erkannt hatten, sollte auch dieser Wunsch der willensstarken Elisabeth Farnese erfüllt werden. Das Erlöschen zweier Dynastien in Italien war in absehbarer Zeit zu erwarten, das der Medici in der Toskana und das der Farnese, der Familie der spanischen Königin, in Parma und Piacenza. Dort sollten die Söhne der Elisabeth Farnese zur Herrschaft gelangen, wofür der Kaiser die Zustimmung des Reiches erwirken sollte, da diese Gebiete, wie nun auch die Großmächte ausdrücklich anerkannten, als Reichslehen zum Heiligen Römischen Reich gehörten

Großbritanniens »langer Frieden«

Wie schon vorher in Utrecht, so hat auch bei der Korrektur der Utrechter Regelung durch die »Quadrupelallianz« das britische Inselreich eine führende Rolle gespielt, militärisch durch den Sieg der englischen über die spanische Flotte, vor allem aber durch seine Diplomatie. Die »Seemächte« Großbritannien – wie es seit der englisch-schottischen Union offiziell hieß – und die Generalstaaten der Niederlande, die sich seit der Zeit Wilhelms III. der britischen Außenpolitik weitgehend unterordneten, wurden in den Jahrzehnten nach dem Spanischen Erbfolgekrieg die Wächter und Garanten des von ihnen begründeten Systems des europäischen Gleichgewichts. Durch das Bündnis mit Portugal, die Handelsverträge mit Spanien und den Besitz der beiden wichtigen Stützpunkte Gibraltar und

Eine Sitzung des Kanzleigerichts in London während der Regierungszeit König Georgs I.
Gemälde von Benjamin Ferrers, 1720–1725
London, National Portrait Gallery

Gefängnisszene in der »Beggar's Opera« von John Gay
Gemälde von William Hogarth, 1728/29. Englischer Privatbesitz

Minorca standen die Iberische Halbinsel und das westliche Mittelmeer dem englischen Einfluß offen. In der Ostsee, wo 1715 eine englische Flotte erschienen war, waren nach dem Scheitern Karls XII. und dem englisch-schwedischen Frieden von 1719 die Voraussetzungen für Stärkung und Ausbreitung des englischen Handels gegeben. Und selbst am Zustandekommen des Passarowitzer Friedens im Südosten des Erdteils war englische und niederländische Vermittlung beteiligt.

Die *Act of Settlement* von 1701 hatte die protestantische Thronfolge des Hauses Hannover vorbereitet. Vergeblich versuchten Königin Anna und ihr bedeutender Staatsmann Henry Saint-John, Lord Bolingbroke, der Schöpfer des Utrechter Friedens, Haupt der Adelspartei der Tories und Vorbild der populären Figur des »John Bull«, doch noch eine Rückkehr der männlichen Linie des Hauses Stuart auf den Thron zu erreichen. Die Weigerung des James Edward Stuart, des *Old Pretender*, wie er später zur Unterscheidung von seinem Sohn Charles Edward genannt wurde, um des Königsthrons willen seinen katholischen Glauben aufzugeben, und der unerwartete Tod der Königin Anna am 1. August 1714 machten diese Hoffnungen zunichte. Die Tories, die Verteidiger des Königtums, spalteten sich über der Frage, ob man an dem Stuart trotz des verweigerten Glaubenswechsels festhalten solle. Ohne Widerstand zu finden, bestieg Kurfürst Georg Ludwig von Hannover, von den Whigs unterstützt, als Georg I. den Thron. Ein im folgenden Jahr unternommener Versuch des Prätendenten und des zu ihm nach Frankreich geflohenen Bolingbroke, durch einen Aufstand in Schottland und England die bereits gefallene Entscheidung doch noch rückgängig zu machen, scheiterte kläglich.

Die beiden ersten Könige aus dem Hause Hannover, Georg I. und sein Sohn Georg II., waren unbedeutende, menschlich wenig erfreuliche Herrscher, die mit den Verhältnissen des Landes nie vertraut wurden und auch die Sprache ihrer neuen Untertanen nur mangelhaft erlernten. So lag während ihrer Regierungszeit von 1714 bis 1760, also durch nahezu ein halbes Jahrhundert, die Regierungsgewalt in den Händen des Parlaments und der Adelspartei der Whigs, die dem Hause Hannover zur Krone verholfen hatten. Bedeutende Staatsmänner aus dieser Gruppe, zunächst Lord James Stanhope, dann aber vor allem Sir Robert Walpole, der von 1721 bis 1742 die Geschicke Englands leitete, haben England jenen »langen Frieden« gebracht, in dem nach den Jahrzehnten der Kriege und Bürgerkriege das im Innern wie nach außen Errungene konsolidiert und die Voraussetzungen für den Aufstieg zur Weltmacht geschaffen wurden.

Walpole, seit 1717 in der Opposition, gelangte zur Macht im Zusammenhang mit dem Platzen der *South Sea Bubble*, der »Seifenblase« der Südseegesellschaft, einem Unternehmen, das für den englisch-südamerikanischen Tauschhandel und den Negerhandel von Afrika nach Westindien gegründet worden war. Der Friede von Utrecht hatte diesen für die wirtschaftliche Entwicklung Englands so bedeutsamen Handel völkerrechtlich garantiert. Die Rivalität der Adelsparteien spielte auch bei Aufstieg und Sturz der Südseegesellschaft eine wichtige Rolle, während andererseits die Affäre in ihrem Verlauf durchaus jenen gleichzeitigen Unternehmungen des Schotten John Law in Frankreich entsprach; in beiden Fällen führte eine unbedenkliche Ausnützung und Übersteigerung von neuartigen und noch unerprobten Aktien- und Kreditoperationen nach schwindelhaftem Aufstieg und märchenhaften Gewinnen einzelner Spekulanten zu unvermeidlichem Zusammenbruch und schweren Verlusten für die Mehrzahl der gutgläubigen und unerfahrenen Aktionäre.

Im Zeichen der Ernüchterung nach dem Südseefieber gelangte Walpole zur Macht und verfolgte in der Innen- wie in der Außenpolitik eine Linie der Mäßigung und Vorsicht, die bestimmt war durch die dauernde Sorge vor einer Restauration der Stuarts und vor den Bemühungen der Tories und der eigenen Rivalen in der Whig-Partei, ihn aus der Macht zu verdrängen. Eine der wichtigsten Stützen Walpoles war die wohl bedeutendste Persönlichkeit der königlichen Familie, die Gemahlin Georgs II., Karoline von Brandenburg-Ansbach. Die Bestechung als Mittel zur Sicherung der eigenen politischen Position hat Walpole, der selbst dem mittleren Adel entstammte, virtuos beherrscht, doch ist diese Praxis vor ihm wie nach ihm und ganz besonders auch von seinen Gegnern und Kritikern mit womöglich noch größerer Unbefangenheit geübt worden.

Die europäische Großmacht, die in allen Angelegenheiten des Kontinents ein gewichtiges Wort mitzureden hatte und sich eben auf dem Wege zu einem Weltreich befand, hat besonders in der Zeit des langen Friedens unter der Führung Walpoles allmählich ihre Regierungs- und Führungsorgane ausgebildet und sie mit der für England kennzeichnenden Verbindung von Traditionalismus und Empirismus jeweils den praktischen Erfordernissen angepaßt. Innerhalb des »formalen Kabinetts«, das aus den Inhabern der obersten Hof- und Staatsämter bestand, formierte sich allmählich ein »tatsächliches Kabinett«, dem der Lordkanzler *(Lord Chancellor)*, der Erste Lord des Schatzamtes *(First Lord of the Treasury)*, der Lord Hochadmiral *(Lord High Admiral*, der spätere Erste Lord der Admiralität, *First Lord of the Admiralty)*, der Lord-Siegelbewahrer *(Lord Keeper of the Great Seal)*, der Lord-Präsident des Rates *(Lord President of the Council)* und die beiden Staatssekretäre für das Nördliche und Südliche Department, der Vorläufer des *Foreign Office*, angehörten. Innerhalb dieser Gruppe errang das Amt des »Ersten Lords des Schatzamtes«, das Walpole selbst innehatte, bald die Bedeutung eines Ersten Ministers und ist auch heute noch die offizielle Bezeichnung für den britischen Premier, wie es etwa auf dem schlichten Schild am Hause Downingstreet 10 zu lesen ist, das Georg I. Walpole schenkte und das seither der Amtssitz des Regierungschefs ist.

Die Gunst des Herrschers, aber auch das Vertrauen des Parlaments waren für die Inhaber der Regierungsämter die Grundlage ihres ersprießlichen Wirkens in einem schriftlich nicht fixierten politischen Gleichgewichtssystem, das aus den erbitterten Verfassungskämpfen des 17. Jahrhunderts zwischen Krone und Parlament hervorgegangen war und sich nun unter den hannoveranischen Königen einspielte und festigte.

Den Beobachtern aus den absolutistischen Staaten des Kontinents, in erster Linie aus Frankreich – hier wieder vor allem Montesquieu und Voltaire –, erschien das englische Regierungssystem als bewundernswertes Vorbild, als ideale Verwirklichung jener seit Aristoteles und Polybios von den Staatsdenkern der Antike, des Mittelalters und der frühen Neuzeit gepriesenen »gemischten Verfassung«, die monarchische, aristokratische und demokratische Züge im rechten Verhältnis enthalte und damit jene Entartung in Despotismus, Oligarchie und Pöbelherrschaft verhindere, der die »reinen« Formen von Monarchie, Aristokratie und Demokratie erfahrungsgemäß unterworfen seien. Aber auch das eigentümliche System der englischen Parteien der Whigs und Tories, deren Namen als Beschimpfungen der einander bekämpfenden Adelsfraktionen während der Epoche der Stuart-Restauration entstanden waren, fand nun aufmerksame Beachter und teilweise idealisierende Darsteller in englischen wie in ausländischen Schriftstellern. Bezeichnenderweise war der bedeutendste dieser politischen Schriftsteller und Theoretiker derselbe Lord Bolingbroke, der nach dem Tod der Königin Anna vergeblich den Stuart-Prätendenten auf den englischen Thron hatte bringen wollen, der Jahre der Verbannung bei ihm in Frankreich verbracht hatte und dann als zu selbständiger Kopf bei seinem Herrn in Ungnade gefallen war, zwar nach England zurückkehren, aber seinen Sitz im Oberhaus nicht mehr einnehmen durfte und auch kein Amt mehr erhielt.

Das wichtigste Ergebnis der politischen Entwicklung wie der sie begleitenden theoretischen Erörterung war, daß der Begriff der Partei, seit der Antike stets mit einer negativen Wertung verbunden, im England des 18. Jahrhunderts zum erstenmal positiv beurteilt wurde und man der Opposition schließlich eine eigene und wichtige Funktion auch im Interesse des Ganzen zuerkannte. Enger als auf dem Kontinent war dabei die Verbindung von Macht und Geist, Politik und Literatur. Die führenden Schriftsteller in jener Blütezeit der englischen Literatur, Joseph Addison, John Arbuthnot, Daniel Defoe, Alexander Pope, Richard Steele, Jonathan Swift und selbst noch der »literarische Papst« des 18. Jahrhunderts, Samuel Johnson, waren zugleich, ja meist in erster Linie politische Schriftsteller, Verfasser von Pamphleten, Satiren und Flugschriften. Alexander Pope hat seinen *Essay on Man*, dieses literarische Kompendium der englischen Aufklärungsphilosophie, im Hause seines Gönners Bolingbroke verfaßt, wohl weitgehend auch unter dessen überragendem geistigem Einfluß.

Gewiß muß man sich vor der naheliegenden Versuchung hüten, die englischen Zustände jener Zeit zu idealisieren, wie es eben damals meist die Reisenden vom Kontinent getan haben, oder gar ein Idealbild moderner Demokratie in das 18. Jahrhundert zurückzuprojizieren. Das englische Parlament war eine Ständeversammlung und als solche, vor allem in der sozialen Zusammensetzung, dem schwedischen, polnischen oder ungarischen Reichstag in jeder Beziehung ähnlicher als den europäischen Parlamenten des 19. und 20. Jahrhunderts. Nicht das Volk herrschte, sondern eine allerdings recht breite Führungsschicht aus hohem, mittlerem und niederem Adel und städtischem Großbürgertum. Es gab arge soziale Mißstände, die verschärft wurden durch gewisse hartherzige Folgerungen aus der puritanischen Prädestinationslehre in dem Sinne, daß der Arme an seiner Armut selbst schuld sei. Ein Bild der sozialen Unterwelt vermittelt uns die 1728 uraufgeführte Bettler-Oper des John Gay, *The Beggar's Opera*, das Urbild der »Dreigroschenoper«. Die großen Kamine der Landsitze und Stadtpaläste, Symbole der adligen und großbürgerlichen Behaglichkeit und Wohnkultur, bedurften zu ihrer Reinigung der *chimney sweeps*, der armen Kaminfegerjungen, meist Waisen- oder Findelkinder, die oft bei ihrer Arbeit im Ruß erstickten.

Allerdings bestanden in England weit weniger als in den Ländern des Kontinents starre Klassenschranken zwischen Adel und Bürgertum. Der Adel – vorwiegend die jüngeren Söhne – betätigte sich schon seit langem im Handel, in der Schiffahrt und in den kolonialen

Unternehmungen, das reiche Bürgertum erwarb durch Einheirat oder Kauf von Ländereien den Eintritt in die adlige Führungsschicht, was mehr als einen Ausgleich bot für das teilweise Fehlen von Aufstiegsmöglichkeiten im Fürstendienst, wie sie das Bürgertum in den absolutistisch-bürokratischen Staaten des Kontinents besaß. Stärke und Selbstbewußtsein des englischen Bürgertums, das im Handel wie in der beginnenden Industrialisierung ein ihm entsprechendes Betätigungsfeld fand, erweckten die neidvolle Bewunderung des Bürgertums in den absolutistischen Fürstenstaaten: Das England der moralischen Wochenschriften und bürgerlichen Romane, des religiösen Nonkonformismus und der faktischen, wenngleich die Katholiken noch lange ausschließenden religiösen Toleranz, wurde die Heimat der Freimaurerei und das Vorbild für die große Bewegung des europäischen Bürgertums im 18. Jahrhundert.

Walpoles Friedenspolitik war mehr noch als durch die vielleicht übertriebene Angst vor einer Stuart-Restauration durch die nur allzu begründete Sorge vor einer, in den unvorhersehbaren Erschütterungen eines Krieges erleichterten Entmachtung durch innerpolitische und innerparteiliche Gegner bestimmt, vor allem aber durch die Rücksicht auf den Handel und die koloniale Ausbreitung. Das zeigte sich, als 1733 der Polnische Thronfolgekrieg, der Krieg der bourbonischen Mächte Frankreich und Spanien gegen den Kaiser, ausbrach. Georg II. und seine Gemahlin Karoline wünschten eine Teilnahme Englands an der Seite Karls VI., da sie nach einem Sieg der bourbonischen Höfe deren Intervention in England zugunsten der Stuarts befürchteten; selbst die beiden Staatssekretäre Newcastle und Harrington befürworteten den Krieg. Aber Walpoles staatsmännischer Überlegenheit gelang es, den Eintritt Englands in den Krieg zu verhindern, und stolz konnte er Ende 1734 zur Königin sagen: »Madame, fünfzigtausend Mann sind in diesem Jahr in Europa gefallen, und kein Engländer ist darunter.« Vielleicht noch wichtiger als solche humanitären Überlegungen war zumindest für die friedenswillige Parlamentsmehrheit die Besorgnis, daß im Falle eines Krieges mit den bourbonischen Höfen die Holländer den einträglichen Handel mit Frankreich und Spanien an sich ziehen würden.

Ein handelspolitischer Streit ist es denn auch gewesen, der noch am Ausgang des gleichen Jahrzehnts Walpole unter dem Druck der wachsenden innerpolitischen Opposition und nach dem Verlust seiner wichtigsten Stütze am Hofe durch den Tod der Königin Karoline (1737) wider seinen Willen zwang, Spanien den Krieg zu erklären. Nach dem Anlaß und Vorwand – die Spanier hatten bei der Durchsuchung eines englischen Kauffahrers dem Kapitän Robert Jenkins ein Ohr abgeschnitten – ist dieser 1739 eröffnete Krieg als *the war of Jenkin's ear* bezeichnet worden. Er ging dann in den Österreichischen Erbfolgekrieg über; mit ihm endete Großbritanniens »langer Frieden«.

Frankreich nach 1715

Wenn für England der Friede von Utrecht, der Tod der Königin Anna und die Thronbesteigung der neuen Dynastie Hannover einen tiefen Einschnitt in seiner Geschichte bildeten, so bedeuteten für Frankreich das Ende des Spanischen Erbfolgekriegs und bald darauf der Tod Ludwigs XIV. erst recht den Abschluß einer Epoche, des *siècle de Louis XIV.*, wie Voltaire im Rückblick das Zeitalter der französischen Hegemonie in Europa genannt hat. Dem Abstieg von der europäischen Hegemonialstellung entsprach im Innern das Hervorbrechen der in den letzten Jahrzehnten vom königlichen Absolutismus zurückgestauten Gegenkräfte. Der Sonnenkönig, der nominell zweiundsiebzig Jahre lang regiert hatte, war durch mehr als ein halbes Jahrhundert, von 1661 bis 1715, sein eigener Erster Minister gewesen und hatte ein zentralistisches und absolutistisches Regierungssystem ausgebildet, dessen Stärke und Schwäche eben darin bestanden, daß es ganz auf die Person des Herrschers an der Spitze der staatlichen Pyramide abgestellt war. Nur eine so außerordentlich energische und dynamische, zugleich aber auch bürokratisch so fleißige Persönlichkeit wie der *Roi soleil* vermochte in einem derartigen System, unterstützt von bedeutenden Mitarbeitern, Ministern wie Feldherren, tatsächlich alle Fäden in der Hand zu behalten; und selbst bei Ludwig hatten sich – in der Außenpolitik wie in der Innenpolitik – in den letzten Jahrzehnten seines Lebens die Nachteile dieser übersteigerten Form des fürstlichen Absolutismus nur allzu deutlich gezeigt.

Der alte König überlebte den Sohn und den Enkel, und Erbe der Krone wurde ein Kind, der erst fünfjährige Urenkel des Sonnenkönigs, für den Philipp von Orléans, der Neffe Ludwigs XIV. und Sohn der Liselotte von der Pfalz, die Regentschaft führte. Nun drängten fast alle in den letzten Jahrzehnten mühsam zurückgestauten Gewalten mit neuer Kraft hervor. Das zeigte sich bereits bei der Anerkennung der Regentschaft des Orléans: der höchste Gerichtshof des Landes, das *Parlament de Paris*, gewann das Recht zurück, gegen königliche Verordnungen zu remonstrieren und damit zu verhindern, daß sie Gesetzeskraft erlangten. Wohl war der Regent als Staatsmann gewiß besser als sein Ruf, obwohl er in militärischer Hinsicht durch die Niederlage von Turin im Jahre 1706, in moralischer durch eigene Ausschweifungen wie durch die seiner Kumpane, der *Roués*, der »Geräderten«, schließlich durch seinen frühen Tod in den Armen einer Mätresse – worin es ihm dann allerdings ein Staatspräsident der Französischen Republik gleichtat – in den Augen von Mit- und Nachwelt hoffnungslos kompromittiert erscheint. Doch verdient festgehalten zu werden, daß er in der Außenpolitik, wenngleich bedingt durch die familiäre Rivalität mit seinem bourbonischen Vetter in Madrid, eine Annäherung an England anbahnte und damit eine Politik vorwegnahm, die erst das »Bürgerkönigtum« eines anderen Orléans im 19. Jahrhundert in der ersten *Entente cordiale* wieder aufnahm; und auch sein starkes Interesse an den Naturwissenschaften mag erwähnt werden. Im übrigen aber war die Zeit seiner Regentschaft zu kurz, um ein wirklich fundiertes Urteil über seine staatsmännischen Fähigkeiten zu fällen.

Mit zwei Problemen mußte er sich vor allem im Innern auseinandersetzen, die beide aus der Erbschaft der Regierung Ludwigs XIV. stammten: mit dem durch die Kriege des Sonnenkönigs hervorgerufenen Defizit in den Staatsfinanzen und mit dem Wiederaufflammen der jansenistischen Streitigkeiten nach der Verurteilung der spätjansenistischen Auffassungen des Oratorianers Paschalis Quesnel durch die päpstliche Bulle *Unigenitus* von 1713. Die Bemühungen um die Sanierung der Staatsfinanzen führten zu dem Versuch des Schotten John Law, durch Übernahme und Ausweitung des vor allem in Holland und

England entwickelten Bank- und Kreditwesens, durch die Ausgabe von Papiergeld und Aktien der den Handel mit Louisiana betreibenden privilegierten Mississippi-Kompanie die Staatsschuld zu verringern. Ähnlich wie im Falle der Südseegesellschaft in England trieb auch in Frankreich das Spekulationsfieber die Aktien in schwindelhafte Höhen. Die von der merkantilistischen Wirtschaftspolitik Colberts begründete Konzentrierung und Zentralisierung des französischen Wirtschaftslebens aber führte, zusammen mit der Tatsache, daß der Regent dem schottischen Abenteurer die Leitung der gesamten Staatsfinanzen übertrug, zu dem auch hier unvermeidlichen und bald eingetretenen Staatsbankrott, der nicht nur wie in England den Ruin zahlreicher Existenzen zur Folge hatte, sondern auch das Ansehen des Staates selbst schwer schädigte und ein tiefes Mißtrauen in die staatliche Wirtschafts- und Finanzpolitik hinterließ. Für die französische Staatskrise der letzten Jahrzehnte des Jahrhunderts, die dann zum Ausbruch der großen Revolution führte, war die Erinnerung an das Experiment des John Law eine schwere Hypothek. Daß der Regent gegen den allerdings vielleicht zu hohen Preis der Vernichtung zahlloser Existenzen und der Erschütterung des Vertrauens das ursprüngliche und vordringlichste Ziel des gewagten Unternehmens, nämlich die Verringerung der Staatsschuld, schließlich doch erreichte, sollte bei der Beurteilung nicht übersehen werden.

In ihren weiteren Auswirkungen kaum minder bedenklich für die Stellung der Krone und das Ansehen der französischen Kirche waren die nun wieder aufflammenden Kämpfe um den Jansenismus. Allerdings verlagerte sich ihr Schwergewicht von den dogmatischen Problemen der Gnade und Rechtfertigung, um die im 17. Jahrhundert gerungen worden war, immer stärker zu den Fragen einer inneren und äußeren Kirchenreform im Sinne der Verinnerlichung und Vereinfachung nach dem Vorbild der Urkirche, einer Stärkung der Bischofsgewalt gegenüber Rom und der erstrebten Besserstellung des Seelsorgeklerus im Verhältnis zu den Orden und den reichdotierten Klöstern und Domkapiteln. In den heftigen Kämpfen, die zunächst durch die Bulle *Unigenitus* und die gegen sie erhobene Appellation der deshalb »Appellanten« genannten Jansenisten an ein künftiges allgemeines Konzil ausgelöst wurden, kam es zeitweise zu einem im Grunde nicht unlogischen Bündnis zwischen Jansenismus und staatskirchlichem Gallikanismus, dann aber doch wieder zur Verbindung der jansenistischen mit der ständisch-aristokratischen Opposition gegen den königlichen Absolutismus, wie ja die harte und strenge Lehre der Jansenisten auch schon im 17. Jahrhundert ein aristokratisches Element enthalten hatte. Schließlich nahm auch wieder, wie in den Tagen Ludwigs XIV., die Krone gegen die von Rom verurteilte Lehre und deren Vertreter im französischen Episkopat und Klerus Stellung.

Aber auch nach der erst 1729, kurz vor seinem Tode, erfolgten Unterwerfung des Erzbischofs von Paris, des Kardinals Louis Antoine de Noailles, der die *Réflexions morales* von Quesnel approbiert und die Annahme der sie verurteilenden Bulle *Unigenitus* verweigert hatte, führte eine kleine jansenistische Kerngruppe den Kampf mit großer Hartnäckigkeit weiter, vor allem mit ihrer geheimen Kirchenzeitung, den *Nouvelles Ecclésiastiques*, deren Nummern trotz aller Verfolgungen durch staatliche und kirchliche Behörden regelmäßig ihre Bezieher und Leser in Frankreich und in ganz Europa erreichten. Randerscheinungen wie die Verzückungen und angeblichen Krankenheilungen am Grabe eines jansenistischen

Diakons offenbarten die religiöse Leidenschaft. Dem sich verbreitenden Skeptizismus und Unglauben vor allem in den gebildeten Schichten Frankreichs ebnete die tiefe innere Spaltung im französischen Katholizismus gewiß die Bahn. So wurde der Jansenismus – zwar nicht in der Absicht, wie es seine Gegner mit der phantastischen Behauptung der angeblichen jansenistischen Verschwörung zur Vernichtung des katholischen Glaubens, des sogenannten »Projekts von Bourgfontaine«, meinten, wohl aber in seiner tatsächlichen Wirkung – ungewollt einer der Wegbereiter der antikirchlichen Gesinnung in Frankreich.

Nach dem Tode des Regenten im Jahre 1723 übernahm ein anderer Prinz aus königlichem Geblüt, der Herzog Louis Henri de Bourbon, die Leitung der französischen Politik. Kurzsichtige persönliche Motive haben ihn zu dem einzigen geschichtlich folgenschweren Schritt veranlaßt, der aus den drei Jahren der Regierung dieses unbedeutenden Mannes zu vermerken ist: zur Auflösung der Verlobung Ludwigs XV. mit der spanischen Infantin Maria und zur Vermählung des erst fünfzehnjährigen Herrschers mit Maria Leszczynska, der Tochter des vertriebenen polnischen Königs von Karls XII. Gnaden. Nach den Bestimmungen des Friedens von Utrecht wäre nämlich im Falle des kinderlosen Todes des jungen Herrschers die französische Krone auf die Nebenlinie der Orléans, der erbitterten Feinde des Herzogs von Bourbon, übergegangen, und so betrachtete dieser, durch eine Erkrankung Ludwigs alarmiert, es als ein zu großes Risiko, weiter an dem Eheprojekt mit der damals erst neunjährigen Infantin festzuhalten. Ohne vorherige Warnung schickte der Herzog von Bourbon die Infantin ihrem Vater nach Madrid zurück: eine tödliche Beleidigung des spanischen Hofes, die wesentlich zu der radikalen Schwenkung der spanischen Politik im Sinne einer Annäherung an Wien und zu dem Projekt einer Vermählung der habsburgischen Erbtochter Maria Theresia mit Don Carlos, dem ältesten Sohn der Elisabeth Farnese, beitrug. Für Ludwig XV. aber war in ganz Europa keine andere im Alter passende Prinzessin aufzutreiben als die bescheidene Tochter des landlosen Polenkönigs, der als französischer Pensionär ein armseliges Leben fristete. Erst der Gegner und Nachfolger des Herzogs von Bourbon, der Kardinal Fleury, hat dann diese »erstaunlichste Mesalliance der französischen Geschichte« (G. P. Gooch) mit dazu verwendet, um die schon im 17. Jahrhundert immer wieder erstrebte, bisher aber stets gescheiterte Erwerbung des Herzogtums Lothringen für Frankreich vorzubereiten.

In dem der Vermählung Ludwigs XV. folgenden Jahr 1726 wurde der unfähige Herzog von Bourbon von dem bisherigen Erzieher des jungen Herrschers, dem damals bereits dreiundsiebzigjährigen Kardinal André Hercule de Fleury, gestürzt, der nun durch anderthalb Jahrzehnte Frankreichs Geschicke leitete. Wie sein Zeitgenosse Walpole in England zwar nicht nominell, aber tatsächlich Premierminister, war er wie jener ein grundsätzlicher Freund des Friedens und bestrebt, dem Lande eine Atempause nach den Kriegen und Krisen der vergangenen Jahrzehnte zu verschaffen. Der Friedensliebe nach außen entsprach eine aufgeklärte, wohlwollende, zugleich sparsame und tolerante Regierung im Innern, wobei sich Fleury auf die Mitarbeit tüchtiger Minister stützen konnte. Im Polnischen Thronfolgekrieg hat der Kardinal mit einem Minimum an militärischer Anstrengung ein Maximum an politischem Erfolg erzielt. Erst in den letzten Jahren seines Lebens sind die

Zügel der Regierung den schwächer werdenden Händen des fast neunzigjährigen Greises entglitten, und – wiederum wie Walpole – ist auch er wider Willen von einer inneren Opposition in den neuerlichen Krieg mit England geradezu hineingezwungen worden.

Die Pragmatische Sanktion

Mit dem Frieden von Passarowitz und der Erwerbung Siziliens im Austausch gegen Sardinien hatte die aus Türken- und Franzosenkriegen hervorgegangene österreichische Großmacht die größte territoriale Ausdehnung ihrer Geschichte erreicht. Es war in der Tat, wenn man allein die Quadratkilometer und die Bevölkerungszahlen ins Auge faßt, ein respektables Gebiet, über das Karl VI., der zugleich die Krone des Heiligen Römischen Reiches trug, als Herrscher und Landesfürst gebot. Von der Atlantikküste bei Ostende bis tief nach Serbien und in die Walachei, von Sizilien bis nach Schlesien und damit in die norddeutsche Tiefebene reichte die unmittelbare Herrschaft des Kaisers, der bewußt an die Ideenwelt und Symbolik seines großen gleichnamigen Ahnherrn, Karls V., anzuknüpfen suchte. Gewiß, auf die Verwirklichung des spanischen Königstraums, dem er auch nach dem Ende des großen Ringens um das spanische Erbe mit der seinem Hause eigenen Beharrlichkeit nachgehangen und nachgetrauert hatte, mußte er nun endgültig verzichten. Im Zuge der Annäherung zwischen Madrid und Wien im Jahre 1725, nach der brüskierenden Rücksendung der Tochter Philipps V. aus Paris, hatten die einstigen erbitterten Rivalen im Kampf um die spanische Krone, der Bourbone und der Habsburger, jeweils den Besitzstand des anderen und damit die Bestimmungen der Quadrupelallianz anerkannt, hatte der Kaiser auf Spanien, König Philipp V. auf die spanischen Nebenländer – die südlichen Niederlande, Mailand, Neapel und Sizilien – verzichtet.

Das Herrschaftsgebiet Karls VI. war jedoch keineswegs geschlossen. Zwischen den jetzt österreichischen Niederlanden, dem »vorderösterreichischen« Streubesitz im deutschen Südwesten und Süden und dem im Westen mit dem Land vor dem Arlberg beginnenden geschlossenen Herrschaftskomplex der »deutschen Erbländer« – wozu auch die Länder der Wenzelskrone, Böhmen, Mähren und Schlesien, gehörten – klafften Lücken, ebenso zwischen dem südlichen, tief in den italienischen Sprach- und Kulturraum hineinragenden Tirol und den lombardischen Herzogtümern Mailand und Mantua mit den angegliederten Herrschaften, ebenso schließlich zwischen diesem lombardischen Herrschaftskomplex und dem großen süditalienischen Königreich.

Gerade bei den Beratungen über den Friedens-, Bündnis- und Handelsvertrag mit Spanien hatte 1725 die Geheime Konferenz unter dem Vorsitz des Prinzen Eugen auf die lockere Verbindung zwischen den verschiedenen Ländern der Monarchie und auf die Gefahr eines Zerfalls in einem künftigen Kriege hingewiesen; und im darauffolgenden Jahr fiel von der gleichen Seite das berühmte Mahnwort an den Kaiser, es sei unumgänglich notwendig, »ein *totum* aus Euer Majestät weitläufiger und herrlicher Monarchie zu machen«. Es ist gewiß kein Zufall, daß der Savoyer, in Paris geboren und im Frankreich

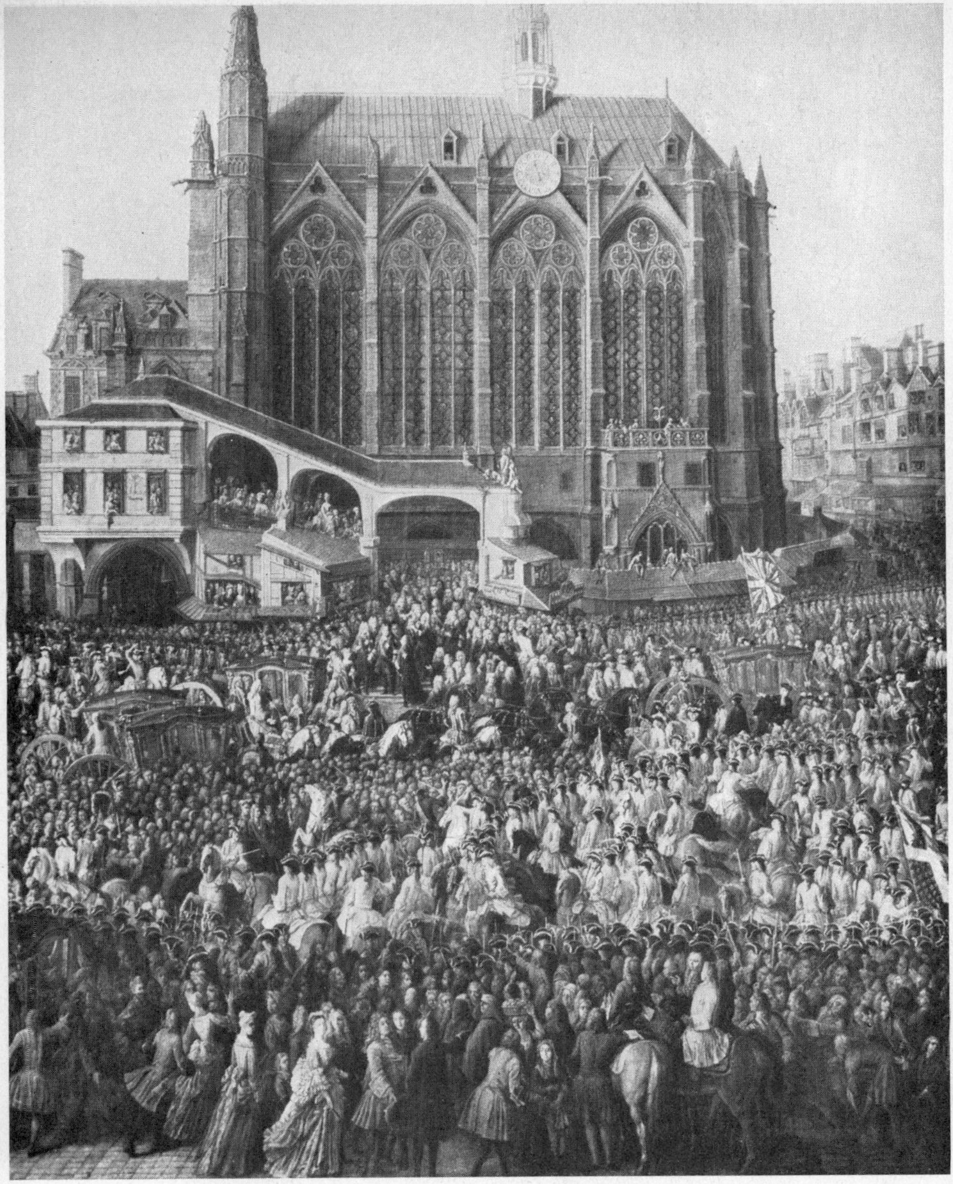

Der fünfjährige Ludwig XV. beim Verlassen der Sainte Chapelle in Paris
nach dem »Lit de Justice« am 12. September 1715
Aus einem Gemälde von Pierre-Denis Martin. Paris, Musée Carnavalet

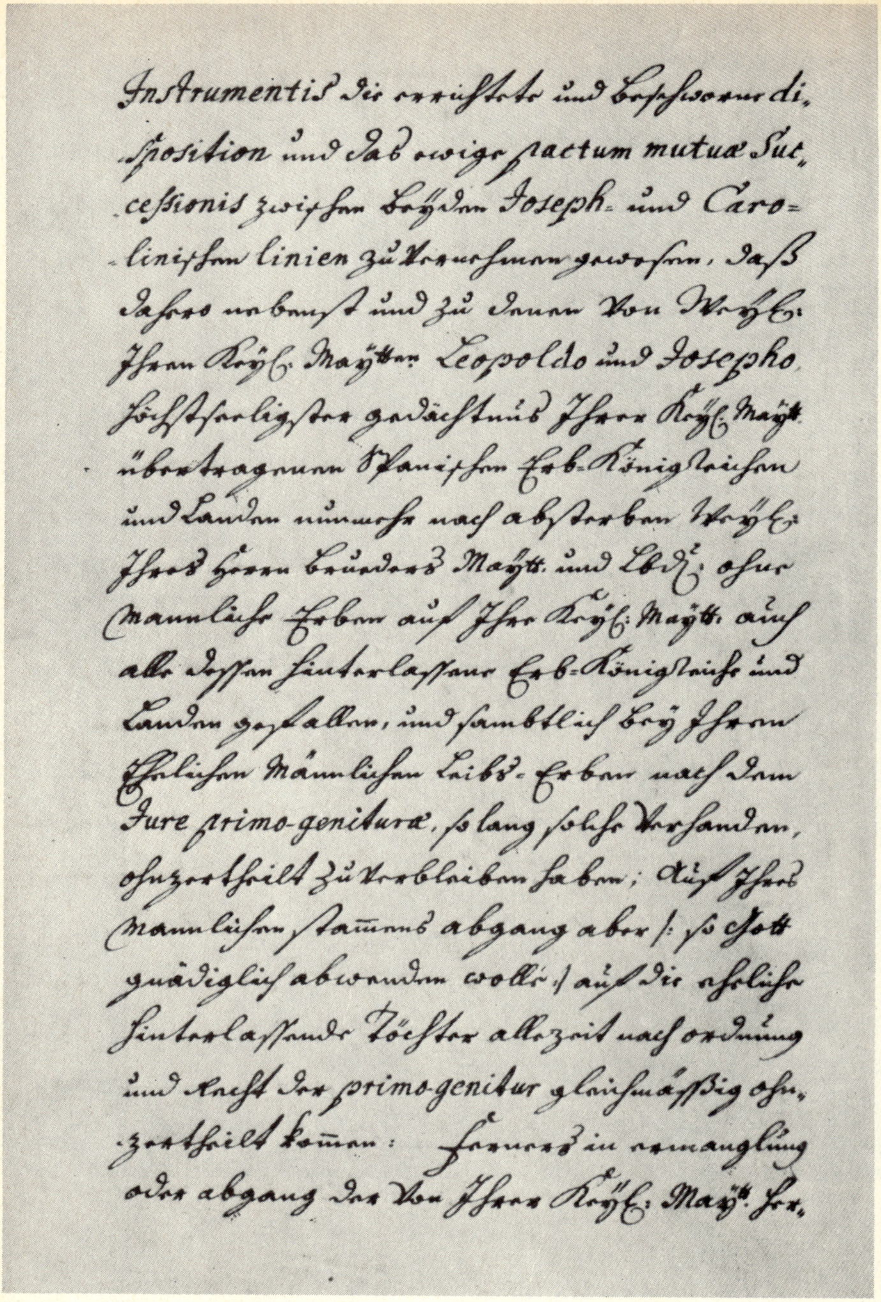

Die »Pragmatische Sanktion«
Eine Seite aus dem am 19. April 1713 von Kaiser Karl VI. vor den versammelten Räten und Ministern verlesenen Schriftstück. Wien, Haus-, Hof- und Staatsarchiv

Ludwigs XIV. aufgewachsen, hier und auch sonst als Träger des Gedankens einer Vereinheitlichung der verschiedenen Länder und Herrschaften, des modernen Staatsgedankens der Straffung, Rationalisierung und Arrondierung erscheint.

Kaiser Karl VI., während seines Aufenthalts in Spanien wie während seiner Hin- und Rückreise ein aufmerksamer Beobachter der politischen und wirtschaftlichen Verhältnisse im Westen und Süden Europas, verkannte nicht die Bedeutung und Berechtigung dieser Zeittendenz der politischen Straffung und Rationalisierung. Dies zeigte sich vor allem auf dem Gebiet der Handels- und Wirtschaftspolitik: beim Ausbau des Seehafens Triest wie bei der Förderung der österreichischen Handelskompanien von Ostende und Triest, beim Straßenbau und bei den allerdings dann steckengebliebenen Ansätzen zu einer Steuer- und Katasterreform in der Lombardei. Die Energie zur Durchführung einer radikalen, die freilich außerordentlich verschiedenartigen Länder zu einer Einheit, einem *totum* zusammenfassenden Reform fehlte jedoch dem feinsinnigen, musisch begabten letzten männlichen Althabsburger; und erst seine Tochter Maria Theresia brachte dann diese Energie auf und führte das schwere Werk wenigstens für die westlichen, die »deutschen Erbländer« der Monarchie durch.

Immerhin hat Karl VI. bald nach dem Antritt der Herrschaft in Österreich jenes staatsrechtliche Band geschaffen, das alle Länder und Herrschaften des Hauses Österreich »unteilbar und untrennbar« vereinigen sollte und das die Grundlage bildete für die spätere staatliche Entwicklung der Donaumonarchie bis zu ihrer Auflösung im 20. Jahrhundert; die »Pragmatische Sanktion«, die Erb- und Thronfolgeordnung, die 1713, im Jahre des Utrechter Friedens, erlassen wurde. Bezeichnenderweise ging dabei der erste Anstoß von dem kroatischen Landtag aus; er legte Wert auf die bindende Zusage, daß das durch seine Grenzlage im Südosten so besonders gefährdete Land auch in Zukunft mit Österreich, Steiermark, Kärnten und Krain im gleichen Staatsverband vereinigt bleibe. Fragen der Etikette und des höfischen Vorrangs zwischen den Töchtern des verstorbenen Kaisers Joseph I. und deren Tanten, den Töchtern Leopolds I. – Karl VI. selbst war damals noch ohne Nachkommenschaft –, machten es dann notwendig, rasch jene Thronfolge- und damit Rangfolge festzulegen, die der künftigen männlichen, bei Fehlen einer solchen aber auch der weiblichen Nachkommenschaft des derzeitigen Herrschers den Vorrang vor den Töchtern seines verstorbenen älteren Bruders wie vor denen des Vaters der habsburgischen Brüder, den »leopoldinischen Erzherzoginnen« und deren Nachkommenschaft, sichern sollte.

Von nicht nur haus- und familienrechtlicher, sondern auch von geschichtlicher Bedeutung ist diese Thronfolgeordnung erst geworden, als der 1716 geborene Sohn des Kaisers nach wenigen Monaten starb und die Kaiserin im folgenden Jahr Maria Theresia und später noch zwei Töchter zur Welt brachte. Zwar mußten die beiden Töchter Josephs I. bei ihrer Vermählung mit den Kurprinzen von Bayern und Sachsen feierlich die Pragmatische Sanktion beschwören; aber die Erfahrung hatte ja eben im Falle der spanischen Erbfolge gelehrt, daß man sich auf Verzichtleistungen dieser Art nie völlig verlassen konnte.

Der Kampf um die Anerkennung der Pragmatischen Sanktion ist daher in den beiden letzten Jahrzehnten der Regierung Karls VI. ein beherrschendes Motiv seiner Innen- und

Das Haus Habsburg
(von Leopold I. zu Franz II.)

Viktor Amadeus I.
Herzog von Savoyen
1587–1637

Maximilian I.
Kurfürst von Bayern
1573–1651

Ferdinand Maria
Kurfürst von Bayern
1636–1679
reg. 1651–1679
∞ Adelheid Henriette
1636–1676
Hochz. 1652

Viktor Amadeus II.
Sohn Karl Emanuels II.,
Herzog von Savoyen,
König von Sardinien
1666–1732
Herzog (1675) 1684
König 1713; 1730 abgedankt
∞ 1. Anna Maria
Tochter Philipps I.,
Herzogs von Orléans
1669–1728
Hochz. 1684

Maximilian II.
Emanuel
Kurfürst von Bayern,
Statthalter der Niederlande
1662–1726
reg. 1679–1726
Statthalter 1691–1706
geächtet, vertrieben 1706–1714
∞ 1. Maria Antonia
1669–1692
Hochz. 1683
∞ 2. Therese Kunigunde
Tochter des Johann Sobieski,
Königs von Polen
1676–1730
Hochz. 1695

Karl Emanuel I.
Herzog (Karl Emanuel III.)
von Savoyen,
König von Sardinien
1701–1773
reg. 1730–1773
∞ 3. Elisabeth Theresia
1711–1741
Hochz. 1737

Joseph Ferdinand
zum Erben Spaniens designiert
1692–1699
designiert 1698

Friedrich August II.
Sohn Augusts des Starken,
Kurfürst von Sachsen,
König (August III.)
von Polen
1696–1763
reg. 1733 (in P. 1734)–1763
∞ Maria Josepha
1699–1757
Hochz. 1719

Leopold Joseph
1700–1701

Friedrich Christian
Kurfürst von Sachsen
1722–1763
Kurfürst 1763
∞ Maria Antonia
Walpurgis
1724–1780
Hochz. 1747

Joseph II.
deutscher (römischer) König,
König von Ungarn und Böhmen,
Kaiser
1741–1790
deutsche Wahl 1764
Kaiser 1765
Mitregent seit 1765
reg. 1780–1790
∞ 1. Maria
Isabella
Tochter Philipps,
Herzogs von Parma
1741–1763
Hochz. 1760
∞ 2. Maria
Josepha
1739–1767
Hochz. 1765

Albert
(Albrecht)
Kasimir August
Herzog von Sachsen,
Fürst von Teschen,
Gubernator von Ungarn,
Generalstatthalter der
Niederlande
1738–1822
Gubernator von U. 1765–1780
Fürst von Teschen 1766
Statthalter 1780–1790
∞ Maria
Christina Josepha
Generalstatthalterin der
Niederlande
1742–1798
Hochz. 1766
Statthalterin 1780–1790

Ferdinand
Sohn Herzog Philipps,
Herzog von Parma
1751–1802
reg. 1765–1802
∞ Maria
Amalia
1746–1804
Hochz. 1769

an Kindes Statt angenommen

Friedrich August I.
(der Gerechte)
Kurfürst
(Friedr. Aug. III.),
später König
von Sachsen
1750–1827
reg. (1763) 1768–1827
König 1806
∞ Maria Amalia
Tochter
Friedrich Michaels,
Pfalzgrafen von
Zweibrücken-Birkenfeld
1752–1828
Hochz. 1769

Anton
Klemens
Theodor
König von
Sachsen
1755–1836
reg. 1827–1836
∞ Maria
Theresia
Prinzessin
von Toskana
1767–1827
Hochz. 1787

Franz II.
deutscher (römischer) Kaiser,
später Kaiser (Franz I.)
von Österreich
1768–1835
reg. 1792–1835
Kaiser von Ö. 1806
∞ 1. Elisabeth
Wilhelmine
Tochter
Friedrich Eugens,
Herzogs von
Württemberg
1767–1790
Hochz. 1788
∞ 2. Maria
Theresia
Karoline
1772–1807
Hochz. 1790
∞ 3. Maria
Ludovica
Beatrix
1787–1816
Hochz. 1808
∞ 4. Karolina Augusta
Tochter Maximilians I. Josephs,
Königs von Bayern,
vordem Gemahlin Wilhelms,
Kronprinzen (späteren Königs
Wilhelm I.) von Württemberg
1792–1873
1. Hochz. 1808, 1814 geschied.
2. Hochz. 1816

Ferdinand III.
Großherzog
von Toskana,
zeitweilig Kurfürst
von Salzburg,
später von Würzburg
1769–1824
reg. in T. 1790–1801,
1814–1824
(in S. 1802–1804,
in W. 1805–1814)
∞ 1. Luise
(Maria
Ludovica)
1773–1802
Hochz. 1790
∞ 2. Maria
Tochter Maximilians,
Prinzen von Sachsen
1796–1865
Hochz. 1821

Philipp IV.
König von Spanien
1605–1665

Ferdinand III.
Kaiser
1608–1657

Leopold I.
König von Ungarn
und Böhmen,
Kaiser
1640–1705
König von U. 1655,
von B. 1656
reg. 1658–1705

2. Karl V.
Sohn des Nikolaus Franz,
Herzog von Lothringen
1643–1690
reg. 1675–1690
∞ Eleonore Maria Josepha
vordem Gemahlin des
Michael (Wisniowiecki),
Königs von Polen
1653–1697
1. Hochz. 1670, 2. Hochz. 1678

∞ 1. Margarete
Theresia
1651–1673
Hochz. 1666

∞ 2. Claudia
Felicitas
Tochter Ferdinand Karls,
Erzherzogs von Österreich
(in Tirol)
1653–1676, Hochz. 1673

∞ 3. Eleonore
Magdalena
Tochter Philipp Wilhelms
(von Zweibrücken-Neuburg)
Kurfürsten von der Pfalz
1655–1720, Hochz. 1676

Joseph I.
König von Ungarn,
deutscher (römischer)
König,
Kaiser
1678–1711
König von U. 1687
deutsche Wahl 1690
reg. 1705–1711
∞ Wilhelmine
Amalie
Tochter Johann Friedrichs
von Kalenberg, Herzogs
von Braunschweig-Lüneburg
1673–1742, Hochz. 1699

Maria
Elisabeth
Statthalterin der
Niederlande
1680–1741
Statthalterin 1725

Johann V.
Sohn Peters II.,
König von Portugal
1689–1750
reg. 1706 (1707)–1750
∞ Maria Anna
1683–1754
Hochz. 1708

Karl VI.
Regent in Spanien,
deutscher (römischer)
König,
Kaiser
1685–1740
in Spanien 1703–1711
reg. 1711–1740
∞ Elisabeth
Christine
Tochter Ludwig Rudolfs,
Herzogs von
Braunschweig-Wolfenbüttel,
Regentin in Spanien
1691–1750, Hochz. 1708

11 weitere Kinder

Leopold
(Leopold Joseph)
Herzog von Lothringen
1679–1729
∞ Elisabeth
Charlotte
Tochter Philipps I.,
Herzogs von Orléans
1676–1744
Hochz. 1698

Karl VII.
(Karl Albert)
Graf von Wittelsbach,
Kurfürst von Bayern,
König von Böhmen,
deutscher (römischer)
König, Kaiser
1697–1745
Kurfürst 1726
König von B. 1741
deutsche Wahl 1742
∞ Maria Amalia
1701–1756
Hochz. 1722

Clemens August
Kurfürst von Köln,
Großmeister des
Deutschen Ordens
1700–1761
reg. 1723–1761
Großmstr. 1734

Leopold
geb./gest. 1716

Franz I.
(Franz Stephan)
Herzog von Lothringen,
Großherzog von Toskana,
Kaiser
1708–1765
Herzog von L. 1729–1736
Großherzog von T. 1737
deutsche Wahl 1745
∞ **Maria Theresia**
Erzherzogin von Österreich,
Königin von Ungarn
und Böhmen
1717–1780
Hochz. 1736, reg. 1740–1780

Karl
(Karl Alexander)
Prinz von Lothringen,
Statthalter der Niederlande,
Hochmeister des
Deutschen Ordens
1712–1780
Statthalter 1748
∞ Maria Anna
1718–1744
Hochz. 1744

Maria
Amalia
1724–1730

Leopold II.
Großherzog von Toskana,
Erzherzog von Österreich,
König von Ungarn
und Böhmen,
Kaiser
1747–1792
Großherzog von T. 1765
Kaiser 1790–1792
∞ Marie Luise
(Maria Ludovica)
Tochter Karls III.,
Königs von Spanien,
Infantin von Spanien
1745–1792
Hochz. 1765

Ferdinand I.
Sohn Karls III.,
König von Spanien,
König (Ferdinand IV.)
von Neapel,
König beider Sizilien
1751–1825
König von Neapel 1759
König beid. Siz. 1816
∞ 1. Maria Karolina
1752–1814
Hochz. 1768

Ferdinand
Erzherzog von Österreich,
Herzog von Modena
1754–1806
(Herzog im Breisgau
1803–1806)
∞ Beatrix (d'Este)
(Maria Beatrice)
Tochter des Ercole III. d'Este,
Herzogs von Modena
1750–1829
Hochz. 1771

Marie Antoinette
Gemahlin Ludwigs XVI.,
Königs von Frankreich
1755–1793 hinger.
Hochz. 1770

8 weitere Nachkommen

Maximilian Franz
Xaver Joseph
Hoch- und Deutschmeister,
Kurfürst von Köln und
Bischof von Münster
1756–1801
Hochmeister 1780
Kurfürst 1784

Karl Ludwig
Johann
Erzherzog von
Österreich,
Herzog von
Teschen
1771–1847
∞ Henriette
Tochter Friedrich
Wilhelms,
Fürsten von
Nassau-Weilburg
1797–1829
Hochz. 1815

Joseph
Erzherzog von
Österreich,
Palatin von
Ungarn
1776–1847
Palatin von U.
1796
∞ 3. Maria
Dorothea
Tochter Ludwigs,
Herzogs von
Württemberg
1797–1855
Hochz. 1819

Franz I.
König beider Sizilien
1777–1830
reg. 1825–1830
∞ 1. Klementine
1777–1801
Hochz. 1797
∞ 2. Maria
Isabella
Tochter Karls IV.,
Königs von Spanien
1789–1848
Hochz. 1802

Johann
Erzherzog von Österreich,
Reichsverweser von
Deutschland
1782–1859
Reichsverw. 1848–1849
∞ *(morganatische Ehe)*
Anna (Plochl)
Tochter des Postmeisters
Plochl in Aussee,
Gräfin von Meran und
Freifrau von Brandhofen
1804–1885
Hochz. 1827
Freifrau 1834, Gräfin 1845

Rainer
Erzherzog von
Österreich,
Vizekönig von
Lombardo-Venetien
1783–1853
reg. 1818–1848
∞ Elisabeth
(Maria Elisabeth)
Tochter Karl Emanuels,
Prinzen von
Savoyen-Carignan
(Sardinien)
1800–1850
Hochz. 1820

6 weitere Nachkommen

Rudolph
Erzherzog von
Österreich,
Kardinal,
Fürst-Erzbischof
von Olmütz
1788–1831
Erzbisch. 1819

Franz IV.
Herzog von Modena
1779–1846
reg. 1814–1846
∞ Beatrix
Tochter Viktor
Emanuels I.,
Königs von Sardinien
1792–1840
Hochz. 1812

Außenpolitik geworden. In langwierigen Verhandlungen mit den Ständen der einzelnen Länder wurden diese zur Annahme und Garantie der Pragmatischen Sanktion veranlaßt, wobei die Länder mit dem stärksten Sonderbewußtsein, Ungarn und Tirol, die größten Schwierigkeiten machten. Dieser Vorgang, der in die Zeit von 1720 bis 1722 fällt, ist übrigens im 20. Jahrhundert, nach dem Zusammenbruch der Monarchie, von dem ersten republikanischen Staatskanzler, Karl Renner, bewußt als staatsrechtliches Vorbild für den Beitritt der einzelnen Bundesländer zur österreichischen Republik verwendet worden.

Weit schwieriger als die Zustimmung der Landtage war naturgemäß die der europäischen Mächte zu erlangen. Hier hat Karl VI. tatsächlich schwere Opfer bringen müssen: So war die Auflösung der Handelskompanie von Ostende der Preis für die englische und holländische Garantie der Pragmatischen Sanktion. Die in dem Wiener Vertrag von 1731 erreichte Zustimmung des englischen Königs Georg II. war durch die Personalunion Englands mit Hannover auch bedeutsam für das Reich, wo damals der König Friedrich Wilhelm I. von Preußen eifrig für die Sache des Kaisers tätig war und das geheime, vom Prinzen Eugen aufgezogene Agentennetz sich gleichfalls mit offensichtlichem Erfolg für die kaiserliche Sache einsetzte.

Dennoch ist die Politik der Pragmatischen Sanktion im Grunde gescheitert, und Österreich, das sich, wie dreißig Jahre später der Minister Bartenstein in einem geschichtlichen Rückblick schrieb, gegen Ende des Jahres 1732 auf der Höhe seiner Macht zu befinden schien, mußte in den folgenden Jahren eine Reihe schwerer Mißerfolge und in zwei unglücklich verlaufenen Kriegen Verluste an Land und Leuten und verhängnisvolle Einbußen an europäischem Ansehen hinnehmen. Verschiedene Ursachen haben dazu beigetragen, auch solche persönlicher Natur, wie die rapide zunehmende Altersschwäche des bedeutendsten Feldherrn und Staatsmanns der Monarchie, des Prinzen Eugen, die schließlich dazu führte, daß man 1736 am französischen Hof der Nachricht vom Tode des Savoyers nicht einmal mehr den Rang eines wichtigen politischen Ereignisses zuerkennen wollte.

Der tiefste Grund für den jähen Absturz Österreichs von der eben noch eingenommenen stolzen Höhe aber lag wohl gerade in jener Politik der Pragmatischen Sanktion: im Innern, weil an keine energische Reformpolitik gegenüber den Ständen der einzelnen Länder zu denken war, wenn man ihrer Zustimmung und Hilfe für die zu erwartende große Belastungsprobe beim Thronwechsel sicher sein wollte, und nach außen, weil die Interessen aller europäischen Mächte, deren Zustimmung zur Erbfolgeordnung man zu erreichen suchte, eben beim besten Willen nicht in Einklang zu bringen waren. In dem Bestreben, selbst um den Preis großer Opfer und Zugeständnisse die Einwilligung aller Mächte zu erringen, verstrickte sich die kaiserliche Politik notgedrungen in Widersprüche und wurde zuletzt, trotz aller gebrachten Opfer, von allen im Stich gelassen, weil die Partner sich ihrerseits von der Wiener Politik im Stich gelassen fühlten.

Der Polnische Thronfolgekrieg

In dem englisch-österreichischen Geheimvertrag vom 16. März 1731 war bestimmt worden, daß die Garantie Großbritanniens und der Generalstaaten für die Pragmatische Sanktion nur dann Geltung behalten sollte, wenn die Erbin der Österreichischen Monarchie einen Prinzen von so geringer eigener Macht heiraten würde, daß dies keine Störung des europäischen Gleichgewichts bedeute. Dieser Bestimmung entsprach durchaus die Absicht des Kaisers, seine Tochter mit dem am Wiener Hof aufgewachsenen jungen Herzog Franz Stephan von Lothringen zu vermählen; und daß die Erzherzogin Maria Theresia selbst bereits von inniger Zuneigung zu ihrem Jugendgespielen erfüllt war, konnte als ein zusätzlicher, bei den politisch-dynastischen Verbindungen der Zeit äußerst seltener Glücksfall gelten. Für die französische Politik aber mußte die Vereinigung des Herzogtums Lothringen mit der Österreichischen Monarchie – zu der ja eben jetzt auch die einst spanischen südlichen Niederlande, etwa das Gebiet des heutigen Belgien, gehörten – untragbar erscheinen. Selbst das Friedensbedürfnis des Kardinals Fleury ging, wie der Wiener Hof zu seiner peinlichen Überraschung erkennen mußte, nicht so weit, daß er eine solche Lösung widerspruchslos hingenommen hätte.

Spanien hatte sich, nachdem die Hoffnung der Königin Elisabeth, im Rahmen des Bündnisses mit Österreich für ihren Sohn Don Carlos die Hand Maria Theresias zu gewinnen, enttäuscht worden war, längst wieder von Österreich ab und Frankreich zugewandt. Selbst das von der englischen Diplomatie beim Kaiser erreichte Zugeständnis einer Stationierung spanischer Truppen in den nach dem Erlöschen ihrer Dynastien für den Sohn der spanischen Königin bestimmten italienischen Kleinstaaten Toskana und Parma befriedigte nicht den Ehrgeiz und die Ungeduld der spanischen Königin. Nach den Wirrungen und Verstimmungen der jüngsten Zeit ist das nun unter Fleury wiederhergestellte Bündnis zwischen den beiden bourbonischen Höfen von Paris und Madrid für die folgenden Jahrzehnte inmitten der wechselnden Allianzen eine Konstante in der Politik der europäischen Mächte geworden.

Mit dem Rückhalt an Frankreich nahm Elisabeth Farnese wieder ihren ursprünglichen Plan auf, für ihren Sohn das große süditalienische Königreich zu gewinnen. Den Anlaß zur Verwirklichung ihrer Absichten bot den bourbonischen Höfen der Tod Augusts II., des »Starken«, des ersten polnischen Königs aus dem sächsischen Hause, am 1. Februar 1733. Die Erklärung des Wiener Hofes, eine Rückkehr des Stanislaus Leszczynski – jetzt ja der Schwiegervater des französischen Königs – auf den polnischen Thron auf keinen Fall zuzulassen, verletzte das polnische Selbstbewußtsein und förderte ungewollt die Wahl Leszczynskis, der am 12. September mit großer Mehrheit gewählt wurde. Das Einrücken russischer Truppen zwang den gewählten König zum Verlassen des Landes, und unter dem Druck der drei Nachbarn Polens, der verbündeten Mächte Österreich, Preußen und Rußland, wurde der Sohn August des Starken, der sächsische Kurfürst Friedrich August, als August III. zum König von Polen ausgerufen.

Obwohl österreichische Truppen polnischen Boden gar nicht betreten hatten, war nun mit dieser Stellungnahme Wiens gegen den Schwiegervater des französischen Königs für die bourbonischen Höfe ein Kriegsgrund gegen Österreich gegeben. Da der Hauptschlag gegen die habsburgische Macht in Italien erfolgen sollte, hatte man auch König Karl Emanuel III. von Piemont-Sardinien mit der Aussicht auf die Erwerbung Mailands für den Kampf gegen den Kaiser gewonnen.

Die schwerste Enttäuschung für den Kaiser aber war, daß die »Seemächte« – Großbritannien und die Generalstaaten –, deren Garantie für die Pragmatische Sanktion man eben erst mit so schweren Opfern erkauft hatte, durch Walpoles Friedenspolitik, wie wir gesehen haben, davon abgehalten wurden, an der Seite des Kaisers in den nun anhebenden Kampf einzugreifen. Wohl bot dafür König Friedrich Wilhelm von Preußen eine über seine Verpflichtungen als Reichsfürst hinausgehende Waffenhilfe an. Aber man hatte in Wien gerade auch aus Rücksicht auf England wegen des hannoveranisch-preußischen Gegensatzes Bedenken, sich allzu eng an den preußischen König zu binden und sich auf Gegenleistungen in der Unterstützung seiner Erbansprüche am Niederrhein – Jülich und Berg – festzulegen. Die Waffenhilfe des russischen Bundesgenossen kam dann viel zu spät, um noch wirksam zu werden.

Der Kaiser war also in diesem Kampf nur auf die eigenen Truppen und die bunt zusammengewürfelten Kontingente der Reichsfürsten angewiesen. Die Reichstruppen konnten zudem nur am Oberrhein eingesetzt werden, während die Entscheidung dieses Krieges auf den italienischen Kriegsschauplätzen fiel, wo die Österreicher gegenüber den spanischen, französischen und sardisch-piemontesischen Verbänden zahlenmäßig hoffnungslos unterlegen waren. Nachdem schon im November 1733 König Karl Emanuel in Mailand eingezogen war, erlitten die Österreicher am 25. Mai 1734 auf dem süditalienischen Kriegsschauplatz bei Bitonto in Apulien gegen dreifache spanische Übermacht, am 29. Juni im Norden bei Parma gegen Franzosen und Sarden die kriegsentscheidenden Niederlagen. Bei Parma fiel im Kampf der österreichische Befehlshaber, der Lothringer Feldmarschall Graf Florimond Mercy, der greise Waffengefährte des Prinzen Eugen.

Prinz Eugen selbst führte das Kommando am Oberrhein. Zu dem kühnen Entschluß, das die Festung Philippsburg belagernde französische Heer anzugreifen, wie man es von dem einst so wagemutigen Feldmarschall erwartet hätte, konnte sich der nun auch schon am Beginn des achten Lebensjahrzehnts stehende Prinz Eugen in wohl richtiger Beurteilung der äußerst ungünstigen Situation nicht entschließen; zur großen Enttäuschung der mehr als sechzig Fürstlichkeiten in seinem Lager, unter ihnen auch der preußische Kronprinz Friedrich und sein Vater, der »Soldatenkönig« Friedrich Wilhelm. Nach tapferer Verteidigung mußte Philippsburg vor den Franzosen kapitulieren. Weitere französische Erfolge vereitelte Eugen durch geschicktes Manövrieren, und auch der Feldzug des Jahres 1735 blieb am Rhein wie in Italien ohne kriegsentscheidende Ereignisse. Erst Ende August dieses Jahres traf das russische Hilfskorps am Rhein ein, womit zum erstenmal in der Geschichte Truppen der neuen östlichen Großmacht auf deutschem Boden erschienen.

Immerhin bewog das Eintreffen des russischen Hilfskorps, zusammen mit dem gleichzeitigen Abschluß einer russisch-schwedischen Allianz und der Besorgnis, daß England doch noch auf seiten des Kaisers in den Krieg eingreifen könnte, den Kardinal Fleury, direkte Verhandlungen mit dem Kaiser aufzunehmen. Hatten doch die Verbündeten bereits alle ihre Kriegsziele erreicht: Frankreich hatte Lothringen, Spanien das Königreich Neapel-Sizilien, Karl Emanuel das Herzogtum Mailand besetzt. Zugleich legten die Erschöpfung der französischen Finanzen und der im Feldzug von 1735 erwiesene geringe Angriffsgeist der Heerführer Frankreichs einen raschen Friedensschluß nahe. Aber auch der Prinz Eugen riet dringend zum Frieden.

So kam es schon am 3. Oktober 1735 zum Abschluß der Präliminarien des Wiener Friedens zwischen dem Kaiser und Frankreich. Stanislaus Leszczynski, der Schwiegervater des französischen Königs, erhielt die bisher dem künftigen Schwiegersohn des Kaisers, Franz Stephan von Lothringen, gehörenden Länder, die Herzogtümer Lothringen und Bar, das ein Lehen der Krone Frankreichs war. Nach dem Tode des »guten König Stanislaus«, der als König von Polen zugunsten Augusts III. abdanken mußte, aber den polnischen Königstitel behielt, sollten die Herzogtümer mit Frankreich vereinigt werden; damit hatte Fleury ein altes Ziel der französischen Politik erreicht und konnte der Heirat Franz Stephans mit Maria Theresia ebenso wie der Pragmatischen Sanktion zustimmen. Franz Stephan sollte nach dem Aussterben der Medici das Großherzogtum Toskana erhalten, der Kaiser hingegen Parma und Piacenza, dafür mußte er einen Gebietsstreifen des Herzogtums Mailand mit Novara und Tortona an Piemont-Sardinien, das Königreich Neapel-Sizilien an Don Carlos abtreten; doch sollte das süditalienische Königreich nie mit der Krone Spaniens vereinigt werden. Der Gleichgewichtsgedanke, bestimmend für die Regelung der großen europäischen Fragen, bezog damit auch Italien ein. Die von den Abmachungen zwischen Versailles und Wien betroffenen anderen Herrscher, Franz Stephan von Lothringen, der den Verlust seines Stammlandes nur schwer verwinden konnte, Karl Emanuel, der den Gewinn von Mailand erhofft hatte, und Elisabeth Farnese, die die Ansprüche auf ihr Heimatland Parma und auf Toskana sehr ungern aufgab, mußten sich nach langwierigen Verhandlungen, die sich mehr als drei Jahre lang hinzogen, schließlich doch fügen. Bereits im Februar 1736 fand die Vermählung Franz Stephans mit Maria Theresia statt; im Juli des darauffolgenden Jahres starb Gian Gastone, der letzte Großherzog aus dem Hause Medici, und der Lothringer trat in den Besitz der Toskana.

Rußlands und Österreichs Türkenkrieg

Das russische Hilfskorps war zwar nicht mehr zum Einsatz gekommen, aber sein Erscheinen am Rhein hatte den Abschluß der Verhandlungen zwischen Frankreich und dem Kaiser doch beschleunigt. Bald aber präsentierten die Zarin Anna und ihre deutschen Günstlinge und Berater Biron, Ostermann und Münnich der Hofburg die Gegenrechnung: das Verlangen nach österreichischer Waffenhilfe in dem soeben ausgebrochenen Kampf zwischen Rußland und der Pforte. Da der lange dauernde Krieg zwischen Persien und der Türkei die türkischen Kräfte stark beansprucht hatte, hielt man in Petersburg die Gelegenheit für günstig, das 1711 an die Türkei verlorene Asow zurückzugewinnen und die russische Vorherrschaft auf dem Schwarzen wie auf dem Kaspischen Meer herzustellen, zumal die Berichte des russischen Residenten an der Pforte den unausbleiblichen Verfall der türkischen Macht voraussagten. Einfälle der mit der Pforte verbündeten Krimtataren boten den Vorwand, und schon im Herbst 1735, als eben der Krieg am Rhein und in Italien zu Ende gegangen war, marschierte ein russisches Heer gegen die Krim. 1736 eroberten die Russen Asow, aber das gegen die Krim entsandte Heer mußte sich unter schweren Verlusten zurückziehen.

Österreich hatte mit beträchtlichen Gebietsabtretungen Frieden geschlossen, die Finanzen waren erschöpft, und Prinz Eugen, der Türkenbesieger von Zenta, Peterwardein und Belgrad, war eben, am 21. April 1736, gestorben. Andererseits hatte sich Rußland als einziger verläßlicher Bundesgenosse erwiesen, und der Gedanke erschien verlockend, die Verluste in Italien durch Gewinne auf der Balkanhalbinsel auszugleichen und das durch die Niederlagen von Bitonto und Parma gesunkene Ansehen Österreichs durch Siege über die Türken wieder zu heben. So entschloß man sich in Wien, nicht nur das von Rußland erbetene Hilfskorps zu stellen, sondern als selbständiger Bundesgenosse der Zarin in den Krieg einzutreten.

Aber auch in diesem Kriege blieb Österreich der Erfolg versagt. Keiner der einstigen Unterführer Eugens, denen in den Feldzügen der Jahre 1737 bis 1739 der Oberbefehl anvertraut war, erwies sich als bedeutender Feldherr, das türkische Heer aber entwickelte eine unerwartete Kampfkraft, die nicht zuletzt auf die Reorganisation durch den Renegaten Bonneval zurückging, des einst französischen, dann österreichischen Generals, der nach seiner Verurteilung und Verweisung aus Österreich in türkische Dienste getreten war und den islamischen Glauben angenommen hatte. Auch fehlte es, angesichts der weiten Entfernung, immer wieder an der nötigen Koordinierung bei den Operationen der verbündeten Russen und Österreicher. So gingen anfängliche Eroberungen wieder verloren. Zu dem fehlenden Zusammenwirken im Krieg aber trat dann, was noch viel schwerer wog, ein höchst unglückliches und übereiltes, die Instruktionen verletzendes Vorgehen des österreichischen Unterhändlers und die überlegene Diplomatie des französischen Vermittlers, der im Sinne der traditionellen türkisch-französischen Freundschaft bei den Waffenstillstands- und Friedensverhandlungen die Pforte eindeutig begünstigte. So verlor Österreich im Belgrader Frieden vom 18. September 1739 Belgrad und die im Passarowitzer Frieden von 1718 gewonnenen Gebiete in Bosnien, Serbien und der Walachei, also mit Ausnahme des Banats alle Erwerbungen aus dem letzten siegreichen Türkenkrieg des Prinzen Eugen. Aber auch für Rußland, das durch das Ausscheiden Österreichs, durch innere Schwierigkeiten und die Sorge vor einem Krieg mit Schweden ebenfalls zum Friedensschluß mit der Türkei gezwungen wurde, brachte der verlustreiche Krieg nicht den erwarteten Gewinn. Asow mußte geschleift werden, Rußland hatte auf den geplanten Flottenbau im Asowschen Meer zu verzichten und die von Feldmarschall Graf Münnich eroberte Festung Chozim sowie die Moldau wieder herauszugeben.

Der Türkenkrieg hatte also dem Kaiser statt der erhofften Eroberungen neue Verluste gebracht, das Verhältnis zu Rußland nicht gefestigt, sondern gelockert, und die Hoffnungen der Balkanchristen auf die Befreiung von der türkischen Herrschaft durch die österreichischen Waffen enttäuscht. Als verhängnisvollste Hypothek für Österreich sollte sich in naher

Zukunft die Tatsache erweisen, daß die zu Eugens Zeiten so gefürchtete und bewunderte Armee nach den Niederlagen im Polnischen Thronfolgekrieg nun auch noch durch den unglücklichen Türkenkrieg ihr früheres Ansehen eingebüßt hatte. Soeben hatte der Kaiser überdies den militärisch mächtigsten Reichsfürsten, König Friedrich Wilhelm I. von Preußen, den bisher eifrigsten Parteigänger der kaiserlichen Sache und der Pragmatischen Sanktion im Reich, tief gekränkt und vor den Kopf gestoßen, als er gemeinsam mit England, Frankreich und den Generalstaaten den preußischen Ansprüchen auf Jülich und Berg entgegengetreten war und eine von Friedrich Wilhelm angebotene Geldhilfe für den Türkenkrieg ebenso abgelehnt hatte wie vorher die verstärkte preußische Waffenhilfe im Polnischen Thronfolgekrieg.

Der preußische Staat des Soldatenkönigs

Friedrich Wilhelm I. von Preußen, »Preußens größter innerer König«, der »Soldatenkönig«, gehört wohl noch immer, trotz der so intensiven Beschäftigung der neueren Geschichtswissenschaft mit seiner Persönlichkeit, zu den umstrittensten Gestalten der neueren deutschen Geschichte. Zwischen Verherrlichung und Verdammung schwankt das Urteil über den Sohn des ersten preußischen Königs und der geistvoll-leichtlebigen Sophie Charlotte von Hannover. Sehr unterschiedliche Einflüsse haben seine Erziehung und seine Charakterbildung bestimmt. Der strenge Calvinismus seines Erziehers Alexander von Dohna und seines Lehrers, des Schweizers Jean Philippe Rebeur, war nicht ganz in Einklang zu bringen mit dem höfischen Kavaliersideal des *honnête homme*, wie sich auch das Herrscherbild von Fénelons *Telemach*, auf das ihn die Mutter auszurichten suchte, nur schlecht mit der vom Großen Kurfürsten begründeten politischen Tradition und den besonderen Erfordernissen und Schwierigkeiten des brandenburgisch-preußischen Staatsverbandes vertrug, der drei weit voneinander entfernte, in ihrer inneren Struktur und Überlieferung grundverschiedene Herrschaftskomplexe umfaßte: vom Streubesitz am Niederrhein bis hin zum einstigen Ordensland Preußen. Dazu kamen bei Friedrich Wilhelm noch die Begegnung mit der pietistischen Erweckungsbewegung Speners und Franckes und die starke Opposition, die ihn als Kurprinz gegen Politik, Regierungsstil und die Minister seines Vaters erfüllt hatte. Neben jenen Charakterzügen der Pflichttreue, Sparsamkeit, Nüchternheit, Redlichkeit und Ehrbarkeit, die gerade dank seiner strengen Zucht zu typenbildenden Elementen des »Preußentums« besonders in Heer und Bürokratie wurden, gab es im Charakter dieses Herrschers auch abstoßende Züge, wie der jähe Wechsel zwischen Brutalität und Sentimentalität, die Freude an rohen Späßen und an der Verhöhnung von Wissenschaft und Gelehrsamkeit. Wohl ist das Bild, das seine Tochter, die Markgräfin Wilhelmine von Bayreuth, in ihren Memoiren vom Vater entworfen hat, von der haßerfüllten Erinnerung an ihre und ihres Bruders Friedrich Leiden unter dem harten tyrannischen Regiment Friedrich Wilhelms verzerrt. Aber wie die Grenze schwer zu bestimmen ist, wo erzieherische Strenge bei der Behandlung der Kinder in unmenschliche, quälerische

Tyrannei überging, so ist auch die ihn von Jugend an erfüllende, religiös begründete Abneigung gegen Luxus, Frivolität und modische Freigeisterei nur allzuoft zu jener dumpfen Engherzigkeit entartet, deren berühmtestes Opfer der Lehrmeister der deutschen Aufklärung, der Philosoph Christian Wolff, wurde, den der »Soldatenkönig« unter dem Einfluß seiner pietistischen Ratgeber von der Universität Halle vertrieb und den erst der nach dem Ruhm eines gekrönten Philosophen strebende Friedrich II. rehabilitierte.

Nach der Regierung seines Vaters Friedrich I., der auf Glanz und Repräsentation bedacht ein echter »Barockfürst«, doch mit der Annahme der Königskrone ein für die preußische Staatswerdung wesentliches Symbol geschaffen hatte, war Friedrich Wilhelm I. vor allem bemüht, die innere Verwaltung der ererbten Länder – zu denen nun auch die Erwerbungen aus dem Spanischen Erbfolgekrieg und dem Nordischen Krieg, das Oberquartier Geldern im Westen und Vorpommern bis zur Peene mit Stettin gehörten – zu straffen und zu zentralisieren, die durch die Kriege und die prunkvolle Hofhaltung des ersten preußischen Königs erschöpften Finanzen zu sanieren und mit den neuen Geldmitteln ein schlagkräftiges, gut ausgerüstetes Heer aufzubauen. Seine Leistung auf diesem Gebiet war imponierend. Hatte Brandenburg-Preußen im Jahre 1713, beim Tod Friedrichs I. und am Ende des Spanischen Erbfolgekriegs, über ein Heer von dreißigtausend Mann verfügt, das wie einst das Heer des Großen Kurfürsten nur mit Hilfe ausländischer Subsidien erhalten werden konnte, so hinterließ Friedrich Wilhelm seinem Nachfolger im Jahre 1740 ein aus eigenen Mitteln erhaltenes Heer von vierundachtzigtausend Mann und dazu noch eine volle Kriegskasse. Das durch Klima und Bodenbeschaffenheit keineswegs begünstigte arme Staatswesen im deutschen Norden, an Bevölkerungszahl unter den europäischen Staaten an dreizehnter Stelle, nahm hinsichtlich der Zahl der Soldaten, die es ins Feld schicken konnte, mindestens die vierte, vielleicht sogar die dritte Stelle in Europa ein.

Friedrich Wilhelm I. konnte dieses von ihm geschaffene militärische Machtinstrument und den von ihm gesammelten Kriegsschatz nicht mehr selbst für die Erweiterung und Abrundung seines Staates einsetzen. Dies lag vor allem an der Tatsache, daß während seiner ganzen Regierungszeit zwischen England und Frankreich – dank der Friedenspolitik Walpoles und des Kardinals Fleury – die Waffen ruhten und es auch sonst für den »Soldatenkönig« nach dem Ende des Nordischen Krieges keine Möglichkeit gab, sein Heer in einem Konflikt der europäischen Mächte auf der Seite der voraussichtlich siegreichen Partei in die Waagschale zu werfen. Sein Angebot an den Kaiser im Polnischen Thronfolgekrieg ist, wie wir gesehen haben, gerade wegen der Sorge vor späteren preußischen Gegenforderungen nicht angenommen worden; wobei noch sehr fraglich bleibt, ob eine stärkere preußische Waffenhilfe am Rhein die in Italien gefallene Entscheidung hätte ändern können. Dazu kam, daß eine kühn ausgreifende Außenpolitik dem Charakter des Königs wohl überhaupt nicht entsprach, wie er ja auch das afrikanische Kolonialunternehmen des Großen Kurfürsten als »Chimäre« liquidierte. Aus dem 1725 zu Herrenhausen mit England-Hannover und Frankreich geschlossenen Bündnis ist er bereits ein Jahr später, in dem Vertrag von Wusterhausen, wieder an die Seite des Kaisers zurückgekehrt, und er vermählte seinen Sohn und seine Tochter nicht, wie ihm nahegelegt worden war, mit der Tochter und dem Sohn

Georgs II., sondern mit unbedeutenden Abkömmlingen kleiner deutscher Fürstenhäuser. Gerade jüngste Forschungen haben gezeigt, wie sehr seine nächste Umgebung von Menschen durchsetzt war, die im Dienste der Geheimdiplomatie des Prinzen Eugen standen und sich damit in finanzieller Abhängigkeit vom Kaiser befanden. Der gottesfürchtige pietistische Herrscher hatte eine unverkennbare Scheu vor der Welt der europäischen Diplomatie und Machtpolitik, in der sein Großvater wie sein Vater agiert hatten und in der sich dann wieder sein Sohn so sehr zu Hause fühlte. Friedrich Wilhelm aber erinnert in mehr als einer Hinsicht an seine früheren Vorfahren, an die frommen und trinkfesten Territorialfürsten der zweiten Hälfte des 16. Jahrhunderts, die Heinrich von Treitschke spöttisch »Sauf- und Betefürsten« genannt hat, jene Fürsten des Reformationszeitalters, die sich als »Amtleute Gottes« gefühlt und im Lande wie in ihrer Familie ein strenges patriarchalisches Regiment geführt hatten.

Obwohl Friedrich Wilhelm, wie er selbst in seinem Politischen Testament von 1722 bekannte, die Macht seines Staates mehren wollte, um wie andere Mächte mitreden zu können, lag, begründet durch die Konstellation der europäischen Mächte wie durch die persönliche Veranlagung des Königs selbst, seine große geschichtliche Leistung nicht auf dem Gebiet der äußeren, sondern der inneren Politik; und hier ist der sonst oft so altväterisch anmutende Mann in der Tat ein Bahnbrecher gewesen, weit »moderner« als alle seine fürstlichen Standes- und Zeitgenossen in Deutschland. Wohl konnte er auf der Leistung des Großen Kurfürsten aufbauen, der im Kampf um das stehende Heer, den *miles perpetuus*, den politischen Widerstand der Stände in den einzelnen Landesteilen gebrochen und mit der nach dem Vorbild der französischen Intendanten eingerichteten Organisation der Kriegskommissariate das Gerüst für den Aufbau einer straffen, den ganzen Staat umfassenden und zusammenhaltenden und nur vom Herrscher abhängenden Finanzverwaltung geschaffen hatte. Aber damit war in Brandenburg-Preußen in der zweiten Hälfte des 17. Jahrhunderts im wesentlichen erst jener Zustand erreicht, den die Habsburger in ihren deutschen Erbländern nach der Schlacht am Weißen Berge, also ein halbes Jahrhundert vorher, schon hergestellt hatten. Den entscheidenden Schritt, durch den die vorbildliche habsburgische Behördenorganisation nicht nur eingeholt, sondern auch beträchtlich überholt wurde, vollzog der preußische Staat unter und durch Friedrich Wilhelm I.

Sogleich nach seiner Thronbesteigung erließ Friedrich Wilhelm ein Hausgesetz, das den Staat und die Domänen für unveräußerlich und unteilbar erklärte: das preußische Gegenstück zur österreichischen »Pragmatischen Sanktion« vom gleichen Jahre. Aber auch an den Umbau der obersten Finanz- und Verwaltungsbehörden ging der König sogleich heran, der Geheimen Hofkammer, die Generalfinanzdirektion genannt wurde, der jetzt Generalfinanzkasse genannten Hofrentei und schließlich auch des Generalkriegskommissariats, das in eine kollegiale Behörde umgewandelt wurde. Der entscheidende Schritt aber war dann (1722/23) die Vereinigung der beiden landesfürstlichen Behördenapparate, der Amtkammern und der Generalfinanzdirektion auf der einen, der Kriegskommissariate und des Generalkriegskommissariats auf der anderen Seite. Aus der Vereinigung von Amtskammern und Kriegskommissariaten entstanden die »Kriegs- und Domänenkammern«, während die oberste Behörde das »General-Ober-Finanz-Kriegs- und Domänendirektorium« wurde, kurz »Generaldirektorium« genannt. Es war seinerseits in vier Provinzialdepartements für die verschiedenen Ländergruppen gegliedert – die Unterschiede zwischen den Ländern der Herrschaftskomplexe im Westen, in der Mitte und im Osten Norddeutschlands blieben noch immer beträchtlich –, wobei aber jedes dieser vier Provinzdepartements gleichzeitig gewisse Aufgaben für den ganzen Staat wahrzunehmen hatte.

Unter Friedrich dem Großen wurden dann innerhalb dieser Departements den auf den Gesamtstaat bezogenen Aufgaben zunehmendes Gewicht beigemessen: neue gesamtstaatliche Departements entstanden, etwa das für Handel und Gewerbe, für Militärverwaltung, dann das Akzise- und Zolldepartement, das Bergwerks- und Hüttendepartement und schließlich das Forstdepartement. Diese ganze, für die damaligen Verhältnisse in Deutschland so erstaunlich straffe Organisation fand auf dem flachen Lande ihren Abschluß in der Institution des Landrats, der zwar königlicher Beamter war, zugleich aber auch als Angehöriger des grundbesitzenden Adels seines Kreises dessen Interessen vertrat. Auf dem flachen Lande hört so der preußische Staat beim Landrat auf, wie der Schöpfer der Weimarer Verfassung, Hugo Preuß, einmal treffend gesagt hat. Die untere politische und finanzielle Verwaltung und die niedere Gerichtsbarkeit im Preußen Friedrich Wilhelms – wie dann auch in Österreich nach den Reformen Maria Theresias – blieben in der Hand der Guts- oder Grundherrschaft. Dem Landrat entsprach in den Städten, die seit dem Großen Kurfürsten der Verbrauchssteuer, der »Akzise«, unterworfen waren, der Steuerrat.

Ohne Konflikte ist es auch unter Friedrich Wilhelm nicht abgegangen, wobei wieder, wie einst unter dem Großen Kurfürsten, vor allem im alten Ordenslande Preußen der adlige Widerstand am stärksten war, da er sich jederzeit am Vergleich mit der unumschränkten Adelsfreiheit im benachbarten Polen wie der städtischen Freiheit im Ostseeraum aufrichten konnte. Noch durch das ganze 18. Jahrhundert bis zu Hamann, Herder und Kant sind in Ostpreußen die freiheitlichen Tendenzen und dementsprechende Affekte gegen den fürstlichen Absolutismus und bürokratischen Zentralismus der Hohenzollern lebendig geblieben. Hier in Ostpreußen erhob sich auch der Widerstand gegen die Anordnungen Friedrich Wilhelms, der zu jenen vielzitierten schriftlichen Zornesausbrüchen des Königs führte: »Man muß coupe courte machen, die Leute wollen mir forcieren; sie sollen nach meiner Pfeife danzen oder der Deuffel hole mir; ich lasse hängen und braten wie der Zar und tractiere sie wie Rebeller. Gott ist bekannt, daß ich es ungerne tue und wegen die Bärenhäuter zwei Nacht nit recht geschlafen habe...« und jener andere, noch weit berühmtere: »Ich komme zu meinem Zweg und stabilire die Souverenität und setze die Krone fest wie ein Rocher von Bronce...«

Dabei unterwarf der König sich selbst dem Zwang der geregelten, pünktlichen bürokratischen Arbeit und war seinen Beamten ein Vorbild an Pünktlichkeit und Genauigkeit im Dienst für das Staatswohl. Dem Zug zur Rationalisierung, der in der Behördenreform wie in der merkantilistischen Wirtschaftspolitik zum Ausdruck kam, entsprach die Einrichtung der ersten Lehrstühle für Kameralwissenschaften, der Vorläufer der Nationalökonomie, an den Universitäten Halle und Frankfurt an der Oder im Jahre 1727. Die Kargheit des Bodenertrags und die hohen finanziellen Anforderungen für die Erhaltung der Armee zwangen zu äußerster Anspannung der wirtschaftlichen Kräfte, die zugleich

König Friedrich Wilhelm I. von Preußen
Gemälde aus der Werkstatt von Antoine Pesne, um 1733
Ehemals Berlin, Schloß

Empfang Augusts des Starken durch Königin Sophie Dorothea und König Friedrich Wilhelm I.
im Schloß Monbijou in Berlin am 29. Mai 1728
Gemälde von Antoine Pesne, um 1728
Berlin, Verwaltung der Schlösser und Gärten, Schloß Charlottenburg

dem Arbeitsethos des Luthertums und des Pietismus wie des reformierten Bekenntnisses der Dynastie und der vom Großen Kurfürsten aufgenommenen Hugenotten entsprach. So sind erst unter Friedrich Wilhelm Fleiß, Sparsamkeit und Arbeitseifer die »preußischen Tugenden« geworden, mochten auch die Voraussetzungen dafür weit in die Geschichte dieses vorwiegend auf dem Boden der Ostkolonisation erwachsenen Staatswesens zurückreichen.

Im Zusammenhang mit einem der eben zitierten schriftlichen Zornesausbrüche schrieb der über die Widersetzlichkeit einiger ostpreußischer Kriegs- und Domänenräte aufgebrachte König entrüstet, er, der das Kommando bei seiner Armee habe, könne doch keinen Ungehorsam bei seinen Beamten dulden. Die Parallele der militärischen und der bürokratischen Subordination ist bezeichnend. Denn die neue preußische Behördenorganisation war von Anfang an in doppelter Hinsicht vom Militärischen bedingt und geprägt. War schon unter dem Großen Kurfürsten der Kampf um das stehende Heer der eigentliche Motor für die innerpolitische Entwicklung gewesen, so bedurften Aufbau und Erhaltung der unverhältnismäßig großen Armee des Soldatenkönigs auch unverhältnismäßig hoher Summen und eines dementsprechend rationeller arbeitenden Behördenapparats bei der Aufbringung und Verwendung der Gelder. So war die Ersetzung der schwerfälligen und nachlässigen, zudem in ihrem Gesichtskreis provinziell beschränkten ständischen Verwaltung durch die neuen landesfürstlichen und damit gesamtstaatlich denkenden Behörden eine notwendige Konsequenz der Truppenvermehrung. Zum anderen war diese neue königliche Bürokratie nach militärischen Grundsätzen organisiert und mit militärischem Ethos erfüllt. Wie vorher in Frankreich und später in Österreich wurde dem Adel in Preußen gleichsam als Entschädigung für die verlorene politische Bedeutung eine privilegierte Stellung im Staatsdienst, und hier wieder vor allem im Heeresdienst, eingeräumt. Friedrich Wilhelm selbst trug seit 1725 stets die Uniform seiner Armee, und dieser Armee galt, weit über die viel verspottete Passion für die »Langen Kerls« hinaus, sein Interesse, aber auch ein fast väterliches Wohlwollen. Dank seiner ganz Europa überraschenden Bewährung in den Kriegen des Sohnes und Nachfolgers hat dieser »preußische Stil« dann auch in anderen Ländern als Vorbild gewirkt, vornehmlich dort, wo wie etwa in Österreich ähnliche geschichtliche und soziale Voraussetzungen eine solche Übernahme erleichterten.

Die merkantilistische Wirtschaftspolitik einer intensiven Förderung der Manufakturen fand ihre Ergänzung in Bauernschutz und Fürsorge für die Landwirtschaft. Auch hier war die Heeresvermehrung der eigentliche Antrieb, denn in dem vorwiegend agrarischen Staatswesen konnten die Soldaten fast nur vom flachen Lande geholt werden. An die Stelle des alten, in Preußen wie in den anderen deutschen Ländern zur Ergänzung des stehenden Heeres in Notfällen üblichen Milizsystems setzte Friedrich Wilhelm das »Kantonreglement« des Jahres 1733, durch das den Regimentern bestimmte Ergänzungsbezirke zugewiesen wurden: ein Vorläufer und Wegbereiter der allgemeinen Wehrpflicht, wenn auch die Angehörigen des Adels, angesehene Bürger, Kaufleute und Gewerbetreibende, Beamte, Studierende sowie die Inhaber und Erben der Bauernhöfe von der Eintragung in die Aushebungslisten befreit blieben. Wie die österreichischen Zentralbehörden, die die von den Türken eroberten ungarischen Gebiete und nach dem Frieden von Passarowitz vor allem das Banat mit Bauern aus dem deutschen Westen kolonisierten, so siedelte Friedrich Wilhelm in den nach dem Nordischen Krieg von Seuchen entvölkerten Landstrichen Ostpreußens die vom Erzbischof Firmian 1731/32 vertriebenen Salzburger Protestanten an. Der religiöse Eifer des Königs für die bedrängten Glaubensgenossen, den er vorher schon anläßlich des »Thorner Blutgerichts« nach einem Konflikt der deutschen evangelischen Bürger dieser Stadt mit den katholischen Polen bewiesen hatte, stimmte im Falle der Salzburger Protestanten mit seinen wirtschaftspolitischen Interessen und den Bedürfnissen der Heeresvermehrung gut überein.

Das Reich unter dem letzten Althabsburger

Preußen wie Österreich haben in der ersten Hälfte des 18. Jahrhunderts eine entscheidende Strecke auf dem Wege zu Eigenstaatlichkeit und Großmachtstellung zurückgelegt: Österreich durch die territorialen Gewinne aus dem Spanischen Erbfolgekrieg und dem Türkenkrieg von 1716 bis 1718 – die zwar teilweise, aber eben nicht ganz im Polnischen Thronfolgekrieg und im Türkenkrieg von 1737 bis 1739 wieder verlorengingen – und durch die Pragmatische Sanktion, Preußen durch die Annahme des Königstitels sowie durch das Hausgesetz und die inneren Reformen Friedrich Wilhelms I. In den beiden größten und mächtigsten deutschen Herrschaftskomplexen, von deren Souveränen der eine zugleich die Krone des Heiligen Römischen Reiches trug, der andere dem Kurfürstenkollegium angehörte, trat nun immer mehr der moderne Staatsgedanke vor der Bindung an das Reich in den Vordergrund; zumal beide mit nicht zum Reich gehörigen Ländern (Ungarn und Ostpreußen) verbunden waren.

Staatsrechtlich anders gelagert, aber in der Wirkung eines Herauswachsens aus dem Reich und einer Lockerung des Reichsgefüges ähnlich, waren die dynastische Verbindung Kursachsens mit der Krone Polens und des jüngsten, neunten Kurfürstentums Hannover mit der Großbritanniens. Dazu kam, daß die Bedrohung aus Ost und West, durch Türken und Franzosen, die in den letzten beiden Jahrzehnten den Reichspatriotismus mächtig hatte emporflammen lassen, nun aber nach dem Tod Ludwigs XIV. und den Türkensiegen des Prinzen Eugen weggefallen war. Weder der so rasch durch direkte Verständigung zwischen Wien und Versailles beendete Polnische Thronfolgekrieg noch der letzte unglückliche Türkenkrieg Karls VI. konnte eine ähnliche Wirkung hervorrufen. Bezeichnenderweise kamen die vom »barocken Reichspatriotismus« überbrückten konfessionellen Gegensätze trotz der versöhnenden und toleranten Tendenz der beginnenden Aufklärung nun gelegentlich wieder stärker zur Geltung; etwa im Streit um die Ryswicker Klausel in der Pfalz, in der Salzburger Protestantenaustreibung und in den auch auf das Reich zurückwirkenden Ereignissen in Thorn.

Dennoch war das Heilige Römische Reich keineswegs ein »lebender Leichnam«, und das Reichsgefühl vor allem in den geistlichen Territorien, in den Reichsstädten, bei der Reichsritterschaft und in den kleineren Territorien war noch durchaus lebendig. Auch die obersten Reichsgerichte, der Reichshofrat vor allem, aber auch das Reichskammergericht funktionierten, wurden oft angerufen und vermochten selbst in jener Blütezeit des fürstlichen Absolutismus den Untertanen immer wieder gegen Fürstenwillkür zu ihrem Recht zu verhelfen. Die 1697 geschlossene »Frankfurter Assoziation« der fünf westlichen Reichskreise, die sich im Spanischen Erbfolgekrieg unter ihrem Schöpfer, dem Markgrafen Ludwig Wilhelm von Baden, dem »Türkenlouis«, bei der Verteidigung der Rheinfront bewährt hatte, wurde 1727 erneuert. Auch zeigt eine Gestalt wie die des Reichsvizekanzlers Friedrich Karl von Schönborn, der sich eifrig und mit einem gewissen Erfolg für die Stärkung der kaiserlichen Autorität einsetzte, daß der Reichspatriotismus noch keineswegs erloschen war.

Meist waren beide Tendenzen, das Streben nach fürstlicher Souveränität und Unabhängigkeit und das Verlangen nach erhöhter, glanzvoller Stellung der eigenen Person und Dynastie innerhalb der Ordnung des Reiches, bei den Reichsfürsten jener Zeit unlöslich miteinander verbunden, wofür die rege Bautätigkeit der auf diesem Gebiete miteinander wetteifernden weltlichen und geistlichen Fürsten ein Beispiel liefert. Gerade in den Jahrzehnten nach dem Spanischen Erbfolgekrieg sind überall in Deutschland die nach dem Vorbild von Versailles und Wien errichteten fürstlichen Residenzen und Lustschlösser entstanden: wohl das wertvollste Erbe, das jene Fürstengeneration der Nachwelt hinterlassen hat.

Daneben sind Ansätze zur Rationalisierung und Straffung der Verwaltung zugunsten gesteigerter Fürsorge für die bäuerlichen und bürgerlichen Untertanen – gewiß nicht allein aus Menschenfreundlichkeit und landesväterlichem Pflichtbewußtsein, sondern ebenso im wohlverstandenen eigenen Interesse – in fast allen größeren Territorien feststellbar, selbst im Kursachsen August des Starken. An Konflikten zwischen den Fürsten und den Landständen, die oft am Reich und an den Reichsbehörden einen wirksamen Rückhalt fanden, fehlte es dabei in den meisten deutschen Territorien nicht. Allgemein kann man sagen, daß die im Preußen Friedrich Wilhelms I. mit äußerster Konsequenz – und Brutalität – verwirklichten Tendenzen in gemilderter, verwässerter, durch verschiedene Faktoren abgeänderter Form auch in fast allen anderen deutschen Fürstenstaaten jener Zeit lebendig waren. Der gleichzeitige Triumph der Leibniz-Wolffschen Aufklärungsphilosophie und des Naturrechts, vor allem an den protestantischen Universitäten, in den neuen Akademien, aber auch unter dem gebildeten Adel und Bürgertum, das Eindringen der Freimaurerei aus England und den Niederlanden; alles das trug mit dazu bei, auch in Deutschland den Boden zu bereiten für den Sieg der Aufklärung und eines »aufgeklärten Absolutismus«, der sich dann in dem halben Jahrhundert zwischen dem Epochenjahr 1740 und dem Ausbruch der Französischen Revolution vollzog.

Der »Krieg um Jenkins' Ohr«

Die allgemeine Erschöpfung nach dem Spanischen Erbfolgekrieg, die Annäherung des Regenten Philip von Orléans an England und schließlich der Friedenswille Walpoles und Fleurys hatten durch mehr als ein Vierteljahrhundert ein Wiederausbrechen des See- und

Kolonialkrieges zwischen England und Frankreich verhindert. Aber die Gegensätze zwischen den beiden nun führenden Kolonialmächten, die bei ihrem Streben nach kolonialer Expansion und Ausweitung ihres Überseehandels in Asien wie in Nord- und Südamerika immer wieder einander ins Gehege kamen, waren durch die Bestimmungen des Utrechter Friedens, die Englands Stellung in der Neuen Welt durch die Erwerbung Neufundlands, Neuschottlands und der Gebiete um die Hudson-Bay gestärkt hatten, keineswegs behoben. Die Konkurrenz im Handel mit westindischem Zucker bot weitere Reibungsflächen. Die zum Konflikt treibenden Kräfte in beiden Staaten waren dabei die Vertreter jener wirtschaftlichen Interessen, die zunächst als »Südseefieber« in England und entsprechend als »Louisiana-Fieber« in Frankreich einen spektakulären Ausdruck gefunden hatten, die aber dann vor allem in den dreißiger Jahren einen ständig zunehmenden Druck auf die Regierungen ihrer Länder ausübten.

Den Ansatzpunkt boten zunächst Streitigkeiten zwischen England und Spanien. Denn die im Utrechter Vertrag den Engländern eingeräumten Konzessionen für den Handel mit den spanischen Kolonien in der Neuen Welt – das durch einen *Asiento*, ein königliches Privileg, gewährte Monopol für den Negerhandel nach Südamerika auf dreißig Jahre und für nur eine Schiffsladung mit Waren pro Jahr zur Messe nach Puertobello – genügten der aufstrebenden englischen Südseegesellschaft bald nicht mehr; zumal auch von spanischer Seite alles getan wurde, um diese Konzessionen durch bürokratische Sabotage unwirksam zu machen, während die Südseegesellschaft sich ihrerseits weigerte, den Behörden des spanischen Königs Einsicht in ihre Bücher zu gewähren. Der Argwohn der Spanier, daß die Engländer durch Schmuggel ihr Ziel erreichen würden, war nur allzu begründet, vor allem, da die Engländer das Recht der spanischen Küstenwachboote nicht anerkennen wollten, englische Schiffe auf See anzuhalten und nach Konterbande zu durchsuchen.

Acht Jahre zuvor war es zu einem Zwischenfall um den englischen Kapitän Robert Jenkins gekommen. Ihm hatten die Spanier, nachdem sie ihn an den Mast seines Schiffes gebunden, das halbe Ohr abgeschnitten, worauf er, wie er berichtet, »seine Seele Gott, seine Sache seinem Lande befohlen« habe. Hier bot sich den zum Kriege treibenden Interessengruppen in England 1739 der gewünschte Anlaß zum offenen Konflikt, der auch dann dem Krieg den Namen gab. Obwohl das von Walpole und dem spanischen Botschafter ausgearbeitete Abkommen im Januar 1739 von der spanischen Regierung ratifiziert wurde – nach dieser »Konvention von El Pardo« verpflichtete sich Spanien zur Zahlung einer Entschädigung von fünfundneunzigtausend Pfund für widerrechtlich beschlagnahmte englische Schiffsladungen –, gelang es der Südseegesellschaft durch Aufpeitschen der öffentlichen Meinung des Landes, die Spannung zu steigern und die Ausführung des Abkommens zu vereiteln. Eine englische Flottendemonstration vor der spanischen Küste veranlaßte die Regierung von Madrid, den *Asiento* aufzukündigen, und im Oktober ergingen die Kriegserklärungen zwischen den beiden Staaten.

Für die Engländer bestand kein Zweifel, daß dieser Krieg schließlich auch zu einem Konflikt mit Frankreich führen würde, das mit Spanien ja durch den bourbonischen Familienpakt eng verbunden war. Tatsächlich bewog die Entsendung englischer Flotten unter den Admirälen Sir Edward Vernon, Sir Chaloner Ogle und Lord Cathcart nach Mittel- und

Südamerika den greisen Fleury, nun seinerseits eine französische Flotte unter dem Admiral Antoine d'Antin nach Westindien auslaufen zu lassen.

Zu größeren Kampfhandlungen kam es aber zunächst nicht. D'Antin verlor wertvolle Zeit bei dem vergeblichen Bestreben, sich mit der spanischen Flotte zu vereinigen. Schließlich wurde er durch Seuchen und Nachschubschwierigkeiten gezwungen, kampf- und ruhmlos nach Frankreich zurückzukehren. Immerhin hatte seine Anwesenheit in den amerikanischen Gewässern die Engländer zu größerer Vorsicht veranlaßt. Nachdem es Vernon gelungen war, die Befestigungen von Puertobello zu zerstören, fanden auch zwischen Engländern und Spaniern keine größeren Kampfhandlungen mehr statt. In dem Kaperkrieg im Atlantik wie im Pazifik – wohin ein kleinerer Verband unter Commodore Lord Anson entsandt worden war – gelang den Briten manch guter Fang; die großen Edelmetall-Transporte aus den spanischen Kolonien ins Mutterland wurden unterbunden, und der englische Schmuggelhandel mit den spanischen Kolonien blühte.

Im übrigen lag die Bedeutung des »Kriegs um Jenkins' Ohr« vor allem darin, daß nach dem langen Frieden zwischen England und Frankreich nun auch im Westen Europas und auf den Weltmeeren die Entwicklung wieder in Fluß geraten war und man über kurz oder lang mit größeren kriegerischen Entwicklungen rechnen mußte; dies wiederum bildete eine wichtige Voraussetzung für das dramatische Geschehen in Mitteleuropa, das 1740 durch den Thronwechsel in Preußen und Österreich nach dem Tod Friedrich Wilhelms I. und des letzten Alt-Habsburgers, des Kaisers Karl VI., ausgelöst wurde.

Der junge König Friedrich

Am 31. Mai 1740 starb der preußische König Friedrich Wilhelm I. Im Todesjahr seines Großvaters, des »Großen Kurfürsten«, 1688, geboren, war er nur zweiundfünfzig Jahre alt geworden. Ihm folgte nun sein am 24. Januar 1712 geborener, also zur Zeit der Thronbesteigung erst achtundzwanzigjähriger Sohn Friedrich als zweiter preußischer König dieses Namens. Der tiefe Gegensatz zwischen Vater und Sohn hatte die Jugend des Kronprinzen überschattet und seinen Charakter geprägt. Den dramatischen Höhepunkt hatte dieser sich auf nahezu alle Lebensbereiche erstreckende Gegensatz im Jahre 1730 gefunden, mit dem mißglückten Fluchtversuch Friedrichs, mit Haft, Prozeß und Todesdrohung, schließlich mit dem grausamen Befehl des Vaters, die Hinrichtung des Jugendfreundes und Mitschuldigen Katte mitansehen zu müssen. Doch auch später noch blieb der Gegensatz zwischen den beiden starken, aber so grundverschiedenen Persönlichkeiten unüberbrückbar bestehen, trotz Begnadigung und äußerlicher Versöhnung und trotz der Unterwerfung des Kronprinzen unter den väterlichen Willen bei der Vermählung mit der ungeliebten Elisabeth-Christine von Braunschweig-Bevern, die dem »Soldatenkönig« als ein »modestes und gottesfürchtiges Mensch« genehm war.

Der vielseitig begabte Friedrich hatte als Sohn und Enkel hannoverscher Prinzessinnen das in den Frauen des Welfenhauses immer wieder auftretende starke geistige Interesse und eine entsprechende Beweglichkeit geerbt. Früh schon strebte er nach heiterem, kultiviertem, ja raffiniertem Lebensgenuß. Er verabscheute die enge pietistische Frömmigkeit des Vaters und öffnete sich ganz den neuen Ideen der Aufklärung unter dem Einfluß geistig bedeutender, charakterlich aber nicht unbedenklicher Männer, wie jenes Ernst Christoph von Manteuffel, der im Sold des Geheimdienstes des Prinzen Eugen stand und zugleich ein entschiedener Vorkämpfer und Verbreiter der Leibniz-Wolffschen Aufklärungsphilosophie war.

In den letzten Jahren seiner Kronprinzenzeit trat Friedrich dann in brieflichen Kontakt mit den führenden Geistern seiner Zeit, voran dem Fürsten der europäischen Aufklärung: Voltaire. Selbst in den nun allmählich erwachenden politischen Interessen zeigte sich der tiefe Wesensunterschied zum Vater; statt der Innenpolitik und Verwaltung, denen das Hauptaugenmerk von »Preußens größtem inneren König« gegolten hatte, wandte der junge Friedrich sein Interesse zunächst vor allem der Außenpolitik zu. Schon 1731 entwarf er in einer Betrachtung über die gegenwärtige Politik Preußens ein Programm zur »Arrondierung« des Hohenzollernstaates, und auch in den folgenden Jahren entwickelte er immer wieder außenpolitische Ideen und Pläne. Gerade in den letzten Jahren vor seinem Regierungsantritt entstanden dann die beiden großen Abhandlungen – 1738 die *Considérations sur l'état présent du corps politique de l'Europe*, im folgenden Jahre der *Antimachiavell* –; in das Gewand einer Punkt für Punkt ausgeführten Widerlegung des Fürstenbuchs des florentinischen Sekretärs gekleidet, wurde er die Programmschrift einer aufgeklärten, von moralischen Prinzipien beherrschten Politik, die im Wohl der Regierten und der Unterordnung des Fürsten unter den Staat als dessen »erster Diener« Ziel und Rechtfertigung finden sollte. Friedrich selbst hat seine »Philosophie« als eine Mischung »epikureischer« und »stoischer« Grundsätze bezeichnet. Die verbindende und belebende Kraft aber war zunächst die in ihm lodernde Begierde nach Ruhm: nach dem Lorbeer des Dichters in der französischen Sprache der Gebildeten, des Philosophen und Menschenbeglückers, sogleich aber auch nach dem kriegerischen Lorbeer des Feldherrn und Mehrers seines geographisch so unglücklich liegenden, in drei voneinander getrennte Herrschaftskomplexe zerrissenen Staatswesens.

Gleich die ersten Regierungsmaßnahmen offenbarten den neuen Kurs mit aller Deutlichkeit. Der von Friedrich Wilhelm aus Halle vertriebene Christian Wolff erlebte eine triumphale Rehabilitierung und Rückkehr auf seinen Lehrstuhl, die unter Friedrich Wilhelm verfallene Berliner Akademie der Wissenschaften wurde erneuert und erhielt in dem französischen Mathematiker und Philosophen Pierre Maupertuis einen neuen Präsidenten, die Folter wurde abgeschafft, und schon drei Wochen nach seinem Regierungsantritt schrieb der junge König in einer Randbemerkung die berühmten Sätze: »Die Religionen müssen alle tolerieret werden und muß der Fiskal nur das Auge darauf haben, daß keine der anderen Abbruch tue, denn hier muß jeder nach seiner Fasson selig werden.«

Auch in der Außenpolitik zeigte sich der neue Stil sogleich in dem resoluten Vorgehen gegen den Bischof von Lüttich, der lehenshoheitliche Rechte über die preußische Herrschaft Herstal geltend gemacht hatte. Als der Bischof ein auf zwei Tage befristetes Ultimatum nicht beantwortete, ließ Friedrich Truppen einrücken und Steuern erheben und zwang den Bischof zu einem Vergleich. Dieses entschiedene Vorgehen im Westen des preußischen

Herrschaftsgebietes ließ auch eine aktivere Politik des jungen Königs in dem von seinem Vater in den letzten Jahren vornehmlich betriebenen Erwerb von Jülich und Berg erwarten. Hatte Friedrich Wilhelm 1738 die Enttäuschung erleben müssen, daß die »Quadrille der Mächte«, England, Frankreich, die Generalstaaten und der Kaiser, sich seinen Absichten entgegenstellte und die jülich-bergischen Länder an Pfalz-Sulzbach geben wollte – mit der nichtssagenden Klausel »unter Vorbehalt des preußischen Anspruchs« –, so schien nun der zu erwartende Konflikt zwischen England und Frankreich einer unternehmenden preußischen Politik die Möglichkeit zu eröffnen, die Front der Großmächte zu sprengen.

Da starb am 20. Oktober 1740, völlig unerwartet, Kaiser Karl VI., auch er mit fünfundfünfzig Jahren noch auf der Höhe seines Lebens. Nun wechselte Friedrich jäh, in schneller Erfassung der sich daraus ergebenden Chancen, die Richtung seiner außenpolitischen Aspirationen. An die Stelle einer stärkeren preußischen Position am Niederrhein trat ein weit lohnenderes Ziel: Schlesien. Alte Erbansprüche auf die schlesischen Herzogtümer Liegnitz, Brieg, Wohlau und Jägerndorf dienten als rechtlicher Vorwand. Bei seiner letzten Hinwendung zum Kaiser hatte der Große Kurfürst 1686 auf diese Ansprüche gegen Überlassung des als schlesische Exklave in brandenburgischem Gebiet liegenden Schwiebuser Kreises verzichtet; aber die kaiserliche Diplomatie hatte in einem Geheimvertrag hinter dem Rücken des Kurfürsten seinen mit dem Vater zerfallenen Sohn, den späteren König Friedrich I., zur Rückgabe des Schwiebuser Kreises nach dem Tod des Großen Kurfürsten verpflichtet. So konnte man nun auf jene alten Rechtstitel zurückgreifen, während man die inzwischen von Friedrich Wilhelm I. geleistete Garantie der Pragmatischen Sanktion – und damit der Unversehrtheit der habsburgischen Ländermasse – mit der Begründung für erloschen erklärte, daß der Kaiserhof die preußischen Ansprüche auf Jülich und Berg nicht unterstützt und damit die versprochene Gegenleistung nicht erbracht habe.

Persönlich hat Friedrich der weitausholenden juristischen Argumentation zur Begründung der preußischen Ansprüche auf Schlesien nur geringen Wert beigemessen; er bezeichnete die in seinem Auftrag durchgeführte Ausarbeitung zynisch als »Werk eines tüchtigen Scharlatans«, benutzte sie aber gleichwohl zur propagandistischen Beeinflussung der Mitwelt und zur Aufrechterhaltung eines Scheins von Rechtmäßigkeit. Entscheidend war für ihn die Gunst der Stunde; der Gegensatz der Großmächte im Westen, der nach Karls VI. unglücklichem Türkenkrieg und dem Frieden von Belgrad offenkundig gewordene Machtverfall Österreichs, die Aspirationen Bayerns, Sachsens, Piemont-Sardiniens und Spaniens auf Teile des österreichischen Erbes, die Entmachtung des friedliebenden greisen Fleury in Frankreich durch die Kriegspartei unter dem Marschall Herzog Charles de Belle-Isle. Erst im vergangenen Jahr hatte der bourbonische Familienpakt, auf Grund dessen eine Tochter des französischen Königs mit Don Philipp, dem jüngeren Sohn der Elisabeth Farnese, vermählt worden war, Paris an die neuerungssüchtige und ehrgeizige Politik des Madrider Hofes gekettet.

Zu allen diesen Elementen der Unruhe und Unsicherheit aber kam nun noch die durch den Tod des letzten männlichen Habsburgers aufgeworfene Frage der Nachfolge im Kaisertum hinzu. Sollte der Großherzog von Toskana, der Gemahl der Erbin der Österreichischen

Monarchie, Römischer Kaiser werden oder der Kurfürst von Bayern, dessen Kandidatur auf die Unterstützung Frankreichs zählen konnte?

Mit der vom Vater geerbten schlagkräftigen Armee und einer vollen Kriegskasse konnte der junge preußische König bei den kommenden Entscheidungen ein gewichtiges Wort mitsprechen und seine Hilfe den Meistbietenden verkaufen, besonders wenn er sich in raschem Zugriff bedeutende Faustpfänder sicherte. Derartige Überlegungen waren von bestechender Folgerichtigkeit und bewiesen, daß der junge fürstliche Philosoph viel von seinem verabscheuten Gegner Machiavelli gelernt hatte; die Panne, daß eben – von Voltaire betreut – der »Antimachiavell« erschien, war eine Ironie der Geschichte, gewiß ärgerlich, doch ohne entscheidende Bedeutung.

Soweit sich die Folgen des Angriffs auf Schlesien überhaupt vorausberechnen ließen – und jeder handelnde Staatsmann muß ja die Folgen seines Tuns vorauszuberechnen suchen – ist Friedrichs Rechnung aufgegangen. Eine nicht berechenbare Überraschung für den Preußenkönig bedeutete allerdings die feste Haltung der jungen Habsburgerin Maria Theresia. Trotz der nahezu hoffnungslosen Ausgangsposition und gegen den Rat der erfahrenen, aber keineswegs überragenden Staatsmänner ihres Vaters, gegen den Rat auch des nüchtern rechnenden eigenen Gemahls entschloß sie sich, der Erpressung Friedrichs nicht nachzugeben, sein ihr gleichzeitig mit dem preußischen Einmarsch in Schlesien übermitteltes Bündnisangebot empört zurückzuweisen und den Kampf um ihr Erbe aufzunehmen.

Am 16. Dezember 1740 brach Friedrich ohne Kriegserklärung mit seiner Armee in Schlesien ein. Die Besetzung des Landes, zu dessen Verteidigung nur drei Bataillone zur Verfügung standen, bot keine Schwierigkeiten. Erst im Frühjahr des folgenden Jahres konnten für die Aufgabe viel zu schwache österreichische Verbände den Versuch unternehmen, Schlesien zurückzugewinnen. Sie unterlagen am 10. April 1741 bei Mollwitz der Überlegenheit der preußischen Grenadiere, nachdem die österreichische Reiterei die preußische – und den jungen König selbst – bereits in die Flucht geschlagen hatte. Mit Recht wurde gesagt, daß nicht Friedrich, sondern sein ein Jahr zuvor verstorbener Vater der Sieger in diesem ersten Waffengang zwischen Preußen und Österreichern gewesen sei.

Außenpolitisch ging aber erst nach dem Sieg von Mollwitz Friedrichs Rechnung auf. Nun erst formierte sich die große Koalition gegen Maria Theresia: Preußen, Frankreich, Spanien und Bayern fanden sich zusammen, um der jungen Herrscherin »die Federn auszurupfen« und ihr von dem habsburgischen Erbe womöglich nur jenes Königreich Ungarn zu lassen, mit dessen ehrwürdiger Stephanskrone sie eben, im Juni 1741, in Preßburg gekrönt wurde. Aber weder die Nachricht von den Bündnissen ihrer Gegner noch der Rat der Engländer, der einzigen Verbündeten, auf die sie noch hoffen durfte, konnten die »Königin von Ungarn« dazu bewegen, durch den Verzicht auf Schlesien den gefährlichsten Gegner aus der feindlichen Koalition herauszubrechen. Ihr schließlich unter dem Druck der immer größer werdenden Bedrängnis gemachtes Angebot auf einen Teil Schlesiens aber wurde von Friedrich abgelehnt: Er wußte jetzt eine große europäische Koalition an seiner Seite.

Maria Theresias Kampf um ihr Erbe

Für den Dankgottesdienst nach der Schlacht von Mollwitz bestimmte Friedrich als Text die Stelle aus dem ersten Paulusbrief an Thimotheus (II, 11–12): »Ein Weib lerne in der Stille mit aller Bescheidenheit. Einem Weibe aber gestatte ich nicht, daß sie lehre, auch nicht, daß sie des Mannes Herr sei, sondern ich will, daß sie stille sei.« Maria Theresia hingegen sagte von sich in dieser kritischsten Zeit ihrer Regierung, sie sei zwar nur eine arme Königin, habe aber das Herz eines Königs. Rückblickend schrieb sie später von ihrem Ringen mit Friedrich: »Soferne nicht allezeit gesegneten Leibes gewesen, hätte mich gewiß Niemand aufgehalten, selbsten diesem so meineydigen Feinde entgegenzusetzen.«

Durch ihre Standhaftigkeit und ihr entschiedenes Auftreten, durch den Zauber ihrer Persönlichkeit, aber auch durch kluge Konzessionen an das Selbstbewußtsein der ungarischen Adelsnation gewann Maria Theresia die Unterstützung der ungarischen Stände; doch angesichts der unvermeidlichen Langsamkeit und Schwerfälligkeit der ständischen Rüstungen war zunächst eine Atempause die wichtigste Bedingung für das Überleben der Österreichischen Monarchie. Diese Pause gewährte die im Oktober 1741 mit Friedrich II. dank englischer Vermittlung abgeschlossene Geheimkonvention von Klein-Schnellendorf, in der sich der preußische König gegen Überlassung der Festung Neisse zur Einstellung der Feindseligkeiten bereit fand. Ein weiterer für Maria Theresia glücklicher Umstand war es dann, daß der wittelsbachische Kurfürst Karl Albrecht, dessen Bewerbung um die Kaiserkrone die »Königin von Ungarn« nicht wirksam entgegenzutreten vermochte, von Oberösterreich aus nicht auf Wien vormarschierte, sondern nach Böhmen abbog, wo er im Verein mit Bayern und Franzosen am 26. November Prag eroberte, sich von den böhmischen Ständen als ihrem neuen König huldigen ließ und so die Voraussetzung schuf für die Erfüllung des alten, seit der Goldenen Bulle zum Gewohnheitsrecht gewordenen Grundsatzes, daß die »römische Krone« auf die »böhmische« gehöre, also der König von Böhmen als Ranghöchster der weltlichen Kurfürsten einen legitimen Anspruch auf die Kaiserkrone besitze. Am 14. Januar 1742 wurde der Wittelsbacher denn auch tatsächlich in Frankfurt zum Kaiser gewählt und am 12. Februar von seinem Bruder, dem Kurfürsten Clemens August von Köln, als Karl VII. gekrönt. Daß zur gleichen Zeit sein bayrisches Stammland von den österreichischen Truppen unter Khevenhüller erobert wurde und die Österreicher am Tag der Frankfurter Krönung in München einmarschierten, war allerdings ein böses Omen für das dann auch so kurzlebige und machtlose wittelsbachische Kaisertum, Produkt einer vorübergehenden Konstellation der deutschen und der europäischen Politik.

Maria Theresias im Kampf um ihr Erbe gezeigte Energie veranlaßte nun auch England und die – nach dem treffenden Wort Friedrichs II. zur Schaluppe im Schlepptau und Kielwasser der englischen Fregatte gewordenen – Generalstaaten der Niederlande, die einst von ihnen garantierte Pragmatische Sanktion entschieden zu verteidigen, denn bei einer Aufteilung der Österreichischen Monarchie wären die einst spanischen, jetzt österreichischen südlichen Niederlande gewiß Frankreich zugefallen, was weder die Engländer noch die Holländer dulden konnten. Daß der führende Publizist des deutschen Westens Jean Ignace de Roderique mit seiner *Gazette de Cologne* wirksam für die Unterstützung der

Habsburgerin durch die Seemächte eintrat, hat den Preußenkönig so erbittert, daß er seinem Ärger in französischen Versen gegen Roderique und durch einen heimtückischen Überfall gedungener Verbrecher auf den unglücklichen Journalisten Luft machte.

Die gründlich veränderte militärische und politische Situation aber ließ es Friedrich nun geraten erscheinen, nach dem im Mai 1742 bei Chotusitz über Maria Theresias Schwager Karl von Lothringen errungenen Sieg, sich die schlesische Beute in einem Separatfrieden zu sichern. Unter englischer Vermittlung schloß er am 11. Juni mit Maria Theresia in Breslau einen Präliminarfrieden, der dann durch den am 28. Juli in Berlin unterzeichneten definitiven Frieden bestätigt wurde. Maria Theresia trat Schlesien, mit Ausnahme von Troppau, Teschen und Jägerndorf, schweren Herzens an Friedrich ab, in der Hoffnung freilich, sich nun, nach dem Ausscheiden des gefährlichsten Gegners, der anderen Feinde um so sicherer erwehren und aus ihrem Gebiet einen vollwertigen Ersatz für den Verlust Schlesiens gewinnen zu können. So schien vor allem die Erwerbung Bayerns, ein seit dem Spanischen Erbfolgekrieg während des ganzen 18. Jahrhunderts immer wieder in der österreichischen Politik auftauchendes Projekt, gerade damals durchaus im Bereich des Möglichen zu liegen; wie auch zwei Jahre später, nach einer günstigeren Entwicklung der Kriegslage in Italien, sogar die Rückeroberung Neapels für Österreich einige Aussicht auf Erfolg hatte. Als schließlich Karl von Lothringen an der Spitze österreichischer und verbündeter Truppen über den Rhein ins Elsaß vorstieß und sich den Grenzen des einstigen Stammlandes der lothringischen Brüder näherte, sah es tatsächlich so aus, als ob Österreich nun unter der jungen Habsburgerin wieder zu jener europäischen Geltung emporsteigen würde, die es vor dem Polnischen Thronfolgekrieg besessen hatte.

Eine solche Entwicklung erschien nun aber dem Preußenkönig als äußerst gefährlich für seinen soeben erworbenen schlesischen Besitz, denn er gab sich keiner Täuschung darüber hin, daß Maria Theresia bei günstiger Gelegenheit alles unternehmen werde, um Schlesien zurückzugewinnen. Aus diesem Grunde entschloß er sich im Sommer 1744 zum Bruch des zwei Jahre vorher geschlossenen Friedens, rückte in Böhmen ein, zwang Karl von Lothringen zum eiligen Rückzug über den Rhein, dann zum Marsch nach Böhmen, wo Friedrich ihm im folgenden Jahre, am 4. Juni 1745, bei Hohenfriedberg eine schwere Niederlage zufügte.

Aber auch in diesem »Zweiten Schlesischen Krieg« war Friedrich wie im Ersten bestrebt, so bald als möglich einen ihm Schlesien sichernden Frieden zu schließen. Dazu mußte ihn auch das Scheitern seiner Reichspolitik bewegen, nachdem der wittelsbachische Kaiser Karl VII. am 20. Januar 1745 gestorben war und sein Sohn und Erbe Max Joseph im Frieden von Füssen vom 22. April auf jeden Erbanspruch auf Österreich und auf die Bewerbung um die Kaiserwürde verzichtet, dafür von Maria Theresia den ungeschmälerten Besitz seines bayrischen Stammlandes zugesichert erhalten hatte. Während der Krieg noch andauerte, erreichte Maria Theresia, daß ihr Gemahl, der Großherzog von Toskana und Mitregent in den Ländern der Österreichischen Monarchie, von der Mehrzahl der Kurfürsten gewählt und am 4. Oktober 1745 in Frankfurt als Franz I. zum Kaiser des Heiligen Römischen Reiches gekrönt wurde: Die Reichskrone, die Maria Theresias habsburgische Vorfahren in ununterbrochener Folge seit mehr als drei Jahrhunderten getragen hatten, war durch

Das Haus Hohenzollern

Johann Sigismund
Kurfürst von Brandenburg, Herzog in Preußen
1572—1619
reg. 1608—1619
Herzog in P. 1618
∞ Anna
Tochter Albrecht Friedrichs, Herzogs in Preußen
1576—1625
Hochz. 1594

Georg Wilhelm
Kurfürst von Brandenburg, Herzog in Preußen
1595—1640
reg. 1619—1640
∞ Elisabeth Charlotte
Tochter Friedrichs IV., Kurfürsten von der Pfalz
1597—1660
Hochz. 1616

Friedrich Ulrich
Herzog von Braunschweig (Wolfenbüttel)
1591—1634
reg. 1613—1634
∞ Anna Sophie
1598—1659
Hochz. 1614

Gustav II. Adolf
Sohn Karls IX., König von Schweden
1594—1632 gef.
reg. 1611—1632
∞ Marie Eleonore
1599—1655
Hochz. 1620

1. Gabriel Bethlen von Iktár (Bethlen Gabor)
Fürst von Siebenbürgen
1580—1629
reg. 1613—1629

2. Franz Karl
(2. Ehe)
Sohn Franz' II., Herzogs von Sachsen-Lauenburg
1594—1660

∞ Katharine
1602—1644
1. Hochz. 1626, 2. Hochz. 1639

Jakob von Kettler (Ketteler)
Herzog von Kurland
1610—1681
reg. 1642—1681
gefangenges. 1658—1660
∞ Luise Charlotte
1617—1676
Hochz. 1645

Friedrich Wilhelm (Der Große Kurfürst)
Kurfürst von Brandenburg, Herzog in Preußen
1620—1688
reg. 1640—1688
mit Preußen belehnt 1641, Herzog in P. 1656/57
∞ 1. Luise Henriette
Tochter Friedrich Heinrichs, Prinzen von Nassau-Oranien
1627—1667
Hochz. 1646
∞ 2. Dorothea
Tochter Philipps, Herzogs von Holstein-Glücksburg
1636—1689
Hochz. 1668

Wilhelm VI.
Landgraf von Hessen-Kassel
1629—1663
reg. 1637(1650)—1663
∞ Hedwig Sophie
1623—1683
Hochz. 1649

Friedrich I.
Kurfürst (Friedrich III.) von Brandenburg, König in Preußen
1657—1713
reg. 1688—1713, König in P. 1701
∞ 1. Elisabeth Henriette
1661—1683
Hochz. 1679
∞ 2. Sophie Charlotte
Tochter Ernst Augusts, Kurfürsten von Hannover
1668—1705
Hochz. 1684
∞ 3. Sophie Luise
Tochter Friedrichs, Herzogs von Mecklenburg-Schwerin
1685—1735
Hochz. 1708

5 weitere Kinder

Philipp Wilhelm
Markgraf zu Schwedt
1669—1711
Markgraf 1689
∞ Johanna Charlotte
Tochter Johann Georgs II., Fürsten von Anhalt-Dessau
1682—1750
Hochz. 1699

Albrecht Friedrich
Herrenmeister zu Sonnenburg
1672—1731
Herrenmeister 1696
∞ Marie Dorothea
Tochter Friedrich Kasimirs, Herzogs von Kurland
1684—1743
Hochz. 1703

4 weitere Kinder

1. Friedrich Kasimir
(2. Ehe)
Herzog von Kurland
1650—1698
reg. 1681—1698

2. Christian Ernst
(3. Ehe)
Markgraf von Bayreuth
1644—1712
reg. 1655—1712

3. Ernst Ludwig I.
Herzog von Sachsen-Meiningen
1688—1748
reg. 1706—1748

∞ Elisabeth Sophie
1674—1748
1. Hochz. 1691, 2. Hochz. 1703, 3. Hochz. 1714

Friedrich I.
Landgraf von Hessen-Kassel
1676—1751
reg. 1730—1751
∞ 1. Luise
1680—1705
Hochz. 1700

Friedrich Wilhelm I.
Kurfürst von Brandenburg, König in Preußen
1688—1740
reg. 1713—1740
∞ Sophie Dorothea
Tochter Georgs I., Kurfürsten (Georg Ludwig) von Hannover, Königs von England
1687—1757
Hochz. 1706

Friedrich Wilhelm
Markgraf zu Schwedt
1700—1771
Markgraf 1711
∞ Sophie
Tochter Friedrich Wilhelms I., Königs in Preußen
1719—1765
Hochz. 1734

Friedrich Ludwig
Erbprinz von Württemberg
1698—1731
∞ Henriette Marie
1702—1782
Hochz. 1716

Heinrich Friedrich
Markgraf zu Schwedt
1709—1788
Markgraf 1771
∞ Leopoldine
Tochter Leopolds I., Fürsten von Anhalt-Dessau
1716—1782
Hochz. 1739

Karl
Markgraf von Brandenburg, Herrenmeister zu Sonnenburg
1705—1762
Herrenmeister 1731

Wilhelm Heinrich
Herzog von Sachsen-Eisenach-Marksuhl
1691—1741
reg. 1729—1741
∞ Sophie
1706—1751
Hochz. 1723

Friedrich
Markgraf von Brandenburg
1710—1741 gef.

4 weitere Kinder

Friedrich
Sohn Georg Friedrich Karls, Markgraf von Bayreuth
1711—1763
reg. 1735—1763
∞ 1. Wilhelmine
1709—1758
Hochz. 1731

Friedrich II., der Große
Kurfürst von Brandenburg, König von Preußen
1712—1786
reg. 1740—1786
∞ Elisabeth Christine
Tochter Ferdinand Albrechts II., Herzogs von Braunschweig-Wolfenbüttel (Bevern)
1715—1797
Hochz. 1733

Karl Wilhelm Friedrich
Sohn Wilhelm Friedrichs, Markgraf von Ansbach
1712—1757
reg. 1723—1757
∞ Friederike Luise
1714—1784
Hochz. 1729

Sophie
Gemahlin Friedrich Wilhelms, Markgrafen zu Schwedt
1719—1765
Hochz. 1734

Adolf Friedrich
Sohn des Christian August, Herzogs von Schleswig-Holstein-Gottorp, König von Schweden
1710—1771
Bischof von Lübeck 1727, schwed. Thronfolger 1743
reg. 1751—1771
∞ Luise Ulrike
1720—1782
Hochz. 1744

August Wilhelm
Prinz von Preußen
1722—1758
∞ Luise
Tochter Ferdinand Albrechts II., Herzogs von Braunschweig-Wolfenbüttel (Bevern)
1722—1780
Hochz. 1742

Heinrich
Prinz von Preußen
1726—1802
∞ Wilhelmine
Tochter Maximilians, Landgrafen von Hessen-Kassel
1726—1808
Hochz. 1752

Ferdinand
Prinz von Preußen, Herrenmeister zu Sonnenburg
1730—1813
Herrenmeister 1762
∞ Luise
1738—1820
Hochz. 1755

6 weitere Kinder

Gustav III.
König von Schweden
1746—1792 ermord.
reg. 1771—1792
∞ Sophie Magdalene
Tochter Friedrichs V., Königs von Dänemark
1746—1813
Hochz. 1766

Friedrich Wilhelm II.
Kurfürst von Brandenburg, König von Preußen
1744—1797
reg. 1786—1797
∞ 1. Elisabeth
Tochter Karls I., Herzogs von Braunschweig-Wolfenbüttel
1746—1840
Hochz. 1765; 1769 geschieden
∞ 2. Friederike
Tochter Ludwigs IX., Landgrafen von Hessen-Darmstadt
1751—1805
Hochz. 1769
(*morganatische Ehen:* mit Amalie Elisabeth von Voß, gest. 1789; mit Sophie Julie Friederike Gräfin Dönhoff, getrennt 1792, gest. 1834)

Wilhelm V
Prinz von Oranien-Nassau, Erbstatthalter der Vereinigten Niederlande
1748—1806
reg. (1751) 1766—1795 vertrieb.
∞ Friederike Sophie Wilhelmine
1751—1820
Hochz. 1767

Anton Heinrich Fürst Radziwill
Fürst von Nieswiesz und Olyka
1775—1833
preuß. Statthalter in Posen seit 1815
∞ Luise Friederike
1770—1836
Hochz. 1796

Louis Ferdinand (Ludwig Friedrich Christian)
Prinz von Preußen
1772—1806 gef.

August
Prinz von Preußen, Generalinspekteur der Artillerie
1779—1843
Generalinsp. seit 1816

4 weitere Kinder

Gustav IV. Adolf
König von Schweden
1778—1837
reg. 1796—1809
abgedankt
Krönung 1800
∞ Friederike Dorothea
Tochter Karl Friedrichs, Großherzogs von Baden
1781—1825
Hochz. 1797, 1812 geschieden

Friedrich, Herzog von York und Albany
Sohn Georgs III., Königs von England, Kurfürsten von Hannover
1763—1827
Bischof von Osnabrück
1764—1803
Herzog von Y. u. A. 1784
∞ Friederike
1767—1820
Hochz. 1791

Friedrich Wilhelm III.
Kurfürst von Brandenburg, König von Preußen
1770—1840, reg. 1797—1840
Kurfürst bis 1806
∞ 1. Luise
Tochter Karls II., Herzogs von Mecklenburg-Strelitz
1776—1810, Hochz. 1793
∞ 2. Auguste
Tochter Ferdinands Grafen Harrach, Fürstin von Liegnitz, Gräfin Hohenzollern
1800—1873, Hochz. 1824
Fürstin v. L. 1824

Ludwig
Prinz von Preußen, Herrenmeister zu Sonnenburg
1773—1796
Herrenmeister 1795
∞ Friederike
Tochter Karls II., Herzogs von Mecklenburg-Strelitz
1778—1841
Hochz. 1793

Wilhelm I.
Prinz von Oranien-Nassau, König der Niederlande
1772—1844
reg. 1813—1840 (abgedankt)
König seit 1814
∞ Friederike Wilhelmine
1774—1837
Hochz. 1791

Wilhelm II.
Kurfürst von Hessen
1777—1847
reg. 1821—1831 (auf Reg. verzichtet)
∞ Auguste
1780—1841
Hochz. 1797

Heinrich
Prinz von Preußen, Koadjutor in Sonnenburg, Großmeister des Johanniterordens
1781—1846
Koadj. 1800
Großmstr. 1815

Wilhelm
Prinz von Preußen
1783—1851
Gen.-Gouv. der Rheinprovinz u. Westfalens
1830—1831
Gouv. von Mainz 1834
∞ Maria Anna
Tochter Friedrich Ludwigs, Landgrafen von Hessen-Homburg
1785—1846
Hochz. 1804

ihren Gemahl wieder ihrem Haus zurückgegeben. Obwohl sie selbst aus nicht völlig durchsichtigen Gründen auf ihre eigene Krönung an der Seite ihres Gemahls verzichtete, ist sie von da an im Bewußtsein der Zeitgenossen wie der Nachwelt »die Kaiserin« gewesen.

Im Reich hatte sich also die Situation für die Habsburg-Lothringer entscheidend gebessert; Sachsen war schon 1742 ohne Gewinn aus dem Kampf gegen Maria Theresia ausgeschieden und stand nun aus Sorge vor der preußischen Expansionspolitik sogar auf ihrer Seite. Aber die Lage im übrigen Europa, namentlich auf den Kriegsschauplätzen in Italien und den österreichischen Niederlanden im Jahre 1745, war für die Verteidiger der »Pragmatischen Sanktion« keineswegs beruhigend. Die Hoffnung auf Wiedergewinnung Neapels war illusorisch geworden, nachdem die dafür zu schwache österreichische Armee unter Lobkowitz bei Velletri in den Albanerbergen südöstlich von Rom – auf dem Territorium des Kirchenstaates – durch Spanier, Neapolitaner und die Einwohner von Velletri eine unerwartete Niederlage erlitten hatte und zum Rückzug nach Norden gezwungen worden war.

Aber auch in der Lombardei vermochten die Österreicher und die Truppen des jetzt mit Österreich und den Seemächten verbündeten Königs von Sardinien-Piemont dem Druck der Feinde – Spanien, Frankreich und der Herzog von Modena – zunächst keinen wirksamen Widerstand entgegenzusetzen. Don Philipp, der jüngere Sohn der Elisabeth Farnese, zog mit spanischen Truppen im September 1745 in Parma, im Dezember sogar in Mailand ein, und in den Niederlanden hatte am 11. Mai 1745 der bedeutendste Feldherr Frankreichs in jenem Krieg, der Marschall Moritz von Sachsen, der Sohn Augusts des Starken und der Gräfin Aurora von Königsmarck, bei Fontenoy die »pragmatische Armee« – Engländer, Holländer und Österreicher – geschlagen. Die von den Franzosen nur ungenügend unterstützte Expedition des Stuart-Prätendenten Charles Edward, des *Young Pretender (Bonnie Prince Charly)*, scheiterte zwar nach anfänglichen Erfolgen in Schottland bei Culloden, aber die Tatsache, daß der Stuart sechs Wochen lang im Holyrood Castle in Edinburgh, dem Königssitz seiner schottischen Ahnen, Hof halten konnte und, vielleicht mehr noch, die erbarmungslose Grausamkeit, mit der Herzog William von Cumberland, der jüngere Sohn König Georgs II., nach dem Sieg bei Culloden als »blutiger Fleischer« die Rebellen bestrafte, verdeutlichen die Gefahr, in der das Haus Hannover und die staatliche Einheit Großbritanniens damals noch schwebten: Selbst der französische Sieg bei Fontenoy ist ganz wesentlich von Iren und Schotten unter französischen Fahnen errungen worden.

So waren die Seemächte und Österreich lebhaft an einem Sonderfrieden mit dem Preußenkönig interessiert, und da auch dieser den Krieg bald zu beenden wünschte, ergab sich eine ganz ähnliche Situation, wie sie 1742 zum Breslauer und Berliner Frieden geführt hatte. Wie damals und schon vorher bei der Konvention von Klein-Schnellendorf war es die englische Vermittlung, die am 25. Dezember 1745 den Frieden von Dresden zwischen Österreich und Preußen zustande brachte. Friedrich erkannte Franz I. als Kaiser an, behielt den schlesischen Besitz und schied auch nach dem »Zweiten Schlesischen Krieg« wieder in einem Separatfrieden aus dem Kampf um das österreichische Erbe aus.

Die in diesem Sonderfrieden erreichte Entlastung für Maria Theresia wirkte sich zusammen mit dem Wechsel im Oberbefehl im folgenden Frühjahr in der Lombardei aus. Mailand wurde zurückerobert, und vor Piacenza errang am 15. Juni 1746 der neue Oberbefehlshaber Fürst Joseph Wenzel Liechtenstein den entscheidenden Sieg über die spanisch-französische Hauptmacht: Die österreichische Herrschaft in Oberitalien war für das kommende halbe Jahrhundert gesichert. In das italienische Geschichtsbewußtsein aber hat sich ein anderes Ereignis am Ende desselben Jahres eingegraben: der genuesische Volksaufstand gegen die österreichischen und sardisch-piemontesischen Truppen im Dezember 1746. Der Nachfolger Liechtensteins im Oberbefehl, der Feldmarschalleutnant Marchese Antonio Botta Adorno, der selbst einem genuesischen Geschlecht entstammte, schlug zwar bei Rottofredo die Spanier und Franzosen aufs neue und nahm Genua ein. Seine Härte gegen die eroberte Stadt, die einst seinen Vater verbannt hatte, trug dann zusammen mit seiner aus der Verachtung für die Genuesen erwachsenen Sorglosigkeit zu Ausbruch und Erfolg des Aufstands bei, der die Österreicher und Piemontesen zwang, die Stadt zu verlassen. Der Name des Straßenjungen »Balilla«, der durch einen Steinwurf das Signal zum Aufstand gab, ist in unserem Jahrhundert sowohl der faschistischen Jugendorganisation Mussolinis als auch einem Kleinauto der Fiat-Werke verliehen worden.

Die geschichtliche Entscheidung, die mit dem Sieg bei Piacenza gefallen war, wurde allerdings von der Aufgabe Genuas ebensowenig berührt wie von den vergeblichen Versuchen zur Wiedereroberung der Seestadt oder von dem von Maria Theresia noch einmal mit der ihr eigenen Zähigkeit aufgenommenen Gedanken an eine neuerliche Expedition nach Neapel; der Plan scheiterte an dem Widerstand der Verbündeten, des Königs von Piemont-Sardinien wie Englands. In den letzten beiden Jahren des österreichischen Erbfolgekrieges kam es dann auf dem italienischen Kriegsschauplatz zu keinen größeren Kampfhandlungen mehr. Das Schwergewicht der Auseinandersetzung verlagerte sich – wie am Ausgang des Spanischen Erbfolgekriegs, der ja in Italien auch schon 1708/09 zu Ende ging – auf den niederländischen Kriegsschauplatz, wo Moritz von Sachsen am 11. Oktober 1746 nochmals, diesmal bei Raucoux in der Nähe von Lüttich, die aus österreichischen, bayrischen, hannoveranischen, hessischen, niederländischen und englischen Truppen bestehende »pragmatische Armee« unter Karl von Lothringen besiegte. Am 18. Oktober 1748 wurde im Rathaus von Aachen endlich jener Friede unterzeichnet, der das achtjährige Ringen um das österreichische Erbe beendete.

In dem Kampf zwischen England und Frankreich war der Aachener Frieden, wie treffend gesagt wurde, nur ein Waffenstillstand. Der Status quo wurde in Europa wie in Übersee wiederhergestellt, Frankreich gab die von ihm besetzten österreichischen Niederlande wieder heraus, woran Engländer und Holländer mindestens ebenso interessiert waren wie Maria Theresia. Die Genugtuung der Habsburgerin darüber, daß sie durch Standhaftigkeit und Klugheit die Aufteilung ihres Erbes verhindert hatte, wurde allerdings geschmälert durch die internationale Anerkennung des von ihr noch lange nicht verwundenen Verlusts Schlesiens.

Ein epochemachendes Ereignis war der Friede von Aachen vor allem für Italien; Maria Theresia behielt die Lombardei, mußte aber Parma und Piacenza an Don Philipp abtreten, den jüngeren Sohn der spanischen Königin und Schwiegersohn des Königs von Frankreich. Diese territoriale Regelung hatte nun endlich für längere Zeit Bestand, für nahezu ein halbes Jahrhundert; nicht, weil sie gerechter oder klüger gewesen wäre als die kurzlebigen der vorangegangenen Friedensschlüsse, sondern weil sich, ausgehend von den Aachener Verhandlungen, wenn auch nur allmählich und unter Rückschlägen, nun die Annäherung zwischen Habsburgern und Bourbonen vollzog. Aus dem bisherigen Schlachtfeld und Kampfpreis Italien wurde der Schauplatz habsburgisch-bourbonischer Familienverbindungen während der folgenden langen Friedenszeit. Diese Annäherung von Wien und Versailles aber war ein Ergebnis der neuen Rivalität zwischen Preußen und Österreich, und so hatte der preußisch-österreichische Dualismus – das für die deutsche Geschichte so verhängnisvolle Erbe aus dem österreichischen Erbfolgekrieg und den beiden Schlesischen Kriegen – für Italien wohltätige Folgen. *La pace di Aquisgrana* ist für die italienische Geschichte der tiefe Einschnitt, der die unruhige, kriegserfüllte erste Jahrhunderthälfte von der friedlichen »Epoche der Reformen« in der zweiten Jahrhunderthälfte trennt, während Deutschland und mit ihm dem übrigen Europa nur eine kurze Atempause vergönnt war, ehe das Ringen, nun allerdings mit vertauschten Fronten, wieder ausbrach.

Die theresianische Staatsreform

Bis zu dem Dresdner Friede habe herzhaft agieret, alles hazardieret und alle Kräften angespannt...«, so berichtet Maria Theresia im Rückblick auf die ersten Jahre ihrer Regierungszeit; in der gleichen großen, einem politischen Testament gleichkommenden Denkschrift heißt es wenig später: »Und wie gesehen, daß die Hände zu dem Dresdner Frieden reichen mußte, so habe auch auf einmal meine Gedenkensart geändert und solche allein auf das Innerliche deren Länder gewendet, umb die erforderlichen Maßreguln zu ergreifen, wie die teutschen Erblande von denen so mächtigen beeden Feinden, Preußen und Türken, bei ermanglenden Festungen und baaren Geldes, auch geschwächten Armeen noch erhalten und zu beschützen wären.«

Aus militärischen und außenpolitischen Erwägungen wurde in den drei letzten Jahren des Österreichischen Erbfolgekriegs, als die unmittelbare Bedrohung des Kerns der deutschen Erbländer abgewendet war und nur noch in den Außenpositionen Italien und Niederlanden gekämpft wurde, das große Werk der theresianischen Staatsreform in Angriff genommen. Ein wesentlicher Antrieb war der Vergleich mit dem preußischen System, mit dessen Hilfe Friedrich aus dem eroberten Schlesien trotz der Kriegsverwüstungen weit mehr an Steuern herauszuholen vermochte als vorher die ständische Finanzverwaltung unter der österreichischen Herrschaft.

Von entscheidender Bedeutung war dabei, ob Maria Theresia für ihr Werk der Reform und inneren Erneuerung die geeigneten Mitarbeiter fand. Die von ihrem Vater übernommenen Minister und Berater hatten sich in der schweren Krise der ersten Regierungsjahre der Herrscherin zum Teil als zu ängstlich und zaghaft erwiesen; andere waren inzwischen gestorben oder wurden auf ehrenvolle, aber nicht mehr so entscheidende Posten geschoben, wie etwa Johann Christoph Freiherr von Bartenstein, der treue und gewissenhafte, keineswegs geniale Leiter der österreichischen Außenpolitik in den letzten Jahren der Regierung Karls VI. und den ersten Regierungsjahren Maria Theresias, dem schließlich, nach verschiedenen Ämtern im »Halbdunkel der hohen Bürokratie«, noch die Aufgabe übertragen wurde, den Erziehungsplan für den Thronfolger, den späteren Kaiser Joseph II., zu entwerfen.

An die Stelle der einstigen Mitarbeiter ihres Vaters traten nun Männer, die Maria Theresia selbst ausgewählt hatte, wobei sich die Beratung ihres von Mit- und Nachwelt wohl ungebührlich unterschätzten Gemahls Franz Stephan gerade bei den wichtigsten Persönlichkeiten nachweisen, in anderen Fällen vermuten läßt. So war schon in den ersten Jahren der Regierung Maria Theresias der von Franz Stephan protegierte Portugiese Herzog Manuel da Silva-Tarouca allmählich in die Stellung des vertrautesten persönlichen Ratgebers, »Gewissensrats« und Mentors der Herrscherin aufgerückt, wobei er den Höhepunkt seines Einflusses allerdings erst anfangs der fünfziger Jahre erreichte. Aus den Niederlanden holte sich Maria Theresia im Jahre 1745 den großen Arzt und Gelehrten Gerard van Swieten, der dann nicht nur als Leibarzt und Präfekt der Hofbibliothek für das körperliche und geistige Wohl der kaiserlichen Familie sorgte, sondern auch als Reformer erst der medizinischen, dann auch der anderen akademischen Studien, schließlich als Mitglied und Vorsitzender der Zensurkommission dem Einströmen der katholischen Aufklärung nach Österreich weit die Tore öffnete und als überzeugter Jansenist eine wichtige Voraussetzung schuf für die Ausbildung und Ausbreitung des theresianischen Reformkatholizismus und des »Josephinismus«. Ein prominenter Vertreter der mehr weltlichen und rationalistischen Strömung innerhalb der Aufklärung war der junge Diplomat Graf Wenzel Anton Kaunitz-Rietberg, der 1749 der Kaiserin sein außenpolitisches Programm vortrug und dann 1753 die Leitung der außenpolitischen Geschäfte von Bartenstein übernahm, während auf militärischem Gebiet Graf Leopold Joseph Daun nach dem Aachener Frieden von Maria Theresia den Auftrag zur Erneuerung und Reorganisation der österreichischen Armee erhielt.

Wichtiger als sie alle aber ist zunächst für »das Innerliche deren Länder« der Mann geworden, von dem Maria Theresia später bekannte, sie habe gerade einen solchen Mitarbeiter gebraucht – »just, umb durchbrechen zu können« –, um die notwendige Staatsreform gegen alle Widerstände durchzusetzen: Graf Friedrich Wilhelm Haugwitz, auch er eine »Entdeckung« Franz Stephans. Von ihm meinte der nachmalige Großkanzler Friedrichs II., der Freiherr von Fürst, er sähe »mehr einem Narren als einem großen Manne ähnlich«, nach dem Urteil seiner Herrscherin aber war er »ehrlich, ohne Absicht, ohne praedilection und ohne abition, noch Anhang, der das Gute, weil es gut erkennet wird, souteniret, nebst einem großmüthigen desinteressement und attachement vor seinen Landesfürsten, ohne praevention, mit großer Capacität und Freud zur Arbeit, auch beständigen Application, das Licht nicht scheuend, noch den unbilligen Haß deren interessirten sich zuzuziehen«.

Gestützt auf das Vertrauen Maria Theresias erprobte Haugwitz das von ihm aus theoretischer Überlegung, praktischer Erfahrung und schöpferischer Übernahme des preußischen Vorbilds entwickelte neue Behördensystem zuerst 1744 im österreichischen Teil Schlesiens und führte es 1747 in Krain und Kärnten ein. Unter Verwendung der dabei gemachten Erfahrungen wurde dann das neue System im Laufe des Jahres 1748 ausgearbeitet, von Haugwitz in Verhandlungen mit den Ständen der einzelnen Länder durchgesetzt und im folgenden Jahre mit dem Handschreiben vom 2. Mai 1749 in den deutschen Erbländern, also im westlichen Teil der Habsburgermonarchie, eingeführt. Dem preußischen »Generaldirektorium« entsprach dabei das neue *Directorium in publicis et cameralibus* als die oberste Finanz- und Verwaltungsbehörde der böhmisch-österreichischen Ländergruppe, während die davon abgesonderte Justiz einer »Obersten Justizstelle« unterstellt wurde. Der wichtigste Schritt auf dem Wege vom mittelalterlichen zum modernen Staat war in Österreich mit dieser Staatsreform von 1749 vollzogen, allerdings nur für die westliche Ländergruppe der Monarchie. Der schon in der früheren geschichtlichen Entwicklung angelegte Unterschied der Länder – die Habsburger hatten den fürstlichen Absolutismus und die politische Entmachtung der Stände nur in Böhmen und Österreich, nicht aber in Ungarn durchsetzen können – wurde durch die Schaffung des theresianischen Einheitsstaates im Westen erst recht vertieft und hat schließlich, nach dem Scheitern der josephinischen und nach 1849 der neoabsolutistischen Vereinheitlichungsbestrebungen in der staatsrechtlichen Sonderung des »Ausgleichs« von 1867 und der Schaffung der »Doppelmonarchie« Österreich-Ungarn, seine konsequente Vollendung gefunden.

Mit den »Gubernien«, den Distrikten, in den einzelnen Ländern und den diesen unterstellten Kreisämtern wurde das neue System bis zur untersten politischen Einheit auf dem flachen Lande, der Grundherrschaft, durchgebildet; hier allerdings hörte, ähnlich wie in Preußen beim Landrat, bis zur Revolution von 1848 die unmittelbare staatliche Organisation auf, wenngleich noch in Maria Theresias späterer Regierungszeit mit der »Robotablösung« auf den landesfürstlichen Domänen ein bedeutsamer Schritt in der Richtung auf die schließliche vollständige Bauernbefreiung getan wurde.

Die Bedeutung der theresianischen Staatsreform von 1749 ist auch dadurch nicht geschmälert worden, daß in der großen Krise des Siebenjährigen Krieges unter dem Einfluß von Kaunitz das übermäßig angeschwollene *Directorium in publicis et cameralibus* wieder in die Böhmisch-Österreichische Hofkanzlei als oberste Verwaltungsbehörde und die Hofkammer als oberste Finanzbehörde aufgelöst wurde und im Staatsrat eine neue, zur Beratung und Entlastung des Herrschers bestimmte Ratsbehörde entstand. Die beiden entscheidenden Neuerungen, die Verschmelzung der böhmisch-österreichischen Ländergruppe zu einem absolutistisch-zentralistischen Einheitsstaat und die Ausschaltung der Stände aus der politischen wie aus der Finanzverwaltung, blieben erhalten. Auf diesem zentralen Gebiet ebenso wie in vielem anderen sind unter Maria Theresia die Grundlagen geschaffen worden, die für Österreich bis zum Zerfall der Monarchie im 20. Jahrhundert – ja in vieler Hinsicht noch darüber hinaus in den Nachfolgestaaten bis zur Gegenwart – maßgeblich blieben.

Kaiserin Maria Theresia
Aus einem Gemälde von Martin van Meytens d.J., um 1747
Nürnberg, Germanisches National-Museum

König Friedrich II. von Preußen
Gemälde von Antoine Pesne, um 1740
Berlin, Stiftung Preußischer Kulturbesitz, Staatl. Museen, Gemäldegalerie

Der erste Diener seines Staates

Bei einem Vergleich des theresianischen Österreich und des friderizianischen Preußen im ersten Regierungsjahrzehnt der beiden Herrscher muß man zunächst beachten, daß der Krieg – berücksichtigt man die Pause zwischen dem Ersten und dem Zweiten Schlesischen Krieg und die Jahre nach dem Frieden von Dresden – für Österreich acht, für Preußen hingegen nur etwas mehr als drei Jahre gedauert hatte; ganz abgesehen davon, daß das Ringen für Preußen mit territorialem Gewinn, für Österreich mit Gebietsverlusten geendet hatte. Wenn dennoch im Preußen Friedrichs bis zum Wiederausbruch des Krieges nicht so viele und einschneidende Reformen eingeführt wurden wie in Österreich, so lag dies vor allem daran, daß hier die entscheidende Reform der inneren Verwaltung eben schon unter Friedrich Wilhelm I. erfolgt war und Friedrich sich daher darauf beschränken konnte, den schon von seinem Vater geschaffenen Regierungsapparat in Einzelheiten zu verbessern, zu verfeinern und ihn mit seiner überlegenen Intelligenz im Sinne der Ideen seiner Zeit zu handhaben. Zur gleichen Zeit, da Maria Theresia sich erst gegen zähen Widerstand das Instrument ihrer Regierung schaffen mußte, brauchte Friedrich nur das vom Vater ererbte Instrument zu stimmen und darauf zu spielen.

Die Errichtung neuer, in ihrem Aufgabenbereich gesamtstaatlicher Departements innerhalb des Generaldirektoriums setzte konsequent die schon unter Friedrich Wilhelm I. eingeschlagene Linie der Vereinheitlichung des Staatswesens fort, wenngleich sowohl Schlesien wie das 1744 im Erbgang an Preußen gefallene Ostfriesland zunächst zur Erleichterung des Übergangs eine Sonderstellung zugestanden erhielten. Auch die merkantilistische Finanz- und Wirtschaftspolitik Friedrichs blieb durchaus in den schon von seinem Vater vorgezeichneten Bahnen: Förderung der Manufakturen, Befreiung des Handels von veralteten Fesseln und Schranken, Kanal- und Straßenbau, Urbarmachung des Oderbruchs, Ansiedlung von Bauern, Reform des Münzwesens und andere ähnlich bewährte und im Zuge der Zeit liegende Maßnahmen.

Auch im Regierungsstil selbst ergab sich nichts grundsätzlich Neues gegenüber jenem des »Soldatenkönigs«; die »Regierung aus dem Kabinett«, wobei der Herrscher – wie einst schon Ludwig XIV. und vor ihm Philipp II. von Spanien – in unermüdlicher Schreibtischarbeit den immer mehr anschwellenden Geschäftsverkehr mit Hilfe gut eingearbeiteter Sekretäre in letzter Instanz selbst erledigte und auf den zahlreichen Inspektionsreisen des »allgegenwärtigen Königs« durch persönliches Beispiel und scharfe Kontrolle die Beamten zu pünktlicher Pflichterfüllung anhielt. Diese äußeren Formen aber waren – und hier liegt das entscheidende Charakteristikum der friderizianischen Epoche – mit einem neuen, auf der Höhe der Zeit stehenden Geist erfüllt, der denn auch die Bewunderung des »philosophischen« Europa erregte. Es genügt, einige Randbemerkungen Friedrich Wilhelms mit denen seines Sohnes zu vergleichen. Hatte der Vater in seinen an den Rand der Akten notierten Entscheidungen gleichsam Knüppelhiebe gegen alle ausgeteilt, die seinen Zorn erregt hatten, so glichen die geschliffenen Formulierungen des Sohnes mit ihrer funkelnden Ironie und ihrem geistvollen Spott den blitzschnellen Stößen eines Florettfechters.

Wie für den Feldherrn, so war auch für den Staatsmann Friedrich das Verlangen nach Ruhm, nach dem Beifall der gebildeten Mit- und Nachwelt zunächst ein starker Antrieb für sein Handeln. In beiden Fällen aber mußte sich bei einem so lebhaften, beweglichen und sogleich den äußeren Schein durchdringenden Geist bald die Ernüchterung einstellen mit der Frage nach dem Sinn der von sich selbst und anderen in Krieg und Frieden geforderten Opfer. Im Gedanken der Pflicht gegenüber dem Staatswesen und im antiken Tugendideal der stoischen Philosophie fand der König eine erste Antwort, zumal ihm die schwersten, selbst diese Antwort in Frage stellenden Prüfungen und Schicksalsschläge noch bevorstanden.

Eine weiterhin tolerante Religionspolitik – wie sie im Bau der katholischen Hedwigskirche in Berlin oder im Verhältnis zu den neugewonnenen katholischen Untertanen in Schlesien zum Ausdruck kam – entsprach den Überzeugungen des Herrschers und trug wesentlich dazu bei, daß Friedrich gerade in der Friedenszeit nach den Schlesischen Kriegen vom »aufgeklärten Europa« als Verkörperung des alten platonischen Ideals des Herrschers und Philosophen, als ein neuer Marcus Aurelius erschien. Die Tatsache, daß der *Roi philosophe* den König der Philosophen, Voltaire, gerade damals nach Potsdam einlud und Voltaire dieser Einladung folgte, schien den entzückten Zeitgenossen ein neues Goldenes Zeitalter der europäischen Gesittung anzukündigen. Im Gespräch mit Voltaire und anderen führenden Geistern, in der Dichtkunst wie in der Arbeit an der Geschichte seines Hauses und seiner Zeit und schließlich in der geliebten Musik hat der rastlose Geist Friedrichs Entspannung und ein Gegengewicht zur ermüdenden Regierungsarbeit gefunden; wobei sich etwa zwischen Dichtung und Geschichtsschreibung auf der einen Seite, der praktischen Regierungsarbeit auf der anderen trotz gewisser unvermeidlicher Widersprüche doch mancherlei Berührungspunkte ergaben und im ganzen ein Verhältnis fruchtbarer Spannung herrschte.

Die Ideale des Philosophen und die praktischen Ziele des Herrschers befanden sich vor allem bei der Neuordnung des Rechtswesens in Einklang. Der bedeutendste Gehilfe des Königs auf diesem Gebiet war Samuel von Cocceji; er war zwar schon unter Friedrich Wilhelm I. aufgestiegen, konnte aber jetzt erst jene Neuordnung und Rationalisierung der preußischen Justiz vornehmen, die besonders auch im Vergleich mit den meisten anderen deutschen Territorien ein Ruhmesblatt Preußens und eine unerläßliche Voraussetzung für die spätere Ausbildung des Rechtsstaats bildete. Die Gerichtsverfassung wurde vereinheitlicht, der Instanzenzug vereinfacht und abgekürzt, das Ansehen des Richter- und Advokatenstandes nicht zuletzt dank weitgehendem Verzicht des Königs auf die bisher üblichen Eingriffe in die Rechtsprechung gehoben. Für die große Rechtskodifikation, die allerdings zu Lebzeiten des Königs nicht mehr zum Abschluß kam, wurden die entscheidenden Vorarbeiten geleistet.

Friedrichs 1752 niedergeschriebenes »Politisches Testament« mit den vielumstrittenen *Rêveries politiques*, den »politischen Träumereien«, enthüllt ein Zukunftsprogramm, das der König als Richtschnur für sein eigenes Handeln wie für das seiner Nachfolger verstand. Zunächst sei es die Erhaltung des Friedens, die in Preußens Interesse läge. Bei Veränderungen oder Erschütterungen der europäischen Machtverhältnisse und dabei oder sonst sich bietender günstiger Gelegenheit aber müsse, auf friedlichem oder kriegerischem Wege, die weitere »Arrondierung« des Staates angestrebt werden, wobei vor allem das zu Polen gehörende Westpreußen, Schwedisch-Pommern und Sachsen als künftige Erwerbungen ins Auge zu fassen seien. Vor allem aber müsse jeder habsburg-lothringische Machtzuwachs verhindert werden. Denn darüber, daß Maria Theresia seine unversöhnliche Gegnerin blieb, gab sich Friedrich keiner Täuschung mehr hin, zumal er, wie er offen eingestand, ihr gegenüber »kein reines Gewissen« besaß; und auch von der ursprünglichen Unterschätzung dieser Herrscherin war er längst abgekommen. Nun beobachtete er aufmerksam und mit besorgter, sachverständiger Anerkennung ihre inneren Reformen und deren günstige Auswirkungen auf Finanzen und Heerwesen der habsburgischen Monarchie.

Rußland unter Elisabeth I.

Wenn Friedrich II. nach den Erfahrungen des Österreichischen Erbfolgekrieges Österreich und dessen Herrscherin nicht mehr unterschätzte, so irrte er sich gleichwohl in seinem Urteil über Macht und künftige Rolle einer anderen, von einer Frau beherrschten Monarchie; das von dem »wollüstigen Weib« Elisabeth I. regierte Rußland werde, so erwartete es der preußische König zu Beginn der fünfziger Jahre, in absehbarer Zeit von inneren Unruhen und Bürgerkriegen zerrissen und vielleicht geteilt, jedenfalls so geschwächt werden, daß es in Europa keine wesentliche Rolle mehr werde spielen können.

Eine solche Erwartung war durchaus nicht abwegig, wenn man die innere und äußere Geschichte Rußlands seit dem Tod Peters des Großen im Jahre 1725 überblickt. Denn die verständliche Reaktion der führenden Schichten auf die gewaltsame Europäisierung und Modernisierung fiel in eine Periode innerer Wirren und Thronstreitigkeiten, die sich aus der immer wieder umstrittenen Nachfolgefrage ergaben. Die Herrschaft hemmungsloser und politisch unbedeutender Frauen aus der Zarensippe und ihrer Favoriten wechselte ab mit der gleichfalls nur nominellen Regierung unmündiger Kinder. Ausländische Emporkömmlinge und Angehörige einheimischer Adelsfamilien rangen um den bestimmenden Einfluß; bei den zahlreichen Regierungswechseln, jähen Kursänderungen und Palastrevolten gaben immer wieder die Garderegimenter den Ausschlag.

Auf Peters Witwe Katharina I. – tatsächlich führte ihr früherer Geliebter, Fürst Alexander Danilovitsch Menschikow, die Regierung – folgte ebenfalls nur für wenige Jahre der minderjährige Peter II., Enkel des großen Reform-Zaren. Das Jahrzehnt der Regierung der Zarin Anna I., einer Nichte Peters des Großen (1730–1740), brachte den Höhepunkt im Einfluß der Ausländer: Da waren der zum Herzog von Kurland erhobene Balte Ernst Johann Biron (Bühren), der aus Hessen stammende Graf Burkhard Christoph von Münnich, der schon unter Peter dem Großen den Bau des Ladogakanals geleitet hatte und nun unter Anna zum Feldmarschall und Präsidenten des Kriegskollegiums aufstieg, und vor allem der Leiter des bürokratischen Apparats, der Bochumer Pastorensohn Heinrich Johann Friedrich Ostermann, ferner der aus Irland stammende Feldmarschall Graf Peter von Lacy, dessen Sohn Franz Moritz dann österreichischer Feldmarschall unter Maria Theresia und Joseph II. wurde. Mehr durch Rivalitäten untereinander als durch die Reaktion der Russen auf die Ausländerherrschaft haben diese Männer sich schließlich gegenseitig ausgeschaltet und um Macht und Einfluß gebracht, besonders während der kurzen nominellen Regierung des Säuglings Iwan VI., für den seine Mutter Anna Leopoldowna, eine Nichte der Zarin Anna und Gemahlin des Prinzen Anton Ulrich von Braunschweig-Bevern, die Regierung führte. Nachdem erst Biron von Münnich verhaftet, Münnich bald darauf seinerseits von Ostermann gestürzt worden war, stürzte im November 1741 die Tochter Peters des Großen und der ersten Katharina, Elisabeth, wiederum mit Hilfe der Garde, aber auch im Einvernehmen mit dem französischen Gesandten und selbst mit Schweden, mit dem Rußland seit dem Sommer des gleichen Jahres wieder im Kriege lag, die »braunschweigische Familie« und setzte sie gefangen.

Die Tochter des großen Peter, die so im Alter von zweiunddreißig Jahren zur Herrschaft gelangt war, suchte äußerlich die Traditionen der Politik ihres Vaters wieder aufzunehmen, doch fehlte ihr dazu sowohl die Energie wie das staatsmännische Format. Auch verdankte sie ja den Erfolg ihres Staatsstreichs und ihre Popularität weitgehend der Abneigung der Russen und besonders des russischen Adels gegen die »Ausländer«. Die Hinwendung zu Europa machte unter ihrer Regierung gleichwohl Fortschritte, wobei der Schlendrian und die Inkonsequenz der elisabethinischen Politik, die dem Lande die so notwendige Erholungspause gewährte, der Verbindung und Aussöhnung der gegensätzlichen Elemente des russischen Staatswesens, der altmoskowitischen Traditionen und der westlichen Einflüsse, durchaus förderlich waren. Der stärkste Nutznießer der inneren Konsolidierung war der Adel, der jetzt erst den Höhepunkt seiner Privilegierung und der unumschränkten Herrschaft über die »leibeigenen« Bauern erreichte. In der Nacht des Staatsstreichs schwor sich Elisabeth, niemals ein Todesurteil zu unterzeichnen, und sie hat diesen Schwur gehalten; allerdings verhängte sie dafür Strafen von oft barbarischer Grausamkeit, besonders wenn sie glaubte, eine Verschwörung gegen ihre Herrschaft entdeckt zu haben.

Im Bemühen um die Sanierung der Staatsfinanzen hat Graf Peter Schuwalow zahlreiche Projekte entworfen und einige auch verwirklicht, von denen die Aufhebung der Binnenzölle mit Beginn des Jahres 1754 das bedeutendste war.

In der Außenpolitik fand Elisabeth in dem noch aus der Schule ihres Vaters stammenden Grafen Alexej Bestuschew-Rjumin einen fähigen Mitarbeiter. Durch den Tod der Zarin Anna und des Kaisers Karl VI. im selben Jahr 1740 war das österreichisch-russische Bündnis in Frage gestellt, zumal es durch den unglücklichen gemeinsamen Türkenkrieg und die daraus resultierenden wechselseitigen Vorwürfe zusätzlich belastet wurde. Der Staatsstreich Elisabeths gegen die mit den Habsburgern verwandte »braunschweigische Familie« war zunächst ein Sieg der französischen Diplomatie, die den Umschwung mit allen Mitteln, einschließlich der Ermunterung Schwedens zum Angriff auf Rußland, unterstützt hatte. Als es schließlich noch gelang, Elisabeth die Überzeugung beizubringen, der inzwischen abberufene österreichische Gesandte Botta Adorno – derselbe, der dann später die Schlappe in Genua hinnehmen mußte – sei in eine Verschwörung zugunsten der gestürzten »braunschweigischen Familie« verwickelt gewesen, schien das Einschwenken Rußlands in die

Koalition der Gegner Maria Theresias unvermeidlich. Friedrich von Preußen hat damals alles getan, um Elisabeths Zorn zu schüren, während Maria Theresia sich weigerte, Botta zu bestrafen oder auszuliefern, da die in Rußland unter der Folter gemachten Aussagen seiner angeblichen Mitverschworenen ihr seine Schuld nicht zu beweisen schienen.

Inzwischen aber hatte das russische Staatsinteresse Elisabeth der französisch-preußischen Partei entfremdet. Entgegen den französischen Erwartungen hatten ja nicht schwedische Siege Elisabeth zur Macht gebracht, im Gegenteil, Lacy hatte noch vor dem Staatsstreich den Schweden eine empfindliche Niederlage beigebracht, und Elisabeth fühlte sich nach ihrer Thronbesteigung weder den Franzosen noch erst recht den Schweden gegenüber verpflichtet. Der Krieg gegen Schweden wurde fortgesetzt, im Sommer 1742 besetzten die russischen Truppen Helsingfors und Åbo, und im Frieden von Åbo vom 19. August 1743 mußte sich Schweden zur Abtretung eines Gebietsstreifens am Finnischen Meerbusen mit den Festungen Vilmanstrand und Frederikshamn an Rußland bereit finden.

Beide in Europa kämpfende Parteien umwarben damals das Rußland Elisabeths. Daß die Prinzessin Sophie Friederike von Anhalt-Zerbst, die Tochter eines preußischen Feldmarschalls, den Neffen Elisabeths, Peter von Holstein, heiraten sollte – die Zarin hatte ihn sogleich nach ihrer Thronbesteigung zu ihrem Nachfolger bestimmt –, schien Preußen für die Zukunft den entscheidenden Vorsprung zu verschaffen. Aber Bestuschew-Rjumin, der seit 1742 als Vizekanzler, seit 1744 als Kanzler die russische Außenpolitik leitete, hielt das »petrinische System« eines Zusammengehens mit den Seemächten sowie mit Österreich und Polen für die Interessen Rußlands förderlich, und weder Hofintrigen noch Bestechungsversuche vermochten dieses Hindernis für ein Bündnis Rußlands mit Preußen und Frankreich zu beseitigen. Noch in der letzten Phase des Österreichischen Erbfolgekrieges schloß Rußland 1746 ein neues Bündnis mit Österreich, im folgenden Jahr einen Subsidienvertrag mit England. Aber wieder, wie im Polnischen Erbfolgekrieg, kam die nach Westeuropa entsandte russische Armee zu spät, um noch in die Kämpfe einzugreifen. Als die russischen Vorhuten in Elberfeld eintrafen, wurde eben in Aachen der Frieden geschlossen.

Dem Abbruch der russischen Beziehungen zu Frankreich im Jahre 1748 folgte 1750 der zu Preußen. Die Zarin, die schon 1747 die Patenschaft für den dritten Sohn Maria Theresias, den späteren Kaiser Leopold II., übernommen und sich dabei ausbedungen hatte, daß er als ersten Vornamen den ihres Großvaters Peter erhalte, stand nun fest an der Seite Österreichs und trat als Verbündete Maria Theresias auch in den Siebenjährigen Krieg ein.

Der »Wechsel der Koalitionen«

Der Aachener Frieden hatte, wie erwähnt, in dem Kolonialkrieg zwischen England und Frankreich, der seit 1744 vor allem in Indien, Mittel- und Nordamerika geführt worden war, nur eine kurze Unterbrechung gebracht. Zu wirklichen Entscheidungen war es auf den weit voneinander entfernten Kriegsschauplätzen nicht gekommen. Hatten die Engländer in

Nordamerika Louisbourg genommen, so stand dem in Indien die Eroberung von Madras durch die Franzosen gegenüber. In einem für die Engländer günstigen Ausgleich war in Aachen der Zustand vor dem Kriege wiederhergestellt, in den Kolonien ebenso wie in Westeuropa. Die Franzosen gaben außer den österreichischen Niederlanden auch noch Madras heraus und erhielten dafür Louisbourg von den Engländern zurück.

Vor allem die nordamerikanischen Kolonisten, die bei der Eroberung von Louisbourg eine entscheidende Rolle gespielt hatten, waren enttäuscht, daß Frankreich seine Position in Kanada hatte bewahren können; denn das französische Einflußgebiet, von Louisiana im Süden durch das Mississippital mit Kanada verbunden, drohte die englischen Kolonien an der amerikanischen Ostküste, die gerade in der ersten Hälfte des Jahrhunderts einen mächtigen Aufschwung erlebt hatten, von der erstrebten Ausdehnung nach Westen abzuriegeln Eine von dem Gouverneur von Kanada, dem Marquis Louis-Joseph de Montcalm, angelegte Kette von Forts mit dem Fort Duquesne am Oberlauf des Ohio, in der Gegend des späteren Pittsburgh, als wichtigstem Stützpunkt, sollte diese Verbindung sichern. Hier, im oberen Ohiotal, kam es nun auch, nicht einmal vier Jahre nach dem Aachener Friedensschluß, zu neuen Kämpfen. 1754 wurde der junge Oberstleutnant der Miliz von Virginia, George Washington, der die Feindseligkeiten eröffnet hatte, von den Franzosen bei Great Meadows zur Kapitulation gezwungen, und im folgenden Jahre wurde in derselben Gegend der zum Auswetzen dieser Scharte gegen Fort Duquesne vormarschierende General Edward Braddock von den mit den Franzosen verbündeten Indianern überfallen und im Kampf getötet.

Auch in Indien war es trotz des Friedensschlusses in Europa immer wieder zu Reibereien zwischen der französischen und der englischen Handelsgesellschaft gekommen, da beide die günstige Situation nach dem Zerfall des Mogulreiches zum Ausbau der eigenen Positionen auf dem indischen Subkontinent zu nutzen suchten. Wie in Nordamerika die verschiedenen Indianerstämme wurden in Indien die Fürsten der Teilreiche Bundesgenossen und Werkzeuge der rivalisierenden Engländer und Franzosen; angesichts der wegen der großen Entfernung beschränkten Einwirkung der europäischen Kabinette war der Übergang vom verdeckten zum offenen Krieg fließend. Dabei ergab sich für die Engländer ein gewaltiger Vorteil, als der bedeutende Gouverneur des wichtigsten französischen Stützpunkts Pondichéry, Joseph Dupleix – er wollte ein großes französisches Kolonialreich in Indien aufbauen –, mitten aus den Kämpfen und den ihm von seinem Gegner und gelehrigen Schüler, Robert Clive, zugeführten Schlappen von den Direktoren seiner Kompanie 1754 abberufen wurde, da diese die Gewinne der Gesellschaft nicht zur Unterstützung einander befehdender indischer Fürsten aufgezehrt sehen wollten.

So war 1755 der englisch-französische See- und Kolonialkrieg in Indien, in Amerika und auf den Weltmeeren bereits wieder im vollen Gange, und es konnte nur noch eine Frage der Zeit sein, daß er auch auf Europa übergriff. Die Überlegenheit der englischen über die französische Flotte hatte sich schon im Österreichischen Erbfolgekrieg, zuletzt in dem englischen Seesieg von Cap Finisterre (1747) erwiesen, und sie zeigte sich jetzt aufs neue im Kaperkrieg auf den Meeren und bei der Unterstützung der in Indien und Nordamerika kämpfenden Truppen. Verwundbar hingegen war England, wie sich gleichfalls schon im

Österreichischen Erbfolgekrieg herausgestellt hatte, durch die überlegenen französischen Landstreitkräfte auf dem europäischen Kontinent. Das galt vor allem für Hannover, das Stammland des englischen Königs, solange nicht Österreich an der Seite Englands stand und damit die österreichischen Niederlande ein dem französischen Zugriff ausgesetztes Objekt wurden. Als Kurfürst von Hannover mußte Georg II. bestrebt sein, die bedeutendste Militärmacht Norddeutschlands, Preußen, bei einem allgemeinen europäischen Konflikt auf seiner Seite oder jedenfalls nicht als Gegner an der Seite Frankreichs zu sehen; und diese Situation hatte ja im Österreichischen Erbfolgekrieg zu den von den Engländern immer wieder mit Erfolg unternommenen Versuchen geführt, den Preußenkönig zum Ausscheiden aus dem Kampf zu bewegen. Es war daher nur folgerichtig, wenn England sich jetzt, noch vor dem Ausbruch eines neuerlichen Krieges in Europa, gleich um ein Bündnis mit Preußen zum Schutze Hannovers bemühte.

Friedrich mußte das Heraufziehen eines neuen Konflikts zwischen England und Frankreich und damit eines großen Krieges in Europa mit Sorge um das in den Schlesischen Kriegen so mühsam Errungene, zugleich aber auch mit der Hoffnung auf weitere Erwerbungen zur Abrundung seines Staates betrachten. Sorge bereitete ihm vor allem das Bündnis zwischen Österreich und Rußland sowie das offenbar werdende Bemühen des österreichischen Staatskanzlers Kaunitz, eine große Koalition gegen Preußen zustande zu bringen, um Schlesien zurückzugewinnen und den König von Preußen wieder in die Rolle eines »Markgrafen von Brandenburg« hinabzudrängen. Der Abschluß eines allerdings noch nicht unterzeichneten Subsidienvertrags zwischen England und Rußland kennzeichnet die Gefahr, in der sich Preußen befand. Da schien nun das Werben Englands um eine preußische Garantie für Hannover dem König die Möglichkeit zu eröffnen, seine Stellung mit einem Schlage zu verbessern und zusammen mit England auch dessen künftigen Verbündeten Rußland aus der Front seiner Gegner herauszubrechen.

Die Tiefe des traditionellen Gegensatzes zwischen Habsburg und Bourbon mochte dabei als Garantie dafür gelten, daß nun nicht Frankreich statt England sich mit Österreich verbünden würde; denn auch Friedrich, der nach der Erwerbung Ostfrieslands für kurze Zeit vergeblich versucht hatte, sich in den Welt- und Überseehandel einzuschalten, konnte als Herrscher im Binnenland nicht voraussehen, daß die jahrhundertealte Rivalität Habsburg–Bourbon von dem ja erst 1688 aufgebrochenen, in der Zeit Walpoles und Fleurys wieder nahezu erloschenen englisch-französischen Machtkampf in Übersee völlig verdrängt und in ihr Gegenteil verkehrt werden würde.

Die von England und Preußen am 16. Januar 1756 abgeschlossene Konvention von Westminster zur gemeinsamen Abwehr jedes Angriffs einer fremden Macht in Deutschland führte nun aber tatsächlich Frankreich mit Österreich und Rußland gegen Preußen und England zusammen: das »diplomatische Wunder« des 18. Jahrhunderts, das *renversement des alliances*, der große »Wechsel der Allianzen«, vollzog sich. Frankreich, das eben noch gehofft hatte, Friedrich zum Angriff auf Hannover zu veranlassen, fühlte sich von seinem bisherigen Bundesgenossen verraten. Jetzt erst war man in Versailles bereit, auf die von Kaunitz mit Geschick und Zähigkeit, bisher aber noch ohne sichtbaren Erfolg vorgetragenen Sondierungen für ein französisch-österreichisches Bündnis einzugehen. Am 1. Mai 1756 wurde in Versailles das Neutralitäts- und Verteidigungsbündnis zwischen Ludwig XV. und Maria Theresia unterzeichnet. Auf der anderen Seite ließ Rußland, dank der unerwarteten Entwicklung vor die Entscheidung gestellt, das neue, noch nicht unterzeichnete Bündnis mit England zugunsten des alten mit Österreich fahren.

Der Siebenjährige Krieg

Friedrich hatte gerade das herbeigeführt, was er hatte verhindern wollen: das Zustandekommen einer großen europäischen Koalition gegen Preußen. Dabei besaß nach der allgemeinen Überzeugung in Europa und nach den Erfahrungen des Österreichischen Erbfolgekrieges der neugewonnene Verbündete England einen geringeren militärischen Wert als der bisherige Verbündete und jetzige Gegner Frankreich, was dann allerdings, wie sich während der langen Dauer des Krieges herausstellen sollte, durch die englische Überlegenheit zur See und die stärkere Finanzkraft des Inselreiches mehr als aufgewogen wurde. Zunächst aber schien der »Wechsel der Allianzen« zum Schaden Preußens einen erheblichen Gewinn für Österreich zu bringen, und so wird es verständlich, daß Friedrich sein Heil in der »Flucht nach vorn« suchte, im überraschenden Angriff auf seine Gegner, um Pfänder in die Hand zu bekommen und einen günstigen Friedensschluß zu erzwingen, ehe die russischen Truppen auf dem mitteleuropäischen Kriegsschauplatz eingetroffen waren. Als Angriffsziel wählte Friedrich Sachsen, dessen Erwerbung er seit langem ins Auge gefaßt hatte; aus militärischen und politischen Erwägungen entschied er sich für einen überraschenden Überfall auf das mit Rußland und Österreich verbündete Land, dessen Kurfürst zugleich König von Polen war.

Auch hier ist die Rechnung des preußischen Königs nicht aufgegangen. Die Ende August 1756 unternommene Überrumpelung der sächsischen Armee mißlang; im Treffen von Lobositz mußte der König die Auswirkungen der inzwischen in Österreich durchgeführten militärischen Reformen erfahren. Obgleich er dann die bei Pirna eingeschlossenen Sachsen doch noch zur Kapitulation zwang und am 6. Mai 1757 bei Prag einen weiteren Sieg über seinen alten Gegner Karl von Lothringen davontrug, erlitt er nur etwas mehr als einen Monat später, am 18. Juni, bei Kolin durch Daun die erste Niederlage seines Lebens, die ihm den Nimbus der Unbesiegbarkeit nahm. Zur Erinnerung an diesen Tag, den Maria Theresia zum »Geburtstag der Monarchie« erklärte, stiftete sie den Militär-Maria-Theresienorden, den ersten Berufsorden Österreichs und die höchste kriegerische Auszeichnung der Habsburgermonarchie bis zu ihrem Ende.

Inzwischen hatte sich das Bündnis der Gegner Friedrichs durch seinen Angriff erst recht gefestigt; diesem Bündnis von Petersburg, Wien und Versailles traten nun auch Schweden, die meisten katholischen, aber auch evangelische Reichsstände wie Württemberg und Mecklenburg-Schwerin bei, wogegen sich außer Hannover noch Hessen-Kassel, Braunschweig und Gotha an die Seite Preußens stellten. Während die Russen in Ostpreußen, die Schweden in Pommern vordrangen, gelang dem österreichischen Reitergeneral Hadik sogar ein Handstreich auf Berlin und die Eintreibung von Kontributionen in der Hauptstadt des Feindes.

Dank einer Reihe von Siegen, wie dem vor allem von der preußischen Reiterei unter dem General von Seydlitz am 5. November 1757 bei Roßbach über die Franzosen und die Reichsarmee errungenen, dann dem von Leuthen über Karl von Lothringen am 5. Dezember desselben Jahres und schließlich dem bei Zorndorf über die Russen am 25. August 1758, vermochte Friedrich die Initiative an sich zu reißen und seine Lage vorübergehend wieder zu verbessern. Aber die neuerliche Niederlage, die ihm Daun bei Hochkirch am 14. Oktober 1758 beibrachte, und erst recht dann der Sieg der vereinigten Österreicher und Russen unter Laudon bei Kunersdorf am 12. August 1759 schienen das Ende der preußischen Machtstellung, ja das Ende Preußens zu bringen. Nach Hochkirch und erst recht nach Kunersdorf stand Friedrich am Rande der Verzweiflung; er hat, entschlossen, das Ende seines Staates nicht zu überleben, mit dem Gedanken des Selbstmords nicht nur gespielt, sondern ihn ernsthaft erwogen. Da aber die Verbündeten den Sieg von Kunersdorf nicht ausnutzten, konnte Friedrich neuen Mut schöpfen, wenngleich bald darauf die Kapitulation seines Generals Finck, der »Finkenfang bei Maxen«, ihm wieder einen schweren Schlag zufügte. Auch der Sieg Friedrichs über Daun bei Torgau am 3. November 1760 befreite Preußen noch nicht von der drohenden Gefahr des Untergangs, zumal sich das Bündnis mit England nach dem Tod König Georgs II. am 25. Oktober desselben Jahres zu lockern begann; dessen Enkel und Nachfolger Georg III., der erste sich wahrhaft als Engländer fühlende Herrscher aus dem Hause Hannover, war an dem Krieg auf dem Kontinent nicht mehr so stark interessiert. Der verzweifelte Versuch Friedrichs, Türken und Tataren zum Eintritt in den Kampf gegen Österreich und Rußland zu bewegen, blieb erfolglos.

Die Rettung für den preußischen König brachten dann einmal die Kriegsmüdigkeit und Erschöpfung auch der Gegner, voran Österreichs, das die Hauptlast des Kampfes getragen hatte, vor allem aber der Tod der Zarin Elisabeth am 5. Januar 1762. Ihr Nachfolger Peter III. aus dem Hause Holstein beeilte sich, mit dem von Kindheit an bewunderten Preußenkönig zuerst unter gegenseitigem Verzicht auf Erwerbungen am 5. Mai 1762 einen Frieden, dann am 19. Juni sogar ein Bündnis zu schließen. Aber Peter wurde bald darauf beseitigt, und seine Gemahlin, die einst von Friedrich protegierte Sophie von Anhalt-Zerbst, bestieg als Katharina II. den Zarenthron. Obwohl sie nur den Frieden, nicht aber das Bündnis anerkannte, benutzte Friedrich die Atempause, die ihm die kurze Regierung Peters III. verschafft hatte, um seine militärische Situation zu verbessern. Inzwischen waren auch England und Frankreich im November 1762 übereingekommen, den Krieg zu beenden, und hatten am 10. Februar 1763 tatsächlich in Paris Frieden geschlossen; für Deutschland wurde durch sächsische Vermittlung am 15. Februar 1763 in Schloß Hubertusburg bei Oschatz in Sachsen der Friede unterzeichnet: der territoriale Besitzstand blieb unverändert, Maria Theresia mußte sich endgültig mit dem Verlust Schlesiens und der Großmachtstellung Preußens abfinden.

Das Ergebnis des Krieges war für Deutschland die Stabilisierung des Dualismus der beiden Großmächte Preußen und Österreich, die in dem Siebenjährigen Krieg ihre Kräfte aneinander gesteigert, schließlich aber doch auch erschöpft und abgenützt hatten So paradox es erscheinen mag, das Prestige beider Mächte in Deutschland wie in Europa ging gestärkt aus dem Kampf hervor. Vor allem die Tatsache, daß Friedrich sich gegenüber einer so großen und mächtigen Koalition hatte behaupten können, hinterließ bei Zeitgenossen und Nachwelt einen tiefen Eindruck. Hinter dem Glanz der bald legendären Siege verblaßte die Erinnerung an die Niederlagen, oder diente als dunkle Folie, vor der die Siege nur um so heller erstrahlten. Der Beiname »der Große«, den seine Untertanen schon nach den Schlesischen Kriegen dem Preußenkönig gegeben hatten, drang jetzt auch in das Bewußtsein des ganzen deutschen Volkes, besonders natürlich in den protestantischen Gebieten, wie ja auch der »Wechsel der Allianzen« ein Wiederaufleben des konfessionellen Gegensatzes zur Folge hatte: im Siebenjährigen Krieg standen den katholischen Mächten Frankreich und Österreich die protestantischen Mächte England und Preußen gegenüber. Das Verlangen nach Heldenverehrung fand in der großen einsamen Gestalt Friedrichs ein ideales Objekt, wie es uns die zeitgenössische Literatur ebenso zeigt wie Goethes rückblickende Erinnerung. Man vergaß dabei schließlich, daß Friedrich zuletzt vor allem durch den unerwarteten Tod der Zarin Elisabeth vor dem drohenden Untergang gerettet worden war, und leitete aus seiner Errettung die unzulässige Verallgemeinerung ab, daß zähes Ausharren in jedem Falle eine Wendung des Schicksals herbeizwingen müsse. Die Berufung auf das friderizianische Beispiel hat in der Durchhaltepropaganda des Ersten und erst recht des Zweiten Weltkriegs eine große und schließlich verhängnisvolle Rolle gespielt, was man dem großen Preußenkönig allerdings kaum zum Vorwurf machen kann.

Auf der anderen Seite hatten Maria Theresia und Kaunitz ihr Ziel der Rückgewinnung Schlesiens und der Herabdrückung Preußens in den Kreis der zweitrangigen Mächte nicht erreicht. Aber das Bündnis mit Frankreich und Rußland, das über alle Schwankungen der folgenden Jahre und Jahrzehnte hinweg bis zur Französischen Revolution erhalten blieb, sicherte Österreich die Stellung als Großmacht in der Mitte Europas in einem Ausmaß, wie dies seit dem Polnischen Thronfolgekrieg nicht mehr der Fall gewesen war. Und da zudem Friedrich im Frieden von Hubertusburg der Wahl Josephs II. zum Römischen König zugestimmt hatte und Wahl und Krönung dann tatsächlich im Frühjahr 1764, im Beisein des kaiserlichen Vaters Franz I., in Frankfurt erfolgten – das Bild jener Frankfurter Krönung hat uns Goethe in überzeugender Frische überliefert –, war auch die Nachfolge im Reich für das »Haus Österreich« sichergestellt.

Unter europäischem und weltgeschichtlichem Aspekt allerdings waren die Gewinner des Siebenjährigen Krieges nicht Preußen und Österreich, sondern Rußland und England, die beiden europäischen Flankenmächte. Die russischen Truppen, bisher zweimal zu spät auf dem mitteleuropäischen Kriegsschauplatz erschienen, hatten jetzt, wenngleich mit wechselndem Erfolg, als wesentlicher Faktor des Krieges auf deutschem Boden gekämpft und schließlich gerade durch ihr Ausscheiden aus der Koalition die Rettung Preußens bewirkt. Ohne daß das Zarenreich einen territorialen Gewinn davontrug, ist seine Stellung im europäischen Staatensystem endgültig erst durch den Siebenjährigen Krieg gesichert worden.

Englands Sieg über Frankreich

Der eigentliche Sieger des langen Ringens aber war, wie schon im Spanischen Erbfolgekrieg, Großbritannien. Wenn gesagt wurde, daß auf den Schlachtfeldern Schlesiens das Schicksal des nordamerikanischen Kontinents entschieden wurde, so stimmt dies so weit, als der Untergang Preußens und eine etwa darauf folgende Eroberung Hannovers durch die Franzosen die englische Position bei den Friedensverhandlungen jedenfalls entscheidend geschwächt hätte. Da aber auch die Kämpfe im Westen Deutschlands, zwischen den Franzosen und den Truppen der deutschen Verbündeten Englands unter der militärischen Leitung Ferdinands von Braunschweig, in den letzten Jahren des großen Ringens in wechselvollem Auf und Ab von Sieg und Niederlage keine eindeutige Entscheidung brachten, Frankreich zudem als jetzt mit Österreich verbündete Macht sich nicht mehr ein festländisches Faustpfand und Tauschobjekt von der Bedeutung der Österreichischen Niederlande sichern konnte, so durfte England beim Friedensschluß die Früchte seiner Siege auf den Meeren und in Übersee einbringen; auch das eine unerwartete, weltgeschichtlich aber vielleicht die bedeutungsvollste Folge des »Wechsels der Allianzen«.

Wie so oft in der Geschichte des Inselreiches begann auch der Siebenjährige Krieg für England keineswegs günstig. Während man in London gleich zu Beginn des Krieges eine französische Invasion befürchtete, belagerten und eroberten die Franzosen unter dem Herzog Louis François de Richelieu Puerto Mahon auf der Baleareninsel Menorca. Der englische Admiral Sir John Byng, der sich zu schwach fühlte, um Puerto Mahon zu entsetzen, wurde später – auf Grund eines rückwirkenden Gesetzes – von einem Kriegsgericht zum Tode verurteilt und auf dem Deck seines Admiralsschiffs erschossen. In Nordamerika eroberte der französische Befehlshaber Montcalm Oswego und Ontario, und auch in Westdeutschland begann der Krieg für die Engländer mit der Niederlage des Herzogs von Cumberland bei Hastenbeck und dem Abschluß der einer Kapitulation gleichkommenden Konvention von Kloster Zeven. Erst mit der Berufung des dann zum Earl of Chatham erhobenen William Pitt (des »Älteren«) wandte sich das Schicksal: er setzte beträchtliche Subsidienzahlungen an Preußen durch und intensivierte den Seekrieg.

Nach verschiedenen, wenig glücklichen Überfällen auf die französische Küste gelangen den Engländern im »wunderbaren Jahr« 1759 zwei entscheidende Schläge zur See: der Sieg des Admirals Edward Boscawen über die vom französischen Minister Choiseul zum Zwecke einer geplanten Invasion in den Atlantik beorderte französische Mittelmeerflotte vor der portugiesischen Küste bei Lagos im August und der Sieg des Admirals Edward Hawke über die französische Atlantikflotte in der Bucht von Quibéron im November. Siebenundzwanzig erbeutete französische Kriegsschiffe sind im Laufe dieses einen Jahres in den britischen Dienst gestellt worden. Die Gefahr einer Invasion Englands war damit endgültig abgewendet, die Herrschaft zur See gesichert.

Im selben Jahr 1759 kam es auch in Nordamerika, wo sich die Wende schon im Vorjahr mit der Einnahme von Fort Duquesne angebahnt hatte – es wurde zu Ehren Pitts in Pittsburgh umbenannt –, zum entscheidenden britischen Sieg von Quebec, bei dem sowohl der junge englische General James Wolfe wie der französische Befehlshaber Montcalm tödlich verwundet wurden. Ein Jahr später fiel Montreal. Die britische Überlegenheit zur See hatte die Voraussetzung für diese Siege geschaffen, da für die in Kanada tapfer kämpfenden Franzosen kein Nachschub mehr aus der Heimat durchkam.

In ähnlicher Weise wirkte sich die englische Überlegenheit zur See auch in Indien aus, wo der ebenso kühne wie verschlagene Clive erfolgreich gegen die Franzosen und die mit ihnen verbündeten indischen Fürsten operierte. Durch den Sieg am 23. Juni 1757 bei Plassey über den Bundesgenossen der Franzosen, den Nawāb von Bengalen, Sirāj ad-Daulah, geriet der fruchtbarste und reichste Teil Indiens unter britischen Einfluß, der allerdings nicht von Clive direkt, sondern von dem zur Belohnung für den Verrat an seinem Herrn zum Nawāb von Bengalen eingesetzten Mīr Ja'far ausgeübt wurde. Clive kehrte nach England zurück, und der von ihm als Nachfolger eingesetzte Oberst Eyre Coote besiegte am 22. Januar 1760 die Franzosen bei Wandewash. Thomas Lally-Tolendal, ein irischer Stuart-Anhänger in französischen Diensten, setzte den Kampf in Indien fort, konnte aber mit seinen zu schwachen Kräften und ohne Nachschub aus Frankreich den Fall des letzten Stützpunkts Pondichéry am 10. Januar 1761 nicht verhindern.

Nach der Thronbesteigung Georgs III. begann in England der Kriegswille zu erlahmen, zumal es Choiseul gelang, nun auch noch Spanien zum Eintritt in den Krieg gegen das Inselreich zu veranlassen. Pitts Plan, den Spaniern, die erst das Eintreffen ihrer Silberflotte aus Amerika abwarteten, mit einem Angriff zuvorzukommen, stieß auf Widerstand bei seinen bisherigen Anhängern und führte im Oktober 1761 zu seinem Sturz. Die führende Persönlichkeit in der englischen Regierung wurde nun der frühere Erzieher Georgs III., der Tory Lord Bute, erst als Staatssekretär, dann als Erster Lord des Schatzamtes. Wie sein königlicher Zögling war er gegen weitere Subsidienzahlungen an Friedrich und für einen baldigen Friedensschluß.

Am 3. November 1762 einigten sich, wie erwähnt, England und Frankreich in Fontainebleau über die Beendigung des Krieges. Im Frieden von Paris erhielt England von Frankreich Kanada und Cape Breton, von Spanien Florida, wofür Spanien von Frankreich mit Louisiana entschädigt wurde. In Westindien verlor Frankreich an England die Inseln St. Vincent, Dominica und Tobago, in Afrika Senegal. In Indien blieben von dem einst von Dupleix erträumten französischen Imperium nur fünf Hafenplätze in französischer Hand. Das seit Colbert und Ludwig XIV. errichtete erste Kolonialreich Frankreichs war damit fast ganz vernichtet, der Vorsprung Großbritanniens nicht mehr einzuholen. Selbst der Abfall der nordamerikanischen Kolonien Englands – eine weitere Folge aus dem Siebenjährigen Krieg, da die Kolonisten nach dem Verschwinden der französischen Rivalen des Rückhalts am Mutterland nicht mehr so sehr bedurften – konnte dieses wichtigste weltgeschichtliche Ergebnis des Siebenjährigen Krieges nicht mehr rückgängig machen

Katharina II. und die erste polnische Teilung

Wenig mehr als ein halbes Jahr regierte der von der Zarin Elisabeth seit zwei Jahrzehnten zu ihrem Nachfolger erzogene Peter III.; dann wurde er von seiner Gemahlin durch einen Staatsstreich der Garderegimenter gestürzt, die von den Brüdern Orlow gewonnen worden waren. Acht Tage später wurde Peter in der Haft, wahrscheinlich von einem der Brüder Orlow, ermordet. Der blutige Schatten dieser Tragödie am Beginn ihrer Regierung hat die deutsche Prinzessin, die als Zarin Katharina II. nun auch im russischen Riesenreich das Ideal der Zeit, eine aufgeklärte »philosophische« Monarchie, verwirklichen wollte, zeitlebens nicht verlassen. Der seit 1756 in der Festung Schlüsselburg gefangengehaltene Braunschweiger Iwan VI. wurde 1764 weisungsgemäß von seinen Bewachern ermordet, als eine Verschwörung von Offizieren ihn zu befreien und auf den Thron zu setzen suchte. Der Kosak Emeljan Pugatschew, der 1773/75 an die Spitze des großen Kosaken- und Bauernaufstands trat, gab sich als der auf wunderbare Weise aus der Haft errettete Peter III. aus, während zur gleichen Zeit eine mit polnischen Gegnern Katharinas in Verbindung stehende, geheimnisvolle Dame, die sich »Prinzessin Elisabeth« nannte und die russische Flotte im Mittelmeer aufzuwiegeln versuchte, behauptete, sie selbst und Pugatschew seien Kinder der Zarin Elisabeth aus deren heimlicher Ehe mit ihrem Günstling Razumowskij. Katharina ruhte nicht, bis die angebliche Zarentochter und Pugatschew unschädlich gemacht waren. Die dabei zutage tretende Härte und Entschlossenheit und das Mißtrauen, das sie in späteren Jahren ihrem eigenen Sohn und Nachfolger Paul I. entgegenbrachte, zeigen, wie schwer sie unter der mangelnden Legitimität ihrer Herrschaft litt.

Von hier aus ergibt sich vielleicht auch ein Zugang zu der viel diskutierten Frage, wie ernst es Katharina mit ihrer Sympathie für die westliche Aufklärung und mit ihrem Bestreben war, diese Ideen in Rußland zu verwirklichen. Als deutsche Prinzessin, deren Thronbesteigung ihrem Gemahl, dem Enkel Peters des Großen, das Leben gekostet hatte, mußte sie alles tun, um die Empfindlichkeit der altmoskowitischen Traditionen und des erwachenden modernen russischen Nationalgefühls zu schonen und selbst als echte Russin zu erscheinen. Auf der anderen Seite aber war sie ehrlich bemüht, den gerade ihr als Ausländerin besonders deutlich erkennbaren Abstand zwischen Rußland und dem Westen zu verringern. Aus dem unüberbrückbaren Gegensatz zwischen den Ideen der westlichen »Philosophen« und Enzyklopädisten, mit denen Katharina korrespondierte, deren Werke sie las und die sie zu gewinnen suchte, und den so ganz andersartigen geschichtlichen, sozialen, religiösen Verhältnissen und Überlieferungen in Rußland ergab sich eine Spannung, die mit dem gerade auf die Regierungszeit Katharinas bezogenen Schlagwort von den »Potemkinschen Dörfern« – als ob alle Reformbestrebungen nur äußerliche Tünche, Schein und Schwindel gewesen seien – wieder nur sehr oberflächlich erfaßt wird.

In der Außenpolitik verfolgte Katharina die von ihren Vorgängern auf dem Zarenthron vorgezeichneten Linien weiter, im ganzen wohl konsequenter und auch erfolgreicher als die meisten von ihnen, was allerdings auch durch die inzwischen trotz aller inneren Wirren gesteigerte Macht Rußlands und den inneren Verfall der traditionellen Gegenspieler – Schweden, Polen, Türkei – bedingt war. Auch nutzte die deutsche Prinzessin die Chancen voll aus, die ihr der bei ihrem Regierungsantritt gerade endgültig verankerte Dualismus Österreichs und Preußens bot. Das zeigte sich bereits wenige Monate nach dem Siebenjährigen Krieg, als durch den Tod Augusts III. von Polen und Sachsen die Frage der Besetzung des polnischen Königsthrons wieder akut wurde.

Mit Unterstützung Friedrichs II. gelang es Katharina, die Wahl ihres früheren Liebhabers Stanislaus Poniatowski zum König von Polen durchzusetzen. Der wachsende Druck Rußlands auf Polen führte allerdings zur Auflehnung von Teilen des polnischen Adels gegen die russische Bevormundung. Die konfessionellen Gegensätze, die Rußland und Preußen immer als Vorwand zur Einmischung in die polnischen Angelegenheiten gedient hatten, spielten in den nun anhebenden inneren Kämpfen ebenso eine Rolle wie Rivalitäten innerhalb des polnischen Adels. Zur gleichen Zeit aber fanden die westlichen Ideen der Aufklärer, der Enzyklopädisten und Physiokraten, auch in Polen weitere Verbreitung und stärkten die Opposition gegen die Fremdherrschaft. Als Stanislaus Poniatowski diesen Strömungen entgegenkam, zwangen ihn Rußland und Preußen, die bestehende polnische Verfassung und damit die Aufrechterhaltung der inneren Anarchie der polnischen Adelsrepublik zu garantieren.

Im Frühjahr 1768 bildete sich die »Konföderation von Bar«, die den Kampf gegen die ins Land eingerückten russischen Truppen aufnahm. Die Unruhen und Kämpfe vor allem in den südlichen Gebieten und in der angrenzenden Ukraine veranlaßten nun aber auch Österreich und die Türkei zum Eingreifen. Im Einvernehmen mit dem den Kämpfen machtlos gegenüberstehenden König Stanislaus besetzten die Österreicher 1769 die seit 1412 von Ungarn an die Krone Polens verpfändeten Städte der Zips am Fuße der Tatra, im folgenden Jahre auch noch drei angrenzende altpolnische Starosteien mit dem wertvollen Salzbergwerk von Wielicka. Schon vorher, im Jahre 1768, aber hatten die Türken Katharina den Krieg erklärt, da sie Rußland für die Verletzung bessarabischen Gebiets im Laufe der polnischen Unruhen verantwortlich machten.

Damit bot sich für die Zarin die Möglichkeit, auch den Kampf gegen die Türkei mit viel weiterreichenden Zielen aufzunehmen, als dies unter ihren Vorgängern der Fall gewesen war. Von der russischen Flotte, die unter Aleksej Orlow aus der Ostsee rund um Europa ins Mittelmeer und die Ägäis entsandt wurde, sollte die christliche Bevölkerung der Balkanhalbinsel zum Kampf gegen die türkische Herrschaft ermuntert, Konstantinopel in einem Zangenangriff aus Nord und Süd erobert, das Kreuz wieder auf der Hagia Sophia aufgepflanzt und die Türken aus Europa vertrieben werden. Die Vernichtung der türkischen Flotte in der Bucht von Tschesme durch Orlow und seine englischen Admirale Greig und Elphinston im Juni 1770 schien die Verwirklichung des kühnen Planes einzuleiten; aber die Hoffnung auf eine Erhebung der Balkanvölker erfüllte sich nicht, und der russische Vormarsch in den Donaufürstentümern erweckte die Besorgnisse vor allem Österreichs, aber auch Preußens, vor einer übermäßigen Vergrößerung der russischen Macht. Eine vorübergehende Annäherung der beiden deutschen Großmächte war die Folge. Sie fand ihren Ausdruck in den Begegnungen des alten Königs und des jungen Kaisers Joseph II. in Neisse im August 1769 und ein Jahr später in Mährisch-Neustadt im September 1770.

Zu einem gemeinsamen Vorgehen Österreichs und Preußens gegenüber Rußland ist es aber, infolge des gegenseitigen Mißtrauens, nicht gekommen. Wohl dachte der junge Joseph II., der seit dem plötzlichen Tod seines Vaters im August 1765 Römischer Kaiser und Mitregent seiner Mutter in der Österreichischen Monarchie war, zeitweise an ein Eingreifen in den russisch-türkischen Krieg, sei es auf seiten Katharinas, sei es im Bündnis mit der Türkei; in beiden Fällen, um eine einseitige, für Österreich gefährliche Vergrößerung Rußlands in Südosteuropa zu verhindern: Die russisch-österreichische Rivalität auf dem Balkan begann sich zum erstenmal klar abzuzeichnen. Dann aber überwog in Wien doch die Sorge vor einem neuerlichen Überfall Preußens auf ein im Südosten gebundenes Österreich. Überhaupt wünschte Maria Theresia keinen neuen Krieg, und als man erkannte, daß Friedrich und Katharina im Begriffe standen, sich über eine Aufteilung polnischer Gebiete zur Abrundung ihrer Staaten zu einigen, beeilten sich Kaunitz und Joseph II., eine Teilnahme Österreichs zu erreichen.

Vergeblich sträubte sich Maria Theresia gegen eine österreichische Beteiligung an dem Raub polnischen Gebiets. Während die ganz einem rationalistischen Staatsideal hingegebenen »aufgeklärten« Monarchen und Staatsmänner Europas – Friedrich der Große, Katharina, Joseph II., Kaunitz – nur daran dachten, das Herrschaftsgebiet ihrer Staaten zu vergrößern, wehrte sich das noch religiös gebundene Herrscherbewußtsein der Kaiserin gegen das offenkundige Unrecht und die »Verletzung von allem, was bisher heilig und gerecht war«. Doch schließlich fügte sie sich dem Drängen ihres Sohnes und ihres Staatskanzlers: »Sie weinte, doch sie nahm«, wie Friedrich spöttisch bemerkte.

Der Teilungsvertrag vom 5. August 1772 brachte Preußen zwar mit Ermland und Westpreußen ohne Danzig und Thorn bei weitem den geringsten Anteil, aber doch ein Gebiet, dessen Erwerbung Friedrich seit seiner Kronprinzenzeit ersehnt hatte und das nun die Verbindung zwischen Ostpreußen und dem brandenburgisch-pommerschen, dem zentralen Herrschaftskomplex des Hohenzollernstaates herstellte. Österreich erhielt die südlichen Gebiete Polens, die als »Galizien und Lodomerien« dem österreichischen Länderverband einverleibt wurden. Mit einer Bevölkerungszahl von zweieinhalb Millionen lag der österreichische Gewinn nicht nur weit über dem preußischen von einer halben Million, sondern auch noch beträchtlich über dem russischen von rund eineinhalb Millionen in den Gebieten östlich der Düna und des oberen Dnjepr. Das solchermaßen verstümmelte Polen mußte sich in die Entscheidung seiner drei mächtigen Nachbarn fügen und ihr mit der erzwungenen Zustimmung des polnischen Reichstags zum Teilungsvertrag dem Raub noch den Mantel scheinbarer Legalität umhängen.

Solange die polnische Frage nicht gelöst war und auch nocn die Gefahr eines österreichischen Eingreifens in den russisch-türkischen Krieg bestand, suchte Katharina sich durch Friedensverhandlungen mit der Türkei eine zeitweise Entlastung an dieser Front zu verschaffen. Nach der polnischen Teilung errangen die russischen Truppen, während der Flotte im Mittelmeer kein bedeutender Schlag mehr gelang, im Vorstoß bis über das Balkangebirge hinaus eine so günstige Position, daß sich die Türkei zum Abschluß eines für sie ungünstigen Friedens bereit fand. Aber auch Katharina wünschte nun, da der große Aufstand Pugatschews an der Wolga in bedrohlicher Weise um sich griff, eine rasche

Beendigung des Krieges. Der am 21. Juli 1774 abgeschlossene Frieden von Kütschük-Kainardsche brachte Rußland beträchtlichen territorialen Gewinn, vornehmlich zwischen Dnjepr und Bug und im Kaukasus. Die Unabhängigkeit der Krim bereitete die dann neun Jahre später von Katharina tatsächlich vorgenommene Annexion der Halbinsel durch Rußland vor. In eine noch fernere Zukunft wiesen die Bestimmungen über die freie russische Schiffahrt im Schwarzen Meer, das Durchfahrtsrecht durch die Meerengen für die russischen Handelsschiffe, vor allem aber jene Vereinbarungen über die Freiheit der christlichen Religion im Osmanischen Reich, aus denen dann Rußland Recht und Pflicht zum Schutz über die Balkanchristen ableitete. Aber auch Österreich erlangte in der von der Türkei abgetretenen Bukowina wiederum einen allerdings nicht sehr bedeutenden territorialen Zuwachs.

Wie gerade die Bestimmungen des Friedens von Kütschük-Kainardsche über den Schutz der Balkanchristen zeigten, hatte Katharina den Gedanken an eine Wiederaufrichtung des Oströmischen Reiches durch russische Waffen, das »griechische Projekt«, wie es später genannt wurde, keineswegs aufgegeben. Daß ihr ältester Enkel den Vornamen Alexander, der dritte den Vornamen Konstantin erhielt, war ein politisches Programm. Aus den Erfahrungen ihres ersten Türkenkrieges hatte sie die Lehre gezogen, daß ein voller Erfolg wohl nur im Bündnis mit Österreich zu erzielen war. Der neuerlich ausbrechende Konflikt zwischen Preußen und Österreich, der zuerst im Bayerischen Erbfolgekrieg von 1778/79, dann im bayerischen Tauschprojekt Josephs II. und in der Gründung des deutschen Fürstenbundes gipfelte, bot ihr die willkommene Gelegenheit, Joseph II. fest an sich zu binden. Wenn dann der gemeinsame Türkenkrieg Österreichs und Rußlands von 1787 bis 1791 auch nicht zu dem von Katharina erhofften Erfolg führte, so lag dies einmal an der wiederum, wie im Krieg von 1736 bis 1739, so auch jetzt mangelhaften strategischen Koordinierung der auf weit voneinander entfernten Kriegsschauplätzen operierenden Verbündeten – ein bei den unzulänglichen Nachrichtenverbindungen wohl überhaupt kaum lösbares Problem –, ferner an der ungünstigen Mächtekonstellation, vor allem aber daran, daß nach dem Tod Josephs II. sein Bruder und Nachfolger Leopold II. unter Herausgabe der inzwischen gemachten Eroberungen und Verzicht auf territorialen Gewinn mit den Türken den Frieden von Sistowa schloß. Von jeher hatte Leopold die Ansicht vertreten, daß das einem unaufhaltsamen Machtverfall entgegengehende Osmanische Reich für Österreich ein weit angenehmerer und ungefährlicherer Nachbar im Südosten sei als das mächtig aufstrebende, von unbändigem Expansionsdrang erfüllte Rußland.

Der »aufgeklärte Absolutismus« in Europa

Die nicht unmittelbar von den polnischen und orientalischen Wirren betroffenen Bewohner der Mitte, des Westens und des Südens Europas nahmen die Kunde »von Krieg und Kriegsgeschrei, wenn hinten, weit in der Türkei, die Völker aufeinander schlagen«, mit

Treffen Kaiser Josephs II. mit der Zarin Katharina II.
in Koidak am Dnjepr im Mai 1787

Ausmarsch und Einschiffung der gefangenen Türken nach der Einnahme von Belgrad am 12. Oktober 1790
Kolorierte Stiche von Hieronymus Löschenkohl
Wien, Historisches Museum der Stadt

Unterricht in einer österreichischen Knabenschule und in einem geistlichen Institut zur Zeit Maria Theresias
Aus Gemälden eines unbekannten Malers, um 1750. Wien, Historisches Museum der Stadt

jenem dankbaren Behagen an »Fried' und Friedenszeiten« auf, dem der Bürger beim Osterspaziergang in Goethes »Faust« so beredten Ausdruck verleiht. Und tatsächlich hat Europa, als Ganzes betrachtet, in der Zeit zwischen dem Ende des Siebenjährigen Krieges und dem Krieg gegen die Französische Revolution fast drei Jahrzehnte lang einen nahezu ungestörten Frieden und damit eine seit dem Untergang des Römischen Weltreichs noch nie dagewesene Epoche der Ruhe, der Erholung und des Wohlstandes erlebt. Die Konflikte blieben entweder auf engen Raum lokalisiert, wie etwa die Kämpfe der Franzosen gegen die aufständischen Korsen nach dem Kauf der Insel Korsika oder der vom Volkswitz als »Kartoffelkrieg« verspottete Bayerische Erbfolgekrieg, oder sie spielten sich am Rande des Kontinents ab, wie der russisch-türkische Krieg oder die Auseinandersetzungen der europäischen Mittelmeerstaaten – Spaniens, Neapel-Siziliens, der Toskana – mit den Barbareskenstaaten an der nordafrikanischen Küste. Auch das Eintreten der bourbonischen Mächte Frankreich und Spanien in den Krieg zwischen England und den nordamerikanischen Kolonien hatte diesmal keine unmittelbaren militärischen Rückwirkungen auf den europäischen Kontinent.

Die lange Friedenszeit brachte allenthalben eine bemerkenswerte wirtschaftliche Erholung, nachdem verschiedene Teile Europas wie etwa die italienischen Staaten zu Beginn der sechziger Jahre die letzte große Hungersnot ihrer Geschichte erlebt hatten. Wie Friedrich der Große und Maria Theresia nach dem siebenjährigen Ringen, so richteten nun auch die Herrscher und Minister der großen, mittleren und kleineren Staaten ihr Hauptaugenmerk auf innere Reformen, Förderung der Industrie, des Handels und der Landwirtschaft. Zugleich nahmen die Reisen der Angehörigen des Adels und des gehobenen Bürgertums, begünstigt durch die zunehmende Sicherheit der Straßen und die größere Bequemlichkeit und Schnelligkeit des Verkehrs, in bemerkenswerter Weise zu. Die allgemeine Reiselust, die größere Freizügigkeit für die Angehörigen der verschiedenen Länder, die gewaltig anschwellende Produktion von Büchern, Zeitschriften und Zeitungen, schließlich die verbindende Wirkung der französischen Sprache als Gemeingut der Gebildeten aller europäischen Völker von Portugal bis zum Ural hatten dabei eine Weltoffenheit und einen geistigen und kulturellen Kosmopolitismus zur Folge, wie sie Europa seither bis zur Gegenwart nicht wieder erreicht hat.

Frankreich und Paris blieben weiterhin das geistige Zentrum und Vorbild des Kontinents; aber die Ideen, die dort entwickelt oder zumindest von den französischen Schriftstellern in eine für das übrige Europa verbindliche und wirksame Form gekleidet wurden, sind meist außerhalb Frankreichs zu größerer Wirkung gekommen. Auf wirtschaftlichem Gebiet hatte die »europäische Partei« der »Ökonomisten« oder, wie sie später genannt wurden, der »Physiokraten« ihr Hauptquartier in Paris, wo ihre brillantesten Federn die Programmschriften der neuen Heilslehre verfaßten, während man sich in der Toskana, in Baden, in Schweden und – wenngleich in abgewandelter Form – auch in Österreich, Preußen und Rußland um die praktische Anwendung und Erprobung der neuen volkswirtschaftlichen Erkenntnisse bemühte; aber auch auf religiösem und kirchenpolitischem Gebiet hatte der von Frankreich ausgehende Spätjansenismus und Gallikanismus in den katholischen Ländern Europas – von Portugal und Spanien über die italienischen Staaten bis nach Österreich und zu den weltlichen und geistlichen katholischen Territorien des Reiches – die stärksten Wirkungen

Allgemein läßt sich sagen, daß die Verbindung von Theorie und Praxis sich im übrigen Europa leichter und harmonischer ergab als im französischen Zentrum der großen Bewegung der Aufklärung. Damit hängt auch die Tatsache zusammen, daß in Frankreich die führenden Geister weiterhin meist Literaten und Schriftsteller waren, ohne öffentliche Verantwortung und Praxis, während in anderen Ländern – besonders etwa in Italien – die führenden Theoretiker und Schriftsteller oft gleichzeitig als »Reformer« in hohen bürokratischen Funktionen wirkten. Das eine große französische Gegenbeispiel ist der Reformminister Ludwigs XVI., Anne Robert Turgot, dessen amtliche Tätigkeit aber zu kurz war, um die von ihm erstrebten grundlegenden Reformen – darunter sein berühmter »Munizipalitätenentwurf«, ein frühes Projekt in konstitutioneller Richtung – zu verwirklichen.

Mit Entschiedenheit wendete sich die spätere Aufklärung praktischen Reformen zu, der Verbesserung der menschlichen Lebensbedingungen und der Pflege der »nützlichen Wissenschaften«, wie sie in den großen französischen Unternehmungen der *Encyclopédie* und der *Cahiers des arts et des métiers* zum Ausdruck kam. So standen in dem sich zwischen den führenden Geistern der verschiedenen Nationen entwickelnden Gespräch Fragen der wirtschaftlichen, sozialen und rechtlichen Ordnung im Vordergrund. Man diskutierte leidenschaftlich über Vorteile und Nachteile von Freihandel und Schutzzöllen, wobei besonders die Frage der Freiheit des Getreidehandels in Aus- und Einfuhr und, damit zusammenhängend, der Freigabe oder staatlichen Festsetzung der Getreide- und Brotpreise die Gemüter erregte. Eine ungeheure Wirkung rief die kleine, 1764 erschienene Schrift des mailändischen Reformers Marchese Cesare Beccaria *Dei delitti e delle pene* (»Von den Verbrechen und den Strafen«) mit ihrer Forderung nach grundlegender Reform von Strafrecht und Strafvollzug, nach Abschaffung der Folter und der Todesstrafe hervor. Sie wurde bald in alle Kultursprachen übersetzt, und ihre Thesen fanden in allen europäischen Ländern Verteidiger, in vielen Staaten zumindest teilweise auch praktische Verwirklichung. Katharina II. suchte den – bezeichnenderweise durch die vom Abbé Morellet besorgte französische Übersetzung seines Buches – mit einem Schlag berühmt gewordenen Verfasser als Berater bei der geplanten Reform des russischen Rechtswesens zu gewinnen, aber Kaunitz gelang es, durch einen eigens für ihn errichteten Lehrstuhl Beccaria in seiner mailändischen Heimat zu halten.

Andere Probleme, die jene Generation von Reformern in ganz Europa vornehmlich interessierten, waren das Steuer- und Katasterwesen, die Gesetzgebung über die Fideikommisse, die Hebung der Volksgesundheit und, der pädagogischen Tendenz des Zeitalters entsprechend, die »Nationalerziehung« durch Reform des gesamten Schulwesens unter besonderer Berücksichtigung der Volksschulen und durch populäres Schrifttum. In den katholischen Ländern griffen diese Bestrebungen stark in die Kirchenpolitik ein; das bisherige Erziehungsmonopol des Jesuitenordens, besonders auch an den Universitäten, wurde beseitigt, der Seelsorgeklerus reformiert und gegenüber den geistlichen Orden bevorzugt, dies besonders unter dem Gesichtspunkt der volkserzieherischen Funktion der Pfarrer.

Im ganzen war schon in den letzten Jahrzehnten vor der Französischen Revolution durch die Reformen des »aufgeklärten Absolutismus« in weiten Gebieten Europas die mittelalterliche Buntscheckigkeit der Verhältnisse beseitigt und eingeebnet, die Gleichheit der Staatsbürger vor dem Gesetz und damit die egalitäre bürgerliche Gesellschaft des 19. Jahrhunderts vorbereitet. Aber nicht nur der spätere Liberalismus und Konstitutionalismus gehen in ihren Anfängen auf diese letzte Phase des *ancien régime* zurück, sondern ebenso der sprachlich-kulturelle Nationalismus, denn die Bestrebungen zur Nationalerziehung setzten sich auch für die Hebung und Pflege der Volkssprachen ein.

Im einzelnen lagen wohl trotz der Übereinstimmung in den allgemeinen Tendenzen die Verhältnisse von Region zu Region, von Staat zu Staat anders, wobei Charakter und Fähigkeiten der verschiedenen Herrscher und ihrer Minister eine wesentliche Rolle spielten. Der nach dem Polnischen Thronfolgekrieg als Karl IV. in Neapel-Sizilien zur Herrschaft gelangte älteste Sohn der Elisabeth Farnese leitete in seinem süditalienischen Königreich mit Hilfe seines aus der Toskana stammenden Ministers, des Marchese Bernardo Tanucci, das Zeitalter der Reformen ein, und er blieb dieser Politik treu, auch nachdem er im Jahre 1759 als Karl III. den spanischen Thron bestiegen hatte. Die Vereinheitlichung und Zentralisierung, die in Frankreich bereits unter Ludwig XIV. ihren Höhepunkt erreicht und überschritten hatte, wurde in den Ländern der bourbonischen Nebenlinien, Spanien, Neapel-Sizilien und Parma-Piacenza, erst von der Mitte des 18. Jahrhunderts an vorgenommen, wenn auch die Rückständigkeit der sozialen Ordnung einen vollen und durchdringenden Erfolg der Reformbestrebungen verhinderte. Immerhin entwickelte sich schon in der Zeit nach dem Aachener Frieden das kleine Herzogtum Parma unter Don Philipp, dem jüngeren Bruder Karls III. von Spanien, zu einem Musterstaat der von den Ideen der französischen Philosophen inspirierten Aufklärung, wobei der Minister Philipps, der Franzose Guilleaume Du Tillot, die entscheidende Rolle spielte. Daß dann Philipps Sohn Ferdinand trotz der hervorragenden Erziehung, die ihm zuteil geworden war, die Reformpolitik seines Vaters und Du Tillots nicht fortsetzte, war allerdings für den pädagogischen Optimismus der Aufklärer ein harter Schlag.

In Neapel-Sizilien war 1759 Ferdinand IV. seinem nach Spanien gehenden Vater auf den süditalienischen Thron gefolgt; er hatte allerdings im Gegensatz zu seinem gleichnamigen Vetter in Parma die denkbar schlechteste – oder besser gesagt überhaupt keine – Erziehung genossen. Zunächst behinderte er die Reformpolitik des nun schon alt und müde gewordenen Tanucci nicht; dann aber, nach Tanuccis Sturz, versuchte er unter dem Einfluß seiner energischen und temperamentvollen Gemahlin Maria Carolina, einer Tochter Maria Theresias, in seinem Königreich eine Politik des »aufgeklärten Absolutismus« zu treiben. Dabei bediente er sich fähiger Minister, wie des Herzogs Domenico Caracciolo als Vizekönig von Sizilien und des aus toskanischen in neapolitanische Dienste übergetretenen Admirals John Francis Edward Acton, des Sohnes eines aus religiösen Gründen nach Frankreich ausgewanderten Engländers. Wie in Spanien vermochte allerdings auch in Neapel-Sizilien weder die Tätigkeit aufgeklärter Minister noch die geistige Regsamkeit einer Reihe glänzender politisch-ökonomischer Schriftsteller – in Neapel war der erste nationalökonomische Lehrstuhl Italiens eingerichtet worden – die aus Spätantike und Mittelalter stammende ungünstige soziale Struktur des Landes entscheidend zu ändern.

Das Musterland des »Zeitalters der Reformen« und bewunderte Beispiel aufgeklärter Regententätigkeit aber wurde im letzten Vierteljahrhundert vor der Französischen Revolution das Großherzogtum Toskana unter der Regierung Peter Leopolds, des jüngeren Bruders und späteren Nachfolgers Josephs II. Treffend hat von ihm schon 1784 der französische Minister Vergennes gesagt, es sei sozusagen eine glückliche Fügung der Politik, daß sich ein Fürst gefunden habe, der fast alles habe erproben wollen, was seit fünfundzwanzig Jahren den Schriftstellern über Gesetzgebung, Landwirtschaft und Handel durch den Kopf gegangen sei. In dem Vierteljahrhundert seiner toskanischen Regierung von 1765 bis 1790 hat *Pietro Leopoldo*, stets nach gründlicher Vorbereitung, mit geradezu wissenschaftlicher Methode und gleichsam experimenteller Erprobung eine große Anzahl tiefgreifender Reformen durchgeführt; die schrittweise Befreiung des Getreidehandels von allen Beschränkungen, eine Gemeindereform, die weitgehend die späteren Stein-Hardenbergschen Reformen in Preußen vorwegnahm, die Auflösung des stehenden Heeres zugunsten einer Bürgermiliz, Reform des Schul- und Erziehungswesens mit besonderem Bedacht auf die Errichtung von Mädchenschulen, wodurch Florenz und die Toskana gerade auf dem Gebiet der Pädagogik für die ganze folgende Zeit an die Spitze der italienischen Regionen trat. Eine planmäßige Agrar- und Sozialpolitik sollte einen breiten Mittelstand aus Adel, gebildetem Bürgertum und besitzendem Bauerntum schaffen, das fortschrittlichste Strafgesetzbuch Europas enthielt außer der Abschaffung von Folter und Todesstrafe auch die Aufhebung der Bestimmungen über »Majestätsverbrechen«. Die großzügige Anlage von Straßen und Kanälen, die teils erfolgreiche, teils an den Schwierigkeiten scheiternde Urbarmachung von Sumpfland, die Errichtung moderner Spitäler, Bäder und Irrenhäuser, eine für die Zeit bemerkenswert moderne Sanitätsordnung lagen durchaus auf der Linie der Reformen in anderen Staaten, doch auch hier zeichneten sich alle Maßnahmen durch sorgfältige und wohlüberlegte Vorbereitung aus – besonders etwa im Vergleich zu den vielfach überstürzten Reformen Josephs II. –, wobei man allerdings berücksichtigen muß, daß für ein derartiges Reformwerk in der kleinen Toskana, für die es kaum außenpolitische Probleme gab, ungleich günstigere Voraussetzungen bestanden als in der großen Österreichischen Monarchie. Das von Leopold ein Jahrzehnt vor dem Ausbruch der Französischen Revolution in Angriff genommene Projekt einer Verfassung, die das gesamte toskanische Reformwerk krönen und sichern sollte, wurde von ihm und seinem Mitarbeiter und Berater Francesco Maria Gianni zwar jahrelang sorgfältig ausgearbeitet und fertiggestellt, so daß Leopold mit Recht der »erste konstitutionell gesinnte Monarch, den die europäische Geschichte kennt« genannt worden ist; zur Einführung der fertigen Verfassung ist es dann aber doch nicht mehr gekommen.

Das dritte Zentrum der Reformbewegung in Italien neben Neapel und Florenz war Mailand, die Hauptstadt der österreichischen Lombardei. Auch hier bestanden, namentlich in den beiden letzten Jahrzehnten der theresianischen Epoche, besonders günstige Voraussetzungen für eine dem Zeitideal sehr nahekommende Verbindung von Geist und Macht, Philosophie und Herrschaft: Bodenfläche und Bevölkerungszahl, die weder zu groß noch zu klein, fast ein Optimum für die Verwaltungsmethoden der Zeit darstellten, die Fruchtbarkeit des Landes und eine günstige Verkehrslage – wobei auch die Nähe zu Frankreich nicht übersehen werden darf –, eine fleißige und unternehmende Bevölkerung, eine bemerkenswert hohe Zahl reger und produktiver geistiger Talente gerade auch in der jüngeren Generation der bisher führenden Schichten; in der Person des Grafen Carl Firmian ein gebildeter und kultivierter Mann mit guten Landeskenntnissen an der Spitze der Verwaltung, die Sonderstellung gegenüber der Masse der »deutschen Erbländer« der Österreichischen Monarchie, mit denen die Lombardei territorial nicht verbunden war, eine Sonderstellung auch in der Verwaltung, da das *Dipartimento d'Italia* in der Wiener Zentrale der Staatskanzlei und damit Kaunitz direkt unterstand. Er behauptete zwar, er erledige die italienischen und niederländischen Angelegenheiten am Morgen, während er die Strümpfe anziehe, widmete sich aber doch diesen Aufgaben intensiv genug, um die Richtlinien zu bestimmen und fördernd und korrigierend einzugreifen, jedoch wieder nicht so eingehend, daß er die eigene lombardische Initiative und Autonomie erdrückt hätte.

Zusammen mit den anderen »Außenposten« der Österreichischen Monarchie im Westen Europas, dem »vorderösterreichischen« Gebiet mit der Universität Freiburg im Breisgau und den österreichischen Niederlanden mit der Universität Löwen, traten die italienischen Gebiete: die Lombardei mit der Universität Pavia, die von der habsburgisch-lothringischen »Sekundogenitur« beherrschte Toskana mit den Universitäten Pisa und Siena und – über die Familienverbindungen – auch Modena, Parma und Neapel–Sizilien, mit Wien in einen regen geistigen und personellen Austausch, der sich in Politik, Wirtschaft, Wissenschaft und Kunst für beide Teile fruchtbar ausgewirkt hat.

Wie ihr großer Gegner Friedrich in Preußen widmete sich Maria Theresia nach dem Ende des Siebenjährigen Krieges – dem ja im August 1765 der für sie so schwere Schicksalsschlag des plötzlichen Todes ihres Gemahls gefolgt war – vor allem den inneren Angelegenheiten der Monarchie und hier wieder mit besonderem Eifer dem Aufbau und Ausbau des Schulwesens. Ihrem Sohn Joseph, nun an der Stelle seines Vaters zum Mitregenten ernannt – mit dem es trotz oder besser gerade wegen der starken gegenseitigen Zuneigung immer wieder zu heftigen Konflikten und Reibungen kam –, blieb zunächst vornehmlich, aber nicht ausschließlich, die Sorge um das Militär. Auch in der Außenpolitik spielte er eine größere Rolle und setzte im Zusammenwirken mit Kaunitz anläßlich der polnischen Teilung, dann wieder beim Ausbruch des Bayerischen Erbfolgekriegs einen außenpolitischen Kurs durch, den Maria Theresia mißbilligte, dem sich gegen den Staatskanzler und gegen den Sohn und Nachfolger zu widersetzen sie sich aber nicht stark genug fühlte.

Auch Friedrich der Große hat sich in den mehr als zwei Jahrzehnten, die ihm noch vergönnt waren, vornehmlich dem »Retablissement«, der wirtschaftlichen Erholung und Reorganisation, seiner vom Siebenjährigen Krieg schwer getroffenen Länder gewidmet. Die Methoden, die er dabei anwandte, waren durchaus konservativ, im Sinne der merkantilistischen Tradition mit energischer Förderung der Industrie, voran Seidenindustrie, Porzellanmanufaktur und Bergwesen, ergänzt durch eine prohibitive Zoll- und Außenhandelspolitik. Während des Krieges hatte der König seine Zuflucht zu dem uralten Mittel der Münzverschlechterung genommen. Nun wandte er ein gleichfalls schon reichlich veraltetes

System an: er verpachtete die indirekten Steuern an ein französisches Konsortium und führte Monopole für Tabak und Kaffee ein, um die durch den Krieg erschöpften Staatsfinanzen zu sanieren, dies zu einer Zeit, da man in den fortschrittlicheren Ländern des übrigen Europa unter dem Einfluß der physiokratischen Lehre von diesen Methoden wieder abging. Wenn die wirtschaftliche Erholung des Landes doch so rasche Fortschritte machte, so war dies in erster Linie der Energie des Königs und dem Pflichteifer des preußischen Beamtenapparats zuzuschreiben.

In den durch die polnische Teilung erworbenen Gebieten wurde die innere Kolonisation unter Begünstigung deutscher Siedler ebenfalls mit planender Gründlichkeit aufgenommen. Wie Maria Theresia, so hat auch Friedrich im Alter sich besonders um die Reform des Schulwesens bemüht, wobei er sich für die katholischen Schulen der Entwürfe desselben schlesischen Propstes Felbiger bediente, der auch in der theresianischen Schulreform eine wichtige Rolle spielte. Kam es auch hier, wie in der Rechtskodifikation, zu Lebzeiten des Königs nicht mehr zum Abschluß der Bemühungen – man hatte wohl die Schwierigkeiten unterschätzt –, so war damit doch der Grund gelegt für den späteren Ausbau des preußischen Bildungswesens. Dem ganz in der französischen Geistigkeit des ablaufenden Zeitalters wurzelnden alten König hat man sein geringes Verständnis für die eben aufblühende deutsche Literatur und für die neuentdeckte deutsche Dichtung des Mittelalters zum Vorwurf gemacht; doch hat er 1780 in seiner Schrift *De la littérature allemande* die kommende Blüte der deutschen Literatur prophezeit und sich selbst mit Moses verglichen, der das gelobte Land wohl sehen, aber nicht mehr betreten werde.

Preußen und Österreich waren auf dem Wege zur Ausbildung des modernen Staates den anderen deutschen Ländern zunächst weit vorausgegangen und hatten in Friedrich und Maria Theresia weithin leuchtende – und daher auch vielfach legendär übersteigerte – Leitbilder geschaffen. In dieser letzten Phase des Zeitalters jedoch wurden sie auf manchen Gebieten von den mittleren und kleineren Staaten eingeholt, teilweise sogar überholt, die meist ohne außenpolitische Sorgen und Belastungen den »Werken des Friedens« ihre ganze Kraft widmen konnten. Sehr deutlich wird dies etwa bei Bayern, wo nach dem Verzicht auf den wittelsbachischen Kaisertraum unter Max Joseph eine Blütezeit der Aufklärung einsetzte, die ihren sichtbaren Ausdruck in der Gründung der Bayerischen Akademie der Wissenschaften im Jahre 1759 fand. Den westlichen Ideen, vor allem denen der Physiokraten, hat sich unter den deutschen Fürsten jener Zeit am stärksten der in Karlsruhe regierende Markgraf Carl Friedrich von Baden zugewandt. Er unterhielt mit den Häuptern der physiokratischen Schule, dem älteren Mirabeau, der nach einem seiner Werke allgemein der *ami des hommes*, der Menschenfreund, genannt wurde, und mit Du Pont de Nemours einen ausgedehnten Briefwechsel und ließ von letzterem den Erbprinzen teils brieflich aus Paris, dann persönlich in Karlsruhe in der *science*, der jungen nationalökonomischen Wissenschaft, unterrichten. In der Bauernbefreiung und der Pflege der Landwirtschaft setzte der Markgraf zum Segen für seine Untertanen seine physiokratischen Überzeugungen in die Tat um und schreckte selbst von dem gewagten Experiment einer Einführung des *impôt unique*, der von den Physiokraten propagierten Einheitssteuer auf den Bodenwert, nicht zurück. Der Herzog Carl Eugen von Württemberg, für den einst Friedrich der Große einen »Fürstenspiegel« verfaßt hatte, erfüllte zwar nicht alle Hoffnungen, die man in seine Regierung gesetzt hatte – sein wenig glückliches Vorgehen rief den Widerstand der württembergischen Stände hervor –, aber durch die von ihm begründete Karlsschule förderte er doch die Verbreitung der Ideen der Aufklärung

In Franken wurde das kleine Erlangen sowohl durch die 1743 zur Universität erhobene markgräfliche Akademie wie auch durch die bald weitberühmte »Erlanger Zeitung« des Johann Friedrich Groß zu einem neuen geistigen Zentrum; dazu trug auch die Markgräfin Wilhelmine von Ansbach-Bayreuth, die Schwester Friedrichs des Großen, entscheidend bei, die wie ihr Bruder ganz in der Welt der französischen Aufklärung lebte. Im Kurfürstentum Hannover gelangte die 1737 gegründete Universität Göttingen, die dank der dynastischen Verbindung des Landes mit England zu einem Einfallstor des englischen Einflusses in Deutschland wurde, in der zweiten Jahrhunderthälfte zu hoher Blüte, und auch im benachbarten Braunschweig förderte Herzog Carl Wilhelm Ferdinand, der wie Carl Friedrich von Baden den französischen Physiokraten nahestand, das Bildungswesen in jeder Weise. Die Verdienste aller dieser und vieler anderer deutscher Fürsten des Aufklärungszeitalters aber wurden überstrahlt durch das Wirken der Herzogin-Witwe Anna Amalia von Sachsen-Weimar-Eisenach und ihres Sohnes Carl August, die durch die Berufung Wielands, Herders, Goethes und Schillers ihre Residenz Weimar und die Universität Jena zum Mittelpunkt der deutschen Klassik machten.

Gewiß fehlten auch nicht die dunklen Schatten in dem Bild, das die deutschen Höfe und Fürstentümer in den letzten Jahrzehnten vor der großen Zeitwende boten. Der Soldatenhandel des Landgrafen Friedrich II. von Hessen-Kassel, der den Engländern zwölftausend Mann für den Kampf gegen die aufständischen Kolonisten in Nordamerika vermietete, erregte, obwohl es sich dabei um eine alte Unsitte handelte, heftige Kritik, die auch in der Literatur – so in Schillers »Kabale und Liebe« – ihren Niederschlag gefunden hat. Aber auch sonst gab es unter den deutschen Fürsten neben den pflichtgetreuen, »aufgeklärten« Landesvätern noch Vertreter des älteren, prachtliebenden und baufreudigen Herrschertyps, wie etwa den Kurfürsten Carl Theodor von der Pfalz, den Friedrich der Große ärgerlich »das Glücksschwein« nannte, weil der »faule Kerl«, der zunächst nur ein kleiner Pfalzgraf von Sulzbach gewesen war, im Erbgang erst die Kurpfalz mit Jülich und Berg, schließlich auch noch Bayern erwarb, die beiden im Dreißigjährigen Krieg getrennten Kurwürden des wittelsbachischen Hauses, die pfälzische und die bayerische, wieder vereinigte und ohne Kampf ein größeres Gebiet zusammengebracht hatte als Friedrich mit seinen Kriegen.

In den Ländern der dänischen Monarchie, zu der außer Dänemark noch Norwegen, Island, die Faröer-Inseln, Schleswig und Holstein und bis 1773 auch die deutschen Grafschaften Oldenburg und Delmenhorst gehörten, war die Reformpolitik des aufgeklärten Absolutismus unter den Königen aus dem Hause Oldenburg von meist nicht aus dem dänischen Kernland stammenden Ministern getragen, unter denen die beiden Bernstorffs, Johann Hartwig Ernst und Andreas Peter, Oheim und Neffe, hervorragen. Gleichfalls deutscher Abstammung war der Arzt Johannes Friedrich Struensee, ein Pfarrerssohn aus Halle, der unter dem schwachsinnigen König Christian VII. für kurze Zeit zum allmächtigen Minister aufstieg, dann aber an dem Widerstand des dänischen Adels gegen seine allzu überstürzten Reformen scheiterte, wobei das Liebesverhältnis des zum Grafen erhobenen Emporkömmlings zur Königin Caroline Mathilde seinen Gegnern die Waffe zu seiner Vernichtung in die Hand gab. Nach Struensees Sturz erfolgte als Reaktion auf seine physiokratische Wirtschaftspolitik eine Rückkehr zu den merkantilistischen Prinzipien der früheren Zeit sowie im Gegensatz zur bisherigen Bevorzugung der Deutschen und der deutschen Sprache die Einführung des Dänischen als Kommandosprache im Heer und seine Förderung im Schulunterricht, während das »Indigenatsgesetz« von 1776 bestimmte, daß keine Ausländer mehr zu Staatsstellen zugelassen sein sollten.

Schweden erlebte nach dem Tode Karls XII. und dem Zusammenbruch seines absolutistischen Regierungssystems während des größten Teils des 18. Jahrhunderts die lange »Freiheitszeit« (1718–1772), die Epoche der ständischen Adelsherrschaft der einander bekämpfenden, von Rußland und Frankreich als Werkzeug der Einmischung in die schwedische Politik verwendeten Adelsparteien der »Mützen« und der »Hüte«, des schwedischen Gegenstücks zu den englischen »Whigs« und »Tories«. Wie in England Georg III. versuchte in Schweden Gustav III., nach gescheiterten Versuchen seiner Vorgänger, die absolutistische Entwicklung der übrigen europäischen Staaten nachzuholen, nachdem er 1772 in einem unblutigen Staatsstreich die Adelsherrschaft beseitigt hatte. Auch Gustav III. bekannte sich in der Wirtschaftspolitik zu den Grundsätzen der Physiokraten, so daß nun neben Florenz und Karlsruhe Stockholm ein Zentrum der neuen Lehre wurde. Nach einem kurzen Krieg mit Rußland und Dänemark im Zusammenhang mit dem russisch-österreichischen Krieg gegen die Türken hat Gustav III. mit Unterstützung der Bauern und Bürger im Epochenjahr 1789 in einem neuen Staatsstreich die Privilegien des Adels weiter eingeschränkt. Eine Adelsverschwörung brachte ihm dann 1792 während eines Maskenballs den Tod.

Von den Bestrebungen der Zarin Katharina, in ihrem russischen Riesenreich den Ideen der Aufklärung Eingang zu verschaffen und den Beifall der westlichen Philosophen zu erringen, war schon die Rede. Ganz abgesehen von allen anderen geschichtlich wie geographisch bedingten Schwierigkeiten waren aber hier den Reformbestrebungen von Anfang an enge Grenzen gesetzt, zunächst schon dadurch, daß die mit einem Gewaltstreich auf den Thron gelangte Ausländerin weder willens noch wohl auch in der Lage war, Abstriche von ihrer Selbstherrschaft zu dulden; wobei die Autokratie nun allerdings nicht mehr religiös, sondern rationalistisch mit den geographischen Gegebenheiten des Riesenreiches begründet wurde. Die andere Grenze war die Bauernfrage, an der die Zarin, auf die Zustimmung und Mitarbeit des russischen Adels angewiesen, nicht rühren durfte und, besonders nach dem Pugatschew-Aufstand, auch nicht rühren wollte. Zwischen diesen beiden Grenzen blieben also nur die Förderung der Wirtschaft, die Ansiedlung von Bauern in den neu erworbenen südrussischen Gebieten, die Hebung der Bildung in den höheren Ständen sowie das ehrgeizige Projekt einer großen Rechtskodifikation, die gleiche, für die Katharina vergeblich die Mitarbeit Beccarias zu gewinnen suchte. Die von den Ideen der westeuropäischen Aufklärung erfüllte »Große Instruktion« sollte die Arbeiten einer 1767 einberufenen Kommission bestimmen, deren mehr als fünfhundert gewählte Mitglieder, unter denen bemerkenswerterweise das nichtadlige Element bei weitem überwog,

Literarische Konversation bei König Gustav III. von Schweden auf Schloß Drottningholm
Aus einem Gemälde von Per Hilleström d. Ä., 1779
Stockholm, Nationalmuseum, Sammlung Drottningholm

Eine Freimaurerversammlung in Wien mit der Aufnahme eines Prüflings in den Lehrlingsstand
Aus einem Gemälde eines unbekannten Malers, um 1780
Wien, Historisches Museum der Stadt

gar nicht die nötigen Kenntnisse und Fähigkeiten mitbrachten, so daß die Arbeit in zahlreichen Ausschüssen noch keinerlei positive Ergebnisse erzielt hatte, als man 1769 die Kommissionsmitglieder, angeblich wegen des inzwischen ausgebrochenen Türkenkrieges, nach Hause schickte.

So unterschiedlich die Erfolge und Mißerfolge des »aufgeklärten Absolutismus«, wie dieser flüchtige Überblick gezeigt hat, in den verschiedenen Ländern Europas auch waren – bedingt durch persönliche wie überpersönliche Faktoren –, so sind gewisse gemeinsame Kennzeichen fast überall festzustellen. Monarchen, die ihre Legitimation nun nicht mehr aus göttlichem Auftrag, sondern aus der naturrechtlichen Vertragslehre und dem Ethos des Staatsdienertums ableiten, bemühen sich um die Vereinheitlichung ihrer Staaten, um die Beseitigung der aus dem Mittelalter stammenden Sonderung, der ständischen, politischen und wirtschaftlichen Unterschiede und Privilegien, oft unbewußt, manchmal aber auch ganz bewußt, um die Entwicklung einer breiten Schicht von besitzenden und gebildeten, der Rechtsgleichheit möglichst weitgehend unterworfenen Staatsbürger. Wohlstand und Glück der Untertanen zu heben, sind dabei der Monarch selbst und der als Idee sich immer mehr verselbständigende, von der Person des Monarchen lösende Staat auch im eigenen Interesse bemüht, teils mit traditionellen merkantilistischen Mitteln, teils mit den »modernen« freiheitlichen, von den Physiokraten empfohlenen Maßnahmen. Die wichtigsten Mitarbeiter der Fürsten bei diesem Werk sind ihre Minister, vielfach Ausländer und nichtadliger Herkunft und daher nicht an die Interessen des seine Privilegien verteidigenden einheimischen Adels gebunden. In den aus mehreren historischen Ländern und Herrschaften zusammengefügten großen Staaten verkörpern sie und die von ihnen geleiteten zentralen Behörden zusammen mit den Monarchen den Gesamtstaatsgedanken. Dank ihrer Sach- und Personalkenntnis gewinnen sie besonders unter schwächeren oder unfähigen Herrscherpersönlichkeiten eine Macht, die durch das zeitgenössische Scheltwort vom »Ministerialdespotismus« als der gefährlichsten Form des Despotismus gekennzeichnet wird. Die physiokratische Lehre von der Eigengesetzlichkeit und der daraus notwendig resultierenden Freiheit der Wirtschaft wird zwar nur selten, wie etwa im Fall des toskanischen Verfassungsprojekts, auch auf die politische Sphäre übertragen. Aber die Verwandtschaft in Ziel und Methoden zwischen der Reformpolitik des aufgeklärten Absolutismus und der dann von Nordamerika auf den europäischen Kontinent übergreifenden »demokratischen Revolution« ist bald schon den tiefer Blickenden unter den Zeitgenossen und dann besonders den Gegnern, den Konservativen und den Romantikern, durchaus bewußt geworden.

Gewiß ist der aufgeklärte Absolutismus, wie der europäische Absolutismus überhaupt, immer nur »relativ« gewesen, mit dem Totalitarismus des 20. Jahrhunderts kaum vergleichbar und im Effekt nie mit letzter Konsequenz, bis zur völligen egalitären Einebnung der historischen Unterschiede der Stände, durchgeführt worden. Gerade die neuere sozialgeschichtliche Forschung hat gezeigt, wie stark die traditionellen Kräfte der Beharrung doch gewesen sind und wie »konservativ« gerade auf diesem Gebiet etwa eine Leitfigur des »aufgeklärten Absolutismus« wie Friedrich der Große etwa geblieben ist. Aber bei Joseph II. und im Denken noch konsequenter und radikaler bei seinem jüngeren Bruder

Leopold ist die Überzeugung von der grundsätzlichen Gleichberechtigung aller Menschen und das daraus resultierende Streben nach Beseitigung aller durch die Geburt bedingten sozialen Unterschiede vorhanden gewesen, und beide waren sich der Übereinstimmung ihrer Ideen mit jenen der Amerikanischen wie der Französischen Revolution durchaus bewußt. Mit Recht haben dann auch etwa die Toskaner den in ihr Land kommenden Angehörigen der französischen Revolutionsarmeen entgegengehalten, daß sie auf unblutige Weise durch die leopoldinischen Reformen schon längst in den Besitz jener Errungenschaften gekommen seien, die die Franzosen erst später mit Strömen von Blut erlangten.

Wie der Liberalismus, so ist auch die zweite große Kraft des 19. Jahrhunderts, der Nationalismus, durch den aufgeklärten Absolutismus entscheidend vorbereitet worden; einmal direkt durch die Bemühungen um »Nationalerziehung«, um Volksbildung und Volkssprache, dann aber vor allem indirekt durch die Reaktion auf den Kosmopolitismus und Rationalismus der Aufklärung, auf die Tätigkeit der ausländischen Minister, auf die Mißachtung der historischen Traditionen der einzelnen Länder und Völkerschaften in den Vereinheitlichungstendenzen der Reformer. Dabei ergab sich, wie zwischen altständischem Libertätsstreben und modernem Liberalismus, eine ähnliche, gleichsam unterirdische Verbindung zwischen dem regionalen, landesgebundenen und adligen Patriotismus und dem sprachlich und kulturell bestimmten, zum Nationalstaat strebenden bürgerlichen Nationalismus.

Im Bewußtsein der Zeitgenossen waren bis ins Zeitalter der Französischen Revolution die Monarchien die Träger von Fortschritt, Licht und Aufklärung, während die Republiken als erstarrte Oligarchien, als Fossile des »finsteren Mittelalters« galten; ob es sich nun um »gekrönte Adelsrepubliken« wie Polen und zeitweise auch Schweden und England handelte oder um die italienischen Adelsrepubliken Venedig, Genua und Lucca, um die deutschen Reichsstädte oder die ihre Untertanengebiete mit harter Hand regierenden Schweizer. Kein Geringerer als der große Schweizer Volkserzieher Johann Heinrich Pestalozzi hat im Jahre 1787 in einem Brief an einen Minister Josephs II., den Grafen Carl von Zinzendorf, zustimmend das Wort des Schweizer Staatsmanns Philipp Emanuel Fellenberg zitiert: »Von unseren verdorbenen Republiquen hoffe ich keinen Vorschritt für das Volk«, und selbst hinzugefügt: »Es ist demütigend für uns, aber wahr: der Vorschritt der ächten Volksführung muß in den Cabinetern weiser Fürsten vorbereitet werden; von uns her kommt dieser Vorschritt gewüß nicht mehr – wir sind gewesen.«

Konflikte zwischen Staat und Kirche

Die Herrscher katholischer Länder hatten schon seit der Reformation immer wieder neiderfüllt die großen und kleineren protestantischen Fürsten betrachtet, die zugleich Oberhaupt ihrer Landeskirchen waren. Je mehr aber dann die Fürsten im Inneren der Staaten ihre Macht steigerten, um so unausweichlicher wurden in den katholischen Ländern – auch und gerade unter persönlich strenggläubigen Herrschern – Konflikte zwischen Staat und

Kirche, wobei sich die Fürsten, wie etwa in Deutschland besonders die Habsburger und Wittelsbacher, darauf berufen konnten, daß es ja vor allem den Dynastien zu verdanken sei, wenn ihre Länder dem katholischen Glauben erhalten geblieben oder ihm zurückgewonnen worden waren. Gerade im Zeitalter der höchsten Blüte des Absolutismus gab es eine Reihe von Auseinandersetzungen zwischen weltlicher und kirchlicher Autorität: Ludwig XIV. von Frankreich, Viktor Amadeus II. von Savoyen, Leopold I. von Lothringen, vor allem dann aber Kaiser Joseph I. im Konflikt um Comacchio 1708/09 haben heftige Fehden mit dem Papst und der römischen Kurie ausgefochten.

Mit dem Eindringen der Aufklärung auch in die katholischen Länder und mit dem fürstlichen Streben nach Zentralisierung und Rationalisierung ergaben sich neue Konfliktstoffe. Selbst eine so fromme Herrscherin wie Maria Theresia hat sich früh gegen weitere Schenkungen an die ohnedies schon reichen Klöster ausgesprochen und ihr Recht betont, als Landesfürstin durch Beschränkung der Feiertage und Prozessionen im Interesse des wirtschaftlichen und staatlichen Nutzens tief in das kirchliche Leben einzugreifen. Innerkirchliche, religiöse Strömungen kamen dieser Tendenz zu Hilfe, so besonders das Streben nach kirchlicher Reform und Verinnerlichung sowie die aus vielen Quellen gespeiste Abneigung gegen den »barocken« Katholizismus der Gegenreformation mit seinen die Sinne ansprechenden Äußerlichkeiten von Prunk und Pomp, die doch auch dem Verlangen der breiten Volksschichten nach Anschaulichkeit entgegenkamen. Auch riefen zentralistische und absolutistische Tendenzen der römischen Kurie bei den Bischöfen der einzelnen Länder – besonders bei den aus dem Hochadel stammenden, aber nicht bei ihnen allein – episkopalistische Gegenbewegungen hervor, die für die Fürsten und ihre Minister zu willkommenen Bundesgenossen gegen die Kurie wurden.

Das gemeinsame erste Angriffsziel aller untereinander sehr verschiedenen und differenzierten antikurialen Strömungen war der Jesuitenorden, die wichtigste Kampftruppe des Papsttums im Zeitalter der katholischen Reform und Gegenreformation. Auch hier wieder kamen viele verschiedene Faktoren zusammen. Im Zeitalter der Gegenreformation hatten Angehörige der Gesellschaft Jesu als Beichtväter und Berater katholischer Herrscher tief in die europäische Politik und in die Politik der einzelnen Länder und Staaten eingegriffen und sich dabei naturgemäß viele Feinde gemacht. Aber auch bei den Fürsten selbst regte sich, vor allem unter dem Einfluß der Aufklärung, eine wachsende Opposition gegen die oft das gesteigerte fürstliche Selbstbewußtsein verletzende und als Bevormundung empfundene Lenkung durch die jesuitischen Beichtväter. Andere Orden neideten den Jesuiten ihre bisher privilegierte Stellung und ihr Erziehungsmonopol an Universitäten und Gymnasien, gegen das auch die Vertreter der Aufklärung Sturm liefen, diese vor allem, weil die Jesuiten an der scholastischen Philosophie und Methode festhielten. Eine der gefährlichsten Feindschaften jedoch war den Jesuiten aus ihrem Kampf gegen den Jansenismus erwachsen, dessen Anhänger ihnen vorwarfen, sie förderten durch laxe Beichtpraxis und zu häufigen, mangelhaft vorbereiteten Empfang des Altarsakraments Heuchelei, Oberflächlichkeit und Äußerlichkeit und seien das mächtigste Hindernis auf dem Wege zu einer inneren Reform der Kirche und für eine Rückkehr zur Reinheit der Urkirche. Durch ihre bedingungslose Ergebenheit gegenüber dem Heiligen Stuhl zogen sich die Jesuiten die

Gegnerschaft aller antikurialen Kräfte, besonders etwa in Italien zu, wo die alten »ghibellinischen« und »regalistischen« Tendenzen durch die Rückkehr des »Römischen Kaisers« in die Kämpfe auf italienischem Boden neuen Auftrieb erhalten hatten. Aber selbst an der römischen Kurie und sogar im Kardinalskollegium fanden die Jesuiten gefährliche Gegner, ihre Feinde, von den Angehörigen anderer Orden bis zu den rigorosesten Jansenisten, mächtige Beschützer, auch noch nachdem durch die päpstliche Bulle *Unigenitus* der Jansenismus erneut und unmißverständlich verworfen und verurteilt worden war.

Es war so eine mächtige, im Laufe des Jahrhunderts immer mehr anwachsende Phalanx von Feinden, denen sich der Jesuitenorden gegenüber sah; von überzeugten Atheisten, Gegnern des Christentums, den Angehörigen der Freimaurer-Logen, Kirchenfeinden aller Schattierungen über die Anhänger einer toleranten, nach Reform und Verinnerlichung strebenden »katholischen Aufklärung« bis zu den Vertretern eines harten jansenistischen Rigorismus. Zu alledem kamen die Gegnerschaft der weltlichen Berater und Minister der Fürsten, die in den Jesuiten gefährliche Rivalen im Kampf um den Einfluß auf die Herrscher sahen, die nachlassende Unterstützung durch die Herrscher selbst und nicht zuletzt die vielfach übertriebenen Vorstellungen über den angeblich märchenhaften Reichtum des Ordens, namentlich aus seinen überseeischen Besitzungen in Südamerika.

An diesem Punkt setzte zunächst auch der Kampf gegen den Orden an. Er griff dann aber rasch um sich und erfaßte alle katholischen Länder. Innerhalb weniger Jahre wurde die eben noch so mächtig scheinende Gesellschaft aus einem katholischen Staat nach dem anderen vertrieben, schließlich vom Papst selbst aufgehoben und verboten, der letzte Ordensgeneral starb als Gefangener in der Engelsburg. Fromme katholische Theologen jubelten über den Untergang der Gesellschaft und datierten noch jahrelang ihre Briefe nach dem Tag der Aufhebung des Ordens. Diese so bemerkenswerten Begleitumstände sind jedoch nur durch das Zusammentreffen der zahlreichen oben skizzierten Faktoren zu erklären.

Den Anfang machte Portugal. Hier vertrieb der Minister Sebastian Marqués de Pombal, der unter dem König Joseph Emanuel I. von 1750 bis 1777 das Land im Sinne des aufgeklärten Absolutismus regierte, die Jesuiten 1759 mit der Begründung aus Portugal und seinen Kolonien, sie seien in eine Adelsverschwörung und in ein Attentat auf den König verwickelt gewesen. Fünf Jahre später wurden die Jesuiten auf Grund eines Spruchs des Parlaments von Paris aus Frankreich vertrieben. Spanien folgte 1767, und auch hier wurde dem Jesuitenorden seine Verbindung mit dem gegen die Reformen Karls III. revoltierenden Adel zum Verhängnis. In dem Madrider »Hutaufstand« von 1766, den die Erlässe des Finanzministers Eugenio Squilace, eines Italieners, gegen die Hut- und Mantelmode der Spanier sowie die Lebensmittelteuerung ausgelöst hatte, war die Opposition von Adel und Geistlichkeit zum plötzlichen Ausbruch gekommen, und der Präsident des Rates von Kastilien, der Graf Pedro de Aranda, beschuldigte wiederum die Jesuiten, die Drahtzieher des Aufstands gewesen zu sein. Die mit Madrid durch den bourbonischen Familienpakt verbundenen Höfe von Paris, Neapel und Parma verlangten nun von Papst Clemens XIII. (Rezzonico) die Auflösung des Ordens, und als der Papst sich dieser Forderung verschloß, verständigten sich die Regierungen von Versailles und Neapel und besetzten schlagartig die in ihren Gebieten gelegenen päpstlichen Enklaven: Avignon und Venaissin einerseits, Benevent und Pontecorvo andererseits. Noch ehe der Konflikt gelöst war, starb der Papst (am 2. Februar 1768), und sein Nachfolger, Clemens XIV. (Ganganelli), sah sich zum Nachgeben gezwungen. Auch Maria Theresia, die zunächst dem Orden gegenüber keineswegs feindlich eingestellt war, konnte zu dessen Rettung nichts unternehmen, da sie zur gleichen Zeit, als der Konflikt seinem Höhepunkt entgegenging, drei ihrer jüngeren Töchter an die bourbonischen Höfe von Neapel, Parma und Versailles verheiratet hatte. Hinzu kam, daß unter ihren nächsten Beratern Kaunitz und Joseph II., dann der Jansenist van Swieten – der allerdings die Auflösung des Ordens nicht mehr erlebte – und schließlich der ebenfalls jansenistische geistliche »Gewissensrat« der Kaiserin, Propst Ignaz Müller, im jesuitenfeindlichen Sinne auf sie einwirkten.

So sah sich Clemens XIV. gezwungen, mit dem Breve *Dominus ac Redemptor* vom 21. Juli 1773 die Gesellschaft Jesu aufzulösen. Nur die nichtkatholischen Herrscher Friedrich der Große in Preußen und Katharina von Rußland, die den Orden wegen seiner Verdienste um Erziehung und Wissenschaft schätzten, gewährten ihm Zuflucht. In den katholischen Ländern aber beeilten sich die Herrscher und ihre Minister, die Besitzungen des Ordens zu beschlagnahmen, wobei bürokratische Verständnislosigkeit fast mehr noch als bewußte Böswilligkeit unschätzbare historische, kulturelle und wissenschaftliche Werte zerstörten.

Die Aufhebung des Jesuitenordens unter dem Druck der katholischen Höfe aber war nur einer von zahlreichen Konflikten zwischen geistlicher und weltlicher Gewalt in der daran so reichen zweiten Hälfte des 18. Jahrhunderts. In der Toskana kam es noch zu Lebzeiten des Kaiser-Großherzogs Franz Stephan zu Streitigkeiten zwischen Regentschaft und kirchlicher Autorität, die in der Verhaftung und Ausweisung des Bischofs Francesco Piccolomini von Pienza im März 1764 gipfelten; und unter der Regierung des dem Jansenismus zuneigenden Leopold riß die Serie der Auseinandersetzungen zwischen Florenz und Rom fast gar nicht mehr ab. In Österreich wurde, ausgehend von der Lombardei, während der letzten Jahrzehnte der Regierung Maria Theresias unter maßgeblicher Beteiligung von Kaunitz, aber auch unter dem geistigen Einfluß der jansenistisch bestimmten katholischen Reformerkreise in Wien und ihrer Anhänger in den einzelnen Ländern der Monarchie – außer in den italienischen Besitzungen vor allem in Böhmen – der Grund zu jenem staatskirchlichen System gelegt, das man später als »Josephinismus« bezeichnete. Im Reich jedoch betonte das 1763 von dem Trierer Weihbischof Johann Nikolaus von Hontheim unter dem Decknamen Justinus Febronius veröffentlichte Buch *De statu Ecclesaie et legitima potestate Romani Pontificis..* die apostolische Autorität der Bischöfe gegenüber dem päpstlichen Zentralismus – zugleich auch mit dem Ziel, eine Wiedervereinigung der christlichen Konfessionen zu erleichtern. Auch nachdem der Autor ausgeforscht und zum Widerruf veranlaßt worden war, sind die Gedanken des Buches vor allem in den geistlichen Fürstentümern des Reiches lebendig geblieben.

Nach dem Tod Maria Theresias, die trotz aller Betonung ihrer Herrscherrechte gegenüber der Kurie doch nie die Hoffnung auf die Wiederherstellung eines guten Einvernehmens mit dem Heiligen Stuhl aufgegeben hatte, entbrannte der Kampf ihrer Söhne Joseph II. und Leopold von Toskana mit der Kurie unter Papst Pius VI. (Braschi), der 1775 den Stuhl

Petri bestiegen hatte, in voller Heftigkeit. Dabei darf man allerdings nicht übersehen, daß Joseph und Leopold ebenso wie ihr jüngster Bruder Maximilian Franz, der letzte Kurfürst von Köln und Fürstbischof von Münster, sich keineswegs als Feinde der Kirche, sondern als Reformer fühlten und tatsächlich dem Katholizismus in ihren Ländern neben manchem Schaden auch viel Gutes erwiesen haben. Die Pfarr- und Bistumsregulierung in Österreich sollte ebenso wie die Aufhebung der »beschaulichen« Orden und Klöster der Ausbildung und Besserstellung des Pfarrklerus dienen, und in der Toskana entwickelte der Großherzog Leopold in Zusammenarbeit mit seinen jansenistischen Beratern ein Programm der Kirchenreform, das den Vertretern der vier deutschen Metropoliten von Mainz, Köln, Trier und Salzburg zum Vorbild für ihre eigenen Bestrebungen diente, als sie sich im Jahre 1786 in Bad Ems trafen und zum Protest gegen die Errichtung einer päpstlichen Nuntiatur in München die »Emser Punktation« formulierten.

Aber weder der Bewegung der deutschen Erzbischöfe noch auch der toskanischen Bewegung, die ebenfalls 1786 in der Synode von Pistoia am Bischofssitz des jansenistischen Bischofs Scipione de'Ricci ihren Höhe- und Wendepunkt erlebte, ist Erfolg beschieden gewesen. Obwohl die französischen und niederländischen Jansenisten und die Häupter der schismatischen »Kleinen Kirche« von Utrecht sich um eine Koordinierung der gleichlaufenden antikurialen Bewegung in den verschiedenen katholischen Ländern bemühten, ist es zu keiner wechselseitigen Abstimmung und Zusammenarbeit gekommen; nicht zuletzt, weil Joseph II. selbst sich dem Drängen seiner jüngeren Brüder und dem Appell der deutschen Erzbischöfe versagte. Vor allem aber gelang es weder nördlich noch südlich der Alpen, eine bischöfliche Einheitsfront gegen Rom zustande zu bringen; in Deutschland opponierte eine kleine, aber rührige Gruppe von Bischöfen gegen die Politik der Erzbischöfe, und in der Toskana wandten sich alle drei Erzbischöfe und die Mehrheit der Bischöfe gegen den »Papst der Toskana«, wie Bischof Ricci von Pistoia spöttisch von seinen Gegnern genannt wurde. So ist, ohne daß die Kurie selbst überhaupt in Erscheinung zu treten brauchte, die Bewegung nördlich wie südlich der Alpen gescheitert.

Dennoch hat sie tiefe Spuren hinterlassen, vor allem in Österreich, wo es Papst Pius VI. trotz seines aufsehenerregenden Besuchs in Wien im Jahre 1782 nicht gelang, Joseph II. und Kaunitz von ihrer Kirchenpolitik abzubringen; aber auch in Deutschland, wo die »katholische Aufklärung« heute weit positiver beurteilt wird als noch zu Beginn unseres Jahrhunderts, und in Italien, dessen jansenistische Traditionen tief in das Zeitalter des »Risorgimento« hineinwirkten; schließlich in Frankreich und in den Niederlanden.

Vor einer Zeitwende

Wie seine Kirchenpolitik, so ist auch die übrige Innen- und die Außenpolitik Josephs II. sowohl in den anderthalb Jahrzehnten als Mitregent seiner Mutter wie dann in dem Jahrzehnt seiner Alleinherrschaft von 1780 bis 1790 bis heute umstritten. Charakterbild und Persönlichkeit des im Zeitalter des Liberalismus so verherrlichten ältesten Sohns der Maria

Theresia werden der historischen Forschung immer problematischer. Allein den »Staatsfanatismus«, dessen er sich rühmte, wird man ihm kaum absprechen können, wobei allerdings eingeschränkt werden muß, daß er den Staat, für dessen Wohl er sich aufrieb, mit seiner unglücklichen Politik an den Rand des Abgrunds führte. Doch stehen allen Fehlern und Mißgriffen immerhin zahlreiche große Leistungen und Verdienste gegenüber: etwa das »Toleranzpatent« für die Protestanten, die Gründung des Burgtheaters als deutsches Nationaltheater, die wohlwollende, wenngleich schließlich erfolglose Bauernpolitik, die Errichtung von Krankenhäusern und zahlreichen anderen humanitären Einrichtungen.

Auf dem zunächst von der Mutter dem Mitregenten zugewiesenen Gebiet des Militärwesens und dem benachbarten der Außenpolitik sind ihm jedoch die erhofften großen Erfolge versagt geblieben. Schon im Bayerischen Erbfolgekrieg von 1778/79, der ohne größere Kampfhandlungen verlief, scheinen ihm Zweifel an seinem Feldherrntalent gekommen zu sein. Immerhin erhielt Österreich 1779 im Frieden von Teschen, für den Frankreich und Rußland – an Stelle des einst den Westfälischen Frieden garantierenden Schweden – die Garantie übernahmen, aus der bayerischen Erbschaft das kleine Innviertel. Als Alleinherrscher aber hat Joseph eine außenpolitische Niederlage nach der anderen erlitten. Ein nochmaliger Versuch, Bayern, diesmal auf dem Tauschweg gegen die Österreichischen Niederlande, zu erwerben, scheiterte wieder an der Opposition des alten Preußenkönigs, der sich dem Kaiser mit seiner letzten Schöpfung, dem Deutschen Fürstenbund, entgegenstellte. Daß Friedrich hier am Ende seines Lebens als Hüter der Reichsverfassung auftreten konnte, daß sich sogar der katholische Kurfürst von Mainz, Friedrich Carl von Erthal, der Erzkanzler des Reiches, dem Fürstenbund anschloß, beleuchtete die Sorge, die man im Reich gegenüber der unberechenbaren Politik des Kaisers hegte. Die Belgier aber vergaßen Joseph nicht, daß er ihr Land für Bayern hatte weggeben wollen.

Dann erhoffte sich der Kaiser große Erwerbungen auf dem Balkan, als Bundesgenosse Katharinas gegen die Türken, und er träumte davon, mit einem siegreichen Herr auch in Italien weitere Gebiete zu gewinnen. Aber als der Türkenkrieg dann wirklich ausbrach, war Joseph bereits ein kranker Mann, dem nur noch eine kurze Lebensfrist vergönnt war, und auch der Krieg verlief zunächst wenig glücklich. Daß die österreichische Armee unter dem alten Laudon nun doch noch, nach verschiedenen Fehlschlägen, Belgrad erobern konnte, war eine der wenigen Tröstungen, die das Schicksal für den todkranken Monarchen noch bereit hatte. Sonst aber erlitt er eine Reihe schwerer Enttäuschungen. Offene Feindschaft rief seine zentralistische und absolutistische Politik in den Österreichischen Niederlanden und in Ungarn hervor, da er in beiden Ländern die alte ständische Verfassung beseitigte. Die katholischen Belgier erbitterte er zudem durch seine Kirchenpolitik, während die nicht aus nationalen, sondern aus Gründen der bürokratischen Zweckmäßigkeit unternommene Germanisierungspolitik den Widerstand der Magyaren hervorrief.

Nachdem in Belgien schon früher Unruhen aufgeflammt waren, brachte der Einfall einer auf dem Gebiet der Generalstaaten aufgestellten Emigrantenarmee im Herbst 1789 den raschen Erfolg der belgischen Revolution. Zur gleichen Zeit stand Ungarn am Rande der offenen Empörung, eine Gruppe von unzufriedenen Adligen bot sogar dem rührigen

Propagandisten des Deutschen Fürstenbundes, Carl August von Weimar, die Stephanskrone an, von deren Annahme ihm sein Minister Goethe unter Hinweis auf das Schicksal des Winterkönigs jedoch mit Erfolg abriet. War die gegen die Türkei kämpfende österreichische Armee durch die drohende ungarische Revolution aufs äußerste gefährdet, so schien andererseits ein Angriff Preußens und Polens gegen Österreich unmittelbar bevorzustehen. In einer sich wahrhaft katastrophal darstellenden Situation machte der todkranke Kaiser auf das Drängen seiner Berater und seines Bruders und Nachfolgers Leopold wenigstens die den Ungarn verhaßtesten Reformen noch rückgängig.

Leopold II., der seinem Bruder nun in der Herrschaft über die Österreichische Monarchie nachfolgte, wußte die überaus kritische Situation in kurzer Zeit geschickt zu meistern. Er beseitigte die drohende Kriegsgefahr mit Preußen durch die Konvention von Reichenbach, befriedete Ungarn, gewann die verlorengegangenen Niederlande zurück, erreichte die Wahl und Krönung in Frankfurt und beendete den Krieg gegen die Türkei. Die Französische Revolution verfolgte er zuerst, seinen konstitutionellen Neigungen entsprechend, mit offener Sympathie, wie er auch die polnische Revolution und deren Frucht, die Verfassung vom 3. Mai 1791, begrüßte. Erst als in Paris die radikalen Elemente die Oberhand gewannen, faßte Leopold die Möglichkeit eines Konflikts ins Auge. Bevor aber der Krieg noch ausbrach, raffte den Kaiser, der unter den deutschen Fürsten ein hohes Ansehen wie wenige seiner Vorgänger genoß, eine plötzliche Krankheit am 1. März 1792 dahin. Seinem erst vierundzwanzigjährigen ältesten Sohn und Nachfolger Franz, den der Oheim Joseph für den künftigen Herrscherberuf erzogen hatte, fiel die schwere Aufgabe des Kampfes gegen das revolutionäre Frankreich zu.

In Frankreich hatte der wohlmeinende, aber schwächliche Ludwig XVI., der mit erst zwanzig Jahren 1774 seinem Großvater, dem fünfzehnten französischen König dieses Namens, auf den Thron gefolgt war, die längst fälligen inneren Reformen durchzuführen gesucht. Der zum Generalkontrolleur der Finanzen berufene fähige Turgot scheiterte aber nach zwei Jahren an der Gegnerschaft des Hofes und des Adels gegen seine, von seiner physiokratischen Gesinnung getragenen Reformen, aber auch, weil er sich dem Eintritt in den Krieg gegen England an der Seite der nordamerikanischen Kolonisten widersetzte. Turgots Nachfolger wurde der wendige Genfer Bankier Jacques Necker. Um die öffentliche Meinung zu gewinnen – er scheint der erste gewesen zu sein, der das Wort *opinion publique* gebrauchte – hat er 1781 seinen berühmten »Rechenschaftsbericht«, eine zu propagandistischen Zwecken zusammengestellte Übersicht über den Staatshaushalt, veröffentlicht. Obwohl der Krieg gegen England erfolgreich zu Ende ging und Frankreich im Frieden von Versailles vom 3. September 1783 einige der vor zwei Jahrzehnten nach dem Siebenjährigen Krieg verlorengegangenen Kolonialgebiete zurückerhielt, verschlechterte sich die Situation der Staatsfinanzen weiterhin. Zudem litt das Ansehen der Krone und der königlichen Familie wegen einiger Ungeschicklichkeiten, wie die von den Gegnern hemmungslos ausgeschlachtete »Halsbandaffäre«. Mit der Einberufung von Notabelnversammlungen in den Jahren 1786 und 1788 wurde der Weg des Nachgebens gegenüber den Wortführern der Unzufriedenen beschritten, bis dann 1788 die Einberufung der seit 1614 nicht mehr zusammengerufenen Generalstände für das folgende Jahr versprochen wurde.

Der Beginn der Revolution ist überall in Europa von den Aufklärern und Reformern aufrichtig begrüßt worden, da man hoffte, daß die große französische Nation nun auch selbst jene vielfach aus Frankreich stammenden Ideen verwirklichen werde, die sich im übrigen Europa in den Fürstenstaaten des aufgeklärten Absolutismus schon so segensreich ausgewirkt hatten. Nur wenige Zeitgenossen ahnten die ganze Tragweite der in Frankreich anlaufenden Entwicklung, mit der, nach Goethes berühmtem prophetischem Wort am Tag der Kanonade von Valmy, »eine neue Epoche der Weltgeschichte« anhob.

Fritz Schalk

DIE EUROPÄISCHE AUFKLÄRUNG

Aufklärung – *lumières, enlightenment, illuminismo, ilustración* –, allen diesen Ausdrücken verschiedener Sprachen ist gemeinsam, daß man das Licht, das Licht der Vernunft als bezeichnend für eine Weltauffassung ansieht, die die europäischen Literaturen des 18. Jahrhunderts bestimmt. In dem so verstandenen Begriff fehlt der Zusammenhang mit der göttlichen Offenbarung, mit Autorität und Tradition. Die Vernunft bildet sich gegen die Geltung der Theologie aus, um die Grundlage für die Mündigkeit, die Autonomie der Person zu legen, die, sich auflehnend gegen ein Joch, das auf ihr gelastet hatte, als eine Kraft in Erscheinung tritt, die die Welt verstehen und meistern möchte. Die Aufklärung als eine wesentlich unkirchliche Weltanschauung bemüht sich, die Methodik der Vernunft als der Wurzel aller Erkenntnis nicht nur in den mathematisch-naturwissenschaftlichen Forschungen durchzusetzen, sondern auch in der Ethik, in Religion, Geschichte und Politik eine allgemeine Gesetzlichkeit zu begründen.

Fühlen sich auch in erster Linie drei Länder von der Kraft der aufgeklärten Bewegung erfaßt – nämlich England, Frankreich und Deutschland –, so hat die siegende Kraft der neuen Ideen sehr bald auf andere Völker übergegriffen, so daß langsam auch in Italien und Spanien eine Zeitstufe der Auflehnung gegen die ausschließliche Macht des Hergebrachten einsetzte, die in wiederholten Anläufen die Bewegung auf die neuen Prinzipien hin schließlich überall ins Rollen brachte.

Bilden sich auch die Ideen der Aufklärung im späten 17. Jahrhundert, um im 18. ihren Höhepunkt zu erreichen, so heben sich einzelne Stufen ihrer Entwicklung doch schon deutlich in der Renaissance ab; in der humanistischen Bewegung gegen die Scholastik und gegen den überlieferten Lehrbetrieb treffen sich Ströme aus ganz verschiedenen Schichten; in der Wendung zu einer unpedantischen Ausdrucksweise lag schon das Bewußtsein des Verzichts auf Bindungen an die »Schule«, das Gefühl einer Sicherheit, die der Anlehnung an eine Autorität nicht mehr bedarf. Wie in einer Vorwegnahme späterer Zeiten kommt in Autoren wie Montaigne, Descartes, Galilei, Bacon ein gleicher Vorgang zum Ausdruck; die Verschiebung des Akzents vom Spezialistentum, vom Fachmann auf das Leben, die Welt und die Gesellschaft. Der Humanismus schon setzt an den lastenden Druck schulmäßiger Unterweisung den Hebel der Revolution. Dabei entwickelt sich ein neuer Begriff vom Schriftsteller, der den gelehrten Themen einen völlig veränderten Tonfall gibt. Italien zuerst hat jene Höhe einer gesellschaftlichen Kultur erreicht, der andere Länder erst nacheifern mußten: Die Humanisten waren richtunggebend für alle, die später Geist und Herz nicht nur der »Fachwelt«, sondern eines größeren Publikums empfänglich machen wollten für Philosophie, Kunst und Wissenschaft zum Zwecke der Verfeinerung und »Zivilisierung« des Lebens.

Es ist kein Zufall, daß Galilei in dem Maße, in dem er sich mit der offiziellen Wissenschaft nicht mehr verständigen konnte, sich an ein neues Publikum wandte. »Ein Jeder«, so sagte er, »solle seine Briefe und Abhandlungen lesen können. Viele studieren ohne Neigung, und viele Begabte können nicht studieren, weil sie kein Latein können und sich nun einreden, jene dicken Wälzer enthielten die Wahrheit. Sie sollen wissen, daß die Natur, die ihnen nicht minder als den Gelehrten die Augen gegeben hat, um ihre Werke zu sehen, ihnen auch den Verstand verliehen hat, um sie zu begreifen und fassen zu können.« Galilei zieht daher in die ernst gemeinte und neue Methode das Spiel der Grazie hinein und versteht es, seine Schriften in den Rahmen einer neuen Form einzupassen. Es sind Schriften, die aus Korrespondenzen, aus Streitgesprächen, Diskussionen im kleinen Zirkel entstanden sind, Offenbarung einer besonderen Kunstform, die die schulmäßigen Traktate von ihrer Höhe herabstürzt. Es sind Dialoge und Unterredungen – *dialoghi e discorsi* –, in denen er von den beiden Weltsystemen, dem ptolemäischen und dem kopernikanischen handelt und Gründe und Gegengründe ins Treffen führt und die neuen Wissenszweige – die Bewegungs- und die Festigkeitslehre, die auf ihn selbst zurückgehen – untersucht. Er wählte den am platonischen Muster gebildeten Dialog, und er bediente sich oft des Italienischen, so deswegen, weil das pädagogische Ziel seiner Bemühungen überall erkennbar war: Es sollten die Schranken fallen, die durch die alte Gelehrtensprache Latein zwischen das Wissen und die Nation gelegt waren. Die Physiker empfanden die tote Sprache bereits als störend, und wenn auch in Holland Galileis Mitkämpfer in der Entwicklung der Mechanik, Simon Stevin, sich der Volkssprache bediente, so zeigt dies, daß hier das Holländische so heimisch gemacht werden sollte wie das Florentinische in der Toskana, wenn anders Florenz Zentrum des geistigen Lebens in Italien bleiben sollte. Auf diesem Gebiet trafen sich die Naturforscher verschiedener Länder, sie blieben mit der Wendung der Wissenschaft auch zum praktischen Leben in der gleichen Linie, und wenn Kirche und Universität sich dem Neuen noch sperrten und das Latein als eigentliche Gelehrtensprache der Volkssprache gegenüberstellen wollten, so entsprach diese Gegenüberstellung doch nicht mehr der neuen Bewußtseinslage, und Galilei und seine Anhänger präludierten der kommenden Aufklärung.

In vielem traf Galilei mit den Bestrebungen anderer Länder zusammen. In Frankreich bildet sich im 17. Jahrhundert der Typus des *honnête homme*, des Gebildeten, heraus, der auf den Reflex in der Umwelt abgestellt ist und sich in ihr erfüllt. Die Schriftsteller gehören zur »Welt«, das heißt zu den wenigen tausend Angehörigen des Hofes und der Salons. Das Leben drückt sich in Umgang und Verkehr, im Gespräch aus, so daß gesprochene und literarische Sprache zusammenfallen können. Überall ist die Universalität der geistigen Bildung, die Abkehr von der bloßen Buchgelehrsamkeit, das Unbehagen am Spezialistentum vorausgesetzt. Selbst Descartes, sich anpassend an die Normen der zeitgenössischen

Bildungsaristokratie, schreibt einige seiner Werke in französischer Sprache, vor allem den *Discours de la méthode* (1637), der sich dem Leser wie eine Fabel anbietet und dessen Urbanität sich mit der philosophischen Absicht zu vereinen vermag. Denn das Gültige zeigt sich nur in der Welt *(le monde)*, die das Allgemein-Menschliche wollte. Damit fügt sich die Philosophie – und auch die Theologie, wie Pascals *Lettres provinciales* und *Pensées* beweisen – in die große Bewegung gegen alles Schulmäßige und Pedantische ein; der Blick auf das Leben, auf ein größeres, vielfältig zusammengesetztes Publikum führt eine Abkehr von allem Spezialistentum herbei, und wenn man eine Klasse weit von sich weist, so ist es die der Fachleute *(doctes)* und der Pedanten. Der Geselligkeitsraum ist fördernd für die Gebildeten, und es wird Gesetz, alle Themen in einer entspannten und aufgelockerten Form zu behandeln, auch die der Naturwissenschaften. Die jetzt überall stattfindende Annäherung von Gelehrtem und Weltmann ist die Voraussetzung für die Wirkung der Schriftsteller während der ganzen Aufklärung: Wissenschaftliche Gebiete werden auf eine schriftstellerische Höhe gehoben wie nirgends sonst in der Welt.

Fontenelles *Entretiens sur la pluralité des mondes* (1687) sind ein Beispiel für die Urbanisierung der Wissenschaft. In der Vorrede schreibt er, daß er von den Damen bei der Lektüre seiner Werke die gleiche Aufmerksamkeit erwarte wie für Madame de La Fayettes Roman *La princesse de Clèves*. Überall trifft man auf die scharfe Abgrenzung, die die Gesellschaft der literarischen aufgeklärten Kreise gegen alle Buchgelehrsamkeit vornimmt – es laufen hier zwei Linien nebeneinander, die nicht so leicht ineinanderlaufen können. Eine in die Tiefe und in die Breite gehende Wirksamkeit der Schriftsteller wird dadurch begünstigt, und im Verlaufe des 18. Jahrhunderts erlaubt es ihnen die gesellschaftliche Situation als *société des gens de lettres* ihre Unabhängigkeit auch durch ihre äußere Existenzform auszusprechen: Die Gelehrtenrepublik stiftet aus ihren Voraussetzungen Regeln für das Leben. Voltaire korrespondiert mit Fürsten und residiert als ein Fürst des Geistes in Ferney. Als er starb, folgte ein Trauerzug von ganz Paris seinem Sarg.

Der Schriftsteller bewegt sich im 18. Jahrhundert in allen Gebieten als Schriftsteller, nie als Fachgelehrter. Durch die Erweiterung des Stoffbereiches, die Verbindung des »philosophischen« Geistes mit dem guten Geschmack verändert sich der Begriff der Dichtung, verändert sich ihre Formensprache; anderseits verwandelt das neue Bewußtsein von der politischen und philosophischen Mission der Schriftsteller auch die politischen und philosophischen Begriffe und gibt ihnen einen neuen Akzent. »Philosophie« – das Wort im weiten Sinn verstanden – und Kunst, aus diesen beiden ständig ineinandergreifenden Bezirken erwächst die besondere Problematik der französischen und aller Aufklärung. Die Literatur sieht in der französischen Gesellschaft des 18. Jahrhunderts in alle Fenster, mengt sich in alle Geschäfte; nichts ist ihr zu gering, es umzubilden. so daß der literarische Geschmack sich aller Dinge bemächtigt.

Auch in England fühlt man damals sich von einer neuen Welle getragen, auch hier ist die Literatur Teil jenes großen Lebensprozesses, in dem die Fülle der neuen bürgerlich bestimmten Literatur im Menschen sich weitet; zeitgenössische Probleme werden in die allgemeine Sphäre von Roman, Theater und Satire gehoben; Addison, Steele, Goldsmith und Sheridan empfindet man mit gleichem Recht wie die Philosophen – Bacon, Shaftesbury,

Locke, Hume – als Vorkämpfer einer neuen Form, die die Bürde pedantischer Schultraditionen nicht mehr mitschleppen muß. Alle Schriftsteller bringen auch hier die Sehnsucht der Zeit nach der Verbindung von Eloquenz und Philosophie zum Ausdruck; man sucht in Theorie und Praxis die Diktion, die der veränderten Auffassung Rechnung trägt. Und wenn in Italien Algarotti unter Fontenelles Einfluß eine Schrift *Newtonianismo per le dame* (1736) verfaßt, Gozzi sich dem Stil der französischen und englischen Zeitschriften anpaßt, in Spanien Cadalso, Feijóo und Jovellanos sich an französischen und englischen Vorbildern und an dem lebendigen Bedürfnis nach Erneuerung und Reform orientieren, dann war auch hier die »Philosophie« aus der Höhe der Spekulation herabgezogen zu Fragen, die in das Leben eingriffen.

Der Humanismus war ein Strom, der sich in verschiedene Arme teilte und in Verbindung mit den Wissenschaften der Zeit die Aufklärung in verschiedenen Ländern auch eine in mancher Hinsicht verschiedene Gestalt annehmen ließ. Auch in Deutschland kamen im Brennpunkt von Thomasius, Lessing, Wieland, Lichtenberg alle Strahlen aufgeklärter Formkunst und alle Kräfte des »Verstandes und des Witzes« zusammen, alle Elemente der bald an Frankreich und England, bald an Spanien – man denke an Baltasar Graciáns *El discreto* (1646) und *Oráculo manual* (1653) – gebildeten Naturen wurden erregt und fanden in gestaltender Freiheit Maßstäbe für den Reiz neuer individueller Formen. Als man 1769 in einem in Frankfurt erschienenen Messekatalog Sedaines Stück *Le philosophe sans le savoir* anzeigt, beschreibt man es mit folgenden Worten: »Dieses ist ein Stück aus dem Französischen... Wenn jemals ein Mann, welcher die Weltweisheit weder in Schulen, noch in Büchern erlernet, und doch der Natur nach solche vollkommen besitzt... sich in der Welt befunden, so erscheinet hier ein solcher.« Philosoph ist hier verstanden in dem Sinn, den die Schriftsteller – und jeder nannte sich Philosoph, und konnte sich so nennen – dem Wort gegeben haben: ein der Praxis, der Welt, der Forderung nach Humanität verpflichteter Denker.

Eine solche aufgeklärte Philosophie aber wäre nicht möglich gewesen ohne den Zusammenhang mit der großen Wissenschaftsbewegung der Zeit. Im 17. Jahrhundert bildeten Mathematik und Physik die Stützen von Descartes' System. Das Objekt der Mathematik war neu bestimmt worden, sofern nicht mehr Figuren und Zahlen, sondern Relationen die Geltung erlangten und die Mathematik in ihrer rein logischen Form als Gebilde des reinen Verstandes konstituiert worden war. Die Descartessche Physik – und man weiß, daß Descartes' Kritik den Kernpunkt von Galileis Methode getroffen hat – war jedoch durch Newtons *Philosophiae naturalis principia mathematica* (1687) zum Einsturz gebracht worden. Im Rückgang auf die Erfahrung eröffneten sich in England – von Bacon zu Locke und Newton – und in Italien – von Galilei zu Torricelli – den Naturwissenschaften neue Wege, neue Horizonte wurden durch die *Mikrographia* von Hooke (1665), durch Hartsoecker und Swammerdam der Biologie und Medizin erschlossen.

In rascher Folge zogen während des ganzen 18. Jahrhunderts andere, bisher vernachlässigte und nun aufblühende Wissenschaften den Blick auf sich und schienen den Fall dessen, woran man vorher geglaubt hatte, herbeizuführen. Die Dynamik, die in das Denken

Unterhaltung eines Philosophen mit einer Dame über die »Pluralité des mondes«
von Bernard Le Bovier Fontenelle. Kupferstich von Bernard Picart, 1727

Feldmaus, Lamantin, Espagneul und Pudel, Fledermaus
Gouachemalereien von Jacques de Sève und Buvée für die Tafeln der »Histoire naturelle« von Buffon, 1749–1789
Paris, Bibliothèque Nationale

eingedrungen ist, bewirkte, daß die Methode von Mathematik und Physik, die den Leitfaden des Descartesschen Systems gebildet hatte, zum Schweigen gebracht wurde durch die rasch sich ablösende Begeisterung für Medizin, Biologie, Physiologie, Geologie, Chemie, Naturgeschichte, Ökonomik – es sind zunächst diese Wissenschaften, von denen man die Reform der Welt erwartete; sie greifen tief in das tätige Leben ein, und niemand kann sich ihrem Einfluß entziehen. Und wie groß auch die Einwirkung Descartes' noch im 18. Jahrhundert war, die Widerstände, die gegen ihn sich erhoben, kamen nicht nur aus dem Bereich der Logik – Leibnizens *Characteristica generalis* (nach 1690) –, sondern aus dem Fortgang und aus der Blüte der Einzelwissenschaften. Stellen doch erst die Schweizer – die Bernoulli und Euler (1707–1783), später die Franzosen die großen Mathematiker: Clairaut (1713 bis 1765), D'Alembert (1713–1783), Lagrange (1736–1813), Laplace (1749–1827) –, sie wenden Newtons Methode auf die Mechanik und Astronomie an.

Es war Newtons Theorie der allgemeinen Attraktion, die Huygens, D'Alembert, Maupertuis weitergebildet haben: die Form, die Newton der rationalen Mechanik gegeben hat, bestimmt die künftige Entwicklung, seine Motive sind in immer neuen Variationen weitergeführt worden: D'Alemberts *Traité de dynamique* (1743), Maupertuis' Schriften, Lagranges *Mécanique analytique* (1788) entstammen demselben geistigen Klima. Und wie in der Mathematik, so hat man auch in der Astronomie sich dem Zug des Newtonschen Denkens überlassen, die Beobachtungen von Bouguer, Maskelyne, Le Monnier bestätigten Newtons Gravitationstheorie, und Clairaut ergänzte sie 1752 durch seine Schrift *La théorie de la lune*, die ihm den ersten Preis der Petersburger Akademie eingetragen hat. Er gewann 1762 einen zweiten durch seine Schrift über die Theorie der Kometen. Im Anschluß an Gregorys und Newtons Erfindung vervollkommneten die Engländer Dollond und William Herschel die Teleskope.

Man war nach so vielen Einzeluntersuchungen und Beobachtungen im Besitz einer Mine, deren Reichtum es auszumessen galt. Viele Fahrten, Beobachtungen in Observatorien kulminierten 1796 in Laplaces *Exposition du système du monde*; hier erschien die Astronomie als die Lösung eines großen Problems der Mechanik: ihr entsprang die Sicherheit, die aus der unendlichen Zahl und aus der Mannigfaltigkeit der exakt beobachteten Phänomene resultierte: »Kein Stern kann dieses Prinzip widerlegen.«

Aus dem Zusammenwirken von Prinzipien und Beobachtungen konnte eine Theorie der Himmel erwachsen, die klar bestimmbare Strukturen aufwies und es Laplace erlaubte, die Astronomie als das kraft der Würde ihres Gegenstandes und der Vollkommenheit ihrer Theorien »schönste Denkmal des menschlichen Geistes« zu beschreiben. Denn verführt durch die Sinnestäuschungen und durch seine Eigenliebe hielt der Mensch lange sich selbst für den Mittelpunkt der Bewegung der Sterne; sein nichtiger Stolz wurde bestraft durch den Schrecken, den sie ihm eingeflößt hatten. Schließlich fiel dank der Arbeit mehrerer Jahrhunderte der Schleier, der das System der Welt seinen Augen verborgen hatte. Jetzt sah er sich auf einem kaum wahrnehmbaren Planeten im Sonnensystem, dessen riesige Ausdehnung nur ein Punkt in der Unendlichkeit des Raumes ist. »Die erhabenen Resultate, zu denen diese Entdeckung geführt hat, sind wohl danach angetan, ihn zu trösten über die Stellung, die er der Erde zumißt. Sie zeigt ihm seine eigene Größe bei der Kleinheit der

Ausgangsbasis, von der aus er die Himmel gemessen hat.« So werden solche Erkenntnisse »das Entzücken aller Denkenden« bilden – sind es doch Erkenntnisse, die sich in verschiedener Richtung, zum Nutzen der Schiffahrt und Geographie, weiterverfolgen lassen. Bedenkt man, welche Fortschritte in der Physik durch die Entdeckungen von Fahrenheit, Réaumur, Celsius, in der Erkenntnis der Elektrizität durch den Engländer Gray, durch den Franzosen Du Fay, durch den Holländer Musschenbroeck und durch Benjamin Franklin gemacht wurden – um nur die wichtigsten Namen zu nennen –, denkt man an die vielen Resultate, die die chemischen Untersuchungen von Scheele, Priestley und Lavoisier erzielt haben, so versteht man, daß so viele neue Entdeckungen die Menschen mit Enthusiasmus erfüllten und ihnen die Naturwissenschaften als eine lebendige, unmittelbar gegenwärtige Kraft erscheinen lassen mußten.

Denn die Epoche stand zugleich im Zeichen eines der größten Naturforscher, dessen beschreibende Naturgeschichte dem 18. Jahrhundert ein auch schriftstellerisch unübertreffliches Vorbild zu sein schien. Es handelt sich um George Louis Leclerc, Comte de Buffon (1707–1788), der von der Mathematik und Physik ausgegangen war, dann als Intendant der königlichen Gärten – des heutigen *Jardin des plantes* – den Plan zu seinem Lebenswerk, der *Histoire naturelle* gefaßt hat. Von 1749 bis 1789 erschienen zweiunddreißig Bände: »Die Erde«, »Der Mensch«, »Die Vierfüßler«, »Die Vögel«, »Die Mineralien«. Lacépède fügte, auf Grund von Aufzeichnungen Buffons, die »Geschichte der Schlangen« (1789) hinzu, während Buffon selbst, in vielem durch Mitarbeiter wie Needham, Guéneau de Montbéliard, Bexon, Daubenton unterstützt, die »Theorie der Erde«, »Die Naturgeschichte des Menschen«, »Die Epochen der Natur«, »Die Mineralogie« verfaßt hat.

Als er »Die Theorie der Erde« schrieb, galt die Bibel als die Hauptquelle der Geschichte des Globus. Viele zeitgenössische Autoren unterschieden nicht scharf zwischen dem Text der Bibel und dem Naturgeschehen. Buffon hingegen geht von den Fakten aus, bemüht sich aber *post festum* nachzuweisen, daß sie nicht im Widerspruch stünden zur Heiligen Schrift. Der Verstand des Menschen – wie die Gesetze des Universums – sind ein Widerschein des »unsterblichen Lichtes«, die Natur ist das System der Gesetze, die der Schöpfer aufgestellt hat, damit die Dinge existieren und die Lebewesen aufeinander folgen können. »Die Natur ist kein Ding, denn das Ding wäre alles, die Natur ist kein Seiendes, denn das wäre Gott, aber man kann sie als eine lebendige unendliche Macht ansehen, die alles umgreift, alles belebt und der Macht des ersten Wesens unterworfen, nur auf seinen Befehl, nur mit seiner Zustimmung handelt.«

Es ist nicht der Gott der Christen, es ist keine christliche Inspiration, die das Werk Buffons bestimmt, es herrscht hier nicht der Glaube an einen Gott, dessen Wunder wirkende Kraft die Naturgesetze aufheben könnte. Es ist ein rationaler Gott: die Divinisierung der menschlichen Vernunft. Ein Unterschied der Lebenshaltung, der Lebensstimmung trennt Buffon von Voltaire, rückt ihn sehr nahe an den Satz vom Grunde – die *raison suffisante* von Leibniz –, er schlägt einen ähnlichen Weg ein wie Montesquieu, in dessen System auch Gott seine Gesetze hat. Dies führt zu jener Trennung von Physik und Metaphysik, die bewirkt, daß bei Buffon sich trotz der Bindung an eine theologisch-christliche Terminologie doch der Blick in eine andere Welt auftut. Eine Theorie der Naturerscheinungen, innerhalb derer

LEBENSDATEN:

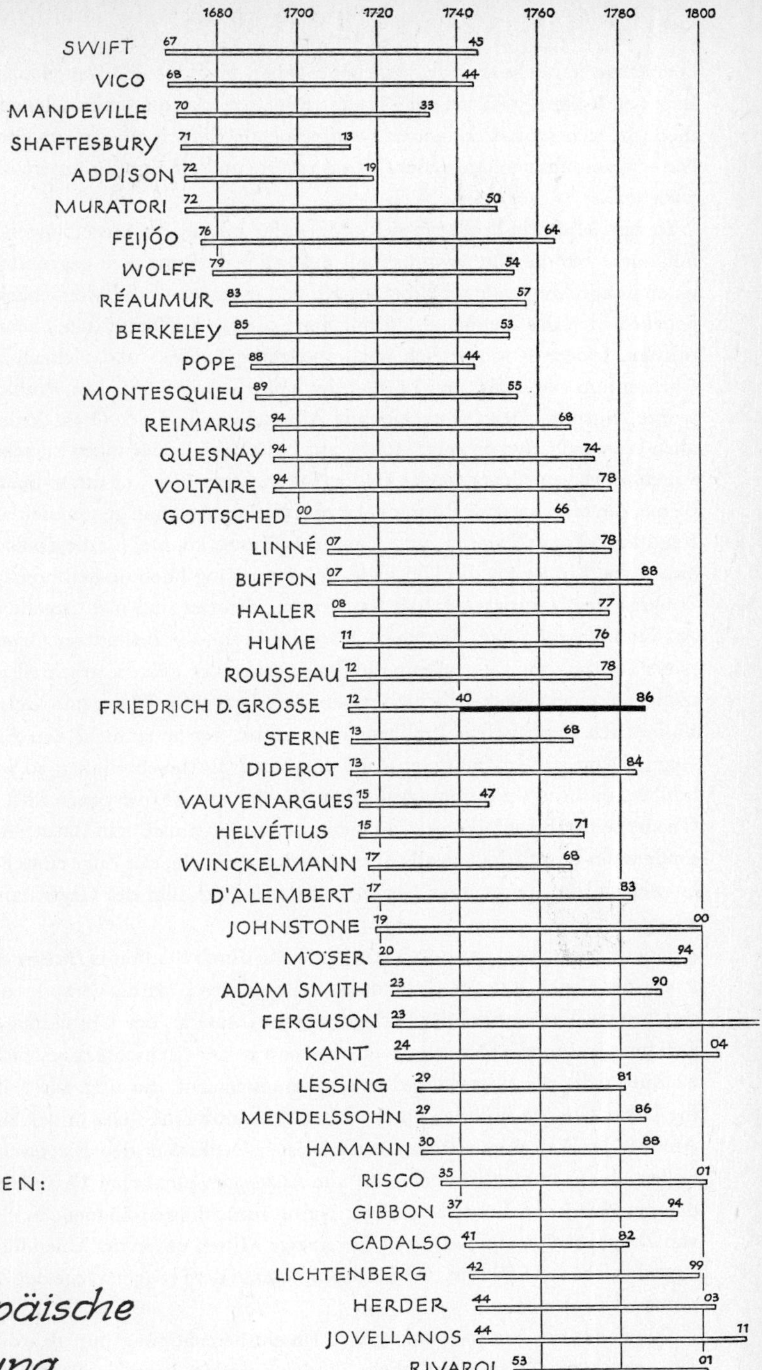

Die europäische Aufklärung

es nur mechanische Erklärungsgründe geben kann, schien das Gefüge des orthodoxen Baues zu lockern, weil sie ein Prinzip enthielten, das die Voraussetzung einer neuen Methode in sich schloß. Es waren weitspannende Einsichten, ein geweiteter Blick, der die Natur als zusammenhängendes Ganzes erfaßte und die Einführung irrationaler Qualitäten ausschloß.

In dem Maße, in dem man sich einig wußte mit den Voraussetzungen, auf denen Buffon aufbaute, war die Naturwissenschaft auf rationale Prinzipien gegründet; man konnte sie polemisch in Vergleich zur Bibel setzen, und es schwand die Möglichkeit, noch auf christlichem Boden das Ziel der Erklärung der Epochen der Natur, der Theorie der Erde zu erreichen. Indem – wenngleich noch vorsichtig, indirekt und vielfach zweideutig – dem Christentum die Kraft zur Lösung der naturwissenschaftlichen Probleme abgesprochen wurde, entsprang jene entscheidende Abweichung von der Orthodoxie, die es sehr bald allen Wissenschaften erlauben sollte, auf natürliche Erklärungen zu rekurrieren. Und der Anschluß verschiedener Kreise an die Naturwissenschaft war um so plausibler, als die Probleme, die hier aus dem Rahmen der christlichen Religion genommen wurden, von einem Künstler behandelt waren, dem man nachrühmen konnte, für die Zoologie so viel getan zu haben wie Luther für die Theologie. Seine Wirkung blieb deshalb auch gar nicht auf den Umkreis der Naturwissenschaft beschränkt, denn es sind nicht sosehr die Fakten als die Art ihrer Verknüpfung, die klare, lichtvolle Form, die besonderer Grundzug und Vorzug seiner Darstellung waren. Denn die Besonderheit der Fakten, so schreibt er einmal, genügt nicht, um einem Buch Leben zu geben, »wenn es ohne Glanz und Geist ist«. Und indem Buffon sich biologischen Problemen zuwandte, verlor er nicht den Menschen aus dem Auge. Denn studiert man den Aufbau seiner Naturbeschreibung, so wird immer wieder fühlbar, daß die Verknüpfung mit dem Menschen nicht vergessen und daß die einzelnen Glieder seiner Beschreibung ineinandergreifen. Es ist nicht ein statisches Bild, das er malt, sondern ein Prozeß, in dem alle Formen sich entwickeln, alle Züge eines Porträts so lebendig erscheinen, daß sie in ihrer Gesamtheit das äußere Bild des Gegenstandes widerspiegeln können.

Jedoch im ganzen war durch sein Werk wie durch Réaumurs *Histoire des insectes* (1734 bis 1742) der Bruch mit der Orthodoxie vollzogen, von deren Voraussetzungen sich Buffon durch seine Theorie von der Verlagerung der Materie, der Umbildung, durch seine Entwicklungslehre gelöst hatte. »Denn wie man in der Menschheitsgeschichte die Urkunden zu Rate zieht, die Münzen und Medaillen untersucht, die alten Inschriften entziffert, um die Umwälzungen in ihnen zu bestimmen, so muß man auch in der Naturgeschichte die Archive der Welt durchstöbern, die frühesten Denkmäler den Eingeweiden der Erde entreißen, die Trümmer sammeln und alle Anzeichen physischer Veränderungen, die uns zu den verschiedenen Lebensaltern der Natur zurückführen können, in ein einziges Corpus von Zeugnissen vereinen. Dies ist das einzige Mittel, um in der Unendlichkeit des Raumes irgendwelche feste Punkte zu bestimmen, um auf dem ewigen Wege der Zeit einige Meilensteine zu gewinnen.«

Daher hat die Naturforschung ihre Daseinsberechtigung nur als exakte Beschreibung, und gerade die Öffnung des Blicks auf das Einzelne, Individuelle unterschied sie von der mechanischen Naturerklärung, aber auch von der klassifizierenden Methode, die Linné angewandt hatte: Sein *Systema naturae* erschien 1735 und wurde – in immer wieder überarbeiteten Auflagen – bis 1788 dreizehnmal aufgelegt. Siebentausend Pflanzen waren in vierundzwanzig Klassen eingeteilt worden. Weil in dieser Methode Übergang, Entwicklung, Umbildung vernachlässigt und das einzelne unter den Begriff der Gattung subsumiert worden ist, sind schon Buffon die Schranken des Systems klargeworden: Es schien ihm nichts damit gewonnen, daß der Luchs zur Gattung der Katze, Fuchs und Wolf zur Gattung Hund gehörten, sondern er sah darin eine Richtung vom einzelnen weg, ein System, das denn auch in der Tat eine Gegenbewegung nach der andern hervorrief, die alle offenbar in der Grundvoraussetzung von Linnés Theorie ihren Anstoß bekommen hatten.

Daß Klassen, Arten, Gattungen sich zu Unrecht in die Naturbetrachtung eindrängten, trat in Adansons *Histoire naturelle du Sénégal* (1757), in den *Familles naturelles des plantes* (1763) zutage – wir befinden uns auf dem Wege zu den Experimenten von Needham und Spallanzani, die schließlich zu den transformistischen Theorien des Mathematikers und Philosophen Maupertuis geführt haben, der 1745 seine *Vénus physique*, 1751 sein *Système de la nature* und 1756 seine *Cosmologie* veröffentlicht hat. Die Veränderungen, die aus Klima und Nahrung resultieren, das Auftreten neuer Arten, die auf Befruchtung und physische Einflüsse zurückgehen – solche Thesen und Betrachtungen gaben einen neuen Ausblick und hoben sich ab von dem Linnéschen System. In dem großen Rahmen von Diderots Schriften sind die Probleme der »Interpretation der Natur« (1754) wieder mit erfaßt, dann aber auf einem andern Boden.

Es waren jedoch nicht nur die Naturwissenschaften, die sich gegen die Orthodoxie richteten. In der Diskussion der religiösen Probleme traten seit langem Erscheinungen auf, deren Merkmal es war, daß man auch von der religiösen Wahrheit die Rechtfertigung vor dem Forum der Vernunft verlangte und sich weder an Dogma noch an Zeremonien gebunden fühlte. Dieser Gesichtspunkt war bereits von Herbert of Cherbury 1624 in seiner Schrift *De veritate* entwickelt worden, und da er den allgemeinen Gehalt der religiösen Erfahrung aus der moralischen Selbstsicherheit ableitet, aus dem Bewußtsein der objektiven Sicherheit von Gott und Jenseits, war die Brücke gefunden zu allen, die von dem Glauben an die Offenbarung nicht mehr ergriffen waren. Die Abkehr von der Orthodoxie ist eine Stufe des Aufklärungsprozesses; die Aufklärung mußte nur anknüpfen an die Linie, die hier heraufgeführt war, um durch Ausschaltung allen »Beiwerks« zum Kern der Religion vorzudringen. Zudem hatte man, zumal in Frankreich, schon seit der Renaissance, durch Raisonnements die religiösen Vorstellungen zersetzt; immer mehr Elemente drangen in die christliche Vorstellungswelt ein, die sie formalisieren und entleeren konnten.

Von größter Bedeutung war die Diskussion, die an die Schule von Padua, an Pomponazzi, Cremonini anknüpfend – meist indem sie sie falsch verstand –, das Gespräch über die Möglichkeit rationaler Prinzipien in der Theologie eröffnete. Es ist eine Bewegung, die man als *Fideismus* zu bezeichnen pflegt und die von Montaigne über Charron und Pascal zu Bayle führt. Hatte die Scholastik Aristoteles mit ihrem Lehrsystem harmonisiert, so bildet sich nun mit dem Wandel des Offenbarungsbegriffs in einen suprarationalen und mit dem

Zweifel an der Möglichkeit, den Glauben dogmatisch beweisen zu können, jene Scheidung von Theologie und Philosophie heraus, die sprengende Keime in die christliche Welt getragen hat und den Libertinern des 17. Jahrhunderts erlaubte, zwischen natürlichen (heidnischen) und göttlichen Wundern, die nicht in den Fakten begründet waren, zu unterscheiden.

Die Zunahme der Apologien, Pascals Appell an die Ungläubigen, zu wetten um die Existenz Gottes, bringt die Macht einer unchristlichen, antireligiösen Bewegung zum Ausdruck und läßt erkennen, in wie vielen Schichten der Philosophen, Mathematiker und Weltleute eine Auffassung läuft, die der Aufklärung schon sehr nahe kam. Entsprach doch der Bewegung der rationalen Theologie in Frankreich eine Parallele in England, die in der Anglikanischen Kirche durch John Hales und Chillingworth und in der Philosophie durch die Schule von Cambridge repräsentiert war, sie präludierten den englischen Freidenkern, in erster Linie dem Freund von Locke, Anthony Collins, der 1713 seinen *Discourse of Freethinking occasioned by the Rise and Growth of a Sect called Freethinkers* veröffentlicht hat und der sich die Freiheit nahm, alle theologischen Probleme zu prüfen. Oder John Toland, dem Verfasser von *Christianity not Mysterious* (1696), und Gilbert Cooper, deren rational-autonome Methode die ursprünglich reine Naturreligion vor jeder Trübung und Verfälschung bewahren wollte.

Schließlich Diderots Schrift *De la suffisance de la religion naturelle* (1770, verfaßt 1747) – hier erscheint die natürliche Religion als die Mitte, auf die alle Religionen hinweisen und in der sie sich zusammenfinden könnten. »Alles, was einen Anfang gehabt hat, wird damit auch ein Ende haben, und umgekehrt wird das, was nicht entstanden ist, auch nicht vergehen. Nun haben Judentum und Christentum ihren Anfang gehabt, und es gibt keine einzige Religion auf Erden, deren Geburtsjahr nicht bekannt wäre, mit Ausnahme der natürlichen Religion. Sie allein wird niemals enden, während alle andern vergehen werden...«

Dem entsprach in Deutschland die Methode von Hermann Samuel Reimarus: Er wie die ihm in vielem verwandte theologische Bewegung in Deutschland, die sich auf die philosophischen Prinzipien von Christian Wolff, Semler, Jerusalem, Spalding stützte, verweisen auf ein ähnliches Ziel wie die englischen Freidenker; sie unterwerfen sich keiner Autorität, sie entfesseln jene Bewegung der Quellenkritik, die die stärkste und gefährlichste Waffe in den Händen von Philosophie und Historie Ende des 17. Jahrhunderts geworden ist. Sieht man die Entwicklungsreihen in England, Deutschland, Frankreich zusammen, so bemerkt man, daß die Gemeinsamkeit der Stimmung zwischen ihnen unverkennbar ist und daß Verstand und Kritik die Organe waren, durch die die Welt ergriffen und angeeignet wurde.

Dies manifestiert sich sowohl in der Gleichzeitigkeit der Ideen bei verschiedenen Völkern – zum Beispiel des Naturrechts, der Toleranz, der Bibelkritik und der Negation des Zauberwesens – als auch in dem – gescheiterten – Versuch von Leibniz, die Kirchenspaltung zugunsten der Einheit Europas zu beseitigen, oder in der Schnelligkeit, mit der bestimmte nationale Kunst- und Geistesformen aufgegriffen und umgedeutet werden. Selten war ein Echo so stark wie das der Schriften des Jesuitenpaters Baltasar Gracián, dessen *Discreto* und *Oráculo manual y arte de prudencia* in Deutschland und in Frankreich übersetzt worden waren.

Und wenn auch bei dem Prozeß der Umdeutung und Übersetzung manche der schönen Farben des Originals abgefallen sind, sehr viel und oft das Wesentliche seines Geistes hat sich trotz aller Veränderung den andern Völkern mitgeteilt. Man hat Gracián durch Amelot de la Houssaye und Thomasius, Locke durch Coste, Van Dale durch Fontenelle, Bayle durch Gottsched noch sehr gut verstanden. Länder wie Holland, die nicht aktiv durch ihre Literatur teilnahmen am geistigen Leben der Zeit, haben doch durch ihre passive Mittlertätigkeit, indem sie nämlich berühmten Schriftstellern wie Bayle die Freiheit gewährten, die ihnen das Heimatland versagte, den größten Einfluß auf das europäische Geistesleben ausgeübt.

Im letzten Viertel des 17. Jahrhunderts lassen sich ohne Zweifel Zeichen einer tiefen psychologischen Veränderung erkennen, Wurzeln eines Umschwungs. Und zwar insofern, als der Gegensatz zwischen den »Modernen«, die den Fortschritt bejahten und stolz waren auf die Überlegenheit der Naturwissenschaften, und den Anhängern der Antike ein Gegensatz war, der das Leben umgestalten konnte. Und nicht in allen Kreisen ist die Antike noch exemplarisches Vorbild; eine aus dem Protestantismus stammende historische Kritik breitet sich aus, die an die unverlierbaren ästhetischen Normen nicht mehr glaubt. Und allgemein wird der Zweifel an Wundern, Orakeln und Zauberwesen – Fontenelle, Bayle in Frankreich und in Holland, Thomasius in Deutschland verweisen auf das gleiche Ziel.

Allgemein wird auch die Wirkung der Ideen Spinozas (oder der Ideen, die man an ihn ausgeliehen hat), um eigene vorzulegen oder fremde zu bekämpfen. Die Bibelexegese, die unlöslich mit dem Namen von Hobbes und vor allem von Richard Simon verbunden ist, greift in den Kampf gegen die Tradition ein. Ihr gelingt es, die Kräfte der Philologie wachzurufen, die Form und Sprache in Frankreich, Holland, Deutschland und England, das heißt in Bayle, Grotius, Leibniz und in den Denkern der Schule von Cambridge gefunden haben. In der Heterodoxie und den verschiedenen Formen der Kritik wird das Element der Tradition, das das Wesen des klassischen Zeitalters bedingte, unterhöhlt. In Bossuets Werk treten uns die gesammelten und geschlossenen Kräfte des Widerstandes entgegen; in seiner Schrift *Défense de la tradition et des Saints Pères* (entstanden um 1700, veröffentlicht 1743), in Reden und Briefen faßt er das Prinzip der Nivellierung ins Auge, deren Fortschritt allerdings durch die Beharrlichkeit seiner Kritik bestätigend. Ein Brief aus dem Jahre 1687 ist dafür charakteristisch: »Jeder nimmt sich unter dem Vorwand, daß man nur verstünde, was man klar begreift – was in gewissen Grenzen durchaus richtig ist –, die Freiheit zu sagen: Das verstehe ich und das verstehe ich nicht, und auf dieser Basis verwirft oder billigt man, was man will.« Die Strenge der Dogmatik Bossuets zeigt sich darin, daß in den langwierigen Verhandlungen mit Leibniz über den Plan einer Vereinigung von Protestanten und Katholiken man an den Punkt kam, an dem die Wege beider Konfessionen auseinandergingen.

Überall negierte man die Tradition. Polemisch oder in Entwürfen, die, aus verschiedenen Ländern kommend, doch überall Eingang fanden: in der Lockeschen Psychologie, in Formen des Naturrechts bei Pufendorf, Cumberland, Thomasius, in der Morallehre von Shaftesbury. Vorgeformt treten im letzten Viertel des 17. Jahrhunderts die Kräfte zutage, die das Wesen der Aufklärung bestimmen. Und in diesem Zuge erscheint die natürliche

Religion als die Wegbereiterin der Toleranzidee. Unzweideutig werden durch die Einschränkung der Wirksamkeit der Dogmen der Unterschied der Religionen, die verschiedenen Symbole, deren sie sich bedienen, unwichtig gegenüber der allen gemeinsamen Vernunftreligion. Durch diese Verlagerung des Schwerpunkts der religiösen Freiheit sah sich die Orthodoxie in die Defensive gedrängt und in ihr festgehalten; die beginnende Aufklärung lebte aber in dem Gedankenkreis, den schon Cusanus in *De pace fidei* (1490?) vorgezeichnet hatte, und bewegte sich in dem schon Bodin eigentümlichen geistigen Horizont. Denn das *Colloquium Heptaplomeres* (1588) läßt sieben Vertreter verschiedener Religionen und Konfessionen religiöse Fragen erörtern, aber das Resultat ihrer Diskussion ist, daß der Absolutheitsanspruch jedes Standpunkts aufgegeben, relativiert wird zugunsten einer wahren geistigen Religion, die in jedem Bekenntnis enthalten ist. Damit war der Intoleranz ihre stärkste Waffe entwunden und ein Prinzip der Toleranz verkündet, das im England der großen Revolution ausgesprochen wurde, zu Bayles Konzeption, zu Lessings Ringparabel, zu Voltaires *Traité sur la tolérance* (1763) die Brücke schlägt. Die Debatte über die Toleranz sollte, einmal eröffnet, nicht mehr zur Ruhe kommen, und nach der Aufhebung des Edikts von Nantes (1685), das den Protestanten die Religionsfreiheit gesichert hatte, geben die in Holland erschienenen Schriften und Pamphlete von Bayle ihr die äußerste Präzisierung und Zuspitzung.

Die Diskussion blieb jedoch in einem ständigen Fluß der Umwandlung und Umbildung. Da beide Parteien, Katholiken und Protestanten, sich nicht einigen konnten über die den Konfessionen gemeinsamen Grundwahrheiten und jeder Versuch der Reunion infolge des Autoritätsanspruchs der katholischen Kirche illusorisch wurde, blieb es bei dem Nebeneinander von Standpunkten, von denen jeder die absolute Gültigkeit beanspruchte. Der Staat hätte nur dann als regelnde und ausgleichende Macht fungieren können, wenn er bereit gewesen wäre, sich auf weltliche Aufgaben zurückdrängen zu lassen. Dazu war weder die katholische noch die protestantische Orthodoxie bereit. Erst die Heterodoxie, die Emigranten, die Frankreich Ende des 17. Jahrhunderts verlassen mußten, haben in die Richtung gewirkt, die wesentlich dazu beigetragen hat, dem Toleranzgedanken Raum zu geben, Politik, Religion, Moral voneinander zu trennen, um schließlich in der Negation jeder kirchlichen oder zivilen Intoleranz und in der Forderung nach Gewissensfreiheit zu kulminieren. In der Toleranzbewegung, die das 18. Jahrhundert erfüllen sollte, stellen diese Ideen eine wichtige Komponente dar. Der Toleranzgedanke, den die skeptische Literatur ins Leben brachte, war an Stoßkraft deshalb nicht schwächer, weil sein bedeutendster Vertreter, Pierre Bayle, in Holland in gelehrten Zirkeln außerhalb des großen Geschehens in Frankreich lebte, zumal da in England die Lockeschen Schriften der Toleranz volle Geltung verschaffen sollten.

Aber wenn die Aufklärung sich von dem Ideen- und Gefühlskreis der Tradition scheidet, so heißt das nicht, daß sie als eine irreligiöse Epoche betrachtet werden soll. Nur gelangt die Religion innerhalb ihres Systems zu einer neuen Funktion, und nichts zeigt deutlicher als die lang währende Diskussion über die Erbsünde und das Theodizeeproblem, wie wenig man sich aus dem Bann der theologischen Kontroversen lösen konnte. Die ständige Auseinandersetzung mit Pascal, zu der Voltaire in verschiedenen Stadien seines Lebens immer wieder geführt wurde, beleuchtet nicht nur einen Einzelzug im Bild der Aufklärung, sondern stellt ein in vielen Schriftstellern stets mächtiges Motiv in voller Stärke dar. Pascals berühmte Argumentation aus den *Pensées* ruhte auf dem Dogma der Erbsünde, der radikalen Ohnmacht der Vernunft. Daß der Mensch den »Menschen wesentlich übersteigt«, sich selbst transzendent ist – das war seine Lehre. Der Mensch sich selbst unverständlich, unbegreiflich – diese Widersprüchlichkeit konnte nur dogmatisch aufgelöst werden: Die verschiedenen Kräfte im Menschen können sich nicht ins Gleichgewicht setzen; der Mensch, göttlichen Ursprungs, ist der Erbsünde verfallen, sein Wesen liegt in der Doppelheit seiner Natur beschlossen, die zugleich über sich hinausweist und sich unter alle Wesen erniedrigt – die Größe kann nur auf den göttlichen Ursprung bezogen werden, die Verworfenheit, das Elend des Menschen ist der Erweis der Erbsünde. Der Mensch kann keine einheitliche Richtung innehalten: er ist Größe und Elend und bewegt sich dauernd in Widersprüchen, die, weil seine Existenz unter den Blickpunkt der Transzendenz gerückt ist, durch eine natürliche, immanente Erklärung der Welt nie zum Schweigen gebracht werden können.

Eine solche These, ein solch beunruhigendes und verwirrendes Bild des Menschen ordnet sich nicht in die Entwicklung ein, die die Aufklärung in religiösen Fragen einschlägt. Hier ist die Stellung, die er sich zur Wirklichkeit gibt, eine durchaus aktive, klare Zielsetzungen verweisen ihn stets aufs neue auf die Wirksamkeit in diesem Leben, und Voltaire meint in der Auseinandersetzung mit Pascal die »Partei der Menschheit gegen einen erhabenen Misanthropen« zu ergreifen. Aber wenn Voltaire in der Negation des Dogmas von der Erbsünde jede metaphysische Lösung verwarf – sowohl die Einheit von Ratio und Mysterium wie die Leibnizsche Perspektive, die unter die Notwendigkeit rückte, den irrationalen Bereich des Wunders von der Vernunft zu trennen –, dann stand er vor der Aufgabe, eine eigene Erklärung des Ursprungs des Übels zu geben. Da der philosophische Optimismus kein Element war, dem er Einlaß in sein Denken verstattet hätte, sieht er sich zur skeptischen Hinnahme des Bösen gedrängt, ohne sich von ihr überwältigen zu lassen – beide Momente, die Skepsis und der Wille zur *vita activa*, bilden in seinem Leben und Werk eine unauflösliche Einheit, so daß die widerstreitenden Antriebe in ihm wieder zu jener künstlerischen Form zusammengezwungen werden, die ihm Halt und Richtung geben konnten. Die Allgewalt des Übels, der der Mensch ausgeliefert ist und dessen Existenz wir nicht bestreiten können, zwingt zu keiner passiven Resignation, sondern Skepsis und gestaltender Wille durchdringen sich gegenseitig zu dem Entschluß *de laisser aller le monde comme il va, car si tout n'est pas bien, tout est passable.*

Die Auseinandersetzung über das Problem des Übels und des Glücks durchzieht das ganze Jahrhundert. Bald in Traktaten, bald in psychologischen Erwägungen und Bemerkungen. So brachte Montesquieu in seinen Gedanken die Dialektik des Glücks ans Licht, die verschiedenen Weisen des Glücklich- und Unglücklich-Seins. Wie es nämlich Unglückliche gibt, deren Seele die Kraft fehlt, etwas zu wünschen, andere, deren Leben sich in unerfüllten Hoffnungen verzehrt, so gibt es Glückliche, die von einem heftigen Wunsch nach dem andern leben, und andere, deren Leben ein stilles und beständiges Glück ernährt.

Aber die Skepsis verlegt sich – wenngleich in anderer Weise als bei Voltaire – doch nicht den Weg, die Menschen, die sie erkannt hat, das Glück zu lehren. »Wie unglücklich ist das Los des Menschen! Kaum ist der Geist zur Reife gelangt, so beginnt der Körper schwach zu werden!« Die Skepsis ist zu tief von Polybios' Lehre vom Kreislauf alles Geschehens durchdrungen, als daß sie den Gedanken an den Rückfall in die Barbarei ganz ausschalten könnte – aber sie verzichtet doch nicht darauf, das Glück als einen möglichen Beitrag zum Aufstieg des Menschengeschlechts zu lehren. Es ist eine Skepsis, die mit einem stoisch-christlich gefärbten Geist der Duldung und Mäßigung verschmilzt. Aus solcher Stimmung stammt das Wort: »Ich sagte zu Frau von Châtelet: Sie können nicht schlafen, weil Sie Philosophie studieren, Sie sollten aber Philosophie studieren, um schlafen zu lernen.« Und dies kann Montesquieu sagen, weil er die Zufriedenheit des Menschen nicht von der Stärke oder Größe der Lust oder Unlust, sondern von dem bloßen Glück des Daseins herleitet. Darum scheint ihm das Kalkül, das Maupertuis in seinem *Essai de philosophie morale* (1750) angestellt hat, falsch zu sein. Maupertuis hatte dort Lust und Unlust bestimmten Größenwerten zugewiesen und sie miteinander verglichen, er hat die philosophischen Systeme nach ihrem Glückskalkül unterschieden und einander gegenübergestellt. Die darin beschlossene eigentümliche Vereinigung mathematischer und psychologischer Beobachtung deckte sich mit der Stimmung des Zeitalters. Aber die Folgerung, die er gezogen hat, daß nämlich im Leben die Summe der Übel stets größer sei als die des Guten, diese Folgerung hat das Bewußtsein eines Glückes, das man nicht gegen das Nichtsein eintauschen möchte, in Montesquieu nicht ersticken können.

So entfacht die Theodizeefrage im ganzen 18. Jahrhundert verschiedene Bewegungen, aber die Bindung an die Dogmatik wird überall aufgegeben, nicht nur in Frankreich, sondern auch in Deutschland, in der »Theologie der Lessingzeit«, das heißt, im Kreis der sogenannten »Neologen« trifft man auf jene Polemik gegen das Dogma von der Erbsünde, die nicht an die lutherische, sondern an die erasmische Tradition anknüpft, um dem System dogmatischer Theologie eine neue Form von Frömmigkeit entgegenzusetzen. Shaftesbury gelangt zu einem andern Begriff von Religiosität: Der *moral sense* erlaubt dem Menschen, die Prinzipien, von denen der ästhetische Kosmos bewegt wird, in einer Art *visio* zu erblicken und sich in Einklang mit dem Rhythmus der Welt zu setzen. Diese Theorien aber ließen sich sowenig wie die rousseauschen in das skeptische und psychologische Begriffsnetz knüpfen.

Wie die Naturwissenschaften und die Theologie, so erscheinen im Verlauf des 18. Jahrhunderts auch die geschichtlichen Wissenschaften in einem neuen Licht. Je mehr sich Descartes' oder Malebranches' zähes Festhalten an der Mathematik, an den exakten Naturwissenschaften als unhaltbar erweist, um so mehr ringt sich die Neigung für die Tatsachenwissenschaften empor; ein breit angelegtes Kampffeld mannigfacher Versuche, denen auch jenes sozialkritische Element politischer Opposition entströmte, das für die historische Literatur des 18. Jahrhunderts weite Strecken lang charakteristisch ist. Der Beschäftigung mit der Geschichte haben die Akademien, die Lexika, die Zeitschriften vorgearbeitet. Die periodische Presse ist seit der zweiten Hälfte des 17. Jahrhunderts im Aufstieg, im Lauf des

18. schält sich immer klarer ihre Bedeutung heraus; der Blick eines stets größer werdenden Publikums öffnet sich für wissenschaftliche und zugleich für politische Probleme.

1665 war das *Journal des savans* gegründet worden, seit 1723 gab es die jesuitischen *Mémoires de Trévoux*, 1753 bis 1790 die *Correspondance littéraire* von Melchior Grimm (später von Meister), die die Höfe von ganz Europa mit Nachrichten aus Frankreich versorgte, die *Année littéraire*, die von Voltaires Gegner Fréron geleitet war, erschien 1754 bis 1790, dazu kamen aber die Zeitschriften, die von Autoren wie Marivaux, Addison, Prévost herausgegeben worden waren: der *Spectator* (1711–1760), *Le Pour et le Contre* (1733–1760), das *Journal étranger* – in Deutschland die moralischen Zeitschriften (»Der Patriot« und andere), die »Göttingischen Gelehrten Anzeigen«, »Die Berlinische Monatsschrift«. Und die Gelehrsamkeit, die man pflegt, trägt stets neue Früchte: Die Benediktiner von Saint-Maur und Saint-Vannes, die Patres Calmet und Bernard de Montfaucon veröffentlichen die *Palaeographia Graeca* (1708), *L'Antiquité expliquée* (1719–1724); 1733 bis 1736 erscheint die Neuauflage von Du Canges *Glossares latinitatis*. Der Abbé Dubos läßt seine *Histoire critique de l'établissement de la monarchie française dans les Gaules* (1734) veröffentlichen, Graf Caylus den *Recueil d'antiquités égyptiennes, étrusques, grecques, romaines et gauloises* (1752–1763), Court de Gébelin bringt *Le monde primitif* (1773–1783) heraus, Louis de Beaufort seine *Dissertation sur l'incertitude des cinq premiers siècles de l'histoire romaine* (1738).

Aber man interessiert sich auch für die Geschichte des alten China, für Persien, Arabien. Manuskripte aller Art kamen nach Frankreich und entzünden im Herzen aller Menschen eine unermeßliche Neugier nach allem Interessanten – es war, als ob die Masse immer neuer Funde, die wachsende Kenntnis immer neuer Religionen die Unterschiede zum Christentum verschwimmen lassen könnten. Dazu kam die intensive Tätigkeit der Akademien: Es bildeten sich immer neue Zentren heraus, in Paris nicht nur, sondern zum Beispiel in Bordeaux, Toulouse, Dijon, aber auch im Ausland, in England, Italien, Spanien, Portugal und schließlich im Preußen Friedrichs des Großen. Die Zeit war reif geworden für den großen Plan von Pierre Bayle, der 1692 im *Projet d' un dictionnaire* programmatisch – und sein Ton gegen die Mathematik wird scharf – verkünden konnte, daß die historischen Wahrheiten einen viel höheren Grad von Sicherheit und Exaktheit erreichen könnten als die mathematischen: »Caesar und Pompeius haben existiert und waren nicht bloß eine Modifikation der Seele derer, die ihr Leben geschrieben haben, aber was den Gegenstand der Mathematik angeht, so ist es nicht schwer zu beweisen, daß er außerhalb unseres Geistes existiert, es ist auch sehr leicht zu zeigen, daß er nur eine Vorstellung unserer Seele sein kann.«

Dieser Blickwechsel von der Mathematik zur Geschichte, die Stimmung der Abneigung gegen die exakten Wissenschaften, die von weiten Kreisen jetzt Besitz ergreift, zeigt den Eindruck, den die historischen Studien gemacht haben. Bayles *Dictionnaire historique et critique*, seine Korrespondenz mit Gelehrten aus ganz Europa, seine Zeitschrift *Nouvelles de la république des lettres* bezeichnen die allgemeine Richtung der historischen Anschauungen und Interessen. Die Geschichte fängt an, sich ihren Platz zu erobern, in Bayles Wörterbuch wahrt sie ihren Vorteil, mischt verschiedene Stile, um viele Schichten von Lesern zu gewinnen und sich der Fassungskraft eines großen Publikums anzupassen. Und soll das

Wörterbuch, wie Bayle sagt, ein Register von Fehlern sein, so bedeutet dies nur, daß jede Tatsache, von allen Verdeckungen und unkritischen Traditionen befreit, so lange geprüft wird, bis sie sich als richtig erweist; der Hauptwert des Wörterbuchs liegt in der beweglichen Methode, in dem frischentfalteten Sinn, in der kritischen Prüfung, durch die Bedingungen der Möglichkeit jedes Tatsachenurteils zum Problem gemacht werden. Dadurch wurde dank der ironischen Art Bayles das Gefühl für feine Unterschiede, die Fähigkeit zur scharfen Unterscheidung überall geweckt, in der vergleichenden abwägenden Beobachtung verschiedener Probleme das Verständnis für richtig und falsch in solcher Weise verschärft, daß die Wirkung des Wörterbuchs in ganz Europa ungeheuer war. Nicht die formale – denn die antiquarische Gelehrsamkeit entsprach dem Geschmack der Gebildeten nicht mehr –, wohl aber die inhaltliche. Das Werk wurde eine Art Bibel der Aufklärung.

Carl Justi schildert uns den Eindruck, den Bayle auf Winckelmann gemacht hat; der sich in den Windungen des labyrinthischen Wörterbuchs verlor und sich nicht sättigen konnte: »Was für eine Wirkung muß Bayle auf die Leser gehabt haben, die in den philosophisch-historischen Wissenschaften gewohnt waren, sich mit den Ungeheuern der Polymathie herumzuschlagen! Bayle besaß den Scharfsinn und die Klarheit, die Geduld und die Beweglichkeit des Verstandes, um die verworrensten Probleme zu entwirren, den verstecktesten Irrtümern auf die Spur zu kommen... Er war Kritiker durch den Geist des Mißtrauens gegen das Angenommene und Angesehene, durch den Hang, die Zuversicht der Menschen auf ihre Meinungen und ihre vermeintliche Versöhnung von Glauben und Wissen, von Wünschen und Wahrheit zu beunruhigen und überall Widersprüche aufzustöbern; er glaubte, dadurch ein Wohltäter der Menschen zu werden, denn er hatte den Zusammenhang des Dogmatismus und des Verfolgungsgeistes erkannt. Er war Kritiker durch die Kühnheit, mit der er einen Sinn in dem zeigte, was dem Vorurteil ein grauenhaftes Schreckbild war, und mit der er die zerbrechlichen philosophischen Stützen desjenigen aufdeckte, was als ehrwürdige Wahrheit galt und selbst ihm in gewisser Weise galt... Frei von dem Bedürfnis, auf Resultate zu kommen; frei von der Parteilichkeit für persönlich bequeme und kongeniale Gedanken; frei von dem Bedürfnis, sich in dem Gespinst einer sogenannten harmonischen Weltanschauung einzuschließen – das zum voreiligen Abfinden mit der Wahrheit führt. Durch dies alles war Bayle das eigentlich kritische Genie der neueren Zeit.«

Aber ein Jahrzehnt später trat in Neapel Giovanni Battista Vico (1668–1744) aus dem zwingenden Kreis der naturwissenschaftlichen Methode heraus und setzte an dem Punkt ein, an dem diese zu versagen schien. Sein Verfahren entsprang am Gegenpol der cartesianischen Welt, und dies war erkennbar schon in der 1708 veröffentlichten Rede *De nostri temporis studiorum ratione*. Vicos Methode beruhte nicht mehr auf dem *verum*, sondern auf dem *certum*, dem »Sicheren«, auf dem *senso commune* der Menschen, auf Instinkt, Gewohnheit, Überlieferung. Der Schwerpunkt der Forschung wird von der Geometrie in die Geschichte verschoben, und die These, daß man nur erkennt, was man geschaffen hat, wird der Ausgangspunkt einer neuen Gewißheit, die in dem in erster Fassung 1725 erschienenen Hauptwerk der »Neuen Wissenschaft« *(Scienza nuova)* ihre vollendete Gestalt empfing. Ihr Plan war, die Völkergeschichte als eine von Menschen geschaffene zu erkennen, Jurisprudenz, Recht, Ökonomie miteinander zu verschmelzen und unter einen gemeinsamen systematischen Gesichtspunkt zu stellen. Das Werk enthielt zugleich eine besondere Geschichtsphilosophie, die in einem Dreistadiengesetz, in der berühmten Lehre vom *Corso e ricorso* gipfelt. Jedes Volk durchläuft drei Stadien, die Vico das Götterzeitalter, das Heroenzeitalter und das humane Zeitalter nennt. In diesem letzten ist die natürliche Gleichheit allen Menschen bewußt geworden, aber Sinnlichkeit und Phantasie verblassen, während Vernunft und Abstraktion ihren Herrschaftsbereich erweitern. Die in dem letzten Zeitalter erreichte Höhe der Gesittung dauert jedoch nicht, die Vernunft überschlägt sich, und Luxus und Gottlosigkeit bewirken den Rückfall in die Barbarei. Neue – barbarische – Völker treten auf, es beginnt der *ricorso*, die zyklische Wiederkehr, Zeichen dafür, daß mit dem Ende einer Kultur eine neue wieder von vorn beginnen muß. Das Singuläre an dieser Geschichtsauffassung, deren Hauptinteresse den beiden poetischen Zeitaltern gilt, die dem humanen, rationalen, nicht mehr mythischen, vorangegangen sind, liegt darin, daß der poetische Primat der Urzeit entdeckt und eine Konzeption der Weltgeschichte gefunden war, die als Theorie des sich entfaltenden Geistes Hegel präludiert.

Aber Vico war in seiner Zeit wenig bekannt, kaum gibt es aufklärerische Schriften, in denen man auf seine Wirkung treffen kann. Hingegen wird in Montesquieu und in Voltaire die Geschichte in umfassender Weise zum Problem; dank ihrem Werk läßt sich die historische Forschung im 18. Jahrhundert als ein ewig fließender Strom der Höherentwicklung fassen, und in ganz Europa merkt man die lebendige Entfaltung der in Montesquieus, in Voltaires Werk liegenden Samen. In ganz Europa, das heißt in England bei Hume, Gibbon, Robertson, in Deutschland bei Lessing, Wieland, Justus Möser, Herder, in Italien bei Beccaria und Zaccaria – sie alle waren angeregt durch Montesquieu und Voltaire und trugen ihre Theorien.

Montesquieu war unablässig bemüht, ein System zu finden, das am ehesten die Möglichkeit menschlichen Glücks in sich trägt. Immer schärfer zeichnet sich in seinen zahlreichen Schriften das Ideal eines Gemeinwesens ab, von dem aus viele der bestehenden Zustände der Kritik verfallen müssen. Diese Kritik ist jedoch niemals revolutionär in dem Sinn, daß sie das *Ancien régime* in Frage stellen wollte: Montesquieus Ideal war die gemäßigte Monarchie, die die Freiheit des Menschen schützt, zugleich aber auch die Interessen eines wohlfunktionierenden freiheitlichen Handels im Auge behält, der sich gegen jede Einzwängung und Mechanisierung zur Wehr setzt, von der man in despotischen Staaten, aber auch in der absoluten Monarchie bedroht sein könnte.

Als Historiker hat Montesquieu eine Kraft eingesetzt, die die Farbe der Zeit nie verleugnet, aber dennoch in der Aufklärung singulär war. Aus der ihm eigentümlichen weiten Auffassung geschichtlichen Lebens und aus einer breiten Erfahrung gab er vielen Fragen eine Lösung durchaus persönlicher Art. Seine Auseinandersetzung mit dem Christentum, seine Kritik an Kirche und Klerus ist zum Teil in dem Horizont der Zeit eingeschlossen und in den verschiedenen Stadien seines Werks enthalten. Sie ist jugendlich heftig in den ersten Schriften – etwa in den *Lettres persanes* (1721) –, besonnen und berechnend in den späteren, die die Kirche als eine politische Macht einschätzen. Niemals ist sie fanatisch. Sie erscheint in den verschiedensten Formen: in historischen Kapiteln, in theologisierender Betrachtung, in übersteigerter Lobpreisung der Religion. So wenn der jenseitige Charakter des Christentums gepriesen wird, um es als Religion des Diesseits zu etablieren: »Wunderbar! Die christliche Religion, deren Gegenstand die Seligkeit in einem andern Leben zu sein scheint, macht noch unser Glück in diesem aus« *(Esprit des lois)*. Entwirrt man aber die verschiedensten Motive, so wird man auf das Schema zurückgeführt, das man im 18. Jahrhundert so oft variiert hat, das der Scheidung von Politik und Theologie, dem Montesquieu in einer kühnen, an Bodin erinnernden Formel Ausdruck gegeben hat: »Wir können Gott als einen Monarchen betrachten, der mehrere Nationen in seinem Reich hat; sie kommen alle, ihm ihren Tribut zu bringen, und jede spricht zu ihm in ihrer Sprache.«

War aber Montesquieu überall, wo er Kirche und Christentum in die Mitte seiner Betrachtung rückt, fähig, nicht nur als Freigeist, sondern auch als Politiker zu urteilen, dem der polemische Antrieb der Religionsfeindschaft fremd blieb, so hat er als Historiker sich stets als den Gegenspieler Voltaires empfunden. Das sehr harte Urteil: »Voltaire wird niemals eine gute Geschichte schreiben, er ist wie die Mönche, die nicht für ihren Gegenstand, den sie behandeln, sondern für den Ruhm ihres Ordens schreiben. Voltaire schreibt für sein Kloster«, ist der Versuch, sich von einer Geschichtsschreibung zu distanzieren, die ihm nur die umgekehrte Theologie zu sein schien, sich von einer Methode zu lösen, die die ganze Weltgeschichte aus jeder Einwirkung durch religiöse Begriffe befreien und in die Region erheben möchte, aus der sie als der Kampf einer zeitlos gültigen Vernunft mit den verschiedenen Formen der faktischen Unvernunft erscheint. Montesquieu wurzelte zu sehr in der Aufklärung, als daß er an dem absoluten Ideal des Naturrechts nicht festgehalten hätte, aber die Anfänge eines neuen geschichtlichen Denkens in ihm wirkten sich doch darin aus, daß er jener verabsolutierenden Vernunft eine relativierende zur Seite stellte; mit dem Auge des Politikers und Gesetzgebers sah er die Dinge an und schwang sich zu der gelassenen Bewertung von Erscheinungen auf, die der absoluten Vernunft widersprachen, aber auf einer *raison naturelle* beruhten. Er scheute sich zu verurteilen und suchte die Erscheinungen auf Grund bestimmter Faktoren (Kausalitäten) wie Klima, Religion, Gesetzen, Institutionen, Sitten zu verstehen; und von dem Ergebnis, welcher dieser Faktoren jeweils die Führung hatte, hing seine Bestimmung des *esprit général* einer Nation, die Unterscheidung der verschiedenen »Volksgeister« ab. Hierbei verband sich stets das hochentwickelte Interesse an den verschiedenen Nationalcharakteren mit starken politischen und moralischen Antrieben seiner Natur: Die Analysen der Einflüsse von Klima, Religion, Sitten waren zugleich als Lehren für den praktischen Staatsmann, für den Gesetzgeber gedacht. So wie die Schilderung des alten Roms oder der englischen Verfassung wie ein Wunschbild, der Preis der römischen Tugend wie eine Kraft wirken sollte, *qui étonne nos petites âmes*.

Aber die Frage nach den fränkisch-germanischen und nach den gallo-romanischen Kräften der französischen Gesellschaft, die Boulainvilliers und Dubos schon gestellt hatten, hat Montesquieu in den letzten Büchern des *Esprit des lois* ganz aus dem rein juristisch-geschichtlichen Interesse an dem Problem und an seiner Lösung wieder aufgenommen. Hier hat er am weitesten die Schranken der Erkenntnis in ein neues Land vorgetragen und im Feudalwesen des Mittelalters einfühlend eine Erscheinung beschrieben, deren Wesen ihm nicht aus Kausalitäten ableitbar zu sein schien und die er in ihrer individuellen Natur erfassen wollte. In scheinbar nur andeutenden, aber weittragenden kühnen Formulierungen hat er das Studium der Verfassung zum Rang einer hohen Kunst erhoben, die Epoche gemacht hat und von den modernen Historikern noch bewundert wird. E. Carcassonne rühmt in seinem großen Werk *Montesquieu et le problème de la constitution française au XVIII siècle* den Scharfsinn und die Tiefe seines geschichtlichen Interesses, er gehöre, so meint er, zu jenen mächtigen und geschmeidigen Geistern, die sich niemals völlig offenbaren. Seine Formeln erschöpfen sein System nicht, sein System erschöpft nicht sein Denken. Er entdeckt uns das Hintergründige jeder Idee; indem er uns eine Lehre vorträgt, lädt er uns ein, sie zu kritisieren. Er macht sehen, hat Frau von Staël wunderbar gesagt, andere haben nur eine begrenzte Auswahl getroffen.

Hat Montesquieu aber in seinen Untersuchungen über die französische Geschichte zur quellenmäßigen Erforschung des Mittelalters und zum Aufbau der historischen Wissenschaften entscheidend beigetragen, so ist der methodische Fortschritt des *Esprit des lois*, der erst in der modernen Forschung zu weiter Wirkung gelangt ist, nicht geringer. Denn hier findet der Leser nicht nur Objekte der Anschauung, sondern zugleich Prinzipien, die die Vielgestaltigkeit des geschichtlichen Lebens unter Gesetze zwingen, kraft derer wir in der empirischen Mannigfaltigkeit der Monarchien, Republiken und Despotien deren Wesen, *die* Monarchie, Republik und Despotie erkennen sollen. Wenn daher Montesquieu in der Monarchie das Prinzip der Ehre, in der Republik das der Tugend, in der Despotie das der Furcht wirksam sieht, so handelt es sich um Begriffe, die in ideierender Abstraktion gewonnen sind, um Idealtypen, denen die Wirklichkeit niemals rein entspricht, aber durch deren Medium sie erst verständlich wird.

Diese prinzipiellen methodischen Gedanken Montesquieus, die von aller antiquarischen Geschichte, aller bloßen Sammlung der Fakten weit abführen, sind zunächst weniger gesehen worden, weil man sich im 18. Jahrhundert in Frankreich mehr als für die Beschreibung der allgemeinen Idee, die jede Verfassung in sich trägt, für die politische Nutzanwendung aus Montesquieus Lehre interessierte, für seine Abneigung gegen den Despotismus, die unverkennbar aus vielen Kapiteln des *Esprit des lois* sprach und durch die Montesquieu in die Bahn der praktischen Politik einlenkte. Aber jene scharfe Kritik am Souverän, die man aus Bossuet und Fénelon kannte, lag Montesquieu in Wirklichkeit fern. Das große Thema der *salus publica* beginnt bei ihm und erst recht bei Rousseau, von den persönlichen auf die unpersönlichen Faktoren (Gesetze, Institutionen, Sitten) hinüberzuwechseln, denen Herrscher und Untertanen in gleicher Weise unterliegen und von denen letztlich die Regierungsform selbst abhängt.

So ist Montesquieus Kritik mehr eine Kritik an der Despotie als eine Kritik am Despoten, und seine praktischen Ratschläge sind nicht sosehr Polemik gegen den Herrscher, sondern zielen auf die Begrenzung des der Macht immanenten Expansionsdranges. *Le pouvoir arrête le pouvoir* – die berühmte Lehre vom Gleichgewicht der Kräfte, das heißt die Lehre von den einander stärkenden und hemmenden und schließlich ausgleichenden Gewalten, war die Theorie, durch die Montesquieu glaubte, das Leben als Freiheit sichern zu können. Denn die von Machiavelli so oft gestellte Frage nach den Ursachen des Bestandes und Verfalls von Verfassungen und Staaten war auch die Montesquieus, aber sie verschmolz mit der nach

Gesetzen der staatlichen Wirksamkeit, nach dem Recht und der Freiheit des Individuums. Dadurch, daß diese beiden Fragen nun aufs engste ineinandergreifen, verschiebt sich das Bild: der politische Realismus wird durch die Idee von Rechten und Freiheiten – den Grundrechten – des Individuums ergänzt. Durch diesen Gedanken der Rechtsgleichheit und individuellen Freiheit waren der Literatur der zweiten Hälfte des 18. Jahrhunderts die Linien vorgezeichnet; der politischen Diskussion gaben diese Prinzipien lange ihr charakteristisches Gepräge.

Als Historiker und Politiker hat Montesquieu die patriotischen und weltbürgerlichen Triebe gleichzeitig in sich aufgenommen: Er liebte Frankreich und Paris, das so entscheidend den Charakter der Nation bestimmt hat, aber höher als Frankreich stand ihm Europa, höher als Europa die Menschheit. Dem patriotischen Handeln des Bürgers stand daher die unparteiische, alle subjektiven Momente entfernende des Forschers stets zur Seite. »Wenn ich handle, bin ich Bürger, aber wenn ich schreibe, Mensch.« Die Wahrhaftigkeit auch dem Vaterland gegenüber galt ihm als die Erfüllung einer staatsbürgerlichen Pflicht: »Jeder Staatsbürger ist verpflichtet, für sein Vaterland zu sterben; niemand ist verpflichtet, dafür zu lügen.« Und der Richtung seines Geistes entsprach es, daß er auf seinen Reisen die Blüte anderer Staaten und Völker freudig bewunderte, wie ein Forscher, der sich Vorbilder und Beispiele aus andern Welten holt und sich nicht die Überlegenheit der eigenen bestätigen lassen will, sondern nach Ergänzung und Bereicherung seines Wesens strebt.

Die große Wirkung Montesquieus wäre nicht denkbar, hätte er seine Aufgabe als Geschichtsschreiber und Politiker nicht auch als Künstler ergriffen. Er hat die Erschöpfung der dichterischen Produktivität des nachklassischen Zeitalters so scharf bemerkt wie Voltaire und über die Dekadenz des Stils so viel nachgedacht, wie über die der Staaten und Völker. Aber dieses Schicksal, Epigone zu sein, lähmt seine Kraft nicht, sondern läßt ihn im Gegenteil einen durchaus eigenen Stil finden, der die Gefahren des nachklassischen Jahrhunderts vermieden hat. Die Gesinnung der *Considérations sur les causes de la grandeur des Romains et de leur décadence* kommt auch in ihren oft an römische Historiker erinnernden, mitunter mehr erarbeiteten als spontan entstandenen Sätzen zum Ausdruck. »Er spricht«, schrieb Taine in seinem Liviusbuch, »pretiöser über Rom als Titus Livius, aber mit derselben poetischen Majestät. Seine Worte fallen wie Orakelsprüche, man meint, einen der alten Gesetzgeber zu hören.« Der römische Grundzug, der sein ganzes Wesen durchdringt und ihm die Anknüpfung an die Antike leicht gemacht hat, tritt hier am stärksten hervor. »Die Antike entzückt mich«, schrieb er in seinen Tagebüchern.

Mitwelt und Nachwelt haben die Ideen, die Montesquieu dem geschichtlichen Denken vermittelt, die Kunst, mit der er den Stoff gestaltet hat, oft und oft bewundernd anerkannt. In der Berliner Akademie hat Maupertuis nach Montesquieus Tod die Lobrede gehalten. D'Alembert leitete den vierten Band der Enzyklopädie mit einer Würdigung seines Werkes ein. Melchior Grimm schrieb einen Nachruf in der *Correspondance littéraire*. Herder, der erkannt hat, wie weit Montesquieu schon vom geschichtlichen Denken erfaßt war, hat gesagt, daß »Der Geist der Gesetze«, dies »edle Riesenwerk«, ein »gotisches Gebäude im Geschmack seines Jahrhunderts« sei. Hegel hat in seiner Abhandlung »Über die wissenschaftlichen Behandlungsarten des Naturrechts« hervorgehoben, welch unentbehrlichen Beitrag

Montesquieu zur Erschließung des Volksgeistes geliefert, wie weit er sich moderner Betrachtungsweise genähert hat. Und keine größere Anerkennung konnte die moderne Geschichtsschreibung ihm spenden als Droysen in seiner Historik: »Wenn Montesquieu in seinem *Esprit des lois* nicht bloß das Wesen der Gesetze, der Rechtszustände mit allen andern sittlichen Verhältnissen eines Volkes oder Staatslebens untersuchte, so war die Bedeutung seiner Arbeit darin begründet, daß er zum erstenmal die Geschichte nicht bloß als gelehrte Sammlung von Notizen, sondern als die Lehrmeisterin behandelt, die man zu hören und zu verstehen lernen müsse. Es war eigentlich damit der großen historischen Betrachtung der Rechtssphäre die Bahn geöffnet.«

So umgestaltend hat das Werk gewirkt, das Montesquieu weit über seine Zeit hinausgehoben hat. Die Vorstufen und Materialien wie die Reflexionen der Tagebücher, die seine Schriften begleiten, zeigen, welch tiefe Arbeit der Entstehung seines Buches vorangegangen ist. »Tausendmal«, sagt er selbst in der Einleitung zum *Esprit des lois*, »habe ich das Gewonnene den Winden wieder preisgegeben, die Wahrheit nur gefunden, um sie wieder zu verlieren.« Als er jedes Ausdrucksmittel erprobt, vervollkommnet und mit andern in Einklang gebracht hat, schien das Leben ihm zu kurz zu werden. »Was nützen mir die Betrachtungen von zwanzig Jahren, wenn ich die wichtigste, die Kürze des Lebens vergessen habe? Kaum bleibt mir noch Zeit, zu verkürzen, was ich geschrieben habe.« – »Und«, so lautet eine andere Tagebuchnotiz, »wozu Bücher schreiben für diese kleine Erde, die doch nicht größer ist als ein Punkt?«

Geschichte als Geschichte des Geistes, als Kulturgeschichte, nicht als eine Häufung von Tatsachen, von denen jede die andere auslöscht, Geschichte nicht als Heroen- und Herrscherkult – das war das Ziel Voltaires. Eine Wendung trat ein durch die vielen historischen Werke, die ihn berühmt gemacht haben: vor allem durch die Geschichte Karls XII. (1731), das Zeitalter Ludwigs XIV. (1751), die Geschichte Rußlands unter Peter dem Großen (1759) und den großen Essay über den Geist der Nationen (1756–1775). Voltaire schöpfte aus Quellen, aus kritisch verarbeiteten Einzelstudien – ebenso wichtig waren ihm die Berührungen mit Menschen, die Augenzeugen von Ereignissen waren, die er schilderte. Rein und deutlich treten die Handelnden in seiner Beschreibung hervor dank seiner Gabe, scharf und objektiv das Wesen einer Person zu sehen. Die Figur Karls XII. zog ihn in ihren Bann, das Außerordentliche wirkte stets als ein Reiz auf ihn, und doch klingt in seiner Beschreibung ein Ton von Distanz mit – er unterscheidet kritisch verstehend, ohne zu verurteilen: »Seine (Karls XII.) Leidenschaft für den Ruhm, den Krieg und die Rache hinderten ihn daran, auch ein großer Staatsmann zu sein, eine Eigenschaft, die unlöslich zu jedem wirklich großen Eroberer gehören muß... Er war nicht so sehr ein wirklich großer als ein außerordentlicher Mensch, und er mag wohl Bewunderung erregen, doch ist er nicht nachahmenswert.« Oder es weitet sich seine Beschreibung in jenem Buch, in dem er gesehen hat, daß infolge des Sieges über Schweden Rußland seinen Herrschaftsbereich ausgedehnt und damit die Lage Europas verändert hat. In seinen Studien war ihm immer mehr die Stärke Rußlands bewußt geworden: Er erkannte, daß die Kräfte, die zunächst nur gegen Schweden aufgerufen worden waren, doch dazu beitragen müßten, das europäische

Staatensystem zu verändern. Aber es war ihm auch die Schwäche Rußlands nicht verborgen geblieben; für die eindringliche Kraft seiner Beobachtung zeugt die politische Erkenntnis: »Verbündete Reiche sind öfters von einer einzelnen Großmacht erobert worden, dafür aber, daß ein einzelner Staat ein einzelnes starkes Reich durch Verbündete endgültig erobern wird, gibt es kaum ein Beispiel. Wenn auch ihre vereinte Kraft es schließlich niederschlägt, so läßt doch ihre Uneinigkeit es bald wieder auferstehen.«

Das Zeitalter Ludwigs XIV. umschreibt den Kreis aller Eindrücke, die dem Historiker aus dem 17. Jahrhundert zuflossen, schildert, wie in Frankreichs Glanzzeit das Leben in allen seinen Formen verflochten war mit der Politik, wie im Strom von Menschen und Interessen, geistiger Bewegungen und politischer Divergenzen Gesellschaft und Staat, Nation und Literatur, Wissenschaft und Politik, Privates und Öffentliches zur Berührung und wechselseitigen Auseinandersetzung drängten. Zum erstenmal in der Geschichte der französischen Historiographie wurde die Epoche in der Mannigfaltigkeit ihrer Lebensäußerungen, Sitten und Gebräuche studiert und in den Rahmen der klassischen Landschaft gespannt. Dabei ist es nicht nur das Leben der einzelnen Personen, sondern die systematische Ordnung, zu der sie sich zusammenschließen, worin für Voltaire der revolutionäre Umschwung des Zeitalters am deutlichsten fühlbar und erkennbar wird. Denn das 17. Jahrhundert – und dies war eine ebenso überraschende wie neue Diagnose – schien ihm durch eine »allgemeine Revolution« charakterisiert zu sein: eine Revolution, die herbeigeführt wurde durch die »gesunde Philosophie« – das heißt die Physik Galileis –, die Vervollkommnung der Vernunft, die Entwicklung des kritischen Geistes und die tiefe Umwälzung, die sich in Kunst und Sitten, in der Regierung vollzogen hat – alle diese großen Ereignisse, einander bedingend, wirken in der gleichen Richtung. Die klassische Epoche war unter einen neuartigen Blickpunkt gefaßt, und Voltaires allseitige Empfänglichkeit spannt ihr weites Netz aus, um jene vergangene Welt ganz in sich aufzunehmen.

Der *Essai sur les moeurs et l'esprit des nations* ist die Form der aufgeklärten Weltgeschichte, die in der Auseinandersetzung mit Bossuets *Discours sur l'histoire universelle* (1681) erwachsen ist. Von verschiedenen Seiten wird man immer auf ihn zurückgeführt. Voltaire tritt seinem großen Gegenspieler, dessen schriftstellerische Kunst er bewunderte, mit dem klaren Anspruch gegenüber, aus einer neuen Erkenntnislage die methodischen Folgerungen zu ziehen. Denn die christliche Geschichtsbetrachtung von Bossuet verband die heilige und profane, die jüdische und griechisch-römische Tradition und stellte die Geschichte der Menschheit in zwölf Epochen dar: Der Leser wird von der Schöpfungsgeschichte bis zu der dem französischen Königtum präludierenden Zeit Karls des Großen geführt. Eindeutig hat die Bibel und das auserwählte jüdische Volk den Primat. Jener dogmatische Charakter aber ist bei Voltaire abgestreift; so wurde sein, ursprünglich nur als Fortsetzung von Bossuets *Discours* für Marquise du Châtelet geplantes Buch *de facto* ein Gegenbild: Das kirchliche an die Mittelmeerwelt gefesselte Schema Bossuets weicht vor dem durch die Kenntnis Chinas, Persiens, Indiens, Arabiens, des Islams geschärften Blick, der den Leser in die Weite einer neuen Welt, in das unendliche Meer sachlicher Entdeckungen führen möchte.

Aus der neuen Wissenschaft der Chronologie, aus den zahlreichen Berichten über den Fernen Osten konnte sich im Verlauf der Entwicklung ein neues Zeit- und Raumbewußtsein bilden, mit neuen Farben und in einer neuartigen, von allem antiquarischen Ballast befreiten Darstellung. Gewiß wird der Leser auf Schritt und Tritt mit den Voltaireschen Prinzipien bekannt, und die Voltairesche Darstellung, die man auch wie eine Apologie des bürgerlichen Standes lesen konnte, schien die Gültigkeit der Moral- und Naturgesetze zu bestätigen. Und in Verbindung mit der Umkehrung der überlieferten christlichen Chronologie, im Rückgang auf China, das jetzt dem jüdischen Volk vorgeordnet war, wußte man sich eins mit Voltaire als Führer zur Belebung der Weltgeschichte, die bisher – so schien es plötzlich – mehr verhüllt als beleuchtet war – jetzt entwickeln sich andere Bildungsinteressen. Aber auch eine andere Methodik, oder wie Voltaire sagte: *une philosophie de l'histoire.* Und dieser neue Ausdruck bedeutet eine durch die natürliche Vernunft gegebene, in Kritik geübte Methode, der nun die vielgestaltige asiatische Welt eine höhere Kraft zu sein schien. Gerade weil die Grenzen der Betrachtung weiter gezogen werden konnten als je, wurde auch die außerchristliche Welt dem Menschen als Religion bewußt.

Voltaire war in einer allumfassenden Betrachtung von der Neigung zu den aufgeklärten goldenen Zeitaltern der Menschheit getragen, während das Verständnis des christlichen Mittelalters, der Religionskriege außerhalb seines Gesichtskreises lag: Oft entwirft dann seine scharf geschliffene Feder Karikaturen, und das Feuer der historischen Gerechtigkeit sinkt in sich zusammen, um erst in der Schilderung der »goldenen Zeitalter« wieder aufzuglühen. Gab diese Beschränkung auch eine Grenze, so trat dennoch überall das Beispiel seiner Kunst und Methode hervor, die den geschichtlichen Horizont erweiternd, die historische Forschung zu einer noch nicht gekannten Höhe hinaufgehoben und die Fakten in einen gesetzlichen Gesamtzusammenhang miteinander verknüpft hat; alle Schärfe der Zergliederung versäumte doch nie, die Elemente in den Zusammenhang, in dem sie standen, zu betten; eine höhere Synthese war gewonnen, und wie die physischen Phänomene im Reich der Natur, so schienen jetzt Beziehungen und Verhältnisse der geschichtlichen Welt sich zu einer systematischen Ordnung zusammenzuschließen.

Die Auswirkung der Voltaireschen Geschichtsschreibung läßt sich in ganz Europa erkennen: In England zeigt sich, daß der stetige Zusammenhang Voltairescher Tradition, in der eine Reihe von Schriftstellern stand, in bedeutenden Werken ganz ersichtlich wird; Hume verfaßte die Geschichte Englands vom Auftreten der Römer bis zum Sturz des Hauses Stuart, Robertson die Geschichte Karls V. – bei ihm stand die Idee der letzten Universalmonarchie dem national begründeten europäischen Staatensystem gegenüber –, Gibbon wagte es, das große Thema vom Untergang des Römischen Reiches zu behandeln (*The Decline and Fall of the Roman Empire*, 1776–1788). Unverkennbar ist in all diesen Versuchen die Verbindung mit Frankreich, unverkennbar auch bei allem Glanz der Darstellung die Grenze dieser Geschichtsschreibung, die sich aus einer hohen – zu hohen – Selbsteinschätzung erklärt, aus der geglaubten Vollkommenheit der rationalen Kultur, aus deren Perspektive die Umrisse vieler Epochen ihren Lebenswert eingebüßt hatten.

Mit der universalhistorischen Tendenz der französischen und englischen Geschichtsschreibung kann sich zur Zeit der Aufklärung kein anderes Land messen – weder Italien oder Spanien noch Deutschland. Man zog sich aus der Inhaltsfülle verschiedener Gebiete und Länder gleichsam zurück, um sich lediglich der Analyse der Schicksale der eigenen Nation zuzuwenden und in dieser Absonderung neue Methoden zu fruchtbarer Anwendung zu bringen. Vielfach war der Horizont schriftstellerischer Wirksamkeit auch eingeengt durch die politischen Verhältnisse, und standen Montesquieu und Voltaire auch überall im Blickpunkt, so ging doch die Entwicklung nicht in ihrer Richtung fort. Friedrich der Große erstrebte und errang einen Platz in der französischen Literatur, und in seinem großen historischen Werk, in der *Histoire de mon temps* (1746), wirkte neben der Anschauung der damaligen Welt die Begriffswelt der Franzosen fort; dazu traten die Bestimmungen, die aus der antiken Historiographie stammten. Aus dem Ineinandergreifen, aus der Wechselwirkung beider ergab sich eine Voltaire ebenbürtige Prägung in Form und Methode, das Werk ordnet sich in den allgemeinen Aufklärungsgang ein.

Dennoch ist in allen Ländern das 18. Jahrhundert das Jahrhundert der Geschichte; hat es doch die Bedingungen geschaffen, unter denen die Akademien entstehen oder sich weiterentwickeln und den Fortschritt historischer Forschung verbürgen konnten. Muratori hat ein Leben gesetzt an die noch heute unentbehrliche Sammlung von Geschichtsquellen des Mittelalters – die *Annali d'Italia*, (1744–49), *Rerum italicarum scriptores* (1725–51) –, die er noch durch die *Antiquitates italicae medii aevi* (1738–42) ergänzt hat; es war seine große Tat, und der französischen Historiographie war er insofern überlegen, als er das Mittelalter mit umfaßte und den Zusammenhang mit ihm zu systematischer Klarheit erhob. Gleichzeitig begann in Italien die Literaturgeschichtsschreibung: Sie steht allerdings ganz unter der Herrschaft antiquarischer Gelehrsamkeit. Aber in Crescimbenis *L'istoria della volgar poesia* (1698) und in seinen Kommentaren, in G. Cimmas *Idea della storia dell'Italia letterata* (1723), in Mazzucchellis *Catalogo bibliografico di tutti gli scrittori d'Italia* und schließlich in Tiraboschis *Storia della letteratura italiana* (1772 bis 1782) war doch die Stufe erreicht, auf der die wissenschaftliche und gesellschaftliche Kultur der einzelnen italienischen Staaten beschrieben werden und Anschauungen und Folgerungen nach allen Seiten ausstrahlen konnten.

Auch in Spanien war die enzyklopädische Literatur, die in Frankreich ihre vollendete Repräsentation gefunden hatte, im Einverständnis mit reformfreudigen Tendenzen und im Zusammenhang mit dem Wunsch nach Festigung des Nationalbewußtseins entstanden. Ein und derselben Generation gehörten die großen Historiker an: Jovellanos (1744–1813), Manuel Risco (1735–1801), J.B. Muñoz (1745–1803), Capmany (1742–1813) und Foranes (1743–1801) – ihre Wirksamkeit umspannte ein halbes Jahrhundert. Von den monumentalen Werken von Ferreras Garcia: *Sinopsis histórica y cronológica de España* (1700–1718) und *Antigüedades de España* (1717), der Geschichte der Stadt Toledo, von Masdeus *Historia crítica de España y de la cultura española* (1783–1805) gehen die Fäden aus, die das Ganze der spanischen Geschichte innerlich verknüpfen und zusammenhalten: Jedes weitere Werk war ein neuer Schritt in dem ständig fortschreitenden Prozeß spanischer Selbstdeutung, des Imperativs, unter den Jovellanos seine zahlreichen Schriften zur Politik, zu Rechts- und Verfassungsfragen gestellt hat.

Ohne Zweifel haben die leitenden Ideen Voltairescher Historie auch in Spanien Spuren hinterlassen, doch erstreckt sich der Blick der Historiker nicht über die Breite der Geschichte,

Krönung des greisen Voltaire in der Theaterloge durch den Schauspieler Brizard am 30. März 1778
Kupferstich. Paris, Bibliothèque Nationale, Cabinet des Estampes
Collection de Vinck

Diderot, D'Alembert und die Mitarbeiter der »Encyclopédie«
Kupferstich von Augustin de Saint-Aubin im Auftrag des Buchhändlers Panckoucke

und während man, sicherlich unter dem Eindruck der Mauriner, zu einem vertieften Studium des spanischen Mittelalters übergeht, blieb man fern jener universalhistorischen Betrachtungsweise, die auch die Wechselwirkung der Staaten umfaßt und die Ereignisse in der Geschichte der eigenen Nation mit der anderer in organische Verbindung bringt. Hier setzte sich der Gesichtspunkt nicht durch, unter den Voltaire schon in seinem Jugendwerk seine Produktion gestellt hat, als er, sich auf einen universalhistorischen Standpunkt versetzend, den Kampf zwischen Schweden und Rußland aus der Perspektive der Weltpolitik beurteilte.

Wenn, wie man aus der Besonderheit der politischen Lage verstehen kann, die Deutschen zwischen Weltbürgertum und Nationalstaat vergebens hofften, »sich zur Nation zu bilden«, um dafür – so in Justus Mösers »Patriotischen Phantasien« (1774–1786) und in seiner »Osnabrückischen Geschichte« (1768) – alle Kräfte auf das Verständnis der Geschichte *eines* Territoriums zu lenken, um dessen Epochen aus ihren eigenen Voraussetzungen zu verstehen, so wird hier eine den Normen des 18. Jahrhunderts entrückte Methode gefunden. Auch die hochentwickelte Historie, die im 18. Jahrhundert von der Universität Göttingen ausging (Schlözer, Spittler), unterwirft sich keiner Regel, aber sie läßt neue Sphären zu ihrem Recht und zu ihrer Entwicklung kommen. Nur Winckelmanns »Geschichte der Kunst des Altertums« (1764) hat alle Energien des französischen Geistes in sich aufgenommen, um sie auf die Interpretation der Gesamtheit der Kräfte der griechischen Kunst auszudehnen. »Er vermehrte«, schreibt Dilthey, »beständig die Kenntnis dessen, was Franzosen und Engländer über die historische Wissenschaft gedacht haben. Voltaire begleitete ihn nach Rom. Montesquieu war ihm stets gegenwärtig und lehrte ihn, den Verschiedenheiten in den Schöpfungen der Völker nachgehen bis in ihre natürlichen Ursachen. Er war durchdrungen und gesättigt von den Begriffen der Aufklärung über den Zusammenhang der Kultur und die neuen Aufgaben der Geschichte.« Es war der Widerschein der französischen Aufklärung, deren Gedankenreihen in diesem Buch so oft eine Verknüpfung miteinander eingehen, der Aufklärung, die in Frankreich Mitte des Jahrhunderts, als wollte sie die Gesamtheit ihres Bestandes erfassen und festhalten, in einem Werk sich vollenden möchte, das alle Inhalte der Zeit in sich hineinzieht. Es handelt sich um die Diderot-D'Alembertsche Enzyklopädie.

Es kann jedoch nicht überraschen, daß gerade ein Wörterbuch, dessen Elemente eine notwendige, in deren Wesen selbst beschlossene Beziehung aufeinander besitzen, zu einem der charakteristischsten Werke der Aufklärung geworden ist. Denn Moréris *Grand Dictionnaire* (1674), der bis 1691 sechs Auflagen erlebt hatte, war vorangegangen, Bayle war 1692 gefolgt mit seinem *Dictionnaire historique et critique*, und seither konnte die Aufklärung die Beziehung auf Wörterbücher nicht mehr entbehren – in dem Nebeneinander der Artikel, die zur Berührung und wechselseitigen Ergänzung drängen, lag kein Hindernis. Der Plan zur großen Enzyklopädie erwuchs zunächst aus einer rein praktischen Aufgabe: aus der Übersetzung der 1728 erschienenen englischen Enzyklopädie von Chambers. War diese Übersetzung schon umfangreicher als das Original – fast eine Bearbeitung –, so entstand bald auf Anregung des Abbé Gua de Malves und in Zusammenarbeit von D'Alembert,

Diderot mit dem Verleger Le Breton der Entwurf eines neuen Werks, das eine Synthese zwischen disparaten Elementen der Wirklichkeit herstellen sollte. Als Enzyklopädie fiel ihm die Aufgabe zu, den Zusammenhang des Wissens zu beschreiben, als *Dictionnaire raisonné des sciences, des arts et des métiers* die weitere, in einem Pendelschlag zwischen Idee und Erfahrung die wissenschaftliche und empirische Welt zu erklären. In der berühmten Einleitung, dem *Discours préliminaire* versuchte D'Alembert, den Gedanken einer Enzyklopädie zur Höhe und Bestimmtheit hinaufzuheben, das Ziel festzustellen, auf das die einzelnen Artikel bei aller Verschiedenheit ihrer Funktion bezogen sein sollten.

Fürs erste erschien die cartesische Physik, Psychologie und Erkenntnislehre D'Alembert als eine Schranke, von der die Enzyklopädie sich befreien sollte. Jene galt ihm durch Newton, diese durch Locke widerlegt. Descartes' physikalische Theorien, seine Lehre von den eingeborenen Ideen fielen unter den Begriff des Systemgeistes *(esprit de système)*, und zu diesem metaphysischen Prinzip war die Enzyklopädie von Anfang an der Widerstreit und die Antithese. Das heißt aber nicht, daß sie den systematischen Geist *(esprit systématique)*, also die Idee der Einheit des Wissens, preisgeben wollte – mit der Methode Descartes' blieben die Enzyklopädisten verknüpft, aber sie erweiterten sie insofern, als sie für die Wissenschaft eine neue Sphäre und Zweckbestimmung abgrenzten und glaubten, daß sie in der Reform des politisch-gesellschaftlichen Lebens ihre Vollendung finden sollte. Aus der Distanzierung von Descartes' Metaphysik resultierte die Bindung an Bacons *De dignitate et augmentis scientiarum* (1605, erweiterte Ausgabe 1623), und der Gedanke einer historisch-induktiven Methode erlaubte, die Ziele der Enzyklopädisten wie in einem Mittelpunkt zu vereinen.

Diderot und D'Alembert verbanden sich als Herausgeber mit einer *société des gens de lettres*, wodurch die zur geistigen und sozialen Wandlung zusammenwirkenden Richtungen, die Unabhängigkeit von Hof, Adel und Kirche scharf zum Ausdruck kamen: Die Schriftsteller ergreifen nun die Möglichkeit zur Führerschaft und wenden sich nicht an einen bestimmten Leser, nicht an ein begrenztes Publikum, sondern an die »öffentliche Meinung«. Wenn auf dem Titelblatt die Künste und Gewerbe, aber auch die Schriftsteller genannt sind, so kommt darin die Gesamtansicht der Enzyklopädie zum Ausdruck, die eine Synthese von Wissenschaft und Literatur sein wollte; beide – *sciences et belles lettres* – waren nun korrelativ aufeinander bezogen und unter ein gemeinsames Prinzip gerückt.

In dem Wirklichkeitsinteresse, das der Enzyklopädie überall eignet, war der Blick nicht nur auf die Bedingungen gerichtet, an die die Reform der Gegenwart gebunden war, sondern zugleich auf die Mittel, die den Fortschritt der Menschheit fördern und ihre künftige physische und geistige Existenz erweitern könnten. Dieser positive Inhalt konnte aber nur gewonnen werden durch die immer wiederkehrende Beziehung auf das Gegenbild des gesellschaftlichen und geistigen Lebens der Zeit. Die Auseinandersetzung mit der Kirche, der Religion und Metaphysik hatte den Charakter der Negation und Abwehr, und da als eigentlich wichtig nur erschien, was sich auf Beobachtung, Erfahrung und Analyse gründen konnte, wurde die Sphäre der Spekulation und Theorie begrenzt, wenn nicht aufgehoben. Die systematische Epistemologie auf sensualistischer Basis, die D'Alembert in seiner Einleitung entwickelt, setzt die Grenzen der einzelnen Wissenschaften fest, bemüht sich aber gleichzeitig, vom Mittelpunkt einer auf Erfahrung beruhenden Forschung die Gesamtheit der geistigen Wirklichkeit zu skizzieren und das Ineinandergreifen von Wissen und Leben in einer allgemeinen Systematik, in einem *système figuré des connaissance humaines* zu vollenden. Dieses System ergab sich aus der Reflexion über den Ursprung aller Erkenntnis und führte zu einer Gliederung der Wissenschaften, die sich auf das Gedächtnis (Geschichte), die Vernunft (Philosophie) und die Phantasie (Kunst) bezogen – dementsprechend ließen sich die Typen von Schriftstellern und Perioden unterscheiden, in denen entweder die Gelehrsamkeit oder die Literatur oder die Philosophie den Vorrang hatte.

Von 1751 bis 1757 erschienen die ersten sieben Bände, und das trotz der Angriffe, die die Jesuiten in den *Mémoires de Trévoux*, die Jansenisten in den *Nouvelles ecclésiastiques* veröffentlicht hatten. Zeitweilige Verbote durch die Regierung, die Polemik Rousseaus aus Anlaß des Artikels *Genève*, das Ausscheiden der berühmten Mitarbeiter – Rousseau, D'Alembert, Duclos, Marmontel, Voltaire – haben den Fortgang des Unternehmens zwar hemmen, aber nicht aufhalten können: Es erscheinen 1765 die Bände VIII bis XVII, und die weiteren elf, die die Kupfer enthielten, 1762 bis 1772. 1776 bis 1780 fügte Panckoucke Supplement und Register hinzu.

Das Werk, das in viertausendzweihundertfünfzig Exemplaren gedruckt worden war, brachte es zu viertausend Subskribenten. Es ist zugleich Beispiel eines modernen kapitalistischen Unternehmens. Da zu den hundertzweiundvierzig namentlich genannten Mitarbeitern noch viele kommen, deren Identität nicht festgestellt ist, läßt sich die Gesamtheit der die *gens de lettres* verbindenden und trennenden Momente nur im großen und ganzen übersehen. Doch erlaubt die neuere Forschung festzustellen, daß Mitarbeiter und Leser nicht aus Aristokratie, Parlament oder Handel stammten, sondern sich vielmehr aus dem Kreis der Schriftsteller, Professoren, Ärzte, Handwerker rekrutierten.

Unter allem kommt dem Hauptherausgeber, der dem Werk allen Widerständen zum Trotz bis zum Abschluß treu geblieben ist, nämlich Denis Diderot (1713–1784), eine einzigartige Bedeutung zu. Wir wissen heute, daß die Produktivität, die ihn als Künstler und Forscher auszeichnete, unlöslich mit der Gesamtheit seiner Energien und Leistungen als Herausgeber verknüpft ist. Die Artikel von Diderot zerfallen in drei Gruppen: Einmal erweist er in der Beschreibung von Handwerk und Gewerbe nicht nur das Recht des neuen Faktors, sondern paßt auch Sprache und Terminologie dem neuen Gebiet an, das sich zu erschließen beginnt. Dann nimmt dank der Anlehnung an die *Historia critica philosophiae* (1742–1744) von J.J. Brucker die Geschichte der Philosophie von den Ursprüngen bis zu dem nunmehr erreichten fortgeschrittenen Zustand eine über die Vorarbeit von Bayle und Fontenelle weit hinausführende Richtung an. Und zwar nicht in einer bloßen Übernahme des Textes, sondern in einer Art Dialog, in dem das von Brucker Gebotene seine Bedeutung und Begrenzung empfängt. Drittens aber stellen die politischen Artikel den Grundriß einer politischen Philosophie dar.

Es ist eine Philosophie, in der die Motive bereit liegen, die bei Grotius, Hobbes, Pufendorf zur Entfaltung gekommen sind; ihre Einheit bei Diderot besteht in dem, was sie als Polemik gegen das göttliche Recht leisten. Die Masse aller Artikel ist von einem Zentrum beherrscht: Diderot wirkt als Sprecher der aufgeklärten Bourgeoisie, deren idealer Staat auf der nationalen Souveränität, auf der Macht, die vom Volke stammt, beruht und die bürgerliche Freiheit, das freie Spiel der wirtschaftlichen Kräfte sichert und der durch die Enzyklopädie repräsentierten öffentlichen Meinung niemals seine Aufmerksamkeit versagt.

Damit ist Diderot zum Wortführer des aufgeklärten dritten Standes geworden und hat allen seinen Bestrebungen und vielem, was als unbestimmte Tendenz in ihm lag, zu sicherem und klarem Ausdruck verholfen. Über den Umkreis der Theorie ist er hinausgeschritten, als er, aus Anlaß ökonomischer Debatten, die Kolonialprobleme studierte, oder während seines Aufenthaltes in Rußland im Gespräch mit Katharina der Großen merken mußte, wie schwer der Übergang von der Theorie zur Praxis war. Dennoch ist die ursprünglich eingeschlagene Richtung charakteristisch für ihn geblieben und hat alle Wandlungen überdauert. Die staatliche Souveränität schien ihm legitimiert zu sein allein in der Rücksicht auf die öffentliche Meinung und in der Beachtung der unveräußerlichen Freiheit und Gleichheit der Bürger, in der jeder Absolutismus der Macht seine selbstverständliche Schranke finden sollte.

In der Enzyklopädie waren solche Ideen ergänzt, begrenzt und bestritten durch die Physiokraten und durch Rousseau; es sind verschiedene Kreise, die sich berühren, sich aber im Fortgang der Entwicklung als selbständige Formen voneinander distanzieren sollten. In der Lehre der Physiokraten nämlich tritt bis zu einem gewissen Grade die Selbständigkeit des Ökonomischen in Erscheinung. In der Enzyklopädie waren sie durch die 1756/57 von Quesnay verfaßten Artikel *Fermiers* und *Grains* vertreten, doch ist eine zweite Fassung (dreiundzwanzig Maximen) unter dem Titel *Extrait des économies royales de M. de Sully* 1759 als Anhang des *Tableau économique* erschienen; eine endgültige mit dreißig Maximen und ausführlichen Anmerkungen 1767 in dem von Du Pont de Nemours herausgegebenen Sammelband *Physiocratie ou constitution naturelle du gouvernement le plus avantageux au genre humain.* Damit war der Name für eine Richtung, eine Schule gefunden, die zwar der Kritik und der Satire (Voltaires) manche Angriffsflächen bot, sich aber in der zweiten Hälfte des 18. Jahrhunderts als ein Faktor von Bedeutung erwiesen hat.

Quesnay nun hatte, wenn er vom Ökonomischen sprach, einen Kreislauf vor Augen, der sich aus der Frage nach der Herkunft des Reichtums bildete, und das heißt bei ihm des Rohmaterials, aus dem durch Verarbeitung die Verbrauchsgüter entstehen, die ihrerseits wieder die Voraussetzung schaffen zur erneuten Hervorbringung von Rohmaterial, das den zu seiner Produktion verwendeten Aufwand übersteigt *(produit net)*. Einen solchen technischen *produit net* kann nur die Urproduktion schaffen; das liegt in der »Natur« der Sache und darum ist der Gang, auf dem das Rohprodukt verwandelt wird und der Reichtum sich wieder erzeugt, eine »natürliche Ordnung« – ein *ordre naturel.*

Der Gesichtspunkt, unter dem für Quesnay diese Verteilung von »Reichtum« auf die verschiedenen Klassen der Gesellschaft steht, und der Grund, weswegen er eigentlich nach einer solchen natürlichen Ordnung sucht, die die Richtung des Güterstroms bestimmt, liegt

---

Zwei Seiten aus dem Prospekt für die ursprünglich in zehn Bänden geplante Erstausgabe der »Encyclopédie« mit den Subskriptionsbedingungen, Paris 1751 (stark verkleinert) Paris, Bibliothèque Nationale

ENCYCLOPÉDIE,

OU

DICTIONNAIRE RAISONNÉ DES SCIENCES, DES ARTS ET DES MÉTIERS,

RECUEILLI

DES MEILLEURS AUTEURS,

ET PARTICULIEREMENT

DES DICTIONNAIRES ANGLOIS

DE CHAMBERS, D'HARRIS, DE DYCHE, &c.

PAR UNE SOCIÉTÉ DE GENS DE LETTRES.

Mis en ordre & publié par M. *DIDEROT*; & quant à la PARTIE MATHÉMATIQUE, par M *D'ALEMBERT*, de l'Académie Royale des Sciences de Paris & de l'Académie Royale de Berlin.

Tantum series juncturaque pollet,
Tantum de medio sumptis accedit honoris! HORAT.

DIX VOLUMES IN-FOLIO,

DONT DEUX DE PLANCHES EN TAILLE-DOUCE

PROPOSÉS PAR SOUSCRIPTION.

A PARIS, Chez
BRIASSON, *rue Saint Jacques, à la Science.*
DAVID l'aîné, *rue Saint Jacques, à la Plume d'or.*
LE BRETON, Imprimeur ordinaire du Roy, *rue de la Harpe.*
DURAND, *rue Saint Jacques, à Saint Landry, & au Griffon.*

M. DCC. LI.

AVEC APPROBATION ET PRIVILEGE DU ROY

CONDITIONS PROPOSÉES AUX SOUSCRIPTEURS.

CE DICTIONNAIRE ſera imprimé ſur le même Papier & avec les mêmes Caracteres que le préſent Projet. Il aura dix Volumes in-folio, dont huit de matiere, de deux cens quarante feuilles chacun; & ſix cens Planches en taille-douce, avec leur Explication, qui formeront les Tomes IX. & X.

On ne ſera admis à ſouſcrire que juſqu'au premier Mai 1751; & l'on payera en ſouſcrivant . . . . 60 liv.

En Juin 1751. . .	en recevant	le premier Volume	36 liv
En Décembre ſuivant.		le ſecond Volume	24
En Juin 1752.		le troiſiéme Volume	24
En Décembre ſuivant		le quatriéme Volume	24
En Juin 1753.		le cinquiéme Volume	24
En Décembre ſuivant		le ſixiéme Volume	24
En Juin 1754.		le ſeptiéme Volume	24
En Décembre ſuivant		le huitiéme Volume, avec les ſix cens Planches en taille-douce qui formeront les Tomes IX. & X.	40
		TOTAL.	280 liv.

Les Souſcripteurs ſont priés de retirer les Volumes à meſure qu'ils paroîtront, & tout l'Ouvrage un an après la livraiſon du dernier Volume. A faute de quoi, ils perdront les avances qu'ils auront faites; c'eſt une clauſe expreſſe des conditions propoſées.

Ceux qui n'auront pas ſouſcrit, payeront les Volumes à raiſon de vingt-cinq liv. chacun en feuille, & les ſix cens Planches à raiſon de cent ſoixante-douze livres; ce qui formera une ſomme de . . . . 372 livres.

☞ Dans le cas où la matiere de cet Ouvrage produiroit un Volume de plus, les Souſcripteurs payeront ce Volume ſept livres de moins que ceux qui n'auront pas ſouſcrit.

De l'Imprimerie de LE BRETON, Imprimeur ordinaire DU ROY.

in der Frage nach den Staatseinkünften, der besten Quelle ihrer Herkunft, und ihrer entsprechenden Ordnung. Aus diesem Interesse ergab sich überhaupt die Frage nach der Herkunftsquelle des Reichtums. Das *Tableau économique* ist daher die Darstellung eines natürlichen Finanzsystems, ein Schema, das Mirabeau mit den Worten kommentiert hat: »Eine sichere Regel, um über die Balance der wirklichen oder fiktiven Reichtümer eines Staates, seiner Mittel und der Natur all der Operationen zu urteilen, die sich auf das beziehen, was man Finanzen nennt.« Die Artikel *Grains* und *Fermiers*, die Quesnay für die Enzyklopädie geschrieben hat, stehen daher durchaus in der Reihe der seit dem Ende des 17. Jahrhunderts ununterbrochenen Diskussion über die ungeheure Verarmung des Landes infolge der rigorosen Steuererhebung und über die Neuordnung der Finanzen.

Viele Vorschläge lösten einander ab: von Boisguilberts *Le détails de la France* (1695) bis zu Vaubans *Projet d'une dîme royale* (1707) und Cantillons *Essai sur la nature du commerce en général* (1755), der die Agrikultur überhaupt zur Quelle des Reichtums erklärte und daran die Forderung zur Vermehrung der Landbevölkerung knüpfte, die Mirabeau in seinem *Ami des hommes* (1765) übernahm, indem er den Bodenertrag von der Menge der Bevölkerung bestimmt sein ließ. Man wollte also an die Stelle rasch aufeinanderfolgender verschiedener Projekte eine systematische Darstellung der Entstehung und der Verteilung der Fonds setzen, aus denen sich der Reichtum des Landes speiste. Das war der Zweck des *Tableau économique*: nämlich Gesetze und Regeln zu finden, die in der Natur der Sache liegen, das heißt, aus denen der *Ordre naturel* besteht.

Der Begriff des »Natürlichen« ist hier ein wesentlich anderer als der bei Adam Smith (1723–1790) in dem berühmten Werk *The Wealth of Nations* (1776) gemeinte. Dort sind die Marktgesetze natürliche Gesetze, die von selbst funktionieren – eine Natur, der gegenüber der Mensch sich passiv verhält. Bei Smith stellt sich das Ökonomische als ein selbständiger Bereich von Erscheinungen dar, die in einem notwendigen Zusammenhang untereinander sich gegenseitig in ihrem Wesen bedingen. Smith beginnt sein Werk mit der Darlegung der allgemeinen Voraussetzungen, auf Grund derer sich dieser eigenständige Zusammenhang erst konstituiert. Dessen innere Voraussetzung ist die Arbeitsteilung, und der durch sie bedingte Zusammenhang, der unter dem Begriff des Ökonomischen vorgestellt wird, ist die *Commercial Society*, ein Terminus, der sich auf ein Phänomen bezog, das es vorher nicht gab und das daher jetzt erst Gegenstand einer besonderen Wissenschaft werden konnte. Hier wird deutlich, wieweit die englische und französische Theorie voneinander abweichen, denn Quesnays *Ordre naturel* ist wie ein konstruierter Mechanismus, dessen Funktionieren man kennen muß, damit man ihn in Ordnung halten kann. Und so wie die Natur eine ganz andere Bedeutung hat als bei Smith, so auch die Ökonomie, denn mit diesem Terminus wird nicht ein ausgesonderter Bezirk von Phänomenen gemeint, sondern eine Ordnung, und zwar die natürliche Ordnung des gesellschaftlichen Lebens in allen seinen Äußerungen – eine Erkenntnis derjenigen Ordnung der menschlichen Gesellschaft, die den *Ordre naturel* nicht verletzt. Politik, Ethik, Ökonomie sind hier nicht verschiedene, sondern ein und dieselbe Wissenschaft.

Quesnay hat, ehe er sich mit diesen Fragen beschäftigte und noch als Arzt arbeitete, eine Abhandlung unter dem Titel *Économie animale* (1747) herausgegeben. Die Bedeutung dieses Begriffs resultiert aus der Trauerrede, in der Mirabeau den verstorbenen Freund preist: »Er entdeckte in der Medizin die animalische Ökonomie, in der Metaphysik die moralische Ökonomie, in dem Ackerbau die politische Ökonomie, und indem er ein Ganzes bildete aus allem, was der Mensch sich vorstellt, auffaßt, wünscht, leitete er alles zur Einheit zusammen unter dem doppelten Gesichtspunkt unserer Rechte und Pflichten, welche uns Gott vom Augenblick seines schöpferischen Willens an gegeben und uns in dem großen Gesetze der natürlichen Ordnung sichtbar gemacht hat.« Hier ist also Ökonomie kein Sachgebiet, sondern die natürliche Ordnung selbst, die Ordnung, in die der Mensch gestellt ist und deren Befolgung in Recht, Staat, Gesellschaft die Erfüllung der sittlichen Gebote bedeutet.

Die Physiokratie hat noch ihre besondere Bedeutung, wenn man sie auf den Grund und Boden der Enzyklopädie versetzt. Allerdings war sie in ihrer Wirkung durch zwei Momente gehemmt. Einmal hat sich Voltaire in der satirischen Erzählung *L'homme aux quarante écus* der Physiokratie bemächtigt, zum andern lebten die Enzyklopädisten selbst im Bewußtsein der scharfen methodischen Grenzlinie, die zwischen Quesnays Artikel *Oeconomie* und dem gleichfalls in der Enzyklopädie erschienenen Artikel *Économie* von Rousseau bestand. In solchen Gegensätzen – zwischen Voltaire und den Physiokraten, zwischen den Enzyklopädisten und Rousseau – wird ein für die gesamte Aufklärung charakteristisches Phänomen sichtbar: Die Übereinstimmung in allen ihren Perioden innerhalb bestimmter philosophischer Grundrichtungen, Tendenzen und Normen darf nicht darüber hinwegtäuschen, daß selbst im Rahmen eines gemeinsam unternommenen Werkes wie der Enzyklopädie die einzelnen Verfasser dauernd zur Betonung von Tatbeständen getrieben werden, die mit den Voraussetzungen des ganzen Werkes nicht vereinbar sind oder ihnen direkt widerstreiten. Dennoch erschloß sich in der Enzyklopädie eine Einheit des Ganzen, die vom Gegensatz der Teile nicht unmittelbar berührt wurde.

Diderot selbst sah die Enzyklopädie wie eine weite Landschaft an, die von Bergen, Flüssen, Wäldern durchzogen, den Strom des Lichtes auf verschiedene Weise aufnimmt, so daß nicht in allen Teilen das gleiche Gesetz wirkt: Sie sind mannigfach, stellen aber Teile und Symbole für ein und denselben lebendigen Zusammenhang dar; jeder Leser kann zwischen den einzelnen Artikeln und Verfassern immer neue Beziehungen herstellen, um im Fortschritt der Lektüre die Entfaltung und Bestätigung der Regel zu empfangen, die in der Natur, im »System der menschlichen Erkenntnis« am Werk ist. Alles hat nur Bestand und Geltung durch seinen Gegensatz, der wieder auf neue Gegensätze verweist, das heißt hinter jedem Artikel taucht einer auf, der ihn zu ergänzen oder zu widerrufen scheint, und alle zusammen ergeben erst die Einheit. Die Kluft schien überbrückt, die die verschiedenen Wissenschaften noch voneinander trennte. Das System der Wissenschaften und die Verbindung der Wissenschaften mit den *Arts et Métiers* war das Ideal der Zeit. Es war ein kühnes Hinausgreifen über jede Beschränkung auf nur ein Gebiet. Und in dem Herausgeber, in Diderot, sah man den Führer auf einem neuen Weg, und seine Stimme fand durch das ganze Jahrhundert den stärksten Widerhall. Nicht nur wegen der Kampfstellung gegen jeden sich dem Neuen sperrenden Dogmatismus, die er von Anfang an zum Ausdruck brachte, sondern auch wegen der Radikalität, die sich von der zunächst im 18. Jahrhundert noch nachwirkenden mathematischen, das Naturgeschehen nach Gesetzlichkeiten regelnden Weltansicht löste, um die Biologie, die Physiologie, alle Phänomene des organischen Lebens in den Kreis des großen Aufklärungsprozesses zu rücken. An die Stelle der apriorischen Systematik war die unmittelbare Berührung mit Phänomenen der Wirklichkeit getreten, so daß die rationale Mauer unterspült wurde. Die Fundamente, die in der *Botanique mise à l'usage de tout le monde*, in den *Pensées sur l'interprétation de la nature*, in zahlreichen Artikeln, die Diderot selber für die Enzyklopädie verfaßt hat, gelegt waren, wuchsen empor auf dem Grund eines neuen Menschen- und Naturverständnisses, das jenseits der mathematisch-mechanischen Naturansicht, aber auch jenseits der in Shaftesbury verkörperten ästhetisch-platonischen Interpretation der Natur als Harmonie sich entfaltete. Es war eine Ansicht, die auch die abnormen Phänomene noch verstehen wollte, eine empfangende Haltung, eine Öffnung des Menschen zur Aufnahme der Dinge, ein Parallellaufen mit der quantitativ nie meßbaren Wirklichkeit.

Die verschiedenen Stile in der Enzyklopädie wahrten den Blick auf eine universale Erkenntnis. Sie sollten und durften verschieden sein, denn in der Verschiedenheit war der Zug zur Individualität, der seit der Mitte des Jahrhunderts in steigendem Maße über die Ufer ging, nie in Dämmen aufgefangen worden. Wenn in dem riesigen Ozean der Materie kein Molekül einem andern, kein Molekül sich selbst gleicht, wenn die Welt ein steter Anfang und ein stetes Ende, einem fließenden Strom vergleichbar ist, dann wird auch der menschliche Geist sich nur in Analogie zu einer Welt verstehen können, die in ihrem Wesen jederzeit Bewegung und Veränderung ist. Zur Erzeugung eines so gearteten »Systems« wirken die Mitarbeiter zusammen, verschieden und doch verbunden durch das Interesse an der Menschheit – darum können sie in dieser gemeinsamen Wirkung auch ihre wechselseitige Begrenzung vollziehen.

Was für die Enzyklopädie gilt, gilt auch für die Aufklärung im ganzen, für ihre Stile, ihre Gattungen, ihre Ästhetik. Alles kann dem historischen Blick heute unter dem Bild eines Systems von Kräften erscheinen, die zwar in bestimmten Normen ihren gemeinsamen Mittelpunkt haben, aber sich nur in fortwährender Differenzierung zur Einheit des Zieles zusammenschließen. So findet sich das satirische Selbst Voltaires und in noch anderm Grade das des großen Swift immer im Kampf gegen Mächte, denen es gegenübersteht, aber auch die schärfste Negation – der Wissenschaft, der Gesellschaft – kann vom Mittelpunkt eines philanthropischen Affekts bestimmt sein. Und die Autoren selber pflegten sich dauernd gegenseitig zu bestreiten – der Leibniz nahestehende Maupertuis weist in eine ganz andere Richtung als Voltaires Newtonianismus; Montesquieu und Voltaire fanden in ihren historischen Werken Bedingungen, die sie einengen und beschränken mußten, und Diderot, der Helvétius und Voltaire kritisiert hat, verlangte den Gegensatz schon im Gespräch, als könnte er sich die Herstellung der Harmonie nur im Widerstreit vorstellen. Die Aufklärung muß daher stets als eine Einheit in der Mannigfaltigkeit gesehen werden, und manche ungelösten Gegensätze zwischen einem reformfreudigen politischen Optimismus und einem metaphysischen Pessimismus haben zu keiner Versöhnung geführt. Sowenig wie der metaphysische Optimismus, der Glaube an die Güte der Natur den Zweifel an der gesellschaftlichen Ordnung je zu beschwichtigen vermochte.

Die Formenwelt der Aufklärung wird daher so verschieden sein wie die Autoren – wie Montesquieu, Voltaire, Diderot, Rousseau, wie Shaftesbury, Addison, Swift, Sterne oder Wolff, Lessing, Wieland, Hamann, Herder – eine Welt, die wirkt wie ein bewegliches, sich stets veränderndes Ganzes, das in den letzten Jahrzehnten des Jahrhunderts einer völligen Umbildung unterworfen war. Aber ein charakteristischer Unterschied muß zunächst ins Auge gefaßt werden: der Literatur oder – wie man damals meist sagte – den *belles lettres*, den schönen Wissenschaften, ging in Frankreich und in England eine große Periode voraus, hinter allen Diskussionen stand die Kenntnis jener differenzierten Kritik, die in einer höfischen Gesellschaft verwirklicht worden war. In Deutschland hingegen muten vielfach Reflexion und Dichtung wie ein Anfang an, während sich in jeder Phase der französischen oder englischen Entwicklung das Gesetz fortschreitender Gestaltung ausprägt; die Anknüpfung an eine Blütezeit ist selbstverständlich.

Voltaire und Montesquieu stehen zum 17. Jahrhundert in einer produktiv-lebendigen Beziehung. Voltaire wetteifert mit den klassischen Autoren. Sein Verhältnis zu ihnen ist manchmal durch den Wechsel von Anziehung und Abstoßung charakterisiert, aber ihm galt die Epoche als ein Höhepunkt, als ein goldenes Zeitalter. Während in Deutschland Gottsched eine frühe Schrift »Von dem Einfluß und Gebrauch der Einbildungskraft« (1727), die er Wolff widmet, an die Vernunftlehre anknüpft, um die mathematische Strenge zum Ausgangspunkt einer Einteilung der Beredsamkeit zu machen, umschloß der Begriff Literatur bei Voltaire die alten und die neuen Sprachen, Geschichte, Mathematik, Poesie und Eloquenz. Voltaire lebte innerhalb eines Geschmacksideals, das im europäischen Humanismus vorgebildet war. Die Lehre vom Geschmack gab seiner Geisteshaltung die Waffe gegen alle nichtklassischen Methoden und Prämissen. Es war eine Lehre, die sich in seinem Leben gebildet und sich im Widerstand behauptet und verfestigt hat. Voltaire, wesentlich statisch in seiner Haltung, brachte in eine schon schwankende Welt ein Element der Beständigkeit, indem er den Sinn für den Usus, für Höflichkeit und Eleganz noch einmal belebte. Und zwar auf einer schon vorgeschrittenen Stufe der gesellschaftlichen Entwicklung. Denn die Geisteshaltung der ersten Jahrzehnte des 18. Jahrhunderts war ein Feld für das Wachstum ganz verschiedener Naturen: In Kontinuität mit rationalistischen Theorien standen die *geomètres*, von den Antrieben verschiedener Wissenschaften ist die Verstärkung der Gelehrsamkeit ausgegangen. Voltaire, keiner Richtung sich sperrend, hat doch stets dem Geschmack die höchste Funktion zugewiesen. Dadurch wurde die geistige Verwandtschaft mit dem Humanismus offenbar: Die Klassiker, die jesuitisch-rhetorische Erziehung und die antiken Autoren haben seinem Geschmack die entscheidende Richtung gegeben, Horaz war in seinen Augen der Autor der Antike, der den erlesensten Geschmack bewies. Durch Horaz, Vergil, Lukrez wurde die Antike, in manchen Kreisen der Zeit ein Gegenstand gelehrter Kontroverse – mehr als das: eine ihn ständig umwaltende Gegenwart, die sein Leben beherrschte und in sein Werk hineinleuchtete, als wäre sie noch gar keine ferne Vergangenheit. Allgegenwärtig ist die lateinische Welt zumal Voltaire stets gewesen, so daß man aus den Zitaten der alten Schriftsteller bei ihm ein Florilegium der Antike zusammenstellen könnte.

Der Umfang und die Eindringlichkeit der Befassung mit den antiken Schriftstellern und mit den französischen des 17. Jahrhunderts, der Glaube an die geschichtliche Kontinuität

Pamelas Hochzeit
Gemälde von Joseph Highmore, um 1744,
aus einer Bilderfolge zu Richardsons 1740 erschienenem Roman »Pamela«
London, Tate Gallery

PEINTURES. 25

147. Une Perdrix.

148. Esquiſſe d'une Chaſſe au lion.

149. Un Ange annonce aux Bergers la venue du Sauveur. *Deſſin.*

150. Pluſieurs Deſſins & Eſquiſſes, ſous le même numéro.

AGRÉÉS.

Par M. GREUZE, *Agréé.*

151. L'Empereur Sévère reproche à Caracalla ſon fils, d'avoit voulu l'aſſaſſiner dans les défilés d'Ecoſſe, & lui dit: *Si tu déſires ma mort, ordonne à Papinien de me la donner avec cette épée.*

152. La Mère bien aimée, careſſée par ſes Enfans.

De 4 pieds de large, ſur 3 pieds de haut.

153. Une jeune Fille qui fait ſa prière au pied de l'autel de l'Amour.

Hauteur 5 pieds, largeur 4 pieds 6 pouces.

154. Une jeune Fille qui envoie un baiſer par la fenêtre, appuyée ſur des fleurs, qu'elle briſe.

De 4 pieds de haut, ſur 3 pieds 6 pouces de large. Ces deux Tableaux appartiennent à M. le Duc de Choiſeul.

Eine Seite aus dem Katalog des Pariser »Salon« von 1769
mit Skizzen von Gabriel de Saint-Aubin
nach ausgestellten Bildern von Jean-Baptiste Greuze
Paris, Bibliothèque Nationale

und an den inneren Zusammenhang zwischen den goldenen Zeitaltern der Menschheit war die Stärke Voltaires. Innerhalb der unverbrüchlichen Normen klassischen Geschmacks dachte er mit seltener Freiheit und Beweglichkeit. Sein riesiges kritisches Werk ist der Ausdruck eines Geistes, der in der Hervorbringung neuer Formen unermüdlich gewesen ist. Denn die Gattungen waren entsprechend der herrschenden Theorie zwar streng getrennt, aber das heißt nicht, daß eine identische Erfahrung nicht umgegossen werden konnte in neue Formen, gleiche Motive werden verschieden abgewandelt, damit sie von einem andern Pathos aus konzipiert werden konnten. Sie empfingen eine neue Resonanz, und die Ebene der Anschauung konnte wechseln.

Auch die Philosophie konnte bei Voltaire niemals sich verselbständigen; sie mußte mit Anmut und Geschmack sich verbinden. Sehr oft hat er das »philosophische« 18. Jahrhundert ausgespielt gegen das künstlerisch höherstehende 17. Seine Erfüllung schien ihm das Leben zu finden in einer Kultur, die die klassische und die aufklärerische in sich vereinigt. Daher blieben die tragenden Säulen des Ideals, das Voltaire sehr oft bereichert und modifiziert hat, die Eleganz und die fein abgewogene Diktion, und – genau wie für den Klassizismus – die Gesellschaft.

Seit D'Alembert war jedoch ein neuer Zug in den Begriff der Literatur gekommen: die Naturwissenschaft verband sich immer mehr mit den *Belles Lettres* und konnte deren integrierender Bestandteil werden. Während Voltaire kraft seiner ästhetischen Prinzipien sich von der literarischen Anerkennung neuer Gebiete ferngehalten hat, so daß der Geschmack sich in der Nachahmung der schönen Natur bewähren mußte, trat jetzt das Recht eines neuen Faktors hervor. Bringt laut Voltaire die künstlerische Nachahmung die Gesetzlichkeit der harmonischen Weltordnung noch einmal hervor, welche die vernünftige Kunst und die vernünftige Natur zur Deckung kommen läßt, so daß die eine von Anfang an mit der andern und als Ausdruck der andern gedacht werden konnte, so weitet und verändert sich seit Shaftesbury der Gesichtskreis der ästhetischen Theorien. Das Prinzip der Nachahmung wurde durch ein anderes ersetzt, das schon in Shaftesburys System durch die Entdeckung des Begriffs des Genius einer neuen Lösung entgegengeführt werden konnte. In Diderot hat es seine festgefügte Gestalt gewonnen: die Identität von Natur und Kunst wird von der durchgreifenden Bedeutung ihres Gegensatzes abgelöst: die künstlerische Produktivität erscheint als Ausdruck der Subjektivität des Künstlers und seines Genius. Der Gegensatz zwischen Vernunft der Kunst und einer objektiven der Natur weisen durch den Kontrast, den sie zu der frühen Aufklärung bilden, immer deutlicher den Weg zu den Spätschriften Diderots, zu Rousseau und zu Kants »Kritik der Urteilskraft« und der praktischen Vernunft, die bestimmt, wieweit die Welt möglicher Gegenstand der Vernunft sein kann.

Nun ist die Spannung zwischen einem Gegebenen und durch die Poetik Fixierten und den neuen, vielfach im Zusammenhang mit äußeren Ereignissen entstehenden Formen charakteristisch für die Aufklärung. Die Kräfte ihrer wesentlich oppositionellen Literatur werden zum vornehmsten Mittel eines Befreiungsprozesses, durch den schließlich die zeitgenössische Gesellschaft der Kritik verfällt. Formen, die sich in der ganz andern Sphäre der Monarchie erfüllt haben – die Tragödie etwa –, verfallen in Frankreich wie in England, wirken wie überlebt, während umgekehrt in Deutschland gerade der dramatischen Dichtung die Funktion der Umbildung der gesellschaftlichen Wirklichkeit zufallen konnte: Die Tragödie verband sich hier gerade mit nationalen Interessen und Forderungen. Die epische Dichtung, wie sehr man auch versuchte, sie aus erweiterten Elementen der Vergangenheit zu beleben – man denke an die *Henriade* Voltaires, an die *Henriqueida* von Xavier de Meneses, an *La toma de Granada* von Moratín, an »Heinrich der Vogler« von Otto von Schönaich –, hat trotz der Unterstützung von Theoretikern wie Batteux und Luzán doch sowenig eine Zukunft wie die Ode, während Gattungen, die interessant erscheinen durch den Zug, durch den sie dem Autor selbst und seiner Stellung zur Welt verwandt sind, die beherrschenden werden. Denn sie verleihen dem Ausdruck, was als Forderung überall lebendig ist. So das bürgerliche Trauerspiel – in England durch die »tugendhaften« Stücke von George Lillo, in Frankreich durch Diderot, in Deutschland durch Lessing repräsentiert, die Komödie in zahllosen Formen – bei John Farquhar, Cibber, Lesage, Dancourt, Moratín –, dann Satire, Polemik, Pamphlet, die der Zeit so oft einen skeptisch-ironischen Charakter verleihen. Dann Erzählung und Roman, die ähnlich wie Porträt und Maxime zum Bewußtsein erheben, was an konkretem geschichtlichem Dasein vorhanden ist, was man im Beispiel vor sich sieht. Hier, wo man meinen konnte, sich auch im Mittelpunkt politischer Gärung zu befinden, wie in Diderots *Neveu de Rameau* und in *Jacques le fataliste*, in Fieldings *Jonathan Wild* und *Tom Jones*, bei Wieland – hier sah man deutlich, wie die Dichtung mit lebendigen Gegenwartsinteressen, mit sozialen Fragen verknüpft war und alltägliche Fakten mit allen zufälligen Einzelheiten, Personen mit Form und Farbe der eigentümlichen Tracht, Örtlichkeiten mit ihren Besonderheiten in der Phantasie bewahrte.

Wenn aber Gattungen im Nachteil waren, so daß ihr Anteil an der Entwicklung der Dichtung geschmälert zu sein schien, so drängten neue empor, die sich überall in die Herrschaft über das Publikum teilen wollten. Dabei zeigt sich eine Übereinstimmung, eine geheime Verwandtschaft, die auf eine gemeinsame Tendenz hindeutet, auf eine in vielem analoge Entwicklung. Denn wenn die Komödie in Frankreich – schon seit dem Ende des 17. Jahrhunderts, bei Champmeslé, Robbé, Fatouville – die Gesellschaft und die Sitten schildert, die neuen Typen der Finanzleute, den Hochstapler verspottet, so merkt man, wie ihre an La Bruyère gemahnende Methode Schule gemacht hat, bei Lesage und in den – matteren – deutschen Satiren. Stammte Lesages »Hinkender Teufel« aus Guevara, so werden seine Figuren hinübergereicht nach England; man meint sie wiederzufinden in Johnstones *Chrysal or the Adventures of a Guinea* (1760). War doch der Roman zu einer Lieblingsform des 18. Jahrhunderts geworden: Es ist, als flösse die erzählende Erfindung aus einer Quelle, die sich in tausend Strömen und Bächen verbreitet. Neben dem Einklang beobachtet man jedoch – zum Beispiel bei der Aufnahme Prévosts in England und in Deutschland oder bei der Reaktion auf die empfindsamen Romane Richardsons – die Verschiedenheit der äußeren Gestaltung; die dichterischen Produkte verwandeln sich beim Übergang in ein anderes Land, die ursprüngliche Absicht des Autors ist bald erhalten, bald durch Aufnahme fremder Elemente so getrübt, daß es oft scheinen mag, als hätte sie, vollends den Ursprung verleugnend, ihre eigene Bahn gesucht. Dennoch zeigt sich die Gemeinsamkeit der Richtung in der Geschichte des Romans im ganzen 18. Jahrhundert, es ist, als wirkten dieselben

Elemente an verschiedenen Orten. Die Keime der Fruchtbarkeit aus Lawrence Sternes wunderbarem *Tristam Shandy* waren in Frankreich ausgestreut, als Diderot seinen *Jacques le fataliste* schrieb, und Diderots Kunst hat sich dank Schiller und Goethe im Bewußtsein der Deutschen so lebendig erhalten, daß ihr eine unvergängliche Fortdauer zuteil geworden ist.

Mannigfach waren auch die Quellen, aus denen die hochentwickelte Satire des 18. Jahrhunderts einen Teil ihres Bedarfs geholt hat. Stets antike – denn wie hätte eine Popesche, eine Voltairesche Epistel auf das Vorbild des Horaz verzichten können? Die horazische Thematik entsprach den poetischen Bedürfnissen am besten, ließ sie doch der schaffenden Phantasie den freiesten Spielraum, so daß in der alten Gattung neue Anschauungen ohne Scheu verarbeitet werden konnten. Aber man schrieb auch Satiren in des Persius Manier – Diderot hat solche in seine berühmten *Salons* eingestreut, als wollte er die Lektüre seiner kunstkritischen Betrachtungen gelegentlich rhapsodisch unterbrechen.

Daneben aber brachte der Orient neue Luft in das Leben der europäischen Aufklärung. Im Gefolge von Gallands Übersetzung von »Tausendundeine Nacht« verbreitete sich eine reiche Märchen-, Erzählungs- und Reiseliteratur. Oft scheinen Zauber- und Feengeschichten förmlich wiedergeboren – so Voltaires *Princesse de Babylone* –, wiederhergestellt und losgelöst von allem Äußerlichen in einem freien Spiel der Einbildungskraft, als kämen in einem aufgeklärten Zeitalter wundergläubige Formen wieder zu ihrem Recht. Die Feenmärchen wurden Mode – Wieland polemisiert gegen sie in seinem an Cervantes anknüpfenden Roman »Don Sylvio«, er zieht gegen sie zu Felde wie Don Quijote gegen die Ritterromane. Aber er bewahrte sie so gut im Gedächtnis wie Voltaire und gab ihnen eine sichere Wohnung in manchem seiner Werke. Der ferne Orient war so unzertrennlich mit dem Wunderbaren und Phantastischen verknüpft, wie die oft diskutierten, oft übersetzten (Dryden, Pope, Madame Dacier) homerischen Epen, wie ein Lieblingsbuch des 18. Jahrhunderts: Fénelons *Aventures de Télemaque* (1699). Aus der vorgetäuschten Perspektive des Orients sah man in die eigene Zeit, vergleichbar Montesquieus Persern, die zu den Franzosen gekommen waren, um verwundert Leben und Sitten in Paris zu betrachten. Montesquieus »Persische Briefe« (1721) machen daher Schule, waren doch im Geist des übermütigen Verfassers Poesie und Kritik wie zwei Arten von Wahrheit beisammen. Aber nicht künstlich zusammengelegt, sondern aus einem Keim entsprossen und ineinandergewachsen.

Im frühen 18. Jahrhundert, in der Zeit der *Régence*, war der Rhythmus des Lebens und Genusses stärker geworden, so daß die Idee der Lebensbejahung durch tausend Kanäle Eingang gefunden hatte in die damalige Welt. Atmete man hier doch eine angenehme, reine und klare Luft, das Schwierigste und Bedenkliche schien plötzlich leicht und unbedenklich, und die Heiterkeit wirkte noch gelöster als der scharfe Luftzug späterer Satiren, die die Asche alter Traditionen zerstäuben wollten. Wie verständlich, daß man die Einwirkung dieses Buches im ganzen 18. Jahrhundert beobachten kann! Das Spiel der vielgemischten Formen entzückte; man wurde nicht müde, ihm nachzueifern. Ahmte Dr. Johnson in seinem *Rasselas* (1759) Voltaires orientalische Erzählungen nach, so schrieb der Verfasser des berühmten »Landprediger von Wakefield« (1766), Oliver Goldsmith im *Citizen of the World* (1762) in der Art der Persischen Briefe seine chinesischen Briefe, denen schon 1734 Lytteltons *Letters from a Persian in England to his Friend in Japan* präludiert hatten. Der von

Montesquieu gegebene Anstoß wirkte weiter, auch in Spanien, wo Cadalso – der schon öfter durch seine Satiren ganz Madrid in Atem gehalten hatte – 1789 seine »Marokkanischen Briefe« *(Cartas Marruecas)* erscheinen ließ. Das Gewand des Fernen Ostens war dem Geschmack des Zeitalters gemäß.

Montesquieu nannte das Buch, mit dem er seine ersten Lorbeeren gepflückt hatte, einen Roman. Es war aber ein Briefroman, den man auch eine Satire nennen kann. Denn die gesellige Unterhaltung, der Brief, der Dialog, der Essay, der Aphorismus und die Anekdote verschafften dem Geist der Aufklärung jene Freiheit und Ungebundenheit, in denen sich die polemische Kraft und Frische, die dem Gegenstand innewohnt, am besten bewähren konnte. Man fühlt, wie neben der Wirkung dieser Formen andere Gattungen wie das Lehrgedicht – Voltaires *Poème sur la loi naturelle*, Friedrichs des Großen *Epître sur l'origine du mal*, Hallers »Ernste Gedichte« oder Mandevilles *Fable of the Bees or Private Vices made Public Benefits* (1714), um nur einige zu nennen – sich nicht immer wach halten konnten. Die Teilnahme des Publikums gehörte den verschiedenen Formen des Dialogs. Schon seit langem war eine besondere Art desselben, der Totendialog in Lukianscher Manier durch Boileau eingeführt worden. Fontenelles Totendialoge knüpften an die antiken Motive an, desgleichen die Dialoge von Bordelon, St. Mard, Fénelon, die in das alte Gefäß den Inhalt ihrer Kritik gossen. Züge von Lukians spöttischem Wesen gelangen überall in der so beliebten Form von Gesprächen in der Unterwelt zur Entfaltung, bei Vauvenargues, D'Alembert, Friedrich dem Großen, Wieland. Es gab Totengespräche über wichtige Begebenheiten der mittleren und neueren Geschichte von Faesi (1775), ebensolche in Bodmers »Die Discourse der Mahlern« (1722), zahlreiche Formen von *Dialogues of the Dead with the Living* in England (Lord Lyttelton, Combe, Langhorne, Weston und andere). Überall kam das gehobene gesellige Leben zum Ausdruck – darum fehlte den vernünftigen Gedanken, die Wolff in den Nebel eigensinniger Ausdrucksweise gehüllt hatte, die unmittelbare Wirkung. Voltaire verfaßte zwischen 1750 und 1770 vierzig Dialoge und ließ sich sogar in vielen Artikeln seines *Dictionnaire philosophique* von der Zuneigung zu dieser Gattung leiten. Manche seiner Erzählungen, die nach einem Schema von Beweis und Gegenbeweis angelegt sind – so die *Histoire de Jenni*, die *Histoire d'un taureau blanc* –, gehen in einen disputierenden Dialog über.

Der Dialog war auch die Form, die Diderot sich in seinen Romanen, Erzählungen, Traktaten geschaffen hat. Aber es war ein Dialog besonderer Art, der sich nicht auf die Diderot bekannten englischen (Shaftesbury, Berkeley) oder die französischen und antiken zurückführen läßt. Denn das Neue und Überraschende liegt nicht nur in der Verbundenheit des Autors mit dem Rhythmus des Weltgeschehens, so daß die erzählten Begebenheiten den Ablauf des Lebens selbst verkörpern, sondern auch in der Einführung des Gesprächspartners, der dem Autor Einwände macht und die Einengung des Blickpunkts auf eine Perspektive verhindert. Der Dialog spiegelt dann die Vieldeutigkeit und Beweglichkeit eines Denkens wider, das stets unterwegs ist und dessen Formen nicht wie endgültige Erkenntnisse, sondern wie Stufen und Übergangsstadien innerhalb eines großen Prozesses anmuten. Wie im organischen Leben die Elemente genährt sind von einem sie umfließenden Gesamtstrom, in dem sie aufgehen und den sie in sich aufnehmen, so weisen die Menschen, die Diderot beschreibt, und die in einem Tag hundert verschiedene Physiognomien bieten, auf die Totalität des Gesamtzusammenhangs des Lebens zurück, auf die ewig gleiche menschliche Natur, die allerdings stets in ihrer Mannigfaltigkeit und Widersprüchlichkeit gezeigt werden soll, jenseits jeder Beschränkung durch Zwang oder Regel. In den Voltaireschen Dialogen sah man durch die Hülle antiker Namen, oder man erfuhr den Widerspruch zwischen Vernunft und Aberglauben, Religion und Philosophie. Bei Diderot waren alle Themen so sehr aufgelockert, daß die Bewegung des Denkens sich in die dialektische Spannung eines Dialogs bannen ließ. Es ist, als fände auch hier, unbeirrt durch Traditionen, der Genius seinen Weg, der Begriff bedeutet in den Spätschriften von Diderot den archimedischen Punkt, um den die Welt der Erkenntnis gedreht wird: Der Genius weist die Ziele, bahnt die Wege, um das Ganze des Wissens und der Kunst nach Form und Gehalt zu gewinnen.

Oder es gaben die Maxime und Anekdote den Schriftstellern die Mittel an die Hand, den verschiedenen Tendenzen der Zeit ihre Stelle zu geben. Niemals ist sie die einzige Form, deren man sich bedient, aber es gibt kaum einen Autor, der ihr nicht sein Interesse gewidmet hätte. War sie doch mit der Sprach- und Denkform Bacons verschwistert, den Voltaire schon in den *Lettres philosophiques* gepriesen, aus dessen Schriften D'Alembert auswählend übersetzt hatte und von dessen Zügen und Methode die Enzyklopädie so oft Zeugnis ablegen konnte. Darum tritt sie bei Vauvenargues auf, in Montesquieus Gedanken, in Diderots Deutungen der Natur und der Malerei, als eine Form Voltaireschen Witzes, bei Chamfort und Rivarol. Als eine Form, die auf die Last des Beweises und der Erudition verzichten konnte, um eine Entlastung von aller Schwere darzustellen und die Philosophie zu komprimieren, zu verfeinern und geschmeidig zu machen. Wie hätte man ohne Anteil an ihr vorübergehen können? Denn selbst wenn in vielen Schriftstellern eine Menge von Richtungen waren, die sich gegenseitig hemmen konnten, weil sie in einem Kopfe wohnten – das Interesse am Epigramm, an einer »Verstand und Witz« kombinierenden Ausdrucksweise war bei Lessing und Herder sehr entwickelt, und bei Lichtenberg wurde der Aphorismus die seiner Natur gemäße Form; der Geschmack an ihm war schon durch seine satirischen Neigungen vorbereitet.

Waren so viele neue Formen ins Licht gerückt, so heißt das nicht, daß der Geist der alten erloschen sei. Aber da Paris und London die Sammelpunkte der Schriftsteller waren, die die Neigung zum Neuen im Publikum entfachten, so sammelte man unter der Fahne von Briefen, Dialogen, Maximen, Satiren, Komödien, Romanen die meisten Leser. Und es waren noch nicht viele: Dreitausend *gens de goût* vermutete Voltaire in Paris, und eine in Europa verbreitete Zeitschrift wie der *Mercure de France* erschien nur in einer Auflage von siebentausend Exemplaren. Um so mehr bemühte man sich durch neue Formen, die Literatur, in der der Geist der Aufklärung sich regte, lesbar zu machen und die Verhältnisse des Lebens, der Politik, der Wissenschaft einem größer werdenden Leserkreis zu erklären, den Neigungen des bürgerlichen Publikums entgegenzukommen.

Selbst Kant will in vielen seiner Schriften »populär« sein, und er macht nur eine Ausnahme: Als formelle Metaphysik dürfe die Philosophie niemals populär werden. Als Garve ihm den Vorwurf der Undeutlichkeit macht, bittet ihn Kant in der Vorrede zur Metaphysik der Sitten, doch an die Natur dieser Wissenschaft zu denken: »Der weise Mann fordert mit

Recht, eine jede philosophische Lehre müsse... zur Popularität gebracht werden können. Ich räume das gerne ein, nur mit Ausnahme des Systems einer Kritik des Vernunftvermögens. Dieses kann nie populär werden sowie überhaupt keine formelle Metaphysik, obgleich ihre Resultate für die gesunde Vernunft ganz einleuchtend gemacht werden können...« Hier ist an keine Popularität (Volkssprache) zu denken, sondern es muß auf scholastische Pünktlichkeit gedrungen werden (denn es ist Schulsprache), weil dadurch allein die voreilige Vernunft dahin gebracht werden kann, von ihren dogmatischen Behauptungen erst sich selbst zu verstehen... In der Vorrede zur 2. Auflage der »Kritik der reinen Vernunft« betont Kant nochmals, daß die Metaphysik allein dem Materialismus, Fatalismus, Atheismus, Aberglauben die Wurzel abschneiden könne, aber unter der Voraussetzung, daß sie systematisch sei, das heißt wie Kant sagt, »schulgerecht, nicht populär«. – »In der Ausführung des Planes, den die Kritik vorschreibt... müssen wir dereinst der strengen Methode des berühmten Wolff, des größten unter den dogmatischen Philosophen, folgen, der zuerst das Beispiel gab (und durch dies Beispiel der Urheber des bisher noch nicht erloschenen Geistes der Gründlichkeit in Deutschland wurde), wie durch gesetzmäßige Feststellung der Prinzipien der sichere Gang einer Wissenschaft zu nehmen sei.« Dennoch erweist auch Kant der literarischen Form der Philosophie, die dank der Schriften der Garve, Mendelssohn, Hippel, Lessing längst ihre Stelle hatte, seine Achtung: »Es ist«, so meint er in den »Prolegomena zu einer jeden künftigen Metaphysik«, »nicht jedermann gegeben, so subtil und zugleich so anlockend zu schreiben wie David Hume, oder so gründlich und dabei so elegant wie Moses Mendelssohn«.

Dabei hemmte die Enge des deutschen Lebens, die politische Zerrissenheit die Entwicklung, die in Frankreich durch eine ganze Reihe von Umständen und vor allem – noch im 18. Jahrhundert – von den Salons gefördert war, die unter der Leitung von Damen der feinen Gesellschaft standen: der Duchesse de Maine (1720–1753), der Marquise de Lambert (1710–1730), der Madame de Tencin (1726–1744), der Marquise du Deffand (1730 bis 1770) und vielen anderen. Was aber in den Gesichtskreis der Salons treten wollte, durfte nicht schulmäßig, es mußte anziehend sein, und da alle Schriftsteller in den Salons verkehrten, bevorzugten sie literarische Formen, die in naher Verwandtschaft zu den Interessen eines weiblichen Publikums standen und die nicht durch Regeln der Schule gezügelt waren.

Überblickt man die verschiedenen Motive und Formen der Aufklärung, so wird man zwar sehen, daß die Nationen sich oft so deutlich wie Individualitäten voneinander abgrenzen. Aber die Einheit und der Zusammenhang zwischen ihnen treten gleichwohl immer wieder in Erscheinung: Jede Literatur wird stets auf eine andere zurückgeführt, die Anlehnung, aber auch die Ablehnung – wie die der Hamburgischen Dramaturgie – setzt Kräfte in Bewegung, die das Mißverständnis der französischen Tragödie doch durch die Entdeckung Shakespeares, die Anerkennung von Voltaires Geschichtsschreibung, die Bewunderung für Rousseau kompensieren.

Die Richtung auf Kritik ist für das ganze 18. Jahrhundert charakteristisch. Verwandte Tendenzen in verschiedenen Ländern, jedesmal aus besonderen Antrieben, aber stets in

Verbindung miteinander. Man denke – um nur einige der wichtigsten Namen zu nennen – an Dubos' *Réflexions sur la poésie et la peinture* (1719), an Popes *Essay on Criticism* (geschrieben ab 1709, anonym veröffentlicht 1711), an Voltaires *Temple de goût* (1733), an seinen *Essai sur la poésie épique* (1733), an Humes *Standard of Taste* (1746), an die *Poética* (1737) von Luzán oder an P. Luis Antonio Verneys *Verdadeiro método de estudar* (1746), an Muratoris *Perfetta Poesia* (1706) oder an Barettis *Frusta letteraria* (1763ff.). Die Diskussion über die Probleme einer von einem festen Kanon aus erarbeiteten Poetik erfüllte das Jahrhundert, und auch im Licht der Genielehre waren die alten Ideale nicht sofort zergangen. Die Abhängigkeit von Poetiken erstreckte sich mit magischer Kraft durch die Zeit, und man weiß, wie oft der mächtige Schatten von Normen, ihre organisierende Kraft, der Substanz neuer Einfälle im Lichte stand.

Voltaire hat in Auseinandersetzungen mit Kritikern anderer Nationen zeitweise der Verschiedenheit des Nationalgeistes Rechnung getragen und schien, als er im *Dictionnaire philosophique* ein *beau relatif* anerkannte, in seinen Interessen geteilt zu sein. Im ganzen beherrschte ihn jedoch – wie Raymond Naves eingehend gezeigt hat – die Idee eines Kanons, von dem aus er Klarheit und Ordnung in einen aufeinander abgestimmten Kreis von Gegenständen brachte. Wir sehen, daß er seine Anerkennung doch den Seiten der Poesie zuwandte, die ihm Nachklang des *goût général* zu sein schienen. Für Shakespeare war kein Platz im Tempel des Geschmacks; die Bedingung von Voltaires Größe bildet auch seine Begrenzung. Wie oft aber auch in Frankreich schon der Zusammenhang zwischen der Kunst und dem allgemeinen Zustand der Zeit erkannt worden war, die organische Idee der Weltliteratur ist erst in der Auseinandersetzung mit den Normen der traditionellen Poetik gewonnen worden. Mag Voltaire auch des öfteren seinen Nachfolgern die Mittel an die Hand gegeben haben, durch die sie ihn im einzelnen widerlegen oder übertreffen konnten – Barettis *A Dissertation upon the Italian Poetry, in which are interpreted some Remarks on Voltaire's Essay on the Epic Poet* (1753) –, sein *Discours sur Shakespeare et sur M. de Voltaire* (1777) trifft sich mit Herders berühmtem Shakespeare-Aufsatz, der wie viele seiner Schriften Weiterführung und Vervollkommnung dessen war, was keimhaft schon in dem *Essai sur la poésie épique* enthalten war, und in Ansätzen auch dann hervortrat, wenn italienische und spanische Schriftsteller, ihre mißverstandene Sprache und Literatur verteidigend, zum Angriff gegen die französische vorgingen.

In die Widerrufe falscher Vorstellungen mischten sich aber gewagte Einfälle ein, persönliche Vorliebe und Abneigung waren oft an die behandelten Objekte herangetragen worden. Bei Herder aber wurden die allgemeinen Linien einer neuen Auffassung viel schärfer gezogen. Für ihn wurde es »herrschendes Gesetz der Schöpfung, daß allenthalben auf unserer Erde werde, was auf ihr werden kann, teils nach Lage und Bedürfnis des Orts, teils nach Umständen und Gelegenheit der Zeit, teils nach dem angeborenen oder sich erzeugenden Charakter der Völker«. Denn der Lebensinhalt jeder Epoche wird nun mit der gleichen Objektivität gesehen, man entfaltet die Weltanschauung aller Zeiten und den Stil der Poesie, worin sie sich ausprägt, so daß ihre zerstreuten Züge zu einem wirklichen Gesamtbild sich ordnen können: »Jede menschliche Vollkommenheit ist national, säkular und, am genauesten betrachtet, individuell.« Deswegen ruht nun der interessierte Blick auf der Literatur aller Epochen, und es gibt keinen Zügel eines Kanons oder eines vorgesetzten Schemas. Herder wollte, indem er auf Montesquieu sich berief, die Literatur aller Zeiten in ihren historischen Bedingungen verstehen:

> Oh, wer ein Montesquieu über den Geist der Wissenschaften wäre, wie jener über die Gesetze es sein wollte, würde er das barbarisch nennen, was nach den Hilfsmitteln seiner Zeit und seines Landes nicht anders als so sein konnte? Würde er ein Lieblingsvolk haben, nach dessen Vorurteilen er alles abmessen wollte, alles aus seinen Zwecken zu rücken, um Verdienste mit dem Lote einer fremden Zeit zu wägen und mit verwöhnter Zunge den Geschmack zu kosten? So verflöge ja auf einmal der Geist seines Werkes. Setze dich aus einer Literatur hinaus, welcher einmal für alle die Griechen die erste Form gaben: werde ein wiedergeborener Zeitgenosse einer abgelebten Geschichte, ein Barde vergangener Zeiten – so urteile! Welches Volk, welches Jahrhundert hat sich je eine andere als Säkular- und Nationalliteratur gebaut? Die Griechen nicht, und wir auch nicht!

Von Herders Neigungen ließ man sich in Zukunft bestimmen, seine Forschungen bilden den Hintergrund, von dem sich die historische Arbeit kommender Zeiten abhebt. Er griff über die bisher untersuchten Gebiete hinaus, zog sämtliche germanische und romanische Literaturen herbei, achtete auf die slawischen und orientalischen, so daß dank einem so weit ausholenden Entwurf der kanonische Begriff der Weltliteratur zu verblassen begann; er wurde abgelöst von einem organischen, der das Vorrecht einer bestimmten Nation aufhebt und die Forschung auf den Weg der Anerkennung aller Völker und Zeiten drängt. Die Achtung vor jeder fremden Eigentümlichkeit erhob sich zu jenem Begriff der Weltliteratur, in der die Völker als Individuen betrachtet und die vielfach zerstreuten Bestrebungen der Aufklärung zur Klarheit kamen. Das kritische Urteil wurde auf eine neue Bahn gebracht, eine neue Methode des Lesens entstand, die sich über verschiedene Literaturen ausdehnte und es vermeiden wollte, ein Gedicht gegen das andere, bald die Ilias gegen das Nibelungenlied, bald das Nibelungenlied gegen die Ilias auszuspielen. Goethe bemerkt dazu im »West-Östlichen Diwan«: »Haben wir Deutsche nicht unsern herrlichen Nibelungen durch solche Vergleichung den größten Schaden getan?... So höchst erfreulich sie sind, wenn man sich in ihren Kreis recht einbürgert, und alles vertraulich und dankbar aufnimmt, so wunderlich erscheinen sie, wenn man sie nach einem Maßstab mißt, den man niemals bei ihnen anschlagen sollte.« Das Ideal war skizziert, das dem »Weltliteratur« überschriebenen Gedicht vorschwebt:

> Wie David königlich zur Harfe sang,
> Der Winzerin Lied am Throne lieblich klang,
> Des Persers Bulbul Rosenbusch umbangt,
> Und Schlangenhaut als Wildengürtel prangt,
> Von Pol zu Pol Gesänge sich erneun,
> Ein Sphärentanz harmonisch im Getümmel —
> Laßt alle Völker unter gleichem Himmel
> Sich gleicher Gabe wohlgemut erfreun.

Es war eine Wendung, ja eine Revolution in der Ästhetik. Nun befehden sich nicht mehr die alte und neue Zeit. Der Geschmack begrenzt sich nicht mehr durch die Tradition, er muß sich nicht mehr legitimieren durch den Gleichklang mit der Kulturstufe früherer Bildungsepochen, durch die Berufung auf die Schriften der Meister, aus deren Dunstkreis

Lesung der Tragödie »Orphelin de la Chine« von Voltaire
im Salon der Mme Marie-Thérèse Geoffrin durch den Schauspieler Lekain
Aus einem Gemälde von Anicet-Charles-Gabriel Lemonnier
Rouen, Musée des Beaux-Arts

Jean-Jacques Rousseau
Tonbüste von Jean-Antoine Houdon, 1779
Paris, Louvre

das Genie keinen herausführenden Pfad finden kann. Schon Diderot verspottet in den *Réflexions sur Térence* (1765) den Geschmack, der sich vollständig und überall auf die Geschichte stützen will; *Le goût timide et circonspect* schreibt er, *tourne sans cesse les yeux autour de lui, laus temporis, non hominis,* und Diderot zögerte nicht, im *Neveu de Rameau* in der behaupteten Zusammengehörigkeit von Genialität und Immoralität das Bild des Genius in einem neuen, grellen Licht erscheinen zu lassen. Goethe beschreibt in »Dichtung und Wahrheit« die Allegorie, die Oeser für den Vorhang des Leipziger Theaters gemalt hat:

»... und ein Mann in leichter Jacke ging zwischen beiden oben gedachten Gruppen, ohne sich um sie zu bekümmern, hindurch, gerade auf den Tempel los... Dieser nun sollte Shakespeare bedeuten, der ohne Vorgänger und Nachfolger, ohne sich um die Muster zu bekümmern, auf seine eigene Hand der Unsterblichkeit entgegengehe.«

Ohne Vorgänger und Nachfolger – in diesen Sätzen ist der Begriff des Genius festgestellt; alles Normative, alles Regelhafte ist nun abgefallen, wir sind aus dem französischen Garten in eine Landschaft geleitet, in der die Natur, sich frei entfaltend, nichts von ihrer ursprünglichen Kraft eingebüßt hat.

Es war die Landschaft Jean-Jacques Rousseaus, dessen erweckende Kraft auf alle Literaturen überströmte, der seine Maßstäbe nicht aus der Zeit nahm und die Fäden des Gewebes seiner wunderbaren Sprache auf völlig neue Art geschlungen hat. Es wiederholt sich hier in Richtung auf die allgemeine Geistesgeschichte der Zug, der in der Entwicklung der Ästhetik sichtbar geworden ist: Konnte man sich von dem überlieferten Geschmacksideal ablösen, indem man ihm mit der Selbständigkeit des neuen Geniebegriffs gegenübertrat, so vollzieht sich nun vom Mittelpunkt von Rousseaus Denken aus eine neue Orientierung über die Gesamtheit der geistigen Wirklichkeit. Man fühlte dies schon im 18. Jahrhundert. J. Mercier faßt, noch wie gebannt durch den unmittelbaren Eindruck, in seiner Schrift *J.-J. Rousseau comme l'un des premiers auteurs de la révolution française* (1791), Rousseaus geistige Mannigfaltigkeit in einer bewegten Schilderung zusammen: »Bedenken wir, daß jedes neue Werk von Rousseau eine Fülle seltsam verschiedener Schriften hervorrief. So sieht man bei jeder Erneuerung der Natur Schwärme von Insekten sich an die Früchte heften, die unsere Gärten schmücken. Zahlreichen dieser ephemeren Schriften merkt man an, daß der Gegner Rousseaus schließlich dessen Ansicht übernimmt, eine Ansicht, die den Stempel der Wahrheit trägt... Denn Rousseau erschien wie ein Phänomen, dessen plötzliches Auftreten die Geister bewegt und eine Epoche der Revolution im Reich der Literatur und Philosophie bedeutet. Es war das Schicksal des Verfassers, sogar diejenigen zu entflammen, die nicht so dachten wie er, oder die so taten, als dächten sie nicht so wie er. Er elektrisierte alle Köpfe, die Meinungen gingen auseinander, man sprach vom Paradox, aber seine erregende Anziehungskraft zwang dazu, den behaupteten Irrtum zu überprüfen; indem man ihm antwortete, verzweifelte man daran, antworten zu können, indem man noch schärfer seine überwältigende Überlegenheit erkannte.«

Daß Rousseau tiefer als die Zeitgenossen fühlte, daß die Kette abreißen müsse, die den Menschen mit der Gesellschaft verband, geht aus einer Stelle des *Emile* hervor. Dort sagt er, indem er die Erzieher apostrophiert: »Ihr verlaßt euch auf die gegenwärtige gesellschaftliche

Ordnung der Dinge, ohne zu bedenken, daß diese Ordnung unvermeidlichen Veränderungen unterliegt und es unmöglich ist, die Revolution vorauszusehen und zu verhindern, welche eure Kinder treffen kann. Der Große wird klein, der Reiche arm, der Monarch Untertan. Wir nähern uns einer Krise, dem Jahrhundert der Revolutionen. Es ist unmöglich, daß die großen Monarchien Europas noch lange weiterbestehen.«

Tatsächlich war der Gegensatz Rousseaus zu den Welten seiner Zeit absolut, und daß er zu allen in Beziehung stand und doch keiner zugerechnet werden kann, das gibt seiner Lebensweise und Denkform die eigene Prägung. Der Gegensatz zwischen Schein und Sein, der der Zeit längst geläufig war, spielt in Rousseaus Werk eine besondere Rolle. Schon im Gegensatz von Naturzustand und Gesellschaft spiegelt sich der Unterschied zwischen einer Gemeinschaft wider, in der die Menschen für einander offen sind, und einer Gesellschaft, die sie zur Verstellung und Lüge zwingt. Es ist der Gegensatz zwischen Offenheit und Maske, und Rousseau wird den Naturzustand wie ein verlorenes Paradies in die Vergangenheit verlegen oder in die Zukunft projizieren und seine Verwirklichung von der *cité idéale* des *Contrat social* erwarten. Und er wird sich in dem Maße, als Empfindsamkeit und Empfindlichkeit ihm die Umgebung in düsteren freundlosen Farben erscheinen lassen, immer mehr einspinnen in Gestalten der Einbildung und flüchten zu Büchern und Träumen. Es lag darin die ideelle Rechtfertigung der Phantasie, die er in sich selbst als bestimmend und grundlegend erfahren hatte: Die erträumte erschaffene Welt wurde in solchem Grade wichtiger als die uns umgebende, daß sie jede Beziehung zu dieser ausschließen kann.

Diese Gedanken weisen dank der Intensität, mit der sie verkündet wurden, unverkennbar auf jene moderne Dichtung, die im Zeichen des Traumes steht und die in der Entwertung der schlechten Wirklichkeit den Anreiz zu einem erneuten und höheren Glück erblickt. Der Pendelschlag von Rousseaus Selbstbewußtsein geht zwischen Kritik und hochgestimmten Gefühlen hin und her, und das Wechselspiel mit einer unmittelbar erfaßten Welt der Unschuld, die seine Schilderung verführerisch vor Augen stellt, wird je länger, desto lieber zum drängenden Bedürfnis. Alles Abgeleitete, alles Vermittelte ausschließend, bemerkt Rousseau, daß er die ursprüngliche Natur entdecken kann, indem er, ganz seinen Träumen sich hingebend, seine Möglichkeiten vervielfältigend und ausdehnend, in den Bereich des eigenen Lebens zurückführt, die Richtung auf das eigene Innere einschlägt und sein Selbst, soweit es ein innerer Spiegel fassen kann, in den Grundzügen vor Augen stellt. Die Autobiographie, die *Confessions* (1760–70, Erstausgabe 1782), enthüllen eine völlig neue Form.

Es ist die eigene, die er als die einzig wahre aufstellt, einem vielfältig facettierten Kristall vergleichbar, der im Licht der Wirklichkeit alle Strahlen in immer neuer Brechung auffängt – ist die Betrachtung seines Spiegelbildes doch immer zugleich Kritik der Gesellschaft. Die Gesellschaft war die Verneinung der Natur, die Selbstentfremdung; Rousseaus die Kreise der Selbsterforschung immer weiter ziehende Theorie und das einsame Leben Jean-Jacques' verkörpern die Verneinung der Verneinung. Die Sprache Rousseaus spiegelt sein Wesen, sehr oft in einer rückläufigen Bewegung zum isolierten Dasein, das den Weg der Absonderung von der Gesellschaft stets von neuem zu durchlaufen so bereit wie fähig war. Ohne Unterscheidung fließen die Grenzen von Leben und Sprache unaufhörlich ineinander, und die Sprache vermag die Suggestionskraft seiner Sonderart um so leichter ins Weite zu tragen, weil in der Einsamkeit ein Bereich sich öffnet, in dem er sich als Gebieter fühlen, in dem er unumschränkt herrschen und das Gefühl seiner Andersartigkeit und Seltsamkeit genießen kann.

Die Hoffnung auf eine unmittelbare Verbindung mit der Natur, mit dem Staat wurzeln so tief in Rousseau, daß er vermittelnden Instanzen keinen Spielraum gönnt: Die *volonté générale* im Staat, das Fest im bürgerlichen Leben symbolisieren das Zusammenklingen des Einzelschicksals mit der Gesamtheit. Auch in den Dialogen (*Rousseau juge de Jean-Jacques*, vollendet 1776), in der *Nouvelle Héloïse* (1761) ist die ideale Welt zum Greifen nahe; es ist die Welt der gleichgestimmten, gleichgerichteten Seelen, die im gleichen Bereich einander begegnen und deren Prinzip einen verwandten Inhalt von Gedanken, Empfindungen und Wörtern umschließt.

Die Formen jener Gemeinschaft zeigen sich in Rousseaus Schilderung als idyllische und leuchten in jener schattenlosen Klarheit, die der Atmosphäre des Stimmungsgenusses entspricht. In der Richtung auf das Innere, auf die Unmittelbarkeit, Wahrheit, Ursprünglichkeit, ist dem Verstand keine Geltung eingeräumt, und die Sprache gewinnt eine veränderte Gestalt. Auch in den *Rêveries du promeneur solitaire* (vollendet 1778) klingt in einer Variation doch derselbe Ton an – nur bringt sich das Ich nicht mit andern zur Deckung, sondern findet in der Einsamkeit des Genießens und Träumens die Harmonie des Seins und den Genuß des Lebens. Aus ihnen erwächst die pantheistisch anmutende Verschwisterung von Ich und Natur, die sich nicht an Schranken einer Wirklichkeit stößt, die sich zwischen sie schieben könnte. *O nature, o ma mère, me voici sous ta seule garde, il n'y a point d'homme adroit et fourbe qui s'interpose entre toi et moi.* Soweit konnte eine mystische, pantheistisch anmutende Empfänglichkeit ihr Netz ausspannen und dem Herzen so viel Macht zuschreiben wie Narziß seinem Spiegelbild.

Aber man bleibt auch in dem berühmten *Contrat social* (1762) in dem Kreis verwandter Wirkung festgehalten. Nur hat der Wechsel von Themen und Sprachebenen bei Rousseau oft die innere Einheit verborgen, in der die verschiedenartigsten Analysen miteinander verklammert sind. In der Fragestellung Rousseaus fühlte man den Pulsschlag der Zeit, ihrer sozialen und politischen Probleme, auch solcher, die durch die Tradition vorgegeben waren: Die Frage, wie man die Kluft zwischen weltlicher Herrschaft und Freiheit schließen und doch beide aufeinander beziehen könnte. Die Rousseausche Frage unterschied sich in ihrer Radikalität von allen Lösungsversuchen der Zeit: Es war nämlich die nach der Konstitution des politischen Gemeinwesens überhaupt, die Frage, wodurch ein Volk ein Volk wird und inwiefern die *volonté générale* als der gemeinsame Wille aller zur Gemeinsamkeit die Voraussetzung für den Bestand eines politischen Gemeinwesens ist. Nicht darauf kam es Rousseau an, bestehende Gesetze zu verbessern oder zu verstärken und neue Dämme gegen die Affekte des Menschen aufzurichten – er wollte vielmehr philosophisch fragen, was das Recht zum Recht, den Staat zum Staat macht. In diesem Sinn konnte er von sich sagen, er hätte eingesehen, daß alles radikal von der Politik abhänge. Deswegen ist die viel zitierte Wendung aus dem *Contrat social* über die *aliénation totale de chaque associé avec tous ses droits à la communauté* als der Voraussetzung der Gemeinschaft nur dann richtig verstanden, wenn man in der Entäußerung nicht die Preisgabe des Individuums, sondern seine freiwillige

Unterwerfung unter die *volonté générale* versteht, die den Einzelnen nicht als Einzelnen auslöschen, sondern nur aus dem Naturzustand in die Region der Freiheit erheben will. Rousseau hat sich, indem er die Frage nach dem Politischen nicht aus der Gegenüberstellung von Theorie und Praxis, sondern – ursprünglicher – im Hinblick auf das Ganze, das jede besondere Stellungnahme voraussetzt, zu bestimmen suchte, über seine Gegner erhoben. Doch lange war seine Theorie der Verständnislosigkeit verfallen, die nach Kant zu allererst die »tief verborgene Natur des Menschen« entdeckt und die Frage nach dem Politischen nur im Zusammenhang mit der *natura hominis* und allen über den Tag reichenden für die Erfüllung des menschlichen Lebens notwendigen allgemeinen Aufgaben gestellt hat.

*

Diese Fragen sind nicht abgelöst von uns. Sie sind aktuell. Rousseaus Problematik ist – und in weitem Umfang auch die der Aufklärung – noch die unsere. Heute mehr denn je, da das Interesse für eine vielfach geschmähte und mißverstandene Epoche in der Alten und Neuen Welt wiedererwacht ist und man sich bemüht, die Aufklärung wieder zu der Höhe ihrer wahren Bedeutung zu erheben.

Edmund S. Morgan

DIE AMERIKANISCHE REVOLUTION

Was war die Amerikanische Revolution? Eine Erhebung gegen einen tyrannischen König? Schüttelte da ein Volk, das volljährig geworden war, antiquierte Zwänge ab? Oder machte sich ein Volk, das von einem andern unterdrückt worden war, als nationales Gebilde selbständig? Wurde eine Aristokratie von den niederen Klassen vom Sockel gezerrt? Oder hatten einfach Demagogen Unruhe gestiftet und Unfug angerichtet? Keine dieser Erklärungen wird den Dingen gerecht. Für viele Europäer bleibt die Amerikanische Revolution ein Rätsel, wie es 1781 für die Leser des Abbé Raynal ein Rätsel war.

»Von allen wirksamen Ursachen«, schrieb der Geistliche, der ein Freigeist war, »die so viele Revolutionen auf dem Erdball hervorgebracht haben, war im Norden Amerikas nicht eine gegeben. Dort hatte man sich weder gegen die Religion noch gegen die Gesetze vergangen. Dort war Märtyrer- oder Bürgerblut nicht von Schafotten hinuntergerieselt. Den guten Sitten war kein Schimpf angetan worden. Weder Gewohnheiten noch Bräuche noch überhaupt Dinge, die den Völkern teuer sind, waren der Lächerlichkeit preisgegeben worden. Keine Willkürherrschaft hatte Einwohner dem Schoß ihrer Familie oder ihren Freunden entrissen, um sie durch die Schrecken von Gefängnisverliesen zu zerren. Die öffentliche Ordnung war nicht umgestürzt worden. Die Grundsätze des Verwaltens hatten sich nicht geändert; und die Regeln des Regierens waren immer dieselben geblieben. Das Ganze lief lediglich auf die Frage hinaus, ob das Mutterland das Recht habe oder nicht habe, den Kolonien direkt oder indirekt eine bescheidene Abgabe aufzuerlegen.«

Der Abbé hatte recht. Die Amerikanische Revolution hatte von einem Streit um das Recht des Mutterlandes, die Kolonien mit Zöllen zu belasten, ihren Ausgang genommen. Nachdem das Schießen 1775 angefangen hatte, wäre immer noch eine Lösung zu finden gewesen, wenn sich das englische Parlament nur bequemt hätte, in Zukunft auf jeden Versuch zu verzichten, den Kolonisten direkte oder indirekte, lästige oder belanglose Abgaben aufzubürden. Aber die Amerikanische Revolution – das hat sie mit anderen Revolutionen gemein – hat nicht ebenso geendet, wie sie begonnen hatte. Der Streit um die Besteuerung legte Unterschiede zwischen Amerikanern und Engländern bloß, die man vorher weder hier noch dort so recht verspürt hatte. Und als Amerikaner diese Unterschiede entdeckten, wurden sie sich dessen bewußt, daß sie untereinander etwas einte, was vordem unbeachtet geblieben war: das Bekenntnis zu bestimmten Grundsätzen, etwas also, was sie zu einem Volk für sich machte, etwas, was sich viele Jahre hindurch, lange bevor der Streit begonnen hatte, langsam, unbemerkt herauskristallisierte und nun plötzlich, da sie zusammen den englischen Kugeln gegenüberstanden, von ungeheurer Bedeutung zu sein schien. Die Amerikanische Revolution war nichts anderes, als daß diese Grundsätze, diese Gemeinsamkeit, diese nationale Identität hervortraten und ausreiften. Nachdem der Streit um die Besteuerung ausgebrochen war, ging der Reifeprozeß in einem erstaunlichen Tempo vor sich.

Die amerikanischen Kolonien, die an der Revolution teilnahmen, waren seit langer Zeit englischer Kolonialbesitz. Zwei Kolonien – New York und Delaware – hatten einst zu den holländischen Neu-Niederlanden gehört, waren aber seit mehr als einem Jahrhundert in englischen Händen. Alle anderen – Massachusetts, New Hampshire, Rhode Island, Connecticut, New Jersey, Pennsylvania, Maryland, Virginia, North Carolina, South Carolina und Georgia – hatten Engländer gegründet und besiedelt. Und obgleich sich viele Deutsche und Irland-Schotten zu den ursprünglichen Siedlern gesellt hatten, obgleich eine halbe Million Afrikaner als Sklaven ins Land gebracht worden waren, überwogen die Engländer nach wie vor, an Zahl wie an Einfluß. Die einzigen englischen Kolonien im kontinentalen Nordamerika, die sich der Revolution nicht anschlossen, waren die zwei, die England erst kurz vorher – 1763 – erworben hatte: Kanada und Florida; hier hatten englische Ideen und englischer Einfluß kaum Wurzeln geschlagen.

Die amerikanische Zivilisation also, wenn man von so etwas um die Mitte des 18. Jahrhunderts sprechen darf, war vornehmlich eine englische Zivilisation. Die Schaffung einer amerikanischen Nation brauchte nicht auf die Verschmelzung ethnischer und kultureller Elemente von großer Verschiedenartigkeit zu warten; es ging viel eher darum, daß sich eine Gruppe von Engländern von einer anderen absonderte. Dieser Prozeß hatte begonnen, bevor der erste Siedler amerikanischen Boden betrat: die Differenzierung vollzog sich innerhalb des englischen Volkes.

Neues Land für Puritaner

Die ersten amerikanischen Kolonien wurden gegründet, als England schwere politische und religiöse Kämpfe durchmachte, in denen sich eine der kämpfenden Parteien von fanatisch aggressivem Reformeifer leiten ließ. Die Reformatoren, denen die Gegner den Spitznamen Puritaner anhängten, kämpften um die Beseitigung der kirchlichen Hierarchie mit ihren Bischöfen, Erzbischöfen und Kirchengerichten. Außerdem verlangten sie vom Parlament, daß es die Machtvollkommenheit des Königs, namentlich in Steuerfragen, entscheidend einenge. Nicht sofort stellten sie die Institution der Monarchie in Frage; aber von Anfang an war ein Anflug von Republikanertum vorhanden. Jakob I. hatte es erraten, als er mit einer Wortkargheit, die ihm sonst nicht lag, die Formel prägte: »Kein Bischof, kein König.«

Jakob I. wollte mit Reformatoren nichts zu tun haben. Karl I., sein Sohn, verachtete sie und scharte eine Kirchenpartei um sich, die seine Herrschaftsansprüche gegen das Parlament durchzusetzen suchte. Die geistlichen Günstlinge des Königs, die William Laud, Erzbischof von Canterbury, führte, bauten das hierarchische Gebäude aus und brachten die Kirche von England zu Lehrmeinungen zurück, die sie abgestreift hatte, als sie sich vom Katholizismus Roms trennte.

In der Zeit, da König und Bischöfe Triumphe feierten, wanderten viele Puritaner nach Amerika aus. Daß sie Neuengland gründeten und besiedelten, ist hinlänglich bekannt; weniger bekannt ist, daß sie sich damals schon und auch später in nicht geringer Zahl ebenso in anderen Kolonien niederließen. In New York lebten hauptsächlich holländische Calvinisten und Puritaner aus Neuengland. (Die Puritaner waren auch Calvinisten.) Linkspuritaner, die man Quäker nannte, gründeten und besiedelten Pennsylvania und stellten das Hauptkontingent der Einwanderer im südlichen Teil von New Jersey. Den nördlichen Teil von New Jersey bevölkerten aus Neuengland dorthin verpflanzte Puritaner. In Maryland, das ein katholischer Adliger gegründet hatte, waren Puritaner von Anfang an zahlenmäßig stärker als Katholiken. Obgleich in den südlichen Kolonien Angehörige der Anglikanischen Kirche überwogen, gehörten zu den Besiedlern der beiden Carolina-Kolonien zahlreiche Puritaner aus England und Neuengland und Hugenotten aus Frankreich; und Georgia war dafür bekannt, daß es die verschiedensten Gruppen anzog, die sich gegen die Kirche von England auflehnten, und in enger Verbindung mit Neuengland stand. Nicht viele Puritaner zogen nach Virginia, aber auch dort machte sich der Einfluß des Puritanertums bemerkbar, denn die ersten Kirchengemeinden Virginias waren entstanden, als die Kirche von England noch von einer gemäßigten, den Puritanern freundlichen Gruppe beherrscht wurde; zu der Zeit, da Erzbischof Laud England in den Anglo-Katholizismus hineintrieb, hielt sich Virginia an ein gemäßigtes Anglikanertum, das stark nach »niederer Kirche« aussah. Da die Puritaner so zahlreich, so weit verbreitet und so glaubenseifrig waren, war das religiöse Leben in den amerikanischen Kolonien vorwiegend puritanisch, das heißt calvinistisch gefärbt.

Was die politische Grundeinstellung zu den Kämpfen des 17. Jahrhunderts anging, neigten die Puritaner in Amerika ebenso wie in England eher zur Partei des Parlaments als zu der des Königs, wenn sie nicht gar eindeutige Republikaner waren. Am Ende gewannen die Puritaner in England die Oberhand und bekräftigten den Aphorismus Jakobs I., indem sie zuerst Erzbischof Laud köpften und einige Jahre danach auch Karl I. Mehr noch: sie schafften Könige, Bischöfe und Lords schlechterdings ab. Die meisten Kolonisten in Amerika klatschten Beifall, und wenn die Puritaner in England weiterregiert hätten oder auch nur ein wesentlicher Faktor im Leben Englands geblieben wären, wäre die Absonderung der Amerikaner von den Engländern möglicherweise langsamer vor sich gegangen.

Aber die Puritaner hatten versucht, England zu schnell und zu gründlich zu revolutionieren. Dadurch hatten sie sich nach und nach unbeliebt gemacht; nach Cromwells Tod entglitt ihnen die Macht. Karl II. kam 1660 nach England zurück, und wer versucht hatte, den englischen Staat republikanisch und die englischen Kirchen kongregationalistisch, presbyterianisch oder quäkerisch zu machen, geriet ein für allemal auf die Schattenseite des Lebens. Diese Mißliebigen durften keinen eigenen Gottesdienst abhalten; ihre Geistlichen durften Städte und ihr Hinterland im Umkreis von fünf Meilen nicht betreten; an Universitäten wurden Puritaner und ihresgleichen nicht mehr geduldet, und öffentliche Ämter durften sie nicht bekleiden, es wäre denn, sie fügten sich dem Geist und Ritus der Kirche von England. Engländer, die dachten, fühlten und glaubten wie die Mehrheit der Amerikaner, waren mithin vom Hauptstrom des nationalen Daseins Englands abgeschnitten. Sie waren in der Heimat Fremde geworden. Das trieb wieder Tausende von ihnen in die Neue Welt.

Nachdem man den Puritanern, die man jetzt Nonkonformisten nannte, Macht und Einfluß genommen hatte, wurde England fröhlicher, aber auch frivoler, aristokratischer, lasterhafter; immer weniger konnten sich hier amerikanische Besucher heimisch fühlen. Als Richtung eigener Art waren die Nonkonformisten in England nicht verschwunden; sie dachten, schrieben und sprachen noch. Aber England schenkte ihnen keine Beachtung mehr; nach 1660 hatten sie nie mehr Einfluß auf die Regierung.

Die Scheidung zwischen Engländern und Amerikanern, die auf diese Weise angefangen hatte, verstärkte sich infolge der räumlichen Entfernung. Die Engländer daheim blieben unter der Herrschaft einer starken Zentralregierung; für die Amerikaner löste sich die souveräne Macht dieser Regierung in dreitausend Meilen Ozean auf. Schon die Übermittlung von Nachrichten bereitete Schwierigkeiten. Briefe und Mitteilungen jeder Art wanderten so langsam über den Atlantischen Ozean, daß Weisungen aus England zu dem Zeitpunkt, da sie am Bestimmungsort ankamen (sofern sie überhaupt ankamen), nichts mehr besagten oder zum mindesten nichts Eiliges mehr bewirken konnten. Die Kolonisten hatten kaum Interesse daran, solche Weisungen entgegenzunehmen, und den Engländern war allmählich die Lust vergangen, sie zu erteilen. Aus den Augen, aus dem Sinn. Den Kolonisten blieb es weitgehend überlassen, sich nach eigenem Gusto zu entwickeln; Störungen gab es nur insofern, als der Verwaltungsapparat, den der König zur Beaufsichtigung der Kolonisten eingesetzt hatte, reichlich stotternd funktionierte.

Was die Kolonisten erstrebten und erreichten, war in vieler Hinsicht genau das, was die englischen Puritaner vergebens hatten England geben wollen. Die Puritaner, die England verlassen hatten, konnten in der Freiheit der Neuen Welt die religiösen und staatlichen Einrichtungen genau so aufbauen, wie sie nach ihren Vorstellungen aufgebaut werden sollten; die Anstrengungen des Mutterlandes, das Puritanertum auch in Amerika auszulöschen, machte die Entfernung zunichte. Im Laufe der Jahre mochte der puritanische Glaubenseifer an Schärfe verloren haben; die sozialen, kirchlichen und politischen Institutionen, die das Puritanertum geschaffen hatte, blieben und gediehen. Denn gerade sie erwiesen sich als besonders brauchbar für Kolonisten, die von der zentralen Regierungsspitze weit entfernt waren; in allen Kolonien, auch dort, wo der puritanische Einfluß schwach war, entwickelten die Amerikaner mit der Zeit fast dieselbe Einstellung gegenüber Kirche, Staat und Privateigentum, die die Puritaner mitgebracht hatten.

Zu den wichtigsten von den Puritanern mitgebrachten Ideen gehörte der Grundsatz, daß die Kirche an der weltlichen Regierung keinen Anteil haben dürfe. Sie hatten ihre Erfahrungen gemacht. Vor dem Bürgerkrieg und nach der Restauration stand den Bischöfen in England eine eigene Gerichtsbarkeit zu: die bischöflichen Gerichte urteilten in Zivilsachen; sie durften exkommunizieren, den Verurteilten also wesentliche bürgerliche und politische Rechte aberkennen. Im Parlament nahmen Bischöfe an der gesamten Gesetzgebungsarbeit teil. Auf der lokalen Ebene war die Pfarrei oft ein Hilfsorgan der Staatsgewalt. Kirche und Staat waren in England unzertrennlich miteinander verflochten.

Amerikaner hielten Kirche und Staat viel mehr auseinander. Sie waren fromm, sie waren oft Eiferer; aber von Anfang an hatte ihnen daran gelegen, zwischen Religion und Kirche zu unterscheiden; sie wurden störrisch, wenn es darum ging, den Geistlichen zu erlauben, sich mit anderen Geschäften als mit dem der Seelenrettung zu befassen. Im 17. Jahrhundert übte die Geistlichkeit in Neuengland größeren Einfluß aus als je sonst im kolonialen Amerika, aber nicht ein einziger Geistlicher bekleidete ein öffentliches Amt. In Massachusetts verbot ein Gesetz die Schmälerung politischer Rechte oder gesellschaftlichen Einflusses durch Kirchenbann oder sonstige Kirchenstrafen.

Sogar innerhalb der Kirche beschränkten die Neuengländer die Befugnisse ihrer Geistlichkeit. Die Kirchen Neuenglands gehörten zur kongregationalistischen Richtung; das bedeutete: alle wesentlichen Dinge wurden von den Gemeindemitgliedern entschieden; sie wählten ihre Pastoren selbst und konnten sie auch entlassen. Die Quäker in Pennsylvania verzichteten überhaupt auf jede Geistlichkeit. Andere Kolonien, die den Grundsatz der Beschränkung kirchlicher Autorität weniger artikuliert aussprachen, praktizierten ihn dennoch. Im anglikanischen Virginia schwächten die mit Laien besetzten Kirchenvorstände die geistliche Autorität dadurch, daß sie auf die Priesterweihe verzichteten; sie errichteten damit ein System der lokalen Laienherrschaft, das in der Praxis der kongregationalistischen Verfassung der Kirchen Neuenglands überaus ähnlich war. Solche puritanischen Praktiken brachte der Anglikanischen Kirche in Virginia die leidige Entfernung bei: Priesterweihe war ohne die riskante und kostspielige Reise nach England nicht möglich. Zwar hätte das Hindernis durch die Ernennung eines Bischofs für Amerika überwunden werden können. aber auch das scheiterte an der Entfernung. Und mittlerweile ließen sich die meisten amerikanischen Anglikaner von der puritanischen Vorliebe für eine Kirche ohne Bischöfe anstecken. Da sie aber keinen Bischof hatte, der sie hätte leiten und steuern können, blieb die Kirche von England in allen amerikanischen Kolonien ohne wesentlichen politischen Einfluß.

Da Kirche und Geistlichkeit jeder Macht und jeden Einflusses auf das politische Geschehen beraubt waren, machte Religionsfreiheit in Amerika schnellere Fortschritte als in Europa. Im Anfang hatten die meisten Kolonien eine Kirche aus Steuereinnahmen finanziert; in Massachusetts und Connecticut war im 17. Jahrhundert überhaupt nur die eine staatlich finanzierte Kirche zugelassen. Aber ohne Mitspracherecht im Staat fiel es keiner konfessionellen Richtung leicht, Ausschließlichkeitsrechte zu behaupten; in Rhode Island und Pennsylvania waren von Anfang an mehrere Kirchen gleichberechtigt. Mit dem Wachstum der Kolonien wuchs auch die Vielfalt der Konfessionen, teils als Folge der Einwanderung von Presbyterianern, Lutheranern, Mährischen Brüdern (später Herrnhuter Brüderunität) und anderen, teils dadurch, daß sich von den alten Konfessionen neue absplitterten. Um die Mitte des 18. Jahrhunderts boten die Kolonien ein buntes Mosaik von

Religionen, auch dort, wo staatliche Finanzierung einer bestimmten Konfession zugute kam. Allmählich lernten die Amerikaner, in der Vielfalt der Glaubensbekenntnisse eine Tugend zu sehen.

»Unsere große Sicherheit«, schrieb der Geistliche Ezra Stiles 1767, »beruht auf der Vielzahl der Sekten und auf der staatlich verbürgten Freiheit, die sie zum Zusammenleben brauchen. Die Folge ist, daß die innerhalb eines bestimmten Bekenntnisses Benachteiligten entweder zu einem anderen Bekenntnis übertreten oder sich zu neuen Sekten und spontan entstehenden Verbindungen entwickeln. Das allein wird uns die Weisheit lehren, einander nicht zu verfolgen.« In England konnten solche Ansichten nicht durchdringen: dort hatten zwar Menschen, die nicht zur offiziellen Hochkirche gehörten, schließlich das Recht erhalten, ihren Glauben in ihrer eigenen Weise zu bekennen, aber das trug ihnen nach wie vor Nachteile und gesellschaftliche Ächtung ein.

Freiheit, Arbeit und Sklaverei

Ebenso wie in der Kirche hatten die amerikanischen Puritaner auch in Staat und Gesellschaft die Chance, Ideen zu verwirklichen, für die es im Mutterland nach 1660 keinen Raum gab. Und wiederum brachte die große Entfernung von England auch unter den nichtpuritanischen Kolonisten ähnliche Ideen hervor. Freilich hatten die Amerikaner vor 1776 der Monarchie nicht, wie es die englischen Puritaner getan hatten, eine klare Absage erteilt. Aber was sollte sie auch dazu veranlaßt haben? Kein König hatte je den Boden der Kolonien betreten, und obgleich die Regierung in London königliche Gouverneure in die Kolonien entsandte, um die Kolonisten beaufsichtigen zu lassen, besorgten die Kolonisten den größten Teil der Regierungsgeschäfte selbst. Sie gaben vor, das englische Regierungssystem zu bewundern; aber das Parlament in London hatte mit dem republikanischen Ideal viel weniger zu tun als die Einrichtungen, die sie, ohne dem englischen Vorbild zu folgen, für ihre eigenen Zwecke schufen.

In jeder Kolonie lag das Machtzentrum in der Siedlervertretung der *Assembly*, die – wie das *House of Commons* in England – die untere Kammer des Gesetzgebungskörpers bildete und das alleinige Recht hatte, Steuergesetze zu erlassen. (Das Oberhaus – außer in Pennsylvania mit seinem Einkammersystem – war der in der Regel vom König berufene Rat des Gouverneurs.) Aber während das englische Haus der Gemeinen im 18. Jahrhundert nur von einem kleinen Bruchteil der erwachsenen männlichen Bevölkerung Großbritanniens gewählt wurde, war in den meisten Kolonien die große Mehrheit der erwachsenen Männer wahlberechtigt.

Die kolonialen Vertretungskörperschaften waren nicht nur repräsentativer als das englische Unterhaus, sondern auch in höherem Maße den Wählern direkt verantwortlich. Als geistige Nachkommen der Puritaner in England eine Reform des Haus der Gemeinen verlangten, wurde ihnen von den Verteidigern dieser archaischen Institution entgegengehalten, daß ihre Mitglieder, obgleich von einer auf die Wahlkreise höchst ungleich verteilten

Puritanischer Geistlicher
Porträt des William Whitwell (?) auf einem Grabstein in Marblehead/Massachusetts, 1781

Grenzfarmen amerikanischer Pioniere
Kupferstich aus »Travels through the Interior Inhabited Parts of North America«
von Patrick Campbell, 1793

1. Birkenrindenkanu, von einem Indianer gestakt 2. Birkenrindenkanu, von Indianerinnen gepaddelt 3. Indianerkind 4. Zaun aus Holzstämmen 5. Gewundener Zaun 6. Zaun aus Pfosten und Querhölzern 7. In Virginia üblicher Zaun 8. Wohnhaus mit Seitenflügeln 9. Schuppen oder holländische Scheune 10. Scheunen mit Schindeldächern 11. Winterschuppen für Vieh 12. Scheune zum Reinigen von Mais 13. Pferch zur Unterbringung des Viehs in der Nacht und zum Melken 14. Mit Borke gedecktes Blockhaus zum Wohnen 15. Ein Indianerhund

Minderheit gewählt, potentiell das ganze Land repräsentierten. Ein Parlamentarier sollte, so wurde gesagt, nicht den Wünschen seiner Direktwähler gehorchen, sondern im Interesse der Allgemeinheit handeln. Das Argument, so fadenscheinig es war, stellte die Parlamentsmitglieder zufrieden: eine Reform des Unterhauses fand nicht statt. Der amerikanische Kolonist hatte vom Repräsentativsystem eine ganz andere Vorstellung. Für ihn war der Repräsentant jemand, den er in die gesetzgebende Versammlung seiner Kolonie entsandte, um die Regierung über seine Nöte und Bedürfnisse zu informieren und sie wissen zu lassen, welche Steuern und in welchem Umfang er am ehesten ertragen könnte. Ein Mitglied der kolonialen *Assembly* war der Direktbeauftragte der Menschen, die ihn wählten. In diesem Sinne war der Staat für die Amerikaner nicht das Organ monarchischer Autorität, sondern nur ein passendes Mittel, den Bedürfnissen der Regierten Rechnung zu tragen. Der Staat war dazu da, bestimmte Aufgaben zu erledigen; also mußte er denen verantwortlich sein, die ihm seine Aufgaben zuwiesen, die seine Arbeitgeber waren.

Diese prosaische Haltung gegenüber dem Staat ergab sich nicht bloß aus der großen Entfernung zu Königen und Höflingen und brachte nicht lediglich ein latent in der puritanischen Tradition beschlossenes Republikanertum zum Ausdruck. Sie gehörte unmittelbar zu der eigentümlich amerikanischen Hochachtung vor der Arbeit. Ganz deutlich schwang das bei Benjamin Franklin mit, als er Amerika für Europäer beschrieb und jedem abriet, nach Amerika zu gehen, der nichts anderes vorzuweisen hätte als adlige Abkunft. Amerikaner, meinte Franklin, wollten von einem Fremden nicht wissen, was er sei, sondern was er schaffen könne.

Daß die Amerikaner dem Tun, dem Schaffen, der effektiven Mühe so große Bedeutung beimaßen, hatte seinen Ursprung nicht zuletzt in der puritanischen Weisheit, daß der Teufel für müßige Hände Arbeit finde. Die Idee war für Christen nicht gerade neuartig, aber bei Puritanern stand sie offenbar mehr im Vordergrund als bei anderen, wahrscheinlich weil sie so intensiv an Vorbestimmung glaubten. Der große Soziologe Max Weber hat schon vor vielen Jahren auseinandergesetzt, wieso die Prädestinationslehre bei denen, die an sie glaubten, ganz andere Haltungen hervorbrachte, als die zu erwarten gewesen wären. Die Puritaner sagten sich eben nicht, daß es doch wohl besser sei, zu essen, zu trinken und Spaß zu haben, weil man ja an seiner Bestimmung nichts ändern könne, sondern sie verbrachten ihr Leben mit unentwegten Versuchen, herauszubekommen, was denn ihre Bestimmung sei: Himmel oder Hölle. Moralischer Lebenswandel war zwar keine Garantie dafür, daß man in den Himmel kommen werde, konnte aber doch als Hinweis genommen werden, daß Gott den Moralischen gesegnet, also auch seine Aufnahme in die Gefilde der Seligen vorbestimmt habe. Wer ein gutes Leben führte, hatte Grund zur Hoffnung. Ein gutes Leben aber war für den Puritaner tätiges Leben, Mühsal, Plage, in welche Arbeit oder »Berufung« auch immer Gott einen hineingestellt haben mochte. Aber ob nun der Puritaner arbeitete, um an seiner Heilshoffnung festhalten zu können, oder weil es ihm Freude machte, gottgefällig zu leben: in jedem Fall arbeitete er unaufhörlich und schaute entsetzt auf jeden, der es nicht tat.

Den mächtigen religiösen Arbeitsantrieb verstärkten die Anforderungen des amerikanischen Milieus. Auf dem nordamerikanischen Kontinent fehlten die vielen Eingeborenen, die man hätte zur Arbeit befehlen können, wie es die Spanier in Süd- und Mittelamerika taten. Die einheimische Bevölkerung des Gebietes, das heute die Vereinigten Staaten ausmacht, dürfte weniger als eine Million betragen haben, und die wenigen die Atlantik-Küste bevölkernden Indianer zeigten keine Neigung, für die englischen Eindringlinge zu fronden. Der Kontinent war reich an Land und Naturschätzen, aber wertvoll wurde beides erst, wenn man Arbeitskräfte beschaffen konnte, um dem Boden seine Reichtümer zu entreißen. Die Nachfrage nach menschlicher Arbeitskraft überschritt daher alles, was man in Europa je kennengelernt hatte.

So groß war die Nachfrage, daß sie die infame Lösung nach sich zog, afrikanische Neger zur ewigen Fron in die Neue Welt zu bringen. Aber über der Sklavenwirtschaft erhob sich ein anderes Gebilde: die wachsende Arbeitskraftnachfrage verschaffte dem gewöhnlichen Arbeitsmann eine starke Marktposition. Er erhielt dadurch eine persönliche Würde, die er vorher nie gekannt hatte. Wer für einen Arbeitgeber arbeitete, konnte einen hohen Lohn verlangen. Warum sollte man aber für einen anderen arbeiten, wenn man nach freiem Land nur die Hand auszustrecken brauchte? Der durchschnittliche Amerikaner saß auf eigenem Land, das er bearbeitete; in der Regel brauchte er keinem Grundherrn etwas von seinem Arbeitsertrag abzugeben. Er konnte es sich erlauben, geistig sein eigener Herr zu sein. Menschen, deren Lebensunterhalt von anderen abhing, konnten das nicht.

Dieselben Kräfte, die Wert und Würde der Arbeit erhöhten, verringerten unvermeidlich Gewicht und Würde von Abkunft und Reichtum. Das Geld des reichen Mannes konnte weniger fremde Arbeitskraft kaufen als in Europa, und noble Abstammung bedeutete nicht so sehr viel in einer Wildnis, in der nur eigene Anstrengung einen vor dem Hungertod bewahrte. Adlige hatten kaum einen Grund, nach Amerika zu kommen; sie kamen nicht.

Das amerikanische Milieu trug von selbst dazu bei, soziale Unterschiede einzuebnen; auch in dieser Beziehung brachte es ähnliche Wirkungen hervor wie das Puritanertum. Obgleich die Puritaner durchaus konventionellen Vorstellungen über die gesellschaftliche Klassenscheidung anhingen, verwischte ihr innerer Drang zur Arbeit die sozialen Unterschiede. Der Puritaner, der durch schwere Arbeit zu Reichtum kam, zu größerem Reichtum sogar, als er gebrauchen konnte, arbeitete deswegen nicht weniger. Da er sich nach wie vor von der Heilsaussicht überzeugen mußte, schuftete er weiter wie zuvor. Seinen Reichtum verbrauchte er nicht in prahlerischem Aufwand. Genügsamkeit war ebensosehr eine Tugend wie Fleiß. Der reiche Puritaner unterschied sich in seinem Aussehen kaum von seinem ärmeren Nachbarn. Beide arbeiteten schwer und lebten einfach, und beide waren stolz darauf.

Auch der puritanische Hang zum Lernen und zur Gelehrsamkeit hatte seine nivellierende Wirkung. Die Puritaner – wie im Grunde alle Protestanten – glaubten, daß sich die religiöse Wahrheit dem Menschen, der die Heilige Schrift nicht selbst lese, nicht erschließen könne. Sie wollten lesen; sie wollten ihre Kinder lesen lassen; sie füllten das Land mit so vielen Schulen, daß in der Tat die große Mehrheit der Amerikaner im 18. Jahrhundert lesen gelernt hatte; die meisten lasen auch wirklich. So verwischte sich ein weiterer traditioneller Unterschied zwischen den oberen und den unteren Klassen. Mehr noch: was die Amerikaner lasen, war keineswegs die Bibel allein. Am Ausgang der kolonialen Zeit hatte fast jede Kolonie ihre eigene Zeitung; oft wurden darin Auseinandersetzungen über lokale politische Streitfragen abgedruckt. Die amerikanischen Wähler waren nicht nur zahlreich, sondern auch gut unterrichtet.

Keine Gleichheitsphilosophie begleitete den Ausgleich der sozialen Unterschiede im kolonialen Amerika. Die Kolonisten blieben bei der herkömmlichen Ansicht, daß Gott die Gesellschaft in Reiche und Arme, Hohe und Niedrige eingeteilt habe. Aber die Worte hatten in Amerika einen anderen Sinn als in Europa: der Niedrige war in der Tat niedrig, wo der Sklave gemeint war; in allen anderen Sphären war der Niedrige nicht ganz so niedrig wie in Europa – und der Hohe nicht ganz so hoch.

Die Milieueinflüsse, die den Wert der Arbeit erhöhten und den Sinn sozialer Unterschiede veränderten, brachten auch eine neue Einstellung zum Eigentum hervor. Europäische Philosophen hatten, wenn sie das Wesen des Eigentums erörterten, seinen Ursprung in der Verfügung des Menschen über seinen eigenen Körper und über die mit dem Körper verrichtete Arbeit gesehen. In einem Traktat, der sowohl in England als auch in den Kolonien weite Anerkennung fand, hatte sich John Locke einen Naturzustand ausgemalt, in dem der Grund und Boden Gemeineigentum gewesen sein mußte. Privateigentum war nach seiner Meinung erst emporgekommen, als sich der Mensch ein abgezirkeltes Stück Land als Arbeitsbereich zugelegt und sich die Früchte seiner Arbeit anzueignen begonnen hatte. Regierungen, fügte Locke hinzu, seien dazu da, dies Eigentum zu schützen.

Für die Menschen in England war Lockes Erklärung der Anfänge des Eigentums eine rein theoretische Angelegenheit. Niemand, der in England lebte, hatte einen solchen Prozeß der Herausbildung des Eigentums mitgemacht. Jedes Stück englischen Bodens hatte seine Geschichte, die weit in unbeschriebene Zeiten zurückreichte, und niemand konnte erforschen, wann und wie das Eigentum an diesem Stück Land entstanden war. Der Eigentümer arbeitete selten, und der Arbeiter hatte selten Eigentum. Die Amerikaner dagegen fanden in Lockes Erklärung die Beschreibung ihrer eigenen Erfahrung. Gewiß kam es vor, daß ein Kolonist den formalen Eigentumstitel von seiner Kolonialregierung erhalten hatte; aber vertraut war ihm vor allem der andere Vorgang: der Wildnis Land zu entreißen und es durch Arbeit in sein eigenes zu verwandeln. Arbeit war daher für den amerikanischen Kolonisten – anders als für den Europäer – ein notwendiger, elementarer Inhalt des Eigentums. Wo Eigentum lediglich ein Stück Brachland bedeutete, auf das ein Indianerstamm oder ein Grundstücksspekulant Anspruch erhob, war es nicht wahrscheinlich, daß der amerikanische Pionier einen solchen Rechtstitel allzu ernst nahm. Oft genug hatten Amerikaner den Indianern ihre Ländereien genommen, nicht selten mit der Begründung, die Indianer hätten in das Land, auf dem sie nur jagten, keine Arbeit hineingesteckt, die allein einen Besitzanspruch begründen könne. Als Thomas Jefferson 1787 das viele unbeackerte Land sah, das der französische Adel für sich als Jagdgehege reservierte, kam er auf ähnliche Weise zu dem Schluß, daß die Eigentumstitel der Adligen vor dem natürlichen Recht der arbeitslosen Armen nicht bestehen könnten, sofern die Armen den Wunsch anmelden sollten, das Land unter den Pflug zu nehmen. Eigentum, in das keine Arbeit einging, konnte nicht sinnvollerweise Eigentum genannt werden.

Umgekehrt, wo Arbeit sichtbar und offenkundig Urgrund des Besitzes war, galt Eigentum als heilig. Die meisten Amerikaner besaßen solches Eigentum. Daß die meisten von ihnen bei den Wahlen von Vertretungskörperschaften wahlberechtigt waren, beruhte keineswegs darauf, daß das Wahlrecht in Amerika an geringere Besitzanforderungen geknüpft gewesen wäre als in England. Wahlberechtigt war in allen Kolonien nur der Bürger, der ein beachtliches Grundstück sein eigen nannte. Das war bei den meisten Amerikanern der Fall, und deswegen verlangten sie von ihren Regierungen, daß solches Eigentum geschützt werde. Sie taten ihre Arbeit, der Staat sollte die seinige tun.

Und da die Hauptaufgabe des Staates war, das Eigentum seiner Bürger zu schützen, durfte er von diesem Eigentum nicht mehr als unbedingt nötig wegsteuern. Genausowenig wie die Kirche dazu da war, ganze Garnituren von kirchlichen Würdenträgern zu finanzieren, war der Staat dazu da, Müßiggänger adliger Abkunft mit Sinekuren und Pensionen zu versehen. Die kolonialen Regierungen waren Muster an Sparsamkeit: es kostete sehr wenig, sie in Gang zu halten; die Kolonisten beurteilten sie, wie sie Menschen beurteilten, indem sie nicht fragten, was sie seien, sondern was sie schaffen könnten. Wie ein Mensch, der seine Arbeit nicht tat, als verderbt galt, so galt auch eine Regierung als verderbt, wenn sie ihre Aufgabe nicht erfüllte.

Oberflächlich besehen, sprachen die Kolonisten über Staat und Regierung nicht viel anders als die Engländer. Die einen wie die anderen betonten die Pflicht des Staates, das Eigentum zu schützen; die einen wie die anderen priesen die Schriften John Lockes; die einen wie die anderen betrachteten die Britischen Inseln als die Geburtsstätte der Freiheit. England war für die Kolonisten »daheim«, auch wenn sie es nie gesehen hatten; stolz rühmten sie die Schlachten, die Engländer in den Jahrhunderten zuvor für Freiheit, Eigentum und repräsentatives Regierungssystem geschlagen hatten. Es kam ihnen nicht in den Sinn, daß die Worte, die sie im Chor mit den Engländern sprachen, nicht dasselbe bedeuteten, daß sie in Wirklichkeit über so entscheidende Dinge wie Staat, Eigentum oder Gesellschaftsklassen ganz anders dachten als die Menschen »daheim«. Die Vorstellung, daß sie ihre Bindung an England aufgeben könnten, um sich zu einer besonderen Nation zusammenzufinden, wäre ihnen 1760 nur komisch vorgekommen.

Etwas aber lag in der Luft, was gute Beobachter hätten bemerken können: wenn Amerikaner England besuchten, schrieben sie nach Hause über Luxus, Verschwendungssucht und Verderbnis, und urplötzlich hatten sie nicht mehr das Gefühl, sie seien in England »daheim«. »Wenn ich zurückkomme«, schrieb einer, »werde ich Euch eine Menge zu erzählen haben über die Höflichkeit, ich könnte auch sagen: Verlogenheit und Verderbtheit der Menschen hier.« »Sie alle miteinander«, schrieb ein anderer, »sind Schurken. Ich bedaure nicht, daß ich hierhergekommen bin, denn das wird mich lehren, auf meiner kleinen Farm in Amerika zufrieden zu sein.« Es war ein böses Zeichen, daß Amerikaner, die England besucht hatten, sich selbst und ihre Landsleute als genügsam und fleißig, das Mutterland dagegen als verschwenderisch und verderbt empfanden. Daß sich hier eine Kluft aufgetan hatte, brachten der großen Mehrheit der Amerikaner die Dinge zum Bewußtsein, die sich zwischen 1764 und 1776 ereigneten. Man brauchte nicht mehr über den Ozean zu reisen, um das zu erkennen.

Finanzstreit mit dem Mutterland

Die ominösen Ereignisse begannen mit dem harmlosen Wunsch Englands, bei der Bezahlung der Rechnungen für den Siebenjährigen Krieg einige Hilfe von den Kolonien zu bekommen. Viele Engländer waren der Meinung, dieser Krieg, in dem Kanada den Franzosen und Florida den Spaniern genommen worden waren, sei eigentlich im Interesse der Kolonien geführt worden. War es dann nicht recht und billig, die Kolonien zu bitten, zum Ausgleich eines Staatshaushalts beizutragen, den der Krieg zu einem erschreckenden Umfang aufgebläht hatte? Zum allermindesten, meinte man in England, sollten die Kolonien die Truppen bezahlen helfen, die das Mutterland zur Bewachung der neuen Eroberungen in Amerika belassen hatte.

In diesem Sinne beschloß das Parlament 1764 das meistens »Zuckerakte« genannte Gesetz, das die Zollsätze auf verschiedene Einfuhrartikel der Kolonien abänderte und schärfere Erhebungsmethoden für die Eintreibung der Zölle einführte. Die wichtigste Änderung war die Herabsetzung des Einfuhrzolls auf Melasse von sechs auf drei Pence je Gallone: das betraf vor allem die bedeutende Melasseeinfuhr der amerikanischen Kolonien. Der frühere Zoll war so prohibitiv hoch, daß die amerikanischen Importeure ihm mit Bestechung und Schmuggel systematisch aus dem Wege gingen. Nun war ihnen der Schmuggel viel schwieriger und riskanter gemacht worden, und England rechnete damit, daß sie lieber den neuen niedrigeren Zoll entrichten würden, statt sich auf gefährliche Abenteuer einzulassen.

Im nächsten Jahr ließ Schatzkanzler George Grenville, der Vater der Zuckerakte, eine weitere Maßnahme – er hatte sie warnend vorher schon angekündigt – folgen: die »Stempelakte«. Eine in Gebührenmarken zu entrichtende Stempelgebühr, nicht in allen Fällen ganz niedrig, traf Rechtsurkunden aller Art und dazu Zeitungen, Kalender und Bücher, ja faktisch fast alle Papiererzeugnisse überhaupt.

Die Reaktion der Kolonien auf diese Maßnahmen war so heftig und so allgemein, daß sie sogar die Kolonisten selbst überraschte. Früher hatten sie dem Mutterland ohne weiteres das Recht zugestanden, ihren Handel im Einklang mit den englischen Bedürfnissen zu regulieren: mit Einfuhrzöllen, um bestimmte Wirtschaftszweige abzuschrecken, und mit Begünstigungen, um andere zu fördern. War die Zuckerakte nicht eine regulierende Maßnahme von genau derselben Art? Nun sagte aber die Präambel zur Zuckerakte, das Ziel der neuen Regelung sei die Beschaffung von Einkünften für den englischen Staat. Das war eine Neuerung, die Entrüstung hervorrief. Mehrere Kolonien protestierten dagegen, daß sich ein Parlament, in das sie keine Vertreter entsandten, das Recht herausnahm, Steuern zu verhängen. Der doppelte Zweck des Gesetzes irritierte die Amerikaner. Sie hatten ihre Einwände kaum artikuliert vortragen können, als auch schon der zweite Schlag fiel, die Stempelakte: eine eindeutige Besteuerungsmaßnahme, die nicht einmal vorgab, der Regulierung des kolonialen Außenhandels zu dienen. Die Wirkung war elektrisierend.

Am 30. Mai 1765, kurz nachdem die ersten Nachrichten über die Stempelakte in Virginia eingetroffen waren, brachte der junge Anwalt Patrick Henry in der Vertretungskörperschaft der Kolonie Virginia *(House of Burgesses)* mehrere Resolutionen durch, die dem Parlament in London das Recht bestritten, das Eigentum der Kolonisten ohne ihre Zustimmung mit Steuern zu belasten. Vertretungskörperschaften anderer Kolonien faßten ähnliche Entschließungen; auf Anregung von Massachusetts entsandten neun Kolonien ihre Vertreter zu einem Kongreß nach New York, der wiederum in weiteren Resolutionen bekundete, daß das Recht, die Kolonisten zu besteuern, nur den von ihnen selbst gewählten Vertretungskörperschaften zustehe und niemandem sonst.

Während ihre Vertretungskörperschaften noch damit beschäftigt waren, Resolutionen zu beschließen, griffen die Kolonisten aber auch schon zur direkten Aktion, um ihr Eigentum vor englischen Steuern zu bewahren. Von einer erregten Menge wurden die Häuser von Bürgern überfallen, die im Verdacht standen, für die Befolgung der Stempelakte einzutreten. Grüppchen, die sich »Söhne der Freiheit« nannten, suchten die mit dem Vertrieb der Gebührenmarken Beauftragten auf und zwangen sie zum Rücktritt. Kaufleute kamen überein, bis zum Widerruf des Gesetzes keine Waren mehr aus England einzuführen. Als das Gesetz am 1. November 1765 in Kraft treten sollte, wagte in den Kolonien niemand mehr, es zu vollstrecken. Die Gerichte schlossen ihre Türen. Schiffe, die ohne Papiere mit Gebührenmarken nicht auslaufen konnten, lagen vor Anker.

Mit diesem passiven Widerstand nicht zufrieden, setzten die »Söhne der Freiheit« mit weniger sanften Methoden binnen wenigen Wochen überall durch, daß Zollbeamte und Gerichte ihre Geschäfte ohne Gebührenmarken verrichteten. Das war Widerstand gegen die Staatsgewalt in weitem Umkreis und konnte leicht zur Folge haben, daß alle Machtmittel des englischen Staates zur Unterdrückung der werdenden Rebellion eingesetzt werden würden. In dieser Situation kündigten die Aufsässigen an, sie würden eher zu den Waffen greifen als sich unterwerfen. Natürlich war das leichter gesagt als getan. Man kann aber mit Sicherheit unterstellen, daß ein entschiedener Versuch, die Stempelakte wirklich anzuwenden, in allen amerikanischen Kolonien, die sich später an der Revolution beteiligten, wilden Widerstand ausgelöst hätte.

An den Vorgängen, die die Amerikaner so plötzlich an den Rand der Rebellion brachten, war zweierlei bemerkenswert. Einerseits hatten nur wenige Mitglieder des Londoner Parlaments die Vorstellung, daß sie mit der Besteuerung der Kolonien gegen anerkannte Grundsätze verstießen: die Stempelakte war gegen eine ganz schwache Opposition angenommen worden, und auch die Redner, die das Gesetz angegriffen hatten, bezweifelten nicht das Recht des Parlaments, Beschlüsse dieser Art zu fassen. Anderseits hatten sich aber die Amerikaner in der Überzeugung, daß mit der Besteuerung der Kolonien lebenswichtige Grundsätze verletzt würden, erstaunlich einmütig und entschlossen gezeigt.

Die Amerikaner waren keineswegs der Meinung, daß sie sich für etwas Ungewöhnliches oder Neuartiges einsetzten. Sie hielten es für ein natürliches, in allen freien Staaten und gerade in der Verfassung Englands anerkanntes Menschenrecht, daß Eigentum ohne ausdrückliche Zustimmung der gewählten Vertreter der Eigentümer nicht weggesteuert werden dürfe. In Wirklichkeit war das nichts anderes, als was Locke gelehrt hatte, und auch die Engländer hatten wiederholt ihr Einverständnis mit dem von Locke verkündeten Grundsatz bekundet. Indes waren die Engländer so sehr daran gewöhnt, die Mitglieder des Hauses der Gemeinen als Vertreter aller britischen Untertanen zu betrachten, daß ihnen die amerikanische Auslegung eines akzeptierten Grundsatzes als böse und gefährliche Neuerung erschien. Daß die Kolonisten an den Wahlen zum Unterhaus nicht teilnahmen, besagte nichts: auch die meisten Engländer nahmen an ihnen nicht teil. Aber sie alle, Engländer und Bewohner der Kolonien, galten eben als »potentiell« vertreten. Daß die Amerikaner das plötzlich nicht gelten ließen, kam den Engländern unbegreiflich und – darum – revolutionär vor.

Den Amerikanern mußte aber eben die Theorie von der »potentiellen« Vertretung der Staatsbürger geradezu lächerlich vorkommen. In Amerika galt der »Repräsentant«, der »Volksvertreter«, als der direkte Beauftragte der Menschen, die ihn wählten; es lag auf der Hand, daß die Mitglieder des Unterhauses als Beauftragte der Menschen in England handelten: gelang es ihnen, die Kolonien zu besteuern, so mußte sich das, was sie selbst und ihre Wähler an Steuern zu zahlen hatten, genau um den Betrag vermindern, den die Kolonien aufbrachten. Die in der Stempelakte vorgesehenen Gebühren waren nicht an sich bedrückend; gaben aber die Kolonisten erst einmal zu, daß das Parlament das Recht habe, sie zu besteuern, so begaben sie sich jeder Möglichkeit, die Steuerbeträge zu begrenzen, und dann konnte das Haus der Gemeinen in London alle Finanzierungslasten der Regierung des Mutterlandes auf ihre Schultern abwälzen. Die Kolonisten wären dann zu Sklaven geworden, und ihr Eigentum wäre dem zerstörerischen Zugriff eines Staates ausgesetzt, auf den sie keinen Einfluß hatten und keinen erlangen konnten. Zu den Kosten der Verteidigung des Britischen Weltreiches wollten sie, wenn man sie dazu aufforderte, gern beitragen, aber sie waren nie und nimmer bereit, den Grundsatz gelten zu lassen, daß ihnen ohne ihre Zustimmung Steuern und Abgaben auferlegt werden dürften.

Was allen Amerikanern von Neuengland bis Georgia selbstverständlich war, machte auf das Parlament in London keinen Eindruck; Eindruck dagegen machte die Tatsache, daß die Amerikaner die englische Ausfuhr nach den Kolonien abdrosselten. Englische Kaufleute, die ihre Kunden in den Kolonien verloren, überschütteten das Haus der Gemeinen mit Petitionen. Unter ihrem Druck setzte das Parlament die Stempelakte ein Jahr nach ihrer Verabschiedung außer Kraft. Die Kolonisten freuten sich nicht nur über ihren Erfolg, sondern vor allem auch über die höchst bemerkenswerte Einmütigkeit, die sie empfunden und nach außen demonstriert hatten. Seit der Gründung der Kolonien hatten sie miteinander fast ständig über Grenzen, Indianerkriege und politische Fragen gestritten. Die Übereinstimmung war ermutigend und brachte die Amerikaner auf neue Gedanken. »Die Kolonien«, schrieb Joseph Warren in Massachusetts, »waren bis jetzt immer verschiedenen Sinnes und aufeinander närrisch eifersüchtig; sie sind jetzt ... geeint ..., und sie werden das Gewicht, das ihnen diese enge Vereinigung verleiht, nicht so bald vergessen.«

In den Jahren, die folgten, vergaßen sie in der Tat nicht die Durchschlagskraft der Einigkeit, wie sie auch nicht vergaßen, daß ihr Boykott englischer Waren die Stempelakte hatte begraben helfen. Sie waren stolz auf die Enthaltsamkeit, Genügsamkeit und Arbeitsmühe der Menschen von einem Ende des Kontinents zum andern, die den Boykott wirksam gemacht hatten. Sie hatten das ihnen angetane Unrecht fast begrüßt, weil es die Tugenden förderte, auf die sie so großen Wert legten. Richard Henry Lee aus Virginia, der später die Verkündung der Unabhängigkeit beantragen sollte, hatte, als er zum erstenmal von der

Zuckerakte hörte, zunächst vermutet, das Gesetz sei dazu bestimmt, Amerika in Armut und Abhängigkeit von England zu halten. Aber: »Armut und Unterdrückung«, schrieb er an einen englischen Freund, »unter denen, deren Gemüter mit Ideen der britischen Freiheit angefüllt sind, können tugendhaften Fleiß mit vielen hochherzigen und mannhaften Gefühlen hervorbringen.« So war es denn auch. Hausfrauen hatten sich an die Spindeln und Webstühle gesetzt, und handgesponnene Kleidung war zum Abzeichen der Tugend geworden. Wenn Amerikaner ihrer Einigkeit im Kampf gegen die Stempelakte gedachten, galten ihre stolzen Überlegungen nicht nur der Übereinstimmung in grundsätzlichen Verfassungsfragen, sondern vor allem auch dem »tugendhaften Fleiß«, der bescheidenen Lebensführung und der Opferbereitschaft, mit denen sie auf die angedrohte Armut und Unterdrückung geantwortet hatten.

Das Londoner Parlament gab ihnen bald noch mehr Gelegenheit, diese Tugenden zu betätigen. Etwas über ein Jahr nach der Aufhebung der Stempelakte, 1767, brachte der neue Schatzkanzler Charles Townshend eine neue Vorlage zur Besteuerung der Amerikaner ein: diesmal sollten in den Kolonien (natürlich zugunsten des Mutterlandes, nicht der Kolonialverwaltung) Zölle auf die Einfuhr von Blei, Farben, Papier, Glas und Tee aus England gelegt werden. Townshend, der die Tragweite der amerikanischen Einwände gegen englische Finanzgesetze falsch einschätzte, versicherte dem Haus der Gemeinen, diese Form der Besteuerung werde für die Amerikaner akzeptabel sein. Das Haus, das den früheren amerikanischen Widerstand immer noch nicht begriffen hatte, erhob die Vorlage zum Gesetz. Gleichzeitig schuf es eine neue Behörde, das Amt der Zollbevollmächtigten in Boston, mit der Aufgabe, die Erhebung sämtlicher Zölle in Amerika zu organisieren und zu leiten.

Auf Townshends Zölle reagierten die Amerikaner nicht anders als auf Grenvilles Gebühren. Die Vertretungskörperschaften der Kolonien sandten Entschließungen und Petitionen nach England, in denen sie ihre verfassungsrechtlichen Einwände gegen eine Besteuerung durch das Parlament wiederholten; die Kaufleute, von den »Söhnen der Freiheit« unter Druck gesetzt, schlossen von neuem Vereinbarungen über die Nichteinfuhr englischer Erzeugnisse ab; überall erinnerten die Amerikaner einander daran, daß Genügsamkeit, Selbstverleugnung und Fleiß ihnen und ihren Vorfahren die Kraft verliehen hatten, aus der Wildnis wertvollen Besitz zu machen und dann, als man ihnen diesen Besitz nehmen wollte, diesen üblen, tückischen Anschlag abzuwehren: jetzt müßten sie aus ihren ererbten Tugenden die Kraft schöpfen, den zweiten Anschlag unschädlich zu machen Samuel Adams, ein Bostoner Politiker, der sich für die Tugendlehre der strengen Einfachheit nach dem Vorbild seiner puritanischen Vorfahren begeisterte, sah in den neuen englischen Zöllen eine Bedrohung der »klaren und offensichtlichen Regel der Billigkeit, wonach der fleißige Mensch ein Anrecht auf die Früchte seines Fleißes hat«.

Die Früchte des Fleißes wurden, so schien es Adams, nicht nur durch die neuen Zölle, sondern vor allem auch durch das neugeschaffene Amt der Zollbevollmächtigten bedroht. Wie alle anderen Amerikaner betrachtete er diese neuen Beamten als überflüssig und nutzlos; er war sicher, daß sie einen ganzen Schwarm von Pensionsbeziehern in die Welt setzen und sich als »schrecklich für die Freiheiten des Volkes« erweisen würden. Daß die

König Georg III. von England
Gemälde von Benjamin West, 1779. Windsor, Royal Collection

Samuel Adams
Gemälde von John Singleton Copley, 1770/72. Boston/Mass., Museum of Fine Arts

Regierungen der Kolonien keine überflüssigen Beamten durchschleppten, machte sie so sparsam im Betrieb; darum konnten auch die kolonialen Steuern im Verhältnis zu denen in England so niedrig gehalten werden. Wenn Amerikaner nach England reisten, machte ihnen gerade der Schwarm der Pensionsbezieher Angst, die da an den Fleischtöpfen des Staates durchgefüttert wurden. Eine neue Zollbehörde, die noch mehr Beamte einstellen würde: das war für die Amerikaner der verhängnisvolle Versuch, auch bei ihnen das britische System der politischen Patronage einzuführen. Und die neuen Zölle schienen zu besagen, daß die Amerikaner für diese unerwünschten und uneingeladenen Botschafter der Verderbnis würden aufkommen müssen. Die Zeitungen sahen in den Zollbevollmächtigten nicht ehrliche, mit einer peinlichen Aufgabe betraute Staatsbedienstete, sondern Schmarotzer, die nach Amerika nur kämen, um sich auf Kosten der fleißigen und arbeitsamen Amerikaner zu mästen.

Zu allem Überfluß bestätigte das Verhalten der neuen Zollinspektoren die Vorstellung der Amerikaner von der Korruptheit aller englischen Beamten. Den Zollbevollmächtigten stand ein bestimmter Prozentsatz vom Wert aller beschlagnahmten unverzollten Ware zu, und sie nutzten Unklarheiten im Gesetzestext aus, um ihre eigenen Taschen zu füllen: einwandfreie Warensendungen wurden ebenso rücksichtslos beschlagnahmt wie unverzollte Schmuggelware. Um sich vor gewaltsamen Vergeltungsakten zu schützen, mit denen sie bei ihrer Art der Amtsführung rechnen mußten, führten die Zollbevollmächtigten in London Klage darüber, daß man sie in Boston hindere, die Zölle zu kassieren; ohne militärische Rückendeckung könne die Zollverwaltung einpacken. Und die englische Regierung war töricht genug, den Wunsch der Zöllner zu erfüllen und Truppen zu schicken. Zwei Jahre lang bramarbasierten die Soldaten des Königs in den Straßen Bostons, ohne auf die offene Feindseligkeit der Einwohner zu achten; und im März 1770 feuerte eine Wachmannschaft vor dem Zollhaus in die Menge, aus der sie mit Schneebällen und Ziegelsteinen beworfen worden war. Fünf Amerikaner kamen ums Leben. Auf dem ganzen Kontinent gingen ob des »Massakers von Boston« die Wogen der Entrüstung hoch.

Die Soldaten wurden nun auf Verlangen der Bostoner Bevölkerung auf eine Insel im Bostoner Hafen verlegt. Dann kam weitere Entspannung mit der Nachricht, das Parlament habe die Townshend-Zölle aufgehoben und nur den Teezoll beibehalten. Die Konsumabstinenz der Amerikaner und die Boykottabmachungen hatten den Absatz englischer Waren bis auf den Nullpunkt reduziert, und schließlich hatte das Unterhaus den Klagen und Protesten der Kaufleute und Fabrikanten Rechnung tragen müssen.

Wieder beglückwünschten sich die Amerikaner zum Triumph der Tugend. Viele wollten am Boykott festhalten, bis auch der Teezoll gefallen sei. Doch die New Yorker Kaufleute brachten wieder Importe ins Land. Natürlich wurden die Kaufleute unpatriotischer Gesinnung bezichtigt; sie waren ohnehin seit jeher die Zielscheibe patriotischen Mißtrauens, weil sie keine produktive Arbeit leisteten und auch noch andere verführten, in Luxus zu schwelgen. Allerdings fanden die meisten Amerikaner, daß man der versöhnlichen Geste des Parlaments nicht mit Starrsinn begegnen sollte; sie wollten auch wieder englische Ware kaufen. In allen Kolonien wurde der allgemeine Boykott aufgegeben; weiterhin boykottiert wurde englischer Tee, von nun an zum Inbegriff sündigen Luxus erklärt. (Die lasterhaften

Eigenschaften fielen in dem Augenblick von den Teeblättern ab, da sie aus Holland eingeschmuggelt wurden.)

Bis zu einem gewissen Grad kehrte gutes Einvernehmen zwischen dem Mutterland und den Kolonien wieder ein, nachdem die Townshend-Zölle 1770 gefallen waren. Lord North, der die Aufhebung beantragt hatte, wurde Premierminister des Königs. Unter seiner Führung entwickelte sich das Verhältnis zu den Kolonien in den folgenden drei Jahren fast ohne Reibungen. Aber nicht wenige Amerikaner – unter ihren Wortführern war Samuel Adams am meisten gefürchtet – hatten mittlerweile die Überzeugung gewonnen, daß Korruption und Sittenverfall in England die amerikanische Freiheit grundsätzlich bedrohten. Adams gründete 1772 in Boston und anderen Städten von Massachusetts Korrespondenzkomitees zur gegenseitigen Unterrichtung über gefährliche englische Schritte. Von Massachusetts griffen die Korrespondenzkomitees auf die übrigen Kolonien Neuenglands über, und 1773 waren sie zu einem umfassenden Verbindungsnetz über die Grenzen der einzelnen Kolonien hinweg geworden.

Wieder zeigten die Engländer 1773, wie wenig sie die Menschen verstanden, mit denen sie es in Amerika zu tun hatten. Um diese Zeit war die englische East India Company in finanzielle Schwierigkeiten geraten; sie hätten sich beheben lassen, wenn die Gesellschaft von ihrer großen Teeproduktion mehr hätte absetzen können. Daß die Amerikaner gern Tee tranken, war bekannt; aber um den Townshend-Zoll nicht entrichten zu müssen, verzichteten sie aufs Teetrinken oder tranken geschmuggelten holländischen Tee. Was konnte man für den Teeabsatz tun? Die East India Company durfte ihren Tee direkt nur an Großhändler in England abgeben und mußte ihren Umsatz hoch versteuern. In der Teeakte von 1773 befreite nun das Parlament den zur Ausfuhr bestimmten Tee von der englischen Steuer und ermächtigte die East India Company, ihren Tee in Amerika durch eigene Vertreter – unter Umgehung des englischen Großhandels – abzusetzen. Der Teeimport unterlag zwar in den Kolonien nach wie vor dem Townshend-Zoll, aber mit dem Wegfall der englischen Steuer und der Ausschaltung der Zwischenhandelsprofite ließ sich englischer Tee nunmehr sehr viel billiger anbieten, sogar unter dem Preis der holländischen Schmuggelware. Die East India Company hatte also Aussicht auf einen neuen Absatzmarkt und Abwendung des drohenden Bankrotts, die Amerikaner konnten billigen Tee trinken, und England konnte erwarten, durch das Aufkommen aus dem Teezoll für den Ausfall an Teesteuereinnahmen entschädigt zu werden.

In dem einleuchtenden Plan steckten zwei Fehler. Erstens: der für Amerika bestimmte Tee sollte zu besonders niedrigen Preisen an eigene Vertreter der East India Company geliefert werden, und wer eine solche Vertretung nicht übertragen bekam, sah darin ein Monopol. Zweitens: der Plan ging von der Annahme aus, daß sich amerikanische Verbraucher mit dem Townshend-Zoll abfinden würden, wenn sie dafür billigen Tee bekämen, und im Chor donnerten jetzt Kaufleute und radikale Politiker wie Samuel Adams, das englische Parlament wolle die Amerikaner mit Bestechungen dazu bringen, eine von ihnen nicht beschlossene Besteuerung zu dulden. Als Schiffe mit Teeladungen eintrafen, taten sich entschlossene Bürger zusammen und brachten den Tee in Lagerhäuser, in denen sich kein Vertreter der East India Company an den Tee heranwagte, oder sie sandten die Schiffe mit voller Fracht zurück. In Boston ordnete aber der englische Gouverneur an, daß nur Schiffe, die ihre Ladung gelöscht hatten, den Hafen verlassen dürften. Kurzerhand luden die Bostoner Bürger den Tee selbst aus und warfen ihn ins Meer.

Diese *Boston Tea Party* begrüßten die Amerikaner mit einem Beifallssturm: endlich hatten sich die Kolonien aufgerafft, ihr geheiligtes Recht zu verteidigen; endlich mußten die Engländer einsehen, daß man ein tugendhaftes und strebsames Volk nicht mit einer Tasse Tee bestechen konnte! Aber die Engländer sahen etwas ganz anderes: Menschen, die ständig die Heiligkeit des Eigentums im Munde führten, hatten sich ruchlos an fremdem Eigentum vergangen, schlimmer noch: sie hatten wertvolles Eigentum vernichtet. Das Parlament beschloß 1774, ein Exempel zu statuieren. Mehrere Gesetze wurden erlassen: bis zur Zahlung einer Entschädigung für den vernichteten Tee blieb der Bostoner Hafen geschlossen, und die Verfassung der Kolonie Massachusetts wurde so abgeändert, daß die Beauftragten der königlichen Gewalt größere Machtbefugnisse erhielten.

Das spornte die Kolonisten zu heftigerem Widerstand an; sie glaubten sicher zu sein, daß gemeinsame Not wieder die besten Eigenschaften im amerikanischen Volk hervorkehren werde. Samuel Adams hatte nur Worte des Hohns für die Vorstellung, daß die Schließung des Hafens die Bürger Bostons zur Räson bringen könne. »Die schändlichen Lakaien der Macht«, schrieb er, »malen Not und Elend an die Wand; aber vergebens glauben sie uns einschüchtern zu können; uns schwebt als Leitbild die Tugend unserer Ahnen vor: ihnen waren Schnecken und Muscheln genug. Ich meinerseits bin Umgang mit Armut gewöhnt; und für einen so unerfreulichen Gefährten sie die Wohlhabenden und in Luxus Lebenden, die mit ihr nie vertraut geworden sind, auch halten mögen: ich will mit ihr bis ans Ende meiner Tage in Freuden leben, wenn ich nur damit zur Erlösung meines Landes beitragen kann.«

Die Kolonien machen sich selbständig

Boston brauchte nicht lange zu dulden. Die anderen Kolonien nahmen die Belehrung, die ihnen mit den »unerträglichen Gesetzen« erteilt werden sollte, anders auf, als das Ministerium in London es sich gedacht hatte: sie begriffen, daß ihnen, wenn sie Bostons Beispiel befolgten, dasselbe blühte; nur schlossen sie daraus, daß Hilfe für Boston der einzige Ausweg sei. Sofort traten die Korrespondenzkomitees in Aktion; von allen Seiten strömten Waren aller Art nach Massachusetts; Vertreter aller Kolonien wurden zum September 1774 zu einem Kongreß nach Philadelphia zusammengerufen: dort sollte die Notlage besprochen und Abhilfe beschlossen werden.

Die sechsundfünfzig Abgeordneten, die in Philadelphia zusammenkamen, waren sich nicht von vornherein über das zweckmäßigste Vorgehen einig. Vertreter der »mittleren« Kolonien – New York, Pennsylvania, New Jersey – waren für Mäßigung. Ihr Sprecher Joseph Galloway aus Pennsylvania schlug vor, das Mutterland um einen Umbau der Weltreichsorganisation zu ersuchen: für Amerika sollte als Mittelstufe zwischen dem Parlament in London und den *Assemblies* der Kolonien eine gewählte Gesamtvertretung geschaffen werden. Diesen Vorschlag brachten gemeinsam die Vertreter des Südens und Neuenglands zu Fall. Am Ende einigte sich der Kongreß auf eine Erklärung und eine Reihe von Entschließungen: darin wurden die Rechte präzisiert, die die Kolonisten als Engländer und als Menschen glaubten auf Grund der Gesetze der Natur, der englischen Verfassung und der Satzungen der Kolonien beanspruchen zu dürfen. Der Kongreß zählte alle Entscheidungen des Parlaments auf, die diese Rechte verletzt oder eingeschränkt hätten und die aufgehoben werden müßten, wenn wieder Eintracht herrschen sollte. Der Kongreß wollte Eintracht und Freundschaft und erkannte auch dankbar den Schutz an, den England der amerikanischen Schiffahrt gewährte; in diesem Sinne war er damit einverstanden, daß das Parlament auch weiterhin den amerikanischen Außenhandel regulierte. Das war allerdings auch die einzige Form der Unterordnung unter das Mutterland, die er noch akzeptierte.

Nicht nur die Steuergesetze sollte das Parlament rückgängig machen. Zwar war die Steuergesetzgebung der Kern des Streits zwischen England und seinen Kolonien zwischen 1763 und 1774, aber auch auf anderen Gebieten führten die Kolonisten bewegte Klage darüber, daß ihren Freiheiten Abbruch getan werde: die Zuständigkeit der Geschworenengerichte war eingeschränkt worden, und in einigen Kolonien hatte der königliche Gouverneur die gewählten Vertretungskörperschaften aufgelöst, so daß die gesamte Macht dem vom König ernannten Rat zufiel. Die sich häufenden Übergriffe ließen die Amerikaner immer mehr vermuten, daß die maßgebenden Personen der englischen Regierung ein Komplott ausgeheckt hätten, Schritt für Schritt alle Freiheiten der Kolonien zunichte zu machen.

Allmählich waren die Kolonisten auf den Verdacht gekommen, daß das bei ihnen – zum erstenmal seit der Gründung der Kolonien – stationierte Heer nicht, wie behauptet wurde, zu ihrem Schutz da sei, sondern dazu, sie zu versklaven. Noch nie, meinten sie, habe den Kolonien seit ihrer Gründung so wenig Gefahr von außen gedroht. (Frankreich war geschlagen, fast erledigt.) Wozu also das Heer? Mit nicht geringem Entsetzen vernahmen die Amerikaner, daß England in den Frankreich abgenommenen Bezirken ein Regierungssystem errichtet hatte, das keine Volksvertretung kannte, daß dort das französische Zivilrecht galt und die römisch-katholische Kirche zugelassen worden war. Daß England in ihrer nächsten Nachbarschaft ein so despotisches Regierungssystem eingeführt hatte, nahmen sie als Hinweis darauf, was ihnen selbst bevorstand.

Um die Zeit, da der Kongreß in Philadelphia zusammentrat, waren die Kolonisten von der Schlechtigkeit der Londoner Regierung so sehr überzeugt, daß sie ihr auch Anschläge auf die Freiheiten des Volkes von England unterstellten. »Der gegenwärtige unselige Stand unserer Angelegenheiten«, stellte der Kongreß fest, »ist verursacht durch ein um das Jahr 1763 von einem englischen Ministerium beschlossenes ruinöses System der Kolonialverwaltung, das offenbar darauf berechnet ist, diese Kolonien und mit ihnen das Britische Empire zu versklaven.« So hieß es in der Präambel des Gemeinschaftsvertrages, in dem die Abgeordneten übereinkamen, allen Handel mit Großbritannien abzubrechen und »Genügsamkeit, Sparsamkeit und Fleiß zu fördern; und die Landwirtschaft, die Künste und die Gewerbe unseres Landes, sonderlich das Wollgewerbe, zu begünstigen«. Der Kongreß setzte hinzu: »Wir werden jede Art von Verschwendung und Ausschweifung mißbilligen und bekämpfen.«

Aus der offenbaren Freude der Kolonisten an Enthaltsamkeit und Selbsteinschränkung und aus der Beharrlichkeit, mit der sie den Lastern Englands ihre eigenen Tugenden entgegenhielten, ließe sich schlußfolgern, sie seien ein unsympathisches bigottes Pharisäervolk gewesen, und dafür hielten sie in der Tat manche Engländer, die sie besuchten. In Wirklichkeit machten sich die Kolonisten über ihre eigene Unvollkommenheit nichts vor. Von ihrer protestantischen Erziehung her war für sie die Anfälligkeit des Menschen für die Sünde ein Axiom; und obgleich sie glaubten, sie seien mit Genügsamkeit und Fleiß ausgiebiger versehen als ihre englischen Brüder, waren sie sich, wofür es genug Beweise gibt, ihrer eigenen moralischen Gebrechlichkeit vollauf bewußt. Darauf beruhte zum Beispiel eins der Argumente, mit denen in den Kongreßberatungen der Vorschlag Joseph Galloways bekämpft wurde. Gegen den Plan einer parlamentarischen Mittelstufe zwischen Parlament und *Assemblies* machte Patrick Henry geltend, er werde »unsere Wähler von einem verderbten Haus der Gemeinen befreien, sie aber in die Arme einer amerikanischen Legislative treiben, und eine solche Legislative kann ohne weiteres von dieser Nation bestochen werden, die da vor aller Welt zugibt, daß Bestechung ein Bestandteil ihres Regierungssystems ist«. Volkstugenden, auch amerikanische, waren zerbrechlich wie Porzellan und mußten gegen englische Verrottung immunisiert werden.

Wiewohl sich die Beziehungen zwischen dem Mutterland und den Kolonien in der Zwischenzeit verschlechtert hatten, hofften die Delegierten, daß ihre Vereinbarungen über Nichteinfuhr und Nichtverbrauch englischer Waren und Unterbindung der Ausfuhr nach England getreulich befolgt werden und doch noch dieselben Resultate würden erbringen können wie die früheren Boykottmaßnahmen. Sie taten, was sie konnten, um die Befolgung des Abkommens zu sichern. Dann beschlossen sie, im Mai des folgenden Jahres einen neuen Kongreß abzuhalten, und gingen auseinander.

Die Regierung in London bestärkten die Verhandlungen des Kontinentalkongresses in der Meinung, das Mutterland müsse der Unbotmäßigkeit der Kolonien mit Härte entgegentreten und dürfe nicht wieder, wie es das mit der Aufhebung der Stempelakte offenbar getan hatte, klein beigeben. Da das Parlament das Schlimmste befürchtete, untersagte es allen Export von Waffen und Munition in die Kolonien und verhängte über Neuengland das Verbot, mit anderen Ländern als Großbritannien und den britischen Kolonien im Karibischen Meer Handel zu treiben. Im letzten Augenblick sollte freilich noch einmal Verständigung angestrebt werden: das Parlament erbot sich, über Kolonien, die gewillt wären, eigene Steuern auszuschreiben, »um ihren Anteil zur gemeinsamen Verteidigung beizusteuern«, keine Steuermaßnahmen von London aus zu verhängen.

Auf eine solche Lösung hatten sich die Kolonien im Streit um die Stempelakte vor vielen Jahren festgelegt. Das Parlament hatte allerdings lieber neue Steuergesetze erlassen, statt entsprechende Quoten festzusetzen, und auch seine letzte Offerte sagte nicht, welche Beiträge es von den einzelnen Kolonien erwartete. Unter solchen Umständen wollten die Amerikaner im Beschluß des Parlaments nichts als den Versuch sehen, in die geschlossene Front des amerikanischen Widerstands eine Bresche zu schlagen.

Im Mai 1775 trat der Kontinentalkongreß von neuem zusammen. Mit der Abfassung des Entwurfs einer gemeinsamen Absage an das Londoner Parlament betraute er Thomas Jefferson, einen jungen Abgeordneten von Virginia. Die vom Kongreß genehmigte Entschließung zeigte, daß die Amerikaner den richtigen Wortführer gefunden hatten. Ihre Vorstellungen von Staat und Regierung, von denen sie nach und nach erkannten, daß sie von den Engländern nicht geteilt wurden, wußte Jefferson in präzise Worte zu fassen. »Wir denken«, hieß es in der Antwort des Kongresses an Lord North, »daß das britische Parlament nicht das Recht hat, sich in unsere Vorkehrungen für die Finanzierung der Zivilregierung oder der Rechtspflege einzumischen. Die Vorkehrungen, die wir getroffen haben, sind Vorkehrungen, die uns gefallen, und unseren eigenen Verhältnissen angepaßt; sie tun den wesentlichen Zwecken des Regierens und der Gerechtigkeit Genüge, und anderen Zwecken sollte überhaupt nicht Genüge getan werden. Wir meinen nicht, daß unserem Volk bedrückende Steuern zur Beschaffung von Sinekuren für die Müßigen oder Lasterhaften aufgebürdet werden sollten.«

Aus dem forschen Ton der Absage sprach eine neue Zuversicht: die Amerikaner hatten das Gefühl, daß sie in den Kämpfen der voraufgehenden Monate eine Bewährungsprobe bestanden hatten. Die Londoner Regierung hatte den Vollzug der »unerträglichen Gesetze« dem General Thomas Gage, Oberbefehlshaber der britischen Streitkräfte in Amerika, übertragen und ihn zu diesem Zweck zum Gouverneur von Massachusetts ernannt, und die englischen Truppen waren, dreitausend Mann stark, nach Boston zurückgekehrt. Gage erkannte sofort, daß die bescheidene Truppe nicht genügte. Die fast dreihunderttausend Bewohner der Kolonie Massachusetts verheimlichten nicht ihre feindliche Haltung gegenüber seiner Regierung, und die übrigen Kolonien mit noch zwei Millionen Einwohnern gingen mit Massachusetts durch dick und dünn. Aber Gage wurden die von ihm angeforderten Truppenverstärkungen von London nicht bewilligt; er sollte es vorerst mit dem, was er hatte, auf eine Kraftprobe ankommen lassen. Eine Gelegenheit boten die von den Kolonisten bei ihren Kampfvorbereitungen angelegten Waffenlager. In der Nacht vom 18. April 1775 beorderte Gage eine Abteilung von 700 Mann nach Concord, um einige dieser Waffenlager auszuheben.

Er hatte den geplanten Marsch nicht geheimhalten können. Kirchenglocken verbreiteten den Alarm von Stadt zu Stadt, und am nächsten Morgen stand, als die englischen Truppen heranrückten, eine Abteilung der amerikanischen Miliz auf dem Gemeindeanger von Lexington. Ohne auf Befehle zu warten, eröffneten die Soldaten das Feuer, trafen acht Milizmänner tödlich und setzten ihren Marsch nach Concord fort. Von den Waffenvorräten, denen sie auf der Spur waren, fanden sie nur wenige; dafür stießen sie auf sehr viel mehr Milizmänner, die nicht zögerten, sie anzugreifen. Die Soldaten wurden zum Rückzug gezwungen. Auf der Strecke, die die Engländer auf dem Rückmarsch einschlagen mußten, war überall mehr Miliz herangerückt; auf beiden Seiten der Straße lagen Milizmänner hinter Hecken und Felsblöcken auf der Lauer. Für die Soldaten war es ein Spießrutenlaufen im Kreuzfeuer der bäuerlichen Scharfschützen und am Ende ungeordnete Flucht. Als sie marode und ramponiert in Boston anlangten, hatten sie ihr Selbstbewußtsein und 273 Mann verloren: tot, verwundet oder vermißt. Die siegreichen Milizmänner schlugen

CONN. Connecticut
MASS. Massachusetts
MD. Maryland
N.H. New Hampshire
R. Rhode Island

Die 13 alten Staaten der USA

ihr Lager vor Boston auf, und Tausende von Milizmännern aus ganz Neuengland stießen zu ihnen. Faktisch war die Stadt belagert. General Gage mochte künftighin vielleicht noch Gouverneur von Boston sein; Gouverneur von Massachusetts war er nicht mehr.

Reguläre britische Truppen in die Flucht geschlagen zu haben, war für die Kolonisten ein aufrüttelndes Erlebnis. Zwei Monate später bekamen sie noch mehr Auftrieb. Am 16. Juni besetzten sie nachts die Anhöhe Bunker Hill in Charlestown jenseits der Bostoner Südbucht, in die der Charles River mündet. Am nächsten Morgen erblickten die Engländer am anderen Ufer hoch über dem Wasser neuaufgeworfene Befestigungen, die sie in heftige Unruhe versetzten. Sie nahmen den Fehdehandschuh auf. Mit Fähren wurden 2000 Soldaten über die Bucht nach Charlestown gebracht. Aus dem Frontalangriff der Engländer wurde die Schlacht von Bunker Hill. Die Anhöhe wurde erobert, aber die amerikanischen Flinten hatten einen gewaltigen Preis gefordert: 228 tote und 826 verwundete Engländer. Die Verluste der Amerikaner waren wesentlich geringer: 138 Tote, 276 Verwundete, 36 Vermißte.

Zwei Wochen und wenige Tage nach der Schlacht von Bunker Hill traf im Hauptquartier der amerikanischen Kräfte vor Boston ein dreiundvierzigjähriger Tabakpflanzer aus Virginia namens George Washington ein. Der Kongreß hatte ihn beauftragt, die vor Boston lagernden Milizmänner zu reorganisieren und zum Dienst in der neuen »Kontinentalarmee« anzuwerben. Washington hatte in Kämpfen gegen die Franzosen im Siebenjährigen Krieg militärische Erfahrungen gesammelt; seine Kollegen im Kontinentalkongreß, in dem er verschiedene Ausschüsse leitete, beeindruckte er mit seinem sicheren Urteil, seiner standhaften Treue zur Sache der Kolonien und seiner militärischen Haltung.

Ihm war eine eigenartige und schwierige Aufgabe zugefallen: er mußte eine einheitliche, geschlossene Kampftruppe aus Menschen schmieden, die ihre minimalen Kriegskenntnisse in der Miliz der einzelnen Kolonien erworben hatten, wo sie ihre eigenen Offiziere wählten, Disziplin nicht kannten und zum Dienst nur antraten, wenn direkte und unmittelbare Gefahr drohte. Mit dieser Truppe sollte Washington gegen die Armee und die Marine des mächtigsten Landes der Welt Krieg führen, und nicht zu leugnen war, daß sich sowohl er selbst als auch seine Soldaten dem Feindesland doch noch in Untertanentreue verbunden fühlten.

Washington ist es nie gelungen, die nötige Zahl von Menschen für seine Armee zusammenzubekommen, und die Soldaten, die er hatte, blieben nie sehr lange dabei. Amerikaner waren zwar in äußerster Not bereit, dem Ruf zu den Waffen zu folgen und sich zu schlagen, aber in keiner Weise konnten sie sich für das Soldatendasein erwärmen. War keine Schlacht im Anzug, so wollten sie zu Hause sein, ihren Acker bebauen, sich um Frau und Kinder kümmern. Gerade die Tugenden, auf die sie so stolz waren, hielten sie davon ab, in eine reguläre Armee einzutreten. Sowohl für die Gesundheit als auch für die Moral war das Leben im Armeelager notorisch gefahrenreich: jeder wußte, daß Berufssoldaten dem Müßiggang, dem Schwören und Fluchen frönten, und schlimmere Dinge wollte man gar nicht erst nennen. Gegen die Engländer zu kämpfen, war eine akzeptable Sache; es war aber ganz und gar nicht akzeptabel, sich ansteckenden Krankheiten und üblen Lastern auszusetzen, während die eigene Familie Not litt, weil sie den Ernährer verloren hatte.

Biwack britischer Truppen am Stadtrand von Boston
Kupferstich nach einem Aquarell von Christian Remick, 1768
New York, Public Library, Stokes Collection

Die Schlacht von Lexington am 19. April 1775
Kupferstich von Amos Doolittle. New York, Public Library, Stokes Collection

Irgendwie brachte es Washington fertig, 10000 Mann dafür zu gewinnen, sich mit ihm auf die Gefahren des Soldatendaseins einzulassen; aber die ersten Wagnisse seiner neuen Armee waren wenig erfolgreich. Er hatte gehofft, Kanada auf seiten der Amerikaner in den Krieg zu ziehen, und zu diesem Zweck eine von General Richard Montgomery befehligte Expeditionstruppe nach Kanada beordert. Aber die Kanadier wollten den Emissär der Rebellion nicht freudig empfangen. Montgomery hatte zwar am 13. November 1775 Montreal genommen, aber Pocken, Hunger und Kälte ließen seine Truppen im Winter so zusammenschrumpfen, daß Quebec nicht zu bezwingen war; bei dem Versuch, es zu erobern, kam Montgomery ums Leben. Seine restlichen Truppen gaben im Frühjahr auch Montreal auf und zogen nach dem Süden ab. Kanada blieb der Revolution fern. In Boston war unterdes die Kontinentalarmee größer und disziplinierter geworden, und Washington schickte sich an, den Feind zu stellen. Aber als er am 17. März Dorchester Heights südlich von Boston besetzte, bestiegen die Engländer ihre Schiffe und segelten nach Halifax in Neuschottland.

Daß mit dem Abzug der Truppen der Krieg zu Ende sei, glaubte niemand, und inzwischen wurden – ein Jahr kämpfte man schon! – viele Amerikaner ungeduldig: wenigstens in bezug auf die Unabhängigkeit der Kolonien sollte ein konkreter Schritt gemacht werden. Bis dahin hatten die »mittleren« Kolonien solche Schritte verhindert: sie konnten sich nicht entschließen, ihren Kolonialstatus aufzugeben, und hofften, daß vielleicht ein Kabinettswechsel in London Verständigung bringen werde. Bis Mitte 1776 war die Hoffnung auf Verständigung, ja auch sogar der Wunsch danach, wesentlich geringer geworden.

Wenn man sich hier und da noch dem König als treuer Untertan verpflichtet oder dem englischen Volk brüderlich verbunden fühlte, so hatte neuerdings des jungen Engländers Thomas Paine überzeugende Streitschrift *Common Sense* solche Haltungen erschüttert. Paine, der erst kürzlich eingewandert war, sagte den Amerikanern, daß sich ihre Blutopfer kaum lohnten, wenn sie nur der Aufhebung von Steuergesetzen galten. »Das Ziel«, schrieb er, »für das man streitet, sollte immer im richtigen Verhältnis zum Aufwand stehen... Teuer, sehr teuer bezahlen wir die Aufhebung der Gesetze, wenn das alles ist, wofür wir kämpfen.« Gesunder Menschenverstand wehre sich dagegen, daß die Amerikaner einem König die Treue wahrten, der es billige, daß ihr Blut vergossen werde; gesunder Menschenverstand verbiete es überhaupt, daß sich Menschen Königen unterordneten, denn Könige seien immer eine Quelle des Elends gewesen. Einst sei das englische Regierungssystem dank dem republikanischen Element des Hauses der Gemeinen besser als andere gewesen, aber nun sei auch dies Element dem verderblichen Einfluß des Königs erlegen. Paine fragte: »Warum kränkelt die Verfassung Englands?« Und antwortete sogleich: »Weil die Monarchie die Republik vergiftet und die Krone das Haus der Gemeinen mit Beschlag belegt hat.«

In allen Kolonien fanden diese Ansichten lebhafte Zustimmung. Im März 1776 glaubte Elbridge Gerry, Kongreßabgeordneter von Massachusetts, mit Sicherheit sagen zu können, daß nur noch die Unabhängigkeit die Wünsche Neuenglands befriedigen könne, »weil nicht nur die Regierung, sondern auch das Volk Großbritanniens verderbt und bar jeder öffentlichen Tugend ist«. Im Mai empfahl der Kongreß den Kolonien, alle Spuren der königlichen Autorität innerhalb ihrer Grenzen auszulöschen und an die Zustimmung des Volkes gebundene Regierungen zu errichten. In vielen Kolonien war das bereits geschehen; die übrigen gingen jetzt daran. Und am 2. Juli beschloß der Kongreß, »daß diese Vereinigten Kolonien freie und unabhängige Staaten sind und von Rechts wegen bleiben müssen«. Zwei Tage später kam es zu der berühmten Unabhängigkeitserklärung, die diesen Beschluß erklärte und begründete.

Die Erklärung hatte ein Ausschuß ausgearbeitet, in dem sich Thomas Jefferson als das eigentlich federführende Mitglied betätigte. Der Kongreß begnügte sich nicht damit, die Tyrannei Englands anzuklagen und die Unabhängigkeit der Kolonien zu proklamieren. In den Formulierungen Jeffersons definierte er das Wesen der Amerikanischen Revolution, wie sie die Amerikaner 1776 begriffen. Die Unabhängigkeitserklärung verkündete die Grundsätze, die sich die Amerikaner seit mehr als einem Jahrhundert immer deutlicher bewußt zu machen gesucht hatten. Jetzt endlich traten diese Grundsätze als nationales Glaubensbekenntnis hervor. Das Kernstück dieses Kredos war knapp und prägnant: »Folgende Wahrheiten erachten wir als selbstverständlich: daß alle Menschen als Gleiche geschaffen werden, daß ihnen von ihrem Schöpfer bestimmte unveräußerliche Rechte verliehen sind und daß zu diesen Rechten das Leben, die Freiheit und das Streben nach Glück gehören; daß zur Sicherung dieser Rechte unter den Menschen Regierungen errichtet werden, die ihre berechtigten Befugnisse aus der Zustimmung der Regierten herleiten; daß jedesmal wenn sich eine Regierungsform im Hinblick auf diesen ihren Zweck als zerstörerisch zu erweisen beginnt, es das Recht des Volkes ist, sie zu ändern oder abzuschaffen und ein neues Regierungssystem zu errichten, indem es die Regierungsfundamente auf den Prinzipien aufbaut und die Regierungsbefugnisse in den Formen organisiert, die ihm als die zur Verwirklichung seiner Sicherheit und seines Glückes bestgeeigneten erscheinen.«

Am inhaltsschwersten war die Verkündung, daß alle Menschen als Gleiche geschaffen werden. In erster Linie sollte damit 1776 gesagt sein, daß die Amerikaner den Engländern gleich geschaffen worden seien und darum auf dieselben Rechte wie Engländer Anspruch hätten. Zugleich aber sagten diese Worte noch sehr viel mehr: sie statteten die allgemeine Gleichheit der sozialen Lage, die unter den Amerikanern seit jeher bestanden hatte, mit göttlicher Sanktion als Teil des Schöpfungsplanes aus und brachten mithin zum Ausdruck, daß dort, wo diese Gleichheit nicht vollkommen sein sollte, verbessernde Umgestaltung erfolgen müsse. Im Grunde legte die Unabhängigkeitserklärung mancherlei nahe, was sie nicht konkret sagte; aber solange die Amerikaner in einen Krieg verstrickt waren, hatten sie wenig Zeit, den unumgänglichen Folgerungen aus der Unabhängigkeitserklärung nachzugehen oder geeignete verfassungsmäßige Formen für die Verwirklichung ihrer Grundsätze zu suchen. Der Kongreß nahm sich einfach die Befugnisse, die er brauchte, um Krieg zu führen, und die begabtesten und tüchtigsten Amerikaner machten sich mit aller Energie an die Aufgabe, den Krieg zu gewinnen. Größere und weiterreichende Probleme wurden auf spätere Zeiten vertagt.

Krieg und Frieden

Erfolgreiche Kriegführung war eine langwierige und deprimierende Aufgabe. Als die Amerikaner ihre Unabhängigkeit proklamierten, hatten sie bereits gegen die Engländer bei Concord und Bunker Hill eine erstaunliche Kraft aufgeboten und sie gezwungen, Boston zu räumen. Aber die britische Kriegsmaschine setzte sich erst langsam in Bewegung. Das Parlament hatte eine Armee von 55000 Mann genehmigt, und als es mit der Anwerbung dieser Armee in England zu lange dauerte, stellte die Regierung 30000 deutsche Söldner ein, darunter 17000 aus Hessen-Kassel. Washington war es nie gelungen, so starke Kräfte für die Kontinentalarmee zu gewinnen; er mußte sich häufig auf die Miliz verlassen, die sich in Kriegsoperationen größeren Stils als wenig tüchtig erwies. Schlimmer noch war, daß die englische Flotte der englischen Landarmee jederzeit unter die Arme greifen konnte; die Amerikaner aber hatten nur ganz wenige Kriegsschiffe vom Stapel lassen können.

Im August 1776 zog General Howe von Kanada nach New York. Die englische Kriegsmacht wurde in all ihrer Größe vorgeführt: 400 Transportschiffe und 30 Kriegsschiffe mit insgesamt 32000 Soldaten und 10000 Seeleuten. (Die ständige Bevölkerung New Yorks um diese Zeit betrug 25000.) Diese Kräfte fügten Washington in der Schlacht von Long Island eine schwere Niederlage zu; was von der Kontinentalarmee danach noch übrig war, entkam im November über New Jersey in südwestlicher Richtung. Am 7. Dezember überquerte Washington den Delaware. Dann erst machte er halt, um weitere Schritte zu planen. Im eisigen Sturm der Weihnachtsnacht führte er seine Truppe über den Fluß zurück und zog neun Meilen weiter. In Trenton konnte er den Feind im Schlaf überfallen. Er verlor nur 4 Mann und nahm 909 hessische Söldner der Engländer gefangen. Einen weiteren vernichtenden Schlag führte er wenige Tage später gegen die Engländer bei Princeton; sie wichen zurück und bezogen Winterquartier in New Brunswick. Die großartige Wendung des Kriegsgeschicks hob die Stimmung der Amerikaner beträchtlich. Die Kontinentalarmee zog weiter nordwärts und überwinterte in Morristown, keine fünfundzwanzig Meilen von den Engländern entfernt.

Seinen nächsten Vorstoß unternahm General Howe gegen Philadelphia, die Hauptstadt der Rebellen. Im Juli 1777 brachte er auf dem Seeweg 15000 Mann aus New York bis an die nördliche Spitze der Chesapeake-Bucht. (Das war ein Umweg, aber auf den kürzeren Strecken wären Kämpfe nicht zu vermeiden gewesen.) Dann traten die englischen Soldaten den Landmarsch nach Philadelphia an. Unterwegs griffen sie sich, was ihnen in die Quere kam: Lebensmittel, Hausrat, Frauen. Am Brandywine Creek versuchte Washington, ihnen den Weg zu versperren. Aber er hatte viel zuwenig Soldaten, und wie auf Long Island gewann Howe die offene Schlacht. Am 26. September besetzte er Philadelphia. Als ihn Washington eine Woche später bei Germantown stellte, wo die meisten englischen Truppen stationiert waren, siegte Howe von neuem. Dann ging's wieder ins Winterquartier.

Für die Kolonisten war das alles sehr entmutigend, aber bei Lichte besehen hatte Howe nicht viel ausgerichtet. Er hatte zwar wiederholt amerikanische Generale geschlagen und New York und Philadelphia, Amerikas größte Städte, genommen, aber keine amerikanische Armee einfangen können, und nur ein geringer Teil des Landes war in seiner Hand.

Inzwischen zog im Norden Unwetter herauf. General John Burgoyne, ein eitler, geistreichelnder Hohlkopf, hatte vom Oberkommando in England die Weisung bekommen, eine Expedition in südlicher Richtung von Kanada über den Champlain-See nach New York zu unternehmen. Er machte sich im Juni von Fort St. John's aus auf den Weg: mit 4000 Engländern, 3000 Deutschen, 1400 Indianern und einer unterhaltsamen Geliebten, die ihm die Zeit vertrieb. Und zunächst ging alles sehr glatt. Aber am 16. August überfiel John Stark mit der New Hampshire-Miliz eine englische Marschgruppe bei Bennington, wobei 200 Engländer umkamen und 700 gefangengenommen wurden. Fast mit jedem Schritt tappte Burgoyne in eine neue Falle hinein. Seine Indianer, die bald merkten, was los war, machten sich aus dem Staube. In immer größerer Zahl traten Burgoyne amerikanische Truppen unter Horatio Gates und Benedict Arnold entgegen, und bei jedem Zusammenstoß verlor er mehrere Hundert Mann. Am 17. Oktober 1777 ergab er sich schließlich bei Saratoga.

Saratoga war eine geschichtliche Wende. Freilich waren die amerikanischen Armeen damit noch nicht aus der Gefahrenzone heraus: militärisch hätte Burgoynes Expedition, auch wenn sie erfolgreich gewesen wäre, wenig bedeutet, und seine Kapitulation verringerte nur unerheblich die britische Truppen- und Materialüberlegenheit. Die Folgen von Saratoga zeigten sich weniger in New York und Philadelphia als in London und Paris.

In London begriff allmählich ein etwas behäbiges Parlament, daß England den Krieg verlieren könnte. Das Kabinett beschloß, es sei besser, Frieden zu schließen, und beauftragte eine Delegation unter Führung von Lord Carlisle, den Amerikanern so gut wie alles anzubieten, was sie vordem gefordert hatten: Verzicht auf Besteuerung durch das Parlament von London, Aufhebung der »unerträglichen Gesetze« und Suspendierung aller sonstigen gesetzlichen Bestimmungen, die die Amerikaner seit 1763 beanstandet hatten. Zwei Jahre früher hätten solche Konzessionen die Kolonien wahrscheinlich noch im Empire halten können. Jetzt aber verschaffte ihnen Englands sichtbar dringliches Bedürfnis, sie zurückzuholen, genau die Waffe, die sie noch brauchten, um ihrer Unabhängigkeit Bestand und Dauer zu verleihen: Anerkennung durch Frankreich und französische Hilfe.

Von Anfang an hatten die Amerikaner gehofft, von Englands traditionellem Feind Hilfe zu bekommen. Am 29. November 1775 hatte der Kongreß einen Geheimausschuß berufen, der sich um die Unterstützung des Auslands bemühen sollte. Ludwig XVI., über den Aufstand der Kolonien Englands entzückt, schickte einen Beobachter, Achard de Bonvouloir, nach Amerika, der den Geheimausschuß mit Ratschlägen versah. Im Sinne seiner Anregungen beschloß der Ausschuß, mit Frankreich Verhandlungen in die Wege zu leiten. Als Unterhändler wählte er Silas Deane, einen schlauen und nicht unkultivierten Yankee. Als Deane am 7. Juli 1776 in Paris eintraf, hatte der französische Außenminister Graf de Vergennes den König bereits überredet, der amerikanischen Rebellion mit Munition und Kriegsmaterial im Werte von einer Million Livres zu helfen. Mehr noch: Spanien hatte es übernommen, denselben Betrag beizusteuern. Die Lieferungen sollten über eine fingierte Handelsgesellschaft erfolgen, der Pierre de Beaumarchais, Verfasser des »Barbier von Sevilla«, vorstand. Deane brauchte nur zuzugreifen; unklar blieb allerdings, ob es sich um milde Gaben oder um rückzahlbare Kredite handelte.

Als Deane in Paris verhandelte, war die Nachricht über die Unabhängigkeitserklärung noch nicht da; im günstigsten Fall konnten die Amerikaner nur um geheimen Beistand bitten. Sie hofften, daß Frankreich nach der Bekanntgabe der Unabhängigkeitserklärung ihre Unabhängigkeit anerkennen und ihnen offenen Beistand anbieten werde. Um Deane bei weitergehenden Forderungen den Rücken zu stärken, entsandte der Kongreß zwei weitere Bevollmächtigte nach Paris: Arthur Lee, bis dahin als geheimer Beobachter in London tätig, und Benjamin Franklin, der im Dezember 1776 aus Philadelphia eintraf. Die drei Abgesandten waren gemeinsam ermächtigt, Freundschafts- und Handelsverträge abzuschließen.

Um diese Zeit war Amerika für die Franzosen ein von edlen Wilden und fast ebenso edlen Ackerbauern bevölkertes Arkadien, ein mit der Weisheit der Natur begnadetes Paradies. Franklin paßte sich den Erwartungen der Schwärmer an: er setzte eine Pelzmütze auf, spielte die Rolle des naturnahen Weisen mit dem nötigen Raffinement und ließ sich von den entzückten Parisern auf den Händen tragen. Aber Vergennes und sein königlicher Chef blieben zurückhaltend. Sie belieferten die Kolonisten und ließen amerikanische Kaperschiffe gelegentlich französische Häfen anlaufen. Sie wollten indes nicht in einen offenen Krieg mit England hineingezogen werden, sofern nicht auch Spanien mitmachte; für Spanien aber war schon ungetarnte Unterstützung der Amerikaner riskant, weil sie die spanischen Kolonien hätte animieren können, das nordamerikanische Beispiel nachzumachen.

Als man in Paris am 3. Dezember 1777 von der Schlacht von Saratoga erfuhr, folgerte Vergennes mit Recht, daß der amerikanische Sieg in England Versöhnungsbereitschaft stärken könne; eine Verständigung zwischen den aufständischen Kolonien und dem Mutterland war aber genau das, was er am wenigsten wollte. Die Ängste Vergennes' wußte Franklin mit Geschick auszuschlachten. Obgleich sich Spanien aus seiner Zurückhaltung nach wie vor nicht herauslocken ließ, gab Vergennes nach: er ließ die amerikanischen Unterhändler wissen, daß Frankreich zum Abschluß eines Handels- und Freundschaftsabkommens und eines Bündnisvertrages mit den Amerikanern bereit sei.

Am 6. Februar 1778 wurde der Bündnisvertrag unterzeichnet. Seine Bestimmungen hätten für die Vereinigten Staaten gar nicht günstiger ausfallen können. Die vertragschließenden Parteien bekundeten ihre Absicht, die Unabhängigkeit der Vereinigten Staaten zu wahren. Für den Fall eines Krieges zwischen Frankreich und England – den die Unterzeichnung des Vertrages unausweichlich machte – verpflichteten sie sich, nur im gegenseitigen Einvernehmen Frieden zu schließen. Frankreich erklärte für alle Zukunft, keinen Anspruch auf englisches Gebiet auf dem nordamerikanischen Kontinent zu erheben; alle englischen Besitzungen, die den Engländern im Krieg entwunden werden könnten, sollten an die Vereinigten Staaten fallen. Dies große Entgegenkommen verdankten die Amerikaner weniger ihrem diplomatischen Geschick als der Tatsache, daß Frankreich grimmig entschlossen war, England um jeden Preis zu schwächen, und jedes Interesse an weiteren Kolonisierungsversuchen in der Neuen Welt verloren hatte.

Schon vor dem Vertrag hatten die Amerikaner von der französischen Hilfe weitgehend Gebrauch machen müssen. Der Sieg von Saratoga wäre ohne französische Lieferungen nicht möglich gewesen. Und der finanzielle Beistand Frankreichs festigte den amerikanischen Kredit zu einer Zeit, da der Kongreß, dem nicht das Recht zustand, Steuern zu erheben, den Krieg auf die Weise finanzieren mußte, daß er die einzelnen Kolonien anbettelte oder Papiergeld drucken ließ.

Nicht allen Amerikanern war es recht, daß Frankreich um Hilfe angegangen wurde. Im Sommer 1777, als das Kriegsglück den Kolonien abhold war, vertrat Samuel Adams mit Nachdruck die Meinung, daß es für die Vereinigten Staaten trotz allem das beste wäre, die Unabhängigkeit aus eigener Kraft zu erkämpfen. »Wir werden erfolgreich sein, wenn wir tugendhaft sind«, stellte er mit großer Zuversicht fest. Sein intelligenterer und begabterer Vetter John Adams war derselben Meinung. John Adams hatte dem Kongreß von Anfang an angehört, sich mit Energie für die Unabhängigkeit der Kolonien eingesetzt, den Bau einer eigenen Kriegsflotte gefordert. Um der Kongreßarbeit willen hatte er seine Anwaltspraxis und seine Landwirtschaft monate- und jahrelang im Stich gelassen. Er geißelte die »feige Geisteshaltung unserer Landsleute, die sie mit so viel sehnsüchtigen Erwartungen nach einem französischen Krieg lechzen läßt... Sollen wir Frankreich für unsere Freiheit zu Dank verpflichtet sein?« Ähnlich äußerte sich Henry Laurens aus South Carolina: »Wenn wir nicht genug Tugend aufbringen können, um uns selbst zu retten, wird der leichte Zugang zu Frankreichs Schatzamt nur unseren Ruin beschleunigen.«

Dennoch waren diese Gegner der Auslandsverpflichtungen nicht sonderlich betrübt, als das Bündnis mit Frankreich zustande kam. Sie gaben ihre Einwände gegen die Hilfe des Auslands nicht auf und meinten weiterhin, daß man sich nicht auf sie verlassen dürfe. Aber sie wußten auch, daß Amerika es sich kaum leisten konnte, auf diese Hilfe zu verzichten. So hofften sie denn auf eine baldige Beendigung des Krieges, mit der die Notwendigkeit fortfallen würde, den Beistand anderer Mächte in Anspruch zu nehmen.

Das Bündnis mit Frankreich beschleunigte jedoch nicht das Tempo der Kriegführung und brachte auch keinen unmittelbaren militärischen Erfolg. Faktisch trat Frankreich erst im Juni 1778 in den Krieg ein. Sir Henry Clinton, der Howe als Oberbefehlshaber ablöste, war gerade dabei, Philadelphia aufzugeben und nach New York zu ziehen, wo er einen größeren Feldzug nach dem Süden vorbereiten sollte. Solange es über New Jersey nach New York ging, hielt Washington mit Clinton Schritt, ohne ein Gefecht erzwingen zu können. Nur am 28. Juni gab es einen Zusammenstoß vor dem Gerichtsgebäude von Monmouth, wo General Charles Lee den amerikanischen Angriff gefährlich verpatzte. Clinton gelangte ohne Verluste bis nach New York; hier konnte er auf den Schutz der englischen Marine rechnen. Washington hatte nicht genug Truppen, um ihn aus New York zu vertreiben.

Vom Bündnis mit Frankreich erhoffte Washington vor allem Flottenunterstützung: die gewaltige Überlegenheit zur See, die es den Engländern ermöglichte, jedes beliebige Küstengebiet zu beherrschen, sollte gebrochen werden. Trotz allen Bemühungen John Adams' konnte der Kongreß kein Geld für eine Flotte aufbringen; es reichte nur für ein paar Kriegsschiffe. Mit einem dieser Schiffe hatte John Paul Jones den Krieg bis an die Britischen Inseln herangetragen, englische Küstenstädte überfallen und englische Schiffe gekapert. Aber so gefährlich war Jones nicht, daß er die englische Flotte hätte aus Amerika fortlocken können. Washington, der sein Lager vor New York aufgeschlagen hatte, wartete vergebens auf die französische Flotte: die englischen Schiffe ließen sich weder verleiten, die Gegner in fremde Gewässer zu verfolgen, noch mußten sie sich in amerikanischen Gewässern zum Kampf stellen. Als der französische Vizeadmiral Graf d'Estaing mit 17 Schiffen und 4000 Mann im Sommer 1778 vor New York anlangte, stiegen die Hoffnungen. Aber ein Sturm zerstreute die Flotte, bevor sie in Aktion getreten war, und im November segelte d'Estaing nach Westindien. Er blieb dort bis zum Herbst 1779; dann segelte er nach Frankreich zurück. Unbehelligt behauptete die englische Flotte ihre Überlegenheit an den Küsten Nordamerikas; ihre Überfälle fügten den Küstenstädten schweren Schaden zu.

Während Washington auf die Rückkehr der französischen Flotte wartete, entsandte Clinton, der mehr als genug Mannschaften hatte, ein Expeditionskorps nach Georgia. Am 29. Dezember 1778 fiel Savannah. Was in den nächsten zweieinhalb Jahren folgte, waren Gefechte ohne Entscheidung, meistens weit weg vom strategischen Zentrum New York. Im Westen führten die Amerikaner unter George Rogers Clark erfolgreiche Operationen gegen die Engländer und ihre indianischen Verbündeten durch. (Die Amerikaner unternahmen keinerlei Versuche, die Indianer als Verbündete zu gewinnen.) In New York hielten starke Truppen, die Clinton hinterlassen hatte, die englische Stellung. Clinton selbst segelte mit einer Expeditionstruppe nach South Carolina; am 12. Mai 1780 nahm er Charleston. Dann betraute er Lord Cornwallis, seinen tüchtigsten Feldoffizier, mit den Operationen im Süden und kehrte nach New York zurück. Cornwallis stieß weiter ins Innere des Landes vor; am 10. August schlug er die Amerikaner bei Camden (South Carolina).

Um den amerikanischen Widerstand im Süden zu stärken, entsandte Washington seinerseits seinen besten Offizier, Nathanael Greene, nach South Carolina. Greene lockte Cornwallis in manchen Hinterhalt und knabberte seine Truppen bald hier, bald dort an (vor allem bei Hannah's Cowpens am Broad River am 17. Januar 1781 und vor dem Gerichtsgebäude von Guilford am 15. März).

Im April 1781 kehrten die beiden Generale einander den Rücken zu: Greene wandte sich nach dem Süden, um weitere englische Vorposten in South Carolina und Georgia hinwegzuräumen, während Cornwallis unter Mißachtung der Befehle Clintons auszog, Virginia zu erobern. Bis zum Juni hatte Greene die Engländer in Georgia bis nach Savannah und in South Carolina bis nach Charleston zurückgedrängt; Cornwallis stieß durch Virginia vor und setzte sich in Yorktown fest. Yorktown lag an der Küste, der einzigen sicheren Stätte für eine englische Armee in Amerika; aber sicher blieb die Küste nur, solange die englische Flotte die See beherrschte. Ohne Flottenunterstützung konnte Cornwallis von seinen eigenen Truppen in Charleston und von Clintons Truppen im Norden abgeschnitten werden.

In New York schaute Clinton immer noch unbeweglich auf Washingtons wartende Armee, und Washington wartete weiter auf die französische Flotte. Die Franzosen schickten im Juli 1780 eine Landarmee von 5000 Mann unter dem Grafen de Rochambeau nach Newport (Rhode Island) los, das die Engländer vom November 1776 bis zum Oktober 1779 besetzt gehalten hatten. Die Ankunft der französischen Truppen war für die

Bevölkerung ein freudiges Ereignis, aber die Freude wurde gedämpft, als die elf Kriegsschiffe (unter dem Befehl des Grafen Barras) von einer stärkeren englischen Flotte im Hafen eingeschlossen wurden.

Im Mai 1781 wurde Washingtons Geduld endlich belohnt: mit 20 Kriegsschiffen war Admiral De Grasse von Frankreich nach dem Karibischen Meer aufgebrochen; ein Teil seiner Kräfte werde, so hieß es, den Landfeldzug in Amerika unterstützen. Nach Beratungen mit Rochambeau beschloß Washington, in New York den entscheidenden Vorstoß zu wagen. Aber am 14. August kam eine neue Nachricht: De Grasse sei mit seiner ganzen Flotte nach der Chesapeake-Bucht unterwegs, werde jedoch nur kurze Zeit bleiben können. Sofort gab Washington den New Yorker Plan auf und eilte nach dem Süden, um Cornwallis noch einmal aufs Korn zu nehmen. Unterdes war Barras mit seiner Flotte aus Newport entschlüpft, und auch er wandte sich – die Schiffe mit Belagerungsgeschützen beladen – nach dem Süden. Auf die Nachricht von dieser Konzentration der feindlichen Kräfte nahmen die englischen Geschwader Kurs auf Chesapeake, mußten aber feststellen, daß Barras und De Grasse mehr Schiffe und mehr Geschütze hatten als sie: die französische Seemacht gab nun endlich doch den Ausschlag. Während die englische Flotte nach New York zurücksegelte, machte sich Washington mit 5700 Kontinentalsoldaten, 3100 Milizmännern und 7000 Franzosen an die Eroberung von Yorktown. Am 19. Oktober, als ihm bereits ein Entsatzkorps aus New York zu Hilfe eilte, gab Cornwallis auf. Unter den Klängen des Marsches »Die Welt ist auf den Kopf gestellt« zogen 7000 Engländer aus Yorktown aus und legten die Waffen nieder.

Yorktown war ebenso ein französischer wie ein amerikanischer Sieg. Und da der Krieg ebenfalls ein französischer Krieg war, konnte er in Yorktown nicht zu Ende sein. Frankreich war zum Friedensschluß bereit, aber Spanien gegenüber gebunden. Vergennes hatte, nachdem es am 6. Februar 1778 zum Bündnis mit den Vereinigten Staaten gekommen war, weiterhin versucht, Spanien in den Krieg hineinzuziehen; erst als er versprach, den Krieg fortzusetzen, bis es den Spaniern gelungen sei, den Engländern Gibraltar zu entreißen, ließ sich Spanien zum Mitmachen bewegen. Nun hatten sich aber die Vereinigten Staaten verpflichtet, nicht ohne Zustimmung Frankreichs Frieden zu schließen; auch sie waren also gehalten, auf den Fall Gibraltars zu warten. Anderseits weigerte sich Spanien, die Unabhängigkeit der Vereinigten Staaten anzuerkennen; auch nachdem es am 21. Juni 1779 in den Krieg eingetreten war, tolerierte es nur widerwillig die Unabhängigkeit der amerikanischen Kolonien. Und nachdem es den Engländern das schwächlich verteidigte West-Florida, eine ehedem spanische Besitzung, abgenommen hatte, erschöpfte sich seine Mitwirkung am Krieg in der Blockade Gibraltars.

Obschon Georg III. den Krieg weiterführen wollte, waren die meisten Engländer nach der Niederlage von Yorktown bereit, den Kampf um die Kolonien aufzugeben. Am 20. März 1782 wurde Lord North zum Rücktritt gezwungen; der König mußte ein friedensfreundliches Kabinett berufen, das sogleich Beauftragte zur Fühlungnahme mit amerikanischen Emissären nach Frankreich entsandte.

Der Kongreß hatte, als er im August 1779 optimistischerweise John Adams als bevollmächtigten Gesandten nach Frankreich abordnete, zum erstenmal die amerikanischen

Kriegsziele formuliert. Adams hatte die strikte Weisung, keinerlei Friedensverhandlungen mit Großbritannien zu führen, solange es die Vereinigten Staaten nicht als souveränen, freien und unabhängigen Staat anerkannte. War die Anerkennung erst einmal erreicht, so hatte er den Auftrag, auf bestimmten Grenzen für den neuen Staat zu bestehen: dem Mississippi im Westen, dem 31. Breitengrad und den Flüssen Flint und St. Mary im Süden und ungefähr der schon bestehenden Grenze im Norden.

Im Juni 1781 überredete der französische Botschafter Chevalier de la Luzerne den Kongreß, die Friedensbedingungen zu revidieren. An die Stelle des Einzelunterhändlers John Adams trat eine fünfköpfige Delegation: Adams, John Jay (Gesandter in Spanien), Franklin (Gesandter in Frankreich), Henry Laurens (als Gesandter für die Niederlande bestimmt, aber unterwegs von den Engländern festgenommen und im Londoner Tower gefangengehalten) und Thomas Jefferson (der nicht reisen konnte und aus der Delegation ausschied). Die der Abordnung mitgegebenen Instruktionen waren nicht sonderlich energisch: sie sollte weiterhin vor allen Friedensgesprächen die Anerkennung der amerikanischen Unabhängigkeit durch England verlangen, aber es stand ihr frei, jede Regelung »je nach den Umständen, je nach der Situation des kriegführenden Staates und je nach der Haltung der vermittelnden Mächte« zu akzeptieren. Schlimmer noch: die Kommission durfte ohne Wissen und Einverständnis Frankreichs nichts unternehmen und hatte sich nach der Meinung und den Ratschlägen der Franzosen zu richten.

Damit waren die amerikanischen Unterhändler faktisch den Befehlen Vergennes' unterstellt, was keinem von ihnen behagte. Nun erhielten sie auch noch die geheime Nachricht, daß Vergennes die amerikanische Forderung nach vorheriger Anerkennung der Unabhängigkeit nicht unterstützen werde; sein Sekretär Rayneval habe, so hieß es, den Engländern insgeheim nahegelegt, eine weit östlich vom Mississippi verlaufende Grenze zu verlangen, wobei das den Amerikanern vorenthaltene Gebiet zwischen Spanien und England aufgeteilt werden sollte. Die amerikanische Delegation zog es unter diesen Umständen vor, lieber mit den Engländern separat zu verhandeln, als an einer Friedenskonferenz unter französischer Vormundschaft teilzunehmen. Sie mißachtete bewußt ihre Instruktionen und knüpfte, ohne auf der vorherigen Anerkennung der Unabhängigkeit zu bestehen, Gespräche mit den englischen Vertretern an; Vergennes wurde mit Absicht nicht informiert. Trotzdem konnten die amerikanischen Unterhändler nicht alles aushandeln, was sie gern ausgehandelt hätten. Franklin hatte auf Kanada als vierzehnten amerikanischen Staat gebaut und außerdem gehofft, für den amerikanischen Handel Empire-Präferenzen zugestanden zu bekommen. Er erhielt weder das eine noch das andere.

Immerhin hatten die amerikanischen Unterhändler das Interesse Englands an einer Auflösung des amerikanisch-französischen Bündnisses für sich nutzbar machen können: sie erreichten sowohl die Anerkennung der Unabhängigkeit als auch die ursprünglich in den Instruktionen für Adams vorgesehenen Grenzen. Vergennes wurde erst unterrichtet, als der diplomatische Triumph bereits vollendete Tatsache war: am 30. November 1782 wurde der vorläufige englisch-amerikanische Vertrag unterzeichnet. Genaugenommen verstieß das Abkommen nicht gegen das amerikanisch-französische Bündnis, denn der endgültige Vertrag mit England sollte erst nach Abschluß eines Vertrages zwischen England und

Frankreich in Kraft treten. Der geschickte Streich der amerikanischen Unterhändler gab Vergennes dazu noch die Möglichkeit, Spanien unter Druck zu setzen: am Ende ließ Spanien den Kampf um Gibraltar fallen und begnügte sich mit Ost- und West-Florida und Menorca. Die endgültigen Verträge wurden am 3. September 1783 in Paris unterschrieben. Und am 25. November verließen die letzten englischen Truppen New York.

Republikanische Tugenden und Laster

Der Krieg war gewonnen, der Friedensvertrag unterzeichnet und die englische Armee abgezogen. Nun prüften die Amerikaner, was sie vollbracht hatten, und fanden es gut. Obgleich sie sich von Frankreich hatten helfen lassen müssen, um den Sieg davonzutragen, waren sie durch den Krieg zu Gedanken und Taten gebracht worden, die sie sich gern zugetraut hätten, von denen sie aber nicht wirklich geglaubt hatten, daß sie sie zuwege bringen könnten. Sie hatten es also doch geschafft! Dazu schrieb David Ramsay, ein Arzt aus South Carolina: »Als der Krieg anfing, waren die Amerikaner eine Masse von Landwirten, Kaufleuten, Handwerkern und Fischern; aber die Erfordernisse des Landes verliehen den tätigen Fähigkeiten der Einwohner einen Auftrieb und bewogen sie dazu, in einer Richtung, die weit über das hinausging, was sie gewöhnt waren, zu denken, zu sprechen und zu handeln... Es schien, als ob der Krieg Talente nicht nur benötige, sondern auch schaffe. Menschen, deren Gemüt sich an der Liebe zur Freiheit entzündete und deren Fähigkeiten durch tägliche Übung vervollkommnet und durch den lobenswerten Ehrgeiz, ihrem notleidenden Land zu dienen, geschärft wurden, sprachen, schrieben und handelten mit einer Energie, die alle auf ihre früheren Leistungen vernünftigerweise abgestellten Erwartungen bei weitem übertraf.«

Wer hätte auch in der Tat vermutet, daß zweieinhalb Millionen Kolonisten, die von den Segnungen der europäischen Zivilisation abgeschnitten waren, einen Diplomaten von dem Geschick eines Benjamin Franklin, einen Militärstrategen wie Washington oder Staatsmänner wie Thomas Jefferson und John Adams hervorbringen würden? Gewiß kann man Franklin, dem man schon vor dem Krieg Genialität zugebilligt hatte, als einmaliges Genie hinwegerklären, das überall erstehen könnte; die anderen aber hätten ohne die Revolution niemals die Herausforderung verspürt, deren Bewältigung sie erst zu echter Größe hat aufsteigen lassen.

Die Herausforderung endete nicht mit dem Krieg. Die Amerikaner hatten die Unabhängigkeit gewonnen, aber hatten sie auch das Zeug, sie zu erhalten? Sie hatten ihre Freiheiten von der englischen Tyrannei erlöst, aber konnten sie es auch verhindern, daß sich Tyrannei in ihrem eigenen Staat entwickelte? Sie glaubten an ihre Chancen – mit einem republikanischen Regierungssystem.

Zu Beginn des Krieges, als die Autorität der königlichen Behörden zusammenbrach, hatten die einzelnen Kolonien außergesetzlich ihre Konvente gewählt, die das Geschäft des Regierens besorgten und republikanische Verfassungen für die neuen Staatsgebilde ausarbeiteten. Thomas Jefferson hielt diese neuen Staatsgebilde für die besten, die die Welt je gesehen hatte. In jedem von ihnen war die gesetzgebende Gewalt einer regelmäßig, in den meisten Fällen jährlich vom Volke gewählten Legislative (die außer in Pennsylvania aus zwei Kammern bestand) übertragen. Der in den meisten Fällen von der Legislative gewählten Exekutive standen im allgemeinen nur geringe Machtbefugnisse zu, zweifellos weil für die Kolonisten Exekutivgewalt ungefähr dasselbe bedeutete wie Monarchie. Die meisten Verfassungen enthielten Erklärungen der Staatsbürgerrechte, in denen die der Einwirkung des Staates prinzipiell entzogenen Bereiche der persönlichen Freiheit – wie Rede- und Pressefreiheit und das Recht auf Aburteilung durch Geschworene – konkret festgelegt waren. Von vornherein war beabsichtigt, daß die Regierungen in diesen Staatsgebilden schwach sein sollten, denn in einer Republik muß nicht die Regierung, sondern das Volk stark sein, so stark – im Gegensatz zu den geknechteten Völkern Europas –, daß es den Staat vor jeder Art Tyrannei, Verderbtheit und Verschwendung zu bewahren vermag.

In der Geschichte der Welt waren republikanische Regierungssysteme nur selten vorgekommen; beim Studium der Historiker und Chronisten fanden die Amerikaner, daß solche Regierungssysteme nur Menschen geglückt waren, die so beschaffen waren, wie sie selbst es zu sein vermeinten: einfach, sparsam, fleißig und nicht durch strenge Klassenunterschiede belastet. Die Römer hatten sich der republikanischen Regierungsform erfreut, solange sie sich diese Charaktermerkmale bewahrten, und hatten sie verloren, nachdem Verschwendung sie übermannt hatte und mit ihr Aristokratie und Korruption eingezogen waren. Die Holländer und die Schweizer hatten sich ein republikanisches Regierungssystem gegeben, als sie das Joch der Tyrannen abwarfen; sie waren damit der Knechtschaft entronnen, die alle Unterschiede verwischte und nur die Genügsamen und Fleißigen überleben ließ. Aber in den Niederlanden hatte der Fleiß, ohne den man unter dem spanischen Joch nicht überleben konnte, in Freiheit Wohlstand und damit Verschwendung und Verderbnis hervorgebracht. Auch in den Niederlanden waren Tugend und republikanische Regierungsform zusammen verfallen.

Als sich die Amerikaner ihre eigenen Aussichten beschauten, freuten sie sich ihrer Wahlverwandtschaft mit den alten Römern und den tapferen Holländern; sie hielten sich aber den Untergang dieser früheren Republiken und dessen Ursachen vor Augen und trieben einander dazu an, die Tugenden zu pflegen, in denen allein sie das Unterpfand ihrer Freiheiten zu sehen glaubten; diese Tugenden begann man jetzt die republikanischen zu nennen. Zum Abschluß seiner Chronik der Revolution ermahnte der Mediziner Ramsay seine amerikanischen Leser: »Übt Fleiß, Genügsamkeit, Enthaltsamkeit, Maßhalten und das ganze wunderschöne Aufgebot republikaner Tugenden... Habt Ehrfurcht vor dem Pflug, der Hacke und allen Gerätschaften der Landwirtschaft. Ehret die Menschen, die mit ihren eigenen Händen ihre Familien erhalten und ihre Kinder so erziehen, daß sie schwere Arbeit gewöhnt und ihre Heimat zu verteidigen imstande sind. Rechnet die Notwendigkeit der Arbeit nicht zum Fluch des Lebens, sondern zu seinen Segnungen.«

Mit republikanischen Tugenden und republikanischen Staatsgebilden hofften die vereinigten amerikanischen Staaten, die Freiheiten, die sie hochschätzten und als natürliches Recht aller Menschen ansahen, zu erhalten und ihren Anwendungsbereich auszudehnen.

Gelang es ihnen, die Freiheit in der Neuen Welt blühen und gedeihen zu lassen, so konnten sie vielleicht selbst zum Vorbild und Antrieb für die Völker Europas werden und ihnen den Mut eingeben, Monarchie und Aristokratie abzuwerfen. Darin lag die Hoffnung der Amerikaner, der ganzen Menschheit dazu zu verhelfen, die verlorenen Rechte wiederzuerwerben, mit denen sie die Natur und der Gott der Natur ursprünglich ausgestattet hatten.

Natürlich hatte die Beseitigung der alten kolonialen Regierungen keinen vollständigen Bruch mit der Vergangenheit bedeutet. Die neuen Staatsgebilde behielten in der Regel die Gebietsgrenzen der alten, und sie versuchten nicht, die geltenden Gesetze durch ein ganz neues System von Gesetzen zu verdrängen. Aber während des Krieges und unmittelbar danach revidierten sie ihre Gesetze, um sie mit den republikanischen Gleichheitsgrundsätzen in Einklang zu bringen. In allen Staaten wurden das Erstgeburtsrecht und der Fideikommiß, wonach testamentarisch nicht geteiltes Vermögen dem ältesten Sohn allein zufiel, abgeschafft; statt dessen sollte das Vermögen des Verstorbenen seinen Kindern zu gleichen Teilen zugute kommen. Mancherorts wurde das Wahlrecht ausgeweitet; mancherorts gab es Verbesserungen in der Verteilung der Parlamentssitze auf die Bevölkerung. Die meisten Staaten verhalfen der Freiheit und Gleichheit in der Religionsübung zu uneingeschränktem Ausdruck, indem sie allen Kirchen die staatliche Finanzierung versagten.

Ein Ansturm setzte ein auf die Sklaverei, die unrepublikanischste aller republikanischen Einrichtungen. Sklaverei beraubte nicht nur die Versklavten der Früchte ihres Fleißes, sondern machte es auch noch anderen Menschen möglich, ohne Fleiß zu leben. Unseligerweise aber waren die Sklaven zugleich auch eine Form des Eigentums, und nicht jeder war zum opferreichen Verzicht auf solches Eigentum bereit. Die meisten Staaten verboten jede weitere Einfuhr von Sklaven, und die nördlichen Staaten schufen auch Vorkehrungen für die graduelle oder sofortige Abschaffung der Sklaverei. Im Süden gab freiwillige Freilassung Tausenden von Sklaven die Freiheit. Aber unendlich viel mehr Menschen blieben Sklaven und erinnerten die Amerikaner daran, daß ihre Tugend weit hinter dem zurückblieb, was die Natur und der Gott der Natur von Republikanern verlangten.

Das Fortbestehen der Sklaverei war allerdings nur eines der Gebrechen, die sich die Amerikaner vorzuwerfen hatten und die vielen von ihnen hinsichtlich der möglichen Lebensdauer der neuen Nation Zweifel einflößten. Niemand konnte die Habgier vergessen, die sich während des Krieges Seite an Seite mit patriotischer Selbstaufopferung breitgemacht hatte. Die plötzliche Schaffung einer Kontinentalarmee, die verpflegt und gekleidet werden mußte und die ständig von einem Ort zum andern zog, hatte denen, die das Allernotwendigste lieferten, ungeheure Gewinnmöglichkeiten eröffnet. Dadurch aber, daß so viele Menschen produktiver Arbeit entzogen waren, verringerte sich das verfügbare Warenangebot und wuchs die Nachfrage. In dieser Situation konnte der Kaufmann von Klugheit reden, der alles aufkaufte, was in Reichweite war: Lebensmittel, Bekleidungsgegenstände und was nicht alles. Und der konnte von überdurchschnittlicher Klugheit reden, der sich auf solche Gegenstände des täglichen Bedarfs, lange bevor sie den Markt erreichten, das Vorkaufsrecht gesichert hatte.

Solche Voraussicht braucht nichts anderes zu sein als gesunde kaufmännische Verfahrensweise, und sie kann sogar dem Lande zum Vorteil gereichen. Aber natürlich gab sie dem Kaufmann, der sie in Kriegszeiten übte, die Gelegenheit, exorbitante Preise zu diktieren. Mit Bitterkeit erinnerten sich die Amerikaner daran, auf wie skrupellose Weise gewinnsüchtige Händler alle Warenvorräte zusammengekauft und skandalöse Profite eingeheimst hatten, während ihre Nachbarn Not litten und die Kontinentalarmee in Lumpen und Fetzen gekleidet ihre Schlachten schlug.

Sogar in der Armee und im Kongreß hatten sich Habgier und Korruption eingenistet. Wegen gefälschter Abrechnung waren 1778 sowohl der Generalkommissar der Intendantur als auch sein Stellvertreter aus dem Dienst entlassen und verhaftet worden; manche Ärzte wurden beschuldigt, an der Lieferung von Arzneimitteln für Kriegslazarette über Gebühr verdient zu haben. Die skandalöseste und erschreckendste Korruption hatte sich freilich dort eingestellt, wo die Versorgungsprobleme zentral geregelt wurden: unter den Regierungsbeauftragten, denen es zuerst oblag, Hilfe aus Frankreich zu erlangen und in die richtigen Kanäle zu leiten.

Silas Deane, der erste amerikanische Regierungsagent, war in der Absicht nach Frankreich gekommen, nicht nur für die Vereinigten Staaten, sondern auch für sich Nützliches zu tun. Er hatte die entsprechenden geschäftlichen Vereinbarungen mit dem Kaufmann Robert Morris aus Philadelphia getroffen, der als Kongreßmitglied dem mit der Überwachung und Lenkung der Auslandsmission Deanes betrauten Kongreßausschuß angehörte. Auch Morris hatte keinen Grund gesehen, warum er im Dienst für das Vaterland sein privates Vermögen vernachlässigen sollte. Kaum war Deane in Frankreich eingetroffen, als Morris ihm schrieb, daß die Versorgung des (von der altgewöhnten englischen Ware abgeschnittenen) amerikanischen Marktes mit französischen Erzeugnissen »Ihre größte Mühewaltung und Aufmerksamkeit verdient, soweit Ihnen der Sinn danach steht, Geld zu verdienen, denn es hat noch nie, seit ich mit der Welt vertraut bin, eine so günstige Gelegenheit gegeben, zu großem Vermögen zu kommen«.

Für Morris und Deane war es nichts Ungehöriges, ein öffentliches Amt zu privater Bereicherung zu benutzen. Beide brachten private Mittel und öffentliche Gelder in Handels- und Schmuggelgeschäften durcheinander, und keiner Untersuchungsbehörde ist es je gelungen herauszubekommen, was wem gehörte. Morris betrieb das Geschäft so geschickt, daß er, als der Krieg zu Ende war, an der Spitze des Finanzwesens des Kongresses stand und ein beträchtliches neuerworbenes Vermögen sein eigen nannte. Deane jedoch, der freilich nie der Unterschlagung überführt werden konnte, geriet in so argen Verdacht, daß der Kongreß es ablehnte, seine Rechnungen zu begleichen. (Allerdings hatte Deane auch keinerlei Belege vorgelegt.)

Mit der Korruption an hoher Stelle kam auch eine Auflockerung der Genügsamkeit und Selbstversagung, die den frühen Widerstand gegen die Engländer ausgezeichnet hatte. Als französische Importware verfügbar wurde, fanden Menschen auf diese oder jene Weise genug Geld oder Kredit, um sich Putz und Schmuck und sonstige Luxuswaren zu gönnen; die strengen Sitten der Kriegszeit versanken in Tanzabenden und Feuerwerksveranstaltungen. Mißbilligend schüttelten glühende Patrioten ihr Haupt; sehnsüchtig gedachten sie des kargen Lebens, das wenige Jahre zuvor geherrscht hatte. Als die Bostoner Miliz 1778 ein Bankett veranstaltete, prophezeite Samuel Adams, so sittenlose Menschen würden einem Feind nie wieder gefährlich werden. »Sind wir«, fragte er, »an einem solchen Höhepunkt der Leichtfertigkeit und Ausschweifung angelangt, daß der Gedanke des Festefeierns jeden Funken öffentlicher Tugenden zum Erlöschen bringen muß...? Werden wir nie wieder diese Nüchternheit der Sitten, diese Mäßigkeit, Genügsamkeit, Seelenstärke und all die anderen Mannestugenden sehen, die einst der Ruhm und die Stärke meiner so sehr geliebten Heimatstadt waren?« Einst hatte Adams gehofft, Boston als das Sparta Amerikas gedeihen zu sehen. Die Hoffnung war begraben.

Schon während des Krieges hatten Patrioten in allen Kolonien über den Verfall der amerikanischen Tugend in ähnlichem Sinne lamentiert und sich über die verhängnisvollen Folgen, die der amerikanischen Nation daraus erwachsen müßten, den Kopf zerbrochen. Jetzt entdeckten sie aber auch noch andere Beweise dafür, daß sich die Nation nicht der besten Gesundheit erfreute: je älter die Vereinigung der amerikanischen Staaten wurde, um so uneiniger schien sie zu sein.

Zu Beginn der Kämpfe, als sich die Amerikaner zuerst im Kontinentalkongreß zusammengefunden hatten, setzten sie die Empfehlungen dieser gemeinsamen Vertretung mit großer Entschlossenheit in die Praxis um. Obgleich sich eine nicht unbedeutende Minderheit von Königstreuen von Anfang an der Revolution widersetzte, wurde sie an Zahl und Begeisterung von den Patrioten ausgestochen, die über Volkskomitees und Volkskonvente die Beschlüsse des Kongresses zu verwirklichen trachteten. Diese Konvente hatten geschriebene Verfassungen beschlossen und in allen Kolonien die Staatsmacht übernommen; aber sie erwarteten immer noch, daß der Kongreß ihnen die richtige Führung gebe, und der Kongreß seinerseits bekundete sein Selbstvertrauen als Organ des allgemeinen Willens, indem er eine Armee organisierte, Papiergeld ausgab, um sie zu finanzieren, und schließlich die Unabhängigkeit des Landes proklamierte.

Indes hatte der Kongreß keine formale Vollmacht, all diese Dinge (oder überhaupt irgend etwas) zu tun, denn er bestand nur insoweit, als die einzelnen Kolonien, zu Staaten geworden, seine Beschlüsse einmütig guthießen. Der Legislative eines jeden Staates stand es frei, die Empfehlungen des Kontinentalkongresses zu befolgen oder nicht zu befolgen. Natürlich waren alle der Meinung, daß die neue Nation eine zentrale Regierung mit bestimmten Befugnissen haben müsse; schon vor der Unabhängigkeitserklärung hatten Kongreßausschüsse angefangen, Entwürfe einer Verfassung vorzubereiten. Aber jedesmal wenn die Frage der Zentralregierung auf der Tagesordnung stand, zeigten sich schwere Differenzen: über die anteilige Aufbringung der Ausgaben, über die Verteilung der Kongreßsitze auf die einzelnen Staaten und über die Landansprüche im Westen, die von einigen Staaten geltend gemacht wurden. Erst Ende 1777 konnte sich der Kongreß auf die erste Verfassungsurkunde, die »Artikel der Konföderation«, einigen, und erst im Februar 1781 hatte auch der letzte der dreizehn Staaten den Artikeln seine Zustimmung gegeben.

Die Schwierigkeiten, die sich den Amerikanern bei der Schaffung einer Zentralregierung aufdrängten, rührten zum Teil daher, daß ihnen die nötigen Erfahrungen fehlten: unter englischer Herrschaft waren zentrale Machtbefugnisse nur von London aus wahrgenommen worden, und kein Kolonist war daran je beteiligt worden. Die Amerikaner waren aber auch dadurch behindert, daß sie sich über das Wesen ihrer Vereinigung und darüber, wie sich darin republikanische Gesinnung geltend machen sollte, nicht klarwerden konnten. Diese Verwirrung hatte bereits in der Unabhängigkeitserklärung ihre Spuren hinterlassen. Die Präambel zur Unabhängigkeitserklärung ging von der Voraussetzung aus – von der ihre Verfasser zweifellos überzeugt waren –, daß die Amerikaner ein einig Volk seien und daß sie sich mit der Lösung der Bande, die sie an Großbritannien geknüpft hatten, als ein geeintes Volk zur Geltung brächten. Aber die Schlußabsätze der Erklärung führten in das neue Staatsgebilde von neuem die Idee eines auf einer Vielzahl von Staaten beruhenden Vertragsverhältnisses ein. Da hieß es, »daß diese Vereinigten Kolonien freie und unabhängige Staaten sind und von Rechts wegen bleiben müssen;... und daß sie als freie und unabhängige Staaten das uneingeschränkte Recht haben, Krieg zu führen, Frieden zu schließen, Bündnisse einzugehen, Handel zu treiben und alle anderen Hoheitsakte und sonstigen Handlungen vorzunehmen, die unabhängige Staaten Rechtens vornehmen dürfen«.

Daß den einzelnen Staaten in dieser pluralistischen Ausdrucksweise ein besonderes Gewicht beigemessen wurde, besagte indes nicht, daß die Amerikaner in ihrer Entschlossenheit, ein geeintes Volk zu sein, wankelmütig gewesen seien. Vielmehr spiegelte sich darin wider, wie sehr sie der republikanischen Staatsidee verhaftet blieben, die in der amerikanischen Vorstellung an die Existenz der einzelstaatlichen Regierungen gebunden war. Anderthalb Jahrhunderte lang hatten die Amerikaner als Bewohner der englischen Kolonien die Idee reifen lassen, daß ihre einzelstaatlichen Vertretungskörperschaften die großen Garanten der Freiheiten der Völker seien. Die kolonialen Vertretungskörperschaften waren die Wiege des amerikanischen Republikanismus, und zu seinem Sinnbild waren die Legislativen der neuen Staaten geworden.

In der Tat waren die Amerikaner zutiefst überzeugt, daß republikanische Gesinnung nur durch Vermittlung ihrer einzelstaatlichen Regierungssysteme betätigt werden könne, denn im 18. Jahrhundert herrschte allgemein die Vorstellung, daß sich große Staatsgebiete nicht republikanisch regieren ließen. In einer Republik von großer Ausdehnung sei die zentrale Legislative von ihren Wählern notwendigerweise so weit entfernt, daß sie über kurz oder lang der Kontrolle der Wähler entgleiten und damit aufhören müsse, republikanisch zu sein. Volksvertreter, die von ihren Wählern zu weit entfernt seien, als daß sie von ihnen ständig überwacht werden könnten, müßten korrupt werden, ihre Macht mißbrauchen und sehr bald, statt Diener des Volkes zu sein, zu Herren über das Volk werden. Dieser Gefahr hofften die Amerikaner ihre Vereinigten Staaten dadurch entrücken zu können, daß sie ihre Nation zu einem Staatenbund von dreizehn kleinen Republiken machten, von denen jede eine eigene Volksvertretung erhielt. Die Artikel der Konföderation waren der Konstruktionsentwurf für einen solchen Bund der in ihren Beziehungen zu anderen Staaten vereinten, aber in ihren inneren Angelegenheiten getrennten Staaten.

In dieser ersten Verfassungsurkunde war ein Konföderationskongreß nach dem Muster des bereits vorhandenen Kontinentalkongresses vorgesehen. Jeder Staat sollte unabhängig von seiner Größe nur eine Stimme haben; diese Stimmen sollten die von der Staatslegislative gewählten Abgeordneten abgeben; zu den gemeinsamen Ausgaben sollte jeder Staat durch Selbstveranlagung nach Maßgabe des Wertes seines Landbesitzes beisteuern; keinem Staat durften seine Ländereien im Westen zugunsten der Vereinigten Staaten fortgenommen werden; und jeder Staat behielt seine »Souveränität, Freiheit und Unabhängigkeit und alle Befugnisse, Zuständigkeiten und Rechte«, sofern sie nicht ausdrücklich auf den Kongreß übertragen waren. Im Rahmen dieser übertragenen Befugnisse durfte der Kongreß über Krieg oder Frieden entscheiden, Armee- und Marineoffiziere ernennen, den Staaten Mannschafts- und Geldauflagen machen, Botschafter beglaubigen und empfangen, Verträge und Bündnisse eingehen, eine Postorganisation aufbauen, Münzen prägen, für Rechnung der Vereinigten Staaten Geld borgen oder Papiergeld ausgeben, Maße und Gewichte festsetzen, die Angelegenheiten der Indianer regeln und Streitigkeiten zwischen den einzelnen konföderierten Staaten schlichten.

Sichtbar fehlte in dieser umfassenden Liste von Befugnissen jegliche Bestimmung, die dem Kongreß die grundlegende staatliche Zwangsbefugnis eingeräumt hätte, Gesetze zu erlassen und Steuern zu erheben. Dieser Mangel schien den meisten Amerikanern kein Mangel, sondern eine bestens angemessene Lösung zu sein: all ihre Konflikte mit England waren daraus hervorgegangen, daß die englische Regierung ihre Besteuerungs- und Gesetzgebungsbefugnisse mißbraucht hatte; aus bereits dargelegten Gründen hatten die Amerikaner auch zu einer amerikanischen Zentralregierung nicht so viel Vertrauen, daß sie sie mit einer solchen Machtvollkommenheit hätten ausstatten wollen. So besessen waren sie bei ihrer Arbeit an der Verfassung von dem Verlangen nach einer schwachen Zentralregierung, die ihre Freiheiten nicht würde antasten können, daß ihnen der Kern der Sache entging: sie waren dabei, ein so machtloses Staatsgebilde zu schaffen, daß es unmöglich die Aufgaben erfüllen konnte, die sie ihm zuwiesen.

In dem Gebilde, das die Artikel der Konföderation konstruiert hatten, war der Kongreß ohnmächtig, den Übeln zu steuern oder mit Strafen entgegenzutreten, die den Erfolg des Krieges und mithin auch die Existenz der Nation gefährdeten. Der Kongreß erließ keine Gesetze gegen Warenhortung; er konnte nur den einzelnen Staaten empfehlen, solche Gesetze zu erlassen. Schlimmer noch: der Kongreß erhob keine Steuern, sondern konnte nur Schatzscheine ausgeben und die einzelnen Staaten ersuchen, Steuern zu erheben, damit diese Schatzscheine eingelöst werden könnten. Als die Staaten es nicht taten, hatte er keine Möglichkeit, sie dazu zu zwingen.

Die Folge war, daß der Wert der Kongreß- oder »kontinentalen« Schatzscheine stetig sank. Anfänglich waren Patrioten geneigt, den Kursverlust der amerikanischen Schatzscheine auf englische Fälschungen oder auf die Habgier der Königstreuen zurückzuführen, die sich weigerten, die kontinentalen Schatzscheine zum Nennwert abzunehmen. Bald jedoch zeigte sich, daß kein Mensch den Kredit des Kongresses für voll nahm. Eine mögliche Lösung wäre eine Preiskontrolle gewesen, aber auch da konnte der Kongreß nur beschließen, den Einzelstaaten entsprechende Gesetze zu empfehlen, und wo solche Gesetze versucht wurden, schlugen sie fehl. Im Endeffekt mußte der Kongreß den Krieg weitgehend mit Auslandsanleihen finanzieren. Für viele Amerikaner war es eine peinliche Feststellung, daß die Unabhängigkeit nicht nur der Hilfe französischer Waffen, sondern auch der Hilfe französischen Geldes bedurft hatte. Unter solchen Umständen war der erfolgreiche Abschluß des Krieges schwerlich ein Triumph der amerikanischen Tugenden. In mancher Hinsicht schien das nationale Eigendasein Amerikas 1783 weniger gesichert zu sein als in den hoffnungsvollen Stunden des 4. Juli 1776.

Staatenbund ohne Macht

Noch viel deutlicher zeigten die ersten Friedensjahre, daß dem Kongreß größere Befugnisse zugestanden werden mußten, sofern die Amerikaner wirklich entschlossen waren, ein geeintes Volk zu bleiben und sich ihre Unabhängigkeit mitsamt ihren republikanischen Tugenden zu erhalten. Zuallererst machte sich die Notwendigkeit zentralisierter Regelung in wirtschaftlichen Dingen geltend. Mit großen Erwartungen hatte das Land der Freiheit des Handels entgegengesehen, die mit der Beseitigung der englischen Handelslenkung möglich werden mußte. So hatten die Tabakpflanzer von Virginia auf höhere Preise für ihre Erzeugnisse gehofft, sobald sie ihre Ware nicht mehr ausschließlich auf dem englischen Markt abzusetzen brauchten. Aber 1783 mußten sie feststellen, daß ihnen nur wenige andere Märkte zugänglich waren und daß nur wenige Kaufleute im Ausland eine Ware übernehmen wollten, mit deren Vertrieb sie keine Erfahrungen hatten. Zu guter Letzt landete der Virginia-Tabak größtenteils doch in London.

Dasselbe spielte sich mit dem Reis aus South Carolina ab. Als Angehörigen des Britischen Weltreiches hatte den Amerikanern das Recht zugestanden, ihren Reis nicht nur nach England, sondern auch in die Mittelmeerländer zu verfrachten, wo die englische Flotte ihre Schiffe schützte. Jetzt war das anders: amerikanische Schiffe im Mittelmeer wurden von nordafrikanischen Seeräubern gekapert, die dem Handel aller christlichen Länder, sofern sie keine Verträge mit ihren Fürsten hatten, auflauerten. Der Wert eines Vertrages wurde in Gold berechnet, und die Fürsten der Berberei waren nicht geneigt, Papiergeld aus Amerika als Ersatz anzunehmen. Da Europäer außerhalb der Mittelmeerzone keinen großen Appetit auf amerikanischen Reis hatten, ging der Reis also wieder nur nach England.

Während aber die Engländer noch bereit waren, Tabak und Reis aus Amerika für ihren eigenen Bedarf abzunehmen, sperrten sie amerikanische Schiffe aus all ihren Häfen im Karibischen Meer aus, so daß in Britisch-Westindien Fische, Mehl, Vieh, Holz und sonstige Rohstoffe aus Amerika nicht mehr verkauft werden konnten. Hätten die Amerikaner den Riemen enger geschnallt und in geduldiger Selbstbescheidung auf neue Absatzmärkte für ihre Produkte gewartet, so wäre die gefährliche Situation, die nun entstand, vielleicht vermieden werden. Aber nach dem Friedensschluß hatte sich eine Flut englischer gewerblicher Erzeugnisse, die mit langfristigen Krediten angeboten wurden, über die Vereinigten Staaten ergossen, und die Amerikaner kauften viel mehr, als sie bezahlen konnten. Da ihnen die karibischen Märkte verschlossen waren, hatten die nördlichen Staaten keine Gelegenheit mehr, die Einfuhr aus England mit dem Erlös aus der Ausfuhr ihrer eigenen Produkte zu begleichen; sogar die südlichen Pflanzer kauften mehr, als ihnen ihre Reis- und

Tabakexporte einbringen konnten. Als Gläubiger erlangte England wieder die Kontrolle über die amerikanische Wirtschaft.

Wollten die Amerikaner dieser Zwangslage entgehen, so konnten sie nur eins tun: nicht mehr in englischen Importen schwelgen. Anders ausgedrückt: sie hätten sich mit ihrer eigenen Produktion bescheiden müssen, wie sie es in den Tagen des Boykotts englischer Waren getan hatten. Aber von der kargen Lebensführung der sechziger und siebziger Jahre wollte man in den achtziger Jahren nichts mehr wissen. Man entrüstete sich zwar gern über Luxus, Verschwendung und Ausschweifung, aber es blieb bei der Entrüstung. Als Botschafter in Frankreich bemühte sich Jefferson, den amerikanischen Handel nach Frankreich zu lenken, um die englische Umklammerung auf diese Weise zu lockern; seine Bemühungen scheiterten an den großzügigen englischen Kreditangeboten und der amerikanischen Verschwendungssucht. Auch nachdem es ihm gelungen war, den französischen Markt für amerikanischen Tabak zu erschließen, gingen die Profite der Pflanzer und Kaufleute doch nach England, weil noch mehr englische Industrieware eingeführt wurde. Die Verschwendungssucht, folgerte Jefferson, sei »ein tödlicheres Übel, als es die Tory-Haltung während des Krieges war... Sollte ein Missionar auftauchen, der Genügsamkeit zur Grundlage seines Religionssystems erhöbe, und mit der Predigt durchs Land ziehen, daß hierin der einzige Weg zum Heil liege, ich würde mich seiner Schule anschließen«.

An Genügsamkeitspredigten fehlte es nicht. Aber wie sollte man die Amerikaner dazu bringen, sich nach den Predigten zu richten? Jefferson wie allen anderen staatstreuen Amerikanern war klar, das sich das neue Staatsgebilde, wenn es von ökonomischer Knechtschaft frei sein wollte, nicht allein auf die Tugendhaftigkeit seiner Staatsbürger verlassen konnte. Hier mußte der Staat eingreifen. Die Einfuhr aus England konnte unterbunden werden, wenn man sie durch Gesetz verbot oder wenigstens mit Zöllen belastete. Wirksam konnten solche Maßnahmen allerdings nur sein, wenn alle Staaten der amerikanischen Konförderation sie einheitlich befolgten. Anderseits war nicht zu erwarten, daß das aus freien Stücken geschehen werde; schlösse sich aber auch nur ein einziger Staat von der Regelung aus, so würden die unerwünschten Importe einfach über diesen einen Staat geschmuggelt werden. Ein Gesetz, das die Einfuhr aus England verböte oder mit prohibitiven Zöllen belegte, hätte der amerikanischen Tugend den Rücken steifen können; aber der Kongreß der Konföderation hatte keine Gesetzgebungsbefugnisse. Luxus und Verschwendung lieferten die Amerikaner also auch weiterhin dem Diktat ihrer englischen Gläubiger aus.

Gleichzeitig mit dieser englischen Gefahr machte das neue amerikanische Staatsgebilde Gefahren auf dem eigenen Kontinent durch: im Westen. Im Gegensatz zu England hatte Spanien die amerikanischen Ansprüche südlich des Ohio nie anerkannt; England aber hatte seine Pelzhandelsposten und Grenzforts auf amerikanischem Gebiet in der Gegend der Sankt-Lorenz-Seen nie geräumt. Weder England noch Spanien wollte sich festlegen; beide spekulierten auf die Auflösung des amerikanischen Staatenbundes, die alle europäischen Regierungen seit der Verkündung der amerikanischen Unabhängigkeit sozusagen täglich erwarteten. Da schon die amerikanischen Kolonien als streitsüchtig und unverträglich bekannt waren, konnte man mit gutem Grund annehmen, sie würden in ihr traditionelles Verhalten zurückverfallen und in dem dann unvermeidlichen Chaos zur wehrlosen Beute jeder fremden Macht werden, die noch Interesse an Kolonien hätte.

Ebenso wie England und Spanien waren die Vereinigten Staaten trotz allem inneren Hader darauf versessen, den Westen des Kontinents in die Hand zu bekommen: sie brauchten ihn für ihr fruchtbares Volk. Die amerikanische Bevölkerung verdoppelte sich alle fünfundzwanzig Jahre. Schon zu der Zeit, als die Revolution begann, waren den Amerikanern die Küstenebenen am Atlantischen Ozean zu eng geworden; über die Engpässe der Appalachen ergossen sie sich in die großen Täler des Ohio-Mississippi-Beckens. Seit Frieden eingezogen war und keine Gefahren mehr von Indianern unter englischer Führung drohten, wanderten Pioniere in immer größerer Anzahl gen Westen. Thomas Jefferson hatte ausgerechnet, daß die Amerikaner im allgemeinen in neue Gebiete zu ziehen begannen, sobald sie auf besiedeltem Land eine Bevölkerungsdichte von zehn Einwohnern je Quadratmeile erreicht hatten; es konnte nicht mehr als vierzig Jahre dauern, bis das ganze von England abgetretene Gebiet diese Bevölkerungsdichte erreicht hätte. Dann bliebe ihnen kein Ausweg, als das Land westlich des Mississippi in Besitz zu nehmen.

Wie andere weitsichtige Amerikaner begrüßte Jefferson den Drang nach Westen, weil er die Besiedlung des ganzen nordamerikanischen Kontinents und vielleicht auch noch des südamerikanischen durch diese verwegenen und zähen Pioniere voraussah, die, wo immer sie hinzogen, das mitnahmen, was für das amerikanische Kredo wesentlich war: daß, wie es eine Gruppe von Pionieren in Kentucky 1784 ausdrückte, »der Reichtum und die Kraft eines freien Landes nicht in dem Eigentum bestehen, mit dem einige wenige Individuen ausgestattet sind, sondern daß das Eigentum in um so höherem Maße Fleiß, Bevölkerung und Genügsamkeit, ja sogar Gesittung fördert, je allgemeiner es sich verteilt«. Wenn sie nach dem Westen zogen, hatten sie hauptsächlich vor, Eigentum zu schaffen, indem sie es, wie es Amerikaner seit 1607 immer wieder getan hatten, der Wildnis entrissen. Ihre wachsende Zahl und ihre Treue zu republikanischen Tugenden und Grundsätzen begründeten die Hoffnung, daß sich diese Tugenden und Grundsätze behaupten und zu maximaler Wirksamkeit entfalten könnten – und mit ihnen das Staatsgebilde, das sie in sich begriff.

Diese Hoffnung wäre allerdings wenig begründet gewesen, wenn zwischen den nach dem Westen vorstoßenden Pionieren und ihren Brüdern im Osten eine dauerhafte Entfremdung eingetreten wäre. Das war eine echte Gefahr, denn das freie Land im Westen war unter Amerikanern seit jeher die ergiebigste Quelle von Zwistigkeiten, die Osten und Westen, die einzelnen Kolonien und in neuerer Zeit die einzelnen Staaten entzweiten. Sieben Staaten – Massachusetts, Connecticut, New York, Virginia, North Carolina, South Carolina und Georgia – beanspruchten das Land jenseits der Appalachen auf Grund der königlichen Stiftungsurkunden, mit denen sie einst ins Leben getreten waren. Diese Stiftungsurkunden, die ohne Kenntnis der wirklichen geographischen Lage abgefaßt worden waren, widersprachen einander, und die gegensätzlichen Ansprüche wurden jetzt durch den Wettstreit von Kapitalistengruppen verschärft, die sich mit privaten Eigentumstiteln große Gebietsstreifen zu sichern suchten, um daraus besiedeltes Land zu machen und aus dem Grundstücksverkauf bei steigenden Bodenpreisen Profite zu ziehen. Solche privaten Gesellschaften bemühten sich, Landkonzessionen von den einzelnen Staaten und vom

Kongreß zu erhalten, und versuchten daneben, den Indianern unmittelbar Ländereien abzukaufen. Daraus erwuchsen vielseitige und weitverzweigte Fehden.

Auch unter diesem Aspekt schien es wünschenswert, daß der Kongreß die Dinge in die Hand nehme; Thomas Jefferson und mehrere andere Patrioten aus Virginia suchten das zu ermöglichen, indem sie den Staat Virginia überredeten, seine umfangreichen Ansprüche auf nördlich des Ohio gelegenes Land an die Vereinigten Staaten abzutreten. Die Zession war an die Bedingung geknüpft, daß die Ansprüche aller bestehenden Grundstücksgesellschaften annulliert würden; das neue Gebiet sollte, sobald besiedelt, in einzelne Staaten mit republikanischer Regierungsform eingeteilt werden, und jeder dieser Staaten sollte im amerikanischen Staatenbund gleichberechtigt mit den bereits vorhandenen Gliedstaaten Aufnahme finden. Andere Staaten, die ebenfalls Rechtsansprüche auf westliches Land hatten, folgten dem Beispiel von Virginia; die Bestimmungen der ersten Zessionsvereinbarung gingen 1787 in eine vom Kongreß beschlossene allgemeine Regelung ein. Den Pionieren im Westen wurde damit politische Gleichberechtigung garantiert, und der Kongreß erhielt eine eigene Einnahmequelle: aus dem Verkauf von Land an Privatpersonen und Privatgesellschaften (nach Vermessung der zedierten Gebiete).

Die Zukunft des Westens war nicht der einzige konfliktträchtige Komplex. Gleichzeitig drohte der Konföderation der Verlust des gesamten Territoriums südlich des Ohio. Das die heutigen Staaten Kentucky und Tennessee umfassende Gebiet hatte mit seinem besonders fruchtbaren Boden große Scharen von Siedlern angezogen, die damit rechneten, ihre Agrarerzeugnisse auf dem Wasserweg – Ohio-Mississippi – nach New Orleans zum Verkauf bringen zu können. Aber New Orleans war anerkanntes spanisches Staatsgebiet; spanischer Besitz waren auch die beiden Ufer des Mississippi auf einer Strecke von dreihundert Meilen (von New Orleans nordwärts). Von diesem Sprungbrett aus glaubte Spanien den größten Teil des amerikanischen Südwestens erringen zu können. Amerikanischen Bürgern untersagte Spanien 1784 die Schiffahrt auf dem Mississippi. Sollten die Siedler in Kentucky und Tennessee nicht erkennen, wieviel vorteilhafter es für sie wäre, Spanier zu werden?

Spanien spielte ein gefährliches Spiel. Mit amerikanischen Pionieren war nicht zu spaßen: sie waren gewöhnt, sich anzueignen, was sie brauchten, und es lag ihnen nicht, auf Regierungen, die ihnen in die Quere kamen, Rücksicht zu nehmen. Anderseits erwarteten sie natürlich von den Amerikanern im Osten energischen Beistand im Kampf um die Schiffahrtsrechte auf dem Mississippi, und wenn dieser Beistand ausblieb, konnte ihre Liebe zur amerikanischen Union leicht erkalten. Der unermüdliche Fleiß, auf den die Pioniere so stolz waren, konnte sie in die Arme Spaniens treiben, wenn sie als Amerikaner keine Aussicht hatten, die Früchte ihres Fleißes an den Käufer heranzubringen. Und Spanien war schlau genug, die Entfremdung zwischen den Siedlern und der Union zu fördern, indem es einflußreichen Siedlern im umstrittenen Gebiet geheime Staatspensionen bewilligte.

Außerdem entsandte die spanische Regierung einen diplomatischen Beauftragten, Don Diego de Gardoquí, nach Amerika mit dem Auftrag, beim Kongreß eine förmliche Anerkennung der spanischen Hoheitsrechte auf dem Mississippi zu erwirken. Der Kongreß lehnte Verhandlungen nicht ab: John Jay, sein Sekretär für auswärtige Angelegenheiten, sollte für Amerikaner das Recht aushandeln, den Mississippi auch im spanischen Hoheitsbereich zu befahren. Indes war der New Yorker Jay von der Wichtigkeit der amerikanischen Forderung nicht überzeugt und fand in der Geschichte der internationalen Beziehungen keinen geeigneten Präzedenzfall. Er war daher, als Gardoquí ein großzügig anmutendes Angebot machte, nicht geneigt, die amerikanischen Ansprüche weiterzuverfolgen.

Gardoquís Vorschlag war ein geschickter Schachzug. Er war bereit, die amerikanischen Gebietsrechte bis zur alten Grenze des englischen West-Florida im Süden und bis zum Mississippi im Westen anzuerkennen und amerikanischen Kaufleuten einige Handelsrechte in Spanien einzuräumen. Dafür sollten die Vereinigten Staaten für die Dauer von fünfundzwanzig Jahren auf jede Schiffahrt auf dem Mississippi verzichten. Den amerikanischen Nordstaatlern mit ihren ausgedehnten Handelsinteressen schien das Angebot verlockend. Jay war für Annahme; die Mehrheit des Kongresses stimmte ihm zu. Aber für die Ratifizierung eines Vertrages war die Zustimmung von neun Staaten erforderlich, und die fünf Südstaaten lehnten das Gardoquí-Projekt kategorisch ab. Jetzt erst wurde sichtbar, wie schlau Gardoquí seinen Vorstoß angelegt hatte; obgleich der Vertrag nicht zustande gekommen war, hatte Spanien den taktischen Vorteil: die Bindungen des Südwestens an den amerikanischen Staatenbund waren dadurch nicht gerade gestärkt worden, daß sich die Nordstaaten bereit gezeigt hatten, den Mississippi aufzugeben.

Um 1786 war den klügsten Amerikanern und bestimmt den meisten von denen, die je im Kongreß gesessen hatten, klargeworden, daß der Kongreß nicht das geeignete politische Instrument zur Förderung oder Verteidigung nationaler Interessen war. Er konnte nichts dazu tun, die wirtschaftliche Abhängigkeit des Landes von England zu beseitigen, und er war nicht imstande, dem Ausland Respekt vor Amerikas Gebietsgrenzen abzunötigen. Schlimmer noch: er hatte nicht die Macht, die einzelnen Staaten zur Erfüllung ihrer Verpflichtungen gegenüber der Union und dem Volk anzuhalten. Die Regierungen der einzelnen Staaten verdienten aber offensichtlich nicht das große Vertrauen, das das amerikanische Volk in sie gesetzt hatte. Immer häufiger entzogen sie sich der Pflicht, dem Kongreß finanzielle Mittel oder auch nur Abgeordnete zur Verfügung zu stellen; oft kam der Kongreß mit seiner Arbeit nicht voran, weil Beschlußfähigkeit nicht zu erzielen war. Die Einzelstaaten versagten sogar bei der entscheidenden Staatsfunktion, auf die es den Amerikanern ankam: dem Schutz des Eigentums. Daß sie die Steuerhoheit hatten, hinderte viele Einzelstaaten nicht daran, eine Unmenge von Papiergeld auszugeben, ohne für Steuereinkünfte zur Einlösung der Noten zu sorgen. Die damit unvermeidliche Inflation brachte Gläubiger um ihr Eigentum, denn sie waren gesetzlich verpflichtet, für gutes Geld, das sie ausgeliehen hatten, entwertetes in Zahlung zu nehmen.

Einige Staaten – wie Massachusetts – lehnten diese Art ungedeckter Währung ab, weil sie in ihr den Ruin von Handel und Gewerbe und eine Quelle des moralischen Verfalls sahen. Aber 1786 erhob sich die Bevölkerung im westlichen Massachusetts: die von Daniel Shays geführten Rebellen verlangten die Ausgabe von Papiergeld und erzwangen die Schließung der Kreisgerichte, so daß Gläubiger bei der Eintreibung von Schulden der Rechtshilfe des Staates beraubt waren. Der Aufstand wurde zwar von der Miliz rasch unterdrückt, aber die bloße Tatsache, daß eine solche Rebellion ausbrechen konnte, wirkte alarmierend. Auch in anderen Staaten gab es Notstandsgebiete und aufsässige Schuldner; weit und breit herrschte das Gefühl vor, daß das Land anarchischen Zuständen entgegengehe. Sollten etwa überall Gericht und Gesetzgeber durch Aufstände terrorisiert werden? Und was geschähe, wenn die Staatsmilizen der Aufstände nicht Herr werden könnten? Mußte das alles nicht in Chaos enden und die Freiheiten und die Unabhängigkeit Amerikas zertrümmern?

Die Verfassung: machtvolle Union

Der Schock des Shays-Aufstands weckte die Einsicht, daß die Zentralregierung ein neues Gefüge brauche, um die seit der Gründung der Konföderation sichtbaren Schwächen des Staatsaufbaus zu überwinden. Schon 1779, wenn nicht gar früher, war die Forderung nach einem Sonderkonvent erhoben worden, der die Regierung des Staatenbundes mit Herrschaftsmitteln versehen sollte; und da die Nation, die keine wirkliche Regierungsgewalt besaß, in den achtziger Jahren ernsthaft ins Wanken geriet, wurde der Umbau des Staates immer häufiger erörtert. Widerspruch kam stets von all denen, die in einer mächtigen zentralen Legislative angesichts der großen Ausdehnung des amerikanischen Staatsgebiets den Beginn der Unfreiheit, der tyrannischen Staatsallmacht und der Korruption, also in der Tendenz eine Preisgabe republikanischer Grundsätze sahen.

Den Anlaß zur Einberufung eines Konvents der Staaten gab die wachsende Unzufriedenheit mit den englischen Handelsrestriktionen. Die Vertreter der Einzelstaaten wurden 1786 nach Annapolis (Maryland) geladen, um die Ausweitung der Kongreßbefugnisse wenigstens in bezug auf die Regelung des Außenhandels zu erörtern. Aber schon die ersten Delegierten, die sich in Annapolis zusammenfanden, mußten feststellen, daß auch die Handelsprobleme isoliert nicht zu lösen seien. Der ursprüngliche Tagungsplan wurde aufgegeben, und die Delegierten schlugen dem Kongreß und den Einzelstaaten vor, für 1787 nach Philadelphia einen Konvent mit der viel weitergehenden Aufgabe einzuberufen, »die Verfassung der Bundesregierung mit den Anforderungen der Union« in Einklang zu bringen.

Manche Amerikaner meinten, die richtige Zeit sei bereits verpaßt. Arthur Lee aus Virginia hielt es für erwiesen, »daß uns die öffentliche Tugend und das private Maßhalten fehlen, die für die Errichtung ... freier Republiken erforderlich sind«. Andere, die fast, aber nicht ganz so pessimistisch waren, sahen im Konvent von Philadelphia die letzte Chance, das Staatsgebilde vor Auflösung oder Tyrannenherrschaft zu bewahren. Der Arzt Ramsay, der dabei war, das Werden der amerikanischen Nation aufzuzeichnen, schrieb an Jefferson aus South Carolina im April 1787: »Unser aller Augen sind jetzt auf den Kontinental-Konvent gerichtet, der in Philadelphia im Mai zusammentreten soll. Wenn sie dort nicht eine wirksame Bundesregierung zustande bringen, wird, fürchte ich, das Ende der Affäre ein amerikanischer Monarch sein – oder gar drei oder mehr getrennte Staatenbünde.«

Die fünfundfünfzig Abgeordneten, die in Philadelphia vom 25. Mai bis zum 17. September 1787 tagten, um die Verfassung der zentralen Staatsgewalt zu revidieren, konnten auf eine Fülle von Erfahrungen und Traditionen zurückgreifen: das Erbe der bis zur Magna Charta und noch weiter zurückreichenden politischen und verfassungsrechtlichen Ideen Englands; die Erfahrungen von fünf Kolonistengenerationen aus den Vertretungskörperschaften der Kolonien, den Bürgerschaftsversammlungen der Städte, den Kreisgerichten; die tiefschürfenden Debatten über Staat und Macht, die der Unabhängigkeitserklärung voraufgegangen waren; die Verfassungsberatung in den Einzelstaaten; schließlich die praktische Handhabung der Geschäfte der Staatsregierungen und einer rudimentären gesamtstaatlichen Regierung. In keiner Periode der amerikanischen Geschichte hätte eine

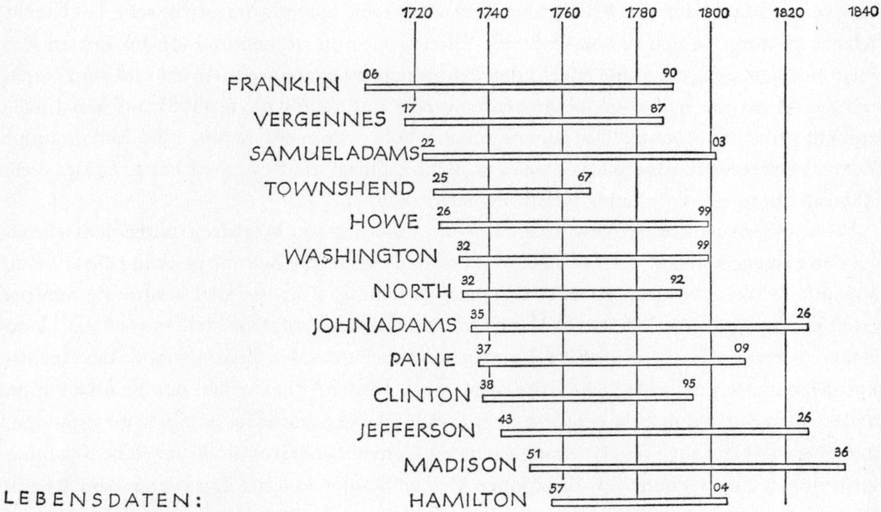

Die amerikanische Revolution

Gruppe von Verfassungsvätern mit tieferem, kritischerem und skeptischerem Einblick in die Überlieferungen des politischen Denkens oder mit größerer praktischer Erfahrung im Aufbau und Umbau von Staatsinstitutionen zusammengebracht werden können.

Was die Verfassunggeber wollten, war eine Zentralregierung, die Hüter und Sinnbild des aus der Revolution geborenen Gefühls der nationalen Identität wäre; eine Regierung, die drinnen und draußen Achtung geböte. Das konnte, meinten sie, nur erreicht werden, wenn die Zentralregierung mehr Macht erhielte, als dem Kongreß zugestanden worden war. Die Zentralregierung mußte die Möglichkeit bekommen, Steuern zu erheben, um sich aus eigenem finanzieren zu können und nicht durch Mangel an Mitteln zur Ohnmacht verurteilt zu sein. Sie mußte die Befugnis erhalten, den Außenhandel zu regulieren, um mit fremden Staaten mit Erfolg verhandeln zu können. Sie mußte die Gewähr bieten, daß dem

Privateigentum größerer Schutz zuteil würde, als ihn die bestehende gesamtstaatliche Regierungsgewalt und die Einzelstaaten gewährleisteten. Und sie mußte über ausreichende Herrschaftsmittel verfügen, um den Vollzug ihrer Gesetze und Verfügungen sicherstellen zu können.

Über diese Ziele waren sich die Abgeordneten einig. Aber sie waren sich auch dessen bewußt, daß der Verwirklichung dieser Ziele zwei wesentliche Hindernisse im Weg standen: die Angst vor der Allmacht einer unkontrollierten Staatsgewalt und das gegenseitige Mißtrauen der Einzelstaaten.

Einmal befürchtete das amerikanische Volk nach wie vor, daß eine Zentralregierung, die mit genug Macht für die Erledigung ihrer Aufgaben ausgestattet wäre, sehr bald mehr Macht als nötig an sich reißen, daß eine Elitegruppe von reichen und klugen Leuten sich ihrer bemächtigen, die große Macht der Zentralregierung zu ihrem Vorteil und zum Nachteil der Masse der einfachen Menschen benutzen und damit die republikanischen Ideale zunichte machen könnte. Das amerikanische Volk war nicht bereit, eine aktionsfähige Zentralregierung zu akzeptieren, wenn es nicht zugleich die Sicherheit hatte, daß es diese Zentralregierung werde unter Kontrolle halten können.

Zum andern wirkte der gewünschten Zentralisierung der Wettstreit unter den Einzelstaaten entgegen. Jeder von ihnen befürchtete, daß eine starke Zentralregierung die anderen auf unfaire Weise bevorzugen oder begünstigen könnte. Zum Beispiel könnte sie Steuern erheben, die dem einen Staat zum Vorteil und dem andern zum Nachteil ausschlügen. Und weiter: wie sollte in einem aus Einzelstaaten zusammengesetzten Zentralgebilde der Rechts- und Machtanteil der einzelnen Glieder gewahrt werden? Die Artikel der Konföderation hatten allen Staaten unabhängig von ihrer Größe je eine Stimme im Kongreß zugestanden, und ebenso wurde auch im verfassunggebenden Konvent abgestimmt. Eine solche Regelung begünstigte über Gebühr die Einwohner kleiner Staaten: 68000 Einwohner von Rhode Island hatten denselben Einfluß auf die Entscheidungen des Bundes wie 747000 Einwohner von Virginia. Die größeren Staaten konnten sich nicht mit einer Zentralregierung abfinden, in deren Rahmen ihr Einfluß nicht wenigstens ungefähr im Verhältnis zu ihrer Größe stände. Dagegen glaubten die kleineren Staaten, daß nur absolute Vertretungsgleichheit die größeren daran hindern könne, ihre besonderen Interessen auf Kosten anderer durchzusetzen.

Als der Kongreß zusammentrat, unterbreitete ihm Edmund Randolph aus Virginia einen von seinem Kollegen James Madison ausgearbeiteten Plan, der den Befürchtungen sowohl des Volkes als auch der einzelnen Staaten Rechnung zu tragen suchte. Der sechsunddreißigjährige Madison, der scharfsinnigste politische Denker seiner Zeit, hatte sich klargemacht, daß das, was den kleineren Staaten als wichtiges Problem erschien, zum Teil nur ein Scheinproblem war: die Interessen der Einwohner eines kleinen Staates unterschieden sich nicht notwendigerweise von denen eines großen Staates. Es gab schwerwiegende, wenn auch nicht unversöhnliche Unterschiede in den Wirtschaftsinteressen der südlichen Staaten und der Staaten Neuenglands, aber kaum nennenswerte Unterschiede zwischen den Interessen der Menschen etwa im großen Pennsylvania und im kleinen Delaware. Madison schlug daher vor, daß die Grundlage der Zentralregierung das Volk sein sollte, nicht die Regierungen der Einzelstaaten; in diesem Sinne sollte die Vertretung der Wähler in den Körperschaften der Zentralregierung der regionalen Verteilung der Bevölkerung entsprechen.

Damit sich das Staatsgebilde keine größere Macht als die ihm zugestandene aneigne, schlug Madison vor, es in einzelne Machtbereiche zu zerlegen, die einander die Waagschale halten und als Gegengewichte gegeneinanderwirken würden; als solche separaten Machtbereiche schwebten ihm eine aus zwei Kammern bestehende Legislative, eine unabhängige Exekutive und eine unabhängige richterliche Gewalt vor. Jeder dieser Gewalten wären besondere Funktionen zugewiesen, und jede von ihnen würde darauf achten, daß die anderen die ihnen gezogenen Grenzen nicht durchbrächen. Auf diese Weise hätte auch der entfernteste Wähler Amerikas seine Wächter innerhalb des Staatsgebildes, die darauf aufpassen würden, daß die einzelnen Regierungsbereiche kein Eigendasein auf Kosten der anderen und zu Lasten des Wählers entwickelten.

Schon in ihren einzelstaatlichen Verfassungen hatten die Amerikaner dem Prinzip der Trennung der Gewalten Geltung verschafft, aber ihre Debatten über die Probleme einer Nationalregierung gingen seit eh und je darum, daß dem vorhandenen Kongreß, der nur aus einer Kammer bestand, größere Machtvollkommenheit zugestanden werden sollte. Mit Madisons Vorschlag, die Trennung der Gewalten in die Zentralregierung selbst zu verlegen, wurden die größten Ängste im Hinblick auf eine unkontrollierbare zentrale Staatsspitze beschwichtigt. Pierce Butler, Abgeordneter von South Carolina, erklärte, er habe sich bis dahin gegen größere Vollmachten für den Kongreß gewehrt, weil da »die gesamte Macht in einer Körperschaft« konzentriert gewesen sei; die vorgeschlagene Verteilung der Befugnisse auf verschiedene Körperschaften habe die Situation gründlich verändert und werde ihn veranlassen, in der Gewährung von Befugnissen an zentrale Organe »sehr weit zu gehen«.

Ohne die Grundkonstruktion des Madison-Planes anzutasten, verbrachten die Verfassunggeber zwei Wochen mit Korrekturen und der Ausarbeitung der Einzelheiten. Unter anderem beschlossen sie, daß die Mitglieder des unteren Hauses der Legislative vom Volke gewählt und die Mitglieder der oberen Kammer von den gesetzgebenden Körperschaften der einzelnen Staaten berufen werden sollten. Sie einigten sich darauf, daß die Verteilung der Sitze in beiden Kammern der Verteilung der Bevölkerung entsprechen sollte.

Plötzlich brachte am 15. Juni William Paterson aus New Jersey einen neuen Plan ein, der für die Beibehaltung des bestehenden Kongresses mit nur einer Kammer, aber mit erweiterten Vollmachten, eintrat und allen Staaten wiederum gleich starke Vertretungen geben wollte. Paterson und seine Anhänger waren bereit, dem Kongreß Steuerhoheit, Außenhandelsregulierung und Exekutivbefugnisse zuzugestehen, bestanden aber darauf, daß die Zentralregierung das bleiben sollte, was sie war: eine Vertretung der Staaten, nicht des Volkes, eine Vertretung, deren Mitglieder von den Staatsregierungen entsandt, nicht vom Volke gewählt werden würden.

Patersons Plan wurde verworfen. Aber ihm hatten die Abordnungen der kleineren Staaten zugestimmt. Jetzt drohten sie sogar, den Konvent zu verlassen, wenn nicht gleiche Vertretung aller Staaten wenigstens in einer Kammer der zentralen gesetzgebenden Körperschaft beschlossen würde. Um sie zu versöhnen, vereinbarten die übrigen Mitglieder des

Konvents am 16. Juli gleiche Vertretung aller Staaten in der oberen Kammer. Aber dies Zugeständnis knüpften sie an mehrere Bedingungen: die Vertretung der einzelnen Staaten in der unteren Kammer und die Aufbringung der Lasten direkter Steuern würden der regionalen Bevölkerungsverteilung entsprechen, wobei je fünf Sklaven als gleichwertig mit je drei freien Bürgern gelten sollten; nur die untere Kammer sollte das Recht haben, Gesetze über die Aufbringung oder Verausgabung von Geldmitteln einzubringen; die Zählung der Bevölkerung als Berechnungsgrundlage für die proportionale Zuteilung der Kongreßsitze und die Verteilung der Steuerlast sollte alle zehn Jahre vorgenommen werden. Die beiden zuletztgenannten Bestimmungen waren vorher nicht erörtert worden; die anderen waren vom Konvent bereits beschlossen worden, bevor der Paterson-Plan in die Debatte geworfen wurde.

Nachdem dieser »große Kompromiß« (ein Zugeständnis an die Angstvorstellungen der kleineren Staaten) zustande gekommen war, bestand keine ernste Gefahr mehr, daß es den Abgeordneten nicht gelingen werde, das Gefüge der Zentralregierung zu festigen. Über das, was zu tun war, waren sie sich schon zu Beginn der Beratungen im wesentlichen einig gewesen; jetzt war es ihnen – wenigstens zu einem erheblichen Teil – auch noch geglückt, die Eifersüchteleien der einzelnen Staaten zu überwinden und die Angst vor der Tyrannenherrschaft zu zerstreuen. Sie stritten sich noch über viele Dinge: den höchsten Exekutivbeamten (ob einen oder mehrere, ob vom Volk, vom Kongreß oder von den Staatsvertretungen gewählt und wie oft gewählt), die Sklaverei, die Zölle, die Vertretungsanteile, die Amtsdauer und ähnliches mehr. Das waren aber nur noch Einzelheiten. In den Grundzügen war die neue Verfassung nach dreieinhalb Monaten Beratungen fertig.

Die Verfassung sah eine Zentralregierung vor, die das Recht hatte, Steuern zu erheben, Verträge mit fremden Mächten abzuschließen, Armee und Marine aufzustellen, Geld zu prägen und zu borgen, den Handel der Staaten untereinander und mit fremden Staaten zu regulieren und alle zur Vollstreckung ihrer Beschlüsse nötigen Gesetze zu erlassen. Die Verfassung der Vereinigten Staaten und alle auf der Grundlage dieser Verfassung beschlossenen Verträge und Gesetze sollten das übergreifende Recht des Landes bilden, vor den Gesetzen der Einzelstaaten den Vorrang haben und für alle einzelstaatlichen Gerichte bindend sein. Darüber hinaus erhielt die zentrale Staatsgewalt ihre eigene Exekutive und ihre eigenen Gerichte; sie konnte selbst für die Erfüllung der Verträge und den Vollzug der Verfassung und der Gesetze sorgen und Streitigkeiten zwischen Einzelstaaten schlichten. Als letztes Aushilfsmittel blieb ihr der Appell an die Miliz.

Die zentrale Gesetzgebungskörperschaft, der Kongreß, sollte aus einer oberen Kammer, dem Senat, und einer unteren Kammer, dem Repräsentantenhaus, bestehen. Jedem Staat waren zwei Senatoren zugestanden, von der Vertretungskörperschaft des Staates für sechs Jahre zu berufen. Im alle zwei Jahre neu zu wählenden Repräsentantenhaus sollte je ein Repräsentant auf dreißigtausend Einwohner entfallen; wahlberechtigt waren alle, die nach einzelstaatlichen Bestimmungen an den Wahlen zum »zahlenmäßig stärksten Zweig der Staatslegislative« teilnehmen durften. Der Hauptexekutivbeamte der Union, als Präsident bezeichnet, war alle vier Jahre von einem Wahlmännerkollegium zu wählen. Jeder Staat sollte so viele Wahlmänner bestellen, wie er Senatoren und Repräsentanten im Kongreß hatte; die Art der Bestellung der Wahlmänner war einzelstaatlicher Regelung überlassen. Nach der Absicht der Verfassunggeber sollten die Wahlmänner frei sein, den bestgeeigneten Kandidaten nach eigenem Ermessen auszuwählen. Der Kandidat, auf den die zweithöchste Stimmenzahl entfiel, sollte Vizepräsident sein und den Vorsitz im Senat führen.

Die Verfassung umstellte sowohl die Zentralregierung als auch die Regierungen der Einzelstaaten mit einer Anzahl konkreter Verbote. Um des Schutzes des Privateigentums willen untersagte sie den Regierungen der Einzelstaaten, Gesetze zu erlassen, die vertragliche Verpflichtungen beeinträchtigen könnten, Münzen zu prägen, Papiergeld auszugeben oder als legale Währung für die Einlösung von Schulden ein anderes Zahlungsmittel als Gold oder Silber zu bestimmen. Um die Staaten daran zu hindern, in den Zuständigkeitsbereich der Zentralregierung einzugreifen, untersagte ihnen die Verfassung, Verträge abzuschließen, Einfuhr- oder Ausfuhrzölle festzusetzen oder Krieg zu führen, es sei denn im Falle einer feindlichen Invasion.

Umgekehrt wurden die Einzelstaaten durch Bestimmungen geschützt, die es der Zentralregierung verwehrten, direkte Steuern anders als im Verhältnis zur Bevölkerungszahl zu erheben, die Ausfuhr zu besteuern (Schutz der Tabak- und Reisexporteure im Süden!) und die Einwanderung »oder Einfuhr solcher Personen, die einer der gegenwärtig bestehenden Staaten zuzulassen für angemessen halten sollte«, vor dem Jahr 1808 zu beschränken (Freiheit des Sklavenhandels für dreißig Jahre!). Dem Schutz der republikanischen Regierungsform und der Staatsbürgerrechte galten die Vorschriften, die sowohl den Einzelstaaten als auch der Bundesregierung verboten, Adelstitel zu verleihen, individuelle Strafen durch gesetzgeberische Akte zu verhängen oder Gesetze mit rückwirkender Kraft zu erlassen. Die Zentralregierung durfte weder die Zulassung zu öffentlichen Ämtern von der Zugehörigkeit oder Nichtzugehörigkeit zu einem religiösen Glaubensbekenntnis abhängig machen noch den Habeaskorpus-Schutz der Person aufheben, »es sei denn, daß es die öffentliche Sicherheit in Fällen von Rebellion oder Invasion erfordern sollte«.

Außer durch diese Verbotsbestimmungen waren die Rechte des Individuums – Redefreiheit, Freiheit der Religionsübung, Anspruch auf Aburteilung durch ein Geschworenengericht – in der Verfassung nicht ausdrücklich garantiert. In den letzten Tagen der Konventberatungen schlugen zwei Abgeordnete vor, das Versäumte nachzuholen. Ihre Kollegen verwarfen diesen Vorschlag als unnötig mit der Begründung, daß die Verfassung die Befugnisse der Bundesregierung festlege und sie auf bestimmte, genau bezeichnete Tatbestände beschränke und daß Verkündungen der Staatsbürgerrechte in den Verfassungen der Einzelstaaten enthalten seien. Für den Fall jedoch, daß die Erfahrung den einen oder anderen dieser Entschlüsse als unklug oder unzweckmäßig erweisen sollte, sah der Konvent eine Korrekturmöglichkeit vor: die Verfassung durfte ergänzt werden, wenn in beiden Häusern des Kongresses eine Zweidrittelmehrheit eine solche Ergänzung verlangte und drei Viertel aller gesetzgebenden Körperschaften der Einzelstaaten ihr zustimmten.

Den von ihm erarbeiteten Text übersandte der Konvent dem Kongreß zur Weitergabe an die Einzelstaaten. Und löste sich nach getaner Arbeit am 17. September 1787 auf.

Die in Philadelphia entworfene Verfassung war der triumphale schöpferische Abschluß der revolutionären Periode. Sie zeigte, wieviel ihre Verfasser seit 1776 gelernt hatten. Nach dem Krieg hatte die ursprüngliche Protesthaltung der Amerikaner gegen Monarchie und Aristokratie dazu geführt, daß sie Staatsregierungen mit schwacher Exekutivgewalt und praktisch einflußloser oberer Kammer ins Leben riefen; die neue Verfassung schlug eine mit großer Macht ausgestattete Exekutive und einen Senat vor, dessen Machtstellung der Machtstellung des Repräsentantenhauses gleichkam. Die Artikel der Konföderation hatten eine Zentralregierung geschaffen, die von den Regierungen der Einzelstaaten beherrscht wurde und zum einzelnen Staatsbürger in keiner direkten Beziehung stand; die neue Verfassung schlug eine von den Einzelstaaten unabhängige Zentralgewalt mit einem direkt vom Volk der Vereinigten Staaten gewählten Repräsentantenhaus und in Angelegenheiten der Staatsbürger direkt entscheidenden Bundesgerichten vor. Die Artikel der Konföderation hatten die Zentralregierung in die Hände eines Kongresses gelegt, der nur aus einer Kammer bestand, und sie mit nur geringer Macht ausgestattet; die neue Verfassung zerlegte die zentrale Staatsgewalt, um Mißbräuchen entgegenzutreten, in einzelne Bereiche und gab ihr wirkliche Macht.

Das Ideal und die Wirklichkeit

Den Mitgliedern des Konvents von Philadelphia war lediglich die Vollmacht erteilt worden, die Artikel der Konföderation einer Revision zu unterziehen. In Wirklichkeit hatten sie den Plan einer völlig neuen Staatsgewalt entworfen; sie sollte den Debattierklub ablösen, zu dem der Kongreß geworden war. Da sie wußten, daß ihr weitreichender Plan auf Widerstand stoßen mußte und da sie ihn nicht am Starrsinn einiger weniger Staaten scheitern lassen wollten, schlossen die Mitglieder des Konvents ihre Tätigkeit mit einer verwegenen Ratifizierungsidee ab: sobald neun Staaten die neue Verfassung gutgeheißen hatten, sollte sie im Zuständigkeitsbereich dieser neun Staaten sofort in Kraft treten. (Eine Abänderung der Artikel der Konföderation war nur bei Einstimmigkeit aller Gliedstaaten möglich.)

Dazu kam noch eine zutiefst revolutionäre Methode: die gesetzgebenden Körperschaften der Einzelstaaten, in denen machtgierige Staatspolitiker und einflußreiche Pressionsgruppen die Verfassung hätten torpedieren können, sollten ganz übergangen werden. In jedem Staat sollte das Volk einen Sonderkonvent wählen, der über die neue Verfassung zu befinden hätte. Die Staatsregierungen sollten zwar diese Ratifizierungskonvente einberufen, sonst aber bei der Annahme oder Ablehnung der Verfassung nicht mitzureden haben. Das neue Staatsgebilde wäre somit, falls nach dem vorgeschlagenen Modus gutgeheißen, direkt vom Volk mit allen Vollmachten versehen worden; seine Machtvollkommenheit wäre nur vom Volk hergeleitet.

Dafür, daß die Verfassung Interesse und Aufmerksamkeit finden werde, sprachen das Prestige ihrer Verfasser, zu denen George Washington und Benjamin Franklin gehörten, und ihre sachliche Qualität. Damit war ihre Annahme aber noch in keiner Weise gesichert. Mehrere Mitglieder des Konvents hatten es abgelehnt, den endgültigen Wortlaut des Verfassungsdokuments zu unterzeichnen, und als der Text den Kongreß erreichte, stieß er bei manchen Kongreßmitgliedern auf heftige Abneigung. Warum sollte der Kongreß, fragte

Richard Henry Lee, seine eigene Auflösung gutheißen? Warum sollte es neun Staaten freigestellt werden, aus der Konföderation auszuscheiden und ein neues, gefährlich machtvolles Staatsgebilde ins Leben zu rufen? Lee stellte den Antrag, vor der Weiterleitung des Verfassungsentwurfs an die Einzelstaaten wenigstens eine Erklärung der Staatsbürgerrechte in die Verfassung einzufügen; das sollte ein Gegengewicht gegen die Übermacht der zentralen Staatsgewalt sein.

Lees Antrag wurde abgelehnt. Er nannte die Mehrheit, die gegen ihn stimmte, »eine Koalition von Monarchisten, Militärs, Aristokraten und Drohnen, deren Lärm, Unverfrorenheit und Übereifer alles Vorstellungsvermögen übersteigen«. Als die Verfassung schließlich dem amerikanischen Volk vorgelegt wurde, reagierten viele genauso, wie es Lee getan hatte. Dennoch entschlossen sich die gesetzgebenden Versammlungen aller dreizehn Staaten, wenn auch zum Teil nur widerwillig, die vom Volk zu wählenden Ratifizierungskonvente einzuberufen.

Was die Gegner der Verfassung bewegte, war weniger der Wunsch, die überlegene Stellung der Staatsregierungen zu verewigen, als die alte Angst, daß sich eine starke Zentralregierung der Kontrolle durch das Volk entziehen und in ein Unterdrückungssystem ausarten könnte. Das in die Verfassung eingebaute System der Gewichte und Gegengewichte erschien ihnen nicht als ausreichende Sicherung gegen Tyrannei. Das Repräsentantenhaus hielten sie für zu klein, als daß es so viele Menschen adäquat repräsentieren könnte. Und daß in die Verfassung keine Erklärung der Staatsbürgerrechte eingefügt worden war, nahmen sie als ominösen Hinweis auf die Richtung, die das übermäßig zentralisierte Staatsgebilde einschlagen werde.

In Zeitungsartikeln versuchte Madison, wie er es schon bei den Beratungen des Konvents versucht hatte, das Volk von der Grundlosigkeit der vertrauten Vorstellung zu überzeugen, daß eine gebietsmäßig große Republik unvermeidlich zur Tyrannei führen müsse. In einer großen Republik, schrieb er, werde es so viele verschiedene Gruppen mit so mannigfaltigen und gegensätzlichen Interessen geben, daß es ihnen unmöglich gelingen könne, ihre Differenzen zu überbrücken, ihre Unterschiede auszugleichen und sich zu einer tyrannischen Mehrheit zusammenzutun; die Gefahr einer tyrannischen Koalition sei in einer kleinen Republik viel größer, denn da gebe es weniger widerstreitende und auseinanderstrebende Interessen, während es einzelnen mächtigen Gruppen viel leichter falle, miteinander in Verbindung zu bleiben.

Im allgemeinen waren die Befürworter der Verfassung aggressiver als ihre Gegner, und ihre Taktik war ihrer Sache nicht immer würdig. Weil sie Gefahr im Verzuge sahen, betrieben sie ihre Agitation offensiv und ausfallend. Es schien ihnen, daß die werdende Nation in tödlicher Gefahr schwebe; werde die Verfassung nicht angenommen, so könne die Union auseinanderbrechen.

In den meisten kleineren Staaten setzten sie sich ziemlich leicht durch. Doch wußten die »Föderalisten«, wie sich die Anhänger der Verfassung jetzt nannten, daß es in erster Linie darauf ankomme, die vier größten Staaten zu gewinnen: Massachusetts, Pennsylvania, New York und Virginia. Wenn einer dieser vier Staaten abseits bliebe, wäre der Erfolg des neuen Staatsgebildes in Frage gestellt. Zum Glück stimmten alle vier Staaten zu, wenn auch nur mit knapper Mehrheit. Als letzter größerer Staat stimmte New York am 26. Juli 1789 für die Verfassung. Somit hatten elf Staaten die Verfassung ratifiziert. Ohne auf New York oder gar auf North Carolina (das am 21. November 1789 ratifizierte) und auf Rhode Island (das erst am 29. Mai 1790 zustimmte) zu warten, hatte der Kongreß der Konföderation schon vorher beschlossen, aus dem Leben zu scheiden: er setzte die ersten Wahlen auf der Grundlage der neuen Verfassung auf den Januar 1789 fest.

Endlich sollten die Vereinigten Staaten ein Regierungssystem bekommen, das den amerikanischen Grundsatz der verantwortlichen repräsentativen Regierung im gesamtnationalen Maßstab verwirklichte. Alle Welt hatte gesagt, daß ein republikanisches Regierungssystem für ein Land vom Umfang der Vereinigten Staaten unmöglich sei, daß sich bei solcher Ausdehnung des Staatsgebiets nur ein republikanischer Staatenbund oder ein mächtiger monarchischer oder aristokratischer Staat halten könne. Aber nun hatte das Volk eine neuartige Republik erfunden, eine Föderation, die mehr sein wollte als bloß ein Staatenbund, eine Regierung, die dem Volk verantwortlich bliebe, auch wenn sich Gebiet und Bevölkerung verzehnfachten, eine Union, in der das Volk nicht als lose Verbindung von Staatsbürgern rivalisierender Staaten seine Einheit fände, sondern als eine Nation von Gleichen.

Als die Mitglieder der neuen gesetzgebenden Körperschaften in New York zusammentraten, glaubten die Föderalisten nicht so recht an ihren Erfolg. Die Verfassungsgegner, dachten sie, würden sofort die Einberufung eines neuen Konvents verlangen, um der Verfassung mit Zusatzartikeln das Rückgrat zu brechen. Aber mit Washington als Staatsoberhaupt – er war einstimmig zum Präsidenten gewählt worden – barg die neue Staatsgewalt in sich selbst das ureigenste Symbol des nationalen Werdens Amerikas und der republikanischen Tugend. Washington versah sein Amt mit dem ganzen Gewicht seines großen Ansehens. Madison, der im Repräsentantenhaus Virginia vertrat, ließ in rascher Folge mehrere Vorlagen annehmen, die für Washington die ersten Hauptabteilungen der Exekutivgewalt einrichteten: Schatzamt, Staatsdepartement und Kriegsdepartement. Washingtons Wahl fiel auf Alexander Hamilton fürs Schatzamt und auf Jefferson fürs Staatsdepartement, eine Kombination von Staatskanzlei und Außenministerium. Mit diesen Ernennungen waren der neuen Staatsspitze die glanzvollsten Talente des Landes (wenn man von Madison absieht) gesichert.

Den Kritikern der Verfassung nahm Madison den Wind aus den Segeln: er schlug zehn Zusatzartikel *(amendments)* vor, die der Verfassung die vermißte Erklärung der Staatsbürgerrechte anfügten. Diese *Bill of Rights* wurde durch die verfassungsmäßig vorgeschriebene Zahl von Staaten im Dezember 1791 ratifiziert. Sie garantierte Glaubensfreiheit, Rede-, Presse- und Versammlungsfreiheit, Petitionsrecht; sie verbürgte das Recht der Staatsbürger, Waffen zu tragen, den Anspruch auf Aburteilung durch Geschworenengerichte und die verfahrensmäßigen Voraussetzungen der Rechtssicherheit; sie untersagte unspezifizierte Haft- und Haussuchungsbefehle, übermäßige Kautionsforderungen, grausame und ungewöhnliche Strafen und die Zwangseinquartierung von Soldaten in Privatwohnungen.

Mit diesen Zusatzartikeln zur Verfassung und mit der Schaffung starker Abteilungen der Staatsexekutive unter Washingtons Führung konnte die neue Staatsgewalt für sich in Anspruch nehmen, all die Ziele zu verwirklichen, die die Amerikaner erstrebt hatten, seit sie sich zum erstenmal ihrer Identität als Nation bewußt geworden waren. Selbstverständlich konnte auch das beste Regierungssystem in einer den republikanischen Tugenden abträglichen Richtung verunstaltet werden. Eine Zeitlang sah es denn auch tatsächlich so aus, als stoße Hamiltons Finanzprogramm die neue Regierung auf diese abschüssige Bahn.

Hamilton überredete den Kongreß, nicht nur die Schulden der Union zum Nennwert zu tilgen, sondern auch die Schulden der Einzelstaaten zu übernehmen. Diese Maßnahme war von großem Vorteil für das nationale Staatsgebilde, denn sie gab allen Gläubigern mächtige Gründe, die Zentralregierung zu unterstützen, und sie verschaffte dem Staat zum erstenmal eine feste finanzielle Grundlage. Aber sie begünstigte zugleich in viel zu hohem Maße die Spekulanten und reichen Kaufleute, die große Beträge an Staatspapieren zu einem Bruchteil ihres ursprünglichen Wertes aufgekauft hatten, als sich das Land in finanziellen Nöten wand. Und Amerikaner fühlten sich nie sehr wohl dabei, wenn staatliche Maßnahmen einer solchen Schicht zustatten kamen, Menschen also, von denen man schwerlich sagen konnte, daß sie die republikanischen Tugenden verkörperten, Menschen, die nach amerikanischen Vorstellungen unproduktiv und verschwenderisch waren und dazu noch andere gewerbsmäßig zur Verschwendung verleiteten, Menschen, deren nicht durch Arbeit erworbener Reichtum dem ihren Landsleuten so teuren Grundsatz der Gleichheit Hohn sprach.

Daß Hamilton die Kaufleute und Spekulanten zu bevorzugen schien, hatte zur Folge, daß er die Unterstützung der Masse der einfachen Menschen verlor. In ihrem Protest scharten sie sich um Jefferson und Madison, ja auch um Hamiltons Rivalen John Adams. Und Adams wurde 1797 Washingtons Nachfolger in der Präsidentschaft. Aber auch Adams erschien dem Massenbewußtsein bald als zu intim mit Kaufleuten und Aristokraten verbunden. Als sich das 18. Jahrhundert seinem Ende näherte, wurde Jefferson, der Verfasser der Unabhängigkeitserklärung, zum Präsidenten der Vereinigten Staaten gewählt.

Inzwischen war der tiefere Sinn dieser historischen Urkunde etwas klarer zutage getreten. Sie hatte die Schaffung einer Nation angezeigt, eines geeinten Volkes, das mittlerweile an die Stelle der britischen Monarchie und Aristokratie ein einheitliches republikanisches Regierungssystem gesetzt hatte, und dies Regierungssystem sollte gleiches Recht und gleiche Chancen für alle fördern und einem jeden die Früchte seines Fleißes sichern. So bot sich das Ideal des amerikanischen nationalen Werdens dar, das in der Unabhängigkeitserklärung skizziert und in der Verfassung und ihren zehn Zusatzartikeln niedergelegt worden war.

Natürlich war es möglich, daß die Praxis von diesem Ideal abwich; sie wich sogar häufig von ihm ab, denn die Tugend blieb in Amerika nicht minder zerbrechlich als anderswo. Amerikaner konnten Genügsamkeit predigen und Spekulanten Vorschub leisten, Freiheit künden und Menschen weiter in den Fesseln der Sklaverei halten, Fleiß lobpreisen und Arbeitslosigkeit dulden, Menschenrechte proklamieren und vor internationaler Verantwortung zurückschrecken. Aber solange die Verfassung Bestand hatte, solange die Regierung eine Regierung durch das Volk blieb, konnten ein Jefferson oder ein Jackson, ein Lincoln oder ein Roosevelt das Volk wieder um sein erklärtes Ideal sammeln und seine Energien gegen die Praktiken mobilisieren, die dies Ideal verleugneten. Das war in ihrem tiefsten Sinn die Amerikanische Revolution. Das ist sie und bleibt sie.

Michael Mann · Daniel Heartz

DIE EUROPÄISCHE MUSIK VON DEN ANFÄNGEN BIS ZU BEETHOVEN

Die beiden nachstehenden Essays handeln von der Geschichte der Musik und dem wechselnden Schicksal der Musik in der Geschichte. Als reine Formkunst scheint die Musik, gleichsam außerhalb des geschichtlichen Gesamtgefüges, ihr Eigenleben zu führen. Und doch ist die Tonkunst, gerade dank ihrer eigenen Gegenstandslosigkeit, dem geistigen Klima der Zeiten vielleicht rückhaltloser ausgeliefert als die Schwesterkünste. Mehr noch: als Aufführungskunst steht die Musik, wie kaum eine andere Kunst, im gesellschaftlichen Leben. Diese allgemein geistesgeschichtlichen und soziologischen Bezüge sind weitgehend mitbestimmend für den Wandel der Musizierformen – wie weit, soll der erste der beiden nachfolgenden Aufsätze, im beschränkten Zeitraum zweier Jahrhunderte, zeigen. Was dabei der Chronist an Anschaulichkeit und Vollständigkeit der (im engeren Sinne) musikhistorischen Darstellung schuldig bleiben mußte, wird in dem entwicklungsgeschichtlichen Überblick des zweiten Aufsatzes nachgeholt werden.

M. M.

Michael Mann

ÄSTHETIK UND SOZIOLOGIE DER MUSIK 1600–1800

Das Blickfeld

Der ästhetische Rationalismus stand der Musik, unter allen Künsten, wohl am unbeholfensten gegenüber. Ästhetische Betrachtung und musikalische Produktion klaffen auseinander; sie scheinen, auf den ersten Blick, streckenweise voneinander ganz unabhängige Wege zu gehen. Liest man aber, was die Musiker selbst über ihre Kunst dachten und worin sie ihre schöpferischen Triebfedern erblickten, so wird man mit Staunen feststellen, in welchem Grade die Musik selbst im Bann des rationalistischen Geistes stand. Erst aus diesen Zusammenhängen heraus sind wesentliche Züge der Musikgeschichte zwischen 1600 und 1800 zu verstehen.

Am ratlosesten steht die Kunstbetrachtung, bis in das letzte Drittel des 18. Jahrhunderts hinein, vor dem Phänomen der reinen Instrumentalmusik. Man mußte vorher entdeckt haben, daß es in der Kunst wie im Leben genügt, wenn »das Herz versteht«, ehe man die ästhetische »Entdeckung« der Instrumentalmusik wagen konnte. Das geschieht endlich, gleichzeitig mit der ersten Hochblüte der Symphonie und des Streichquartetts. Auf diese berufen sich auch die Entdecker: »wenn sie eben Symphonien und Quartetten von Haydn und unsern andern großen Deutschen Meistern gehört hätten«, läßt J. J. W. Heinse in seinem Musikroman (»Hildegard von Hohenthal«, 1795/96) den Schmälerern der Instrumentalmusik ausrichten, »so würden sie gewiß nicht, auch nur zum Scherz, so gering von ihr (der Instrumentalmusik) gesprochen haben«. Noch weiter geht Tieck; die Verbindung der Musik mit dem Wort gilt ihm als Profanierung der Tonkunst. Nur in der Instrumentalmusik »ist die Kunst unabhängig und frei, schreibt sie sich selbst ihre Gesetze«. Das deutet, in überspitzter Form, in die Zukunft der Musikgeschichte und erinnert an Beethovens Bemerkung, daß, wenn sich bei ihm eine musikalische Idee melde, er dabei stets den Klang des vollen Orchesters im Ohre habe.

Das durch die romantische Ästhetik legitimierte neue Primat der Instrumentalmusik, gegenüber der Vokalmusik, bedeutet nicht nur die Umkehrung einer seit jeher gültigen Rangordnung *(musica id est ars cantandi)*; es führt auch zu einer bewußteren gegenseitigen Scheidung der Musizierarten: »Mir scheint«, meint Tieck, »die Vokal- und Instrumentalmusik noch nicht genug gesondert und jede auf ihrem eigenen Boden zu wandeln.« – Aber schließlich hatte die Instrumentalmusik doch längst ihre eigenen, idiomatischen Formen entwickelt: Seit nahezu zwei Jahrhunderten gab es Instrumentalkonzerte und Sonaten. Um 1720 lösten sich die *Sinfonia* der italienischen Oper (ein mehrteiliges instrumentales Opernvorspiel) und die französische Ouvertüre aus ihrer theatralischen Funktion und wurden zum Konzertstück: die ersten »Symphoniekonzerte«. All diese Entwicklungen vollzogen sich gleichsam hinter dem Rücken der ästhetischen Betrachtung. Wie gewaltig man sie unterschätzte, beweist zum Beispiel Lecerf de la Viéville (der Wortführer der französischen Oper), wenn er noch 1705 die Ouvertüre, wie alle instrumentalen Teile der Oper, als *la partie la moins importante de la musique* bezeichnete. Es zeigt sich auch in der hartnäckigen Ablehnung der in Italien florierenden Konzert-Form seitens der deutschen und französischen Musiktheorie.

Das 18. Jahrhundert konnte die Instrumentalformen nicht anders denn als »Nachahmungen« der Vokalformen verstehen. Die eigentliche schöpferische Kraftquelle des Gesangs aber ist für die rationalistischen Ästhetiker: das Wort. Drastisch ausgedrückt ist deshalb Musik ohne Worte »nichtssagend« (L'Abbé Pluche), ein »totes Ding« (Gottsched), nicht besser als das Geschnurr eines Paradiesvogels (Kant); weil eben Töne in sich selbst »keine Zeichen sind« (Pluche) und daher auch nichts »vermitteln« können (Boileau). Nun, das ist amusisches Gerede. Nicht als solches aber ist es abzutun, wenn wir in musikalisch schöpferischen Kreisen Ansichten begegnen, die im Grunde in derselben Richtung liegen. So bei J. Mattheson (wohl einen der bedeutendsten Theoretiker des 18. Jahrhunderts und zu seiner Zeit ein angesehener Komponist), der meinte, es sei »leichter etwas Gutes für die Sänger als für die Spieler zu setzen«, denn es gehöre »weit mehr Sinnlichkeit dazu, seine Neigung aus freien Stücken in den Gang zu bringen als solche, auf eines anderen (des Textdichters) Veranlassung rege zu machen«. Und man braucht auch nicht lange zu suchen, woher solche Thesen kommen: aus der Oper. Im Zeichen der Oper steht in der Tat alles, was zwischen 1600 und etwa 1770 über Musik gedacht und geschrieben wurde. Daran wird im Verlauf dieser Erzählung noch mehrfach zu erinnern und manche, sonst abstrus erscheinende Theorie daraus zu erklären sein.

Im Zeichen der Oper begriffen auch die Musikhistoriker des ausgehenden 18. Jahrhunderts die Zeit seit 1600 als geschichtliche Einheit: Mit der Schöpfung der Oper beginnt die musikalische »Neuzeit«. Aus der Oper ist das für die Musik vornehmste Prinzip der Schönheit, der »Kontrast«, in die Musik eingedrungen (Burney), seither konnte die »Melodie« sich zu immer größerer »Vollkommenheit« entwickeln (Hawkins). Die skrupellose Gleichsetzung von »Melodie« und Opern-Melodie demonstriert Mattheson, wenn er vom jungen Händel berichtet: »Er wußte sehr wenig von der Melodie, ehe er in die hamburgische Opern kam.« Mattheson und Händel schrieben Opern; Carl Philipp Emanuel Bach und Quantz schrieben keine. Aber ein zeitgenössischer Beobachter vom Fach, J. A. Scheibe, zögert nicht, ihre Schreibart, wie überhaupt den Stil »der neuen« Instrumentalmusik vom italienischen Theaterstil abzuleiten. Das ist gewiß einseitig, aber interessant. Denn es zeigt, wie im Brennpunkt der Oper sich der ästhetische Rationalismus mit der musikalischen Realität aussöhnt.

Musikinstrumente zu Beginn des 16. Jahrhunderts
Holzschnitt von Hans Burgkmair für den »Weißkunig« Kaiser Maximilians I., um 1514

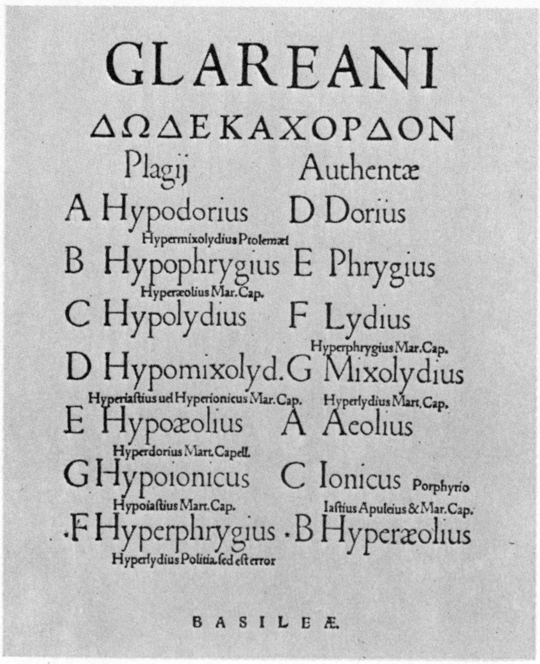

GLAREANI

ΔΩΔΕΚΑΧΟΡΔΟΝ

Plagij	Authentæ
A Hypodorius	D Dorius
Hypermixolydius Ptolemæi	
B Hypophrygius	E Phrygius
Hyperæolius Mar. Cap.	
C Hypolydius	F Lydius
	Hyperphrygius Mar. Cap.
D Hypomixolyd.	G Mixolydius
Hyperiastius uel Hyperionicus Mar. Cap.	Hyperlydius Mart. Cap.
E Hypoæolius	A Aeolius
Hyperdorius Mart. Capell.	
G Hypoionicus	C Ionicus Porphyrio
Hypoiastius Mart. Cap.	Iastius Apuleius & Mar. Cap.
F Hyperphrygius	B Hyperæolius
Hyperlydius Politia. sed est error	

BASILEÆ.

Henricus Glareanus
Zeichnung von Hans Holbein d. J. in einem Exemplar des »Lob der Torheit« von Erasmus von Rotterdam
Basel 1515. Basel, Kupferstichkabinett der Öffentlichen Kunstsammlung
Titelseite des »Dodekachordon« von Glarean. Basel, 1547

Die Oper: Ideologisches Vorspiel

Das Neue (im engeren Geschichtsraum) war, daß ernsthafte Tonkünstler es sich einfallen ließen, einstimmige Melodien, mit einer nur sparsam harmonisierten Baß-Begleitung, für den Gesang zu setzen: Nicht einmal eigentlich Gesang im herkömmlichen Sinn, sondern eine »Art Sprechen in Musik«, wie Caccini, in der Einführung zur *nuove musiche* (Florenz 1601), es nannte. Die stilgeschichtlichen Anknüpfungspunkte für diese *monodische* Schreibweise sind dünn, denn ihre Vertreter bauten nicht auf der zeitgenössischen Kunstmusik auf, sondern verwirklichten eigene, wie sie glaubten, den musikalischen Tendenzen der Zeit feindliche Theorien. An Rückbezügen zu älteren Theorien fehlt es dabei in Wirklichkeit nicht; am deutlichsten werden sie auf allgemein ideologischer Ebene. Hier bestehen Zusammenhänge, die bis in das ausgehende 15. Jahrhundert zurückreichen.

Die Erfindung einer Melodie galt in der Musik und Musiktheorie des 15. und 16. Jahrhunderts wenig. Die Komponisten borgten Melodien voneinander oder sie gebrauchten auch eine selbsterfundene Melodie in verschiedenen Werken; ein melodischer Grundstock war in der musikalischen Liturgie gegeben. Alles galt die kunstgerechte, mehrstimmige kontrapunktische Bearbeitung der Melodie. Graf Bardi, der führende Kopf der *nuove muiche*, bezeichnete daher die vorangegangene Epoche summarisch als das »Zeitalter des Kontrapunktes«, es sollte vom Zeitalter der Einstimmigkeit abgelöst werden.

Kritik an den Exzessen der kontrapunktischen Polyphonie setzt in der Musiktheorie ein, lange vor Bardi, aber im Lichte der tatsächlichen stilgeschichtlichen Ereignisse doch eigentlich erst *ex post facto*. Der Schweizer Glareanus, in seinem musiktheoretischen Werk *Dodekachordon*, vertritt die Meinung, daß es ratsam sei, die Zahl der Stimmen in einem polyphonen Satz auf höchstens fünf zu beschränken. Ein *quattrocento*-Meister wie Ockeghem hatte sich (in einem *Deo gratias*) mit nicht weniger als sechsunddreißig Stimmen begnügt. Josquin des Près schuf die Norm des vierstimmigen Satzes. Josquins Todesjahr (1523) fällt in die wahrscheinliche Entstehungszeit des *Dodekachordon*.

Warum behagten die komplexen kontrapunktischen Kunststücke nicht mehr? Der Erklärungen sind viele; und gerade die nächstliegende erweist sich, bei genauerer Betrachtung, als die wenigst erschöpfende: nämlich die etwaige »Abwendung« des »Renaissance-Menschen« von esoterischen, »intellektuellen« Künsten, welche man mit dem bloßen Ohr nicht »hören«, nur »auf dem Papier« nachprüfen und nachrechnen konnte – die Forderung des *sensus* gegenüber der *ratio* Sie spielt gewiß eine Rolle in der Musiktheorie jener Zeit, aber in anderer Weise. Glarean spricht wohl vom »Vergnügen des Ohres«, wenn er für den Abbau der Polyphonie plädiert, aber vor allem ist es gerade der musikalische »Verstand«, der bei der übermäßigen Vielstimmigkeit nicht auf seine Kosten kommt: Ein musikalischer Satz, dessen konstruktive Prinzipien sich der auralen Wahrnehmung entziehen, wird zum »leeren Gezwitscher« (Glarean) – die überspitzte Intellektualität schlägt um in das rein Sinnliche. Diese doppelte Frontstellung gegen die Kontrapunktik als »Intellektual-Musik« einerseits und »leere Klangentfaltung« andererseits begegnet bis in das 18. Jahrhundert. Ganz im Zeichen des Anti-Sensualismus steht die Kritik der Polyphonie zur Zeit der *nuove musiche*: Kontrapunktische Musik ist für den Florentiner Galilei (1581) ein »inhaltloses Getön«, das nur »dem Sinne schmeichelt«. Man mag einwenden, daß Galilei kein »Renaissance-Mensch« mehr war.

Aber mit dem kulturgeschichtlichen Begriff der Renaissance ist es überhaupt so eine Sache: für die Literaturwissenschaft längst fragwürdig geworden, besitzt er für die Musikwissenschaft seine besondere Problematik. Zunächst schon insofern: Während das literarische Europa vom Süden, von Italien, lernte, lernte das musikalische Italien vom Norden. Das 15. und die erste Hälfte des 16. Jahrhunderts ist die Hoch-Zeit einer franko-flämischen »Schule«, deren Vertreter zwar, zu nicht geringem Teil, in Italien wirkten, auch vom musikalischen Italien nahmen, aber weit mehr als sie nahmen gaben. Italienische »Schulen« entstehen (in Venedig und Rom) erst in der zweiten Hälfte des 16. Jahrhunderts. Außerdem: versteht man unter Renaissance als bewußt geistige Bewegung in erster Linie die Wiederentdeckung und Wiedereroberung der Antike, so konnte der Renaissancegeist sich in der Musik nur mittelbar auswirken. Denn die musikalische Antike blieb ein versunkenes Land, dessen Topographie nur an Hand der überlieferten Theorie mehr oder minder willkürlich nachzuzeichnen war. Von dem uns heute vorliegenden runden Dutzend griechischer Musik-Fragmente kannte das 16. Jahrhundert vier. Man wußte sie nicht zu entziffern. Die Musikschriftsteller des 16. Jahrhunderts (außer Glarean besonders der Altertumsforscher Girolamo Mei, sein Schüler V. Galilei und die Komponisten-Theoretiker G. Zarlino und N. Vicentino) haben die Kenntnis der griechischen Musiktheorie bedeutend vertieft. Aber, je genauer diese Kenntnis war, als desto unbrauchbarer erwies sie sich zur Befruchtung der neuen Musik. Der Versuch Vicentinos, die (chromatischen und enharmonischen) Tongeschlechter der griechischen Antike wieder ins Leben zu rufen, wurde, wie ähnliche, etwa gleichzeitige Experimente, selbst von den gräkophilen Zeitgenossen belächelt. Viel eher ließ die Vorstellung von der griechischen Musik gerade dort, wo sie sich im allgemeinsten hielt, sich in die Ideologie des zeitgenössischen kompositorischen Schaffens einbauen. Und diese allgemeine Vorstellung war: Dichter und Musiker waren zur Zeit der griechischen Klassik Eines, die Bindung des *melos* an das Wort daher eng; das eigentlich geistige Element der Musik lag, wie Platon lehrte, nicht in der *harmonia* oder im *rhythmos*, sondern im *logos*.

Die Besinnung auf das Wort bestimmt in der Tat die Musikästhetik seit dem Ausgang des 15. Jahrhunderts – sei es das Dichterwort oder »Das Wort« Gottes. Die Forderung der Text-Verdeutlichung, für die weltliche wie die kirchliche Vokalkomposition, erfüllt sich in der Entwicklung von der Mehrtextigkeit zur Eintextigkeit (mehrtextige Motetten schrieb noch Dufay bis in die Mitte des 15. Jahrhunderts), in der zunehmend genauen schriftlichen Fixierung der Ton-Wort-Relation, in der wachsenden Neigung zu syllabischer Deklamation und Synchronisierung von musikalisch-metrischem und Wortakzent oder der Neigung zur musikalischen Wortmalerei. Es wird Aufgabe der formgeschichtlichen Darstellung der Musik sein, die verschiedenen formalen und satztechnischen Erscheinungsformen dieser Wandlung aufzuzeigen: von dem immer mehr auf Übersichtlichkeit des Textes abzielenden, polyphonen Satz des späten 15. Jahrhunderts über die gelegentlich mehr homophonisierte (oder akkordische Schreibweise) des mittleren 16., bis zur florentiner *Monodie*. Die Mittel der Textverdeutlichung oder Textdeutung, der musikalische Ausdruckswille, nicht zuletzt auch der Ausdrucksgehalt der vertonten Texte selbst sind metamorph. Konstant ist die wachsende Ehrfurcht vor dem Wort und die immer engere Bezogenheit der musikalischen Komposition auf das Wort.

Man möchte die Frage, wie weit und etwa seit wann dieser Prozeß sich im bewußten Einvernehmen mit dem literarischen Humanismus vollzog, fast als müßig von der Hand weisen. Die Entwicklung des Ton-Wort-Verhältnisses in der Musik kam jedenfalls der humanistischen Pflege des Worts, der Hochschätzung der Sprache als das vornehmste Mittel zur Erziehung des freien, souveränen Menschen, der Hochachtung des *poeta* und *orator* entgegen. Unmittelbar schöpferische Kontakte zwischen Musiker und Dichter-Humanist bestanden, seit Ausgang des 15. Jahrhunderts, in der Humanisten-Ode (streng nach dem antiken Metrum eingerichtete Gesänge, welche der Einprägung lateinischer Texte dienen sollte), ferner in den zum Humanisten-Drama komponierten Chören und Vertonungen humanistischer Gelegenheitsgedichte. Künstlerisch bedeutende Resultate zeitigt erst die Zusammenarbeit im italienischen Madrigal (seit etwa 1530). Von hier aus erfolgt der Sprung in die *nuove musiche*.

Die Oper: Aktion der Camerata

Diese Florentiner nahmen es mit der Heiligung des Wortes wörtlich: Sie konstruierten ihre Monodien nach streng grammatisch-syntaktischen Gesichtspunkten; den harmonischen Rhythmus regelte die Interpunktion des Textes, Kadenz und Schlußpunkt des Satzes fielen zusammen. Die um 1600 in Florenz entstandene *Monodie* ist die letzte Phase der Kapitulation des Komponisten vor dem Dichter. Und zwar war sie das in durchaus konkreter Weise; denn der Zirkel der *Camerata*, die Geburtsstätte der *nuove musiche*, bestand nicht in erster Linie aus Musikern, sondern aus Philologen, Dichtern, humanistischen Schöngeistern. Die Musiker taten, was die *literati* sie hießen. Caccini bezeugt es, wenn er berichtet, er habe vom Grafen Bardi in kurzer Zeit mehr über Musik gelernt als in dreißig Jahren Kontrapunktstudium. Aus dieser Situation, die in der Musikgeschichte ohne Beispiel ist, erhellt die stilgeschichtliche Entgleisung der Monodie. Ihre wahren Schöpfer waren von musikhistorischer Tradition unbelastet; sie kümmerten sich wenig um stilgeschichtliche »Vorstufen« oder Parallelerscheinungen ihrer Erfindung, die es natürlich gab (in den italienischen *modi di cantar versi*, den spanischen Lauten-Gesängen, den französischen *ballets de cour* und im einstimmigen Humanistengesang). Eben dieser Unbekümmertheit verdankt die Florentiner Monodie ihre Eigenart gegenüber allen verwandten Formen, vielleicht auch ihre historische Tragfähigkeit: Sie überlebt in der Oper, im Oratorium und ähnlichen Formgattungen in jenen Partien, die man heute als »Rezitativ« bezeichnet.

Zum Kreise der *Camerata* zählten, außer Bardi, die Grafen Corsi und Strozzi, der Dichter Rinuccini und der Philologe Mei; V. Galilei war Gelehrter und Lautenspieler; als Komponist wetteiferte er mit Caccini und Peri, welch letzterer, als die Führung der *Camerata* auf den Grafen Corsi überging, den Preis davontrug. Die gemeinsame Zielsetzung war: die Erforschung der klassisch-griechischen Musik und die Neuschöpfung einer musikalischen

Kunstform nach antikem Muster. Alle waren sich darüber einig, daß dabei die Musik sich dem Gesetz der Dichtung auf das äußerste zu unterwerfen hatte. Und vollkommen ließ diese Forderung sich nur in der einstimmigen Musik erfüllen. Bardi postulierte, daß der Kontrapunkt der Feind der Musik sei *(esse a musica nemico)*. Die Musiker formulierten es vorsichtiger. Sie gestanden, daß die Vielstimmigkeit dem Worte feindlich war: Mehrere Melodien, Rhythmen, Tonarten übereinander führten zu willkürlichen und unnatürlichen Dehnungen oder Verkürzungen der Worte – sie »zerrissen die Dichtung« (Caccini: *laceramento della poesia*). – Der philologische Gewährsmann der Gruppe, Mei, war zur Einsicht gelangt, daß eben deshalb die griechische Musik sich auf Einstimmigkeit beschränkt haben müsse. Als erster, in der Gilde der Musiker, unterschreibt das Galilei. Der Gesang der alten Griechen und Römer, meint er, habe sich einer Art der Modulation bedient, welche diejenige des gewöhnlichen Sprechens nur »erhöhte«. Damit, mit der Kennzeichnung des Gesangs als »erhöhter Deklamation« ist das für die Musikästhetik der nächsten hundertfünfzig Jahre entscheidende Wort gesprochen. Mit der dogmatischen Forderung der Unterordnung des Tons unter das Wort haben sich Musiker und Musikphilosophen fortan auseinanderzusetzen. Monteverdi, dessen musikalisches Genie der *nuove musiche* aus dem *tedio del recitativo* heraushalf, wird an jener Forderung dennoch festhalten *(l'orazione sia padrona dell' armonia e non serva)*. Dann wird sie, in Italien, allmählich in Vergessenheit geraten. Aber Lully, der Begründer der französischen Oper, und deren Reformator, Gluck, werden auf sie zurückkommen. Erst Mozart wird sie bewußt umkehren und dafür halten, daß »schlechterdings die Poesie der Musik gehorsame Tochter seyn« müsse.

Im Glaubensbekenntnis der *Camerata* durchkreuzen sich, auf echt humanistische Art, volkstümliche, aristokratische und moralisierende Züge. In die Nähe der volkstümlichen Musik tritt die *nuova musica*, wie schon bemerkt, *eo ipso* in ihrer Neigung zur Einstimmigkeit. Galilei spricht es aus, wenn er fordert, der Gesang möge schlicht sein wie die Lieder, welche »die Bauern beim Bestellen ihrer Felder und die Hirten bei ihren Herden sängen, im Wald und Gebirg«. Nicht ganz verträgt sich das mit der der *Camerata* eigenen Neigung zu gelehrter Exklusivität, dem ausgesprochenen Willen, durch die Erneuerung der Antike eine Kunst für nur eine Elite, »für nur einige Wenige« zu schaffen (Bardi). Diese, die aristokratischen Tendenzen der *Camerata*, liegen nahe bei ihren moralisierenden: Man stilisierte, wie oben angedeutet, die Kritik an der kontrapunktischen Musik als Abkehr vom rein sinnlich Lustvollen, nur Unterhaltsamen (und daher eben für die breite Masse Geeigneten). Darin scheint die *Camerata* und ihr Wirkungskreis (besonders Agazzari) gemeinsame Front zu machen mit dem asketischen Geist der Gegenreformation – sie scheint; denn tatsächlich geht es in der *nuova musica* um alles andere als geistige Askese. Auch die Schlagworte, welche man bereitwillig aus der didaktisch-moralischen Literatur übernahm, können darüber nicht täuschen: wie die Literatur soll die Musik »vom Laster befreien«, sie soll »die Seele erziehn« – sie soll in Wirklichkeit vor allem: die Seele aufwühlen oder die aufgewühlte Seele zur Schau stellen.

»Der wichtigste und nobelste Teil der Musik«, lehrte Galilei, »sind die Regungen der Seele« *(i concetti dell' anima)*, »ausgedrückt vermittels des Wortes; und nicht, wie die Modernen glauben, nur die Zusammenklänge der Stimmen« Die »Modernen« glaubten das gar nicht, glaubten es längst nicht mehr. Das Streben nach Ausdruckssteigerung war nichts Neues, die zunehmende emotionelle Entzündung am Wort kennzeichnet die Entwicklung der Musik, seit man überhaupt dem Wort erneute Beachtung schenkte. Hier führt eine gerade Linie von Josquin, über Lasso, bis zu Monteverdi. Neu war nur die Methode.

Die Madrigalisten liebten es, dem Sinngehalt einzelner Wörter oder Phrasen nachzuspüren, wohl auch die Wortbedeutungen durch gleichsam graphische Darstellung nachzu-»malen«: so ließ etwa das Wort *descendit* sich durch eine absteigende Tonfolge, das Wort *caelum* sich durch Hervortreten der Sopranstimmen illustrieren. Solche »Pedantereien« verachtete die *Camerata*. Ihr ging es um eine realistischere Wortinterpretation. Die ganz auf Deklamation abgestellte *nuove musiche* sollte überhaupt das Wort nicht deuten oder illustrieren, sondern »nachahmen«, wie man wirklich sprach, im Affekt sprach. Der Wille zum äußersten Pathos zeigt sich in der Textwahl der frühesten Monodien: ein »Gesang des Grafen Ugolino« (aus Dantes *Divina commedia*), Partien aus der »Klage des Jeremias«. Der Wille zum Realismus zeigte sich auch in der Art, wie man solche Texte rezitierte: unter heftigen Gestikulationen, Gesichtsverzerrungen, Handbewegungen und Seufzern. Der logische Schritt von hier war die systematische Inszenierung der Monodie: die Oper. – Die Erprobung der neuen, monodischen Schreibweise im Madrigal und auf der Bühne geschah gleichzeitig. Die ersten szenischen Versuche (kurze Pastoraldramen) fallen in die neunziger Jahre des 16. Jahrhunderts. Die erste uns erhaltene, monodisch durchkomponierte Oper (*Euridice*, Text von Rinuccini, Musik von Caccini) kam 1602 zur Aufführung. Der deklamatorische Sologesang wurde nur von kurzen Choreinlagen unterbrochen.

Die Florentiner Monodie, das Recitativ, war eine »Erfindung« – eine humanistische Erfindung, wenn man will. Die Florentiner Oper hingegen war das Resultat einer organischen, langen theatergeschichtlichen Entwicklung. Die Oper ist auch nicht aus der Erfindung der Monodie entstanden, sondern das Musikdrama absorbierte die Monodie als das geeignetste und ökonomischste Mittel zur vollkommenen Vereinigung von Musik und Drama, eine Synthese, welche es in weniger vollkommener Form schon lange, wohl zu allen Zeiten, gegeben hatte – zuletzt besonders in den musikalisch-szenischen Zwischenspielen *(Intermedien)* der klassischen Komödie, im Pastoraldrama und in den *mascherate*. Solchen Mischformen war der Humanismus im Grunde abhold; das Humanistendrama war szenisch arm, und die Humanisten strebten nach dem reinen Sprech-Drama. Der literarische Purismus der Klassizisten wird sich auch, in der Geschichte, dem Siegeszug der Oper immer wieder in den Weg stellen, in Frankreich, in Deutschland, in Italien. Aber der ästhetischen Kombinationslust des 17. Jahrhunderts, die sich nicht im Musikdrama allein, ebenso in der Vereinigung anderer Künste, Malerei und Architektur, Bild- und Wortkunst kundtut, war die Mischform eben recht. Und eben in ihrem künstlerischen Synkretismus verläßt die Oper den Boden des Humanismus, ist sie, viel eher als die letzte Tat der Renaissance, die erste Tat des Barock. Von den früheren und zeitgenössischen Mischformen übernahm die Oper wesentliche Züge: von den Intermedien die szenische Prachtentfaltung, vom Pastoraldrama den Stoffkreis, später auch das typische Personal der (wahrscheinlich zum Teil gesungenen) *commedia dell' arte*. Auch in all diesen Aspekten ist sie ein Kind ihrer Zeit.

Daß, wie bei der »Erfindung« der Monodie, so auch bei ihrer Inszenierung die Erinnerung an die Antike (hier: die mutmaßliche Rolle der Musik im griechischen und klassisch-römischen Drama) mitspielte, muß uns heute als der vielleicht wenigst wichtige Umstand in der Entstehungsgeschichte der Oper erscheinen. Im Bewußtsein der Florentiner mag es der wichtigste gewesen sein. Aber, wenn Bardi gemeint hatte, daß der Versuch, die Musik »der Alten« wieder ins Leben zu rufen, gelänge er, freilich nur »einige Wenige« ansprechen könne, so wäre dieser Versuch, in der Oper jedenfalls, mißlungen: denn binnen weniger Jahrzehnte wurde sie die populärste Kunstform Italiens.

Der stilistische Dualismus

Der italienische, auf die »Darstellung der Gefühle« zielende Stil *(stile rappresentativo)* beschränkte sich nicht auf die Oper; auch machte die Oper nicht lange halt bei der Florentiner Monodie. Die Entwicklung der Oper vom *recitare cantando* zu Arie und *bel canto* gehört in die Formgeschichte der Musik. Kennzeichnend für die neue Schreibweise im allgemeinen blieb: die (früher erwähnte) kontinuierliche Baßbegleitung. Agazzari, einer der ersten Lehrer des *basso continuo*, empfiehlt diesen (1607) mit folgenden Argumenten:
»1. wegen der jetzigen Gewohnheit und des Styli im Singen, da man componiret und singet, gleichsam als wenn einer eine Oration daher rezitirte.
2. wegen der guten Bequemlichkeit.
3. wegen der großen Menge, Varietät und Vielheit der *operum* und *partium*, so zur Musik vonnöten sein.«
Das letzte Argument weist auf die Restaurierung eines komplexen Instrumentalsatzes hin. »Bequem« war dabei die Methode, den harmonischen Oberbau des Basses nur mit Ziffern anzuzeigen (daher auch: »bezifferter Baß«). Dieser harmonische Bau spannte sich mehr und mehr durch den freieren Gebrauch von Dissonanzen, welche die Spannungen der Seele »nachahmten«. Mit dem Ziel der »Nachahmung der Natur«, »auf den Grundlagen der Wahrheit«, rechtfertigte Monteverdi seine revolutionäre Dissonanz-Behandlung, in der die Dissonanz sich nicht mehr wie früher in sanftem, schrittweisem Abgleiten, sondern in heftigen Sprüngen löste. Auch zu rhythmischen Experimenten veranlaßte ihn der Wunsch, nicht nur das »Weiche und Gemäßigte«, auch das »Erregte« darzustellen. Als Textdichter dient solchen Versuchen immer wieder der »göttliche Tasso – jener Dichter, der alle Leidenschaften, die er beschreiben will, mit größter Eigenart und Natürlichkeit auszudrücken weiß« (Monteverdi, 1638).

Der *stile rappresentativo* ergriff alle Musizierformen, auch die kirchlichen. Sofort nach ihrer Entstehung war die Florentiner Monodie (von Cavalieri) auch in der Kirche erprobt worden. Im Zusammenhang mit seinen rhythmischen Experimenten stellt Monteverdi fest, daß er mit großem Eifer fortfahren wolle, »weitere Kompositionen dieser Art für Kirche und Kammer zu schreiben«. Eine Reaktion der Kirche war unausbleiblich. Ebenso wie einst gegen die maßlose Polyphonie der Niederländer verwahrte man sich gegen die ungebändigten Gefühlsentladungen der neuen »theatralischen« Schule. Die Auseinandersetzung nimmt heftigste Formen an in einer Fehde zwischen dem Bologneser Canonicus G. M. Artusi und Monteverdi. Öffentliche Kampfschriften fliegen hin und her. Als Antwort auf Artusis *Overo delle imperfettioni della musica moderna* schreitet Monteverdi zur Abfassung einer Schrift *Overo perfettione della moderna musica.* Die musikalische Welt hat sich in zwei Lager gespalten: die Anhänger des *stile antico* und des *stile moderno.*

Aus solchen Auseinandersetzungen, zwischen Altem und Neuem, und der endlichen Verdrängung des Alten durch das Neue besteht schließlich die Weltgeschichte. Das Merkwürdige an der stilgeschichtlichen Situation des 17. und frühen 18. Jahrhunderts ist, daß hier das Neue das Alte nicht verdrängte. Monteverdi, in seiner Verteidigung des *stile moderno*, etikettiert diesen bescheiden als *seconda pratica.* Die Gesetze des *stile antico* sollten in der *prima pratica* gültig bleiben – und blieben es auch: Die Musik wird zweisprachig. – Das erinnert sehr an die gleichzeitig (und schon früher) in der Literaturgeschichte eingetretene Situation; auch hier hat das Sprachbewußtsein des Humanismus einen sprachlichen Dualismus in nie dagewesener Weise verschärft: die lateinische Tradition einerseits und volkssprachige Literatur andererseits. Zum Aufstieg der letzteren haben lokal-patriotische Tendenzen das Ihrige beigetragen. Sie sind auch am Werke bei dem Durchbruch des *stile moderno* in der italienischen Musik. Nicht nur das Wort schlechthin war es, das man in der *nuove musiche* heiligte, sondern das italienische (oder »toskanische«) Wort. Der *stile moderno* bedeutete für Italien die Festigung einer selbstbewußt bodenständigen Tonkunst, das Ende der nordländischen Vorherrschaft. Das klingt laut genug durch in der florentinischen Ablehnung der Polyphonie als »ultramontane«, »gotische« Abgeschmacktheit.

Die halb historisch fundierte, halb phantastische Überlieferung vom Ursprung der Mehrstimmigkeit bei den »nordischen Völkern« ist fast so alt wie die Geschichte der Mehrstimmigkeit selbst. Charles Burney zitierte, als frühestes Zeugnis dieser Art, einen englischen Bischof vom Ende des 12. Jahrhunderts, der die schwierige Kunst, »gleichzeitig in verschiedenen Tonhöhen« zu singen, von den »Norwegern und Dänen« ableitete. Die geistesgeschichtliche Betrachtung hat es nicht versäumt, den Hang zu »abstrakter« Polyphonie mit dem »transzendentalen« Lebensgefühl des Nordens in Verbindung zu bringen; umgekehrt, die Vorliebe für den herzlich-naiven einstimmigen Gesang mit der »Diesseitigkeit« des südlichen Menschen. (In dieser Deutung begegnet die Gegenüberstellung Polyphonie-Monodie im 19. Jahrhundert etwa bei Heine und Nietzsche, im 20. bei Thomas Mann.)

Bei aller Vereinfachung passen solche Theorien weitgehend auf die stilgeschichtliche Situation des 17. Jahrhunderts. Offenbar waren es in erster Linie die irdischen Leidenschaften des »südlichen« Menschen, die im Sologesang des *stile moderno*, im wahrsten Sinne, zu Worte kommen sollten. Die überlieferte kontrapunktische Kunstübung des *stile antico* aber überdauerte in der meditativen Sphäre der Kirche – freilich nicht nur der »nördlichen«, auch der italienischen (und besonders der römischen); *stile antico* und *stile sacrale* wurden so gut wie gleichbedeutend. – Man hat oft von dem antithetischen Lebensgefühl des Barock, dessen Nebeneinander von Lebenshunger und *memento mori* gesprochen. Es findet in dem stilistischen Dualismus *moderno-antico* und dem häufigen, gleichsam unentschlossenen

Umschalten der Komponisten (auch der »modernsten«, wie Monteverdi) von der einen auf die andere Stilart, seinen merkwürdigen musikalischen Ausdruck. Vollherzigere Entscheidungen konnte da erst ein geistig stabileres Jahrhundert, das achtzehnte, treffen.

Die Tradition der Affektenlehre

Während die praktischen stilgeschichtlichen Ereignisse in Italien stattfanden und von dort nach Norden ausstrahlten, ließ man es sich vornehmlich jenseits der Alpen angelegen sein, die neue Musik theoretisch zu kodifizieren. Die Zusammenhänge sind merkwürdig eng und durchsichtig: Heinrich Schütz, der bedeutendste (und, nicht zufällig, wohl auch der mit humanistischem Bildungsgut belastetste) deutsche Komponist seiner Zeit, bereist (seit 1609) Italien und führt, als Frucht dieser Reisen, den italienischen Stil in die deutsche Musik ein. Inzwischen beauftragt ein deutscher Fürst, der Markgraf von Hessen-Darmstadt, Martin Opitz, Begründer der deutschen Poetik, mit der Übersetzung des ersten italienischen Operntextes: Rinuccinis *Dafne* (Musik nicht erhalten); die Neuvertonung für Deutschland übernimmt Schütz – so entsteht (1627) die erste deutsche Oper. Gleichzeitig macht sich Schützens Vorgesetzter am Dresdener Hof, der Musiktheoretiker Michael Prätorius, zu einem der ersten theoretischen Verfechter des *stile moderno*. Er verlangt dabei vom Musiker genau das, was die Poetik vom Dichter erwartet:

> Gleich wie eines Orators Ampt ist, nicht allein eine Oration mit schönen anmutigen lebhafftigen Worten, und herrlichen Figuren zu zieren, sondern auch recht zu pronuncjiren, und die *affectus* zu moviren: in dem er bald die Stimmen erhebet, bald sincken lesset, bald mit mehliger und sanffter, bald mit gantzer und voller Stimme redet. Also ist eines Musicanten nicht allein singen, besonders künstlich und anmütig singen: Damit das Hertz der Zuhörer gerühret, und die affectus beweget werden, und also der Gesang seine Endschafft dazu er gemacht, und dahin er gerichtet, erreichen möge.

Das entspricht wörtlich dem Ansuchen Buchners (»Anleitung zur deutschen Poeterei«), der Poet möge den Leser »in eine beständige Bewegung durch Bewunderung« versetzen und so auf seine Seele einwirken. Vorbildlich bleibt, hier wie dort, die Poetik Scaligers, die schon in den Theorien der *Camerata* merklich durchklang. Scaligers Begriff der *forma*, nicht etwa als die äußere Gestalt der Dichtung, vielmehr als deren geistiger Gehalt, ihre Intention und Wirkung – also eigentlich: ihr »Ethos« –, war es offenbar, das zugrunde lag, wenn Galilei die musikalische Gestalt nur als die »Materie«, das poetische Wort aber als die »Form« der Musik bezeichnete. Die gemeinsame Wurzel ist die Metaphysik des Aristoteles.

Die platonisch-aristotelische Lehre vom *Ethos* und *Affekt*gehalt der Musik war auch während des Mittelalters nie ganz in Vergessenheit geraten: *musica movet affectus, provocat in reversum habitum sensus* (Isidor von Sevilla, gestorben 636) – dieser Erkenntnis haben die Kirchenväter auf verschiedene Weise Rechnung getragen. Schon Augustin war die Tonkunst, eben um der *diversitas* ihrer möglichen Wirkungen willen, im Grunde verdächtig – wie sie einst Platon verdächtig war, der in seiner »Republik« nur solches Musiziergut zulassen wollte, welches Tapferkeit und kriegerischen Sinn stärkte. Erst zur Zeit Isidors stellt die Kirche die Musik bedenkenlos in den Dienst der Erhebung der Seele zu Gott: *ut qui a verbis non compunguntur suavitate modulationis moveantur* (Isidor). – Die Renaissance-Theoretiker haben bei der Betrachtung des »Affektgehalts« der Musik, in Anlehnung an die antike Anschauung der Kunst als »Nachahmung der Natur«, den Begriff des »Natürlichen« (Glarean: *nativans indolens*) dem des »Gekünstelten« wertsetzend entgegengestellt. In dieser Richtung, der Überordnung einer *vera musica* über eine bloß *buona musica* haben, wie gezeigt wurde, die Florentiner und ihr Wirkungskreis fortgebaut. Monteverdi wird dabei, gleich der *Camerata*, nicht müde, sich auf Platon zu berufen; und nicht ganz ohne Belustigung kann man es lesen, wenn er (1638) Platons Rezept: »Nimm jene Harmonie, welche in Ton und Stimme die eines tapfer in die Schlacht Ziehenden nachahmt«, als Ausgangspunkt für seinen theatralischen *concitato*-Stil nimmt.

Mit Monteverdi hat die bewußte Konzentration auf den Affektgehalt der Musik ihren ersten Höhepunkt, vielleicht ihren Höhepunkt überhaupt, erreicht. Seither gibt es eine Musik-*Ästhetik* im wörtlichen Sinne: eine Lehre von der musikalischen Empfindung, deren technischen Verkörperungsformen und Kommunikationsmitteln. Descartes hat die musikalische Affekten-Lehre in sein »System der Leidenschaften« (*Les passions de l'âme*, 1649, *Compendium musicae*, 1650) miteinbezogen, ohne ihr wesentlich Neues hinzuzufügen. Mit den Anfängen der französischen Oper, im letzten Drittel des Jahrhunderts, erhält sie einen neuen Auftrieb. Aus Frankreich übernehmen die deutschen Theoretiker des 18. Jahrhunderts vieles. Erst unter ihren Händen gewinnt die Affektenlehre ihre komplex ausgefeilte Form.

Diese Entwicklung läßt sich auf zwei verschiedenen, wenn auch selten voneinander ganz gesonderten Strängen verfolgen: Auf der einen Seite wird der Affektgehalt der Musik auf dem Umweg über die Gesetze der Sprache ausgedrückt und erfaßt; auf der anderen Seite wird er als unmittelbare Nachahmung der »Bewegung der Seele« durch die Bewegungen des Tons verstanden. Tritt die Musikästhetik im ersteren Falle in ein Bündnis mit der antiken Rhetorik, so im letzteren Falle in ein Bündnis mit der Seelenkunde, Physik und Medizin. Hier, vornehmlich in der Tonarten-Symbolik, bleiben auch Zusammenhänge mit der alten Ethos-Theorie. Von den beiden genannten Aspekten der musikalischen Affektenlehre ist der erstere für die Musikgeschichte des 17. und 18. Jahrhunderts der ungleich wichtigere; aber der letztere erwies sich als der dauerhaftere.

Musikalische Pathologie

Die handgreiflichste Ursache für die verschiedenen Wirkungen der Musik – die verschiedenen Arten der Klangerzeugung – tritt in der Affektenlehre des Barock (im Gegensatz zu der der Antike) sehr in den Hintergrund. Descartes erklärt bündig, daß unter allen Tonqualitäten die der menschlichen Stimme am geeignetsten sei, die Gemütsbewegungen hervorzurufen; noch Burney klassifiziert und bewertet alle Musikinstrumente rigoros nach ihrer relativen »Ähnlichkeit« mit der Stimme: am liebsten ist ihm deshalb die Violine, an zweiter Stelle kommt die Flöte, dann die Oboe. Der von Galilei auf den Affektgehalt der Musikinstrumente geworfene Seitenblick erschöpft sich in der Feststellung, daß Saiteninstrumente wie Lauten und Violen sich für den Ausdruck der »weichen« Affekte eigneten, Tasteninstrumente hingegen mehr für den der »harten«. Gleichgerichtete Betrachtungen der Schriftsteller des 18. Jahrhunderts beschränken sich auf knappeste anthropopathische Feststellungen; man spricht vom »stolzen Fagott«, dem »hochtrabenden Horn«, der »bescheidenen Flöte« (Mattheson). Kaum anders in den zahlreichen »Anweisungen« zum Instrumentalspiel, welche die idiomatische Loslösung der instrumentalen von der vokalen Musik seit dem Frühbarock ins Leben gerufen hat: Leopold Mozart (es ist der Vater des Wolfgang Amadeus) läßt sich in seiner Violinschule auf eine kurze »Deutung« der Stricharten ein, der Stimmungsgehalt des Spiels mit Dämpfer wird bei ihm, wie bei anderen, gestreift. Das alles hält sich im Allgemeinsten. – Eine eingehende Gefühls-Hermeneutik des Instrumentalklanges bleibt der Romantik vorbehalten, wobei den Ehrenplatz das Waldhorn einnehmen wird, »diess himmlische Instrument«, dessen »unaussprechliche Wirkungen« zwar nie im »Pathos oder eigentlichen Grossen« bestehen, dafür aber im »Sanften, Süssen, den Nachhall Weckenden, zärtlich Klagenden« (Chr. Fr. Schubart, »Skizzirte Geschichte der Musik«, um 1785).

Die Bewegungen der Seele werden, nach Descartes, vor allem durch die Unterschiedlichkeit des *Tempos* regiert: ein langsames Tempo erweckt die »trägen Leidenschaften« (Mattigkeit, Traurigkeit, Furcht, Hochmut), schnelles Tempo führt zur lebhaften Gemütsbewegung (Freude). Auch die Taktarten sind von Belang. Bei der Gegenüberstellung des geraden Taktes (unser moderner $^2/_4$- oder $^4/_4$-Takt) mit dem ungeraden ($^3/_4$, $^6/_8$ und so fort) bemerkt Descartes, der letztere beschäftige den Sinn mehr, »weil bei ihm mehr Dinge zu beobachten sind, nämlich drei Glieder, während im anderen nur zwei enthalten sind«. Abweichende Beobachtungen hat Monteverdi gemacht in seiner Rückführung der musikalischen Bewegung auf antike Versmaße: das schnelle, pyrrhychische Versmaß (◡◡), meint er, eigne sich am besten für »kriegerische und gewaltig erregte Tänze«, im Gegensatz zum Spondäus (— —): »mit einem Zorn und Unwillen enthaltenden Text in Verbindung gebracht« ließe sich durch Anwendung des Pyrrhichius »schon eine Aehnlichkeit« mit dem, was der Text enthielt, erzeugen, obgleich dieser der Schnelligkeit des Instruments nicht zu folgen vermöge. Monteverdi hat sich diese Überlegungen in dem berühmten dramatischen Madrigal *Il combattimento* zunutze gemacht.

Am natürlichsten ist die Ableitung der musikalischen Metren von den Versfüßen der Dichtung in den metrisch starren Tanzformen. Ein Beispiel: Das rhythmische Schema der Gavotte ♩ ♩ / 𝅗𝅥 entspricht dem Anapäst (◡◡—); daraus erklärt Mattheson den Ausdruck »jauchzender oder ausgelassener Freude« der Gavotte. Daß die daktylisch-anapästischen Zeilen »mit ihrem Hüpfen und Springen zur Fröhlichkeit aufmuntern«, war eine schon bei den Versmeistern des 17. Jahrhunderts weitverbreitete Meinung. Überhaupt läßt sich bei den Untersuchungen der Versfüße auf ihren Affekt-Gehalt eine gewisse Übereinstimmung feststellen. Gleich Monteverdi scheint Mattheson der Pyrrhichius (auf den er den Rhythmus der Gigue reduziert) »auf Hitze und Eifer gezielet«.

Matthesons jüngerer Zeitgenosse, F. W. Marpurg, geht weiter: Er führt alle musikalischen Metren auf drei Klangfüße (Trochäus, Jambus und Daktylus) zurück. Die Neigung zur regelmäßig pulsierenden Rhythmik, zur »Motorik«, im Concerto-Stil des Spätbarock scheint solchen Versuchen Vorschub zu leisten. Und diese Neigung zur rhythmischen Vereinheitlichung wiederum geht Hand in Hand mit einer seit der Mitte des 17. Jahrhunderts laut werdenden Lehre: daß ein in sich geschlossener musikalischer »Satz« nur einen einzigen »Grund-Affekt« zum Ausdruck bringen dürfe, dem alle »Nebenleidenschaften« sich unterzuordnen hätten. Diese Theorie gewann nicht allein für die rhythmische Gestalt, auch für die Gesamtstruktur der musikalischen Komposition größte Bedeutung. Denn wo nur eine Empfindung, nur eine Stimmung herrscht, da darf auch nur eine melodische Hauptidee (Thema, Motiv, Figur) hervortreten, und jener haben die Nebenideen (Kontrapunkte, Episoden) sich anzupassen. Der »Grund-Affekt« wird gleich zu Anfang des Stückes in einer Figur »zusammengefaßt« und dann »durchmusiziert« – bis das Material erschöpft ist. Das gibt den Barockformen ihren statischen Charakter. Das Gesetz der Ein-Affektigkeit gilt für die Sätze der Instrumentalmusik wie für die vokalen Formen. So meint Mattheson auch von der Gesangs-Arie, daß sie fast immer ein kurzes Thema oder *subjectum* habe, worin ihr Gesamt-Affekt so vollkommen wie möglich erhalten sein müsse.

Als die Symphoniker des ausgehenden 18. Jahrhunderts anfingen, ihre Formen dadurch aufzubauen, daß sie miteinander kontrastierende Themen gegeneinander ausspielten, rügten die konservativen Kritiker diese »höchst unnatürlichen Symphonien und Sonaten« wegen des Wechsels von »Freude und Traurigkeit« in ein und demselben Satz (Reichhardt, 1782). Die Tradition der Ein-Affektigkeit überlebte in der Klassik in den Satzbezeichnungen wie *Allegro*, *Grave*, *Largo*, welche (wie ihre wörtliche Bedeutung zeigt) ursprünglich nicht so sehr als Hinweis auf das Tempo denn auf die Grundstimmung des Satzes gemeint waren.

Recht eigentlich auf ihrem Gebiet ist die musikalische Pathologie in der Tonarten- und Intervallenlehre, wobei das Interesse sich mehr und mehr auf die Ausdrucks-Polarität von *dur* (c-e-g) und *moll* (c-es-g) konzentriert. Die Symbolik der Transposition der Dur- und Molltonarten wird von den Theoretikern des 17. Jahrhunderts häufig, von denen des 18. Jahrhunderts meist (bis gegen das Jahrhundertende) abgelehnt. Schon Zarlino hatte die Tonarten mit der Durterz (c-e) mit dem Gefühl der *allegrezza* verbunden, die Tonarten mit der Mollterz (c-es) mit der *tristezza*. Eine drastische Illustration dieser Tonartendeutung lieferte, im 17. Jahrhundert, der italienische Komponist G. Carissimi in seiner Kantate *I filosofi*, indem er den lachenden Demokrit in *dur*, den weinenden Heraklit in *moll* singen ließ – ein Experiment, dessen Kühnheit ihren Eindruck auf die Zeitgenossen nicht verfehlte. Um 1700 ist es eine ausgemachte Sache, daß die *tertia majore* »etwas Vollkommenes und Lustiges«, die *tertia minore* aber »etwas Trauriges, Melancholisches... was Sehnliches« vorstellt (Kuhnau). Noch Goethe notiert: »Dur treibt ins Objekt, Moll ins Subjekt« (an Zelter).

Die Tonarten-Lehre der Antike hatte ihre konkrete Begründung: man verband die in gewissen Landstrichen beheimateten Tonarten mit den für ihre Bewohner charakteristischen Eigenschaften: So galt zum Beispiel die dorische Tonart als »kriegerisch«, weil eben die nordischen Dorier im Ruf der Kriegerischheit standen. – Solche rationale Wurzeln fehlen der neuen Tonarten-Lehre. Sie müssen erst konstruiert werden. Descartes erklärt die verschiedenen Gefühlswirkungen der großen oder kleinen Tonschritte auf medizinischem Grund: die Erregungen der Seele werden verursacht, unterhalten und verstärkt durch die Bewegung der »Lebensgeister« – das sind »die beweglichsten und feinsten Teilchen des von der Herzwärme verdünnten Blutes«. Bei der Wahrnehmung kleiner Tonschritte ziehen die Lebensgeister sich zusammen, wodurch ernste, traurige Affekte entstehen; bei großen Tonschritten breiten die Lebensgeister sich aus, und das Gefühl freudiger Erregung wird gezeitigt. Die Lebensgeister-Theorie wurde, mit geringen Varianten, von vielen Theoretikern (Berardi, Kircher, Steffani, Werckmeister, Mattheson) übernommen. Steffani begründet (1700) durch sie insbesondere die unterschiedliche Wirkung der »zwei Tertien, die man insgeheim *majorem* und *minorem* zu nennen pflegt«.

Aber der Gefühlsmechanismus der Intervalle wird durchkreuzt von einer anderen, sehr alten medizinischen Theorie: der Hippokratisch-Galenschen Lehre von den »Vier Temperamenten«. Verschiedene Menschentypen bevorzugen verschiedene Melodietypen oder Tonarten: dem Phlegmatiker entspricht nun das Dorische, dem Choleriker das Phrygische und so fort. In dieser Form – offenbar eine Korruption der griechischen Tonarten-Lehre – trat die Temperamenten-Lehre schon zu Ende des 15. Jahrhunderts in das Blickfeld der Musiktheorie (bei Ramis de Pareja 1482) und bald auch der Heilkunde (bei Agrippa von Nettesheim 1533). Der Bund mit der Lehre von den »Vier Temperamenten« erneuert sich im 17. Jahrhundert (besonders bei Kircher) in der Klassifikation der verschiedenen »individuellen« Stilarten: So wird die *hyperchematische* Schreibweise (Tanzmusik) dem »sanguinischen« Menschen zugeteilt, »weil sie das Blut in Bewegung setzt«; dem Melancholiker entspricht ein kompakter harmonischer Stil, usw., usw. Das 18. Jahrhundert (Mattheson, Quantz) empfiehlt, daß der Komponist einer Sonate in den verschiedenen Sätzen jeder der »Vier Temperamente« Rechnung trage – ein psychologischer Altruismus, welcher der viersätzigen Dramaturgie der klassischen Sonate und Symphonie den Weg geebnet hat. Aber auch eine medizinische Forderung: denn eine »temperament«-mäßig wohlbalancierte Komposition wird imstande sein, beim Hörer die vier *humores* (Lebenssäfte) seines Organismus, von deren Gleichgewicht die Gesundheit des Menschen abhängt, im nötigen Equilibrium zu erhalten oder dieses wiederherzustellen. Die therapeutische Kraft der Musik wird im 17. und 18. Jahrhundert reichlich erörtert, in der Musiktheorie bei Kircher, Berardi, Mersenne; in der Heilkunde bei Pellegrini, Burton *(The Anatomy of Melancholy)*, Ettmüller *(Effectus musices in hominem)*, Haller *(Elementa physiologicae corporis humani)*, Thilo *(Specimen pathologiae musicae)* und vielen anderen.

Die Musik erregt nicht nur die Leidenschaften, sie mildert sie auch, purgiert Seele und Körper, lindert Schmerzen (Berardi), heilt insbesondere die Folgen des Tarantelstichs (am ausführlichsten bei Baglivi und Kircher). Sie macht menschlicher, mitleidig, mildtätig (Saint Mard), erregt die geselligen Leidenschaften (Avison, auch Schiller), befördert alle Tugenden (Mattheson), sie macht den Verstand biegsamer und das Herz empfindlicher (Krause). – So fügt die musikalische Pathologie, wie schon zur Zeit der *Camerata*, sich weiter in die Kunst-Ethik des ästhetischen Rationalismus.

Es ist indessen Descartes selbst nicht entgangen, daß seine Begründung der verschiedenen Wirkungen der Musik ihrerseits einer Begründung bedurfte: der Ton erschüttert die Seele,

»denn das ist nämlich sicher, dass der Ton ringsumher alle Körper erschüttert«. Die Erforschung der Ursache hierzu aber überläßt Descartes »den Physikern«. Als »die Ursache« von »den Physikern« weitgehend erforscht war, haben die Theoretiker der Affekten-Lehre sich darum meist wenig gekümmert. Rousseau und Batteux, die beiden Spätvertreter einer (wie zu zeigen sein wird: modifizierten) Affekten-Lehre haben die akustisch-physiologische Begründung des Hörvorgangs beiseite geschoben, fast mit den Worten des Descartes. Diese Distanzierung von den exakten Wissenschaften, der Hang zur Pseudo-Wissenschaft, ist äußerst kennzeichnend für die geistige Zwiespältigkeit des ästhetischen Rationalismus: dem Versuch der Rationalisierung des Irrationalen, wobei doch immer das Irrationale das letzte Wort behält. Hier ist die Brücke zur Romantik. Als etwas, das sich eigentlich nicht erklären läßt, hat die Romantik, schon J. J. Engel (»Über die musikalische Malerey«), dann Schubart, die alte Tonartenlehre wieder aufgegriffen. Beethoven empfiehlt Schubarts Buch allen seinen Schülern und verficht begeistert die Symbolik der Tonarten vor den Ungläubigen. Wackenroder und Tieck entdecken neuerlich die kathartische Wirkung der Musik und ihre sittliche Kraft: »Die Musik erregt mächtig in unserer Brust die Liebe zu den Menschen und zur Welt, sie versöhnt uns mit unserm Feinde.«

Musikalische Rhetorik und Malerei

Die Musikschriftsteller des ausgehenden 18. Jahrhunderts bezeichneten die Musik gern als eine »eigene Sprache« (so Burney): die »Tonleiter« sei das »Alphabet« dieser »Sprache«, daraus entstünden die »Worte« und anders. Um zu einer »eigenen Sprache« zu werden, hat die Musik, seit den Anfängen der *nuove musiche*, immer bewußteren Umgang mit der Sprache gepflegt. Diese Bewußtheit dokumentiert die Lehre von den »musikalischen Redefiguren«.

Das aus der äußersten Unterordnung der Musik unter die Sprache geborene Rezitativ gab den Theoretikern Anlaß, einmal wieder über die zwischen Musik und Rede überhaupt bestehenden Gemeinsamkeiten nachzudenken: Gleich dieser gliedert sich jene in mehr oder weniger lange oder kurze Abschnitte (noch heute bezeichnen wir diese in der Musiktheorie, nach dem Vorbild der Sprache, als »Perioden« und »Phrasen«). Sie erhalten ihr Gepräge durch Akzente, Pausen, Wiederholungen, Steigerungen. Für die humanistisch gebildeten Musiker, die als Hofkapellmeister oder Kantoren oft den Sprachunterricht am Gymnasium zu erteilen hatten, lag es nahe, solche Analogien zwischen dem Formbau von Musik und Sprache in der Terminologie der Rhetorik zu erfassen: So sprach man im Kompositionsunterricht (der seit dem 16. Jahrhundert weitgehend aus der Analyse praktischer Beispiele bestand) etwa bei der Wiederholung einer Tongruppe von einem *Polyptoton* (nach der in der Rhetorik so benannten Wortwiederholung), oder man bezeichnete gewisse Anhäufungen konsonanter Akkorde als *Congeries* (in Anlehnung an die »Worthäufungen« in der Rede). Solche Anleihen der Musiktheorie bei der Rhetorik schienen im Zeitalter der sprachlichen Hochkultur bequem, denn sie gereichten zur Allgemeinverständlichkeit. J. Burmeister, ein deutscher Schullehrer, der das in seinem *Hypomnematum Musicae Poeticae* (1599) als erster systematisch betrieb, fand bei seinen Vorgesetzten viel Anerkennung für seine Erläuterung der musikalischen Komposition *cum aptis et convenientibus vocabulis ex Rhetorum officina.*

Wichtiger als diese doch mehr oder weniger rein terminologischen Übergriffe der Musikwissenschaft auf die Rhetorik (oder umgekehrt) war die Beobachtung, daß bei der Vertonung gewisser Redefiguren (Ausrufe, Fragen, Emphasen) die Komponisten (auch die älteren) gern bestimmte, stereotype melodisch-rhythmische oder auch harmonische Wendungen gebrauchten. Man machte sich daran, diese zu sammeln oder auch selbst zur Vertonung gewisser Textinhalte (Bejahungen, Verneinungen, Zweifel) bestimmte musikalische Formeln theoretisch in Vorschlag zu bringen. Damit beginnt die eigentliche Lehre von den musikalischen Redefiguren. Von der Überzeugung, daß durch bestimmte musikalische Formeln bestimmte, im Wort ausgedrückte Gedanken oder Affekte in die Musik »übersetzt« werden können, ist es nicht weit zur Forderung, daß dies auch stets der Fall sein müsse. Diese theoretische Forderung nimmt rigoroseste Form an um die Mitte des 18. Jahrhunderts. Jetzt geht es nicht mehr, wie ein Jahrhundert früher, um die größtmögliche Ausdrucks-Intensität, sondern um die größtmögliche Ausdrucks-Verdeutlichung. Der Tonsetzer hat, nach Mattheson (1739), bestimmte »Leidenschaften darzustellen, damit der Hörer seine Lehren ziehen« könne. Am besten läßt sich dies, nach der Meinung der meisten Theoretiker, noch immer mit der Hilfe »lehrreicher Worte« erreichen (Chr. G. Krause 1752). Aber es ist auch möglich, »alle Affekte durch bloße Töne (auch ohne Zuthun einiger Worte oder Verse) rege zu machen« (Mattheson 1721). Das heißt, die aus der Vokalmusik abstrahierten musikalischen Redefiguren werden auf die reine Instrumentalmusik übertragen. In besonders systematischer Form hat J. A. Scheibe diesen Dienst für die Musiktheorie geleistet.

Scheibe geht aus von der »kritischen Dichtkunst« J. Chr. Gottscheds, dessen Abhandlung »Von den Figuren in der Poesie« die große Anzahl überlieferter Redefiguren stark reduzierte. Gottscheds Interesse gilt nur jenen Figuren, welche »mehr als bloße Zierrathe« der »Sprache der Affekte« dienen. Das ist der Fall nur bei einunddreißig Figuren (darunter zum Beispiel die *exclamatio*, *dubitatio* und *interrogatio*), die Gottsched genauestens auf ihren Affektgehalt prüft. Selbst von dieser Auswahl eignen sich nicht alle Figuren für die musikalische »Übersetzung«. Soweit sie Scheibe dafür geeignet erscheinen, übernimmt er – zum Teil wörtlich – Gottscheds Affekt-Diagnosen für die überlieferten und, wie es scheint, teilweise auch von ihm selbst geprägten musikalischen Formeln (Scheibes Vertonungsformel der *exclamatio* etwa weicht ab von der in J. G. Walthers Musiklexikon 1732 gegebenen). Die *dubitatio* verkörpert sich, nach Scheibe, in einer »ungeregelten, schweifenden Modulation«, bei welcher man »nicht wisse, welchen Fortgang sie nehme und in welchen Ton sie zuletzt falle«. Eine beliebte, auch bei Scheibe registrierte Vertonungsformel der *interrogatio* ist die sogenannte »phrygische Kadenz« (in neuerer Terminologie: ein Halbschluß auf der Dur-Dominante einer Moll-Tonart). Noch in Mozarts »Zauberflöte« begegnet sie in Reinkultur:

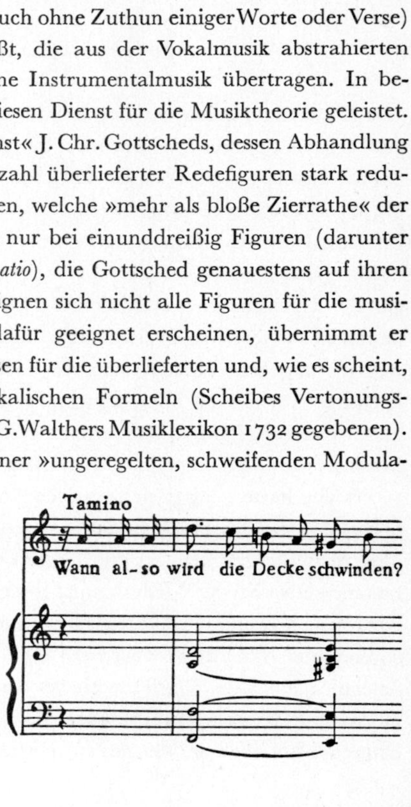

Sehr eindrucksvoll (wenn auch in leicht modifizierter Form) verwendet Gluck sie in seiner aulischen »Iphigenie«:

Für das tonale Empfinden drängt diese Kadenz auf der Dominante nach einer »Lösung« auf der Tonika – die Antwort:

Die oben erwogene Frage, ob Iphigenie der Artemis zu opfern sei, darf wohl als das zentrale Thema des gesamten Dramas angesprochen werden. Und so steht denn auch gleich der

Anfang der Ouvertüre ganz im Zeichen ominöser Dominantenumspielungen und Halbschlüsse:

Der französische Musikschriftsteller Abbé Arnaud wußte an dieser Ouvertüre nichts höher zu preisen, als daß man »beynahe die ganze Tragödie daraus in Worte setzen könne« (1775). – Die Forderung, daß die Ouvertüre (»Symphonie«) zu einem Trauerspiel den gesamten Inhalt des Dramas »zusammenfassen« solle, geht auf Gottsched zurück. Scheibe hat sie an Lessing weitergegeben, der (unter Bezugnahme auf Scheibe) sich im 26. Stück der »Hamburger Dramaturgie« mit ihr beschäftigt. Er ist sich dabei des Kommunikations-Problems bewußt:

> Der Künstler wird also hier seine äußerste Stärke anwenden müssen; er wird unter den verschiedenen Folgen von Tönen, die eine Empfindung ausdrücken können, nur immer diejenigen wählen, die sie am deutlichsten ausdrücken; wir werden diese öfterer hören, wir werden sie miteinander öfterer vergleichen und durch die Bemerkung dessen, was sie beständig gemein haben, hinter das Geheimnis des Ausdrucks kommen.

Das »öfterer Hören«, die Forderung »bekannter Gänge«, das heißt, auch die Nachahmung anderer Komponisten spielt eine wichtige Rolle in der Kompositionstheorie des 18. Jahrhunderts. Mattheson behandelt das, in seiner musikalischen Rhetorik, unter der Kategorie des *locus exemplorum.* Er meint: »wenn man nur feine Muster dazu wählt und die Erfindung bloß imitiert, nicht aber nachgeschrieben und entwendet wurde..., wird aus dieser Exempelquelle... das Meiste hergeholet.« F. W. Marpurg, enthusiastischster Verfechter der musikalischen Affekten-Lehre, bedauert (1763), daß »in der Musiklehre man alle verschiedenen Abzeichen der Melodien, wie sie diese oder jene Empfindung ausdrücken, noch nicht so auseinandergesetzt wie in der Dichtkunst und in der Beredsamkeit die Gedanken und Schreibarten charakterisiert sind«, und er plädiert für die Erschaffung eines vollständigen Führers durch die Welt der Motive:

> Das Genie und der Affekt, worin die Componisten sich setzen, macht zwar zweifellos, dass sie diejenige Art der Töne finden, welche zu ihrer jetzt vorhabenden Absicht nötig sind. Es möchte aber doch wenigstens einem angehenden Componisten damit gedienet seyn, wenn man Auszüge der Töne hätte, welche jeden besonderen Affekt schildern.

Man hatte sie. Aber vor der Aufgabe, »das unergründlich genannte Meer von der menschlichen Gemütsbewegung« ganz auszuschöpfen, verzagte selbst ein Systematiker wie Mattheson.

Die Bemühung um die Fixierung der musikalischen Redefiguren entsprach dem Hang der Zeit zum Schema, zum Sammeln, zum Enzyklopädischen. Noch Schiller faßte den Plan, »einmal alle möglichen tragischen Situationen aufzuspüren« – aber führte ihn nicht aus. – Wie weit die Lehre von den musikalischen Redefiguren wirklich gemeinsame oder auch nur individuelle Ausdruckskonventionen erfaßte oder schuf und diese dem geübten Hörer bekannt waren oder wie weit es sich bei Feststellungen wie der oben von Lessing angeführten nur um die hypnotischen Auswirkungen des Vernunfts-Glauben, des vernünftigen »Verstehen«-Wollens um jeden Preis handelt: Das ist ein von der historischen Musikwissenschaft noch kaum ernstlich angeschnittenes, dafür aber um so hitziger umstrittenes Kapitel. Johann Sebastian Bach, durch den die »Klangrede« ihre feinste (und, wie es bei dem heutigen Stand der Forschung scheint, auch schematischste) Ausprägung erhielt, hat sich darüber theoretisch gründlich ausgeschwiegen: Als Mattheson an alle prominenten Komponisten Europas ein Rundschreiben richtete, betreffs die von ihm vorgeschlagenen Neuerungen im Kompositionsunterricht, zog Bach es vor, nicht zu antworten.

Die musikalische Figurenlehre behandelt, besonders bei Scheibe, wesentliche Konstruktionsprinzipien und -formeln der Musik des 18. Jahrhunderts. Es wäre eine Binsenwahrheit, zu sagen, sie erkläre die Formelhaftigkeit dieser Musik. Viel eher entstand sie aus jener. Daß sie dabei in eine Wechselbeziehung zum Versprachlichungsprozeß der Musik trat, ist wahrscheinlich.

In seiner musikalischen Rhetorik unterscheidet Mattheson – wie schon ähnlich frühere Theoretiker – zwischen *loci descriptionis* (sie schließen jene von uns oben angeführten Redefiguren mit ein) und *loci notationis*, das heißt abstrakt musikalische Organisationsmittel, wie Inversion, Repetition, doppelter Kontrapunkt – also Rüstzeug der Tonkunst, das weit älter war als das System der musikalischen Rhetorik. Eben daß man es in sie einpaßte, zeigt, wie jeder technische Kunstgriff, jedes kleinste Ornament, jede Lizenz (etwa in der Dissonanzbehandlung) erst durch den geforderten oder gewünschten Affektgehalt legitimiert wurde. So entschuldigt zum Beispiel G. Muffat im Vorwort seines *Florilegiums* (eine bekannte Sammlung von Orchestersuiten, 1695) gewisse »Rauhigkeiten« oder »Bizarrereien« seines Stils dadurch, daß man sich zugunsten der Imitation (»Stimme, Worte und Gesten derjenigen, welche man vorstelle und wiedergäbe«) heute eben manches erlauben müsse. Muffat war Schüler Lullys – ein sehr bedeutender Umstand.

Verglichen mit der zeitgenössischen venezianischen Oper (die Lully kannte), repräsentiert die von ihm geschaffene französische National-Oper einen stilistischen Rückschritt. Die Venezianer hatten den Gebrauch des Rezitativs mehr und mehr eingeschränkt, hatten die Arie vom Rezitativ abgehoben und damit dem Gesang zu höherem Flug verholfen. Lully kehrte zu einer streng syllabisch deklamierenden Gesangsweise zurück, deren Charakter sich im Rezitativ und in der Arie wenig ändert. Die der Diktion dienenden häufigen Taktwechsel ($^2/_4$, $^3/_4$, $^4/_4$) im Rezitativ gemahnen mitunter an das *senza batuta* (»ohne Takt«) Monteverdis. Lully »ahmte« zwar nicht wie jener die »natürliche« Sprechweise »nach«, sondern die getragene Deklamation der französisch-klassischen Tragödie. In diesem Lichte durfte man sich wohl daran erinnern, daß Gesang nichts anderes sei als »erhöhte Deklamation«, wie Ch. Perrault, der erste anerkennende Kritiker der französischen Oper, das (1692) tut; und daß die Vokalmusik ihr Vorbild in der Sprache fände: deren »Tonfall, Akzenten, Seufzern« (Dubos 1715) – Seufzer, an denen die verliebte Schäferwelt der französischen *tragédie lyrique* (so nannte man die frühe Oper Frankreichs) so reich war. Bis heute bezeichnet man eine kurze Pause (Viertelspause) in den romanischen Ländern als »Seufzer« *(soupir, sospiro)*.

Die Ausstrahlungskraft der Oper Lullys auf die musikalische Rhetorik ist kaum hoch genug in Anschlag zu bringen. Sie reicht nicht nur bis Mattheson, der sich auf die Lullysche Schreibweise als das Ideale einer deutlichen »Klangrede« beruft; auch für die von Chr. Krause (im »Berliner« Lied) angestrebten »redenden Töne« bleiben die *tons parlants* des Franzosen vorbildlich. Noch J. A. P. Schulz, der den Deutschen das Lied »im echten Volkston« schenkte, »amüsiert« sich »zu sehen, mit welchen wenigen Mitteln der Mann (Lully) doch so vieles geleistet« (1783, an J. H. Voss). In Frankreich grassiert die Theorie von der »erhöhten Deklamation« bei den Enzyklopädisten (Rousseau und die Seinigen), ähnlich wie in Deutschland bei Gottsched, zu einer Zeit, da sie längst nicht mehr wahr ist. Auch Ch. Batteux meint, wenn er von »der« Musik spricht, in Wirklichkeit die französische Oper.

Die Oper gab, neben der Nachahmung der Sprache und ihres Affektgehalts, Gelegenheit, den musikalischen Nachahmungstrieb noch auf eine andere Art zu betätigen: Da gab es Gewitterstürme, die der musikalischen Untermalung bedurften (daher die »Gewitter-Symphonien«, deren Tradition von Vivaldi bis zu Beethovens »Pastoralsymphonie« reicht); man konnte Glockengeläute und Schlachtengetöse musikalisch ausgestalten, den Vogelsang, das Heulen des Windes, das Rauschen des Wassers im Orchester nachahmen. Auch Licht und Dunkelheit, Blitze und Finsternis ließen sich durch analoge Klangfarben »darstellen«. An all dies dachte Batteux, wenn er in seinem Buch, dem *Traité des beaux arts, Reduits à un même principe* (1746), »zwei Arten von Musik« unterscheidet:

> Die eine ahmt nur affektlose Geräusche und Töne nach; diese gleicht den Landschaftsstücken der Malerei; die andere drückt die beseelten Töne aus, die von den Empfindungen herrühren; diese ist das Gemälde mit Figuren.

Batteux' Entdeckung kommt sehr spät. Und die Nachwelt hat seinen Anspruch, als »Erster« die Künste unter einem gemeinsamen Prinzip, dem der »Nachahmung der Natur«, erfaßt zu haben, bei weitem zu wörtlich genommen.

Die »malende« Musik hatte neben der »ausdrückenden« längst ihren Platz in der musikalischen Rhetorik. Musikalische »Gemälde mit Figuren« liebten besonders die Lautinisten des 17. Jahrhunderts, auch die des frühen 18. Man »charakterisierte« meist eine »galante Dame«, deren Identität die Titel solcher Charakterstücke verrieten *(la despremont, la Marquise, la belle magnifique, la désolée, la pleureuse)*, wozu ein deutscher Lautinist, E. G. Baron (1727), anmerkt: »Die Nahmen sollen sich allezeit zur Sache schicken.« Stücke dieser Art schrieb auch Couperin für das Klavier; und noch Carl Philipp Emanuel Bach (der Sohn des Johann Sebastian) hat in derselben Tradition seinen Berliner Freundeskreis in musikalischen Miniaturen »abportraitiert«. Der italienische Geiger G. Tartini tat ähnliches; dabei sind wieder die Bezüge zur Oper interessant: die »Programme«, welche er seinen Charakter-Stücken (in Geheimschrift) beifügte, sind zum Teil nichts anderes als die Texte neapolitanischer Opernarien. Solche musikalischen Charakteristiken ordnete Mattheson in sein System als *locus adjunctorum* ein, das ist die »Vorstellung gewisser Personen und deren Gabe des Gemüts, des Leibes und des Glücks«. Die »Nachahmung der affektlosen Geräusche und Töne«, also die musikalische Malerei im engeren Sinne, erfaßte Mattheson im *locus circumstantiorum*. Er warnte aber:

> Doch muss darin gute Masse gehalten werden, denn wer das Ding ohne sonderbare Bescheidenheit gar zu weit treiben wollte, dürfte es leicht dahin bringen, dass viel Erzwungenes, Lächerliches und Pedantisches mit unterlaufen müsste, woran es denn auch in den Werken unserer lieben Vorfahren in unseren Augen nicht fehlet.

Diese an der musikalischen Malerei der »lieben Vorfahren« geübte Kritik ist durchaus kennzeichnend für die »fortschrittliche« Musikästhetik der Jahrhundertmitte. Die Hochblüte der malenden Musik war vorüber, als Batteux sie entdeckte. Vornehmlich jene (hier schon früher erwähnte) Art, eine im Text der Vokalmusik beschriebene äußere Bewegung durch analoge Melodieführung darzustellen (was bei J. S. Bach noch sehr häufig geschieht), wird von Mattheson, Quantz, Marpurg, wie einst von der *Camerata*, als »pedantisch« abgelehnt. Scharf rügt ein englischer Kritiker (D. Webb 1771) an Händel und Purcell die Gepflogenheit, »mit dem Worte ›steigen‹ in die Höhe und mit dem Worte ›fallen‹ in die Tiefe zu gehen« oder gar »jeden Begriff einer Rundung mit einem unaufhörlichen Umlauf von Noten zu begleiten«. Quantz schreibt auf diese Art der musikalischen Onomatopöie ein Hohngedicht: »Bald klettre ich den Turm hinan / Bald trifft man mich im Keller an.« Mattheson postuliert: »Innerliche Regungen sind allezeit edler als äußerliche wörtliche Zeichen.« Man beginnt zu erkennen, daß »Ausdruck« und »Nachahmung« nicht genau dasselbe sind; auch nicht »Ausdruck« und das »Regemachen« der Affekte. In dieser Erkenntnis gründet der im 18. Jahrhundert sich vollziehende Stilwandel.

Der Homme galant

Andere Zeiten, andere Leidenschaften: die Musiker des 18. Jahrhunderts strebten nicht nur nach größtmöglicher Deutlichkeit des musikalischen Ausdrucks, auch zunehmend – im Einvernehmen mit dem Lebensgefühl des Rokoko – nach Mäßigung und Ausschaltung aller »extremen« Affekte. Dem einstigen Willen Monteverdis zum musikalisch »Erregten« tritt Matthesons Bemühung gegenüber um die »galantesten Mittel und Wege zur Niedlichkeit des Gesanges und Klanges«. »Niedlich«, das heißt für das 18. Jahrhundert nicht nur soviel wie »klein und zierlich«, auch »appetitlich«. Die Musik soll sich auf das »Süße, Zarte, Anmutige« beschränken. Diese Forderung ist um die Jahrhundertmitte allgemein (bei Krause wie bei Hiller, Quantz, Brown, Forkel, Boyé).

> Der Tonkünstler sollte nie vergessen, wenn er unsere Augen mit Thränen füllt, dass es nicht schmerzliche, sondern wollüstige Thränen, Thränen der Freude, der Liebe, der zärtlichen Ueberwallung eines innigst gerührten Herzens sein müssen.
>
> (Wieland, »Versuch über das deutsche Singspiel« 1775)

Die Bezüge zum literarisch »Galanten« werden, außer im Singspiel, greifbar in den beliebten Vertonungen anakreontischer Kleinformen. Auch die Instrumentalkomposition pflegt die Kleinform.

Die deutsche Musikästhetik der dreißiger Jahre des 18. Jahrhunderts weiß das Ideal des »Zärtlichen« mit dem des »Schlichten« zu vereinen. Dabei fällt das Wort von der »edlen Einfalt«, lange bevor es durch Winckelmann für die deutsche Klassik programmatisch wird. Die »Einfalt und edelmütige Blöße« der »alten Malerei, Bildhauer- und Münzenarbeit« sei auch »Muster und Vorbild ... für unsere Melodien« (Mattheson 1739). Gleich den früheren Florentinern sind die »galanten« Theoretiker des 18. Jahrhunderts sich darüber einig, daß nur eine simple Melodie die Affekte ausdrücken könne, seien diese nun heftig oder zart. Vielstimmigkeit »kann nicht die Leidenschaften, nur Verwunderung erregen« (Quantz).

Die Zeit seit 1650 (man spricht von »Mittel- und Spätbarock«) war die Zeit der Restitution des kontrapunktischen Satzes. Gleichzeitig mit der Kulmination dieser Entwicklung in Deutschland (um 1720) erfolgt die Reaktion darauf: der erneute Abbau der Polyphonie – der zweite Akt des von der *Camerata* begonnenen Schauspiels, sein letzter Akt. Den Auftakt gibt Mattheson im »Neueröffneten Orchestre« (1713); noch deutlicher wird er in seiner »Melopoetischen Licht-Scheere zum Dienst der jämmerlichen Schmaderkatze, auf der sogenannten hohen *Compositions*-Schule« (*Critica musica* 1722). In Frankreich ist J. Th. Rameaus *Traité de l'harmonie* (1722) Ausgangspunkt für den langjährigen Krieg um das theoretische Primat von »Melodie« oder »Harmonie«, wobei Rameau das Fundament der musikalischen Komposition im harmonischen Prinzip erblickt, die Enzyklopädisten im melodischen. Scheibe resümiert (schon 1745) die Meinung der Sieger, wenn er verkündet, »daß die wahre Annehmlichkeit einer Musik durch eine der Sache gemäße, bündige und wohl ausgedachte Melodie erlangt wird«. In den Worten der Florentiner Monodisten verflucht Scheibe »die Harmonie« als eine »barbarische, gothische Erfindung« (die Frühgeschichte der Oper war ihm bekannt von Muratoris *Teatro italiano*, das auch Gottsched in der »Kritischen Dichtkunst« zitiert). Der polyphone »kirchenmäßig prächtige Stil« ist ein paar Jahre später ohne weiteres gleichbedeutend mit dem Stil der »älteren Musik« (Quantz 1752) – oder der veralteten. Zur letzteren rechnet Scheibe (1745) das Riesenwerk J. S. Bachs. Scheibe »bewundert« an Bach »die beschwerliche Arbeit und eine ausnehmende Mühe«, die aber doch »vergebens angewandt« sei, denn es fehle Bach an der wahren »Annehmlichkeit«. Wir wissen, was das für Scheibe, satztechnisch, bedeutet. So kommt, mit demselben technischen Prozeß, der einst der flammenden Gefühlswelt des Barock die Tore öffnete, dessen Ära zum Abschluß.

In der oben skizzierten stilistischen Entwicklung sind Frankreich und Italien der deutschen Musik praktisch um mehrere Jahrzehnte vorangegangen. Darauf darf Mattheson sich (1739) berufen:

Festaufführung von »Costanza e Fortezza« anläßlich der Krönung Kaiser Karls VI. zum König von Böhmen auf der Prager Burg, 1723
Dekorationen von Giuseppe Galli-Bibiena. Aus einem Stich von Birckart

Das königliche Theater in Turin
vermutlich bei der Eröffnung mit »L'Arsace« von Francesco Feo am 26. Dezember 1740
Dekorationen von Guiseppe Galli-Bibiena. Gemälde von Pietro Domenico Olivero
Turin, Museo Civico

Die gescheutesten Welschen sind schon vorlängst anderen Sinnes geworden und diejenigen Teutschen, welche die Gabe dazu besitzen, dass sie jenen in guten Dingen nachfolgen, legen sich gleichfalls nachgerade mehr auf saubere Melodie als auf eine mühseligste Harmonie.

Aus dieser bewußten Anlehnung des musikalisch »Galanten« an die »Welschen«, der Gleichsetzung der »Galanterie« mit dem *à la mode*-Wesen überhaupt, ergibt sich aber, daß mit dem Begriff des Galanten ein bestimmtes Stilideal sich ursprünglich nicht notwendig verbunden hat. Der konservative Komponist J. J. Fux (er ging in die Geschichte der Musiktheorie ein durch seine Kodifikation des *stile antico*) zeigt es, wenn er (1725), in Entgegnung auf Matthesons diverse melodische »Licht-Scheeren«, heischt, es könne auch einer, der sich die Kompositionskunst mit den überlieferten technischen Mitteln angeeignet, »gleichwohl ein *galant-homme* seyn«. Nicht in erster Linie ein ästhetischer, ein soziologischer Begriff steht hier offenbar in Betracht – der *galant-homme*, das ist: das aufstrebende Bürgertum. Nicht nur darum, sich diesem gleichzustellen, auch sich ihm verständlich zu machen, geht es den modernen Theoretikern. Diese ausgemachte Berücksichtigung des *galant-homme*, der eben kein *musicus ex professo* (Kuhnau 1725) ist, wird mitbestimmend für die stilistische Festlegung des »Galanten« im schlicht Melodischen. Das spricht Krause (1752) aus: Polyphon »gearbeitete« Stücke seien doch nur für den Kenner; »bey einer schönen melodischen Arie hingegen, werden diese ebensowohl in Bewegung gesetzt, als diejenigen so nichts von der Musik verstehen«. Krause weiß, wovon er redet: Er, der Begründer der Berliner Liederschule, ist selbst Dilettant. Aber auch ein hochkultivierter Berufsmusiker wie Quantz erblickt die Vorteile der französischen Musik darin, daß sie »sich mehr für Liebhaber ... eigne«. Das Zeitalter der Kompositionen »für Kenner und Liebhaber« ist angebrochen.

Die Eingriffe des Dilettantismus in die Musikgeschichte des 18. Jahrhunderts sind anderer Art als in der des frühen 17. Bardis Zielsetzung (wenn auch nicht eben das erreichte Ziel) war eine Kunst für »nur einige Wenige«; die Zielsetzung der galanten Ästhetik ist eine Tonkunst für recht viele. Es geht um die Verbürgerlichung der Musik, ein Prozeß, weit zäher, schwieriger und problematischer als bei den Schwesterkünsten.

Die Einbürgerung der Oper als Unterhaltungsmittel breiterer Bevölkerungsschichten hat sich in Italien früh und reibungslos vollzogen. Nach der Ausbreitung der aristokratischen Oper von Florenz an den Hof von Mantua, dann nach Rom und Venedig, zeigt sich die venezianische Aristokratie zuerst gesonnen, einen Teil der finanziellen Bürde der Opernveranstaltungen den reichen Handelsherren der Stadt abzutreten. So entstehen mit der Eröffnung des Opernhauses in Venedig (1637) und Neapel die frühesten kommerziellen Opernunternehmen. In Deutschland, wohin die neue Kunstform zunächst auswanderte, ist ihre Verbürgerlichung bis in die Zeit der Romantik nie völlig gelungen: sie hätte die textliche Eindeutschung des Musikdramas vorausgesetzt; und hier eben schien die Materie sich selbst zu widersetzen. Solche Eindeutschungsversuche sind im Gange besonders um die Wende zum 18. Jahrhundert, dann wieder um die Jahrhundertmitte; aber sie blieben beide Male ohne weiteren Nachhall; und ihre geographische Verzweigtheit, im ersteren Falle, soll uns nicht darüber täuschen, daß die deutsche Oper nur von wenigen Meistern getragen wurde und an den Höfen eine ephemere Erscheinung war. Und selbst in einem vom Bürgertum finanzierten Unternehmen, wie der Hamburger Oper, zog der Hauptlieferant deutscher

Werke, Reinhard Keiser, es bald vor, die dem (deutschen) Rezitativ folgenden Arien zu italienischen Texten zu setzen. Stilistisch ist er dabei über das Vorbild Lullys (später das Vorbild des italienischen Steffani) nie hinausgewachsen. Daran ist zu denken, wenn Mattheson in einer seiner Propagandaschriften für die deutsche Oper Keiser als *premier homme du monde* bezeichnet. Keiser hat auch zu der kurzen Blütezeit der deutschen Oper in Braunschweig beigetragen, die jedoch in den dreißiger Jahren durch die italienische verdrängt wird. Friedrich der Große eröffnet 1741 das Berliner Opernhaus mit italienischem Repertoire. Italienische oder italienisierende Komponisten wirken nach 1750 an fast allen deutschen Opernhöfen.

Die Voraussetzungen für eine National-Oper lagen in Frankreich, Spanien und England in vielen Hinsichten günstiger: hier bestanden musikdramatische Traditionen (das französische *ballet du cour*, die spanischen *entremeses cantados*, die englische *masque*), an welche die heimische Oper anknüpfen konnte. Deshalb stieß auch die italienische Oper (in Frankreich schon 1644 durch Mazarin, in England erst nach 1700 eingeführt) in diesen Ländern auf starken Widerstand. Solche Anknüpfungspunkte fehlen in Deutschland nicht, aber sie waren (im geistlichen Singspiel und Schuldrama) weit dünner gesät. Das sind die engeren theatergeschichtlichen Hintergründe für die rasche Überfremdung der deutschen Oper. Sie gehen freilich auf in den weiteren geistesgeschichtlichen, die hier schon berührt wurden.

Ein Musikdrama, dessen Handlung sich allenfalls erraten ließ, konnte nicht den Weg finden zu den Herzen derer, »so nichts von der Musik verstehen«. Die Oper bleibt in Deutschland (mit der Ausnahme Hamburgs) eine Hofkunst, und als solche erfüllt sie im frühen 18. wie im 17. Jahrhundert wesentliche repräsentative Funktionen. Ihre Prachtentfaltung ist Gradmesser für die Macht des veranstaltenden Fürsten. Krönungen, Fürstenhochzeiten, Königsbegrüßungen geben die Anlässe, denen die Textbücher der Opern sich anzupassen haben. Unter dem historischen oder mythologischen Gewand der Opernhelden verbirgt sich oft kaum (ähnlich wie im »heroisch-galanten« Roman des Barock) das glorifizierende Porträt des Landesherrn. Deshalb muß auch die Handlung einen glücklichen Ausgang nehmen, wofür ein *Deus ex machina* im rechten Augenblicke sorgt.

Eine der letzten großstiligen Veranstaltungen dieses Geistes hat uns Quantz beschrieben: die Krönung des Habsburger Kaisers zum Böhmenkönig (1723), deren musikdramatische Feier dem Wiener Hofkapellmeister Fux übertragen worden war. Bei dieser *festa teatrale* (der dem Anlasse gemäße Titel lautete *Costanza e Fortezza*) sollen an die sechshundert Sänger die fabelhaft ausgestattete Bühne eingenommen haben, während in dem zweihundert Mann starken Orchester international gefeierte Virtuosen aus aller Herrn Ländern musizierten. Zwanzig Jahre nach diesem glanzvollen Ereignis war die Wiener Hofoper eingegangen; weitere zehn Jahre, und alle kaiserlichen Theater sind an die Stadt, in die Hände des *galant-homme* übergegangen. Die Hofkapelle, noch von Karl VI. höchstpersönlich mit neuen Kräften versorgt, besteht gegen Ende der Regierungszeit Maria Theresias aus zwanzig Greisen.

Die Taktiken der fürstlichen Opern-Mäzene variieren, wieweit sie dem Bürgertum gestatten, über den Zaun zu gucken. In vielen Häusern wird die Öffentlichkeit schon früh zugelassen (am frühesten wohl, 1690, in dem von Anton Ulrich errichteten Braunschweiger

Die bedeutendsten Musikzentren in Deutschland um 1700

Opernhaus gegen ein Eintrittsgeld von fünf Silbergroschen bis zu fünf Talern). Das eigentliche Bindeglied zwischen Hofkunst und bürgerlichem Musikgenuß jedoch ist die Kirche. Die Hofkomponisten, wie man sich von den Tagen Monteverdis erinnert, stellen ihre Kunst in den Dienst von »Kirche und Kammer«. Im protestantischen Deutschland wird, besonders in der ersten Hälfte des 18. Jahrhunderts, die Stelle des Hofkapellmeisters oder

-kompositeurs und die Stelle des Kantors oft vom selben Musiker eingenommen. Dem Kantor obliegt die Erziehung des Schulchors, welcher, je nach der Frömmigkeit oder weltlichen Gestimmtheit des Landesherrn, für die Kirche oder Hofoper beansprucht wird; das letztere ist, im Laufe des 18. Jahrhunderts, häufiger der Fall. Umgekehrt wird aber auch die Hofkapelle, sofern sie vom Schlosse abkömmlich, an Stadtkirchen ausgeliehen.

Munizipalanstellung von Kirchenmusikern hatte es im 17. Jahrhundert in den »freien Städten« gegeben (in Italien: Venedig, in Deutschland: Hamburg, Bremen, Lübeck). Darf man dem zeitgenössischen Zeugnis J. Beers glauben, so zogen die Musiker zu Ende des Jahrhunderts im allgemeinen dem fürstlichen Patronat die Anstellung in den Frei-Städten vor, weil es dort »ordentlicher« zuging. Die von der Stadt besoldete Ratsmusik ist eine höher entwickelte Form der alten »Stadtpfeifferei«, deren Tätigkeit sich ursprünglich auf musikalische Turmsignale beschränkte, wie das Abblasen der Tageszeiten, die Meldung von Feuers- und Feindesgefahr. Ihre Privilegien werden gegenüber den Gilderechten der freien Spielleute in strengen Statuten abgegrenzt. Ein anderer Konkurrent erwächst der Ratsmusik in den Militärkapellen, zu deren Entwicklung die stehenden Heere des Dreißigjährigen Krieges beigetragen haben.

Besondere Gunst unter den Instrumentalisten genießt der Stand der Trompeter und Pauker, vom Burg- und Turnierwesen des Mittelalters her. Als Kriegsgefangene wurden Trompeter gegen Offiziere ausgetauscht. Lange durften nur Reichsfürsten oder Reichsstädte sich Trompeter halten – ein Handikap, dem die bürgerliche Musikkultur abzuhelfen wußte durch die Erbauung eines, der ritterlichen (geraden) »Engelstrompete« klangähnlichen (gekrümmten) Instruments: die moderne Trompete. Aber noch Schubart bemerkt:

> Ein Trompeter ist heut zu Tage beinahe ein heiliger Mann, der vor den Thoren der grössten Festung, so wie vor den Schlünden der fürchterlichsten Batterien verschont wird. Auch in den Kirchen braucht man jetzt die Trompete und zwar nach allgemeiner Erfahrung mit der grössten Wirkung. Doch ist sie nur an Festtagen ganz anwendbar.

Aus den Kirchenkantoreien hat sich in der Schweiz und in Deutschland ein wichtiger Organisationstypus zur Pflege bürgerlich-weltlichen Musizierens (im 18. Jahrhundert vornehmlich des Instrumental-Ensembles) losgelöst: das *collegium musicum*, ein Hauptsprungbrett für das bürgerliche öffentliche Konzertwesen. Viele der *collegia* im 17. Jahrhundert sind *de facto* noch Kantoreien, das heißt, die Mitwirkung bei der Kirchenmusik ist für die Mitglieder obligatorisch. Auch im 18. Jahrhundert steht das *collegium* oft unter der Leitung des Kantors: so die berühmte Leipziger Vereinigung unter der Leitung J. S. Bachs. Im Unterschied zu den französischen aristokratischen *académies* und der italienischen aristokratisch-bürgerlichen *accademia* wurzelt das deutsch-schweizerische *collegium* nicht nur in der bürgerlich-patrizischen, häufig auch in der studentischen Sphäre. Der Anteil der Studenten überhaupt an der Verbürgerlichung der Musik ist kein geringer Schon in der Frühzeit des aus der Monodie hervorgegangenen *basso-continuo*-Liedes sind die Studenten Hauptauftragsgeber für die von den Sprachgesellschaften veröffentlichten Liedersammlungen (in Nürnberg: Harsdörffer-Staden, in Königsberg: Albert-Dach). Das wird nicht anders zur Zeit der Hochblüte solcher Veröffentlichungen seit den dreißiger Jahren des 18. Jahrhunderts

(Rathgeber, Sperontes, Böcklins »Lieder für den Junggesellen«, »Lieder dem bürgerlichen und häuslichen Glück«).

Kunst und bürgerliche Gesellschaft kommen einander im »galanten« Wesen entgegen. Aber es ist die Kunst, welche dabei die größeren Konzessionen macht. Man spürt das nicht nur in der für die musikalischen *collegia* eigens entstandenen Laienliteratur (Knüpffer, Petzel, Fasch) wie der für den Hausgebrauch (zuvörderst der von Telemann seit 1728 edierte »getreue Musikmeister«), auch im Repertoire der öffentlichen Opernunternehmen. Sehr interessant ist in dieser Hinsicht, wie schon mit der Eröffnung der venezianischen Oper sich dieselben stilistischen Tendenzen – Ausschaltung »gearbeiteter« Chöre, Schwergewichtsverlegung auf melodiösen, einstimmigen Gesang – andeuten, die dann die Lehre des »galanten« Stils zum Dogma erhebt. Und, wenn um diese letztere Zeit in der Hamburger Oper R. Keiser beteuert, er habe sich niemals »um den *mauvais gout du parterre*... bekümmert«, so ist das leider eine gelinde Beschönigung.

Die Metamorphose vom deutschen Musik-Collegium zum öffentlichen Subskriptionskonzert erfolgt, in ihrer Hauptphase, erst nach der Jahrhundertmitte (Einweihung des ersten großen Konzertsaals in Hamburg 1761, Berliner Liebhaberkonzert 1770, Wiener Tonkünstler Societät 1771, Leipziger Gewandhauskonzert 1781). Aus der Musikliebe der Engländer hat da der merkantile Sinn viel früher Kapital geschlagen: schon im 17. Jahrhundert organisierte der englische Geiger John Banister öffentliche *consorts* (sie entsprechen dem deutschen *collegium*). Die erste öffentliche Konzerthalle in London wurde 1690 erbaut. Auch Frankreich ist mit der Gründung der *concerts spirituels* (1725) vorausgeeilt. Für die Einrichtung der von reisenden Virtuosen selbst veranstalteten Solisten-Abende wurden die italienischen *accademie* in ganz Europa vorbildlich. Indessen verharren die deutschen *collegia* in einem Zustand der Halböffentlichkeit. Am frühesten dringt der Leiter des Frankfurter Collegiums durch, G. P. Telemann, wohl der unermüdlichste deutsche Musikorganisator seiner Zeit: Seit 1723 lassen sich unter seiner Leitung die *musici* der Capelle in einem wöchentlichen Subskriptionskonzert hören. Dabei zahlt das bürgerliche Publikum fünfzehn Kreuzer Eintrittsgeld, »Kavaliers und Hohe Standespersonen ist es in ihrer Generosität frey gestellet, was sie dazu contribuiren«. Aus Hamburg kann Telemann im selben Jahre melden:

> ich glaube nicht, dass irgendwo ein solcher Ort als Hamburg zu finden, der den Geist eines in dieser Wissenschaft (der Musik) arbeitenden mehr aufmuntern kann. Hierzu trägt ein grosses bey, dass ausser den anwesenden viele Standes-Personen auch die ersten Männer der Stadt ja das ganze Raths-Kollegium sich den öffentlichen Concerts nicht entziehen; *item* die vernünftigen Urtheile so vieler Kenner und kluger Leute geben Gelegenheit dazu; nicht weniger die Opera, welche itzo in höchster Flor ist; und endlich der *nervus rerum gerendarum*, der hier bey den Liebhabern nicht fest angewachsen ist.

Telemann spricht, als *galant homme*, für den *galant homme*.

Die Musikfeinde

Aber der Hauptsitz des bürgerlichen Musikgenusses blieb eben doch die Kirche; hier konnte das Bürgertum sicher sein, einmal die Woche zu seinem Konzert zu kommen – und: was für Konzerte! Der Verweltlichungsprozeß der Kirchenmusik hatte seit den Tagen Caccinis und Monteverdis nicht stillegestanden. Er erhält neue Impulse mit dem Durchbruch des »galanten« Stils. In den Jahren 1700 bis 1714 fällt die Scheidewand zwischen geistlicher und weltlicher Kantate. Die (von dem Hamburger Dichter-Pastor E. Neumeister durchgeführte) Reform der Kirchenkantate vollzieht sich unter dem unmittelbaren Eindruck der Weißenfelser Oper. Das Auftreten von Opernsängern in der Kirche ist, in der ersten Hälfte des 18. Jahrhunderts, an der Tagesordnung.

Man fing an das zu beanstanden. Die rationalistischen Theologen Frankreichs drohen mit Ausschluß der Musik aus der Kirche. Im protestantischen Mittel- und Norddeutschland kämpfen die Kirchenmusiker (in Quedlinburg und Halberstadt A. Werckmeister, in Lübeck K. Ruetz, in Hamburg Mattheson) einen harten Existenzkampf. Der neuen Musik erstehen Feinde von außen und von innen. Die »theatralische« Kirchenmusik erregt Anstoß, nicht nur bei der Kirchenverwaltung, auch bei den traditionalistischer gesinnten Musikern. Die Geschichte wiederholt sich in ihren letzten Versuchen einer Abschirmung des *stile antico* vom *moderno*, der kirchlichen von den weltlichen Musizierformen:

> es ist ja fast eine wie die andere. Bringet man doch jetzo nebst dem *stylo recitativo theatrali* fast allen liederlichen Kram in die Kirche, und je lustiger tänzlicher es gehet, je besser gefället es teils Personen (aber nicht allen), dass es zuweilen an nichts fehlet, als dass die Mannsen die Weibsen anfasseten und durch die Stühle tanzten.

Der Organist J. H. Buttstedt, der diese Klagen vorbrachte, war Protestant. Ähnliche Beschwerden werden auf katholischer Seite (dort vornehmlich bei dem Benediktiner Musikgelehrten M. Gebert) laut.

Wie die opernhafte Kirchenmusik bei den Hütern der Kirche stößt die Oper selbst bei den Wächtern der Kunst im 18. Jahrhundert (und in Frankreich schon zum Ausgang des 17.) auf Widerstand. In einer Kunstlehre, der es um das reinliche Abstecken der Kunstbezirke, Gattungen und Formen ging (wie das in der Aufklärungsästhetik der Fall war), war länger kein legitimer Raum für ein Kunstwerk, in dem »Poesie, Musik, Deklamazion, Tanzkunst und Mahlerey, alle ihre anziehendsten Reitzungen vereinigen... um den Sinnen zu schmeicheln, das Herz zu entzücken, und die Seele durch die angenehmsten Täuschungen zu bezaubern« (Algarottis Definition der Oper, 1755). Boileaus Maxime *Rien n'est beau que le vrai*, die um die Wende zum 18. Jahrhundert die französische Ästhetik beherrscht, bedeutete die Entkleidung der Poesie von allem sinnlichen Schmuck. Deshalb eiferte Dubos für die Abschaffung des Reimes; auch Houdar de la Motte schrieb, um der »Wahrheit« der Sache willen, seine Tragödien in Prosa. Was konnte da unwillkommener sein als eine »gesungene Tragödie«, deren Anfänge in Frankreich in eben jene Zeit fallen.

Die an der *Tragédie lyrique* von den Rationalisten geübte heftige Kritik vertritt literarische, moralische und realistische Standpunkte. Literarisch war die Oper zu verdammen, denn der Gesang »verdarb« die regelrechte Tragödie (Dacier, St. Evremond und andere).

Moralisch unleidlich waren die ewigen Liebeshändel, die *intrigues galantes*, zu deren Vehikel die Oper sich machte (Fénelon, Boileau). Der gesunde Realismus aber sträubte sich überhaupt dagegen, daß man, anstatt zu sprechen, sang: Generäle, die ihre Befehle singend erteilten – das zerstörte allen Sinn für gutes Theater (St. Evremond). Diese von den Franzosen gegen die Oper vorgebrachten Kriterien begegnen in den ersten Jahrzehnten des 18. Jahrhunderts auch anderen Ortes: in Italien macht L. A. Muratori (1724), in England J. Addison (1711) sich zum Hauptankläger der Oper. In Deutschland findet die Oper ihren radikalsten Gegner in Gottsched, der in der »Kritischen Dichtkunst« alle französischen Geschütze gegen die musikalische »Beförderung der Wollust, und Verderberin gutter Sitten« auffährt. Wir wissen, wie Gottsched, seine französischen Vorbilder und deutschen Nachfolger zur Musik »ohne Worte« stand. Was bleibt? Fr. Nicolai (einer der Fürsprecher der Oper) hat da am Ende so ganz unrecht wohl nicht, wenn er vom »Haß gegen die Tonkunst« spricht (1755).

Die ablehnende Haltung der Aufklärung gegenüber dem geistigen Rückgrat der Musik, der Oper, verbreitert die Kluft zwischen betrachtender Ästhetik und musikalischer Praxis. Der Musik entzieht sich der die Zeit tragende geistige Boden. Deshalb überlebt das musikalische Barock länger als das literarische (Scheibe bezeichnet, 1745, J. S. Bach als den »Lohenstein der Musik« – Bachs Geburtsjahr fällt ungefähr zusammen mit Lohensteins Todesjahr); deshalb öffnet sich auch gleichzeitig in der Stilgeschichte der Musik die Tür weiter dem Geschmack des Rokoko, der Hintertür der Aufklärung. In der Psychologie des Schaffensprozesses, im »galanten« Stil wie im Spätbarock, verlängert sich unbekümmert der Geist des 17. Jahrhunderts: In ihrer Bemühung um die vorgeprägte Ausdrucksformel versucht die Kompositionslehre des 18. Jahrhunderts noch immer, was hundert Jahre früher die topischen »Schatzkammern« der Poetik versuchten. Und den Geist der Schablonengedichte aus den »Wortwerkstätten« von dazumal atmet auch in der Tat das *gros* der musikalischen Komposition um die Jahrhundertmitte.

Sahen sich die Vertreter der neuen Musik vom kirchlichen Traditionalismus wie von der Aufklärungsästhetik geistig gleichsam aus ihrer Zeit heraus und in die Defensive gedrängt, so steht es um ihre ökonomischen Schaffensbedingungen, besonders in Deutschland, kaum besser. Auf Klagen darüber läuft es meist heraus, wenn in den musiktheoretischen Abhandlungen jener Zeit so oft vom »Verfall der Musik« die Rede ist: »Der Liebhaber gibt es die Menge, aber die Beutel sind enge.« Schon die Stadtmusik ist zu teuer. Die Lehrlinge der »Stadtpfeifferei« hatten (nach Mattheson) neben ihrer künstlerischen Betätigung »schändliche Mägde-Arbeit« zu verrichten, um ihre Anstellung rentabel zu machen.

Und noch teurer ist die Oper! Gagliano bezeichnete die Florentiner Früh-Oper als einen »wahren Spektakel für Fürsten«. Das ist die Oper, wie wir sahen, auch noch bis tief in das 18. Jahrhundert. Aber den fürstlichen Schutzherren (und noch mehr ihren Untertanen) wird es zunehmend sauer, dafür aufzukommen. Ein Herzog von Braunschweig finanzierte seine Hofoper durch Soldatenschacher. An ähnliche Praktiken erinnert noch Schiller, wenn er den Fürsten in »Kabale und Liebe« (für den der Herzog Karl Eugen, der Patron der vorzüglichen Stuttgarter Oper, Modell stand) nach dem Bericht vom Soldatenverkauf mit schauderhafter Unberührtheit fragen läßt, »ob diesen Abend Vauxhall sein werde, oder teutsche Komödie«. 1742 kann Gottsched befriedigt melden:

> Das Leipziger Operntheater ist seit vielen Jahren eingegangen, und das hamburgische hat gleichfalls nur neulich aufgehöret. Das braunschweigische liegt in den letzten Zügen, und es steht dahin, ob es jemals wieder in Flor kömmt. Auch in Halle und Weissenfels hat es vormals Opernbühnen gegeben; andrer kleinen fürstlichen Höfe zu geschweigen; die aber alle allmählich ein Ende genommen haben.

Ein Großteil der an der Oper geübten Kritik ist Sozialkritik. Soweit sie einen sittlich-moralisierenden Beigeschmack hat, leisteten dazu die zwischen dem Hof- und Opernpersonal bestehenden, oft alles andere denn puritanischen Relationen wohl manchen Vorschub. Allerlei Gerüchte über den »schlechten Lebenswandel« der Musiker überhaupt zirkulieren. Eine besonders krasse Bezichtigung dieser Art seitens des Freiburger Schulrektors J. G. Biedermann *(De vita musica)* setzt 1749 die Federn aller schriftbeflissenen Musiker in Bewegung (dazu Ruetz: »Widerlegte Vorurtheile von der Beschaffenheit der heutigen Kirchenmusik und von der Lebens-Art einiger *musicorum*«, 1752).

Seit dem Ausgang des 17. Jahrhunderts bestehen individuelle und zünftig organisierte Bemühungen um die Hebung des musikalischen Berufsethos und des sozialen Rangs der Musiker. Die Musikerromane und musikhistorischen Schriften von J. Kuhnau, W. C. Printz und J. Beer legen darüber beredtes Zeugnis ab. Wenn dennoch um die Mitte des 18. Jahrhunderts selbst an einem Musenhof wie demjenigen Friedrichs des Großen die Hofmusiker es nicht über den sozialen Rang des gehobenen Gesindes (»Capellbediente«) hinausgebracht haben, so fällt es schwer, das nicht mit dem geistig nicht ganz Vollgenommenwerden der Tonkunst in Verbindung zu bringen. Burneys Definition der Musik trifft den Nagel auf den Kopf: *What is music? An innocent luxury, unnecessary, indeed, to our existence, but a great improvement and gratification of the sense of hearing* – wobei freilich die *innocence*, wie man sah, noch diskutabel bleibt. Die Tonkunst behauptet und befestigt zur Zeit der Aufklärung ihre gesellschaftliche Funktion, aber sie ist nicht ein integraler Bestandteil des Geisteslebens, wie sie das zur Genie-Zeit und noch mehr zur Zeit der Romantik wird. – Wenn Beethoven seinen (den jungen!) Goethe oder Herder zur Hand nahm, so fand er gleichgestimmte Seelen; mit ihnen konnte er durch Homers »Odyssee«, durch Shakespeares Dramen stürmen und schwärmen. Wenn Scheibe sich in Gottscheds »Kritischer Dichtkunst« Rat suchte, so hatte er am Feindeslager angeklopft.

Der Appell an das Herz

In seiner gegen Kant gerichteten Schrift »Kalligone« (1800) verteidigt J. G. Herder die reine Instrumentalmusik; er erinnert dabei »wie schwer es« zwar »der Musik worden sey, sich von ihren Schwestern, Worten und Gebehrden zu trennen«, daß aber die Zeit gekommen sei, da »auch Musik Freiheit« haben müsse »allein zu sprechen..., ohne Worte, blos durch und an sich«. Herder, der noch fünfzehn Jahre zuvor die Lehre vertreten hatte, daß »Poesie und Musik zusammengehören, und vereint auch die größte Wirkung hervorbringen«, demonstriert den Aufbruch zur romantischen Ästhetik. Die Entbindung der Musik vom Wort ist, wie eingangs dieser Abhandlung gezeigt wurde, die spezifisch musikästhetische Frucht dieses Aufbruchs – des in der Kunstphilosophie allgemein um sich greifenden Entnationalisierungs-Prozesses. Im übrigen geht die Entwicklung auf in der geistigen Gesamtentwicklung der Zeit; sie zeitigt für die Musik, wie für die Schwesterkünste: zunächst die Weitung des künstlerischen Ausdrucksbereiches, dann die Subjektivierung, endlich die Entrückung des Ausdrucks. Das alles vollzieht sich nicht in geradliniger Vorwärtsbewegung. Die verschiedenen Entwicklungsaspekte durchkreuzen einander. Ansätze dazu sind stets vorhanden. Deshalb will auch der Versuch einer historischen Gliederung des 18. Jahrhunderts in Epochen des »galanten Stils«, der »Empfindsamkeit« und des musikalischen »Sturm und Drang« nie ganz überzeugend gelingen.

Daß die Musik »die Anmuth und das Wohlgefallen« nicht allein zu ihrem Zwecke habe, daß sie bisweilen wohl auch »nicht nur etwas widriges und unangenehmes, sondern gar etwas fürchterliches und entsetzliches vorzustellen habe«, wußte auch Mattheson schon – oder: noch. Und mit Überraschung begegnet man bei einem »galanten« Theoretiker wie Quantz Belehrungen über die musikalischen Mittel, auch »eine wütende Gemütsbewegung als die Verwegenheit, Raserei und Verzweiflung... auszudrücken«. Dergleichen war zulässig; aber man verstand die Darstellung solch stürmisch drängender Leidenschaften nur in ihrer behaglichen Kontrastwirkung gegenüber den »angenehmen«. Das eben wird anders in der zweiten Jahrhunderthälfte: die tiefe, düstere, tragische Empfindung legitimiert sich selbst. Deutlich wird das in der Musikbetrachtung Gerstenbergs (1766) und Heinses. Das neue, wildere Lebensgefühl Rousseaus hat dazu nicht nur mittelbar beigetragen. Von besonderer Bedeutung sind die Bezüge der Musiktheorien der Enzyklopädisten zum Spätwerk Glucks. Wenn Gluck es dem Librettisten seiner »Alceste« (1769) über alles dankt, daß er ihm ein Gedicht an die Hand gegeben, das ihm den musikalischen Ausdruck großer und der verschiedenartigsten Leidenschaften ermöglicht habe, so ist das ein direkter Nachklang der Lehren Grimms und D'Alemberts, daß die Musik »Alles schildern« solle und daß die Komponisten sich bisher auf eine zu kleine Zahl von Ausdrucksmitteln beschränkt hätten.

Die Musikanschauung D'Alemberts steht (wie das Wort »schildern« zeigt), gleich der der anderen Enzyklopädisten, noch im Zeichen der Nachahmungslehre: die Musik »stellt« etwas »vor« und »erzeugt« dadurch Erregung. Man stelle solchen Anschauungen nun zum Beispiel eine Beschreibung J. Haydns gegenüber, wie er komponierte (etwa 1799): »Ich setzte mich hin (ans Klavier), fing an zu phantasieren, je nachdem mein Gemüt traurig oder fröhlich, ernst oder tändelnd gestimmt war. Hatte ich eine Idee erhascht, so ging mein ganzes Bestreben dahin, sie den Regeln der Kunst gemäß auszuführen und zu soutenieren.« »Phantasie«, »Gemüt«, »Stimmung« – damit ist alles gesagt. Haydn »ahmt« nichts »nach«; es geht ihm nicht darum, »Leidenschaften« zu »erregen«, sondern sich selbst nach den »Regeln der Kunst« in der Musik auszudrücken. Die Musik wird, wie Schubart es nennt, zum »Ausguss des Herzens«. »Aus der Seele muß man spielen« (C. Ph. E. Bach 1753). Freilich, auch hierbei handelt es sich wieder nur um Gradunterschiede. Schon die ältere Theorie hielt es für »unumgänglich nötig«, daß der Komponist »sein Gemüt und Herz gewissermassen dem vorhandenen Affekt einräume« (Mattheson 1739). Aber es ist eben doch ein Unterschied, ob man sein Gemüt »gewissermassen« einem »Affekt einräume« oder »aus der Seele« musiziert. Mit der letzteren Produktionsart läßt sich auch die Forderung der »bekannten Gänge« nicht länger vereinen. Gegen sie protestiert Herder (1785):

> Und was sind so manche Quartetten und Sonaten, manche Trio's und Symphonien, insonderheit jene unselige Menge einförmiger Liedermelodien anders, als der lebendige Bratenwender des hinkenden Volkanus. Man hat, wie sie sagen, eine Kunst erfunden, vermöge welcher man nach ewigen Regeln eine Melodie hervordrehen könne, ja hervordrehen müsse, gerade wie jenes Küchenwerkzeug umläuft, nach seinen Gewichten.

Das ist der Todesstoß für die Lehre von den musikalischen Redefiguren und die Geburt des individuellen subjektiven Ausdrucks.

Mit der Verinnerlichung und Verinnigung der Tonkunst hat die Sternstunde der deutschen Musik geschlagen. Burney, der damals Deutschland bereiste, berichtet (1776) mit Verwunderung von der Revolution, welche sich in der deutschen Instrumentalmusik vollzogen habe. Die moderne Musikästhetik bezeichnet sie treffend als ein »Aufbrechen der überlieferten Strukturformen durch Ausdrucksformen« (H. H. Eggebrecht 1955). Die geographischen Zentren sind (seit etwa 1740) Wien und Mannheim. Von hier aus invadiert die *melodia germanica* (so nennen die Franzosen die Symphonien der Mannheimer Schule) den Westen. Als Klavierkomponist führend ist in Norddeutschland C. Ph. E. Bach, von dem es in einem musikalischen Almanach (*Alethinopel*, 1782) heißt: »Drang, harmonische Fülle, Deutschheit der Melodie, Sonnenflammen der Empfindung.« Drang – man soll es ihm auch beim Spielen angesehen haben; und er wollte, daß man es ihm ansah: »So unanständig und schädlich hässliche Gebärden sind, so nützlich sind die guten, indem sie unseren Absichten bei den Zuhörern zu Hilfe kommen.« Wie dünn ist doch die Scheidewand zur Oper! Genau dasselbe empfiehlt Mattheson (1713) zur »Abbildung der Affekte« im Operngesang; sie sei möglich, »wenn anders das Gesicht dem Ohr nur ein wenig Beystand leisten will«. Fast ein Jahrhundert später notiert Goethe im »Wilhelm Meister«: »Das Theater verwöhnt uns gar zu sehr, die Musik dient dort nur gleichsam dem Auge, sie begleitet die Bewegungen, nicht die Empfindungen. Bei Oratorien und Konzerten stört uns immer die Gestalt des Musikus.« Der Verinnerlichungsprozeß hat seinen Fortgang genommen. Noch weiter beim alten Herder, der sich früher Musik ohne Worte und Gebärden nicht denken mochte. In der »Kalligone« aber heißt es: »Andacht will nicht sehen, wer singt. Vom Himmel kommen die Töne.« Mit der Entrückung des musikalischen Ausdrucks von der »Seele« in den »Himmel« ist die Wende vom »Sturm und Drang« zur Romantik vollzogen.

Die Romantik bringt eine neue Objektivierung des Musikbegriffs. In ihrer Filtrierung und Distanzierung von der Empfindung steht die romantische Musikanschauung der alten Lehre von der »Nachahmung der Natur« näher als der Ausdrucks-Ästhetik des Sturm und Drang. Es ist kein so gar weiter Schritt von Gottscheds »schöner Natur« zu Wackenroders »verschönerter Betrübnis« oder von Batteux' Forderung, daß der Künstler nur »täusche«, nicht aber selbst empfinde (denn sonst entstünde »ein Gemälde, das sich auf einer lebendigen Haut befindet und das allein auf einer Leinwand hätte sein dürfen«), zu Tiecks Wort von der »Aufbewahrung« der Empfindung auf dem »leblosen Saitenspiel« der Kunst. Nur: die

Kunst der Romantik ist nicht »Nachahmung«, sondern »Erinnerung« und »Verklärung« des Lebens. Deshalb geht es ihr auch nicht länger um möglichste Bestimmtheit des Ausdrucks, sondern gerade in der Unbestimmtheit und Unbestimmbarkeit: In ihrer Andersartigkeit »reinigt« die künstlerische Empfindung »von allen irdischen Kleinigkeiten«. Unbestimmtheit – das heißt: Unbewußtheit, im Kunstschaffen wie im Kunstgenuß: »wir arbeiten nach unbekannten Regeln, allein, wir wissen nicht warum« (Heinse).

Mit dem Transzendentalismus der romantischen Musikanschauung kommt – wohl zuerst in der merkwürdigen Schrift von J.F.H. Dalberg (»Blicke eines Tonkünstlers in die Musik des Geistes« 1787) – altes, halbvergessenes noetisches Gedankengut wieder hoch: die Zusammenhänge zwischen den Verhältnissen der Töne und der Himmelskörper, Musik und Kosmos. Aber nicht wie einst wollen solche Spekulationen der Tonkunst ihre Form anmessen, sie dienen nur ihrer Verherrlichung. Der Vogel Phönix, dem das Zeitalter der Vernunft die Flügel stutzte, soll sich frei erheben, »leicht und kühn zu eigener Freude... zu eigenem Behagen... und Götter und Menschen durch seinen Flügelschwung« erfreuen (Wackenroder). Öfters begegnet um diese Zeit (auch bei Mozart) der Vergleich der Musik mit jenem geheimnisvollen Vogel, der fünfhundert Jahre lebt und sich dann aus seiner Asche neu gebiert. Und von einer Wiedergeburt der Tonkunst kann wohl am Ende des 18. Jahrhunderts die Rede sein. Und sie hätte, ohne die intellektuelle Zucht der vorangegangenen Epoche, in dieser Form jedenfalls, sich wohl nicht vollziehen können. Wo Vernunft, Größe der Empfindung und Wille zur Schönheit sich zusammenfinden, da ist die Klassik. Haydn, Mozart, Beethoven schaffen sie. Sehr bewußt ergreifen sie dabei den goldenen Ball, den ihr Jahrhundert ihnen zuwarf. Vom Klavierwerk C. Ph. E. Bachs sagt Beethoven, es müsse »jedem wahren Künstler gewiß nicht allein zum hohen Genuss, sondern auch zum Studium dienen«. Mozart und Haydn sprechen ähnlich.

Aber noch etwas war nötig, um die Musik aus den künstlerischen Niederungen des Rokoko auf die Höhe der Klassik zu führen: der Rückblick auf die fernere Vergangenheit. 1783 entdeckt und studiert Mozart Werke J.S. Bachs. Nach der harmonischen Blutarmut des »galanten« Stils pumpt die Musik sich wieder voll mit Polyphonie. Auch das Lehrbuch des *stile antico* von Fux wird fleißig vorgenommen. Wie die Musik selbst wird die Musikschriftstellerei vom Historismus der Zeit ergriffen. Die ersten, systematischen Musikgeschichten entstehen; man besinnt sich auf die Anfänge und Quellen der abendländischen Musik.

Daniel Heartz

MUSIK UND MUSIKER IM WERDEN 800–1800

Das Mittelalter

Erst gegen Anbruch unseres Milleniums trennen sich die Wege der morgen- und abendländischen Musik; eine Kunstform bereitet sich im Westen Europas vor, die mit zu den eigentümlichsten Leistungen abendländischer Kultur rechnen wird. Für diese Entwicklung gibt die Tonkunst des frühen Christentums geringe Anzeichen. Ausgebrütet in einer heidnisch-römischen Welt, ausgerichtet an jüdischen und griechisch-byzantinischen Vorbildern, hatte die Musik wohl, zu spätrömischer und merowingischer Zeit, ihren Platz in Kirche und Kult: ein Arsenal melodischer Formeln, die jedoch kaum mehr waren als Regulative des Stimmfalls in der Deklamation liturgischer Texte. Die Überlieferung dieser Gesänge war mündlich, ihr halb improvisatorisches Wesen entzog sich einer genauen schriftlichen Fixierung. Zur Zeit der Karolinger wird das anders: Die Ausbildung einer zweckdienlichen Tonschrift bedeutet den ersten Schritt in der Sonderentwicklung der okzidentalen Tonkunst – der »Komponist« betritt die Bildfläche. Die Erfinder neuer Melodieformeln im 9. und 10. Jahrhundert sind wahrhaftig Komponisten im vollen Wortbegriff; in ihrer Experimentierfreude, ihrer Kunstfertigkeit und in der Persönlichkeit des Ausdrucks. Und sie hielten nicht inne beim Erfinden neuer Tonfolgen; auch auf den Zusammenklang von Tönen erstreckt sich das Experiment mitunter – es ist die Geburtsstunde der Polyphonie. Hier beginnt das eigentliche Abenteuer der europäischen Musik.

Das Wagnis der Vielstimmigkeit ist kein völlig neues. Die Antike, der Orient kannten es. Aber die nun im westlichen Europa einsetzende Polyphonierung der Tonkunst läßt bald alle früheren, gleichgerichteten Versuche weit hinter sich zurück. – Dem Musiker des Mittelalters war, wie angedeutet, die Melodie wesentlich klingende Ausschmückung eines Textes. Solch melodiöser Zierat, etwa auf einer einzelnen Wortsilbe (»Melismen«), gab wieder Anlaß zu neuen textlichen Ausschmückungen (»Tropen«). Ähnlich ging es nun auch, bei den Anfängen der Polyphonie, den Komponisten nur um eine Art weiterer Verzierung des bereits Bestehenden, der überlieferten Melodien: den Schmuck einer zweiten Stimme, über oder unter der Originalmelodie. Für diese früheste Form der Polyphonie *(organum)* verwendete man zunächst dieselben Notenzeichen, welche der Originalmelodie ihre feste Gestalt gegeben hatten – auch dies ein Symptom der Abhängigkeit des polyphonen Anbaus vom melodischen Grundbau. Die Organumpraxis war übrigens zu jener Zeit keineswegs weitverbreitet, auch gewiß keine alltägliche Angelegenheit. Sie blieb hohen Feiertagen vorbehalten, und selbst dann übte man sie nur in wenigen, besonders fortschrittlichen Kirchen.

Die Kunst, eine Melodie durch eine andere in Parallelbewegung zu begleiten, geht also auf das 9. Jahrhundert zurück. Bald aber wird das Prinzip der Parallelbewegung durch ein neues abgelöst: das der Gegenbewegung – eine ungemein fruchtbare Neuerung, wie sich zeigen wird. Um ihre Kodifizierung bemühen sich die Theoretiker: Sie entwerfen Regeln, welche nun die größtmögliche Unabhängigkeit der hinzugefügten Stimme von der Originalmelodie verbürgen sollen. Solche Regeln, gültig in ihrem Kern für die Kompositionslehre bis auf den heutigen Tag, waren von besonderem Wert für die Improvisation einer der liturgischen Melodie hinzugefügten Stimme. Diese Kunstübung (*discantus*, auch *discantus supra librum*) hat wieder zur weiteren Entwicklung der europäischen Polyphonie wesentlich beigetragen.

Bis ins 12. Jahrhundert hatte die hinzugefügte Stimme sich der Originalmelodie im Rhythmus stets Note für Note angeschlossen: *punctus contra punctum;* daher der Terminus »Kontrapunkt«. Nun aber beginnt die Nebenstimme sich von der Hauptstimme auch rhythmisch zu emanzipieren, indem nämlich jetzt mehrere Töne der Nebenstimme auf einen Ton der Hauptstimme fallen; diese muß demnach ihren Schritt verlangsamen. Daher der Terminus »Tenor« (von lateinisch *tenere*, aushalten) als Bezeichnung für die langsam schreitende Hauptmelodie, auch *cantus firmus*.

In enger Fühlungnahme mit den geistigen Strömungen der Zeit leistet die Tonkunst ihren Beitrag zur sogenannten »Renaissance« des 12. Jahrhunderts. Hauptzentren aller künstlerischen Aktivität (an erster Stelle steht das liturgische Drama) sind Süd- und Mittelfrankreich. Hier trägt auch die Musikpflege ihre reichsten Früchte – man denke an die einstimmigen weltlichen Gesänge der Troubadours ebenso wie die vielstimmige Kirchenmusik, deren bedeutendste Pflegestätte gegen 1150 die berühmte Wallfahrtskirche St. Martial zu Limoges ist. Mit der Übernahme der geistigen Führung durch nördlichere Provinzen, besonders der *Ile de France*, und dem Emporkommen des gotischen Stils wandert auch die Musikkultur nach Norden. Um 1200 entsteht in Paris die erste große »Schule« abendländischer Tonkunst. Schulhäupter sind zwei Sänger, Leonin und Perotin; beide wirken in der Kathedrale Notre-Dame, die eben damals ihre heutige Gestalt erhielt. Unter der Hand dieser Meister wird die Organumpraxis zu einer immer schwierigeren, komplizierteren Kunst, mit immer weiter emporstrebenden Tonfolgen beispiellosen Ausmaßes – sie wird, mit einem Wort, gotisch. Und in diesen zweistimmigen Kompositionen reguliert nun eine neue Art der Rhythmisierung das Verhalten der Nebenstimme zum Tenor: die Gliederung des melodischen Materials in stereotype rhythmische Gruppen (Ligaturen); es sind dreipulsige Gruppierungen – im Geiste der Trinität, wie er sich ja auch bis in die Proportionen des Kathedralenbaues kundtut. Das neue, metrische (rhythmisch modale) System ermöglicht auch drei- und vierstimmige Kompositionen, wobei freilich die zwischen den neu hinzugefügten Stimmen herrschenden Verhältnisse vorerst wenig Beachtung finden; jede Nebenstimme wird allein im Verhältnis zum Tenor konzipiert, was natürlich zu mancherlei Stimmkollisionen (zum Beispiel Tonverdopplungen) führt (siehe das Beispiel von Perotin).

Ausstrahlungen der Pariser Errungenschaften werden spürbar zuerst in England, bald einem der bedeutendsten Zentren der vielstimmigen Komposition, dann auch in Italien und Zentraleuropa. – Der Schöpfung der rhythmisch modalen, vierstimmigen Komposition folgt, gleichfalls durch die Pariser Schule gefördert, eine weitere Neuerung, diesmal in der Textierung: Der Schmuck des Reimes kommt in Mode. Ausschmückung – aus dem Bedürfnis danach erwuchs ja schon die Organumkunst, entstanden die Tropen; und daraus entstehen nun auch die Reimpaare, mit denen der Dichter die ausgedehnten Melismen des Organum ausfüllt; man bezeichnet sie als *motet* oder *motettus* (»kleiner Text«). Diese neu hinzugefügten Texte stehen zuerst in enger Beziehung zum Gehalt des liturgischen Originaltextes. Allmählich aber schleichen auch weltliche Texte sich ein: oft innerhalb derselben Komposition stellen Texte in der Volkssprache sich unbekümmert den lateinischen zur Seite. Drei, ja vier Texte, gleichzeitig gesungen, so artverschieden voneinander wie die Türme der Kathedrale von Chartres: das entspricht dem Geist sprudelnden Schöpfertums jener Zeit.

Harmonische Tragbalken der frühen Polyphonie sind die Intervalle der Quinte, Quarte, Oktave und der Einklang. 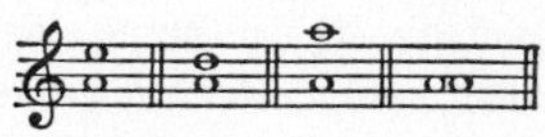 In diesen Intervallen, deren Schwingungsverhältnisse ja auch, mathematisch ausgedrückt, die einfachsten Proportionen aufweisen (Oktave 1:2, Quinte 2:3, Quarte 3:4), erblickte man die reinsten Harmonien; und noch heute bezeichnet man sie als »reine Intervalle« – ein Bodensatz mittelalterlichen Denkens.

Nach etwa einem halben Jahrhundert, in dem der »Pariser Stil« weitum zur Hegemonie gelangte, scheint die konstruktive Potenz der »reinen Intervalle« erschöpft. Auch der »reinen« dreipulsigen Rhythmen werden die Komponisten überdrüssig. Proteste dagegen werden im 14. Jahrhundert laut. Unter der Losung einer *ars nova* verkündet man neue Freiheiten, namentlich größere rhythmische Freiheit, Elastizität und Mannigfaltigkeit. Aber auch größere Freiheit in der Harmoniebildung; nicht unter die Kategorie der »reinen« Intervalle fallende Tonkombinationen werden nach und nach zulässig: vor allem Terz und Sexte 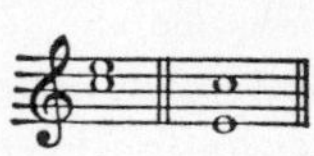 kommen zu Ehren. Anderen Intervallen, wie Septime und Sekunde , wird wohl ihr »dissonanter« Charakter weiter zuerkannt (und noch heute wird er das), jedoch auch sie gewinnen an Legitimität und Rang. Ein Theoretiker des Mittelalters hat trefflich – und sehr modern – ihre Funktion definiert: »Dissonanzen gebraucht man gelegentlich, auf daß sie das Tongebäude bereichern und unsere Freude an den Konsonanzen erhöhen.« Allzu gering wird heute oft (genau wie zur Zeit der Renaissance) das sinnliche Feingefühl, die Würdigung des rein sinnlichen Reizes in der Kunst und Kunsttheorie des Mittelalters in Anschlag gebracht. In Wahrheit haben die Kunstrichter jener Zeit es durchaus nicht daran fehlen lassen, in ihren Theorien sich auf das »Urteil der Sinne« zu berufen und als »gut« zu befinden, was »dem Ohre angenehm« sei *(suaviter veniens ad auditum)*. Einem weiteren, der nämlichen Periode gern zugesprochenen Schiboleth ist hier kritisch zu begegnen: der Legende von der Anonymität des Künstlers im Mittelalter, seiner Selbstauslöschung in der Kontemplation Gottes. Kaum je ein Komponist stand wohl seinem eigenen Werte und seinem Ruhme selbstbewußter gegenüber als Guillaume de Machaut, die bedeutendste Erscheinung im Musikleben des 14. Jahrhunderts (um 1300–1377). Kleriker seines Zeichens, Edelmann, Dichter und Komponist, vertonte Machaut, in durchsichtiger Ein- und Mehrstimmigkeit, selbstverfaßte weltliche Verse; auch schrieb er ungeheuer komplizierte Motetten und eine komplette vierstimmige (Ordinariums-) Messe. Sowohl die Messe wie die Motetten verwerten Isorhythmik, das heißt die Wiederholung einer ausgedehnten rhythmischen Struktur unter veränderten melodisch-harmonischen Verhältnissen – eine mittelalterliche Kompositionstechnik, die sich der sinnlichen Wahrnehmung wohl allerdings weitgehend entzogen haben muß.

Auch um diese Zeit hält England Schritt mit den kontinentalen Entwicklungen, ja übertrifft jene sogar in klanglicher Hinsicht: Ein Meisterbeispiel des Insular-Stils ist der süß und volltönende Kanon *Summer is icumen in.* Italien, wenngleich nachzüglerisch und vielleicht oberflächlicher in seiner Aneignung der Polyphonie, bringt in dem Florentiner Francesco Landini (um 1335–1397) einen Komponisten hervor, der besonders in seinem Spätwerk als Anhänger Machauts und der isorhythmischen Technik Bedeutendes leistet. Einen eigentümlichen Beitrag zur Formgeschichte liefert Italien: die *caccia,* eine Art musikalischer Genre-Malerei, in der durch ein lebhaft wechselseitiges Sich-Verfolgen der Stimmen die Idee der Jagd verbildlicht wird. Im allgemeinen überwiegen bei den Italienern Vertonungen weltlicher Texte; ihnen gegenüber erscheinen die Bemühungen um die Kirchenmusik fast verschwindend gering.

Mit dem Anbruch des 15. Jahrhunderts wenden die führenden Komponisten sich ab von den rhythmischen Kunststücken der *ars nova;* eine neue Einfachheit hält Einzug, spürbar wird auch eine wachsende Neigung zum Wohlklang, mit dem verglichen die Harmonik Machauts nun fast dissonant, seine Melodik rauh erscheint. Wegweisend ist John Dunstable, ein in Paris ansässiger Engländer (um 1400–1453), mit seinen um den Dreiklang rankenden Melodien und volltönigen Harmonien. Dunstables Beispiel folgt ein Komponist, der zum musikalischen Beherrscher seines Jahrhunderts werden sollte, Guillaume Dufay von Cambrai (um 1400–1474). Früh machte er sich die Euphonie des englischen Stils zu eigen; zu seiner Zeit ist der junge Dufay aber auch einer unter wenigen, die noch die hohe Kunst der isorhythmischen Motette beherrschen. Dufay wird der erste Vertreter einer aus dem französisch-belgischen Grenzgebiet stammenden Schule, welche für die kommenden zwei Jahrhunderte (1400–1600) die Führerschaft des europäischen Musiklebens übernimmt. In dieser franko-flämischen Schule sammelt sich das Erbe des 14. Jahrhunderts: die Meisterschaft der vielstimmigen Messen- und Motettenkomposition. Hier wird die Kunst des verzierten Kontrapunktes jüngeren Generationen von Sängern überliefert; in den Chorschulen zu Arras, Cambrai, St. Quentin, Tournai, Gent und einer Anzahl anderer, nahe gelegener Städtchen. Improvisation, daran sei erinnert, spielt hierbei noch immer eine wichtige Rolle. Zur Zeit und im Wirkungsgebiet der franko-flämischen Schule ist die Kunst der kontrapunktischen Improvisation so tief eingewurzelt, daß ihre Ausübung sich keineswegs nur auf

Berufsmusiker beschränkt. Franko-flämische Sänger sind im 15. und im 16. Jahrhundert allgemein begehrt und gebeten an den Höfen und Kirchen der Christenheit.

Natürlich haben auch politische Faktoren das Ihrige beigetragen zu der führenden Stellung der franko-flämischen Schule. Seit den dreißiger Jahren des 15. Jahrhunderts strotzen die Provinzen des Herzogs von Burgund von Wohlstand – Reichtümer, die weniger aus den ererbten Ländereien denn aus den neuerworbenen Niederlanden bezogen werden. Philipp der Gute und Karl der Kühne, darauf bedacht, England und Frankreich in allen Stücken auszustechen (und beide selbst musikbeflissen), scheuen keine Mühe und keine Kosten im Aufgebot der ausgezeichnetsten Tonkunst und -künstler. Die *Chapelle musicale* Philipps ist zu ihrer Zeit unübertroffen. Den Anblick des »Großherzogs des Abendlandes«, wie er bei der Messe den frommen Gesängen lauscht, hat einer seiner Hofmaler in einer Miniatur festgehalten. Ganz nach der Sitte der Zeit, sehen wir hier die Sänger um ein Lesepult versammelt, auf dem sich das geöffnete Chorbuch befindet. Es sind Männer reifen Alters, gering in ihrer Anzahl, gewiß die besten »Solisten« im Herzogtum; alles deutet darauf hin, daß sie zu der Choralmelodie im Buche Kontrapunkte improvisieren. Auch Schlüsse bezüglich der Stimmtechnik lassen sich ziehen aus den Gesichtern dieser Sänger – ihr Ausdruck verrät die nasale Beschaffenheit des Klanges: ein sehr bestimmter, sehr durchdringender Klang muß das sein. In der Vorliebe für diese Art der Klanggebung (sie zeigt sich ebenso im Bau der meisten Musikinstrumente aus jener Zeit) überlebt noch ein Stück orientalischer Tradition in der neuen Musik des Westens.

Am besten läßt sich die bisherige Entwicklung der Polyphonie vielleicht zusammenfassen durch einen Blick auf gewisse, für die Zeit zwischen 1200 und 1500 typische Schlußformeln (»Kadenzen«). Den vier von uns ausgewählten Stücken gemeinsam ist ein Tenor, der schrittweise von A über G nach F herabsteigt. In dem Beispiel aus Perotins »Alleluja Nativitas« bemerkt man den charakteristischen Dualismus der Bewegung – die Originalmelodie (im Tenor unten) langsam in »Pfundnoten«, die Kontrapunkte (oben) geschwind, in starrer, rhythmisch dreipulsiger Gruppierung. Nicht weniger bezeichnend das Stimmgewebe: Alle drei Stimmen liegen nahe beisammen; die beiden Oberstimmen halten sich im Raum der Quinte, sie durchkreuzen sich und verdoppeln einander. In die Ohren fallend sind die Intervalle der Quarte und Quinte.

Mitwirkung der Chapelle musicale beim Gottesdienst in Anwesenheit Herzog Philipps des Guten von Burgund
Miniatur, Mitte 15. Jahrhundert. Brüssel, Bibliothèque Royale

Orlando di Lasso mit der Münchener Hofkapelle
Miniatur von Hans Muelich, um 1565. München, Bayerische Staatsbibliothek

Repräsentativ für das 14. Jahrhundert, liefert uns die Passage aus Landinis *Sy dolce non sono* eine Illustration des neuen zweipulsigen Metrums. Auch die Konzeption des Stimmgewebes ist anders: Die oberste Stimme (*sopremo* oder *soprano*) hält sich von den anderen in markantem Abstand, und ihre melodische Gestalt lenkt die Aufmerksamkeit auf sich. Sie nähert sich dem Schlußton (8) über die beiden darunter liegenden Töne (7–6) – eine melodische Formel, die in der Musik des 14. und 15. Jahrhunderts fast immer einen Schluß ankündigt. Das Beispiel aus einem Chanson von Dufay weist eine melodisch ähnlich ausgezierte Sopranstimme, auch eine ähnliche Kadenzformel auf. Bedeutende Veränderungen aber zeigen sich im Zusammenklang der Stimmen: An die Stelle der bei Landini noch so prominenten offenen Oktaven und Quinten ist der Wohlklang des terzgefüllten Dreiklangs getreten (siehe den Anfang des Zitats); Terzen und Sexten überwiegen. Der Tenor verläuft auch hier in der Abwärtsbewegung A-G-F. Aber nicht er, eine andere Stimme erhält nun die Funktion der tiefsten Stimme – der Contratenor (mit Ausnahme der Stimmkreuzung im Schlußakkord).

Unser viertes Beispiel führt einen Schritt über Dufay hinaus: Es ist aus dem Werk eines italienischen Komponisten um 1500. Derselbe Wohlklang wie bei Dufay begegnet hier wieder, das Gewebe ist (nicht ohne Ungeschicklichkeiten) von volltöniger Vierstimmigkeit. Der alte Contratenor hat sich entzweigespalten; mit dem Resultat eines Contratenor *altus* und eines Contratenor *bassus*. So ergibt sich ein Quartett deutlich in ihren Stimmlagen voneinander abgegrenzter Partien: Sopran, Alt, Tenor und Baß. Bemerkenswert ist auch die moderne Note der Akkordfolge. Theoretiker einer späteren Zeit würden in ihr schon die harmonische Fortschreitung Tonika (F), Subdominante (B), Dominante (C), Tonika (F) erkennen. Das Gefühl für Akkordik ist um 1500 schon stark; und langsam, aber stetig wird es mehr und mehr erstarken.

Das Goldene Zeitalter: Josquin des Près

Die Musiker um 1500 wußten wohl, daß ihre Kunst über die musikalischen Errungenschaften der Vergangenheit hinausgewachsen war. Gegen Ende des 15. Jahrhunderts meint Johannes Tinctoris, daß nur die Musik der letzten vierzig Jahre wert sei, angehört zu werden – und denkt dabei, natürlich, an die Werke seiner franko-flämischen Landsleute. Die enge innere Verbundenheit der franko-flämischen Schule zeigt sich nicht zuletzt in den häufigen Anleihen ihrer Repräsentanten voneinander – nicht etwa nur einzelner Melodien, auch ganzer Kompositionen und Kompositionsarten. Schulhaupt der Generation nach Dufay ist Ockeghem (um 1420–1495). Er ist musikalischer Machthaber am französischen Hofe unter drei verschiedenen Herrschern. Kennzeichnend ist seine (im voranstehenden Aufsatz bereits angedeutete) Neigung zu rhythmisch komplizierter und ungemein kunstvoller Kontrapunktik; eine Neigung, die freilich der franko-flämischen Schule des späteren 15. Jahrhunderts im allgemeinen eignet. Ihren Gipfel aber – darüber sind auch die Zeitgenossen sich einig – erreicht jene Schule mit Josquin des Près (um 1440–1523). Gebürtig wohl nahe St. Quentin, verbrachte er sein Leben an den bedeutendsten Höfen Norditaliens, Frankreichs und der Niederlande.

Viele technische Kunstgriffe, die sich bei Dufay erst im Keime finden, werden durch Josquin vervollkommnet, darunter am wichtigsten: das Prinzip der kontrapunktischen Nachahmung, das heißt der Übertragung einer melodischen Idee von einer Stimme auf eine andere. Schon seit etwa zweihundert Jahren hatte man mit dieser Technik gelegentlich experimentiert. Zu einem wesentlichen konstruktiven Prinzip hat sie erst Josquin erhoben. Dadurch gewinnt auch das Stimmgewebe an innerer Ausgeglichenheit: Vom Prinzip der Nachahmung erfaßt, werden alle Stimmen gleich »wichtig«. Ihre Anzahl beschränkt sich um 1500 normalerweise auf vier (Sopran, Alt, Tenor, Baß). Der Ausgewogenheit des kontrapunktischen Satzes bei Josquin entspricht die übersichtliche Gliederung der Gesamtstruktur. Erreicht wird sie durch deutliche, der Prosodie und Symmetrie des Textes folgende Kadenz-Einschnitte. Die von Josquin auf Stimmung und Sinn der Worte verwandte unendliche Sorgfalt läßt sich auf verschiedenen Ebenen erfassen: in der deutlichen Deklamation der einzelnen Worte; in der Konzentration auf besonders ausdrucksvolle Worte in der kompositionellen Gesamtanlage; in suggestiven Anpassungen des Stimmgewebes an den Textgehalt.

Beispiel a bringt den Anfang einer liturgischen Melodie; welchen Gebrauch Josquin davon macht, zeigen Beispiele b–e. Was frühere Komponisten allein dem Tenor in »Pfundnoten« überwiesen hätten, wird hier (b) auf alle vier Stimmen verteilt. Die sparsame Dünne des Stimmgewebes zu Anfang hebt um so eindrucksvoller die Klangfülle hervor, die der musikalische Satz, sinngemäß, mit den Worten *Maria plena grazia* erreicht (c). Eine weitere Ausdeutung erhält der Text dann durch die jubelnden Melismen über den Silben des Wortes *laetitia* (d). Erstaunliche Kontrastwirkung erzielt die Einführung des Dreiertaktes, durch die ein neuer Abschnitt sich von dem vorherigen abhebt (e); die auf den ersten Blick scheinbar simple, akkordische Schreibweise dieses Abschnitts entpuppt sich,

bei genauerer Betrachtung, als ein Kanon, in dem mit größter Kunst der Tenor den Sopran (im Abstand einer Viertelnote) verfolgt. Einen akkordisch schlichten Satz behält Josquin sich für den Schluß des Stückes vor; ließe der Übergang von der »Wir«- zur intimen »Ich«-Form (mit den Worten *o mater Dei, memento mei*) sich sprechender untermalen? Und nicht zufällig erreicht bei dem Wort *Dei* die höchste Stimme ihren obersten Ton (f) – eine Wunderwelt einfühlender Deskriptivität, für die den Zeitgenossen weitum kein Wort der Lobpreisung zu hoch war.

Noch ein besonderer Umstand kam der Verbreitung von Josquins Ruhm zu Hilfe: die Auswertung der jungen Druckerkunst für die Musik. 1501 veröffentlicht der Venezianer Ottaviano dei Petrucci seinen ersten Musikdruck *(Odhecaton)*. Ein Großteil der während der nächsten Jahre folgenden, zahlreichen Veröffentlichungen Petruccis (und der mit ihm rivalisierenden Drucker) sind Messen, Motetten und Chansons franko-flämischer Provenienz, an erster Stelle die Werke Josquins. Das ist, in seiner Bedeutung für die Musikgeschichte, kaum hoch genug in Anschlag zu bringen.

Das 16. Jahrhundert: Reformation und Humanismus

Nur vom musikalisch formgeschichtlichen Standpunkt sollen hier die wichtigsten Niederschläge der großen geistigen Erschütterungen jener Zeit beachtet werden. Dabei fallen die Eingriffe Luthers (er war ein großer Bewunderer Josquins) wohl am wenigsten ins Gewicht. Im kirchlichen Gemeindegesang fördert er eine Kunstübung, die, besonders in Deutschland, auch während des Mittelalters nie ganz ausgestorben war. Ein Großteil des frühprotestantischen Musiziergutes ist, in Wort und Weise, nur Bearbeitung – und auch das oft kaum – älterer katholischer Bestände. Folgenschwerer die Reformen Calvins: Abhold aller musikalischen Ausgestaltung des Gottesdienstes, außer der allereinfachsten, befürwortet er den einstimmigen Psalmengesang; diese Melodien (meist älteren Chansons entlehnt) werden in Psaltern zusammengetragen; auch schlichte harmonische Arrangements, für Kirchen- und Hausgebrauch, begegnen seit der Jahrhundertmitte – ein bescheidener Beitrag zur Homophonisierung der Mehrstimmigkeit.

Stilistische Beziehungen von hier bestehen zur deutschen Humanistenode. Ihr Anreger ist der Dichter Konrad Celtis (1459–1508), ihr praktischer Begründer der Celtis-Schüler Petrus Tritonius. Daß seine, starr *punctus-contra-punctum* gesetzten, vierstimmigen Gesänge einen breiten Widerhall nicht fanden, kann im Zeitalter der franko-flämischen hohen Kunst kaum erstaunen. Der »Odenstil« verschwindet, nach vereinzelten ihm zugewendeten Versuchen seitens hochrangigerer Komponisten (Hofhaimer, Senfl) bald (schon um 1550) im Dunkel der Lateinschulen. Musikhistorisch fruchtbarer ist die französische Odenkomposition Goudimels (um 1555), aus der die sogenannte *musique mesurée* hervorgeht: in antiken, quantitativen Metren gehaltene französiche Dichtungen (am bedeutendsten die von Baif), unter deren stilgerechten Vertonern sich namhafte Komponisten, wie Claude le Jeune und Jacques Mauduit, finden. Der (unter Karl IX. und Heinrich III.) für die *musique mesurée* in Anspruch genommene Titel einer offiziellen »Hofmusik« verschaffte dieser Kompositionsart auch außerhalb Frankreichs Geltung (Campion vertritt sie in England, di Lasso in München, Monteverdi in Mantua). Nachklänge des metrischen Prinzips bestehen in der *danse mesurée* wie überhaupt in der französischen Musik des 17. Jahrhunderts.

Faßt man die humanistische Bewegung als aktivierende Kraft im Säkularisierungsprozeß der Künste, so wäre hier zunächst des Formtypus der italienischen *Frottola* zu gedenken. Die Blütezeit der unter diesem Namen bekannten, anmutig-leichten, auch wohl übermütig leichtfertigen Liebesliedlein (besonders von Cara und Tromboncino, letzteren siehe Beispiel 1 d) geht nicht zufällig auf die Zeit der berüchtigten »Humanisten-Päpste« (um 1500) zurück. Auch dieses Kompositionsgenre bleibt freilich periphere Erscheinung im Lichte der Großtaten der Franko-Flamen, die, seit den Tagen Dufays, bis gegen 1550 in Italien den Ton angeben (vor allem Obrecht, Brumel, Isaak, Compère, Josquin, Agricola, Rore, Lassos, Kerle, Wert). Sie nehmen sich, im zweiten Drittel des Jahrhunderts, einer traditionell italienischen, durch den Humanismus neu belebten Gedichtform an: des Madrigals. Die Texte sind weltlich, meist in starker Anlehnung an die Liebeslyrik Petrarcas. Vom Standpunkt der musikalischen Formgeschichte ist das Madrigal ein verfeinerter Sprößling der Frotolle. In der Madrigalkomposition sammeln sich die musikalisch-schöpferischen Kräfte des 16. Jahrhunderts; hier steigert sich die Kunst feinster Textausdeutung.

Einen ersten Höhepunkt erreicht die Madrigalistik des Cyprano de Rore um 1550. Eine Vorstellung von seiner gewaltigen und elastischen Klangsprache gibt uns die Akkordfolge zu den Abschiedsworten: »Was wird aus mir werden«: man beachte den Sprung der Septime im Baß *(Haimé!)*; der Sopran bewegt sich in chromatischen (Halbton-)Schritten von A über B zu H, dann zu C; mit dem Wort *Addio* löst sich die Harmonie (von C auf F); mit den Worten *che sara* tritt, auf wieder tieferer Ebene, neue harmonische Spannung ein (auf E).

In seiner Einfühlung in jede Nuance des Textes gibt de Rore uns bereits einen Vorklang der Spätmadrigalistik Monteverdis oder Gesualdos (um 1600). Die Ausdruckstechnik hat hier einen Punkt erreicht, wo die Musik ohne den Text kaum noch verständlich wäre: man entferne von dem oben angeführten Beispiel die Worte – die Stelle müßte dann musikalisch höchst unnatürlich anmuten. Das ist gemeint, wenn 1569 schon Mazzoni (ähnlich wie später Galilei) erklärt: »Die Töne sind der Körper der Musik, aber die Worte sind ihre Seele.« Als Beitrag zur Evolution einer musikalischen »Sprache der Affekte« deutet das Madrigal, wie kaum eine andere Musizierform seiner Zeit, in die Zukunft.

Die zweite Hälfte des 16. Jahrhunderts ist eine Zeit fieberhaften »Aufholens« seitens der europäischen Nationen mit den künstlerischen Leistungen der Franko-Flamen. Voran geht Spanien mit Christobal Morales (1500–1553), in Italien überführt Palestrina (um 1525 bis 1594) die franko-flämische Polyphonie in das italienische Barock, erster englischer Madrigalist ist William Byrd (1543–1623). Um 1600 haben die Franko-Flamen aufgehört, die unentbehrlichen Lehrer des europäischen Musiklebens zu sein.

Instrumente und Instrumentalmusik

In die höchste Blütezeit der Vokalpolyphonie (zwischen 1400 und 1600) fallen die Anfänge einer Instrumentalkultur, welche in den kommenden Jahrhunderten mehr und mehr das Feld behaupten sollte. Wir stehen hier vor einer Entwicklung, die, wie im voranstehenden Aufsatz gezeigt wurde, einer Würdigung seitens der zeitgenössischen Fachästhetik sich weitgehend entzog.

Instrumente spielten eine untergeordnete, keineswegs unwichtige Rolle in der Musik des Mittelalters. Das europäische Instrumentarium ist zu jener Zeit schon reich an Beständen; die meisten Instrumente kommen aus Kleinasien; ihre Überbringer sind in Südeuropa einbrechende mohammedanische Krieger. Zu den gebräuchlichsten gezupften Saiteninstrumenten gehören Laute, Gitarre und Harfe; Streichinstrumente sind die *Viele* und der *Rebec*. Unter den Blasinstrumenten tun sich verschiedene Flötenarten hervor, auch Trompeten und Schalmeien (letztere als Vorfahren der modernen Oboe). Wichtigstes Tasteninstrument ist die Orgel, deren Erfindung auf römische Zeiten zurückgeht. Das Mittelalter klassifizierte die Musikinstrumente in *hauts*, das sind laute, und *bas*, leise. Der Gebrauch der *hauts* war besonderen Festlichkeiten vorbehalten, etwa offiziellen Banketten, Hofbällen oder königlichen Aufzügen; die *bas* wurden auch bei der Aufführung weltlicher Vokalpolyphonie zugelassen. Daß es für bestimmte Instrumente geschriebene Kompositionen gegeben hätte, scheint unglaubwürdig. Tänze und Lieder waren Gemeingut aller Instrumente. Professionelle Instrumentalisten *(ménestrels)* hatten mehrere Instrumente zu beherrschen.

Wesentliche Beiträge zum Gang der Musikgeschichte leisten die Instrumente aber erst im späteren Mittelalter: so zum Beispiel die Trombone (sie vervollkommnete sich am burgundischen Hof um 1420), die bei der Evolution des Contratenors, dieser »Füllstimme« mit ihrer charakteristisch zackigen, »unsanglichen« Melodieführung, mitgewirkt haben dürfte. Franko-flämische Bläser und Streicher sind im 15. Jahrhundert, besonders in Italien, kaum weniger gesucht als Sänger. Die Kunst des Orgelspiels scheint von alters her eine deutsche Spezialität gewesen zu sein, auch deutsche Orgelbauer begegnen in Italien im 15. Jahrhundert in großer Anzahl. Um diese Zeit entsteht in Deutschland eine ausgedehnte polyphone Orgelliteratur, zu deren Niederschrift man sich eines eigens dafür erfundenen Zeichensystems bediente: eine Verbindung von Buchstaben- und Notenschrift (»Tabulatur«). Zu gedenken ist in diesem Zusammenhang vor allem des blinden Organisten Conrad Paumann (um 1410–1473), der erst in Nürnberg, später am Münchner Hof wirkte. In seinem

Fundamentum hinterließ er aufschlußreiche Regeln, sowohl für die Improvisation wie für das Arrangement von Vokalmusik für die Orgel. Ein anderes Medium erwächst der Instrumentalpolyphonie nach 1400 im *Clavicymbalum* (Cembalo), auch im *Clavichord* und in der Laute, wobei die letztere ein interessantes Beispiel der Anpassung der Musikinstrumente an neue Schaffensverhältnisse statuiert. Zu Anfang des Jahrhunderts wurde die Laute noch, auf orientalische Art, mit einem *Plectrum* (ein Stäbchen zum Anschlagen der Saiten) gespielt und war demnach noch ein monodisches (einstimmiges) Instrument. Im Laufe des Jahrhunderts jedoch weicht das Plectrum-Spiel mehr und mehr dem Spiel mit den bloßen Fingern, weil auf diese Weise auch ein akkordischer und polyphoner Satz ermöglicht wird. Das Instrument gewinnt an Größe, auch in der Anzahl der Saiten, bis es gegen Jahrhundertende jene klassische Form erreicht, die uns die Maler der Zeit so gern abkonterfeien. Um 1500 ist die Laute Träger einer Originalliteratur, die an Bedeutung und Umfang zu ihrer Zeit keiner anderen (auch der für die Orgel nicht) nachsteht.

Die Pflege der Lauten- und Clavicymbalum-Kompositionen leitet das Zeitalter des Virtuosentums ein. Die berühmten Lautinisten werden an den Höfen des 15. und 16. Jahrhunderts höher bezahlt als irgendein franko-flämischer Tonsetzer. – Auch die Formierung fester Instrumental-Ensemble-Kombinationen geht auf das 15. Jahrhundert zurück. So empfiehlt etwa Tinctoris besonders die Kombination von zwei oder drei Schalmeien und einer Trombone für die Tanzmusik und für feierliche Anlässe. Beliebt um 1500 ist das gemeinsame Musizieren familienverwandter Instrumente, wobei die Differenzierung der Register vorzugsweise derjenigen der Vokalensembles (Sopran, Alt, Tenor, Baß) entspricht. Zu den frühesten festen Kombinationen dieser Art (die Engländer bezeichnen sie als *consorts*) gehört ein Ensemble von Blockflöten verschiedener Größe oder von vier Violen (Abkömmlinge der alten *Viel*). Spezifisch für solche Instrumentalgruppen bestimmte Kompositionen werden im 16. Jahrhundert immer häufiger.

Und doch bleibt die Abhängigkeit der Instrumentalmusik von der Vokalmusik noch lange spürbar. Die erste Lektion in der Unterweisung auf einem Instrument besteht gemeinhin in der Instrumental-Bearbeitung einer Vokalkomposition. In seiner *Musica Getutscht* (Basel 1511) behandelt Sebastian Virdung diese Kunst, der Bearbeitung von Vokalmusik für das Clavichord, die Laute oder für Blockflöten-Ensemble; er bemerkt dabei, daß der Schüler ohne Bedenken vom Clavichord auch auf andere Tasteninstrumente übergehen dürfe, ebenso von der Laute auf andere Saiteninstrumente (mit Fingerbünden) oder von der Flöte auf andere Blasinstrumente. Diese Anweisungen stehen mit dem zeitgenössischen Schaffen in engem Einvernehmen. Die Instrumentalkomposition des 16. Jahrhunderts verteilt sich in der Tat auf Laute und verwandte Instrumente, Tasteninstrumente und Ensemblemusik für verschiedene einstimmige Instrumente. Die relativ geringere Quantität der Ensemblekomposition erklärt sich daraus, daß auch vokale (textierte) Polyphonie von den Instrumental-Ensembles nicht verschmäht wurde. Musikverleger ließen es sich angelegen sein, ihre Veröffentlichungen als »für Sänger *oder* Instrumente« anzupreisen (»Tam instrumentis quam vocibus«) – woraus man wohl schon schließen könnte, daß die Instrumental-Ensemblemusik dem Vokalstil länger verhaftet blieb als die Komposition für Lauten und Tasteninstrumente.

Es ist ein bedeutender Schritt von der bloßen Instrumentalbearbeitung einer Vokalkomposition zur Eigenschöpfung einer Instrumentalkomposition nach vokalen Vorbildern. Versuche letzterer Art finden sich nach 1500 unter dem Namen *Fantasia* oder *Ricercar*. Vorbildlich sind dabei die kunstvollsten kontrapunktischen Sätze und abstraktesten Formen der Vokalmusik von 1500. – Die zunehmende Anpassung an Gehalt und Deklamation des Textes in der Vokalmusik des 16. Jahrhunderts bedeutete natürlich eine gewisse Einschränkung im freien Fluge der musikalisch schöpferischen Phantasie. Hier setzt sich die instrumentale Fantasia als Bewahrerin der alten Tradition ein: wie kaum in einer anderen Musizierform erhält sich in ihr der franko-flämische Stil. Betrachtet man die Fantasien des Francesco da Milano (der bedeutende Lautinist zu Anfang des 16. Jahrhunderts) oder die *Fancies* von John Dowland (nicht weniger bedeutender Lautinist zu Anfang des 17. Jahrhunderts): Hier wie dort spürt man noch etwas vom Geiste Dufays, Ockeghems, Josquins. Ähnliche Nachklänge finden sich in den Fantasien für Instrumental-Ensemble noch im späten 17. Jahrhundert (besonders in England, bei Purcell), ebenso in der Orgelliteratur (in Holland Sweelinck, dem deutschen »Organistenmacher«); letztes gewaltiges Echo sind die polyphonen Orgelwerke (zum Teil als »Fugen« betitelt) J. S. Bachs.

Ein bestimmtes Genre der Vokalkomposition soll hier noch in seiner Bedeutung für die Evolution der Instrumentalmusik erwähnt werden: das französische Chanson. Im Gegensatz zum Madrigal verliert sich das Chanson des 16. Jahrhunderts selten in Textausdeutungen, auf Kosten der musikalischen Form. Die Struktur ist durchsichtig, gewöhnlich mit einer Wiederholung des Anfangsteils zum Schluß (zum Beispiel *a b c a*). Dieses Formschema gedeiht wie kein anderes unter der Hand der Instrumentalisten, besonders der Italiener, die ihre Nachbildungen der französischen Vokalvorlage als *canzona da sonare*, später kurz als *Sonata* bezeichnen. Die verschiedenen Formabschnitte haben sich um 1600 voneinander gelöst und sind zu selbständigen Sätzchen herangewachsen. Damit ist der Grundstein gelegt zur vielsätzigen Instrumentalkomposition.

Bei aller Bereitwilligkeit zur Aneignung der konstruktiven Errungenschaften der Vokalkomposition haben die Instrumentalisten, von alters her, wie es scheint, die spezifischen idiomatischen Möglichkeiten der Instrumentalmusik niemals aus den Augen verloren. Zu den charakteristisch instrumentalistischen Lizenzen rechnen um 1500: Freistimmigkeit (plötzliche Veränderung im Stimmgewebe, zum Beispiel von Ein- oder Zweistimmigkeit zu vielstimmigen Akkorden), rhapsodische Verlängerungen einer Phrase und jede Art des rhythmischen oder harmonischen Experiments (zum Beispiel scharfe, »unsangliche« Dissonanzen). Dieses Beispiel, der frühesten gedruckten Sammlung von Instrumentalwerken entnommen (*Intabulatura de lauto libro primo*, 1507), demonstriert einige dieser Züge:

Man beachte das Feuerwerk der einleitenden Rouladen, die Freistimmigkeit (von Fünf- bis zu Dreistimmigkeit variierendes Stimmgewebe), auch die offenbare Mißachtung der elementarsten Regeln des Kontrapunktes (Parallelbewegung zwischen Baß und der zweitobersten Stimme). Der improvisatorische Stil dieser Komposition nimmt viele Freiheiten und revolutionäre Neuerungen vorweg, die meist erst dem 17. Jahrhundert zugeschrieben werden und in der Tat auch erst nach 1600 sich in der Vokalmusik einbürgern werden.

Das für die Instrumentalmusik bei weitem fruchtbarste Formprinzip aber ist nicht aus der Vokalmusik, sondern aus dem Bündnis der Musik mit dem Tanz hervorgegangen. Die frühesten uns erhaltenen Denkmäler der Instrumentalmusik sind Tanzstücke (einige, meist einstimmige Tänze gehen auf das 13. Jahrhundert zurück; ein Großteil der reichen, uns überlieferten Instrumentalliteratur aus dem 16. Jahrhundert ist Tanzmusik). Ganz natürlich ergab sich aus der mehrfachen Wiederholung einer zum Tanz aufgespielten Weise das Formprinzip der »Variation« (Thema und Variationen). Das Variationsverfahren als solches ist gewiß so alt wie die Musik selbst. Und besäßen wir genaue Niederschriften der im Mittelalter üblichen Tanzbegleitungen, zweifellos fänden wir die Bestätigung, daß die Instrumentalisten jener Zeit, bei den vielen Wiederholungen einer Tanzweise, es nicht daran fehlen ließen, ihr Publikum durch allerlei *ad libitum* Variationen zu unterhalten. Italienische Abhandlungen über den Tanz aus dem 15. Jahrhundert verlangen oft nicht weniger als vier Wiederholungen einer gegebenen Melodie zu einem bestimmten Tanz. Kaum kann es wundernehmen, daß mit dem Zuwachs an schriftlichen Quellen nach 1500 vornehmlich in der Tanzmusik die Variationsform begegnet.

Neben der Variierung einer bestimmten Melodie finden sich seit dem frühen 16. Jahrhundert (ebenfalls in Verbindung mit Tänzen) auch Variationen über eine sich wiederholende Baßfigur oder über eine bestimmte sich wiederholende Harmoniefolge; besonders zwei Tänze, *Chaconne* und *Passacaglia*, bevorzugt man seit dem 17. Jahrhundert für diese Art der Variation – bis zum heutigen Tage.

Noch in einer anderen Richtung hat der Tanz sich für die Instrumentalmusik formbildend ausgewirkt: in der Aneinanderreihung mehrerer charakterverschiedener Tanzstücke; als *Suiten* bezeichnet man solche Folgen rhythmisch kontrastierender Tänze im 17. Jahrhundert. Ihre Entstehung geht auf das 15. Jahrhundert zurück. Auch Kombinationen beider Prinzipien – das der Variation und das der Akkumulation – werden erprobt; das Resultat ist die Variations-Suite.

Bezeichnung und Charakter der in der Suite versammelten Tänze sind veränderlich – die konstruktiven Prinzipien bleiben durch Jahrhunderte wesentlich dieselben. Das gilt auch für den Bau der kleinsten musikalischen Einheit, der »Phrase«. Die Ableitung dieses Terminus aus der Rhetorik wurde im voranstehenden Aufsatz gegeben. Die praktische Norm der aus zwei Viertaktern zusammengesetzten Phrase ging aus der Tanzmusik des Mittelalters hervor; von dort aus hat sie sich der Instrumentalkomposition bemächtigt. Eine besondere, im 16. Jahrhundert begegnende Art der Phrasenbildung verdient hier Beachtung: es ist dies die Wiederholung einer acht- oder sechzehntaktigen Phrase (oder »Periode«), welche, von der Tonika ausgehend, auf die Dominante hinführt. Sie wird gefolgt von einem (meist gleichlangen) Abschnitt, der wieder zur Tonika zurückführt. Die resultierende binarische (aus zwei Einheiten bestehende) Form erlangt größte Bedeutung in der Musik des 17. Jahrhunderts: allmählich verdrängt sie fast alle anderen, den verschiedenen Sätzen der Tanzsuite eigentümlichen Formen.

Überblicken wir die Errungenschaften der Instrumentalmusik zwischen 1400 und 1600: Ihrer zunehmenden Bedeutung im Musikleben entspricht ihr stetig steigendes künstlerisches Niveau, besonders im polyphonen Satz von Soloinstrumenten, wie Laute, Clavicymbalum, Clavichord und Orgel. Die sich kristallisierenden instrumentalen Formschemen tragen in sich den Keim oder sind zum Teil schon Erfüllung der für die folgenden Jahrhunderte gültigen Formen: Fantasie, Passacaglia und Chaconne, Canzona da Sonare, Variationsform, Suite und zweiteilige Tanzform.

Italienisches Seicento in seiner europäischen Auswirkung

Der asketische Geist des Trientiner Konzils (1545–1563), der Auftakt der Gegenreformation, war nicht von Dauer: Die Messe konnte auf das sinnliche und emotionelle Moment der musikalischen Ausgestaltung nicht verzichten. Die erneute Wendung zur Gefühlsbetontheit in der Kirchenmusik des 17. Jahrhunderts, die Nähe, in welche diese dadurch zur frühen Oper tritt, wurde im voranstehenden Aufsatz konstatiert. Bei keinem Meister treten diese Tendenzen stärker und großartiger in Erscheinung als bei Claudio Monteverdi (1567–1643), dem musikalischen Genius des Seicento.

Bezeichnend ist – wie für die Malerei, so für die textierte Kirchenmusik dieser Zeit – die Vorliebe für Sujets aus der Leidensgeschichte der Heiligen: Hier werden die Empfindungen des Schmerzes und der Todesqual in allen Farben und Tönen ausgekostet. Beispiele dafür finden sich auch bei Monteverdi, schon in dessen Frühwerk; freie und willkürliche Dissonanzen, Akkorde (und selbst dissonante Akkorde) um ihres eigenen sinnlichen Reizes willen – das ist die Klangsprache, in welche Monteverdi menschliches Leiden übersetzt. Geschult an der imitativen Polyphonie des 16. Jahrhunderts und selbst letzter bedeutender Vertreter des Madrigals, bringt Monteverdi als erster großer Meister die neuen Techniken des Barock zur Anwendung. Seit dem Anfang des Seicento verzichtet seine Vokalmusik selten auf den *basso continuo*, welcher die in der Polyphonie des vergangenen Jahrhunderts errungene Gleichheit der Stimmen zerstört und sie durch die Polarität zweier Hauptstimmen (die »Melodie« und eine harmonisch stützende Baßstimme) ersetzt. Solopassagen, instrumentale Zwischenspiele und die Gegeneinanderstellung heterogener Klangelemente *(stile concertato)* gehören zu den hervorstechenden stilistischen Zügen des Spätwerks. Monteverdi beherrscht als Begründer der »venezianischen« Schule nicht nur das Opernschaffen der ersten Jahrhunderthälfte, er macht sich auch zum Anführer der »modernen« Kirchenmusik. Als Nachfolger von Giovanni Gabrieli (1560–1612), an der Markuskirche zu Venedig, pflegt er den »venezianischen Kirchenstil« in seinen charakteristischen Aspekten: etwa im Gebrauch von mehreren Chören, Solisten und Instrumenten.

Instrumente wurden schon in der Kirchenmusik des 16. Jahrhunderts in wachsender Anzahl herangezogen. In großen Kirchen verdoppelte man gern die Vokalpartien mit Zinken (italienisch: *cornetto*), einem heute ausgestorbenen Holz-Blasinstrument, und Trombonen. Schon seit dem zweiten Drittel des 15. Jahrhunderts wurde bei der Aufführung von Vokalpolyphonie die chorische Besetzung der solistischen vorgezogen; und die Anzahl der Choristen nahm stetig zu.

Berninis Entdeckung der ästhetischen Bedeutung von räumlichen Verhältnissen – zum Beispiel zwischen einer Skulptur, ihrer Umgebung und ihren Betrachtern – entspricht die Entdeckung der Komponisten des Seicento, daß auch die Musik durch räumliche Verteilung der verschiedenen Klangkörper, Chöre und Instrumentalgruppen an Wirksamkeit gewinnen kann – um so mehr, je größer der räumliche und klangliche Aufwand. Ein Musterbeispiel für dieses sogenannte »Kolossal-Barock«-Verfahren ist die Konsekrationsmesse für den Salzburger Dom von Benevoli (1628). Der dreiundfünfzigstimmige Satz verteilt sich auf folgende Ensemblegruppen: zwei achtstimmige Chöre, zwei Soloquartette, zwei Streichorchester, ein Holzbläser- und ein Blechbläserensemble, Orgel und *basso continuo*. Bei aller Großspurigkeit ist dieser Satz im Grunde von simpel akkordischem Bau und zeugt von geringem Sinn für Kontinuität und formale Einheit. Wichtigstes formales Bindemittel ist die Verwendung von Echo-Effekten.

Im allgemeinen besteht für die Musik des 17. Jahrhunderts das Problem, wie die formal bindende Kraft, welche das Prinzip der kontrapunktischen Nachahmung für die Musik des 16. Jahrhunderts besaß, zu ersetzen sei. Bemerkenswert sind bei den verschiedenen diesbezüglichen Bemühungen die häufigen formalen Anleihen der Vokalmusik bei der Instrumentalmusik (besonders den Variationsformen und den Tänzen der Suite). In der Messe des 17. Jahrhunderts übernehmen rein instrumentale Partien zum Teil die Stellvertretung ganzer Vokal-Abschnitte. Vornehmlich an die Stelle des gesungenen *Proprium* treten instrumentale Sonaten, später, gegen Jahrhundertende, auch (aus den Sonaten hervorgegangene) Konzertformen, deren einzelne Sätze über den gesamten Gottesdienst verteilt wurden (zum Beispiel *Introitus* = 1. Satz; *Graduale* = 2. Satz; usw.).

Die stets wachsende Machtstellung der Instrumentalmusik – jedenfalls der konzertierenden – ist nicht ohne Beziehung zum ständig zunehmenden Einfluß Italiens auf das europäische Musikleben. Bis zu welchem Grade die Führung im Musikleben an Italien übergegangen war, bezeugt nicht nur die Überflutung der europäischen Höfe mit italienischen Musikern, es wird auch spürbar im Schaffen zahlreicher nichtitalienischer Komponisten. Ein Blick auf die Laufbahn der drei bedeutendsten Meister des mittleren und späteren 17. Jahrhunderts mag dies belegen: Schütz in Deutschland, Lully in Frankreich und Purcell in England.

Im lutheranischen Deutschland des 17. Jahrhunderts bestand die Aufgabe des Komponisten geistlicher Musik wesentlich in der Bearbeitung des Kirchen-Chorals. Michael Praetorius (1571–1621) unterscheidet drei Arten der Choral-Behandlung: motettenartig (das heißt kontrapunktische Nachahmung); madrigalartig (ein akkordischer Satz mit frei deklamatorischen Rhythmen); *cantus firmus* (der Choral erscheint in »Pfundnoten«). Über diese drei Arten hinaus pflegte Praetorius auch die venezianische Technik der Vielchörigkeit in seinen Choral-Bearbeitungen (ein Beispiel ist die Vertonung von »Wie schön leuchtet der Morgenstern« für Doppelchor, Solisten und Instrumente). Praetorius ist auch einer der ersten deutschen Vertreter des *stile concertato.*

Übertroffen wird er darin von Heinrich Schütz (1585–1672). Auf die Bedeutung seiner Italienreisen für die Musikgeschichte Deutschlands wurde im voranstehenden Aufsatz hingewiesen. Schützens frühestes Opus ist eine Sammlung von italienisch textierten Madrigalen; sein Meisterstück für die Dresdner Hofkapelle, eine Sammlung solistisch gesetzter Kirchenkompositionen *(Symphoniae sacrae)*, ist die Frucht seines zweiten Aufenthaltes in Venedig und seiner Bekanntschaft mit Monteverdi. Ein kennzeichnender Zug der Schützschen Kunst ist seine Bevorzugung biblischer Texte (an Stelle der sonst im Deutschland seiner Zeit häufiger komponierten Choraltexte). Von der bewegten und dabei schlichten Sprache der Bibel mußte sein eigener dramatischer Geist sich angesprochen fühlen. Ob Schütz für nur wenige Stimmen mit *basso continuo* schreibt oder für Multi-Chöre: die Kraft und Eigenart seiner Schreibweise ist hier wie dort unverkennbar. Bei der wachsenden Not des Dreißigjährigen Krieges empfiehlt sich freilich mehr und mehr die Komposition für bescheidenere, kleinere Ensemble-Gruppen; aber auch aus rein künstlerischen Gesichtspunkten scheint Schütz des »Kolossal«-Satzes überdrüssig geworden zu sein.

Zunehmender Konservatismus wird mit der »Geistlichen Chormusik« (1648) spürbar. In der Vorrede warnt Schütz die komponierende Jugend vor dem verfrühten Gebrauch des *concertato*-Stils: Erst nach gründlicher Beherrschung der Gesetze des Kontrapunktes sei dergleichen zu empfehlen. Neunundsiebzigjährig schreibt Schütz seine »Weihnachts Historie« (1664), in den folgenden zwei Jahren entstehen drei Oratorien: Lukas-, Johannes- und Matthäuspassion. In seiner Rückkehr zur nachahmenden Polyphonie und überhaupt zu einem nüchterneren Stil nimmt Schütz stilistische Züge des ausgehenden 17. Jahrhunderts vorweg – sofern er sie nicht herbeigeführt hat. Ein breites Stück Musikgeschichte faßt sich in diesem, nahezu ein Jahrhundert umspannenden Lebenswerk zusammen: vom Ausklang der franko-flämischen Kunst über die Hochblüte des italienischen *stile concertato* bis zur Überwindung der Extravaganzen des Barock.

Jean Baptiste Lully (1632–1687) ist gebürtiger Florentiner, wurde aber schon zwölfjährig nach Frankreich verschlagen, wo er bei einer wohlhabenden Familie in Dienst trat. Welche musikalischen Eindrücke erwarteten den Jüngling in Frankreich um die Jahrhundertmitte? Da ist die streng konservative Tradition des *ballet de cour* und des *air de cour*, beides würdige Erbstücke aus dem 16. Jahrhundert. Das *air de cour* hält die Mitte zwischen dem pseudoklassisch deklamatorischen Stil der *musique mesurée* und Tanzrhythmen, wobei die letztere Tendenz im Laufe des 17. Jahrhunderts die Oberhand gewinnt. Lully begann seine künstlerische Laufbahn als Tänzer im *ballet de cour*, die beliebteste Form gesellschaftlicher Unterhaltung am Hofe Ludwigs XIII. und Ludwigs XIV. Eine wichtige Rolle bei diesen Veranstaltungen spielte das Orchester der *vingtquatre violons du roi* (auch dies ein Erbstück aus dem 16. Jahrhundert – Vorstufe dazu war die Pariser Stadtkapelle: Ménétriers de Saint-Julien). Diese Ensemblegruppe ist in verschiedener Hinsicht von historischer Bedeutung: Es ist das erste größere fest etablierte Orchester; auch wurden in diesem Ensemble erstmalig (wie der Name andeutet) die alten Violen durch Instrumente der neuen Violinfamilie ersetzt. Neben seiner Ausbildung als Tänzer genoß Lully auch Unterricht auf der Violine. Das Orchester, in dem Lully mitgeigte und dessen Führung ihm Ludwig XIV. bald anvertraute, bestand aus sechs Ersten und vier Zweiten Violinen, vier kleinen und vier großen Bratschen und sechs Baßinstrumenten. Fünfstimmig gesetzte Tänze bestritten das Repertoire.

Die seit den dreißiger Jahren am französischen Hof gelegentlich gastierende italienische Oper konnte sich nicht behaupten gegen das *ballet de cour*, bei dem der Gesang auf ein Minimum beschränkt war, alles Schwergewicht auf Tanz und Orchesterdarbietungen lag. Paradox genug: Gerade der italienisch geborene Lully macht sich zum Verfechter des französischen *ballet* gegen die italienischen Musizierformen, um welch letztere gerade der französisch geborene Marc Antoine Charpentier (1635–1704), der in Rom bei Carissimi, dem Meister des italienischen Oratoriums, studierte, sich am französischen Hof bemüht. Und doch wäre ohne die Erfahrung der italienischen Oper Lullys Lebensleistung undenkbar: seine Begründung, um 1670, einer französischen Nationaloper. Dabei sollen die spezifisch französischen Ingredienzen der Lullyschen Oper gewiß nicht geschmälert werden. Zu ihnen gehören, außer der (im voranstehenden Aufsatz erwogenen) Anlehnung an die Form und Deklamation der französischen Tragödie, die Tradition des *ballet de cour* und der *vingtquatre violons.*

Von der Bedeutung Lullys für die europäische Musikästhetik war ebenfalls früher die Rede. Entwicklungsgeschichtlich sind auf Lully zurückzuführen: die großen Chaconnen für Chor und Ballett an den Aktschlüssen der Oper, ein Arsenal prickelnder Tänze und Tanzrhythmen und, endlich, die hohe Schule des Streichorchesters (zum Beispiel einheitliche Stricharten oder die Kultur des Bogenansatzes). Den hochdisziplinierten Streicherkörper vergrößerte Lully durch die Heranziehung von Hörnern und Oboen, gelegentlich auch Trompeten und Schlagzeug, und legte damit das Fundament für das moderne Orchester. Im Gegensatz zu Schütz bestehen bei Lully kaum Rückbindungen zur polyphonen Tradition der Franko-Flamen; auch harmonisch trägt er zur musikalischen Formgeschichte wenig Bedeutendes bei. Sein harmonischer Satz neigt zur Eintönigkeit und entbehrt oft der inneren Logik. Seine Stärke beruht im rhythmischen Reichtum und in der Kraft seiner musikalischen »Rhetorik«, meist auf Kosten der melodischen oder harmonischen Erfindung.

Auch die Karriere Henry Purcells (um 1659–1695) zeichnet sich aus durch raschen hohen Flug: Als Sohn eines Mitgliedes der Hofkapelle und Schüler des königlichen Organisten John Blow rückt Purcell in frühen Jugendjahren vom Chorknaben zum Violinkomponisten für die königliche Kapelle auf (1677), dann zum Organisten an der Westminster Abtei (1679); bald monopolisiert er *de facto* das Amt des Hofkomponisten, unter Karl II., Jakob II. und Wilhelm III. Daraus erklärt sich die große Menge seiner »offiziellen« Kompositionen: Oden auf den Cäcilientag, Krönungs-, Geburtstags- und Königsoden, in denen der prunkvolle Orchestersatz Lullys sich mit der älteren Tradition des englischen Kirchenchorals vermählt. Die anglikanische Kirche liebt musikalischen Aufwand und Pomp – glücklicherweise wurde Purcell nicht in die Epoche der englischen Republik geboren, wo die stark eingeschränkte Rolle der Kirchenmusik seinem Talent weit weniger Gelegenheit zur Entfaltung gegeben hätte!

Purcells Ruhm als Meister der anglikanischen Kirchenmusik wird sekundiert durch seinen Ruf als Bühnenkomponist. Zwar besitzen wir nur eine Oper, im engeren Wortbegriff, von ihm: *Dido and Aeneas* (um 1689). Das Werk entstand im Auftrage eines Mädchenpensionats – daher die zahlreichen Ballett- und Chornummern. Auch mehrere »Symphonien« finden sich darin, die das Vorbild Lullys nicht verleugnen. Purcell gebraucht gern die Passacaglia-Form, welche unter dem Namen *ground bass* in England seit dem frühen 16. Jahrhundert gepflegt wurde. Zusammenhänge bestehen ferner zwischen Purcells chromatisch absteigenden Baß-Melodien (wie etwa die in der Schlußarie des Dido) und den *Lamento*-Szenen der italienischen Barockoper. Zum Großteil fallen Purcells Bühnenwerke in seine letzten fünf Lebensjahre: manche dieser zu neunundvierzig verschiedenen Dramen komponierten musikalischen Entre-Akte nähern sich in ihrem Ausmaß dem der Oper.

Vielleicht in höherem Grade als irgendein anderer Komponist seines Jahrhunderts besaß Purcell die Fähigkeit, eine musikalische Bewegung oder Stimmung, ohne Zufluchtnahme zu simpler Repetition, aufrechtzuerhalten oder zu erweitern. Soloarien gehen mühelos über in Chöre – ein wirkungsvolles Verfahren unter vielen anderen zur Ausweitung einer Gefühlsstimmung unter Ausweitung der musikalischen Mittel. Purcell hat den Namen eines *Orpheus Britannicus*, den seine Zeitgenossen ihm gaben, wohl verdient. Gleich dem sagenhaften Sänger bezaubert er durch lyrischen Gesang. Daß alle Stimmen einer Partitur stets »singen« sollen, bleibt sein erstes und letztes Anliegen – ähnlich wie hundert Jahre später Mozarts. Noch in anderer Hinsicht scheint dieser letzte Vergleich gerechtfertigt: durch Purcells ungewöhnliches Talent, oft platten, wo nicht gar abgeschmackten Texten musikalisches Leben einzuhauchen; sei es durch geschicktes Abspringen vom Wortrhythmus, durch Wiederholungen oder auch graziöse Wortverzerrungen. Playford hat es (1706) treffend zusammengefaßt: »Er wurde besonders bewundert wegen seiner Vokalmusik, die es in eigenwilliger Weise verstand, der Kraft der englischen Sprache Ausdruck zu verleihen. So bewegte er die Gefühle und erregte die Bewunderung aller seiner Zuhörer.«

Fünfzehn Jahre nach Purcells unzeitigem Tode reiste Händel nach London, um dort mit seiner Oper *Rinaldo* (1711) den neuen italienischen Opernstil vorzustellen. Während seines langjährigen englischen Aufenthaltes hat Händel sich mehr und mehr von Purcells Kunst angeeignet, was ihm sehr zustatten kam, als die Reihe an ihm war, zu einer Art von englischem Hofkomponistenamt aufzurücken Ein Vergleich drängt sich auf zwischen den von Händel geschaffenen offiziellen Oden, Cäcilienoden und Kirchengesängen und denen seines Vorgängers am englischen Hof: Dabei wird Purcell, in der Frische und Unerschöpflichkeit seiner melodischen Erfindung, gewiß den kürzeren nicht ziehen.

Ganz am Ende seines Lebens kam Purcell noch in flüchtige Berührung mit den neuen Strömungen der italienischen Musik, die dann später, besonders dank Händel, auch in England durchdringen sollten. Sie werden vornehmlich in den Arien- und Konzertformen greifbar. Aber diese Entwicklung gehört schon zur Geschichte des folgenden Jahrhunderts.

Das 18. Jahrhundert: Reifezeit der Tonalität

Wie im 17. Jahrhundert, mit der Schöpfung des Rezitativs und der Sonate, so weist Italien auch im 18. Jahrhundert der europäischen Formgeschichte den Weg in der Heranbildung zweier neuer Formtypen: einer neuen Instrumentalkonzert-Form *(Concerto)* und einer ihr entsprechenden Vokal-Form, der Arie. Das beiden Typen gemeinsame neue Moment besteht in der Verfeinerung eines tonalen Empfindens, das den Formbau der Konzerte von Meistern wie Torelli, Corelli und Vivaldi, wie der neuen italienischen Opernkomposition von Alessandro Scarlatti (1660–1725), in nie dagewesener Weise beherrscht. – Unter tonalem Empfinden verstehen wir zunächst die Konzentration auf ein beschränktes tonales Material (»Tonart«), dann das Gewahrwerden von Spannungen beim Übertreten der gegebenen tonalen Grenzen, endlich das Bedürfnis nach Entspannung, durch Wiederherstellung der tonalen Stabilität. Das stabilste Element einer Tonart ist die Tonika und der auf ihr errichtete Dur- oder Mollakkord:

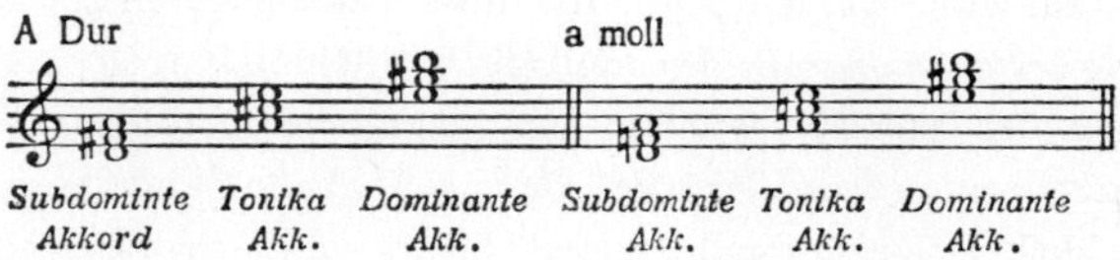

In unmittelbarster tonaler Beziehung zu ihr steht die oberste Quinte (Dominante) und untere Quinte (Subdominante). Die auf diesen drei Stufen ruhenden Dur- oder Moll-Dreiklänge liefern den harmonischen Grundstock und ebenfalls die melodischen Bausteine einer Tonart. Wir sahen, wie diese Beziehungen schon die Struktur mancher Kadenzform um 1500 bestimmten. Auch über weitere Strecken gab die Beziehung Tonika (zum Beispiel *c*)-Dominante (*g*)-Tonika etlichen zweiteiligen Tanzformen des 16. Jahrhunderts ihr Gepräge. Eine derartig formbildende Kraft besitzen die tonalen Spannungen im 18. Jahrhundert in ständig zunehmender Weise. Das Bewußtsein für die Quintenbezüge zwischen den Tönen (oder Akkorden) erweitert sich so sehr, daß endlich alle Töne der chromatischen Tonleiter in einem »Quintenzirkel« aufeinander bezogen werden können.

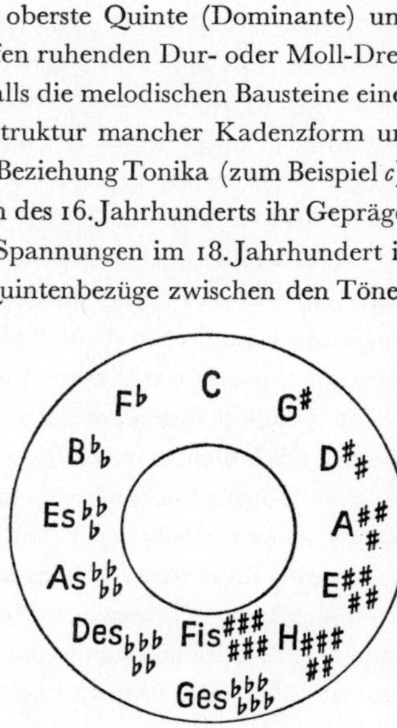

Das bedeutet freilich auch schon wieder eine Gefährdung des tonalen Empfindens: Durch allzu starke Spannungen, allzu weite Entfernungen im Quintenzirkel, von der Tonika, geht die Erinnerung an letztere leicht verloren, das tonale Zentrum verschiebt sich im Bewußtsein des Hörers (zum Beispiel wird ein Dur-Dreiklang auf *h* nicht länger auf *c*, sondern als Dominante auf *e* bezogen) – eine »Modulation« findet statt. Die Formen des 18. Jahrhunderts sind in ganz anderem Ausmaße modulatorisch als etwa die Suiten, die Passacaglien und Variationen des 17. Und eben durch ihre modulatorischen Ausbuchtungen gewinnen diese Formen an Umfang, wobei die tonalen Beziehungen den inneren Zusammenhang gewährleisten. – Und noch ein anderes strukturelles Mittel verbürgt die Einheit der immer ausgedehnteren Sätze: eine neue Art der rhythmischen Bewegung, die in motorischem Gleichmaß die Komposition weitertreibt. Das gilt besonders für den sogenannten *Stile concertato*; hier beschränkt sich das thematische Material meist auf ein Minimum; oft genügt ein aus wenigen Tönen bestehendes Motiv zur Verarbeitung über eine Strecke von hundert Takten oder mehr.

In die Reifezeit der Tonalität fällt das Wirken vier überragender Meister, die sich ihrer Herkunft nach ebenso wie in ihren künstlerischen Bestrebungen stark voneinander unterscheiden: J. P. Rameau (1683–1764), Domenico Scarlatti (1685–1757), G. F. Händel (1685 bis 1759) und J. S. Bach (1685–1750). Der Franzose steht in der Tradition der Lullyschen Oper, der er durch sein feines tonales Empfinden neue künstlerische Kräfte zuführt; auch für die Instrumentation des 18. Jahrhunderts hat Rameau Entscheidendes geleistet, in der Festlegung des modernen (fünfstimmigen) Streichersatzes und seinem wirkungsvollen Gebrauch der Holz- und Blechbläser. Ausgangspunkt für den Italiener sind die zweiteiligen Tanzformen; kühnste Experimentierlust auf der Ebene der Tonalität demonstrieren Scarlattis Cembalo-Sonaten. Händel, aus Halle an der Saale, schöpfte aus der Quelle seines musikalischen Jahrhunderts: Er begab sich (1706–1710) nach Rom und Neapel, nachdem er schon ein Jahr zuvor eine Oper *(Almira)* zur Hamburger Bühne beigesteuert. In persönlichem Umgang mit Corelli, den beiden Scarlattis und einer Anzahl anderer italienischer Komponisten vervollkommnet Händel, während seiner langen Italienreise, seine Meisterschaft in der Oper, der Kantate und in der Konzertform. Eine solch unmittelbare Kontaktnahme mit dem italienischen Musikleben war Bach, dem Thüringer Organisten, nie vergönnt; aber seinen Mangel an Welterfahrung hat der junge Bach wettgemacht durch die unermüdliche Abschrift (heimlich und gegen den Willen seines konservativen Vormunds) von italienischen Partituren. Bachs Licht hat nicht den europäischen Opernbühnen seiner Zeit geschienen; um so glänzender scheint es der Nachwelt.

Bachs Musik ist wie eine Enzyklopädie der Tonkunst von den Anfängen bis in das 18. Jahrhundert. Sucht man eine Probe der *cantus firmus*-Technik des Mittelalters? Man hat sie – in Bachs Orgelchorälen und Choralkantaten, wohin diese Technik, über die Tradition der franko-flämischen Schule und der lutherischen Orgelkomposition des 17. Jahrhunderts, ihren Weg gefunden. Wünscht man Einblicke in die kontrapunktische Technik des 16. Jahrhunderts? Auch hiermit hat Bach aufzuwarten – als Kenner (und Bearbeiter) Palestrinas wie als Spätrepräsentant der (um 1700 in der italienischen Trio-Sonate und Konzertform vollzogenen) »kontrapunktischen Restauration«. Italienisches Seicento: Affektenlehre, Rezitativ, barocke »Raum-Musik« – nichts davon, das seinen Eindruck auf Bach verfehlt und nicht seinen Niederschlag in Bachs Werk gefunden hätte. Die charakteristischen, weiter oben beschriebenen Formen und Stilarten der Instrumentalmusik: fast alle begegnen bei Bach. Er schreibt »französisch« in seinen Tanzsuiten und Ouvertüren oder »italienisch« in den Konzerten und Sonaten; oder er wird, im Orgelwerk, zum norddeutschen Mystiker. Die Erfindung neuer, revolutionärer Techniken und Formen war Bachs Sache nicht. Mit Eklektizismus darf seine unermüdliche Aufnahmebereitschaft indessen nicht verwechselt werden: Man entnehme doch einer Bachschen Partitur nur eine einzelne melodische Linie, und Bachs Persönlichkeit wird sich zu erkennen geben, in der Intensität des Stimmungsgehalts, in der motivischen Konzentration – wie immer auch der jeweilige Stil geartet sei. In seiner Fähigkeit, die Möglichkeiten der Tonalität auszuschöpfen, in seiner Herstellung tonaler Spannungen übertrifft Bach alle seine Zeitgenossen.

Das Beispiel aus Bachs Choralkantate »Wie schön leuchtet der Morgenstern« gebe eine Vorstellung nicht allein von der Höhe, welche die Tonkunst in der ersten Hälfte des 18. Jahrhunderts mit Bach erreicht, auch von der historischen Vielschichtigkeit dieser Kunst. Text und Melodie des Chorals stammen, wie so häufig, aus dem 16. Jahrhundert: ein in schlichter, kraftvoller Melodik gehaltenes Loblied Mariae. Nur die Komponenten des Dur-Dreiklangs *(f a c)* dienen dieser Melodie als kadenzielle Ruhepunkte. In seiner Bearbeitung exponiert Bach jeden der sechs Choral-Abschnitte getrennt, wobei die Melodie jeweilig als *cantus firmus*, in »Pfundnoten«, im Sopran erscheint, während die drei Unterstimmen in rascherem Schritt anderes (wenngleich verwandtes) Material behandeln, ganz nach Art der alten Motette, in hin und her schweifender kontrapunktischer Nachahmung. Noch

durch ein weiteres Mittel werden die Chorabschnitte voneinander abgehoben: durch die Heranziehung eines rivalisierenden Klangkörpers, ein aus zwei Hörnern, zwei Tenoroboen *(di caccia)*, zwei Soloviolinen, Streicherensemble und Continuo bestehendes Orchester. Dieses übernimmt die Einleitung mit einem Thema, welches mehrfach wiederkehren wird, ein *Ritornell.* Wäre das Stück eine Suite, so könnte man denken, daß die in dem Orchester-Ritornell angestimmte Melodie, mit ihrer wellenförmigen Bewegung und dem schaukelnden Rhythmus, irgendeinem alten *Pastorale* oder *Siciliano* entnommen sei, eine Vermutung, der Bach durch die Verwendung der Hörner und Oboen Vorschub leistet. Bei genauerer Betrachtung jedoch erweisen Ritornell und Choral sich als thematisch verwandt: Motivisches Bindeglied sind die im Bau des Chorals prominenten Intervalle der Sexte und Terz, auf die Bach im Ritornell immer wieder anspielt. Das sich hier entfaltende motivische Leben ist wahrlich ebenso köstlich wie kompliziert – als eine kleine Probe nur der Eintritt der unteren Chorstimme: Hier wird die motivische Beziehung vom Chor zum Ritornell hergestellt, zuerst durch eine freie Transposition von dessen Anfang, dann durch Umkehrung der Schlußfloskel. Nach ähnlich feinen motivischen Spielen kann man bei Bachs Zeitgenossen lange suchen.

Im Laufe des Satzes kommt es an den Tag, daß den Ritornellteilen noch eine weitere wichtige Aufgabe zuteil wird: Bach bedient sich ihrer, um uns auf Ausflüge, fort von der *F*-Dur-Tonika, zu nehmen – das heißt, wozu die Choralmelodie selbst wenig ermutigt, das wird durch das Ritornell erreicht: die Modulation. Folgendes Modulationsschema ergibt sich in der Gesamtstruktur des Satzes

	‖:Rit	A	Rit	B	Rit	C:‖	Rit	D	Rit	E	Rit	F	Rit
Tonarten:	F		C		F		d Moll		d Moll		modulatorisch		F

(*A–F* bezeichnet die verschiedenen Abschnitte des Chorals, *Rit.* die aus dem Ritornell-Material erbauten Instrumentaleinlagen)

Ohne diesen modulatorischen Reichtum hätte Bach kaum die Komposition auf hundertneunzehn Takte und über zehn Minuten ausdehnen können. – Nach der Art eines gewiegten Dramatikers spart Bach sich eine besondere Wirkung und Pointe für den letzten Choralabschnitt auf: eine Stimme nach der anderen bereichert hier, in stets ansteigender Folge, den harmonischen Satz, bis endlich, alle überstrahlend, der Sopran auf dem höchsten F die Worte »*Hoch* und sehr prächtig« intoniert. Man fühlt sich an die (früher beschriebenen) Motetten Josquins erinnert.

Mit dieser Kantate steht Bach in der Tradition des lutherischen Orgelchorals. Nichtsdestoweniger konnte nur ein Komponist des 18. Jahrhunderts dies Stück schreiben. Seine Ritornell-Anlage ist den neusten italienischen Konzertformen nachgebildet. Mit letzteren hat Bach sich eingehend beschäftigt (in seinen Bearbeitungen Vivaldis und anderer Italiener). Sowohl das modulatorische Verfahren wie die motivische Arbeit in dieser Kantate wären noch wenige Jahrzehnte früher undenkbar gewesen.

Wir haben gesehen, wie Bachs Werk – und kaum weniger allerdings Händels oder Rameaus – schon bald nach 1730 bei den »fortschrittlich« gestimmten Geistern als schwer verdaulich und deshalb als »veraltet« galt. Zu der zwischen etwa 1720 und 1740 beobachteten allgemeinen Geschmacksveränderung, aus dem »galanten« Wesen der Zeit und, damit verbunden, aus dem Geist der Oper, hier nur folgende Nachträge: Kurz nach der Jahrhundertwende war die Führung der italienischen Oper von Venedig auf Neapel übergegangen. In der neapolitanischen Schule (sie hat ihre Anhänger in ganz Europa, in Deutschland vornehmlich Johann Adolf Hasse, 1699–1783) vereinen sich, unter der Losung der *Vaghezza* alle Elemente des »galanten« Stils: Bevorzugung der Dur-Tonarten (fast bis zum völligen Ausschluß der »gefühlsbelasteteren« Moll-Tonarten), uneingeschränkte Herrschaft der »Melodie«, worunter man eine simple, gefällige, oft wohl etwas kurzatmige *Kantilene* versteht, zu deren Unterstützung, an Stelle der verpönten Kontrapunktik, eine farblose harmonische Begleitung dient.

Bei allen seinen offensichtlichen künstlerischen Grenzen ist der neapolitanische Stil von größter historischer Bedeutung und Entwicklungsfähigkeit. J. S. Bachs jüngster Sohn,

Johann Christian (1735–1782), der italienische »Operist« unter den Bachs, hat ihn an W. A. Mozart weitergegeben; auch seine Bewunderung für Hasse hat Mozart bekannt. Christoph Willibald Gluck (1740–1787) rechnete zu den »Hasseanern«, ehe er, im Rückanschluß an die französische *tragédie lyrique*, seinen eigenen, besonderen Weg zum monumentalen »neobarocken« Musikdrama findet. Aber noch mehr: auch für die Entwicklung der reinen Instrumentalmusik werden neapolitanische Techniken vorbildlich. Das gilt zumal für die Orchestersymphonie, welche, der Oper entwachsen, um die Jahrhundertmitte am Mannheimer Hof durch den böhmischen Komponisten (und Geiger) Johann Stamitz (1717–1757) und seine Schule erstmalig zu Ehren kommt. Besonders in einem wichtigen Punkte ist die neapolitanische *opera buffa* den Mannheimern vorangegangen: in der künstlerischen Auswertung der Dynamik, nicht nur der verschiedensten Lautstärken, von *pianissimo* zu *fortissimo*, auch im allmählichen Anschwellen *(crescendo)* des Klangs. In ihrer orchestralen Klangkultur hat freilich die Mannheimer Schule alle früheren Leistungen auf dieser Ebene weit hinter sich zurückgelassen.

Das für den Geist des »Sturm und Drang« so bezeichnende neue Interesse für dynamische Kontraste und Nuancen hat zur Heranbildung eines Tasteninstruments beigetragen, welches das alte Cembalo allmählich fast ganz verdrängen sollte: *Fortepiano* nannte man es, passenderweise (später: *Pianoforte*). Zum ersten Meister dieses Instruments macht sich Carl Philipp Emanuel Bach (1740–1788) – vielleicht die bedeutendste, gewiß die eigenwilligste Künstlerpersönlichkeit unter den Bach-Söhnen. – Kontraste bestimmen allgemein im späteren 18. Jahrhundert die Instrumentalformen: Kontraste in der Dynamik, ebenso in der Thematik und den Tonarten. Im Zeichen des Kontrastprinzips wurde schon vor 1760 die klassische Satzfolge der Symphonie festgelegt: 1. Satz, Allegro (ausgedehnte Abart der zweiteiligen Form); 2. Satz, Langsam (meist einfachere zweiteilige Form); 3. Satz, Menuett und Trio (jeweilig einfache zweiteilige Form); 4. Satz, Schnell (häufig Rondo).

Es sei hier noch einmal hingewiesen auf die Mannigfaltigkeit der »Schreibweisen« und »Manieren« im kompositorischen Schaffen der Jahrhundertmitte. Man schrieb etwa:

Kirchenmusik – im alten Fugenstil, mit *Continuo*
Opern und Kantaten – im italienischen Vokalstil, mit *da capo*-Arien
Divertimenti – mit kleinen Märschen und Tänzen, nach der Art der alten Suite
Konzerte – mit Ritornellen und der Gegenüberstellung von *solo* und *tutti*
Symphonien – nach dem Muster der Mannheimer, mit allen von ihnen erprobten Orchestereffekten.

Zwei Österreichern, Joseph Haydn (1732–1809) und Wolfgang Amadeus Mozart (1756 bis 1791), blieb es vorbehalten, den verwirrenden Reichtum an Formen, Stilarten, geistigen Haltungen zur Synthese und somit zur höchsten künstlerischen Erfüllung zu bringen. Der Werdegang beider Meister vollzieht sich unter ähnlichen geistigen Voraussetzungen und ist ähnlichen Gefahren ausgesetzt: Da ist die Verlockung, es sich im »galanten« Stil bequem zu machen, sich im orchestralen Feuerwerk der Mannheimer zu verausgaben oder dem faszinierenden Persönlichkeitsstil eines C. Ph. E. Bach oder Gluck nachzueifern. – Haydn ist es als erstem gelungen, aus dem Labyrinth stilistischer Möglichkeiten seinen Weg zu finden, bis endlich, in seinem Spätwerk, nicht länger mehr die Rede sein kann von dieser oder jener Manier: was immer der ältere Haydn produziert, ist in der »Haydn'schen Manier«.

Sein eigentlichstes Gebiet ist die Symphonie und die Komposition für ein kleineres Streicherensemble (dessen Vorläufern wir bereits im 16. Jahrhundert begegneten): das Streichquartett. Man hat diese letztere Musizierform treffend als eine »intime Unterhaltung« zwischen vier gleichgestellten »Partnern« bezeichnet. Von solch satztechnischer Ausgewogenheit sind Haydns früheste Quartette (von etwa 1760) freilich noch weit entfernt; die Behandlung der Mittelstimmen steht noch deutlich im Bann der Continuo-Technik. In seinen Quartetten Opus 20 (1772) versucht Haydn das Gleichgewicht zwischen den Stimmen durch polyphone Arbeit (Fugen in den Schlußsätzen) herzustellen – auf Kosten der Spontaneität und des Charmes der »Unterhaltung«. Haydn tut den entscheidenden Schritt in der Richtung des klassischen Quartett-Satzes, ja der klassischen Musik überhaupt, in den Quartetten Opus 33 (1781), von denen er selbst meinte, sie seien »auf eine ganz neue, besondere Art« geschrieben. Melodiöse Thematik, meisterhafte Kontrapunktik und harmonisches Momentum halten sich dort in vollkommener Weise die Waage – eine Ausbalanciertheit, die man seither als »Obligat-Stil« bezeichnet hat. (Beethoven soll später gesagt haben, er sei als »Obligat-Komponist geboren« – was er hinzuzufügen versäumte, war: dank dem Beispiel Joseph Haydns.)

Die vier »Gesprächspartner« sind hier wahrlich »gleichgestellt«, und ihre »Unterhaltung« ist ebenso witzig wie volkstümlich, »galant« und gelehrt. Die gelehrte Grazie dieser Kompositionen hat ihren Eindruck auf Mozart nicht verfehlt: Das zeigen seine 1782 bis 1785 komponierten (und Haydn gewidmeten) Streichquartette; auch die Klavierkonzerte der achtziger Jahre, in denen Mozarts Kunst ihre hehrsten Höhen erreicht. Das Solokonzert, vordem ein kompositorisch wenig anspruchsvoller Zweig der Instrumentalmusik, absorbiert durch Mozart den neuen »Obligat-Stil« (im fein ausgewogenen Wechselspiel zwischen Solisten und Orchester, vorzüglich auch in der sensitiven Behandlung der Holzbläser) und füllt sich so mit ganz neuem dramatischem Gehalt. Unnachahmlich wie seine Meisterschaft des Konzerts ist Mozarts Opernschaffen (Singspiel, *opera seria* und *buffa*). Haydn wußte ihm früh hohen Tribut zu zollen, als er (1787) den jüngeren Freund an Stelle seiner selbst der Prager Oper empfahl. Man solle »den teuren Mann festhalten«, schrieb Haydn nach Prag, »– aber auch belohnen, denn ohne dieses ist die Geschichte großer Genies traurig und gibt der Nachwelt wenig Aufmunterung zum ferneren Bestreben«. Während Haydn das Glück hatte, von seiner Zeit als »einer unserer größten Männer« erkannt zu werden (E. L. Gerber über Haydn, 1790), fand Mozart, der Meister der »öffentlichen« Kompositionsgattungen *par excellence* (Konzert und Oper), nur zeitweilig den Zugang zum breiteren Publikum; besonders in seinen letzten Lebensjahren beschränkte sich sein persönlicher Wirkungskreis auf wenige Freunde, und er starb in Armut.

Als kurz nach Mozarts Tod der junge Ludwig van Beethoven (1770–1827) von seiner Heimatstadt Bonn nach Wien aufbrach, schrieb sein Gönner, Graf Waldstein, in Beethovens Stammbuch: »Durch ununterbrochenen Fleiss erhalten Sie Mozarts Geist aus Haydns Händen« – ein schöner, frommer Spruch, wenngleich er auch teils zuviel, teils zuwenig aussagt: zuviel, weil Mozarts dem Menschlichen schon fast entruckte Vollkommenheit selbst durch Haydns Vermittlung sich nicht »erhalten« ließ; zuwenig, weil gerade Haydns sehr irdisches, sehr un-mozartisches Ringen nach Neugestaltung überlieferter Musizierformen der revolutionären Generation, die ihm folgte, in sich selbst so vieles bedeuten mußte. Als Wegweiser dieser Generation (und vieler kommender) überführt Beethoven die Musikgeschichte in eine Epoche, deren Erörterung nicht im Rahmen unserer Abhandlung liegt. In mehr als einer Hinsicht sprengt Beethovens künstlerische Dynamik alle musikalischen Grenzen des 18. Jahrhunderts – nicht zuletzt durch die unerhörten tonalen Spannungen und Dimensionen seiner Modulation. Allein ein Vergleich zwischen den Ausmaßen und Proportionen dreier Symphoniesätze (erste Sätze) von Stamitz, Mozart und Beethoven mag das andeuten: man beachte dabei besonders die zunehmende Ausdehnung des modulatorischen »Durchführungs«-Teiles:

Stamitz: Sinfonia a 8, in D, um 1755

Exposition	*Durchführung*	*Reprise*
58 t.	24 t.	56 t.

Mozart: Symphonie No. 41 in C (Jupiter), 1788

Exposition	*Durchführung*	*Reprise*
120 t.	68 t.	125 t.

Beethoven: Symphonie No. 3 in Es Dur (Eroica), 1803–1804

Exposition	*Durchführung*	*Reprise*	*Coda*
152 t.	246 t.	158 t.	135 t.

Beethovens riesenhafter tonaler Bau trägt sein eigenes Drama in sich; er entzieht sich aller Erklärung in der Terminologie der herkömmlichen Ästhetik. Nicht so ganz zu Unrecht meinten die Romantiker, es enthülle sich in dieser Kunst das »Unaussprechliche«.

UNIVERSALGESCHICHTE
IN STICHWORTEN

NAMEN- UND SACHREGISTER

QUELLENVERZEICHNIS
DER ABBILDUNGEN

UNIVERSALGESCHICHTE IN STICHWORTEN

1505

POLITIK König *Emanuel I.* von Portugal (36) ernennt *Francisco d'Almeida* (etwa 55) zum ersten Vizekönig in Ostindien. Die Konstitution von Radom (Statut »Nihil novi«) bindet den polnischen König bei Gesetzen an die Zustimmung der Schlachta.

LITERATUR *Jakob Wimpheling* (55) »Epitoma rerum Germanicarum«, erste deutsche Geschichte. *Pietro Bembo* (35) Dialoge »Asolani«.

KUNST *Adam Krafft* (etwa 45) Sieben Kreuzwegstationen (Steinreliefs) in Nürnberg (bis 1508). Papst *Julius II.* beruft *Michelangelo* (30) nach Rom und erteilt ihm den Auftrag zum Juliusgrabmal.

WIRTSCHAFT *Jakob Fugger, der Reiche* (46), bezieht auf dem neuen Seeweg Gewürze aus Ostindien.

1506

POLITIK Nach dem Tode *Philipps des Schönen* (28) übernimmt *Maximilian I.* (47) für seinen Enkel *Karl* (6) die Regentschaft in den Niederlanden und König *Ferdinand* von Aragon (54) in Kastilien. Herzog *Albrecht IV.* (59) legt die Unteilbarkeit Bayerns und die Primogenitur fest. Papst *Julius II.* (63) unterwirft Perugia und Bologna.

KULTUR Kurfürst *Joachim I.* von Brandenburg (22) gründet die Universität Frankfurt/Oder.

LITERATUR *Johannes Reuchlin* (51) »Rudimenta hebraica«, Lehrbuch der hebräischen Sprache.

KUNST *Albrecht Dürer* (35) »Rosenkranzaltar«. *Leonardo da Vinci* (54) vollendet »Mona Lisa«. Auffindung der antiken Laokoon-Marmorgruppe in Rom. *Bramante* (62) beginnt Neubau der Peterskirche in Rom.

1507

POLITIK *Maximilian I.* behält Habsburg durch Heiratsverabredung mit König *Ladislaus* (51) die Nachfolge in Böhmen und Ungarn vor (12.11.). Portugal besetzt Mozambique, Sokotra und Lamu (bis 1520 fast die ganze ostafrikanische Küste).

KULTUR Bamberger Halsgerichtsordnung des Landhofmeisters *Johann von Schwarzenberg* (44).

KUNST *Dürer* (36) »Adam und Eva«. *Raffael* (24) »Grablegung Christi«. *Peter Vischer d. Ä.* (etwa 47) beginnt Sebaldusgrab in Nürnberg.

WISSENSCHAFT *Martin Waldseemüller* (etwa 37) »Cosmographiae universalis introductio« (Erste Nennung »Americas«).

1508

POLITIK *Maximilian* (49) nimmt als erster deutscher König den Titel »Erwählter römischer Kaiser« an (6.2. in Trient). Liga von Cambrai zwischen *Maximilian, Ludwig XII.* (46) und *Ferdinand dem Katholischen* (56), der Papst *Julius II.* (65) 1509 beitritt, gegen Venedig (10.12.). *Jakob Fugger* (49) wird geadelt.

LITERATUR *Lodovico Ariosto* (34) »Cassaria« (Komödie).

KUNST *Michelangelo* (33) Deckenfresken in der Sixtinischen Kapelle des Vatikans (bis 1512). *Raffael* (25) von *Julius II.* nach Rom berufen. Fresken in den Stanzen des Vatikans (bis 1517). Beginn der Arbeit am Maximiliansgrab in der Hofkirche zu Innsbruck.

1509

POLITIK *Heinrich VIII.* (18) folgt seinem Vater *Heinrich VII.* (52) als König von England. Die Spanier erobern Oran. *Almeida* (etwa 59) vernichtet die ägyptische Flotte bei Diu. Die Ligatruppen besiegen die Venezianer bei Agnadello (14.5.). Florenz unterwirft erneut Pisa.

KULTUR *Ulrich Tengler* (etwa 49) »Laienspiegel« (volkstümliches Rechtsbuch). Annaberger Bergordnung.

LITERATUR *Erasmus von Rotterdam* (43) »Encomion morias seu laus stultitiae«. *Heinrich Bebel* (37) »Facetiae« (Schwänke). *Lodovico Ariosto* (35) »Suppositi« (Komödie).

KUNST *Lucas Cranach d. Ä.* (37) »Venus und Amor«. *Albrecht Dürer* (38) Frankfurter Altar für *Jakob Heller*. *Raffael* (26) »Madonna Alba«. *Fugger*-Kapelle bei St. Anna in Augsburg (bis 1518).

1510

POLITIK Hamburg wird als freie Reichsstadt anerkannt. *Albuquerque* (57) erobert Goa, das zum Zentrum der portugiesischen Besitzungen in Indien ausgebaut wird. Die Handelsrepublik Pskow (Pleskau) wird dem Großfürstentum Moskau eingegliedert. Der Mönch *Filofej* aus Pskow entwickelt um diese Zeit die Lehre von Moskau als dem »Dritten Rom«.

LITERATUR *Erasmus von Rotterdam* »Institutio Christiani principis« (Staatslehre). *Geiler von Kaisersberg* (65) Predigtsammlung »Der Seelen Paradies«.

KUNST *Albrecht Altdorfer* (etwa 30) »Ruhe auf der Flucht«. *Hans Baldung* (etwa 36) »Die Hexen« (Holzschnitt). Villa Farnesina in Rom.

TECHNIK *Peter Henleins* (etwa 30) erste Taschenuhr.

1511

POLITIK Heilige Liga zwischen *Julius II.* (68), *Ferdinand dem Katholischen* (59) und Venedig, der sich *Heinrich VIII.* (20) und *Maximilian I.* (52) anschließen, zur Vertreibung der Franzosen aus Italien. *Diego Velázquez de Cuéllar* (46) nimmt Kuba für Spanien in Besitz. *Albuquerque* (58) erobert Malakka für Portugal. Die Moldau gerät unter türkische Tributherrschaft.

KULTUR Beginn des Streits zwischen *Johannes Reuchlin* (56) und den Kölner Dominikanern um die jüdischen Bücher.

KUNST *Mathias Grünewald* (etwa 46) »Isenheimer Altar« (bis 1515). *Quentin Massys* (45) Passionsaltar in Antwerpen. *Albrecht Dürer* (40) vollendet Holzschnittfolgen »Große« und »Kleine Passion« und »Marienleben«. *Fra Bartolommeo* (39) »Verlobung der hl. Katharina«.

1512

POLITIK Auf dem Reichstag zu Köln wird das Reich ohne Böhmen und Schweiz in zehn Landfriedenskreise eingeteilt. Sieg der Franzosen über die Ligatruppen bei Ravenna (11.4.). Die mit *Julius II.* (69) verbündeten Schweizer unter Kardinal *Matthäus Schiner* (etwa 47) vertreiben die Franzosen aus Italien. *Massimiliano Sforza* (21) wird Herzog von Mailand. Parma und Piacenza fallen an den Kirchenstaat. Die *Medici* werden wieder in Florenz eingesetzt. *Ferdinand* von Aragon (60) besetzt das mit Frankreich verbündete Königreich Navarra. Die Portugiesen erobern die Molukken.

KULTUR Beginn des 18. allgemeinen Konzils, des 5. Laterankonzils (10.5., bis 1517).

LITERATUR *Thomas Murner* (37) Satiren »Narrenbeschwörung« und »Schelmenzunft«.

KUNST *Albrech' Dürer* (41) vollendet Kupferstich-Passionszyklus. *Albrecht Altdorfer* (etwa 32) »Geburt Christi«. *Sodoma* (35) Fresken »Geschichte Alexanders des Großen« in der Villa Farnesina in Rom.

WIRTSCHAFT Antimonopolgesetz des Kölner Reichstages.

1513

POLITIK Bundschuhverschwörung unter *Jos Fritz* (etwa 43) im Breisgau. Der Sieg der Schweizer bei Novara (6.6.) zwingt die Franzosen zum Verlassen Italiens. Sieg *Maximilians I.* (54) und *Heinrichs VIII.* (22) über die französischen Truppen in der »Sporenschlacht« bei Guinegate (16.8.). Der mit Frankreich verbündete König *Jakob IV.* (40) von Schottland fällt bei Flodden Field gegen die Engländer (9.9.); ihm folgt sein Sohn *Jakob V.* (1, bis 1542). *Juan Ponce de León* (53) nimmt Florida für Spanien in Besitz. *Núñez de Balboa* (38) durchquert die Landenge von Panama bis zur Westküste.

KULTUR Nach dem Tod *Julius' II.* (70) folgt Kardinal *Giovanni de' Medici* (38) als Papst *Leo X.* (bis 1521).

LITERATUR *Konrad Celtis* (gest. 1508) »Oden«. *Niccolò Machiavelli* (44) »Il Principe« (»Der Fürst«, gedruckt 1532).

KUNST *Albrecht Dürer* (42) Kupferstich »Ritter, Tod und Teufel«. *Raffael* (30) »Sixtinische Madonna« (um 1513). *Peter Vischer d.Ä.* (58) Bronzestatuen am *Maximilians*-Grab zu Innsbruck (*Theoderich* und König *Artus*). *Michelangelo* (38) Figuren für das *Julius*-Grab: zwei Sklaven und Moses.

1514

POLITIK Herzog *Ulrich* von Württemberg (27) schlägt die Bauernerhebung des »Armen Konrad« nieder. Tübinger Vertrag zwischen Herzog und Landtag, Grundlage der württembergischen Verfassung. *Johann Zápolya* (27), Woiwode von Siebenbürgen, unterdrückt einen ungarischen Bauernaufstand unter *Dózs* (etwa 40). Der ungarische Adel läßt seine Vorrechte im »Tripartitum« fixieren. Im Krieg gegen Polen-Litauen nimmt *Wasilij* von Moskau (35) Smolensk. Sultan *Selim I.* (etwa 47) besiegt die Perser bei Dschaldiran und zieht in Täbris ein.

KULTUR *Albrecht* von Brandenburg (24), Bischof von Mainz, Magdeburg und Halberstadt, erlaubt den Verkauf des Ablasses für den Neubau der Peterskirche. Die *Fugger* sichern sich den Vertrieb des Ablasses in Deutschland.

KUNST *Albrecht Dürer* (43) »Melancholie« und »Hieronymus im Gehäus« (Kupferstiche), Randzeichnungen zu Kaiser *Maximilians* Gebetbuch. *Raffael* (31) »Madonna della Sedia« (um 1514). Entwurf zum Palazzo Vidoni. Schloß Saint-Germain-en-Laye.

1515

POLITIK Herzog *Karl* (15) übernimmt nach Proklamation seiner Großjährigkeit (5.1.) die Regierung in Burgund. Verständigung *Maximilians I.* (56) mit den jagiellonischen Brüdern König *Ladislaus* (58) von Böhmen und Ungarn und König *Sigismund* von Polen (48). Auf *Ludwig XII.* (53) folgt sein Vetter *Franz I.* (21) als König von Frankreich (1.1., bis 1547). Er besiegt die Schweizer bei Marignano (13./14.9.) und besetzt Mailand. Kardinal *Thomas Wolsey* (etwa 42) wird als Lordkanzler Leiter der englischen Politik.

KULTUR *Las Casas* (41) brandmarkt in Spanien die grausame Behandlung der Indianer.

LITERATUR Erster Teil der »Epistolae obscurorum virorum« (»Briefe der Dunkelmänner«), hauptsächlich von *Crotus Rubianus* (etwa 35). »Weißkunig« *Maximilians I.*, verfaßt von *Marx Treitzsaurwein.*

KUNST *Tizian* (etwa 26) »Himmlische und irdische Liebe«, »Zinsgroschen« (um 1515). *Correggio* (26) »Madonna des hl. Franz«. *Raffael* (32) Villa Madama in Rom. Flügel *Franz' I.* am Schloß von Blois (bis 1519). Schloß Hampton Court bei London.

WISSENSCHAFT *Johannes Schöners* (38) ältester Globus. *Juan Díaz de Solís* entdeckt den La Plata.

1516

POLITIK Nach dem Tod *Ferdinands* von Aragon (64) erbt sein Enkel *Karl* von Burgund (16) die spanischen Königreiche als König *Karl I.* Er schließt mit *Franz I.* (22) den Frieden von Noyon (13.8.), dem *Maximilian I.* (57) im Vertrag von Brüssel (3.12.) beitritt: Frankreich behält Mailand. »Ewiger Frieden« der Schweizer mit *Franz I.* (12.11.). Ehevertrag zwischen Erzherzog *Ferdinand* von Österreich (13) und *Anna* von Ungarn (13).

KULTUR *Erasmus* (50) gibt griechisches Neues Testament mit lateinischer Übersetzung heraus. Konkordat zwischen Papst *Leo X.* (41) und *Franz I.* (22), dessen Herrschaft über die französische Kirche anerkannt wird.

LITERATUR *Thomas Morus* (38) »Utopia«. *Lodovico Ariosto* (42) »Orlando furioso« (»Der rasende Roland«).

KUNST *Albrecht Dürer* (45) »Michael Wolgemut«. *Hans Baldung* (32) vollendet Hochaltar im Freiburger Münster. *Tizian* (etwa 27) Altarbild der »Assunta« in der Frarikirche zu Venedig.

1517

POLITIK *Karl I.* (17) betritt sein spanisches Reich. Bundschuhverschwörung am Oberrhein unter *Jos Fritz* (etwa 47). Die Portugiesen setzen sich auf Ceylon fest und betreten das chinesische Festland bei Kanton. Sultan *Selim I.* (50) besiegt die Ägypter bei Kairo und erobert Ägypten.

KULTUR *Martin Luther* (34) schlägt 95 lateinische Thesen gegen den Mißbrauch des Ablaßhandels an die Tür der Schloßkirche zu Wittenberg (31.10.). Das Laterankonzil endet ohne Reformprogramm (16.3.).

LITERATUR Zweiter Teil der Dunkelmännerbriefe unter maßgeblicher Mitarbeit *Ulrich von Huttens* (29) zur Verteidigung der Humanisten. »Theuerdank«, autobiographisch-allegorische Versdichtung *Maximilians I.* (58). *Hans Sachs* (23) »Das hofgesind Veneris«, erstes Fastnachtsspiel.

KUNST *Matthias Grünewald* (etwa 52) »Maria-Schnee-Altar«. *Hans Baldung* »Der Tod und das Mädchen«. *Veit Stoß* (etwa 72) »Englischer Gruß« in St. Lorenz zu Nürnberg.

WIRTSCHAFT Erstes Privileg *Karls I.* für den Negersklavenhandel von Afrika nach Amerika.

1518

POLITIK *Karl I.* von Spanien bestellt den Piemontesen *Mercurino de Gattinara* (53) zu seinem Großkanzler.

KULTUR *Martin Luther* verweigert vor dem Kardinallegaten *Cajetan* (49) in Augsburg den Widerruf. *Ulrich Zwingli* (34) wird Leutpriester am Großmünster zu Zürich und beginnt seine reformatorische Tätigkeit.

KUNST *Hans Burgkmair* (45) »Johannes auf Patmos« (Altarbild). *Albrecht Altdorfer* (etwa 38) Altar in St. Florian. *Raffael* (35) »Papst *Leo X.*«.

WISSENSCHAFT *Adam Riese* (etwa 26) »Rechnung auf der Linihen« (Lehrbuch).

1519

POLITIK Kaiser *Maximilian I.* (60) stirbt. Erben der habsburgischen Länder sind seine Enkel *Karl* (19) und *Ferdinand* (16). *Karl* wird in Frankfurt einstimmig zum deutschen Kaiser *Karl V.* gewählt (28.6., regiert bis 1556). Wahlkapitulation zur Wahrung der Belange des Reiches und der Stände (3.7.). Herzog *Ulrich* von Württemberg (32) wird nach seinem Überfall auf die Reichsstadt Reutlingen vom Schwäbischen Bund vertrieben. (Das Herzogtum kommt 1520 an Österreich.) Der Spanier *Hernán Cortés* (34) landet in Mexiko, zieht zur Hauptstadt Tenochtitlan und bemächtigt sich des Aztekenherrschers *Motecuhzoma.*

KULTUR Disputation zu Leipzig (27.6.–16.7.): Dr. *Johann Eck* (33) gegen *Andreas Karlstadt* (etwa 39) und *Martin Luther* (36). *Jakob Fugger* (60) stiftet in Augsburg die Armensiedlung »Fuggerei«.

LITERATUR *Niccolò Machiavelli* (50) »Discorsi sopra la prima deca di Tito Livio« (gedruckt 1531).

KUNST *Sebastiano del Piombo* (etwa 34) »Auferweckung des Lazarus«. Baubeginn von Schloß Chambord (bis 1550).

WISSENSCHAFT *Fernão de Magelhães* (39) tritt mit fünf Schiffen seine Erdumsegelung an (10.8., Rückkehr eines Schiffes unter *Juan Sebastiano del Cano* [47] am 8.9.1522).

1520

POLITIK *Karl V.* (20) wird in Aachen zum Kaiser gekrönt (23.10.). Aufstand der kastilischen Städte (»Comuneros«). Niederlage und Tod des schwedischen Reichsverwesers *Sten Sture* (28) im Kampf gegen *Christian II.* von Dänemark (39). Die Hinrichtung der Gegner *Christians* (»Stockholmer Blutbad«) führt zum national-schwedischen Aufstand unter dem Adligen *Gustav Wasa* (24).

KULTUR Päpstliche Bulle droht *Martin Luther* (37) wegen Ketzerei den Bann an (15.6.). *Luther* verbrennt sie in Wittenberg (10.12.).

LITERATUR Reformatorische Schriften *Martin Luthers* (37) »An den christlichen Adel deutscher Nation von des christlichen Standes Besserung«, »De captivitate Babylonica ecclesiae«, »Von der Freiheit eines Christenmenschen«. *Ulrich von Hutten* (32) »Vadiscus oder die römische Dreifaltigkeit« (Kampfaufruf gegen Rom). *Erasmus* (52) »Antibarbari« (gegen die

Scholastik). *Jakob Wimpheling* (70) »Gravamina nationis Germanicae« (wider kirchliche Mißstände).

Kunst *Tizian* (etwa 31) »Bacchanal«. *Raffael* (37) »Verklärung Christi«. *Correggio* (31) Gewölbefresken in S. Giovanni Evangelista in Parma (bis 1524). Königliche Grabkapelle am Dom von Krakau von *Bartolomeo Berecci* aus Florenz (bis 1530).

1521

Politik Errichtung des Reichsregiments in Nürnberg zur Vertretung des Kaisers (26.5.). *Karl V.* (21) tritt seinem Bruder *Ferdinand* (18) die österreichischen Herzogtümer im Wormser Vertrag ab (28.4.). Beginn des ersten Krieges zwischen *Karl V.* und *Franz I.* (27). Bündnis *Karls* mit *Leo X.* (28.5.). Kaiserliche und päpstliche Truppen vertreiben die Franzosen aus Mailand (19.11.). Sieg der Regierungstruppen über die Comuneros bei Villalar (23.4.). *Hernán Cortés* (36) erobert Mexiko endgültig für Spanien. Sultan *Suleiman II.* (26) nimmt Belgrad ein.

Kultur *Martin Luther* (38) verweigert auf dem Reichstag zu Worms den Widerruf seiner Lehre (18.4.). Mit dem Wormser Edikt wird er geächtet (8.5.). Er übersetzt auf der Wartburg das Neue Testament. Bilderstürmerbewegung in Wittenberg unter *Andreas Karlstadt* (etwa 41).

Literatur *Philipp Melanchthon* (24) »Loci communes rerum theologicarum« (Lehrbuch des evangelischen Glaubens). *Heinrich VIII.* von England (30) »Assertio septem sacramentorum« (Verteidigung des alten Glaubens gegen *Luther*).

Kunst *Lorenzo Lotto* (etwa 41) »Madonna mit Heiligen« in S. Spirito zu Bergamo. *Michelangelo* (46) Grabkapelle der *Medici* (»Neue Sakristei«) in Florenz (bis 1534).

1522

Politik Deutsche und spanische Truppen unter *Georg von Frundsberg* (49) besiegen bei Bicocca die Franzosen und die mit ihnen verbündeten Schweizer unter *Arnold Winkelried* (27.4.). Vertrag von Windsor: Bündnis zwischen *Karl V.* und *Heinrich VIII.* (31) gegen Frankreich (16.6.). *Franz von Sickingen* (41), Hauptmann eines Ritterbundes, beginnt die Fehde gegen den Trierer Erzbischof *Richard von Greiffenklau*.

Kultur Der Wittenberger Reformationsausschuß erläßt eine neue Kirchenordnung. *Martin Luthers* Fastenpredigten gegen die Wittenberger »Schwarmgeister« nach seiner Rückkehr von der Wartburg. Nach *Leos X.* Tode (1521) folgt Kardinal *Adrian Florisz* aus Utrecht (63) als Papst *Hadrian VI.* (bis 1523).

Literatur *Thomas Murner* (47) »Von dem großen Lutherischen Narren«. Erster Druck von *Luthers* Übersetzung des Neuen Testaments. *Ulrich Zwingli* (38) »Vom Erkiesen und Freiheit der Speisen« (gegen die Fastengebote).

Kunst *Juan Gil de Hontanón* (22) beginnt die Kathedrale von Segovia.

1523

Politik Bündnis zwischen *Karl V.*, *Heinrich VIII.*, Erzherzog *Ferdinand*, *Hadrian VI.*, Venedig, Mailand, Florenz, Genua, Siena und Lucca gegen *Franz I.* (3.8.). Trierische, hessische und pfälzische Truppen erobern die Feste Landstuhl des tödlich verwundeten *Sickingen* (7.5.). *Christian II.* (42) wird vom dänischen Adel mit lübeckischer Unterstützung vertrieben. Zum König von Dänemark wird sein Oheim *Friedrich* von Holstein (52) gewählt (regiert als *Friedrich I.* bis 1533). *Gustav Wasa* (27) beseitigt die dänische Herrschaft in Schweden und wird zum König gewählt (bis 1560): Ende der Kalmarer Union.

Kultur *Giulio de' Medici* (45) wird zum Papst *Clemens VII.* gewählt (bis 1534).

Literatur *Martin Luther* (40) »Von der Ordnung des Gottesdienstes in der Gemeinde«. *Hans Sachs* (29) »Die Wittenbergisch Nachtigall«.

Kunst *Matthias Grünewald* (etwa 45) »Kreuzigung« (um 1523). *Hans Holbein d. J.* (26) Holzschnittfolge »Totentanz« (bis 1525). *Michelangelo* (48) beginnt Biblioteca Laurenziana in Florenz. Kathedrale von Granada begonnen.

1524

Politik Im »Regensburger Konvent« verpflichten sich Erzherzog *Ferdinand* von Österreich, die Herzöge von Bayern und süddeutsche Bischöfe zur Durchführung des Wormser Edikts. Beginn der Bauernunruhen mit dem Aufstand der Bauern in der Herrschaft Stühlingen im Südschwarzwald. *Franz I.* (30) besetzt erneut Mailand (26.10.) und verbündet sich mit *Clemens VII.* und Venedig (12.12.). *Giovanni Verrazzano* (etwa 44) aus Florenz erforscht in französischem Dienst die Ostküste Nordamerikas.

Kultur Gründung des Theatiner-Ordens. *Gustav Wasa* (28) verbietet Annatenzahlungen nach Rom.

Literatur *Erasmus* (58) »De libero arbitrio« (Abhandlung vom freien Willen).

Kunst *Jacopo da Pontormo* (30) Fresken in der Certosa von Florenz. *Tilman Riemenschneider* (etwa 64) »Rosenkranzmadonna« in Volkach.

1525

Politik Das kaiserliche Heer besiegt bei Pavia *Franz I.* und nimmt ihn gefangen (24.2.). Hochmeister *Albrecht* von Brandenburg (35) läßt sich von *Sigismund I.* (58) im Vertrag von Krakau den säkularisierten Ordensstaat als Herzog von Preußen zu Lehen geben (8.4.). Dessauer Bund zwischen den altgläubigen Fürsten von Mainz, Sachsen, Braunschweig-Wolfenbüttel, Brandenburg und Magdeburg. Bauernkrieg in Schwaben, Elsaß, Tirol, Salzburg, Franken und Thüringen. Die »12 Artikel der Bauernschaft« in Schwaben werden zum Manifest aller aufständischen Bauern. Niederwerfung der Bauern durch die Fürsten: *Georg Truchseß von Waldburg* (37) besiegt mit dem Heer des Schwäbischen Bundes den

Baltringer Haufen bei Leipheim (4.4.), löst den Seehaufen im Weingartener Vertrag auf (17.4.) und vernichtet bei Böblingen das Heer der württembergischen Bauern (12.5.), *Georg* von Sachsen (54) und *Philipp* von Hessen (21) besiegen die thüringischen Bauern bei Frankenhausen (15.5.), *Thomas Münzer* (etwa 36) wird hingerichtet. Blutbad Herzog *Antons* von Lothringen (36) unter den elsässischen Bauern in Zabern (16.5.). Ein Heer des Schwäbischen Bundes, der Pfalz, Mainz' und Triers zerstreuen die Odenwälder Bauern bei Königshofen (2.6.). *Florian Geyer* (etwa 35) wird ermordet.

KULTUR Kirchenordnung *Zwinglis* (41) für Zürich, Abschaffung der Messe.

LITERATUR *Martin Luther* (42) »De servo arbitrio« (gegen *Erasmus*), »Ermahnung zum Frieden auf die 12 Artikel der Bauernschaft« (April), »Wider die mörderischen und räuberischen Rotten der Bauern« (Mai). *Pietro Bembo* (55) »Prosa della volgar lingua«.

KUNST *Hans Holbein d.J.* (28) »Madonna des Bürgermeisters *Meyer*«. *Jacopa da Pontormo* (31) »Grablegung Christi« (um 1525). *Correggio* (31) »Jupiter und Antiope«. *Andrea del Sarto* (39) Fresko »Madonna del Sacco« in SS. Annunziata zu Florenz. Fassade der alten Universität von Salamanca.

1526

POLITIK *Franz I.* (32) wird, nachdem er auf seine italienischen Ansprüche, auf die Lehnsrechte in Flandern, Artois und auf das Herzogtum Burgund zugunsten *Karls V.* (26) verzichtet hat, freigelassen (Friede von Madrid 14.1.), erklärt aber sogleich den Vertrag für nichtig und verbündet sich in der Hl. Liga von Cognac mit Papst *Clemens VII.* (48), *Francesco II. Sforza* von Mailand (31), Venedig und Florenz gegen *Karl V.* (22.5.). Zweiter Krieg zwischen *Karl V.* und *Franz I.* (bis 1529). Gothaer (Torgauer) Beistandsbündnis zwischen Hessen und Kursachsen (Febr.), dem weitere protestantische Stände Norddeutschlands beitreten. Niederschlagung der letzten Bauernerhebung in Tirol unter *Michael Gaismair* (etwa 36). Sultan *Suleiman II.* (31) besiegt die Ungarn bei Mohácz (29.8.). König *Ludwig II.* (20) fällt. Sein Schwager, Erzherzog *Ferdinand* von Österreich (23), wird auf dem Hradschin zum König von Böhmen gewählt (22.10.). In Ungarn tritt ihm der zum König gewählte (10.11.) Woiwode von Siebenbürgen, *Johann Zápolya* (39), entgegen.

KULTUR Abschied des Reichstags zu Speyer: Stellung zum Wormser Edikt wird den Reichsständen überlassen (27.8.). Beginn der landesherrlichen Kirchenvisitationen in Kursachsen. Landgraf *Philipp* (22) beginnt die Einführung der Reformation in Hessen. *William Tyndales* (etwa 34) englische und *Olaus Petris* (33) schwedische Übersetzung des Neuen Testaments.

KUNST *Albrecht Dürer* (55) »Die vier Apostel«, »*Hieronymus Holzschuher*«, »*Jakob Muffel*«. *Andrea del Sarto* (40) »Abendmahl«.

1527

POLITIK Das kaiserliche Heer erobert (6.5.) und plündert Rom (Sacco di Roma). Bündnis (30.4.) zwischen *Franz I.* (33) und *Heinrich VIII.* (36).

KULTUR *Philipp* von Hessen (23) gründet die protestantische Landesuniversität Marburg. *Gustav I. Wasa* (31) läßt vom schwedischen Reichstag zu Västerås die Grundlagen einer nationalen Kirche schaffen.

LITERATUR *Baldassar Castiglione* (49) »Il Cortegiano« (höfische Bildungslehre).

KUNST *Hans Holbein d.J.* (30) »*Thomas Morus*«. *Lucas van Leyden* (33) Leydener Flügelaltar (»Jüngstes Gericht«). Haus *Franz' I.* in Paris.

1528

POLITIK »Packsche Händel«: Auf Grund gefälschter Akten des sächsischen Sekretärs *Otto von Pack* (etwa 48) über ein katholisches Kriegsbündnis beginnt *Philipp* von Hessen (24) einen Präventivkrieg. *Karl V.* (28) säkularisiert das Bistum Utrecht. Die *Welser* erhalten von *Karl V.* Venezuela zur Kolonisierung. Admiral *Andrea Doria* (60) befreit Genua von französischer Herrschaft. Montenegro wird türkisch.

KULTUR Disputation zu Bern: Bern, Basel und andere schweizerische Orte schließen sich der Reformation an. Gründung des Kapuzinerordens.

LITERATUR *Erasmus* (62) »De recta Latini Graecique sermonis pronuntiatione«, »Ciceronianus« (Dialog gegen die Überbewertung *Ciceros*). *Johannes Agricola* (34) erster Teil seiner Sprichwörtersammlungen.

KUNST Schloß Fontainebleau begonnen.

1529

POLITIK Sieg der Kaiserlichen über die Franzosen bei Landriano (21.6.). Friede von Barcelona (29.6.) zwischen *Karl V.* (29) und *Clemens VII.* (51). Damenfriede von Cambrai, vermittelt durch *Franz' I.* (35) Mutter, *Louise* von Savoyen (53), und *Karls* Tante, Erzherzogin *Margarete* von Österreich (49): Bestätigung des Friedens von Madrid, Frankreich behält aber Burgund (3.8.). Die Türken belagern zum erstenmal Wien (Sept.). Lordkanzler *Thomas Wolsey* (etwa 56) wird wegen Versagens im Scheidungsprozeß *Heinrichs VIII.* (38) abgesetzt, Nachfolger wird *Thomas Morus* (51).

KULTUR Die evangelische Minderheit von 5 Fürsten (Kursachsen, Hessen, Brandenburg-Kulmbach, Anhalt, Lüneburg) und 14 Städten (u.a. Straßburg, Nürnberg, Ulm) protestiert gegen den Mehrheitsbeschluß des 2. Reichstages zu Speyer, der alle kirchlichen Neuerungen verbietet, daher »Protestanten« (19.4.). Marburger Religionsgespräch zwischen *Martin Luther* (46) und *Ulrich Zwingli* (45) scheitert an der Abendmahlsfrage (1.–4.10.).

LITERATUR *Ulrich von Hutten* (41) »Arminius« (als Vorbild für den deutschen Kampf gegen Rom). *Juan de Valdés* (etwa 29) »Diálogo de doctrina cristiana« (spanische Mystik).

KUNST *Albrecht Altdorfer* (etwa 49) »Alexanderschlacht«. *Bernardino Luini* (49) Fresko der Kreuzigung in S. Maria degli Angeli zu Lugano.

1530

POLITIK Krönung *Karls V.* (30) durch *Clemens VII.* (52) in Bologna (24.2.), letzte Kaiserkrönung durch einen Papst. Portugal beginnt die Kolonisierung Brasiliens. *Karl V.* überläßt den Johannitern Malta.

KULTUR Die evangelischen Stände legen dem Reichstag zu Augsburg die von *Melanchthon* (33) verfaßte »Confessio Augustana« vor (25.6.), die katholischen als Widerlegung die »Confutatio« (3.8.). *Franz I.* (36) stiftet das Collège de France zum Studium der antiken und biblischen Sprachen.

LITERATUR *Pietro Bembo* (60) »Rime« (Gedichte).

KUNST *Lucas Cranach d. Ä.* (58) »Urteil des Paris«. *Franz I.* beruft *Giovanni Rosso* (36) aus Florenz und (1531) *Francesco Primaticcio* (26) aus Bologna zur Ausmalung des Schlosses Fontainebleau: Manieristische Schule von Fontainebleau. *Correggio* (41) »Hl. Nacht«.

WIRTSCHAFT Erste Reichspolizeiordnung des Augsburger Reichstages (über Gewerbe Maße, Gewichte).

1531

POLITIK *Karl V.* (31) läßt seinen Bruder *Ferdinand* (28) in Köln zum römischen König wählen (5.1.). In Schmalkalden schließen die protestantischen Stände ein Beistandsbündnis (Gründungsurkunde 27.2.). Bayern schließt in Saalfeld einen Vertrag mit dem Schmalkaldischen Bund (24.10.). Sieg der altkirchlichen Orte der Schweiz über Zürich bei Kappel (11.10.), *Ulrich Zwingli* (47) fällt. 2. Kappeler Friede verhindert Ausbreitung der Reformation auf die ganze Schweiz.

LITERATUR *Beatus Rhenanus* (46) »Rerum Germanicarum libri tres« (deutsche Geschichte). *Sebastian Franck* (32) »Chronika, Zeitbuch und Geschichtbibel«.

KUNST *Lucas van Leyden* (37) »Heilung des Blinden«.

WIRTSCHAFT Erste internationale Börse in Antwerpen.

1532

POLITIK Übereinkunft von Scheyern zwischen Frankreich und Schmalkaldischem Bund (26.5.). Die Türkengefahr zwingt *Karl V.* (32) zum Nürnberger Religionsfrieden mit den protestantischen Ständen (2./3.8.). Ein Reichsheer wehrt die Türken von Österreich ab (Verteidigung von Güns).

KULTUR Peinliche Halsgerichtsordnung *Karls V.* (Constitutio Criminalis Carolina), einheitliches Strafgesetzbuch. Unterwerfung des englischen Klerus unter die königliche Gewalt (»Submissionserklärung«). Abschaffung der englischen Annatenzahlungen an Rom.

LITERATUR *François Rabelais* (etwa 38) »Pantagruel«.

KUNST *Hans Holbein d. J.* (35, in England) »Kaufmann Georg Gisze«. Baubeginn von Saint-Eustache zu Paris.

1533

POLITIK König *Ferdinand* (30) schließt Frieden mit den Türken (22.6.). *Jürgen Wullenwever* (etwa 41) wird als Führer einer demokratischen Bewegung Bürgermeister in Lübeck. *Heinrich VIII.* (42) läßt durch Erzbischof *Thomas Cranmer* (44) seine Ehe mit *Katharina* von Aragon (48) für ungültig erklären und die mit *Anna Boleyn* (26) sanktionieren. Nach Ermordung des Inkaherrschers *Atawallpa* in Cajamarca erobert *Pizarro* (etwa 62) zusammen mit *Diego d'Almagro* (58) die Hauptstadt Cuzco. Nach dem Tod *Wasilijs III.* (54) folgt sein Sohn *Iwan IV. Grosnyi* (*der Schreckliche*; 3).

KULTUR Protestantische Kirchenordnung für Brandenburg-Ansbach und Nürnberg. Verbot der Appellation von England nach Rom.

KUNST *Hans Holbein d. J.* (36) »Die Gesandten«. *Tizian* (etwa 44) »*Karl V.*«.

1534

POLITIK Im Frieden von Kaaden (29.6.) gesteht *Ferdinand I.* (31) gegen Anerkennung seiner Königswürde durch die protestantischen Stände *Ulrich* (47) das Herzogtum Württemberg als österreichisches Afterlehen zu. Sukzessionsakte des englischen Parlaments erklärt nur Nachkommen aus der Ehe *Heinrichs VIII.* (43) mit *Anna Boleyn* (31) für thronfolgeberechtigt. Die »Suprematsakte« setzt die Oberhoheit *Heinrichs VIII.* und seiner Nachfolger über die englische Kirche fest.

KULTUR Wiedertäufer aus Holland errichten unter Führung des Schneiders *Jan Bockelson* (25) aus Leiden und des Bäckers *Jan Matthys* aus Haarlem in Münster eine sozialrevolutionäre Herrschaft. Einführung der Reformation in Württemberg und Pommern. *Luthers* (51) gesamte deutsche Bibelübersetzung erscheint. *Ignatius von Loyola* (43) gründet den Kern der Gesellschaft Jesu in Paris (15.8.). Auf *Clemens VII.* (59) folgt Kardinal *Alessandro Farnese* (66) als Papst *Paul III.* (bis 1549).

LITERATUR *François Rabelais* (etwa 40) »Gargantua, père de Pantaguel« (bis 1562 fünf Teile).

KUNST *Parmigianino* (31) »Madonna mit dem langen Hals« (um 1534). *Antonio da Sangallo* (51) beginnt Palazzo Farnese zu Rom.

1535

POLITIK *Karl V.* (35) erobert gegen den Piratenfürsten *Chair ad-Dīn Barbarossa* (etwa 53) La Goletta (14.7.) und Tunis. Er zieht Mailand nach Erlöschen der *Sforza*-Dynastie als erledigtes Reichslehen ein. Wegen Nichtanerkennung der Suprematie *Heinrichs VIII.* (44) werden u.a. *Thomas Morus* (57) und Kardinal *John*

Fisher (etwa 66) getötet (6.7. bzw. 22.6.). Lordkanzler wird *Thomas Cromwell* (50). *Francisco Pizarro* (etwa 64) gründet Lima. Mexiko wird spanisches Vizekönigreich Neu-Spanien.

KULTUR Der Bischof von Münster beseitigt die Wiedertäuferherrschaft. Bis 1540 Aufhebung der englischen Klöster durch *Cromwell* (50). Erste vollständige englische Bibelübersetzung von *Miles Coverdale* (47).

LITERATUR *Stephen Gardiner* (etwa 42), Bischof von Winchester, »De vera obedientia« (Verteidigung der königlichen Suprematie über die Kirche).

KUNST *Baldassare Peruzzi* (54) Palazzo Massimi in Rom.

1536

POLITIK *Franz I.* (42) besetzt das Herzogtum Savoyen. 3. Krieg gegen *Karl V.* bis 1538. Abschluß eines Bündnisses zwischen Frankreich und der Türkei in Konstantinopel (Febr.). *Heinrich VIII.* läßt *Anna Boleyn* (29) hinrichten. Niederschlagung einer katholischen Erhebung in Nordengland unter *Robert Aske* gegen die Säkularisationen (Pilgrimage of Grace). Wales wird England eingegliedert.

KULTUR »Wittenberger Konkordie«, Ausgleich zwischen den Wittenberger und den oberdeutschen Theologen in der Abendmahlslehre. *Heinrich Bullingers* (32) erstes helvetisches Bekenntnis für die Schweizer reformierten Orte. *Paul III.* (68) beruft ein Kardinalskollegium zur Ausarbeitung eines Reformgutachtens. Der Kopenhagener Reichstag beschließt Einführung der lutherischen Lehre in Dänemark.

LITERATUR *Calvin* (27) »Institutio religionis Christianae« (seine Glaubenslehre). *Paracelsus* (43) »Große Wundarzney«.

KUNST *Hans Holbein d. J.* (39) »*Jane Seymour*«. *Jacopo Sansovino* (50) beginnt Markusbibliothek in Venedig.

1537

POLITIK Krieg der Türken gegen Venedig (bis 1540). Venedig wehrt Angriff auf Korfu ab.

KULTUR Zusammenfassung der protestantischen Glaubenssätze durch *Martin Luther* (54) in den »Schmalkaldischen Artikeln«. Programm der Reformdeputation: »Consilium de emendanda ecclesia«.

KUNST Rathaus zu Görlitz. Baubeginn Schloß Gripsholm.

1538

POLITIK Bündnis zwischen *Karl V.* (38), Papst *Paul III.* und Venedig gegen die Türken (8.2.). König *Ferdinand I.* (35) erkennt im Vertrag von Großwardein gegen Zusicherung der habsburgischen Nachfolge *Johann Zápolya* (51) als König von Ungarn an (24.2.). Nürnberger Bund katholischer Reichsstände (10.6.).

KULTUR Der erste Versuch der Einführung einer reformierten Kirchenordnung in Genf (seit 1536) führt zur Ausweisung *Guillaume Farels* (49) und *Johann Calvins* (29).

LITERATUR *Vittoria Colonna* (etwa 46) »Rime«.

1539

POLITIK Ausdehnung des Nürnberger Religionsfriedens auf alle gegenwärtigen Anhänger des Augsburger Bekenntnisses im »Frankfurter Anstand« (19.4.).

KULTUR Einführung der Reformation in Sachsen und Brandenburg. »6 Artikel« *Heinrichs VIII.* (48) gegen Ketzerei im Sinne des alten Glaubens. *Franz I.* (45) bestimmt das Französische der Ile de France zur Urkundensprache.

LITERATUR *Menno Simons* (43) »Fundament-boek des Christelijken leers« (Bekenntnis für die von ihm in freikirchlichen Gemeinden gesammelten gemäßigten Täufer: »Mennoniten«).

KUNST *Hans Holbein d. J.* (42) »*Anna von Cleve*«.

1540

POLITIK *Karl V.* (40) schlägt einen Aufstand zugunsten der städtischen Freiheiten in Gent nieder. *Heinrich VIII.* (49) läßt seinen Ratgeber *Thomas Cromwell* (55) enthaupten. Edikt *Franz' I.* (46) von Fontainebleau zur systematischen Verfolgung der Protestanten. Venedig verliert im Friedensschluß mit den Türken Nauplia, Malvasia und Inseln im Ägäischen Meer.

KULTUR Religionsgespräche in Hagenau und Worms auf kaiserliche Anregung hin. Papst *Paul III.* (72) bestätigt den Jesuitenorden (27.9.), *Ignatius von Loyola* (49) erster Ordensgeneral (1541).

WISSENSCHAFT *Vanoccio Biringuccio* (gest. 1538/39) »Pirotechnia« (Metallkunde und Maschinenbau).

1541

POLITIK Nach dem Tode *Johann Zapolyas* (12.7.1540) besetzt Sultan *Suleiman II.* (46) Ofen und die ungarische Tiefebene. Bündnisvertrag zwischen Dänemark und Schweden zu Brömsebro (14.9.).

KULTUR Erfolglose Religionsgespräche auf dem Reichstag zu Regensburg. Kompromißformel Kardinal *Contarinis* (58) über die Rechtfertigung von Papst *Paul III.* und *Luther* abgelehnt. *Johann Calvin* (32) wird nach Genf zurückgerufen und führt seine reformierte Kirchenordnung ein (20.11.).

LITERATUR *Sebastian Franck* (42) Sammlung deutscher Sprichwörter.

KUNST *Michelangelo* (66) vollendet »Jüngstes Gericht« in der Sixtinischen Kapelle des Vatikans.

1542

POLITIK *Franz I.* (48) beginnt seinen 4. Krieg gegen *Karl V.* (42). Die Führer des Schmalkaldischen Bundes vertreiben Herzog *Heinrich* von Braunschweig (53) und führen in seinem Land die Reformation ein (Kirchenordnung *Bugenhagens* 1543). *Heinrich VIII.* (51) nimmt den Titel »König von Irland« an. *Jakob V.* von Schottland (30) stirbt (14.12.). Die Regierung übernimmt ein Regentschaftsrat für seine Tochter *Maria Stuart* (geb. 7. 12.). *Karl V.* erläßt die »Neuen Gesetze« für die Kolonien zur menschenwürdigeren Behandlung der Indianer auf Anregung von *Bartolomé de Las Casas* (20. 11.). Errichtung des spanischen Vizekönigreiches Peru mit der Hauptstadt Lima. Die Portugiesen erreichen unter *Fernam Mendes Pinto* (etwa 32) Japan.

KULTUR *Paul III.* (74) reorganisiert die römische Inquisition (Sanctum Officium). *Franz Xaver* (36) beginnt Jesuitenmission in Goa.

1543

POLITIK Beistandsvertrag zwischen *Karl V.* und *Heinrich VIII.* gegen Frankreich (11.2.). *Karl* wirft Herzog *Wilhelm* von Cleve nieder und erhält Geldern. *Suleiman II.* (48) erobert weitere Gebiete Ungarns (Fünfkirchen, Gran, Stuhlweißenburg).

KULTUR *Petrus Canisius* (22) aus Nimwegen tritt als erster Nichtromane dem Jesuitenorden bei.

LITERATUR *Clément Marot* (47) »30 Pseaulmes de David mis en françois«.

WISSENSCHAFT *Nikolaus Kopernikus* (70) »De revolutionibus orbium coelestium libri sex« (sein heliozentrisches Weltbild). *Andreas Vesalius* (29) »De humani corporis fabrica« (Lehrbuch der Anatomie).

1544

POLITIK Gegen Verlängerung des Religionsfriedens bewilligen auch die evangelischen Stände auf dem Reichstag zu Speyer Kriegshilfe gegen Franzosen und Türken (10.6.). Nach Vorstoß *Karls V.* (44) bis zur Marne Friede von Crépy (18.9.): *Franz* bekräftigt die früheren Verträge, verspricht Hilfe gegen die Türken und (in einem Geheimvertrag) gegen die Protestanten. Der schwedische Reichstag legt Erblichkeit der Krone im Hause *Wasa* fest.

KULTUR Herzog *Albrecht* von Preußen (54) gründet Universität Königsberg. *Paul III.* (76) bestätigt Ursulinenorden.

LITERATUR *Martin Luther* (61) »Wider das Papsttum zu Rom, vom Teufel gestiftet«. *Maurice Scève* (41) Liebesgedichte an »Delie«.

KUNST Kapelle im Schloß Hartenfels zu Torgau, erster protestantischer Kirchenbau. Piastenschloß zu Brieg von *Jakob Bahr* (bis 1586).

WISSENSCHAFT *Georg Hartmann* (55) entdeckt Inklination der Magnetnadel. *Sebastian Münster* (55) »Cosmographia universalis« mit 471 Holzschnitten und 26 Karten. Weltkarte von *Sebastiano Caboto* (etwa 70) in Sevilla.

1545

POLITIK *Ferdinand I.* (42) verzichtet im Waffenstillstand mit den Türken auf die durch diese eroberten Gebiete in Ungarn. Das Herzogtum Parma-Piacenza gelangt durch Verleihung *Pauls III.* an seinen Sohn *Pier Luigi* (42) in den Besitz des Hauses *Farnese*.

KULTUR Eröffnung des 19. allgemeinen Konzils von Trient (13.12., bis 1563). Erste Periode mit Beratungen über Dogmen und Reform (bis 1547). Gründung des botanischen Universitätsgartens in Padua.

KUNST *Tizian* (etwa 56) »Danae«. *Benvenuto Cellini* (45) »Nymphe von Fontainebleau« und (bis 1554) »Perseus« in Florenz.

WISSENSCHAFT *Girolamo Cardano* (44) »Artis magnae sive de regulis algebraicis liber unus« (»Cardanische Formel«, Lösungsmethoden für Gleichungen 3. und 4. Grades).

1546

POLITIK Nach erfolglosem Religionsgespräch auf dem Reichstag zu Regensburg eröffnet *Karl V.* (46) mit der Achterklärung über Kursachsen und Hessen den Schmalkaldischen Krieg. Friede von Guines zwischen Frankreich und England (6.6.). Nach dem kolonisatorischen Mißerfolg der *Welser* fällt Venezuela an die spanische Krone zurück. Errichtung des Generalkapitanats Caracas.

KULTUR Erklärung der Vulgata zur authentischen Bibelübersetzung. *Heinrich VIII.* (55) gründet das Trinity-College in Cambridge.

KUNST *Pierre Lescot* (etwa 36) beginnt den Bau des Louvre in Paris.

WISSENSCHAFT *Georg Agricola* (52) »De ortu et causis subterraneorum« (Gesteinskunde).

WIRTSCHAFT Gründung der ersten gesetzlich organisierten Börsen in Frankreich (Lyon und Toulouse).

1547

POLITIK *Karl V.* (47) besiegt Kurfürst *Johann Friedrich* von Sachsen (44) bei Mühlberg (24.4.). In der Wittenberger Kapitulation (19.5.) verzichtet *Johann Friedrich* auf die Kurwürde zugunsten der albertinischen Linie Herzog *Moritz'* (26). Friede zwischen Türkei und *Ferdinand*, der für den ihm verbliebenen Teil Ungarns jährlichen Tribut zahlt. *Heinrich VIII.* (56) stirbt (28.1.). Für seinen Sohn *Eduard VI.* (10) regiert sein Schwager *Edward Seymour*, Herzog von *Somerset* (etwa 47), als Lord-Protektor (bis 1550). *Franz I.* (53) stirbt (31.3.), sein Sohn *Heinrich II.* folgt als König von Frankreich (bis 1559). Verschwörung des *Gian Luigi de' Fieschi* (*Fiesco*, 24) gegen *Andrea Doria* (79) in Genua. *Iwan IV.* (17) nimmt bei seiner Krönung im byzantinischen Ritus den Titel »Zar von ganz Rußland« an.

KULTUR *Heinrich II.* richtet ein Sondertribunal für Ketzerprozesse, die »Chambre ardente«, ein. Rechtfertigungsdekret des Trienter Konzils (13.1.). Verlegung des Konzils nach Bologna (11.3.).

KUNST *Jacopo Tintoretto* (29) »Abendmahl«. *Pierre Lescot* (etwa 37) und *Jean Goujon* (etwa 37) »Fontaine des Innocents« in Paris (bis 1549). *Michelangelo* (72) übernimmt Bauleitung von St. Peter in Rom (bis 1564).

1548

POLITIK *Karl V.* (48) faßt durch den burgundischen Vertrag die 17 niederländischen Provinzen zu einer staatsrechtlichen Einheit, dem »Burgundischen Reichskreis«, zusammen (26.6.). Nach dem Tode *Sigismunds I.* (82) wird sein Sohn *Sigismund II. August* (28) König von Polen (bis 1572).

KULTUR »Interim« des »geharnischten« Reichstages von Augsburg: Gewährung von Priesterehe und Laienkelch bis zur Konzilsentscheidung. Massenauswanderung der Böhmischen Brüder nach Polen, Preußen und Ungarn. Einführung des burgundischen Zeremoniells am spanischen Hof.

LITERATUR *Ignatius von Loyola* (57) »Exercitia spiritualia«.

KUNST *Tizian* (etwa 61) Reiterbildnis *Karls V.* (München). *Jacopo Tintoretto* (30) »Wunder des hl. Markus«. *Benvenuto Cellini* (48) Bronzebüste *Cosimos I. de' Medici.*

1549

POLITIK Sozial-religiöse (katholische) Aufstände in Cornwall und Norfolk.

KULTUR Herzog *Wilhelm IV.* von Bayern (56) beruft Jesuiten an der Universität Ingolstadt. Einführung des von *Thomas Cranmer* (60) bearbeiteten »Book of Common Prayer«. Beginn der Jesuitenmission in Südamerika und Japan.

LITERATUR *Sigismund von Herberstein* (63) »Rerum Moscoviticarum Commentarii« (Reisebericht über Rußland, dt. Übersetzung 1557). *Joachim du Bellay* (27) »Défense et illustration de la langue française« (Manifest der Dichtergruppe »Pléiade«).

KUNST *Guglielmo della Porta* (etwa 33) beginnt Grabmal für Papst *Paul III.* (81). *Andrea Palladio* (41) beginnt Basilika in Vicenza.

1550

POLITIK *John Dudley*, Graf von *Warwick*, später Herzog von *Northumberland* (48), stürzt *Somerset* (44). Neue Rechtskodifikation (Sudebnik) unter *Iwan IV.* (20).

KULTUR Auf *Paul III.* folgt *Giovanni Maria Ciocchi del Monte* (63) als Papst *Julius III.* (bis 1555). *Primož Trubar* (42) gibt als erstes gedrucktes Buch in slowenischer Sprache in Tübingen einen protestantischen Katechismus heraus.

LITERATUR *Martin Bucer* (59) »De regno Christi«. *Pierre de Ronsard* (25) »Odes« (5 Bde. bis 1552).

KUNST *Giorgio Vasari* (39), *Giacomo da Vignola* (43) und *Bartolomeo Ammanati* (39) beginnen Villa Giulia in Rom.

WISSENSCHAFT *Adam Riese* (etwa 58) »Rechnung nach der Länge« (Lehrbuch des praktischen Rechnens).

1551

POLITIK Habsburgischer Familienvertrag zur Regelung der Nachfolge *Karls V.* (9.3.). Kurfürst *Moritz* von Sachsen (30) tritt an die Spitze der deutschen Fürstenopposition gegen den Kaiser. Die Türken erobern im Kampf um Siebenbürgen Temesvár.

KULTUR *Ferdinand I.* (48) beruft Jesuiten nach Wien. Gründung des »Collegium Romanum« durch *Ignatius von Loyola* (60). Kirchenrechtsbuch in 100 Kapiteln (»stóglaw«) auf der Synode in Moskau. Beginn der zweiten Periode des Tridentinums (1.5.), (bis 28.4.1552). Bestätigung der Lehre vom Altarsakrament (11.10.).

MUSIK *Julius III.* (64) beruft *Giovanni Palestrina* (etwa 26) nach Rom.

1552

POLITIK *Heinrich II.* (33) verbündet sich gegen Übertragung des Reichsvikariats über die Bistümer Toul, Metz und Verdun im Vertrag von Chambord (15.1.) mit *Moritz* von Sachsen (31). Dieser erzwingt im Passauer Vertrag von König *Ferdinand* (49) Zusicherung des Religionsfriedens für die Protestanten (2.8.). Die Franzosen besetzen Toul, Verdun und Metz. *Northumberland* (50) läßt *Somerset* (46) hinrichten (22.6.). Zar *Iwan IV.* (22) unterwirft das tatarische Chanat von Kasan.

KULTUR Zweite Ausgabe des »Book of Common Prayer«. »42 Artikel« der Anglikanischen Kirche, bearbeitet von *Thomas Cranmer* (63). Gründung des »Collegium Germanicum« in Rom. Erste polnische Übersetzung des Neuen Testaments von *Jan Seklucjan.*

LITERATUR *Pierre de Ronsard* (27) Sonette »Amours« (1555 fortgesetzt). *Etienne Jodelle* (20) »Cléopâtre captive« (erste französische Renaissancetragödie).

KUNST *Philibert Delorme* (etwa 42) beginnt Schloß Anet für *Diana von Poitiers*, Geliebte *Heinrichs II.*

1553

POLITIK *Eduard VI.* (16) stirbt (6.7.). Königin von England wird seine Halbschwester *Maria die Katholische* (37), Tochter *Katharinas von Aragon* (bis 1558). *Northumberland* (51) und *Jane Grey* (16), die er zur Königin ausrufen ließ, werden hingerichtet. Mit Hilfe des neuen Lordkanzlers *Stephen Gardiner* (etwa 60), Bischofs von Winchester, beginnt *Maria* die katholische Restauration.

KULTUR *Miguel Servede* (*Michael Servet*, 42) wird wegen Angriffs auf das Trinitätsdogma im calvinischen Genf verbrannt (27.10.).

LITERATUR *Bartolomé de Las Casas* (79) »Historia General de las Indias« (3 Bde., unvollendet).

KUNST Baubeginn des Fürstenhofs in Wismar. *Andrea Crivelli* Hofkirche in Innsbruck (bis 1563).

1554

POLITIK *Maria die Katholische* (38) heiratet *Karls V.* Sohn *Philipp* von Spanien (27). Bauernaufstand in Kent unter *Thomas Wyat* niedergeworfen. *Maria von Guise* (39) wird Regentin von Schottland für ihre am französischen Hof lebende Tochter *Maria Stuart* (12).

KULTUR Eröffnung der Universität Dillingen.

LITERATUR »Das Leben des Lazarillo de Tormes« (erster spanischer Schelmenroman).

KUNST *Frans Floris* (38) »Engelsturz«. *Tizian* (etwa 65) »Venus und Adonis«.

WISSENSCHAFT *Gerhard Mercator* (42) Europakarte (1:4360000).

1555

POLITIK *Karl V.* (55) kämpft gegen die in Italien und die Niederlande eingefallenen Franzosen. Kapitulation der französischen Besatzung von Siena. Bündnis zwischen *Heinrich II.* von Frankreich (36) und Papst *Paul IV.* (15.12.). *Karl V.* übergibt seinem Sohn *Philipp* (28) die Regierung der Niederlande (25.10.). Landfriedensexekutionsordnung des Augsburger Reichstages beauftragt die Reichskreise mit der Erhaltung des Landfriedens (25.9.). Die Republik Siena wird dem Herzogtum Florenz einverleibt.

KULTUR Der Augsburger Religionsfriede (25.9.) erkennt die Augsburgische Konfession neben der katholischen reichsrechtlich als gleichberechtigt an. Die Reichsstände erhalten Religionsfreiheit. »Geistlicher Vorbehalt« zugunsten der geistlichen Territorien. Beginn der Protestantenverfolgung durch *Maria die Katholische.* Nach dem Tod *Julius' III.* (68) und dem dreiwöchigen Pontifikat *Marcellus' II.* (54) folgt *Gian Pietro Caraffa* (79) als Papst *Paul IV.* (bis 1559).

LITERATUR *Jörg Wickram* (etwa 50) »Rollwagenbüchlein« (Schwanksammlung). *Pierre de Ronsard* (30) »Les Hymnes«. *Petrus Canisius* (34) »Summa doctrinae christianae«.

KUNST Basiliuskathedrale in Moskau, Votiv-Kirche *Iwans IV.* (bis 1560).

MUSIK *Giovanni Palestrina* (etwa 30) »Missa papae Marcelli«.

WIRTSCHAFT Gründung der »Moscovy Company« in London für den Handel mit Rußland.

1556

POLITIK *Karl V.* (56) dankt ab, überträgt seinem Sohn *Philipp II.* (29) Spanien mit den Kolonien und die italienischen Besitzungen und seinem Bruder *Ferdinand I.* (53) das Kaisertum (16.1. und 12.9.); Mailand bleibt Reichslehen. *Philipp* setzt den Krieg gegen Frankreich fort. Zar *Iwan IV.* (26) schränkt das Besitzrecht der Bojaren durch Verpflichtung zu einem Dienstverhältnis ein. Er unterwirft das Tatarenchanat Astrachan.

KULTUR Kurfürst *Otto Heinrich* (54) führt kurz nach seinem Regierungsantritt eine lutherische Kirchenordnung in der Pfalz ein. *Maria die Katholische* (40) läßt den führenden englischen Reformator *Thomas Cranmer* (67) als Ketzer verbrennen.

LITERATUR »Politisches Testament von gottseliger, weislichen, vernünftigen und rechtmäßigen Regierung und Justizien« des sächsischen Juristen *Melchior von Osse* (etwa 50). *Matthias Flacius Illyricus* (36) »Catalogus testium veritatis« (vorreformatorische Zeugnisse für die evangelische Lehre).

KUNST Ottheinrichsbau des Heidelberger Schlosses (bis 1559, Figurenschmuck von *Alexander Colin,* 30).

MUSIK *Orlando di Lasso* (etwa 25) wird nach München berufen (1560 erster Kapellmeister der Hofkapelle).

WISSENSCHAFT *Georg Agricola* (gest. 1555) »De re metallica« (Berg- und Hüttentechnik). *Tartaglia* (etwa 57) »Trattato di numeri et misure« (2 Bde. bis 1560, Lösung von kubischen Gleichungen unabhängig von *Cardano*).

1557

POLITIK Entscheidender Sieg der Spanier unter *Egmont* (35) und Herzog *Emanuel Philibert* von Savoyen über die Franzosen bei St. Quentin (10.8.). Die Bedrohung durch Herzog *Alba* (50) von Neapel aus zwingt Papst *Paul IV.* (81) zum Frieden mit Spanien (12.9.). *Maria I.* von England tritt in den Krieg gegen Frankreich ein. Der reformierte schottische Adel schließt einen Bund (»Covenant«) zum Schutz der neuen Religion gegen die Regentin *Maria von Guise* (42).

KULTUR Wormser Religionsgespräch, letzter Vermittlungsversuch des Reiches, scheitert auch an den innerprotestantischen Gegensätzen. Gründung der Universität Jena durch die *Ernestiner* als Ersatz für das verlorene Wittenberg.

LITERATUR *Jörg Wickram* (etwa 52) »Der Goldfaden«.

WIRTSCHAFT Die Portugiesen erhalten gegen jährliche Zahlung das Recht zu einer Handelsniederlassung in Macao.

1558

POLITIK *Karl V.* (58) stirbt beim Kloster San Yuste (21.9.). Sieg der Spanier unter *Egmont* über die Franzosen unter *de Thermes* bei Gravelingen (13.7.). England verliert mit Calais den letzten Festlandsbesitz (7.1.). Nach dem Tod *Marias der Katholischen* (42) besteigt ihre Halbschwester *Elisabeth I.* (25), Tochter der *Anna Boleyn,* den Thron (bis 1603) und stellt die Anglikanische Staatskirche wieder her. Entscheidender Berater bis 1598 *William Cecil, Lord Burleigh* (38). Zar *Iwan IV.* (28) beginnt Krieg um Livland (bis 1582) und erobert Narwa und Dorpat.

KULTUR Endgültige Verfassung des Jesuitenordens (*Loyolas* »Constitutiones«).

KUNST *Galeazzo Alessi* (46) Palazzo Marini in Mailand.

1559

POLITIK *Friedrich II.* von Dänemark (25) unterwirft die Bauern von Dithmarschen. Friede von Cateau-Cambrésis beendet den spanisch-französischen Krieg (3.4.). *Philipp II.* (22) begibt sich nach Spanien und ernennt seine Halbschwester *Margarete* von Parma (37) zur Statthalterin in den Niederlanden (bis 1567). *Heinrich II.* stirbt. Sein Sohn und Nachfolger *Franz II.*

(15) steht unter dem beherrschenden Einfluß der Brüder *Franz von Guise* (40) und Kardinal *Karl von Guise* (35). Der livländische Ordensmeister *Gotthard Kettler* (etwa 42) und Erzbischof *Wilhelm* von Riga (61) stellen Livland im Vertrag von Wilna (15.9. bzw. 31.8.) unter den Schutz König *Sigismund Augusts* von Polen (39). *Friedrich II.* (25) von Dänemark kauft die Bistümer Ösel-Wiek und Kurland.

KULTUR »Große Kirchenordnung« des Hoftheologen *Johannes Brenz* (60) für Württemberg (enthält auch vorbildliche Schulordnung). *Johann Calvin* (50) gründet die Hochschule zu Genf. Die Uniformitätsakte führt in England das »Book of Common Prayer« wieder ein. Bildersturm in Schottland unter dem Eindruck der Predigten von *John Knox* (54). Auf der ersten Generalsynode in Paris geben sich die reformierten Gemeinden Frankreichs (Hugenotten) ein calvinisches Glaubensbekenntnis. Nach dem Tod *Pauls IV.* folgt *Giovanni Angelo de' Medici* (60) als Papst *Pius IV.* (bis 1565).

LITERATUR *Matthias Flacius Illyricus* (39) begründet die »Magdeburger Centurien«, eine streng protestantische Kirchengeschichte (bis 1574). *Margarete von Navarra* (67) »Heptameron«. *Jorge de Montemayor* (etwa 39) »Diana« (erster spanischer Schäferroman).

KUNST *Pieter Brueghel d. Ä.* (etwa 34) »Niederländische Sprichwörter«.

WIRTSCHAFT Reichsmünzordnung *Ferdinands I.*

1560

POLITIK Intervention *Elisabeths I.* (27) zugunsten des aufständischen protestantischen Adels in Schottland. *Franz II.* (16) stirbt. Für seinen Bruder und Nachfolger *Karl IX.* (10) regiert seine Mutter *Katharina von Medici* (41). *Philipp II.* macht Madrid zur Hauptstadt Spaniens. Vernichtende Niederlage des Ordensheeres gegen die Russen bei Ermes.

KULTUR *Elisabeth I.* führt die Anglikanische Staatskirche in Irland ein. Das schottische Parlament errichtet die reformierte Staatskirche, bestätigt die von *John Knox* verfaßte »Confessio Scotica«.

KUNST *Giorgio Vasari* (49) beginnt Uffizien in Florenz.

1561

POLITIK *Maria Stuart* (19) kehrt nach dem Tod ihres Gemahls *Franz II.* (1560) als Königin nach Schottland zurück. Ende des livländischen Ordensstaates: *Erich XIV.* von Schweden (28) nimmt Reval und den Nordteil Estlands in Besitz; *Kettler* (etwa 44) überträgt *Sigismund August* von Polen (41) die Herrschaft über Livland und behält Kurland mit Semgallen als weltliches Herzogtum.

KULTUR »Confessio Belgica«, calvinisches Bekenntnis für die Niederlande. Ergebnisloses Religionsgespräch von Poissy zwischen katholischen und reformierten Geistlichen, angeregt durch *Katharina von Medici.*

LITERATUR *Julius Caesar Scaliger* (gest. 1558) »Poetik« (klassische Regeln der Dichtkunst). *Francesco Guicciardini* (gest. 1540) »Storia d'Italia« (erste gesamtitalienische Geschichte, bis 1564).

KUNST *Jacopo Tintoretto* (43) »Hochzeit zu Kana« in S. Maria della Salute zu Venedig. *Cornelius Floris* (47) Rathaus von Antwerpen (bis 1565).

1562

POLITIK Wegen mangelhafter Unterstützung durch das Reich muß *Ferdinand I.* (59) gegen Tributzahlung von *Suleiman II.* (68) Waffenstillstand annehmen. Edikt von Saint-Germain gewährt den Hugenotten bedingt freie Religionsausübung außerhalb der Städte (17.1.). Mit dem von *Franz von Guise* (43), dem Gegner der Vermittlungspolitik gegenüber den Hugenotten, veranstalteten Blutbad von Vassy (1.3.) beginnen die Hugenottenkriege (bis 1598).

KULTUR Eröffnung der Universität Douai. Beginn der dritten Periode des Trienter Konzils (18.1., bis 1563). *Teresa von Avila (de Jesús)* (47) beginnt mit der Gründung von Klöstern (zuerst Avila) der reformierten Richtung des Karmeliterordens.

LITERATUR *Johannes Mathesius* (58) 17 Lutherpredigten (bis 1565, erste protestantische Lutherbiographie). *Thomas Sackville* (26) Tragödie »Gorboduc or Ferrex and Porrex«. *Torquato Tasso* (18) Epos »Rinaldo«. *Giacomo Vignola* (55) »Regola delli 5 ordini d'architettura« (Lehrbuch der Renaissance-Baukunst).

WIRTSCHAFT *John Hawkins* (30) beginnt Sklavenhandel von Afrika nach Amerika.

1563

POLITIK *Franz von Guise* wird ermordet. Friedensedikt von Amboise gewährt den Hugenotten Gewissensfreiheit, dem hugenottischen Adel auch freie Religionsausübung (19.3.). *Friedrich II.* von Dänemark (29) beginnt im Bunde mit Lübeck den Nordischen Krieg gegen Schweden.

KULTUR Beginn der Gegenreformation in Bayern. Calvinischer »Heidelberger Katechismus« für die Pfalz. Ende des Konzils von Trient (4.12.). Die »39 Artikel« als Glaubensbekenntnis der Anglikanischen Kirche.

KUNST *Paolo Veronese* (35) »Hochzeit zu Kana«. *Giovanni da Bologna* (34) Neptunbrunnen in Bologna (bis 1567). Grabmal *Heinrichs II.* und *Katharinas von Medici* begonnen von *Germain Pilon* (27) in Saint Denis. *Philipp II.* läßt Bau des Escorial (Schloß und Kloster) beginnen, durch *Juan Bautista de Toledo* und *Juan de Herrera* (etwa 33) bis 1584.

WISSENSCHAFT *Ambroise Paré* (54) »5 livres de Chirurgie«.

WIRTSCHAFT Durch das »Statute of Artificers« wird die Stellung des Lehrlings und die Lehrzeit (7 Jahre) in England einheitlich festgelegt.

1564

POLITIK Kaiser *Ferdinand I.* (61) stirbt. Sein ältester Sohn *Maximilian II.* (37) erbt die Kaiserwürde, das

Erzherzogtum Österreich und die böhmische und ungarische Krone, seine Söhne *Ferdinand* (35) und *Karl* (24) Tirol und Vorderösterreich und Steiermark, Kärnten, Krain und Görz. Die Opposition des niederländischen Adels zwingt *Margarete von Parma* (42) zur Entlassung ihres Ratgebers Kardinal *Granvella* (47). Das Verbot englischer Wollausfuhr nach Holland durch *Elisabeth* führt zum Handelskrieg mit Spanien.

Kultur *Pius IV.* bestätigt sämtliche tridentinischen Dekrete (26. 1.) und setzt eine Kardinalskongregation zur authentischen Interpretation ein (2. 8.). Endgültige Formulierung des katholischen Glaubensbekenntnisses: »Professio fidei tridentinae« (13. 11.). *Stanislaus Hosius* (60) beginnt die Gegenreformation in Polen. *Pius IV.* veröffentlicht den ersten maßgebenden »Index librorum prohibitorum«.

Kunst *Philibert Delorme* (etwa 54) beginnt Tuilerien in Paris. Ausbau des Kapitolplatzes in Rom nach Plänen *Michelangelos* begonnen (1655 vollendet).

Wirtschaft Die »Merchant Adventurers« erhalten Freibrief *Elisabeths I.* und legen eine Faktorei in Emden an.

1565

Politik Adelsbund in den Niederlanden gegen die Verschärfung der Ketzeredikte durch *Philipp II.* (38). Angriff der Türken auf die Johanniterinsel Malta mit spanischer Hilfe abgewehrt. Zar *Iwan IV.* (35) stellt große Teile des Staates als Zarengut unter eigene Verwaltung (»Opritschnina«).

Kultur Entsendung eines ständigen päpstlichen Nuntius an den Wiener Hof, um die Durchführung der Trienter Dekrete zu überwachen.

Literatur *Georg Cassander* (52) »De articulis religionis inter Catholicos et Protestantes controversis« (vermittelnde Schrift).

Kunst *Tizian* (etwa 76) »Marter des hl. Lorenz«. *Jacopo Tintoretto* (47) beginnt Malereien in der Scuola di S. Rocco zu Venedig.

1566

Politik Petition des niederländischen Adelsbundes an *Margarete von Parma* (44) um Milderung der Religionsedikte und Aufhebung der Inquisition (5. 4.). Aus dem Spottnamen »gueux« (Bettler) wird ein Ehrentitel (Geusen). Calvinischer Bildersturm (Aug.). Genua verliert die Insel Chios an die Türken.

Kultur Kaiser und katholische Reichsstände nehmen offiziell die Trienter Konzilsdekrete an. Die von *Heinrich Bullinger* (62) ausgearbeitete »Confessio Helvetica secunda« wird Glaubensbekenntnis der schweizerischen Reformierten. Nach dem Tod *Pius' IV.* (9. 12. 1565) wird der Dominikaner *Michele Ghislieri* (62) zum Papst *Pius V.* gewählt (bis 1572). Er gibt den »Catechismus Romanus« heraus.

Literatur *Jean Bodin* (36) »Methodus ad facilem historiarum cognitionem« (erster bedeutender Versuch einer historischen Methodenlehre).

Kunst *Pieter Brueghel* (etwa 41) »Bauerntanz« (Wien), »Bauernhochzeit« (um 1566).

Wissenschaft *Philipp Apianus* (35) »Bayrische Land-Tafeln« (Landvermessung).

1567

Politik *Philipp II.* (40) sendet Herzog *Alba* (60) mit einem spanischen Heer in die Niederlande. *Alba* richtet den »Rat der Unruhen« (genannt »Blutrat«) ein. Adelsaufstand gegen Königin *Maria Stuart* von Schottland (25). Sie wird gezwungen, zugunsten ihres Sohnes *Jakob VI.* (1) abzudanken. Neuer Ausbruch des Hugenottenkrieges nach dem mißglückten Versuch der Hugenotten, *Karl IX.* (17) zu entführen.

1568

Politik Friede zwischen *Maximilian II.* (41) und *Selim II.* (44). *Alba* läßt die Grafen *Egmont* (46) und *Hoorn* (50) in Brüssel hinrichten (5. 6.). *Maria Stuart* entkommt aus der Gefangenschaft und flieht nach England. *Elisabeth I.* (35) setzt sie wegen ihrer Ansprüche auf den englischen Thron in Haft. Der Friede von Longjumeau zwischen *Katharina von Medici* (39) und den Hugenotten bringt nur eine kurze Unterbrechung des Krieges. Aufstand der Moriscos in Granada (bis 1570). *Erich XIV.* (35) wird von der schwedischen Adelsopposition unter Führung seiner Halbbrüder *Johann* (31) und *Karl* (18) gestürzt. *Johann III.* wird als schwedischer König anerkannt (bis 1592).

Kultur Herzog *Julius* führt in Braunschweig, dem letzten bedeutenden katholischen Territorium Norddeutschlands, die Reformation ein. Gründung des jesuitischen Collegium Anglicum in den spanischen Niederlanden (Douai) zur Rekatholisierung Englands.

Kunst *Giacomo da Vignola* (61) beginnt »Il Gesù« in Rom, Fassade von *Giacomo della Porta* (etwa 31).

1569

Politik Das katholische Heer unter Herzog *Heinrich von Anjou* (18), dem Bruder *Karls IX.*, besiegt die Hugenotten unter *Condé* (39), der ermordet wird, bei Jarnac (13. 3.) und unter ihrem neuen Führer Admiral *de Coligny* (50) bei Moncontour (3. 10). *Pius V.* erhebt *Cosimo de' Medici* (50), Herzog von Florenz, zum Großherzog der Toskana. Auf dem Reichstag zu Lublin wird die vollständige Union (Real- statt Personalunion) Litauens mit Polen hergestellt (1. 7.).

Kunst *Pellegrino Tibaldi* (42) S. Fedele in Mailand (bis 1578).

Wissenschaft *Gerhard Mercator* (57) Erdkarte für Seefahrer in »Mercatorprojektion«.

1570

Politik Der Friede von Stettin (13. 12.) beendet den erfolglosen Krieg Dänemarks und Lübecks gegen Schweden. Der Friede von Saint-Germain gewährt den Hugenotten freie Religionsübung und Sicherheitsplätze (8.8.). *Pius V.* (66) bannt Königin *Elisabeth* von England (37). Königliches Edikt unterstellt die spanischen Moriscos ständiger Überwachung. Wegen des Verdachts der Verbindung mit Polen zerstört Zar *Iwan IV.* (40) Nowgorod.

KULTUR Beginn der puritanischen Bewegung gegen die Anglikanische Kirche unter *Thomas Cartwright* (35). *Pius V.* gibt das neue »Missale Romanum« heraus. Im »Consensus von Sandomir« einigen sich die Lutheraner, Calvinisten und Böhmischen Brüder Polens.

KUNST *Tizian* (etwa 81) »Dornenkrönung Christi«. *Andrea Palladio* (62) »Quattro libri dell' architettura« (Lehrbuch, bis 1581).

1571

POLITIK Heilige Liga zwischen *Pius V.* (67), *Philipp II.* (44), Venedig, Savoyen, Genua und Johannitern gegen die Türken (20.5.). Die gemeinsame Flotte unter *Don Juan d'Austria* (24) besiegt die türkische Flotte in der Bucht von Lepanto vernichtend (7.10.). Die Krimtataren erscheinen zum letztenmal in Moskau und brennen es nieder (24.5.).

KULTUR In der »Religionsassekuration« gewährt *Maximilian II.* (44) dem Adel Donauösterreichs die Ausübung des Augsburgischen Bekenntnisses.

KUNST *Bartolommeo Ammanati* (60) Neptunsbrunnen vor dem Palazzo Vecchio in Florenz.

WISSENSCHAFT *François Vieta* (31) »Canon mathematicus« (Tafel der Winkelfunktionen).

1572

POLITIK Nach der Eroberung von Briel an der Maasmündung durch die Seegeusen (1.4.) erheben sich Seeland und Holland gegen die spanische Herrschaft und ernennen *Wilhelm von Oranien* (39) zu ihrem Statthalter (18.7.). Bartholomäusnacht (23./24.8.) in Paris anläßlich der Hochzeit König *Heinrichs* von Navarra (19) mit *Karls IX.* Schwester *Margarete* (19), Auftakt zur Ermordung Tausender Hugenotten und ihres Führers, Admiral *Gaspard de Colignys* (53), auf Betreiben *Katharinas von Medici* (53). *Francis Drake* (etwa 32) greift die spanischen Handelsplätze in Amerika an. Mit *Sigismund II. August* (52) stirbt die *Jagiellonen*-Dynastie aus; Polen wird reines Wahlkönigreich.

KULTUR Auf *Pius V.* (68) folgt *Ugo Boncompagni* (70) als Papst *Gregor XIII.* (bis 1585).

LITERATUR *Pierre de Ronsard* (47) »La Franciade«. *Luis de Camões* (47) »Os Lusiadas«.

1573

POLITIK *Philipp II.* (46) ersetzt *Alba* (66) durch *Requesens y Zuñiga* (45) als Statthalter der Niederlande. Venedig schließt unter Verzicht auf Zypern Sonderfrieden mit den Türken. Eine Warschauer Adelskonföderation arbeitet die »Pacta conventa« aus, auf die sich jeder zukünftige polnische König verpflichten muß, u.a. Verzicht auf die Erblichkeit der Krone (Jan.).

KULTUR *Julius Echter von Mespelbrunn* (28) wird Fürstbischof von Würzburg und Herzog von Franken (bis 1617). *Gregor XIII.* setzt eine Kardinalskongregation ein, um die Durchführung der tridentinischen Beschlüsse in Deutschland zu überwachen.

LITERATUR *François Hotman* (49) »Francogallia« (antimonarchische Staatstheorie).

KUNST *Paolo Veronese* (45) »Gastmahl des Levi«. Kathedrale von Mexico-City bis 1667.

1574

POLITIK Die Spanier besiegen das oranische Heer auf der Mooker Heide (14.4.). Spanien verliert Tunis endgültig an die Türken. Der im Vorjahr zum polnischen König gewählte *Heinrich von Anjou* (23) wird in Krakau gekrönt (Jan.), verläßt aber nach dem Tod seines Bruders *Karl IX.* (24) Polen und besteigt als *Heinrich III.* den französischen Thron (bis 1589). Erneuter Ausbruch des französischen Bürgerkrieges.

KULTUR Philippistische (Anhänger *Melanchthons*) kursächsische Räte werden als Verräter der lutherischen Tradition Kursachsens inhaftiert, die Wittenberger Theologen vertrieben. *Friedrich II.* (40) führt in Dänemark-Norwegen die Augsburgische Konfession ein.

KUNST Schloß Kronborg auf Seeland begonnen.

1575

POLITIK Kaiser *Maximilians* Sohn *Rudolf* (23) wird zum König von Böhmen gewählt (bis 1611). *Stephan Báthory* (42) setzt sich gegen den mit ihm in Doppelwahl zum polnischen König gewählten Kaiser *Maximilian* durch (wird 1.5.1576 in Krakau gekrönt).

KULTUR Gründung der calvinischen Universität Leiden. Die nichtkatholischen Stände Böhmens (Utraquisten, Lutheraner, Brüder-Unität) geben sich ein gemeinsames Glaubensbekenntnis, die »Confessio Bohemica«. *Gregor XIII.* (73) erkennt das von *Filippo Neri* (60) gegründete Oratorium als Kongregation an.

WIRTSCHAFT Gesetz gegen Arbeitslosigkeit und Müßiggang und Gründung von Arbeitshäusern in England.

1576

POLITIK Nach dem Tod *Maximilians II.* (49) folgt sein Sohn als Kaiser *Rudolf II.* (24, bis 1612). Die südlichen und nördlichen Provinzen der Niederlande vereinigen sich zur Vertreibung der Spanier und zur Aufrechterhaltung ihrer Privilegien in der »Pazifikation von Gent« (8.11.). *Heinrich* von Navarra (23) stellt sich an die Spitze der Hugenotten, die im Frieden von Beaulieu (8.5.) weitgehende Rechte erhalten.

Die strengen Katholiken schließen sich in der »Heiligen Liga« unter Führung der *Guise*, besonders Herzog *Heinrichs* (26), zum Kampf gegen die Hugenotten zusammen.

KULTUR Herzog *Julius* von Braunschweig-Wolfenbüttel (48) gründet die Universität Helmstedt. Bau des ersten ständigen Theaters vor den Toren Londons.

LITERATUR *Johann Fischart* (30) »Das Glückhaft Schiff von Zürich«. *Jean Bodin* (46) »Six livres de la République« (naturrechtliche Lehre von der Souveränität).

WISSENSCHAFT *Tycho Brahe* (30) errichtet auf der Insel Hven im Sund seine Sternwarte Uranienborg.

1577

POLITIK Der neue Generalstatthalter *Don Juan d'Austria* (30) bestätigt im »Ewigen Edikt« (12.2.) die Genter Pazifikation, jedoch unter alleiniger Anerkennung der katholischen Religion. Dagegen Protest Hollands, Seelands und *Wilhelms von Oranien* (19.2.). Danzig huldigt König *Stephan Báthory* von Polen (44).

KULTUR Auf den Theologenkonventen zu Torgau (1576 »Torgauer Buch«) und Klosterberge wird die neue streng lutherische Bekenntnisschrift, die »Konkordienformel« (»Bergisches Buch«), redigiert. Gründung des Botanischen Gartens in Leiden.

WISSENSCHAFT Erdumseglung des *Francis Drake* (etwa 37) bis 1580.

1578

POLITIK *Alessandro Farnese* (33), Sohn *Margaretes von Parma*, folgt nach dem Tod *Juan d'Austrias* als Statthalter der Niederlande und gewinnt die südlichen Provinzen für Spanien zurück.

KULTUR Erzherzog *Karl* (38) macht den protestantischen Ständen in seinen innerösterreichischen Landen im »Brucker Libell« Zugeständnisse. Duldung der Mennoniten in den Niederlanden. Gründung der Universität Wilna aus einer Jesuitenschule.

LITERATUR *Johann Fischart* (32) »Ehezuchtbüchlein«.

1579

POLITIK Die südlichen Provinzen der Niederlande vereinigen sich im Bund von Arras (6.1.) und schließen gegen Zusicherung ihrer alten Verfassung und unter Wahrung der katholischen Religion Friede mit Spanien (17.5.). Demgegenüber verbünden sich die nördlichen Provinzen in der »Utrechter Union« (23.1.). Irischer Aufstand gegen die englische Herrschaft (bis 1583).

KULTUR Entsendung des ersten päpstlichen Nuntius in die Schweiz. Gründung des »Collegium Anglicanum« in Rom.

LITERATUR *John Lyly* (etwa 25) »Euphues or the Anatomy of Wit« (Roman). *Edmund Spenser* (etwa 27) »The Shepherd's Calendar« (Schäfergedichte). *Junius Brutus* (Pseudonym wohl für *Du Plessis-Mornay*, 30) »Vindiciae contra tyrannos« (antimonarchische Widerstandslehre).

KUNST *El Greco* (38) »Entkleidung Christi«.

1580

POLITIK Die Niederlande beginnen die Kolonisierung von Guayana. *Philipp II.* von Spanien (53) setzt nach dem Tod König *Heinrichs* (68) seine Erbansprüche mit Waffengewalt durch und vereinigt Portugal in Personalunion mit Spanien (bis 1640). Herzog *Alba* (73) besiegt die Portugiesen in der Schlacht von Alcántara bei Lissabon (25.8.). Die Schweden unter *Pontus de la Gardie* (50) erobern im Kampf gegen die Russen Estland und Ingermanland (bis 1581).

KULTUR »Konkordienbuch«, Sammlung der lutherischen Bekenntnisschriften als Lehrgrundlage für das orthodoxe Luthertum.

LITERATUR *John Lyly* (etwa 27) »Euphues and his England« (Roman). *Michel de Montaigne* (47) »Les Essais« (2 Bde., 3. Bd. 1588). *Torquato Tasso* (36) »Aminta« (Schäferspiel).

KUNST Wollaton-Castle bei Nottingham begonnen. *Andrea Palladio* (72) Teatro Olimpico in Vicenza.

1581

POLITIK Die sieben nördlichen niederländischen Provinzen (Holland, Seeland, Utrecht, Gelderland, Groningen, Overyssel, Friesland) sagen sich im Haager Manifest (»Placcaet van Verlatinghe«, 26.7.) von *Philipp II.* los. Friede zwischen Spanien und Türken auf der Basis des Status quo.

KULTUR Gründung der Universität Olmütz. *Robert Browne* (31) gründet in Norwich die erste kongregationalistische Gemeinde (»Independenten«).

1582

POLITIK Reichsstatut *Philipps II.* (55) für Portugal (»Carta patente«) beläßt die alten Gesetze und wichtige Ämter den Portugiesen. Als päpstlicher Vermittler bringt der Jesuit *Antonio Possevino* (49) zwischen Polen und Rußland den Frieden von Jam Sapoljskij zustande (zehnjähriger Waffenstillstand), in dem Rußland auf alle Eroberungen in Livland und Litauen (Polozk) verzichtet (15.1.). Donkosaken unter Führung des Ataman *Ermak* ziehen über den Ural und besiegen den Tatarenchan von Sibir. Beginn der russischen Eroberung Sibiriens.

KULTUR Fürstbischof *Julius Echter* (37) gründet die gegenreformatorische Universität Würzburg. *Gregor XIII.* (80) reformiert mit der Bulle »Inter gravissimas« den Kalender (24.2.), zunächst nur in katholischen Ländern (5.10. alten Stils = 15.10. neuen Stils). Gründung der »Accademia della Crusca« in Florenz zur Pflege der italienischen Sprache.

1583

POLITIK Im »Kölnischen Krieg« vertreibt der neugewählte Kurfürst, der Wittelsbacher *Ernst* von Bayern (29), den wegen des Versuchs der Einführung der Reformation abgesetzten *Gebhard Truchseß von Waldburg* (36). Der Vertrag an der Pljussa bei Narwa mit Schweden zwingt *Iwan IV.* (53) zum Verzicht auf Estland, Narwa, Iwangorod und Ingermanland (20.8.).

KULTUR Beginn des Straßburger Kapitelstreits zwischen evangelischen und katholischen Domherren um den Besitz des Stifts, endet nach vorübergehender Teilung des Bistums (1593) 1604 mit einem vollständigen katholischen Sieg.

LITERATUR *Luis Ponce de León* (etwa 55) »Los nombres de Cristo«.

KUNST *Giovanni da Bologna* (54) »Raub der Sabinerin«. Jesuitenkirche St. Michael in München (bis 1597).

1584

POLITIK Nach dem Tod *Franz' von Anjou* (29) *Heinrich* von Navarra (31) erster Anwärter auf den französischen Thron. *Wilhelm von Oranien* (51) wird in Delft ermordet (10.7.). Sein Sohn *Moritz* (17) setzt den Kampf gegen Spanien fort. *Walter Raleigh* (32) gründet Virginia, die erste englische Kolonie in Amerika. Nach dem Tod *Iwans IV.* (54) folgt sein geistesschwacher Sohn *Fjodor I.* (27) als Zar von Rußland (28.3., bis 1598). Kämpfe unter den Bojaren um die Regentschaft.

KULTUR Errichtung einer ständigen päpstlichen Nuntiatur in Köln. Gründung der Universität Herborn.

LITERATUR *Justus Lipsius* (37) »De constantia« (Wiedererweckung des Stoizismus). *Giordano Bruno* (36) in London: »De la causa, principio ed uno«, »Dell' infinito universo e mondi«, »Lo spaccio della bestia trionfante«.

MUSIK *Giovanni Palestrina* (etwa 59) Hoheliedmotetten.

1585

POLITIK *Alessandro Farnese* (40) unterwirft Flandern und Brabant und erobert Antwerpen (17.8.). *Elisabeth I.* sendet den niederländischen Aufständischen Hilfstruppen unter *Robert Dudley, Graf von Leicester* (52). Die Liga, unterstützt von Spanien und dem Papst, zwingt *Heinrich III.*, alle den Hugenotten gewährten Freiheiten zurückzunehmen. *Sixtus V.* bannt *Heinrich* von Navarra (21.9.). *Heinrich von Guise* (35) eröffnet den letzten Religionskrieg, den »Krieg der drei *Heinriche*« (*Heinrich von Guise, Heinrich III.* und *Heinrich* von Navarra). Beginn der systematischen Anlage russischer Stützpunkte (Ufa, Tjumen) zum Vordringen nach Sibirien.

KULTUR Herzog *Karl* von Steiermark (45) gründet die katholische Universität Graz. Nach dem Tod *Gregors XIII.* (83) wird *Felice Peretti* (64) zum Papst *Sixtus V.* gewählt (bis 1590). Er legt mit der Bulle »Postquam verus« die Zahl der Kardinäle auf 70 fest.

LITERATUR *Giordano Bruno* (37) »Degli eroici furori«.

KUNST *Juan de Herrera* (55) beginnt Kathedrale von Valladolid.

WISSENSCHAFT *John Davis* (35) entdeckt »Davis-Straße« (zwischen Nordamerika und Grönland).

WIRTSCHAFT Infolge der spanischen Besetzung Antwerpens beginnt der Aufstieg Amsterdams.

1586

POLITIK »Goldener (später Borromäischer) Bund« der katholischen Orte der Schweiz zur Verteidigung ihrer Konfession (5.10.), Mai 1587 Soldallianz mit *Philipp II.* von Spanien (59). *Elisabeth* (53) zwingt *Jakob VI.* von Schottland (20) zu einem Vertrag zum Schutz der protestantischen Kirche in England und Schottland.

LITERATUR *Robert Bellarmin* (44) »Disputationes de controversiis Christianae fidei adversus huius temporis haereticos« (3 Bde. bis 1593).

KUNST *El Greco* (45) »Begräbnis des Grafen *Orgaz*«. Universitätskirche in Würzburg (bis 1591).

1587

POLITIK *Maria Stuart* wird wegen Verbindung mit einer Verschwörung hingerichtet (8.2.). Zerstörung der spanischen Schiffe in Cadiz durch *Francis Drake* (etwa 47). Geheimvertrag zwischen *Sixtus V.* (66) und *Philipp II.* (60) über Krieg gegen England (29.7.). Krieg zwischen England und Spanien (bis 1604). *Heinrich* von Navarra (34) schlägt das königliche Heer bei Coutras (20.10.). Nach dem Tod *Stephan Báthorys* (12.12.1586) wird *Sigismund Wasa* (21), Sohn *Johanns III.* von Schweden, zum polnischen König *Sigismund III.* gewählt (27.12. gekrönt, regiert bis 1632). *Boris Godunow* (36) geht aus den Bojarenkämpfen als Sieger hervor und wird als Regent für Zar *Fjodor* (30) anerkannt. Gründung des russischen Stützpunktes Tobolsk in Sibirien.

LITERATUR Erste gedruckte Ausgabe der »Historia von D. Johann Fausten« in Frankfurt a. M.

1588

POLITIK König *Heinrich III.* (37) wird von einem durch *Heinrich von Guise* (38) erregten Volksaufruhr aus Paris vertrieben (»Barrikadentag« 12.5.). Er versucht, sich der Macht der Liga durch Ermordung der Brüder *Heinrich* (23.12.) und Kardinal *Ludwig von Guise* (24.12.) zu entziehen. *Philipp II.* (61) sendet die spanische Armada unter dem Oberbefehl Herzog *Alonsos von Medina Sidonia* (38) gegen England aus. Sie wird im Kanal von der englischen Flotte unter *Howard* (52), *Hawkins* (56) und *Drake* (etwa 48) besiegt (31.7. bis 8.8.) und von Septemberstürmen vor Schottland und Irland z.T. zerstört. *Christian IV.* (11) folgt seinem

Vater *Friedrich II.* (54) als König von Dänemark und Norwegen (bis 1648).

KULTUR Der Jesuit *Luis de Molina* (53) löst mit seiner Schrift »Concordia liberi arbitrii cum gratiae donis« den Gnadenstreit zwischen Jesuiten und Dominikanern aus. Der Jesuit *Peter Skarga* (52) wird einflußreicher Hofprediger König *Sigismunds III.* von Polen in Krakau.

LITERATUR *Christopher Marlowe* (24) »The Tragicall Historie of Doctor Faustus« (gedr. 1604). *Teresa de Jesús* (gest. 1582) »El Castillo interior o Las Moradas« und »El libro de sua vida«. *Caesar Baronius* (50) »Annales ecclesiastici« (katholische Kirchengeschichte, 12 Bde. bis 1607).

KUNST *Jacopo Tintoretto* (70) »Paradies«, Riesengemälde im Dogenpalast zu Venedig (bis 1591).

1589

POLITIK Im Beuthener Vertrag verzichtet das Haus Österreich auf alle Ansprüche auf Polen. *Heinrich III.* von Frankreich (38) geht zu *Heinrich* von Navarra über (30.4.), wird aber von einem Anhänger der Liga ermordet (1.8.). Ende des Hauses *Valois*. *Heinrich* von Navarra (36) besteigt als der erste *Bourbon* den französischen Thron und regiert als *Heinrich IV.* bis 1610.

KULTUR Der Metropolit von Moskau wird zum Patriarchen erhoben, damit unabhängig von Konstantinopel.

LITERATUR *Richard Hakluyt* (etwa 37) »The Principall Navigations, Voiages and Discoveries of the English Nation«.

KUNST *Benedikt Wurzelbauer* (41) »Tugendbrunnen« in Nürnberg. *Hubert Gerhard* (etwa 39) »Augustusbrunnen« in Augsburg.

MUSIK *Giovanni Palestrina* (etwa 64) Hymnenvertonungen.

1590

POLITIK *Heinrich IV.* besiegt bei Ivry (14.3.) entscheidend die Liga unter *Karl von Guise*, Herzog von Mayenne (36). Ein spanisches Heer unter *Alessandro Farnese* (45) entsetzt von den Niederlanden aus das von *Heinrich IV.* belagerte Paris.

LITERATUR *Philip Sidney* (gest. 1586) »Arcadia« (Schäferroman). *Edmund Spenser* (etwa 38) »The Fairy Queen« (Epos, 4.–6. Buch 1596). *Christopher Marlowe* (26) »Tamburlane the Great« (Drama).

KUNST *Michelangelo Caravaggio* (17) »Jugendlicher Bacchus« (um 1590).

WISSENSCHAFT Erfindung des Mikroskops in Holland (um 1590), wahrscheinlich von *Zacharias Jansen*.

WIRTSCHAFT Beginn der Kohlegewinnung an der Ruhr.

1591

POLITIK *Philipp II.* von Spanien (64) schlägt einen Aufstand des aragonesischen Adels nieder und schränkt die Autonomie Aragons ein. *Dmitrij* (10), der jüngere Sohn *Iwans IV.*, wird auf Befehl *Boris Godunows* (etwa 40) ermordet (25.5.). Einfall des Paschas von Bosnien in das österreichische Kroatien.

LITERATUR *Philip Sidney* (gest. 1586) »Astrophel and Stella« (Sonettenzyklus).

KUNST Gewandhaus in Braunschweig.

1592

POLITIK Nach dem Tod *Johanns III.* (55) wird sein Sohn *Sigismund* (26), bereits König von Polen, auch König von Schweden.

KULTUR Kardinal *Ippolito Aldrobandini* (56) wird nach den kurzen Pontifikaten *Urbans VII.* (1590), *Gregors XIV.* (1590/91) und *Innozenz' IX.* (1591) zum Papst *Clemens VIII.* gewählt (bis 1605).

LITERATUR *William Shakespeare* (28) »Richard III.«.

KUNST *Bartholomäus Spranger* (46), Hofmaler in Prag, »Allegorie auf die Tugenden *Rudolfs II.*«. »Haus zum Ritter« in Heidelberg.

WISSENSCHAFT *John Davis* (etwa 42) entdeckt die Falklandinseln.

WIRTSCHAFT Gründung der englischen Levantinischen Handelskompanie.

1593

POLITIK Sultan *Murad III.* (47) kommt dem Pascha von Bosnien zu Hilfe (Ende des großen Krieges gegen den Kaiser 1606). Die Türken erobern Sisag. *Heinrich IV.* tritt zum katholischen Glauben über (25.7.).

KULTUR Die Nationalsynode von Uppsala erklärt das Augsburgische Bekenntnis als allein maßgebend für die schwedische Kirche.

KUNST *Wendel Dietterlin* (43) »Architectura« (Lehrbuch des deutschen Frühbarocks).

1594

POLITIK Der Reichstag zu Regensburg gewährt dem Kaiser Reichshilfe gegen die Türken. Diese erobern Raab. Aufstand gegen die englische Herrschaft in Irland (bis 1603). *Heinrich IV.* (41) wird in Chartres gekrönt (27.2.) und zieht in Paris ein (22.3.). Bauernaufstand in Ober- und Niederösterreich (bis 1597).

LITERATUR *William Shakespeare* (30) »Love's Labour's Lost«, »The Taming of the Shrew«. *Christopher Marlowe* »Edward II.« (Drama).

KUNST *Giovanni da Bologna* (65) Reiterdenkmal *Cosimos I.* in Florenz.

MUSIK *Leonhard Lechner* (41) Deutsche Johannespassion. Erste echte Oper von *Jacopo Peri* (33) nach Text von *Ottavio Rinuccini* (32) »Dafne«.

1595

POLITIK Die Holländer beginnen, sich in Ostindien (und 1596 auf den Sundainseln) festzusetzen. *Hein-*

rich IV. erklärt *Philipp II.* den Krieg. *Michael der Tapfere* (47), Fürst der Walachei, verbündet mit Kaiser *Rudolf II.* (43), besiegt die Türken unter *Sinan Pascha* bei Calugareni vernichtend (23.8.). *Karl von Södermanland* (45), Onkel *Sigismunds III.* von Polen, wird vom Reichstag zu Söderköping zum Reichsverweser Schwedens gewählt. *Boris Godunow* (44) gewinnt einen Teil der 1583 an Schweden verlorenen Gebiete im Vertrag zu Teusina (18.5.) zurück, Schweden behält aber Estland.

KULTUR In Schweden wird der katholische Gottesdienst verboten.

LITERATUR *Georg Rollenhagen* (53) »Froschmeuseler« (satirisches Lehrgedicht). *William Shakespeare* (31) »Romeo and Juliet«, »Midsummer Night's Dream«.

1596

POLITIK *Mehmed III.* besiegt das kaiserliche Heer bei Keresztes. *Heinrich IV.* verbündet sich mit England und den Niederlanden gegen Spanien. Eine spanische Flotte wird auf dem Weg nach Irland vom Sturm zerstreut, eine andere im Hafen von Cadiz von den Engländern vernichtet. König *Sigismund III.* (30) verlegt die polnische Residenz von Krakau nach Warschau.

KULTUR Erzherzog *Ferdinand* von Steiermark (18) beginnt die Rekatholisierung seines Landes. In der »Union von Brest« tritt der Großteil der orthodoxen Ukrainer und Weißrussen bei Wahrung ihres Ritus' unter die Obedienz des Papstes.

KUNST *Annibale Carracci* (36) Deckenfresken im Palazzo Farnese zu Rom (bis 1604).

WISSENSCHAFT *Willem Barents* (etwa 46) entdeckt Bäreninsel und Spitzbergen. *Galileo Galilei* (32) erfindet das Thermoskop.

1597

POLITIK Erneut wird eine spanische Flotte beim Angriff auf England vom Sturm zerstört.

KULTUR Errichtung einer ständigen Nuntiatur für die spanischen Niederlande in Brüssel.

LITERATUR *William Shakespeare* (33) »Merchant of Venice«. *Thomas Deloney* (54) »The Gentle Craft« (Handwerkerroman). *Francis Bacon* (36) »Essays« (vollständige Ausgabe 1625).

KUNST *Lieven de Key* (etwa 37) Rathaus in Leiden.

MUSIK *Giovanni Gabrieli* (40) »Sacrae symphoniae«.

1598

POLITIK Fürst *Sigismund Báthory* (26) übergibt Siebenbürgen im Tausch gegen die Fürstentümer Oppeln und Ratibor an *Rudolf II.* (46). *Heinrich IV.* (45) beendet mit dem Edikt von Nantes (13.4.) die Hugenottenkriege, gewährt den Hugenotten bürgerliche Gleichberechtigung und bedingt freie Religionsausübung. Nach Vermittlung *Clemens' VIII.* (62) schließen *Heinrich IV.* und *Philipp II.* von Spanien (71) den Frieden von Vervins (2.5.), der den Frieden von Cateau-Cambrésis (1559) bestätigt: Spanien verzichtet auf alle Ansprüche auf die französische Krone. *Philipp II.* stirbt. Sein Sohn und Erbe *Philipp III.* (20) überläßt die Führung der Politik dem Herzog von *Lerma* (45). Nach dem Aussterben des Hauses *Este* zieht *Clemens VIII.* das Herzogtum Ferrara als erledigtes Lehen ein. König *Sigismund* (32) wird von dem Führer der antikatholischen schwedischen Opposition, seinem Onkel Herzog *Karl* (48), bei Stängebro geschlagen. Mit *Fjodor I.* (41) stirbt die *Rurik*-Dynastie aus. Der bisherige Regent *Boris Godunow* (47) regiert als Zar bis 1605.

LITERATUR *William Shakespeare* (34) »Merry Wifes of Windsor« (um 1598). *Ben Jonson* (25) »Every Man in His Humor«.

KUNST *El Greco* (57) Altarbild des »Hl. Martin«.

WIRTSCHAFT Schließung des Londoner Stalhofes der Hanse.

1599

POLITIK Kalabrischer Aufstand wird von der spanischen Regierung in Neapel niedergeworfen, der Führer *Tommaso Campanella* (31) bis 1626 eingekerkert.

LITERATUR *Mateo Alemán* (52) »Guzmán de Alfarache« (Schelmenroman, 2. Bd. 1604). *William Shakespeare* (35) »Julius Caesar«, »As You Like It«.

KUNST Regelmäßige Stadtanlage von Freudenstadt nach Plan von *H. Schickhardt* (41).

1600

POLITIK *Moritz von Oranien-Nassau* (33), Statthalter der Niederlande, besiegt das spanische Heer bei Nieuwpoort und befreit den Norden. *Heinrich IV.* heiratet *Maria von Medici* (27), Tochter des Großherzogs von Toskana. Der schwedische Reichstag von Linköping setzt König *Sigismund* (34) ab und überträgt Herzog *Karl von Södermanland* (50) die Regierung. (Den Königstitel *[Karl IX.]* nimmt er erst 1604 an.)

KULTUR Gründung des Schottischen Kollegs in Rom. *Giordano Bruno* (52) wird in Rom als Ketzer verbrannt (17.2.).

LITERATUR *William Shakespeare* (36) »Hamlet«. *Pietro Aretino* (gest. 1556) »Ragionamenti«.

KUNST *Peter Paul Rubens'* Reise nach Italien (bis 1608). *Stefano Maderna* (29) »Hl. Cäcilia« in S. Cecilia zu Rom (um 1600). *Giacomo della Porta* (etwa 63) Palazzo Aldobrandini in Rom (um 1600).

MUSIK *Jacopo Peri* (39) »Euridice« (Oper) nach Text von *Rinuccini* (38).

WISSENSCHAFT *William Gilbert* (56) »De magnete magneticisque corporibus et de magno magnete tellure« (Entdeckung des Erdmagnetismus). Fernrohr in Holland erfunden (um 1600), u.a. von *Jan Lippershey* (patentiert 1608).

WIRTSCHAFT Gründung der Englisch-Ostindischen Kompanie.

1601

POLITIK *Sigismund Báthory* (29) kehrt nach Siebenbürgen zurück, wird aber vom kaiserlichen Feldherrn *Basta* (51) und von *Michael dem Tapferen* (53) bei Gorosz (16.8.) geschlagen, dankt 1602 endgültig zugunsten der *Habsburger* ab. Savoyen muß im Frieden von Lyon die Rhonelandschaften Bugey, Bresse, Gex und Valromey an Frankreich abtreten.

KULTUR Regensburger Religionsgespräch zwischen jesuitischen und protestantischen Theologen (28.11. bis 7.12.). Armengesetz *Elisabeths I.* (68): Unterstützung der Armen und Zwang zur Arbeit in Manufakturen. Der Jesuitenmissionar *Matteo Ricci* (49) wirkt am chinesischen Kaiserhof in Peking.

LITERATUR *William Shakespeare* (37) »Troilus and Cressid«. *John Donne* (29) »Progress of the Soul«.

KUNST *Michelangelo Caravaggio* (28) »Kreuzigung Petri« und »Bekehrung Pauli«; gemeinsam mit *Annibale Carracci* (41) »Himmelfahrt Mariä« in S. Maria del Popolo zu Rom.

MUSIK *Giulio Caccini* (51) »Nuove musiche« (Arien und Madrigale für Solostimme und Generalbaß).

WISSENSCHAFT *Johannes Kepler* (30) wird nach *Tycho Brahes* Tod kaiserlicher Hofastronom in Prag.

1602

POLITIK 12 Schweizer Orte befestigen ihre Soldallianz mit Frankreich.

LITERATUR *Tommaso Campanella* (34) »Città del Sole« (Sonnenstaat, erscheint 1623).

KUNST *Adriaen de Vries* (etwa 42) vollendet »Herkulesbrunnen« in Augsburg. Zeughaus in Augsburg von *Elias Holl* (29, bis 1607) mit Bronzegruppe »Hl. Michael« von *Hans Reichel* (etwa 32). Rattenfängerhaus in Hameln. Schloß Frederiksborg auf Seeland (bis 1623).

WIRTSCHAFT Gründung der »Vereinigten Niederländisch-Ostindischen Kompanie«.

1603

POLITIK Der Führer der irischen Aufständischen, *Hugh O'Neill* (etwa 63), kapituliert vor den Engländern. Irland wird vollständig unterworfen. Königin *Elisabeth I.* (70) stirbt kinderlos (24.3.). Ende der *Tudor*-Dynastie. Mit *Jakob VI.* von Schottland (37), als König von England und Irland *Jakob I.*, kommt das Haus *Stuart* an die Regierung und vereinigt die drei Königreiche. *Walter Raleigh* (51) wird wegen Verbindung mit einer Verschwörung gegen *Jakob* zum Tode verurteilt (erst 1618 hingerichtet).

KULTUR *Robert Bellarmins* (61) Kleiner Katechismus. Erstes festes deutsches Theater in Kassel. Gründung der naturwissenschaftlichen »Accademia dei Lincei« zu Rom.

LITERATUR *Johannes Althusius* (46) »Politica methodice digesta«. *Thomas Heywood* (etwa 33) »A Woman Killed with Kindness« (erstes bürgerliches Trauerspiel).

1604

POLITIK Aufstand in Siebenbürgen und Ungarn unter dem calvinischen Magnaten *Stefan Bocskay* (47). *Jakob I.* (38) schließt Frieden mit *Philipp III.* von Spanien (26), der den englischen Kaufleuten ungestörten Handel mit Spanien und seinen europäischen Besitzungen erlaubt. Beginn der »Zeit der Wirren« (»Smuta«) in Rußland durch das Auftreten eines falschen *Demetrius (Dmitrij)*, der sich für den ermordeten Zarewitsch ausgibt und mit polnischer Unterstützung gegen Moskau zieht. (Ende der Smuta 1613.) Tomsk wird als östlichster russischer Stützpunkt in Sibirien begründet.

KULTUR *Jakob I.* verweigert den Puritanern auf der Kirchenversammlung von Hampton Court kirchliche Freiheiten.

LITERATUR *William Shakespeare* (40) »Measure for Measure«, »Othello«.

KUNST *El Greco* (63) »Großinquisitor Don Fernando Nino de Guevara« (etwa 1604). *Karel van Mander* (56) »Het Schilderboek« (Kunstgeschichte).

1605

POLITIK *Stephan Bocskay* (48) wird zum Großfürsten von Siebenbürgen gewählt (24.2.) und vertreibt im Bündnis mit den Türken die kaiserlichen Truppen aus Ungarn. Kaiser *Rudolf II.* (53) überträgt seinem ältesten Bruder *Matthias* (48) die Führung des ungarischen Krieges. Pulververschwörung katholischer Adliger gegen König und Parlament wird aufgedeckt (»*Guy Fawkes*' day«, 5.11.). Streit zwischen Papst *Paul V.* (53) und Venedig um die Hoheitsrechte von Staat und Kirche. Die Polen unter *Jan Karol Chodkiewicz* (45) besiegen die Schweden entscheidend bei Kirchholm (2.9.). *Boris Godunow* (54) stirbt (23.4.), der falsche *Dmitrij* zieht in Moskau ein (20.6.) und wird zum Zaren gekrönt.

KULTUR Nach dem Tod *Clemens' VIII.* (69) und dem 25tägigen Pontifikat *Leos XI.* (70) folgt *Camillo Borghese* (53) als Papst *Paul V.* (bis 1621).

LITERATUR *Johann Arnd* (50) »Vier Bücher vom wahren Christentum«. *William Shakespeare* (41) »King Lear«, »Macbeth« (um 1605). *Ben Jonson* (33) »Volpone«. *Francis Bacon* (44) »Advancement of Learning« (umgearbeitet 1623 unter dem Titel: »De dignitate et augmentis scientiarum«). *Miguel de Cervantes* (58) »Don Quijote« (2. Teil 1615).

KUNST *Georg Riedinger* (37) Schloß Aschaffenburg (bis 1614). Pellerhaus in Nürnberg.

MUSIK *Michael Prätorius* (34) »Musae Sioniae« (bis 1610).

1606

POLITIK Gründung von Mannheim (Stadtrecht 1607). Im Wiener Frieden (23.6.) zwischen Erzherzog

Matthias und *Stephan Bocskay* (49) wird den Ungarn ständische und Religionsfreiheit gewährt und *Bocskay* als Fürst von Siebenbürgen anerkannt (stirbt Dez.). Ende des Türkenkrieges mit dem Waffenstillstand von Zsitva-Torok (11.11.). Der falsche *Dmitrij* wird von Bojaren ermordet; deren Führer *Wasilij Schujskij* (54) zum Zaren ausgerufen (19.5.). Kosaken- und Bauernaufstand in Südrußland unter *Iwan Bolotnikow*.

KUNST *Adam Elsheimer* (28) »Landschaft mit Merkur« (um 1606). *Carlo Maderna* (50) Langhaus und Fassade der Peterskirche (bis 1614).

1607

POLITIK *Maximilian I.* von Bayern (34) vollstreckt die vom Kaiser über die überwiegend protestantische Reichsstadt Donauwörth verhängte Reichsacht. Gründung der ersten dauernden englischen Siedlung in Amerika: Jamestown in Virginia. König *Sigismund* von Polen (41) wirft einen Aufstand des protestantischen Adels nieder. Ende des südrussischen Bauernaufstandes mit der Einnahme Tulas (10.10.) und der Hinrichtung *Bolotnikows*.

KULTUR Gründung der hessen-darmstädtischen Universität Gießen.

LITERATUR *William Shakespeare* (43) »Antony and Cleopatra«. *Honoré d'Urfé* (39) »L'Astrée« (Schäferroman, 5 Bde. bis 1627).

MUSIK *Claudio Monteverdi* (40) »Orfeo« (bedeutendste frühe Oper).

1608

POLITIK Nach Sprengung des Regensburger Reichstages schließen sich die süddeutschen protestantischen Fürsten (Württemberg, Baden-Durlach, Ansbach, Bayreuth und Pfalz-Neuburg) unter kurpfälzischer Führung in Auhausen zur »Union« zusammen (14.5.). Erzherzog *Matthias* (51) stellt sich an die Spitze der österreichischen, ungarischen und mährischen Ständeopposition und zwingt seinen Bruder, Kaiser *Rudolf* (56), im Vertrag von Lieben (25.6.), ihm die Herrschaft in diesen Ländern abzutreten. *Samuel de Champlain* (etwa 40) gründet mit Quebec die erste bedeutende französische Siedlung in Kanada (»Neu-Frankreich«). Die Jesuiten errichten den Ordensstaat Paraguay. In Rußland tritt wieder ein falscher *Dmitrij* auf: der »Gauner (wor) von Tuschino« (mit schwedischer Hilfe 1609 vertrieben).

KUNST *Domenichino* (27) »Martyrium des hl. Andreas« in S. Gregorio Magno zu Rom.

1609

POLITIK Unter Führung *Maximilians* von Bayern (36) bildet sich in München die »Liga« der katholischen Reichsstände (10.7.), ohne Österreich und Salzburg. Mit Herzog *Johann Wilhelm IV.* stirbt das Haus Cleve-Jülich-Berg im Mannesstamm aus. Jülich-Clevescher Erbfolgestreit zwischen Brandenburg und Pfalz-Neuburg (bis 1614). *Jakob I.* (43) läßt die keltische Bevölkerung aus Ulster vertreiben und Engländer ansiedeln. Waffenstillstand zwischen Spanien und den Niederlanden (9.4.). Edikt *Philipps III.* (31) vertreibt die Moriscos aus Spanien, zunächst aus Kastilien (22.9.). *Sigismund III.* von Polen (43) erklärt Rußland den Krieg und belagert Smolensk.

KULTUR Konzessionen an die Protestanten in Donauösterreich in der »Religionskapitulation« (19.3.). Die böhmische Ständeopposition unter *Graf von Thurn* (42) erzwingt von *Rudolf II.* durch den Majestätsbrief vollständige Religionsfreiheit (9.7.). Erste deutsche wöchentliche Zeitung, »Straßburger Relation«.

LITERATUR *William Shakespeare* (45) »Sonnets« (im Druck erschienen). *Hugo Grotius* (26) »Mare liberum« (Völkerrecht).

KUNST *Peter Paul Rubens* (32) »Selbstbildnis mit *Isabella Brant* in der Geißblattlaube«. *Lüder von Bentheim* Rathaus von Bremen (bis 1613). Moschee Sultan *Ahmeds I.* in Konstantinopel (bis 1614).

WISSENSCHAFT *Johannes Kepler* (38) »Astronomia nova« (mit erstem und zweitem Keplerschen Gesetz der Planetenbahnen). *Henry Hudson* (etwa 59) entdeckt »Hudson«-Fluß.

WIRTSCHAFT Gründung der Bank von Amsterdam.

1610

POLITIK *Heinrich IV.* von Frankreich (57) wird ermordet (14.5.). *Maria von Medici* (37) führt die Regentschaft für ihren Sohn *Ludwig XIII.* (9), überläßt die Leitung der Politik aber dem Italiener *Concini*. Sieg der Polen bei Kluschino über Russen und Schweden (4.7.). Zar *Wasilij Schujskij* wird gestürzt (17.7.), polnische Truppen besetzen Moskau.

KULTUR *Franz von Sales* (43) gründet zusammen mit *Johanna Franziska de Chantal* (38) den Orden von der Heimsuchung Mariä (Salesianerinnen).

LITERATUR *Ben Jonson* (37) »The Alchimist«.

KUNST *Peter Paul Rubens* (33) Kreuzaufrichtungsaltar in Antwerpen. *Guido Reni* (35) »Aurora«.

WISSENSCHAFT *Galileo Galilei* (46) veröffentlicht seine astronomischen Untersuchungen mit einem selbstgebauten Fernrohr (»Siderius Nuncius«). *Johann Fabricius* (23) entdeckt Sonnenflecken und Achsendrehung der Sonne.

1611

POLITIK Die böhmischen Stände setzen *Rudolf II.* (59) als König von Böhmen ab. *Sigismund* von Polen (45) erobert Smolensk. Schwedische Absichten auf Lappland und die Anlage der Stadt Göteborg führen zum »Kalmar-Krieg« mit Dänemark (bis 1613).

KULTUR Endgültige Ausgabe der englischen Bibel (»Authorized Version«).

KUNST *El Greco* (70) »Toledo im Gewitter« (um 1611).

WISSENSCHAFT *Johannes Kepler* (40) beschreibt in »Dioptrice« das Prinzip des Fernrohrs.

1612

POLITIK Nach dem Tod *Rudolfs II.* (20. 1.) wird sein Bruder *Matthias* (55) zum Kaiser gewählt. Die Englisch-Ostindische Kompanie errichtet die erste englische Niederlassung in Indien, Surat am Golf von Cambay. Ein Aufstand in Moskau vertreibt die polnische Besatzung (Kapitulation der Kremlbesatzung 26. 10.).

MUSIK *Heinrich Schütz* (27) »Italienisches Madrigal«.

1613

POLITIK Der calvinische Magnat *Bethlen Gábor* (33) wird zum Fürsten von Siebenbürgen gewählt. Durch den Frieden von Knäred (20. 1.) kommt die Festung Elfsborg, der einzige Zugang Schwedens zur Nordsee, in dänischen Pfandbesitz. Mit der Wahl *Michail Romanows* (17) zum Zaren enden die russischen »Wirren«.

KULTUR Kurfürst *Johann Sigismund* von Brandenburg (41) tritt zum Calvinismus über.

LITERATUR *Miguel de Cervantes* (66) »Novellas ejemplares«. *Luis de Góngora* (52) »Soledades« (Versdichtung).

1614

POLITIK Im Vertrag von Xanten (12. 11.) wird der Clevesche Erbfolgestreit beigelegt: Pfalz-Neuburg erhält die Herzogtümer Jülich und Berg, Brandenburg das Herzogtum Cleve und die Grafschaften Mark, Ravensberg und Ravenstein (dies nur bis 1624). Durch *Maria von Medici* (41) werden die französischen Generalstände zum letztenmal vor der Großen Revolution einberufen. *Ludwig XIII.* (13) wird für mündig erklärt. Schweden greift von dem seit 1611 besetzten Nowgorod aus Moskau an.

KULTUR Gründung der Universität Paderborn. Eröffnung der calvinischen Universität Groningen.

KUNST Dom zu Salzburg von *Santino Solari* (bis 1628).

WISSENSCHAFT *John Napier* (64) »Mirifici logarithmorum canonis descriptio« (Erfindung und Namengebung der natürlichen Logarithmen).

WIRTSCHAFT Zusammenbruch des Handelshauses der *Welser.*

1615

POLITIK *George Villiers*, später *Herzog von Buckingham* (23), wird einflußreichster Berater *Jakobs I.* (49). *Ludwig XIII.* (14) wird mit der spanischen Prinzessin *Anna* von Österreich (14) vermählt.

KULTUR Der französische Klerus erkennt die tridentinischen Reformdekrete als verbindlich an.

LITERATUR *Miguel de Cervantes* (68) »Ocho comedias y ocho entremeses nuevas« (Zwischenspiele).

KUNST *Peter Paul Rubens* (38) »Großes Jüngstes Gericht« (bis 1617). *Elias Holl* (42) Rathaus in Augsburg (bis 1620). *Salomon de Brosse* (53) beginnt Palais Luxembourg in Paris.

MUSIK *Michael Prätorius* (44) »Syntagma musicum« (3 Bde.). Gründung der Accademia dei Filomusi in Bologna (älteste Musikakademie).

WIRTSCHAFT *Lamoral von Taxis* erhält das Amt des Generaloberpostmeisters als erbliches Lehen. *Antoine de Montchrestien* (40) »Traité de l'oeconomie politique« (System des Merkantilismus).

1616

POLITIK Der Thronanwalt *Francis Bacon* (55) stürzt als Vertreter einer starken monarchischen Zentralgewalt den Verteidiger des Common Law, den obersten englischen Richter *Edward Coke* (64).

KULTUR Verurteilung der kopernikanischen Lehre durch das Hl. Offizium in Rom.

LITERATUR *Franz von Sales* (49) »Traité de l'amour de Dieu«.

WIRTSCHAFT Erster Handelsvertrag der Niederlande mit Japan.

1617

POLITIK Erzherzog *Ferdinand* (39) wird zum König von Böhmen gewählt. Im Oñate-Vertrag verzichtet Spanien auf die Erbfolge in Ungarn und Böhmen zugunsten der österreichischen *Habsburger. Ludwig XIII.* (16) läßt *Concini*, den Berater seiner Mutter, ermorden (24. 4.) und verbannt seine Mutter nach Blois. Schweden räumt nach dem Frieden von Stolbowo (9. 3.) Nowgorod, behält aber die Küstengebiete am Finnischen Meerbusen. Das Statut von Örebro weist die Anhänger *Sigismunds* von Polen (51) sowie alle Katholiken aus Schweden aus.

KULTUR Gründung der »Fruchtbringenden Gesellschaft«, einer Sprachgesellschaft in Weimar.

WISSENSCHAFT *Henry Briggs* (56) stellt die erste Tafel der dekadischen Logarithmen auf.

1618

POLITIK Nach dem Tod *Albrechts II.* (65) fällt das Herzogtum Preußen (unter polnischer Lehnshoheit) durch Erbschaft an Brandenburg. Aufstand des evangelischen Adels in Böhmen (Fenstersturz der kaiserlichen Statthalter, 23. 5.). Erzherzog *Ferdinand* wird König von Ungarn. Statthalter *Moritz von Oranien* (51) läßt die Führer der aristokratischen Partei der Niederlande verhaften und den holländischen Ratspensionär *Jan van Oldenbarnevelt* (71) hinrichten (13. 5. 1619). *Walter Raleigh* (66) wird dem spanischen Gesandten in England zuliebe hingerichtet. *Francis Bacon* (57) wird Lordkanzler von England. Nach dem Waffenstillstand von Deulino (11. 12.) zieht sich Polen aus Rußland zurück, behält aber das Gebiet von Smolensk.

KULTUR Auf der calvinischen Generalsynode von Dordrecht (13. 11.; bis 29. 5. 1619) werden die Arminianer (Gegner der Prädestinationslehre nach *Jakob Arminius*, gest. 1609) verurteilt. Gründung der Benediktiner-Reformkongregation der Mauriner.

Kunst *Peter Paul Rubens* (41) »Raub der Töchter des Leukippos« (etwa 1618). Essighaus in Bremen.

1619

Politik Kaiser *Matthias* (62) stirbt (20.3.), ihm folgt sein Vetter *Ferdinand II.* (41) auf den Thron (bis 1637). Die böhmischen Stände setzen *Ferdinand* als König von Böhmen ab (22.8.) und wählen den Führer der Union, Kurfürst *Friedrich V.* von der Pfalz (23), zum König (26.8.). Der niederländische Generalgouverneur für die Kolonien, *Jan Pieterszoon Coen* (32), erobert Djakarta und gründet Fort Batavia als Zentrum der niederländischen Kolonialherrschaft in Hinterindien. Der Vater des Zaren, *Fjodor Romanow* (etwa 65), kehrt aus polnischer Gefangenschaft zurück und führt als Patriarch *Filaret* die Regierung in Moskau (bis 1633).

Literatur *Jakob Böhme* (44) »Drei Prinzipien des göttlichen Wesens«.

Kunst *Inigo Jones* (46) Entwürfe für Schloß Whitehall (ausgeführt nur Banketthaus).

Wissenschaft *Johannes Kepler* (48) »Harmonices mundi« (3. Keplersches Gesetz der Planetenbewegung).

Wirtschaft Gründung der Girobank von Hamburg. Beginn der Einfuhr von Negersklaven nach Nordamerika.

1620

Politik Am Weißen Berge (8.11.) besiegt das Heer des Kaisers und der Liga unter *Johannes Tserclaes Graf von Tilly* (61) das pfälzisch-böhmische Heer unter *Christian* von Anhalt (52). *Friedrich V.* (der »Winterkönig«) flieht. Aus der Reichskanzlei wird die österreichische Hofkanzlei ausgegliedert. Aufstand des katholischen Veltlin gegen die graubündische Herrschaft (Protestantenmorde 19.7.). Die puritanischen »Pilgerväter« landen mit der »Mayflower« bei Kap Cod und beginnen die Kolonisation Neu-Englands (Plymouth).

Literatur *Francis Bacon* (59) »Novum organum scientiarum« (Analyse der induktiven wissenschaftlichen Methode).

Kunst *Lorenzo Bernini* (22) »Raub der Proserpina«. *Domenichino* (39) »Jagd der Diana« (um 1620).

1621

Politik Strafgericht des Kaisers über die böhmischen Aufständischen und Rekatholisierung Böhmens. *Tilly* und *Ambrosius Spinola* (52) besetzen die Ober- und die Kurpfalz. Für Österreich wird das Gesetz der Unteilbarkeit erlassen. *Francis Bacon* (60) wird vom Parlament wegen Annahme von Bestechungsgeldern gestürzt. Aufstand der Hugenotten unter Herzog *Heinrich von Rohan* (42) gegen die Rekatholisierung des protestantischen Béarn. *Philipp IV.* (16) folgt nach dem Tod *Philipps III.* (43) als König von Spanien (bis 1665). *Graf Olivares* (34) übernimmt die Leitung der Politik und nimmt den Krieg gegen Holland wieder auf. Siegreiche polnische Verteidigung von Chozim unter *Chodkiewicz* (61) gegen die Türken (2.9.–9.10.). *Gustav II. Adolf* (27) erobert Riga von Polen.

Kultur Auf *Paul V.* (69) folgt *Alessandro Ludovisi* (67) als Papst *Gregor XV.* Gründung der Universitäten Straßburg und Rinteln.

Kunst *Peter Paul Rubens* (44) Bilderzyklus aus dem Leben der *Maria von Medici* (bis 1625).

Wissenschaft *Willebrord Snellius* (30) entdeckt Gesetz für die Brechung des Lichts (veröffentlicht 1637 von *Descartes*).

Wirtschaft Gründung der Niederländisch-Westindischen Kompanie.

1622

Politik *Graf von Tilly* (63) unterliegt *Ernst von Mansfeld* (42) und Markgraf *Georg Friedrich* von Baden-Durlach (49) bei Wiesloch (27.4.), besiegt *Georg Friedrich* bei Wimpfen (6.5.) und *Christian* von Braunschweig (23) bei Höchst (20.6.). *Bethlen Gábor* (42) verzichtet im Frieden von Nikolsburg (6.1.) mit *Ferdinand II.* (44) auf den ungarischen Königstitel. *Jakob I.* (56) löst das Parlament auf und läßt seine Führer verhaften. Die französischen Hugenotten verlieren im Frieden von Montpellier einen Teil ihrer militärischen und politischen Rechte (12.10.).

Kultur *Gregor XV.* gründet die »Congregatio de propaganda fide«. *Ferdinand II.* gewährt Ungarn Religionsfreiheit.

Literatur *Alessandro Tassoni* (57) »La secchia rapita« (»Der geraubte Eimer«, komisches Heldenepos).

Wissenschaft *Joachim Jungius* (35) gründet in Rostock die älteste wissenschaftliche Gesellschaft in Deutschland, die »Societas Ereunetica«.

1623

Politik *Maximilian I.* von Bayern (50) erhält die pfälzische Kurwürde und die Oberpfalz als Pfandbesitz (21.2.). *Tilly* (64) zieht nach Westfalen und schlägt *Christian* von Braunschweig (24), Administrator von Halberstadt, bei Stadtlohn (6.8.).

Kultur Gründung der Nürnberger Universität Altdorf. Nach dem Tod *Gregors XV.* (69) wird *Maffeo Barberini* (55) zum Papst *Urban VIII.* gewählt.

Literatur *Jakob Böhme* (48) »Mysterium magnum«.

Kunst *Velásquez* (24) wird spanischer Hofmaler. *Giovanni Lorenzo Bernini* (25) »David«.

Musik *Heinrich Schütz* (38) »Historia von der fröhlichen und siegreichen Auferstehung« (Oratorium).

Wissenschaft *Galileo Galilei* (59) »Il Saggiatore« (Streitschrift um die neuen wissenschaftlichen Erkenntnisse).

1624

Politik Defensivbündnisse der Niederlande mit England (5.6.) und Frankreich (10.6.). Engländer,

Franzosen und Niederländer beginnen, sich in Westindien festzusetzen (zuerst auf der Insel St. Christopher). *Ludwig XIII.* (23) ernennt auf Drängen seiner Mutter *Maria von Medici* (51) Kardinal *Richelieu* (39) zum leitenden Minister.

LITERATUR *Martin Opitz* (27) »Teutsche Poemata« und »Buch von der Deutschen Poeterei«. *Herbert of Cherbury* (41) »De veritate«.

KUNST *Peter Paul Rubens* (47) »Anbetung der Könige«. *Anton van Dyck* (25) »Kardinal *Bentivoglio*« (um 1624).

MUSIK *Samuel Scheidt* (37) »Tabulatura nova« (Orgelwerke).

1625

POLITIK Kaiser *Ferdinands* ältester Sohn, *Ferdinand* (17), wird zum König von Ungarn gewählt. Mit dem Eingreifen *Christians IV.* auf protestantischer Seite beginnt der dänisch-niedersächsische Krieg. *Albrecht von Wallenstein* (42) stellt ein Heer für den Kaiser auf und wird zum Feldmarschall ernannt. *Karl I.* (25) regiert nach dem Tod seines Vaters *Jakob I.* (59) als König von England, Schottland und Irland. Die Engländer nehmen die westindische Insel Barbados in Besitz. Die Hugenotten erheben sich unter *Henri de Rohan* (46) gegen den Angriff *Richelieus* (40) auf ihre politisch-militärischen Sonderrechte. Offensivallianz zwischen England und den Niederlanden (17.9.) und Subsidienvertrag der beiden Mächte mit Dänemark zu Den Haag (9.12.).

KULTUR *Vinzenz von Paul* (49) stiftet die Weltpriestergenossenschaft der »Congregatio Missionis« (Lazaristen, 1633 von *Urban VIII.* bestätigt).

LITERATUR *Hugo Grotius* (42) »De jure belli ac pacis« (begründet damit das Völkerrecht).

KUNST *Lorenzo Bernini* (27) »Apollo und Daphne«.

MUSIK *Heinrich Schütz* (40) »Cantiones sacrae«.

1626

POLITIK *Wallenstein* schlägt *Ernst von Mansfeld* (46), der fällt, bei Dessau (25.4.), *Tilly* (67) besiegt *Christian IV.* (49) entscheidend bei Lutter am Barenberge (27.8.). Großer Bauernaufstand in Oberösterreich. *Karl I.* löst das Parlament wegen Protests gegen ungerechte Zollerhebung und Widerstandes gegen seinen Günstling *Buckingham* (34) auf. *Spinola* (57) erobert Breda. Neu-Amsterdam wird als Mittelpunkt der niederländischen Besitzungen in Nordamerika gegründet (später New York). *Gustav Adolf* (32) landet in Pillau und erneuert den Krieg gegen Polen (bis 1629).

LITERATUR *Francisco Gómez de Quevedo* (46) »Historia del Gran Tacaño« (Roman).

1627

POLITIK Die »Verneuerte Landesordnung« für Böhmen macht aus der ständischen Landesregierung einen königlichen Statthalterrat (für Mähren 1628). Die Regierung wird nach Wien verlegt. *Wallenstein* vertreibt *Christian IV.* aus Deutschland. *Buckinghams* Expedition zur Unterstützung der französischen Hugenotten in La Rochelle mißlingt.

LITERATUR *Francisco Gómez de Quevedo* »Sueños« (»Träume«, Satire).

KUNST *Frans Hals* (47) »Festmahl der St.-Georgs-Offiziere«.

MUSIK *Heinrich Schütz* (42) »Dafne« (erste deutsche Oper, mit Text von *Martin Opitz* [30] nach *Rinuccini*).

WISSENSCHAFT *Johannes Kepler* (56) »Tabulae Rudolphinae« (verbesserte Tafeln der Planetenbahnen).

1628

POLITIK *Wallenstein* (45) wird vom Kaiser mit dem von ihm eroberten Herzogtum Mecklenburg belehnt und zum »General des ozeanischen und baltischen Meeres« ernannt, belagert Stralsund vergeblich. Infolge des Aussterbens der Hauptlinie des Hauses *Gonzaga* (1627) Mantuanischer Erbfolgekrieg zwischen Frankreich und Habsburg (bis 1631). *Richelieu* (43) erobert den Hauptstützpunkt der Hugenotten, La Rochelle (28.10.). Das englische Parlament zwingt *Karl I.* (28) zur Annahme der »Petition of Right« (7.7.). *Buckingham* (36) wird ermordet (23.8.).

KULTUR *David Blondel* (38) weist die »Pseudoisidorischen Dekretalen« endgültig als Fälschung nach.

LITERATUR *Johann Comenius* (36) »Informatorium der Mutterschul«, »Janua linguarum reserata« (veröffentlicht 1631).

KUNST *Anton van Dyck* (29) »Beweinung Christi« (um 1628). *Carlo Maderna* (72) Palazzo Barberini in Rom.

WISSENSCHAFT *William Harvey* (50) »De motu cordis et sanguinis« (Theorie des Blutkreislaufs).

1629

POLITIK Im Lübecker Frieden verzichtet *Christian IV.* von Dänemark (52) gegen Rückgabe seines Besitzes auf das Bündnis mit den deutschen Protestanten (22.5.). *Friedrich Heinrich von Oranien* (45) erobert s'Hertogenbosch von den Spaniern. Nach der dritten Auflösung des Parlaments (10.3.) und der Verhaftung der Führer einer Parlamentsempörung regiert *Karl I.* bis 1640 ohne Parlament. Im Frieden von Alais nimmt *Richelieu* den Hugenotten alle politischen Sonderrechte, beläßt ihnen aber die Religionsfreiheit (27.6.). Nach dem polnischen Sieg bei Stuhm Waffenstillstand mit Schweden zu Altmark (25.9.): Schweden behält Livland und die Eroberungen in Preußen.

KULTUR Kaiser *Ferdinand* (51) verlangt im »Restitutionsedikt« die Herausgabe aller seit 1552 von den Protestanten eingezogenen geistlichen Territorien (6.3.).

KUNST *Francisco de Zurbarán* (31) »Leben des hl. Bonaventura«. *Lorenzo Bernini* (31) übernimmt Bauleitung an St. Peter zu Rom.

MUSIK *Heinrich Schütz* (44) »Symphoniae sacrae« (2. Teil 1647).

1630

POLITIK Der Regensburger Kurfürstentag unter *Maximilian I.* von Bayern (57) erzwingt vom Kaiser die Entlassung *Wallensteins* (47). *Gustav II. Adolf* von Schweden (36) landet auf Usedom (24. 7.) zur Unterstützung der deutschen Protestanten und verbündet sich in Stettin mit Pommern (20. 7.). Englische puritanische Kolonisten besiedeln Massachusetts und gründen Boston. Ein Aufstandsversuch des französischen Hochadels unter Herzog *Gaston von Orléans* (22), dem Bruder des Königs, und mit Beteiligung *Marias von Medici* (57) gegen *Richelieu* (45) scheitert am Widerstand *Ludwigs XIII.* (29).

LITERATUR *Calderon* (30) »El principe constante« (um 1630). *Tirso de Molina* (59) »El Burlador de Sevilla« (erste Dramatisierung des Don-Juan-Stoffes).

KUNST *Peter Paul Rubens* (53) Ildefonso-Altar (bis 1632). *Adriaen Brouwer* (etwa 25) »Bauernschlägerei beim Kartenspiel« (um 1630). *Diego Velásquez* (31) »Schmiede des Vulkan«.

1631

POLITIK Subsidienvertrag *Gustav Adolfs* (37) mit Frankreich zu Bärwalde (23. 1.). *Tilly* (70) zerstört Magdeburg (20. 5.). *Gustav Adolf* verbündet sich mit Kurfürst *Johann Georg* (46) von Sachsen (11. 9.), besiegt *Tilly* bei Breitenfeld (17. 9.) und zieht bis zum Rhein. Sächsische Truppen erobern Prag (15. 11.). Französisch-bayrisches Bündnis zu Fontainebleau (30. 5.). *Ferdinand II.* überläßt im Frieden von Cherasco (6. 4.) Mantua und Montferrat dem von Frankreich unterstützten Herzog *Karl von Nevers*. In einem Sondervertrag tritt *Viktor Amadeus* von Savoyen (44) die Festung Pinerolo an Frankreich ab. *Urban VIII.* (63) zieht Urbino als erledigtes Lehen ein.

KULTUR Gründung der »Gazette de France« in Paris.

KUNST *Baldassare Longhena* (33) beginnt S. Maria della Salute in Venedig.

1632

POLITIK *Gustav Adolf* besiegt *Tilly* (73) bei Rain am Lech (15. 4.) und zieht in München ein, *Tilly* tödlich verwundet. Kaiser *Ferdinand* (54) betraut aufs neue *Wallenstein* (49) mit dem Oberbefehl über das kaiserliche Heer. Dieser vertreibt die Sachsen aus Böhmen. In der Schlacht bei Lützen gegen *Wallenstein* (16. 11.) fällt *Gustav Adolf* (38). Für seine Tochter *Christina* (6) führt Reichskanzler *Axel Oxenstierna* (49) die schwedische Politik. Den militärischen Oberbefehl übernimmt *Johann von Banér* (36). *Friedrich Heinrich von Oranien* (48) erobert Maastricht. Aufstand des französischen Adels unter Herzog *Henri II. von Montmorency* (37) wird niedergeschlagen. Gründung der Kolonie Maryland, vor allem Zufluchtsort der englischen Katholiken.

LITERATUR *Paul Fleming* (23) »Klagegedichte« (über die Leiden Christi). *Lope de Vega* (70) »La Dorotea« (Dialogroman).

KUNST *Rembrandt* (26) »Anatomie des Dr. *Tulp*«. *Jacques Callot* (40) »Misères de la Guerre« (2 Radierungsfolgen, bis 1633).

WISSENSCHAFT *Galileo Galilei* (68) »Dialogo sopre i due massimi sistemi del mondo, Tolemaico e Copernicano«.

1633

POLITIK *Axel Oxenstierna* (50) erreicht in Heilbronn die Erneuerung des Subsidienvertrages mit Frankreich (19. 4.) und das »Heilbronner Bündnis« mit den süddeutschen Protestanten. *Wallenstein* (50) vertreibt mit dem Sieg bei Steinau (23. 10.) die Schweden aus Schlesien. Herzog *Bernhard* von Sachsen-Weimar (29) erobert Regensburg (14. 11.). Frankreich besetzt Lothringen, Herzog *Karl IV.* (29) wird vertrieben.

KULTUR *Galileo Galilei* (69) wird in einem Inquisitionsprozeß zum Widerruf seines Bekenntnisses zur kopernikanischen Lehre gezwungen (22. 6.). Erste Baptisten-Gemeinde in London.

LITERATUR *Martin Opitz* (36) »Trostgedichte in Widerwärtigkeit des Krieges«.

KUNST *Frans Hals* (53) »Adriaenschützen«. *Lorenzo Bernini* (35) vollendet Tabernakelbekrönung in Sankt Peter zu Rom.

1634

POLITIK *Wallenstein* (51) wird als Hochverräter abgesetzt (18. 2.) und in Eger ermordet (25. 2.). Das vereinigte kaiserlich-spanische Heer unter *Matthias Gallas* (50) und Erzherzog *Ferdinand* (26) schlägt die Schweden und Sachsen unter *Gustav Horn* (42) und *Bernhard* von Weimar (30) bei Nördlingen (5./6. 9.).

KULTUR *Vinzenz von Paul* (58) gründet zusammen mit *Louise de Marillac* (43) die Genossenschaft der »Filles de la charité« (Vinzentinerinnen).

KUNST *Peter Paul Rubens* (57) »Bathseba«.

1635

POLITIK Friede zu Prag zwischen Kaiser *Ferdinand* (57) und Kurfürst *Johann Georg* von Sachsen (50): *Johann Georg* sagt Hilfe gegen die Schweden zu und erhält die Ober- und Niederlausitz, *Ferdinand* verzichtet auf die Durchführung des Restitutionsedikts (30. 5.). Fast alle eingeladenen Reichsstände treten dem Frieden bei. Frankreich greift mit der Kriegserklärung an Spanien aktiv in den Krieg ein (19. 5.). *Richelieu* (50) nimmt *Bernhard* von Weimar in französische Dienste (27. 10.). Graubünden erobert mit französischer Unterstützung unter Herzog *Henri de Rohan* (56) das Veltlin zurück.

KULTUR *Richelieu* gründet die Académie Française.

LITERATUR *Tirso de Molina* (64) »Don Gil de las calzas verdes« (Don Gil von den grünen Hosen).

KUNST *Peter Paul Rubens* (58) »Liebesgarten« (um 1635). *Rembrandt* (29) »Selbstbildnis als Zecher mit *Saskia*«, »Raub des Ganymed«. *Diego Velásquez* (36)

»Übergabe von Breda«. *Jacques Lemercier* (etwa 50) beginnt Kirche der Sorbonne in Paris.

WISSENSCHAFT *Paul Guldin* (58) »Centrobaryca« (bis 1643, mit »Guldinscher Regel« zur Berechnung des Volumens von Rotationskörpern).

1636

POLITIK Sieg der Schweden unter *Banér* (40) über das kaiserlich-sächsische Heer bei Wittstock (4. 10.). *Roger Williams* (32) gründet wegen der Unduldsamkeit der Puritaner von Massachusetts die Kolonie Providence (später Rhode Island). Die Franzosen besetzen Guadeloupe und Martinique.

KULTUR Stiftung der ersten nordamerikanischen Universität: Harvard-College. Gründung der Universität Utrecht.

LITERATUR *Pierre Corneille* (30) »Le Cid«. *Calderon* (36) »Comedias« (9 Bde. bis 1691).

KUNST *Rembrandt* (30) »Blendung Simons«, »Danaë«.

1637

POLITIK Nach *Ferdinands II.* (59) Tod wird sein Sohn *Ferdinand III.* (29) Kaiser. Mit *Bogislaw XIV.* stirbt das pommersche Herzogshaus aus. Die Graubündner unter *Jörg Jenatsch* (41) vertreiben die französische Besatzung. *Friedrich Heinrich von Oranien* (53) erobert Breda und die Generalitätslande. Donkosaken erobern die türkische Festung Asow (die Rußland aber 1642 zurückgibt).

KULTUR *William Laud* (64), Erzbischof von Canterbury, versucht die Einführung der anglikanischen Liturgie in Schottland. Erste öffentliche Oper in Venedig.

LITERATUR *René Descartes* (41) »Discours de la méthode«.

KUNST *Peter Paul Rubens* (60) »Der Krieg« (um 1637). *Frans Hals* (57) »Hille Bobbe« (um 1637). *Anton van Dyck* (38) »Karl I.«, »Kinder Karls I.« (um 1637).

WISSENSCHAFT *René Descartes* (41) »La Géometrie« (Grundlegung der analytischen Geometrie).

1638

POLITIK *Bernhard* von Weimar (34) erobert mit französischen Truppen Breisach (17. 12.). Die Schweden dringen bis Prag vor. Schottischer Aufstand gegen den Versuch, die Presbyterianische Kirche durch die Anglikanische Staatskirche zu ersetzen.

KUNST *Rembrandt* (32) »Simsons Hochzeit«. *Francesco Borromini* (39) beginnt S. Carlo alle Quattro Fontane zu Rom.

WISSENSCHAFT *Galileo Galilei* (74) »Discorsi e dimostrazioni matematiche intorno a due nuove scienze« (hierin die Fallgesetze).

1639

POLITIK Entscheidender Sieg der niederländischen Flotte über die spanische in den Downs (21. Okt.). *Thomas Wentworth, Graf von Strafford* (46), wird erster Ratgeber *Karls I.* (39). Die Englisch-Ostindische Kompanie gründet Fort Madras.

KUNST *Peter Paul Rubens* (62) »*Helene Fourment* im Pelz«.

MUSIK *Heinrich Schütz* (54) »Kleine geistliche Konzerte«.

WISSENSCHAFT *Gérard Desargues*' (46) Bericht zur projektiven Geometrie der Kegelschnitte.

1640

POLITIK Kurfürst *Friedrich Wilhelm* von Brandenburg (20), der »Große Kurfürst«, tritt nach dem Tod seines Vaters *Georg Wilhelm* die Regierung an (bis 1688). *Karl I.* beruft zur Geldbewilligung für den Krieg gegen die aufständischen Schotten das Parlament (»Kurzes Parlament« 13.4.–5.5. und »Langes Parlament« seit 3. 11. bis 1660). Die Schotten fallen in England ein und besiegen das königliche Heer am Tyne (28.8.). Erhebung Portugals gegen die spanische Herrschaft mit französischer Unterstützung, Revolution in Lissabon (1. 12.). König wird *Johann IV.* (36) aus dem alten Königsgeschlecht *Braganza* (bis 1668): Ende der Personalunion mit Spanien. Die Katalanen rufen die unabhängige Republik unter französischem Protektorat aus. Frankreich besetzt Roussillon.

KULTUR *Cornelius Jansens* (gest. 1638) Schrift »Augustinus« begründet die theologische Bewegung des Jansenismus.

LITERATUR *Thomas Hobbes* (52) »Elements of Law, Natural and Politic« (teilweise erschienen 1650).

KUNST *David Teniers* (30) »Flämische Kirmes«.

WIRTSCHAFT Die Holländer erhalten das Monopol für den Handel der Europäer mit Japan.

1641

POLITIK Brandenburg schließt zu Stockholm Waffenstillstand mit Schweden (24.7.). Nach dem Tod *Banérs* (20.5.) übernimmt *Lennart Torstensson* (38) den Oberbefehl über die schwedischen Truppen in Deutschland. Holland erobert das portugiesische Malakka. Das englische Parlament zwingt *Karl I.* (41) zur Unterschrift unter das Todesurteil über *Strafford* (48), seinen ersten Ratgeber (hingerichtet 12.5.), und zum Verbot der Auflösung des Parlaments ohne dessen Zustimmung und erhebt in der »Großen Remonstranz« Vorwürfe gegen die Politik des Königs. Ein Aufstand in Irland führt zur Ermordung zahlreicher englischer Protestanten in Ulster (Okt.).

LITERATUR *René Descartes* (45) »Meditationes de prima philosophia« (mit ontologischem Gottesbeweis).

KUNST *Rembrandt* »Mennonitenprediger *Anslo* und seine Frau«. *Jusepe de Ribera* (etwa 51) »Hl. Agnes«.

MUSIK *Claudio Monteverdi* (74) »Ritorno d'Ulisse« (Oper).

1642

POLITIK *Torstensson* besiegt das kaiserliche Heer bei Breitenfeld (2. 11.). Nach dem Mißlingen des Versuchs, die Führer der Unterhausopposition zu verhaften (4. 1.), flieht *Karl I.* nach dem Norden (10. 1.). Ausbruch des Bürgerkriegs zwischen der Königs- und der Parlamentspartei. Kardinal *Richelieu* (57) stirbt (4. 12.). Franzosen gründen Montreal.

KULTUR Mit dem »Schulmethodus« führt Herzog *Ernst der Fromme* von Sachsen-Gotha (41) als erster deutscher Fürst die allgemeine Schulpflicht für 5- bis 12jährige Kinder ein. Die Puritaner erreichen Verbot von Theateraufführungen in England (bis 1660).

LITERATUR *Thomas Hobbes* (54) »De cive« (Bd. 3 der »Elementa philosophiae«).

KUNST *Rembrandt* (36) »Nachtwache«.

WISSENSCHAFT *Abel Tasman* (39) entdeckt »Tasmanien« (1643 Neuseeland und Fidschi-Inseln).

1643

POLITIK Bündnis *Georgs I. Rákóczi* (50) von Siebenbürgen zu Weißenburg mit Schweden gegen den Kaiser (16. 11.). Die Truppen *Karls I.* (43) unter Prinz *Ruprecht* von der Pfalz (24) erobern gegen das Parlamentsheer den Südwesten Englands (Bristol 25. 7.). *Edward Hyde, Graf von Clarendon* (34), wird Ratgeber und Schatzkanzler *Karls I.* Die vier puritanischen Kolonien Plymouth, Massachusetts, Connecticut und New Haven schließen sich zu den »Vereinigten Kolonien von Neu-England« zusammen. Nach dem Tod *Ludwigs XIII.* (42) folgt sein Sohn *Ludwig XIV.* (5) als König von Frankreich. Unter der Regentschaft von dessen Mutter *Anna* von Österreich (42) führt Kardinal *Mazarin* (41) als Erster Minister die französische Politik. *Louis Prinz von Condé* (22) besiegt die Spanier unter *Francisco de Mello* bei Rocroi (19. 5.) und besetzt Flandern und Hennegau. Daraufhin wird Spaniens leitender Staatsmann, *Graf Olivares* (56), gestürzt. Schwedisch-dänischer Krieg (bis 1645). *Torstensson* (40) fällt in Jütland ein.

KULTUR Die Westminster-Synode (vom 1. 7.—1649) wird vom schottischen Presbyterianismus beherrscht. *Molière* (21) gründet das Illustre Théâtre (später Comédie française).

LITERATUR *Johann Michael Moscherosch* (42) »Wunderbarliche und wahrhaftige Geschichte Philanders von Sittewald«. *Hermann Conring* (37) »De origine iuris germanici« (begründet deutsche Rechtsgeschichte). *Pedro Calderon* (43) »El alcalde de Zalamea« (um 1643).

WISSENSCHAFT *Evangelista Torricelli* (35) erzeugt Vakuum in Glasröhren mit Hilfe von Quecksilber (Quecksilberbarometer).

1644

POLITIK *Georg Rákóczi* fällt in das kaiserliche Ungarn ein und erobert Kaschau und Sathmár. In Münster und Osnabrück beginnen die Friedensverhandlungen des Reiches mit Frankreich und Schweden. Kurfürst *Friedrich Wilhelm* (24) beginnt die Aufstellung eines stehenden Heeres in Brandenburg. Das Parlamentsheer unter *Oliver Cromwell* (45) besiegt das königliche Heer bei Marston Moor (2. 7.).

KULTUR *Giambattista Pamfili* (70) folgt nach dem Tod *Urbans VIII.* (76) als Papst *Innozenz X.* (bis 1655).

LITERATUR *John Milton* (36) »Areopagitica« (Verteidigung der persönlichen Freiheit).

1645

POLITIK *Torstensson* (42) besiegt die kaiserlichen Truppen bei Jankau (6. 3.). Friede zu Linz zwischen Kaiser *Ferdinand III.* (37) und *Rákóczi* (52). *William Laud* (72) wird wegen Hochverrats hingerichtet (10. 1.). *Cromwell* besiegt das königliche Heer bei Naseby (14. 6.). Die Türken beginnen mit einem Angriff auf Kreta und der Belagerung der Festung Kandia den Krieg gegen Venedig (bis 1669). Nach dem Tod *Michail Romanows* (49) regiert sein Sohn *Aleksej* (16) als Zar von Rußland. Im Frieden von Brömsebro (13. 8.) tritt Dänemark Jämtland mit Härjedalen, Gotland und Ösel an Schweden ab und gewährt diesem uneingeschränkte Sundzollfreiheit.

KULTUR *Wladyslaw IV.* (50) bemüht sich im »Colloquium charitativum« zu Thorn vergeblich um einen Ausgleich zwischen den Konfessionen. In Thorn beginnt der »Synkretistische Streit« in der lutherischen Kirche durch den Angriff *Abraham Calovs* (33) gegen die vermittelnde Haltung des Helmstedter Theologen *Georg Calixt* (59).

LITERATUR *Herbert of Cherbury* (62) »De causis errorum«, »De religione gentilium« (vollständig 1663).

KUNST Kirche Val-de-Grâce in Paris nach Entwurf von *Jacques Lemercier* (etwa 60) und *François Mansart* (47).

1646

POLITIK Die Franzosen unter *Prinz Louis II. Condé* (25) erobern Dünkirchen von den Spaniern. *Karl I.* (46) flieht nach Schottland (5. 5.).

KUNST *Lorenzo Bernini* (48) »Verzückung der heiligen Therese« (in S. Maria della Vittoria zu Rom).

1647

POLITIK Die Schotten liefern *Karl I.* dem englischen Parlament aus (30. 1.). Revolte in Neapel unter Führung des Fischers *Masaniello* (27) (Juli) und Ausrufung der Republik (Okt., niedergeschlagen 1648).

KULTUR *Johann Philipp von Schönborn* (42), Bischof von Würzburg (1642), wird Erzbischof von Mainz (1663 auch Bischof von Worms).

LITERATUR *Joost van den Vondel* (60) »Leeuwendalers« (Drama). *Baltasar Gracián* (46) »Oráculo manual« (Leitfaden der Lebensphilosophie). *Pierre Gassendi* (55) »De vita et moribus Epicuri«.

KUNST *Claude Lorrain* (47) »Flucht nach Ägypten«.

1648

POLITIK Friedensschluß des Reiches und des Kaisers mit Frankreich in Münster und mit Schweden in Osnabrück (Westfälischer Friede, 24. 10.). Frankreich wird im Besitz von Toul, Metz und Verdun bestätigt, erhält alle habsburgischen Rechte im Elsaß, Breisach, Besatzungsrecht in Philippsburg und die savoyische Festung Pinerolo; Schweden: Vorpommern, Wismar, die Bistümer Bremen und Verden; Brandenburg: Hinterpommern, die Bistümer Cammin, Halberstadt und Minden, Grafschaft Hohenstein und die Anwartschaft auf Erzbistum Magdeburg-Halle; Mecklenburg: Bistum Schwerin mit Ratzeburg; Bayern behält die Oberpfalz und die Kurwürde, für die Pfalz wird eine achte Kurwürde errichtet. Unabhängigkeit der Schweiz wird anerkannt; der Augsburger Friede wiederhergestellt und auf die Reformierten ausgedehnt, konfessionelle Grenzen gemäß Stand vom 1. 1. 1624 (»Normaljahr«). Die Reichsstände erhalten Mitbestimmungsrecht in allen Reichsangelegenheiten, volle Souveränität, Bündnisrecht auch mit auswärtigen Mächten. Gewährung der vollen Unabhängigkeit der Niederlande durch einen Sonderfrieden mit Spanien (30. 1.). *Oliver Cromwell* (49) siegt bei Preston (17.–19. 8.) und vertreibt die Presbyterianer und Royalisten aus dem Parlament (6. 12.). Fronde-Aufstand des Pariser Parlaments und des französischen Hochadels gegen *Mazarin* (bis 1653). *Condé* (27) besiegt die Spanier bei Lens (20. 8.).

KULTUR Gründung der Académie royale de peinture et sculpture in Paris.

KUNST *Rembrandt* (42) »Emmausmahl«. *Gerard Terborch* (31) »Friedensschluß zu Münster«. *Nicolas Poussin* (54) »Landschaft mit Diogenes«.

MUSIK *Heinrich Schütz* (63) »Musica ad chorum sacrum« (geistliche Chormusik).

1649

POLITIK Nach Verurteilung durch das Parlament wird *Karl I.* von England (49) in London hingerichtet (30. 1.), die Monarchie aufgehoben (7. 2.): England ist Republik (»Commonwealth«). *Karls I.* Sohn, *Karl II.* (19), wird in Schottland und Irland anerkannt. *Cromwell* (50) wirft den irischen Aufstand blutig nieder. Einführung eines neuen russischen Gesetzbuches (»Uloshenije«).

LITERATUR *Friedrich Spee von Langenfeld* (gest. 1635) »Trutznachtigall« (katholische Gedichte).

KUNST *Rembrandt* »Hundertguldenblatt« (Radierung). *Jusepe de Ribera* (etwa 59) »Einsiedler Paulus«.

MUSIK *Francesco Cavalli* (47) »Giasone« (Oper).

WISSENSCHAFT *Galileo Galilei* (gest. 1642) »Della scienza meccanica«.

1650

POLITIK Hauptabschied des Nürnberger Exekutionstages zur Durchführung der Bestimmungen des Westfälischen Friedens (26. 6.). *Karl II.* landet in Schottland (24. 6.). *Cromwell* besiegt die Schotten bei Dunbar (3. 9.). Portugal verliert Maskat an die Araber.

KUNST *Rembrandt* (44) »Mann mit Goldhelm«. *Nicolas Poussin* (56) »Et in arcadia ego« (um 1650). *Diego Velásquez* (51) »*Innozenz X.*«.

MUSIK *Samuel Scheidt* (64) »Görlitzer Tabulaturbuch« (Gemeindelieder mit Orgelbegleitung).

1651

POLITIK Neuorganisation des Geheimen Rates als Zentralbehörde für alle Lande des Kurfürsten von Brandenburg (4. 12.). *Oliver Cromwell* (52) besiegt *Karl II.* (21) bei Worcester (3. 9.); *Karl* flieht nach Frankreich. *Mazarin* flieht vor der Fronde vorübergehend aus Frankreich.

LITERATUR *John Milton* (43) »Pro populo anglicano defensis« (gegen den Absolutismus). *Thomas Hobbes* (63) »Leviathan«.

KUNST *Lorenzo Bernini* (53) Vierströmebrunnen auf der Piazza Navona in Rom. *Carlo Carnevale* Servitenkirche zu Wien (bis 1677).

WIRTSCHAFT Die Navigationsakte des englischen Parlaments schaltet den holländischen Zwischenhandel aus (9. 10.).

1652

POLITIK Die Holländer besetzen Kapland. Seekrieg zwischen England und Holland (bis 1654). Das königliche Heer unter *Turenne* (41) besiegt *Condé* (31) vor Paris (2. 7.). *Condé* flieht in die spanischen Niederlande und tritt in spanischen Dienst. Nach der Unterwerfung Barcelonas erkennen die Katalanen *Philipp IV.* (47) wieder als König an.

KULTUR Gründung der Kongregation der Barmherzigen Schwestern vom hl. Borromäus (Borromäerinnen) in Nancy. *George Fox* (28) baut von Swarthmoore aus die Society of Friends (Quäker) auf. Gründung der »Leopoldinisch-Carolinischen Deutschen Akademie der Naturforscher« in Schweinfurt.

KUNST *Carlo Rainaldi* (41) und *Francesco Borromini* (53) S. Agnese in Rom (bis 1670).

1653

POLITIK Schweizer Bauernkrieg unter *Niklaus Leuenberger* (42) gegen die Städte. *Jan de Witt* (28) leitet als Ratspensionär von Holland die niederländische Politik (bis 1672). *Oliver Cromwell* (54) löst das »Rumpfparlament« auf (20. 4.), ebenso das »Parlament der Heiligen« (12. 12.), und läßt sich zum Lordprotektor von England, Schottland und Irland ernennen (16. 12.). Siege der englischen Flotte unter Admiral *Robert Blake* (54) über die holländische unter *Maarten van Tromp* (56). Kardinal *Mazarin* (51) wirft mit der Eroberung von Bordeaux den Fronde-Aufstand endgültig nieder.

KULTUR Konstituierung des »Corpus Evangelicorum« als Vertretung der evangelischen Stände in

Regensburg unter kursächsischem Direktorium (22. 7.). *Innozenz X.* (79) verurteilt mit der Bulle »Cum occasione« fünf Sätze der jansenistischen Lehre als häretisch.

KUNST *Rembrandt* (47) »Drei Kreuze« (Radierung).

1654

POLITIK »Jüngster Reichsabschied« des Reichstags zu Regensburg (17. 5., letzter Abschied bis zum Ende des Reiches), mit Prozeßgesetz für das Reichskammergericht. Königin *Christina* von Schweden (28) legt die Regierung nieder, um zum katholischen Glauben überzutreten. Ihr Vetter *Karl X. Gustav* (32) aus dem Haus Pfalz-Zweibrücken regiert bis 1660. Im Vertrag von Perejaslawl (18. 1.) unterstellen sich die von Polen abgefallenen Saporoger (ukrainischen) Kosaken unter *Chmelnizckij* (etwa 59) dem Schutz Moskaus. Im darauf folgenden Krieg gegen Polen (bis 1667) erobert Rußland Smolensk.

KULTUR Patriarch *Nikons* (49) Reform der liturgischen Bücher ruft die Abtrennung der »Altgläubigen« hervor, damit Spaltung (»raskól«) der russischen Kirche.

LITERATUR *Johann Amos Comenius* (62) »Orbis sensualium pictus« (Bilderfibel).

WISSENSCHAFT *Otto von Guericke* (52) führt dem Regensburger Reichstag die Wirkung der von ihm erfundenen Luftpumpe vor.

1655

POLITIK *Karl X. Gustav* von Schweden (33) beginnt Krieg gegen Polen (bis 1660), erobert Warschau und Krakau. Verteidigung des Klosters Tschenstochau durch die Polen. Zar *Aleksej* (26) verkündet die Befreiung der orthodoxen Glaubensbrüder und erobert Weißrußland und einen Teil Litauens (Wilna).

KULTUR Auf *Innozenz X.* (81) folgt Papst *Alexander VII.* (*Fabio Chigi*, 56). Blutige Verfolgung der Waldenser in Savoyen.

LITERATUR *Thomas Hobbes* (67) »De corpore«.

1656

POLITIK Im Königsberger Vertrag erkennt Brandenburg die schwedische statt der polnischen Lehnshoheit über das Herzogtum Preußen an (17. 1.) und verbündet sich mit Schweden (Marienburg, 25.6.). *Karl X. Gustav* von Schweden (34) und der Große Kurfürst (36) besiegen die Polen bei Warschau (28. bis 30. 7.). Schweden verzichtet in Labiau zugunsten Brandenburgs auf die Lehnshoheit über Preußen (20. 11.). Im Glaubenskrieg siegen die katholischen Orte der Schweiz über die reformierten bei Villmergen (24. 1.). Sieg der venezianischen Flotte über die türkische vor den Dardanellen (26.6.).

LITERATUR *Blaise Pascal* (33) »Lettres à un provincial«. *Johann Clauberg* (34) »Ontosophia«.

KUNST *Vermeer van Delft* (24) »Kupplerin«. *Jan van Goyen* (60) »Haarlemer See«. *Diego Velásquez* (57) »Las Meninas« (Die Ehrendamen). *Lorenzo Bernini* (58) Kolonnaden vor St. Peter zu Rom und Hochaltar »Cathedra Petri« in St. Peter. *Pietro da Cortona* (60) Fassade von S. Maria della Pace zu Rom.

1657

POLITIK Kaiser *Ferdinand III.* (49) stirbt (2.4.). Kurfürst *Friedrich Wilhelm* von Brandenburg (37) wechselt gegen die polnische Anerkennung seiner Souveränität über Preußen von der schwedischen auf die polnische Seite (Vertrag von Wehlau, 19. 9.) und erhält von Polen Lauenburg und Bütow (6. 11.). Offensivbündnis *Cromwells* (58) mit Frankreich gegen Spanien (23. 3.). *Robert Blake* (58) besiegt die spanische Flotte vor Teneriffa. *Friedrich III.* von Dänemark (48) erklärt Schweden den Krieg.

KULTUR Gründung der naturwissenschaftlichen Accademia del Cimento (des Versuchs) in Florenz.

LITERATUR *Andreas Gryphius* (41) »Deutscher Gedichte erster Teil« (u.a. »Cardenio und Celinde«, erstes deutsches bürgerliches Trauerspiel.

KUNST *Gerard Terborch* (40) »Konzert«. *Diego Velásquez* »Teppichwirkerinnen«. *Louis Levau* (45) Schloß Vaux-le-Vicomte bei Paris (bis 1660).

MUSIK *Heinrich Schütz* (72) »Zwölf geistliche Gesänge.« *Adam Krieger* (23) Sammlung deutscher Lieder.

WISSENSCHAFT *Christian Huygens* (28) erfindet die Pendeluhr.

1658

POLITIK Kaiser *Ferdinands III.* Sohn *Leopold I.* (18) wird zum deutschen Kaiser gewählt (18. 7.). Reichsfürsten schließen sich auf Initiative des mainzischen Erzbischofs *Johann Philipp von Schönborn* (53) zur rheinischen Allianz zusammen, der Frankreich als Garantiemacht beitritt (15.8.). Berliner Allianzvertrag zwischen Brandenburg, Österreich und Polen gegen Schweden (9. 2.). Das französisch-englische Heer unter *Turenne* (47) besiegt die Spanier unter *Condé* (37) in den Dünen von Niewpoort vernichtend. *Karl X. Gustav* von Schweden (36) dringt nach Fünen vor und zwingt Dänemark im Frieden von Roskilde (26.2.) zur Abtretung von Schonen, Blekinge, Halland, Bornholm, Bohuslän und Stift Drontheim.

LITERATUR *Thomas Hobbes* (70) »De homine«. *John Dryden* (27) »Heroic Stanzas« (Verklärung Oliver Cromwells). *Georg Stiernhielm* (60) »Hercules« (Lehrgedicht).

KUNST *Pieter de Hooch* (29) »Der Hof«.

WISSENSCHAFT *Jan Swammerdam* (21) beschreibt erstmals die roten Blutkörperchen.

1659

POLITIK Österreichische und brandenburgische Truppen besetzen Schwedisch-Pommern. Der »Pyrenäenfriede« (7. 11.) beendet den Krieg zwischen Frankreich und Spanien. Die Portugiesen unter *Antonio Luis Marquis de Marialva* (38) besiegen die Spanier bei Elvas (14. 1.).

LITERATUR *Molière* (*Jean Baptiste Poquelin*, 37) »Les Précieuses ridicules«.

KUNST *Jacob van Ruysdael* (31) »Der große Wald« (um 1659). *Pieter Post* (51) Rathaus zu Maastricht (bis 1664).

1660

POLITIK Schweden schließt zu Oliva Frieden mit Österreich, Brandenburg und Polen (3. 5.): Bestätigung der brandenburgischen Souveränität über Preußen. Das englische Parlament beruft *Karl II. Stuart* (30) zurück. Einzug *Karls* in London (29. 5.). Lordkanzler ist *Edward Hyde, Earl of Clarendon* (51) (bis 1667). *Ludwig XIV.* von Frankreich (22) heiratet die spanische Infantin *Maria Theresia* (22). Im Frieden von Kopenhagen erhält Dänemark Bornholm und das Stift Drontheim von Schweden zurück (27. 5.). Durch Beschluß des Reichstags wird Dänemark in eine Erbmonarchie umgewandelt.

KULTUR In Leipzig erscheint 5mal wöchentlich die »Leipziger Zeitung«.

LITERATUR *Kaspar von Stieler* (28) »Die geharnischte Venus« (Liebeslieder). *John Dryden* (29) »Astraea redux« (Lobdichtung auf die Rückkehr der Stuarts).

KUNST *Vermeer van Delft* (28) »Briefleserin« (um 1660). *Adriaen van Ostade* (50) »Stammtisch in der Dorfschänke«.

1661

POLITIK Bischof *Christoph Bernhard von Galen* (55) unterwirft die Stadt Münster. *Karl II.* von England erhält als Heiratsgut für seine Gemahlin, *Katharina von Braganza*, Bombay und Tanger. Er überträgt der Ostindischen Kompanie souveräne Rechte in Indien. Nach dem Tod *Mazarins* (59) übernimmt *Ludwig XIV.* (23) die Alleinherrschaft (9. 3.). Die Finanz- und Wirtschaftspolitik überträgt er *Jean Baptiste Colbert* (42). Herzog *Karl IV.* von Lothringen (57) wird durch den Vertrag von Vincennes wieder in sein Herzogtum eingesetzt. Im Frieden von Kardis muß Rußland die in Livland eroberten Gebiete an Schweden zurückgeben.

KULTUR Das »Korporationsgesetz« zwingt alle Inhaber öffentlicher Ämter in England zur Teilnahme am anglikanischen Abendmahl (20. 11.).

KUNST *Rembrandt* (55) »Staalmeesters« (bis 1662). *Jacob van Ruysdael* (33) »Wassermühle«. *Louis Levau* (49) beginnt Schloß Versailles (1678–84 von *Jules Hardouin-Mansart* fortgesetzt) und Collège des Quatre Nations in Paris.

WISSENSCHAFT *Marcello Malpighi* (33) entdeckt unter dem Mikroskop den Kapillarkreislauf des Blutes.

1662

POLITIK Kampf *Friedrich Wilhelms* von Brandenburg (42) gegen die ständische Opposition im Herzogtum Preußen. Holland verliert Formosa (seit 1624 in Besitz) an China. England verkauft Dünkirchen an Frankreich.

KULTUR Durch die »Uniformitätsakte« wird das »Book of Common Prayer« in England wieder eingeführt. Gründung der Londoner Royal Society, der ersten englischen wissenschaftlichen Gesellschaft.

LITERATUR *Molière* (40) »L'école des femmes« (Komödie). *Cyrano de Bergerac* (gest. 1655) »Histoire comique des états et empire du soleil«.

WISSENSCHAFT *Robert Boyle* (35) findet das Gesetz über Druck und Volumen idealer Gase (ebenso *Edme Mariotte* 1676: »Boyle-Mariottesches Gesetz«).

TECHNIK Bau des Friedrich-Wilhelm-Kanals (bis 1668).

1663

POLITIK Zusammentreten des »Immerwährenden Reichstags« zu Regensburg, der als Gesandtenkongreß bis zum Ende des Reiches besteht. Großwesir *Ahmed Köprülü* (28) fällt in das kaiserliche Ungarn ein und erobert Festung Neuhäusel. Holland entreißt Portugal die Kolonie Cochin in Indien. *Karl II.* (33) gründet die englische Kolonie Carolina in Nordamerika.

KULTUR Eröffnung des Pariser Missionsseminars (Missions Etrangères de Paris), des ersten Weltpriester-Missionsseminars.

KUNST *Antonio Barelli* und (seit 1674) *Enrico Zuccali* Theatinerkirche in München. *Lorenzo Bernini* (65) Scala Regia im Vatikan (bis 1666). *Carlo Rainaldi* (52) S. Maria in Campitelli in Rom.

1664

POLITIK Sieg des kaiserlichen Heeres unter *Raimund Montecuccoli* (55) zusammen mit Reichs-, Rheinbund- und französischen Truppen über die Türken unter *Ahmed Köprülü* bei St. Gotthard a. d. Raab (1. 8.). Im Frieden von Eisenburg erkennt Österreich die türkische Tributherrschaft über Siebenbürgen und den Besitz von Neuhäusel und Großwardein an (10. 8.). *Karls II.* Bruder *Jakob, Herzog von York* (31), erobert das niederländische Neu-Amsterdam (umbenannt in New York). Aus Neu-Niederland werden die englischen Kolonien New York, New Jersey und Delaware.

KULTUR Das englische »Konventikelgesetz« verbietet alle öffentlichen religiösen Veranstaltungen in nicht-anglikanischer Form. *Armand Jean de Rancé* (38), Abt des Zisterzienserklosters La Trappe, beginnt die strenge Reform der Zisterzienser (Trappisten, bestätigt 1678 von *Innozenz XI.*).

LITERATUR *Molière* (42) »Tartuffe«.

KUNST *Frans Hals* (84) »Vorsteher« und »Vorsteherinnen des Altmännerhauses in Haarlem«. *Nicolas Poussin* (70) »Apollo und Daphne«.

WIRTSCHAFT *Thomas Mun* (gest. 1641) »England's Treasure by Foreign Trade« (merkantilistische Wirtschaftstheorie). *Jean Baptiste Colbert* (45) beseitigt

Binnenzölle in Frankreich. Gründung der französischen Ostindischen und Westindischen Kompanie.

1665

POLITIK Vereinigung Tirols mit Österreich nach dem Aussterben des Tiroler Zweiges der *Habsburger*. Zweiter englisch-holländischer Seekrieg (bis 1667). Niederlage der niederländischen Flotte vor Lowestoft (3.6.). Sieg der Portugiesen unter *Antonio Luis Marquis de Marialva* (44) über die Spanier bei Montes Claros (17.6.). Durch das dänische Königsgesetz (Lex Regia, 14.11.) wird der Absolutismus gesetzlich eingeführt.

KULTUR Gründung der holstein-gottorpischen Universität Kiel. »Große Pest« in London.

LITERATUR *Molière* (43) »Don Juan«. *Jean de La Fontaine* (44) »Contes et nouvelles en vers« (4 Bde. bis 1675). *François La Rochefoucauld* (52) »Réflexions ou sentences et maximes morales«.

KUNST *Vermeer van Delft* (33) »Herr und Dame beim Wein«. *Lorenzo Bernini* (67) Marmorbüste *Ludwigs XIV.* und Palazzo Odescalchi in Rom.

MUSIK *Heinrich Schütz* (80) Passionen.

WISSENSCHAFT *Francesco Grimaldi* (gest. 1663) »Physicomathesis de lumine, coloribus et iride« (Beugungserscheinungen des Lichts).

1666

POLITIK Endgültiger Teilungsvertrag zwischen Brandenburg und Pfalz-Neuburg bezüglich Cleve (9.9.). Kurfürst *Friedrich Wilhelm* von Brandenburg (46) unterwirft die Stadt Magdeburg. Die niederländische Flotte unter *Michiel de Ruyter* (59) besiegt die englische im Kanal (11.–14.6.).

KULTUR Gründung der Pariser Akademie der Wissenschaften.

LITERATUR *Molière* (44) »Le Misanthrope«. *Gottfried Wilhelm Leibniz* (20) »De arte combinatoria« (Lehre von der Begriffskombination).

KUNST *Guarino Guarini* (42) S. Lorenzo in Turin.

MUSIK *Marc' Antonio Cesti* (43) »Il pomo d'oro« (»Der goldene Apfel«, Oper).

WISSENSCHAFT *Isaac Newton* (23) findet Infenitesimalrechnung, von ihm Fluxionsrechnung genannt (um 1666, veröffentlicht erst 1704).

1667

POLITIK Auflösung der Rheinischen Allianz mit Frankreich. Oldenburg-Delmenhorst fällt an Dänemark. *Michiel de Ruyter* (60) treibt die engliche Flotte in die Themse zurück. Im Frieden von Breda erhält England die niederländischen Kolonien in Nordamerika (31.7.). *Ludwig XIV.* (29) erhebt Erbansprüche auf die spanischen Niederlande und beginnt den Devolutionskrieg gegen Spanien. *Turenne* (56) fällt in die Niederlande ein und erobert Lille. Im Waffenstillstand von Andrussowo tritt Polen die Ukraine östlich des Dnjepr und Kiew an Rußland ab.

KULTUR Auf *Alexander VII.* (68) folgt *Clemens IX.* (*Giulio Rospigliosi*, 67). Gründung des Observatoriums in Paris.

LITERATUR *Samuel von Pufendorf* (35) »De statu imperii germanici« (Kritik an der Reichsverfassung). *John Milton* (59) »Paradise Lost«. *Jean Baptiste Racine* (28) »Andromaque«.

KUNST *Bartolomé Murillo* (49) »Inmaculada aus S. Ildefonso«. Jesuitenkirche zu Luzern (bis 1670). *Claude Perrault* (54) Ostfassade des Louvre (bis 1674).

WIRTSCHAFT *Johann Joachim Becher* (32) »Politischer Diskurs« (merkantilistische Wirtschaftstheorie). »Zinnaischer Münzfuß«, festgesetzt zwischen Brandenburg und Sachsen zu Kloster Zinna. *Jean Baptiste Colbert* (48) führt Schutzzoll in Frankreich ein.

1668

POLITIK Geheimvertrag zwischen *Leopold I.* (28) und *Ludwig XIV.* (30) über die Teilung des spanischen Besitzes nach dem Tod *Karls II.* (19.1.). Die Tripelallianz von Holland, England und Schweden (23.1.) zwingt Frankreich zum Frieden von Aachen (2.5.): Frankreich erhält zwölf flandrische Grenzfestungen (Lille). Gegen Überlassung von Ceuta erkennt Spanien die Unabhängigkeit Portugals an (13.2.). Nach Adelsaufständen dankt *Johann II. Kasimir* von Polen (59) ab.

LITERATUR *Molière* (46) »George Dandin«, »Amphitryon«, »L'Avare«. *Jean de La Fontaine* (47) »Fables« (12 Bde. bis 1694). *Jean Baptiste Racine* »Les Plaideurs«.

KUNST *Rembrandt* (62) »Judenbraut«. *Jan Steen* (42) »Bohnenfest«. *Emanuel de Witte* (51) »Kircheninneres«.

1669

POLITIK Umbildung des Geheimen Rates in Österreich in eine »Geheime Konferenz« zur unmittelbaren Beratung des Kaisers. Geheimvertrag des Großen Kurfürsten (49) mit Frankreich über das spanische Erbe (31.12.). Letzter Hansetag in Lübeck. *Sébastien le Prestre de Vauban* (36) wird Generalinspekteur der französischen Festungen. Kreta wird nach Eroberung der Festung Kandia (6.9.) von den Türken besetzt (1670 von Venedig abgetreten).

KULTUR Kurfürst Erzbischof *Johann Philipp von Schönborn* (64) schafft in Mainz die Hexenprozesse ab.

LITERATUR *Hans Jakob Christoffel von Grimmelshausen* (etwa 47) »Der Abenteuerliche Simplizissimus«. *Mariana Alcoforada* (29) »Lettres« (Liebesbriefe).

WISSENSCHAFT *Hennig Brand* entdeckt Phosphor.

1670

POLITIK Geheimbündnis *Karls II.* (40) mit *Ludwig XIV.* (32) gegen Holland (Vertrag von Dover 26.5.). Die Franzosen besetzen erneut Lothringen und vertreiben Herzog *Karl IV.* (66). Bauernaufstand unter Führung des Donkosaken *Stepan Rasin* in Südrußland (1671 blutig niedergeschlagen).

KULTUR *Philipp Jakob Spener* (35) richtet »Collegia pietatis« (erbauliche Zirkel) ein. Nach dem Tod *Clemens' IX.* (9.12.1669) folgt *Emilio Altieri* (80) als Papst *Clemens X.*

LITERATUR *Baruch Spinoza* (38) »Tractatus theologico-politicus«. *Blaise Pascal* (gest. 1662) »Pensées sur la religion«. *Jean Baptiste Racine* (31) »Bérénice«.

KUNST *Antonio Petrini* (45) Kirche Stift Haug zu Würzburg (bis 1691). *Francesco Caratti* Palais Czernin in Prag (bis 1682).

1671

POLITIK Niederschlagung einer Verschwörung ungarischer und kroatischer Magnaten durch Habsburg. Dänemark erwirbt die westindische Insel Sankt Thomas. Hinrichtung *Stepan Rasins* (6.6.).

KULTUR *Jean Baptiste Colbert* (52) gründet die Académie d'architecture in Paris.

LITERATUR *John Milton* (63) »Samson Agonistes«.

KUNST *Jan Davidsz de Heem* (65) »Früchtestilleben«.

MUSIK *Robert Cambert* (43) »Pomone« (erste bedeutende französische Oper zur Eröffnung der Académie royale de musique).

1672

POLITIK England beginnt gegen Holland den Krieg zur See (17.3.), Frankreich fällt in Holland ein. Bündnis zwischen Holland und Brandenburg (6.5.) und zwischen Österreich und Brandenburg (23.6.). Ratspensionär *Jan de Witt* (47) und sein Bruder *Cornelis* (49) ermordet (20.8.), *Wilhelm III. von Oranien* (22) wird zum Statthalter ausgerufen. Admiral *de Ruyter* (65) siegt über die englische und französische Flotte. Die Türken greifen Polen an und erobern die Festung Kamenez, die sie zusammen mit Podolien im Vertrag von Buczacz erhalten (18.10.).

KULTUR Die »Declaration of Indulgence« *Karls II.* von England (42) hebt die Strafgesetze gegen Katholiken und Dissidenten auf.

LITERATUR *Christian Weise* (30) »Die drei ärgsten Erznarren«. *Samuel von Pufendorf* (40) »De iure naturae et gentium«. *Molière* (50) »Les Femmes savantes«.

KUNST *Christopher Wren* (40) St. Stephens Walbrook in London (bis 1678).

WISSENSCHAFT *Isaac Newton* (29) berichtet über seine Versuche zur Zerlegung des Sonnenlichts mit dem Prisma in die Spektralfarben.

1673

POLITIK Durch den Sonderfrieden von Vossem (16.6.) tritt Brandenburg vom Kampf gegen Frankreich zurück. Bündnis zwischen Österreich, Holland, Spanien und *Karl IV.* von Lothringen (69) im Haag gegen Frankreich. *Thomas Osborne, Earl of Danby* (42), wird Lordschatzkanzler von England. Frankreich gliedert die zehn elsässischen Reichsstädte völlig ein. Der polnische Feldherr *Johann Sobieski* (49) besiegt Großwesir *Ahmed Köprülü* (38) entscheidend bei *Chocim* (11.11.).

KULTUR *Leopold I.* (33) gründet die Universität Innsbruck. Die Ausdehnung des königlichen Regalienrechts auf ganz Frankreich durch Dekret *Ludwigs XIV.* (35) führt zur Auseinandersetzung mit dem Papst.

LITERATUR *Molière* (51) »Le Malade imaginaire«.

KUNST *Adriaen van Ostade* (63) »Spielmann«.

MUSIK *Dietrich Buxtehude* (etwa 36) »Abendmusiken«. *Johann Theile* »Matthäuspassion«.

WISSENSCHAFT *Christian Huygens* (44) »Horologium oscillatorium« (Die Pendeluhr, Theorie der Pendelbewegung).

WIRTSCHAFT Königliches Edikt über die Zünfte in Frankreich (Förderung unter staatlicher Aufsicht).

1674

POLITIK Kriegserklärung des Reichstages zu Regensburg an Frankreich (24.5.). Brandenburg schließt sich erneut der Koalition gegen Frankreich an (1.7.). *Turenne* (63) besiegt das kaiserliche Heer bei Sinsheim (16.6.), *Condé* (53) das verbündete spanisch-kaiserlich-niederländische Heer bei Seneffe (11.8.). Auf Veranlassung *Ludwigs XIV.* (36) fallen die Schweden in Brandenburg ein. Das englische Parlament zwingt *Karl II.* (44) zum Frieden mit Holland (Vertrag von Westminster, 19.2.). Frankreich setzt sich in Pondicherry (Indien) fest. *Johann III. Sobieski* (50) wird zum König von Polen gewählt.

LITERATUR *Nicolas Boileau-Despréaux* (38) »Art poétique«. *Nicolas Malebranche* (36) »De la recherche de la vérité« (2 Bde. bis 1675).

WISSENSCHAFT *Antony van Leeuwenhoek* (42) gibt erste exakte Beschreibung der roten Blutkörperchen.

1675

POLITIK *Friedrich Wilhelm* von Brandenburg (55) besiegt die Schweden bei Rathenow (25.6.) und Fehrbellin (28.6.). *Turenne* (64) fällt auf dem Feldzug gegen die Kaiserlichen unter *Montecuccoli* (66) im Treffen bei Saßbach (27.7.). Marschall *François de Créqui* (50) unterliegt dem Reichsheer an der Konzer Brücke (11.8.). Nach dem Aussterben der letzten Piastenlinie gliedert Kaiser *Leopold I.* (35) die schlesischen Herzogtümer Liegnitz, Wohlau und Brieg Böhmen an. Dänemark erklärt Schweden den Krieg (»Schonischer Krieg«, bis 1679).

LITERATUR *Philipp Jakob Spener* (40) »Pia desideria« (Beginn des Pietismus).

KUNST *Jacob van Ruysdael* (47) »Judenkirchhof«. *Christopher Wren* (43) St. Paul's Cathedral in London (bis 1710).

WISSENSCHAFT *Gottfried Wilhelm Leibniz* (29) entwickelt unabhängig von *Newton* die Grundlagen der Infinitesimalrechnung (teilweise veröffentlicht 1684). *Isaac Newton* (32) beobachtet »Newtonsche Interferenzringe«.

1676

POLITIK Das Reichsheer unter Herzog *Karl V.* von Lothringen (33) erobert den französischen Vorposten Philippsburg (9.9.). Nach dem Sieg *Johann Sobieskis* (52) bei Lemberg beendet der Vertrag von Zuravno (16.10) den Krieg zwischen Polen und der Türkei, die Podolien mit Kamenez behält. Nach dem Tod Zar *Aleksejs* (47) folgt sein Sohn *Fjodor III.* (20).

KULTUR Auf *Clemens X.* (86) folgt *Benedetto Odescalchi* (65) als Papst *Innozenz XI.*

WISSENSCHAFT *Olaus Römer* (32) bestimmt als erster aus den Verfinsterungen der Jupitermonde die Lichtgeschwindigkeit.

1677

POLITIK Der französische Marschall *François Henri de Luxembourg* (49) besetzt Valenciennes und Cambrai (17.3.) und schlägt *Wilhelm III. von Oranien* (27) bei Mont Cassel (11.4.). Die Franzosen besetzen Freiburg im Breisgau (16.11.). *Michel Le Tellier* (74) wird Kanzler *Ludwigs XIV.* (39). Erster Krieg Rußlands gegen die Türken (bis 1681).

LITERATUR *Jean Baptiste Racine* (38) »Phèdre«.

WISSENSCHAFT *Antony van Leeuwenhoek* (45) entdeckt mikroskopisch Infusionstierchen.

1678

POLITIK Die Kapitulation von Stettin (6.1.) vollendet die Eroberung Vorpommerns durch *Friedrich Wilhelm* von Brandenburg (58). Der Friede von Nimwegen beendet den Krieg Frankreichs gegen Holland (10.8.) und Spanien (17.9.): Spanien tritt die Franche Comté und Gebiete in den Niederlanden (Valenciennes, Cambrai, St. Omer) an Frankreich ab. Die angebliche Aufdeckung einer Verschwörung der Katholiken (»Popish Plot«) durch den Betrüger *Titus Oates* (30) führt zum Ausschluß der Katholiken aus dem englischen Parlament.

LITERATUR *John Bunyan* (50) »Pilgrim's Progress« (2. Band 1684). *Marie-Madelaine Comtesse de La Fayette* (44) »La princesse de Clèves«.

MUSIK *Dietrich Buxtehude* (etwa 41) »Hochzeit des Lammes« (Kantate). Eröffnung des Hamburger Operntheaters »am Gänsemarkt«, des ersten in Deutschland.

WISSENSCHAFT *Christian Huygens* (49) »Traité de la lumière« (gedruckt 1690, Begründung der Wellentheorie des Lichts).

1679

POLITIK Friede des Reiches mit Frankreich zu Nimwegen (5.2.): Frankreich erhält Freiburg an Stelle von Philippsburg. Der Große Kurfürst (59) vertreibt die Schweden aus Preußen. Im Frieden von St. Germain-en-Laye (29.6.) muß er Vorpommern an Schweden zurückgeben. Französisch-brandenburgisches Geheimbündnis (25.10.). *Ludwig XIV.* (41) richtet Reunionskammern ein und beginnt die Besetzung elsässischer und lothringischer Reichsgebiete. Das Parlament zwingt *Karl II.* (49) zur »Habeas-Corpus-Akte«. *Karl* löst (bis 1681) drei Parlamente auf, weil die Mehrheit den Ausschluß seines katholischen Bruders, des Herzogs *Jakob von York* (46), von der Thronfolge fordert. Für die Befürworter dieser »Exklusionsbill« kommt in dieser Zeit die Bezeichnung »Whigs« und für die Gegner »Tories« auf. Im Frieden von Lund gibt Dänemark alle Eroberungen an Schweden zurück (26.9.).

KUNST *Charles Le Brun* (60) Deckenmalerei in der Spiegelgalerie von Schloß Versailles (bis 1683).

1680

POLITIK Das Erzstift Magdeburg-Halle fällt an Brandenburg. Unter dem Druck *Karls XI.* (25) nehmen die schwedischen Stände ein Gesetz über die Reduktion des Krongutes an.

KULTUR Gründung der »Comédie Française« in Paris.

KUNST *Jules Hardouin-Mansart* (34) Invalidendom in Paris (bis 1706). *Guarino Guarini* (56) beginnt Palazzo di Carignano in Turin.

MUSIK *Arcangelo Corelli* (27) Erstes »Concerto grosso«.

WISSENSCHAFT *Denis Papin* (33) Dampfkochtopf mit Sicherheitsventil (»Papinscher Topf«).

1681

POLITIK Kaiser *Leopold I.* (41) erreicht eine Reform der Reichskriegsverfassung. Frankreich besetzt die freie Reichsstadt Straßburg und die Hauptstadt der Grafschaft Montferrat, Casale (beide 30.9.). *Karl II.* von England schenkt *William Penn* (37) die Kolonie Pennsylvania, Zufluchtsort für die Quäker (Gründung von Philadelphia 1683). Der Vertrag von Bachtschisaraj (13.1.) beendet den russisch-türkischen Krieg und bestätigt die bisherigen Grenzen.

LITERATUR *Jacques-Bénigne Bossuet* (54) »Discours sur l'histoire universelle« (christliche Universalgeschichte).

WISSENSCHAFT *Jean Mabillon* (49) begründet mit »De re diplomatica« die wissenschaftliche Urkundenlehre.

1682

POLITIK Der oberrheinische und der fränkische Kreis schließen mit dem Kaiser ein Verteidigungsbündnis (Laxenburger Allianz, 10.6.). Antihabsburgischer Aufstand in Ungarn (Kurutzen-Aufstand) unter Graf *Imre Thököly* (25) mit türkischer Unterstützung. *Robert La Salle* (39) nimmt für Frankreich das Mississippital (Louisiana) in Besitz. *Ludwig XIV.* (44) verlegt die königliche Residenz von Paris nach Versailles. Durch die »Souveränitätserklärung« des schwedischen Reichstags erhält *Karl XI.* fast unumschränkte Macht. Nach dem Tod Zar *Fjodors III.* (21) führt als

Regentin *Sofia* (25) zusammen mit Fürst *Wasilij Golicyn* (39) die Regierung für ihren schwachsinnigen Bruder *Iwan V.* (16) und ihren Halbbruder *Peter I.* (10).

KULTUR Eine Versammlung der französischen Geistlichkeit zu St. Germain nimmt die von *Jacques-Bénigne Bossuet* (55) ausgearbeiteten Vier gallikanischen Artikel an (»Declaratio cleri Gallicani« 19.3.).

KUNST *Pierre Puget* (62) vollendet »Milon von Croton«.

WISSENSCHAFT *Otto Mencke* gründet in Leipzig die erste deutsche wissenschaftliche Zeitschrift, »Acta Eruditorum« (bis 1782).

1683

POLITIK Ausbruch eines neuen Türkenkrieges (bis 1699). Kaiser *Leopold I.* (43) verbündet sich mit König *Johann Sobieski* von Polen (59) gegen die Türken (31.3.). Diese belagern unter Großwesir *Kara Mustafa* (49) Wien (seit 14.7.), das unter Graf *Ernst Rüdiger Starhemberg* (45) verteidigt wird. Entsatz durch den Sieg des Reichsheeres zusammen mit polnischen Hilfstruppen unter Herzog *Karl V. Leopold* von Lothringen (40) am Kahlenberge (12.9.). Erste brandenburgische Kolonie an der afrikanischen Guineaküste (Groß-Friedrichsburg). Erste größere deutsche Siedlung in Amerika durch die Auswanderung niederrheinischer Mennoniten unter *Franz Daniel Pastorius* (32) nach Pennsylvania (Germantown). Aufdeckung einer Verschwörung gegen den König (Rye House Plot) führt zur blutigen Verfolgung der oppositionellen Whigs. *Karl II.* (53) regiert bis zu seinem Tod (1685) ohne Parlament. Nach dem Tod seiner Gattin *Maria Theresia* (45) heiratet *Ludwig XIV.* (45) heimlich *Marquise de Maintenon* (48). *Christian V.* (37) führt das neue »Danske lov« (Dänisches Gesetz) ein.

LITERATUR *Gottfried Wilhelm Leibniz* (37) »Mars christianissimus« (gegen Ludwig XIV.).

WISSENSCHAFT *Antoni Leeuwenhoek* (51) beschreibt Bakterien.

1684

POLITIK Heilige Liga zwischen Kaiser, Polen und Venedig auf Initiative *Innozenz' XI.* (73) zum Kampf gegen die Türken (5.3.). Venedig greift in den Krieg ein. Die Franzosen erobern die Festung Luxemburg (4.6.) und besetzen Trier. Im 20jährigen Regensburger Waffenstillstand zwischen Frankreich, dem Kaiser und Spanien werden alle bis zum 1.8.1681 reunierten Gebiete, dazu Straßburg und Luxemburg provisorisch im Besitz Frankreichs anerkannt (15.8.).

KUNST *Pierre Puget* (64) vollendet Marmorgruppe »Befreiung der Andromeda«.

1685

POLITIK Mit dem Tod Kurfürst *Karls* (34) erlischt die Linie Pfalz-Simmern, Land und Kurwürde fallen an die Linie Pfalz-Zweibrücken-Neuburg. *Ludwig XIV.* (47) erhebt Ansprüche für seine Schwägerin Liselotte von der Pfalz (33). Nach dem Tod *Karls II.* von England (55) regiert sein Bruder *Jakob II.* (52). Er schlägt einen Aufstand des Herzogs *von Monmouth* (36), eines illegitimen Sohns *Karls II.*, und des Grafen von *Argyll* (56) nieder. Die Venezianer erobern unter *Francesco Morosini* (69) Morea von den Türken (bis 1687).

KULTUR Die Aufhebung des Edikts von Nantes durch das Revokationsedikt von Fontainebleau (18.10.) führt zur Auswanderung zahlreicher Hugenotten nach Holland, England und Deutschland. Mit dem Edikt von Potsdam (8.11.) nimmt der Große Kurfürst (65) die Hugenotten in Brandenburg auf.

1686

POLITIK Geheime Defensivallianz zwischen Kaiser *Leopold* (46) und dem Großen Kurfürsten gegen Frankreich (1.4.). Augsburger Allianz zwischen Kaiser, süddeutschen Ständen, Spanien und Schweden (9.7.). Herzog *Karl* von Lothringen (43) erobert Ofen (2.9.). Im »Ewigen Frieden« von Moskau (6.5.) erkennt Polen endgültig die Abtretungen von 1667 an, Rußland tritt der antitürkischen Heiligen Liga bei.

LITERATUR *Gottfried Wilhelm Leibniz* (40) »Discours de métaphysique«. *Abraham a Santa Clara* (42) »Judas, der Erzschelm« (4 Bde. bis 1695).

KUNST *Carlo Antonio Carlone* und *Jakob Prandtauer* (26) Stiftskirche St. Florian (bis 1750).

1687

POLITIK Herzog *Karl* von Lothringen besiegt die Türken am Berge Harsan bei Mohácz (12.8.). Befreiung Ungarns von der Türkenherrschaft. Auf dem Landtag zu Preßburg erreicht Kaiser *Leopold* (47) die Aufgabe des Widerstandsrechts der ungarischen Stände und die Erblichkeit der ungarischen Krone im Hause Habsburg (9.12.). Sein Sohn *Josef* (9) wird zum König gekrönt. Erste russische Angriffe auf die Krim.

KULTUR *Christian Thomasius* (32) hält an der Universität Leipzig die erste öffentliche Vorlesung in deutscher Sprache. *Jakob II.* (54) hebt durch die »Indulgenzakte« alle Gesetze gegen Katholiken und Dissidenten auf (4.4.). Zerstörung der Akropolis bei der Eroberung Athens durch die Venezianer.

LITERATUR *François Fénelon* (36) »Traité de l'éducation des filles«.

WISSENSCHAFT *Isaac Newton* (44) »Philosophiae naturalis principia mathematica« (System der theoretischen Mechanik aus dem Kraft-Wirkungs- und dem Gravitationsgesetz).

1688

POLITIK *Ludwig XIV.* (50) beginnt die Eroberung von Philippsburg und die Besetzung der Pfalz (»Pfälzischer Krieg«, 24.9.). Im »Magdeburger Konzert« schließen sich Brandenburg, Kursachsen, Hannover und Hessen-Kassel gegen Frankreich zusammen (22.10.). Das kaiserliche Heer unter Kurfürst *Maximilian Emanuel* von Bayern (26) erobert Belgrad (6.9.).

Die Geburt des Thronfolgers *Jakob* (10.6.) veranlaßt die Führer der Tories und der Whigs zur Einladung *Wilhelms III.* von Oranien (38) nach England. Er landet in der Torbay (15.11.), *Jakob II.* (55) flieht nach Frankreich (»Glorious Revolution«).

LITERATUR *Aphra Behn* (48) »Oroonoko or the Royal Slave« (Roman gegen die Sklaverei). *Jacques-Bénigne Bossuet* (61) »Histoire des variations des églises protestantes«. *Jean de La Bruyère* (43) »Les Caractères de Théophraste, traduits du grec, avec les Caractères ou les moeurs de ce siècle«.

1689

POLITIK *Ludwig XIV.* läßt auf *Louvois'* (50) Rat die Pfalz verwüsten. In der Großen Allianz von Wien verbünden sich der Kaiser, England und Holland gegen Frankreich (12.5.) und beginnen den Krieg. Der kaiserliche Feldherr Markgraf *Ludwig Wilhelm* von Baden (34) besiegt die Türken bei Nisch (24.9.). Nach Anerkennung der vom Parlament erlassenen »Declaration of Rights« überträgt diese den englischen Thron an *Wilhelm III.* und seine Gemahlin *Maria* (27). *Jakob II.* landet mit französischer Unterstützung in Irland (März), wo ein Aufstand zu seinen Gunsten ausbricht. Nach den erfolglosen Feldzügen gegen die Krim wird die Regentin *Sofia* (32) zusammen mit *Golicyn* (46) gestürzt: *Peter I.* (*der Große*, 17) wird allein Zar. Durch den ersten Vertrag mit China zu Nertschinsk muß Rußland das Amurgebiet räumen und die Festung Albasin am oberen Amur zerstören.

KULTUR Eine Toleranzakte verbürgt den protestantischen Nonkonformisten in England die freie Ausübung des Gottesdienstes (24.5.).

LITERATUR *Jean Baptiste Racine* (50) »Esther«.

KUNST *Meindert Hobbema* (51) »Allee von Middelharnis«.

MUSIK *Henry Purcell* (30) »Dido und Aeneas« (Oper).

1690

POLITIK *Mustafa Köprülü* (53) erobert Belgrad zurück (8.10.). Marschall *Luxembourg* (62) besiegt die Holländer bei Fleurus (1.7.). Die französische Flotte unter Graf *Anne de Tourville* (48) schlägt die englische bei Beachy Head (10.7.). *Jakob II.* (57) wird am Boyne-Fluß geschlagen (11.7.) und flieht nach Frankreich zurück. Spanien und Savoyen treten der Großen Allianz gegen Frankreich bei. Die Englisch-Ostindische Kompanie gründet Kalkutta.

LITERATUR *John Locke* (58) »An Essay concerning Human Understanding«, »Two Treatises of Government«, »Letter concerning Toleration«.

1691

POLITIK *Ludwig Wilhelm* von Baden (36) besiegt die Türken bei Slankamen (19.8.), Großwesir *Mustafa Köprülü* fällt. Siebenbürgen wird erobert und zum habsburgischen Kronland erklärt.

KULTUR Nach dem Tod *Alexanders VIII.* (81) folgt Papst *Innozenz XII.* (*Antonio Pignatelli*, 76).

LITERATUR *Jean Baptiste Racine* (52) »Athalie«.

KUNST *Andrea Pozzo* (49) Gewölbefresken in S. Ignazio zu Rom (bis 1694).

1692

POLITIK Kaiser *Leopold I.* (52) verleiht *Ernst August* (63), Herzog von Braunschweig-Lüneburg, die neunte Kurwürde für Hannover (19.12.). Die vereinigte englisch-niederländische Flotte unter Admiral *Edward Russell* (39) besiegt die französische unter *Tourville* (50) bei La Hogue (19.–23.5.). Marschall *Luxembourg* (64) besiegt *Wilhelm III.* (42) bei Steenkerke (3.8.).

KULTUR *Innozenz XII.* verbietet mit der Bulle »Romanum decet Pontificem« den Nepotismus (22.7.).

KUNST *Domenico Martinelli* (42) Stadtpalais Liechtenstein in Wien (bis 1705) mit Deckenmalereien von *Andrea Pozzo* (50). Lehrbuch der Perspektive von *Pozzo*.

1693

POLITIK Erneute Eroberung und Zerstörung von Heidelberg durch die Franzosen. Verlegung des Reichskammergerichts von Speyer nach Wetzlar. Marschall *Luxembourg* besiegt *Wilhelm III.* bei Neerwinden (29.7.). *Tourville* siegt über eine englisch-niederländische Flotte vor Lagos (28.6.).

KULTUR *Innozenz XII.* (78) erreicht die formale Zurücknahme der Deklaration über die gallikanische Unabhängigkeit von 1682.

MUSIK *Alessandro Scarlatti* (34) »Theodora« (Oper).

1694

POLITIK Einführung dreijähriger Parlamente in England. Wegen der Opposition des livländischen Adels gegen die Reduktionen hebt *Karl XI.* von Schweden (39) die livländische Selbstverwaltung auf.

KULTUR Gründung der brandenburgischen Universität Halle. Aufhebung der Zensur in England.

LITERATUR *William Congreve* (24) »Love for Love«.

KUNST *François Girardon* (66) vollendet Grabmal *Richelieus* in der Sorbonnekirche zu Paris. *Johann Bernhard Fischer von Erlach* (38) beginnt Dreifaltigkeitskirche in Salzburg (bis 1702) und Schloß Schönbrunn (nach 1740 vollendet von *Nikolaus von Pacassi*).

1695

POLITIK Königin *Maria II.* von England (33) stirbt (7.1.). Damit ist *Wilhelm III.* (45) Alleinherrscher. Er erobert Namur zurück (Sept.).

KULTUR *August Hermann Francke* (32) gründet in Halle die »Franckeschen Stiftungen«.

LITERATUR *John Locke* (63) »The Reasonableness of Christianity«. *Pierre Bayle* (48) »Dictionnaire historique et critique« (2. Bd. 1697, grundlegend für die Philosophie der Aufklärung).

KUNST *Johann Arnold Nering* (36) Parochialkirche in Berlin (bis 1703).

1696

POLITIK Savoyen schließt einen Sonderfrieden mit Frankreich, durch den es die von Frankreich besetzten Gebiete (Pinerolo) zurückerhält. *Peter der Große* (24) erobert die türkische Festung Asow (28.7.).

KULTUR Gründung der Akademie der Künste in Berlin.

LITERATUR *Christian Reuter* (31) »Schelmuffskys wahrhaftige, kuriose und sehr gefährliche Reisebeschreibung zu Wasser und zu Lande« (Schelmenroman). *John Toland* (1697 als erster »Freidenker« genannt, 26) »Christianity not Mysterious«.

KUNST *Andreas Schlüter* (32) »Masken sterbender Krieger« am Zeughaus zu Berlin. *Johann Bernhard Fischer von Erlach* (40) Kollegienkirche in Salzburg (bis 1707).

1697

POLITIK Prinz *Eugen* von Savoyen (34) erhält den Oberbefehl im Türkenkrieg und besiegt Sultan *Mustafa II.* (33) entscheidend bei Zenta (11.9.). Friedensschlüsse Frankreichs zu Ryswijk mit England, Holland und Spanien (20.9.) sowie mit Kaiser und Reich (30.10.): *Ludwig XIV.* erkennt *Wilhelm III.* als König von England an, gibt die rechtsrheinischen Eroberungen und das Herzogtum Lothringen heraus, behält aber das Elsaß. Kurfürst *Friedrich August I.* von Sachsen (27) setzt sich in Polen mit russischer und österreichischer Unterstützung gegen den von der Mehrheit gewählten französischen Prinzen *Franz Ludwig von Conti* (33) durch und wird als *August II.* gekrönt. *Peter I.* von Rußland (25) tritt seine Europareise an (März). Der Kosakenführer *Atlassow* erobert Kamtschatka für Rußland bis 1699.

KUNST *Nikolaus Tessin d. J.* (43) beginnt Königsschloß und Dreifaltigkeitskirche in Stockholm.

1698

POLITIK Erster Teilungsvertrag zwischen Frankreich und den Seemächten (England und Holland) über das spanische Erbe (11.10.): Spanien mit Kolonien und Niederlanden an Kurprinz *Josef Ferdinand* von Bayern (6), Mailand an Erzherzog *Karl* von Österreich (13), Neapel, Sizilien und Sardinien an *Philipp* von Anjou (15). *Karl II.* von Spanien (37) setzt *Josef Ferdinand* als Alleinerben ein (Nov.).

KULTUR Auf französischen Druck hin (besonders *Bossuets*) verurteilt *Innozenz XII.* (83) die Lehrsätze *François de Fénelons* (»Explication des Maximes des Saints«, 1697) wegen ihres Quietismus.

LITERATUR *Jacques-Bénigne Bossuet* (71) »Relation sur le quiétisme« (gegen den Quietismus *Fénelons*).

KUNST *Andreas Schlüter* (34) beginnt Berliner Schloß (seit 1706 fortgesetzt von *Eosander von Göthe*) und Reiterdenkmal des Großen Kurfürsten.

1699

POLITIK Friede der Türkei zu Karlowitz mit Österreich, Venedig und Polen (26.1.): Anerkennung der österreichischen Herrschaft über Ungarn, Siebenbürgen, Bosnien und Kroatien, der venezianischen über Morea und der polnischen über Podolien und Kamenez. Bündnis zwischen Dänemark, Sachsen-Polen und Rußland gegen Schweden. Städtereform *Peters des Großen* (27) zur Schaffung einer formellen Selbstverwaltung.

LITERATUR *Gottfried Arnold* (33) »Unparteiische Kirchen- und Ketzerhistorie« (4 Bde. bis 1700). *François de Fénelon* (48) »Les aventures de Télémaque«.

KUNST *Jules Hardouin-Mansart* (53) und *Robert de Cotte* (43) Schloßkapelle in Versailles (bis 1710).

WISSENSCHAFT Beginn des Prioritätsstreites zwischen *Gottfried Wilhelm Leibniz* (53) und *Isaac Newton* (56) um die Begründung der Infenitesimalrechnung.

1700

POLITIK Zweiter Teilungsvertrag Frankreichs und der Seemächte über das spanische Erbe (25.3.): Spanien mit Kolonien und Niederlanden an Erzherzog *Karl* von Österreich, Neapel, Sizilien und Sardinien an *Philipp von Anjou*, Mailand an Herzog von Lothringen, Lothringen an Frankreich. Kurz vor seinem Tod (1.11.) setzt *Karl II.* von Spanien (39) *Philipp von Anjou* (17) zum Alleinerben ein (2.10.): Ende der spanischen Linie der Habsburger. *Ludwig XIV.* (62) proklamiert seinen Enkel als *Philipp V.* zum spanischen König. Beginn des Nordischen Krieges Dänemarks, Sachsen-Polens und Rußlands gegen Schweden (bis 1721). *Karl XII.* (18) landet auf Seeland und zwingt Dänemark zum Frieden von Traventhal (28.8.). Im Frieden von Konstantinopel gewinnt Rußland von den Türken Asow (13.7.). *Peter I.* (28) fällt in Ingermanland ein, wird aber von *Karl XII.* bei Narwa geschlagen (30.11.).

KULTUR In den protestantischen Gebieten Deutschlands wird der Gregorianische Kalender eingeführt. *Gottfried Wilhelm Leibniz* (54) gründet die Sozietät (Akademie) der Wissenschaften in Berlin. Nach dem Tod *Innozenz' XII.* (85) wird Kardinal *Gian Francesco Albani* (51) zum Papst *Clemens XI.* gewählt.

1701

POLITIK Kurfürst *Friedrich III.* von Brandenburg (44) wird in Königsberg zum König *Friedrich I.* in Preußen gekrönt (18.1.). *Philipp V.* (18) zieht in Madrid ein. Spanischer Erbfolgekrieg zwischen Österreich und Frankreich (bis 1714). Prinz *Eugen* (38) besiegt die französischen Marschälle *Nicolas Catinat* (64) und *François, Herzog von Villeroi* (57), bei Carpi (9.7.) und

Chiari (1.9.). Große Allianz zwischen Österreich und den Seemächten gegen Frankreich im Haag (7.9.). *Wilhelm III.* von England (51) ernennt *John Churchill* (51), *Herzog von Marlborough* (seit 1702), zum Befehlshaber der englischen Truppen in den Niederlanden und ordnet die Thronfolge zugunsten des protestantischen Hauses Hannover gegen die katholischen Stuarts im »Act of Settlement« (12.6.). *Jakob II.* (68) stirbt in St. Germain (16.9.), *Ludwig XIV.* (63) erkennt dessen Sohn als König *Jakob III.* (13) von England, Schottland und Irland an. *Karl XII.* (19) erobert nach seinem Sieg über die sächsischen Truppen bei Riga (8.7.) Kurland.

KUNST Anlage des Place *Louis le Grand* (jetzt Vendôme) begonnen nach einem Plan von Jules *Hardouin-Mansart* (von 1685).

WISSENSCHAFT *Edmond Halley* (45) gibt erste bedeutende Karte der magnetischen Deklination heraus.

1702

POLITIK Kriegserklärung der Seemächte und des Reiches an Frankreich. *Marlborough* (52) erobert Venloo und Lüttich. Die Grafschaften Lingen und Mörs fallen an Preußen. *Wilhelm III.* von England (52) stirbt (19.3.). Die zweite Tochter *Jakobs II.*, *Anna Stuart* (37), folgt ihm auf den Thron. *Karl XII.* von Schweden nimmt Warschau, besiegt das sächsisch-polnische Heer bei Klissow (19.7.) und besetzt Krakau.

KULTUR *Leopold I.* (62) gründet die Universität Breslau.

KUNST *Jakob Prandtauer* (42) beginnt Stift Melk. *John Vanbrugh* (36) Howard Castle (bis 1714).

1703

POLITIK Geheimer habsburgischer Familienvertrag über die Erbfolge in den österreichischen und spanischen Landen (»Pactum mutuae successionis«, 12.9.). Ungarische Erhebung gegen Habsburg unter *Franz II. Rákóczi* (27) mit französischer Unterstützung (bis 1711). *Peter der Große* (31) erobert die schwedische Festung Nyenschanz an der Newamündung und gründet Peter-Pauls-Festung u. St.Petersburg (27.5.).

KULTUR Erste russische periodische Zeitung, »Moskovskije vedomosti« (Moskauer Nachrichten).

KUNST *Andreas Schlüter* (39) Kanzel der Marienkirche zu Berlin. *Christoph Dientzenhofer* (48) beginnt Nikolauskirche an der Kleinseite zu Prag (ab 1722 vollendet von seinem Sohn *Kilian Ignaz*).

WISSENSCHAFT *Georg Ernst Stahl* (43) gibt einen bei der Verbrennung frei werdenden Stoff »Phlogiston« an (Phlogistontheorie).

1704

POLITIK Prinz *Eugen* (41) und *Marlborough* (54) besiegen Franzosen und Bayern bei Höchstädt (13.8.). Englisch-deutsche Truppen erobern Gibraltar (3.8.). Erzherzog *Karl* von Österreich (19) landet in Portugal. *Karl XII.* (22) siegt bei Pultusk (1.5.1703) und erzwingt die Absetzung *Augusts des Starken* (34) und die Wahl *Stanislaus Leszczyńskis* (27) durch den polnischen Reichstag. *Peter der Große* erobert Narwa und Dorpat.

KULTUR *Clemens XI.* (55) verbietet die Anerkennung der ostasiatischen Riten durch die Jesuitenmission.

LITERATUR *Gottfried Wilhelm Leibniz* (58) »Nouveaux essais sur l'entendement humain« (veröffentlicht in »Oeuvres« 1765). *Daniel Defoe* (44) gibt die Wochenschrift »The Review« heraus (bis 1711).

KUNST *Johann Dientzenhofer* (39) Dom zu Fulda (bis 1712). *Caspar Moosbrugger* (48) Kloster Maria Einsiedeln (bis 1718).

WISSENSCHAFT *Isaac Newton* (61) »Optik« (korpuskulare Lichttheorie). *Diesbach* entdeckt Berliner Blau.

1705

POLITIK Kaiser *Leopold I.* (65) stirbt (5.5.). Sein Sohn folgt ihm als *Josef I.* (27) auf den Thron. Die englische Flotte und Erzherzog *Karl* erobern Barcelona (14.10.), das *Karl* zu seiner Residenz macht.

LITERATUR *Christian Thomasius* (50) »Fundamenta iuris naturae et gentium«.

MUSIK *Georg Friedrich Händel* (20) »Almira« (Oper in Hamburg aufgeführt).

WISSENSCHAFT Atmosphärische Dampfmaschine von *Thomas Newcomen* (42), seit 1711 in Bergwerken eingesetzt. *Edmond Halley* (49) sagt Wiederkehr des »Halleyschen Kometen« von 1682 für 1758 richtig voraus.

WIRTSCHAFT Erstes modernes Lebensversicherungsunternehmen in England.

1706

POLITIK Vertreibung der Franzosen aus den spanischen Niederlanden durch den Sieg *Marlboroughs* (56) über *Villeroi* (62) und *Maximilian Emanuel* (44) bei Ramillies (23.5.) und aus Oberitalien durch den Sieg des Prinzen *Eugen* (43) bei Turin (7.9.). Ächtung der Kurfürsten *Maximilian Emanuel* von Bayern und *Josef Clemens* von Köln (35). Ein portugiesisch-englisches Heer erobert für Erzherzog *Karl* vorübergehend Madrid (Juni–Okt.). *Karl XII.* (24) rückt in Sachsen ein und zwingt *August den Starken* (36) im Frieden von Altranstädt zum Verzicht auf die polnische Krone und zur Anerkennung *Stanislaus Leszczyńskis* (24.9.).

KULTUR *Christoph Semler* (37) gründet in Halle die erste deutsche Realschule.

1707

POLITIK Die Grafschaften Neuenburg (Schweiz) und Tecklenburg fallen an Preußen. *Josef I.* (29) wird vom Landtag zu Ónod als König von Ungarn abgesetzt (13.7.). Österreichische Truppen besetzen Neapel (7.7.). Marschall *Villars* (54) dringt bis Schwaben und Franken vor. Das Heer *Philipps V.* (24) unter Herzog von *Berwick* (37) besiegt Erzherzog *Karl* (22) bei Almansa (25.4.). *Philipp* erklärt alle Sonderrechte von Aragon, Katalonien und Valencia für erloschen. Vereinigung Englands und Schottlands zu einem Königreich Großbritannien mit einem Parlament (1.5.). *Karl XII.* (25) wendet sich gegen Rußland. Kosakenaufstand unter *Kondrati Bulawin* (1708 niedergeschlagen).

KULTUR Die Altranstädter Konvention (1.9.) zwischen *Karl XII.* und dem Kaiser sichert den schlesischen Protestanten Religionsfreiheit.

LITERATUR *Sébastien de Vauban* (74) »Projet d'une dîme royale« (Anprangerung sozialer Mißstände).

WISSENSCHAFT *Georg Ernst Stahl* (47) »Theoria medica vera« (Animalismus in der Medizin).

1708

POLITIK Prinz *Eugen* (45) und *Marlborough* (58) besiegen die Franzosen bei Oudenaarde (11.7.) und erobern Lille (22.10.). Letzter Krieg eines Papstes gegen den Kaiser wegen der österreichischen Herrschaft in Italien (bis Jan. 1709). Erfolgloser Landungsversuch des Prätendenten *Jakob III. Eduard* (20) mit französischer Unterstützung in Schottland. *Karl XII.* (26) weicht von seinem Marsch auf Moskau in die Ukraine ab und vereinigt sich mit dem Hetman der Dnjeprkosaken, *Iwan Mazeppa* (56). Einteilung Rußlands in zunächst acht Gouvernements.

1709

POLITIK *Josef I.* (31) richtet die »Ständige Geheime Konferenz« als Zentralministerium in Österreich ein. Beginn der Massenauswanderung aus der Pfalz und anderen süddeutschen Staaten nach Nordamerika. Prinz *Eugen* (46) und *Marlborough* (59) siegen bei Malplaquet (11.9.) über *Villars* (56) und Marschall *Boufflers* (65). Die Engländer erobern Menorca. Entscheidender Sieg *Peters des Großen* (37) über *Karl XII.* (27) bei Poltawa (8.7.) und Kapitulation der schwedischen Armee bei Perewolotnja am Dnjepr (12.7.). Flucht *Karls* nach dem türkischen Bender am Dnjestr. *August der Starke* (39) vertreibt *Stanislaus Leszczyński* (32) aus Polen. Die Dänen fallen in das schwedische Schonen ein.

KULTUR *Ludwig XIV.* (71) hebt Kloster Port Royal, das Zentrum des Jansenismus, auf und läßt es 1710 zerstören.

LITERATUR *Richard Steele* (37) gibt die moralische Wochenschrift »Tatler« mit Unterstützung *Joseph Addisons* (37) heraus.

MUSIK Erfindung des Hammerklaviers durch *Bartolommeo Cristofori* (54).

WISSENSCHAFT Herstellung des Hartporzellans von *Johann Friedrich Böttger* (27) nach Vorarbeiten von *Ehrenfried Walter von Tschirnhaus* (58). Beginn der Ausgrabung von Herculaneum.

1710

POLITIK »Haager Konzert« zur Sicherung der Neutralität Norddeutschlands im Nordischen Krieg (31.3. und 4.5.). In England erringt die Friedenspartei der Tories die Macht unter Lordkanzler *Robert Harley* (49), *Earl of Oxford* (1711), und Staatssekretär des Äußeren *Henry Saint-John* (32), *Viscount of Bolingbroke* (1713). Sieg des Heeres *Philipps V.* unter *Herzog von Vendôme* (56) über die englischen und österreichischen Truppen bei Brihuega bzw. Villaviciosa (8./10.12). Erzherzog *Karl* (25) wird aus dem (am 28.9.) von ihm eroberten Madrid vertrieben. Die Russen erobern Festung Wiborg, Riga (4.7.), Pernau (12.8.) und Reval (29.9.). Die Ritterschaften und Städte Livlands und Estlands unterwerfen sich Rußland.

KULTUR Gründung der Charité in Berlin.

LITERATUR *Gottfried Wilhelm Leibniz* (64) »Théodicée«. *George Berkeley* (25) »Treatise concerning the principles of human knowledge«.

KUNST *Johann Dientzenhofer* (45) Klosterkirche Banz (bis 1719).

WIRTSCHAFT Gründung der Meißener Porzellanmanufaktur durch *August den Starken.*

1711

POLITIK Nach dem Tod *Josefs I.* (17.4.) wird sein Bruder, Erzherzog *Karl* (26), bisher spanischer Regent, in Barcelona als *Karl VI.* zum Kaiser gewählt (12.10.). *Marlborough* (61) wird aller Ämter enthoben. *Bolingbroke* (33) leitet Verhandlungen mit Frankreich ein. Ungarn erkennt im Frieden von Sathmar die habsburgische Herrschaft wieder an (1.5.). *Peter der Große* (39) wird bei seinem Zug gegen die Türken am Pruth eingeschlossen (22.7.), erhält aber gegen Verzicht auf Asow freien Abzug.

LITERATUR *Alexander Pope* (23) »Essay on Criticism«. *Anthony Shaftesbury* (40) »Characteristics of Men, Manners, Opinions, Times«.

KUNST *Johann Dientzenhofer* (46) Schloß Pommersfelden (bis 1718) mit Treppenhaus von *Johann Lukas von Hildebrandt* (43). *Matthäus Daniel Pöppelmann* (49) Dresdener Zwinger (bis 1722), Figurenschmuck von *Balthasar Permoser* (60).

WIRTSCHAFT Gründung der englischen Südseegesellschaft.

1712

POLITIK Niederlage der katholischen Orte im erneuten Schweizer Glaubenskrieg (Zweiter Villmergerkrieg) gegen Bern bei Villmergen (25.7.) und Friede von Aarau (11.8.). Eröffnung des Friedenskongresses zu Utrecht.

LITERATUR *Christian Wolff* (33) »Vernünftige Gedanken von den Kräften des menschlichen Verstandes«. *John Arbuthnot* (45) »History of John Bull« (Satire gegen die Whigs).

MUSIK *Arcangelo Corelli* (59) zwölf Concerti grossi.

1713

POLITIK *Friedrich Wilhelm I.* (25) regiert nach dem Tod seines Vaters *Friedrich I.* (56) als König von Preußen.

Die Pragmatische Sanktion legt in Österreich die weibliche Erbfolge fest (19.4.). Friedensverträge Frankreichs zu Utrecht mit Großbritannien, Holland, Savoyen, Portugal und Preußen (11.4.): Frankreich tritt an England Hudsonbay, Akadien (Neuschottland), Neufundland und die Insel St. Christoph ab; Holland erhält Besatzungsrecht in Grenzfestungen der bisherigen spanischen Niederlande, Preußen Ober-Geldern und Anerkennung der Königswürde. Friede Spaniens mit Großbritannien und Savoyen (13.7.): England erhält Gibraltar und Menorca, Savoyen das Königreich Sizilien. *Peter der Große* (41) landet bei Helsingfors, schlägt die Schweden bei Storkyro und erobert ganz Finnland (bis 1714).

KULTUR *Clemens XI.* (64) verurteilt in der Bulle »Unigenitus« 101 jansenistische Thesen des Abbé *Paschasius Quesnel* (79) aus dessen Buch »Réflexions Morales«. Gründung der Akademie der Wissenschaften in Madrid.

KUNST *Johann Lukas Hildebrandt* (45) Palais *Kinsky* in Wien.

WISSENSCHAFT *Jakob Bernoulli* (gest. 1705) »Ars coniectandi« (erste wichtige Darstellung über die Wahrscheinlichkeitsrechnung).

WIRTSCHAFT »Asientovertrag« (26.3.) zwischen Spanien und England gibt diesem das Recht, Negersklaven in das spanische Südamerika einzuführen.

1714

POLITIK Friede Frankreichs mit Kaiser und Reich in Rastatt (7.3.) und Baden/Schweiz (7.9.): Österreich erhält Neapel, Mailand, Stato dei Presidi, Sardinien und die spanischen Niederlande. Königin *Anna* von England (49) stirbt (1.8.). Kurfürst *Georg* von Hannover (54) besteigt als *Georg I.* den englischen Thron. *Bolingbroke* (36) flieht nach Frankreich, *Oxford* (53) wird verhaftet. Ende des Kampfes um den spanischen Thron mit der Eroberung von Barcelona durch *Philipp V.* (31) und die Franzosen (11.9.). Krieg zwischen der Türkei und Venedig (bis 1718). *Karls XII.* (32) 16tägiger Gewaltritt vom Schwarzen Meer nach Stralsund (Nov.). *Peter der Große* (42) erläßt Einerbengesetz für den Adel.

LITERATUR *Gottfried Wilhelm Leibniz* (68) »Monadologie«. *Alexander Pope* (26) »The Rape of the Lock« (komisches Heldenepos). *Bernard de Mandeville* (44) »The Fable of the Bees or Private Vices made Public Benefits« (satirisches Gedicht).

MUSIK *Antonio Vivaldi* (etwa 34) Violinkonzerte. *Gottfried Silbermann* (31) Orgel für den Freiberger Dom.

WISSENSCHAFT *Gabriel Daniel Fahrenheit* (28) Thermometer mit »Fahrenheit«-Gradeinteilung.

1715

POLITIK Preußen und Hannover erklären Schweden den Krieg und erobern Rügen und Stralsund (24.12.). Markgraf *Karl Wilhelm* von Baden gründet Karlsruhe. *Ludwig XIV.* (77) stirbt (1.9., sein Sohn *Ludwig* und sein Enkel starben 1711 bzw. 1712). Sein Urenkel *Ludwig XV.* (5) folgt als König von Frankreich. Die Regentschaft führt bis 1722 *Philipp II. von Orléans* (41). *Philipp* gibt dem Pariser Parlament das ihm von *Ludwig XIV.* genommene Recht der Remonstranz bei königlichen Edikten zurück. Türken erobern von Venedig Morea zurück. Generalkonföderation des polnischen Adels zu Tarnogrod zur Vertreibung der sächischen Truppen.

KUNST Régencestil in Frankreich (bis 1726, Übergang vom Barock zum Rokoko). *Franz Beer* (55) Abteikirche Weingarten (bis 1722).

1716

POLITIK Bündnis zwischen Österreich und Venedig gegen die Türken (13.4.). Prinz *Eugen* (53) besiegt die Türken bei Peterwardein (5.8.) und erobert Temesvar (13.10.) und das Banat. Die Venezianer verteidigen unter Graf *von der Schulenburg* (55) erfolgreich Korfu. Einführung 7jähriger Sitzungsperioden des englischen Parlaments (»Septennial-Act«).

MUSIK *Georg Friedrich Händel* (31) vertont Passion von *Berthold Brockes* (36).

WIRTSCHAFT Mit Unterstützung des Regenten *Philipp von Orléans* gründet der schottische Bankier *John Law* (45) auf Aktiengrundlage die Banque générale zur Sanierung der französischen Finanzen.

1717

POLITIK Prinz *Eugen* (54) besiegt die Türken bei Belgrad (16.8.) und erobert die Stadt. Preußen verkauft bis 1721 seine Kolonien an der Guineaküste an Holland. Der Abbé *Giulio Alberoni* (53) wird leitender spanischer Minister und Kardinal. Spanische Truppen landen auf dem österreichischen Sardinien. Der »stumme Reichstag« zu Warschau (31.1.) muß den Vermittlungsvertrag *Peters I.* (45) zwischen *August dem Starken* (47) und dem polnischen Adel zustimmen, der Rußland das Recht der Einmischung gibt.

KULTUR Schulpflicht in Preußen (aber Mangel an Lehrern). Beginn der Freimaurerei mit der Stiftung der Großloge in London (24.6.).

KUNST *Antoine Watteau* (33) »Einschiffung nach der Insel Cythera«. Die Brüder *Egid Quirin* (25) und *Cosmas Damian Asam* (31) beginnen Klosterkirche Rohr mit Hochaltar »Mariä Himmelfahrt«. *Johann Bernhard Fischer von Erlach* (61) beginnt Karlskirche in Wien. *J. F.* und *J. P. Ludwig* Klosterpalast Mafra bei Lissabon (bis 1730). *Filippo Juvara* (39) Superga-kirche bei Turin (bis 1731).

1718

POLITIK Friede von Passarowitz zwischen Österreich, Venedig und Türkei (21.7.): Österreich erhält Banat, Kleine Walachei und Nordserbien mit Belgrad, Venedig verliert Morea. Spanische Truppen landen auf dem savoyischen Sizilien. Österreich, England, Holland unf Frankreich schließen sich gegen Spanien in der Quadrupelallianz zur Sicherung des Utrechter Vertrages zusammen (2.8.). Sieg der englischen Flotte über die spanische bei Kap Passero (10.8.). Frankreich gründet New Orleans als Hauptstadt von Louisiana. Errichtung des spanischen Vizekönigreiches Neu-Granada (Kolumbien). *Karl XII.* (36) fällt vor der norwegischen Festung Fredrikshall (11.12.). Seine Schwester *Ulrike Eleonore* (30) wird Königin von Schweden (3.2.1719).

LITERATUR *Voltaire* (24) »Oedipe« (Tragödie).

WIRTSCHAFT Gründung der Wiener Porzellanmanufaktur. Handelsvertrag zwischen Österreich und Türkei.

1719

POLITIK Wiener Defensivallianz zwischen Kaiser *Karl VI.* (34), *August dem Starken* (49) und *Georg I.* (59) gegen Preußen und Rußland (5.1.). Nach Niederlagen gegen die Quadrupelallianz Sturz und Ausweisung des spanischen Ministers *Alberoni* (55). Die Russen fallen in Schweden ein. *Georg I.* schließt als Kurfürst von Hannover Frieden mit Schweden und erhält Bremen und Verden (20.11.). Änderung der schwedischen Verfassung zugunsten der Macht des Reichstags, also der Stände (Verfassung der »Freiheitszeit«, bis 1772).

LITERATUR *Christian Wolff* (40) »Vernünftige Gedanken von Gott, der Welt und der Seele des Menschen«. *Daniel Defoe* (59) »Robinson Crusoe«.

KUNST *Antoine Watteau* (35) »Liebesfest« (um 1719). *Lukas von Hildebrandt* (51) beginnt Stift Göttweig.

WIRTSCHAFT Verbot des Bauernlegens in Preußen (später wieder gelockert) und teilweise Aufhebung der Erbuntertänigkeit der Domänenbauern.

1720

POLITIK Im Vertrag vom Haag erhält Österreich Sizilien und Neapel, Savoyen dafür Sardinien mit dem Königstitel (17.2.). Im Frieden von Stockholm tritt Schweden an Preußen Vorpommern bis zur Peene mit Stettin, Usedom und Wollin ab (1.2.). Im Frieden von Friedrichsburg/Seeland mit Dänemark verzichtet Schweden auf die Sundzollfreiheit und die Unterstützung von Hollstein-Gottorp (14.7.). Der herzogliche Anteil von Schleswig fällt an Dänemark. Kurfürst *Karl Philipp* verlegt die pfälzische Residenz von Heidelberg nach Mannheim. *Friedrich* von Hessen-Kassel (44), Gemahl *Ulrike Eleonores* (32), wird als *Friedrich I.* zum schwedischen König gewählt.

KUNST *Antoine Watteau* (36) »Firmenschild für den Kunsthändler *Gersaint*«. *Balthasar Permoser* (69) »Apotheose des Prinzen *Eugen*« im Schloß Belvedere in Wien. *Balthasar Neumann* (33) Würzburger Residenz (bis 1744).

WIRTSCHAFT Zusammenbruch der Mississippikompanie *John Laws* (49) und Staatsbankrott Frankreichs. Zusammenbruch der englischen Südseekompanie.

1721

POLITIK *Robert Walpole* (45), seit 1715 Schatzkanzler, wird erster »Premierminister«. Im Frieden zu Nystad tritt Schweden Livland, Estland, Ingermanland, Ostkarelien mit Wiborg und die Inseln Ösel und Dagö an Rußland ab (10.9.). *Peter I.* (49) nimmt den Kaisertitel an (2.11.).

KULTUR Auf *Clemens XI.* (72) folgt *Michelangelo dei Conti* (66) als *Innozenz XIII.* Das im Auftrag *Peters des Großen* von Bischof *Feofan Prokopowitsch* (40) verfaßte »Reglement duchovnoj kollegii« (Reglement des geistlichen Kollegiums) ersetzt das Amt des Patriarchen durch die Kirchenbehörde des »Heiligen dirigierenden Synod« unter staatlicher Aufsicht.

LITERATUR *Johann Jakob Bodmer* (23) und *Johann Jakob Breitinger* (20) geben die moralische Wochenschrift »Discourse der Mahlern« bis 1723 heraus. *Charles de Montesquieu* (32) »Lettres persanes«.

KUNST *Alessandro Specchi* (53) und *Francesco de Sanctis* Spanische Treppe in Rom (bis 1728).

MUSIK *Johann Sebastian Bach* (36) Sechs »Brandenburgische Konzerte«. *Georg Philipp Telemann* (40) wird Kantor der fünf Hamburger Hauptkirchen.

1722

POLITIK Die ungarischen Stände erkennen die Pragmatische Sanktion an. Feldzug *Peters des Großen* (50) gegen Persien (bis 1723).

KULTUR Beginn der Herrnhuter Brüdergemeinde auf dem Gut des *Grafen von Zinzendorf* (22). »Dienstrangtabelle« *Peters des Großen* in 14 Rangstufen eröffnet Nichtadeligen den Aufstieg.

KUNST *James Gibbs* (48) beginnt St. Martin in the Fields in London.

MUSIK *Johann Sebastian Bach* (37) »Wohltemperiertes Klavier« (2. Teil 1737), »Notenbüchlein für Anna Magdalena«. *Jean Philippe Rameau* (39) Moderne Harmonielehre.

WISSENSCHAFT *René-Antoine Réaumur* (39) »L'art de convertir le fer forgé en acier et l'art d'adoucir le fer fondu« (über Erzeugung von Stahl und Schmiedeguß). *Jakob Roggeveen* (63) entdeckt zu Ostern die »Osterinsel«.

1723

POLITIK Zusammenfassung der obersten preußischen Verwaltung im Generalober-Finanz-, Kriegs- und Domänendirektorium (Generaldirektorium, Instruktion vom 20.12.1722). *Ludwig XV.* (13) wird für großjährig erklärt. Nach dem Tod des französischen Regenten Herzog *Philipps von Orléans* (49) wird *Ludwig Heinrich von Condé* (31) leitender Minister.

KULTUR *Clemens August von Wittelsbach* (23) wird Erzbischof von Köln. *Christian Wolff* (44) wird auf Betreiben der orthodoxen Protestanten aus Halle ausgewiesen.

LITERATUR *Lodovico Antonio Muratori* (51) beginnt »Scriptores rerum Italicarum« (28 Bde. bis 1751).

KUNST *Lukas von Hildebrandt* (55) vollendet Belvedere-Schloß für Prinz *Eugen* in Wien.

MUSIK *Johann Sebastian Bach* (38) wird Thomaskantor in Leipzig; »Johannespassion«.

1724

POLITIK Kongreß der großen Mächte in Cambrai zur Verhinderung eines drohenden Krieges um die Erbfolge in Parma und Toskana.

KULTUR Auf *Innozenz XIII.* (69) folgt Kardinal *Pietro Francesco Orsini* (75) als Papst *Benedikt XIII.* »Thorner Blutgericht« über protestantische Bürger nach Ausschreitungen gegen das Jesuitenkollegium (7.12.).

1725

POLITIK Bündnis- und Handelsvertrag zwischen Österreich und Spanien zu Wien (1.5.). Dagegen Bündnis von Herrenhausen zwischen Großbritannien, Frankreich und Preußen (3.9.). *Peter der Große* (53) stirbt (8.2.). Seine Gemahlin *Katharina I.* (41) regiert zusammen mit Fürst *Aleksander Menschikow* (53).

KULTUR Allgemeine Medizinalordnung in Preußen. Gründung der Petersburger Akademie der Wissenschaften.

LITERATUR *Johann Christoph Gottsched* (25) gibt bis 1727 die moralische Wochenschrift »Die vernünftigen Tadlerinnen« heraus. *Giovanni Battista Vico* (57) »Principi di una scienza nuova d'intorno alla comune natura delle nazioni« (»Grundzüge einer neuen Wissenschaft über die gemeinschaftliche Natur der Völker«).

KUNST *Josef Emanuel Fischer von Erlach* (32) Hofbibliothek in Wien (bis 1730).

1726

POLITIK Bündnis zwischen Österreich und Rußland (6.3.) und zwischen Preußen und Rußland (mit Bestimmungen über die Interessen in Polen). Österreichisch-preußischer Geheimvertrag von Wusterhausen (12.10.). Kardinal *André Hercule de Fleury* (73) bis 1743 leitender französischer Minister.

LITERATUR *Jonathan Swift* (59) »Gulliver's Travels«.

KUNST *Georg Bähr* (60) beginnt Frauenkirche in Dresden.

1727

POLITIK *Peters des Großen* Enkel *Peter II.* (12) folgt nach dem Tod *Katharinas I.* (43) als Zar von Rußland. Durch den Einfluß der Familie *Dolgorukij* wird *Menschikow* (55) nach Sibirien verbannt. Vertrag von Kiachta zwischen Rußland und China (21.10.): Grenzregelung am Amur, Handelsfreiheit, eine russische Kirche in Peking.

KULTUR *Friederike Caroline Neuber* (»Neuberin«, 30) beginnt die Arbeit mit ihrer Schauspieltruppe (»Hofkomödianten«) in Leipzig.

WIRTSCHAFT In Halle und Frankfurt/Oder wird zuerst an deutschen Universitäten die Kameralwissenschaft (Merkantilismus) gelehrt.

1728

POLITIK Bündnisvertrag zu Berlin zwischen Österreich und Preußen (23.12.): Preußen erkennt die Pragmatische Sanktion gegen Unterstützung seiner Ansprüche auf Jülich und Berg an. *Friedrich Wilhelm I.* (40) richtet »Departement der auswärtigen Affären« für Preußen ein.

LITERATUR *Ephraim Chambers* (48) »Cyclopaedia or Universal Dictionary of Arts and Sciences«.

KUNST *Robert de Cotte* (72) Fürstbischöfliches Palais Rohan in Straßburg (bis 1741).

MUSIK *Johann Christoph Pepusch* (61) »The Beggar's Opera« nach Text von *John Gay* (43).

WISSENSCHAFT *James Bradley* (36) entdeckt die Aberration des Lichts der Fixsterne. *Vitus Bering* (48) durchfährt vom Ochotskischen Meer aus die »Beringstraße«.

1729

POLITIK Im Vertrag von Sevilla (9.11.) verbündet sich Spanien mit Großbritannien und Frankreich.

KUNST *Filippo Juvara* (51) Jagdschloß Stupinigi bei Turin (bis 1735).

MUSIK *Johann Sebastian Bach* (44) »Matthäuspassion«.

WISSENSCHAFT *Stephen Gray* (etwa 59) entdeckt Unterschied zwischen elektrischen Leitern und Nichtleitern.

WIRTSCHAFT Frankfurt wird Sitz der Postverwaltung der *Thurn und Taxis.*

1730

POLITIK Fluchtversuch des preußischen Kronprinzen *Friedrich* (18) führt zu seiner Gefangensetzung und zur Hinrichtung seines Freundes *Hans Hermann von Katte* (26). Zar *Peter II.* (15) stirbt (9.2.), ihm folgt *Anna Iwanowna* (37), Herzogin von Kurland, unter maßgebendem Einfluß ihres Günstlings *Ernst Johann Biron* (40, 1737 Herzog von Kurland).

KULTUR Auf *Benedikt XIII.* (81) folgt *Lorenzo Corsini* als Papst *Clemens XII.* (78).

LITERATUR *Johann Christoph Gottsched* (30) »Versuch einer kritischen Dichtkunst«. *James Thomson* (30) »The Seasons« (Versdichtung, 1801 von *Haydn* vertont).

WISSENSCHAFT *René-Antoine Réaumur* (47) Weingeistthermometerskala.

1731

POLITIK Kaiser *Karl VI.* (46) verzichtet im Vertrag mit England zu Wien (16.3.) auf den Ostindienhandel und erhält dafür die Anerkennung der Pragmatischen Sanktion. Holland tritt dem Vertrag bei.

KULTUR Vertreibung der Salzburger Protestanten durch Erzbischof *Firmian* (52).

LITERATUR *Voltaire* (37) »Histoire de Charles XII.«. Abbé *Prévost* (*Antoine François Prévost d'Exiles*, 34) »Histoire du Chevalier des Grieux et de Manon Lescaut«.

MUSIK *Johann Adolf Hasse* (32) wird Operndirektor in Dresden; »Arminius« (Oper).

WIRTSCHAFT Reichshandwerksordnung gegen Zunftmißbräuche. Erstes Versicherungsgesetz in Hamburg, die »Hamburger Assekuranz- und Haverey-Ordnung«.

1732

POLITIK *Karl VI.* (47) erreicht beim Regensburger Reichstag durch die Mehrheit der Reichsstände Garantie der Pragmatischen Sanktion.

KULTUR *Friedrich Wilhelm I.* von Preußen (44) siedelt vertriebene Salzburger Protestanten in Ostpreußen an. *Alfonso Maria di Liguori* (36) gründet die Congregatio Sanctissimi Redemptoris (Redemptoristen), eine katholische Priesterkongregation.

LITERATUR *Johann Christian Gottsched* (32) »Der sterbende Cato«.

KUNST *Jean-Nicolas Servandoni* (37) Fassade von Saint-Sulpice in Paris (bis 1745).

MUSIK *Johann Gottfried Walther* (48) »Musikalisches Lexikon«.

1733

POLITIK Kantonsreglement *Friedrich Wilhelms I.* (45) für die Rekrutierung des preußischen Heeres (1.5.). *August der Starke* (63) stirbt (1.2.), auf Betreiben Frankreichs wird *Stanislaus Leszczyński* (56) zum polnischen König gewählt (12.9.). Rußland und Österreich erzwingen mit Waffengewalt von einer Minderheit die Wahl von *Augusts des Starken* Sohn *Friedrich II. August* (37) zum König *August III.* von Polen. Beginn des Polnischen Thronfolgekrieges (bis 1735). Frankreich besetzt Lothringen. Erster Familienpakt zwischen der französischen und spanischen Linie des Hauses *Bourbon* (Escorialvertrag 7.11.).

KUNST *Georg Raphael Donner* (40) »Hl. Martin«, Bleiplastik im Dom zu Preßburg. *Johann Joachim Kändler* (27) wird Modellmeister der Meißener Porzellanmanufaktur. *Cosmas Damian* (47) und *Egid Quirin Asam* (41) beginnen Johann-Nepomuk-Kirche und Haus der Gebrüder *Asam* in München.

MUSIK *Johann Sebastian Bach* (48) h-Moll-Messe. *Georg Friedrich Händel* (48) »Deborah« (Oratorium). *Valentin Rathgeber* (51) »Ohren vergnügendes und Gemüt ergötzendes Augsburger Tafelkonfekt« (Liedersammlung bis 1742). *Giovanni Battista Pergolesi* (23) »La Serva Padrona« (Die »Magd als Herrin«) (erste bedeutende Opera buffa).

WIRTSCHAFT *Robert Walpole* (57) führt in England Verkehrssteuern ein.

1734

POLITIK Reichskriegserklärung an Frankreich. Die Österreicher unterliegen den Spaniern bei Bitonto (25.5.) und den französisch-sardinischen Truppen bei Parma (29.6.) und müssen Neapel-Sizilien und fast ganz Oberitalien räumen. *Philipps V.* Sohn wird als *Karl III.* (18) König von Neapel-Sizilien.

LITERATUR *Voltaire* (40) »Lettres philosophiques sur les Anglais«. *Charles de Montesquieu* (45) »Considérations sur les causes de la grandeur des Romains et de leur décadence«. *François Gayot de Pitaval* (61) beginnt »Causes célèbres et intéressantes« (Sammlung von Kriminalfällen, insgesamt 20 Bde.).

KUNST *François de Cuvilliés* (39) beginnt Schloß Amalienburg in Nymphenburg (bis 1739).

MUSIK *Johann Sebastian Bach* (49) Weihnachtsoratorium.

1735

POLITIK Ende des Polnischen Thronfolgekrieges durch den Wiener Präliminarfrieden zwischen Österreich und Frankreich (3.10., ratifiziert 18.11.1738). *August III.* (39) wird als König von Polen anerkannt, *Leszczyński* (58) mit der Anwartschaft auf Lothringen entschädigt, das nach seinem Tod an Frankreich fallen soll. Österreich verliert an Sardinien Novara, und Tortona an den spanischen Infanten *Karl III.* (19) Neapel-Sizilien und erhält dafür Parma-Piacenza. Frankreich erkennt die Pragmatische Sanktion an.

LITERATUR *Alain-René Le Sage* (67) »Gil Blas« (Schelmenroman).

KUNST *William Hogarth* (38) »Leben eines Wüstlings«. *Niccolo Salvi* (etwa 36) Fontana di Trevi in Rom (1762 vollendet).

WISSENSCHAFT *Carl von Linné* (28) »Systema naturae« (13. Aufl. 1788 in 12 Bänden).

1736

POLITIK Verzicht des Reichstags zu Regensburg auf das Herzogtum Lothringen (18.5.). Herzog *Franz Stephan* von Lothringen (28) heiratet *Maria Theresia* von Österreich (19). Krieg zwischen Rußland und der Türkei (bis 1739). Die Russen erobern Asow.

KUNST Fassade von St. Roche zu Paris nach Entwurf von *Robert de Cotte* (gest. 1735; bis 1738).

MUSIK *Gottfried Silbermann* (53) vollendet Orgel für die Dresdener Frauenkirche.

WISSENSCHAFT *Leonhard Euler* (29) »Mechanica sive motus scientia analytice exposita« (2. Bd. 1742).

1737

POLITIK Nach dem Aussterben des Hauses *Medici* tritt *Franz Stephan* von Lothringen (29) die Herrschaft in Toscana an. *Stanislaus Leszczyński* (60) wird Herzog von Lothringen (bis 1766). Österreich tritt an der Seite Rußlands in den Krieg gegen die Türkei ein.

KULTUR Gründung der hannoverschen Universität Göttingen. Erste deutsche Freimaurerloge in Hamburg.

LITERATUR *Johann Jakob Moser* (36) »Deutsches Staatsrecht« (50 Teile bis 1754).

KUNST *Georg Raphael Donner* (46) Neumarktbrunnen in Wien. *Johann Michael Fischer* (45) St. Michael in Berg am Laim (bis 1743). *James Gibbs* (55) Radcliffe-Bibliothek in Oxford (bis 1746).

1738

POLITIK Österreich, England, Holland und Frankreich wenden sich gegen den preußischen Anspruch auf Jülich und Berg (10. 2.).

KULTUR Papst *Clemens XII.* (86) verurteilt die Freimaurerei in der Bulle »In eminenti« (28. 4.). *John Wesley* (35) beginnt seine Predigertätigkeit, begründet zusammen mit seinem Bruder *Charles* (31) und *George Whitefield* (24) die Methodistenbewegung.

LITERATUR *Friedrich von Hagedorn* (30) »Poetische Fabeln und Erzählungen«.

KUNST *Gaetano Chiaveri* (49) Katholische Hofkirche in Dresden (bis 1753).

MUSIK *Georg Friedrich Händel* (53) »Xerxes« (Oper), »Saul« (Oratorium).

WISSENSCHAFT *Daniel Bernoulli* (38) gibt in »Hydrodynamica« Anregung zu einer kinetischen Gastheorie.

1739

POLITIK Nach russischem Sieg unter Feldmarschall *Münnich* (56) bei Stawutschane/Pruth (17. 8.) und österreichischer Niederlage bei Grocka (23. 7.) Friede von Belgrad mit den Türken (Österreich 1. 9., Rußland 18. 9.). Seekrieg Englands gegen Spanien (»War of *Jenkins*' Ear«, bis 1748).

KULTUR Gründung der Königlichen Schwedischen Akademie der Wissenschaften in Stockholm.

LITERATUR Kronprinz *Friedrich* von Preußen (27) »Antimachiavell« (ersch. 1740). *David Hume* (28) »A Treatise on Human Nature« (3 Bde. bis 1740).

KUNST *Antoine Pesne* (56) »*Friedrich II.* als Kronprinz«. *Edme Bouchardon* (41) Fontaine de Grenelle in Paris bis 1745.

MUSIK *Georg Friedrich Händel* (54) zwölf Concerti grossi.

1740

POLITIK König *Friedrich Wilhelm I.* von Preußen (52) und Kaiser *Karl VI.* (55) sterben (31. 5. und 20. 10.). Es folgen *Friedrich II.* (*der Große*, 28) und *Maria Theresia* (23). *Friedrich* marschiert in Schlesien ein (16. 12.: Erster Schlesischer Krieg, bis 1742). Zarin *Anna* (47) stirbt (28. 10.), ihr folgt der Sohn ihrer mecklenburgischen Nichte *Anna*, *Iwan VI.* (geb. Aug.). *Münnich* (57) stürzt den Regenten *Biron* (50).

KULTUR *Friedrich II.* schafft in Preußen die Folter ab und stiftet den Orden »Pour le mérite«. Gründung der Universität von Pennsylvania. Auf *Clemens XII.* (88) folgt Papst *Benedikt XIV.* (*Prospero Lambertini*, 65).

LITERATUR *Johann Christoph Gottsched* (40) »Deutsche Schaubühne« (6 Bde. bis 1745). *Johann Jakob Breitinger* (39) »Kritische Dichtkunst«. *Johann Jakob Bodmer* (42) »Abhandlung von dem Wunderbaren in der Poesie« (beide gegen *Gottsched*). *James Thomson* (40) Operntext »Alfred« (enthält »Rule Britannia«).

WISSENSCHAFT *Benjamin Huntsman* (36) erfindet Tiegel- oder Gußstahlverfahren (um 1740).

1741

POLITIK *Friedrich II.* (29) zieht in Breslau ein (3. 1.). Breslauer Bündnis zwischen Frankreich und Preußen (4. 6.). Ausweitung des Schlesischen Krieges zum Österreichischen Erbfolgekrieg (bis 1748) mit dem Eingreifen Frankreichs, Sachsens, Bayerns und Spaniens gegen Österreich. Bayern überfällt Passau (31. 7.). Vorübergehender Waffenstillstand zwischen Preußen und Österreich zu Kleinschnellendorf (9. 10.). Bayrische, sächsische und französische Truppen erobern Prag (26. 11.). Kurfürst *Karl Albert* von Bayern läßt sich als König von Böhmen huldigen. Ein Staatsstreich bringt *Elisabeth* (32), Tochter *Peters des Großen*, in Rußland an die Macht.

KUNST *Georg Wenzeslaus von Knobelsdorff* (42) Opernhaus in Berlin (bis 1743).

1742

POLITIK *Karl Albert* von Bayern (45) wird in Frankfurt zum Kaiser *Karl VII.* gewählt (24. 1.). Im Breslauer Präliminarfrieden (11. 6., ratifiziert Berlin 28. 7.) tritt Österreich Ober- und Niederschlesien und die Grafschaft Glatz an Preußen ab. Österreich erobert Böhmen zurück und besetzt Bayern.

KULTUR Gründung der Königlichen Dänischen Akademie der Wissenschaften in Kopenhagen.

LITERATUR *Edward Young* (59) »Night Thoughts on Life, Death and Immortality« (Gedichte bis 1744).

KUNST *François Boucher* (39) »Diana im Bade«.

MUSIK *Johann Sebastian Bach* (57) »*Goldberg*-Variationen«. *Georg Friedrich Händel* (57) »Messias«. Eröffnung der Berliner Oper.

WISSENSCHAFT *Andreas Celsius* (41) schlägt 100teilige Thermometerskala vor.

1743

POLITIK Bayern schließt die Neutralitätskonvention von Niederschönfeld (27. 6.). Durch den Wormser Vertrag (13. 9.) mit Österreich und England tritt Sardinien gegen Frankreich und Spanien in den Krieg ein. Zweiter bourbonischer Familienpakt zwischen Frankreich und Spanien in Fontainebleau. Im Frieden von Åbo (19. 8.) erhält Rußland von Schweden Gebiete in Ostfinnland (Vilmanstrand, Frederikshamn). Zarin *Elisabeth* (34) erzwingt die Wahl ihres Günstlings *Adolf Friedrich* von Holstein-Gottorp (33) zum schwedischen Thronfolger.

KULTUR Gründung der Universität Erlangen. Verbot der Freimaurerei in Österreich und Portugal.

KUNST *Balthasar Neumann* (56) Treppenhaus in Schloß Brühl (bis 1745) und Wallfahrtskirche Vierzehnheiligen (bis 1772).

WISSENSCHAFT *Jean d'Alembert* (26) »Traité de dynamique« (mit »d'Alembertschem Prinzip«).

1744

POLITIK In der »Frankfurter Union« verbinden sich *Karl VII.* (47), Preußen, Pfalz und Hessen-Kassel zur Aufrechterhaltung der Reichsverfassung (22.5.). Erneuerung des preußisch-französischen Bündnisses (5.6.). *Friedrich II.* (32) marschiert in Böhmen ein (Aug.: Zweiter Schlesischer Krieg, bis 1745). Frankreich tritt an der Seite Spaniens in den Seekrieg gegen England ein.

LITERATUR *Ludwig Gleim* (25) »Versuch in scherzhaften Liedern« (3 Bde. bis 1758).

KUNST *Giovanni Battista Piranesi* (24) »Carceri« (Radierungen).

MUSIK *Georg Friedrich Händel* (59) »Joseph« und »Semele« (Oratorien).

WISSENSCHAFT *Pierre Louis Maupertuis* (46) formuliert Prinzip der kleinsten Wirkung.

1745

POLITIK Allianz Großbritanniens, Hollands, Österreichs und Sachsens zu Warschau (Jan.). Kaiser *Karl VII.* (48) stirbt (20.1.). Sein Sohn *Maximilian Josef* (18) verzichtet im Füssener Frieden (22.4.) mit Österreich auf seine Erbansprüche gegen Rückerstattung Bayerns, *Maria Theresias* Gemahl wird als *Franz I.* (37) in Frankfurt zum Kaiser gewählt (13.9.). Gegen Bestätigung des Besitzes von Schlesien erkennt Preußen im Frieden von Dresden (25.12.) die Wahl an. Der Stuartprätendent *Charles Edward* (25) unterwirft mit französischer Unterstützung Schottland. Madame *Pompadour* (24) wird die Geliebte *Ludwigs XV.* (35) mit wachsendem Einfluß auf die Politik.

LITERATUR *Carlo Goldoni* (38) »Il Servitore di due padroni« (»Diener zweier Herren«).

KUNST *William Hogarth* (48) »Ehe nach der Mode«. *Jean-Etienne Liotard* (43) »Schokoladenmädchen« (um 1745). *Georg Wenzeslaus von Knobelsdorff* (46) beginnt Schloß Sanssouci (bis 1747). *Balthasar Neumann* (58) Klosterkirche Neresheim (bis 1792).

MUSIK *Johann Stamitz* (28) wird Musikdirektor in Mannheim und begründet die Mannheimer Schule.

WISSENSCHAFT Erfindung des elektrischen Kondensators von *Ewald Jürgen von Kleist* (45) und *Pieter van Musschenbroek* (53) in Leiden (»Leidener Flasche«).

1746

POLITIK Defensivbündnis zwischen Österreich und Rußland (2.6.). Sicherung der österreichischen Herrschaft in Oberitalien durch den Sieg über Spanier und Franzosen bei Piacenza (15.6.). Sieg des Marschalls *Moritz* von Sachsen (50) über die Pragmatische Armee bei Rocourt (11.10.).

LITERATUR *Friedrich II.* (34) »Histoire de mon temps«. *Christian Fürchtegott Gellert* (31) »Fabeln und Erzählungen« (2. Bd. 1748), »Das Leben der schwedischen Gräfin von G.«

KUNST *Dominicus Zimmermann* (61) Wallfahrtskirche Wies (bis 1754).

MUSIK *Georg Friedrich Händel* (61) »Judas Makkabäus« (Oratorium).

1747

POLITIK *Wilhelm IV. von Oranien* (36) wird Erbstatthalter aller niederländischen Provinzen. Englischer Seesieg über die französische Flotte bei Kap Finisterre (3.5.).

KULTUR *Samuel von Cocceji* (68) wird preußischer Großkanzler und reformiert das preußische Justizwesen.

LITERATUR *Samuel Richardson* (58) »Clarissa« (Briefroman, bis 1748).

KUNST *Johann Boumann* (41) beginnt Hedwigskirche in Berlin.

MUSIK *Johann Sebastian Bach* (62) »Musikalisches Opfer«.

WISSENSCHAFT *James Bradley* (55) berichtet über seine Entdeckung der Nutation der Erdachse. *Andreas Marggraf* (38) entdeckt Zuckergehalt der Rübe.

1748

POLITIK Ende des Österreichischen Erbfolgekrieges durch den Frieden von Aachen zwischen Großbritannien, Österreich, Holland und Sardinien einerseits und Frankreich, Spanien, Modena und Genua andererseits (18.10.): Verzicht Österreichs und Sardiniens auf Parma, Piacenza und Guastalla zugunsten der spanischen Bourbonen. Garantie der Pragmatischen Sanktion und des preußischen Besitzes von Schlesien.

LITERATUR *Johann Christoph Gottsched* (48) »Deutsche Sprachkunst«. *Friedrich Gottlieb Klopstock* (24) »Messias« (Gesang 1–3, vollendet 1773). *David Hume* (37) »An Enquiry concerning Human Understanding«. *Charles de Montesquieu* (59) »De l'Esprit des Lois«. *Julien Offray de Lamettrie* (39) »L'homme machine«.

MUSIK Eröffnung des Bayreuther Opernhauses.

WISSENSCHAFT *Michail Lomonossow* (37) formuliert Massenerhaltungsgesetz bei chemischen Prozessen (in Westeuropa nicht beachtet).

1749

POLITIK Übertragung der Befugnisse der ständisch zusammengesetzten österreichischen und böhmischen Hofkanzleien in Wien auf das zentralistische »Directorium in publicis et cameralibus« (2.5.) als oberster Verwaltungsbehörde.

LITERATUR *Henry Fielding* (42) »Tom Jones«. *Emanuel Swedenborg* (61) »Arcana Coelestia« (8 Bde. bis 1758, mystische Theologie).

KUNST *Conte Carlo Rastrelli* (49) beginnt Großes Palais in Zarskoje Selo (jetzt Puschkin).

MUSIK *Johann Sebastian Bach* (64) »Kunst der Fuge«.

WISSENSCHAFT *George de Buffon* (42) »Histoire naturelle« (36 Bde. bis 1788).

1750

POLITIK Vertrag von Madrid zur genauen Festlegung der Grenze zwischen portugiesischem und spanischem Besitz in Südamerika (13.1.): Spanien erhält Colonia do Sacramento.

KULTUR *Voltaire* (56) am Hof in Sanssouci (bis 1753).

LITERATUR *Carlo Goldoni* (43) »La bottega di caffé«.

KUNST *Giovanni Battista Tiepolo* (54) Fresken in der Würzburger Residenz (bis 1753). *François de Cuvilliés* (55) Residenztheater in München (bis 1753).

WIRTSCHAFT England verzichtet gegen Geldzahlung auf den Asientovertrag (5.10.).

1751

POLITIK *Adolph Friedrich* (41), vermählt mit *Friedrichs II.* Schwester *Luise Ulrike* (31), wird König von Schweden. *Johann Hartwig Ernst Bernstorff* (39) ist leitender dänischer Minister.

KULTUR Gründung der »Vossischen Zeitung« aus der »Berlinischen Privilegierten Zeitung« von 1721. Gründung der Göttinger »Gelehrten Gesellschaft« (Akademie der Wissenschaften).

LITERATUR *David Hume* (40) »An Enquiry concerning the Principles of Morals«. *Voltaire* (57) »Le siècle de Louis XIV.«. »Encyclopédie, ou Dictionnaire raisonné des sciences, des arts et des métiers par une societé de gens de lettres...«, hrsg. von *Denis Diderot* (38) und *Jean Baptiste d'Alembert* (34; in 35 Bd. bis 1780).

WIRTSCHAFT Errichtung der preußischen Handelsgesellschaft in Emden.

1752

LITERATUR *Friedrich II.* (40) »Politisches Testament«. *Carlo Goldoni* (45) »La locandiera« (Mirandolina).

KUNST *Luigi Vanvitelli* (52) Schloß Caserta bei Neapel (bis 1773).

MUSIK Buffonistenstreit um die italienische Oper in Paris.

WISSENSCHAFT *Benjamin Franklin* (44) erfindet den Blitzableiter.

1753

POLITIK *Wenzel Anton, Graf Kaunitz* (42), wird Leiter der neuen österreichischen Hof- und Staatskanzlei für die Außenpolitik.

KULTUR Gründung des Britischen Museums in London. Päpstliches Konkordat mit Spanien auf Kosten der Rechte des Vatikans.

KUNST *Ignaz Günther* (28) Figurenschmuck in der Klosterkirche Weyarn (bis 1764). *Jacques Ange Gabriel* (55) beginnt Anlage des Place de la Concorde in Paris.

1754

POLITIK Nach englischen Siegen in Indien unter *Robert Clive* (29) verzichtet die französische Ostindien-Kompanie auf jede Machtstellung in Ostindien. Zusammenstoß zwischen Engländern und Franzosen beim Vordringen ins Ohiotal.

KULTUR Gründung der Columbia University in New York.

LITERATUR *Denis Diderot* (41) »Pensées sur l'interprétation de la nature« (pantheistischer Materialismus).

KUNST *Konrad Schlaun* (59) Erbdrostenhof in Münster (bis 1757). *Conte Carlo Rastrelli* (54) Winterpalais in Petersburg (bis 1762).

1755

POLITIK »Landesgrundgesetzlicher Erbvergleich«, Grundlage der ständischen Verfassung in Mecklenburg bis 1918. Die Zusammenstöße in Nordamerika führen zum Krieg zwischen England und Frankreich (bis 1763). Niederlage der Engländer unter General *Braddock* (etwa 60) gegen die Franzosen bei Fort Duquesne (9.7.).

KULTUR Zerstörung Lissabons durch Erdbeben (1.11.). Gründung der Moskauer Universität.

LITERATUR *Gotthold Ephraim Lessing* (26) »Miß Sara Sampson« (erstes deutsches bürgerliches Trauerspiel). *Johann Joachim Winckelmann* (38) »Gedanken über Nachahmung der griechischen Werke in Malerei und Bildhauerkunst«. *Samuel Johnson* (46) »Dictionary of the English Language«. *Michail Lomonossow* (44) erste russische Grammatik.

KUNST Place *Stanislas* in Nancy (um 1755).

MUSIK *Josef Haydn* (23) Erstes Streichquartett. *Karl Heinrich Graun* (51) »Der Tod *Jesu*« (Oratorium).

1756

POLITIK Preußen schließt mit England die Westminsterkonvention zur Aufrechterhaltung des Friedens und zur gemeinsamen Abwehr eines Angriffs auf Deutschland (16.1.), woraufhin sich Frankreich und Österreich in Versailles verbünden (1.5.): »Der Wechsel der Koalitionen«. *Friedrich II.* (44) marschiert in Kursachsen ein (29.8.: Beginn des 7jährigen Krieges). Gegenseitige Kriegserklärung Englands und Frankreichs. Die Franzosen erobern Menorca. Englisch-russischer Subsidienvertrag.

LITERATUR *Voltaire* (62) »Essai sur les moeurs et l'esprit des nations« (endgültige Fassung 1769).

KUNST *Giovanni Battista Piranesi* (36) »Le Antichità romane« (Radierungen der römischen Altertümer).

WIRTSCHAFT Erste Gewerbeausstellung in London. Gründung der Porzellanmanufaktur von Sèvres.

1757

POLITIK Reichstagsmehrheit (ohne Hannover, Braunschweig-Wolfenbüttel, Hessen-Kassel) beschließt Reichskrieg gegen Preußen (10. 1.). Bündnis zwischen Österreich und Rußland (22. 1.), dem sich Schweden anschließt, und Erweiterung des österreichisch-französischen Bündnisses (1. 5.) zu einer Offensivallianz (»Kaunitzsche Koalition gegen Preußen«). Sieg der Franzosen unter Herzog *von Estrées* (60) über die englisch-hannoverschen Truppen unter *Cumberland* (36) bei Hastenbeck (26. 7.), Kapitulation von Kloster Zeven (8. 9.). Die Russen dringen in Ostpreußen ein und siegen bei Großjägersdorf (30. 8.). Die Schweden fallen in Pommern ein (Sept.). Der österreichische Feldmarschall *Andreas Hadik* (47) besetzt vorübergehend Berlin (16./17. 10.). *Friedrich II.* besiegt Franzosen und Reichsheer bei Roßbach (5. 11.) und Österreicher bei Leuthen (5. 12.). *William Pitt d. Ä.* (49) führt (bis 1761) die preußenfreundliche Außenpolitik Englands. *Robert Clive* (32) besiegt die von Frankreich unterstützten Bengalen bei Plassey (23. 6.): Beginn der Eroberung Indiens durch England.

LITERATUR *Christian Fürchtegott Gellert* (42) »Geistliche Lieder und Oden«. *David Hume* (46) »The Natural History of Religion«.

WISSENSCHAFT *Albrecht von Haller* (49) »Elementa physiologiae corporis humani« (8 Bde. bis 1766).

1758

POLITIK Subsidienvertrag Preußens mit England zu Westminster (11. 4.). Eroberung der französischen Festungen Louisbourg (26. 7.) und Fort Duquesne (25. 11., umbenannt in Pittsburgh) in Nordamerika durch die Engländer. Nach einem Attentat auf König *Joseph I.* (43) läßt *Pombal* (59) die Führer des portugiesischen Adels hinrichten.

KULTUR Nach dem Tod *Benedikts XIV.* (83) folgt *Carlo Rezzonico* (65) als Papst *Clemens XIII.*

LITERATUR *Claude Adrien Helvétius* (43) »De l'esprit«.

WIRTSCHAFT *François Quesnay* (64) »Tableau économique« (Grundlage der modernen Wirtschaftswissenschaft).

1759

POLITIK *Friedrich II.* (47) wird von den vereinigten Österreichern und Russen unter *Freiherr von Laudon* (42) bei Kunersdorf vollständig geschlagen (12. 8.). Der preußische General *Finck* (41) kapituliert vor *Daun* (54) bei Maxen (21. 11.). Die Engländer erobern das französische Quebec (18. 9.). Englische Seesiege vor Lagos (Aug.) und Quiberon (26. 11.) vernichten die französische Mittelmeer- und Atlantikflotte. Nach dem Tod *Ferdinands VI.* (47) folgt sein Halbbruder *Karl III.* (43) als König von Spanien, Neapel-Sizilien erhält dessen Sohn *Ferdinand IV.* (8).

KULTUR *Pombal* (60) setzt die Ausweisung der Jesuiten aus Portugal durch.

LITERATUR *Gotthold Ephraim Lessing* (30), *Friedrich Nicolai* (26) und *Moses Mendelssohn* (30) geben bis 1766 die Zeitschrift »Briefe, die neueste Literatur betreffend« heraus.

KUNST *Johann Michael Fischer* (67) Klosterkirche Rott am Inn (bis 1763).

MUSIK *Josef Haydn* (27) 1. Sinfonie D-Dur.

WISSENSCHAFT *Caspar Friedrich Wolff* (26) »Theoria generationis« (embryonale Epigenesis in der Entwicklungsgeschichte). Gründung der Kurfürstlich-bayerischen Akademie der Wissenschaften in München.

1760

POLITIK Russen und Österreicher besetzen vorübergehend Berlin (9.–12. 10.). Errichtung des portugiesischen Vizekönigreiches Brasilien.

KULTUR Zarin *Elisabeth* (51) gibt den Gutsbesitzern das Recht, unbotmäßige Bauern nach Sibirien zu verschicken.

LITERATUR *Laurence Sterne* (47) »The Life and Opinions of Tristram Shandy« (9 Bde. bis 1767).

WISSENSCHAFT *Johann Heinrich Lambert* (32) »Photometria sive de mensura et gradibus lucis, colorum et umbrae« (Begründung der Lichtmessung).

1761

POLITIK *William Pitt d. Ä.* (53) wird von der englischen Friedenspartei der *Stuarts* gestürzt (5. 10.) Sein Nachfolger *John Stuart Bute* (48) erneuert den Subsidienvertrag mit Preußen nicht und scheidet aus dem Festlandskrieg aus. Eroberung des letzten französischen Stützpunktes in Indien, Pondicherry (10. 1.), durch England.

LITERATUR *Jean Jacques Rousseau* (49) »Julie, ou la nouvelle Héloise«.

MUSIK *Christoph Willibald Gluck* (47) »Orfeo ed Euridice« (erste Reformoper).

WISSENSCHAFT *Leopold Auenbrugger* (39) erfindet Perkussion zur medizinischen Untersuchung.

WIRTSCHAFT Gründung der Nymphenburger Porzellanmanufaktur.

1762

POLITIK Zarin *Elisabeth* (53) stirbt (5. 1.), ihr Neffe Herzog *Karl Peter Ulrich* von Holstein-Gottorp (34) folgt als Zar *Peter III.* (Haus Holstein-Gottorp bis 1917). Er schließt Frieden mit Preußen (5. 5.), dem Schweden beitritt (22. 5.). *Peter* wird gestürzt und ermordet (9. 7.), seine Gemahlin besteigt als *Katharina II.* (*Sophie Auguste* von Anhalt-Zerbst, 33) den Zarenthron. England erklärt Spanien den Krieg

(Jan.) und erobert Kuba (Habana) und Philippinen (Manila).

LITERATUR *Jean Jacques Rousseau* (50) »Emile, ou l'éducation«, »Du contrat social, ou principes du droit politique«. *Carlo Gozzi* (42) »Turandot«.

KUNST *Giovanni Battista Tiepolo* (66) wird zur Ausmalung der Residenz nach Madrid berufen (u.a. »Schmiede des Vulkan«). *Jacques-Ange Gabriel* (64) »Petit Trianon« im Park von Versailles (bis 1764).

WISSENSCHAFT *Joseph Black* (34) Lehre von der »latenten Wärme«. Erste Tierarzneischule in Lyon.

1763

POLITIK Ende des 7jährigen Krieges Preußens mit Österreich und Sachsen durch den Frieden von Hubertusburg (15.2.): Preußen behält Schlesien und Glatz. Friede Frankreichs und Spaniens mit England und Portugal zu Paris (10.2.): England erhält Kanada, Neuschottland, Kap Breton, St.-Lorenz-Strom, Louisiana östlich des Mississippi, die westindischen Inseln Grenada, St. Vincent, Dominica und Tobago, von Spanien Florida, gibt Kuba an Spanien zurück; Spanien erhält von Frankreich Louisiana westlich des Mississippi. Mit dem Tod *Augusts III.* (5.10.) endet die Personalunion zwischen Sachsen und Polen.

KULTUR Preußisches Generallandschulreglement, ausgearbeitet von *Johann Julius Hecker* (56).

LITERATUR *David Hume* (52) »History of England« (8 Bde.).

KUNST *Joshua Reynolds* (40) »Nelly O'Brien«.

WIRTSCHAFT Gründung der Königlich-Preußischen Porzellanmanufaktur in Berlin.

1764

POLITIK *Joseph II.* (23) wird in Frankfurt zum römischen König gewählt. Bündnis zwischen Preußen und Rußland zur Wahrung der gemeinsamen Interessen in Polen (11.4.). *Katharina II.* (35) erzwingt mit Waffengewalt die Wahl ihres Günstlings *Stanislaus Poniatowskij* (32) zum polnischen König *Stanislaus II. August* (7.9.). Mit Errichtung des »Kleinrussischen Kollegiums« wird die Autonomie der ukrainischen Kosaken beseitigt. Beginn der Ansiedlung von Deutschen an der Wolga.

KULTUR *Choiseul* (45) erreicht Verbot des Jesuitenordens in Frankreich. *Cesare Beccaria* (26) fordert in »Dei delitti e della pene« (»Über Verbrechen und ihre Strafen«) Humanisierung des Justizverfahrens.

LITERATUR *Johann Joachim Winckelmann* (47) »Geschichte der Kunst des Altertums«. *Thomas Reid* (54) »Inquiry into the Human Mind or the Principles of Common Sense«. *Voltaire* (70) »Dictionnaire philosophique«.

KUNST *Jacques-Germain Soufflot* (51) Ste.-Geneviève (Pantheon) in Paris (bis 1790).

WIRTSCHAFT Kabinettsorder *Friedrichs II.* gegen das wieder zunehmende Bauernlegen. Englisches Gesetz zur Änderung der Zollsätze für die amerikanischen Kolonien (»Sugar Act«).

1765

POLITIK Nach dem Tod *Franz' I.* (57) wird sein Sohn *Joseph II.* (24) zum Kaiser gewählt (18.8.). In den habsburgischen Ländern wird er Mitregent neben *Maria Theresia* (48). Englisches Stempelgesetz für die Besteuerung der Rechtsurkunden in den amerikanischen Kolonien (1766 zurückgenommen).

LITERATUR *Friedrich Nicolai* (32) »Allgemeine deutsche Bibliothek« (bis 1806). *James Macpherson* (29) »The works of Ossian«. *Thomas Percy* (36) »Reliques of Ancient English Poetry«.

WISSENSCHAFT Verbessertes Chronometer von *John Harrison* (72). Gründung der Bergakademie Freiberg.

WIRTSCHAFT Staatliches Tabakmonopol in Preußen.

1766

POLITIK Vereinigung des Herzogtums Lothringen mit Frankreich nach dem Tod *Stanislaus Leszczyński*s (23.2.). Zarin *Katharinas* (37) liberale »Instruktion für die Kommission zur Abfassung eines Projektes für ein neues Gesetzbuch«. Ergebnislose Arbeit der Kommission 1767–68.

LITERATUR *Gotthold Ephraim Lessing* (37) »Laokoon oder über die Grenzen der Malerei und Poesie«. *Christoph Martin Wieland* (33) »Agathon«. *Oliver Goldsmith* (38) »Vicar of Wakefield«.

KUNST *Jean-Honoré Fragonard* (34) »Die Schaukel«. *Etienne Maurice Falconet* (50) beginnt in Petersburg Reiterdenkmal *Peters des Großen*.

WISSENSCHAFT *Henry Cavendish* (37) entdeckt Wasserstoff (»inflammable air«).

WIRTSCHAFT *Anne Robert Turgot* (39) »Réflexions sur la formation et la distribution des richesses« (physiokratische Gedanken).

1767

POLITIK Beginn der Arbeit einer Reichsdeputation zur Bearbeitung der Revisionsurteile am Reichskammergericht zu Wetzlar.

KULTUR Gründung des Hamburger Nationaltheaters. Ausweisung der Jesuiten aus Spanien, Neapel und den Kolonien.

LITERATUR *Gotthold Ephraim Lessing* (38) »Minna von Barnhelm«, als Dramaturg am Hamburger Nationaltheater gibt er die (1763 geschriebene) »Hamburgische Dramaturgie« (2. Bd. 1769) heraus.

KUNST *Johann Konrad Schlaun* (72) Fürstbischöfliches Schloß zu Münster (bis 1773).

MUSIK *Christoph Willibald Gluck* (53) »Alceste«.

WISSENSCHAFT »Jenny«-Spinnmaschine von *James Hargreaves* (etwa 22).

WIRTSCHAFT *P. S. Dupont de Nemours* (28) »Physiocratie, ou constitution naturelle du gouvernement le plus avantageux du genre humain« (zusammenfassende Darstellung des Physiokratismus).

1768

POLITIK Genua tritt gegen Geldentschädigung Korsika an Frankreich ab. Der national gesinnte polnische Adel schließt sich zur Konföderation von Bar zusammen (29.2.). Bürgerkrieg mit russischer Intervention gegen die Konföderation, zu deren Gunsten die Türken eingreifen (Okt.).

LITERATUR *Justus Möser* (69) »Osnabrückische Geschichte« (2. Bd. 1780). *Laurence Sterne* (55) »Sentimental Journey through France and Italy«. »Encyclopaedia Britannica« (bis 1771).

MUSIK *Wolfgang Amadeus Mozart* (12) »Bastien und Bastienne«.

WISSENSCHAFT Erste Forschungsreise *James Cooks* (40; bis 1771) an die australische Ostküste.

1769

POLITIK Zusammenkunft *Friedrichs II.* (57) mit *Joseph II.* (28) in Neiße (25.8.) und Mährisch-Neustadt (3.–7.9. 1770) wegen der russischen Erfolge gegen die Türken auf dem Balkan. Österreich besetzt die seit 1412 an Polen verpfändete Zips.

KULTUR Auf *Clemens XIII.* (76) folgt *Lorenzo Ganganelli* (64) als Papst *Clemens XIV.*

LITERATUR *Friedrich Gottlieb Klopstock* (45) »Hermanns-Schlacht«. Gründung des Göttinger »Musenalmanachs«. »Letters of Junius« bis 1773 im »Public Advertiser« (London, scharfe Kritik an der englischen Regierung).

KUNST *Friedrich Wilhelm von Erdmannsdorf* (33) Schloß Wörlitz bei Dessau (bis 1773).

MUSIK *Christoph Willibald Gluck* (55) »Paris und Helena«, Text von *Ranieri Calzabigi* (55).

WISSENSCHAFT *James Watt* (33) erhält Patent für seine verbesserte Dampfmaschine. *Richard Arkwright* (37) erfindet Spinnmaschine mit automatischer Garnzuführung (1775 mit Wasserkraftantrieb).

WIRTSCHAFT *Josiah Wedgwood* (39) errichtet Manufaktur für das von ihm erfundene Steinzeug.

1770

POLITIK »Erbvergleich« Herzog *Karl Eugens* (42) mit den Ständen bestätigt die alten Rechte der württembergischen »Landschaft«. Zusammenstoß zwischen Bürgern und englischen Soldaten in Boston (»Boston Massacre« 5.3.). *Johann Friedrich Struensee* (33) verdrängt *Johann Hartwig Ernst Bernstorff* (58) und wird leitender dänischer Minister. Vernichtende Niederlage der türkischen Flotte durch die russische Ostseeflotte bei Tschesme (5./6.7.).

KULTUR Herzog *Karl Eugen* gründet Karlsschule auf der Solitude, 1775 nach Stuttgart verlegt. *Immanuel Kant* (46) wird Professor der Logik und Metaphysik in Königsberg.

LITERATUR *Johann Bernhard Basedow* (47) »Methodenbuch für Väter und Mütter der Familien und Völker«.

1771

POLITIK Das Pariser Parlament wird aufgelöst und unter Kanzler *Nicolas Charles Augustin de Maupeou* (57) ein königlicher Rat gebildet (Parlament *Maupeou*).

LITERATUR *Friedrich Gottlieb Klopstock* (47) »Oden«. *Matthias Claudius* (31) gibt den »Wandsbecker Boten« heraus. *Tobias Smollett* (50) »*Humphrey Clinker*«.

KUNST *Anton Graff* (35) »*Lessing*«. *Thomas Gainsborough* (44) »Knabe in Blau« (um 1771).

1772

POLITIK Niederschlagung des Aufstandes der polnischen Konföderierten durch Rußland. Erste Teilung Polens (5.8.). Unter Führung von *Samuel Adams* (51) entstehen in den Neuengland-Kolonien von Massachusetts aus »Korrespondenzkomitees«. *Struensee* (35) wird von einer Adelsverschwörung gestürzt und enthauptet (28.4.). *Gustav III. Adolf* (26) beseitigt mit einem Staatsstreich die Macht der Adelsparteien (19.8.) und stellt die volle königliche Autorität in Schweden wieder her (19.8.): Ende der »Freiheitszeit«.

KULTUR Ende der Inquisition in Frankreich.

LITERATUR *Gotthold Ephraim Lessing* (43) »Emilia Galotti«. *Christoph Martin Wieland* (39) »Der goldene Spiegel«. *Johann Gottfried Herder* (28) »Über den Ursprung der Sprache«. Gründung des Göttinger »Hainbundes«.

MUSIK *Josef Haydn* (40) »Sonnenquartette«.

WISSENSCHAFT *Karl Wilhelm Scheele* (30) entdeckt Sauerstoff (unabhängig von ihm 1774 *Joseph Priestley*).

WIRTSCHAFT Gründung der preußischen Seehandlungsgesellschaft.

1773

POLITIK Die Ostindische Kompanie wird der Kontrolle des britischen Parlaments unterstellt (»Regulating Act«). Versenkung von Teeladungen im Hafen von Boston aus Protest gegen die englische Zollpolitik (»Boston Tea Party«, 16.12.). Nach militärischen Drohungen der Teilungsmächte ratifiziert der polnische Reichstag den Teilungsvertrag von 1772 (18.9.). *Graf Andreas von Bernstorff* (38) dänischer Außenminister. Russischer Kosaken- und Bauernaufstand unter *Jemaljan Pugatschow* (etwa 31; 1774 blutig niedergeworfen).

KULTUR Abschaffung der Sklaverei in Portugal, nicht aber in Brasilien. *Clemens XIV.* (68) hebt den Jesuitenorden auf (21.7.).

LITERATUR *Johann Wolfgang von Goethe* (24) »Götz von Berlichingen«. *Christoph Martin Wieland* (40) gibt den »Teutschen Merkur« (bis 1789) heraus. *Denis Diderot* (60) »Jacques le fataliste«.

KUNST *Daniel Chodowiecki* (47) »Reise nach Danzig« (Federzeichnungen).

1774

POLITIK Sperrung des Hafens von Boston, Übertragung umfassender Vollmachten auf den Gouverneur von Massachusetts und Festlegung der Südgrenze Kanadas (Quebec Act) durch England. 1. Kontinentalkongreß in Philadelphia (5.9.) mit Erklärung der Rechte der Kolonien (nur Georgia nicht vertreten). *Warren Hastings* (42), seit 1772 Gouverneur von Bengalen, wird erster englischer Generalgouverneur von Indien. *Ludwig XV.* (64) stirbt (10.5.), sein Enkel *Ludwig XVI.* (20) König von Frankreich. Das Pariser Parlament erhält seine alten Rechte zurück. Im Frieden von Kütschük-Kainardschi (21.7.) erwirbt Rußland vom Osmanischen Reich Asow, Küstengebiet zwischen Bug und Dnjepr und Interventionsrecht in Moldau und Walachei.

LITERATUR *Johann Wolfgang von Goethe* (25) »Leiden des jungen Werther«, »Clavigo«. *Friedrich Gottlieb Klopstock* (50) »Deutsche Gelehrtenrepublik«. *Justus Möser* (54) »Patriotische Phantasien« (bis 1786).

MUSIK *Christoph Willibald Gluck* (60) »Iphigénie en Aulide«.

WISSENSCHAFT Experimente *Antoine Laurent Lavoisiers* (31) zum Beweis der Erhaltung der Masse bei chemischen Veränderungen.

1775

POLITIK Die Türkei tritt die Bukowina an Österreich ab (7.5.). Erster bewaffneter Zusammenstoß zwischen englischen Truppen und amerikanischer Miliz bei Lexington (19.4.). Der 2. Kontinentalkongreß ernennt *George Washington* (43) zum Oberbefehlshaber der amerikanischen Truppen (15.6.). Verlustreicher Sieg der Engländer bei Bunkershill (16.6.).

KULTUR Nach dem Tod *Clemens' XIV.* (22.9.1774) folgt *Gianangelo Graf Braschi* (58) als Papst *Pius VI.*

LITERATUR *Johann Kaspar Lavater* (34) »Physiognomische Fragmente zur Beförderung der Menschenkenntnis und Menschenliebe« (4 Bde. bis 1778). *Pierre de Beaumarchais* (43) »Le barbier de Séville«.

KUNST *Jean Honoré Fragonard* (43) »Wäscherinnen«.

WISSENSCHAFT *Alessandro Volta* (30) erfindet den Elektrophor.

1776

POLITIK Vermietung deutscher Soldaten an England zum Kampf gegen die amerikanischen Kolonien, besonders aus Hessen-Kassel. Die englischen Truppen werden zum Abzug aus Boston gezwungen (17.3.). Unabhängigkeitserklärung der 13 amerikanischen Kolonien (4.7.). Die Engländer unter General *Howe* (47) besiegen *Washington* (44) in der Schlacht von Long Island (27.8.) und erobern New York (15.9.). *Benjamin Franklin* (70) wird erster amerikanischer Gesandter in Paris. Nach der Entlassung *Turgots* (49) wird *Jacques Necker* (44) französischer Finanzminister.

KULTUR Abschaffung der Folter in Österreich. Gründung des Wiener Nationaltheaters (Burgtheater).

LITERATUR *Friedrich Maximilian Klinger* (24) »Sturm und Drang« (Schauspiel). *Edward Gibbon* (39) »History of the Decline and Fall of the Roman Empire« (7 Bde. bis 1788). *Thomas Paine* (39) »Common Sense«.

WIRTSCHAFT *Adam Smith* (53) »Inquiry into the Nature and Causes of the Wealth of Nations«.

1777

POLITIK General *Howe* (48) besetzt Philadelphia (26.9.) und schlägt *Washington* (45) bei Germantown (4.10.). Kapitulation der englischen Truppen unter General *Burgoyne* (55) bei Saratoga (17.10.). Konföderationsakte: erste Verfassung der Vereinigten Staaten (15.11., ratifiziert bis 1781). Vertrag von San Ildefonso (1.10.) regelt erneut die Grenzziehung zwischen spanischen und portugiesischen Kolonien in Südamerika: Portugal tritt Colonia do Sacramento ab.

LITERATUR *Thomas Chatterton* (15) »Rowley Poems« (als mittelalterlich ausgegeben). *William Robertson* (56) »History of America«.

KUNST *Jean Baptiste Greuze* (52) »Der zerbrochene Krug«.

MUSIK *Josef Haydn* (45) C-Dur-Sinfonie.

1778

POLITIK Nach dem Aussterben der bayerischen Linie der *Wittelsbacher* mit dem Tod Kurfürst *Maximilian Josephs* (30.12.1777) und Vertrag mit dem Erben, Kurfürst *Karl Theodor* von der Pfalz (3.1.), besetzt Österreich Niederbayern und Oberpfalz. Eingreifen Preußens mit Einmarsch in Böhmen (5.7.), aber keine militärische Auseinandersetzung: »Bayerischer Erbfolgekrieg«. Bündnis- und Handelsvertrag der Vereinigten Staaten mit Frankreich (6.2.).

LITERATUR *Johann Gottfried Herder* (34) »Volkslieder« (bis 1779).

KUNST *Jean-Antoine Houdon* (37) Bronzebüsten *Voltaires* (Berlin) und *Rousseaus.*

WISSENSCHAFT *James Cook* (50) entdeckt Hawaii.

1779

POLITIK Friede von Teschen zwischen Preußen und Österreich unter russischer und französischer Garantie (13.5.): Österreich erhält das Innviertel, Preußen die Anerkennung seiner Ansprüche auf Ansbach und Bayreuth, Kurfürst *Karl Theodor* (55) behält Bayern und vereinigt die pfälzische und bayerische Kurwürde. Spanien tritt dem französisch-amerikanischen Bündnis bei und beginnt den Krieg gegen England (Juni). Vergebliche Belagerung Gibraltars (bis 1783).

KULTUR Gründung des Mannheimer Nationaltheaters. Gründung der Königlichen Akademie der Wissenschaften in Lissabon.

LITERATUR *Gotthold Ephraim Lessing* (50) »Nathan der Weise«. *Friedrich Heinrich Jacobi* (36) »Woldemar« (Roman). *David Hume* (gest. 1776) »Dialogues concerning Natural Religion«. *Samuel Johnson* (70) »Lives of the most Eminent English Poets« (10 Bde. bis 1781).

MUSIK *Christoph Willibald Gluck* (65) »Iphigénie en Tauride« (dt. 1781, seine letzte Reformoper).

WISSENSCHAFT »Mule-Jenny«-Spinnmaschine von *Samuel Crompton* (26).

1780

POLITIK *Joseph II.* (39) wird nach dem Tode *Maria Theresias* (63) Alleinherrscher. Treffen zwischen *Josef II.* und *Katharina II.* (51) in Mogilew (Juni). *Katharina* verkündet die bewaffnete Neutralität gegen die englische Seekriegführung im amerikanischen Unabhängigkeitskrieg. Die Engländer unter *Clinton* (41) erobern Charleston (12.5.). und schlagen unter *Cornwallis* (41) die Amerikaner bei Camden (16.8.). Aufstand der Indianer unter *Inka Tupac Amaru* in Peru gegen die Spanier. Die dänische antideutsche Hofpartei unter *Ove Guldberg* (49) stürzt Außenminister *Graf Bernstorff* (45).

KULTUR Eröffnung der Universität Münster. Gründung der American Academy of Arts and Letters in Boston.

LITERATUR *Johann Heinrich Pestalozzi* (34) »Abendstunde eines Einsiedlers« (pädagogisches Programm). *Friedrich II.* (68) »De la littérature allemande«.

WISSENSCHAFT *Antoine Laurent Lavoisier* (37) gibt Zusammensetzung der Luft dem Volumen nach zu ¼ Sauerstoff und ¾ Stickstoff an.

1781

POLITIK Entscheidende Kapitulation der Engländer unter *Cornwallis* (43) bei Yorktown (19.10.). Geheimbündnis zwischen Österreich und Rußland. Finanzminister *Jacques Necker* (49) veröffentlicht zum erstenmal einen Bericht über die französische Finanzlage (Compte rendu, présenté au roi) und wird entlassen.

KULTUR Reformen *Josephs II.* (40): Aufhebung der Leibeigenschaft (15.11.), Toleranzedikt zur staatsbürgerlichen Gleichstellung der Nichtkatholiken mit den Katholiken (20.10.), Aufhebung der geistlichen Zensur.

LITERATUR *Immanuel Kant* (57) »Kritik der reinen Vernunft« (2. veränd. Aufl. 1787). *Johann Heinrich Voß* (30) deutsche Übersetzung von *Homers* »Odyssee« (1793 »Ilias«). *Jean Jacques Rousseau* (gest. 1778) »Confessions«.

KUNST *Johann Heinrich Füßli* (40) »Der Nachtmahr«.

MUSIK *Josef Haydn* (49) »Russische Streichquartette« (werden zur Grundlage des klassischen Stils).

1782

POLITIK Sieg der englischen Flotte unter Admiral *Rodney* (64) über die französische bei Martinique (12.4.). Spanien erobert Menorca von den Engländern. England gibt dem irischen Parlament die formelle Unabhängigkeit von jeder britischen Kontrolle.

KULTUR Papst *Pius VI.* (65) reist nach Wien, um *Josephs II.* Religionspolitik zu beeinflussen.

LITERATUR *Friedrich Schiller* (23) »Die Räuber« (Erstaufführung im Mannheimer Nationaltheater). *Johann Karl August Musäus* (47) »Volksmärchen der Deutschen« (bis 1786). *Denis Iwan Fonwisin* (37) »Nédoroslj« (»Der Landjunker«, Komödie).

KUNST *Iwan Starow* (39) »Taurisches Palais« *Katharinas II.* in Petersburg.

MUSIK *Wolfgang Amadeus Mozart* (26) »Entführung aus dem Serail«.

WISSENSCHAFT *Pierre Simon Laplace* (33) Differentialgleichung der Mechanik.

1783

POLITIK Im Frieden von Paris erkennt Großbritannien die Unabhängigkeit der Vereinigten Staaten an (3.9.). Im Frieden von Versailles tritt Großbritannien Tobago und Senegal an Frankreich, Florida und Menorca an Spanien ab (3.9.). *William Pitt d.J.* (24) wird englischer Premierminister (26.12.). *Katharina II.* (54) besetzt das Gebiet der Krimtataren, abgetreten von der Türkei im Vertrag von Ainali Kawak unter österreichischer Vermittlung (8.1.1784).

KULTUR Markgraf *Karl Friedrich* von Baden (55) hebt die Leibeigenschaft auf.

LITERATUR *Moses Mendelssohn* (54) »Jerusalem oder über religiöse Macht und Judentum«.

KUNST *Jean-Antoine Houdon* (42) Marmorbüste *Buffons*.

WISSENSCHAFT *William Herschel* (45) entdeckt die »Eigenbewegung der Sonne und des Sonnensystems«. Erster Aufstieg eines Warmluftballons der Brüder *Jacques-Etienne* (38) und *Joseph-Michel Montgolfier* (43).

1784

POLITIK *William Pitt d.J.* (25) erläßt Indiengesetz, das die Ostindienkompanie vollständig der Kontrolle des Kabinetts unterstellt. Generalgouverneur *Warren Hastings* (52) tritt daraufhin zurück.

KULTUR Der Entwurf des Allgemeinen Landrechts für Preußen wird veröffentlicht (in Kraft 1794). *Josef II.* (43) verordnet für seine Lande Deutsch als alleinige Amtssprache. Gründung der Universität Bonn und Neuerrichtung der Universität Mainz. Eröffnung der ersten Blindenschule in Paris.

LITERATUR *Friedrich von Schiller* (25) »Kabale und Liebe«, »Die Schaubühne als moralische Anstalt«. *Friedrich Gottlieb Klopstock* (60) »Hermann und die Fürsten«. *Johann Gottfried Herder* (40) »Ideen zur Philosophie der Geschichte der Menschheit« (4 Bde. bis 1791). *Gawriil Dershawin* (41) Ode »Gott«.

1785

POLITIK Auf Initiative *Friedrichs II.* (73) schließen sich Preußen, Hannover und Sachsen zur Sicherung von Besitz und Rechten der Reichsstände gegen *Joseph II.* (44) zu einem Fürstenbund zusammen (23.7.). Erster Freundschafts- und Handelsvertrag zwischen Großbritannien und den Vereinigten Staaten (10.9.). Schädigung des Ansehens der französischen Krone durch die »Halsbandaffäre«. *Katharina II.* (56) faßt die sozialen Privilegien des Adels in einem »Gnadenbrief« zusammen.

KULTUR Errichtung der päpstlichen Nuntiatur in München führt zum Nuntiaturstreit wegen Verletzung der Rechte der deutschen Bischöfe.

LITERATUR *Johann Wolfgang von Goethe* (36) bricht Arbeit an »Wilhelm Meisters theatralische Sendung« ab. *Christian Friedrich Daniel Schubart* (46) »Gedichte aus dem Kerker«. *Friedrich Heinrich Jacobi* (42) »Über die Lehre des *Spinoza*, in Briefen an *Moses Mendelssohn*«. *Pierre de Beaumarchais* (53) »Le mariage de Figaro«.

KUNST *Thomas Gainsborough* (58) »Schauspielerin *Sara Siddons*«.

WISSENSCHAFT *Charles Augustin de Coulomb* (49) entdeckt das für die Elektrizitätslehre grundlegende »Coulombsche« Gesetz. *Lazzaro Spallanzani* (56) weist experimentell Befruchtung durch Besamung nach.

WIRTSCHAFT Handelsvertrag zwischen Preußen und den Vereinigten Staaten.

1786

POLITIK *Friedrich II.* von Preußen (74) stirbt (17.8.). Ihm folgt sein Neffe *Friedrich Wilhelm II.* (42). Höhepunkt der Finanzkrise in Frankreich.

KULTUR Gründung des königlichen Nationaltheaters in Berlin. Die vier deutschen Erzbischöfe (von Mainz, Trier, Köln, Salzburg) unterzeichnen die »Emser Punktation« mit Anklagen gegen Übergriffe der Kurie (25.8.). Höhepunkt des Febronianismus. Toskanische Diözesansynode zu Pistoia unter Führung des Bischofs von Pistoia, *Scipione de' Ricci* (45), Versuch zur Bildung einer nationalen Kirche.

LITERATUR *Gottfried August Bürger* (39) »Wunderbare Reise zu Wasser und zu Lande, Feldzüge und lustige Abenteuer des Freiherrn von Münchhausen«.

KUNST *Joshua Reynolds* (63) »Herzogin von Devonshire mit Tochter«. *Ludwig Du Ry* (60) beginnt Schloß Wilhelmshöhe bei Kassel.

MUSIK *Wolfgang Amadeus Mozart* (30) »Le nozze di Figaro«.

WISSENSCHAFT Dampfschiff von *John Fitch* (43; 1787 Probefahrt auf dem Delaware).

WIRTSCHAFT Englisch-französischer Handelsvertrag (26.9.). Minderung der Einfuhrzölle auf englische Waren führt zur Industriekrise in Frankreich.

1787

POLITIK Prozeß gegen *Warren Hastings* (55) auf Betreiben von *Edmund Burke* (58) und *Charles James Fox* (38) wegen Willkürherrschaft in Indien (1795 freigesprochen). »Nordwestordonnanz« der Vereinigten Staaten für die Regierung des Gebiets jenseits des Ohio (13.7.). Kontinentalkonvent in Philadelphia: Bundesverfassung der USA (17.9.). Zur Behebung der französischen Finanzkrise wird die Notabelnversammlung einberufen (Febr.). Sie verweigert *Calonnes* (53) Reformprogramm die Unterstützung, dieser wird entlassen. Kriegserklärung der Türkei an Rußland (24.8.; Krieg bis 1792).

LITERATUR *Johann Wolfgang von Goethe* (38) vollendet »Egmont« und Versfassung der »Iphigenie«. *Friedrich von Schiller* (28) »Don Carlos«. *Johann Gottfried Herder* (43) »Gott, einige Gespräche«. *Friedrich Gottlieb Klopstock* (63) »Hermanns Tod«.

KUNST *Johann Heinrich Wilhelm Tischbein* (36) »*Goethe* in der Campagna«.

MUSIK *Wolfgang Amadeus Mozart* (31) »Don Giovanni«.

WIRTSCHAFT Französisch-russischer Handelsvertrag. *Jeremy Bentham* (39) »Defense of Usury« (gegen Reglementierung der Wirtschaft durch den Staat).

1788

POLITIK Dreibund von Preußen, Großbritannien und Holland (13.6.). Österreich tritt an Rußlands Seite in den Türkischen Krieg ein (9.2.). Antihabsburgische Verschwörung in Ungarn (1790 niedergeworfen). *Jacques Necker* (56) wird erneut französischer Finanzminister. *Ludwig XVI.* (34) beruft zum 1.5.1789 die Generalstände ein (8.8.). Eröffnung des 4jährigen Reichstags in Polen zur Ausarbeitung von Reformen. Offiziersverschwörung für die Selbständigkeit Finnlands (Anjalabund). Der russische Oberbefehlshaber Fürst *Grigorij Potjomkin* (49) erobert die türkische Festung Otschakow.

KULTUR Religionsedikt *Johann Christoph Wöllners* (56), Leiters des geistlichen Departements in Preußen, gegen den Einfluß der Aufklärung (9.7.). Einführung der Abiturientenprüfung an preußischen Gymnasien. *Jacques Pierre Brissot* (34) gründet in Paris die Gesellschaft »Amis des Noirs« für Abschaffung der Sklaverei. Erste Verbrecherkolonie in Australien nahe des heutigen Sydney. Gründung der African Association in London zur Erforschung des inneren Afrikas.

LITERATUR *Friedrich von Schiller* (29) »Geschichte des Abfalls der vereinigten Niederlande von der spanischen Regierung«. *Immanuel Kant* (64) »Kritik der praktischen Vernunft«. *Adolf Freiherr von Knigge* (36) »Über den Umgang mit Menschen«.

KUNST *Carl Gotthard Langhans* (56) Brandenburger Tor in Berlin (bis 1791). *Karl von Gontard* (57) beginnt Marmorpalais in Potsdam.

MUSIK *Josef Haydn* (56) »Pariser Sinfonien« (darunter »Oxford-Sinfonie«). *Wolfgang Amadeus Mozart* (32) Sinfonien Es-Dur, g-Moll, C-Dur (Jupitersinfonie).

NAMEN- UND SACHREGISTER

A

B

C

D

G

I

J

K

L

N

P

Q

R

S

T

X

Y

Z

QUELLENVERZEICHNIS DER ABBILDUNGEN

Die Aufnahmen stammen von: Archiv für Kunst und Geschichte, Berlin (177) – Archives Photographiques, Paris (176, 325, 404) – Fratelli Alinari, Florenz (128, 309) – Jean Arlaud, Genf (101) – Bärenreiter Verlag, Kassel (573 u.) – Bildarchiv Foto Marburg (100, 293, 381) – Bildarchiv der Österreichischen Nationalbibliothek, Wien (160, 224) – Brunel, Lugano (60) – J. E. Bulloz, Paris (129) – Chomon-Perino, Turin (292) – A. C. Cooper Ltd., London (112, 248, 249, 528) – Devonshire Collection, Chatsworth, mit Erlaubnis der Trustees of the Chatsworth Settlement (41) – Adolf Düringer, Wien (405) – Giraudon, Paris (281, 300 u., 301, 356, 508, 509) – Roger Guyard, Paris (221, 336) – Jossé Lalance, Paris (369) – Siegfried Lauterwasser, Überlingen (193) – Photo Löbl, Bad Tölz (337) – The Lord Chamberlain, London, »Copyright reserved«, (61, 112, 248, 249, 272, 528) – Allan Ludwig, New Haven/Conn. (520) – Leonard von Matt, Buochs, aus »Vinzenz von Paul«, Echter Verlag, Würzburg (136, 137, 144) – Ministry of Public Building and Works, London (272) – Österreichische Nationalbibliothek, Fotoatelier, Wien (84, 161) – Photo Meyer KG, Wien (308) – Propyläen-Archiv (212, 416, 433, 572, 609) – Giustino Rampazzi, Turin (593) – Jean Roubier, Paris (109, 473) – Foto Sitzler, Leutkirch i. Allg. (52) – Helga Schmidt-Glassner, Stuttgart (29) – Walter Steinkopf, Berlin (417) – Rudolf Stepanek, Wien (448, 449, 457) – Tate Gallery, London, mit Erlaubnis der Trustees (500) – Theaterwissenschaftl. Institut der Freien Universität Berlin (592) – Alle anderen Fotos verdanken wir den in den Bildunterschriften genannten Museen und Archiven.